JN181178

建築物荷重指針・同解説
(2015)

Recommendations for Loads on Buildings (2015)

1975 年制定
2015 年改定（第 4 次）

日本建築学会

本書のご利用にあたって

本書は，作成時点での最新の学術的知見をもとに，技術者の判断に資する技術の考え方や可能性を示したものであり，法令等の補完や根拠を示すものではありません．また，本書の数値は推奨値であり，それを満足しないことが直ちに建築物の安全性を脅かすものでもありません．ご利用に際しては，本書が最新版であることをご確認ください．本会は，本書に起因する損害に対しては一切の責任を有しません．

ご案内

序

改定の経緯と概説

建築物荷重規準案を作成することは，本会の長年の懸案であったが，ようやくその原案を「建築雑誌」に発表したのが 1971（昭和 46）年 4 月であった．その後，若干の修正を行い「建築物荷重規準案・同解説」を 1975（昭和 50）年 3 月に刊行した．1981（昭和 56）年 11 月には，風荷重を全面改定し，本会の学術的立場に立った設計用荷重の考え方をより明確なものとするために「荷重規準案」から「荷重指針」と名称を変えた．1986（昭和 61）年 2 月には，1981（昭和 56）年豪雪による被害の教訓なども生かし雪荷重を改定した．

その後，荷重全般について統計的データあるいは確率・統計的分析によって得られた知見などの蓄積を基に，「荷重指針」の基本理念を徹底し，荷重全般について統一的な考え方のもとに改定したのが 1993 年 6 月の指針である．1993 年版指針改定の基本方針は次のとおりであった．

1. 荷重指針は，静的構造解析に供することを前提とし，風荷重，地震荷重は等価静的荷重として評価した．
2. 各種設計法に対応できるよう，各荷重共通の理念に基づくできる限り客観的な設計用荷重を提供する．このために，各荷重の評価手法を，原則として統計的データを基礎とした確率・統計的手法に統一するとともに，共通の理念に基づく各荷重の代表値を示すものとして，「荷重の基本値」の概念を導入した．
3. 許容応力度設計法に代表される決定論的設計体系と限界状態設計法に代表される確率論的設計体系の二つの設計体系を対象として，設計荷重の設定方法についての考え方を示した．
4. 不明確な数値の割増しや低減を避け，設計用荷重やそれを構成する因子の「平均的な値の特性」を提示し，あわせて「ばらつき」についての情報を整備した．
5. 単位系は重力単位系とし，国際単位系（SI）への変換のための情報を用意した．

1993 年版荷重指針では地震荷重が加わったことも大きな特徴である．それ以前の指針では，地震荷重の章は解説も含めてわずか 1 頁の記述しかなく，本文は「設計用地震荷重は，建築基準法か高層建築技術指針によって算定する」という内容のものであった．この理由としては，1981 年に建築基準法施行令が改正され，本会として地震荷重を指針として提案する必要性がそれほどなかったことが考えられる．しかし，本会から地震荷重関連書物が次々刊行され，そのような背景から，他の荷重とできるだけ整合するかたちで地震荷重をとりまとめ加えたのが 1993 年版である．また，以前はその他の荷重に含まれていた温度荷重を 8 章として独立させたのも 1993 年版からである．

2004 年版の改定（第 4 版）は，1993 年版を発刊してから 10 年以上経過したことと，近年の性能設計への対応などのために，全面的な見直しを行ったものである．全体的に SI 単位系への移行に伴い，単位と値の修正を行っている．1 章総則では建築物に要求される性能として，「安全性」と「使用性」のほかに，「修復性」を付け加えた．2 章荷重の種類と組合せでは，限界状態設計法を全面的に利用することを前提に記述した．4 章積載荷重では，偏在・たわみ等を考慮した積載荷重の追加，積載荷重の動的効果の充実，地震力算定用積載荷重の地震荷重（7 章）への移設の 3 点の改定が行われた．その他，6 章風荷重に風向係数の導入を始めとする大幅な改定がなされた．7 章地震荷重では，地盤の特性をより明確に反映した地震荷重，性能設計への対応，確率論的地震ハザード解析結果に基づく地震荷重，動的応答解析に用いる設計用地震動の面で大幅改定がなされた．9 章土圧および水圧では，荷重の基本値の考え方の明確化などが行われた．

リノベーションや長期使用，想定を越えるような新しいタイプの大地震の被害が生じる可能性のある現代社会において，建築物の構造設計では，用途変更も見込んだより長い供用期間に対応する必要が生じてきた．一方，短期間の土地活用や商業・娯楽施設，新しい技術へのチャレンジなど使用期限を限定した建築物への要求も高まっている．このような多様化するニーズに対応するためにも，将来起こりうるリスクを見通し，適切な荷重を設定することがますます重要になっている．「建築物荷重指針・同解説」は先に述べたように 2004 年に改定版（第 4 版）が刊行されたが，10 年に一度の改定を目指しており，第 4 版の改定直後から本会荷重運営委員会の活動のもと，最新の研究成果や建築設計環境の変化への対応を盛り込むかたちで，第 5 版の改定作業に取り組んだ．

その結果，2015 年改定版「建築物荷重指針・同解説」では，次のような改定コンセプトに基づいている．

特に現在の構造設計に合わせた改定，津波荷重（10 章）と衝撃荷重（11 章）という新しい荷重への対応，東日本大震災の被害からの教訓なども組み入れた改定が行われたのが今回の特徴である．

主な改定項目としては，

1. 建物性能にロバスト性を追加
2. 偶発荷重の考え方の導入
3. 津波荷重の章新設
4. 衝撃荷重の章新設

などがあり，各章には過去 10 余年に得られた新しい知見，新しい情報などを反映している．

各章の主な変更点は次のとおりである．1 章総則では不確定性の高い事象に対する荷重設定の考え方を整理し，構造設計者の説明責任の記述を新設した．2 章で荷重の組合せと要求性能を設計法から切り離し性能設計への意識をより明確にした．5 章雪荷重では 2014 年 2 月に関東甲信地方を襲った大雪による被害を踏まえ，降水量に基づく地上積雪重量の評価を推奨することにした．さらに雪荷重では，2014 年の観測値を含む統計データに基づいた地上積雪深と地上積雪重量も示されている．6 章風荷重では，限られた期間にのみ建設・使用される建築物の設計風速の評価が導入され，近年の研究成果に基づき，風力係数や外圧係数の値を一部見直し，構造骨組用ねじり風荷重の算定式の変更が行われた．7 章地震荷重では，政府の地震調査研究推進本部による確率論的地震ハザード評価を活用していく方針に基づき，2011 年東北地方太平洋沖地震の発生を踏まえて，従来は想定されなかったような極めて稀な事象の発生とそれによってもたらされる偶発荷重の扱いを記載した．8章温度荷重では，算定の基本となる年最高と年最低の外気温度について，52年間の気象庁データに基づいて再現期間100年に対する値を算定したほか，任意の再現期間に対応した年最高と年最低の外気温度も算定できるようにした．これら以外にもさまざまな見直しを行っている．それぞれの章の冒頭部分に詳しい改定の要点が述べられているので，参照されたい．

また今回の改定作業では，荷重指針を大きく2分冊にして，本編（本書）で全荷重の本文と解説を，第2編（書名「建築物荷重指針を活かす設計資料1，2」）を特に設計資料に重きをおくかたちで刊行することとした．「建築物荷重指針を活かす設計資料1，2」では主に荷重ごとに設計例や詳細解説などを紹介する予定である．

今回は，荷重指針本編の刊行であり，第2編となる2冊の冊子「建築物荷重指針を活かす設計資料1」および「建築物荷重指針を活かす設計資料2」は現在執筆中である．設計資料1は主に固定荷重，積載荷重，雪荷重，地震荷重，温度荷重，津波荷重に対する性能設計を対象とし，建物物の固有周期と減衰に関する資料も盛り込んでおり，本書刊行後1年程度あとの発刊を予定している．設計資料2は風荷重を対象としたもので，さらにその1年後の刊行を目指している．

2015年2月

日 本 建 築 学 会

指針作成関係委員（2015年2月）

—— 五十音順・敬称略 ——

構造委員会本委員会

委員長　緑川光正

幹　事　加藤研一　塩原　等　竹脇　出

委　員　（略）

荷重運営委員会

主　査　高田毅士

幹　事　平田京子　山村一繁

委　員　石井　透　石川孝重　植松　康　奥田泰雄
河井宏允　神田　順　神田　亮　小林勝已
小檜山雅之　近藤宏二　佐武直紀　高橋　徹
田村幸雄　堤　拓哉　長瀬　悟　中村尚弘
西谷　章　濱本卓司　久木章江　森　保宏

荷重指針関連資料編集ワーキンググループ

主　査　石川孝重

幹　事　平田京子

委　員　奥田泰雄　近藤宏二　高田毅士　高橋　徹
中村尚弘　濱本卓司　森　保宏　山村一繁

信頼性工学利用小委員会

主　査　小檜山雅之

幹　事　日下彰宏　高田毅士

委　員　足立高雄　石川孝重　糸井達哉　井戸田秀樹
佐藤玲圭　高橋　徹　趙　衍剛　平田京子
村地由子　森　保宏　山崎賢二

建築物荷重指針第2章改定作業ワーキンググループ

主　査　森　保宏

幹　事　今塚善勝

委　員　石川孝重　井戸田秀樹　太田博章　日下彰宏

	小板橋 裕一	小檜山 雅之	近藤 宏二	佐藤 玲圭
	高田 毅士	高橋 徹	趙 衍剛	平田 京子

耐震設計における地震荷重検討小委員会

主査	石井 透			
幹事	糸井 達哉	松島 信一		
委員	石山 祐二	井上 超	曽田 五月也	高田 毅士
	田中 浩平	田村 良一	恒川 裕史	藤堂 正喜
	中村 博一	林 康裕	平松 昌子	福島 誠一郎

風荷重小委員会

主査	植松 康			
幹事	大竹 和夫	谷口 徹郎		
委員	奥田 泰雄	片岡 浩人	片桐 純治	河井 宏允
	菊池 浩利	近藤 宏二	田村 哲郎	寺崎 浩
	西村 宏昭	松井 正宏	吉江 慶祐	
協力委員	大熊 武司	佐藤 大樹	田村 幸雄	

設計風速ワーキンググループ

主査	松井 正宏			
委員	植松 康	大竹 和夫	大塚 清敏	奥田 泰雄
	喜々津 仁密	菊池 浩利	近藤 宏二	須田 健一*
	高森 浩治	田村 哲郎	寺崎 浩	中村 修
	西村 宏昭*	前田 潤滋	丸山 敬	宮下 康一
	勝村 章§	後藤 暁§	佐々木 亮治§	猿川 明§
	松山 哲雄§			

風力係数・風圧係数ワーキンググループ

主査	植松 康			
委員	相原 知子	伊藤 真二	大竹 和夫	奥田 泰雄
	片桐 純治	川端 三朗*	神田 亮*	喜々津 仁密
	菊池 浩利	染川 大輔	高森 浩治	武田 文義
	谷口 徹郎	寺崎 浩*	西村 宏昭*	松井 正宏
	丸山 敬	山本 学		
	作田 美知子§	益山 由佳§		

風応答ワーキンググループ

主査	河井宏允			
委員	浅見豊*	植松康	大竹和夫	岡崎充隆*
	奥田泰雄	片桐純治	勝村章	神田亮
	菊池浩利	染川大輔	谷池義人*	田村哲郎
	寺崎浩	中村修*	西村宏昭	早部安弘
	松井正宏	丸川比佐夫*	安井八紀*	山本学

CFDガイドラインワーキンググループ

主査	田村哲郎			
委員	伊藤嘉晃	大竹和夫	奥田泰雄	小野佳之
	片岡浩人	近藤宏二	谷口徹郎	野澤剛二郎
	野津剛	松井正宏	丸山敬	丸山勇祐
	吉江慶祐	吉川優		
	田中英之§	岸田岳士§		

風疲労ワーキンググループ

主査	佐藤大樹			
委員	ガヴァンスキ江梨	片桐純治	北村春幸	竹中康雄
	田村和夫	寺崎浩	中込忠男	西嶋一欽
	松井正宏	安井八紀	吉江慶祐	

雪荷重・対雪設計小委員会

主査	高橋徹			
幹事	堤拓哉			
委員	和泉正哲	大塚清敏	小板橋裕一	小竹達也
	桜井修次	千葉隆弘	苫米地司	富永禎秀
	中島肇	前田博司	三橋博三	

対雪設計技術ワーキンググループ

主査	堤拓哉			
幹事	千葉隆弘			
委員	大塚清敏	大槻政哉	菊池浩利	小板橋裕一
	桜井修次	高橋徹	苫米地司	本郷剛
	松下拓樹			

温度荷重小委員会

主　査	石川孝重			
幹　事	池田周英	長瀬　悟	久木章江	
委　員	浅井英克	伊藤博夫	小林秀雄	中島秀雄
	永田明寛	林　幸雄	持田哲雄	李　在純

固定・積載荷重小委員会

主　査	山村一繁			
幹　事	久木章江			
委　員	石川孝重	岩原昭次*	太田博章	高橋　徹
	横山　裕			

津波荷重小委員会（旧津波荷重ワーキンググループ）

主　査	奥田泰雄			
委　員	糸井達哉	有川太郎	石原　直	壁谷澤寿一
	阪田　升	庄司　学	舘野公一	寺崎　浩
	中埜良昭	西嶋一欽	長谷部雅伸	濱本卓司
	藤間功司*	松冨英夫		

（＊：旧委員／§：サブワーキング委員）

規準案作成関係委員（昭和 50 年 3 月）

構造標準委員会

委員長　梅　村　　魁
全体幹事　末　永　保　美　谷　　資　信

荷重分科会

主　査　石　崎　潑　雄
幹　事　和　泉　正　哲　川　村　純　夫　松　下　一　郎

指針作成関係委員

（昭和 56 年 11 月）

構造標準委員会

委員長　大　崎　順　彦
全体幹事　加　藤　　勉　吉　見　吉　昭

荷重分科会

主　査　和　泉　正　哲
幹　事　川　村　純　夫　室　田　達　郎

（昭和 61 年 2 月）

構造標準委員会

委員長　藤　本　盛　久
幹　事　大　沢　　胖　狩　野　芳　一

荷重分科会

主　査　和　泉　正　哲
幹　事　三　橋　博　三　室　田　達　郎

（1993 年 6 月）

構造委員会本委員会

委員長　岸　田　英　明
幹　事　高　梨　晃　一　西　川　孝　夫　森　田　司　郎

荷重運営委員会

主　査　大　熊　武　司
幹　事　大　橋　雄　二　神　田　　順

（2004 年 3 月）

構造委員会本委員会

委員長　西　川　孝　夫
幹　事　大　井　謙　一　久　保　哲　夫　緑　川　光　正

荷重運営委員会

主　査　石　山　祐　二
幹　事　高　田　毅　士　高　橋　　徹　森　田　高　市

解説執筆担当者

—— 五十音順・敬称略 ——

1章 総 則

1.1 適用範囲	日下彰宏	森 保宏	
1.2 基本概念	日下彰宏	小檜山雅之	高田毅士
	平田京子	森 保宏	
1.3 用 語	小檜山雅之	高橋 徹	

2章 荷重の種類と組合せ

2.1 荷重の種類	日下彰宏	小檜山雅之	
2.2 荷重の基本値	石川孝重	小檜山雅之	
2.3 荷重の組合せと要求性能	日下彰宏	小檜山雅之	高橋 徹
	平田京子	森 保宏	
2.4 荷重係数	中島秀雄	森 保宏	

3章 固定荷重 石井 修 太田博章

4章 積載荷重

概 説	石川孝重	山村一繁	
4.1 積載荷重の定義および適用範囲	石川孝重	井戸田秀樹	久木章江
4.2 積載荷重の算定	石川孝重	井戸田秀樹	高橋 徹
	久木章江	山村一繁	
4.3 偏在，たわみなどを考慮した積載荷重	井戸田秀樹	岩原昭次	久木章江
	山村一繁		
4.4 積載荷重の動的効果	塩谷清人	横山 裕	
付4.1 積載荷重の略算値	石川孝重	井戸田秀樹	久木章江
付4.2 基本値の確率分布モデル	山村一繁		
付4.3 確率分布の累積分布関数	山村一繁		

5章 雪荷重

概 説	高橋 徹

5.1　雪荷重の設定方針	小板橋裕一	高橋徹	三橋博三
5.2　地上積雪重量	桜井修次	高橋徹	千葉隆弘
	堤拓哉	三橋博三	
5.3　屋根形状係数	千葉隆弘	堤拓哉	苫米地司
	中島肇		
5.4　局所的屋根雪荷重	小竹達也		
5.5　制御する場合の屋根雪荷重	桜井修次	高橋徹	千葉隆弘
	苫米地司	前田博司	
5.6　その他の雪荷重	大槻政哉	堤拓哉	松下拓樹
付5.1　地上積雪深・地上積雪重量の極値統計量			
	千葉隆弘	高橋徹	
付5.2　標高と海率を用いた積雪未観測点における地上積雪深と地上積雪重量の推定値			
	千葉隆弘	高橋徹	
付5.3　任意の再現期間に対する積雪深の推定			
	高橋徹		
付5.4　使用性検討のための屋根雪荷重			
	高橋徹		
付5.5　許容応力度設計において従の荷重としての雪荷重に乗じる荷重係数			
	高橋徹		

6章　風荷重

6.1　一般	植松康	片桐純治	河井宏允
	田村哲郎	田村幸雄	西村宏昭
	松井正宏		
6.2　構造骨組用水平風荷重	寺崎浩	中村修	
6.3　構造骨組用屋根風荷重	大竹和夫		
6.4　外装材用風荷重	奥田泰雄	川端三朗	
A6.1　風速および速度圧	大竹和夫	河井宏允	近藤宏二
	猿川明	須田健一	高森浩治
	田村哲郎	田村幸雄	中村修
	松井正宏	宮下康一	
A6.2　風力係数，風圧係数	相原知子	植松康	大竹和夫
	奥田泰雄	片桐純治	川端三朗
	神田亮	喜々津仁密	菊池浩利
	茅野紀子	高森浩治	武田文義
	西村宏昭	安井八紀	

A6.3 構造骨組用風方向荷重のガスト影響係数	浅見豊	寺崎浩	
A6.4 構造骨組用変動屋根風荷重	大竹和夫		
A6.5 構造骨組用風直交方向荷重	勝村章	中村修	丸川比佐夫
A6.6 構造骨組用ねじり風荷重	勝村章		
A6.7 ラチス型搭状構造物風荷重	丸川比佐夫	安井八紀	山本学
A6.8 独立上屋風荷重	植松康		
A6.9 渦励振	片桐純治	河井宏允	丸川比佐夫
A6.10 風荷重の組合せ	菊池浩利	染川大輔	
A6.11 数値流体計算を用いた風荷重評価	田村哲郎		
A6.12 隣接建築物の影響	岡崎充隆	河井宏允	高森浩治
	谷池義人	西村宏昭	
A6.13 応答加速度	浅見豊	勝村章	寺崎浩
A6.14 再現期間1年の風速	大竹和夫	猿川明	中村修
A6.15 風の作用時間	高森浩治	寺崎浩	松井正宏
付6.1 風荷重の算定例1超高層建築物	染川大輔	吉江慶祐	
付6.2 風荷重の算定例2平屋建て倉庫	伊藤真二	早部安弘	
付6.3 風荷重のばらつき	近藤宏二		

7章 地震荷重

概説	石井透	高田毅士	
7.1 地震荷重の設定方針	高田毅士	恒川裕史	中村博一
7.2 等価静的地震荷重の算定	糸井達哉	井上超	田中浩平
	田村良一	藤堂正喜	中村博一
7.3 設計用地震動と応答評価	石井透	糸井達哉	恒川裕史
	平松昌子	松島信一	

8章 温度荷重

概説	石川孝重	長瀬悟	林幸雄
8.1 温度荷重の設定方針	池田周英	石川孝重	伊藤博夫
	小林秀雄	林幸雄	李在純
8.2 温度荷重の算定	浅井英克	池田周英	石川孝重
	伊藤博夫	小林秀雄	中島秀雄

	長瀬　悟	永田明寛	林　幸雄
	久木章江	持田哲雄	李　在純
付 8.1　温度荷重に対する設計の要点			
	浅井英克	池田周英	小林秀雄
	中島秀雄	長瀬　悟	林　幸雄
	李　在純		
付 8.2　構造体温度の算定法	伊藤博夫	中島秀雄	永田明寛
	林　幸雄	持田哲雄	

9章　土圧および水圧	安達俊夫	小林勝已	鈴木　誠

10章　津波荷重

概　説	奥田泰雄		
10.1　一　般	有川太郎	石原　直	奥田泰雄
	壁谷澤寿一	阪田　升	野津　厚
	長谷部雅伸	藤間功司	松冨英夫
10.2　津波の先端部の荷重	有川太郎	藤間功司	松冨英夫
10.3　津波の非先端部の荷重	松冨英夫		
10.4　静水時の荷重	濱本卓司		
10.5　建築物開口部による波力の低減			
	石原　直	舘野公一	
10.6　漂流物による荷重	壁谷澤寿一	中埜良昭	濱本卓司
10.7　耐津波設計において考慮すべき事項			
	石原　直	庄司　学	

11章　衝撃荷重

概　説	濱本卓司		
11.1　一　般	濱本卓司		
11.2　衝突荷重	加納俊哉	濱本卓司	
11.3　爆発荷重	大田敏郎	染谷雄史	龍崎　響
	濱本卓司		

12章　その他の荷重	池田周英	石川孝重	林　幸雄

建築物荷重指針・同解説

目　　次

5章　雪　荷　重

7章 地 震 荷 重

8章　温度荷重

9章　土圧および水圧

10章　津波荷重

11章　衝撃荷重

建築物荷重指針

建築物荷重指針

1章　総　　則

1.1　適用範囲

本指針は，通常の建築物（工作物を含む）の設計に用いる各種荷重を算定する場合に適用する．算定された荷重は，建築物全体とその各部の構造設計およびそれらの構造性能評価に用いることができる．

1.2　基本概念

1.2.1　構造性能

次の（1）～（4）に挙げる構造性能について，建築物が適切な性能水準を有するよう荷重を設定し，その大きさを算定する．

（1）安　全　性

建築物が，想定される各種荷重に対して適切な安全性を有するように設計する．このために，適切な荷重とその大きさなどを評価する．安全性の程度の検討にあたっては，社会性，経済性なども考慮する．

（2）使　用　性

建築物は，通常の使用状態にあって，その機能が損なわれることのないよう，適切な使用性を有するように設計する．このために，比較的頻度の高い荷重を設定し，その大きさなどを適切に評価する．使用性の程度の検討にあたっては，建築物の重要性，社会性，経済性なども考慮する．

（3）修　復　性

建築物は，必要に応じ，想定される荷重によって損傷を受けた場合の修復性を考慮して設計する．修復性の程度の検討にあたっては，建築物の重要性，社会性，経済性なども考慮する．

（4）ロバスト性

建築物は，万が一，設計条件としない種類の荷重や設計条件を超える大きさの荷重が生じ得ることを考えて，ロバスト性をもつように設計する．

（5）設定した性能水準に対する説明責任

建築主の要望をふまえたうえで，構造設計者が建築物の荷重状態に応じて性能水準を設定して設計を行う．構造設計者は，設計結果を建築主に分かりやすい情報として説明することが必要である．

1.2.2　荷重のモデル化と構造解析

建築物の部材や接合部に生ずる力や変形などとして評価される荷重効果は，算定された荷重を基に構造解析によって求められる．本指針では，構造解析の種類やその方法を限定しないが，動的に作用する強風，地震動，積載や津波などは原則として等価静的荷重として評価する．

1.2.3　適切な設計・施工

建築物は，過誤などによる安全性・使用性などの低下が最小限に留まるよう設計・施工がされるのみでなく，適切に管理・運営されることを前提として，荷重を設定し，その大きさを評価する．

1.3　用　　語

本指針で用いる用語のうち以下の用語を次のように定義する．

限 界 状 態：建築物の全体または一部が，安全性または使用性に関して，あらかじめ設定した限界に達する状態．

限界状態設計：安全限界・使用限界などの限界状態に対する設計．

荷 重 効 果：荷重が作用することにより，建築物に生ずる力，変形など．

荷重の基本値：荷重効果の算定にあたり，大きさの目安となる代表的な荷重強さで，原則として再現期間 100 年に対する物理量を基に算定する．

荷 重 係 数：荷重の組合せの際に各荷重の基本値によって生ずる荷重効果に乗ずる係数．

再 現 期 間：ある値以上の事象の発生に要する期間の平均値．

2章　荷重の種類と組合せ

2.1　荷重の種類

建築物を設計する際に想定する荷重は次のとおりとする．

1. 固 定 荷 重（G）
2. 積 載 荷 重（Q）
3. 雪　荷　重（S）
4. 風　荷　重（W）
5. 地 震 荷 重（E）
6. 温 度 荷 重（T）
7. 土圧・水圧（H）
8. 津 波 荷 重（T_u）
9. 衝 撃 荷 重（I）
10. その他の荷重

2.2　荷重の基本値

本指針では，各荷重の基本値を次の方針によって算定する．

・固定荷重（G）は，実況に応じて算定する．

・積載荷重（Q）は，常時作用している状態における非超過確率 99 % の値，ただし統計的評価が困難な場合は，それに相当すると考えられる値を基に算定する．

・雪荷重（S）は，地上積雪深の再現期間 100 年に対する値を基に算定する．

・風荷重（W）は，10 分間平均風速の再現期間 100 年に対する値を基に算定する．

・地震荷重（E）は，工学的基盤面における水平加速度応答スペクトルの再現期間 100 年に対する値を基に算定する．

・温度荷重（T）は，常時作用している状態における温度の再現期間 100 年に対する値，ただし統計的評価が困難な場合は，それに相当すると考えられる値を基に算定する．

・土圧・水圧（H）は，常時作用している状態における非超過確率 99 % の値，またはそれに相当すると考えられる値を基に算定する．

・津波荷重（T_u）は，（海底）地震等でもたらされる津波により建設地点における浸水深のみ，もしくは浸水深と流速の再現期間 100 年に対する値を基に算定する．ただし統計的評価が困難な場合は，それに相当すると考えられる値を基に算定する．

・衝撃荷重（I）は，事故発生の年超過確率 1 % に対する値を算定する．ただし統計的評価が困難な場合は，それに相当すると考えられる値を算定する．

・その他の荷重については，以上の各荷重に準じて算定する．

2.3　荷重の組合せと要求性能

(1)　建築物全体あるいはその各部の設計・評価に用いる荷重の組合せは，対象とする建築物あるいは各部の要求性能水準に応じて定める．

(2)　要求性能水準は，構造設計者が建築主と合意のうえ，対象とする建築物あるいは各部の用途，重要性，社会性，供用期間，経済性，対象とする性能喪失時の影響の程度，既往の設計手法との関連性などを考慮して定める．

(3)　想定する荷重状態は，常時作用する荷重に加え，実況に応じて次の状態を適宜考慮し，複数の状態が同時に，また除荷後もその影響が残る場合には時間差をもって作用する状態も必要に応じて考慮する．

・積　載　時
・積　雪　時
・強　風　時
・地　震　時
・温度変化時
・土圧・水圧作用時
・津　波　時

・衝　撃　時

・その他の偶発荷重

(4)　その他の偶発荷重を考慮する場合には，常時作用する荷重と組み合わせる.

2.4　荷 重 係 数

2.4.1　限界状態設計法に用いる荷重係数

(1)　建築物全体あるいはその各部を設計する際には，各荷重状態に対して次の限界状態を適切に考慮する.

・安全限界状態

・使用限界状態

(2)　要求性能水準は定められた基準期間中の目標信頼性指標により定義する.

(3)　荷重の組合せは，各荷重の基本値によって生じる荷重効果と各荷重効果に対する荷重係数との積の和として，次式によって考慮する.

$$\gamma_{\mathrm{p}} S_{\mathrm{pn}} + \sum_{k} \gamma_{k} S_{k\mathrm{n}} \qquad (2.1)$$

ここで，S_{pn}, $S_{k\mathrm{n}}$ はそれぞれ主の荷重と従の荷重の基本値によって生じる荷重効果であり，γ_{p}, γ_{k} それぞれ S_{pn}, $S_{k\mathrm{n}}$ に対する荷重係数である.

なお，荷重係数は考慮した限界状態に対する目標信頼性指標，各荷重から算定される荷重効果と耐力の変動性，異種荷重との同時発生確率などを適切に考慮して定める.

2.4.2　許容応力度設計および終局強度設計に用いる荷重係数

(1)　建築物の供用期間，重要度，被害による波及効果，各荷重の特性（荷重の変動性・発生頻度・継続時間），許容応力度や設計耐力が定められた根拠などを考慮し，主の荷重の再現期間を適切に設定する.

(2)　荷重の組合せは，各荷重の基本値によって生じる荷重効果と各荷重に対する荷重係数との積の和として，次式によって考慮する.

$$k_{\mathrm{Rp}} S_{\mathrm{pn}} + \sum_{k} \gamma_{k} S_{k\mathrm{n}} \qquad (2.2)$$

ここで，S_{pn}，$S_{k\mathrm{n}}$ は主の荷重と従の荷重の基本値によって生じる荷重効果，k_{Rp} は主の荷重の再現期間換算係数，γ_{k} は従の荷重に対する荷重係数である．なお，風荷重など，荷重を算定するための物理量と荷重の大きさとが比例関係にない場合は，当該物理量に再現期間換算係数を乗じた後に算定された荷重が係数倍された荷重 $k_{\mathrm{Rp}} S_{\mathrm{pn}}$ に相当する.

(3)　100 年と異なる再現期間 t_{R} 年に対して設計する場合には，再現期間換算係数〔雪荷重の場合は付 5.3 節，風荷重の場合は A6.1.4，地震荷重の場合は 7.2.4 項，温度荷重の場合は 8.2.1 項参照〕を用いて各荷重を算定する．その他の荷重については，実況に応じて適宜，再現期間換算係数を算定する.

2.4.3　温度荷重の荷重係数

限界状態設計法，許容応力度設計法，終局強度設計法に関わらず，従の荷重としての温度荷重の荷重係数には下記の値を用いる．

・雪荷重との組合せ：0.8

・風荷重との組合せ：0.7

・地震荷重との組合せ：0.4

3章　固定荷重

3.1　固定荷重の設定と算定

建築物の固定荷重は，その実状に応じて設定し，算定する．

4章　積載荷重

4.1　積載荷重の定義および適用範囲

積載荷重は建築物の供用期間を通じてその作用が一定ではなく，時間的・空間的に変動する可能性を有する物品・人間などによる鉛直方向の荷重である．対象とする部位ごとに想定する限界状態によって，通常使用時，非常時に応じて設定する．必要に応じて動的効果も考慮して設定する．

4.2　積載荷重の算定

4.2.1　積載荷重の基本値

単位床面積あたりの積載荷重の基本値 Q は次式によって算定する．

$$Q = k_e k_a k_n Q_0 \tag{4.1}$$

ここで，k_e ：等分布換算係数〔4.2.3 項参照〕

k_a ：面積低減係数〔4.2.4 項参照〕

k_n ：層数低減係数〔4.2.5 項参照〕

Q_0 ：基本積載重量〔4.2.2 項参照〕

ただし，k_n は柱軸力または基礎の鉛直力を算定する際にのみ用いることができる．

4.2.2　基本積載重重

基本積載重量 Q_0 は，同一の室用途において常時存在している積載物の単位面積あたりの質量に重力加速度を乗じたものであり，非超過確率 99 % の値とする．通常，基本積載重量 Q_0 は表 4.1 によることができる．

表 4.1 基本積載重量 Q_0

室用途*	①	②	③	④	⑤	⑥	⑦	⑧
Q_0(N/m^2)	1 000	500	1 600	2 100	3 500	2 200	4 700	1 800

*：室用途は次の分類による．

①住宅の居室，宿舎など

②ホテルの客用寝室（ユニットバスを含まない）

③事務室・研究室

④百貨店・店舗の売場

⑤電算室（配線部分を含まない）

⑥自動車車庫および自動車通路

⑦一般書庫

⑧劇場・映画館・ホール・集会場，会議室，教室など人間荷重が主体の場合

4.2.3 等分布換算係数

等分布換算係数 k_e は表 4.2 による．

表 4.2 等分布換算係数 k_e

室用途*	①	②	③	④	⑤	⑥	⑦	⑧
床用	1.8	2.0	1.6	1.8	1.6	1.8	1.6	1.6
大梁・柱・基礎用	1.2							

*：室用途は表 4.1 による．

4.2.4 面積低減係数

面積低減係数 k_a は，（4.2）式または（4.3）式によって算定する．

(1) 表 4.1 に示す①～⑦の用途の場合

$$k_a = 0.6 + \frac{0.4}{\sqrt{A_f / A_{ref}}} \leqq 1.0 \tag{4.2}$$

(2) 表 4.1 に示す⑧の用途の場合

$$k_a = 0.7 + \frac{0.3}{\sqrt{A_f / A_{ref}}} \leqq 1.0 \tag{4.3}$$

ここで，A_f：影響床面積（荷重が部材に影響を及ぼすと考える全範囲の面積，m^2）A_{ref}：基準床面積（＝18m^2）である．

4.2.5 層数低減係数

層数低減係数 k_n は次式によって算定する．

$$k_n = 0.6 + \frac{0.4}{\sqrt{n}} \tag{4.4}$$

ここで，n：支える床の数である．

ただし，表4.1に示す⑧の用途については上式によって低減することができない．また，いずれの用途の場合も $k_a k_n \geqq 0.4$ とする．

4.3　偏在，たわみなどを考慮した積載荷重

荷重の偏在，たわみ，ひび割れなどを考慮する必要がある場合には，それに応じた適切な積載荷重を設定する．

4.4　積載荷重の動的効果

積載荷重の動的効果については，建築物使用者の居住性や精密機器に対する振動対策など，振動に関する使用性能の検討が必要な場合に，物品の移動や人間の挙動に伴う影響を考慮する．さらに，周囲の環境や，建築物内の他の床上にある振動源による影響も考慮することが望ましい．

5章　雪　荷　重

5.1　雪荷重の設定方針

雪荷重として，建築物の立地環境に応じて（1）屋根雪荷重，（2）局所的屋根雪荷重，（3）その他の雪荷重を適切に設定する．このうち屋根雪荷重は，建設地の地上積雪深をもとに設定した地上積雪重量に屋根形状係数を乗じて求める．装置や技術などを用いて確実に屋根積雪量を制御できる場合には，雪荷重を低減することができる．

5.1.1　屋根雪荷重の基本値の算定

屋根雪荷重の基本値 S(kN/m^2) は次式によって求める．

$$S = \mu_0 S_0 \tag{5.1}$$

ここで，μ_0：屋根形状係数〔5.3節参照〕

S_0：地上積雪重量（kN/m^2）〔5.2節参照〕である．

5.2　地上積雪重量

5.2.1　地上積雪重量の算定

基本地上積雪深を用いた単位水平投影面積あたりの地上積雪重量 S_0(kN/m^2) は次式によって算定する．

$$S_0 = k_{env}\, d_0 p_0 \tag{5.2}$$

ここで，k_{env}：環境係数〔5.2.4項参照〕，

d_0：基本地上積雪深（m）〔5.2.2項参照〕，

p_0　：等価単位積雪重量（kN/m^3）〔5.2.3 項参照〕である．

ただし（5.2）式において d_0，p_0 を降水量と気温から適切な方法により直接推定することもできる．

5.2.2　基本地上積雪深

基本地上積雪深 d_0(m）は，地上積雪の観測資料に基づいて推定される年最大積雪深の再現期間 100 年に対する値とする．

5.2.3　等価単位積雪重量

等価単位積雪重量 p_0(kN/m^3）は，（5.3）式により求める．

$$p_0 = 0.72\sqrt{d_0/d_{ref}} + 2.32 \tag{5.3}$$

ここで，d_0　：地上積雪深（m），

d_{ref}　：基準積雪深（＝1 m）である．

5.2.4　環 境 係 数

環境係数 k_{env} は，通常の場合 1.0 とする．地形・地物などの影響で地上の積雪深が増加し，それに伴い屋根上の積雪深が通常よりも大きくなると予想される場合には，建設予定地の状況に応じて k_{env} を 1.0 よりも大きな値としなければならない．

5.3　屋根形状係数

屋根形状係数 μ_0 は，次式により算定する．

$$\mu_0 = \mu_b + \mu_d + \mu_s \tag{5.4}$$

ここで，μ_b　：基本となる屋根形状係数〔5.3.1 項参照〕

μ_d　：風による偏分布に関する屋根形状係数〔5.3.2 項参照〕

μ_s　：屋根上滑動による偏分布に関する屋根形状係数〔5.3.3 項参照〕

ただし，大規模または特殊な屋根形状の場合は，適切な調査・実験などに基づいて μ_0 を求める．

5.3.1　基本となる屋根形状係数

基本となる屋根形状係数は，図 5.1 により求める．ただし，図中の風速 V(m/s）は 1 月と 2 月の 2 か月間の平均風速をもとにした屋根面の高さの風速である．また，V の値が図中にない場合の μ_b は直線補間して求めるものとする．

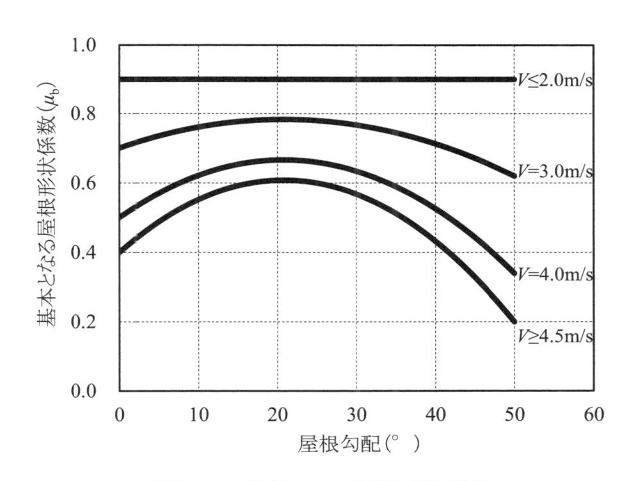

図 5.1　基本となる屋根形状係数

5.3.2　風による偏分布に関する屋根形状係数

(1) M 型屋根，連続山形屋根およびのこぎり屋根の谷部底辺の風による偏分布に関する屋根形状係数μ_dは表 5.1 による．屋根の最側部または棟部では，図 5.2 に従い μ_d をゼロとし，屋根雪分布は谷部底辺のμ_dとゼロ点とを直線で結ぶように設定する．また，1，2 月の平均風速 V の値が表に示されていない場合のμ_dは直線補間して求めるものとする．

(2) セットバックおよびこれに類する形状の屋根における μ_d は表 5.2 による．図 5.3 に示す O 点のμ_dは表 5.2 に示す値とし，O 点からの水平距離がセットバックの高さ h_s の 2 倍となる位置で μ_d をゼロとする．屋根雪分布はμ_dとゼロ点とを直線で結ぶように設定する．また，V および屋根勾配が表に示されていない場合のμ_dは直線補間して求めるものとする．

表 5.1　M 型屋根・連続山形屋根およびのこぎり屋根における谷部底辺の μ_d

屋根勾配	M 型屋根および連続山形屋根				のこぎり屋根			
	1，2 月の平均風速 V				1，2 月の平均風速 V			
	2 m/s 以下	3 m/s	4 m/s	4.5 m/s 以上	2 m/s 以下	3 m/s	4 m/s	4.5 m/s 以上
10° 以下	0	0	0	0	0	0	0	0
25°	0	0	0.15	0.20	0.10	0.20	0.35	0.55
40°	0	0.20	0.35	0.45	0.10	0.30	0.45	0.70
50° 以上	0	0.30	0.55	0.70	0.10	0.40	0.65	0.80

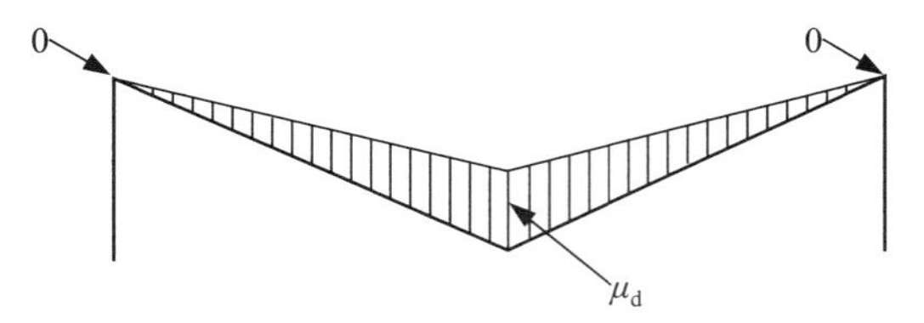

(a) M型屋根および連続山形屋根の場合

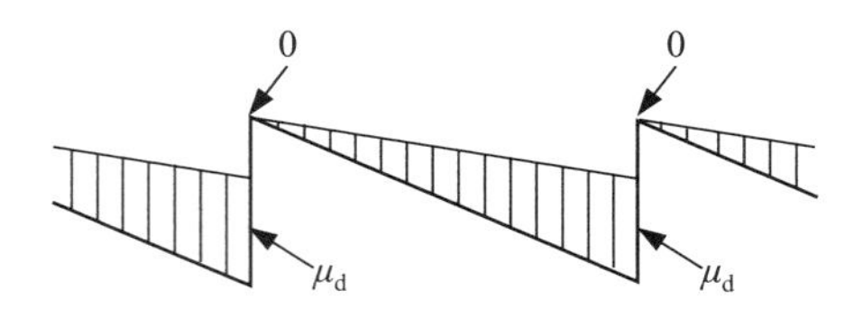

(b) のこぎり屋根の場合

図 5.2　M 型屋根・連続山形屋根およびのこぎり屋根における屋根雪分布

表 5.2　セットバックのある屋根のμ_d

1, 2 月の平均風速	2 m/s 以下	3 m/s	4 m/s	4.5 m/s 以上
μ_d	0.10	0.30	0.50	0.60

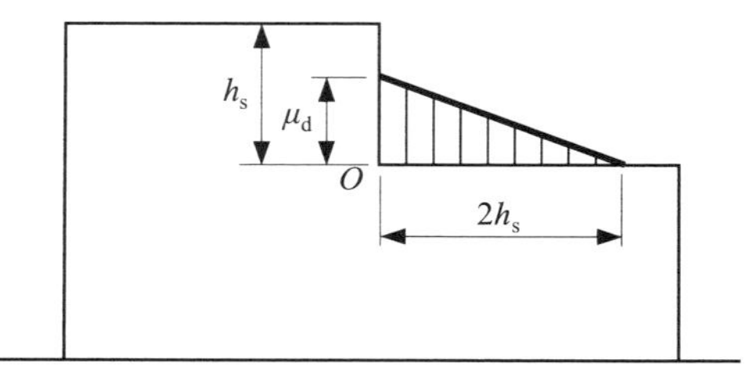

図 5.3　セットバックのある屋根の場

5.3.3　屋根上滑動による偏分布に関する屋根形状係数

M 型屋根，連続山形屋根，のこぎり屋根の屋根上滑動による偏分布荷重に関する屋根形状係数 μ_s は（5.5）式および（5.6）式により算定し，谷部底辺で正，棟で負の値とし，その中間は直線分布として用いる．ただし，屋根勾配の両式の中間となる場合は屋根材の滑雪性を考慮して決定する．

（1）屋根勾配が 10° 以下の場合

$$\mu_s = 0 \tag{5.5}$$

（2）屋根勾配が 25° 以上の場合

$$\mu_s = \mu_b \tag{5.6}$$

5.4　局所的屋根雪荷重

屋根上に局所的に増大する積雪荷重が作用するおそれのある場合は，これを考慮する．

（1）屋根上の突起物等により，吹きだまりや滑雪の堆積が発生する場合

（2）軒先やけらばの部分で，巻垂れ，雪庇，つららなどが発生する場合

（3）庇や下方の屋根に，上方の屋根から雪が落下して堆積する場合

ただし（3）の場合は，状況によって，落下時の衝撃荷重も考慮する．

5.5　制御する場合の屋根雪荷重

5.5.1　屋根雪荷重の算定

屋根雪荷重を制御する場合に用いる屋根雪荷重 S(kN/m^2) は（5.7）式によって求める．

$$S = \mu_n S_n - S_c \tag{5.7}$$

ここで，μ_n ：屋根雪荷重を制御する場合の屋根形状係数で，5.3 節に示す μ_0 と同じとする．

S_n　：地上増分積雪重量（kN/m²）〔5.5.2 項参照〕,

S_c　：制御雪荷重（kN/m²）〔5.5.3 項参照〕である.

5.5.2　地上増分積雪重量

(1) 地上増分積雪重量の算定

屋根雪荷重を制御する場合に用いる，単位水平投影面積あたりの地上増分積雪重量 S_n(kN/m²) は，次式によって算定する.

$$S_n = k_{\mathrm{env}}\, d_n p_n \tag{5.8}$$

ここで,

k_{env}：環境係数〔5.2.4 項参照〕,

d_n　：屋根雪荷重を制御する場合の基本地上増分積雪深（m）〔5.5.2（2）参照〕,

p_n　：屋根雪荷重を制御する場合の等価単位積雪重量(kN/m²)〔5.5.2（3）参照〕である.

ただし,（5.8）式において S_n を降水量と気温から適切な方法により直接推定することもできる.

(2) 基本地上増分積雪深

基本地上増分積雪深 d_n は，地上積雪の観測資料に基づいて推定される年最大 n 日増分積雪深の再現期間 100 年に対する値とする．増分積雪を評価する日数 n は屋根雪荷重を制御する装置などの性能に応じて求める.

(3) 屋根雪荷重の制御を行う場合の単位積雪重量

屋根雪荷重を制御する場合に用いる等価単位積雪重量 p_n は,（5.3）式に示す p_0 とする.

5.5.3　制御雪荷重

制御雪荷重 S_c は，原則として調査・実験などにより制御装置などの性能に応じて求める．S_c は，制御装置などにより n 日豪雪期間に排雪される屋根雪荷重と豪雪開始時に残存する屋根雪荷重の差である.

5.6　その他の雪荷重

その他の雪荷重として，次の点を考慮しなければならない.

(1)　落雪や吹きだまりなどにより外壁に接する積雪が多量になる場合は，外壁に及ぼす積雪の側圧

(2)　地上の積雪と屋根雪が連結するおそれのある場合は，積雪の沈降力

(3)　建築物本体や部材への冠雪および着雪のおそれのある場合は，冠雪の重量や雪塊の落下による影響

(4)　庇やルーバーなど外装材に雪が堆積するおそれのある場合は，堆積による荷重と落雪の影響

(5)　バルコニーなどの開放部に大量に雪が吹き込むことが予想される場合は，吹込みによる影響

(6)　隣接する建築物や樹木により雪の吹きだまりが発生するおそれのある場合は，吹きだまりに

よる荷重

(7) 高層建築物・大型建築物の場合は，周辺の建築物に及ぼす雪の吹きだまりの影響

(8) 膜構造の場合は，雪によるポンディングなど膜屋根特有の現象

6章 風 荷 重

6.1 一 般

6.1.1 適 用 範 囲

(1) 本指針は，強風の作用に対して建築物の上部構造が弾性的に挙動することを前提とした風荷重を算定する場合に適用する．

(2) 構造骨組用水平風荷重と構造骨組用屋根風荷重は，建築物の構造骨組を設計する場合に適用し，外装材用風荷重は，外装仕上材およびその下地構造材ならびにそれらの緊結部（以下，外装材等という）を設計する場合に適用する．

6.1.2 算 定 方 針

(1) 風荷重（W）の基本値は，A6.1.3 項に定める再現期間 100 年の基本風速を基に算定する．

(2) 設定された再現期間に対応する設計風速は，A6.1.4 項に示す再現期間換算係数を用いて算定する．

(3) 風荷重は，構造骨組用水平風荷重と構造骨組用屋根風荷重，および外装材用風荷重に分けて算定する．構造骨組用水平風荷重は，風方向荷重，風直交方向荷重，ねじり風荷重に分けて算定する．

(4) 6.1.3 項（1）に示す条件を満足する，アスペクト比が大きく比較的柔らかい建築物の場合は，A6.5 節および A6.6 節に定める構造骨組用風直交方向荷重およびねじり風荷重を考慮しなければならない．

(5) 6.1.3 項（2）に示す条件を満足する，アスペクト比が極めて大きく柔らかい建築物では，渦励振，空力不安定振動の検討が必要になる．なお，円形平面をもつ建築物および円形断面部材の渦励振については，A6.9 節により風荷重を定める．

(6) 構造骨組用水平風荷重（風方向荷重）は，6.2 節に定めるとおり，A6.1 節に定める速度圧，A6.2 節に定める風力係数，および A6.3 節に定める構造骨組用風方向荷重のガスト影響係数の積に，風荷重に応じて適切に定めた見付面積を乗じて算定する．

(7) 構造骨組用屋根風荷重は，6.3 節に定めるとおり，平均成分と変動成分に分けて算定し，それらを組み合せる．平均成分は，A6.1 節に定める速度圧，A6.2 節に定める風力係数を用いて算定し，変動成分は A6.4 節により算定する．

(8) 外装材用風荷重は，6.4 節に定めるとおり，A6.1 節に定める速度圧と A6.2 節に定めるピーク

風力係数の積に，外装材の位置や大きさに応じて適切に定めた荷重負担面積を乗じて算定する．

(9)　風荷重は，原則としてA6.1.2項に定める風向別の設計風速に基づいて算定する．

(10)　特定の期間にだけ使用され，それ以外の時には撤去される建築物の風荷重は，A6.1.6項に定める季節係数を用いて算定することができる．

(11)　通常の建築物では，屋根の平均高さを基準高さとし，この基準高さでの速度圧に基づいて風荷重を算定する．ただし，ラチス型塔状構造物では，A6.7節に定めるように，各高さでの速度圧に基づいて風荷重を算定する．

(12)　独立上屋の構造骨組用風荷重は，A6.8節に定めるとおり，A6.1節に定める速度圧，A6.2節に定める風力係数，A6.8.3項に定めるガスト影響係数の積に，適切に定めた受圧面積を乗じて算定する．

(13)　構造骨組用風荷重については，A6.10節に従って各水平風荷重の組合せ，および水平風荷重と屋根風荷重の組合せを考慮しなければならない．なお，外装材と主要構造体を兼ねるような部分や，構造骨組と外装材の取付き方によっては，構造骨組用風荷重に局所的な外装材用風荷重の組合せを考慮しなければならない．

(14)　数値流体計算によって風荷重を算定する場合には，A6.11節を参考にして充分な精度を確保しなければならない．

(15)　隣接建築物の影響により応答が増加するおそれのある場合には，A6.12節を参考にして，これを適切に考慮しなければならない．

(16)　地形や建築物等の地物によって生じる遮蔽効果を風荷重評価で取り入れる場合は，将来の状況変化に対しても同等以上の遮風効果が期待できること，および適切な風洞実験や数値流体計算等でその効果を確認することが必要である．

(17)　風揺れに対する居住性等の検討において必要となる応答加速度はA6.13節によって算定する．その際に必要な再現期間1年の風速については，A6.14節によることができる．

(18)　疲労損傷等の累積的な荷重効果は，A6.15節に示すように風の作用時間を考慮して検討する．

6.1.3　特殊な風荷重や風振動の影響を考慮すべき建築物

(1)　構造骨組用風直交方向荷重およびねじり風荷重の検討を必要とする建築物

以下の条件が当てはまる建築物については，A6.5節に定める風直交方向荷重およびA6.6節に定めるねじり風荷重の検討が必要である．

$$\frac{H}{\sqrt{BD}} \geqq 3 \tag{6.1}$$

ここで，

H　：基準高さ（m）で，6.1.2項（11）により定める．

B　：建築物の幅（m）

D ：建築物の奥行（m）

(2) 渦励振，空力不安定振動

以下の条件が当てはまる建築物については，適切な風洞実験や数値流体計算等によって，渦励振，空力不安定振動の検討が必要である．ただし，円形平面をもつ建築物の渦励振については，A6.9 節により風荷重を定める．

1）長方形平面をもつ建築物

$$\frac{H}{\sqrt{BD}} \geqq 4 \quad \text{かつ} \quad \left(\frac{U_H}{f_L\sqrt{BD}} \geqq 0.83U^*_{Lcr} \ \text{または} \ \frac{U_H}{f_T\sqrt{BD}} \geqq 0.83U^*_{Tcr} \right) \tag{6.2}$$

ここで，

U_H ：設計風速（m/s）で，A6.1.2 項により定める．ただし，風向係数 K_D および季節係数 K_S は 1 とする．

U^*_{Lcr} ：風直交方向の空力不安定振動の無次元発振風速で，表 6.1 によって算定する．

U^*_{Tcr} ：ねじれの空力不安定振動の無次元発振風速で，表 6.2 によって算定する．

f_L, f_T ：建築物の風直交方向振動およびねじれ振動の 1 次固有振動数（Hz）

2）円形平面をもつ建築物

$$\frac{H}{D_m} \geqq 7 \quad \text{かつ} \quad \frac{U_H}{f_L D_m} \geqq 3.5 \tag{6.3}$$

ここで，

D_m ：高さ $2H/3$(m) における建築物の外径（m）

表 6.1 風直交方向の空力不安定振動の無次元発振風速 U^*_{Lcr}

地表面粗度区分	辺長比 D/B	質量減衰パラメータ δ_L 注)	無次元発振風速 U^*_{Lcr}
Ⅰ，Ⅱ	$D/B \leqq 0.8$	$\delta_L \leqq 0.7$	$16\delta_L$
		$0.7 < \delta_L$	11
	$0.8 < D/B \leqq 1.5$	−	$1.2\delta_L + 7.3$
	$1.5 < D/B \leqq 2.5$	$\delta_L \leqq 0.2$	2.3
		$0.2 < \delta_L \leqq 0.8$	12
		$0.8 < \delta_L$	$15\delta_L$
	$2.5 < D/B$	$\delta_L \leqq 0.4$	3.7
		$\delta_L > 0.4$	検討不要
Ⅲ，Ⅳ，Ⅴ	$D/B \leqq 0.8$	−	$4.5\delta_L + 6.7$
	$0.8 < D/B \leqq 1.2$	−	$0.7\delta_L + 8.8$
	$1.2 < D/B \leqq 2$	−	11
	$2 < D/B$	−	15

［注］ δ_L は質量減衰パラメータで，$\delta_L = \zeta_L M_L/(\rho BDH)$ とする．ここで，ζ_L：建築物の風直交方向振動の 1 次減衰定数，M_L：頂部を 1 とした風直交方向 1 次振動モードをもつ建築物の一般化質量（kg），ρ：空気密度で 1.22 kg/m³ とする．

表6.2　ねじれの空力不安定振動の無次元発振風速 U^*_{Tcr}

辺長比 D/B	質量減衰パラメータ δ_{T} 注)	無次元発振風速 U^*_{Tcr}
すべて	$\delta_{\mathrm{T}} \leqq 0.05$	1.7
$D/B \leqq 1.5$	$0.05 < \delta_{\mathrm{T}} \leqq 0.1$	9.2
	$0.1 < \delta_{\mathrm{T}}$	検討不要
$1.5 < D/B \leqq 2.5$	$0.05 < \delta_{\mathrm{T}} \leqq 0.15$	$8\delta_{\mathrm{T}} + 3.3$
	$0.15 < \delta_{\mathrm{T}}$	$7.4\delta_{\mathrm{T}} + 7.2$
$2.5 < D/B \leqq 5$	$0.05 < \delta_{\mathrm{T}}$	$10.5\delta_{\mathrm{T}} + 4.2$

［注］ δ_{T} は質量減衰パラメータで，$\delta_{\mathrm{T}} = \zeta_{\mathrm{T}} I_{\mathrm{T}} / (\rho B^2 D^2 H)$ とする．ここに，ζ_{T}：建築物のねじれ振動の1次減衰定数，I_{T}：頂部を1としたねじれ1次振動モードをもつ建築物の一般化慣性モーメント（$\mathrm{kg\,m^2}$），ρ は空気密度で $1.22\,\mathrm{kg/m^3}$ とする．

6.2　構造骨組用水平風荷重

6.2.1　適用範囲

本節は，建築物の構造骨組を設計する場合の水平風荷重として，風方向荷重を算定する場合に適用する．

6.2.2　算定式

構造骨組用風方向荷重は，(6 4) 式により算定する．

$$W_{\mathrm{D}} = q_H C_{\mathrm{D}} G_{\mathrm{D}} A \qquad (6.4)$$

ここで，

W_{D} ：地表面からの高さ Z(m) における風方向荷重（N）

q_H ：速度圧（$\mathrm{N/m^2}$）で，A6.1.1項により定める．

C_{D} ：風力係数で，A6.2節により定める．

G_{D} ：構造骨組用風方向荷重のガスト影響係数で，A6.3節により定める．

A ：地表面からの高さ Z(m) における，風向に垂直な面に投影した建築物の面積（見付面積）（$\mathrm{m^2}$）

6.3　構造骨組用屋根風荷重

6.3.1　適用範囲

本節は，建築物の構造骨組を設計する場合の屋根風荷重の算定に適用する．

6.3.2　算定式

構造骨組用屋根風荷重は，(6.5) 式によって算定する．

$$W_{\mathrm{R}} = q_H C_{\mathrm{R}} A_{\mathrm{R}} \pm W'_{\mathrm{R}} \qquad (6.5)$$

ここで，

W_{R} ：屋根風荷重（N）

q_H ：速度圧（$\mathrm{N/m^2}$）で，A6.1.1項により定める．

C_{R} ：風力係数で，A6.2 節により定める.

A_{R} ：屋根梁の負担する部分の受圧面積（m^2）

W'_{R} ：変動屋根風荷重（N）で，A6.4 節により定める.

6.4 外装材用風荷重

6.4.1 適用範囲

本節は，建築物の外装材等を設計する場合の風荷重の算定に適用する.

6.4.2 算定式

外装材等に作用する風荷重は，（6.6）式により算定する.

$$W_{\mathrm{C}}=q_H\hat{C}_{\mathrm{C}}A_{\mathrm{C}} \tag{6.6}$$

ここで，

W_{C} ：外装材等の風荷重（N）

q_H ：速度圧（$\mathrm{N/m^2}$）で，A6.1.1 項により定める.

$\hat{C}_{\mathrm{C}}$ ：ピーク風力係数で，A6.2 節により定める.

A_{C} ：外装材等の荷重負担面積（m^2）

A6.1 風速および速度圧

A6.1.1 速度圧

速度圧 $q_H(\mathrm{N/m^2})$ は（A6.1）式により算定する.

$$q_H=\frac{1}{2}\rho U_H^2 \tag{A6.1}$$

ここで，

ρ ：空気密度で，1.22 $\mathrm{kg/m^3}$ とする.

U_H ：設計風速（m/s）で，A6.1.2 項により定める.

A6.1.2 設計風速

設計風速 $U_H(\mathrm{m/s})$ は（A6.2）式により算定する.

$$U_H=U_0k_{\mathrm{R}w}K_{\mathrm{D}}K_{\mathrm{S}}E_H \tag{A6.2}$$

ここで，

U_0 ：基本風速（m/s）で，建設地の地理的位置に応じて A6.1.3 項により定める.

$k_{\mathrm{R}w}$ ：再現期間換算係数で，A6.1.4 項により定める.

K_{D} ：風向係数で，A6.1.5 項により定める.

K_{S} ：季節係数で，A6.1.6 項により定める.

E_H ：建設地の地表面の状況に応じて A6.1.7 項に定める風速の鉛直分布係数 E の，基準高さ $H(\mathrm{m})$ における値ただし，居住性等の検討において必要となる再現期間1年の風速については，A6.14節により定める.

A6.1.3　基本風速

基本風速U_0(m/s)は，地表面の状況がA6.1.7項に定める地表面粗度区分Ⅱの場合の，地上10mにおける10分間平均風速の再現期間100年に対する値であり，建設地の地理的位置に応じて，図A6.1により定める.

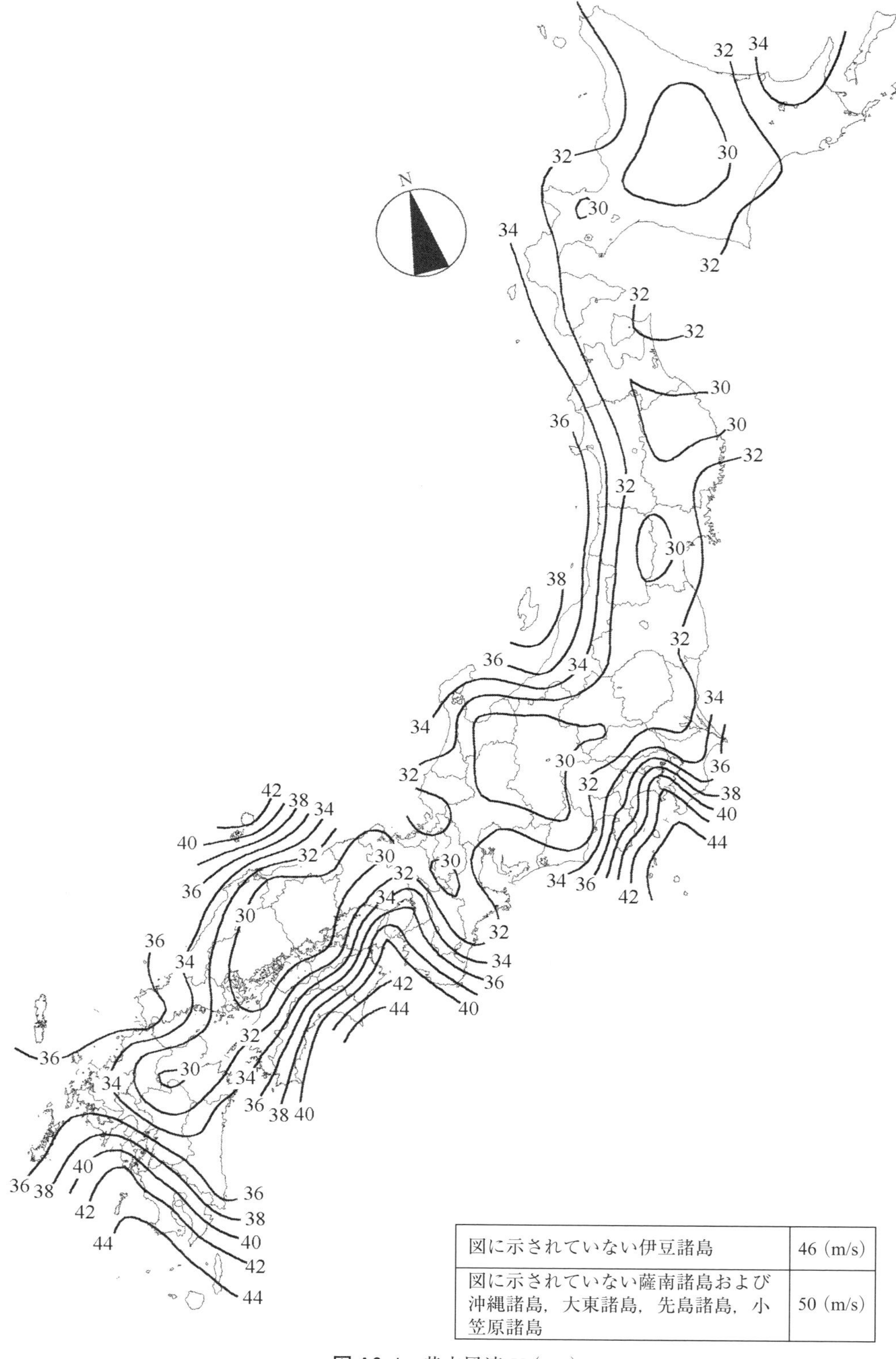

図に示されていない伊豆諸島	46 (m/s)
図に示されていない薩南諸島および沖縄諸島，大東諸島，先島諸島，小笠原諸島	50 (m/s)

図 A6.1　基本風速 U_0(m/s)

A6.1.4　再現期間換算係数

再現期間換算係数 k_{Rw} は，（A6.3）式により算定する.

$$k_{Rw}=0.63(\lambda_U-1)\ln t_R-2.9\lambda_U+3.9 \qquad (A6.3)$$

ただし，

$$\lambda_U=\frac{U_{500}}{U_0}$$

ここで，

U_{500}：地表面の状況がA6.1.7項に定める地表面粗度区分Ⅱの場合の，地上10 mにおける10分間平均風速の再現期間500年に対する値（m/s）であり，図A6.2により定める.

U_0　：基本風速（m/s）でA6.1.3項により定める.

t_R　：設計用再現期間（年）

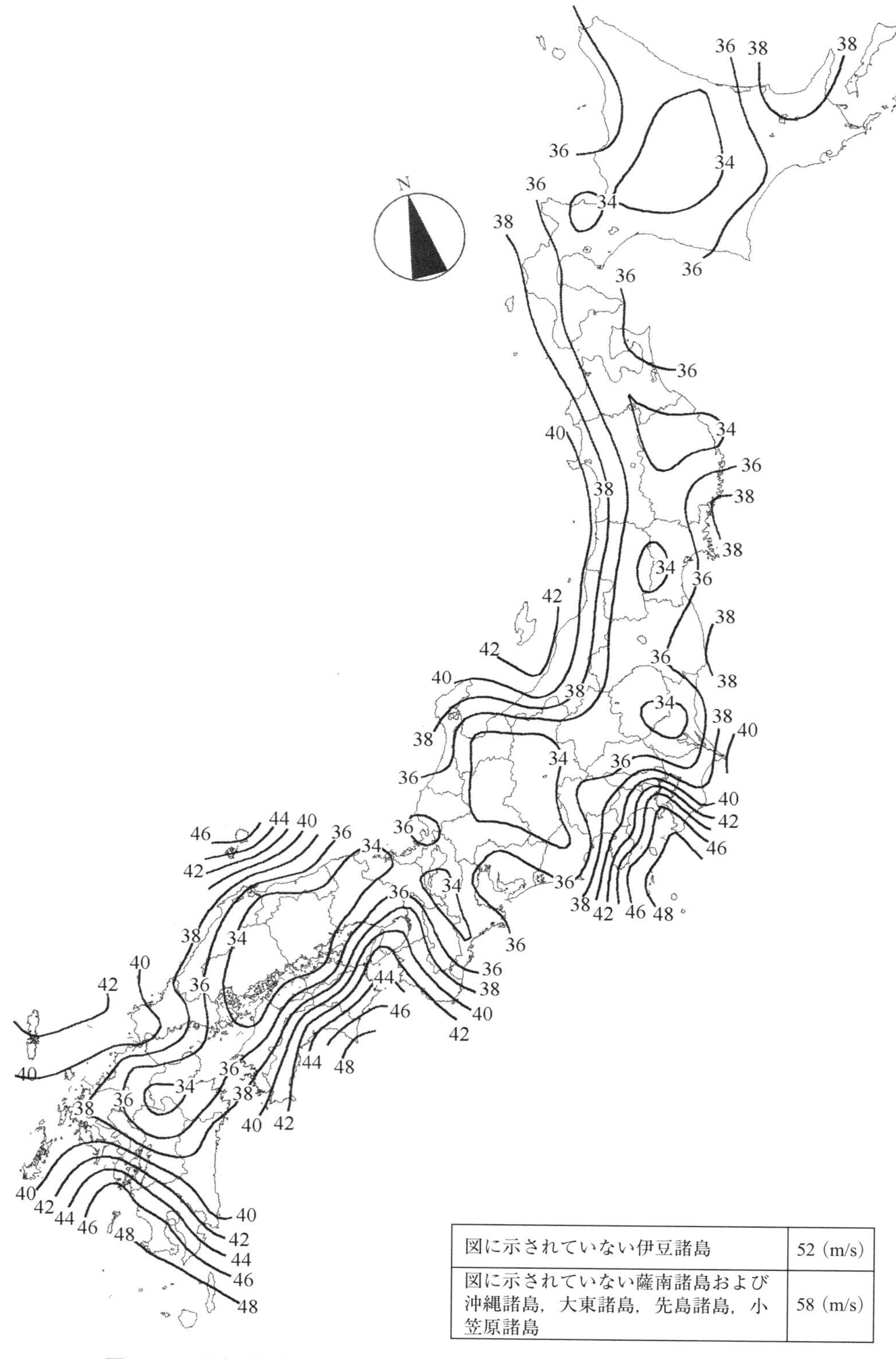

図に示されていない伊豆諸島	52 (m/s)
図に示されていない薩南諸島および沖縄諸島，大東諸島，先島諸島，小笠原諸島	58 (m/s)

図 A6.2　地表面粗度区分 II，地上 10 m での再現期間 500 年の風速 U_{500}(m/s)

A6.1.5　風向係数

風向係数 K_D は，建設地点の地理的位置や大規模地形の影響などによる風向別の強風特性を反映する係数であり，表 A6.1 の 8 方位の風向係数に基づいて，次のように定める．ただし，季節係数 K_S を考慮する場合は，$K_D=1$ とする．

(1) 適切な風洞実験や数値流体計算等により，風向ごとの風力係数あるいは風圧係数が既知である場合

構造骨組用風荷重，外装材用風荷重とも，8 方位それぞれを中心とする 45° の扇形内の風向に対しては，当該方位での K_D で算定する．

(2) A6.2 節の風力係数，風圧係数による場合

1) 構造骨組用風荷重を算定する場合

a) 風力係数，風圧係数が風向に依存する場合

原則として主要な面に正対する 4 風向を考慮する．正対風向が 8 方位いずれかを中心とする 22.5° の扇形の範囲に入る場合は，当該方位の風向係数を用いる．22.5° の扇形の範囲に入らない場合は，隣接 2 方位の風向係数の値のうち大きい値をその風向の風向係数として用いる．

b) 風力係数，風圧係数が風向に依存しない場合

8 方位それぞれを中心とする 45° の扇形内の風向では，当該方位での K_D を用いる．

2) 外装材用風荷重を算定する場合

$K_D=1$ とする．

表 A6.1　風向係数 K_D

方位	稚内	北見枝幸	羽幌	雄武	留萌	旭川	網走	小樽	札幌	岩見沢
NE	0.95	0.85	0.85	0.85	0.85	0.85	0.85	0.85	0.85	0.9
E	0.85	0.85	0.85	0.85	0.85	0.85	0.85	0.85	0.85	0.85
SE	0.85	0.85	0.85	0.85	0.85	0.85	0.85	0.85	1	1
S	1	0.85	1	0.85	0.85	1	0.85	0.85	1	1
SW	1	1	1	1	0.95	1	0.85	1	0.85	0.85
W	0.85	1	1	1	0.95	1	0.95	1	0.95	1
NW	0.85	0.85	0.95	0.85	1	0.85	1	1	1	0.95
N	0.95	0.85	0.85	0.85	1	0.85	0.9	0.85	0.85	0.9

方位	帯広	釧路	根室	寿都	室蘭	苫小牧	浦川	江差	函館	倶知安
NE	0.85	0.85	0.9	0.85	0.85	0.85	0.85	0.85	0.95	0.85
E	0.85	0.9	0.9	0.85	0.85	0.85	0.85	0.85	0.95	0.95
SE	0.85	0.9	0.85	1	0.85	0.85	0.85	0.85	0.85	0.95
S	0.85	0.85	0.85	1	0.85	0.85	0.85	1	1	0.95
SW	0.85	0.85	0.85	0.85	0.85	0.85	0.85	1	1	0.95
W	1	1	0.95	1	1	0.85	1	1	0.95	1
NW	1	0.9	1	1	1	0.9	1	1	0.9	1
N	0.85	0.85	0.95	0.9	0.85	1	0.85	0.85	0.85	0.85

表 A6.1（つづき） 風向係数 K_D

方位	紋別	広尾	大船渡	新庄	若松	深浦	青森	むつ	八戸	秋田
NE	0.9	0.85	0.85	0.85	0.85	0.85	0.85	0.85	0.85	0.85
E	0.9	0.85	0.85	0.85	0.9	0.85	0.85	0.85	0.85	0.85
SE	0.85	0.85	0.85	0.85	0.9	0.85	0.85	0.85	0.85	0.85
S	0.85	0.85	0.85	0.85	0.85	1	0.85	0.85	0.85	0.95
SW	1	1	0.85	0.85	0.85	1	1	0.95	1	0.95
W	1	1	0.85	1	1	0.95	1	1	1	1
NW	1	0.85	1	1	1	0.95	0.9	0.85	0.95	1
N	0.9	0.85	0.9	0.85	0.85	0.9	0.85	0.85	0.85	0.85

方位	盛岡	宮古	酒田	山形	仙台	石巻	福島	白河	小名浜	輪島
NE	0.85	0.85	0.85	0.85	0.85	1	0.85	0.85	1	0.9
E	0.85	0.85	0.85	0.85	0.85	0.95	0.85	0.85	0.85	0.85
SE	0.85	0.9	0.85	0.85	0.85	0.9	0.85	0.85	0.9	0.85
S	0.85	0.9	0.85	0.9	0.85	0.85	0.85	0.85	0.85	0.9
SW	0.95	0.95	0.9	1	0.85	0.85	0.85	0.85	0.85	1
W	1	1	1	1	1	1	1	1	0.95	1
NW	1	0.95	1	0.95	1	1	1	1	1	0.95
N	0.95	0.95	0.85	0.85	0.85	1	0.85	0.95	1	0.95

方位	相川	新潟	金沢	伏木	富山	長野	高田	宇都宮	福井	高山
NE	0.85	0.85	0.85	0.9	0.85	0.85	0.85	0.9	0.85	0.85
E	0.85	0.85	0.85	0.85	0.85	0.85	0.85	0.85	0.85	0.85
SE	0.85	0.85	0.85	0.85	0.9	0.85	0.85	0.85	1	0.9
S	0.85	0.85	0.9	0.85	1	0.85	0.85	0.85	1	1
SW	0.85	1	1	1	0.9	1	0.85	0.85	0.85	0.85
W	0.85	1	0.9	0.95	0.9	1	1	0.85	0.85	0.85
NW	1	1	0.85	0.85	0.85	0.9	0.95	0.85	1	0.85
N	1	0.9	0.85	0.9	0.85	0.85	0.85	1	1	0.85

方位	松本	諏訪	熊谷	水戸	敦賀	岐阜	名古屋	飯田	甲府	秩父
NE	0.85	0.85	0.85	1	0.85	0.85	0.85	0.95	0.85	0.85
E	0.85	1	0.85	0.85	0.85	0.85	0.85	0.85	0.85	0.85
SE	1	1	0.85	0.85	0.85	1	1	0.85	0.85	0.85
S	1	0.95	0.85	0.85	0.85	0.95	1	0.85	0.85	0.85
SW	0.9	0.85	0.85	0.85	0.85	0.85	0.85	1	0.85	0.85
W	0.85	1	0.95	0.9	0.85	0.85	0.85	1	0.85	0.9
NW	0.85	1	1	1	1	0.9	0.85	1	1	1
N	0.85	0.85	0.95	1	0.85	0.85	0.85	0.95	1	0.85

方位	銚子	上野	津	伊良湖	浜松	御前崎	静岡	三島	東京	尾鷲
NE	0.9	0.85	0.85	0.9	0.95	1	0.85	1	0.85	0.85
E	0.85	1	1	0.95	0.95	1	0.85	0.85	0.85	0.95
SE	0.85	0.9	1	0.95	0.85	0.85	0.85	0.85	0.85	0.85
S	0.85	0.85	0.85	0.9	0.85	0.95	0.95	0.85	0.85	0.85
SW	0.85	0.9	0.85	0.85	0.85	0.95	1	0.85	0.85	0.95
W	0.85	0.85	0.95	1	1	1	1	0.85	0.85	1
NW	0.95	0.85	0.9	1	1	0.95	0.85	0.85	1	0.95
N	1	0.85	0.85	0.85	0.85	0.85	0.85	1	1	0.85

表 A6.1（つづき）　風向係数 K_D

方位	石廊崎	網代	横浜	館山	勝浦	大島	三宅島	八丈島	千葉	四日市
NE	0.85	0.95	0.85	0.85	0.85	1	0.85	0.85	0.85	0.85
E	0.85	0.85	0.85	0.85	0.85	0.85	0.85	0.85	0.9	1
SE	0.85	0.85	0.85	0.85	0.85	0.85	0.85	0.85	0.9	1
S	0.85	0.85	0.85	0.85	1	0.85	0.85	1	0.95	0.85
SW	0.9	1	0.85	0.85	1	0.95	0.85	1	0.95	1
W	1	1	0.85	0.85	0.85	0.9	0.95	0.9	0.85	1
NW	0.85	0.85	1	1	1	0.85	1	0.9	1	0.85
N	0.85	0.95	1	1	0.9	1	1	0.9	1	0.85

方位	西郷	松江	境	米子	鳥取	豊岡	舞鶴	萩	浜田	津山
NE	0.9	0.9	0.95	0.85	0.85	0.85	0.85	0.85	0.85	0.85
E	0.85	0.85	0.95	0.85	0.85	0.85	0.85	0.85	0.85	0.95
SE	0.85	0.85	0.85	0.85	0.85	0.85	1	0.9	0.85	0.95
S	0.85	0.85	0.85	0.85	1	0.85	1	0.9	0.85	0.85
SW	0.85	0.9	0.95	0.95	0.85	0.85	0.85	0.85	0.9	0.85
W	0.85	1	1	1	0.85	0.85	0.85	0.9	1	0.95
NW	0.85	0.95	0.85	1	0.9	1	1	1	0.85	0.95
N	1	0.95	0.85	1	0.9	1	1	1	1	1

方位	京都	彦根	下関	広島	呉	福山	岡山	姫路	神戸	大阪
NE	1	0.85	0.85	0.85	1	0.95	0.85	0.85	1	0.9
E	0.95	0.85	0.85	0.85	0.85	0.85	0.85	0.85	1	0.85
SE	0.85	0.85	0.85	0.95	0.85	0.85	0.85	1	0.85	0.85
S	0.85	0.85	0.85	1	0.9	0.85	0.85	1	0.85	1
SW	0.85	0.85	0.85	1	0.9	0.85	1	0.85	0.85	1
W	0.85	0.95	0.85	0.85	0.9	0.85	0.85	0.9	0.85	1
NW	0.95	1	1	0.85	1	0.85	0.85	0.9	1	1
N	0.95	0.85	0.95	0.85	1	1	0.85	0.85	1	1

方位	洲本	和歌山	潮岬	奈良	山口	厳原	平戸	福岡	飯塚	佐世保
NE	0.85	0.85	0.95	1	0.85	0.85	0.9	0.85	0.85	1
E	0.85	0.85	0.95	1	0.9	0.85	0.85	0.85	0.85	0.85
SE	0.9	1	0.85	0.85	1	0.85	0.85	1	0.85	0.85
S	1	1	0.9	0.85	0.85	0.95	0.85	1	0.9	0.85
SW	0.85	0.95	0.95	0.85	0.85	1	0.85	0.85	0.9	0.85
W	0.85	1	1	0.85	0.85	0.9	0.85	1	0.85	0.9
NW	0.85	1	1	0.85	0.85	0.95	0.95	1	1	0.9
N	0.85	0.85	0.85	0.85	0.85	1	1	1	1	1

方位	佐賀	日田	大分	長崎	熊本	延岡	阿久根	鹿児島	都城	宮崎
NE	0.85	0.85	0.85	0.9	0.85	0.85	0.85	0.85	0.85	0.9
E	0.85	0.85	0.85	0.85	0.85	0.85	0.85	0.85	0.9	0.85
SE	0.85	0.85	1	0.85	0.85	0.95	0.85	0.95	1	1
S	1	1	0.85	0.9	1	1	1	0.95	1	0.85
SW	0.85	1	0.85	1	1	0.85	0.9	1	0.9	0.85
W	0.85	0.95	0.9	1	0.95	0.85	0.85	0.85	0.85	0.85
NW	0.95	0.85	0.9	0.95	1	0.9	0.85	0.85	0.85	0.85
N	0.95	0.85	0.85	0.9	1	0.9	0.85	0.85	0.85	0.9

表 A6.1（つづき） 風向係数 K_D

方位	枕崎	油津	屋久島	種子島	牛深	福江	松山	多度津	高松	宇和島
NE	0.85	0.95	0.85	0.85	0.85	0.85	0.9	0.85	0.9	0.95
E	1	0.9	0.85	0.85	0.85	0.85	0.85	0.85	0.85	0.95
SE	1	0.9	0.95	0.95	0.85	0.9	1	0.85	0.85	1
S	1	1	1	1	0.85	0.95	1	0.85	0.85	1
SW	1	1	1	0.9	0.9	0.95	0.95	1	0.95	0.85
W	0.95	0.85	0.85	0.9	1	0.95	0.95	1	1	0.85
NW	0.95	0.85	0.85	0.85	0.85	1	0.9	0.85	0.9	0.85
N	0.95	0.95	0.85	0.85	0.85	1	0.9	0.85	0.9	0.85

方位	高知	徳島	宿毛	清水	室戸岬	名瀬	宮古島	久米島	那覇	名護
NE	0.85	0.85	0.85	0.85	1	0.85	0.95	0.85	0.85	0.85
E	1	0.85	0.95	0.95	1	0.85	0.85	0.85	0.85	0.85
SE	1	1	0.95	0.9	0.9	0.9	0.85	0.95	0.95	0.9
S	0.85	1	0.9	0.95	0.85	0.85	0.95	1	1	1
SW	0.85	0.85	1	0.95	0.95	0.85	0.85	1	1	1
W	0.85	0.85	1	1	1	0.85	0.95	0.85	1	0.85
NW	0.85	0.85	1	0.85	0.9	1	1	1	1	0.9
N	0.85	0.85	0.85	0.85	0.85	1	1	1	1	0.85

方位	沖永良部	南大東島
NE	0.85	0.9
E	0.85	0.85
SE	1	0.95
S	1	0.95
SW	0.85	0.85
W	0.85	0.85
NW	0.9	1
N	0.95	1

A6.1.6 季節係数

季節係数 K_S は，1年間の特定の季節のみの風荷重を評価する場合に用いる係数であり，冬季（12月から3月の4か月間）について，図 A6.3 に示される値を用いる．それ以外の場合については，$K_S=1$ とする．また，設計風速の評価において季節係数 K_S を考慮する場合は，風向係数は用いない（$K_D=1$ とする）．

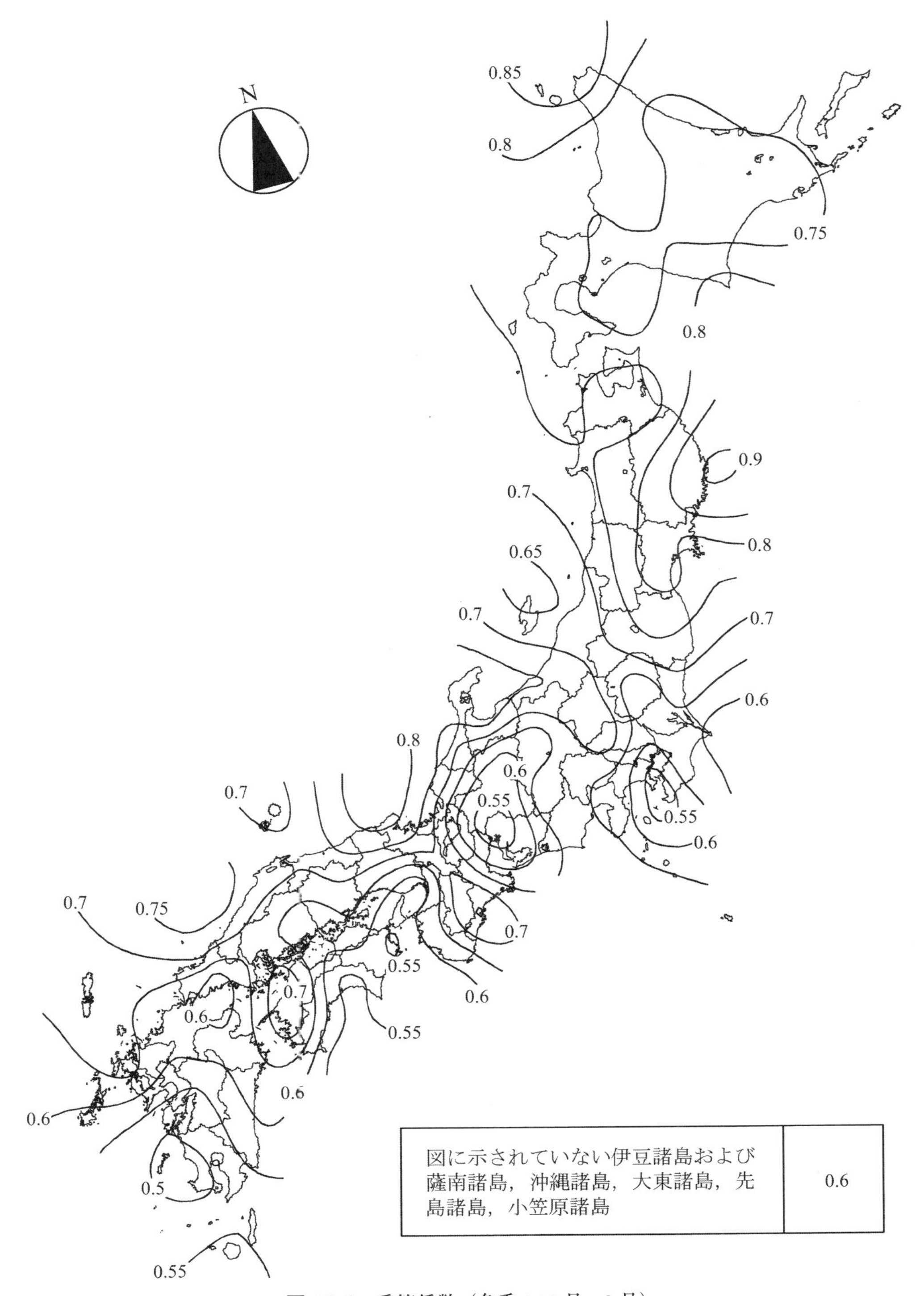

図 A6.3　季節係数（冬季：12 月～3 月）

A6.1.7　風速の鉛直分布係数

(1) 風速の鉛直分布係数

風速の鉛直分布係数 E は，（A6.4）式により算定する．

$$E=E_rE_g \tag{A6.4}$$

ここで，

E_r　：平坦とみなせる状況での風速の鉛直分布を表す係数で，(2) により定める．

E_g　：小地形による風速の割増し係数で，A6.1.9 項により定める．

(2) 平坦とみなせる状況での風速の鉛直分布を表す係数

平坦とみなせる状況での風速の鉛直分布を表す係数 E_r は，1) に定める建設地の地表面粗度区分に応じて，2) により定める．

1) 建設地の地表面粗度区分は，地表面の状況に応じて，表 A6.2 により定める．ただし，建設地の風上側の 40 H（H：基準高さ（m））かつ 3 km 以内で，建設地に向かって滑らかな状態から粗い状態に地表面粗度が変化している場合は，地表面粗度変化地点より風上側領域での地表面粗度区分を建設地の地表面粗度区分とみなす．

表 A6.2　地表面粗度区分

地表面粗度区分		建設地および風上側地域の地表面の状況
滑	Ⅰ	海面または湖面のような，ほとんど障害物のない地域
↑	Ⅱ	田園地帯や草原のような農作物程度の障害物がある地域，樹木・低層建築物などが散在している地域
	Ⅲ	樹木・低層建築物が多数存在する地域，あるいは中層建築物（4～9 階）が散在している地域
↓	Ⅳ	中層建築物（4～9 階）が主となる市街地
粗	Ⅴ	高層建築物（10 階以上）が密集する市街地

2) 平坦とみなせる状況での風速の鉛直分布を表す係数 E_r の値は，1) で定めた地表面粗度区分に応じて，（A6.5）式により算定する．

$$E_r=\begin{cases}1.7\left(\dfrac{Z}{Z_G}\right)^{\alpha} & Z_b<Z\leqq Z_G\\[2ex] 1.7\left(\dfrac{Z_b}{Z_G}\right)^{\alpha} & Z\leqq Z_b\end{cases} \tag{A6.5}$$

ここで，

Z　　：地表面からの高さ（m）

Z_b, Z_G, α：風速の鉛直分布を定めるパラメータで，表 A6.3 により定める．

表 A6.3　風速の鉛直分布を定めるパラメータ

地表面粗度区分	Ⅰ	Ⅱ	Ⅲ	Ⅳ	Ⅴ
Z_b(m)	3	5	10	20	30
Z_G(m)	250	350	450	550	650
α	0.1	0.15	0.2	0.27	0.35

A6.1.8　乱れの強さと乱れのスケール

A6.2 節，A6.3 節等で用いられる風速の乱れの強さ I_Z および乱れのスケール L_Z(m) は，以下のとおり定める．

(1) 乱れの強さ

1) 乱れの強さ I_Z は，建設地の地表面の状況に応じて，(A6.6) 式により算定する．

$$I_Z = I_{rZ} E_{gI} \qquad \text{(A6.6)}$$

ここで，

I_{rZ}：平坦とみなせる状況での地表面からの高さ Z (m) における乱れの強さで，2) により定める．

E_{gI}：小地形による乱れの強さの補正係数で，A6.1.9 項により定める．

2) 平坦とみなせる状況での乱れの強さ

平坦とみなせる状況での乱れの強さ I_{rZ} は，表 A6.2 の地表面粗度区分に応じて，(A6.7) 式により算定する．

$$I_{rZ} = \begin{cases} 0.1\left(\dfrac{Z}{Z_G}\right)^{-\alpha-0\ 05} & Z_b < Z \leqq Z_G \\ 0.1\left(\dfrac{Z_b}{Z_G}\right)^{-\alpha-0\ 05} & Z \leqq Z_b \end{cases} \qquad \text{(A6.7)}$$

ここで，

Z　：地表面からの高さ (m)

Z_b, Z_G, α：風速の鉛直分布を定めるパラメータで，表 A6.3 により定める．

(2) 乱れのスケール

乱れのスケール L_Z(m) は，表 A6.2 の地表面粗度区分に応じて，(A6.8) 式により算定する．

$$L_Z = \begin{cases} 100\left(\dfrac{Z}{30}\right)^{0.5} & Z_b < Z \leqq Z_G \\ 100\left(\dfrac{Z_b}{30}\right)^{0.5} & Z \leqq Z_b \end{cases} \qquad \text{(A6.8)}$$

ここで，

Z　：地表面からの高さ (m)

Z_b, Z_G：風速の鉛直分布を定めるパラメータで，表 A6.3 により定める．

A6.1.9 小地形による影響

小地形による風速および乱れの強さへの影響については，適切な風洞実験や数値流体計算等によって定める．または，傾斜地や尾根状地形の稜線に風が直角に当たる場合は，(1) および (2) で示される小地形による風速の割増し係数 E_g および小地形による乱れの強さの補正係数 E_{gI} を用いる．

(1) 小地形による風速の割増し係数

図 A6.4 および図 A6.5 に示すように，風が傾斜地や尾根状地形の稜線に直角に当たる場合の，小地形による風速の割増し係数 E_g は，(A6.9) 式により算定する．ただし，$E_g \geqq 1$ とする．(A6.10) 式によって算定される小地形の傾斜角 θ_S が 7.5° 未満の場合，および小地形の頂部からの水平距離 X_S(m) が表 A6.4，表 A6.5 に記されている X_S/H_S の範囲を超える場合は $E_g = 1$ とし，風速の割増しを考慮しなくてもよい．

$$E_g = (C_1 - 1)\left\{C_2\left(\frac{Z}{H_S} - C_3\right) + 1\right\}\exp\left\{-C_2\left(\frac{Z}{H_S} - C_3\right)\right\} + 1,\ \text{かつ 1 以上} \qquad \text{(A6.9)}$$

$$\theta_S = \tan^{-1}\frac{H_S}{2L_S} \qquad \text{(A6.10)}$$

ここで，

C_1, C_2, C_3：小地形による風速の割増し係数 E_g を定めるパラメータで，小地形の形状，小地形の傾斜角 θ_S(°)，小地形の頂部から建設地点までの水平距離 X_S(m) に応じて，表 A6.4，表 A6.5 により定める．傾斜角 $\theta_S \geqq 60°$ の場合の風速の割増し係数 E_g は，$\theta_S = 60°$ の値と同じとする．

Z：地表面からの高さ(m) で，表 A6.3 に示す Z_b(m) 以下については Z_b(m) とする．

H_S：傾斜地または尾根の高さ (m)

L_S：小地形の頂部から小地形の高さ H_S(m) の 1/2 の位置までの水平距離 (m)

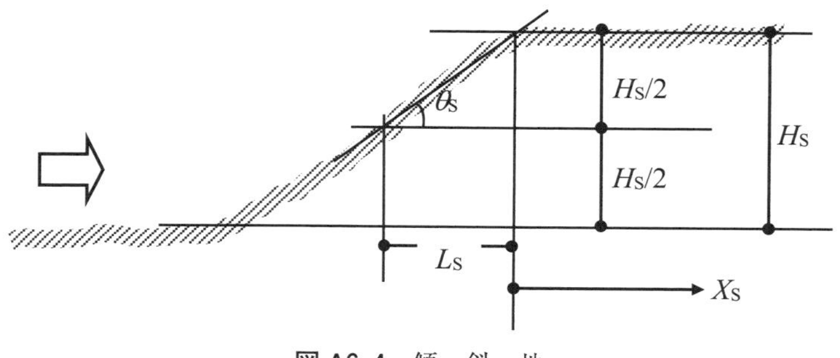

図 A6.4 傾 斜 地

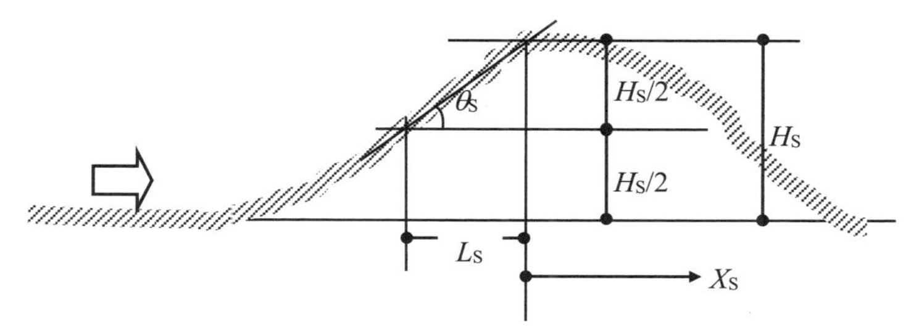

図 A6.5　尾根状地形

表 A6.4　E_gを定めるパラメータ（傾斜地）

θ_S		X_S/H_S									
		−4	−2	−1	−0.5	0	0.5	1	2	4	8
7.5°	C_1	1.15	1.3	1.5	1.5	1.6	1.45	1.3	1.3	1.2	1.15
	C_2	0.8	0.8	0.8	0.8	0.8	0.7	0.6	0.6	0.5	0.4
	C_3	−2	−2	−2	−2	−2	−2	−2	−2	−2	−2
15°	C_1	0.4	1	1.2	1.55	2.1	1.65	1.5	1.3	1.2	1.15
	C_2	0.9	0	0.65	0.85	1	0.8	0.7	0.55	0.45	0.35
	C_3	−2	−2	−2	−2	−2	−2	−2	−2	−2	−2
30°	C_1	0.7	−0.5	1.05	1.1	1.3	1.3	1.25	1.2	1.15	1.1
	C_2	0.65	1.2	1.65	1.5	1.45	1.3	0.9	0.9	0.85	0.6
	C_3	−2	−2	1	0.8	0.3	0.3	0.5	0.7	1.2	1.4
45°	C_1	0.8	0	−3.5	1.1	1.2	1.35	1.3	1.2	1.15	1.1
	C_2	0.5	1	1.6	2	1.1	1.3	1.3	1.3	0.9	0.55
	C_3	−2	−2	−2	0.8	0.3	0.2	0.75	1.05	1.4	2
60°	C_1	0.6	0.1	−1.8	−2.4	1.2	1.4	1.35	1.25	1.15	1.1
	C_2	0.65	0.9	1.3	2.6	2	1.8	1.7	1.5	0.85	0.45
	C_3	−2	−2	−2	−1	0.5	0.5	0.8	1.2	1.9	3.1

表 A6.5　E_gを定めるパラメータ（尾根状地形）

θ_S		X_S/H_S									
		−4	−2	−1	−0.5	0	0.5	1	2	4	8
7.5°	C_1	1.1	1.2	1.35	1.35	1.4	1.3	1.3	1.2	1.1	1
	C_2	1	1	1	1	1.5	1.2	1.1	2	1.6	0
	C_3	0	0	0	0	0.2	0.2	0.2	0.5	0.9	0
15°	C_1	1	1.05	1.2	1.25	1.3	1.4	1.3	1.25	0.35	0.65
	C_2	0	0	1	1	1	1.5	1.5	2	3	2
	C_3	0	0	0	0	0	0.5	0.6	1.1	0.2	0.3
30°	C_1	0.75	0.55	0.85	1	1.2	1.3	1.25	1.2	1.1	1.02
	C_2	1.5	2	2	0	1	2	2	1.6	1.7	1.7
	C_3	0	0	0	0	0	1.1	1.3	2.1	2.2	2.8
45°	C_1	0.75	0.55	0.2	0.75	1.15	1.2	1.15	1.12	1.1	1.02
	C_2	1.5	2	2	3	1	2.5	2.5	2	1.6	1.3
	C_3	0	0	0	0	0	1.2	1.9	2.2	2.5	3.2
60°	C_1	0.75	0.55	0.2	0.2	1.15	1.12	1.15	1.12	1.1	1.02
	C_2	1.5	1.5	1.8	3	1	2.2	2.5	2	1.6	1.3
	C_3	0	0	0	0	0	1.8	2	2.3	2.6	3.4

［注］表に掲げる傾斜角θ_S(°）および水平位置X_S/H_Sの中間値に対する風速の割増し係数E_gについては，最も近い２つの傾斜角と水平位置について，風速の割増し係数を求めたうえ，それらについて直線補間した値とする．

(2) 小地形による乱れの強さの補正係数

図 A6.4 および図 A6.5 に示すように，風が傾斜地や尾根状地形の稜線に直角に当たる場合の，小地形による乱れの強さの補正係数 E_{gI} は，(A6.11) 式により算定する．

$$E_{gI}=\frac{E_I}{E_g} \tag{A6.11}$$

ただし，

$$E_I=(C_1-1)\left\{C_2\left(\frac{Z}{H_S}-C_3\right)+1\right\}\exp\left\{-C_2\left(\frac{Z}{H_S}-C_3\right)\right\}+1,\ \text{かつ 1 以上} \tag{A6.12}$$

ここで，

E_I　：変動風速の標準偏差の割増し係数で，$E_I \geqq 1$ とする．ただし，(A6.10) 式によって算定される小地形の傾斜角 θ_S(°) が 7.5° 未満の場合，および小地形の頂部からの水平距離 X_S(m) が表 A6.4，表 A6.5 に記されている X_S/H_S の範囲を超える場合は $E_I=1$ とし，変動風速の標準偏差の割増しを考慮しなくてもよい．

E_g　：風速の割増し係数で，(A6.9) 式により算定する．

C_1, C_2, C_3：小地形による変動風速の標準偏差の割増し係数 E_I を定めるパラメータで，小地形の形状，小地形の傾斜角 θ_S，小地形の頂部から建設地点までの水平距離 X_S(m) に応じて，表 A6.6，表 A6.7 により定める．傾斜角 $\theta_S \geqq 60°$ の場合の変動風速の標準偏差の割増し係数 E_I は，$\theta_S=60°$ の値と同じとする．

Z　：地表面からの高さ(m) で，表 A6.3 に示す Z_b(m) 以下，または表 A6.6，A6.7 に示す Z_c(m) 以下においては，Z_b(m) と Z_c(m) のいずれか大きい方の値とする．

H_S　：傾斜地または尾根の高さ (m)

L_S　：小地形の頂部から小地形の高さ H_S(m) の 1/2 の位置までの水平距離 (m)

表 A6.6 E_Iを定めるパラメータ（傾斜地）

θ_S		X_S/H_S									
		−4	−2	−1	−0.5	0	0.5	1	2	4	8
7.5°	Z_c/H_S	0	0	0	0	0	0	0	0	0	0
	C_1	1	1	1	1	1	1	1	1	1	1
	C_2	0	0	0	0	0	0	0	0	0	0
	C_3	0	0	0	0	0	0	0	0	0	0
15°	Z_c/H_S	0	0	0	0	0	0	0	0	0	0
	C_1	1	1.05	1.1	1.1	1.1	1.1	1.1	1.1	1.1	1.1
	C_2	0	0	0.2	0.2	0.3	0.4	0.5	0.5	0.3	0.3
	C_3	0	0	0	0	0	0	0	0	0	0
30°	Z_c/H_S	0	0	0	0	0	0	0	0	0	0
	C_1	1.05	1.05	1.1	1.15	1.2	1.3	2.5	1.8	1.4	1.25
	C_2	0	0	0	0.7	2	2.5	10	8	4	1.5
	C_3	0	0.5	1	1	0.5	0	0	0.1	0.2	0.6
45°	Z_c/H_S	0	0	0	0	0	0	0	0.3	0.3	0.2
	C_1	1.05	1.1	1.15	1.3	1.8	1.5	3	3	1.8	1.5
	C_2	0	0	0	1.4	1.7	1.6	6	5	3.5	2
	C_3	0	0	0.5	0	−1	−0.8	0	0	0.3	0.5
60°	Z_c/H_S	0	0	0	0	0	0	0	0.5	0.7	0.9
	C_1	1.1	1.15	1.2	1.3	6	8	4	3.5	2.2	1.7
	C_2	0	0	0	0.7	2.5	5	8	5	3	1.5
	C_3	0	0	0.3	0.5	−1.3	−0.4	0.2	0.2	0.4	0.5

表 A6.7 E_Iを定めるパラメータ（尾根状地形）

θ_S		X_S/H_S									
		−4	−2	−1	−0.5	0	0.5	1	2	4	8
7.5°	Z_c/H_S	0	0	0	0	0	0	0	0	0	0
	C_1	1	1	1	1	1	1	1	1	1	1
	C_2	0	0	0	0	0	0	0	0	0	0
	C_3	0	0	0	0	0	0	0	0	0	0
15°	Z_c/H_S	0	0	0	0	0	0	0	0.6	1.5	2
	C_1	1	1	1	1	1	3.4	4.2	4	2.8	2
	C_2	0	0	0	0	0	19	11	4.6	2	1.6
	C_3	0	0	0	0	0	0.1	0.2	0.3	0.6	0.7
30°	Z_c/H_S	0	0	0	0	0	0.6	0.8	1.5	1.6	2.2
	C_1	1	1	1	1	1	1.6	1.9	2.2	3.2	2.7
	C_2	0	0	0	0	0	5	4	2	1.7	1.3
	C_3	0	0	0	0	0	0.4	0.6	1	0.7	0.5
45°	Z_c/H_S	0	0	0	0	0	0.8	1.5	1.7	1.9	2.5
	C_1	1	1	1	1	1	1.4	1.7	2.1	2.8	2.8
	C_2	0	0	0	0	0	2.6	2.2	1.7	1.4	1.3
	C_3	0	0	0	0	0	0.8	1.1	1.2	0.9	0.5
60°	Z_c/H_S	0	0	0	0	0	1.35	1.6	1.8	2	2.6
	C_1	1	1	1	1	1	1.6	1.8	2.1	2.9	2.9
	C_2	0	0	0	0	0	2	1.6	1.3	1.3	1.2
	C_3	0	0	0	0	0	1	1.2	1.2	0.8	0.6

［注］表に掲げる傾斜角θ_S(°）および水平位置X_S/H_Sの中間値に対する変動風速の標準偏差の割増し係数E_Iについては，最も近い2つの傾斜角と水平位置について，割増し係数を求めたうえ，それらについて直線補間した値とする．

A6.2　風力係数，風圧係数

風力係数，風圧係数は，構造骨組用と外装材用に区別し，適切になされた風洞実験や数値流体計算等によって定める．ただし，A6.2.2 項から A6.2.7 項に示す適用範囲の建築物については，各項に定める風圧係数（外圧係数および内圧係数）または風力係数を用いることができる．

A6.2.1　風力係数の定め方

(1) 構造骨組用風力係数

1) 構造骨組用風方向荷重算定のための風力係数 C_D

風力係数 C_D は，A6.2.2 項に定める外圧係数から（A6.13）式により算定するか，A6.2.4 項（1）あるいは A6.2.4 項（4）により定める．

$$C_D = C_{pe1} - C_{pe2} \qquad \text{(A6.13)}$$

ここで，

C_{pe1}：風上面の外圧係数

C_{pe2}：風下面の外圧係数

2) 構造骨組用屋根風荷重算定のための風力係数 C_R

風力係数 C_R は，A6.2.2 項に定める構造骨組用外圧係数および A6.2.3 項に定める構造骨組用内圧係数から（A6.14）式により算定するか，A6.2.4 項（2）により定める．

$$C_R = C_{pe} - C_{pi} \qquad \text{(A6.14)}$$

ここで，

C_{pe}：屋根面の外圧係数

C_{pi}：内圧係数

3) ラチス型塔状構造物風荷重算定のための風力係数 C_D

風力係数 C_D は，A6.2.4 項（3）により定めるか，A6.2.4 項（5）の部材の風力係数に基づく部材集計法により定める．

(2) 外装材用ピーク風力係数 $\hat{C}_C$

ピーク風力係数 $\hat{C}_C$ は，A6.2.5 項に定めるピーク外圧係数および A6.2.6 項に定める外装材用の内圧変動の効果を表す係数から（A6.15）式により算定するか，A6.2.7 項により定める．

$$\hat{C}_C = \hat{C}_{pe} - C_{pi}^* \qquad \text{(A6.15)}$$

ここで，

$\hat{C}_{pe}$：ピーク外圧係数

C_{pi}^*：外装材用の内圧変動の効果を表す係数

A6.2.2　構造骨組用外圧係数

(1) 長方形平面をもちアスペクト比 $H/\sqrt{BD}$ が 2 を超える建築物の外圧係数 C_{pe}

長方形平面でアスペクト比 $H/\sqrt{BD}$ が 2 を超える建築物の風上および風下壁面ならびに屋根面の外圧係数は，表 A6.8 により定める．ただし，アスペクト比 $H/\sqrt{BD}$ が 8 以下の建築物にのみ適用する．

表 A6.8　長方形平面をもちアスペクト比 $H/\sqrt{BD}$ が 2 を超える建築物の風上および風下壁面ならびに屋根面の外圧係数 C_{pe}

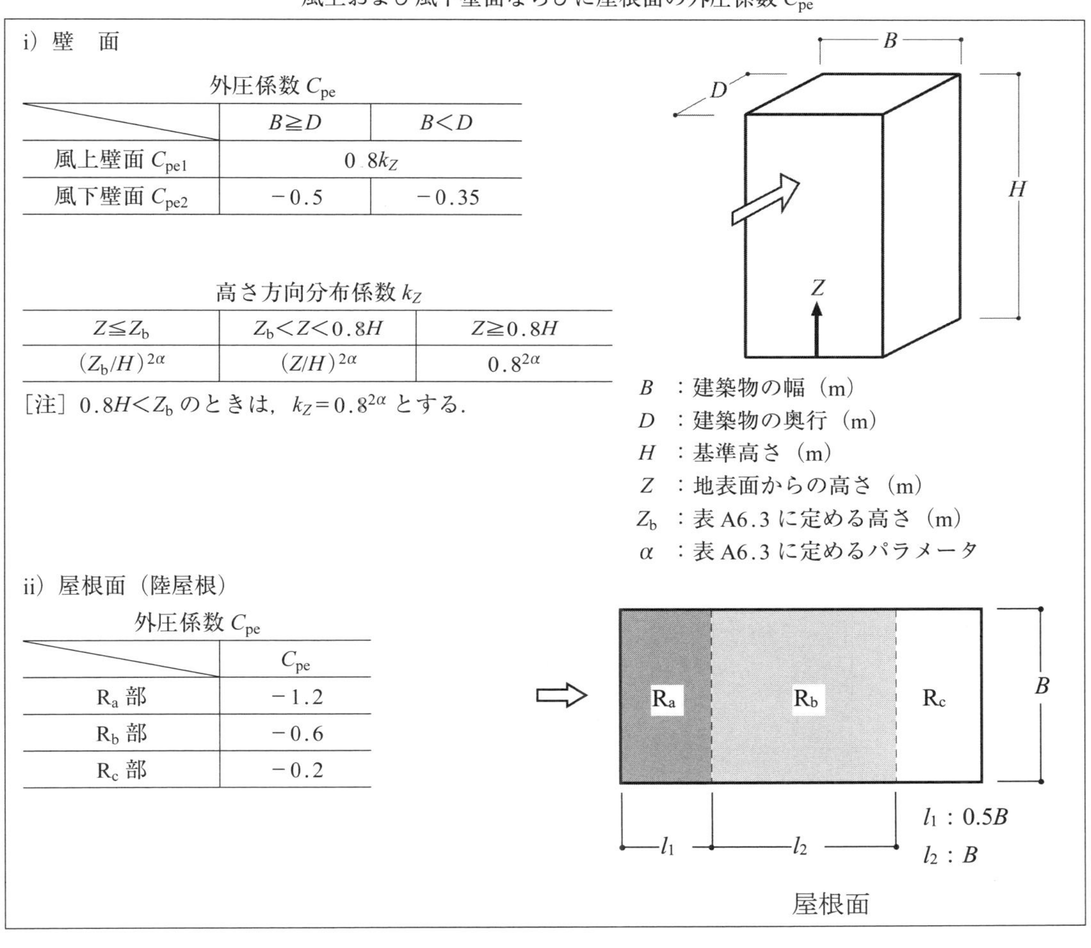

i) 壁　面

外圧係数 C_{pe}

	$B \geqq D$	$B < D$
風上壁面 C_{pe1}	$0.8k_Z$	
風下壁面 C_{pe2}	-0.5	-0.35

高さ方向分布係数 k_Z

$Z \leqq Z_b$	$Z_b < Z < 0.8H$	$Z \geqq 0.8H$
$(Z_b/H)^{2\alpha}$	$(Z/H)^{2\alpha}$	$0.8^{2\alpha}$

［注］$0.8H < Z_b$ のときは，$k_Z = 0.8^{2\alpha}$ とする．

B　：建築物の幅（m）
D　：建築物の奥行（m）
H　：基準高さ（m）
Z　：地表面からの高さ（m）
Z_b　：表 A6.3 に定める高さ（m）
α　：表 A6.3 に定めるパラメータ

ii) 屋根面（陸屋根）

外圧係数 C_{pe}

	C_{pe}
R_a 部	-1.2
R_b 部	-0.6
R_c 部	-0.2

(2) 長方形平面をもちアスペクト比 $H/\sqrt{BD}$ が 2 以下の建築物の外圧係数 C_{pe}

1) 陸屋根，切妻屋根，片流れ屋根，または寄棟屋根をもつ建築物

長方形平面で陸屋根，切妻屋根，片流れ屋根，または寄棟屋根をもつアスペクト比 $H/\sqrt{BD}$ が 2 以下の建築物の外圧係数は，表 A6.9（1）により定める．

表 A6.9(1) 長方形平面でアスペクト比 $H/\sqrt{BD}$ が 2 以下の陸屋根，切妻屋根，片流れ屋根，または寄棟屋根をもつ建築物の外圧係数 C_{pe}

i）壁　面

W_U 部（風上壁面）

$B \leqq H$	$B > H$
$0.8k_Z$	0.6

S_a，S_b，S_c 部（側壁面）

S_a 部	S_b 部	S_c 部
−0.7	−0.4	−0.2

ここに，k_Z：高さ方向分布係数で表 A6.8 による．
ただし，$0.8H < Z_b$ のときは $k_Z = 0.8^{2\alpha}$ とする．

L_a，L_b 部（風下壁面）

風向	屋根勾配θ	L_a 部		L_b 部		
				$B < 6H$		$B \geqq 6H$
		$D \leqq H$	$D > H$	$D \leqq H$	$D > H$	
W_1	$\theta \leqq 45°$	−0.6	−0.4	−0.6	−0.4	−0.8
W_2 W_3	$\theta < 20°$	−0.6	−0.4	−0.6	−0.4	−0.8
	$20° \leqq \theta < 30°$	−0.6	−0.5	−0.6	−0.5	−0.8
	$30° \leqq \theta \leqq 45°$	−0.6	−0.6	−0.6	−0.6	−1.0

ii）陸屋根

R_a，R_b，R_c 部（屋根面）

		R_a 部		R_b 部	R_c 部
		$D \leqq H$	$D > H$		
正		検討不要			
負	$B \leqq 2H$	−1.0	−0.8	−0.4	−0.2
	$B = 4H$	−1.1	−0.9	−0.5	−0.3
	$B \geqq 6H$	−1.2	−1.0	−0.6	−0.4

［注］表に掲げる $B = 2H \sim (4H) \sim 6H$(m) の中間値については，直線補間した値とする．

iii）切妻屋根および片流れ屋根

R_U 部（風上屋根面）

屋根勾配θ	正	負					
		$D \leqq H$			$D > H$		
		$B \leqq 2H$	$B = 4H$	$B \geqq 6H$	$B \leqq 2H$	$B = 4H$	$B \geqq 6H$
10°	0	−1.0	−1.1	−1.2	−0.8	−0.8	−0.9
15°	0	−0.7	−0.8	−0.9	−0.6	−0.6	−0.6
20°	0.1	−0.5	−0.6	−0.7	−0.4	−0.4	−0.4
25°	0.1	−0.3	−0.4	−0.5	−0.2	−0.3	−0.3
30°	0.2	−0.2	−0.3	−0.4	0	−0.1	−0.2
35°	0.3	0	−0.1	−0.2	0	0	−0.1
40°	0.4	0	−0.1	−0.1	0	0	0
45°	0.4	0	0	0	0	0	0

［注］表に掲げる θ(°) および $B = 2H \sim (4H) \sim 6H$(m) の中間値については，それぞれについて直線補間した値とする．
$\theta < 10°$ の場合，陸屋根の値を用いる．

R_{La}，R_{Lb} 部（風下屋根面）

屋根勾配θ	R_{La}	R_{Lb}	
		$B<6H$	$B\geqq 6H$
10°　≦θ<15°	−0.6	−0.6	−1.1
15°　≦θ≦45°	−0.6	−0.6	−1.4

［注］θ<10°　の場合，陸屋根の値を用いる．

iv）寄棟屋根

R_U 部（風上屋根面），R_a，R_b 部（屋根面）

屋根勾配θ	正	負			
	R_U，R_a，R_b 部	R_U 部	R_a 部		R_b 部
			$B\leqq D$	$B>D$	
10°	0	−1.2	−0.9	−1.1	−0.9
15°	0	−1.1	−1.2	−1.1	−0.9
20°	0	−0.9	−1.4	−1.1	−0.9
25°	0	−0.8	−1.4	−1.1	−0.9
30°	0	−0.6	−1.4	−1.1	−0.9
35°	0.1	−0.5	−1.4	−1.1	−0.9
40°	0.2	−0.3	−1.4	−1.1	−0.9
45°	0.3	−0.2	−1.4	−1.1	−0.9

［注］表に掲げるθ(°）の中間値については，直線補間した値とする．
θ<10°　の場合，陸屋根の値を用いる．

R_L 部（風下屋根面）

$D\geqq B$	$D<B$
−0.9	−1.0

風　向	W_U 部（風上壁面），R_U 部（風上屋根面），R_a, R_b, R_c 部（屋根面），S_a, S_b, S_c 部（側壁面）	L_a, L_b 部（風下壁面），R_{La}, R_{Lb}, R_L 部（風下屋根面）
	陸屋根をもつ建築物	
W_1		
	切妻屋根をもつ建築物	
W_1		
W_2		
	片流れ屋根をもつ建築物	
W_1		
W_2		
W_3		

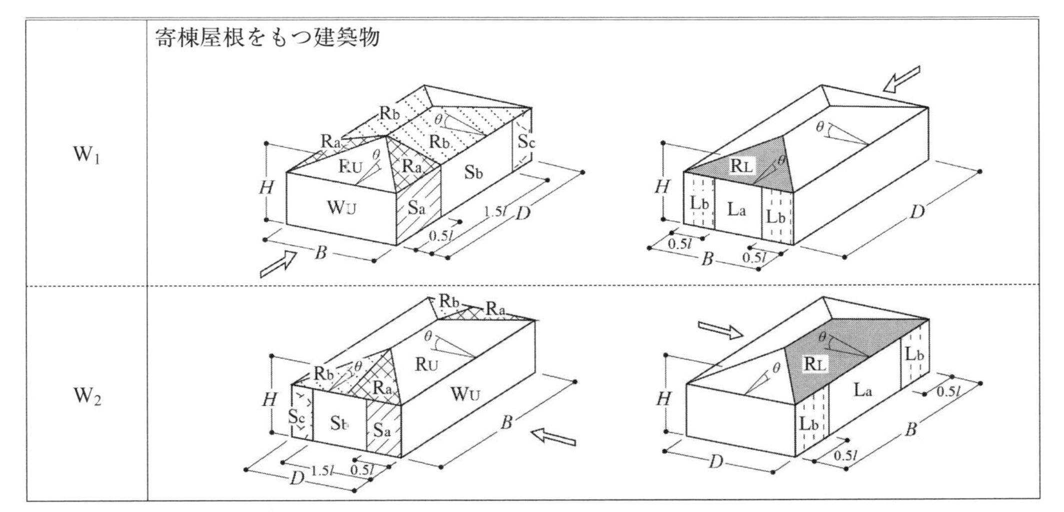

B　：建築物の幅（m）
D　：建築物の奥行（m）
H　：基準高さ（m）
l　：$4H$とBのいずれか小さい方の値（m）

2）円弧屋根をもつ建築物

長方形平面で円弧屋根をもつ建築物の外圧係数は，表 A6.9(2) により定める．

表 A6.9(2)　長方形平面で円弧屋根をもつ建築物の外圧係数 C_{pe}

i）壁　面

表 A6.9 (1) により定める．ただし，風下壁面（L_a，L_b 部）の外圧係数の設定に用いる屋根勾配 θ(°) は，軒と円弧屋根頂部を結ぶ直線の勾配とする．

ii）屋根面

風向	部位 / f/B	R_a 部			R_b 部			R_c 部		
		$h/B=0$	$h/B=0.3$	$h/B=0.7$	$h/B=0$	$h/B=0.3$	$h/B=0.7$	$h/B=0$	$h/B=0.3$	$h/B=0.7$
W_1	0	−0.4	−0.9	−0.8	−0.4	−0.5	−0.4	−0.4	−0.3	−0.2
	0.1	−1.2	−1.1	−1.1	−0.7	−0.5	−0.5	−0.4	−0.4	−0.4
	0.3	−1.1	−1.1	−1.1	−0.6	−0.5	−0.5	−0.4	−0.4	−0.4
	0.4	−1.1	−1.1	−1.1	−0.5	−0.5	−0.5	−0.4	−0.4	−0.4

［注］表に掲げるf/Bおよびh/Bの数値の中間値については，それぞれについて直線補間した値とする．

風向	部位 / f/D	R_a 部			R_b 部			R_c 部		
		$h/D=0$	$h/D=0.3$	$h/D=0.7$	$h/D=0$	$h/D=0.3$	$h/D=0.7$	$h/D=0$	$h/D=0.3$	$h/D=0.7$
W_2	0	−0.4	−1.0	−0.9	−0.4	−1.0	−0.9	−0.4	−0.6	−0.9
	0.1	−0.5	−1.2	−1.5	−0.9	−1.0	−1.0	−0.5	−0.5	−0.5
	0.3	−0.1	−0.4	−0.9	−1.2	−1.4	−1.5	−0.5	−0.5	−0.5
	0.4	0.2	0	−0.5	−1.2	−1.3	−1.4	−0.5	−0.5	−0.5

［注］表に掲げるf/Dおよびh/Dの数値の中間値については，それぞれについて直線補間した値とする．

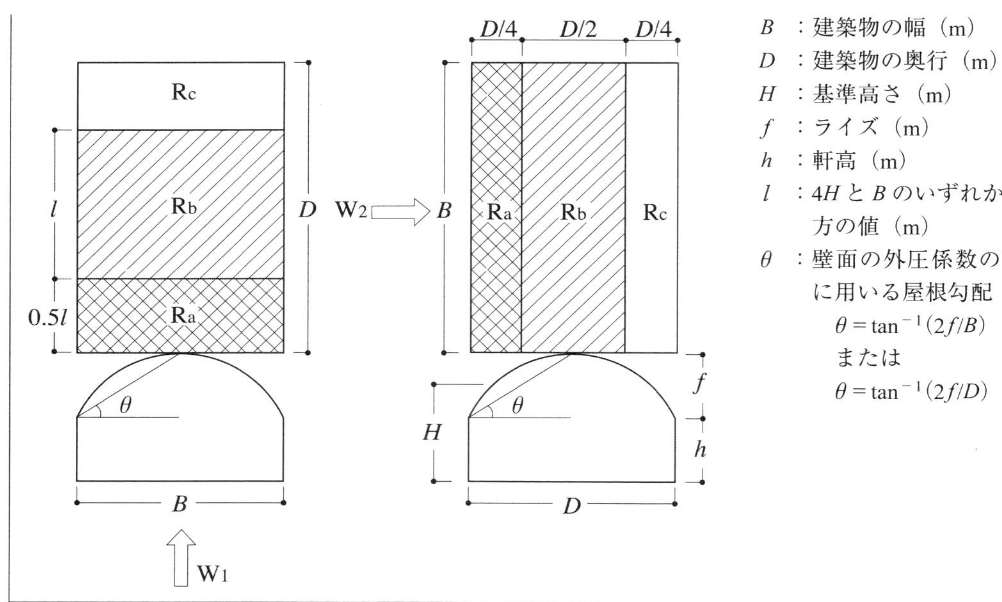

(3) 円形平面でドーム屋根をもつ建築物の外圧係数 C_{pe}

円形平面でドーム屋根をもつ建築物の屋根面の外圧係数は，表 A6.9（3）により定める．

表 A6.9(3)　円形平面でドーム屋根をもつ建築物の屋根面の外圧係数 C_{pe}

部位 / f/D	R_a 部（正の係数）			R_a 部（負の係数）		
	$h/D=0$	$h/D=0.25$	$h/D=1$	$h/D=0$	$h/D=0.25$	$h/D=1$
0	検討不要			−0.6	−1.4	−1.2
0.05	0.3	0	0	0	−1.0	−1.6
0.1	0.4	0	0	0	−0.6	−1.2
0.2	0.5	0	0	0	0	−0.4
0.5	0.7	0.6	0.6	検討不要		

部位 / f/D	R_b 部			R_c 部			R_d 部		
	$h/D=0$	$h/D=0.25$	$h/D=1$	$h/D=0$	$h/D=0.25$	$h/D=1$	$h/D=0$	$h/D=0.25$	$h/D=1$
0	0	−0.8	−1.2	0	−0.1	−0.4	0	−0.1	−0.3
0.05	0	−0.4	−0.8	−0.2	−0.4	−0.4	−0.1	−0.3	−0.3
0.1	0	−0.4	−0.6	−0.4	−0.6	−0.6	−0.2	−0.4	−0.4
0.2	0	−0.4	−0.6	−0.6	−0.8	−1.0	−0.2	−0.4	−0.4
0.5	0	−0.3	−0.4	−1.1	−1.2	−1.3	−0.2	−0.4	−0.4

［注］表に掲げる h/D および f/D の数値の中間値については，それぞれについて直線補間した値とする．

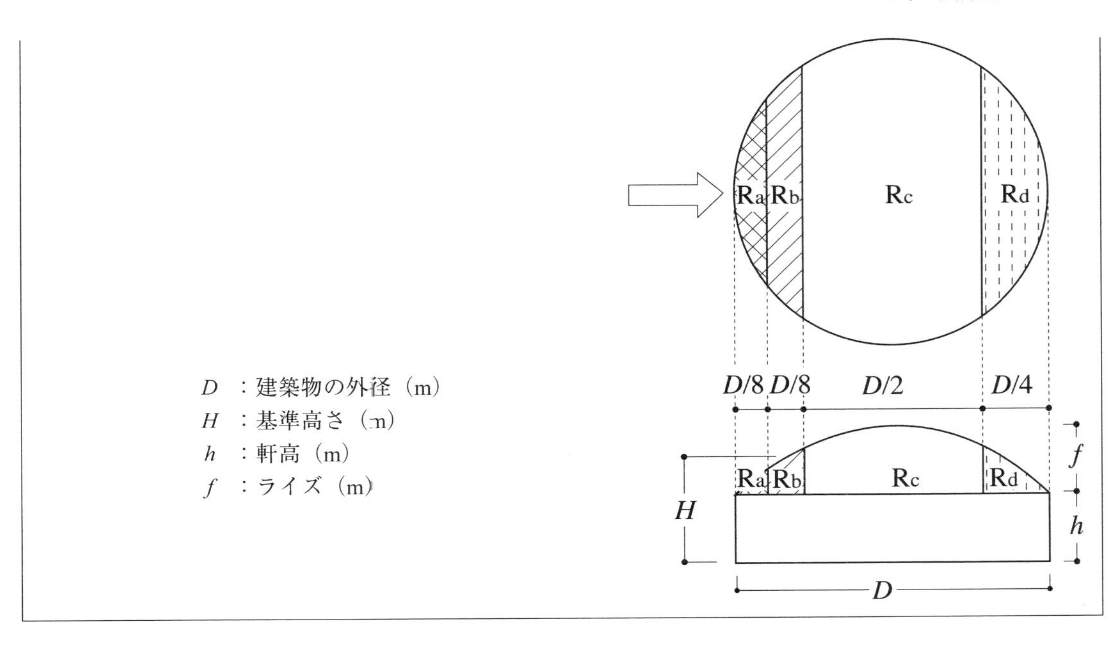

A6.2.3　構造骨組用内圧係数

構造骨組用の内圧係数は，壁面に存在する隙間および開口部の大きさや位置に応じて適切に定めなければならない．ただし，閉鎖型建築物の内圧係数 C_{pi} は 0 または −0.4 とする．

A6.2.4　構造骨組用風力係数

(1)　円・楕円形平面をもつ建築物の風力係数 C_D

円・楕円形平面をもつ建築物の風力係数は，表 A6.10 により定める．ただし，$D_2U_H \geqq 6(\mathrm{m^2/s})$ で，アスペクト比 H/D_2 が 8 以下，辺長比 D_1/D_2 が 3 以下の建築物にのみ適用する．

表 A6.10　円・楕円平面をもつ建築物の風力係数 C_D

$$C_D = 1.2 k_1 k_2 k_3 k_Z$$

ここで，k_1　：アスペクト比の影響を表す係数
k_2　：表面粗さの影響を表す係数
k_3　：辺長比 D_1/D_2 の影響を表す係数
k_Z　：高さ方向分布係数で，表 A6.8 により定める．
ただし，$0.8H < Z_b$ のときは $k_Z = 0.8^{2\alpha}$ とする．

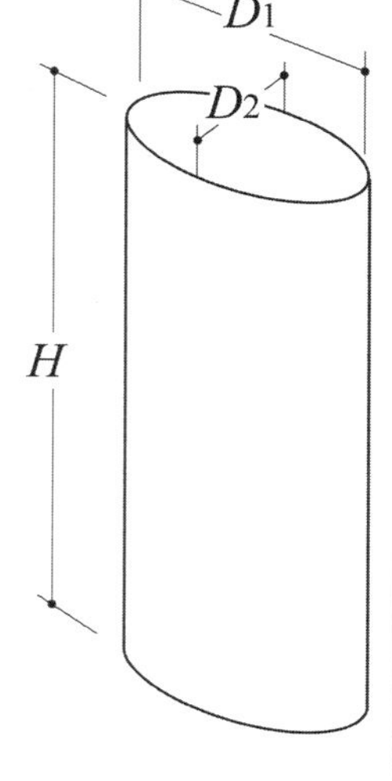

D_1　：建築物長辺の外径（m）
D_2　：建築物短辺の外径（m）
H　：基準高さ（m）
Z_b　：表 A6.3 に定める高さ（m）
α　：表A6.3に定めるパラメータ

k_1

$H/D_2 < 1$	$1 \leq H/D_2 \leq 8$
0.6	$0.6(H/D_2)^{0.14}$

k_2

滑らかな表面（金属，コンクリート表面，平坦なカーテンウォール等）	0.75
粗な表面（外径の 1% 程度の凹凸のあるカーテンウォール等）	0.9
非常に粗な表面（外形の 5% 程度の凹凸）	1

k_3

辺長比 D_1/D_2	1	1.5	2	2.5	3
k_3	1	1.4	1.6	1.8	1.9

［注］表に掲げる辺長比 D_1/D_2 の影響を表す係数 k_3 の数値の中間値については，直線補間した値とする．

(2) 長方形平面をもつ独立上屋の風力係数 C_R

1) 切妻，または翼型の独立上屋

長方形平面をもつ切妻，または翼型の独立上屋の風力係数は，表 A6.11 (1) により定める．ただし，基準高さ H(m) が 10 m 以下で，建築物の幅 B(m) および奥行 D(m) が $H/2 \leq B \leq 30$ m かつ $B \geq D$ の独立上屋にのみ適用する．

表 A6.11(1)　長方形平面をもつ切妻，または翼型の独立上屋の風力係数 C_R

屋根勾配 θ	風力の組合せ 1		風力の組合せ 2	
	R_a 部	R_b 部	R_a 部	R_b 部
−20°	−0.8	0.6	0.0	0.6
−10°	−0.6	0.4	0.1	0.6
0°	−0.4	0.1	0.2	0.1
5°	−0.4	−0.2	0.4	−0.1
10°	−0.2	−0.4	0.5	−0.3
15°	0.0	−0.6	0.7	−0.5
20°	0.2	−0.5	0.8	−0.4

［注］表に掲げる θ(°) の数値の中間値については，直線補間した値とする．

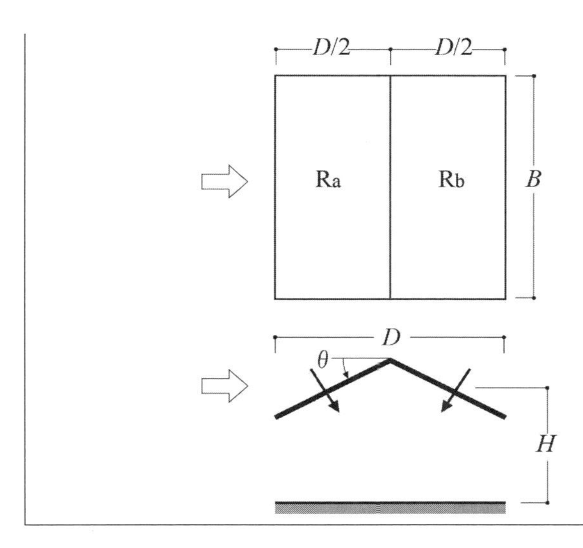

B　：建築物の幅（m）
D　：建築物の奥行（m）
H　：基準高さ（m）
θ　：屋根勾配（°）で，符号は左図に示す方向を正とする．

2）片流れ独立上屋

長方形平面をもつ片流れ独立上屋の風力係数は，表 A6.11（2）により定める．ただし，基準高さ H(m) が 10 m 以下で，建築物の幅 B(m) および奥行 D(m) が $H/2 \leqq B \leqq 30$ m かつ $B \geqq D$ の独立上屋にのみ適用する．

表 A6.11(2)　長方形平面をもつ片流れ独立上屋の風力係数 C_R

風向	屋根勾配θ	風力の組合せ 1		風力の組合せ 2	
		R_a 部	R_b 部	R_a 部	R_b 部
W_1	0°	−0.4	0.1	0.2	0.1
	15°	−1.2	0.0	0.0	0.0
	20°	−1.4	−0.2	0.0	0.0
W_2	0°	0.1	−0.4	0.1	0.2
	15°	0.0	0.0	0.2	1.0
	20°	0.0	0.0	0.3	1.3

［注］表に掲げるθ(°　) の数値の中間値については，直線補間した値とする．

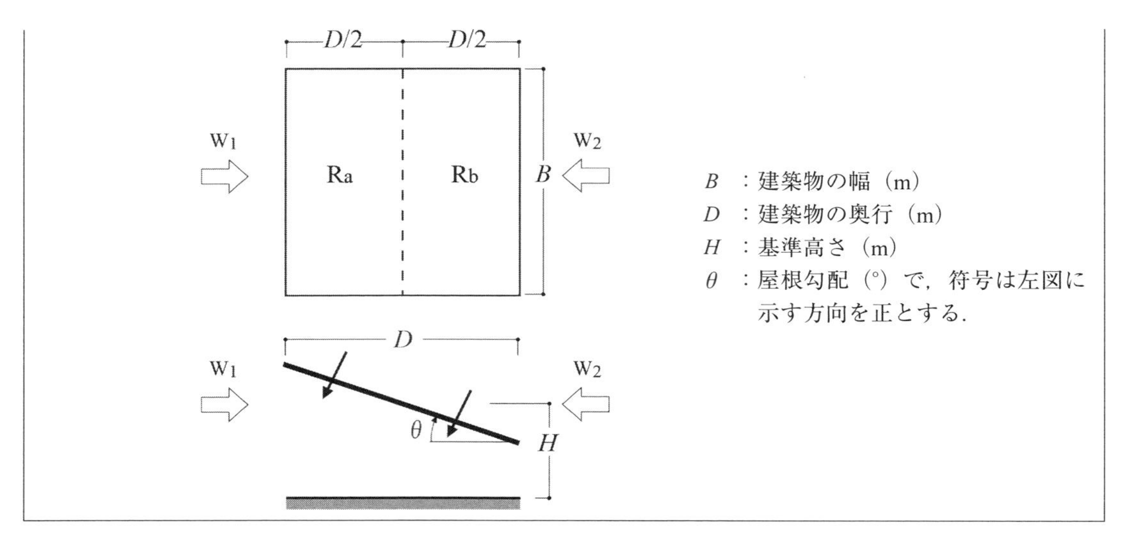

(3) ラチス型塔状構造物の風力係数 C_D

ラチス型塔状構造物の風力係数は，表 A6.12 により定める．ただし，充実率 φ が 0.6 以下のラチス型塔状構造物にのみ適用する．

表 A6.12 ラチス型塔状構造物の風力係数 C_D

i) 4 脚正方形平面

	風向が構面に正対する場合		風向が構面に対し 45° の場合	
充実率 φ	山形鋼	円形鋼管	山形鋼	円形鋼管
0	3.8	2.3	4.4	2.5
0.5	1.9	1.4	2.3	1.7
0.6	1.9	1.4	2.3	1.7

ii）3 脚正三角形平面

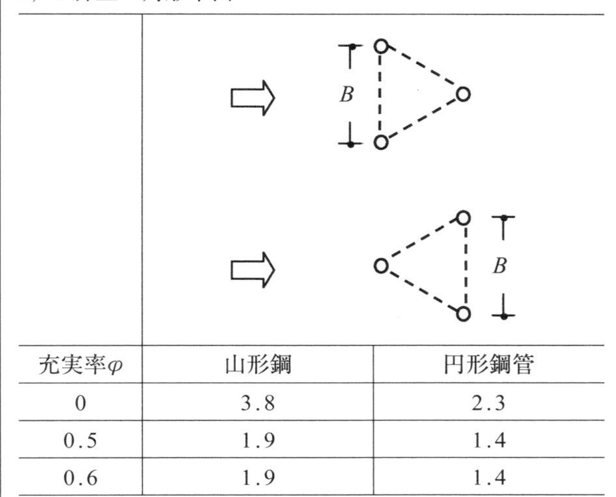

充実率φ	山形鋼	円形鋼管
0	3.8	2.3
0.5	1.9	1.4
0.6	1.9	1.4

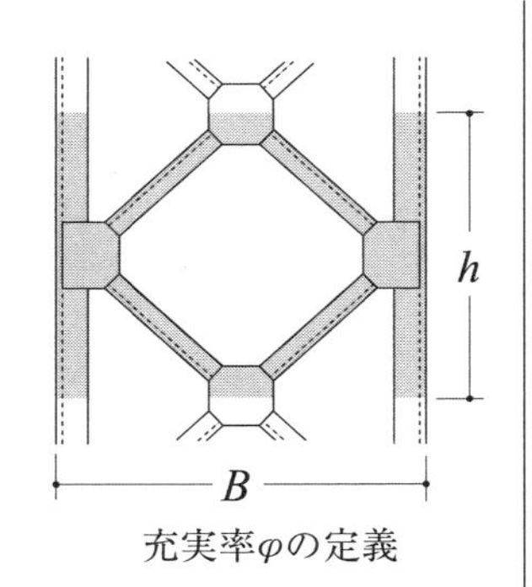

充実率φの定義

$\varphi = A_F/A_0$

A_F　：一構面の正対投影面積（　　部）（m^2）

A_0　：外郭面積（$=Bh$）（m^2）

［注］風荷重を算出する際に用いる面積は外郭面積に充実率 φ を乗じたものとする．表に掲げる充実率 φ の数値の中間値については，直線補間した値とする．

（4）地上に建つフェンスの風力係数 C_D

地上に建つフェンスの風力係数は，表 A6.13 により定める．

表 A6.13　地上に建つフェンスの風力係数 C_D

充実率φ	C_D
0	1.2
0.2	1.5
0.6	1.7
≧0.9 （平板フェンスも含む）	1.2

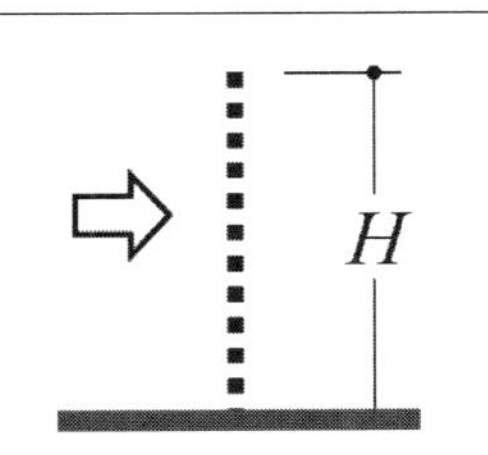

［注］風荷重を算出する際に用いる面積は外郭面積に充実率 φ を乗じたものとする．充実率 φ の定義は表 A6.12 に同じとし，表に掲げる充実率 φ の数値の中間値については，直線補間した値とする．なお，フェンスの風荷重を算定する際の基準高さ H(m) は，フェンスの頂部高さとする．

(5) 部材の風力係数 C

部材の風力係数は，表 A6.14 により定める．

表 A6.14　部材の風力係数 C

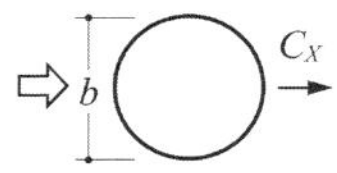

C_X	θ	C_X	C_Y	θ	C_X	C_Y	θ	C_X	C_Y
1.2	0°	2.1	0	0°	2.4	0	0°	2.1	0
	45°	1.6	1.6	45°	1.6	0.7	30°	2.1	−0.2
				90°	0	0.8	60°	0.7	1.1

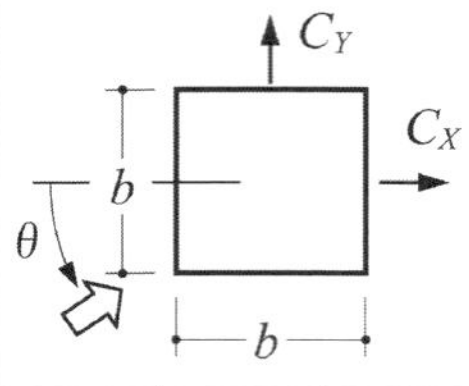

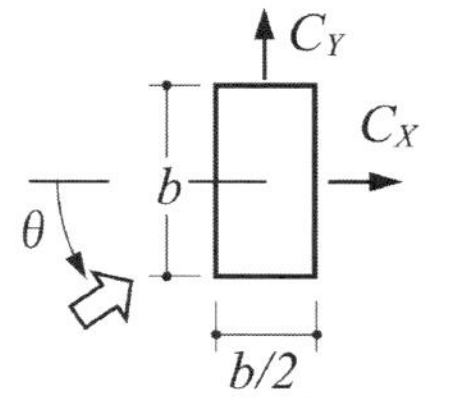

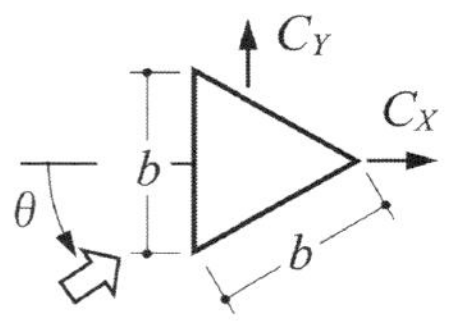

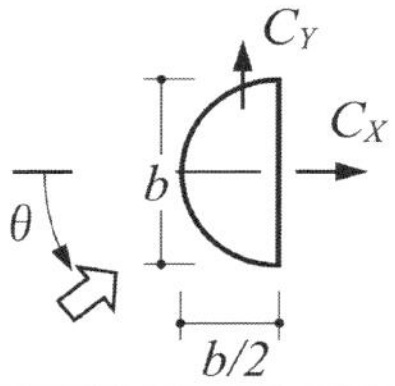

θ	C_X	C_Y	θ	C_X	C_Y	θ	C_X	C_Y	θ	C_X	C_Y
0°	1.2	0	0°	1.1	0	0°	2.0	0	0°	1.9	2.2
45°	0.8	0.8	45°	0.8	0.7	45°	1.8	0.1	45°	2.3	2.3
90°	0.6	0.5	90°	0.9	0.5	90°	0	0.1	90°	2.2	1.9
135°	−1.7	0.6	135°	−2.3	0.6				135°	−1.9	−0.6
180°	−2.3	0	180°	−2.5	0				180°	−2.0	0.3
									225°	−1.4	−1.4

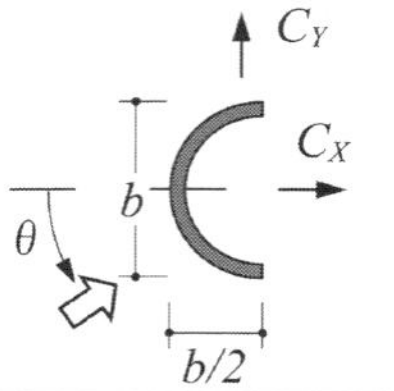

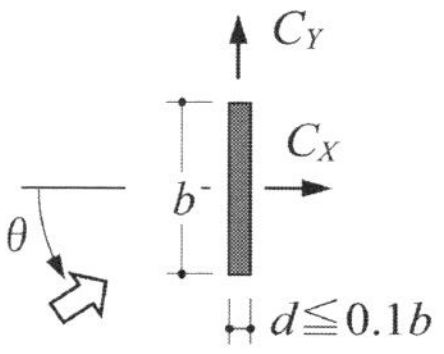

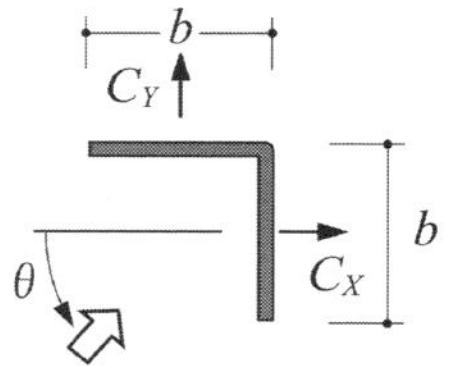

θ	C_X	C_Y	θ	C_X	C_Y	θ	C_X	C_Y	θ	C_X	C_Y
0°	2.0	1.1	225°	−1.5	−0.6	0°	2.1	0	0°	2.6	0
45°	2.3	1.1	270°	0.6	−0.8	45°	2.1	0.6	45°	2.0	0.8
90°	1.8	0.8	315°	1.2	−0.2	90°	±0.6	0.7	90°	±0.6	0.8
135°	−1.7	0							135°	−1.6	0.6
180°	−2.0	0.1							180°	−2.0	0

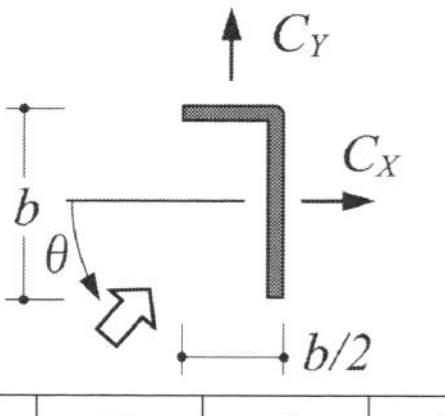

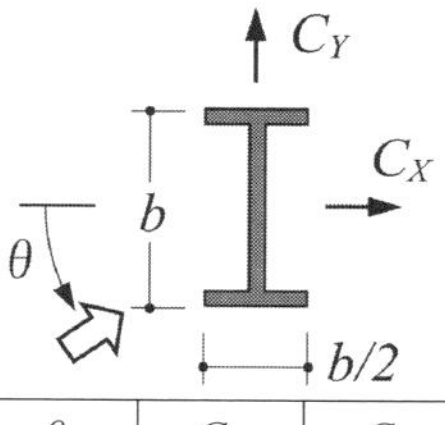

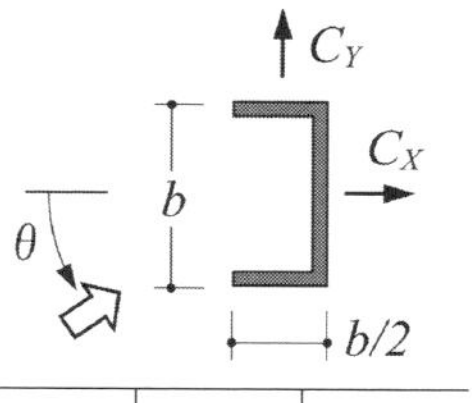

[注] 風荷重を算定する際に用いる面積は風向によらず，bl(b：部材幅，l：部材長) (m^2) とする．

ネット

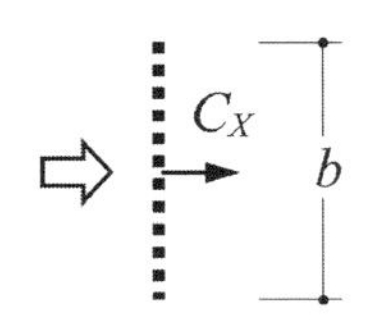

充実率φ	C_X
0	2.0
0.2	2.0
0.6	2.7
≧0.9 （平板の場合も含む）	2.0

［注］ネットの風荷重を算出する際に用いる面積は $bl\varphi$(m^2）とする．充実率 φ の定義は表 A6.12 に同じとし，表に掲げる充実率 φ の数値の中間値については，直線補間した値とする．

A6.2.5　外装材用ピーク外圧係数

(1) 長方形平面をもちアスペクト比 $H/\sqrt{B_1B_2}$ が 2 を超える建築物のピーク外圧係数 $\hat{C}_{pe}$

長方形平面でアスペクト比 $H/\sqrt{B_1B_2}$ が 2 を超える建築物のピーク外圧係数は，表 A6.15 により定める．ただし，H/B_1 が 8 以下の建築物にのみ適用する．

表 A6.15　長方形平面をもちアスペクト比 $H/\sqrt{B_1B_2}$ が 2 を超える建築物のピーク外圧係数 $\hat{C}_{pe}$

i）壁　面

a）正のピーク外圧係数

適用範囲は壁面のすべての部位とする．

$$\hat{C}_{pe} = k_Z(1 + 7I_Z)$$

ここで，k_Z　：高さ方向分布係数で，表 A6.8 により定める．

I_Z　：高さ Z(m）における乱れの強さで，（A6.6）式により算定する．

ただし，小地形の影響を考慮する場合は，上式の k_Z および I_Z として，それぞれ基準高さ H(m）での値を用いてもよい．

b）負のピーク外圧係数

壁　面		$\hat{C}_{pe}$
W_a 部		−3.0
W_b 部		−2.4
W_c 部	$b/B \leqq 0.2$	−3.0
	$b/B > 0.2$	−2.4
W_d 部	$b'/B \leqq 0.2$	−3.0
	$b'/B > 0.2$	−2.4

B_1　：短辺の長さ（m）
B_2　：長辺の長さ（m）
H　：基準高さ（m）
l_{a1}　：H と B_1 のいずれか小さい方の値（m）
l_{a2}　：H と B_2 のいずれか小さい方の値（m）
b/B　：b_1/B_1 と b_2/B_2 のいずれか小さい方の値
b'/B　：b_1/B_1 と b_2/B_2 のいずれか大きい方の値

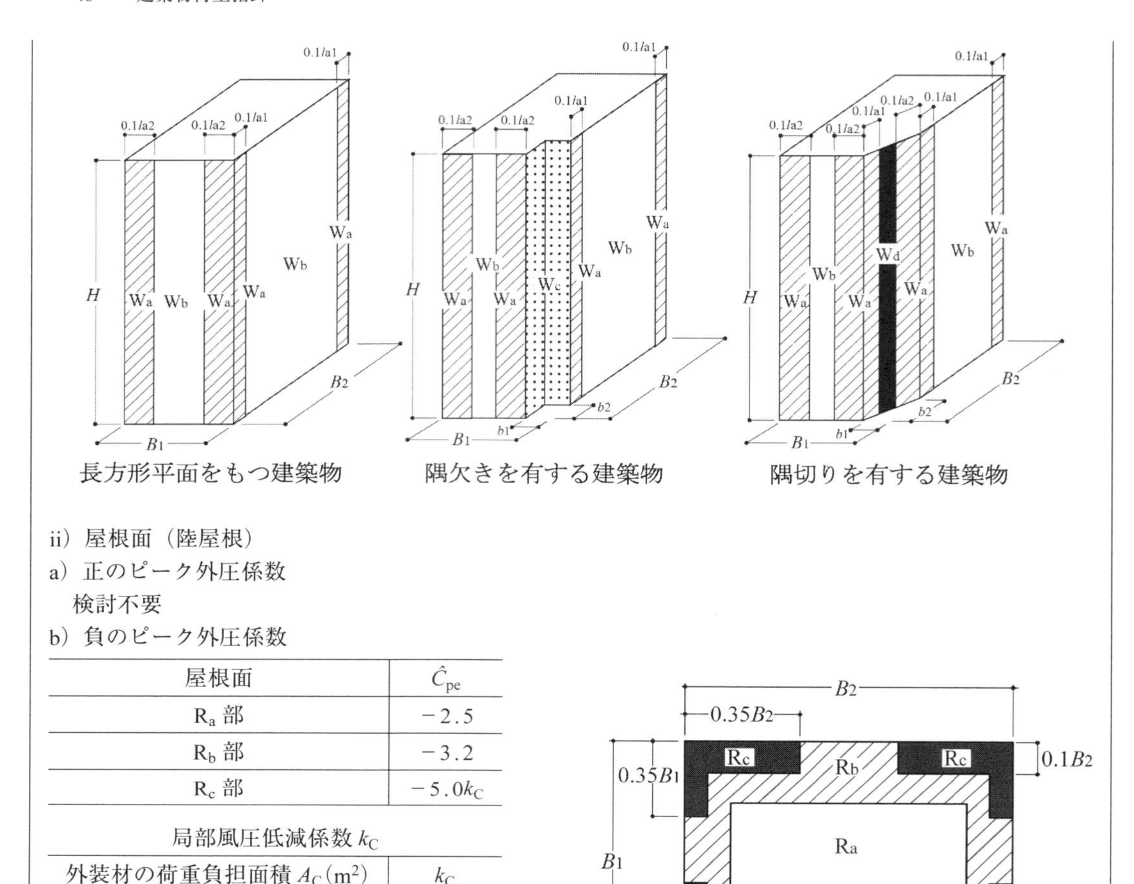

長方形平面をもつ建築物　隅欠きを有する建築物　隅切りを有する建築物

ii）屋根面（陸屋根）

a）正のピーク外圧係数

検討不要

b）負のピーク外圧係数

屋根面	$\hat{C}_{pe}$
R_a 部	−2.5
R_b 部	−3.2
R_c 部	$-5.0k_C$

局部風圧低減係数 k_C

外装材の荷重負担面積 $A_C(\mathrm{m}^2)$	k_C
$A_C<1$	1
$1\leqq A_C\leqq 5$	$1/A_C^{0.18}$
$5<A_C$	0.75

(2) 長方形平面をもちアスペクト比 $H/\sqrt{B_1B_2}$ が2以下の建築物のピーク外圧係数 $\hat{C}_{pe}$

1）陸屋根，切妻屋根，片流れ屋根，または寄棟屋根をもつ建築物

長方形平面でアスペクト比 $H/\sqrt{B_1B_2}$ が2以下の陸屋根，切妻屋根，片流れ屋根，または寄棟屋根をもつ建築物のピーク外圧係数は，表A6.16（1）により定める．

表A6.16(1)　長方形平面でアスペクト比 $H/\sqrt{B_1B_2}$ が2以下の陸屋根，切妻屋根，片流れ屋根，または寄棟屋根をもつ建築物のピーク外圧係数 $\hat{C}_{pe}$

i）壁　面

a）正のピーク外圧係数

適用範囲は壁面のすべての部位とする．

$$\hat{C}_{pe}=k_Z(1+7I_Z)$$

ここで，k_Z　：高さ方向分布係数で，表A6.8により定める．

I_Z　：高さ Z(m) における乱れの強さで，(A6.6) 式により算定する．

ただし，小地形の影響を考慮する場合は，上式の k_Z および I_Z として，それぞれ基準高さ H(m) での値を用いてもよい．

b）負のピーク外圧係数

W_a 部	−4.2
W_b 部	−2.4

ii）屋根面

a）正のピーク外圧係数

適用範囲は陸屋根を除く屋根面のすべての部位とする.

$$\hat{C}_{pe} = C_{pe}(1+7I_H)$$

ここで，C_{pe}：表 A6.9（1）に定める R_U 部の正の外圧係数

I_H：基準高さ H(m) における乱れの強さで，(A6.6) 式において Z(m) を H(m) と読み替えて得られる値

b）負のピーク外圧係数

陸屋根	R_a 部	−4.3
	R_b 部	$-7.3k_C$
	R_c 部	−4.3
	R_f 部	−2.5

		屋根勾配θ		
		10°	20°	30°　≦θ≦45°
切妻屋根	R_a 部	−4.3	−3.4	−3.4
	R_b 部	$-7.3k_C$	−4.3	−4.3
	R_c 部	−4.3	−4.3	−4.3
	R_d 部	−4.3	$-7.3k_C$	−4.3
	R_e 部	−3.4	−4.3	−4.3
	R_f 部	−2.5	−2.5	−2.5
	R_g 部	−3.4	$-7.3k_C$	−4.3

		屋根勾配θ		
		10°	20°	30°　≦θ≦45°
片流れ屋根	R_a 部	−4.3	−3.4	−3.4
	R_b 部	$-7.3k_C$	−4.3	−4.3
	R_c 部	−4.3	−4.3	−4.3
	R_d 部	$-7.3k_C$	$-8.8k_C$	$-7.3k_C$
	R_e 部	−5.0	−5.0	−5.0
	R_f 部	−2.5	−2.5	−2.5

		屋根勾配θ			
		10°	20°	30°	45°
寄棟屋根	R_a 部	−4.3	−3.4	−3.4	−3.4
	R_b 部	$-6.8k_C$	$-5.0k_C$	−4.1	−4.0
	R_c 部	−4.3	−3.4	−3.4	−3.4
	R_d 部	−2.5	−3.5	−3.6	−4.6
	R_e 部	−2.7	$-6.0k_C$	−3.3	−3.3
	R_f 部	−3.4	−2.5	−2.5	−3.3
	R_g 部	−3.4	−4.1	−3.6	−2.7

［注］k_C は局部風圧低減係数で，表 A6.15 による.

表に掲げるθ(°) の数値の中間値については，直線補間した値とする.

屋根勾配θ(°) が 10° 未満の場合は陸屋根の値を用いる.

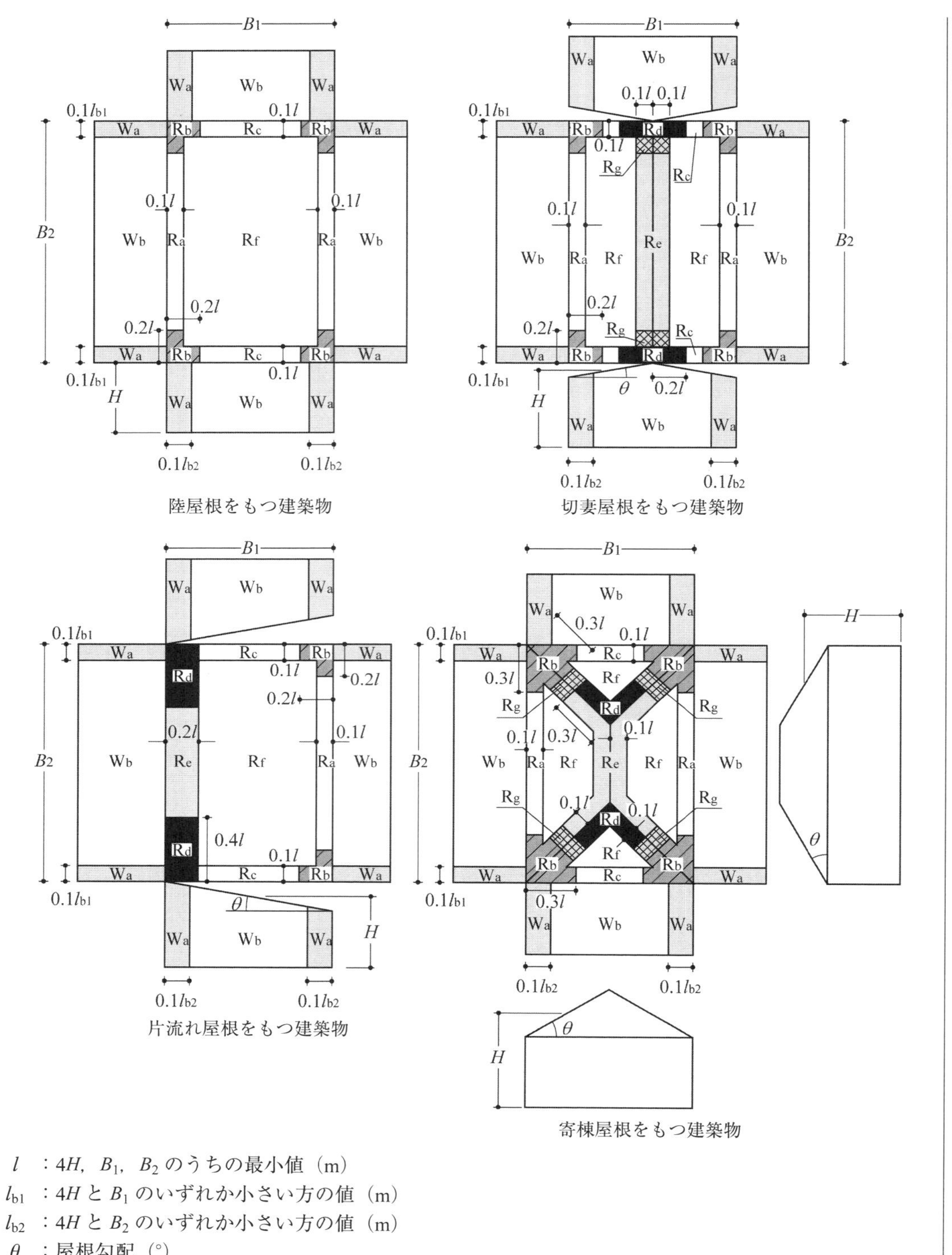

l ：$4H$, B_1, B_2 のうちの最小値（m）

l_{b1} ：$4H$ と B_1 のいずれか小さい方の値（m）

l_{b2} ：$4H$ と B_2 のいずれか小さい方の値（m）

θ ：屋根勾配（°）

2）長方形平面で円弧屋根をもつ建築物

長方形平面で円弧屋根をもつ建築物のピーク外圧係数は，表 A6.16(2) により定める.

表 A6.16(2)　長方形平面で円弧屋根をもつ建築物のピーク外圧係数 $\hat{C}_{pe}$

i）壁　面

a）正のピーク外圧係数

表 A6.16（1）により定める.

b）負のピーク外圧係数

表 A6.16（1）により定める.

ii）屋根面

a）正のピーク外圧係数

f/B_1	R_a 部			R_b 部			R_c 部		
	$h/B_1=0$	$h/B_1=0.3$	$h/B_1=0.7$	$h/B_1=0$	$h/B_1=0.3$	$h/B_1=0.7$	$h/B_1=0$	$h/B_1=0.3$	$h/B_1=0.7$
0.1	0.8	0.8	0.5	0.5	0.4	0.3	0.2	0.1	0.0
0.3	2.0	2.3	1.8	1.6	1.4	1.2	0.6	0.4	0.4
0.4	2.2	2.4	2.4	1.9	1.8	1.8	0.8	0.6	0.5

注）表に掲げる h/B_1 および f/B_1 の数値の中間値については，それぞれについて直線補間した値とする.

b）負のピーク外圧係数

f/B_1	R_a 部			R_b 部			R_c 部			R_d 部		
	h/B_1 $=0$	h/B_1 $=0.3$	h/B_1 $=0.7$	h/B_1 $=0$	h/B_1 $=0.3$	h/B_1 $=0.7$	h/B_1 $=0$	h/B_1 $=0.3$	h/B_1 $=0.7$	h/B_1 $=0$	h/B_1 $=0.3$	h/B_1 $=0.7$
0	−2.5	−3.2	−3.2	−2.5	−2.5	−2.5	−2.5	−2.5	−2.5	−2.5	$-5.4k_c$	$-5.4k_c$
0.1	−1.4	−4.2	−4.8	−[illegible].8	−2.2	−3.2	−2.5	−2.5	−2.5	−3.4	−4.8	−4.4
0.3	−1.4	−2.4	−2.6	−2.0	−3.2	−3.2	−3.8	−4.4	−4.5	−4.0	−4.4	−4.5
0.4	−1.8	−2.4	−2.6	−2.4	−3.2	−3.2	−4.3	−4.4	−4.6	−4.0	−4.4	−4.8

［注］k_C：局部風圧低減係数で，表 A6.15 による.

表に掲げる f/B_1 および h/B_1 の数値の中間値については，それぞれについて直線補間した値とする.

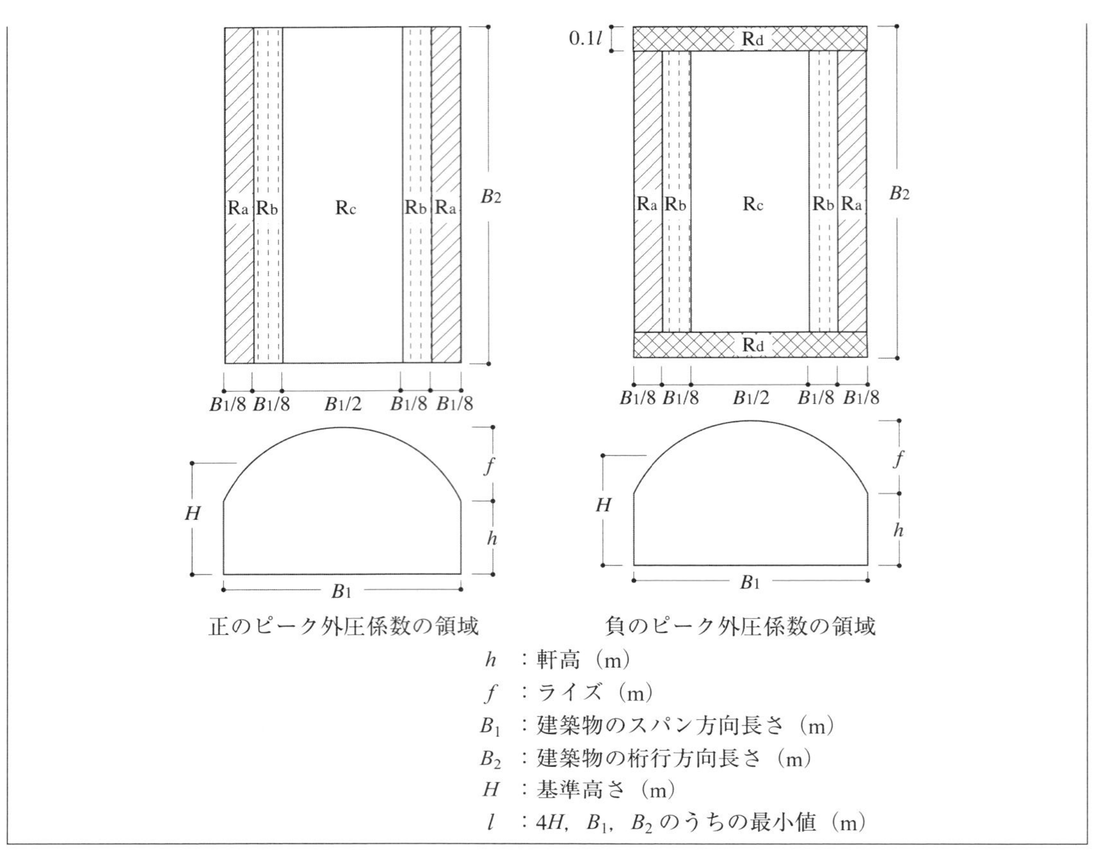

h　：軒高（m）
f　：ライズ（m）
B_1　：建築物のスパン方向長さ（m）
B_2　：建築物の桁行方向長さ（m）
H　：基準高さ（m）
l　：$4H$，B_1，B_2 のうちの最小値（m）

(3) 円形平面でドーム屋根をもつ建築物のピーク外圧係数 $\hat{C}_{pe}$

円形平面でドーム屋根をもつ建築物のピーク外圧係数は表 A6.16 (3) により定める．ただし，壁面部のアスペクト比 h/D が 1 以下の建築物にのみ適用する．

表 A6.16(3)　円形平面でドーム屋根をもつ建築物のピーク外圧係数 $\hat{C}_{pe}$

i) 壁　面
a) 正のピーク外圧係数
　表 A6.17 による．
b) 負のピーク外圧係数
　表 A6.17 による．

ii）屋根面

a）正のピーク外圧係数

f/D	R_a 部			R_b 部			R_c 部		
	$h/D=0$	$h/D=0.25$	$h/D=1$	$h/D=0$	$h/D=0.25$	$h/D=1$	$h/D=0$	$h/D=0.25$	$h/D=1$
0	0.6	0.4	0.4	1.1	0.5	0.5	0.6	0.6	0.6
0.05	1.3	0.5	0.5	1.0	0.4	0.4	0.5	0.1	0.1
0.1	1.7	0.7	0.7	0.9	0.3	0.3	0.4	0	0
0.2	$0.9(1+7I_H)$	$0.6(1+7I_H)$	$0.4(1+7I_H)$	1.2	0.6	0.6	0.2	0	0
0.5	$1+7I_H$	$1+7I_H$	$1+7I_H$	1.9	1.3	0.7	0.3	0	0

［注］I_H は基準高さ H(m) における乱れの強さで，(A6.6) 式において Z(m) を H(m) と読み替えて得られる値とする．表に掲げる h/D および f/D の数値の中間値については，それぞれについて直線補間した値とする．

b）負のピーク外圧係数

f/D	R_a 部			R_b 部			R_c 部		
	$h/D=0$	$h/D=0.25$	$h/D=1$	$h/D=0$	$h/D=0.25$	$h/D=1$	$h/D=0$	$h/D=0.25$	$h/D=1$
0	−4.4	−5.1	−3.3	−1.5	−3.7	−3.0	−0.4	−2.3	−2.3
0.05	−3.0	−4.8	−3.3	−1.5	−2.7	−2.7	−1.3	−1.3	−1.3
0.1	−2.0	−4.2	−3.0	−1.5	−2.2	−2.2	−1.4	−1.4	−1.4
0.2	−2.0	−2.0	−2.0	−1.9	−1.9	−1.9	−2.1	−2.1	−2.1
0.5	−2.6	−2.6	−2.6	−2.8	−2.8	−2.8	−3.0	−3.0	−3.0

［注］表に掲げる h/D および f/D の数値の中間値については，それぞれについて直線補間した値とする．

D　：建築物の外径（m）
f　：ライズ（m）
H　：基準高さ（m）
h　：軒高（m）

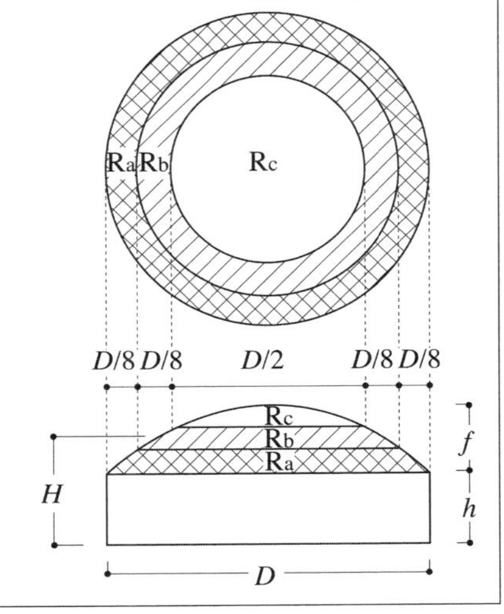

(4) 円・楕円形平面をもつ建築物のピーク外圧係数 $\hat{C}_{pe}$

円・楕円形平面をもつ建築物の壁面のピーク外圧係数は，表 A6.17 により定める．ただし，アスペクト比 H/D_2 が 8 以下，辺長比 D_1/D_2 が 3 以下の建築物にのみ適用する．

表 A6.17 円・楕円形平面をもつ建築物のピーク外圧係数 $\hat{C}_{pe}$

a) 正のピーク外圧係数

$$\hat{C}_{pe} = k_Z(1+7I_Z)$$

ここで，

k_Z：高さ方向分布係数で，表 A6.8 により定める．
ただし，$0.8H < Z_b$ のときは，$k_Z = 0.8^{2\alpha}$ とする．

I_Z：地表面からの高さ Z(m) における乱れの強さで，(A6.6) 式により算定する．

ただし，小地形の影響を考慮する場合は，上式の k_Z および I_Z として，それぞれ基準高さ H(m) での値を用いてもよい．

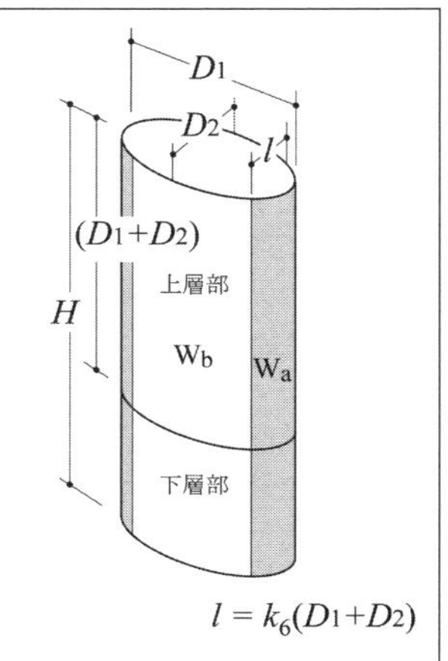

$l = k_6(D_1 + D_2)$

D_1：建築物長辺の外径（m）
D_2：建築物短辺の外径（m）
H：基準高さ（m）

b) 負のピーク外圧係数

$$\hat{C}_{pe} = -\{(k_1-1)k_2 + k_4 + 1.4\}(1+7I_H)k_5$$

ここで，k_1：アスペクト比の影響を表す係数で，表 A6.10 により定める．
k_2：表面粗さの影響を表す係数で，表 A6.10 により定める．
k_4：端部効果を表す係数で，下表により定める．
k_5：辺長比 D_1/D_2 の影響を表す係数で，下表により定める．
k_6：局部負圧領域を表す係数で，下表により定める．
I_H：基準高さ H(m) における乱れの強さで，(A6.6) 式において Z(m) を H(m) と読み替えて得られる値

k_4

下層部（頂部から (D_1+D_2) の範囲を除く部分）	上　層　部（頂部から (D_1+D_2) の範囲）		
	$H/D_2 \leqq 2$	$2 < H/D_2 \leqq 7$	$7 < H/D_2 \leqq 8$
0.2	0.2	$0.1(H/D_2)$	0.7

k_5

辺長比 D_1/D_2	1.0	1.5	2	2.5	3
W_a 部	1.0	1.3	1.5	1.6	1.75
W_b 部	1.0	0.95	0.9	0.85	0.8

[注] 表に掲げる辺長比 D_1/D_2 の影響を表す係数 k_5 の数値の中間値については，直線補間した値とする．

k_6

辺長比 D_1/D_2	1.0	1.5	2	2.5	3
k_6	0.5	0.35	0.25	0.23	0.22

[注] 表に掲げる局部負圧領域を表す係数 k_6 の数値の中間値については，直線補間した値とする．

A6.2.6　外装材用の内圧変動の効果を表す係数

外装材用の内圧変動の効果を表す係数は，壁面に存在する隙間および開口部の大きさや位置に応じて適切に定めなければならない．ただし，閉鎖型建築物の内圧変動の効果を表す係数 C_{pi}^{*} は，0 または −0.5 とする．

A6.2.7　外装材用ピーク風力係数

(1) 長方形平面をもつ独立上屋のピーク風力係数

1) 切妻独立上屋

長方形平面をもつ切妻独立上屋のピーク風力係数は，表 A6.18 (1) により定める．ただし，基準高さ H(m) が 10 m 以下で，建築物の幅 B(m) および奥行 D(m) が $H/2 \leqq B \leqq 30$ m かつ $B \geqq D$ の独立上屋にのみ適用する．

表 A6.18(1)　長方形平面をもつ切妻独立上屋のピーク風力係数 $\hat{C}_C$

	正のピーク風力係数					負のピーク風力係数				
	屋根勾配θ					屋根勾配θ				
	0°	5°	10°	15°	20°	0°	5°	10°	15°	20°
R_a 部	2.0	2.2	2.4	2.6	2.9	−1.6	−1.6	−3.2	−4.2	−4.0
R_b 部	2.0	2.2	2.4	2.6	2.9	−1.6	−1.6	−2.4	−3.0	−2.9
R_c 部	2.0	2.2	2.4	2.6	2.9	−1.6	−1.6	−1.8	−2.5	−2.4
R_d 部	2.2	2.6	2.9	3.3	3.4	−2.8	−2.8	−1.6	−1.4	−1.7
R_e 部	2.2	2.6	2.9	3.3	3.4	−2.8	−2.8	−2.8	−2.8	−2.7
R_f 部	2.2	2.2	2.2	2.2	2.4	−2.8	−2.8	−3.2	−4.2	−4.0

［注］表に掲げる θ(°) の数値の中間値については，直線補間した値とする．

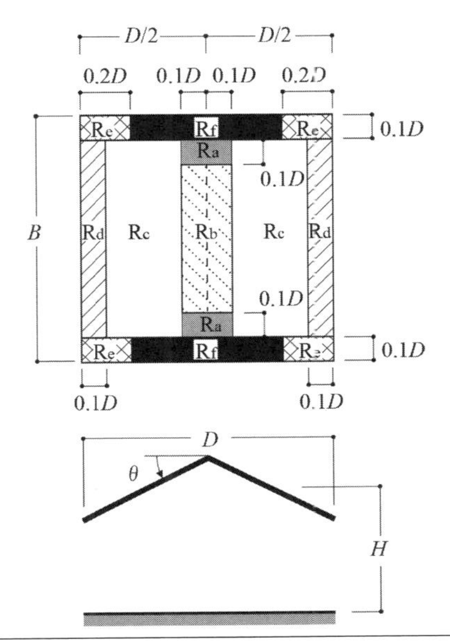

B ：建築物の幅（m）
D ：建築物の奥行（m）
H ：基準高さ（m）
θ ：屋根勾配（°）で，符号は左図に示す方向を正とする．

2）翼型独立上屋

長方形平面をもつ翼型独立上屋のピーク風力係数は，表 A6.18（2）により定める．ただし，基準高さ H(m) が 10 m 以下で，建築物の幅 B(m) および奥行 D(m) が $H/2 \leqq B \leqq 30$ m かつ $B \geqq D$ の独立上屋にのみ適用する．

表 A6.18(2) 長方形平面をもつ翼型独立上屋のピーク風力係数 $\hat{C}_C$

	正のピーク風力係数					負のピーク風力係数				
	屋根勾配θ					屋根勾配θ				
	0°	5°	10°	15°	20°	0°	5°	10°	15°	20°
R_a 部	2.0	1.9	2.4	3.2	3.2	−1.6	−1.9	−2.6	−3.0	−3.2
R_b 部	2.0	1.9	1.9	2.4	2.6	−1.6	−1.9	−2.6	−3.0	−3.2
R_c 部	2.2	2.0	1.9	2.4	2.6	−2.8	−3.6	−3.6	−3.6	−3.8
R_d 部	2.2	2.0	1.9	2.4	2.6	−2.8	−3.6	−4.6	−4.8	−4.9
R_e 部	2.2	2.0	2.4	3.2	3.2	−2.8	−2.8	−2.8	−2.8	−3.0

［注］表に掲げる θ(°) の数値の中間値については，直線補間した値とする．

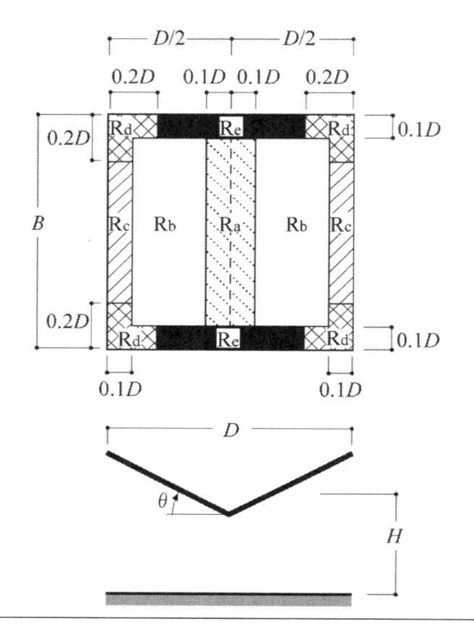

B ：建築物の幅（m）

D ：建築物の奥行（m）

H ：基準高さ（m）

θ ：屋根勾配（°）で，符号は左図に示す方向を正とする．

3）片流れ独立上屋

長方形平面をもつ片流れ独立上屋のピーク風力係数は，表 A6.18（3）により定める．ただし，基準高さ H(m) が 10 m 以下で，建築物の幅 B(m) および奥行 D(m) が $H/2 \leqq B \leqq 30$ m かつ $B \geqq D$ の独立上屋にのみ適用する．

表 A6.18(3)　長方形平面をもつ片流れ独立上屋のピーク風力係数 $\hat{C}_C$

	正のピーク風力係数					負のピーク風力係数				
	屋根勾配θ					屋根勾配θ				
	0°	5°	10°	15°	20°	0°	5°	10°	15°	20°
R_a 部	2.0	2.1	2.2	2.3	2.7	−1.6	−2.0	−2.5	−3.3	−3.5
R_b 部	2.0	2.1	2.2	2.5	3.1	−1.6	−4.2	−5.1	−6.3	−6.7
R_c 部	2.0	2.7	3.3	3.5	4.6	−1.6	−2.8	−2.8	−2.8	−3.6
R_d 部	2.2	2.1	2.2	2.5	3.1	−2.8	−4.2	−5.1	−6.3	−6.7
R_e 部	2.2	2.7	3.3	3.5	4.6	−2.8	−2.8	−2.8	−2.8	−3.6
R_f 部	2.2	2.7	3.3	3.5	4.6	−2.8	−3.0	−5.1	−6.3	−6.7

［注］表に掲げるθ(°) の数値の中間値については，直線補間した値とする．

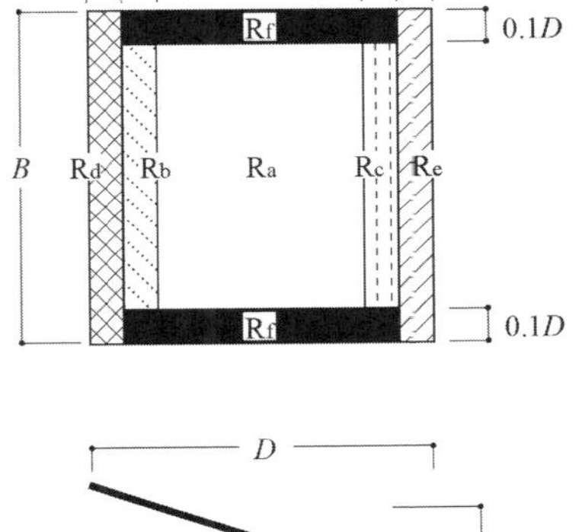

B　：建築物の幅（m）
D　：建築物の奥行（m）
H　：基準高さ（m）
θ　：屋根勾配（°）で，符号は左図に示す方向を正とする．

A6.3　構造骨組用風方向荷重のガスト影響係数

構造骨組用風方向荷重のガスト影響係数 G_D は，(A6.16) 式により算定する．

$$G_D = 1 + g_D \frac{C'_g}{C_g} \sqrt{1 + \phi_D^2 R_D} \tag{A6.16}$$

ただし，

$$g_D = \sqrt{2\ln(600\nu_D) + 1.2}$$

$$C'_g = 2I_H \frac{0.49 - 0.14\alpha}{\left\{1 + \dfrac{0.63(\sqrt{BH}/L_H)^{0.56}}{(H/B)^k}\right\}} \qquad \begin{cases} k = 0.07 & (H/B \geqq 1) \\ k = 0.15 & (H/B < 1) \end{cases}$$

$$C_g = \frac{1}{3 + 3\alpha} + \frac{1}{6}$$

$$\phi_D = \frac{3}{2+\beta}\frac{M_{D1}}{M_D}\lambda$$

$$R_D = \frac{\pi F_D}{4\zeta_D}$$

$$\nu_D = f_D\sqrt{\frac{R_D}{1+R_D}}$$

$$F_D = \frac{I_H^2 F S_D (0.57 - 0.35\alpha + 2R\sqrt{0.053 - 0.042\alpha})}{C_g'^2}$$

$$R = \frac{1}{1 + 20\dfrac{f_D B}{U_H}}$$

$$F = \frac{4\dfrac{f_D L_H}{U_H}}{\left\{1 + 71\left(\dfrac{f_D L_H}{U_H}\right)^2\right\}^{5/6}}$$

$$S_D = \frac{0.9}{\left\{1 + 6\left(\dfrac{f_D H}{U_H}\right)^2\right\}^{0.5}\left(1 + 3\dfrac{f_D B}{U_H}\right)}$$

$$\lambda = 1 - 0.4\ln\beta$$

$$M_D = \int_0^H m(Z)\,\mu^2(Z)\,dZ$$

$$\mu(Z) = \left(\frac{Z}{H}\right)^\beta$$

ここで，

g_D　：構造骨組用風方向荷重のピークファクター

C_g　：風方向平均転倒モーメントに関する係数

C'_g　：風方向変動転倒モーメントに関する係数

ϕ_D　：振動モード補正係数

R_D　：風方向振動の共振係数

ν_D　：レベルクロッシング数

α　：風速の鉛直分布を表すパラメータで，表 A6.3 により定める．

I_H　：基準高さにおける乱れの強さで，(A6.6) 式において Z(m) を H(m) に読み替えて得られる値

H　：基準高さ（m）で，6.1.2 項（11）により定める．

B　：建築物の幅（m）

L_H　：基準高さにおける乱れのスケール(m) で，(A6.8) 式において Z(m) を H(m)

に読み替えて得られる値

F_D ：風方向転倒モーメントのスペクトル係数

ζ_D ：風方向振動の1次減衰定数

f_D ：風方向振動の1次固有振動数（Hz）

F ：風速のスペクトル係数

S_D ：規模係数

R ：風上面と風下面の風圧の相関係数

U_H ：設計風速で，A6.1.2項により定める（m/s）.

β ：風方向振動成分の1次振動モードμの高さ方向分布を示すべき指数

M_D ：頂部を1とした風方向1次振動モードをもつ建築物の一般化質量（kg）

M_{D1} ：$\beta=1$として算定した建築物の風方向振動の一般化質量（kg）

λ ：振動モードの違いによる変動一般化風力の補正係数

$m(Z)$：高さZ(m）における単位高さあたりの質量(kg/m)

μ ：建築物の1次振動モード

A6.4　構造骨組用変動屋根風荷重

A6.4.1　適用範囲

本節は，構造骨組用屋根風荷亘のうち，変動屋根風荷重の算定法を定めたもので，下記のすべての条件に当てはまる建築物が，壁面に正対する方向から風を受けた場合を対象とする.

i）平面形状は長方形で高さ方向に一様とする.

ii）屋根勾配は10°未満とする.

iii）$\dfrac{H}{\sqrt{BD}}\leqq 1$

iv）$0.4\leqq\dfrac{D}{B}\leqq 2.5$

ここで,

H ：基準高さ（m）で，6.1.2項（11）により定める.

B ：建築物の幅（m）

D ：建築物の奥行（m）

A6.4.2　算定式

構造骨組用屋根風荷重の変動屋根風荷重は，（A6.17）式により算定する.

$$W'_R=2q_HC'_RA_R\sin\frac{\pi x}{L}g_R\sqrt{1+R_R} \qquad \text{(A6.17)}$$

ただし,

$$g_R=\sqrt{2\ln(600f_R)+1.2}$$

$$R_{\mathrm{R}}=\frac{\pi F_{\mathrm{R}}}{4\zeta_{\mathrm{R}}}$$

$$F_{\mathrm{R}}=F_{\mathrm{B}}+F_{\mathrm{F}}$$

$$F_{\mathrm{B}}=\frac{r_1 f_{\mathrm{R}}^*}{\left(1+r_2 f_{\mathrm{R}}^{*r_3}\right)^{r_4}}$$

$$F_{\mathrm{F}}=\frac{r_5}{\sqrt{2\pi}}\exp\{-0.5(\ln(f_{\mathrm{R}}^*/r_6)+0.5)^2\}$$

$$f_{\mathrm{R}}^*=\frac{f_{\mathrm{R}}B}{U_H}$$

（A6.17）式中のパラメータ C'_{R}，r_1～r_6 は，屋根梁の向きに応じて，以下のように定める．

(1) 風向に平行な屋根梁の場合

$$C'_{\mathrm{R}}=0.14\frac{H}{D}-0.08\frac{H}{B}+0.17$$

$$r_1=0.2,\ r_2=1.0,\ r_3=2.0,\ r_4=4.0,\ r_5=1.0,\ r_6=0.1$$

(2) 風向に直交する屋根梁の場合

$$C'_{\mathrm{R}}=\frac{C'_{\mathrm{RC}}-C'_{\mathrm{RE}}}{0.4}\frac{y}{D}+\frac{5C'_{\mathrm{RE}}-C'_{\mathrm{RC}}}{4}$$

$$C'_{\mathrm{RE}}=0.04\frac{H}{D}+0.02\frac{H}{B}+0.29,\quad C'_{\mathrm{RC}}=0.18\frac{H}{D}-0.08\frac{H}{B}+0.16$$

$$r_1=0.3,\ r_2=0.76\left(\frac{D}{B}\right)^2-2.84\left(\frac{D}{B}\right)+3.20,\ r_3=3.0,\ r_4=3.0,\ r_5=0.8$$

$$r_6=0.003\left(\frac{D}{B}\right)^2+0.068$$

ここで，

W'_{R} ：変動屋根風荷重（N）

q_H ：速度圧（$\mathrm{N/m^2}$）で，A6.1.1 項により定める．

C'_{R} ：一般化変動風力係数

A_{R} ：屋根梁の負担する部分の受圧面積（$\mathrm{m^2}$）

x ：屋根梁の端部からの距離（m）

L ：屋根梁のスパン（m）

f_{R} ：屋根梁の 1 次固有振動数（Hz）

ζ_{R} ：屋根梁の 1 次減衰定数

U_H ：設計風速（m/s）で，A6.1.2 項により定める．

y ：風向に直交する屋根梁の屋根風上端部からの距離（m）

A6.5　構造骨組用風直交方向荷重

A6.5.1　適 用 範 囲

本節は，構造骨組用水平風荷重のうちの，風直交方向荷重の算定法を定めたもので，下記のすべての条件に当てはまる建築物が，壁面に正対する方向から風を受けた場合を対象とする．

i）平面形状は長方形で高さ方向に一様とする．

ii）$\dfrac{H}{\sqrt{BD}} \leqq 6$

iii）$0.2 \leqq \dfrac{D}{B} \leqq 5$

iv）$\dfrac{U_H}{f_L\sqrt{BD}} \leqq 10$

ここで，

H　：基準高さ（m）で，6.1.2 項（11）により定める．

B　：建築物の幅（m）

D　：建築物の奥行（m）

U_H　：設計風速（m/s）で，A6.1.2 項により定める．

f_L　：風直交方向振動の 1 次固有振動数（Hz）

A6.5.2　算　定　式

構造骨組用風直交方向荷重は，（A6.18）式により算定する．

$$W_L = 3q_H C'_L A \frac{Z}{H} g_L \sqrt{1+\phi_L^2 R_L} \qquad \text{(A6.18)}$$

ただし，

$$C'_L = 0.0082(D/B)^3 - 0.071(D/B)^2 + 0.22(D/B)$$

$$g_L = \sqrt{2\ln(600 f_L) + 1.2}$$

$$R_L = \frac{\pi F_L}{4\zeta_L}$$

$$F_L = \sum_{j=1}^{m} \frac{4\kappa_j(1+0.6\beta_j)\beta_j}{\pi} \frac{(f_L/f_{sj})^2}{\{1-(f_L/f_{sj})^2\}^2 + 4\beta_j^2(f_L/f_{sj})^2}$$

$$m = \begin{cases} 1 & D/B < 3 \\ 2 & D/B \geqq 3 \end{cases}$$

$$\kappa_1 = 0.85$$

$$\kappa_2 = 0.02$$

$$\beta_1 = \frac{(D/B)^4 + 2.3(D/B)^2}{2.4(D/B)^4 - 9.2(D/B)^3 + 18(D/B)^2 + 9.5(D/B) - 0.15} + \frac{0.12}{(D/B)}$$

$$\beta_2 = \frac{0.28}{(D/B)^{0.34}}$$

$$f_{s1} = \frac{0.12}{\{1+0.38(D/B)^2\}^{0.89}} \frac{U_H}{B}$$

$$f_{s2} = \frac{0.56}{(D/B)^{0.85}} \frac{U_H}{B}$$

$$\phi_L = \frac{M_{L1}}{M_L}\left(\frac{Z}{H}\right)^{\beta-1}\lambda$$

$$\lambda = 1 - 0.4\ln\beta$$

$$M_L = \int_0^H m(Z)\,\mu^2(Z)\,dZ$$

$$\mu(Z) = \left(\frac{Z}{H}\right)^{\beta}$$

ここで，

W_L　：地表面からの高さ Z(m) における風直交方向荷重（N）

q_H　：速度圧（N/m²）で，A6.1.1 項により定める．

C'_L　：風直交方向変動転倒モーメント係数

A　：地表面からの高さ Z(m) における，風向に垂直な面に投影した建築物の面積（見付面積）（m²）

Z　：地表面からの高さ（m）

H　：基準高さ（m）で，6.1.2 項（11）により定める．

g_L　：風直交方向振動のピークファクター

ϕ_L　：振動モード補正係数

R_L　：風直交方向振動の共振係数

D　：建築物の奥行（m）

B　：建築物の幅（m）

f_L　：風直交方向振動の 1 次固有振動数（Hz）

F_L　：風直交方向転倒モーメントのスペクトル係数

ζ_L　：風直交方向振動の 1 次減衰定数

U_H　：設計風速（m/s）で，A6.1.2 項により定める．

M_L　：頂部を 1 とした風直交方向 1 次振動モードをもつ建築物の一般化質量（kg）

M_{L1}　：$\beta=1$ として算定した建築物の風直交方向振動の一般化質量（kg）

β　：風直交方向振動成分の 1 次振動モードμの高さ方向分布を示すべき指数

λ　：振動モードの違いによる変動一般化風力の補正係数

$m(Z)$　：高さ Z(m) における単位高さあたり質量（kg/m）

μ　：建築物の 1 次振動モード

A6.6　構造骨組用ねじり風荷重

A6.6.1　適用範囲

本節は，構造骨組用水平風荷重のうちの，ねじり風荷重の算定法を定めたものである．建築物が壁面に正対する方向から風を受けた場合に，下記のすべての条件に当てはまる建築物の風荷重を対象とする．

i）平面形状は長方形で高さ方向に一様とする．

ii）$\dfrac{H}{\sqrt{BD}} \leqq 6$

iii）$0.2 \leqq \dfrac{D}{B} \leqq 5$

iv）$\dfrac{U_H}{f_T\sqrt{BD}} \leqq 10$

ここで，

H　：基準高さ（m）で，6.1.2 項（11）により定める．

B　：建築物の幅（m）

D　：建築物の奥行（m）

U_H　：設計風速（m/s）で，A6.1.2 項により定める．

f_T　：ねじれ振動の 1 次固有振動数（Hz）

A6.6.2　算定式

構造骨組用のねじり風荷重は，（A6.19）式により算定する．

$$W_T = 1.8 q_H C'_T AB \frac{Z}{H} g_T \sqrt{1+\phi_T{}^2 R_T} \qquad (A6.19)$$

ここで，

$$C'_T = 0.04(D/B)^2 + 0.02$$

$$g_T = \sqrt{2\ln(600 f_T) + 1.2}$$

$$R_T = \frac{\pi F_T}{4\zeta_T}$$

$$F_T = 0.8F_B + v_1 F_V + w_1 F_W$$

$$F_B = \frac{18 f_m^*}{\left\{1 + 0.46\left(18 f_m^*\right)^{1.8}\right\}^{2.3}}$$

$$F_V = \frac{1}{v_2\sqrt{2\pi}} \exp\left\{ -0.5\left(\frac{\ln(f_s^*/v_3) + 0.5 v_2{}^2}{v_2}\right)^2 \right\}$$

$$F_W = \frac{1}{w_2\sqrt{2\pi}} \exp\left\{ -0.5\left(\frac{\ln(f_m^*/w_3) + 0.5w_2^2}{w_2}\right)^2 \right\}$$

$$f_s^* = \frac{8.3 f_T B \{1 + 0.38(D/B)^{1.5}\}^{0.89}}{U_H}$$

$$f_m^* = \frac{f_T B}{U_H}$$

$$\phi_T = \frac{I_{T1}}{I_T}\left(\frac{Z}{H}\right)^{\beta - 1} \lambda$$

$$I_T = \int_0^H i(Z)\,\mu^2(Z)\,dZ$$

$$i(Z) = m(Z)(B^2 + D^2)/12$$

$$\mu(Z) = \left(\frac{Z}{H}\right)^{\beta}$$

$$\lambda = 1 - 0.4\ln\beta$$

ねじりモーメントのスペクトル係数 F_T を決定するパラメータは，表 A6.19 によって与えられる．

表 A6.19 ねじりモーメントのスペクトル係数を決定するパラメータ

	$D/B \leqq 0.9$	$D/B > 0.9$
v_1	$-2\{(D/B)^2 - (D/B)\}$	$0.1(D/B)^{-1}$
v_2	$0.56 I_H (D/B)^{-1}$	$2I_H(D/B)^{0.5}$
w_1	$0.04(D/B)^{-0.5}$	0.06
w_2	$1.75\sqrt{I_H}$	$0.7\sqrt{I_H}$
w_3	$0.24(D/B)^{-0.4}$	

	$D/B \leqq 1$	$D/B > 1$
v_3	$0.8(D/B)^{-0.2}$	$0.18(D/B)$

ここで，

W_T ：地表面からの高さ Z(m) におけるねじり風荷重（Nm）

q_H ：速度圧（N/m^2）で，A6.1.1 項により定める．

C'_T ：変動ねじりモーメント係数

A ：地表面からの高さ Z(m) における，風向に垂直な面に投影した建築物の面積（見付面積）（m^2）

B ：建築物の幅（m）

Z ：地表面からの高さ（m）

H ：基準高さ（m）で，6.1.2 項（11）により定める．

g_T ：ねじれ振動のピークファクター

ϕ_T ：振動モード補正係数

R_T ：ねじれ振動の共振係数

D ：建築物の奥行（m）

f_T ：ねじれ振動の1次固有振動数（Hz）

F_T ：ねじりモーメントのスペクトル係数

ζ_T ：ねじれ振動の1次減衰定数

U_H ：設計風速（m/s）で，A6.1.2項により定める．

β ：ねじれ振動成分の1次振動モードμの高さ方向分布を示すべき指数

I_T ：頂部を1としたねじれ1次振動モードをもつ建築物の一般化慣性モーメント（kg m^2）

I_{T1} ：$\beta=1$として算定した建築物のねじれ振動の一般化慣性モーメント（kg m^2）

λ ：振動モードの違いによる変動一般化風力の補正係数

$i(Z)$：地表面からの高さZ(m）における単位高さあたり慣性モーメント（kg m^2/m）

$m(Z)$：地表面からの高さZ(m）における単位高さあたり質量（kg/m）

I_H ：基準高さにおける乱れの強さで，（A6.6）式においてZ(m）をH(m）に読み替えて得られる値

μ ：建築物の1次振動モード

A6.7　ラチス型塔状構造物風荷重

A6.7.1　適用範囲

本節は，ラチス型塔状構造物の風方向荷重を定めたものであり，地上に直立する構造物を対象とする．

A6.7.2　算定式

ラチス型塔状構造物の風荷重は，（A6.20）式により算定する．

$$W_D = q_Z C_D G_D A_F \qquad \text{(A6.20)}$$

ここで，

W_D ：地表面からの高さZ(m）における風方向荷重（N）

q_Z ：地表面からの高さZ(m）における速度圧（N/m^2）で，（A6.1）式において，H(m）をZ(m）に読み替えて得られる値

C_D ：風力係数で，A6.2.4項（3）により定める．

G_D ：ガスト影響係数で，A6.7.3項により定める．

A_F ：地表面からの高さZ(m）におけるラチス型塔状構造物の1構面の正対投影面積（m^2）

A6.7.3 ガスト影響係数

ガスト影響係数 G_D は，（A6.21）式により算定する．

$$G_D = 1 + g_D \frac{C'_g}{C_g} \phi_D \sqrt{1 + R_D} \quad \text{(A6.21)}$$

ただし，

$$g_D = \sqrt{2 \ln(600 \nu_D) + 1.2}$$

$$C'_g = \frac{2I_H}{\alpha + 3} \sqrt{B_D}$$

$$C_g = \frac{1}{2\alpha + 3} - \frac{\lambda_B}{2\alpha + 4}$$

$$\phi_D = \frac{M_{D2}}{M_D} \left\{ \left(0.5 \frac{B_H}{B_0} - 0.3 \right) (\beta - 2) + 1.4 \right\} (1 - 0.4 \ln \beta)$$

$$R_D = \frac{\pi}{4\zeta_D} \frac{S_D F}{B_D}$$

$$\nu_D = f_D \sqrt{\frac{R_D}{1 + R_D}}$$

$$B_D = \left(1 - \frac{3}{4} \lambda_B \right)^2 \frac{1}{1 + \dfrac{2\sqrt{HB}}{L_H}}$$

$$\lambda_B = 1 - \frac{B_H}{B_0}$$

$$S_D = \left(1 - \frac{3}{4} \lambda_B \right)^2 \frac{1}{\left(1 + 3.5 \dfrac{f_D B}{U_H} \right) \left(1 + 2 \dfrac{f_D H}{U_H} \right)}$$

$$F = \frac{4 \dfrac{f_D L_H}{U_H}}{\left\{ 1 + 71 \left(\dfrac{f_D L_H}{U_H} \right)^2 \right\}^{5/6}}$$

$$B = \frac{B_H + B_0}{2}$$

$$M_D = \int_0^H m(Z) \mu^2(Z) dZ$$

$$\mu(Z) = \left(\frac{Z}{H} \right)^\beta$$

ここで，

ϕ_D ：ラチス型塔状構造物の振動モード補正係数

I_H ：基準高さにおける乱れの強さで，（A6.6）式において Z(m) を H(m) に読み替えて得られる値

L_H ：基準高さにおける乱れのスケール（m）で，（A6.8）式において Z(m) を H(m) に読み替えて得られる値

α ：平均風速の鉛直分布を表すパラメータで，表 A6.3 により定める．

f_D ：ラチス型塔状構造物の風方向の 1 次固有振動数（Hz）

ζ_D ：ラチス型塔状構造物の風方向の 1 次減衰定数

H ：基準高さ（m）で，ラチス型塔状構造物の頂部高さとする．

B_0 ：ラチス型塔状構造物基部での塔体幅（m）

B_H ：ラチス型塔状構造物基準高さでの塔体幅（m）

B_D ：ラチス型塔状構造物の非共振係数

U_H ：設計風速（m/s）で，A6.1.2 項により定める．

M_D ：頂部を1とした風方向1次振動モードをもつラチス型塔状構造物の一般化質量（kg）

M_{D2} ：$\beta=2$ として算定したラチス型塔状構造物の風方向振動の一般化質量（kg）

$m(Z)$：地表面からの高さ Z(m) における単位高さあたりの質量（kg/m）

β ：風方向振動成分の振動モードμの高さ方向分布を示すべき指数

μ ：ラチス型塔状構造物の 1 次振動モード

A6.8 独立上屋風荷重

A6.8.1 適用範囲

本節は，独立上屋の構造骨組用風荷重を定めたものであり，基準高さ H(m) が 10 m 以下で，建築物の幅 B(m) が $H/2 \leqq B \leqq 30$ m かつ $B \geqq D$ の独立上屋を対象とする．

A6.8.2 算定式

独立上屋の構造骨組用風荷重は，（A6.22）式により算定する．

$$W_F = q_H C_R G_R A_F \tag{A6.22}$$

ここで，

W_F ：風荷重（N）

q_H ：速度圧（N/m^2）で，A6.1.1 項により定める．

C_R ：風力係数で，A6.2.4 項（2）により定める．

G_R ：独立上屋の構造骨組用風荷重のガスト影響係数で，A6.8.3 項により定める．

A_F ：屋根骨組が負担する受圧面積（m^2）

A6.8.3 ガスト影響係数

独立上屋の構造骨組用風荷重のガスト影響係数 G_R は，（A6.23）式により算定する．

$$G_R=(1+3I_H)^2 \tag{A6.23}$$

ここで，

I_H ：基準高さにおける乱れの強さで，（A6.6）式において，Z(m)を H(m)に読み替えて得られる値

A6.9 渦　励　振

A6.9.1 適 用 範 囲

本節は，建築物や部材に発生する風直交方向の渦励振による風荷重を定めたものであり，円形平面をもつ建築物および円形断面をもつ部材を対象とする．

A6.9.2 円形平面をもつ建築物の渦励振

渦励振による風荷重は，（A6.24）式により算定する．

$$W_r=0.8\rho U_r^2 C_r \frac{Z}{H} A \tag{A6.24}$$

ただし，U_r は共振風速（m/s）で，（A6.25）式により算定する．

$$U_r=5f_L D_m \tag{A6.25}$$

ここで，

W_r ：地表面からの高さ Z(m)における渦励振による風荷重（N）

ρ ：空気密度で，1.22 kg/m³ とする．

C_r ：共振時風力係数で，表 A6.20 により定める．

Z ：地表面からの高さ（m）

H ：基準高さ（m）で，6.1.2 項（11）により定める．

A ：地表面からの高さ Z(m)における，風向に垂直な面に投影した建築物の面積（見付面積）（m²）

f_L ：風直交方向振動の 1 次固有振動数（Hz）

D_m ：高さ $2H/3$ における外径（m）

表 A6.20　共振時風力係数 C_r

U_rD_m	$\rho_s\sqrt{\zeta_L}<5$	$\rho_s\sqrt{\zeta_L}\geqq 5$
$U_rD_m<3$	$\dfrac{1.3}{\sqrt{\zeta_L}}+\dfrac{1.5}{\zeta_L}\dfrac{\rho}{\rho_S}$	$\dfrac{1.7}{\sqrt{\zeta_L}}$
$3\leqq U_rD_m<6$	直線補間	直線補間
$6\leqq U_rD_m$	$\dfrac{0.53}{\sqrt{\zeta_L}}+\dfrac{0.16}{\zeta_L}\dfrac{\rho}{\rho_S}$	$\dfrac{0.57}{\sqrt{\zeta_L}}$

［注］ζ_L は建築物の風直交方向振動の 1 次減衰定数，ρ_S は建築物の相当密度（kg/m³）で，$\rho_S=M/(HD_mD_B)$ とする．ここに，M：建築物の地上部分の総質量（kg），D_B：建築物の基部の外径（m）．

A6.9.3　円形断面をもつ部材の渦励振

円形断面をもつ部材で，(A6.26) 式の条件に当てはまる場合は，渦励振による風荷重を (A6.27) 式により算定する．

$$\frac{L}{D} \geqq 15,\ \text{かつ}\ \frac{U_H}{f_L D} \geqq 3.5 \qquad \text{(A6.26)}$$

$$W_r = (2\pi f_L)^2 \sin\left(\frac{\pi x}{L}\right)\frac{M}{L}\frac{0.26U_r^*}{0.75\delta^{1.1}+0.36U_r^*}A \qquad \text{(A6.27)}$$

ただし，W_r は部材端部からの距離 x(m) における渦励振による風荷重(N)，U_r^* は無次元共振風速，δは質量減衰パラメータで，それぞれ (A6.28) 式，(A6.29) 式により算定する．

$$U_r^* = 5 + \frac{3}{\delta} \qquad \text{(A6.28)}$$

$$\delta = \frac{4\pi\zeta_L M}{\rho D^2 L} \qquad \text{(A6.29)}$$

ここで，

L　：部材の長さ (m)

D　：部材の外径 (m)

U_H　：部材の平均高さ H(m) における設計風速 (m/s) で，A6.1.2 項により定める．

f_L　：部材の曲げ振動の 1 次固有振動数 (Hz)

x　：部材端部からの距離 (m)

M　：部材の全質量 (kg)

A　：部材端部から距離 x(m) における見付面積 (m^2)

ζ_L　：部材の曲げ振動の 1 次減衰定数

ρ　：空気密度で，1.22 kg/m^3 とする．

A6.10　風荷重の組合せ

A6.10.1　適 用 範 囲

本節は，構造骨組用の水平風荷重，屋根風荷重の組合せについて定めたものである．

長方形平面をもつ建築物で，(6.1) 式の条件に当てはまらない場合は，A6.10.2 項 (1) により風方向と風直交方向の風荷重の組合せを考慮し，(6.1) 式の条件に当てはまる場合は，A6.10.2 項 (2) により風方向，風直交方向，およびねじり風荷重の組合せを考慮する．水平風荷重と屋根風荷重については，A6.10.3 項により組合せを考慮する．

A6.10.2　水平風荷重の組合せ

(1) アスペクト比 $H/\sqrt{BD}$ が 3 未満の建築物

6.2 節で算定される風方向荷重に，(A6.30) 式で得られる荷重を風直交方向荷重として同時に作用させる．

$$W_{LC} = \gamma W_D \tag{A6.30}$$

ただし，

$$\gamma = 0.35D/B \quad かつ \quad \gamma \geqq 0.2$$

ここで，

W_{LC}：風直交方向の組合せ荷重（N）

W_D：風方向荷重（N）で，6.2節により定める．

B：建築物の幅（m）

D：建築物の奥行（m）

(2) アスペクト比 $H/\sqrt{BD}$ が3以上の建築物

表A6.21に示す3通りの組合せ荷重を考慮する．

表A6.21 水平風荷重の組合せ荷重

組合せ	風方向組合せ荷重	風直交方向組合せ荷重	ねじり組合せ荷重
1	W_D	$0.4W_L$	$0.4W_T$
2	$W_D\left(0.4+\dfrac{0.6}{G_D}\right)$	W_L	$(\sqrt{2+2\rho_{LT}}-1)W_T$
3	$W_D\left(0.4+\dfrac{0.6}{G_D}\right)$	$(\sqrt{2+2\rho_{LT}}-1)W_L$	W_T

［注］W_D, W_L, W_T：それぞれ風方向荷重，風直交方向荷重，ねじり風荷重で，6.2節，A6.5節，A6.6節により定める．G_D：風方向荷重のガスト影響係数で，A6.3節により定める．ρ_{LT}：風直交方向振動とねじれ振動の相関係数で，表A6.22により定める．

表 A6.22　相関係数 ρ_{LT}

D/B	f_1B/U_H	ρ_{LT}		
		$\xi=1.0$	$\xi=1.1$	$\xi\geqq1.4$
≦0.5	≦0.1	0.9	0.7	0.5
	0.2	0.3	0.6	0.5
	0.3	0.4	0.6	0.6
	0.6	0.6	0.6	0.6
	≧1	0.7	0.7	0.7
1	≦0.1	0.8	0.5	0.2
	0.2	0.6	0.5	0.5
	≧0.3	0.5	0.5	0.5
≧2	≦0.05	0.6	0.4	0.3
	0.1	0.6	0.2	0.2
	≧0.2	0.2	0.2	0.2

［注］表に掲げるξ，f_1B/U_H および D/B の数値の中間値については，それぞれに直線補間した値とする．

$$\xi=\begin{cases} f_L/f_T & f_L\geqq f_T \\ f_T/f_L & f_L<f_T \end{cases}$$

ここで，

f_L　：風直交方向振動の 1 次固有振動数（Hz）

f_T　：ねじれ振動の 1 次固有振動数（Hz）

f_1　：f_L，f_T の小さい方の値（Hz）

A6.10.3　水平風荷重と屋根風荷重の組合せ

A6.10.2 項で組合せを考慮した水平風荷重に，6.3 節で算定される屋根風荷重を同時に作用させる．

A6.11　数値流体計算を用いた風荷重評価

風荷重の算定に用いる数値流体計算は，予測すべき物理量が，風速，変動風速，および時刻歴の風圧・風力であることから，計算に用いる基礎方程式は，非圧縮性粘性流体を対象とし，建築物およびその周辺の工学的なスケールに基づく非定常流れおよび風圧を解として表現できるものとする．風は乱流状態を呈するので解析解は得られず，数値解に充分な精度を確保するために，適切な離散的近似解法および乱流場のモデリング手法を選定しなければならない．

A6.12　隣接建築物の影響

隣接する建築物により風荷重が増大するおそれがある場合には，隣接する建築物との相互作用の影響を検討しなければならない．

A6.13　応答加速度

A6.13.1　適 用 範 囲

本節は，通常の建築物の風方向の最大応答加速度，A6.5.1 項の適用範囲に当てはまる長方形平面をもつ建築物の風直交方向の最大応答加速度，および A6.6.1 項の適用範囲に当てはまる長方形平面をもつ建築物のねじれの最大応答角加速度について定めたものである．

A6.13.2　風方向の最大応答加速度

建築物の頂部における風方向の最大応答加速度は，（A6.31）式により算定する．

$$a_{\mathrm{Dmax}}=\frac{q_H g_{\mathrm{aD}} BHC_H C'_{\mathrm{g}} \lambda \sqrt{R_{\mathrm{D}}}}{M_{\mathrm{D}}} \tag{A6.31}$$

ただし，

$$g_{\mathrm{aD}}=\sqrt{2\ln(600 f_{\mathrm{D}})+1.2}$$

ここで，

a_{Dmax}：建築物の頂部における風方向の最大応答加速度（m/s^2）

q_H　：速度圧（N/m^2）で，A6.1.1 項により定める．

B　：建築物の幅（m）

H　：基準高さ（m）で，6.1.2 項（11）により定める．

C_H　：A6.2 節により定める風力係数 C_{D} の，基準高さ H(m）における値

C'_{g}　：変動転倒モーメントに関する係数で，A6.3 節により定める．

λ　：振動モードの違いによる変動一般化風力の補正係数で，A6.3 節により定める．

R_{D}　：共振係数で，A6.3 節により定める．

M_{D}　：頂部を 1 とした風方向 1 次振動モードをもつ建築物の一般化質量（kg）で，A6.3 節により定める．

f_{D}　：風方向振動の 1 次固有振動数（Hz）

g_{aD}　：風方向応答加速度のピークファクター

A6.13.3　風直交方向の最大応答加速度

建築物の頂部における風直交方向の最大応答加速度は，（A6.32）式により算定する．

$$a_{\mathrm{Lmax}}=\frac{q_H g_{\mathrm{L}} BHC'_{\mathrm{L}} \lambda \sqrt{R_{\mathrm{L}}}}{M_{\mathrm{L}}} \tag{A6.32}$$

ここで，

a_{Lmax}：建築物の頂部における風直交方向の最大応答加速度（m/s^2）

q_H　：速度圧（N/m^2）で，A6.1.1 項により定める．

g_{L}　：風直交方向振動のピークファクターで，A6.5.2 項により定める．

H　：基準高さ（m）で，6.1.2 項（11）により定める．

C'_L　：変動転倒モーメント係数で，A6.5.2 項により定める．

λ　：振動モードの違いによる変動一般化風力の補正係数で，A6.5.2 項により定める．

R_L　：共振係数で，A6.5.2 項により定める．

M_L　：頂部を 1 とした風直交方向 1 次振動モードをもつ建築物の一般化質量（kg）で，A6.5.2 項により定める．

A6.13.4　ねじれの最大応答角加速度

建築物の頂部におけるねじれの最大応答角加速度は，（A6.33）式により算定する．

$$a_{Tmax} = \frac{0.6 q_H g_T B^2 H C'_T \lambda \sqrt{R_T}}{I_T} \qquad \text{(A6.33)}$$

ここで，

a_{Tmax}：建築物の頂部におけるねじれの最大応答角加速度（rad/s²）

q_H　：速度圧（N/m²）で，A6.1.1 項により定める．

g_T　：ねじれ振動のピークファクターで，A6.6.2 項により定める．

B　：建築物の幅（m）

H　：基準高さ（m）で，6.1.2 項（11）により定める．

C'_T　：変動ねじりモーメント係数で，A6.6.2 項により定める．

λ　：振動モードの違いによる変動一般化風力の補正係数で，A6.6.2 項により定める．

R_T　：共振係数で，A6.6.2 項により定める．

I_T　：頂部を 1 としたねじれ 1 次振動モードをもつ建築物の一般化慣性モーメント（kg m²）で，A6.6.2 項により定める．

A6.14　再現期間 1 年の風速

再現期間 1 年の風速 U_{1H}(m/s) は，（A6.34）式により算定する．

$$U_{1H} = U_1 E_H \qquad \text{(A6.34)}$$

ここで，

U_1　：地表面の状況が表 A6.2 に定める地表面粗度区分Ⅱの場合の，地上 10 m における 10 分間平均風速の再現期間 1 年に対する値（m/s）であり，建設地の地理的位置に応じて，図 A6.6 により定める．

E_H　：建設地の地表面の状況に応じて A6.1.7 項により定める風速の鉛直分布係数 E の，基準高さ H(m) における値

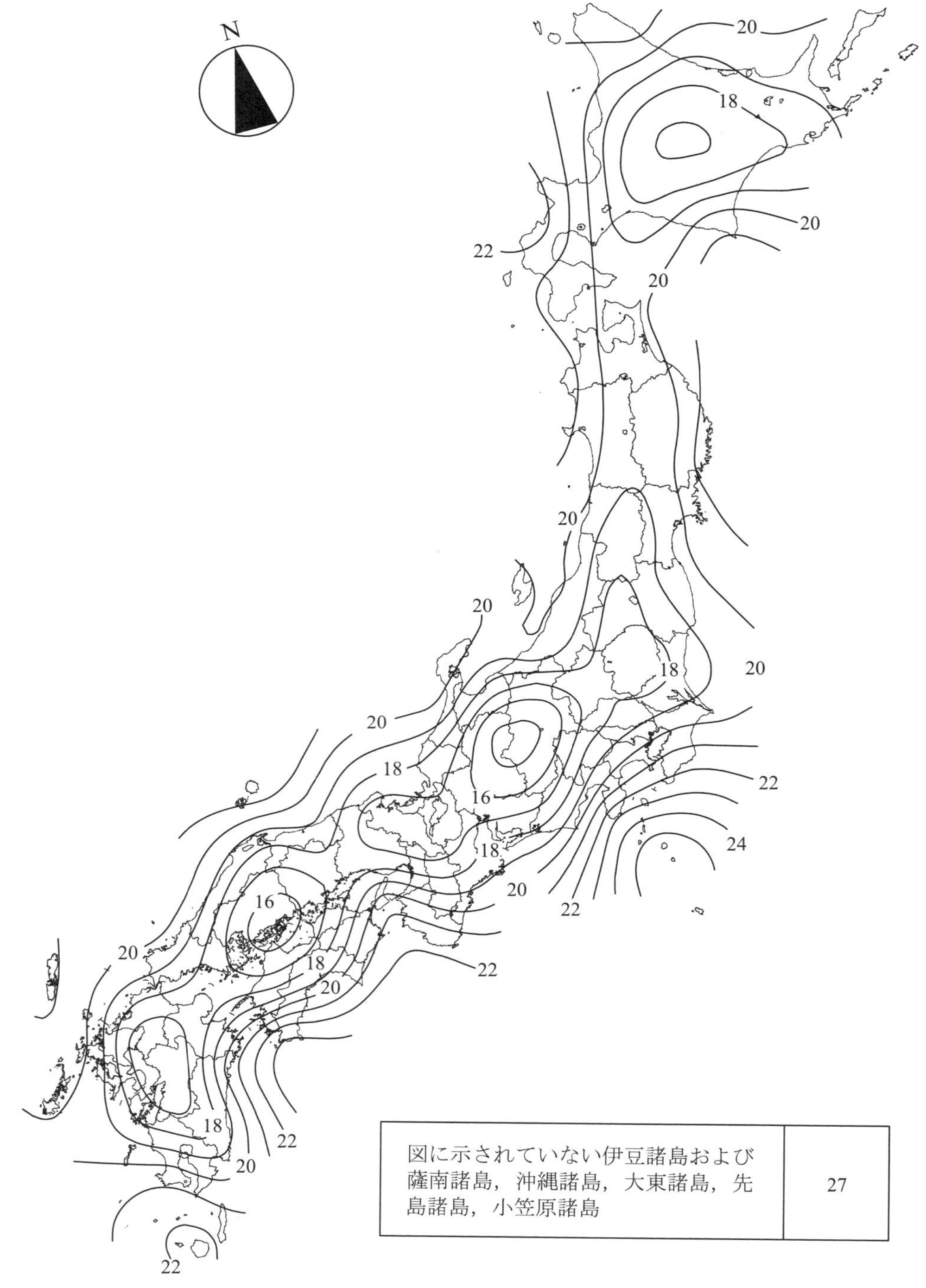

図 A6.6 地表面粗度区分Ⅱ，地上 10 m での再現期間 1 年の風速 U_1(m/s)

A6.15　風の作用時間

風の作用時間については，疲労評価対象部材の供用期間やメンテナンスサイクルを考慮して設定する．

構造骨組部材や外装材，免震部材・制振部材について風外力に対する疲労を検討する必要がある場合は，建設地点における風速とその作用時間を適切に設定し，その作用時間内に累積する疲労損傷に対して安全であることを確認する．

7章　地震荷重

7.1　地震荷重の設定方針

7.1.1　地震荷重の構成要因

建築物への地震荷重は，震源特性，地震波伝播特性，基盤地震動，表層地盤，地盤建築物相互作用に関する各種スペクトル特性，および建築物の振動特性を考慮し設定する．

(1)　通常の建築物に対しては，加速度応答スペクトルを用いた解析法（以下，応答スペクトル法という）によって算定される等価静的荷重としての地震荷重（7.2節）を設定し，等価静的解析を行う．

(2)　平面的または立面的に不整形な建築物，大スパンの架構をもつ建築物，特に重要な建築物などに対しては，加速度の時刻歴として与えられる設計用地震動（7.3節）を設定し，動的解析（地震応答解析）を行う．この場合，等価静的地震荷重による静的解析を併用することが望ましい．

7.1.2　建築物と地盤のモデル化

建築物と基礎（地下室を含む）および地盤を適切にモデル化し，そのモデルに対して等価静的地震荷重の設定や設計用地震動による応答解析を実施する．

(1)　解析モデル

等価静的地震荷重を設定する場合，整形かつ剛床と仮定できる建築物は各層を1自由度とし，基礎のスウェイとロッキングを考慮した多自由度系にモデル化する．この場合の地震動入力位置は基礎底面とする．

一方，地盤と建築物との相互作用効果が小さいと判断できる場合は，基礎固定としてモデル化してもよい．この場合の地震動入力位置は地表面もしくは基礎底面とする．

設計用地震動による応答解析の場合も同様の多自由度系モデルを基本とするが，複雑な形状の建築物やねじれ振動が卓越する可能性が高いと予想される建築物は，立体骨組にモデル化する．地震動入力位置は，設定したモデルに応じて基礎底面または地表面とする．

工学的基盤面より上の地盤をモデル化する場合，地震動入力位置は工学的基盤面とする．

(2) 解 析 手 法

建築物および地盤の応答解析を行う場合は，必要とされる非線形性の程度に応じて解析手法を選定する．

構造部材の塑性変形能力に基づき，建築物の線形，非線形領域の復元力特性を適切に設定する．

(3) 地震荷重算定用重量

地震荷重算定用質量は，固定荷重と地震時の積載荷重（多雪地域では雪荷重を考慮する）から算定する．積載荷重は，常時建築物に緊結されている物品に対して，実状に応じて算定する．ただし，表 4.1 の室用途については単位床面積あたり表 7.1 の値を用いることができる．

表 7.1 地震荷重算定用積載荷重 Q_E

室用途*	①	②	③	④	⑤	⑥	⑦	⑧
Q_E(N/m^2)	300	200	700	900	1 100	900	2 200	300

［注］ ＊：室用途は次の分類による（表 4.1 と同じ）
① 住宅の居室，宿舎など
② ホテルの客用寝室（ユニットバスを含まない）
③ 事務室・研究室
④ 百貨店・店舗の売場
⑤ 電算室（配線部分を含まない）
⑥ 自動車車庫および自動車通路
⑦ 一般書庫
⑧ 劇場・映画館・ホール・集会場，会議室，教室など人間荷重が主体の場合

7.2 等価静的地震荷重の算定

7.2.1 地震荷重の算定方法

建築物の i 層の地震層せん断力 V_{Ei} は次式によって算定する．

$$V_{Ei} = k_{\mathrm{D}i}\, k_{\mathrm{F}i} \frac{S_{\mathrm{a}}(T_1, \zeta_1)}{g} W_i \tag{7.1}$$

ここで，$k_{\mathrm{D}i}$ ：建築物の塑性変形能力による i 層での地震層せん断力の低減係数〔7.2.5 項参照〕

$k_{\mathrm{F}i}$ ：建築物各層の不整形性による i 層での地震層せん断力の割増係数〔7.2.6 項参照〕

$S_{\mathrm{a}}(T_1, \zeta_1)$ ：基礎底面（または地表面）地震動の弾性 1 次モード（固有周期 T_1，減衰定数ζ_1）の加速度応答スペクトル〔7.2.4 項参照〕

g ：重力加速度

W_i ：多層建築物の振動特性により決まる i 層での等価総重量〔7.2.3 項参照〕

7.2.2 建築物と地盤の相互作用を考慮した固有周期と減衰定数

軟弱地盤など地盤を剛と仮定することが適切でない場合には，建築物と地盤の相互作用を考慮して，スウェイとロッキング運動を取り入れたモデルを用いて固有値解析を行う．

固有値解析を行わない場合においても，建築物と地盤の相互作用を考慮し，1次の固有周期 T_1 と減衰定数 ζ_1 を次の各式によって算定する．

$$T_1 = \sqrt{T_{\mathrm{f}}{}^2 + T_{\mathrm{s}}{}^2 + T_{\mathrm{r}}{}^2} \tag{7.2}$$

ここで，T_{f}　：建築物の基礎固定時の1次固有周期，

T_{s}　：建築物を剛体と仮定した時のスウェイによる固有周期，

T_{r}　：建築物を剛体と仮定した時のロッキングによる固有周期である．

$$\zeta_1 = \zeta_{\mathrm{f}}\left(\frac{T_{\mathrm{f}}}{T_1}\right)^3 + \zeta_{\mathrm{s}}\left(\frac{T_{\mathrm{s}}}{T_1}\right)^3 + \zeta_{\mathrm{r}}\left(\frac{T_{\mathrm{r}}}{T_1}\right)^3 \tag{7.3}$$

ここで，ζ_{f}　：建築物の基礎固定時の1次固有モードに対する減衰定数，

ζ_{s}　：建築物を剛体と仮定した時のスウェイによる減衰定数，

ζ_{r}　：建築物を剛体と仮定した時のロッキングによる減衰定数である．

7.2.3　等価総重量の算定方法

(1) 固有値解析を行う方法

多層構造物の振動特性により決まる i 層での等価総重量 W_i は次式によって算定する．

$$W_i = \sqrt{\sum_{j=1}^{j_{\mathrm{c}}} W_{ij}{}^2} \tag{7.4}$$

ここで，j_{c}　：考慮する固有振動モード次数の最大値

W_{ij}　：j 次の固有振動モードの振動特性により決まる i 層での等価総重量

i 層，j 次の固有振動モードに対応する等価総重量 W_{ij} は次式によって求められる．

$$W_{ij} = k_{\mathrm{S}_{\mathrm{a}j}} \sum_{k=i}^{n} (w_k \beta_j \phi_{kj}) \tag{7.5}$$

ここで，$k_{\mathrm{S}_{\mathrm{a}j}}$　：1次の固有周期 T_1，減衰定数 ζ_1 の加速度応答スペクトル値 $S_{\mathrm{a}}(T_1, \zeta_1)$ に対する j 次の固有周期 T_j，減衰定数 ζ_j の加速度応答スペクトル値 $S_{\mathrm{a}}(T_j, \zeta_j)$ の比 $(S_{\mathrm{a}}(T_j, \zeta_j)/(S_{\mathrm{a}}(T_1, \zeta_1))$

n　：建築物の全層数

w_k　：k 層の重量（固定荷重と積載荷重）

β_j　：j 次の刺激係数

ϕ_{kj}　：k 層 j 次の固有振動モード

ここで，k 層，j 次の固有振動モード ϕ_{kj} と j 次の固有振動周期 T_j と刺激係数 β_j は，設定した建築物のモデルについて求める．w_k は固定荷重と地震時の積載荷重〔7.1.2項参照〕から算定する．

固有周期の近接している固有振動モードがあると推測される場合は，(7.4) 式の代わりに次式によって W_i を算定する．

$$W_i = \sqrt{\sum_{j=1}^{j_{\mathrm{c}}} \sum_{k=1}^{j_{\mathrm{c}}} W_{ij}\, \rho_{jk} W_{ik}} \tag{7.6}$$

ここで，ρ_{jk} は j 次と k 次の固有振動モード間の相関係数であり，次式で与えられる．

$$\rho_{jk}=\frac{8\sqrt{\zeta_j\zeta_k}\,(\zeta_j-r_{jk}\zeta_k)\,r_{jk}^{3/2}}{(1-r_{jk})^2+4\zeta_j\zeta_k r_{jk}(1-r_{jk}^2)+4(\zeta_j^2-\zeta_k^2)\,r_{jk}^2} \tag{7.7}$$

ここで，r_{jk} は j 次と k 次の固有振動数比（$r_{jk}=\omega_j/\omega_k=T_k/T_j$），$\zeta_j$ と ζ_k は j 次と k 次の減衰定数である．

(2) 固有値解析を行わない方法

平面的かつ立面的に整形な通常の建築物については，設定したモデルに対して固有値解析を行わず，次式によって建築物の i 層の等価総重量 W_i を算定してもよい．

$$W_i=k_{V_{Ei}}\mu_{\mathrm{m}}\sum_{k=i}^{n}w_k \tag{7.8}$$

ここで，$k_{V_{Ei}}$ ：i 層の地震層せん断力係数の分布を表す係数

μ_{m} ：多自由度系を 1 自由度系で評価したときの補正係数

$k_{V_{Ei}}$ は次式によって求めてもよい．

$$k_{V_{Ei}}=1+k_1(1-\alpha_i)+k_2\left(\frac{1}{\sqrt{\alpha_i}}-1\right) \tag{7.9}$$

ここで，α_i は次式による基準化重量である．

$$\alpha_i=\frac{\sum_{k=i}^{n}w_k}{\sum_{k=1}^{n}w_k} \tag{7.10}$$

係数 k_1, k_2 は建築物の層数（または高さや一次固有周期 T_1）によって定まり，

・固有周期 T_1 が短い低層建築物など加速度応答スペクトル S_{a} 一定領域にあたる場合，$k_1\approx 1$，$k_2\approx 0$

・固有周期 T_1 が長い高層建築物など速度応答スペクトル S_{v} 一定領域にあたる場合，$k_1\approx 0$，$k_2\approx 1$

・中層建築物などその他の建築物ではこれらの中間の値とする．

μ_{m} は固有周期 T_1 が短い低層建築物など加速度応答スペクトル S_{a} が一定領域にあたる場合 0.82，T_1 が長い高層建築物など速度応答スペクトル S_{v} が一定領域にあたる場合は 0.90 とし，1 層建物の場合は 1.0 とする．

7.2.4 加速度応答スペクトル

(1) 基礎底面（または地表面）の加速度応答スペクトル

（7.1）式の層せん断力および（7.4）式の等価総重量 W_i を算定する際に用いる基礎底面（または地表面）の地震動の加速度応答スペクトル値 $S_{\mathrm{a}}(T,\zeta)$ は次式によって求める．

$$S_{\mathrm{a}}(T,\zeta)=k_{\mathrm{p}}(T,\zeta)\,\sigma_{\mathrm{a}}(T,\zeta) \tag{7.11}$$

ここで，$k_{\mathrm{p}}(T,\zeta)$ ：1 自由度系（固有周期 T，減衰定数 ζ）の加速度応答のピ－クファクター

$\sigma_{\mathrm{a}}(T,\zeta)$ ：基礎底面（または地表面）の地震動に対する弾性 1 自由度系（固有周期 T，減衰定数 ζ）の加速度応答の 2 乗平均値の平方根

$k_{\mathrm{p}}(T,\zeta)$ は通常 3.0 とするが，適切な方法を用いて算定してもよい．

$\sigma_a(T,\zeta)$ は次式によって算定する．

$$\sigma_a(T,\zeta)^2=\int_0^{\infty}|H(\omega)|^2\,G_a(\omega)\,d\omega \tag{7.12}$$

$H(\omega)$ は建築物の弾性1自由度系（固有円振動数 $\omega_0(=2\pi/T)$，減衰定数 ζ）の加速度に対する伝達関数で，次式により算出する．

$$|H(\omega)|^2=\frac{(\omega_0{}^2)^2+(2\zeta\omega_0\omega)^2}{(\omega_0{}^2-\omega^2)^2+(2\zeta\omega_0\omega)^2} \tag{7.13}$$

$G_a(\omega)$ は基礎底面（または地表面）の地震動加速度パワースペクトルで，次式により算出する．

$$G_a(\omega)=|H_{GS}(\omega)|^2\,|H_{SSI}(\omega)|^2\,G_{aE}(\omega) \tag{7.14}$$

ここで，$H_{GS}(\omega)$ ：工学的基盤面より地表面（または基礎底面）までの増幅特性を表す地盤増幅関数

$H_{SSI}(\omega)$ ：建築物・地盤の相互作用を表す相互作用補正関数（考慮しない場合1）

$G_{aE}(\omega)$ ：工学的基盤面の地震動加速度パワースペクトル

工学的基盤面の加速度パワースペクトル $G_{aE}(\omega)$ は，工学的基盤面での減衰定数5％加速度応答スペクトル $S_{aE}(T,0.05)$ からスペクトル変換を利用して求める．スペクトル変換に用いる地震動の継続時間 T_d は20(s) とする．

(2) 工学的基盤面の加速度応答スペクトル

再現期間 t_R 年の工学的基盤面の加速度応答スペクトル $S_{aE}(T,0.05)$ は，以下に示すいずれかの方法により算定する．

1）一様ハザードスペクトル

7.2.4項（5）に示す基本加速度応答スペクトル $S_{a0}(T,0.05)$（再現期間100年の一様ハザードスペクトル）の各周期に，7.2.4項（6）に示す再現期間換算係数 $k_{R_E}(T)$ を乗じることにより求めることができる．地震荷重の基本値〔2.2節参照〕を算定する際には，再現期間換算係数 $k_{R_E}(T)$ を1とする．

2）工学的基盤の卓越周期に応じたスペクトル形状に基本最大加速度 a_0（再現期間100年）と再現期間換算係数 k_{R_E} を乗じたスペクトル

2）の加速度応答スペクトルについては，(7.15) 式により算定される．地震荷重の基本値（2.2節参照）を算定する際には，再現期間換算係数 k_{R_E} を1とする．

$$S_{aE}(T,0.05)=k_{R_E}a_0S_0(T,0.05)=\begin{cases}k_{R_E}a_0(1+(k_{R_0}-1)T/T_c') & :(T<T_c')\\ k_{R_E}a_0k_{R_0} & :(T_c'\leq T<T_c)\\ k_{R_E}a_0k_{R_0}T_c/T & :(T_c'\leq T)\end{cases} \tag{7.15}$$

ここで，k_{R_E} ：7.2.4項（6）に示す再現期間換算係数

a_0 ：7.2.4項（5）に示す工学的基盤での基本最大加速度

$S_{aE}(T,0.05)$ ：工学的基盤面での基準化加速度応答スペクトル

T_c,T_c' ：工学的基盤の卓越周期に関する周期で，$T_c=0.3$〜0.5秒，$T_c'/T_c=1/5$〜$1/2$

k_{R_0} ：加速度応答が一定となる周期帯の加速度応答倍率で 2~3 程度の値とする．

(3) 地盤増幅関数

工学的基盤面から地表面（または基礎底面）までの表層地盤による地震動の増幅効果（地盤非線形，地盤種別含む）の評価は，せん断波の一次元波動伝播解析（等価線形解析）から得られる振動数伝達関数による．ただし，当解析が困難な場合には簡易的に次式で算出される地盤増幅関数 $H_{GS}(\omega)$ による．

$$|H_{GS}(\omega)|^2 = \left|\frac{1}{\cos A + i\,\alpha_G \sin A}\right|^2 \tag{7.16}$$

$$A = \frac{\omega\,T_G}{4\sqrt{1 + 2\,i\,\zeta_G}} \tag{7.17}$$

ここで，α_G ：工学的基盤と工学的基盤面より上の地盤のインピーダンス比

T_G ：工学的基盤面より上の地盤の卓越周期（s）

ζ_G ：工学的基盤面より上の地盤の減衰定数

i ：虚数単位（$i = \sqrt{-1}$）

(4) 相互作用補正関数

建築物と地盤の相互作用を表す相互作用補正関数 $H_{SSI}(\omega)$ は，基礎の埋込み効果を適切に考慮し設定するか，または次式により算定することができる．

$$|H_{SSI}(\omega)|^2 = \begin{cases} \dfrac{1}{1 + 2\,\eta\,\delta_d^2} & : \quad \delta_d \leq 1 \\ \dfrac{1}{1 + 2\,\eta} & : \quad \delta_d > 1 \end{cases} \tag{7.18}$$

ここで，η ：基礎の埋込み深さ d と等価基礎幅 $l(=\sqrt{A_f}$，A_f：基礎底面積）の比（$=d/l$），

δ_d ：基準化基礎埋込み深さ（$2\omega d/(\pi V_s)$），

V_s ：側面地盤の S 波速度である．

(5) 基本加速度応答スペクトル

工学的基盤面での基本加速度応答スペクトル $S_{a_0}(T, 0.05)$ は，再現期間 100 年の一様ハザードスペクトルから求める．一様ハザードスペクトルの代わりに，標準地震ハザードマップから求めた工学的基盤面の基本最大加速度 a_0（再現期間 100 年）に，基準化加速度応答スペクトル $S_0(T, 0.05)$ を乗じて求めることもできる．また，適切な確率論的地震ハザード評価を行って，$S_{a_0}(T, 0.05)$ を評価することもできる．

(6) 再現期間換算係数

再現期間 t_R 年の地震動の加速度応答スペクトルの再現期間換算係数 $k_{R_E}(T)$ は，対象地点のハザード解析結果に基づいて定める．

7.2.5　塑性変形能力による低減係数と応答変形

i 層の塑性変形能力による低減係数 k_{Di} は建築物の弾塑性特性と限界変形に応じて定める．等価静的荷重として算定される地震荷重を建築物各層の塑性変形能力による低減係数に応じて補正する．また，建築物全体の安全性と各部の損傷が許容範囲内であることを確かめる．

7.2.6　建築物の不整形性による割増し係数

平面的または立面的に不整形な建築物の i 層の割増し係数 k_{Fi} は，建築物の特定層への損傷集中，ねじれ振動の可能性などを考慮して設定する．

7.3　設計用地震動と応答評価

7.3.1　基本的な考え方

重要度の特に高い建築物など地震時の動的挙動の詳細な把握が求められる建築物に対しては，本節で示す方法により設計用地震動を作成し，地盤と建築物の動的相互作用効果と建築物の振動特性を適切にモデル化し，地震応答解析を行う．なお，地震時の地盤挙動の非線形性が無視できない場合には，それらを適切に考慮できるモデルと解析手法を採用する．

設計用地震動の作成方法は，次の 2 種類に大別される．

・設定した応答スペクトルに適合する設計用地震動の作成

・建設地と建築物の条件に応じた想定地震に基づく設計用地震動の作成

7.3.2　応答スペクトルに適合する設計用地震動

あらかじめ設定した応答スペクトルを目標応答スペクトルとし，これに適合する模擬地震動（時刻歴波形）を作成し，設計用地震動とする．

目標応答スペクトルの定義位置は，次の 2 種類に大別される．

・解放工学的基盤

・建築物の解析モデルへの入力位置

後者を採用する場合には，目標応答スペクトルの設定に際して，工学的基盤から目標応答スペクトルの定義位置に至る地盤特性を考慮する．

7.3.3　想定地震に基づく設計用地震動

建設地と建築物の条件に応じて供用期間や工学的基盤を定めたうえで，設計上考慮すべき複数の地震像を検討し，対象とする地震を想定する．想定する地震の震源特性に加え，震源から建設地付近までの伝播経路特性，建設地付近の地盤増幅特性などを考慮することにより，建設地における地震動を評価し，設計用地震動を作成する．

(1) 対象とする地震の想定

建設地の条件（周辺の地震環境・地理環境・地質環境など）を検討したうえで解放工学的基盤を設定し，建築物の条件（使用状況・構造特性・機能など）に基づいて供用期間を設定する．これらの条件に基づいて，プレート境界地震・海側のプレート内地震・陸側のプレート内地震・想定直下浅発地震など，設計上考慮すべき複数の地震像に関して検討したうえで，地震を想定する．対象とする地震の諸元は，地震の特性の地域性や個々の地震に固有な特性などを考慮し，設定する．

(2) 地震動の評価

建設地における地震動は，対象とする地震に対して，その地震の震源特性，震源から建設地付近までの伝播経路特性，建設地付近の地盤増幅特性などを反映させて評価する．地震動の評価方法としては，建設地と建築物の条件に照らし合わせ，震源特性・伝播経路特性・地盤増幅特性に関する情報の量と質に応じて適切なものを採用する．

(3) 設計用地震動の設定

建設地において評価された地震動について建築物の応答特性や建築物に要求される性能などの視点から判断して，建設地の工学的基盤において設計用地震動を設定する．地震動の振幅スペクトルのみならず，位相特性・経時特性・継続時間についても考慮することが望ましい．

7.3.4　地震応答解析

地震応答解析を行い，建築物の構造躯体および各部の地震荷重を算出する．

解析に際して品質確保のための方策を実施する．特に等価静的地震荷重による評価を併用せず地震応答解析のみに基づき地震荷重を評価する場合は，より高い精度の品質確保方策を実施する．

(1) 地震応答解析モデルの作成

7.1.2 に従い，建築物と基礎（地下室を含む）および地盤の地震応答解析モデルを作成する．固有周期や振動モード，減衰特性，弾塑性応答解析を実施する場合には，降伏点や強度，履歴特性，靱性が，実際と整合するようなモデルとする．また，そのために必要に応じて実験を実施し，モデル化に必要な特性を把握する．

(2) 地震応答解析に基づく地震荷重の評価

地震応答解析に基づく地震荷重の評価では，7.3.2 もしくは 7.3.3 で評価する複数の入力地震動による地震応答解析を実施する．地震荷重は，これら全ての地震応答解析結果に基づき設定される．設定された応力・変形などの応答値が要求性能水準を確認するための地震荷重の指標として適切であることを確認する．

(3) 地盤の流動・変状による地震荷重

地震荷重の評価にあたっては，液状化等による地盤の流動や変状が建築物に与える影響も評価する．

8章　温度荷重

8.1　温度荷重の設定方針

(1)　建築物に荷重効果を発生させる温度を温度荷重として設定する.

(2)　建築物の建設される場所や時期，規模や用途，使用される環境などの条件によって，建築物に大きな応力や変形が発生する場合に，温度荷重を考慮する.

(3)　エキスパンションジョイントを設けるなどの対策を行って，建築物に大きな応力や変形が発生しない場合には，温度荷重を考慮する必要はない.

8.2　温度荷重の算定

温度荷重は外気温，日射，地中温度などの温度変化の再現期間100年に対する値，または，それに相当する値を基本値とする.

9章　土圧および水圧

9.1　設定方針

(1)　地下外壁と擁壁など土と接する構造物に作用する外力として，土圧および水圧を考慮する．地下水位以深の構造物には，浮力を考慮する.

(2)　地下外壁などに常時作用する土圧は一般に静止土圧とし，地表面載荷がある場合にはその影響を適切に考慮する.

(3)　擁壁に常時作用する土圧は一般に主働土圧とし，地表面載荷がある場合にはその影響を適切に考慮する.

(4)　地震時において土圧・水圧が著しく増加する場合は，適切に考慮する.

(5)　常時作用する土圧の算定においては，算定方法の精度と地盤パラメータのばらつきを考慮した99％非超過確率の値を荷重の基本値とする．水圧の基本値は，自由水位面の年最高水位の再現期間100年に対する値とし，時間的な変動の影響を考慮する.

9.2　地下外壁に作用する土圧および水圧

地下外壁に常時作用する土圧および水圧は，地下水位以浅においては（9.1）式，地下水位以深においては（9.2）式を用いて算定する.

$$p = K_0 \gamma_t z + \Delta p_0 \tag{9.1}$$

$$p = K_0 \gamma_t h + K_0 \gamma'(z-h) + \gamma_w (z-h) + \Delta p_0 \tag{9.2}$$

ここで，p　：深さ z における単位面積あたりの土圧および水圧（kN/m²）

γ_t　：土の湿潤単位体積重量（kN/m³）

γ'　：土の水中単位体積重量（kN/m³）

γ_w　：水の単位体積重量（＝9.8 kN/m³）

K_0　：静止土圧係数

h　：地下水位深さ（m）

Δp_0　：地表面載荷がある場合の土圧増分（kN/m²）

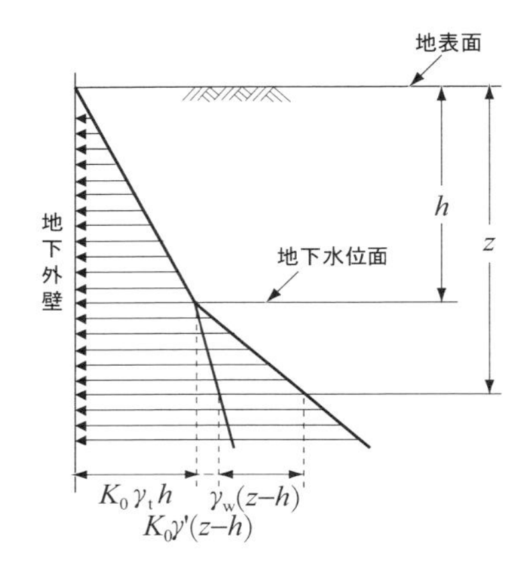

図 9.1　地下外壁面に作用する土圧および水圧

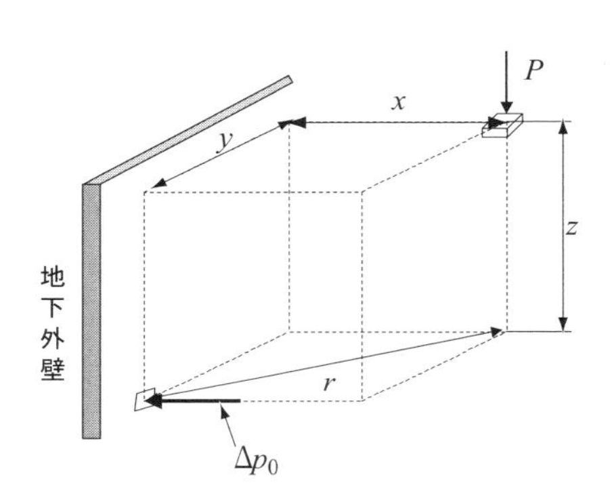

図 9.2　地下外壁面における水平応力成分

9.3　擁壁に常時作用する土圧

擁壁に作用する土圧は，一般的に主働土圧とする．地表面載荷がない場合の主働土圧は，下式により算出する．

$$p_A = K_A \gamma_t z - 2c\sqrt{K_A} \tag{9.3}$$

ここで，p_A　：深さ z における単位面積あたりの主働土圧（kN/m²）

K_A　：主働土圧係数

γ_t　：土の湿潤単位体積重量（地下水面以下では水中単位体積重量）（kN/m³）

c　：土の粘着力（kN/m²）

ただし，p_A が負になる場合は 0 とする．主働土圧係数 K_A には，下式を用いることができる．

$$K_A = \frac{\cos^2(\phi-\theta)}{\cos^2\theta\cos(\theta+\delta)\left\{1+\sqrt{\frac{\sin(\phi+\delta)\sin(\phi-\alpha)}{\cos(\theta+\delta)\cos(\theta-\alpha)}}\right\}^2} \tag{9.4}$$

ここで，ϕ　：背面土の内部摩擦角（度）

θ　：擁壁背面と鉛直面がなす角（度）

δ　：壁面摩擦角（度）

α　：地表面と水平面のなす角（度）

ただし，$\phi-\alpha<0$ のとき，$\sin(\phi-\alpha)=0$ とする．水圧を考慮する必要がある場合には，その影響を考慮する．地表面に載荷荷重がある場合には，その影響を考慮する．

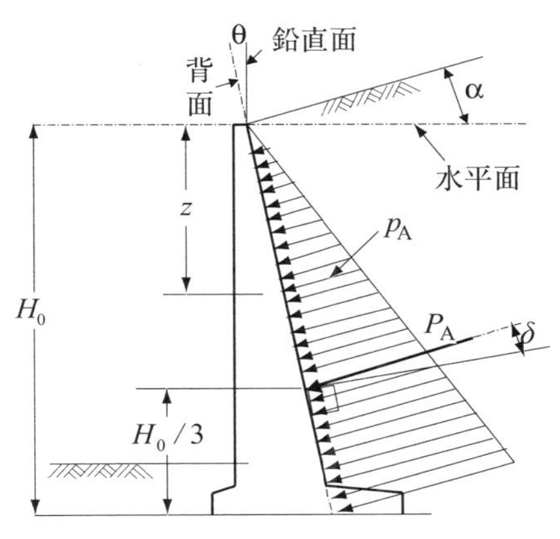

図 9.3　擁壁に常時作用する土圧

9.4　擁壁に作用する地震時土圧

擁壁に作用する地震時主働土圧は，信頼できる調査および解析によるほか，以下のいずれかの方法によって算定する．

(1)　物部・岡部の地震時主働土圧

$$p_{EA}=K_{EA}\gamma_t z \tag{9.5}$$

ここで，p_{EA}：深さ z における単位面積あたりの地震時主働土圧（kN/m^2）

K_{EA}：物部・岡部の地震時主働土圧係数

γ_t：土の湿潤単位体積重量（地下水面以下では水中単位体積重量を用いる）(kN/m^3)

z：土圧 p_{EA} が壁面に作用する深さ（m）

$$K_{EA}=\frac{\cos^2(\phi-\theta-\theta_k)}{\cos\theta_k\cos^2\theta\cos(\theta_k+\theta+\delta)\left\{1+\sqrt{\frac{\sin(\phi+\delta)\sin(\phi-\alpha-\theta_k)}{\cos(\theta+\delta+\theta_k)\cos(\theta-\alpha)}}\right\}^2} \tag{9.6}$$

ここで，ϕ：背面土の内部摩擦角（度）

θ：擁壁背面と鉛直面がなす角（度）

δ：壁面摩擦角（度）

α：背面地盤の地表面傾斜角（度）

θ_k：地震合成角 $\theta_k=\tan^{-1}k_h$（度）

k_h：設計水平震度

ただし，$\theta-\alpha-\theta_k<0$ のとき，$\sin(\theta-\alpha-\theta_k)=0$ とする．水圧を考慮する必要のある場合には，その影響を考慮する．背面地盤に載荷荷重がある場合には，その影響を考慮する．

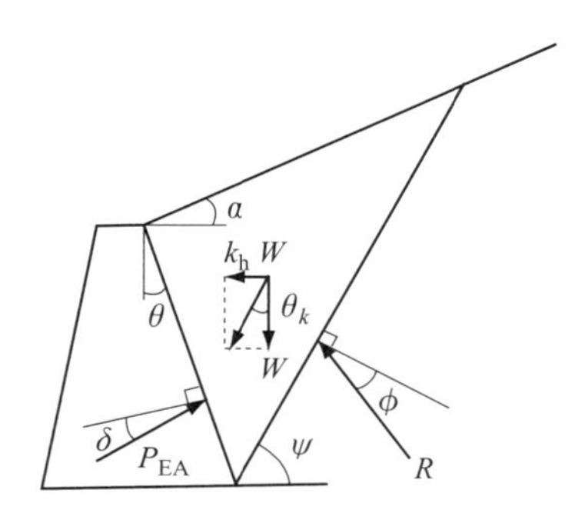

図 9.4 背面土塊のすべり線の仮定と作用する力

(2) 試行くさび法

地震時の主働すべり角ψを試行的に変えて，背面土塊に作用する力の釣合いから，連力図を満足する時の主働土圧を算定する．

1）物部・岡部式の粘着力を考慮しない場合

$$P_{EA} = \frac{\sin(\psi - \phi + \theta_k) \cdot W}{\cos(\psi - \phi - \delta - \theta) \cdot \cos\theta_k} \tag{9.7}$$

ここで，P_{EA} ：地震時主働土圧合力（kN）

W ：土くさびの重量（kN）

ψ ：地震時の主働すべり角（度）

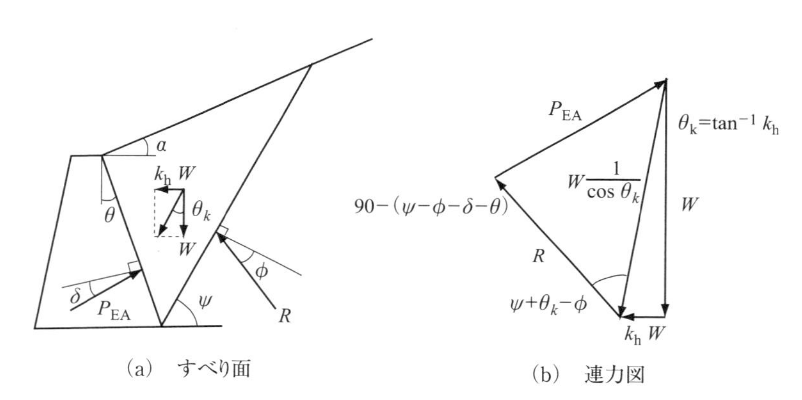

図 9.5 粘着力を考慮しない場合の背面土塊のすべり線の仮定と連力図

2）物部・岡部式の粘着力を考慮する場合

$$P_{EA} = \frac{W \cdot \sec\theta_k \sin(\psi - \phi + \theta_k) - c \cdot l \cos\phi}{\cos(\psi - \phi - \delta - \theta)} \tag{9.8}$$

ここで，c ：背面土の粘着力（kN/m^2）

l ：主働すべり面の長さ（m）

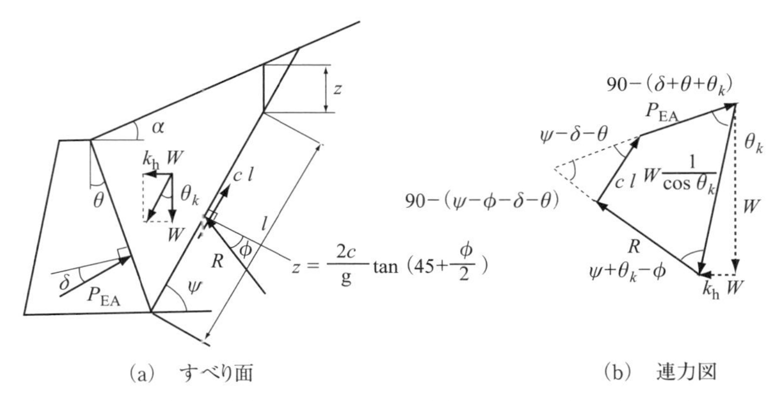

（a）　すべり面　　　　（b）　連力図

図 9.6　粘着力を考慮する場合の背面土塊のすべり線の仮定と連力図

9.5　設計用の地下水位

(1)　設計用の地下水位は，土層の連続性などを考慮して自由水位面を判断し，年最高水位の再現期間 100 年に対する値から設定する．

(2)　基礎底面に作用する浮力 ${}_{v}F_{w}$ は下式で算定する．

$$ {}_{v}p_{w}=\gamma_{w}(z-h) \tag{9.9}$$

ここで，${}_{v}p_{w}$ ：単位面積あたりの浮力（kN/m^2）

γ_w ：水の単位体積重量（kN/m^3）

z ：地表面から浮力を求める位置までの深さ（m）

h ：地表面から地下水面までの深さ（m）

9.6　土圧の不確定性と設計用の地盤パラメータ

(1)　地下外壁や擁壁に作用する土圧（主働土圧，静止土圧，地震時土圧など）は，それらの算定式において用いられるパラメータの不確定性の影響を考慮して設定する．

(2)　土圧算定に用いる地盤パラメータの特性値には，当該地盤における 99 % 非超過確率の値を採用する．

10章　津 波 荷 重

10.1　一　　般

10.1.1　適 用 範 囲

津波荷重の適用範囲は以下のとおりとする．

(1)　陸上に設置された建築物や工作物を対象とする．

(2)　海底地震で発生し，陸上に遡上した津波の押し波と引き波を対象とする．

(3)　津波荷重を算定するための設計用浸水深等は津波ハザードマップもしくは適切な数値流体計算または水理実験等で求め，津波は建築物の上を超えないものとする．
(4)　海水は非圧縮性流体とし，海水の密度は周辺状況等を考慮し適切に定める．
(5)　フルード数の範囲は 0～2 程度とする．

10.1.2　算 定 方 針

津波荷重には，津波先端部の荷重，津波非先端部の荷重，静水時の荷重，漂流物による荷重があり，それらの算定方針は (1)～(3) とする．

(1)　想定する津波荷重

設計用浸水深または設計用流速が既知である場合の津波荷重の算定方法を示す．建築物に作用する津波荷重は，建築物および津波の実況に応じて津波先端部の荷重，津波非先端部の荷重，静水時の荷重，漂流物による荷重を適切に選択し組み合せて算定する．

(2)　建築物の表裏に作用する津波波力

津波波力は，建築物の表裏面に作用する津波波圧の差から算定する．

(3)　津波荷重と他の荷重の組合せ

津波荷重は，他の荷重との組合せを適切に考慮する．

10.1.3　算定方法の大別

津波荷重を評価するうえでのパラメータは次の 3 つに大別して津波荷重を算定する．押し波の場合は，津波の先端部と非先端部の津波波力をそれぞれ算定し大きい方を採用する．引き波の場合は，非先端部の津波波力を算定する．

A.　浸水深と流速の時系列
B.　最大浸水深と最大流速
C.　最大浸水深

10.1.4　設計用浸水深と設計用流速

設計用浸水深または設計用流速は地方自治体が定めた津波ハザードマップの数値を用いるか，適切な数値流体計算等によって求める．

10.1.5　数値流体計算による津波波力の評価

設計する建築物を含めた周辺の地物の三次元形状，および浸水深と流速の時系列と空間分布が適切に再現可能な流体解析モデルを用いて，建築物に作用する津波波力や津波波圧の時系列および最大波力や最大波圧を評価する．

10.2　津波の先端部の荷重

10.2.1　段 波 波 力

段波波力は，浸水深や流速など得られる情報量に応じて10.1.3項の算定ルートにより適切に算定する．

10.2.2　衝撃段波波力

護岸に極めて近接する建築物等の場合，建築物の部分や部材に作用する力として衝撃段波波力を考慮する．

10.2.3　鉛　直　力

鉛直力は津波や建築物，地盤等の実況に応じて適切に評価する．

10.3　津波の非先端部の荷重

10.3.1　抗　　　力

津波の非先端部が建築物等に作用するときの流れ方向の水平力は海水の密度，流速と建築物等の水没部の鉛直投影面積に依存する抗力として算定する．

10.3.2　鉛　直　力

算定方法は浮力を除いて10.2.3項と同じである．

10.4　静水時の荷重

10.4.1　静水圧による水平力

水の流れがほとんどないものの水位差がついている場合，静水圧の水平方向の合力が静水圧による水平力として作用するが，静水時には建築物全体に作用する水平力は考慮する必要はない．

10.4.2　浮　　　力

静水圧の鉛直方向上向きの合力が浮力である．

10.5　建築物開口部による波力の低減

建築物において開口部または開放部の波圧は，建築物に作用しないとみなすことができる．

10.6　漂流物による荷重

10.6.1　漂流物の衝突荷重

漂流物の衝突により建築物に発生する荷重は，周辺状況等に応じて漂流物を適切に設定したうえで評価する．

10.6.2　漂流物による堰止め

建築物内外における漂流物の堰止めによる津波荷重の増加を適切に考慮する必要がある.

10.7　耐津波設計において考慮すべき事項

10.7.1　地震動による損傷

地震動による損傷を考慮して建築物の耐力を適切に評価する.

10.7.2　地盤の液状化

建築物の転倒に対する杭の引抜き抵抗の低下等を引き起こす可能性があるため, 地盤の液状化に留意する.

10.7.3　洗　　掘

建築物まわりの津波による流れによって, 主に, 建築物前面の隅角部に沿った周辺地盤に局所的な洗掘孔が生じる場合があり, 留意する必要がある.

11章　衝 撃 荷 重

11.1　一　　般

11.1.1　適 用 範 囲

本指針で定めた衝撃荷重の適用範囲は以下のとおりとする.

(1)　対象とする建築物

対象とする建築物は, 用途としてはオフィス, 集合住宅, ホテル, 病院, 学校, 公共建築, 商業建築等とし, その構造種別・形式は鉄筋コンクリート造および鉄骨造の多層骨組構造に限定する.

(2)　対象とする事象

人為的作用のみを対象とし, 自然現象に伴う作用は扱わない. また, 人為的作用のうち, 偶発的な事故に由来する以下の衝撃荷重のみを対象にする.

①　衝突荷重：自動車, 脱線列車, 小型飛行機, ヘリコプター, フォークリフト

②　爆発荷重：内部爆発, 外部爆発

(3)　対象とする限界状態

直接的な荷重作用範囲では, 対象とする限界状態として安全限界状態を対象とする.

11.1.2　算 定 方 針

衝撃荷重の算定方針を以下に示す.

(1)　衝突荷重の算定方針

衝突実験データが得られる場合は，その衝突荷重の時刻歴の最大値を静的設計荷重として与える．衝突実験が得られない場合は，衝突シミュレーション解析またはエネルギー論的手法により衝突荷重の時刻歴を求め，力積を等しくした三角波として近似し，その三角波の最大値を静的設計荷重として与える．

(2)　爆発荷重の算定方針

既往の実験研究に基づき導かれた経験式を吟味したうえで，内部爆発と外部爆発の爆風圧の時刻歴を求め，その最大値を静的設計荷重として与える．

(3)　衝撃荷重と他の荷重との組合せ

衝撃荷重は固定荷重と積載荷重のみと組み合せる．

11.2　衝突荷重

11.2.1　自　動　車

自動車道路に隣接している建築物，敷地内への自動車の乗入れを認めている建築物，および駐車場として使われる建築物に関しては，自動車の衝突に対する検討を行うことが望ましい．自動車の衝突荷重は，自動車の質量，衝突時の速度，作用角度，形状，強度・剛性などに依存する．衝突荷重は以下の方法により決定する．

・衝突実験の衝突荷重の時刻歴から参照した最大荷重値を用いる

・衝突シミュレーション解析を実施することにより求めた衝突荷重の時刻歴を，力積を等しくした三角波として近似し，その三角波の最大値を用いる．

・独自に詳細モデルにより設計荷重を決定する．

11.2.2　脱線列車

鉄道に隣接している建築物や敷地内に鉄道の乗入れを認めている建築物に関しては，列車の衝突に対する検討を行うことが望ましい．脱線列車の衝突による荷重は，脱線列車の質量，衝突時の速度，作用角度，形状，強度・剛性などに依存する．衝突荷重は以下の方法により決定する．

・衝突シミュレーション解析を実施することにより求めた衝突荷重の時刻歴を，力積を等しくした三角波として近似し，その三角波の最大値を用いる．

・独自に詳細モデルにより設計荷重を決定する．

11.2.3　小型飛行機

地表または水面から60 m以上の高さの建築物には，航空障害燈の設置が航空法により義務付けられている[19]．60 m以上の高さの建築物に対しては，小型飛行機の衝突に関する検討を行うことが望ましい．小型飛行機の明確な定義はないが，単発のレシプロエンジンを備えた2～6人乗り程度の小さな飛行機を指す場合が多い．小型飛行機の衝突による荷重は，小型飛行機の質量，衝突時の速度，作用角度，形状，強度・剛性などに依存する．衝突荷重は以下の方法により決定する．

・エネルギー論的手法により衝突荷重の時刻歴を単純な三角波として求め，その最大値を用いる．

・独自に詳細モデルにより設計荷重を決定する.

11.2.4　ヘリコプター

屋上にヘリポートを有する建築物は，ヘリコプターの落下・衝突に対する検討を行うことが望ましい．ヘリコプターの衝突による荷重は，ヘリコプターの質量，衝突時の落下速度，機体の傾き，強度・剛性などに依存する．衝突荷重は以下の方法により決定する.

・エネルギー論的手法により衝突荷重の時刻歴を単純な三角波として求め，その最大値を用いる.

・独自に詳細モデルにより設計荷重を決定する.

11.2.5　フォークリフト

フォークリフトの乗入れを認めている建築物に関しては，フォークリフトの衝突に対する検討を行うことが好ましい．フォークリフトの衝突による荷重は，フォークリフトの質量，衝突時の速度，ブームの位置，荷物の質量などに依存する．衝突荷重は以下の方法により決定する.

・エネルギー論的手法により衝突荷重の時刻歴を単純な三角波として求め，その最大値を用いる.

・独自に詳細モデルにより設計荷重を決定する.

11.3　爆発荷重

11.3.1　内部爆発

建築物内部で天然ガスあるいは都市ガスが滞留するような閉鎖空間あるいは半閉鎖空間がある場合は，部屋の体積と開口面積を考慮して，構造部材・非構造部材に作用する爆発による影響を検討することが望ましい．既往の実験研究に基づき導かれた経験式を吟味したうえで，内部爆発による爆発圧力履歴を求め，その最大値を静的設計荷重として与える.

11.3.2　外部爆発

爆発事故が発生する可能性のある施設が近隣にある場合は，爆源の大きさと離隔距離を考慮して，建築物あるいは構造部材・非構造部材に作用する爆発による影響を検討することが望ましい．既往の実験研究に基づき導かれた経験式を吟味したうえで，外部爆発による爆発圧力履歴を求め，その最大値を静的設計荷重として与える.

12 章　その他の荷重

12.1　その他の荷重

その他の荷重は，固定荷重，積載荷重，雪荷重，風荷重，地震荷重，温度荷重，土圧および水圧，津波荷重，衝撃荷重以外の荷重とする．

建築物荷重指針・解説

1章　総　　則

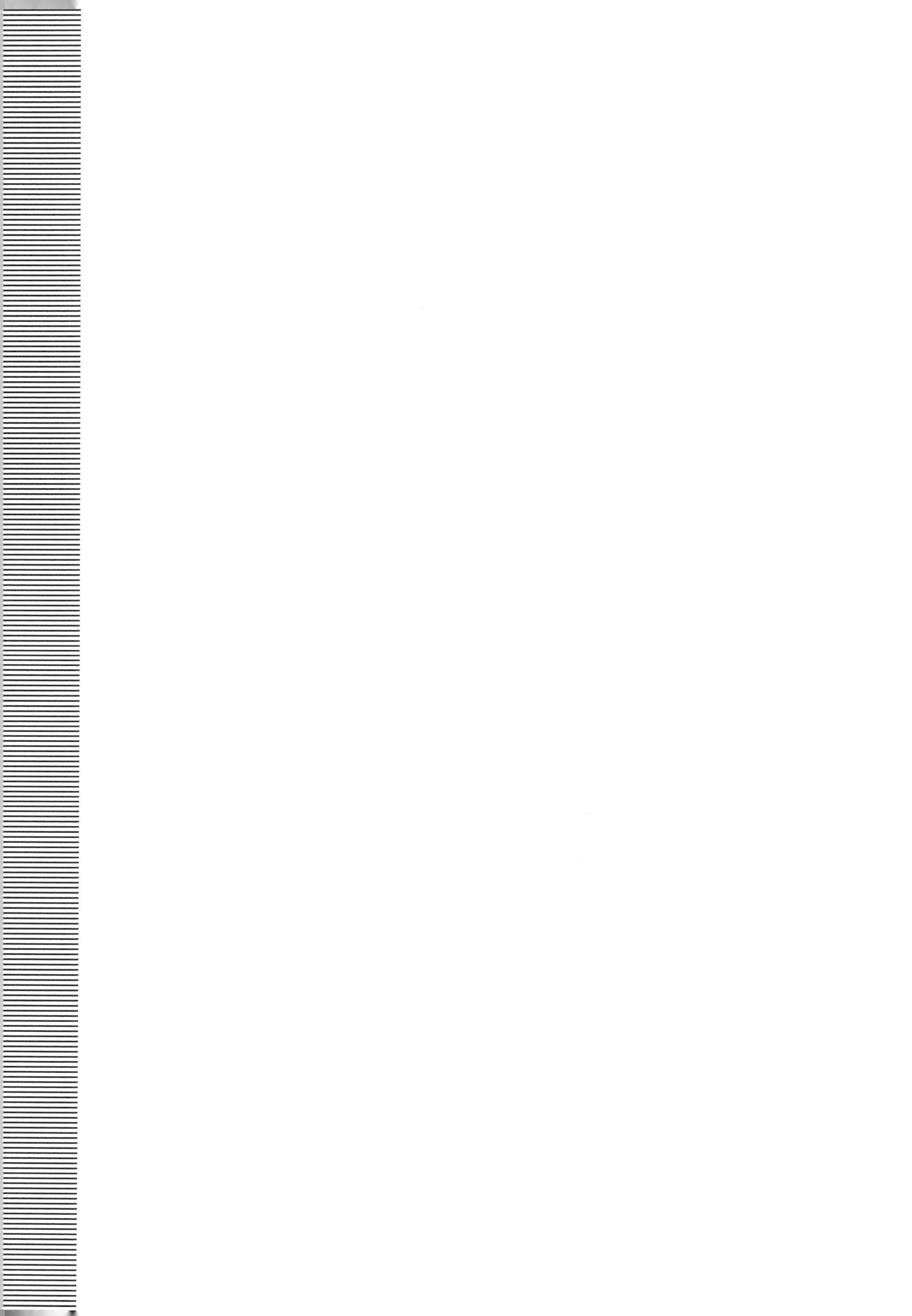

建築物荷重指針・解説

1章　総　　則

概　　説

本章は，建築物の構造設計を実施するうえでの基本的な考え方，および，本指針を用いて設計荷重を評価する際に必要となる基本的用語を記載する．

今回の改定では，東日本大震災後の安全に関する国内の議論や，構造設計の基本的な考え方に関する国際的動向を踏まえ，不確定性の高い事象に対する荷重設定の考え方を整理するとともに，基本概念にロバスト性と構造設計者の説明責任の記述を追加した．また，2004年版まで「その他の荷重」として取り扱ってきた津波荷重および衝撃荷重について，それぞれ独立に章を立てて解説している．

1.1　適用範囲

> 本指針は，通常の建築物（工作物を含む）の設計に用いる各種荷重を算定する場合に適用する．算定された荷重は，建築物全体とその各部の構造設計およびそれらの構造性能評価に用いることができる．

本指針は，建築物の構造設計にあたり，適切な荷重算定を行うことのできるよう，現時点での各種荷重に関する知見を整理して取りまとめたものである．本指針は1994年，2004年と改定を重ねているが，その間にも1995年には阪神・淡路大震災，2011年には東日本大震災という２つの大震災が発生し，構造安全性に対する一般の人々の関心も大きなものとなってきている．本会でも，ここ20年ほどの間に，許容応力度設計法や終局強度設計法にかわるさまざまな設計法が指針として整備されてきている．このような状況を考慮して，本指針においても旧指針と同様，限界状態設計法に基礎をおきながら，設計法によらず統一的なスタイルで設計荷重の設定を行っている．また，現在の研究成果も含めて，なるべく最新のものを取り込む努力がなされているが，設計に反映するには，未成熟あるいは不充分と考えられる場合については，解説や付録で紹介するようにしている．

本指針は，建築物全体や構造部材だけでなく，非構造部材も含めて荷重を考慮すべき全てを対象とするが，従来にない新しい構法・材料が用いられる場合，あるいは従来のものと比べ極めて規模の大きい場合，前例のない特殊な用途に供される場合などについては，直接的な適用の範囲外と考える．しかし，1.2節に示す基本概念に立ち戻り特別に検討したうえで，本指針に示された各規定を準用することは充分可能であり，そのような適用も推奨される．

調査や研究成果のとりまとめにあたっては，できる限り，合理的な評価法に基づくよう配慮しており，その際，荷重評価の構成要素に関して，新しい調査・研究により，修正，改良することが望ましいと判断される場合には，本指針の一部を置き換えて用いることも可能となるように作られている．特に，荷重の基本値の設定にあたっては，現状での最大限の資料を客観的に分析したうえで検討したものであるが，今後の資料の蓄積や調査の新しい展開から，より信頼性の高い結果が得られる場合は，積極的に，それらの結果を用いることが望ましい．

本指針の設計荷重に対する考え方は，荷重の確率・統計モデルを前提としている．構造物の安全性や使用性を確保するために，荷重の大きさのばらつきや評価法の精度を把握し，検討したうえで，適切な大きさを設計荷重として用いるという立場をとっている．通常の建築物に要求される安全性や使用性の程度は，荷重に関する統計資料をもとに想定される最大のレベルにおいて達成されると考えるからである．しかしながら，たとえば雪，風，地震現象の50年～100年に一度，あるいは積載荷重統計の100例のうちの最大のものに対して，確かな信頼度をもって評価することはできても，より稀に生ずる最大のレベルを議論するには限界もある．数千年に一度というような気象現象，数万例中の一例といった極めて稀な事象を，工学的に利用可能な統計資料から外挿して予想することは適切でないという面は否めない．可能であれば，こうした稀な事象に対しては，荷重の発生メカニズムをモデル化し，例えば事象の発生場所や規模といった荷重を生ずるシナリオとその発生確率を与えるほか，モデルのパラメータを確率量として荷重を計算することにより，建物が一定の期間内に一定の確率以上で見舞われる荷重の大きさを評価する方が望ましい．一方で，特に重要度の高い建築物や特殊な建築物に対しては，最新の知見を客観的に判断し，雪，風，地震現象による，考えうる最大の荷重を（例えば断層モデルや台風シミュレーションなどから）求め，また積載荷重においても用途の将来変動の最悪のシナリオを見込むことなどにより，確定論的に限界と考えうる荷重レベルを検討し，設計荷重を設定することが必要となる場合もある．これらの荷重設定の考え方は必ずしも相反するものでない．例えば，モデルのパラメータ設定やシミュレーション結果の解釈には確率・統計的な考えも有効であり，「不確実さ」の程度に応じた対応があってしかるべきである．また，そもそも設計荷重を設定することは，「不確実さ」への態度を決めることでもあり，専門家である構造設計者が工学的に判断し，建築主をはじめとしたステークホルダーとの合意をもってなされるべきものである．

荷重評価は，一般に設計法の中で位置づけられるものであるが，本指針では，限界状態設計に対する対応を基本として，従来からの許容応力度設計や終局強度設計にも対応しうるよう配慮している．すなわち，荷重の大きさの目安としては，設計法によらず，統一的に“荷重の基本値”を設定したうえで，適切な荷重係数を乗じて用いることとしている．具体的にどの程度の安全性や使用性を目標として，適切な発生頻度を設定し，あるいは荷重係数を決定するかについては，枠組みを示し，解説で例示するにとどめている．この点については，それぞれの設計法の中で，より具体的に規定されるものと考えている．

設計荷重の大きさの設定は，原則として設計者の判断にゆだねているので，必要とされる安全性，使用性の程度に応じて，設定されることとなる．その点では，法令もその判断の一助にすべきものと位置づけることができる．なお，本指針が提供する設計荷重は，建築基準法施行令の荷重について述べているものではない．法令における技術基準は，歴史的に本会等における研究成果をその基礎として定められてきており，必ずしも最新の知見を取り入れた値が示されたものではない．本会の諸規準・指針は，法令の技術基準を補完していた面があると同時に，新しい技術を体系化し，法令の改正の基盤を形成してきた側面もある．実際には，本指針に従って適切と考えられる設計荷重の設定が，法令上は適法とならない場合もあるので充分注意されたい．

本指針は，以上のような構造設計のあり方も考慮しながら，構造設計用の荷重に関して，これまでの研究成果の蓄積に基づいて，現段階で妥当と考えられるものを提供するものである．

1.2 基本概念

1.2.1 構造性能

次の（1）～（4）に挙げる構造性能について，建築物が適切な性能水準を有するよう荷重を設定し，その大きさを算定する．

（1）安　全　性

建築物が，想定される各種荷重に対して適切な安全性を有するように設計する．このために，適切な荷重とその大きさなどを評価する．安全性の程度の検討にあたっては，社会性，経済性なども考慮する．

（2）使　用　性

建築物は，通常の使用状態にあって，その機能が損なわれることのないよう，適切な使用性を有するように設計する．このために，比較的頻度の高い荷重を設定し，その大きさなどを適切に評価する．使用性の程度の検討にあたっては，建築物の重要性，社会性，経済性なども考慮する．

（3）修　復　性

建築物は，必要に応じ，想定される荷重によって損傷を受けた場合の修復性を考慮して設計する．修復性の程度の検討にあたっては，建築物の重要性，社会性，経済性なども考慮する．

（4）ロバスト性

建築物は，万が一，設計条件としない種類の荷重や設計条件を超える大きさの荷重が生じ得ることを考えて，ロバスト性をもつように設計する．

（5）設定した性能水準に対する説明責任

建築主の要望をふまえたうえで，構造設計者が建築物の荷重状態に応じて性能水準を設定して設計を行う．構造設計者は，設計結果を建築主に分かりやすい情報として説明することが必要である．

（1）安　全　性

建築物の設計において設計者は，その建築物がもつべき各種の性能や品質を要求条件として設定し，知識と技術を駆使しながらその条件を満たさなければならない．

その中で，構造設計にかかわる重要なものとして「安全性」と「使用性」があり，構造設計の役割は，建築物の供用期間中に予想されるさまざまな荷重・外力に対して，安全性や使用性などに関わる必要性能を持つように，適切な構造形態を決定することであるといえる．このとき，固定荷重，積載荷重，雪荷重，風圧力や地震力といった建築物に作用すると考えられる荷重・外力はひととおりすべて考慮しなければならない．

建築物の構造耐力上の安全性は，規模，公共性，公益性にかかわらず，すべての建築物に要求されるものであり，建築基準法第20条において「建築物は，自重，積載荷重，積雪荷重，風圧，土圧及び水圧並びに地震その他の震動及び衝撃に対して安全な構造のものとして，(中略) 定める基準に適合するものでなければならない」とされている．建築基準法の第 1 条には「国民の生命，健康及び財産の保護を図り，もって公共の福祉の増進に資する」とあり，そのための最低の基準を定めるものとされている．本指針における安全限界を超えた状態とは，その中でも特に，建築物の全体あるいは一部の層が崩壊し，その内部あるいは周囲に存在する人身に危害を及ぼす状況と考えている．

建築物も経済活動の産物であり，その建設にあたっては，経済的合理性が必要であり，経済性を無視して安全性のみを追求することはできない．社会は建築物がどのような大きさの荷重外力にも耐えられることを要求しているわけではなく，また，限られた資源の有効な利用といった視点も重要である．しかし，建築物の設計，建設，使用にあたって，経済性のみが強調されると，安全性が損なわれることがある．安全性の確保には一定の費用を要するからである．安全性の低下した建築物ばかりが建設されてしまえば，地震，台風等の災害時には，個人および社会の活動の基盤となるそれら建築物が破壊され，社会経済の広範かつ重大な損失を招き，人命も奪われることにもなる．そのため，たとえ個人の所有する建築物であっても，その安全性の確保は所有者のみに依存するのではなく，経済性等の各種の要因と安全性とのバランスを考慮しながらも一定の最低レベルは，法令に基づき強制的に確保することが求められると考えられる．建築基準法の規定は，このために存在している．

ところで，法令により要求される最低基準には，不変の絶対的水準が存在すると考えられるわけではなく，その時々の技術水準，経済レベル，社会の要求，災害経験の蓄積等により，変動する性質のものと考えられる．したがって，時代の経過とともにこれらの諸環境が変動することによって構造耐力上の諸基準も変化することになる．

一方，法令による最低基準の遵守もさることながら，建築主の要望等により法令の要求よりも高いレベルの安全性を目標に構造設計を行う場合もある．構造設計で用いる荷重・外力（設計荷重）の大きさは，設計される建築物の安全性の程度に直接的に影響することから，最低の荷重を定めた法令の規定を満足するとともに，上に述べたような計画時点のさまざまの要請をも満足するものとすべきである．

(2) 使　用　性

建築物の構造設計において，安全性の確保が重要であることはいうまでもない．しかし，安全性のみならず，常時作用する荷重や比較的頻度が高く発生する荷重に対しては，その建築物の使用性が損なわれないようにすべきである．

このため，限界状態設計法では，使用性確保のため使用限界状態を設定するが，たとえば，これは次のような事項に対応すると考えられる．

1. 不快感を生じさせる振動もしくは非構造要素または設備に影響を与える過度の振動（特に，共振が生ずる場合など）．

2.　構造要素または非構造要素の本来の機能または外観に影響を与える変形.
3.　構造体の耐久性を減少させる部分的損傷もしくは構造要素または非構造要素の機能または外観に影響を与える部分的損傷（クラックを含む）.

具体的には，風による高層ビルの揺れ，積雪による開口部等の変形，大きなスパンの床のたわみや振動，コンクリートのひび割れ，クリープ，乾燥収縮などが挙げられる．なお，通常の使用状態に加え，災害時における事業継続や建物の機能維持のため，地震や風などによる比較的大きな外力に対する使用性の確保もこれに含まれる．病院や消防署，防災拠点などでは大きな荷重・外力が作用する災害時にも，建築物に期待される役割を果たす必要があり，また，多くの災害の教訓から，企業においても事業継続計画を立案し，建築物に高い機能保持性を要望する例が増えてきている．

長期間にわたって作用する荷重により，構造材料の種類等によっては，クリープのため，時間の経過にともなう変形の増大が予想され，機能性が損われる場合がある．したがって，使用性の検討にあたっては，必要に応じて，クリープへの考慮が求められる．

現在使用されている長期許容応力度設計は，常時作用する荷重に対する使用性の確保に着目して実施されていると考えられるが，必ずしも使用性と安全性の区別を明確にして実施されているわけではない．一般的な梁せいスパン比に対してスパンが長い場合，建築物のアスペクト比が大きい場合，床スラブの面積が大きい場合，外乱が建築物内外に存在している場合等については，必要に応じ使用性に関して別途検討を加える必要がある．

(3) 修　復　性

建築物の構造設計において，安全限界，使用限界とともに修復限界が意識されることもある．例えば，1995年兵庫県南部地震においては，建築物の構造的な安全性には問題がなくても，建築物として何らかの修復を施さないと当該建築物の用途に供しないような被害が問題になった．この場合には，建築物の安全性や使用性とは異なる別の要求性能が必要である．

ただし，安全限界，使用限界が，現行の許容応力度等計算における保有水平耐力，許容応力度と関係づけてイメージしやすいのに対して，修復限界は，建築物の重要性，社会性，経済性とも大いにかかわり，また建築主，設計者の考え方にもかかわるため，現在のところ必ずしも共通の概念として定着しているとは言い難い．また，修復性は設計の目標となるものではなく，設計されてできあがった建築物の結果である，という意見もある．

しかし，環境への配慮，資源有効利用の立場から，建築物の長寿命化に向けた流れも踏まえ，本指針では，修復性にかかわる記述を加えた．ただし，現状では，広く設計のターゲットとなるには至っていないとの判断から，以降の「2.4.1 限界状態設計に用いる荷重係数」においても，考慮する限界状態として，修復限界を含めていない．

(4) ロバスト性

災害の歴史は，設計時には想像することすらできない荷重や，想像することができたとしても不確定性が大きすぎて，その大きさや発生確率を定量化できない荷重が発生する可能性があることを示している．このような荷重に対して，安全性を定量的に評価して設計することは本質的に不可能である．一方，少なくとも設計時点の最大限の科学知見をもって見積もられる発生確率が充分に低いため，設計条件としなくとも社会的・経済的に合理的とされる荷重もある．

これらのいわば偶発的に発生する荷重に対しては，陽なかたちで設計条件としない，あるいはできないとしても，その可能性がゼロでない以上，決定的な破壊を免れる積極的方策がとられていることが望ましい．このような構造性能を表す考え方がロバスト性（頑健性）である．「ロバスト性を高める」とは，設計条件として記述された諸々の荷重に対する安全性を必ずしも高めるとは限らないが，それ以外の荷重が生じたときの危険を低下させることである．具体的には，設計条件とした荷重に対する安全余裕を割増しすることや冗長性を付与するなどすればロバスト性は高まるが，ロバスト性を付与する方法はこれらにとどまるものではない．例えば，次のような方策が考えられる．

・荷重の設定の仕方によって安全余裕が大きく変化しない設計とする
・一部の部材や部位が欠落，破壊しても，構造全体が崩壊しないようにする
・構造全体が崩壊する前に予兆となる現象を生ずる構造システムにする

また，破壊が生じた場合に深刻な事態を招きかねない建物ほど，大きな荷重や稀な組合せに対してもロバスト性をもつように配慮すべきである．例えば，ISO 2394（2015 年版）の附属書[1)]は，事態の深刻さを，その影響が及ぶ範囲や期間あるいは人的被害の大きさに基づいて，単なる物損から国家レベルの社会機能に数年以上の影響を与える大惨事までの 5 つのクラスに分けており，さらに各クラスに属する構造物を例示している．

本指針では，例えば，ヒューマンエラーから生ずる不具合のように，少なくとも想像はできるが，その発生確率を見積もることが困難な荷重や，充分に発生確率が低いと見積もられているがその評価に不確定性があり，社会的影響が無視できない荷重について，「2.3　4）偶発荷重の取扱い」にその基本的な考え方を記述した．

(5) 設定した性能水準に関する説明責任

建築主の要望をふまえたうえで，構造設計者が建築物の荷重状態に応じて性能水準を設定した設計を行う．建築主からの要望を充分に聞くだけでなく，設計結果については建築主が意見を表明したり同意したりするというプロセスを通じて双方が対話を行うことが必要であり，建築主との合意の下に目標性能が設定される必要がある．また設計結果は，建築主に分かりやすい情報として構造設計者から説明することが不可欠である．設計内容については，建築主と建物使用者が異なる場合，たとえば集合住宅では使用者・住戸購入者への充分な説明も必要になる．

実際には建築主が構造設計者と同程度の専門知識をもたないことが多く，設計時に性能水準についての意見をもたないことも多い．それでもなお上述の安全性・経済性等の性能バランスに対する考え方，供用期間等の設定と各荷重の設定方針，性能水準とその検証に関する説明を構造設計者か

ら進んで行うことは,「設計者の説明責任」を果たす行為である. また建築物の性能水準を建築主・使用者が理解して使用し, 自らも参画して性能水準を選ぶことで, 建築主の自己責任を認識してもらうことも不可欠である. こうした建築主と構造設計者双方の努力によって建築物の性能水準を合理的に設定し, 良質な建築を生み出すことが求められる.

1.2.2　荷重のモデル化と構造解析

建築物の部材や接合部に生ずる力や変形などとして評価される荷重効果は, 算定された荷重を基に構造解析によって求められる. 本指針では, 構造解析の種類やその方法を限定しないが, 動的に作用する強風, 地震動, 積載や津波などは原則として等価静的荷重として評価する.

荷重・外力は, さまざまな特性を持ち, その大きさ, 作用する部分, 方向などが異なる. 常時作用していて時間的な変動が少ない, あるいは時間とともにゆっくり変化するものもあれば, 強風や地震の力などのように, 普段は作用しないが突発的に作用し, しかもその大きさなどが瞬間的に変動するものもあり, それに対応して構造解析法にも, 静的解析と動的解析がある.

本指針では, 現段階および当面は, 動的解析は特殊な構造の建築物や特殊の目的を持つ建築物のみに用いられ, 通常の建築物は静的解析が用いられるものと考え, 本来動的な性質を持つ荷重についても, 原則的には動的な性状を考慮したうえで静的な設計荷重として提供している. 設計荷重とは, モデル化された荷重ということができる.

ただし, この指針に示された事項を参考にして動的解析に用いるための荷重を設定して解析を行うことは考えられる.

また, 構造解析にあたっては, 実務レベルで解析できるように建築物をモデル化することになる. そして, 構造解析上の各種の前提事項や仮定事項を設定する. こうしたことから構造解析によって得られた解の精度には一定の限界や実現象との差がある. したがって, 実建築物の挙動と解析結果との関係についての考察を怠らないように努めるべきである.

1.2.3　適切な設計・施工

建築物は, 過誤などによる安全性・使用性などの低下が最小限に留まるよう設計・施工がされるのみでなく, 適切に管理・運営されることを前提として, 荷重を設定し, その大きさを評価する.

建築物の安全性・使用性の確保には, 設計段階のみならず, 施工や使用段階での配慮も必要である. また, 設計や施工, 使用段階での過誤により, 安全性が確保できなくなる事態が発生することも考えられる. しかし, このような過誤の発生を前提にして, 設計荷重の評価をすることは技術的にも困難が多く, 同時に, そのような過誤の影響を設計荷重に導入することは, 荷重自体の性質とは, 別の性格を持つと考えられる. そのため, 本指針においては, 設計, 施工および建築物の使用が適切に行われることを前提としている.

したがって, 例えば屋根雪荷重の制御を考慮する場合には雪下ろしや融雪などを, 風荷重, 地震荷重等に関係して制振装置などを採用する場合にはその管理・運営等を適切に行う必要がある.

1.3 用　　語

本指針で用いる用語のうち以下の用語を次のように定義する.
限 界 状 態：建築物の全体または一部が，安全性または使用性に関して，あらかじめ設定した限界に達する状態.
限界状態設計：安全限界・使用限界などの限界状態に対する設計.
荷 重 効 果：荷重が作用することにより，建築物に生ずる力，変形など.
荷重の基本値：荷重効果の算定にあたり，大きさの目安となる代表的な荷重強さで，原則として再現期間 100 年に対する物理量を基に算定する.
荷 重 係 数：荷重の組合せの際に各荷重の基本値によって生ずる荷重効果に乗ずる係数.
再 現 期 間：ある値以上の事象の発生に要する期間の平均値.

荷重算定に関連した用語のうち，特に限界状態設計に関連して用いられ，定義を明確にしておくべきものについて以下に解説する.

限 界 状 態（limit state）：建築物の全体または一部に要求される性能を明確化し，それが達成されなくなる限界をあらかじめ認識しておくことは，設計において重要なことである．本指針では，人間の死傷または資産の損失・損傷につながる危険性を抑止する能力である安全性，および通常の使用に機能する能力である使用性を建築物に要求される性能とし，それぞれに関する限界状態を安全限界状態および使用限界状態と呼ぶ.

なお，建築物の最大耐荷能力に関する限界状態である終局限界状態は安全限界状態とほぼ同じ意味であるが，建築物に要求される性能に応じて終局限界状態以外の限界状態によって安全性が評価される可能性を考慮し，本指針では，より広い意味で，安全限界状態を用いることとした．本会編「建築物の限界状態設計指針」[2)]では，終局限界状態と使用限界状態について構造種別ごとに解説しており，参考とすることができる.

限界状態設計（limit state design）：限界状態として明確化した性能を，適切な信頼度のもとに達成しようとする設計をいう．本指針では，安全限界状態，使用限界状態に対する設計を，それぞれ安全限界状態設計，使用限界状態設計と呼ぶ.

荷 重 強 さ（load intensity）：荷重の大きさを規定する物理量で，原則的に，「力」あるいは「単位面積あたりの力」の次元をもつ．本指針において各荷重強さは次のようになる.

固定荷重・積載荷重；ある面積あたりの平均重量

雪荷重；地上積雪深または地上積雪重量を基に算定される面積あたりの重量

風荷重；10 分間平均風速を基に算定される風圧力

地震荷重；工学的基盤面での地動加速度または加速度応答を基に算定される層せん断力

荷 重 効 果（load effect）：建築物に荷重が作用することにより生ずる，構造物の力や変形，加速度などをいう．力や変形，加速度の次元に変換された荷重効果の概念を用いることで，荷重と耐力の直接比較が可能であり，設計上便利である.

荷重の基本値（basic value of load）：荷重効果の算定にあたり，大きさの目安となる代表的な荷重強さである．原則として，再現期間 100 年に対する物理量の大きさ（たとえば，地上積雪深，10 分間平均風速など）を基に算定される.

概念的に再現期間100年に対する値の設定が難しい場合には，非超過確率99%の値をもとに荷重の基本値を定める．非超過確率99%の値は，期間として1年を考えた場合，再現期間100年に対する値と同様の非超過確率となるという点で整合が図られている．

100年とは異なる再現期間に対して設計する場合は，各章にて記述される再現期間換算係数を用いて荷重の大きさを評価することもできる．

荷重係数（load factor）：荷重の不確定性を考慮するための安全係数であり，目標性能水準や荷重のばらつきを考慮して設定される．荷重のばらつきには，荷重自体のばらつきに加え，荷重評価法の不確定性も含まれる．本来は，限界状態設計において，荷重の基本値をもとに算定される荷重効果に乗じられる係数を指すが，本指針では，設計法によらず，荷重の基本値に荷重係数を乗じて設計荷重を算定することを基本としている．

耐力係数（resistance factor）：耐力の不確定性を考慮するための安全係数であり，目標性能水準や耐力のばらつきを考慮して設定される．限界状態設計にあたっては，設計耐力は，耐力の公称値に耐力係数を乗じて算定する．対象とする耐力，材料，構造形式等に応じて係数は設定される．

信頼性指標（reliability index）：限界状態に達するまでの余裕を表す尺度であり，信頼性の定量的表現のひとつである．

なお，限界状態関数gが線形で，gを構成する確率変数が正規確率量の場合，信頼性指標βと限界状態超過確率P_fは$P_f = 1-\Phi(\beta)$ の関係にある．ここで$\Phi(\cdot)$ は標準正規分布確率関数である．

限界状態超過確率（probability of failure）：指定した基準期間内に，作用する荷重により建築物の安全性・使用性等に関する限界状態を超えて望ましくない状態に陥る確率をいう．本指針では，限界状態超過確率をP_fとするとき$P_s = 1-P_f$を信頼度と呼ぶ．

再現期間（return period）：荷重強さがある値を超える事象を考え，この事象の発生に要する時間間隔の期待値t_Rを再現期間という．事象の発生が独立であれば，t_Rは，単位の期間（一般に1年）における事象の発生確率pを用いて下式により求められる．

$$t_R = \sum_{i=1}^{\infty} i\ (1-p)^{i-1} p = \frac{1}{p} \tag{1.3.1}$$

なお，設計に用いる荷重を算定するため，建築物の用途等に応じて設定される再現期間を，設計用再現期間と呼ぶ．

ある荷重が，再現期間t_R年に対する荷重を，t_R年の間に少なくとも1回は超える確率は，事象の発生が独立でポアソン過程に従うとすれば，t_Rが大きいときには約0.63（$\approx 1-e^{-1}$）となる[3]．

基準期間（reference period）：建築物に作用する荷重は考える期間が長くなるほど大きな値を取る可能性が高く，信頼性指標も期間を設定しないと評価できない．本指針では，信頼性指標あるいは限界状態超過確率を評価するにあたって設定した期間を，基準期間と呼ぶ．使用限界状態では1年，安全限界状態では50年を用いる．

供用期間（design lifetime）：意図した維持管理が行われ，実質的に補修の必要がなく，建築物がその初期の目的に使用されるものと設計で仮定した期間をいう．設計供用期間ともいう．

耐用期間とほぼ同意義に用いられることもあるが，本指針では，設計の段階で，どの程度建築物として機能させるかを意識して期間をいうとき供用期間と呼び，設計された建築物が，あるいは建設された建築物がどの程度の期間，建築物として機能し，物理的・経済的・社会的に使用に耐えるかを表すとき耐用期間と呼ぶ．

参考文献

1）ISO: ISO 2394 – General principles on reliability for structures, ISO, Switzerland, 2015.3
2）日本建築学会：建築物の限界状態設計指針，2002
3）Ang, A. H-S. and Tang, W. H.: Probability Concepts in Engineering Planning and Design – Decision, Risk, and Reliability, John Willey & Sons, Inc., 1984（伊藤　学ほか訳：土木・建築のための確率統計の応用，丸善，1988）

2章　荷重の種類と組合せ

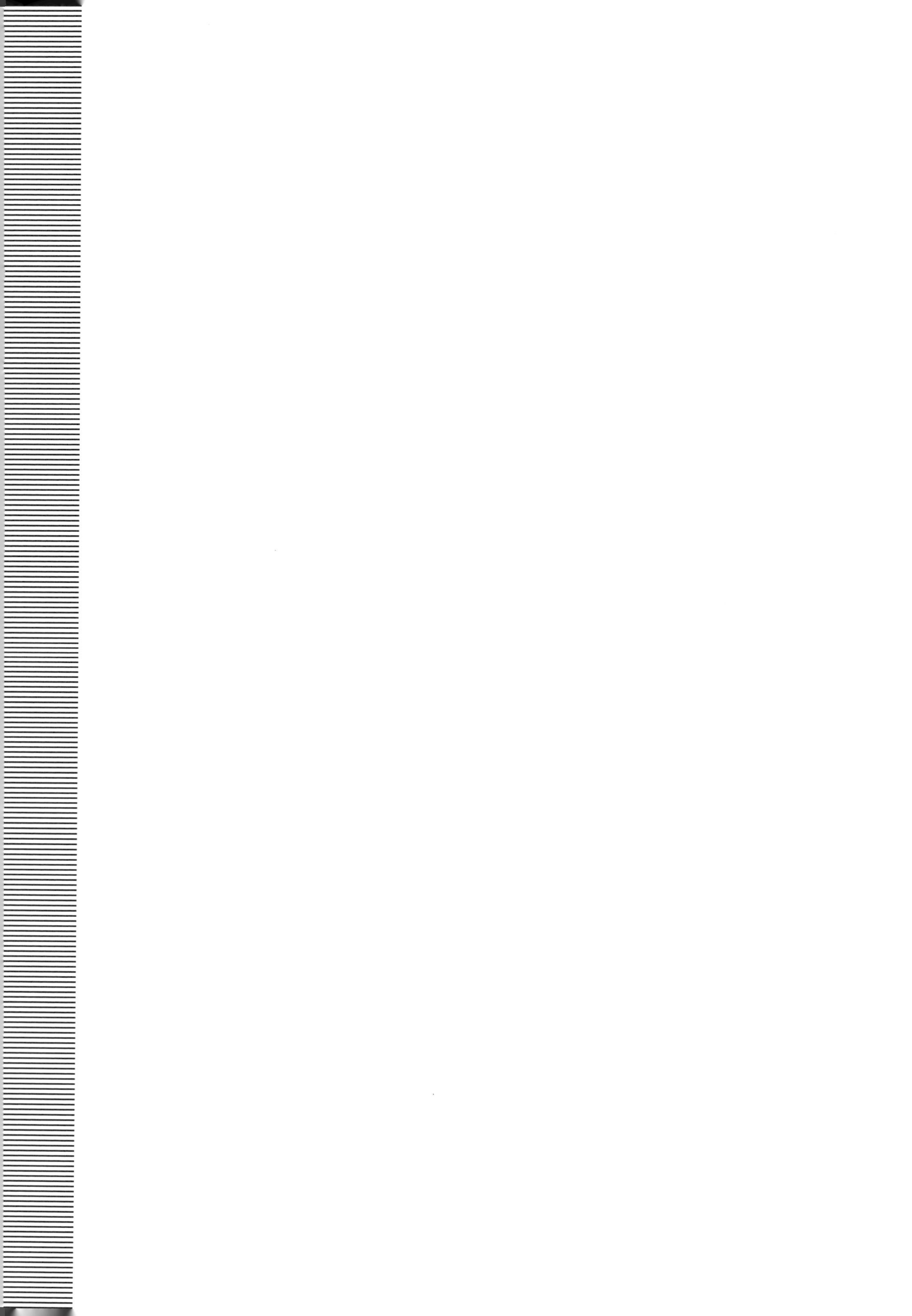

2章　荷重の種類と組合せ

概　　説

本章は，建築物の構造設計で考慮すべき荷重の種類と，用いる設計法によらない，荷重の大きさの目安となる荷重の基本値について説明するとともに，実際の設計で必要となる，これらの荷重から生じる荷重効果の組合せ方法を記載する．組合せの方法は，利用する設計法によって異なり，限界状態設計法，許容応力度設計法および終局強度設計法ごとに記述されている．

本章の改定の主なポイントは，下記のとおりである．

1. 荷重の種類として，津波荷重，衝撃荷重をその他の荷重から独立させた．
2. 荷重の組合せと要求性能を設計法から切り離し，性能設計への意識をより明確にした．
3. 限界状態設計法における荷重係数算定の資料として，固定，積載，雪，風，地震，温度荷重について，その基本となる物理量の確率分布，および荷重効果の平均値と基本値との比を示した．
4. 許容応力度設計法や終局強度設計法による性能設計の参考資料として，荷重強さの再現期間と限界状態超過確率との標準的な関係を示した．

記　　号

本章で用いられる主な記号を示す．

大文字

E ：地震荷重，地震荷重によって生じる荷重効果

$E(t)$ ：時刻 t における地震荷重によって生じる荷重効果の大きさ

$F_X(x)$ ：荷重強さの年最大値 X の確率分布関数

G ：固定荷重，固定荷重によって生じる荷重効果

$G(t)$ ：時刻 t における固定荷重によって生じる荷重効果の大きさ

H ：土圧・水圧によって生じる荷重効果

I ：衝撃荷重によって生じる荷重効果

P_f ：限界状態超過確率

P_{fa} ：許容限界状態超過確率

Q ：積載荷重によって生じる荷重効果

$Q(t)$ ：時刻 t における積載荷重によって生じる荷重効果の大きさ

R ：部材などの耐力あるいは変形能力

R_n　：耐力あるいは変形能力 R の公称値

S　：雪荷重，雪荷重によって生じる荷重効果（ある荷重の荷重効果の意味でも使用）

$S(t)$　：時刻 t における雪荷重によって生じる荷重効果の大きさ

$\boldsymbol{S}(t)$　：時刻 t における，組合せ荷重下のそれぞれの荷重によって生じる荷重効果の大きさを要素とするベクトル

$S_i(t)$　：時刻 t における，組合せ荷重下の i 番目の荷重（主の荷重，従の荷重を含む）によって生じる荷重効果の大きさ

S_p　：主の荷重によって生じる荷重効果の基準期間中の最大値

S_k　：従の荷重によって生じる荷重効果の年最大値

S_{pn}　：主の荷重の基本値によって生じる荷重効果の大きさ

S_{kn}　：従の荷重の基本値によって生じる荷重効果の大きさ

S_n　：荷重の基本値によって生じる荷重効果の大きさ

T　：温度荷重，温度荷重によって生じる荷重効果

T_u　：津波荷重によって生じる荷重効果

U_0　：基本風速

V_{Cj}　：荷重強さから荷重効果を評価する際のモデル化誤差の変動係数

V_R　：耐力 R の変動係数

V_{S_i}　：荷重効果 S_i の年最大値の（対数正規近似する前の）変動係数

$V_{\tilde{S}_i}$　：荷重効果 S_i を対数正規近似した確率変数 $\tilde{S}_i$ の変動係数

$V_{\tilde{S}_p}$　：主の荷重の基準期間における最大値 S_p を対数正規近似した確率変数 $\tilde{S}_p$ の変動係数（注：S_p は，安全限界状態については 50 年最大値，使用限界状態については年最大値を指す）

$V_{\tilde{S}_k}$　：従の荷重の年最大値 S_k を対数正規近似した確率変数 $\tilde{S}_k$ の変動係数

V_X　：X の変動係数

W　：風荷重，風荷重によって生じる荷重効果

$W(t)$　：時刻 t における風荷重によって生じる荷重効果の大きさ

W_n　：風荷重の基本値によって生じる荷重効果の大きさ

小文字

c_i　：S_i を対数正規近似した確率変数 $\tilde{S}_i$ の平均値の，$\tilde{S}_i$ の総和の平均値に対する比

d_0　：基本地上積雪深

$f_{RS}(r, s)$　：耐力 R と荷重効果 S の結合確率密度関数

$g(x)$　：限界状態関数

k　：地域の地震ハザードの統計的な特性を表す係数

r^*, s^*　：設計点（限界状態面 $r-s=0$ 上における $f_{RS}(r, s)$ の最尤点）

t　：時刻

t_{L}　：供用期間

t_{R}　：平均再現期間（または，再現期間）

t_{ref}　：基準期間（安全限界状態については 50 年，使用限界状態については 1 年）

$x(t_{\mathrm{R}})$　：t_{R} に対応するときの値

ギリシャ文字

$\Gamma(\cdot)$　：ガンマ関数

$\Phi(\cdot)$　：標準正規確率分布関数

α_R　：考慮する荷重組合せに対応した耐力の分離係数

$\alpha_{S_{\mathrm{p}}}$　：考慮する荷重組合せに対応した主の荷重効果の分離係数

α_{S_k}　：考慮する荷重組合せに対応した従の荷重効果の分離係数

α_X　：基本変数 X の分離係数

β　：信頼性指標

β_{S}　：使用限界状態に対する信頼性指標

β_{T}　：基準期間における目標信頼性指標

β_{U}　：安全限界状態に対する信頼性指標

γ_{p}　：主の荷重に対する荷重係数

γ_k　：従の荷重に対する荷重係数

$\lambda^*_{\tilde{S}_i}$　：$\tilde{S}_i/\mu_{S_i}$ の対数平均値（規準化対数平均値）

$\lambda^*_{\tilde{S}_{\mathrm{p}}}$　：主の荷重の基準期間における最大値の規準化対数平均値

μ_R　：耐力 R の平均値

μ_{S_i}　：荷重効果 S_i の年最大値の（対数正規近似する前の）平均値

μ_{S_k}　：S_k の平均値

$\mu_{S_{\mathrm{p}}}$　：S_{p} の平均値

μ_X　：X の平均値

$\sigma_{\ln R}$　：耐力 R の対数標準偏差

$\sigma_{\ln X}$　：X の対数標準偏差

$\tilde{\sigma}_{\ln S_i}$　：荷重効果 S_i を対数正規近似した確率変数 $\tilde{S}_i$ の対数標準偏差

$\tilde{\sigma}_{\ln S_k}$　：S_k を対数正規近似した確率変数 $\tilde{S}_k$ の対数標準偏差

$\tilde{\sigma}_{\ln S_{\mathrm{p}}}$　：S_{p} を対数正規近似した確率変数 $\tilde{S}_{\mathrm{p}}$ の対数標準偏差

ϕ　：耐力係数

2.1　荷重の種類

建築物を設計する際に想定する荷重は次のとおりとする．

1．固定荷重（G）
2．積載荷重（Q）
3．雪荷重（S）
4．風荷重（W）
5．地震荷重（E）
6．温度荷重（T）
7．土圧・水圧（H）
8．津波荷重（T_u）
9．衝撃荷重（I）
10．その他の荷重

従来，通常の建築物で考慮していた荷重は，固定，積載，雪，風，地震，土圧・水圧の各荷重であった．しかし，建築物の大規模化や特殊用途の一般化にともない，温度荷重も無視できなくなりつつある．また，建築物の建設地や性格によっては，これらのほかにも津波や人工物の衝突・落下による衝撃や爆発による荷重も考慮しなければならない場合も，近年注目を浴びており，本改定版では，これらの荷重に関する記述を充実させている．各荷重に用いたアルファベット記号は，国際規格との整合を図る目的で，本文のような表記を採用した．その他にも，積載荷重に含まれない機械設備やそれに伴う振動・衝撃，その他の偶発荷重なども考慮しなければならない場合もあり，これらを一括してその他の荷重とした．建築物使用時の振動，建設にともなう仮設時の荷重なども，建築物の建設地・規模・用途・工法によっては考慮する必要がある．

2.2　荷重の基本値

本指針では，各荷重の基本値を次の方針によって算定する．

・固定荷重（G）は，実況に応じて算定する．
・積載荷重（Q）は，常時作用している状態における非超過確率 99 % の値，ただし統計的評価が困難な場合は，それに相当すると考えられる値を基に算定する．
・雪荷重（S）は，地上積雪深の再現期間 100 年に対する値を基に算定する．
・風荷重（W）は，10 分間平均風速の再現期間 100 年に対する値を基に算定する．
・地震荷重（E）は，工学的基盤面における水平加速度応答スペクトルの再現期間 100 年に対する値を基に算定する．
・温度荷重（T）は，常時作用している状態における温度の再現期間 100 年に対する値，ただし統計的評価が困難な場合は，それに相当すると考えられる値を基に算定する．
・土圧・水圧（H）は，常時作用している状態における非超過確率 99 % の値，またはそれに相当すると考えられる値を基に算定する．
・津波荷重（T_u）は，（海底）地震等でもたらされる津波により建設地点における浸水深のみ，もしくは浸水深と流速の再現期間 100 年に対する値を基に算定する．ただし統計的評価が困難な場合は，それに相当すると考えられる値を基に算定する．
・衝撃荷重（I）は，事故発生の年超過確率 1 % に対する値を算定する．ただし統計的評価が困難な場合は，それに相当すると考えられる値を算定する．
・その他の荷重については，以上の各荷重に準じて算定する．

ある一般的な荷重を S で表すと，各章における荷重算定式からも明らかなように，S は一般的に係数 $C_1, C_2, \cdots, C_m$ と，荷重を算定するための物理量 X を用いて以下のように記述することができる．

$$S = C_1 \cdot C_2 \cdots C_m \cdot X \tag{2.2.1}$$

X は，自然現象などのもつ本質的な不確かさ（偶然的不確定性）を有する確率変数である．他方 C_j（$j=1, 2, \cdots, m$）は，情報の蓄積，研究成果などによりばらつきを軽減することのできる可能性をもつが，厳密にはばらつきを零にはできないので，やはり確率変数である．X としては，雪では地上積雪深，風では平均風速の 2 乗値，地震では工学的基盤面での最大加速度等が挙げられる．また C_j としては，雪荷重における屋根形状係数，風荷重における風力係数等が挙げられる．また，解析にともなう誤差，モデル化にともなう誤差や，資料の不充分さにともなう誤差（認識論的不確定性）を加味することもできる．このように表現される複数の荷重を設計時に考慮する場合，X の定め方を統一しておくことにより，異なる荷重間でも，共通の考え方に基づいた荷重の評価が可能となる．すなわち，荷重の基本値 $S_{\rm n}$ を

$$S_{\rm n} = \overline{C_1} \cdot \overline{C_2} \cdots \overline{C_m} \cdot X_{\rm n} \tag{2.2.2}$$

と一般的に記述し，$X_{\rm n}$ について，再現期間で与えられる荷重に対しては再現期間 $t_{\rm R}$ 年に対する値，再現期間を評価しがたい荷重（積載荷重など）に対しては常時作用している状態における非超過確率を一定にした値（例えば非超過確率を $1-1/t_{\rm R}$）とすることにより，各荷重に対して普遍的な基本値を定めることができる（(2.2.2) 式の係数 $\overline{C_j}$ については，工学的にもっとも妥当と考えられる値を採用するものとし，統計データがある場合にはその平均値を用いることとする)．

荷重の基本値については，荷重の「最大」と考えられる値を用いる方法がある．雪，風，地震は，いずれも自然現象なので，過去の最大級の事象に近いものを設計に用いると，一般の理解を得られやすい．最大級のものとして，例えば 1963 年・1981 年豪雪，1934 年室戸台風，1923 年関東地震，1995 年兵庫県南部地震などがある．しかしながら，単一の過去の事象を直接用いるよりは，複数のあるいは統計的に充分な数に基づいた資料から客観的に評価することが合理的である．確率モデルとしては，ポアソン過程，マルコフ過程，各種極値分布モデルなど，さまざま考えられるが，モデルの仮定に左右されずに評価されることが望ましい．したがって，ある再現期間 $t_{\rm R}$ 年に対する値（年超過確率 $1/t_{\rm R}$ の値）を基本値設定に用いることが自然である．また，今後の設計法の展開を考慮すると，雪，風，地震荷重に対して同一の再現期間を採用することが望ましい．

本指針においては，限界状態設計はもちろん，許容応力度設計や終局強度設計においても，このようにして定められた荷重の基本値に，適切な荷重係数を乗ずることで設計荷重とすることを基本姿勢としている．許容応力度設計や終局強度設計においては，基本値に，再現期間換算係数を乗じることで，擬似的に設計用再現期間を変化させることとする．

基本値として用いる再現期間には，上述のとおり基本値に適切な荷重係数を乗じて設計荷重を設定することから，どのような値を用いても結果として得られる設計荷重に変わりはない．欧米における規基準のなかには再現期間50年の値を基本値としているものも多くみられるが，人間の寿命が 80 年程度であることを考えれば，一生のうちに少なくとも一度起こるか否かの確率が 50% 程度に

相当するのは100年程度の再現期間であることから，1993年版指針以降，荷重の基本値として再現期間100年に相当するものを採用している．なお，一部の地域を除く津波荷重および衝撃荷重については，統計的取扱いをするためには，今後のデータの蓄積を待たねばならない．

一方，積載荷重，土圧・水圧に関しては定常な荷重として考え，以上の議論と同等な評価は行わないが，1年間に対する非超過確率をそろえることで，概念的な整合を図っている．これらの積載，土圧・水圧に対しては，非超過確率99%の値を採用する．これは，期間を1年としたときの再現期間100年に対する値の非超過確率と一致する．なお，固定荷重については，不確定性も小さいことから，実況に応じて平均的な値とする．

2.3　荷重の組合せと要求性能

(1)　建築物全体あるいはその各部の設計・評価に用いる荷重の組合せは，対象とする建築物あるいは各部の要求性能水準に応じて定める．

(2)　要求性能水準は，構造設計者が建築主と合意のうえ，対象とする建築物あるいは各部の用途，重要性，社会性，供用期間，経済性，対象とする性能喪失時の影響の程度，既往の設計手法との関連性などを考慮して定める．

(3)　想定する荷重状態は，常時作用する荷重に加え，実況に応じて次の状態を適宜考慮し，複数の状態が同時に，また除荷後もその影響が残る場合には時間差をもって作用する状態も必要に応じて考慮する．

- 積　載　時
- 積　雪　時
- 強　風　時
- 地　震　時
- 温度変化時
- 土圧・水圧作用時
- 津　波　時
- 衝　撃　時
- その他の偶発荷重

(4)　その他の偶発荷重を考慮する場合には，常時作用する荷重と組み合わせる．

1)　荷重の組合せの考え方

建築物には，2.1節に示す荷重のうち，いくつかが同時に加わっている．このような状態を「荷重の組合せ」という．ただし，本指針では，複数の荷重が同時に作用したときの組合せ応力や変形といった「荷重効果の組合せ」を示す．

建築物が地球上に存在する限り，重力の作用を受ける．建築物には通常，何らかの積載物が存在するので，常時，自重および積載物分の重力によって鉛直下向きの力を受ける．指針本文(3)で「常時」と規定しているのは，通常，これら2つの荷重が通常の状態で載荷している場合を想定している．多雪地方ではこれに冬季の平常時における雪荷重を加えるのが合理的であろうし，敷地や建築物の形状・状態によっては外気温や日射の変化による温度荷重や土圧や水圧の影響も考慮する必要がある場合も考えられる．

これに対し「積載時」とは，引越しや模様替え，人の集中などにより，積載荷重を主因として限界状態に至った場合を想定しているのであり，積雪時以下の項目についても同様である．当然ながら，確率的には複数の「主因となる荷重（主の荷重）」が同時に作用して建築物が限界状態に至る可能性も否定はできない．従来は雪荷重のみ比較的長期間載荷すると考えて，これをある程度割引いた状態で考慮し，それに強風時や地震時の荷重を組み合せるという考え方が建築基準法施行令をはじめとして広く用いられてきた．

複数の荷重が同時に作用する際には，それぞれの載荷状態における応力値を単純に加算すればよい場合ばかりではないことに注意する必要がある．例えば積雪と強風が同時に作用することは冬期の日本海側であれば比較的高い確率で起こり得るが，風荷重による屋根面の負圧は屋根材には直接作用せず，屋根雪を舞い上げるだけであることも多く，荷重効果をそのまま足し合わせた場合よりも，構造物にとっては厳しい状態となる．

どのような荷重を組合せとして考えるかは，それらが同時に作用する「可能性」を検討すべきである．例えば，数十年というオーダーの建物の供用期間中に，継続時間がたかだか数分間の最大級の地震と半日程度の最大級の強風が同時に作用する可能性は確率過程的には非常に小さなものとなるが，1923 年の関東大地震時にも台風が接近していたことに鑑みれば，平年値程度の台風が同時に作用することは想定しうる組合せといえる．設計においてどの程度の「同時に作用する可能性」を考えるかは，建築物の用途や重要度，付与すべき性能水準を考慮して定めなければならない．重要な建物ほど，より稀な組合せを考慮する必要がある．

一般建築物の設計においては，同時生起の可能性が極めて低い荷重組合せは無視して，以下のような組合せを想定する．

① 積載荷重 Q が「主の荷重」となる場合：$G+Q$

② 雪荷重 S が「主の荷重」となる場合：$G+Q+S$

③ 風荷重 W が「主の荷重」となる場合：$G+Q+W$（一般地域），$G+Q+S+W$（多雪地域）

④ 地震荷重 E が「主の荷重」となる場合：$G+Q+E$（一般地域），$G+Q+S+E$（多雪地域）

ただし，これに限るものではなく，状況に応じて津波，衝撃荷重が，また建物の長さや温度環境の影響の度合い（断熱条件など）によっては温度荷重が主となる荷重組合せを想定しなければならない．なお，前述のとおり，温度荷重は常時作用する荷重として考慮すべき場合もあるので注意が必要である．

「同時」に作用する荷重に加え，2004 年新潟県中越地震後の豪雪や 2011 年東北地方太平洋沖地震後の津波や多数回の余震などの例から，ある程度の時間差をもって作用する複数の「主因となる荷重」により建築物が限界状態に至ることに対して，建築物の性能評価を行う必要もありうることが明らかになってきた．すなわち，このような時間差を伴う荷重の組合せについても，適切に考慮しなければならない．例えば地震に伴い火山が噴火し，降灰によって屋根に火山灰が載荷される可能性も否定できない．なお，この場合は，地震で損傷を受けた骨組に雪荷重が載るようなものであるから，非線形かつ載荷方向が異なる問題を解くことになるので注意が必要である．

2) 要求性能水準

2-1) 要求性能水準と設計荷重

本指針では，一貫して設計荷重の大きさは，その不確実さの存在ゆえに，対象とする建築物に要求される性能水準に応じて定められるべきであるという考え方に立っている．すなわち，規基準が定める最低ラインとしての「設計荷重」でなく，対象とする建築物の用途や重要性，供用期間の長短等によって設計荷重の大きさを適切に変えることで所望の性能を実現できると考える．換言すると，要求される性能水準が高くなれば，それに応じて設計荷重は大きくすべきであり，そのように設定することで，性能設計の考え方に則って建築物の性能を明示することができる．ただし，便宜的に一定の設計荷重の下で建築物側の許容限界を調整する考え方も実際には広く用いられるが，要求性能水準との対応が検討されている必要がある．

倉庫のようなものであれば，災害時に多少の損傷を受けたとしても棚や商品といった内容物に損傷がなければ機能は保持されており，余震までの間に簡略な補強も可能かもしれない．逆に災害時にこそ機能を発揮すべき防災拠点施設などではそれなりの性能が要求され，先行する荷重の除荷後もその影響が残る場合には時間差をもって発生する複数の限界状態への対応も要求される．このように，建築物の重要性，社会性，経済性に応じて設計荷重の値も変化するのが合理的であり，限界状態設計法では信頼性指標の値を変化させることでこれに対応している．

一方，SEAOC による Vision 2000[1)]や本会の性能設計案[2),3)]にも見られるように，設計荷重の大きさを設定する際に，荷重の再現期間を指定して設計荷重を定めることも検討されている．表 2.3.1 は Vision 2000 の要求性能マトリクスを示しており，再現期間 43～970 年あるいは 30，50, 100 年間の超過確率が表中の値に相当する大きさの地震荷重の大きさを定めている．荷重の大きさを定めるために再現期間を用いる考え方は，荷重側から見た建築物の設計供用期間ともある程度関連づけられ，その考えは広く普及している．一方，建築物各部の許容限界については，設計で要求する限界状態と直接対応したものとする必要がある．限界状態と許容限界（設計クライテリア）の関係については，近年文献[4),5)]といった研究が行われ，これらを参考にした本会の性能設計事例[6)]も示されている．しかし，本質的には荷重だけでなく許容限界もまた確率量であり，限界状態設計法ではこの考えに基づき荷重と耐力の双方を確率量として取り扱っている．

表 2.3.1 Vision 2000[1)]の耐震設計における要求性能マトリクス

設計用地震動レベル		耐震性能レベル			
（再現期間）	供用期間中の超過確率	完全機能確保	機能確保	人命確保	崩壊寸前
しばしば（43 年）	30 年で 50%	●	×	×	×
時々（72 年）	50 年で 50%	■	●	×	×
稀（475 年）	50 年で 10%	★	■	●	×
非常に稀(970 年)	100 年で 10%		★	■	●

● 一般建築物，■ 重要建築物，★ 最重要建築物

2-2）性能水準の定め方

建築物の性能水準は，最終的には，構造設計者が責任をもって定めるべきものであるが，決定に至るまでに建築物所有者，使用者等との綿密な意見交換を経た両者の合意に基づく必要があろう．その際，対象とする荷重状態ごとに建築物の置かれている状況を想定し，建築物の用途を考慮し，各荷重状態に対する建築物の要求状態を明確化する必要がある．また，建築物を設計時点から何年使用するのかといった供用期間も性能水準を決めるうえでは重要な要因である．性能水準と経済性とはトレードオフの関係にあり，建築物の建設・供用期間・解体を含めた経済性評価，いわゆる，ライフサイクルコスト管理（LCCM）が今後一層，重要性をもってくるものと考えられる．すなわち，経済性と性能水準のバランスが充分検討されなければならない．

性能水準の設定方法のひとつとして，既に使用されている規基準で設計された建築物の性能水準を調べて，それを性能水準の目安値とすることもよく行われている．このことを既存設計法に基づくコードキャリブレーションによる方法と呼ぶ．「建築物荷重指針を活かす設計資料 1」において，性能水準の目安値としてこの方法による試算が行われているので参照されたい．

3）荷 重 状 態

建築物の構造設計で想定する荷重状態については，建築物の用途，置かれている環境，建築物の敷地条件を適切に把握したうえで，考慮すべき荷重を選定する必要がある．本指針では，「荷重状態」という用語を用いて，建築物および構造部材が曝される状態を表し，それぞれの状態に対して構造設計する流れとなっている．

荷重状態は，構造部材ごとにも，構造物全体についても定義することができる．これは，要求性能をどのように考え，どのように性能確認するかと密接に関わっている．構造部材の性能を確認する場合には，当該部材に対して実況に則して荷重状態を選定しなければならない．これらの性能を適切なレベルで満足させるには，それなりのコストが必要である．経済的側面を無視した性能水準の設定はあり得ないことから，建築物に要求される性能水準は，それと経済性のトレードオフの関係にあり，両者の関係をできるだけ明確にして，経済的にも建築物の性能に対しても合理的な性能水準を探索する努力が必要である．

4）偶発荷重の取扱い

本指針で取り上げるほかの荷重が，積載，雪，地震など，荷重を引き起こす物理的な主体で表現されているのに対して，偶発荷重という表現が，発生頻度という，荷重そのものの統計的性質で表現されていることに注意したい．すなわち，ここでは偶発荷重（A）として，ひとまとめにしてはいても，さまざまなケースが考えられる．例えば，巨大津波や竜巻のように，津波や強風という荷重の種類としてはある程度の頻度で発生するが，過去の統計や確率モデルから，巨大な規模になることは極めてまれであると評価されているものの，発生確率の評価に相応の不確定性があることを否定できないときに，社会的影響の大きさを考慮して，通常の設計荷重とは別に「偶発荷重」として取り扱うことも考えられる．

偶発荷重の取扱いにおいては，まず，その荷重の影響を検討するか否かが大きな課題となる．また，荷重の値の設定においては，確率統計に根拠を求めることが難しい以上，発生シナリオを描いて決めることになるため，その設定根拠を明示し，説明性を担保することが重要となる．

荷重の組合せを考える場合，偶発荷重は稀にしか作用しないものであるから，基本的には，それぞれを常時作用する荷重と組み合せて，「$G+Q+A$」（一般地域），「$G+Q+A+S$」（多雪地域）と考えてよい．ただし，ひとつの事象から連鎖的に生じる事象から生じる荷重は，一連のものとしてあわせて検討すべきことはいうまでもない．なお，構造物が塑性化する程度に荷重が大きい場合，線形和による荷重効果の重ね合せが成り立たないことがあるので，非常に大きな値を生じることの多い偶発荷重においても注意が必要である．

2.4 荷 重 係 数

2.4.1 限界状態設計法に用いる荷重係数

(1) 建築物全体あるいはその各部を設計する際には，各荷重状態に対して次の限界状態を適切に考慮する．

・安全限界状態

・使用限界状態

(2) 要求性能水準は定められた基準期間中の目標信頼性指標により定義する．

(3) 荷重の組合せは，各荷重の基本値によって生じる荷重効果と各荷重効果に対する荷重係数との積の和として，次式によって考慮する．

$$\gamma_{\mathrm{p}} S_{\mathrm{pn}} + \sum_{k} \gamma_k S_{k\mathrm{n}} \tag{2.1}$$

ここで，$S_{\mathrm{pn}}, S_{k\mathrm{n}}$ はそれぞれ主の荷重と従の荷重の基本値によって生じる荷重効果であり，$\gamma_{\mathrm{p}}, \gamma_k$ それぞれ $S_{\mathrm{pn}}, S_{k\mathrm{n}}$ に対する荷重係数である．

なお，荷重係数は考慮した限界状態に対する目標信頼性指標，各荷重から算定される荷重効果と耐力の変動性，異種荷重との同時発生確率などを適切に考慮して定める．

1) 限界状態と信頼性指標

本項は，限界状態設計法による場合に，対象となる荷重の組合せを示している．「限界状態設計法」としてはより広い意味での解釈もあるが，本指針でいう「限界状態設計法」は，確率・統計論に基づく信頼性設計法を取り入れた限界状態設計法を意味する．

ある程度正確な重量予測が可能な固定荷重を別にすれば，積載荷重，雪荷重，風荷重，地震荷重等には，かなりの不確定性・ばらつきが存在する．これらの荷重強さは，建築物が建設される地域によっても，また建築物の規模によっても，あるいは年代によっても異なることが予想される．限界状態設計法は，構造要素または建築物の望ましい状態と望ましくない状態との境界である限界状態を明確に設定して，このような荷重の不確かさのほか，建築物の形態，構造材料などの不確かさを考慮しながら，限界状態を超える確率を表す「限界状態超過確率」，または，これと等価な「信頼性指標」を用いて，構造物の性能を定量的に取り扱い，かつ，制御することのできる極めて自由度の高い設計法である．

限界状態は，人命などの安全性に関する「安全限界状態」および通常の使用に関する「使用限界状態」の2種類に分類される.「安全限界状態」は，安全な状態と広く人命を脅かす状態との境界であり，荷重強さや変形が構造物の最大耐力や変形能力を超え，構造物の全体や一部が安定性を喪失し，層崩壊や全体の倒壊に至るなど，構造物の物理的な「終局限界状態」を含む.「使用限界状態」は，構造物として使用上の障害が生じ始める状態であり，居住性や耐久性を低減させる，外観に影響を与えるひび割れなどの損傷，不快感を生じさせたり非構造部材や設備に影響を与えたりする過度の変形や振動，もしくは降伏など構造部材の回復不可能な状態の開始などがある.

近年，環境問題への対応などから長期優良住宅など建築物の長寿命化や，一方では，経済性への要求から仮設的な商業建築物の需要が高まってきている．供用期間が長いほど，大きな荷重に遭遇する可能性は高くなり，したがって，より大きな設計荷重を設定すべきであると考えられる．しかしながら，従来の設計法においては時間の概念は明確でなく，このような建築物に対しても供用期間の違いを考慮せずに，基本的に一般建築物と同じ設計荷重が用いられてきた．また，確率論的な考えを一部導入して，再現期間によって設計荷重を与える方法もあるが，このような場合でも，供用期間に対応して再現期間をどのように調整すべきかは不明確である.

これに対し，限界状態設計法では，基準期間（安全限界状態：50年，使用限界状態：1年が慣用される）における構造要素または建築物の限界状態に対する限界状態超過確率（P_f）を性能水準の定量的尺度としており，限界状態超過確率を一定としながら基準期間を変化させることにより，設計用供用期間の違いに対応した設計を行うことができる.

なお，基準期間とは信頼性を評価するために設定された期間であり，この他に構造設計にかかわる「期間」として，「供用期間」，「設計用供用期間」，「再現期間（正しくは平均再現期間）」などがある．それぞれ，実際に建築物が使用に供される期間，設計の際に想定する供用期間，ある大きさ以上の事象が生じる時間間隔の平均値を意味するものであり，基準期間と混同してはならない．また，限界状態超過確率は基準期間によって異なるので，性能水準を比較する際には，同一の基準期間とするか，同一の限界状態超過確率とするかなど条件をそろえておく必要がある.

信頼性指標βは，想定した限界状態に対する信頼性を定量的に表す尺度であり，限界状態超過確率P_fを用いて次式により定義される.

$$\beta = \Phi^{-1}(1 - P_f) \tag{2.4.1}$$

ここで，$\Phi(\cdot)$は標準正規確率分布関数で，Φ^{-1}はその逆関数である．図2.4.1に信頼性指標βと限界状態超過確率P_fとの関係を示す．信頼性指標は，設計行為の中でなじみの薄い確率量を，工学的に身近な尺度として一般に受け入れられやすい表現に置き換えたものと解釈することができる.

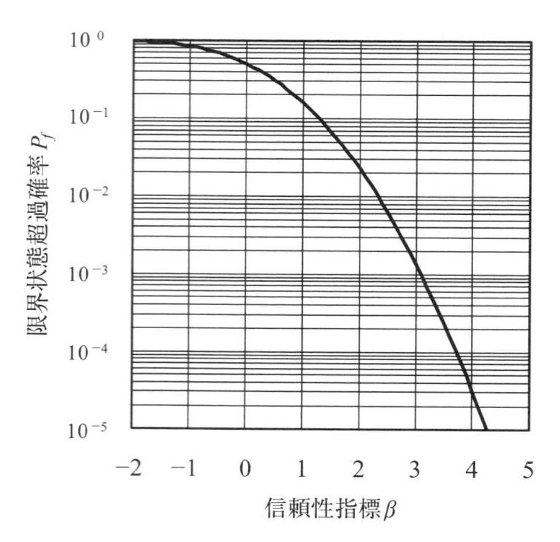

図 2.4.1　信頼性指標と限界状態超過確率との関係

限界状態超過確率の算定には確率・統計の知識が要求されるが，構造材料，荷重などの不確かさの程度および，目標性能水準を考慮しながら確率・統計論に基づいて設定された，荷重・耐力係数を用いれば，煩雑な確率計算をすることなく，従来の決定論的手法と同様な構造設計が可能である．このような設計法は，欧米諸国ではすでに実用化されており[7)~9)など]，また，わが国でも本会より，1990 年の「鋼構造限界状態設計規準（案）」[10)]，1998 年の「鋼構造限界状態設計指針」[11)]（2010 年に改定）を経て 2002 年に「建築物の限界状態設計指針」[12)]が刊行されている．

荷重を確率量として扱うべきであるという認識はかなり浸透しており，本指針でも，風荷重・雪荷重については 1981 年の改定以来，積載荷重・地震荷重についても 1993 年の改定以来これらは確率量であるとの立場を明確にしている．2004 年の改定では，温度荷重を確率量として扱い，各荷重の統計的性質の資料集としての役割も充実させている．今回の改定では津波荷重および衝撃荷重も確率量として扱っている．

2）設計条件式とタークストラの経験則による荷重の組合せ

限界状態設計法では，基準期間における構造要素または建築物の限界状態に対する限界状態超過確率を，目標とする確率に等しいか小さくすることを設計条件としている．設計条件式は，一般に次式で表される．

$$P_f = \mathrm{Prob}\{g(\mathrm{X}) \leqq 0 ; 0 < t \leqq t_{\mathrm{ref}}\} \leqq P_{fa} = 1 - \Phi(\beta_{\mathrm{T}}) \qquad (2.4.2)$$

ここで，X：基本確率変数ベクトル，t_{ref}：基準期間，P_{fa}：許容限界状態超過確率，β_{T}：目標信頼性指標，また，$g(\mathrm{X})$：限界状態関数で，$g(\mathrm{X})>0$，$g(\mathrm{X})<0$，$g(\mathrm{X})=0$ のときに，構造要素または建築物が，それぞれ望ましい状態，望ましくない状態（限界状態を超過した状態），望ましい状態と望ましくない状態の境界（限界状態）にあることを示す．

建築物には時間的に変動する複数の荷重が同時に作用しており，以下のような，すべての荷重による荷重効果の組合せ（以下，単に荷重組合せという）を考える．

$$G(t)+Q(t)+S(t)+W(t)+E(t) \tag{2.4.3}$$

ここで，$G(t)$，$Q(t)$，$S(t)$，$W(t)$，$E(t)$は，それぞれ時刻tにおける固定荷重（G），積載荷重（Q），雪荷重（S），風荷重（W），地震荷重（E）による荷重効果の大きさを表す．なお，温度荷重その他の荷重が常時作用する場合には，実況に応じて他の荷重と組み合せる．

このとき，限界状態関数は，下式のように表現される．

$$g(R,\boldsymbol{S}(t))=R-\{G(t)+Q(t)+S(t)+W(t)+E(t)\} \tag{2.4.4}$$

ここで，R：耐力あるいは変形能力，$\boldsymbol{S}(t)$：時刻tにおける，組合せ荷重下のそれぞれの荷重によって生じる荷重効果の大きさを要素とするベクトルである．なお，同時に作用する可能性の小さな荷重については一方を省略する．

（2.4.4）式を代入した（2.4.2）式の評価は，時間の要素を含み一見煩雑であるが，耐力の時間変化が無視できる場合には，（2.4.2）式は，（2.4.5）式で表される限界状態超過確率と等価となる．

$$P_f=\text{Prob}\left\{R-\max_{0<t\leqq t_{\text{ref}}}\{G(t)+Q(t)+S(t)+W(t)+E(t)\}\leqq 0\right\}\leqq 1-\Phi(\beta_{\text{T}}) \tag{2.4.5}$$

基準期間中に生起する荷重の組合せの最大値を評価する方法として，「タークストラ（Turkstra）の経験則」[13]と，時間変動荷重の組合せの最大値の確率分布を直接評価する方法[14)〜16)]などの2種の方法が考えられる．タークストラの経験則は，（2.4.6）式に示すように，基準期間中の最大値はその主因となる荷重（主の荷重）の最大値とその他の荷重（従の荷重）の任意時刻における値との和によって近似的に評価できるとするもので，これを用いることにより，時間変動する荷重の組合せは，時間変動しない荷重組合せとして取り扱うことが可能となる．

$$\max_{0<t\leqq t_{\text{ref}}}\left\{\sum_{i=1}^{n}S_i(t)\right\}\approx S_{\text{p}}-\sum_{k}S_k \tag{2.4.6}$$

ここで，$S_i(t)$：時刻tにおける，組合せ荷重下のi番目の荷重（主の荷重，従の荷重を含む）によって生じる荷重効果の大きさ，S_{p}：主の荷重によって生じる荷重効果の基準期間中における最大値，S_k：従の荷重によって生じる荷重効果の年最大値である．

なお，タークストラの経験則では，作用期間が間欠的，あるいは継続時間の短いインパルス的な荷重を2種以上含む組合せ荷重の正当な取扱いは困難であり，また，主の荷重の支配性が弱い場合（概略的に，主の荷重の標準偏差＜従の荷重の和の標準偏差）には大きな誤差を伴うので注意が必要である．

3）荷 重 係 数

限界状態設計法の具体的な方法として，限界状態を超過する確率を直接評価する設計法と，荷重・耐力係数設計法が提案されている．実設計で確率の計算を必要とする前者の方法は煩雑であり実用的ではない．一方，荷重・耐力係数を用いた設計方式では，ある性能に関する性能水準を建築主，使用者，構造設計者らが定めて，それに見合う荷重係数および耐力係数を設定でき，性能水準の調整が容易で明快である．荷重・耐力係数を用いた設計条件式は，次式で表される．

$$\phi R_{\mathrm{n}} \geqq \gamma_{\mathrm{p}} S_{\mathrm{pn}} + \sum_{k} \gamma_k S_{k\mathrm{n}} \tag{2.4.7}$$

ここで，S_{pn}，$S_{k\mathrm{n}}$ は主の荷重と従の荷重の基本値によって生じる荷重効果であり，γ_{p}，γ_k はそれぞれに乗ずる荷重係数，また R_{n} は耐力の公称値，ϕ はこれに乗じる耐力係数である．

時間変動する荷重組合せに対する荷重・耐力係数を直接評価することは困難である[16]が，先に示したタークストラの経験則を適用して時間変動する荷重の組合せを時間変動しない荷重組合せとして取り扱うことができる．荷重・耐力係数の算定フローを図 2.4.2 に示す．

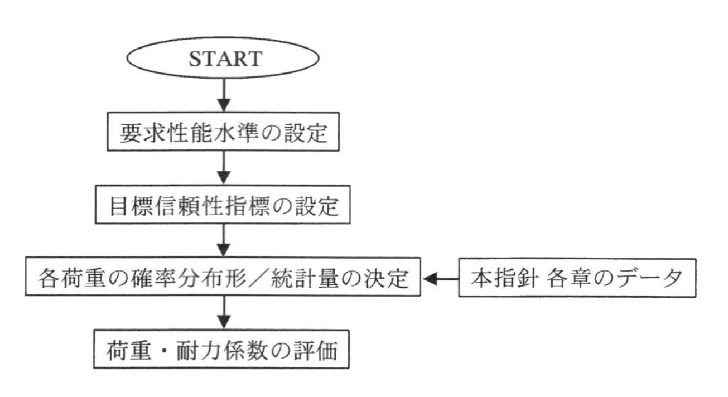

図 2.4.2　荷重・耐力係数算定フロー

荷重係数および耐力係数の概念を図 2.4.3 に示す．設計では，目標信頼性指標を満足するように，耐力の公称値 R_{n} を定めることになる．このことは，平均値と公称値の比が一定であるとすると，図中では，限界状態超過確率，すなわち耐力 R と荷重効果 S の結合確率密度関数 $f_{RS}(r, s)$ の（$r-s<0$）の領域における体積が，許容限界状態超過確率以下となるように，$f_{RS}(r, s)$ を左右に移動しながらその位置を定めることである．$f_{RS}(r, s)$ の位置が定まれば，限界状態面 $r-s=0$ 上における $f_{RS}(r, s)$ の最尤点（もっとも大きな値となる点）として，設計点（r^*, s^*）が定まり，荷重係数，耐力係数は，

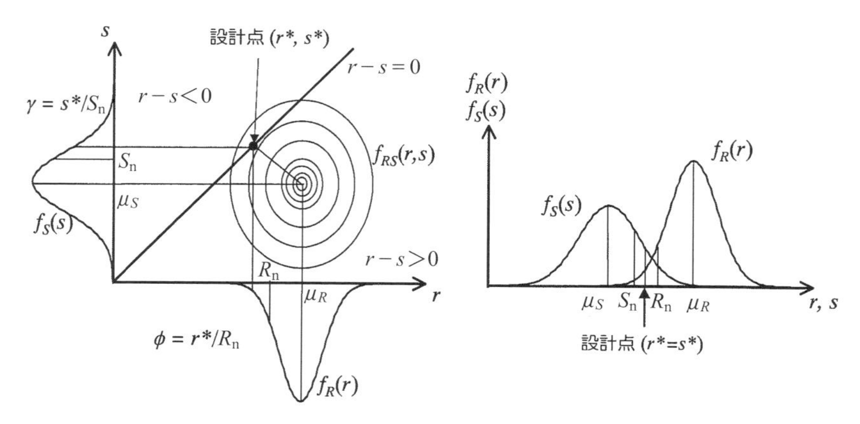

(a) 2 次元空間における荷重･耐力係数と設計点　　(b) $r-s=0$ 上への投影図

図 2.4.3　荷重係数γ，耐力係数ϕおよび設計点の概念図

それぞれ，s^* と荷重の基本値 S_n，r^* と耐力の公称値 R_n との比として定義される．

荷重・耐力係数は，標準正規変換・AFOSM 法[17)]などによって評価することができるが，一般に確率解析を行う必要があり煩雑である．「建築物の限界状態設計指針」[12)]には，代表的な荷重の統計量を用いて算出された標準的な荷重・耐力係数の表が示されている．しかしながら，この表に示される荷重・耐力係数の算定条件と異なる場合には荷重・耐力係数を計算する必要があり，これを簡便に行うための手法として，三次モーメント法[18)〜20)]などや「建築物の限界状態設計指針」に示される略算法[12)]などがある．以下に「建築物の限界状態設計指針」の略算法を改良した方法[21)]について概説する．

4）荷重係数の略算法

対象とする限界状態に関する，荷重の基本値から算定される荷重効果（以下，荷重効果の基本値という）に乗ずる荷重係数や，耐力の公称値に乗ずる耐力係数は，以下の 3 式で算定する〔詳細は「建築物荷重指針を活かす設計資料 1」参照〕．

主の荷重に関する荷重係数 γ_p については

$$\gamma_\mathrm{p} = \frac{1}{\sqrt{1+V_{\tilde{S}_\mathrm{p}}{}^2}} \exp(\alpha_{\tilde{S}_\mathrm{p}} \beta_\mathrm{T} \sigma_{\ln \tilde{S}_\mathrm{p}}) \frac{\mu_{S_\mathrm{p}}}{S_\mathrm{pn}} \tag{2.4.8}$$

従の荷重に対する荷重係数 γ_k については

$$\gamma_k = \frac{1}{\sqrt{1+V_{\tilde{S}_k}{}^2}} \exp(\alpha_{\tilde{S}_k} \beta_\mathrm{T} \sigma_{\ln \tilde{S}_k}) \frac{\mu_{S_k}}{S_{k\mathrm{n}}} \tag{2.4.9}$$

耐力係数 ϕ については

$$\phi = \frac{1}{\sqrt{1+V_R{}^2}} \exp(-\alpha_R \beta_\mathrm{T} \sigma_{\ln R}) \frac{\mu_R}{R_\mathrm{n}} \tag{2.4.10}$$

ここで，

β_T：基準期間（安全限界状態については 50 年，使用限界状態については 1 年）における目標信頼性指標

μ_{S_p}：主の荷重の基準期間における最大値 S_p の平均値（注：S_p は，安全限界状態については 50 年最大値，使用限界状態については年最大値を指す）

μ_{S_k}：従の荷重の年最大値 S_k の平均値

μ_R：耐力 R の平均値

S_pn：主の荷重の基本値によって生じる荷重効果

$S_{k\mathrm{n}}$：従の荷重の基本値によって生じる荷重効果

R_n：耐力 R の公称値

$\tilde{S}_i$：S_i を対数正規近似した確率変数（S_i は荷重 S_p，S_k のいずれかを表わす）

V_X：確率変数 X の変動係数（＝標準偏差／平均値）

$\sigma_{\ln X}$：確率変数 X の対数標準偏差（$\ln X$ の標準偏差）

また，α_X は各荷重効果や耐力の相対的な重みを表わす係数（分離係数）であり，次式により算定する．

$$\alpha_R = \alpha^*{}_R \cdot u \qquad (2.4.11)$$

$$\alpha_{S_i} = \alpha^*{}_{S_i} \cdot u \qquad (2.4.12)$$

ここに，$\alpha^*{}_R$，$\alpha^*{}_{S_i}$，u は次式で算定する．

$$\alpha^*{}_R = \frac{\sigma_{\ln R}}{\sqrt{\sigma_{\ln R}{}^2 + \sum_j (c_j \cdot \sigma_{\ln \tilde{S}_j})^2}} \qquad (2.4.13)$$

$$\alpha^*{}_{S_i} = \frac{c_i \cdot \sigma_{\ln \tilde{S}_i}}{\sqrt{\sigma_{\ln R}{}^2 + \sum_j (c_j \cdot \sigma_{\ln \tilde{S}_j})^2}} \qquad (2.4.14)$$

$$u = \frac{1.05}{1 - \left\{1 - \sqrt{(\alpha^*{}_R)^2 + (\max \alpha^*{}_{S_i})^2}\right\} \cdot \Phi\left(\dfrac{\max V_{\tilde{S}_i} - 0.6}{0.4}\right)} \qquad (2.4.15)$$

ここに，c_i は $\tilde{S}_i$ の平均値の，$\tilde{S}_i$ の総和の平均値に対する比であり，次式で算定する．

$$c_i = \frac{\exp\left(\lambda^*_{\tilde{S}_i} + \dfrac{1}{2}\sigma_{\ln \tilde{S}_i}{}^2\right) \dfrac{S_{\mathrm{n}_i}}{G_{\mathrm{n}}} \dfrac{\mu_{S_i}}{S_{\mathrm{n}_i}}}{\sum_j \exp\left(\lambda^*_{\tilde{S}_j} + \dfrac{1}{2}\sigma_{\ln \tilde{S}_j}{}^2\right) \dfrac{S_{\mathrm{n}_j}}{G_{\mathrm{n}}} \dfrac{\mu_{S_j}}{S_{\mathrm{n}_j}}} \qquad (2.4.16)$$

ここで，$\lambda^*{}_{\tilde{S}_i}$ は $\ln(\tilde{S}_i/\mu_{S_i})$ の平均値（以下では規準化対数平均値という），G_{n} は固定荷重 G の基本値によって生じる荷重効果であり，また，荷重効果の平均値と基本値との比 $\mu_{S_i}/S_{\mathrm{n}_i}$ には，表 2.4.1 に示す値あるいは式を用いる．

表 2.4.1　荷重効果の平均値の基本値との比

	使用限界状態の主の荷重，または従の荷重	安全限界状態の主の荷重
固定荷重 G	1.0	–
積載荷重 Q	表 4.2.5 から直接算定	
雪荷重 S[22)]	$0.19\,S_0{}^{0.46}$ なお，付表 5.1.1 または 5.1.2 から $\mu_{S\mathrm{a}}/S_0$ の値を直接算定できる場合にはそれを用いる．	$0.977\,S_0{}^{0.004}$ なお，付表 5.1.1 または 5.1.2 から S_0 が得られる場合，その $1/a$ と b を用いて， $\dfrac{4.49+ab}{4.60+ab}$
風荷重 W	$\{1-2.49(\lambda_U-1)\}^2$	$\{1-0.0688(\lambda_U-1)\}^2$
地震荷重 E	$0.01^{1/k} \cdot \Gamma(1-1/k)$	$0.5^{1/k} \cdot \Gamma(1-1/k)$

S_0 は基本値から求められる地上積雪重量（kN/m^2）．ただし，係数は無次元〔5 章参照〕
λ_U は基本値に対する再現期間 500 年の値の比〔6 章参照〕
k は地域の地震ハザードの統計的な特性を表す係数〔7 章参照〕
$\Gamma(\cdot)$ はガンマ関数

表 2.4.2　荷重の基本となる物理量と変動係数

	荷重の基本となる物理量	使用限界状態の主の荷重または従の荷重（年最大値）		安全限界状態の主の荷重（50年最大値）	
		確率分布 *	変動係数	確率分布 *	変動係数
固定荷重 G	自重	正規分布	0.1	－	
積載荷重 Q	積載物の亘量	付表 4.2.1 による	表 4.2.5 の値を用いる	同左	
雪荷重 S[22]	地上積雪亘量	グンベル分布	$1.1\cdot S_0^{-0.50}$ 付表 5.1.1 または 5.1.2 から μ_{Sa}/σ_{Sa} の値を直接算定できる場合にはそれを用いる.	グンベル分布	付表 5.1.1 または 5.1.2 から S_0 が得られる場合，その $1/a$ と b を用いて，$\dfrac{1.28}{4.49+ab}$
風荷重 W	地上 10 m での 10 分間の平均風速	グンベル分布	$\dfrac{1.28(\lambda_U-1)}{5.64-4.02\lambda_U}$	グンベル分布	$\dfrac{1.28(\lambda_U-1)}{1.72-0.111\lambda_U}$
地震荷重 E	工学的基盤面での一次固有周期における加速度応答スペクトル値，あるいは最大加速度	フレッシェ分布	$\sqrt{\dfrac{\Gamma(1-2/k)}{\Gamma^2(1-1/k)}}$	フレッシェ分布	$\sqrt{\dfrac{\Gamma(1-2/k)}{\Gamma^2(1-1/k)}}$

［注］　＊：固定荷重の時間変化は無視しえるので単なる確率分布．積載荷重については任意時刻における確率分布

$\tilde{S}_i$ の統計量（規準化対数平均値 $\lambda^*_{\tilde{S}_i}$，対数標準偏差 $\sigma_{\ln\tilde{S}_i}$）は，表 2.4.2 を参考に当該荷重の確率分布形に応じ，以下の式を用いて評価する．

【グンベル分布】

$$\lambda^*_{\tilde{S}_i}=\ln(1-0.164V_{S_i}) \tag{2.4.17}$$

$$\sigma_{\ln\tilde{S}_i}=0.430\cdot\ln\left(\frac{1+3.14\cdot V_{S_i}}{1-0\ \ 164\cdot V_{S_i}}\right) \tag{2.4.18}$$

ここで，V_{S_i} は荷重効果 S_i の（対数正規近似する前の年最大値のあるいは 50 年最大値の）変動係数である．

【フレッシェ分布】

$\beta_T\leq 2.5$ の場合

$$\lambda^*_{\tilde{S}_i}=\frac{0.367}{k}-\ln\left[\Gamma\left(1-\frac{1}{k}\right)\right] \tag{2.4.19}$$

$$\sigma_{\ln\tilde{S}_i}=\frac{1.82}{k} \tag{2.4.20}$$

$\beta_T>2.5$ の場合

$$\lambda^*_{\tilde{S}_i}=-\frac{0.170}{k}-\ln\left[\Gamma\left(1-\frac{1}{k}\right)\right] \tag{2.4.21}$$

$$\sigma_{\ln\tilde{S}_i}=\frac{2.29}{k} \qquad (2.4.22)$$

【その他の分布】

$$\lambda^*_{\tilde{S}_i}=e_0+e_1\cdot V_{Si}+e_2\cdot V_{Si}{}^2+e_3\cdot V_{Si}{}^3 \qquad (2.4.23)$$

$$\sigma_{\ln\tilde{S}_i}=s_0+s_1\cdot V_{Si}+s_2\cdot V_{Si}{}^2+s_3\cdot V_{Si}{}^3 \qquad (2.4.24)$$

(2.4.23), (2.4.24) 式中の係数には，表 2.4.3 または表 2.4.4 に示す値を用いる．

$\tilde{S}_i$ の変動係数 $V_{\tilde{S}_i}$ は，対数標準偏差 $\sigma_{\ln\tilde{S}_i}$ を用いて次式より評価する．

$$V_{\tilde{S}_i}=\sqrt{\exp(\sigma_{\ln\tilde{S}_i}{}^2)-1} \qquad (2.4.25)$$

表 2.4.3 年最大値分布または 50 年最大値分布を対数正規近似する場合（$0.05\leqq V_{S_i}\leqq 2.0$）

年最大値の確率分布形	(2.4.23)式の係数				(2.4.24)式の係数			
	e_0	e_1	e_2	e_3	s_0	s_1	s_2	s_3
正規分布	0.000	0.000	0.000	0.000	0.012	0.830	−0.437	0.111
ガンマ分布	0.002	−0.022	−0.267	−0.079	0.009	0.925	−0.205	0.087

表 2.4.4 年最大値分布から 50 年最大値分布の対数正規近似する場合（$0.05\leqq V_{S_i}\leqq 2.0$）

年最大値の確率分布形	(2.4.23)式の係数				(2.4.24)式の係数			
	e_0	e_1	e_2	e_3	s_0	s_1	s_2	s_3
正規分布	0.055	1.683	−0.704	0.137	0.029	0.244	−0.158	0.036
対数正規分布	0.094	1.915	−0.614	0.069	0.002	0.609	−0.153	0.015
ガンマ分布	0.021	2.027	−0.704	0.044	0.015	0.447	−0.209	0.044

なお，風荷重の取扱いについては，注意を要する．一般に基本風速の最大値の確率特性が与えられるが，荷重強さは風速の 2 乗に比例する．このような場合には，まず，表 2.4.2 から算定される変動係数を基に，風速の最大値を対数正規近似し，これを基に対数正規近似された風荷重の年最大値あるいは 50 年最大値の統計量を評価する．風荷重の不確定性が風速だけに依存する場合は，対応する風速（年最大値あるいは 50 年最大値）の対数標準偏差 $\sigma_{\ln\tilde{U}}$ を用いて次式で与えられる．

$$\lambda^*_{\tilde{W}}=2\lambda^*_{\tilde{U}} \qquad (2.4.26)$$

$$\sigma_{\ln\tilde{W}}=2\sigma_{\ln\tilde{U}} \qquad (2.4.27)$$

$$V_{\tilde{W}}=\sqrt{\exp\left[\left(2\,\sigma_{\ln\tilde{U}}\right)^2\right]-1}\approx 2\cdot V_{\tilde{U}} \qquad (2.4.28)$$

(2.4.28) 式の近似は，$V_{\tilde{U}}$ が 0.2 程度であれば良い近似となる．

また，荷重効果 S には，一般に，地上積雪重量や基本風速といった荷重強さを規定するもっとも基本的な物理量 X の不確定性のほか，X に乗じて荷重強さを評価するための係数（(2.2.1) 式）や荷重強さから荷重効果を評価する際のモデルの不確定性が含まれる．このような不確定性を考慮する際には，次式によって基準化された対数平均値および変動係数を評価する．

$$\lambda^*_{\tilde{S}_i} = \lambda^*_{\tilde{X}} + \sum_j \lambda^*_{C_j} \tag{2.4.29}$$

$$V_{S_i} \approx \sqrt{V_X{}^2 + \sum_j V_{C_j}{}^2} \tag{2.4.30}$$

ここで，$\lambda^*_{\tilde{S}_i}$，V_{S_i} はそれぞれ荷重効果 S_i の基準化対数平均値および変動係数，$\lambda^*_{\tilde{X}}$，V_X は，それぞれ基本的な物理量あるいはこれから算定される荷重の基本となる値（例えば風速の二乗）X の基準化対数平均値および変動係数，$\lambda^*_{C_j}$，V_{C_j} は X に乗じて荷重強さを評価するための係数や荷重強さから荷重効果を評価する際のモデル化誤差の基準化対数平均値および変動係数である．

5）目標性能水準

構造物の全体あるいはその部分に要求される性能水準（信頼性水準，目標信頼性指標）は，人命の安全性，構造物の重要度，用途，供用期間，構造種別，荷重種別，安全に対する社会的認識，被害がもたらす社会的影響，法令等で定められている最低水準，経済性，限界状態超過確率を低減させるために要する総費用や労力を考慮して定められる．また，信頼性水準は，建築物全体で一つの水準が与えられることもあり，部位ごとに設定する場合もある．

現行建築基準法および施行令に従って設計された建築物の信頼性指標は，建設地点，構造種別，部材，荷重組合せ，限界状態などによって大きく異なるが，複数の建築物について算定したところ，RC 造柱は，地震時（$G+Q+E$）の荷重組合せの下で，安全限界状態に対して $\beta_{\mathrm{U}}=0.6$～1.8（50年），使用限界状態に対しては $\beta_{\mathrm{S}}=0.2$～4.0（1年），鋼構造柱は同様にそれぞれ $\beta_{\mathrm{U}}=1.9$～2.4（50年），$\beta_{\mathrm{S}}=1.3$～2.4（1年）であった〔「建築物荷重指針を活かす設計資料 1」参照〕．これを参考に，必要に応じて現行基準よりも高く，あるいは低めに目標信頼性指標を設定する方法もある．

2.4.2　許容応力度設計および終局強度設計に用いる荷重係数

(1)　建築物の供用期間，重要度，被害による波及効果，各荷重の特性（荷重の変動性・発生頻度・継続時間），許容応力度や設計耐力が定められた根拠などを考慮し，主の荷重の再現期間を適切に設定する．

(2)　荷重の組合せは，各荷重の基本値によって生じる荷重効果と各荷重に対する荷重係数との積の和として，次式によって考慮する．

$$k_{\mathrm{Rp}} S_{\mathrm{pn}} + \sum_k \gamma_k S_{k\mathrm{n}} \tag{2.2}$$

ここで，S_{pn}，$S_{k\mathrm{n}}$ は主の荷重と従の荷重の基本値によって生じる荷重効果，k_{Rp} は主の荷重の再現期間換算係数，γ_k は従の荷重に対する荷重係数である．なお，風荷重など，荷重を算定するための物理量と荷重の大きさとが比例関係にない場合は，当該物理量に再現期間換算係数を乗じた後に算定された荷重が係数倍された荷重 $k_{\mathrm{Rp}} S_{\mathrm{pn}}$ に相当する．

(3)　100年と異なる再現期間 t_{R} 年に対して設計する場合には，再現期間換算係数〔雪荷重の場合は付5.3節，風荷重の場合は A6.1.4，地震荷重の場合は 7.2.4 項，温度荷重の場合は 8.2.1 項参照〕を用いて各荷重を算定する．その他の荷重については，実況に応じて適宜，再現期間換算係数を算定する．

1）設計用再現期間

許容応力度設計において想定する荷重状態は，建築物の置かれている環境に応じて定められ，荷重の継続時間に応じて長期または短期に分類される．短期とは建築物の供用期間中稀に生ずる荷重状態で，大地震時，台風時，異常積雪時等であり，これらによる荷重は主の荷重に相当する．長期とは建築物の常時使用状態であり，短期荷重との組合せでは従の荷重に相当する一方，長期荷重のみを考慮する場合には，長期荷重のうちのいずれかの荷重（固定荷重と積載荷重の組合せでは積載荷重）が主の荷重となる．

許容応力度設計，終局強度設計における設計荷重は，主の荷重については設計用再現期間（積載荷重については超過確率）を定め，従の荷重については表2.4.1に示す平均値と基本値との比を荷重係数に用いて算定を行う．

建築物の供用期間について考えてみる．建築物が存在する期間が長ければ大地震など極めて稀な事象に見舞われる可能性は増すことから，確率的に考えれば建築物の供用期間が長いほど，大きな設計荷重が必要となる．ある荷重強さSが任意の1年間にsを超える確率をP_1とすると，荷重強さが供用期間t_L年で少なくとも1回sを超える確率P_Tは次式で表される．

$$P_T = 1-(1-P_1)^{t_L} \approx P_1 t_L \qquad (2.4.31)$$

ここで，荷重強さSがsを超える事象は各年ごとに独立の仮定としている．また，P_1が小さければ上記の近似が成立し，P_TはP_1に供用期間t_Lを掛けた確率に等しくなる．供用期間を長く設定する場合，建築物の供用期間中に発生する荷重強さがある大きさを超える確率を等しくなるようにするためには，P_1を小さくする，すなわち，設計荷重強さを大きくする必要が生じることがわかる．言い換えれば，設計用再現期間を大きくとることに対応する．

供用期間を意識した荷重強さの設定は，従来の許容応力度設計法，終局強度設計法では今まで充分には明確にされてこなかった．しかし，最近では，建築物のライフサイクルコスト管理や建築物の寿命といった建築物の供用期間を意識するようになってきており，従来の設計法を用いるにせよ，建築物の供用期間に応じた設計荷重の大きさを考えることが重要である．

次に，建築物の重要度，被害による波及度について考える．建築物の用途そのものが社会的重要性をもつものや，建築物自体の価値が高いような場合には，重要度が高い建築物である．一方，当該建築物が所定の機能を喪失したり損傷あるいは崩壊したりすることにより周辺に与える直接的・間接的な影響が大きな場合，周辺への波及度が高い建築物といえる．そのような建築物の設計では設計荷重を大きめに設定することが一般的であり，従来の設計法では，重要度が高い建築物ほど，また，波及度が大きな建築物ほど大きな割増し係数を乗ずることで設計荷重を大きくするという方法がとられている．この割増し係数は重要度係数や用途係数とも呼ばれるが，ある標準となる荷重強さに対して乗じるものであり，乗じた結果は各荷重の再現期間を増大したことにほかならない．また，再現期間を大きくすると荷重強さは大きくなり，重要度係数や用途係数を大きくすることに対応する．しかしながら，再現期間を基本にして設計荷重を考えることは，少なくとも荷重そのものの非超過確率または超過確率を常に意識できる点で都合がよい．すなわち，荷重強さが異なる種類の荷重であっても，確率を用いて統一的に扱うことは，その大きさの荷重が生じるあるいは超過する程度を目安にして相対的な荷重強さの比較が可能となる利点がある．

2000年には，住宅の品質確保の促進等に関する法律（いわゆる，品確法）が施行され，そこでは，重要度や用途とは別に，ある係数を従来の設計荷重に乗じた設計荷重の下で設計することにより，住宅の性能のグレード付けを簡便に実現する方法も採用されている．表 2.3.1 に示した Vision 2000 も再現期間を用いて設計用地震荷重の大きさを規定しており，荷重の再現期間が性能に基づく設計において極めて重要な役割を果たしつつある．

2）再現期間 t_{R} に対する値

荷重強さの年最大値 X の確率分布関数を $F_X(x)$ とする．荷重強さの年最大値 X が x を超えた時点を基準として，次に x を超えるまでに要する期間を考えると，その時間間隔 T_{R} も確率変数である．この時間間隔 T_{R} の期待値を考えてみると，1 年後に x を超える確率は $p=1-F_X(x)$ であり，ちょうど 2 年目に超える確率は $(1-p)p$，ちょうど i 年目に初めて超える確率は $(1-p)^{i-1}p$ で表すことができるから，時間間隔の期待値 t_{R} は次式で評価される．

$$t_{\mathrm{R}}=E[T_{\mathrm{R}}]=\sum_{i=1}^{\infty} i(1-p)^{i-1}p=\frac{1}{p}=\frac{1}{1-F_X(x)} \tag{2.4.32}$$

この t_{R} を平均再現期間あるいは単に再現期間といい，それに対応する値 x を再現期間 t_{R} に対する値 $x(t_{\mathrm{R}})$ と呼ぶ．$x(t_{\mathrm{R}})$ は上式を x について解くことにより得られる値で，$F_X(x)$ の逆関数を使って次式で求められる．当然ながら，t_{R} が長いと $x(t_{\mathrm{R}})$ は大きくなる．

$$x(t_{\mathrm{R}})=F_X^{-1}\left(1-\frac{1}{t_{\mathrm{R}}}\right) \tag{2.4.33}$$

また，1）で議論した重要度係数 I_{F} と再現期間の関係は次式により表される．

$$I_{\mathrm{F}}=\frac{x(t_{\mathrm{R}})}{x(t_0)} \tag{2.4.34}$$

ここに，t_0 は従来の設計法における荷重の再現期間，t_{R} は，重要度係数を乗じた後の荷重の再現期間である．

3）荷重強さの再現期間と性能水準 [23)]

許容応力度設計や終局強度設計において再現期間によって荷重強さを設定した場合，建築物の耐力側のばらつきや不確定性が荷重のそれに比べて無視し得るぐらいに小さい場合，たとえば，ある定まった層間変形角を限界状態とした場合には採用した再現期間と建築物の性能レベルすなわち限界状態超過確率は直接対応する．しかし，一般には耐力側にも無視しえないばらつきが伴うことから，許容応力度設計や終局強度設計で採用する再現期間の選定は容易でない．ここでは，参考のため，固定荷重＋積載荷重（長期荷重）および固定荷重＋積載荷重＋主の荷重（短期荷重）という二つの荷重組合せを考慮した場合の，再現期間と限界状態超過確率の算定例を示す．固定荷重は変動係数 $V_G=0.1$ の正規確率変数，積載荷重は変動係数 $V_Q=0.4$ の対数正規変数とし，固定荷重の平均値に対する積載荷重および主の荷重の年最大値の平均値をそれぞれ 0.2，0.7 と設定している．耐力は変動係数 $V_R=0.15$，0.3 または 0.45 の対数正規変数で，5％下限値を公称値と仮定する．すなわち，耐力の平均値は，次に示す二つの設計条件式の両方を満足するように設定されていると仮定する．

耐力の 5 % 下限値≧固定荷重の平均値＋積載荷重の基本値(99 % 非超過確率値)

耐力の 5 % 下限値≧固定荷重の平均値＋積載荷重の平均値＋再現期間 t_R 年の荷重

なお，この算定例はあくまでも目安であり，建築物の性能水準をより精度良く表現し効率的な設計をするためには，建築物の重要度と直接対応する限界状態超過確率あるいは信頼性指標に基づいた荷重・耐力係数設計法を採用することが望ましい〔詳細は「建築物荷重指針を活かす設計資料 1」参照〕.

図 2.4.4（a），（b）は，耐風，耐雪設計を念頭に，主の荷重の年最大値がグンベル分布に従い変動係数 V_S が風圧力を念頭に 0.45，耐力の変動係数 V_R＝0.15，0.3 または 0.45 の場合について，それぞれ使用限界状態超過確率（基準期間 1 年）および安全限界状態超過確率（基準期間 50 年）と荷重強さの再現期間との関係を示したものである．図中の点線は，再現期間 t_R 年の荷重の超過確率であり，耐力の変動係数 V_R が 0 の場合の限界状態超過確率に相当する．この関係は，各荷重の平均値比に依存し，主の荷重の大きさが相対的に小さくなる再現期間の短い領域では，限界状態超過確率は主の荷重の再現期間に依らず一定となっているが，これは長期荷重によって断面が決まることを示している．一方，再現期間の長い領域では，特に，構造物の耐力の変動係数 V_R が大きい場合ほど，限界状態超過確率の減少する割合が小さくなる傾向がある．

図 2.4.5 は，図 2.4.4 と同様，耐風，耐雪設計を踏まえて，耐力の変動係数 V_R＝0.3 とし，主の荷重の年最大値の変動係数 V_S＝0.45 の場合のほか，多雪地域や一般地域における年最大積雪深を想定した 0.35，0.7 と設定した場合の限界状態超過確率と再現期間との関係を示したものである．主の荷重の変動係数 V_S が小さいほど再現期間の長い領域で限界状態超過確率は大きくなっている．この傾向は，耐力の変動係数が大きいほど顕著となる．

図 2.4.6（a），（b）は，耐震設計を念頭に，主の荷重の年最大値がフレッシェ分布に従い変動係

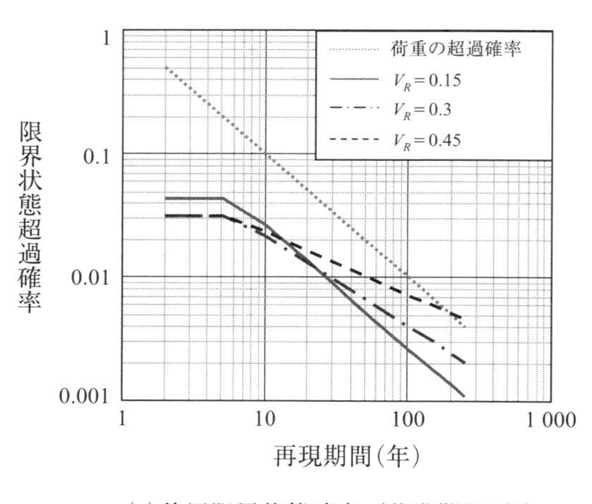

(a)使用限界状態確率（基準期間1年）

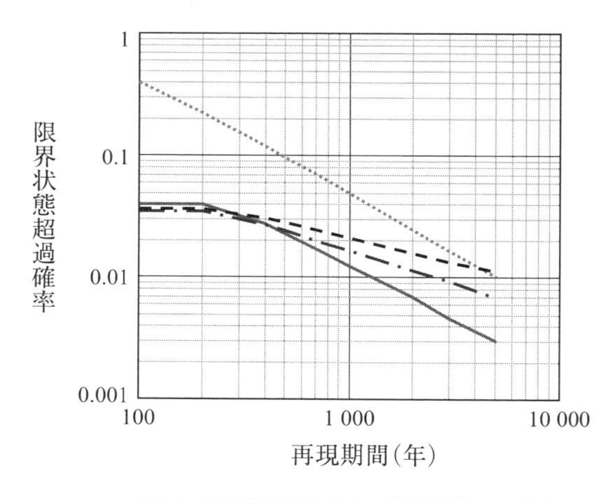

(b)安全限界状態確率（基準期間50年）

図 2.4.4 耐風，耐雪設計に用いる設計荷重の再現期間と限界状態超過確率（V_S＝0.45）

数 V_S＝1.4 の場合について，図 2.4.4 と同様に，それぞれ使用限界状態超過確率（基準期間 1 年）および安全限界状態超過確率（基準期間 50 年）と荷重強さの再現期間との関係を示したものである．耐風，耐雪設計においては，限界状態超過確率と再現期間の関係は荷重の変動係数の影響を受けるが，耐震設計では，地震ハザード環境の違いを考慮しても主の荷重の年最大値の変動係数 V_S が 0.8 程度以上ならば図 2.4.6 と比べて大きな差異はない．一方，主の荷重の大きさが相対的に小さくなる再現期間の短い領域では，耐風，耐雪設計と同様に，長期荷重によって断面が決まるようになり，限界状態超過確率は主の荷重の再現期間によらず一定となる．

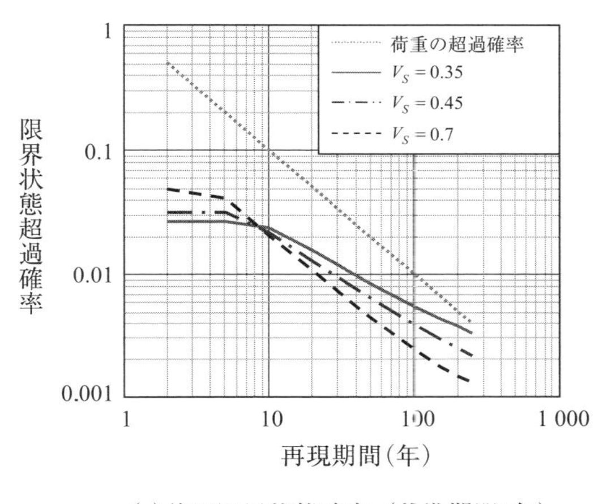

(a) 使用限界状態確率（基準期間1年）

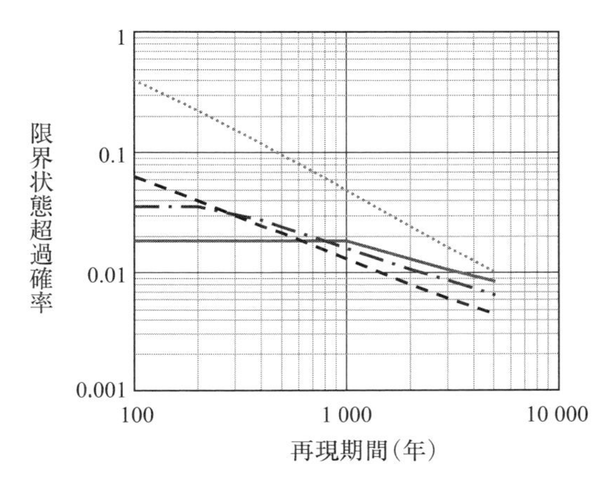

(b) 安全限界状態確率（基準期間50年）

図 2.4.5　耐風，耐雪設計に用いる設計荷重の再現期間と限界状態超過確率（V_R＝0.3）

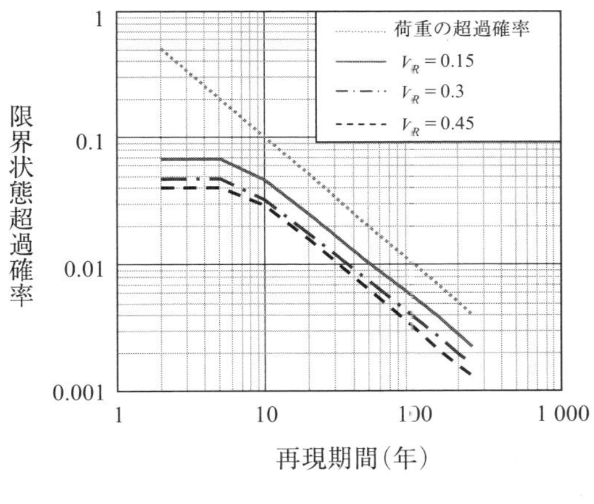

(a) 使用限界状態確率（基準期間1年）

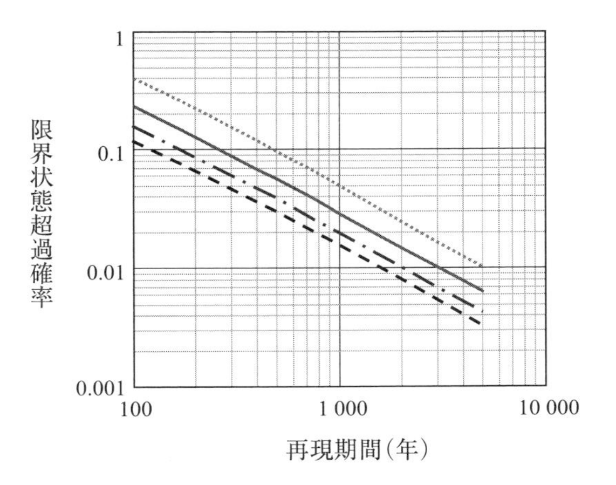

(b) 安全限界状態確率（基準期間50年）

図 2.4.6　耐震設計に用いる設計荷重の再現期間と限界状態超過確率（V_S＝1.4）

2.4.3　温度荷重の荷重係数

限界状態設計法，許容応力度設計法，終局強度設計法に関わらず，従の荷重としての温度荷重の荷重係数には下記の値を用いる．
・雪荷重との組合せ：0.8
・風荷重との組合せ：0.7
・地震荷重との組合せ：0.4

8章で詳述するように建築物に影響を与える温度環境（外気温，日射等）は日変化，年変化を繰り返しながら日常的に変化し，建築物を構成する要素（構造材，非構造材）に変形や応力といった荷重効果を生じさせている．このように，温度荷重とは変化しながら日常的に作用している荷重である．

雪，風，地震荷重等を主の荷重として考慮する場合にも，温度荷重は「変化しながら日常的に作用している」ため，その値を適切に評価して組み合せる必要がある．ここでは2.4.1項の解説2）で紹介した「タークストラの経験則」（方法1）と「時間変動荷重の組合せの最大値の確率分布を直接評価する方法」（方法2）によって気象データを基に組合せ荷重を評価した例を紹介する．図2.4.7～9は，方法1，2で求めた組合せ荷重の最大値から（2.1）式あるいは（2.2）式の温度荷重の基本値に乗ずる荷重係数を求めて示したものである[24),25)]．

主の荷重の種類（雪，風，地震）に応じて荷重係数が異なるのは，それぞれの荷重の季節性，すなわち，地震荷重は年間を通じて発生確率は同じと考えられるが，雪については冬期に集中するため冬期の最低温度との組合せの確率が高くなること，風については台風の発生が夏期に多く夏期の最高温度との組合せの確率が高くなることが影響していると考えられる．なお，那覇においては最大風速が20 m/sを超える日の外気温は20 ℃～30 ℃の狭い領域に集中しているため，年平均気温23.2 ℃，夏期平均気温28.8 ℃を基準温度とした場合には温度差は5 ℃以下となっている．そのため実データを用いて計算した方法2では組合せ荷重としての温度荷重は方法1で平均的な分布を仮定した場合より小さな値となっている．東京の風荷重時の夏期を基準温度とした場合にも同様の理由から方法2で計算した荷重係数が小さな値となっている．

図2.4.7～2.4.9に示した荷重係数にはばらつきがあるものの，図中の破線で示す値で安全側に評価できる．

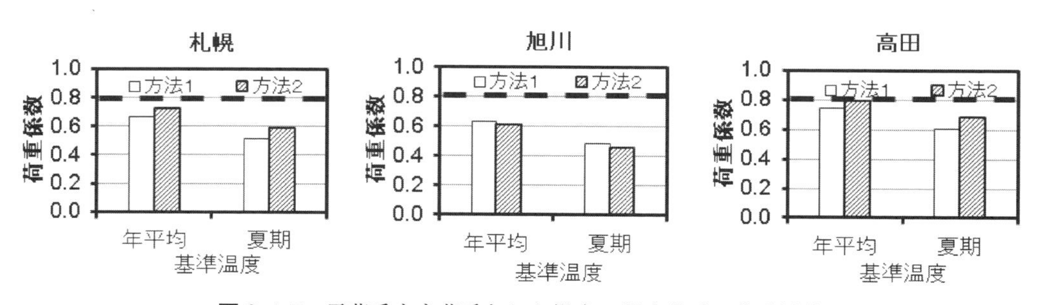

図2.4.7　雪荷重を主荷重とした場合の温度荷重の荷重係数

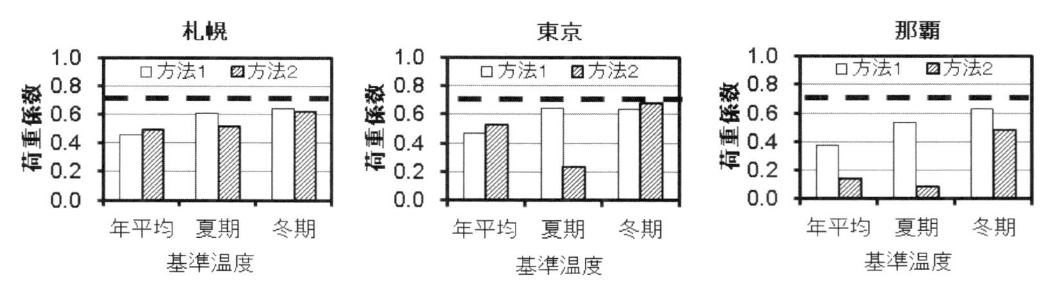

図 2.4.8　風荷重を主荷重とした場合の温度荷重の荷重係数

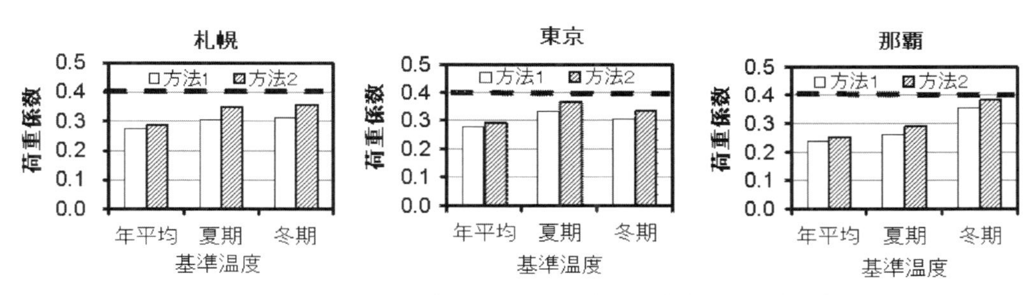

図 2.4.9　地震荷重を主荷重とした場合の温度荷重の荷重係数

参 考 文 献

1）SEAOC: VISION 2000: Performance Based Seismic Engineering of Buildings, SEAOC, 1995
2）日本建築学会：地震防災総合研究特別研究委員会 総合耐震安全性小委員会報告書，2001
3）日本建築学会：危険度・耐震安全性評価小委員会「耐震メニュー2004」報告書，2004
4）北村春幸・宮内洋二・福島順一・深田良雄・森　伸之：性能設計における性能判断基準値に関する研究－時刻歴応答解析に基づく JSCA 耐震性能メニューの検証，日本建築学会構造系論文集，第 576 号，pp.47～54，2004.2
5）岩田善裕・杉本浩一・桑村　仁：鋼構造建築物の修復限界－鋼構造建築物の性能設計に関する研究 その 2，日本建築学会構造系論文集，第 588 号，pp.165～172，2005.2
6）日本建築学会：地震荷重－性能設計への展望，pp.247～259，2008
7）ASCE: Minimum design loads for buildings and other structures. ASCE 7-02, ASCE, Reston, VA, 2002
8）ISO: ISO 2394 - General principles on reliability for structures, ISO, Switzerland, 2015.3
9）British Standard: Eurocode - Basis of Structural Design（EN1990:2002）, 2002
10）日本建築学会：鋼構造限界状態設計規準（案）・同解説，1990
11）日本建築学会：鋼構造限界状態設計指針・同解説，1998
12）日本建築学会：建築物の限界状態設計指針，2002
13）Turkstra, C.J.: Theory of structural design decision, Study No. 2, Solid Mechanics Division, Univ. of Waterloo, Waterloo, Ontario, Canada, 1970
14）Wen, Y.K.: Statistical combination of extreme loads, Journal of the Structural Division, ASCE, Vol. 103, No. 5, pp. 1079～1093, 1977
15）河野　守・坂本　順・青木和雄：荷重の確率過程の組み合わせにおける超過確率の理論解とその応用に関する考察，日本建築学会構造系論文集，第 405 号，pp.31～41，1989.11
16）森　保宏・村井一子：荷重の時間変動を考慮した組み合わせ荷重効果の確率モデル，日本建築学会構造系論文

集，第 525 号，pp.33～39，1999
17）星谷　勝・石井　清：構造物の信頼性設計法，鹿島出版会，1986
18）宇賀田健：確率分布の歪み度を考慮した信頼性解析手法－荷重係数および耐力係数の簡便な評価法－，日本建築学会構造系論文集，第 529 号，pp.43～50，2000.3
19）Zhao, Y.G., Lu, Z.H., Lin, Y. S.: Determination of load and resistance factors by method of moments, Journal of Structural & Construction Engineering, AIJ, Vol. 73, No. 625, pp. 383～389, 2008.3
20）Zhao, Y.G., Lu, Z. H.: Estimation of load and resistance factors by the third-moment method based on the 3P-lognormal distribution, Frontiers of Architecture and Civil Engineering in China, Vol. 5, No. 3, pp. 315～322, 2011.9
21）中尾真愛子・森　保宏：最大変位応答に基づく使用限界状態に関する荷重・耐力係数設計法に関する研究，日本建築学会東海支部研究報告集，第 51 号，pp.125～128，2013
22）古城吉章・千葉隆弘・森　保宏・高橋　徹：限界状態設計法に用いる雪荷重の統計情報について，雪氷研究大会（八戸）講演要旨集，p.104，日本雪工学会，2014
23）山戸雄一朗・森　保宏：設計荷重を再現期間により定めた性能設計に関する研究，日本建築学会東海支部研究報告集，第 52 号，pp.89～92，2014
24）中島秀雄・斎藤知生・石川孝重：温度荷重と地震荷重との組合せについて，日本建築学会大会講概集，2013
25）中島秀雄・石川孝重・伊藤博夫：温度荷重と雪荷重，風荷重との組合せについて，日本建築学会大会講概集，2014

3章　固定荷重

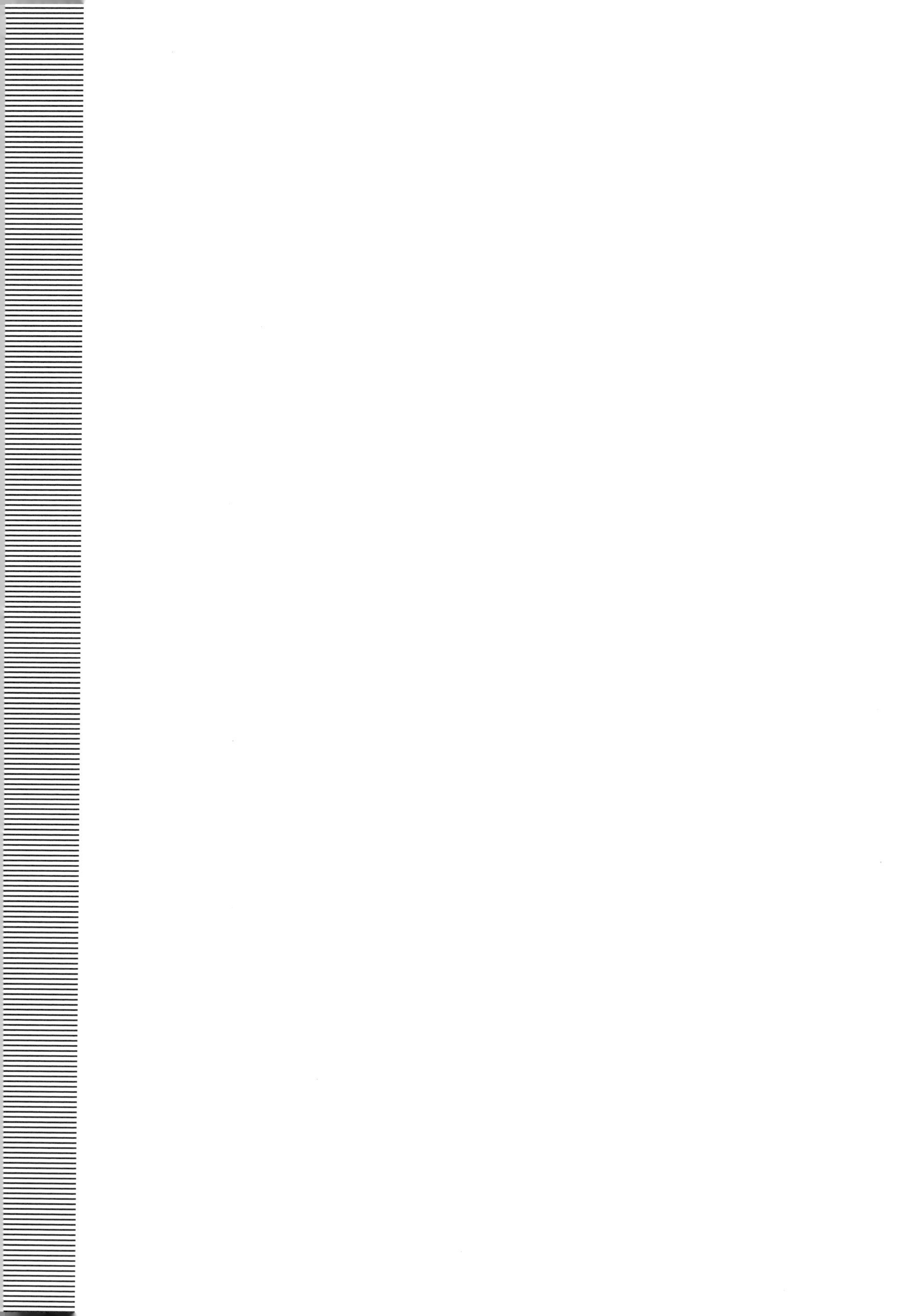

3章　固定荷重

概　　説

固定荷重は建築物における骨組部材などのような構造体自体の重量，または構造体に常時固定されている仕上材料・設備機器・配管などの物体の重量による荷重である．その特徴は静的な鉛直下向きの荷重であり，建築物の供月期間内に変動する可能性が低い荷重であることである．固定荷重の算定においては，設計しようとする建築物の実状に応じて適切に計算することが必要である．これは，設計時に想定する固定荷亘としては，設計値や施工状況に加えて建築物使用時に固定的に付加されるものなども考え合せ，宍状を反映するように設定するということである．この場合，固定荷重と4章で述べる積載荷重との厳密な区分は難しいものがあるが，できるかぎり適切に区分するとともに，実際に存在するものは必ずどちらかの荷重に含めておかなければならない．

今回の改定の主なポイントは以下のとおりである．

1. 固定荷重に関わる基本的な事項および各材料の単位体積（あるいは単位面積・単位長さ）あたりの重量を本指針に記載した．仕上材料は多種多様で，その重量は同じような材料でもメーカー・製造工場の違い等により多少異なる場合があることから，仕上材料の重量および仕上材料の組合せ重量については本指針からは削除し，「建築物荷重指針を活かす設計資料Ⅰ」に掲載の予定である．
2. 固定荷重と積載荷重との区分は難しいことから，固定荷重として設定すべき具体的事例を3.1節の解説（1）内に記載した．
3. 表3.1.1（1）において，記載するセメントおよび木材の種類を見直すとともに，密度の表示について同程度のものをまとめて範囲で示した．
4. 表3.1.2（1）において，コンクリートの単位体積重量について「JASS 5(2009)」および「鉄筋コンクリート構造計算規準・同解説（2010)」等との整合を図り修正した．

3.1　固定荷重の設定と算定

建築物の固定荷重は，その実状に応じて設定し，算定する．

(1) 固定荷重の設定と算定

建築物における骨組部材などのような構造体自体の重量，または構造体に常時固定されている仕上材料・設備機器・配管などの物体の重量を固定荷重として設定する．設定に際しては，実態・実状に応じて妥当かつ正確におこなわなければならない．これは，設計時に想定する固定荷重としては，荷重を過小評価しないように注意するとともに，設計時の拾いの精度などのばらつき，施工時の寸法誤差などのばらつき，建築物使用時に固定的に付加されるもの，および増改築が予定されている場合はそれを想定した荷重なども考え合せる必要がある．また，固定荷重と積載荷重との厳密な区分は難しいが，4.1「積載荷重の定義および適用範囲」を参考に，できるかぎり両者を適切に区分し設定するとともに，実際に存在するものは必ずどちらかの荷重に含めておかなければならない．ここでは，設計者による柔軟かつ適切な工学的判断が求められる．なお，参考のため，固定荷重として設定すべき具体的事例を以下に示す．

構　造　体：基礎，柱，梁，壁，床スラブ，階段，納まり・施工上の打増し，内外装材などの補強材・取付けファスナーなど

仕　上　げ：屋根・床・壁・天井・階段・外装等の仕上材料，ユニットバス（UB），建具など

設　　　備：設備基礎・架台上に固定される設備機器，天井内に設置される配管・ダクト・設備機器，PS・EPS・DS 内に設置される配管・幹線・ダクト，建築物に固定される衛生器具，エレベーター設備，エスカレーター設備，機械駐車設備など，電算室におけるフリーアクセスフロアー内ケーブル（建築物に固定されない家電機器などの設備機器，事務室の OA フロアー下などの配線は積載荷重に含む）

そ　の　他：屋上広告塔，屋上目隠し壁，建築物に固定されるサイン・オブジェなど

固定荷重は，原則として構造体および仕上材料の重量を屋根・床・壁・天井・建具などの各部位ごとに建築材料の密度や単位体積（面積，または長さ）重量に，体積（面積，または長さ）を乗じて計算したものに，建築物に固定的に付加される設備機器・配管などの重量を加えて算定する．

本指針は荷重の確率・統計的モデルを前提としており，構造物の安全性や使用性を確保するためには，荷重のばらつきや評価法の精度を把握し検討したうえで，適切な大きさを設計荷重として用いるという立場をとっている．しかし，現状では固定荷重の変動要因に関してはまだ定量化は難しいとされており，現在も研究の進展は少ないことから，ここでは固定荷重の設定と算定においてこれまで用いてきた確定的な方法を記載している．なお，参考のため固定荷重の変動要因について次項に記載することとした．

(2) 固定荷重の変動要因

固定荷重についても確率・統計論的手法により設定できることは安全性などの性能設計上望ましい．そのためには，固定荷重の実態値，およびばらつきのデータが不可欠である．しかしながら，固定荷重はその荷重の性質上データの把握が困難であること，また実用的な調査方法も研究されていないこと，さらには荷重そのものの変動が他の荷重に比較して小さいことなどから，その実態の調査が進んでいないのが現状である．

固定荷重の実際の変動値の大きさの議論は今後の課題とし，ここでは固定荷重の変動要因について考察してみる．変動の要因は大きく設計時のものと施工時のものに分類できる．

設計時および施工時において考えられる固定荷重の変動要因としては，図 3.1.1 のようなものが考えられる．

これらの変動は，個々の建築物・構造種別・構造形式・設計者の影響を受け，一様には定めにくいものである．また，変動の要因として建築物竣工後の環境条件や使用条件も考えられ，さらに，設計者によりどの程度の精度で固定荷重を算定しようとするかの姿勢も異なると思われる．

このように，固定荷重における変動要因はまだ定量化し難いものであり，また真の建築物重量を実測することの困難さも，この問題を複雑にしていると思われる．

なお，文献 1）によると，建築物の重量を実測値と算定値で比較すると，固定荷重の平均値はほぼ等しく，変動係数は 5〜10％である．また構造材料や仕上材料などの密度や単位体積重量の変動は 1〜10％，寸法精度の変動は 1〜4％程度との報告もある．

一方，文献 2）によると固定荷重は通常の場合で ±10％程度の誤差は有していると考えられるとの報告がある．

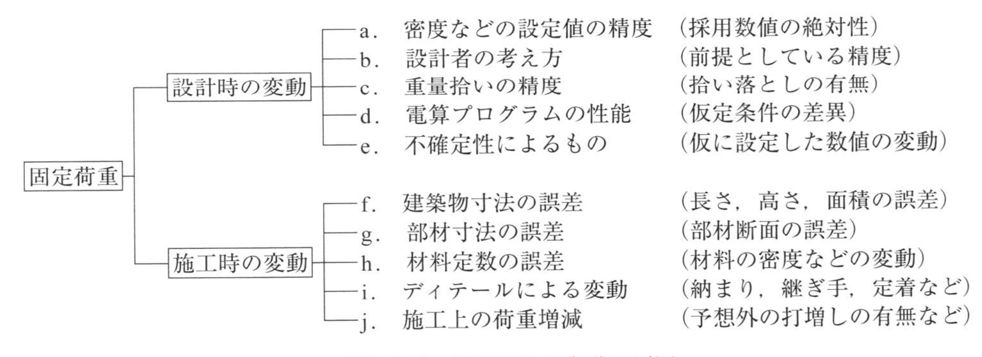

図 3.1.1　固定荷重の変動の要因

(3) 素材の密度

固定荷重算定の基本となるものは，建築材料の素材の密度である．そこで，表 3.1.1 には，素材の種類として，セメント・木材・金属・石材・ガラス・その他を取り上げ，理科年表などの各種の資料により密度値を示した．

表 3.1.1 に示した素材の密度は，固定荷重を算定するためのものであるが，木材や石材のように，出典によって密度が大きく異なる場合がある．石材の場合は，その値を備考欄になるべく明示するようにしたが，固定荷重の算定に際しては，荷重を過小評価しないよう設計者の判断が必要である．

表 3.1.1(1) 建築用材料の素材の密度

材料名			密度 ($\times 10^3$kg/m^3)	出典	備考
セメント		ポルトランドセメント（早強・普通・中庸熱・低熱）	3.1～3.2	建築材料用教材 [3)]	
		高炉セメントＢ種・フライアッシュセメントＢ種	3.0		
		普通エコセメント	3.2		
木材	日本材針葉樹	サワラ	0.34	建築材料用教材 [3)] * 印：森林総合研究所監修：木材工業ハンドブック（改定第4版）[4)] ** 印：農林省林業試験場木材部編：世界の有用木材300種，1975，日本木材加工技術協会 [5)]	密度は気乾状態の数値．長期間通常の大気圧のもとに置かれた木材は一定範囲の含水率（平衡含水率…日本では平均15%）を示す．このときの状態を気乾状態と呼ぶ．
		スギ	0.38		
		ヒノキ・ヒバ・トドマツ・エゾマツ・モミ	0.41～0.44		
		ツガ・カヤ・アカマツ・カラマツ・イチイ	0.51～0.54		
		クロマツ	0.57		
	輸入針葉樹	ベイスギ・ベニヒ	0.37～0.38		
		ホワイトウッド	0.43		
		ベイツガ・ベイトウヒ・ポンデローザマツ・ベイヒ・ベイモミ・オウシュウアカマツ・タイヒ・アガチス・ラジアータマツ・ベニマツ・シベリアカラマツ・アローカリア	0.46～0.51		
		ベイマツ	0.55		
	日本材広葉樹	キリ	0.29		
		シナノキ・カツラ・ハリギリ	0.48～0.50		
		クスノキ・クリ・ジオジ	0.52～0.55		
		カキ・ヤマザクラ ** ・ケヤキ・ブナ	0.60～0.63		
		ヤチダモ・ミズナラ・イタヤカエデ ** ・マカンバ	0.65～0.69		
		イスノキ・シラカシ ** ・アカガシ	0.89～0.92		
	輸入広葉樹	アスペン	0.39		
		ジョンコン	0.48		
		ホワイトラワン・レッドラワン・イエローメランチ	0.53		
		レッドメランチ	0.58		
		ブラックウォールナット・ラミン・マホガニー	0.63～0.66		
		チーク・タウン・イエローバーチ	0.69～0.71		
		ホワイトオーク・アピトン・タガヤサン	0.77～0.82		
		コクタン	0.98		
		シタン	1.09		
	その他	モウソウチク・マダケ	0.76～0.80*		

表 3.1.1(2)　建築用材料の素材の密度

材料名		密度 ($\times 10^3$kg/m^3)	出典	備考
金属	マグネシウム	1.74	建築材料用教材[3)]	
	アルミニウム	2.69	* 印 理科年表[6)]	
	チタン	4.51	** 印 ISO 9194[7)]	
	亜鉛	7.12		
	鋳鉄	7.25**		
	錫	7.28		
	鉄	7.87		
	黄銅	8.50		
	銅	8.93		
	ニッケル	8.90		
	銀	10.5		
	鉛	11.3		
	水銀	13.6*		
	ウラン	18.95*		
	金	19.3		
	白金	21.45*		

表 3.1.1(3)　建築用材料の素材の密度

材　料　名		密　度 ($\times 10^3$kg/m^3)	出　典	備　考
石　材	凝灰岩 砂岩 花崗岩（みかげ石） 大理石 粘板岩（スレート）	1.4〜2.6* 2.0〜2.4 2.6〜2.9 2.5〜2.9 2.7〜2.9*	建築材料用教材[3] * 印：理科年表[6]	建築土木荷重便覧[8]では下記のように分類している． ・凝灰岩 安山岩質凝灰岩 （須賀川江持石）2.23 凝灰岩　（大谷石）1.98 緑色凝灰岩 （沢田石）2.43 ・砂岩 凝灰岩質砂岩 （立棒石）2.48 砂岩　（日出石）2.02 〃　（多胡石）2.12 ・花崗岩（みかげ石） 黒雲母花崗岩 （稲田みかげ）2.65 〃　（塩山みかげ）2.72 〃　（本みかげ）2.65 〃　（万成岩）2.63 〃　（北木みかげ）2.64 〃　（徳山石）2.64 白雲母花崗岩 （三州みかげ）　2.67 ・安山岩 輝石安山岩 （新小松石）2.59 〃　（鉄平石）2.60 雲母角閃安山岩 （白丁場石）2.57 灰白色安山岩 （横根沢石）2.48 ・大理石 灰白海百合フズリナ石灰岩　（霰）2.70 黒色シュワゲリナ石灰岩　（黒）2.71 雑色角礫石灰岩 （本更沙）2.71 微晶質石灰岩（白）2.72
ガラス	建築用板ガラス	約 2.5	建築材料用教材[3]	
その他	アスファルト ガソリン メチルアルコール 石油（灯油） 重油	1.04 0.66〜0.75* 0.79* 0.80〜0.83* 0.85〜0.90*	建築材料用教材[3]* 印：理科年表[6]	

(4) 材料の単位体積（あるいは面積・長さ）重量

固定荷重を求めるには建築物を構成する各部材や寸法を設定し，各材料の単位体積（あるいは単位面積・単位長さ）あたりの重量とその体積（あるいは面積・長さ）を正確に求め，それぞれを乗じて積算すればよい．

素材の密度は素材そのものの値であり，素材が混ぜ合わされたり空隙を含んで配置された材料では，素材とは異なった数値となる．このため，代表的な建築用材料について体積（あるいは面積・長さ）あたりの単位重量を表 3.1.2，表 3.1.3 に示した．

表 3.1.2 には，素材の組合せにより構成された材料，すなわち，骨材・充填材・コンクリート・ガラス・れんが・タイル・コンクリート製品・処理木材・その他の単位体積重量を示す．なお，表中に単位重量とあるものは，単位体積重量あるいは単位面積重量などを略記したものである．コンクリートなどの重量は一般に単位容積重量で表現されているが，ここでは単位体積重量という呼び方に統一した．

また，表 3.1.3 には，重量を算定するにあたり，単位面積または単位長さで取り扱われる材料，すなわち，かわら・ブロック・アスファルト製品・鋼材・デッキプレート・耐火被覆・配管・ダクトの単位面積（あるいは長さ）重量を示す．

表 3.1.2(1)　建築用材料の単位体積重量

材料名				単位重量 (kN/m³)	出典	備考
骨材・充填材	人工軽量コンクリート骨材		細骨材	9～12	建築材料用教材[3)]	
			粗骨材	5～8		
	砂		乾燥	17	建築物荷重指針・同解説[9)]	建築材料用教材[3)] f.m.3.3：17.5 kN/m³ f.m.2.8：17.0 kN/m³ f.m.2.2：16.5 kN/m³ ここで，f.m.：粗粒率
			飽水	20		
	砂利		乾燥	17		建築材料用教材[3)] 最大寸法 25 mm：17 kN/m³ 最大寸法 20 mm：16.5 kN/m³
			飽水	21		
	砕石		乾燥	15		建築材料用教材[3)] 最大寸法 20 mm 14.5～15.5 kN/m³ （14.0～15.5 kN/m³） （　）内 高炉スラグ砕石
			飽水	19		
	砂混り砂利		乾燥	20		
			飽水	23		
	パーライト		乾燥	0.2～5	JIS A 5007	単位容積質量よりF，S，Lの区分有
コンクリート	無筋コンクリート	普通コンクリート	$F_c \leqq 36$	23	鉄筋コンクリート構造計算規準・同解説[10)]	単位重量は，使用する骨材の比重や調合により異なる為実状によることとするが，特に調査しない場合は左記によってよい. * 印：軽量骨材に砂，砕砂またはスラグ砂を加えた場合は，左記重量に 1～2 kN/m³ を加えた値とする.
			$36 < F_c \leqq 48$	23.5		
			$48 < F_c \leqq 60$	24		
		軽量コンクリート 1 種	$F_c \leqq 27$	19		
			$27 < F_c \leqq 36$	21		
		軽量コンクリート 2 種	$F_c \leqq 27$	17*		
	鉄筋コンクリート	普通コンクリート	$F_c \leqq 36$	24		鉄筋による重量増分は実状により算定する．特別高密度な配筋ではなく特に調査しない場合には，無筋コンクリート＋鉄筋による重量増分（1 kN/m³）としてよい.
			$36 < F_c \leqq 48$	24.5		
			$48 < F_c \leqq 60$	25		
		軽量コンクリート 1 種	$F_c \leqq 27$	20		
			$27 < F_c \leqq 36$	22		
		軽量コンクリート 2 種	$F_c \leqq 27$	18		
	鉄骨鉄筋コンクリート	普通コンクリート	$F_c \leqq 36$	25	鉄骨鉄筋コンクリート構造計算規準・同解説[11)]	鉄筋および鉄骨による重量増分は実状により算定する．特別高密度な配筋ではなく，かつ単位コンクリート量あたりの使用鉄骨量が特別多くなく特に調査しない場合には，無筋コンクリート＋鉄筋による重量増分（1 kN/m³）＋鉄骨による重量増分（1 kN/m³）としてよい.
			$36 < F_c \leqq 48$	25.5		
			$48 < F_c \leqq 60$	26		
		軽量コンクリート 1 種	$F_c \leqq 27$	21		
			$27 < F_c \leqq 36$	23		
		軽量コンクリート 2 種	$F_c \leqq 27$	19		
	遮蔽用コンクリート			22～60	JASS 5[12)]	単位体積重量は特記による
	普通モルタル			20	建築物荷重指針・同解説[9)]	
	パーライトモルタル			10		セメント 1：パーライト 3 の調合の場合

表 3.1.2(2)　建築用材料の単位体積重量

材料名		単位重量 (kN/m³)	出典	備考
ガラス	板ガラス	25	建築材料用教材[3]	網入りガラス（26 kN/m³）
れんが・タイル	軽量れんが	11	建築物荷重指針・同解説[9]	・粘土質耐火れんが 1種 20 kN/m³ 以上（JIS R 2304） ・高アルミナ質耐火れんが 1種 28 kN/m³ 以上（JIS R 2305）
	空洞れんが	13		
	普通れんが	19		
	耐火れんが（煙突用シャモットれんが）	20		
	スラグれんが	21		
	タイル	22〜24	全国タイル業協会技術資料	内装用陶器質タイル：20 kN/m³ 未満

表 3.1.2(3)　建築用材料の単位体積重量

材料名			単位重量 (kN/m³)	出典	備考
コンクリート製品	軽量気泡コンクリートパネル（ALC パネル）		4.5〜5.5	JIS A 5416	ALC パネル構造設計指針・同解説[13] 構造計算用重量：6.5 kN/m³ （パネル内部補強材・パネル取付金物・目地モルタルを含む）
処理木材	集成材		5	大断面木造建築物設計施工マニュアル[14]	使用する樹種により異なるため実状によることとするが，通常の針葉樹集成材の設計用重量の略算値としては安全側の値である．
その他	土	乾燥	13	建築物荷重指針・同解説[9]	粘土，ロームの類
		通常状態	16		
		飽水	18		

表 3.1.3(1) 建築用材料の単位面積（あるいは長さ）重量

材料名					単位重量 (N/m²)	出典	備考
かわら	粘土がわら				470	建築物荷重指針・同解説 9)	・重ねしろを含む
	プレスセメントかわら	平形			370	JIS A 5402	・かわら板厚 11〜12 mm ・多雪地域では使用板厚により割り増す ・重ねしろを含む
		平 S 形			370		
		和形			410		
		S 形			470		
ブロック	空洞コンクリート	t= 100 mm	軽量	A 種	1 080	建築物荷重指針・同解 9)	・目地モルタル，充填コンクリートおよび鉄筋を含む ・がりょうを含む場合 軽量：200 N/m² 以上増し 重量：150 N/m² 以上増し
		t= 150 mm	軽量	A 種	1 930		
				B 種	2 250		
			重量	C 種	2 560		
		t= 190 mm	軽量	B 種	3 010		
			重量	C 種	3 400		
	中空ガラス	ブロック寸法（mm）	115 × 115 × 80		1 100	ガラスブロック壁の設計・施工マニュアル 16)	目地モルタル（幅 10 mm），補強筋（SUS5.5ϕ）を含む
			145 × 145 × 95		1 100		
			190 × 190 × 80		880		
			190 × 190 × 95		940		
			300 × 300 × 95		930		
アスファルト製品	アスファルト防水層	t=9 mm			150	建築物荷重指針・同解説 9)	・押えコンクリート含まず
		t=12 mm			180		

表 3.1.3(2) 建築用材料の単位面積（あるいは長さ）重量

材料名		JIS 呼び名			単位重量 PC 鋼線（N/m） 溶接金網（N/m²）	出典	備考
鋼材	PC 鋼より線	SWPR2	2 本より	2.9 mm	1.0	JIS G 3536	
		SWPR7A	7 本より	9.3 mm	4.0		
				10.8 mm	5.4		
				12.4 mm	7.1		
				15.2 mm	10.8		
		SWPR7B	7 本より	9.5 mm	4.2		
				11.1 mm	5.7		
				12.7 mm	7.6		
				15.2 mm	10.8		
		SWPR19	19 本より	17.8 mm	16.2		
				19.3 mm	18.9		
				20.3 mm	21.1		
				21.8 mm	24.3		
	溶接金網	6ϕ×100×100			40		断面積および配置よりの計算値
		6ϕ×150×150			30		
		6ϕ×200×200			20		
		9ϕ×150×150			70		
		9ϕ×200×200			50		
		9ϕ×250×250			40		

表 3.1.3(3)　建築用材料の単位面積（あるいは長さ）重量

材料名		JIS 呼び名	単位重量 (N/m²)	出　典	備　考
デッキプレート	キーストンプレート	25×90×50×40×0.8	90	JIS G 3352	圧延のままの重量 めっきの場合下記数値加算 ・Z12 の場合：3N/m² ・Z27 の場合：6N/m²
		25×90×50×40×1.0	110		
		25×90×50×40×1.2	130		
	デッキプレート	60×200×100×80×1.2	140		
		60×200×100×80×1.6	190		
		75×200×88×58×2.3	290		
	合成スラブ用デッキプレート	板厚 t=1.2 mm	140	各メーカー技術資料	高さ：h=75 mm 各製品の中間値
		板厚 t=1.6 mm	190		
	床型枠用鋼製デッキプレート（フラットデッキ）	板厚 t=1.2 mm	190		
		板厚 t=1.6 mm	250		

表 3.1.3(4)　建築用材料の単位面積（あるいは長さ）重量

材料名			単位重量 (kN/m³)	柱（厚さ：単位 mm）			梁（厚さ：単位 mm）			備考
				1 時間	2 時間	3 時間	1 時間	2 時間	3 時間	
耐火被覆	吹付岩綿（乾式・半乾式）		2.8 以上	25	45	65	25	45	60	ロックウール工業会
	けい酸カルシウム板	1 号	3.5〜7.0	20	35	55	20	35	50	せんい強化セメント板協会 1 号：仕上げ用 2 号：見えがかり用
		2 号	1.5〜3.5	25	45	60	25	40	55	
	セラミックファイバー		6	20	30	40	20	30	40	

表 3.1.3(5)　建築用材料の単位面積（あるいは長さ）重量

材料名		呼び径	外径 (mm)	単位重量（N/m）		出典	備考
				空配管	満水管		
配管	ガス管	50	61	50	80	建築設備耐震設計施工指針 [15]	満水管は安全を見て腐れ代を見込まない重量とする.
		100	114	120	200		
		200	216	290	620		
		300	319	520	1 240		
	圧力配管用炭素鋼鋼管	50	61	50	80		
		100	114	160	240		
		200	216	410	730		
		300	319	770	1 450		

表 3.1.3(6) 建築用材料の単位面積（あるいは長さ）重量

材料名		寸法 (mm × mm)	板厚 (mm)	単位重量（N/m）		出典	備考
				保温無	保温有		
ダクト	角ダクト	450× 300	0.5	90	100	建築設備技術懇話会資料	保温材：グラスウール ダクト材質：溶融亜鉛めっき鋼板
		750× 500	0.6	180	200		
		1 500× 800	0.8	370	420		
		2 200×1 000	1.2	880	940		
	スパイラルダクト	150ϕ	0.5	20	30		
		200ϕ	0.5	30	40		
		250ϕ	0.5	40	50		
		300ϕ	0.5	50	60		

参考文献

1）神田　順：PROBABILISTIC LOAD MODELLING AND DETERMINATION OF DESIGNLOADS FOR BUILDINGS, Research report, Dept. of Architecture, Faculty of Engineering, University of Tokyo, 1990
2）西澤崇雄・大野富男・飛田　潤・福和伸夫：不整形超高層建物の構造ヘルスモニタリングのための建物重量評価，日本建築学会大会学術講演梗概集，構造 II，pp.717〜718，2009
3）日本建築学会：建築材料用教材，2013
4）森林総合研究所監修：木材工業ハンドブック（改定第 4 版），丸善，2004
5）農林省林業試験場木材部編：世界の有用木材 300 種，1975，日本木材加工技術協会
6）国立天文台編：理科年表，丸善出版，2013
7）ISO：ISO 9194- Bases for design of structures - Actions due to the self-weight of structures, non-structural elements and sotred materials - Density, 1987
8）羽倉弘人・宮原　宏・杉野孝夫・足立一郎：建築土木荷重便覧，オーム社，1976
9）日本建築学会：建築物荷重指針・同解説，1981
10）日本建築学会：鉄筋コンクリート構造計算規準・同解説，2010
11）日本建築学会：鉄骨鉄筋コンクリート構造計算規準・同解説，2001
12）日本建築学会：建築工事標準仕様書・同解説 JASS5 鉄筋コンクリート工事，2009
13）ALC 協会：ALC パネル構造設計指針・同解説，2004
14）日本建築センター：大断面木造建築物設計施工マニュアル，1988
15）日本建築センター：建築設備耐震設計施工指針，1982
16）電気硝子建材株式会社：GLASS BLOCK ガラスブロック壁の設計・施工マニュアル，2013

4章　積載荷重

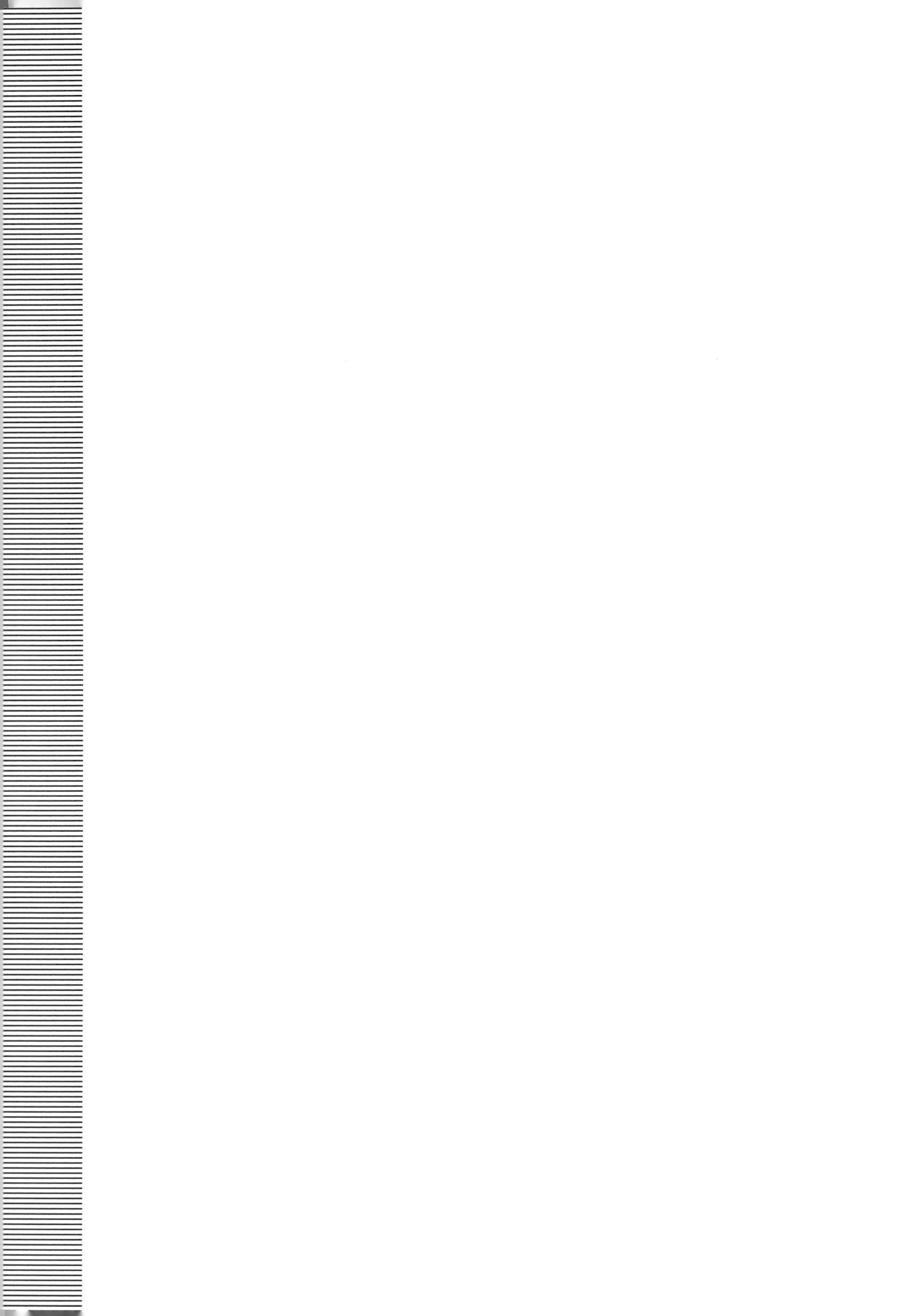

4章　積載荷重

概　　説

本指針の積載荷重は，最近の積載荷重に関する調査研究をもとに，等価等分布荷重の形で，確率・統計論的手法により定めたものである．

積載荷重は，室の用途によって人や物品の置かれ方が異なるので，用途ごとに充分な調査に基づいて評価することが望ましい．実際の人や物品の置かれ方はさまざまであり，その置かれ方によって対象とする構造部材に対する応力や変形などの荷重効果も異なってくる．設計にあたっては，それぞれの置かれ方のあらゆる場合を想定して荷重条件とすることは困難であるため，本指針では常時使用状態において部材に生ずる荷重効果（応力など）が等価となる等分布荷重，すなわち「等価等分布荷重」として設計用の荷重を評価している．

また，人や物品の置かれ方の集中度合いは対象とする面積が小さいほど，そのばらつきが大きくなり，面積が大きくなると均等化される傾向がある．これは，平面のみならず，多層の床を支える柱の層数に対しても同様のことがいえる．本指針ではこれらの実態を考慮のうえ，面積低減係数および層数低減係数を導入している．

一方，常時使用状態に対する応力度としての荷重効果だけでは表現できない性質も積載荷重にはいくつか存在している．具体的には，積載荷重自身がもつ物品や人の一時的な偏在や動的な性質，あるいは荷重効果としてたわみやひび割れなどを考えた場合などである．本指針では，これらの問題に対して具体的な規定を示すには至っていないが，近年の研究成果を踏まえていくつかの具体的検討例を解説で提示することによって設計時の判断に供している．

限界状態設計法にあたっては，使用限界状態と安全限界状態に応じて，本指針により算定される荷重値を基本値として，適切な荷重係数を乗じた形で，2.3 節に示す荷重の組合せに供される．

許容応力度設計法にあたっては，積載荷重は長期許容応力度に対する照査，変形の照査を通して使用性，居住性に関する性能が満足され，安全性に対しても充分な余裕を有することが期待される．

従来，地震力を算定する際の積載物の評価は積載荷重として想定されていたが，本来は振動方程式における質量の項の算定根拠となるべきものであり，鉛直方向に作用する積載荷重の定義には含まれないものなので，本指針では地震荷重において規定されている．

なお，本指針では全面的に SI 単位系を用いている．工学単位系からの数値の換算にあたっては，既往の調査や引用文献との整合性を確認したうえで，本章では原則として 10 N = 1 kgf として換算を行っている．

今回の改定の主なポイントは以下のとおりである．

1．4.1 節および 4.2 節については，基本的に旧指針（2004 年版）を踏襲し，解説や最新の研究成果の追加および表現の修正などに変更はとどめている．
2．4.3 節および 4.4 節は記述内容を基本事項のみとし，詳細については建築物荷重指針関連資料（以下，荷重指針関連資料と呼ぶ）に記載することとした．
3．付 4.2 節および付 4.3 節に，積載荷重の確率分布モデルに関する解説を追加した．

記　　号

大文字

A ：床面積[m^2]または部材に対する影響面積（荷重が部材に影響を及ぼすと考える全範囲の面積）[m^2]

A_{f} ：影響床面積[m^2]

A_{ref} ：基準床面積[m^2]

G ：固定荷重

I_i ：部材のある断面 i に作用する荷重効果を生ずる影響関数

M_1 ：梁の端部最大曲げモーメント[N･m]

M_2 ：梁の中央部最大曲げモーメント[N･m]

M_P ：集中荷重 P による最大曲げモーメント[N･m]

M_w ：等分布荷重 w による最大曲げモーメント[N･m]

M_{x_1} ：床板の短辺方向両端最大曲げモーメント[N･m]

M_{x_2} ：床板の短辺方向中央部最大曲げモーメント[N･m]

M_{y_1} ：床板の長辺方向両端最大曲げモーメント[N･m]

M_{y_2} ：床板の長辺方向中央部最大曲げモーメント[N･m]

N ：柱の軸力[N]または鉄筋の本数[本]

P ：単純梁に作用する集中荷重[N]

Q ：積載荷重の基本値[N/m^2]または梁の端部最大せん断力[N]

Q_0 ：基本積載重量[N/m^2]

Q_1 ：低減荷重値[N/m^2]

Q_A ：床面積 A における積載荷重[N/m^2]

Q_{e} ：等価等分布荷重[N/m^2]

${}_{\delta}Q_{\mathrm{e}}$ ：弾性たわみに対する等価等分布荷重[N/m^2]

${}_{M}Q_{\mathrm{e}}$ ：曲げモーメントに対する等価等分布荷重[N/m^2]

Q_x ：床板の短辺方向端部最大せん断力[N]

Q_y ：床板の長辺方向端部最大せん断力[N]

W ：歩行者の体重[N]

X_i ：床板上の i 点の単位面積における積載荷重を表わす確率変数[N/m^2]

小文字

a　：パラメータ[N/m^2]

$\tilde{a}$　：パラメータ[無次元]

b　：パラメータ[N/m^2]

$\tilde{b}$　：パラメータ[無次元]

c　：定数[無次元]

k　：パラメータ[無次元]

k_{a}　：面積低減係数[無次元]

k_{e}　：等分布換算係数[無次元]

k_{n}　：層数低減係数[無次元]

ℓ　：単純梁の長さ[m]

ℓ_x　：床板の短辺方向のスパン[m]

n　：支える床の数[無次元]

n_A　：床面積に含まれる単位の面積の数[無次元]

p_1　：歩行時に人間が床に与える荷重の時刻歴波形の最初のピーク[N]

p_2　：歩行時に人間が床に与える荷重の時刻歴波形の二番目のピーク[N]

p_3　：歩行時に人間が床に与える荷重の時刻歴波形の三番目のピーク[N]

p_{ex}　：k 個の層で偏在荷重が同時に生起する確率

w　：単純梁に作用する等分布荷重[N/m]

$w(x, y)$　：座標 (x, y) 点での人間および物品の荷重[N]

ギリシャ文字

δ_P　：集中荷重 P による最大弾性たわみ[m]

δ_i　：i 番層にある積載荷重だけを対象とした柱軸力に対する等価等分布荷重の変動係数

δ_n　：n 個の床を支える柱の等価等分布荷重の変動係数

δ_w　：等分布荷重 w による最大弾性たわみ[m]

η_T　：確率過程の時間平均

λ　：床板の細長比[無次元]

μ　：荷重値の平均値[N/m^2]

μ_A　：全床面積における単位面積あたりの荷重値の平均値[N/m^2]

μ_i　：i 番層にある積載荷重を対象とした柱軸力に対する等価等分布荷重の平均値[N/m^2]または X_i の平均値[N/m^2]

μ_n　：n 個の層を支える柱の等価等分布荷重の平均値[N/m^2]

ρ　：ρ_{ij} に同じ

ρ_{ij} ：i 番層にある積載荷重だけを対象とした柱軸力に対する等価等分布荷重のばらつきと j 番層にある積載荷重だけを対象とした柱軸力に対する等価等分布荷重のばらつきの相関係数

σ ：荷重値の標準偏差[N/m²]

σ_A ：全床面積における単位面積あたりの荷重値の標準偏差[N/m²]

σ_i ：i 番層にある積載荷重を対象とした柱軸力に対する等価等分布荷重の標準偏差[N/m²]または X_i の標準偏差[N/m²]

σ_{ij} ：X_i と X_j との共分散[(N/m²)²]

σ_n ：n 個の層を支える柱の等価等分布荷重の標準偏差[N/m²]

τ ：時間差

4.1 積載荷重の定義および適用範囲

積載荷重は建築物の供用期間を通じてその作用が一定ではなく，時間的・空間的に変動する可能性を有する物品・人間などによる鉛直方向の荷重である．対象とする部位ごとに想定する限界状態によって，通常使用時，非常時に応じて設定する．必要に応じて動的効果も考慮して設定する．

1）積載荷重の定義

建築物に収容される人間，家具，調度，機器，貯蔵物，その他これらに類するものの重量を一般に積載荷重と呼ぶ．積載荷重は建築物の使用状況に応じて移動しあるいは変動し，ときには動的な効果も伴う．また，調度や機器などの時代的・社会的変化の影響も受けやすい．したがって，小型で設定位置が定まらないものや，建築物の供用期間内に機種の変更が見込まれるような物品の重量は積載荷重と見なすこととなる．一方，位置が固定されており，建築物の供用期間内に更新の可能性が少なく，ある程度の重量を有する物品は固定荷重として扱うことが望ましい．

通常，積載荷重は室用途に応じてその単位面積あたりの重量に換算して取り扱われる．したがって，単位面積あたりに換算された積載荷重は，荷重の集中の程度を考慮して，床や大梁，柱など，計算対象部位ごとに調整された値が用いられる．また，積載荷重は常時作用する静的な性質だけではなく，一時的な偏在や集中，あるいは振動の発生源となる動的な性質も併せもつ．したがって，こうした性質を考慮したうえで必要な各種限界状態を設定し，それらに対応した設計荷重値を適切に用いることが重要である．

物品の中には，固定荷重と積載荷重の区分が必ずしも明確でないものもある．設計にあたっては，定義を逸脱しない範囲で設計者の柔軟かつ適切な工学的判断が求められる．ここでは参考のため，本指針において用いているデータで積載荷重として調査対象となっている物品を以下に列記する．

住宅の場合：

家具（椅子，机，収納棚，仕切り，カーテン，絨毯），寝具，台所用品（湯沸器，換気扇，シンク調理台，調理補助台，ガステーブル，冷蔵庫），家事用品，玄関・廊下用品，風呂・洗面・便所用品（浴槽，便器，洗面台），家電機器（冷暖房機器，除湿機，加湿機，換気扇，こたつ，火鉢，マ

ントルピース），小物（趣味・娯楽用品）

ホテル客室の場合：

家具，寝具，設備機器（ユニットバスは含まない），小物

事務室の場合：

家具（可動間仕切りを含む），事務用品（OHP，タイプライター，コピー機，スライド，製本機），OA用品（ディスプレー，磁気テープ，ワープロ，パソコン，ファクシミリ，プリンタ，プロッタ），設備機器（空調機，自動販売機），小物

店舗の場合：

商品棚，商品ケース，事務用品，冷蔵陳列庫，冷凍陳列庫，商品，小物

教室（一般教室）の場合：

家具（椅子，机，教壇，教卓，ロッカー，清掃用具，棚），設備機器（ファンコイルユニット，ヒーター），小物

2）適 用 範 囲

積載荷重は，雪・風・地震のように自然現象に基づく荷重作用ではなく，人間の行為によって配置された物品および人間に対して重力が作用して生ずるものである．設計にあたっては，その室の使われ方を想定したうえで物品や人間の配置が最大の荷重効果を生ずる状況を設定して荷重を決めることが必要である．ところが，一般に，設計者の想定する使われ方と実際の使われ方には差のあることが多く，最大の荷重効果を生ずる状況を個々の例で定量的に把握することは容易でない場合が多い．そこで，本指針では，建築物の用途ごとに物品や人間の配置状況の実状調査を複数の建築物について行い，その結果を統計的に評価して設計荷重算定に供している．ただし，積載荷重は人間の行為による荷重であるということから，社会状況，生活実態，使用対象物品，人間体位などによって影響されることが考えられ，最新の，かつ同様な社会環境下の調査資料を評価対象にすべきであることにも留意する必要がある．

本指針の適用範囲については，下記の3つの点について留意する必要がある．

①本指針で与えられる設計用積載荷重値は，常時使用状態に対応したものであること．

積載荷重は，常時使用状態における静的な性質だけではなく，一時的な偏在や集中，あるいは振動の発生源となるような動的な性質ももつ．既に述べたように，設計にあたっては積載荷重のもつこうした性質を充分理解したうえで各種限界状態に対する設計荷重値を適切に用いる必要がある．しかし，本指針では，常時使用状態における調査資料に基づいて設計荷重値の評価を行っている．これは，下記のような理由による．

・あらゆる限界状態に対応した設計用積載荷重値を一般的な形で提示するのは事実上困難であること．

・常時使用状態に対する積載荷重データは，資料数の充実により統計的にかなり把握されてきているが，テナントの入れ替わりや模様替えによる常時荷重の時間的な変動や，それらに伴う物品の一時的な偏在，あるいは非常時の人間の集中については，実測データとして得られたもの

はほとんどないこと．

なお，人間や物品の一時的な集中については，工学的判断に基づくシナリオを作成し，シミュレーションにより確率モデルを設定して，安全性の検証という形で常時使用状態で評価した基本値の妥当性を間接的に確認している．ただし，その事象の発生頻度や継続時間などを明確にしたうえで対応する限界状態ごとに荷重値を評価することも必要である．なお，人間や物品の一時的な集中に関しての研究例は 4.3 節で具体的に言及している．

②本指針で与えられる設計用積載荷重は，常時使用状態において生じる最大の荷重効果と同じ荷重効果を生じさせるような等価な等分布荷重として与えられていること．

基本値は，常時使用状態の室に対して行ったアンケートおよび実地調査によって得られた積載荷重のデータを用い，床板については四辺固定の短辺方向端部曲げモーメント，大梁については両端固定の端部曲げモーメント，柱については軸力に対するそれぞれの解析結果の統計量をもとに設定されている．したがって，これら以外の解析条件のもとでは必然的に異なった配慮が必要となることに注意しなければならない．これらの内容については，たわみやひび割れを考慮する場合を例に 4.3 節で詳述しているので参照されたい．

③建築物の室の用途として，すべてが網羅されているわけではないこと．

人間の行為の将来予測の限界を考えると，すべての用途を網羅することは不可能であり，類似の使用状況から類推せざるを得ないことは明らかである．本指針では，代表的な用途について，現時点で可能な限りの範囲の資料を検討して取りまとめ，適用にあたっては通常の用途とみなせる範囲のものを対象としているが，特殊な用途あるいは特殊な使われ方が想定される場合には，荷重設定の方法を参考に改めて検討することが望ましい．荷重値規定の背景となる統計データと，設計対象としている建築物の想定使用状況との差異には充分注意する必要がある．

4.2　積載荷重の算定

4.2.1　積載荷重の基本値

単位床面積あたりの積載荷重の基本値 Q は次式によって算定する．

$$Q = k_e k_a k_n Q_0 \tag{4.1}$$

ここで，k_e ：等分布換算係数〔4.2.3 項参照〕

k_a ：面積低減係数〔4.2.4 項参照〕

k_n ：層数低減係数〔4.2.5 項参照〕

Q_0 ：基本積載重量〔4.2.2 項参照〕

ただし，k_n は柱軸力または基礎の鉛直力を算定する際にのみ用いることができる．

4.1 節で定義されているとおり，積載荷重は，建築物の供用期間を通じて，その作用が一定ではなく，時間的・空間的に変動する可能性を有する物品・人間などによる鉛直方向の荷重である．積載荷重のこうした性質を踏まえたうえで，設計に供するために等価な荷重効果を生じさせる等分布荷重に換算したものが積載荷重の基本値である．本指針では，統計的に求まる基本積載重量に，等分布換算係数，面積低減係数，層数低減係数を乗じて基本値を算定する．

基本積載重量は，基準床面積に対する常時使用状態の人間および物品を対象としており，単位面積あたり重量の平均値に対する統計データをもとに，非超過確率99％の値として室の用途ごとに与える．人間と物品は，置かれ方の状況が異なることから，時間的な集中も考えると本来は区別して評価することが望ましいが，現状ではそれぞれを評価するに充分な資料があるとはいえないため，本指針の算定式では一括して扱うこととした．

等分布換算係数は，基本積載重量を，常時使用状態に対応する等価な荷重効果を与えるような等分布荷重に換算するための係数である．配置の状態が荷重効果に及ぼす影響は対象とする部材ごとに異なるため，床，小梁，大梁，柱，基礎という具合に部材ごとに与えている．

一般に等価等分布荷重 Q_{e} は，次式で定義することができる．

$$Q_{\mathrm{e}}=\max_i\left\{\frac{\int_A I_i w(x,y)dxdy}{\int_A I_i dxdy}\right\} \tag{4.2.1}$$

ここで，A は，部材に対する影響面積〔荷重が部材に影響を及ぼすと考える全範囲の面積，具体的には図4.2.8参照〕，I_i は，部材のある断面 i に作用する荷重効果を生ずる影響関数，$w(x,y)$ は，座標 (x,y) 点での人間および物品の荷重である．(4.2.1) 式と対応させて考えると，Q_0 が本質点な不確かさをもつ確率変量を代表する値であり，k_{e}，k_{a}，k_n は統計的に充分な根拠があれば定数として与えられる係数である．しかしながら，ここでは便宜的に，部材ごとの平均影響面積で評価した Q の非超過確率99％の値（k_{a} を後述4.2.4項による値，k_n を1としたとき）と Q_0 の比から，k_{e} を設定した．k_{e} の値は，大梁と柱で異なるが，ここでは，有意な差として評価するに到らなかったので区別しない．

このような考え方で算出した基本値の大きさを具体的に考察してみよう．一般には，長期許容応力度として降伏応力度の2/3程度を限界として考えると，安全性は充分に満足されると考えられる．例えば，固定荷重 G に対する積載荷重 Q の荷重比 $Q/G=0.5$，1.0，2.0 の場合に対して，降伏応力度に対する余裕を検討すると以下のようになる．$Q/G=0.5$ のとき，降伏応力度に達する荷重は，$1.5\,G\times 3/2=2.25\,G$ となる．固定荷重が不変とすると，積載荷重は $(2.25-1.0)\,G=2.5\,Q$，すなわち2.5倍の積載荷重まで降伏応力度以下におさまることが確認できる．同様に $Q/G=1.0$ のときは，$2\,Q$，$Q/G=2.0$ のときは，$1.75\,Q$ まで余裕があることとなり，一時的に人間や物品の過載状態が発生してもその程度までは部材内の応力度が降伏応力度を超過することはない．ただし，Q/G が大きい時には，相対的に安全性が低くなるので注意を要する．

積載荷重に対する許容応力度設計では，長期許容応力度に与えられた大きな余力により弾性計算によって安全性を確保している．その安全性には経験的裏づけはあるものの，その水準は不明確である．一方，限界状態設計法における使用性の確認は，一般に許容応力度設計と同様に弾性計算で行われるが，あくまでも使用性の確認に留まるため，安全性（安全限界状態）の確認については，一時的な人間や物品の過載状態を適切にモデル化したうえで，(4.1) 式の基本値に適切な荷重係数を乗じて行う必要がある．

ここで等価等分布荷重の算出方法を具体的に例示する．対象部材として単純梁を，対象応力として曲げモーメントを想定した場合，梁中央に作用する集中荷重 P に対する等価等分布荷重 Q_e は，以下の手順で算出できる．

1. 部材の曲げモーメントを計算し，最大曲げモーメントを求める．図 4.2.1 の例では最大曲げモーメント $M_P = P\ell/4$ となる．
2. 等分布荷重 w による部材の曲げモーメントを計算し，最大曲げモーメントを求める．図 4.2.1 の例では最大曲げモーメント $M_w = w\ell^2/8$ となる．
3. 集中荷重（実際の荷重）による曲げモーメントと等分布荷重による曲げモーメントが等価，すなわち等しく（$M_P = M_w$, $\therefore P\ell/4 = w\ell^2/8$）なるような $w(=2P/\ell)$ を算出する．この w が等価等分布荷重 Q_e である．

ここで注意すべきことは，対象部材が同じであっても，対象応力が異なると等価等分布荷重も異なる場合があるということである．例えば，対象応力として弾性たわみを想定した場合，集中荷重 P による最大たわみは $\delta_P = P\ell^3/48EI$，等分布荷重による最大たわみは $\delta_w = 5w\ell^4/384EI$ であるので，$P\ell^3/48EI = 5w\ell^4/384EI$ より，$w = 8P/5\ell$ となり，弾性たわみに対する等価等分布荷重 ${}_\delta Q_e = 8P/5\ell$ と集中荷重に対する等価等分布荷重 ${}_M Q_e = 2P/\ell$ は異なる値となる．

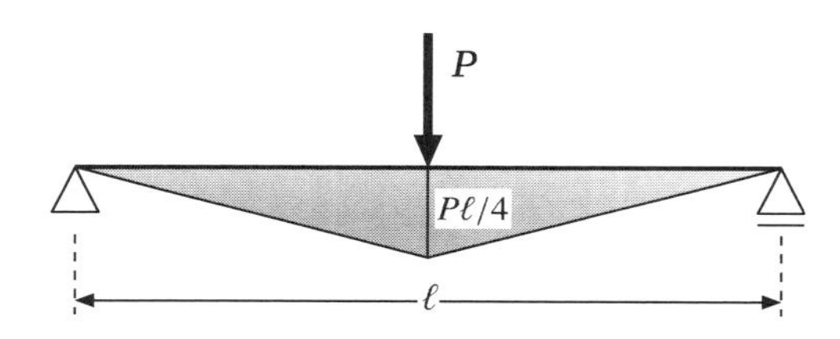

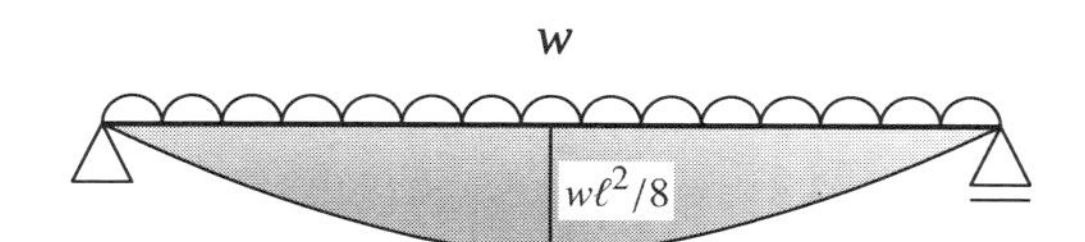

図 4.2.1 等価等分布荷重の算出方法

4.2.2　基本積載重重

基本積載重量 Q_0 は，同一の室用途において常時存在している積載物の単位面積あたりの質量に重力加速度を乗じたものであり，非超過確率 99％の値とする．通常，基本積載重量 Q_0 は表 4.1 によることができる．

表 4.1　基本積載重量 Q_0

室用途*	①	②	③	④	⑤	⑥	⑦	⑧
Q_0(N/m^2)	1 000	500	1 600	2 100	3 500	2 200	4 700	1 800

*：室用途は次の分類による．
①住宅の居室，宿舎など
②ホテルの客用寝室（ユニットバスを含まない）
③事務室・研究室
④百貨店・店舗の売場
⑤電算室（配線部分を含まない）
⑥自動車車庫および自動車通路
⑦一般書庫
⑧劇場・映画館・ホール・集会場，会議室，教室など人間荷重が主体の場合

本指針では，各荷重の再現期間 100 年に対する値を設計荷重算定における基本値として採用するという基本方針が掲げられている．これに対し，積載荷重では実際の積載荷重を複数の建築物について実測し，その観測資料より推定した確率分布モデルの非超過確率 99% の値を基本積載重量として採用した．これは，「積載荷重はランダムに変化する定常確率過程である」という前提に基づき，他の荷重における再現期間 100 年に対する値との整合性をとったものである．以下にその基本的な考え方を述べる．

実際の積載荷重を建築物の存在期間すべてに渡って計測し，その大きさとばらつきを検証することは一般には不可能である．したがって，実在する同じ用途の建築物における積載荷重をサンプリング測定し，そのばらつきを計測することを通じて，設計対象建築物の将来における積載荷重を推定することは，現実的な選択といえる．そこで，上述の前提に基づけば，積載荷重の時間変化を多数のサンプリングという空間変化で置き換えて推定していることになる．これらが等価である場合，その確率過程はエルゴード的であるといわれる [1)]．特に平均値についてみれば，その妥当性は大数の法則を時間について考察することで導かれる．ある確率過程 $x(t)$ の時間平均 η_T がエルゴード的であるための必要十分条件は，

$$\lim_{T\to\infty}\frac{1}{T}\int_0^{2T}\left(1-\frac{\tau}{2T}\right)\left[R(\tau)-n^2\right]d\tau=0 \tag{4.2.2}$$

となる．ここに，T：観測時間，τ：時間差，$R(\tau)$：自己相関関数，n：当該確率過程の期待値，であり，上式は自己相関関数の分散が $T\to\infty$ で 0 に近づく時，η_T が期待値 n に近づくことを意味している．

いま問題となっているのは平均値ではなく極値であるから，最も簡単な平均値のエルゴード性を指摘するだけでは不充分である．再現期間 100 年に対する値は，年最大値の非超過確率 99％に対応する値であるから，少なくとも積載荷重も年最大値を抽出する必要がある．ところが，積載荷重

の場合，変動性はきわめてゆるやかであり，ある時点での観測値をその場所における年最大値とみなすことにそれほど支障があるとは思えない．したがって，積載荷重におけるサンプリングは年最大値のサンプリングをしているとみなし，これがエルゴード的であると仮定すれば，サンプリングの平均値とばらつきが年最大値分布の平均値とばらつきを代表していると見なすことができる，というわけである．これが，観測資料の非超過確率 99 % の値を基本値として採用した理由である．

他方，全積載荷重をこれに対応する面積で除した単位面積あたりの荷重は，対象面積が大きくなると均されてばらつきが減少する．したがって，基本積載重量は面積の違いを考慮したうえで定める必要がある．統計量を求めるにあたって実測調査データを 1 m^2(1 m×1 m)，4 m^2(2 m×2 m)，9 m^2(3 m×3 m)，…のような 1 m きざみの正方形ユニットに分割し，各ユニット内の単位面積あたりの荷重をそれぞれ算定する．この解析をここではユニット面積ごとの解析といい，ユニット面積ごとの解析で得られた荷重をユニット荷重と呼ぶ．

算出したユニット荷重値を基本積載重量の統計量とし，積率法で各種分布形へあてはめた．適用した確率分布モデルは，主に正規分布，対数正規分布，グンベル分布，ガンマ分布の 4 種類である．各確率分布モデルへのあてはめの後，適合誤差を規準化誤差で評価し，最も適合誤差の小さい確率分布モデルを最適モデルと考えるが，ここでは面積の違いによる影響を端的に表すため，適用分布形を 1 つにして比較した．

各用途に対して全体的によい適合を示すガンマ分布をとりあげ，そのパーセント点荷重値（非超過確率がそのパーセントとなる荷重値）を算定する．基本積載重量の評価には非超過確率 99 % の値を用いた．算定結果の例を表 4.2.1 に示す．その詳細については文献 2)～7) を参照されたい．確率分布モデルの選択によっては非超過確率 99 % の値が全く異なったものとなる場合もあり得るが，その選択の適否を判断するには多数のデータが必要である [8)]．本指針で検討した観測データは，1 m^2 単位では少なくとも千件弱のデータ量を確保しているが，49 m^2(7 m×7 m) 程度になると 10 個を切る場合も出てくるので，最適分布を適切に設定するためには解析対象データ数について充分配慮する必要がある．

なお，確率分布の推定法および検定法の違いによる，確率分布モデルおよびその非超過確率 99 % の値の差異については，事務所床板の短辺方向端部曲げモーメントに対する等価等分布荷重を対象に具体的な検討が行われている [9)]．確率分布パラメータの推定については，積率法と最尤法ではそれほど大きな差はないが，検定結果は検定法により異なる場合がある．また，非超過確率 99 % の値はどの確率分布形を選択するかで 20 % 程度の差異を生ずる可能性があることが報告されている．

ところで，積載荷重の対象を大きく分けると物品荷重と人間荷重になる．両者の荷重的性質はかなり異なっている．特に，人間は常に移動するため，存在位置を特定することが難しい．そのためこの両者を分けて考える必要がある．しかし，バックデータの信頼性や設計の際の使い勝手を考慮して，現段階では物品と人間の両荷重を統合したものを積載荷重値とした．ただし，人間荷重は調査データの不足から，解析において 1 人 600 N～700 N と仮定して算出し，用途にもよるが床の全面積または物品のない部分の面積などに等分布載荷している．人数は用途ごとに常時使用状態の人数としてそれぞれ算入している．そのため，多くの人数での使用が見込まれる設計対象については別

表 4.2.1　ユニット面積ごとの解析結果

対象	面積	住宅				集合住宅（住宅データから抜粋）				集合住宅（単独調査）				ホテル客室（ユニットバス無）				ホテル客室（ユニットバス有）			教室				事務室			
		データ数	平均値 (N/m²)	標準偏差 (N/m²)	変動係数 (%)	データ数	平均値 (N/m²)	標準偏差 (N/m²)	変動係数 (%)	データ数	平均値 (N/m²)	標準偏差 (N/m²)	変動係数 (%)	データ数	平均値 (N/m²)	標準偏差 (N/m²)	変動係数 (%)	平均値 (N/m²)	標準偏差 (N/m²)	変動係数 (%)	データ数	平均値 (N/m²)	標準偏差 (N/m²)	変動係数 (%)	データ数	平均値 (N/m²)	標準偏差 (N/m²)	変動係数 (%)
物品	1 m²	6 125	220	485	220.5	1 056	263	441	167.7	5 526	322	389	120.8	895	117	201	171.8	279	473	169.5	4 953	131	109	83.2	26 344	594	741	124.7
	4 m²	1 462	222	316	142.3	251	262	252	96.2	1 284	358	232	64.8	179	112	113	100.9	296	241	81.4	1 114	131	61	46.6	6 220	598	463	77.4
	9 m²	616	225	250	111.1	96	269	214	79.6	450	362	150	41.4	72	121	107	88.4	310	242	78.1	411	133	52	39.1	2 507	606	381	62.9
	16 m²	328	224	215	96.0	51	253	149	58.9	199	409	130	31.8	27	116	67	57.8	354	160	45.2	230	133	49	36.8	1 359	610	318	52.1
	25 m²	238	220	184	83.6	24	283	156	55.1	103	370	91	24.6	20	110	38	34.5	290	106	36.6	100	132	41	31.1	745	595	277	46.6
	36 m²	130	225	168	74.7	20	269	104	38.7	83	374	74	19.8	13	119	31	26.1	284	109	38.4	81	126	39	31.0	495	607	268	44.2
	49 m²	125	220	142	64.5	8	260	115	44.2	59	377	67	17.8	7	125	35	28.0	259	92	35.5	69	130	43	33.1	375	604	254	42.1
	64 m²	80	224	140	62.5	7	233	116	49.8	–	–	–	–	–	–	–	–	–	–	–	–	–	–	–	204	620	246	39.7
	81 m²	48	223	117	52.5	3	190	74	38.9	–	–	–	–	–	–	–	–	–	–	–	–	–	–	–	144	583	215	36.9
	100 m²	45	226	117	51.8	–	–	–	–	–	–	–	–	–	–	–	–	–	–	–	–	–	–	–	138	582	223	38.3
物品＋人間	1 m²	6 125	334	489	146.4	1 056	312	442	141.7	5 526	356	384	107.9	895	163	201	123.3	325	473	145.5	4 953	759	224	29.5	26 344	701	724	103.3
	4 m²	1 462	336	321	95.5	251	310	255	82.3	1 284	392	229	58.4	179	159	113	71.1	342	241	70.5	1 114	762	205	26.9	6 220	706	451	63.9
	9 m²	616	339	256	75.5	96	318	219	68.9	450	394	229	58.1	72	168	107	63.7	356	242	68.0	411	781	203	26.0	2 507	714	371	52.0
	16 m²	328	338	219	64.8	51	305	147	48.2	199	441	131	29.7	27	162	67	41.4	400	160	40.0	230	776	200	25.8	1 359	720	310	43.1
	25 m²	238	334	194	58.1	24	333	158	47.4	103	402	94	23.4	20	157	38	24.2	336	106	31.5	100	790	208	26.3	745	703	273	38.8
	36 m²	130	338	177	52.4	20	309	102	33.0	83	407	78	19.2	13	166	31	18.7	330	109	33.0	81	749	201	26.8	495	719	259	36.0
	49 m²	125	334	153	45.8	8	302	127	42.1	59	411	72	17.5	7	172	35	20.3	306	92	30.1	69	727	207	28.5	375	713	253	35.5
	64 m²	80	339	148	43.7	7	280	111	39.6	–	–	–	–	–	–	–	–	–	–	–	–	–	–	–	204	730	243	33.3
	81 m²	48	341	116	34.0	3	251	82	32.7	–	–	–	–	–	–	–	–	–	–	–	–	–	–	–	144	691	211	30.5
	100 m²	45	345	131	38.0	–	–	–	–	–	–	–	–	–	–	–	–	–	–	–	–	–	–	–	138	693	222	32.0

表 4.2.1　ユニット面積ごとの解析結果（つづき）

対象	面積	百貨店・店舗の売り場				電算室				自動車車庫および自動車通路			
		データ数	平均値 (N/m^2)	標準偏差 (N/m^2)	変動係数 (%)	データ数	平均値 (N/m^2)	標準偏差 (N/m^2)	変動係数 (%)	データ数	平均値 (N/m^2)	標準偏差 (N/m^2)	変動係数 (%)
物品	1 m^2	10 652	850	1 033	121.5	18 830	1 077	1 645	152.7	43 504	814	1 631	200.4
	4 m^2	2 437	807	628	77.8	4 415	1 105	1 130	102.3	10 721	812	794	97.8
	9 m^2	1 090	891	472	53.0	1 859	1 121	948	84.6	4 694	786	538	68.4
	16 m^2	572	852	454	53.3	994	1 123	794	70.7	2 547	803	477	59.4
	25 m^2	313	885	384	43.4	568	1 119	679	60.7	1 557	795	382	48.1
	36 m^2	233	870	374	43.0	363	1 162	725	62.4	1 092	768	353	46.0
	49 m^2	157	901	326	36.2	237	1 148	645	56.2	712	797	310	38.9
	64 m^2	102	861	305	35.4	177	1 109	562	50.7	564	811	319	39.3
	81 m^2	87	872	288	33.0	114	1 145	520	45.4	409	801	282	35.2
	100 m^2	61	891	253	28.4	82	1 164	542	46.6	312	807	248	30.7
	121 m^2	55	878	279	31.8	66	1 164	573	49.2	285	796	270	33.9
	144 m^2	44	877	237	27.0	47	1 302	579	44.5	210	795	271	34.1
	169 m^2	32	885	195	22.0	42	1 232	558	45.3	175	798	245	30.7
	196 m^2	22	845	235	27.8	26	1 176	393	33.4	152	807	231	28.6
	225 m^2	18	832	212	25.5	20	1 116	378	33.9	127	799	260	32.5
	256 m^2	17	841	206	24.5	18	1 033	344	33.3	107	826	293	35.5
	289 m^2	16	821	196	23.9	11	1 085	355	32.7	83	848	251	29.6
	324 m^2	15	835	187	22.4	7	1 054	350	33.2	75	824	214	26.0
	361 m^2	－	－	－	－	6	978	350	35.8	60	794	230	29.0
	400 m^2	－	－	－	－	6	1 020	382	37.5	47	791	208	26.3
物品＋人間	1 m^2	10 652	992	977	98.5	18 830	1 100	1 642	149.3	43 504	841	1 632	194.1
	4 m^2	2 437	952	600	63.0	4 415	1 128	1 127	99.9	10 721	842	793	94.2
	9 m^2	1 090	1 030	457	44.4	1 859	1 145	945	82.5	4 694	817	535	65.5
	16 m^2	572	992	437	44.1	994	1 146	791	69.0	2 547	834	474	56.8
	25 m^2	313	1 023	373	36.5	568	1 143	676	59.1	1 557	825	381	46.2
	36 m^2	233	1 009	362	35.9	363	1 185	723	61.0	1 092	799	352	44.1
	49 m^2	157	1 039	318	30.6	237	1 172	643	54.9	712	827	309	37.4
	64 m^2	102	1 000	297	29.7	177	1 133	560	49.4	564	841	318	37.8
	81 m^2	87	1 012	281	27.8	114	1 169	518	44.3	409	832	281	33.8
	100 m^2	61	1 030	248	24.1	82	1 187	540	45.5	312	838	247	29.5
	121 m^2	55	1 016	273	26.9	66	1 188	571	48.1	285	826	269	32.6
	144 m^2	44	1 016	233	22.9	47	1 325	578	43.6	210	825	271	32.8
	169 m^2	32	1 024	194	18.9	42	1 255	557	44.4	175	829	245	29.6
	196 m^2	22	986	231	23.4	26	1 199	391	32.6	152	837	231	27.6
	225 m^2	18	974	207	21.3	20	1 139	376	33.0	127	830	260	31.3
	256 m^2	17	981	201	20.5	18	1 056	342	32.4	107	857	292	34.1
	289 m^2	16	963	193	20.0	11	1 109	353	31.8	83	878	249	28.4
	324 m^2	15	978	182	18.6	7	1 078	348	32.3	75	854	213	24.9
	361 m^2	－	－	－	－	6	1 003	349	34.8	60	824	229	27.8
	400 m^2	－	－	－	－	6	1 044	381	36.5	47	821	208	25.3

途考慮する必要がある．

ユニット荷重に対する面積の影響を調べるため，平均値および非超過確率 99 % の値と面積との関係を示した例が図 4.2.2 である．図中の回帰曲線は非超過確率 99 % の値に対するものであり，算定方法などの詳細は 4.2.4 項による．なお，現実の建築物との整合をはかるため，面積 16 m^2（4 m × 4 m）未満のユニット荷重は回帰対象から外している．どの用途もユニット荷重の平均値はほぼ一定となり，ユニット面積の大きさにほとんど影響されないが，標準偏差，変動係数，非超過確率 99 % の値はユニット面積の増加とともに減少し，面積がある程度大きくなると安定する傾向が見られた．

このように，ユニット荷重は対象床面積の違いに大きく影響を受けることから，基本積載重量はある面積で基準化した値として提示する必要がある．そこで本指針では，床板 1 枚分の面積として骨組の状況や実測調査の平均面積の大きさを考慮して，18 m^2 で基準化することにした．結果を表

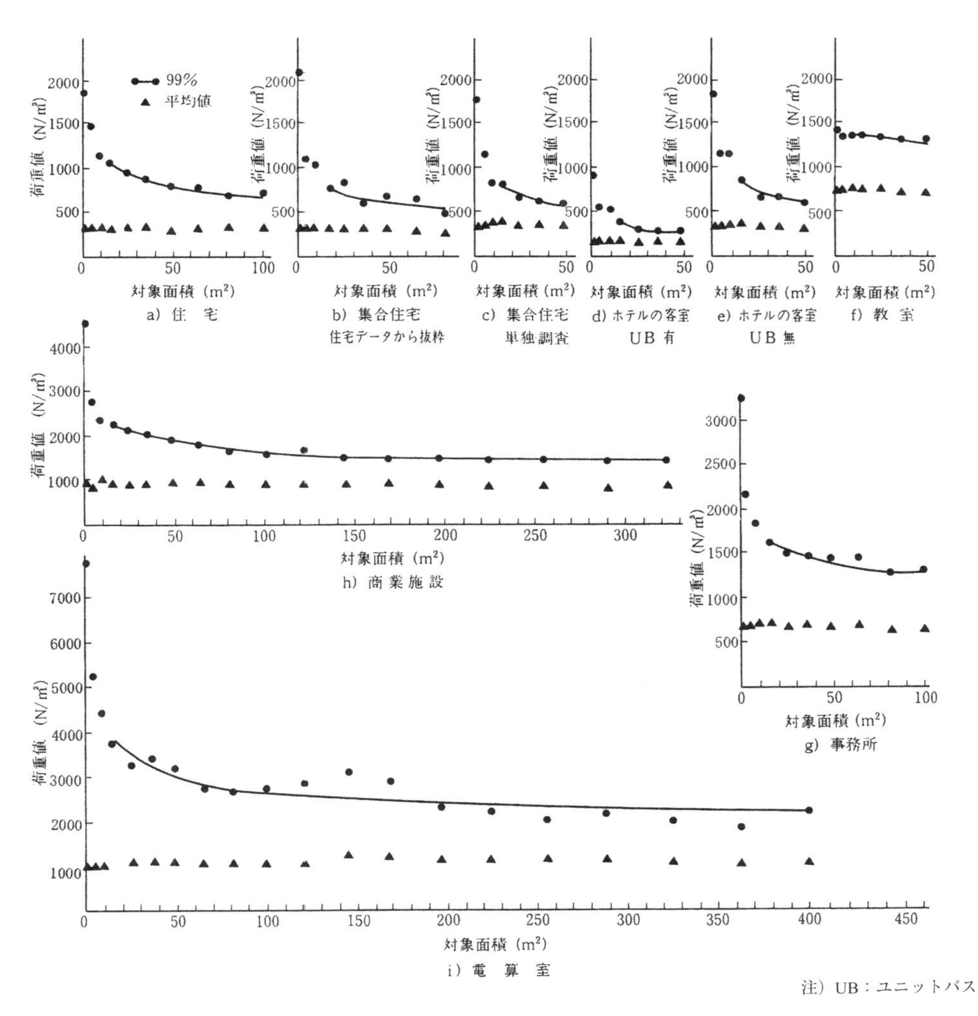

図 4.2.2　面積の違いによる平均重量への影響（物品＋人間）

4.2.2 に示す．これを整理したものが，本文表 4.1 の基本積載重量である．ただし，4.2.3 項の等分布換算係数との兼合いから，用途によっては値を調整したものがある．なお，これらの傾向をふまえて，負担面積が 18 m^2 以上になる用途については 4.2.4 項に従って荷重を低減してよい．

調査データの存在する用途は限られているため，以上のような手法で統計的に定めることのでき

表 4.2.2　積載荷重強さの統計量

室の種類	荷重強さ（18 m^2） パーセント点荷重値（N/m^2） 95.0 %	98.0 %	99.0 %	99.5 %	99.9 %	平均値（N/m^2）	変動係数（%）	基本積載荷重量 Q_0（N/m^2）	備考
住宅	630	820	960	1 090	1 410	220	94		
	190	220	240	260	300	110	39		
	750	900	1 020	1 130	1 380	340	63	1 000	
	570	670	750	820	990	270	57		集合住宅（住宅データから抜粋）
	160	180	210	220	260	80	47		
	610	700	770	840	1 000	320	48		
	610	680	720	－	860	400	30		集合住宅（単独調査）
	50	50	60	－	70	30	31		
	640	710	750	－	900	430	28		
ホテルの客室（ユニットバスを含まない）	220	260	290	320	380	110	50		
	80	90	100	110	130	50	33		
	270	300	330	340	400	160	37	500	
事務室・研究室	1 190	1 390	1 540	－	2 010	610	50		
	200	230	250	－	310	110	42		
	1 270	1 460	1 590	－	2 000	720	42	1 600	
店舗の売場	1 720	2 020	2 220	－	2 890	880	50		
	170	180	190	－	210	140	14		
	1 810	2 080	2 270	－	2 860	1 020	42	2 100	
電算室（配線部分を含まない）	2 740	3 350	3 810	－	5 250	1 170	69		オフィスに含まれる場合など
	30	30	30	－	40	20	30		
	2 760	3 360	3 810	－	5 230	1 190	68	3 500	
	2 630	3 190	3 600	－	4 910	1 150	66		専用用途（電算センター）の例
	30	30	30	－	40	20	30		
	2 640	3 200	3 600	－	4 900	1 170	65		
自動車車庫および自動車通路	1 610	1 910	2 130	－	2 810	790	54		自動車は，2.6 m×1.4 m，15 kN と仮定
	40	40	40	－	50	30	12		
	1 640	1 930	2 140	－	2 800	820	52	2 200	
一般書庫	3 720	4 240	4 620	4 970	5 750	2 160	44		
	－	－	－		－	－	－		
	3 790	4 310	4 680	5 020	5 800	2 240	42	4 700	
客席（固定席）	560	620	670	710	800	360	31		
	－	－	－	－	－	－	－		
	－	－	－	－	－	－	－		
教室	220	240	260	280	330	130	35		衝撃を考慮していない
	860	940	1 010	1 060	1 190	580	28		
	1 140	1 250	1 330	1 400	1 560	780	26		
劇場・映画館・ホール・集会場・会議室・教室など	－	－	－	－	－	－	－		
	1 070	1 320	1 500	1 680	2 090	440	72		
	－	－	－	－	－	－	－	1 800	

［注］上段は物品，中段は人間，下段は物品＋人間の結果である。なお，店舗の売り場および電算室における人間荷重の値を基準化する際は対象面積を 1 m^2 以上，その他 16m^2 以上とした．

る用途は必然的に限定される．ここで触れていない各用途について本指針としての基本的な考え方を以下に示しておく．

廊下・玄関・階段は原則としてそれぞれの所属する用途の値によってもよい．

屋上広場は所属する用途の値によってよい．なお，人が使用しない場合は適当に減じて設計することも考えられる．設備機器・遊技物などを設置する場合には，これらの荷重を適宜算入することが必要であり，規模の大きいものに対してはさらに注意して設計する必要がある．

公共の体育館における聞取り調査の結果[2]では，床単位面積あたりの平均重量が他の用途と比較してきわめて小さいことがわかっている．しかし，体育館のように仕切りのない広い面積を有する用途は，机や椅子のような物品が人間の配置をある程度規制する用途（会議室，食堂など）と比較して，過度な荷重集中を引き起こす可能性があるため，荷重の偏在を考慮して定める必要がある．小学校，中学校，高等学校など，学校に付随している体育館は公共の体育館と比較して1回の利用人数の多いことが予想され，使われ方によっては荷重が大きくなる可能性があるため，注意して用いる必要がある．

倉庫は，使われ方によって荷重値の変動が大きいことが容易に予想される．よって，実状またはそれぞれに対応した統計データに基づくことが望ましい．設計者が建築物ごとに使われ方を考慮し，適切に荷重評価する必要がある．

機械室は実状によって差異があるため，設計者の判断によるものとし，ここでは規定しない．

本指針の項目にない用途や特殊な用途については，本指針の算定主旨に基づいて，実況データから求めることができ，またそのような活用が望まれる．なお，用途変更の可能性が認められるものについては，設計者の判断が重要であり，その可能性を考慮してどの用途の値で設計するか，あるいは割増しをどの程度にするか明確にする必要がある．

以下は，調査データのあるそれぞれの用途に対する解析条件および結果などについて，とりまとめたものである．また，固定荷重とみなすか積載荷重とみるか判断の難しいものもあるため，設計者が本文表4.1の値を採用する場合には，これらの解析条件やその背景を充分理解したうえで，その判定根拠を明確にして本指針を活用してほしい．

①　住　　　宅[2),3),10)]

一般住宅100戸1 182室（居室522室，衛生関係室314室，その他346室）の実測調査結果を対象とした．戸建住宅および集合住宅が含まれるが，基本的に家族用の住居を対象としたためワンルーム型のマンション等は含まれていない[10)]．人数はその部屋を通常使用している人を対象とした．

解析において，部屋の区画と骨組とは必ずしも対応していない．戸建住宅は木造によるものが大半であるが，木造の床組と鉄筋コンクリートスラブでは床面積が大きく異なっている．積載物自体は木造でも鉄筋コンクリート造でも大枠は変わらないと判断し，床組については鉄筋コンクリート床用のスラブ面積に適合する範囲で別途仮定したうえで解析を行った．住宅の解析には廊下・玄関・階段等は含まれており，風呂・キッチン・トイレの水の重量は算入していない．また人間荷重は影響面積内の総人数から算出し，床に等分布載荷した．

表 4.2.2 では，集合住宅の結果を分けて示したが，本文では居住室用途として 1 つにまとめて規定した．集合住宅のデータは，上記調査から集合住宅のみを抜粋して解析したものと，集合住宅を単独に調査したものの 2 種類がある．前者のデータは 13 戸 111 室で，大多数が鉄筋コンクリート造および鉄骨造のため骨組の実況が把握しやすく，明解であるためそれを用いて解析した．その他の条件は上記解析と同様である．後者は 12 建物 33 住戸で，ある鉄筋コンクリート造公団住宅において各住戸単位の実地調査を行ったものである．浴槽には容積 70 % の水が入っているものとし，トイレは固定荷重とした．人間荷重は，居住している人数とした．なお，人間荷重は 1 人 600 N として算出している．全荷重に対する人間荷重の割合が小さいため，物品荷重のみの結果と物品荷重と人間荷重を合わせた結果に大差がない結果となっている．

② ホテルの客室 [2),11)]

実測調査データは全部で 37 建築物 88 室であるが，そのうち物品の寸法および重量のデータがほぼ完全に記入されているものを用いたため，基本的には 22 室の結果である．室の内訳は，シングル 5 室，ツイン 11 室，ダブル 5 室，スウィート 1 室である [11)]．人間荷重は 1 人あたり 600 N と仮定しており，客室ごとの定員人員を，全床面積に等分布に載荷した．ホテルの客室の設計に関する調査の結果 [11)] から，ユニットバスや間仕切り壁は設計者によって固定荷重とみなすか積載荷重とみなすか扱いがさまざまであることがわかっている．このように固定荷重か積載荷重かどちらに算入するか，設計時の判断として不明瞭な物品があり，ホテルの客室のように室荷重が小さい場合にはその影響が大きい．

ホテルの客室の解析結果において，非超過確率 99 % の値は面積の増加とともに減少して 36 m^2 程度で安定するが，16 m^2 以下の面積では減少勾配が急である．これはホテルの客室においてユニットバスの占める面積の割合が大きいためであり，ユニット面積が小さいとユニットバスの重量に影響されることが大きく，解析結果のばらつきが大きくなる．また，ユニットバスを固定荷重とみなす場合の基本積載重量は住宅の半分以下になった．これはホテルの客室において，調度品の種類や配置がほぼ決まっていることなどに起因していると考えられる．ユニットバスを固定荷重とするか積載荷重とするか議論のあるところではあるが，本指針ではホテルの客室における基本積載重量の値に，ユニットバスの荷重を含めないことにした．したがって，設計の際はユニットバスを固定荷重として算入する必要がある．ユニットバス以外の間仕切り壁，設備機器など，それらの重量の影響が大きいものについては，特に固定荷重とするか積載荷重とするか明確に判断する必要がある．本指針ではこれらはすべて固定荷重として扱った．

なお，ホテルの客室も住宅と同様，人間荷重の影響が小さく，物品荷重のみの結果と物品荷重と人間荷重を合わせた結果にほとんど違いがみられなかった．

③ 事 務 室 [4)]

実測調査データは 23 建築物 45 室であり，アンケートによる実測調査および実地調査によるデータからなる．事務室のほか研究室も含んでおり，通常一部屋と見なされる間仕切などにより区切られた空間ごとに調査を行った．人間荷重は，人数をアンケートにより得られた常時使用状態の数とし，重量を事務室内の人間の体重および男女比などを考慮し 1 人あたり 588 N とし，室内の物品の配置されていない空白部分に等分布に載荷した．物品荷重は，重量を実測およびカタログなどの参照により決定し，本棚および机などは隅の 4 点で，椅子および軽量で簡単に移動されるものは中央の 1 点で支持されるものとした．事務室は国内外で最も研究されている用途であり，データも比較的量が多い．解析においても比較的安定した結果が得られており，積載荷重評価の基礎となるデータであろう．

なお，事務室も物品荷重に較べて人間荷重が小さいため積載荷重における人間荷重の影響は小さい．本指針では事務室と研究室を同等に扱っているが，個々の例をみると研究室の積載荷重の方が大きめの値を示す傾向が見られる．また，近年移動式書庫などの重量の大きな物品を設置する例が多くなっているが，その際は設計時または設置時に充分な注意が必要である．

④　店舗の売場 [5)]

実測調査データは 6 店舗 8 フロアーで，全て実地調査によるものである．なお，調査は東京都内および神奈川県厚木市で行っている．人間荷重は，重量を衣服・荷物などの割増しを行い 1 人あたり 700 N とし，人数については店舗ごとにフロアー内の瞬間最大人数などを照会し，それらの値を参考に物品の配置されていない部分に 1 m^2 あたり 0.3 人となるように等分布に載荷した．物品荷重は，大型冷蔵棚などの大きなものは底面全体で等分布に支持し，他のものは 4 点で支持するものとした．

1 m^2 の変動係数は約 100 % で事務室とほぼ同様である．面積の増大とともに小さくなって 225 m^2 以上では約 20 % 程度となり，大きな面積でのばらつきは事務室より小さくなっている．人間荷重を 0.3 人/m^2 にしているため，常時使用状態では積載荷重に占める人間荷重は小さい．

店舗の売場は本質的に荷重の偏在が起こりやすい．常時使用状態でも冷凍食品・生鮮食料品などのために大型冷蔵棚などの重量の大きな物品が必要であり，売出しなどには頻繁に人間の集中が起こると考えられる．特に人間の集中時における荷重の傾向は，上記の常時使用状態のものとは異なると考えられるため，設計時に充分な注意が必要である．

⑤　電　算　室 [6)]

実測調査データは 20 建築物 25 フロアーで，全てアンケートによるものである．利用形態は，本体室・MT 庫・端末室などの混合となっている．人間荷重は，重量を 1 人あたり 600 N とし，人数は実際の使用状況を考え，物品の配置されていない部分に 0.05 人/m^2 になるように等分布に載荷した．物品荷重は，事務室と同様に設定したが，ケーブルおよびフリーアクセスの重量は含んでいない．1 m^2 における変動係数は約 150% と事務室と比較してかなり大きくなっている．

表 4.2.2 では，専用用途（電算センター）として電算機本体と周辺機器のみが設置された部屋に関する別の調査解析結果を併せて示した．オフィスなどに含まれる場合と比較すると，平均荷重値はほぼ同様の数値となっているが，ばらつきは専用用途の方が小さい．このためパーセント点荷重値も専用用途の方が若干小さめの値となった．このように，パーセント点荷重値はばらつきによる影響を大きく受けるので注意が必要である．

なお，電算室を長期間にわたって利用すると，電算機の更新が行われることが多い．この際，以前用いられていたケーブルを撤収せずに新たに設置する場合も見られるが，ケーブルの累積でかなり荷重値が大きくなる場合があるので充分な管理が必要である．

⑥ 自動車車庫および自動車通路[7)]

実測調査データは7建築物15フロアーで，全てアンケート調査によるものである．自走式の駐車場のみを扱い，機械式のものは含んでいない．人間荷重は，重量を1人あたり600 Nとし，人数は車の台数と等しくした．物品荷重は自動車のみとし，普通乗用車および20 kN程度のトラックを想定し，2 600 mm×1 400 mmの大きさで15 kNの重量のものを，駐車部分には満車状態とし，通路部分にも若干の台数を加えて解析を行った．

文献では，自動車の重量を12 kNとし，通路部分には自動車がないという条件で解析を行っている．また，通路部分を含めると荷重値がかなり小さくなる部分が増えることでばらつきが非常に大きくなり，非現実的なモデルとなってしまうことから通路部分に自動車を配置して考えた．

自動車の重量は事務室内の物品の重量と比較するとばらつきが小さく，車庫内で自動車は平均的に配置されるため，面積の増大とともに荷重値のばらつきは急激に小さくなる．

なお，本指針で想定した車両重量は平均的な重量を想定したものであり，建築基準法施行令の荷重値に比べるとかなり小さめになっていることに注意されたい．また，本指針値では自動車の動的な効果については考慮していない．自動車の走行に伴う動的な効果に関しては，4.4節の解説で詳述している．本指針の適用にあたっては，こうしたデータの背景と解析仮定を踏まえたうえで実情に即した適切な判断が必要である．

⑦ 一 般 書 庫

一般書庫は，資料集成などの文献12），13）から得た平面図を用いて位置データを作成した．これに，書棚重量の実測調査結果をランダムに組み合せてシミュレーションによるデータを作成し，それをもとに解析した．人間荷重は，資料集成などに基づく常時使用状態としての人数から，1人600 Nと仮定して算定した平均重量を用い，等分布荷重として全床面積に載荷している．

一般書庫とは，開架式の書架を対象に解析したものである．そのため，2段床式の書庫，閉架式の書庫，閲覧室などについては別途考慮されたい．なお，一般書庫におけるユニット面積ごとの解析の際には，より実状に近い状態を再現するため，柱と柱に囲まれた1区画のデータを4倍に拡張して解析した．

⑧ 劇場，映画館，ホール，集会室，会議室，教室など[2),14)]

人間荷重が主体の用途は，劇場，映画館，ホール，集会室，会議室，教室，食堂，客席，廊下・玄関・階段，屋上広場・バルコニーなどである．それらのうち，教室については実測調査データが若干あり，その結果を用いて物品荷重が主体の場合の上記①～⑦と同様の解析を試みた．調査データは高校2校（矩形37室，異形36室），大学1校（矩形23室）における教室のうち，矩形の教室60室を対象としたものである[14)]．解析は教室単位で行った．使用人数は実況を用い，1人600 Nとして教室の床面積に等分布載荷した．

教室の結果は高校と大学で異なる傾向を示しており，高校の方が小さい値を示す．これは，両者の平均面積がかなり異なっていること，大学の教室は面積も広くなるが1人分のスペースも小さくなるため，結果としては密度が高くなることなどの影響であろう[2)]．

表 4.2.3　人間調査の結果一覧

用途	床面積 (m²)	人数 (人)	平均重量 (N/m²)	密度 (人/m²)
会議室	約 395	600	911	1.5
客　席 (固定席)	約 666	1 080	973	1.6
	約 259	420	973	1.6
	約 228	266	700	1.2
	約 385	650	1 013	1.7
	1 945	3 035	936	1.6
	484	839	1 040	1.7
	1 880	3 194	1 019	1.7
	4 737	8 330	1 055	1.8
集会室	200	400	1 200	2.0
体育館	約 825	100	72	0.1
武道館	2 513	2 500	597	1.0

解析結果をみると，非超過確率 99 % の値は面積の違いによる影響がほとんどみられない．変動係数も他の用途と比較すると非常に小さい．これは物品の配置が等分布に近く，さらに荷重のうち大部分を占める人間荷重を等分布荷重と仮定したためであると考えられる．しかし実際には，1 か所に数人が集まるなど荷重集中することが予想され，それによってばらつきが大きくなり，対象面積の違いによる変動が生じるものと考えられる．

教室の調査から上記のような解析を試みたが，固定席がなく人の配置が不確定となるような人間荷重主体の用途の場合には，人間荷重を等分布とする仮定条件では，実状と整合をとることが難しい．本解析でも，固定席のような物品荷重の部分は，上記の各用途と同様な考え方で算定している．人間荷重は移動するため実状をとらえにくく，また偏在しやすい荷重であるにもかかわらず調査データがきわめて不備であるため，物品荷重とは別の視点で評価する必要がある．

人間荷重の実態を把握するため，人間荷重が主体となる用途を有する実在の 8 建築物 18 室に対して聞取り調査 2) を行った．内容は，通常人数，一時的な最大人数ならびに使用頻度などである．結果から各用途の最大人数時における床面積あたりにおける人間の平均重量を算出した．それを表 4.2.3 に示す．床単位面積あたりの平均重量は，大規模な会議室，集会室・客席などでは大きく，学校所有でない公的な体育館などでは小さい．

本指針では，聞取り調査で得られた資料から，催し物などによる 1 回の利用人数を床面積で除して算出した人間の密度を統計量として，基本積載重量 Q_0 を算定した．催し物 1 回の人数を基本とし，N 回での総人数のみ得られたものについては，N（回数）で除した人数を 1 データとみなした．ただし，この仮定は人数の変動がほとんどない催しに限って行った．結果を図 4.2.3 に示す．用途にかかわらない総統計を示したのが図 4.2.3(a) であるが，用途ごとに違いがみられたので，会議室，集会室または客席の固定席，その他に分けて同図に表した．常時使用状態に関するこの調査では約 80 % が 1 人/m² 以下となっており，4 人/m² を超えるものはなかった．

用途別に解析した結果をみると，会議室は他の用途と比較して値が半分以下になることがわかる．

最大値も 1 人/m^2 を超えていない．これは，会議室における物品の占有面積が他の用途に比べて大きく，そのために存在し得る人間の数がおのずと制限されるためであろう．また，客席・集会室においては 0.7 人/m^2 前後が最も頻度が高い．

図 4.2.3(a) から非超過確率 99 % の値がほぼ 2.5 人/m^2 であることをふまえ，基本積載重量 Q_0 を 3 人/m^2 と考え，1 人 600 N の仮定から 1 800 N/m^2 と定めた．

固定席をもつ客席の物品荷重に関する解析は，聞取り調査の際に得た平面図から位置関係を拾い

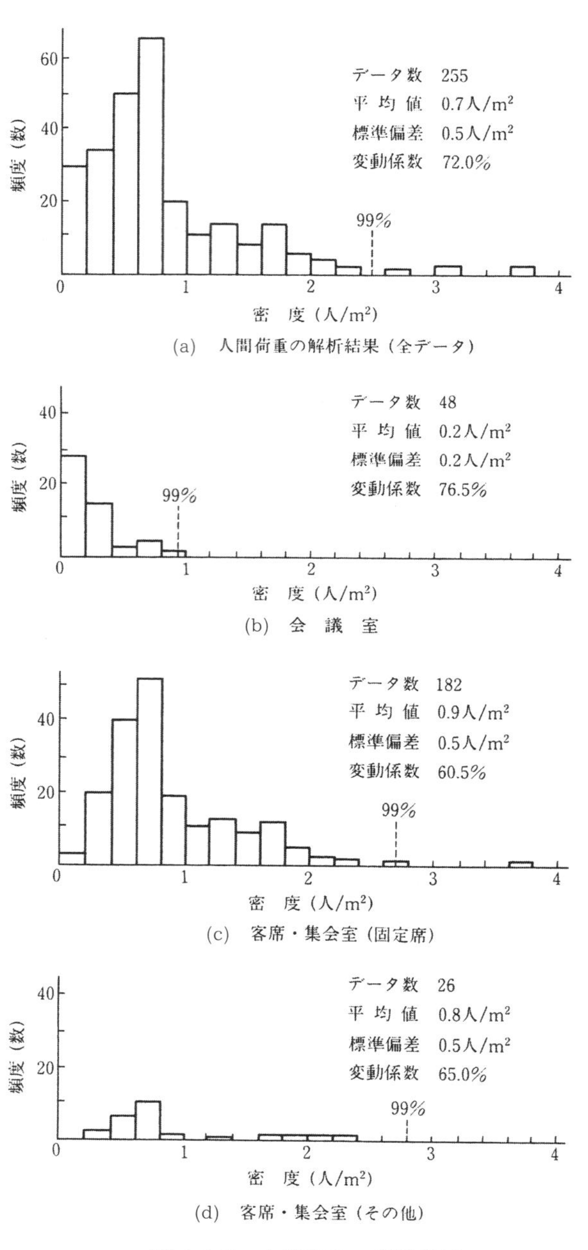

図 4.2.3　人間荷重の解析結果

出し，カタログによる固定席の平均重量を1脚の重量としてシミュレーションデータを作成し，解析したものである．

これまで，ユニット面積ごとの解析では人間荷重を床単位面積あたりの平均重量で等分布荷重とみなしてきた．実際の調査から，1 m^2 に12人（1人600 Nの場合7.2 kN）という報告例もある[2]．また文献2）によれば，火災時の避難人数を算定する場合5人/m^2 とするのは大きいほうであり，室の定員はこの避難人数から定めることが多い．これはエレベーターの定員とほぼ同様の状態を示すものである．実際の平面図を用いて最大人数を5人/m^2 として偏在載荷するというシミュレーションを行ったが，用途の規模がよほど小さいものでないかぎり，床板にかかる人間荷重は5人/m^2 が最大状態とみなしてよいことがわかった．

また，体育館のように平均重量が非常に小さい用途でも，集合時には10人/m^2，すなわち，局部的には6 kN/m^2 を超えることが充分起こりえるであろう．10人/m^2 は，ラッシュ時の電車の吊革部分程度である．ちなみに座席部分は3人/m^2，ドア近くで13～18人/m^2 である．11～12人/m^2 で周囲から体圧が加わり，13人/m^2 になると急にうめきや悲鳴が多くなる程度といわれている[15]．

これらの現状をふまえ，構造体の影響を考える際の評価をどのようにとらえるかが問題である．特に，局部的集中を生じるのは床面積の大きい用途に起こりやすい．人間密度に関する調査結果[15]では，用途によって人間の集中しやすい床の大きさや形状が存在し得るとされており，荷重偏在を考慮するなど，積載荷重に対する安全性を検証する必要がある．なお，人間の偏在については4.3節で具体的な検討例を紹介しているので参照されたい．

建築物の設計では，用途ごとの使用状況を想定して荷重を設定することが大切である．

建築物の供用期間内には時間経過による変動がある．これまでは，常時使用状態，つまり想定された用途に対して常時使用状態の荷重が作用している場合の解析を行ってきたが，建築物の供用期間における位置づけを表すと図4.2.4のようになる．例えば事務所ビルであれば，建築物の供用期間中にテナント変更が何回かあり，その変更の際に荷重変動が起こる．また1つのテナントの期間中にもしばしば臨時荷重が発生することが容易に想定できる．これらについて，頻度を想定し総合的に判断したうえで荷重設定すれば，供用期間最大荷重を評価できると考えられる[16),17]．なお，一

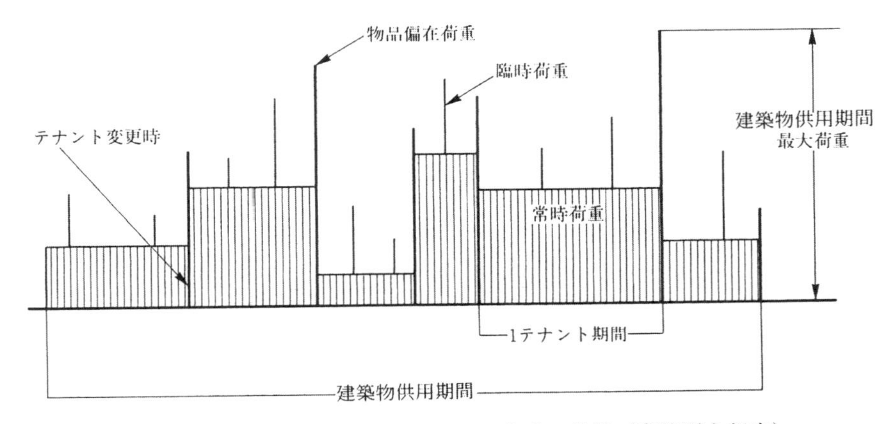

図4.2.4　建築物の供用期間における荷重の状態（事務所を想定）

時的な荷重の偏在を考慮した積載荷重については，4.3 節で詳述しているので参考にされたい.

ところで，人間荷重は常時作用する静的な性質だけでなく，動的な作用も併せもつ．積載荷重の動的な効果については，4.4 節で体系的に詳述しているが，ここでは動的な荷重効果を等価な静的な荷重に置き換えた検討例を紹介しておく．図 4.2.5 は，既往の研究[18)～21)]で得られている人間の行動に伴う衝撃荷重と体重の関係を示したものである．衝撃係数は概ね1.0～1.6の範囲に分布している．ただし，動的な荷重の効果を振動数などの時間の要因を除外して静的に評価するのは難しく，構造強度だけの観点から静的な検討にとどめる場合でも，その前段階で加振振動数と固有振動数の関係などを充分吟味する必要がある.

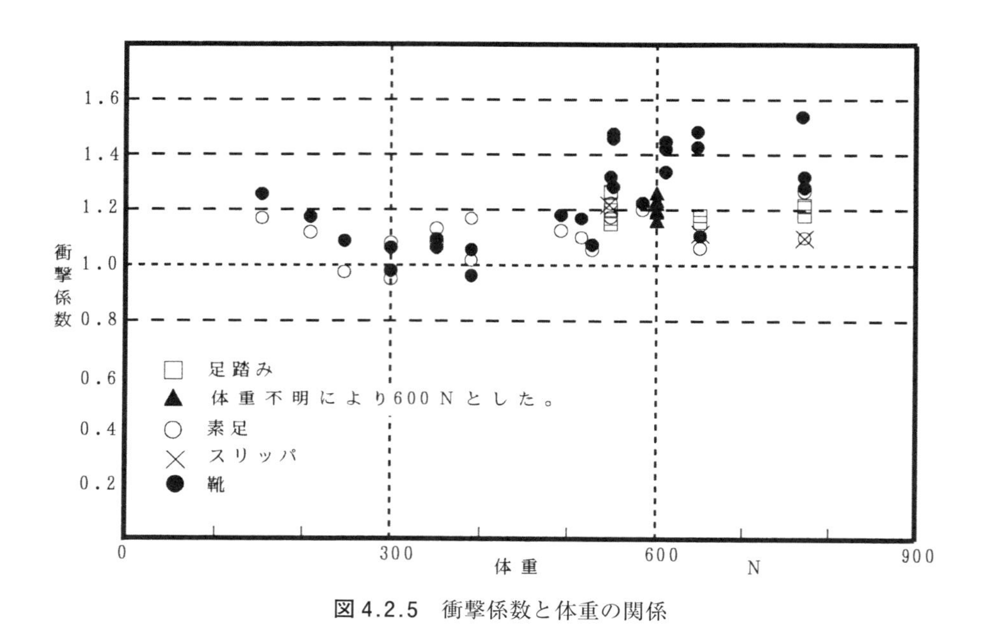

図 4.2.5　衝撃係数と体重の関係

4.2.3　等分布換算係数

等分布換算係数 k_e は表 4.2 による.

表 4.2　等分布換算係数 k_e

室用途*	①	②	③	④	⑤	⑥	⑦	⑧
床用	1.8	2.0	1.6	1.8	1.6	1.8	1.6	1.6
大梁・柱・基礎用	1.2							

*：室用途は表 4.1 による.

本文表 4.2 の等分布換算係数 k_e は，等価等分布荷重の解析で得られた非超過確率 99 % の値と，各対象部材の影響面積ごとに求めた平均重量による非超過確率 99 % の値との比率である．等価等分布荷重解析は以下のような方法で行った.

まず，実測調査で得られた常時使用状態における物品の配置データを用いて，構造体に及ぼす実際の影響を把握するため，対象部材ごとに弾性応力解析を行う．これにより，各応力にかかる効果が等しくなるような等価等分布荷重を求める．床板は差分法を用いて解析した[22]．解析条件はコンクリートスラブを想定し，境界条件は四辺固定，ポアソン比 0.167 とした．また，大梁および柱については，両端固定の交差梁を用いた．床板上に作用する荷重を交差点に作用する荷重とみなし，各梁の端部に生ずるせん断力より，大梁の曲げモーメントおよび柱の軸力を求めた．なお，交差点への載荷は，床板を 250 mm 四方に区切った領域ごとに行った．荷重は領域内に一様分布するものと仮定している．図 4.2.6 に示すように，床板は曲げモーメント（短辺方向・長辺方向，端部・中央部）およびせん断力，大梁は曲げモーメント（端部・中央部）およびせん断力，柱は軸力を対象応力として解析した．なお最終的な評価値としては，床板では短辺方向端部曲げモーメント，大梁は端部曲げモーメント，柱は軸力の最大応力から等価等分布荷重値を算定した．

せん断力によって設計断面が決定するような場合も考えられるが，この場合には別途考慮する必要がある．これには図 4.2.7 のように確認することも 1 つの方法と考えられる．これは電算室[6]に対する例であるが，ここではスパンが短いものにより大きな断面の鉄筋を用いる場合に，せん断力によって設計断面が決定されることがわかる．

また，解析ではすべて対象面積を影響面積とした．影響面積とは対象部材に影響を及ぼすと考えられる面積で，床板の場合は影響面積も負担面積も床板 1 枚分の面積であるが，梁，柱の場合は図 4.2.8 のように定義される．なお，大梁は柱間をつなぐ梁であり，小梁はそれ以外の梁を指す．小梁の位置が明確でない用途の骨組は用途ごとに仮定している．

4.2.2 項におけるユニット面積ごとの解析と同様に，等価等分布荷重の解析でも物品と人間は分けて扱い，それぞれの結果を統合して評価した．人間荷重についても同様で，床単位面積あたりの荷重を 1 人 600 N～700 N として算定し，等分布荷重とみなした．人数は常時使用状態での人数で算

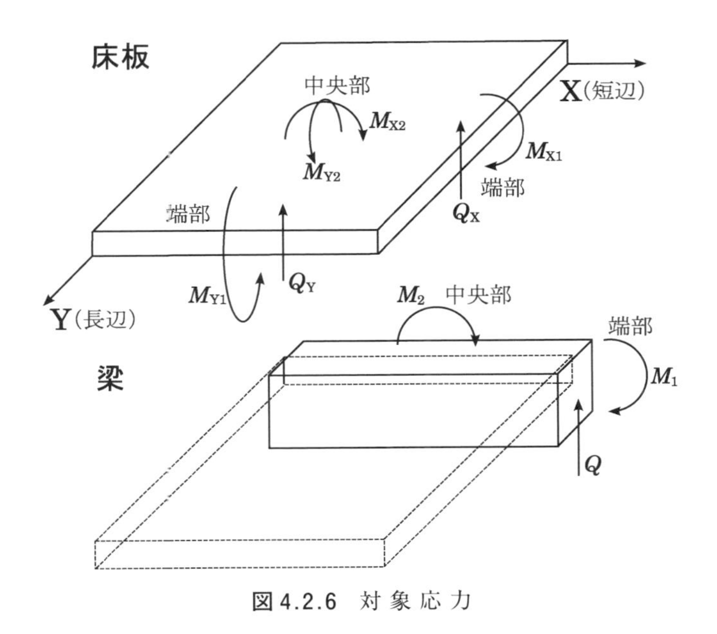

図 4.2.6　対象応力

定するため，通常それより人数が多い使用が見込まれる場合には別途考慮されたい．

以上のように求めた各応力に対する等価等分布荷重ならびに影響面積ごとの平均重量に対して，統計的処理を行った．方法は 4.2.2 項と同様であるが，ここでは適用する分布形の統一は行わず，荷重ごとに最も適合する確率分布モデルで評価した．結果の例を表 4.2.4 に示す．他の用途の場合など，詳細については文献 2)～7）を参照されたい．

等分布換算係数は，上記のような方法で行った等価等分布荷重の解析結果を統計処理して得られた非超過確率 99 % の評価値と，影響面積あたりのユニット荷重における非超過確率 99 % の値との比率であり，対象部材ごとに算出したものである．この結果を表 4.2.5 に示す．

表 4.2.5 をもとに，等分布換算係数を設定した．床板用の等分布換算係数は 1.6，1.8，2.0 の 3 種類にまるめた．また，大梁・柱用の等分布換算係数は，ほぼ 1.0～1.3 という結果であったため，

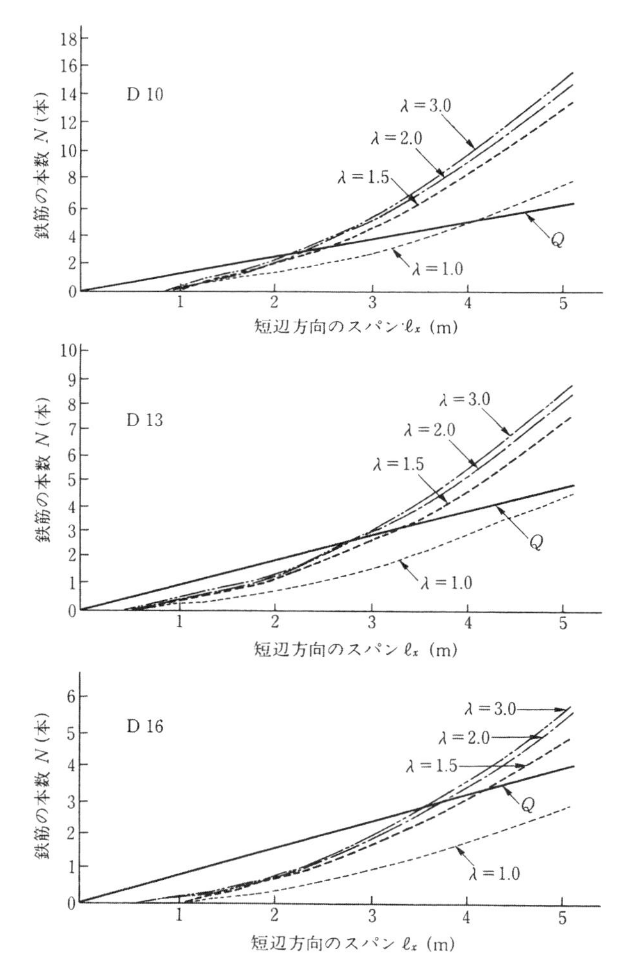

注）解析条件は，スラブ厚 18 cm，コンクリート強度 $F_c = 21$ N/mm^2，鉄筋種 SD295A，床荷重 13 500 N/m^2 とした。また，図中の λ はスラブの細長比（長辺方向のスパン ÷ 短辺方向のスパン），縦軸は単位幅（m）あたりの鉄筋の本数である．

図 4.2.7　解析結果の曲げモーメントおよびせん断力から求まる必要鉄筋本数（電算室の場合）

1.2に統一したものである．

小梁用の値は，これまでの設計では，床板と同様の値を用いる，大梁と同様の値を用いる，床板と大梁の中間値を用いるなどの方法が慣用的であったが，設計者が状況に応じて適宜定めることにした．

基礎を対象とした等分布換算係数は柱と同様に考え，4.2.4項，4.2.5項に従って，面積低減効果をもとに決定することができる．さらに層数による低減を行っても特に支障はないものと考えている．

なお，基本値 Q は，基本積載重量 Q_0 に等分布換算係数 k_e を乗ずることで算定している．基本積載重量 Q_0 は18 m² に基準化された値であるのに対し，基本値 Q を定めるための基礎データとなる等価等分布荷重解析の結果の対象面積は18 m² ではない．そこで18 m² に基準化する必要があるが，直接的に18 m² に基準化された値を得ることは不可能である．ここで等価等分布荷重と各対象部材の影響面積ごとに求めた平均重量との比率は一定であると仮定する．すなわち基本値と基本積載重量との比率と同じであるとみなすことにする．具体的には，等分布換算係数 k_e を，等価等分布荷重の非超過確率99％の値と，各対象部材の影響面積ごとに求めた平均重量による非超過確率99％の値の比率から算定することとした．

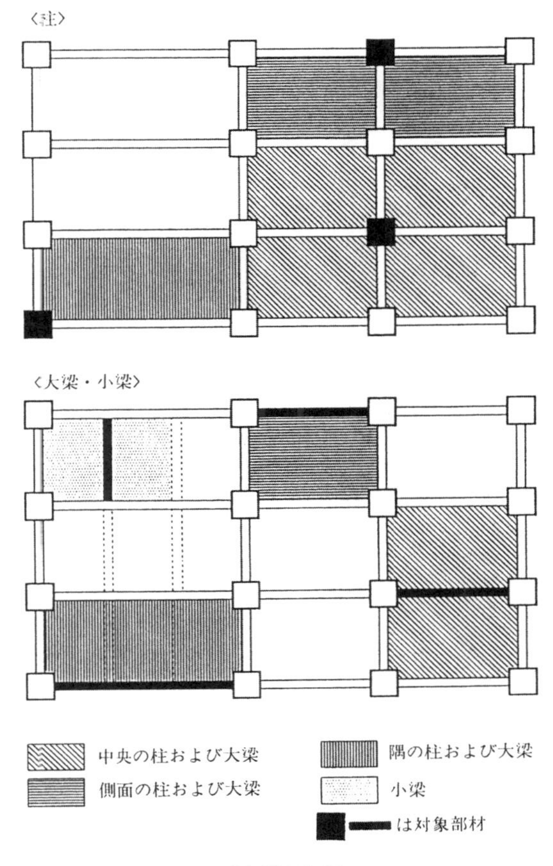

図4.2.8　影響面積

表 4.2.4 等価等分布荷重の解析結果

対象			住宅			集合住宅（住宅データから抜粋）			集合住宅（単独調査）			ホテル客室（ユニットバス無）			ホテル客室（ユニットバス有）		
			平均値 (N/m²)	標準偏差 (N/m²)	変動係数 (%)	平均値 (N/m²)	標準偏差 (N/m²)	変動係数 (%)	平均値 (N/m²)	標準偏差 (N/m²)	変動係数 (%)	平均値 (N/m²)	標準偏差 (N/m²)	変動係数 (%)	平均値 (N/m²)	標準偏差 (N/m²)	変動係数 (%)
物品	床板	M_{x_1}	426	334	78.4	405	282	69.6	382	208	54.5	195	158	81.0	438	213	48.6
		M_{x_2}	501	430	85.8	510	358	70.2	431	226	52.4	167	111	66.5	578	282	48.8
		M_{y_1}	402	359	89.3	420	256	61.0	358	177	49.4	150	134	89.3	413	201	48.7
		M_{y_2}	1 149	970	84.4	768	539	70.2	463	296	63.9	299	180	60.2	175	624	356.6
		Q_x	786	566	72.0	734	469	63.9	645	359	55.7	378	324	85.7	900	467	51.9
		Q_y	766	679	88.6	780	459	58.8	586	283	48.3	240	279	116.3	787	457	58.1
	大梁	M_1	215	179	83.3	281	177	63.0	356	118	33.1	128	62	48.4	296	151	51.0
		M_2	236	196	83.1	281	193	68.7	322	114	35.4	123	63	51.2	301	146	48.5
		Q	258	218	84.5	308	226	73.4	386	128	33.2	121	65	53.7	306	144	47.1
	柱	N	225	188	83.6	324	164	50.6	401	142	35.4	119	58	48.7	299	121	40.5
人間			113	44	38.9	76	26	34.2	–	–	–	50	17	34.0	50	17	34.0
物品＋人間	床板	M_{x_1}	507	335	66.1	475	282	59.4	410	209	51.0	238	159	66.8	482	215	44.6
		M_{x_2}	557	438	78.6	582	358	61.5	443	230	51.9	199	107	53.8	617	283	45.9
		M_{y_1}	484	360	74.4	492	256	52.0	384	175	45.6	193	134	69.4	458	201	43.9
		M_{y_2}	203	977	481.3	840	539	64.2	476	300	63.0	328	178	54.3	214	623	291.1
		Q_x	851	568	66.7	806	469	58.2	667	362	54.3	417	327	78.4	941	469	49.8
		Q_y	809	681	84.2	852	459	53.9	607	282	46.5	266	283	106.4	818	461	56.4
	大梁	M_1	307	179	58.3	334	195	58.4	390	119	30.5	175	62	35.4	343	151	44.0
		M_2	328	196	59.8	376	208	55.3	358	115	32.1	169	63	37.3	348	146	42.0
		Q	351	218	62.1	421	216	51.3	419	129	30.8	167	65	38.9	353	144	40.8
	柱	N	317	188	59.3	406	194	47.8	433	144	33.3	166	58	34.9	345	121	35.1

対象			教室			事務室			百貨店・店舗の売場			電算室			自動車車庫および自動車通路		
			平均値 (N/m²)	標準偏差 (N/m²)	変動係数 (%)	平均値 (N/m²)	標準偏差 (N/m²)	変動係数 (%)	平均値 (N/m²)	標準偏差 (N/m²)	変動係数 (%)	平均値 (N/m²)	標準偏差 (N/m²)	変動係数 (%)	平均値 (N/m²)	標準偏差 (N/m²)	変動係数 (%)
物品	床板	M_{x_1}	178	54	30.3	867	496	57.2	1 275	731	57.3	1 946	1 442	74.1	153	686	448.4
		M_{x_2}	208	136	65.4	827	484	58.5	1 088	658	60.5	2 380	2 097	88.1	2 756	1 046	38.0
		M_{y_1}	146	68	46.6	705	386	54.8	1 040	544	52.3	1 712	1 534	89.6	1 401	696	49.7
		M_{y_2}	244	107	43.9	1 466	957	65.3	1 970	1 439	73.0	4 126	3 355	81.3	3 179	1 410	44.4
		Q_x	232	89	38.4	1 377	899	65.3	1 702	956	56.2	3 393	2 515	74.1	2 828	1 084	38.3
		Q_y	188	91	48.4	1 128	708	62.8	1 282	651	50.8	2 910	2 533	87.0	2 723	1 068	39.2
	大梁	M_1	140	39	27.9	616	291	47.2	919	453	49.3	1 283	939	73.2	917	491	53.5
		M_2	138	38	27.5	565	258	45.7	863	442	51.2	1 225	929	75.8	957	422	44.1
		Q	139	37	26.6	653	320	49.0	966	455	47.1	1 303	962	73.8	890	528	59.3
	柱	N	144	49	34.0	622	379	60.9	919	453	49.3	1 052	771	73.3	871	405	46.5
人間			575	158	27.5	103	43	41.7	137	21	15.3	24	3	12.5	33	4	12.1
物品＋人間	床板	M_{x_1}	747	197	26.4	950	491	51.7	1 380	721	52.2	1 965	1 441	73.3	1 557	684	43.9
		M_{x_2}	757	234	30.9	893	478	53.5	118	659	558.5	2 393	2 098	87.7	2 775	1 048	37.8
		M_{y_1}	709	205	28.9	796	385	48.4	1 157	536	46.3	1 731	1 533	88.6	1 426	694	48.7
		M_{y_2}	760	205	27.0	1 499	949	63.3	1 980	1 395	70.5	4 137	3 356	81.1	3 200	141	4.4
		Q_x	794	208	26.2	1 444	900	62.3	1 779	950	53.4	3 408	2 514	73.8	2 843	1 089	38.3
		Q_y	722	222	30.7	1 185	711	60.0	1 462	651	44.5	2 920	2 533	86.7	2 736	1 071	39.1
	大梁	M_1	707	194	27.4	716	289	40.4	1 054	439	41.7	1 306	938	71.8	949	486	51.2
		M_2	706	192	27.2	666	256	38.4	1 003	427	42.6	1 248	927	74.3	988	417	42.2
		Q	706	189	26.8	753	319	42.4	1 098	441	40.2	1 326	960	72.4	922	524	56.8
	柱	N	734	195	26.6	728	372	51.1	1 054	436	41.4	1 076	769	71.5	904	401	44.4

［注］ M_{x_1}：短辺方向両端最大負曲げモーメント　M_{x_2}：短辺方向中央部最大正曲げモーメント
M_{y_1}：長辺方向両端最大負曲げモーメント　M_{y_2}：長辺方向中央部最大正曲げモーメント
Q_x：短辺方向端部最大負せん断力　Q_y：長辺方向端部最大正せん断力　M_1：端部最大負曲げモーメント
M_2：中央部最大正曲げモーメント　Q：端部最大せん断力　N：軸力

表 4.2.5 等価等分布荷重に関する統計量

室の種類	床				大梁				柱				荷重強さ（床）				荷重強さ（大梁）				荷重強さ（柱）				備考
	99 %	k_e	平均	変動	99 %	k_e	平均	変動	99 %	k_e	平均	変動	99 %	平均	変動	面積	99 %	平均	変動	面積	99 %	平均	変動	面積	
住宅	1 550	1.8	430	78	830	1.3	220	84	870	1.4	230	84	850	230	82		630	220	58		630	220	58		
	240	1	110	39	240	1	110	39	240	1	110	39	240	110	39		240	110	39		240	110	39		
	1 590	1.8	510	66	870	1.2	310	59	910	1.3	320	59	890	340	58	24.5	700	320	41	49	700	320	41	49	
	1 440	2.1	410	70	680	1.2	280	63	700	1.3	320	51	700	300	58		560	300	32		560	300	32		集合住宅（住宅データから抜粋）
	210	1	80	35	210	1	80	35	210	1	80	35	210	80	35		210	80	35		210	80	35		
	1 520	1.9	470	68	770	1.2	330	59	830	1.3	410	48	800	390	47	25.8	640	390	24	51.6	640	390	24	51.6	
	1 030	1.5	380	55	630	1	360	33	730	1.2	400	35	690	400	31		620	410	22		630	400	25		集合住宅（単独調査）
	70	1.2	40	28	60	1	40	26	60	1	30	28	60	30	31		60	30	25		60	30	27		
	1 070	1.5	410	51	670	1	390	31	770	1.1	430	33	720	430	28	13	660	440	21	25	670	430	23	23.8	
ホテルの客室（ユニットバスを含まない）	790	2.5	200	81	320	1.3	130	49	300	1.3	120	49	320	120	50		240	120	31		240	120	31		
	100	1	50	33	100	1	50	33	100	1	50	33	100	50	33		100	50	33		100	50	33		
	810	2.3	240	67	350	1.3	180	36	350	1.3	170	35	350	170	36	22.5	280	170	22	44.9	280	170	22	44.9	
事務室・研究室	2 420	1.4	870	57	1 530	1	620	47	1 810	1.1	620	61	1 700	630	54		1 560	650	45		1 650	620	53		
	290	1.2	120	46	220	1	100	37	250	1	110	43	240	100	41		220	100	36		240	110	41		
	2 490	1.4	950	52	1 620	1	720	40	1 890	1.1	730	51	1 840	730	46	22.4	1 670	760	39	52.8	1 680	730	44	34.6	
店舗の売り場	2 980	1.6	1 280	57	1 970	1.1	920	49	1 970	1.1	920	49	1 840	900	45		1 720	920	38		1 790	920	41		
	230	1.2	170	15	190	1.1	140	15	200	1.1	140	21	190	140	15		170	140	11		190	140	17		
	3 580	1.8	1 380	52	2 330	1.3	1 050	42	2 320	1.2	1 050	41	1 950	1 040	37	18.8	1 830	1 050	32	48.1	1 890	1 050	34	43.9	
電算室（配線部分を含まない）	6 730	1.4	1 950	74	4 750	1.4	1 280	73	3 900	1.1	1 050	73	4 720	1 140	83		3 290	1 130	61		3 440	1 050	64		オフィスに含まれる場合など
	30	1	30	14	30	1	20	13	30	1	20	13	30	20	14		30	20	11		30	20	11		
	6 740	1.4	1 970	73	4 750	1.3	1 310	72	3 900	1.1	1 080	72	4 720	1 160	81	17.4	3 580	1 150	60	54.3	3 450	1 080	62	49.4	
	5 440	1.6	2 260	60	3 020	1.1	1 320	55	3 110	1.1	980	70	3 420	1 100	67		2 860	1 110	52		2 870	980	62		専用用途（電算センター）の例
	30	1	30	11	30	1	20	12	30	1	30	13	30	20	13		30	20	9		30	30	10		
	5 450	1.6	2 280	60	3 040	1.1	1 340	54	3 130	1.1	1 000	68	3 430	1 120	66	17.6	2 860	1 130	51	47.9	2 890	1 000	60	42.3	
自動車車庫および自動車通路	3 130	1.8	1 530	45	2 420	1.4	920	54	2 080	1.3	870	46	1 700	880	41		1 670	850	42		1 650	870	38		自動車は，2.6 m×1.4 m，1.5 kN と仮定
	50	1.3	30	18	40	1	30	17	40	1	30	15	40	30	12		40	30	13		40	30	12		
	3 150	1.8	1 560	44	2 430	1.4	950	51	2 090	1.3	900	44	1 730	910	39	25.5	1 700	880	40	41.7	1 670	910	37	32.7	
一般書庫	4 360	1.1	2 710	23	4 040	1.1	2 450	28	3 590	1	2 180	28	3 880	2 200	28		3 560	2 180	20		3 560	2 180	20		
	-	-	-	-	-	-	-	-	-	-	-	-	-	-	-		-	-	-		-	-	-		
	4 430	1.1	2 780	22	4 120	1.1	2 530	27	3 660	1	2 260	27	3 940	2 280	27	29	3 640	2 260	20	58.1	3 640	2 260	20	58.1	
客席（固定席）	690	1	400	30	620	1.2	390	26	560	1.1	330	29	660	370	28		510	330	22		510	330	22		
	-	-	-	-	-	-	-	-	-	-	-	-	-	-	-		-	-	-		-	-	-		
	-	-	-	-	-	-	-	-	-	-	-	-	-	-	-	28.1	-	-	-	56.2	-	-	-	56.2	
教室	300	1.3	180	30	230	1	140	28	280	1.2	140	34	240	140	29		240	140	26		240	140	26		衝撃を考慮していない
	1 000	1	570	28	1 000	1	570	28	1 000	1	570	28	1 000	570	28		1 000	570	28		1 000	570	28		
	1 280	1.1	750	26	1 270	1	710	27	1 190	0.9	730	27	1 210	710	26	22.8	1 260	730	26	46.9	1 260	730	26	43.6	

［注 1］：上段は物品，中段は人間，下段は物品＋人間の値であり，99 % 値および平均値の単位は N/m^2 である．
［注 2］：k_e とは等価等分布荷重の 99 % 値における荷重強さ（99 %）に対する割合である．
［注 3］：変動とは変動係数のことで単位は %，面積とは平均影響面積のことで単位は m^2 である．

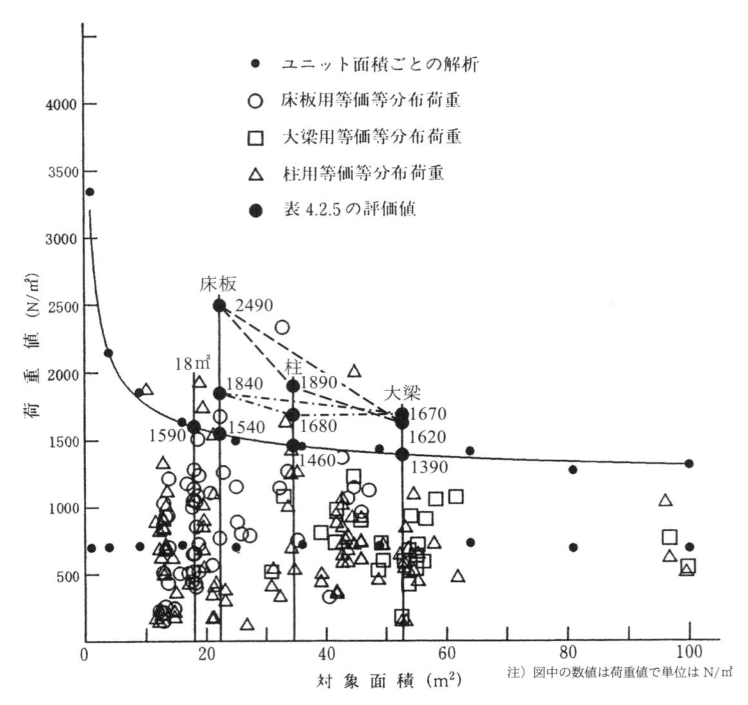

(a) 事務室における解析

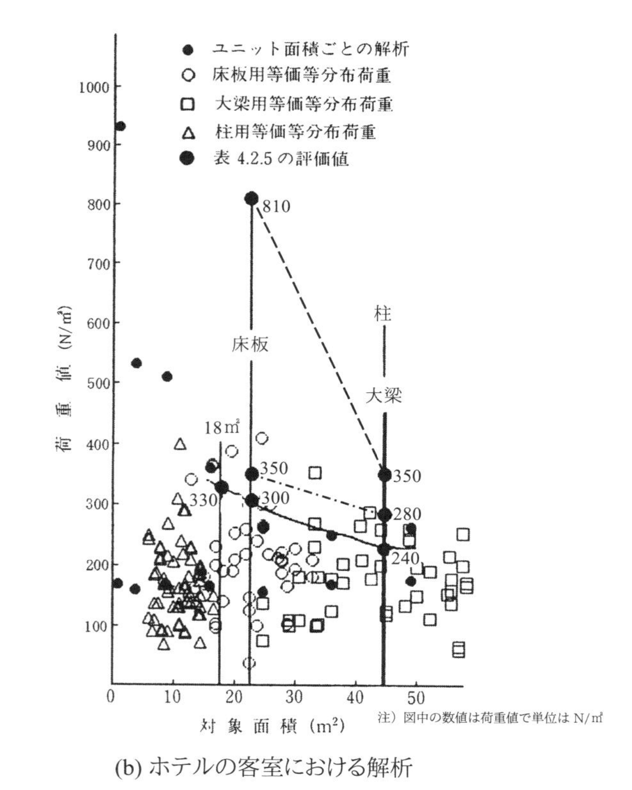

(b) ホテルの客室における解析

図 4.2.9　等価等分布荷重の解析結果とユニット面積ごとの解析結果の比較

等価等分布荷重の解析結果とユニットごとの解析結果の比較の例[2),4)]を図 4.2.9 に示す．図中の破線は，同じデータで面積が異なる解析の評価値を結んだものであり，破線は等価等分布荷重の解析の非超過確率 99％の値，一点鎖線は平均重量の非超過確率 99％の値（積載重量）である．実線はユニット面積ごとの解析結果であり，この実線と破線および一点鎖線の傾きが同じであるとみなしたことになる．対象面積が小さいところでは等価等分布荷重にばらつきがみられるが，これらの結果を参考に等価等分布荷重の解析とユニットごとの解析の特性をよく理解したうえで，各用途の評価値を使用されたい．

ここで，本指針を定めるにあたって用いた，用途ごとの調査・解析について紹介しておく．調査範囲や対象の特徴・数量などについては，基本的に 4.2.2 項の内容と重なる部分が多いため，同項も参照して戴きたい．ここでは特記する必要のある等価等分布荷重解析の条件等について主に示した．

① 住　　宅[2),3)]

解析では骨組を仮定し，7 m × 7 m スパンの架構を想定し，小梁がそのなかに 1 本入るものとした．

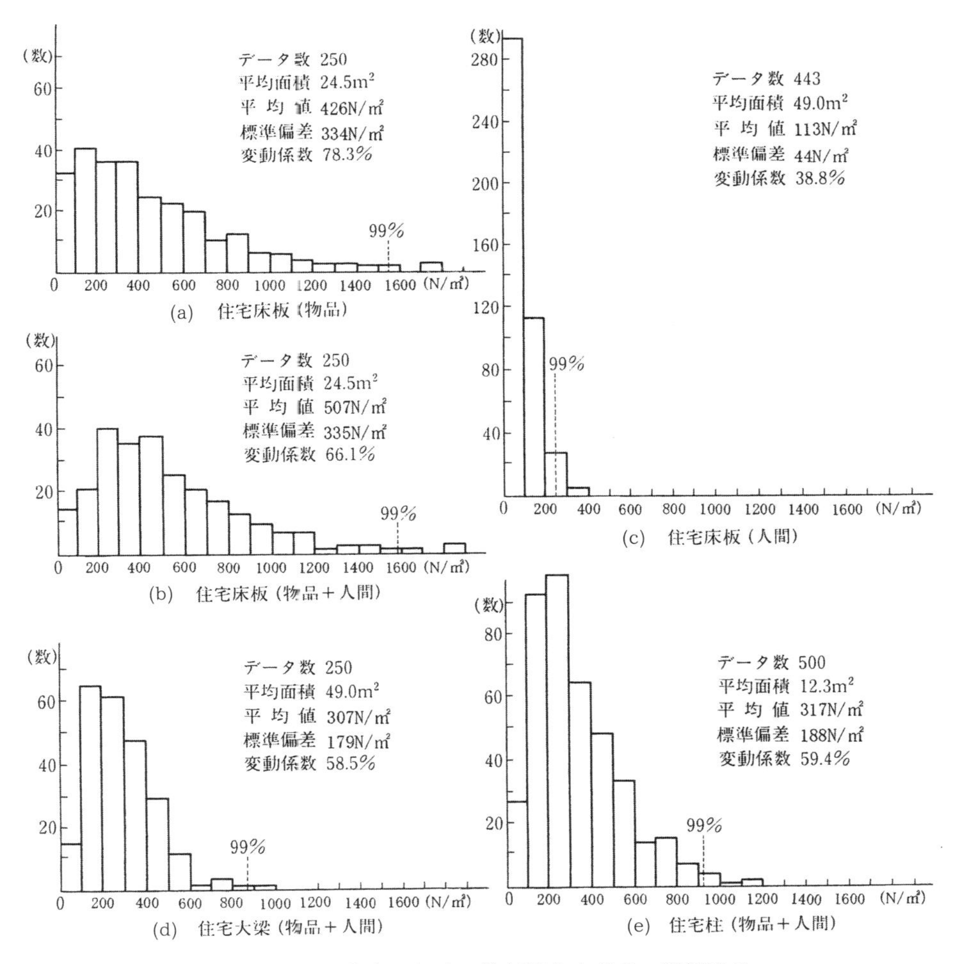

図 4.2.10　住宅における等価等分布荷重の解析結果

等分布換算係数は，ほぼ結果の値そのままである．

解析結果において，等価等分布荷重の平均値および標準偏差は，対象応力，対象部材ごとにさまざまで一定の傾向はみられない．大梁・柱における物品荷重のみの結果では変動係数が床板より大きく，物品と人間の両荷重を統合した結果では小さくなった．大梁・柱において，人間荷重を考慮するか否かで平均値にはあまり影響がないものの，ばらつきは変化する．

集合住宅も，同様の条件で解析した．

結果の頻度分布の例を図 4.2.10 に示す．全体的に右にゆがんだ分布となっているが，等価等分布荷重の解析では用途によらずこの傾向がみられる．床板用の結果では，最大値は平均値の 3 倍以上になっている．

旧指針（1981 年版）でも，大梁用と柱用の積載荷重値には同じ値が設定されていたが，本指針の大梁と柱の解析結果をみても，頻度分布の傾向や平均値，非超過確率 99 % の値がほぼ等しくなった．

どの対象部材に対しても，物品荷重のみで解析した結果と物品荷重と人間荷重を合わせて解析した結果では傾向が近似している．これは，人間を等分布荷重とみなしていること，さらにその値が小さいことに起因していると考えられる．

ところで，本指針において積載荷重の評価を行う際には，既に述べたとおり鉄筋コンクリート構造および鉄骨構造などの剛節架構を基本としている．したがって，解析時には周辺固定の床のみを対象としていて，戸建住宅の大部分を占める木質構造については評価の対象としていない．木質構造は部材寸法や木材の比重が小さいため，他構造と比較した場合は固定荷重が小さくなり，鉛直荷重における積載荷重の割合が相対的に大きくなる．そのため，実際には積載荷重による影響が大きいと考えられる．実際に積載物によって木造床が抜け落ちるといった事故が発生していることを考えると，木造住宅を対象とした力学的検証が必要であると考えられる．

そこで，木造軸組住宅を対象に固定および積載荷重に対する力学的検証を行い，鉄筋コンクリート構造における積載荷重の評価結果と比較した例を示す[23]．木造軸組住宅の架構は，床板と根太で構成される床組と，梁，柱，屋根部材で構成される骨組に分けられる．そこで，それぞれを線材置換して三次元モデルとして解析した．床組データは住宅居室 35 室（用途 6 種類，架構 18 種類から，使用頻度の高い室を選択）を解析対象とした．骨組データは文献 24）および実在建築物の設計図面を入手し，10 棟の木造軸組住宅を選定し，これを解析した．

固定荷重を載荷する際には，仕上げ材は材料による重量差が大きいため，平均的な重さの材料を仮定した．また積載荷重は住宅 100 戸の調査結果[10]から室種類別の平均値を算定して，これを各部材に載荷している．これらの条件で等価等分布荷重を算定し，確率論的手法を用いて評価を行った．等価等分布荷重の算定結果および非超過確率 99 % の値に対する評価結果について，鉄筋コンクリート構造および木質構造の結果を図 4.2.11 に示す．

鉄筋コンクリート構造の方が全体的に荷重効果が小さく，木質構造の方が積載荷重による影響が大きい結果となっている．特に梁・柱においてその傾向が強い．また平均値および非超過確率 99 % の値も木質構造の方が大きく，梁の平均値は鉄筋コンクリート部材の約 2 倍近い値となった．また，木質構造は部材ごとのばらつきが大きく，鉄筋コンクリート構造より積載荷重の影響を受けやすいことも確認できる．

基本的には鉄筋コンクリート構造のような床スラブ1枚に対する評価と，木質構造の解析で行っている部材ごと（根太1本ごと）の評価では影響面積の違いも含めて，概念が異なるため，全く同一のものとしての比較はできないが，木質構造の方が部材間のばらつきが大きく，全体的には鉄筋コンクリート造より安全側の部材が多いことがわかる．

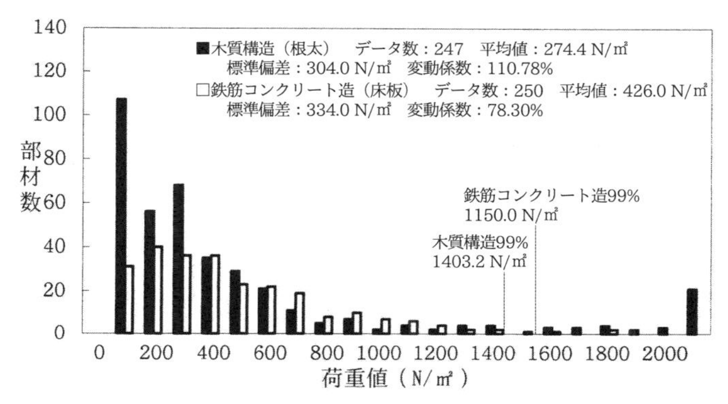

(a)　床用等価等分布荷重

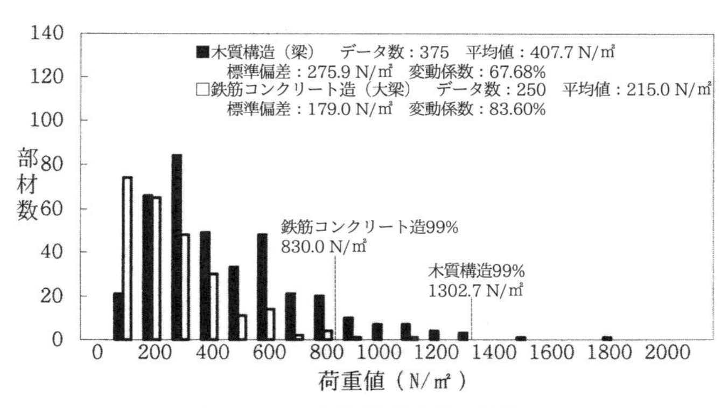

(b)　梁用等価等分布荷重

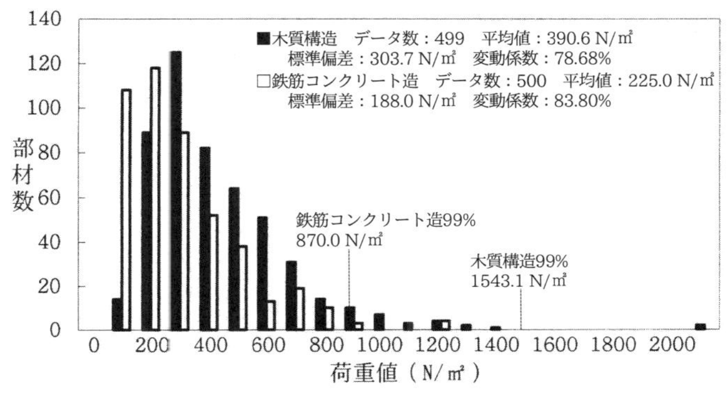

(c)　柱用等価等分布荷重

図 4.2.11　木質構造と鉄筋コンクリート造における等価等分布荷重の比較

② ホテルの客室[2)]

解析の架構は実況スパンを用いた．スパンは，4.7〜7.5 m×5.2〜9.4 m の範囲であり，それぞれに小梁が 1 本入ると仮定している．

ホテルの客室に存在するユニットバスは，構造設計を行う際に固定荷重とみなすか，積載荷重とするか区別の不明解な物品である．ユニットバスの荷重が各対象部材に与える影響は大きい．荷重にユニットバスを含む場合と含まない場合の解析を以下に示す．

図 4.2.12 に頻度分布の例を示す．荷重にユニットバスを含む場合と含まない場合では，等価等分布荷重の値の範囲が異なっており，平均重量も 2 倍以上の違いになる．物品荷重と人間荷重を総合した解析結果では，ユニットバスを含まない場合の変動係数は大きくなるが，ユニットバスを含めて解析した場合にはやや小さくなる[11)]．なお，ユニットバスを含めて解析した結果はばらつきの大きな分布を示すが，これは架構によってユニットバスを含む床板と含まない床板に分かれ，それが変動係数に影響を与えるものと考えられる．大梁，柱用の等分布換算係数は，他の用途の場合ほとんどが 1.0 となっているが，ホテルの客室においてユニットバスを含めて解析した結果では係数が大きい．これは大梁や柱の付近にユニットバスが配置されるため，荷重分担の比率が偏ったためであろう．

これらの結果からも，ホテルの客室において荷重にユニットバスを含むか，含まないかが，結果に大きく影響することがわかる．そこで，本指針ではホテルの客室におけるユニットバスを固定荷重とみなし，積載荷重に含めないことによって評価値を低減し，「ホテルの客室」を一つの用途として分類の一つに加えている．なお，ホテルの客室の床板の等分布換算係数の算定結果は 2.3 になっているが，本指針では簡便のため他用途と同じ 2.0 とし，その分基本積載重量を大きめにすることで整合させている．

③ 事 務 室[4)]

解析の架構は，平面図の柱位置より大梁を設定し，必要に応じて小梁を設定した．図 4.2.13 に頻度分布の例を示す．積載重量の非超過確率 99 % の値を算定した際の床板，大梁，柱の各部材の影響面積は，18 m^2 より大きいため，等価等分布荷重の非超過確率 99 % の値を参考に等分布換算係数 k_e の値を床板では 1.4 から 1.6 へ，大梁，柱ではおのおの 1.0，1.1 から 1.2 へと大きくした．事務室では壁際や大梁沿いに本棚などの重量の大きな物品が設置される傾向があるため，柱位置などを考慮しないユニット面積ごとの解析と部材ごとの解析とは荷重強さの差異が生じてしまうものと考えられる．基本値を旧指針（1981 年版）と比較すると，床板では 392 N/m^2 程度小さくなったが，大

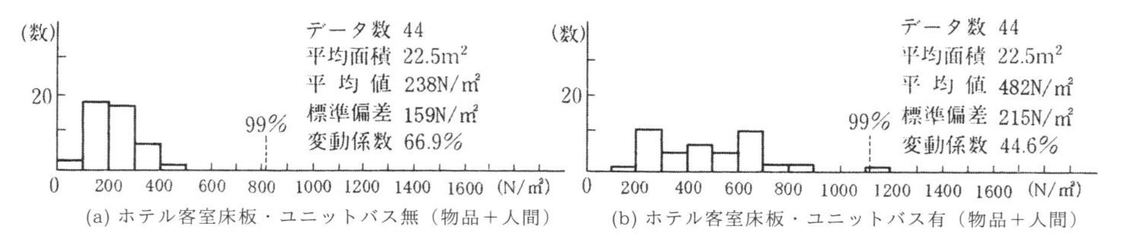

(a) ホテル客室床板・ユニットバス無（物品＋人間）　(b) ホテル客室床板・ユニットバス有（物品＋人間）

図 4.2.12 ホテルの客室における等価等分布荷重の解析結果

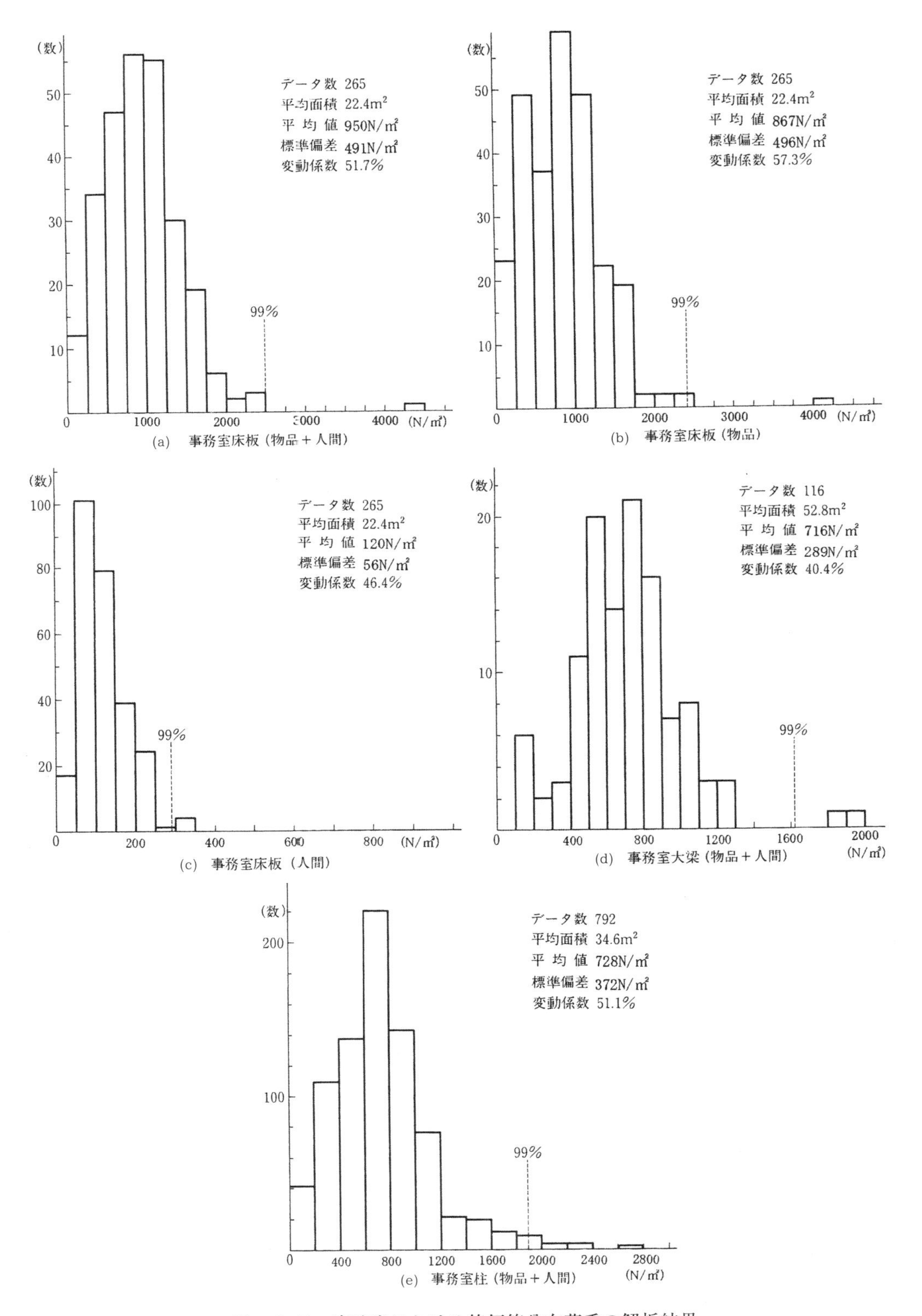

図 4.2.13 事務室における等価等分布荷重の解析結果

梁・柱では逆に 100 N/m^2 程度大きくなっている．

④　店舗の売場 [5)]

解析の架構は，実地調査で測定した柱位置より大梁を設定し，必要に応じて小梁を設定した．図 4.2.14 に頻度分布の例を示す．等分布換算係数 k_e はほぼ等価等分布荷重解析の結果のままを用いている．表 4.2.5 の床板の非超過確率 99 % の値および等分布換算係数をみると，物品荷重のみの解析結果と物品 + 人間荷重の解析結果に大きな差がある．これは確率分布モデルが物品荷重のみの場合は正規分布，物品 + 人間荷重の場合はガンマ分布を用いているためである．物品荷重のみの確率

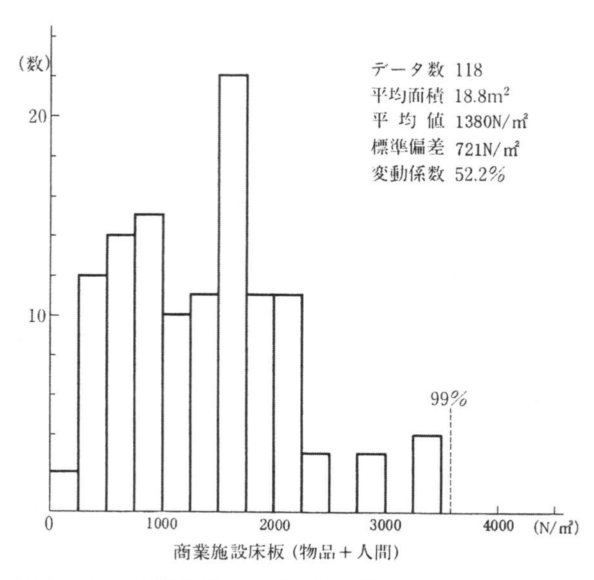

図 4.2.14　商業施設における等価等分布荷重の解析結果

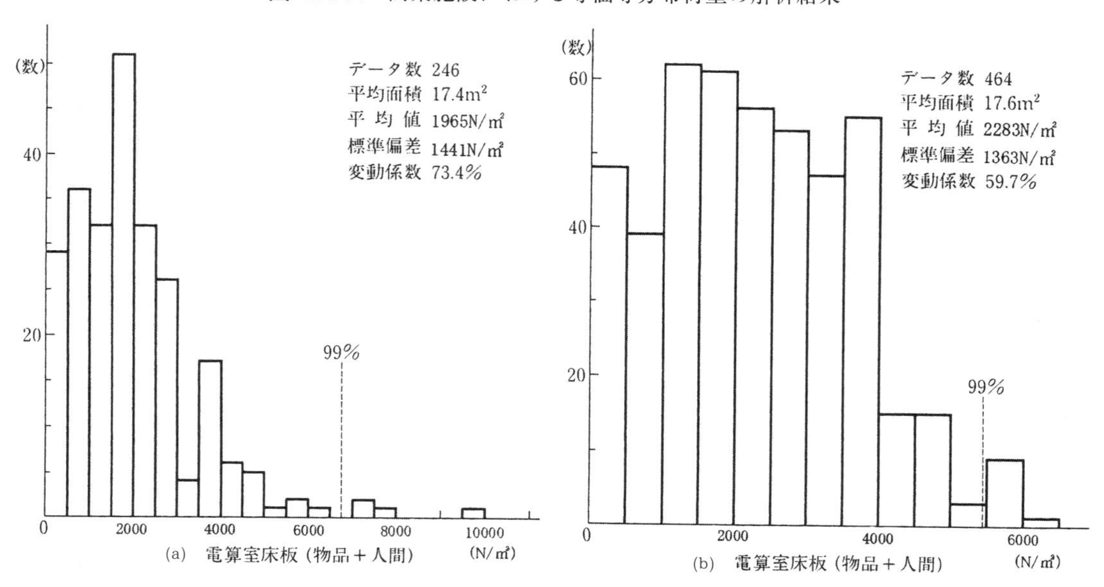

注）(a)：オフィスに含まれる場合など，(b) 専用用途（電算センター）の例

図 4.2.15　電算室における等価等分布荷重の解析結果

分布モデルはガンマ分布でも正規分布とほぼ同様の適合度を示しており，ガンマ分布の非超過確率 99 % の値は 3 480 N/m^2 で物品＋人間荷重の場合とほぼ同様の値となる．このように，モデルの選択には充分な注意および検討が必要である．

⑤　電　算　室[6)]

解析の架構は，平面図の柱位置より大梁を設定し，必要に応じて小梁を設定した．図 4.2.15 に頻度分布の例を示す．

等分布換算係数 k_e は，専用用途（電算センター）の場合をもとに設定した．オフィスに含まれる場合などと専用用途（電算センター）とではかなり異なった傾向を示している．積載重量はほぼ同様の値となっているが，前者は使用形態がさまざまで荷重値がばらつくために非超過確率 99 % の値が大きくなる．後者は電算機本体や磁気ディスクといった重量の大きな物品が多く存在するため積載荷重が偏り，等分布換算係数の値が大きくなる．また，人間荷重の影響はほとんど見られない．

本用途は旧指針（1981 年版）にはなかったものであり，電算機の利用形態によりさまざまな積載荷重の状態となるため合理的な設計のためには充分な検討が必要であろう．また，ケーブル類・二重床なども考慮に入れる必要がある．

⑥　自動車車庫および自動車通路[7)]

解析の架構は，平面図の柱位置より大梁を設定し，必要に応じて小梁を設定した．図 4.2.16 に頻度分布の例を示す．k_e はほぼ等価等分布荷重解析の結果のままを用いている．4.2.2 項で記したように，2 600 mm × 1 400 mm の大きさで 15 kN の重量の自動車を仮定したため，人間荷重による影響は小さく，物品重量が大きいための集中効果で k_e は他の用途と比較して大きめの値となっている．基本値を旧指針（1981 年版）の値と比較すると全ての対象部材で 1 500 N/m^2 程度小さくなっているが，仮定した自動車の単位面積あたりの重量が 4 kN/m^2 であることを考えるとほぼ妥当であろう．

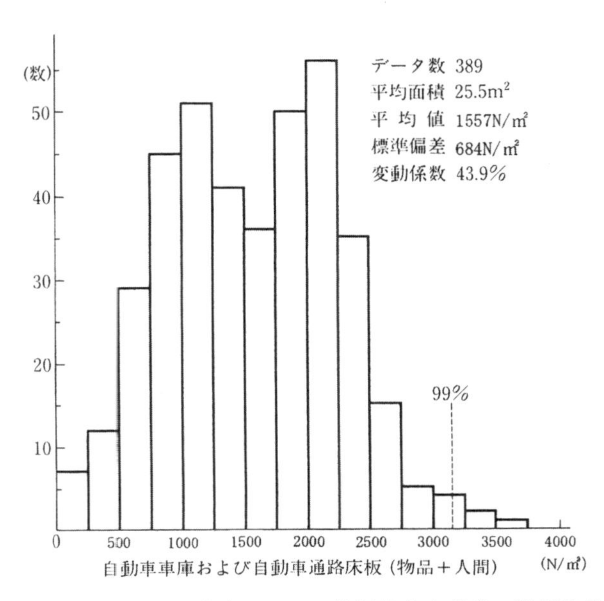

図 4.2.16　自動車車庫における等価等分布荷重の解析結果

⑦ 一 般 書 庫

4.2.2 項でも述べたが，一般書庫はシミュレーションデータを作成して解析したものである．人間荷重も，文献を参考に算定した平均重量を用い，等分布荷重として全床面積に載荷した．また，等価等分布荷重の解析では，柱と柱に囲まれた 1 区画のデータをそのまま用いて算定した．

⑧ 劇場，映画館，ホール，集会室，会議室，教室など [2),14)]

劇場，映画館，ホール，集会室，会議室，教室，食堂，客席，廊下・玄関・階段，屋上広場・バルコニーなどは人間荷重が主体となる用途である．これらの用途は，積載荷重のなかで人間荷重の占める割合が大きいにもかかわらず，人間荷重に関する調査データが不足している．それらのうち，教室については実測調査データが若干あり，その結果を用いて物品荷重が主体の場合と同様に等価等分布荷重解析を試みた [2),14)]．

架構は実況スパンを用いて算定した．その結果，解析で得られた等価等分布荷重と床単位面積あたりの平均重量とがほぼ等しくなっており，全体的に変動が小さく，対象部材の違いによる影響を受けない．特に，大梁と柱は平均値もパーセント点荷重値もほぼ等しい結果となった．

図 4.2.17 に頻度分布の例を示す．教室の結果は高校と大学で明らかに結果が異なっている．両者

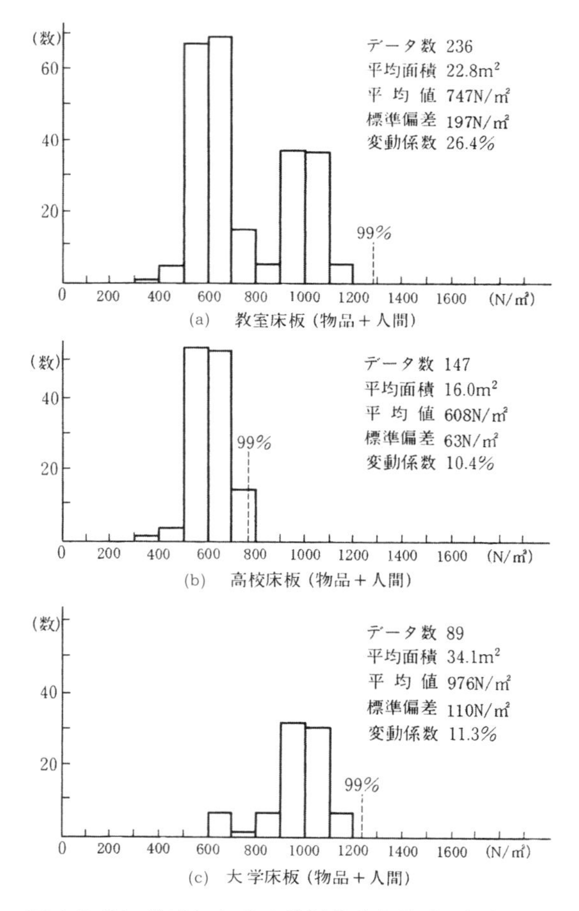

図 4.2.17 教室における等価等分布荷重の解析結果

の平均面積が異なることも影響の1つと考えられる．高校は大学と比較して小さい値になっている．

実状としてもともと等分布に近い荷重状態にあることは自明であるが，教室の等分布換算係数は床用でも 1.1 となり，他の用途と比較すると非常に小さい．これは物品の配置が等分布に近く，さらに荷重のうち大部分を占める人間荷重を等分布荷重と仮定したことの影響であろう．教室のように人間荷重が大部分を占める用途には，人間荷重の解析条件が大きく影響する．

人間荷重は時々刻々その位置を変えるため，物品荷重と同じようには評価するのは適当でない．そこで，4.2.2 項と同様に等分布換算係数を求めるために，人間荷重の評価方法を模索した．

4.2.2 項で述べた人間の調査データの解析結果である図 4.2.3 から，大部分を包含する値として約 2 人/m^2 を常時使用状態の人間密度と考えた．面積約 50 % 程度に偏在すると考えれば，荷重値は床用 2 倍，大梁・柱用 1.5 倍になる〔詳細は「荷重指針関連資料」参照〕．そこで，評価値としては，最大を包含する値として床用 4 人/m^2，大梁・柱用 3 人/m^2 がそれぞれ相当すると考えた．この評価値と Q_0 の根拠である解析値 2.5 人/m^2 の比率を等分布換算係数として算定したところ，床用 1.6，大梁・柱用 1.2 になる．これを人間荷重主体の用途における等分布換算係数であるとした．

固定席をもつ客席の物品荷重に関する解析は，聞取り調査で得た平面図とカタログからシミュレーション解析したものである．常時使用状態において，荷重が等分布に近い状態になる場合には，等価等分布荷重解析を行う意味が希薄であり，対象部材の違いにも影響されない．そのため，対象部材への影響が表現できる方法を模索し，等分布換算係数を設定する必要がある．本指針では，常時使用状態の使用人数調査の結果から算定した人間荷重を統計処理し，偏在状態を鑑みながら設定した．

4.2.4　面積低減係数

面積低減係数 k_a は，(4.2) 式または (4.3) 式によって算定する．

(1)　表 4.1 に示す①～⑦の用途の場合

$$k_a = 0.6 + \frac{0.4}{\sqrt{A_f/A_{ref}}} \leqq 1.0 \qquad (4.2)$$

(2)　表 4.1 に示す⑧の用途の場合

$$k_a = 0.7 + \frac{0.3}{\sqrt{A_f/A_{ref}}} \leqq 1.0 \qquad (4.3)$$

ここで，A_f：影響床面積（荷重が部材に影響を及ぼすと考える全範囲の面積，m^2）A_{ref}：基準床面積（= 18m^2）である．

旧指針（1981 年版）では面積による低減効果は考慮していないが，積載荷重は想定する面積が大きくなると，荷重が平面的に均されて単位面積あたりの荷重値のばらつきは小さくなる．海外の指針など[25),26)]でも，面積による積載荷重の低減に関する規定を有するものが多く，わが国においても面積による積載荷重の低減に関する報告[27)]がなされている．本指針では，対象とする部材によって異なる積載荷重値を設定しているがその意味するところは，基本積載重量と等価等分布荷重の関係が部材により異なること，部材の応力に影響を及ぼす領域の大きさは床板，梁，柱でそれぞれ異なることにある．4.2.3 項の等分布換算係数においては，対象面積 18 m^2 を基準として，各用途，各部材ごとの基本積載重量を等価等分布荷重に換算するための係数を示しているが，本項においては対象面積 18 m^2 以上の場合に等価等分布荷重を面積により低減するための係数を示す．

本項では，部材に生ずる応力を評価する領域として図 4.2.8 に示す影響面積を考える．面積低減係数は以下の手順で設定した．まず，4.2.2 項で説明したユニット面積ごとの解析を行い，単位面積当たりの荷重について，得られた平均値および標準偏差を用い積率法により正規分布，対数正規分布，グンベル分布およびガンマ分布の 4 つの確率分布にあてはめる．得られた各確率分布モデルについて非超過確率 99 % の値とユニット面積との関係を基に，面積低減の傾向を定式化する．面積低減式は既往の例にならい，次式のような形とした．

$$Q_1 = a + \frac{b}{\sqrt{A_f / A_{ref}}} \tag{4.2.3}$$

ここで，Q_1 は荷重値（N/m^2），A_f は影響面積（m^2），A_{ref} は基準床面積（＝18 m^2）である．非超過確率 99 % の値とユニット面積に対して最小自乗法によりパラメータ a，b を推定する．ただし，基準となる面積を 18 m^2 としたため推定に用いるデータは $4 \times 4 (= 16)$ m^2 以上のものとした．次に $A_{ref} = 18$ m^2 のときの Q_1 の値，すなわち基本積載重量で上式を除して a，b を規準化した次式に示す面積低減係数式のパラメータ $\tilde{a}$，$\tilde{b}$ を求めた．

$$k_a = \tilde{a} + \frac{\tilde{b}}{\sqrt{A_f / A_{ref}}} \tag{4.2.4}$$

以上の解析を行った結果，ユニット化荷重モデルとしてはすべての用途でガンマ分布が安定した適合を示した．表 4.2.6 に用途ごとに推定したパラメータ a，b および面積低減係数のパラメータ $\tilde{a}$，$\tilde{b}$ をまとめた．また，図 4.2.18 は事務室でのユニット化荷重モデルの非超過確率 99 % の値と得られた低減式による曲線を併せて描いたものである．規準化された面積低減式のパラメータは多少ばらついているため，物品荷重が主体となる①〜⑦の用途の場合は，最もデータの多い事務室の数値を参考に $\tilde{a}=0.6$，$\tilde{b}=0.4$，人間荷重が主体となる⑧の用途の場合は，物品が主体になる場合よりが若干大きくなると考え $\tilde{a}=0.7$，$\tilde{b}=0.3$ と設定した．

ここで，人間荷重が主体となる用途ではパラメータ a が大きい，すなわち低減の度合が小さくな

表 4.2.6　低減式のパラメータ

用途	式（4.2.3）		式（4.2.4）	
	a (N/m^2)	b (N/m^2)	$\tilde{a}$	$\tilde{b}$
①住宅の居室・宿舎など	458	561	0.45	0.55
②ホテルの客用寝室	99	228	0.30	0.70
③事務室・研究室	1 097	497	0.69	0.31
④百貨店・店舗の売り場	1 265	1 009	0.56	0.44
⑤電算室	1 786	2 024	0.47	0.53
⑧教室	1 242	879	0.93	0.066

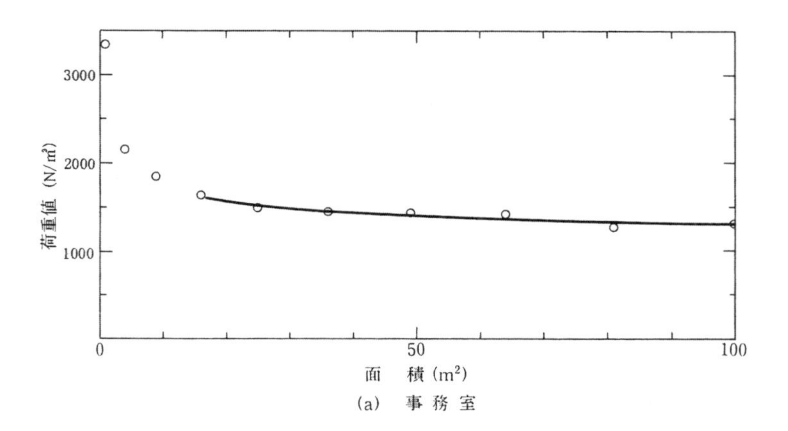

(a)　事 務 室

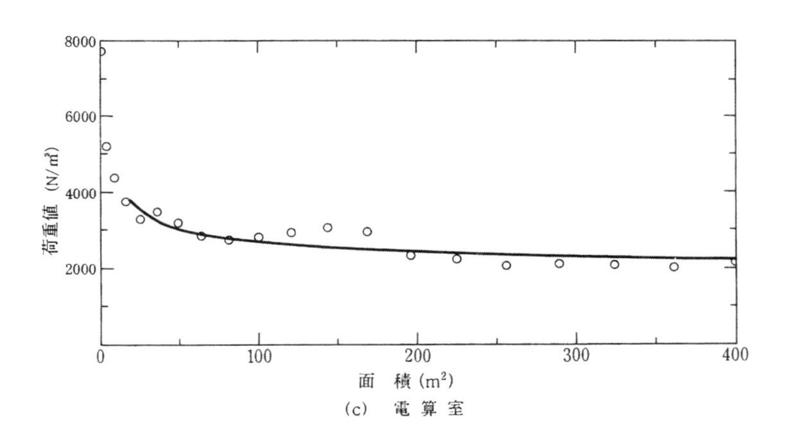

(c)　電 算 室

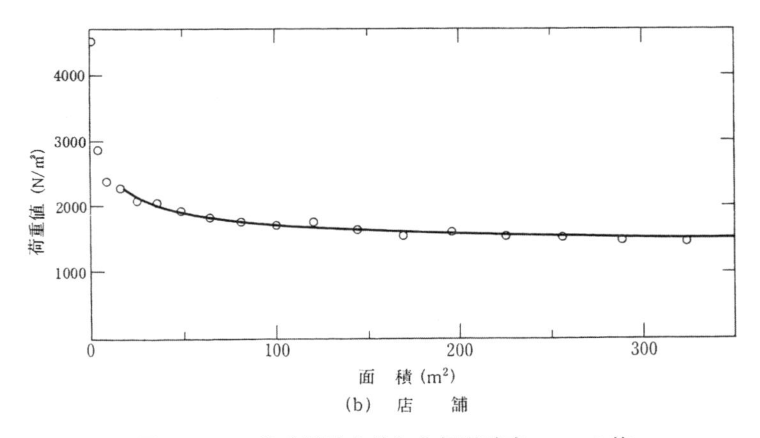

(b)　店　　舗

図 4.2.18　荷重低減曲線と非超過確率 99 % の値

る理由は，物品荷重が主体となるものと比較して，人間荷重が主体となる用途の場合は元々の積載荷重が小さく，かつ，平面的に均された状態であるため面積が大きくなってもばらつきがあまり小さくならないためである．

本来，面積による積載荷重の低減は等価等分布荷重に対してなされるものであり，その定式化のためには等価等分布荷重のデータを用いた解析が必要となる．しかしながら，現状では等価等分布荷重のデータの量が充分ではないため，ユニット面積ごとの解析により基本積載重量の面積による低減傾向を明らかにし，これをもって面積低減係数とした．図 4.2.19，図 4.2.20 は面積低減を行った設計用積載荷重値と等価等分布荷重解析の結果を事務室の場合についてプロットしたものであるが，基本積載重量を基に設定した面積低減係数が等価等分布荷重の面積による低減の傾向をほぼ表していることがわかる．また，シミュレーション解析ではほぼ同様の傾向を示すことが報告されている [28]．等価等分布荷重における面積による低減効果については，ひとつの例としてこの項の最後に事務室・研究室に関する研究成果を掲載している．

ユニット面積ごとの解析の平均値と標準偏差を用いて面積低減係数を説明すると次のようになる．

i 点の単位面積における積載荷重を確率変数 X_i で表わすものとし，全床面積を $A=n_A\times 1$（n_A は単位面積の領域の数であり整数）とすれば，全床面積における単位面積あたりの荷重値の平均値 μ_A および標準偏差 σ_A は，次式のようになる．

$$\mu_A = \frac{1}{A}\sum_{i=1}^{n_A}\mu_i = \mu$$

$$\sigma_A^2 = \frac{1}{A^2}\sum_{i=1}^{n_A}\sigma_i^2 + \frac{2}{A^2}\sum_{i<j}\sum\sigma_{ij} = \frac{1}{A}\sigma^2 + \frac{2}{A^2}\sum_{i<j}\sum\sigma_{ij}$$

ただし，μ_i：X_i の平均値（$=\mu$），σ_i：X_i の標準偏差（$=\sigma$），σ_{ij}：X_i と X_j との共分散である．

ここで積載荷重 Q が $\mu+c\sigma$（c：定数）の形で設定されるとすれば，床面積 A における積載荷重 Q_A は，

$$Q_A = \mu_A + c\sigma_A = \mu + c\sqrt{\frac{1}{A}\sigma^2 + \frac{2}{A^2}\sum_{i<j}\sum\sigma_{ij}}$$

となる．さらに X_i がそれぞれ統計的に独立と仮定すれば，$\sigma_{ij}=0$ となり，

$$Q_A = \mu_A + c\sigma_A = \mu + c\sqrt{\frac{1}{A}\sigma^2} = \mu + \frac{c\sigma}{\sqrt{A}}$$

となる．すなわち，積載荷重 Q_A は面積の平方根の逆数に比例することになる．

本項で行った定式化は荷重強さについてのものである．設計荷重は荷重効果をもとに設定されるため，荷重強さの面積低減とは異なることも考えられ，荷重効果そのものの面積低減の性格を明らかにする必要がある．事務室・研究室における面積低減係数については，以下に示すような報告 [29] がなされている．

荷重効果の面積低減の傾向を検討するため，ある面積の範囲ごとに荷重値を評価した．評価対象とする面積を例えば $10\,\mathrm{m}^2$ 以上 $25\,\mathrm{m}^2$ 未満というように $15\,\mathrm{m}^2$ ごとに区切り，そこに含まれるデータ

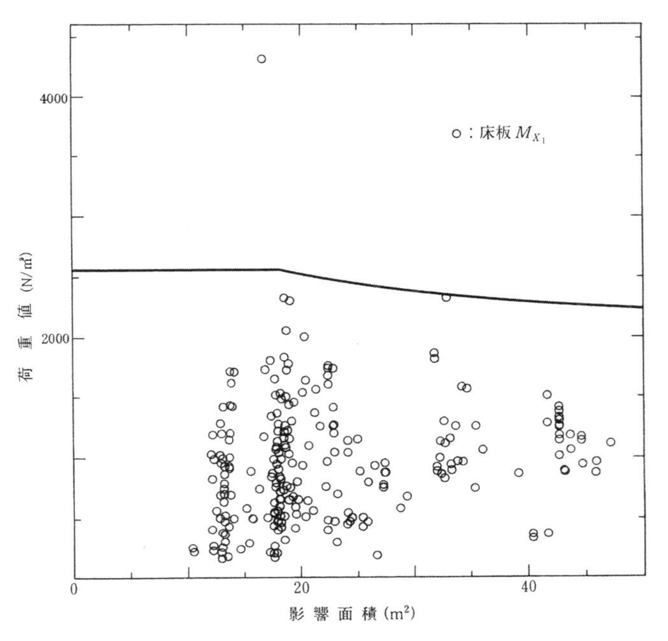

図 4.2.19　事務室における床板用荷重低減曲線と等価等分布荷重

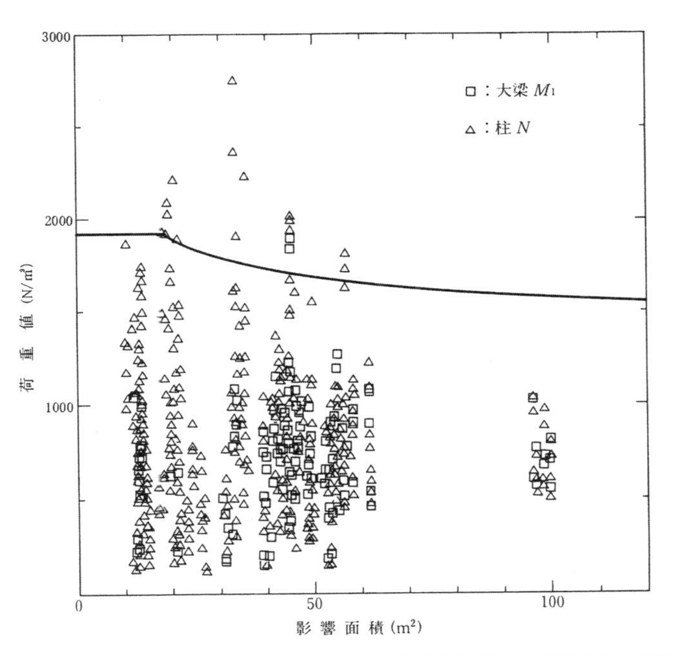

図 4.2.20　事務室における骨組用荷重低減曲線と等価等分布荷重

のみを用いて解析を行った．そして，面積の範囲の最小値を 0 m^2 から 1 m^2 ずつ増やして解析することで，低減傾向を検討した．なお，15 m^2 という面積の範囲は，全般的な傾向がはっきりとわかり，かつ局所的な影響を避けるために設定したものである．

図 4.2.21 は床板 M_{x_1}，大梁 M_1 および柱軸力について，影響面積と荷重値との関係，面積（15 m^2）ごとの非超過確率 99 % の値，推定された面積低減曲線および本項の面積低減曲線をプロットしたものである．

面積（15 m^2）ごとの非超過確率 99 % の値の計算には確率分布モデルとしてグンベル分布を用い，面積低減曲線は荷重効果についても面積の平方根の逆数に比例する形とし，次式で与えられるものとして，パラメータを最小自乗法で推定した．

$$y = c \cdot \left(a + \frac{b}{\sqrt{x/18}} \right)$$

ただし，x は面積，y は荷重値，a，b，c は推定するパラメータで，$a+b=1$ となるように規準化されたものである．

推定されたパラメータを表 4.2.7 に示す．基本積載重量に相当する c が異なることに注意する必要があるが，a，b はそれぞれ 0.2，0.8 程度であり，低減の度合いが大きいことを示している．

非超過確率 99 % の値のプロットと推定された面積低減曲線はすべての荷重でほぼ荷重データを包絡するものとなっている．また，本項の低減曲線は，推定されたものと比較して全般的に安全側になっている．柱軸力に対する等価等分布荷重については，60 m^2 程度まで本項の方が危険側にあるが，柱の影響面積が床板と比較するとかなり大きくなることを考えれば，現実的には充分安全側の低減曲線であると思われる．

4.2.5 層数低減係数

層数低減係数 k_n は次式によって算定する．

$$k_n = 0.6 + \frac{0.4}{\sqrt{n}} \tag{4.4}$$

ここで，n：支える床の数である．

ただし，表 4.1 に示す⑧の用途については上式によって低減することができない．また，いずれの用途の場合も $k_a k_n \geqq 0.4$ とする．

積載荷重によって生ずる柱の軸方向圧縮力は，その柱が支える各階の積載荷重を建築物の高さ方向に累加した値となる．したがって，積載荷重によって生ずる柱の軸方向圧縮力のばらつきは，柱の支える床数が増加すると各階でのばらつきが均され，単層だけを支える柱のばらつきよりも小さくなる．この性質より，柱軸方向圧縮力の算定においては，その柱が支える床数に応じて荷重のばらつきが小さくなるので，積載荷重を低減することができる．

柱が支える床数に応じた積載荷重の低減に関しては，海外の調査・研究などによる新しい成果がいくつか報告されており [30),31)]，わが国でも国内の最近の実測調査データに基づいた層数による積載荷重低減に関する研究 [17),32)] がなされている．こうした調査・研究成果に基づき，本指針では，柱

表 4.2.7　推定されたパラメータ

	c	a	b
等価等分布荷重（M_{X_1}）	2 753	0.24	0.76
等価等分布荷重（大梁 M_1）	2 288	0.21	0.79
等価等分布荷重（柱軸力）	2 401	0.24	0.76

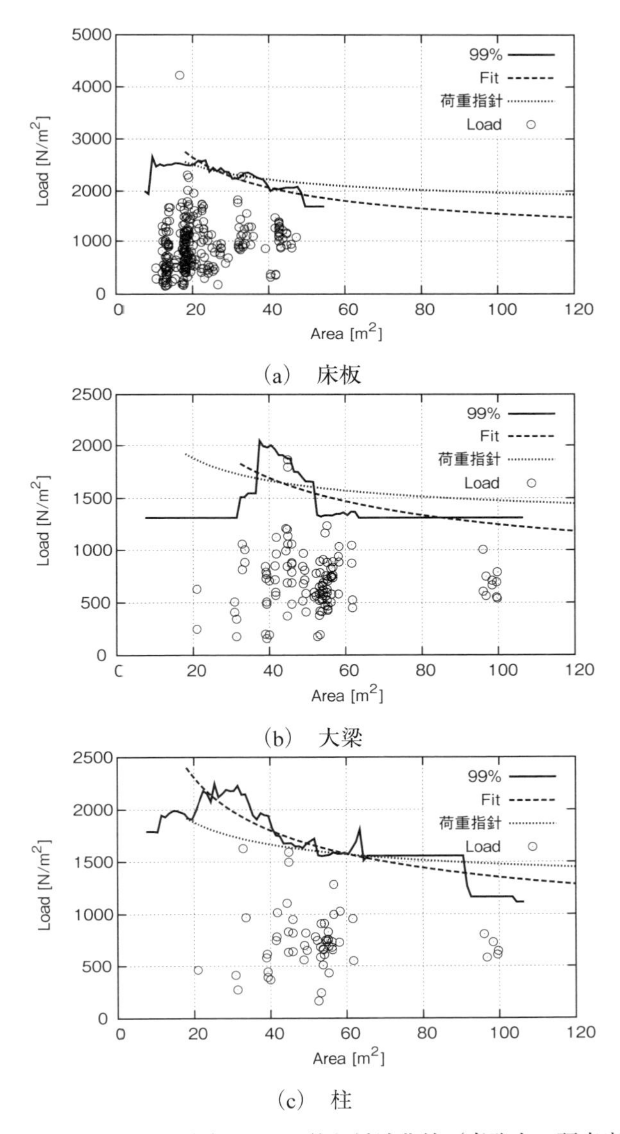

図 4.2.21　非超過確率 99 % の値と低減曲線（事務室・研究室）

が支える床数に応じた積載荷重低減のための層数低減係数を，確率統計論的解釈のもとで定式化し，導入している．ただし，人間荷重が主体となる用途では一時的な荷重の偏在が生じやすいこと，および上下階にわたる分布にあいまいな点が多いことを考慮し，低減の対象としない．

柱軸力用積載荷重値の平均値と標準偏差を用いて層数低減係数を説明すると次のようになる．単層を支える柱，すなわち i 番層にある積載荷重だけを対象とした柱の等価等分布荷重の平均値，標準偏差を μ_i，σ_i とすると，n 個の層を支える柱の等価等分布荷重の平均値 μ_n および標準偏差 σ_n は

$$\mu_n = \sum_{i=1}^{n} \mu_i \tag{4.2.5}$$

$$\sigma_n^2 = \sum_{i=1}^{n} \sum_{j=1}^{n} \sigma_i \sigma_j \rho_{ij} \tag{4.2.6}$$

で表わされる．

ここに ρ_{ij} は i 番層にある積載荷重だけを対象とした柱の等価等分布荷重のばらつきと j 番層にある積載荷重だけを対象とした柱の等価等分布荷重のばらつきの相関係数である．各階の積載荷重の平均値，標準偏差，各層間の相関係数をすべて等しいと仮定すると，μ_n，σ_n は，

$$\mu_n = n\mu_i \tag{4.2.7}$$

$$\sigma_n^2 = \sigma_i^2 n \{\rho(n-1)+1\} \tag{4.2.8}$$

となる．ここに $\rho = \rho_{ij}$ である．また，n 個の床を支える柱の等価等分布荷重の変動係数 δ_n は次式となる．

$$\delta_n = \frac{\sigma_n}{\mu_n} = \delta_i \sqrt{\frac{\rho(n-1)+1}{n}} \tag{4.2.9}$$

ここで設計荷重はこうした積載荷重のばらつきを考慮し，非超過確率を考えたうえで平均値よりも大きめに設定される．設計荷重を等価等分布荷重の平均値から標準偏差の k 倍離れたところに設定すると仮定すると，単層を支える柱，および n 層を支える柱に等しい安全率を与える設計荷重 $\mu_i + k\sigma_i$ および $\mu_n + k\sigma_n$ は，

$$\mu_i + k\sigma_i = \mu_i + k\mu_i\delta_i = \mu_i(1+k\delta_i) \tag{4.2.10}$$

$$\mu_n + k\sigma_n = n\mu_n + kn\mu_n\delta_n = n\mu_i \left\{1 + k\delta_i \sqrt{\frac{\rho(n-1)+1}{n}}\right\} \tag{4.2.11}$$

となる．したがって，低減係数 k_n は（4.2.10）式を n 倍したものと（4.2.11）式の比として次式で与えられる．

$$k_n = \frac{\mu_n + k\sigma_n}{n(\mu_i + k\sigma_i)} = \frac{1 + k\delta_i \sqrt{\frac{\rho(n-1)+1}{n}}}{1 + k\delta_i} \tag{4.2.12}$$

上式内の δ_i，ρ は積載荷重の実測調査に基づいて決定される．

単層を支える柱の等価等分布荷重の変動係数 δ_i は柱が負担する床面積によって異なり，δ_i が大きい方が k_n による低減率も大きくなる．柱の負担面積は柱の位置，建築物の用途によって大きく異なるが，図 4.2.22 に示す事務所の積載荷重のユニット面積ごとの解析結果[31]より，柱の負担面積の

現実的な広さを考慮し$\delta_i = 0.4$として低減係数を考える．また，異なる層間の統計的な相関性ρについては事務所を対象とした実測調査結果が報告されており[31]，これに基づき$\rho = 0.119$とする．kは二次モーメント法に基づき非超過確率99％の値として$k = 2.33$と設定する．これらの値を（4.2.12）式に代入し，$\sqrt{x+y} \approx \frac{1}{\sqrt{2}}\left(\sqrt{x} + \sqrt{y}\right)$の関係から平方根を開き，係数を丸めることによって次式の層数低減係数k_nが得られる．

$$k_n = 0.6 + \frac{0.4}{\sqrt{n}} \qquad (4.2.13)$$

表4.2.8は事務所の実測調査に基づいた柱の等価等分布荷重の平均値，標準偏差，変動係数を示したものである[31]．単層を支える柱では平均値，標準偏差とも各階ごとにかなりばらついているが，柱軸力を累加して算出した等価等分布荷重は，支える床数が増えるほど平均値が550 N/m^{2}前後に収束し，標準偏差と変動係数は支える床数が多いほど小さくなっている．

図4.2.23は表4.2.8で示した事務所についての実測調査データに基づく積載荷重値の非超過確率99％の値と支える床数の関係を示したものである．ここでは積載荷重の平均値を800 N/m^{2}と仮定し，実測で得られた各階の変動係数δ_iを用いて非超過確率99％の値を$800 + k \cdot 800 \cdot \delta_i$（$k = 2.33$）として求めている．また，図中破線は1層を支える柱の変動係数0.367を用いた非超過確率99％の値$800 + 2.33 \times 800 \times 0.367 = 1\,480$ N/m^{2}を（4.2.9）式の層数低減係数k_nを乗じて低減したものである．k_nを用いて低減した積載荷重値は実測調査結果とよい対応を示している．

積載荷重は一般にガンマ分布あるいは対数正規分布などの確率分布に従うとされており，確率分布形を考慮した検討も必要である．図4.2.24は，事務所の積載荷重調査より得た平均値と標準偏差に基づき，単層を支える柱に生ずる積載荷重の確率分布形として対数正規分布，グンベル分布，ガンマ分布の3つを仮定し，その確率分布形に基づいてn層を支える柱の負担積載荷重の非超過確率99％の値を単層を支える柱のそれで無次元化して低減係数の形で示したものである[31]．確率分布形ごとの差はほとんどなく，いずれも本指針の層数低減係数k_nは安全側の評価をしている．また，図中○は単層を支える柱の等価等分布荷重の実測データをいくつか任意に組み合せ，複数層をシ

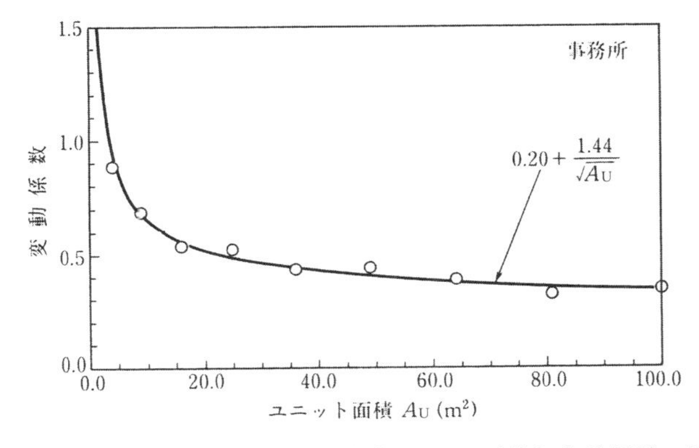

図4.2.22　ユニット面積ごとの解析による面積と変動係数の関係

ミュレートすることで確率分布形を考慮した複数層支持柱の等価等分布荷重の低減係数を算出したものであり[31]，同様に本指針の低減係数は充分安全側であることが示されている．

ところで，積載荷重は引越しや模様替えに伴い，一時的な偏在を生ずることがある．積載荷重の一時的な偏在は常時使用状態に比べ柱に過大な軸力を生じさせることになる．そこで，複数階の同一柱位置で偏在荷重が同時に存在した場合を考慮した柱軸力用積載荷重低減係数の検討が行われている[17]．図 4.2.25 は，支えている n 個の層のうち k 個の層で同時に偏在荷重が存在する場合について，各層の柱が負担する積載荷重の非超過確率 99 % の値と，k 個の層で偏在荷重が同時に生起するときの柱の負担積載荷重の期待値を示したものである．また，p_{ex} は k 個の層で偏在荷重が同時に

表 4.2.8 事務所建築における柱の等価等分布荷重の統計量

階	各階の単層分の積載荷重を対象とした等価等分布荷重			支える床数	支える床すべての積載荷重を対象とした等価等分布荷重		
	平均値 (N/m²)	標準偏差 (N/m²)	変動係数 (%)		平均値 (N/m²)	標準偏差 (N/m²)	変動係数 (%)
15	412	151	36.7	1	412	151	36.7
14	642	217	33.7	2	526	148	28.1
13	451	210	46.5	3	502	124	24.8
12	430	195	45.3	4	484	132	27.3
11	227	68	29.7	5	432	109	25.2
10	592	181	30.6	6	462	105	22.7
9	606	247	40.8	7	480	105	21.8
8	858	346	40.3	8	527	86	16.4
7	721	190	26.4	9	549	74	13.6
6	557	203	36.4	10	550	77	14.1
5	305	86	28.3	11	527	74	14.1

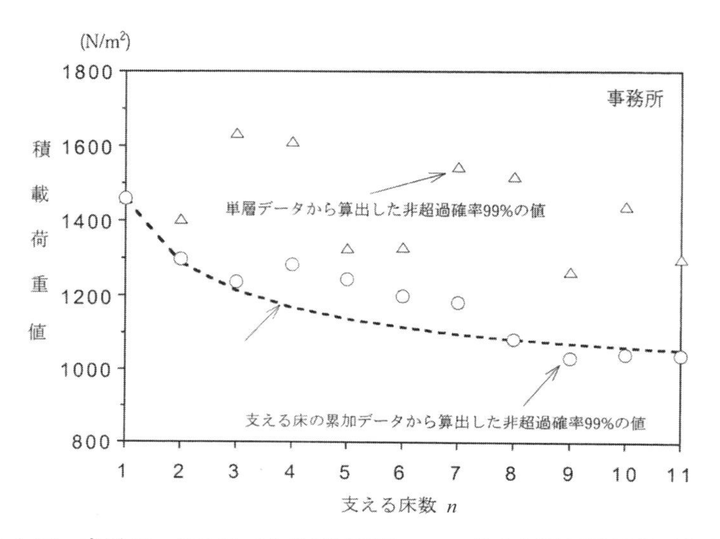

図 4.2.23 実測データに基づく非超過確率 99% の値と層数低減係数（事務所）

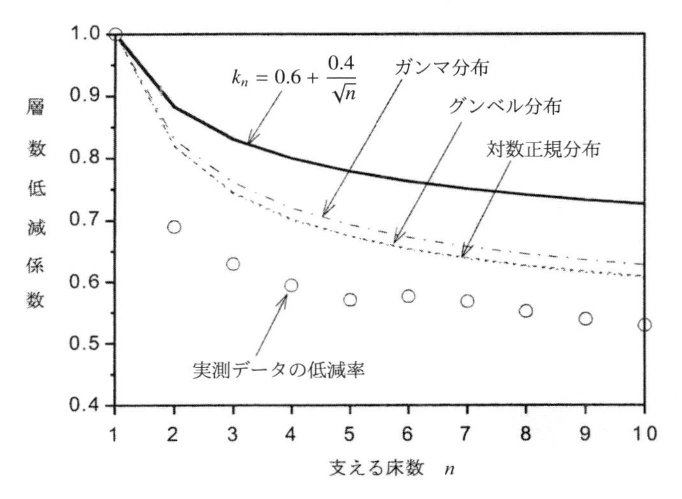

図 4.2.24　確率分布形を考慮した積載荷重値と層数低減係数

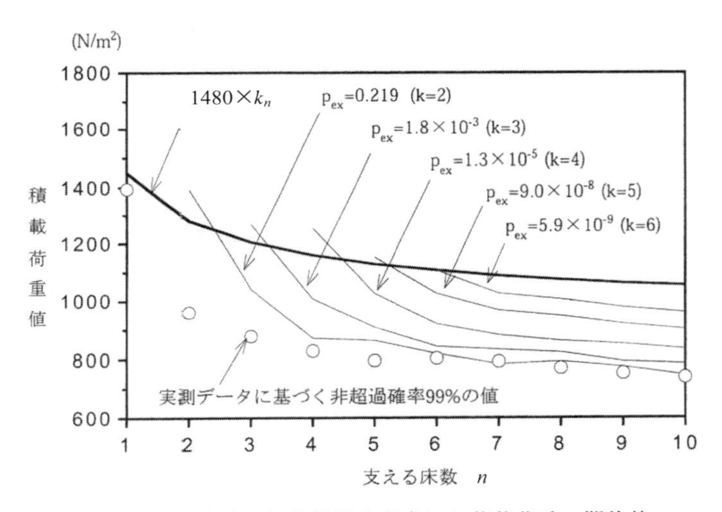

図 4.2.25　荷重の偏在状態を考慮した積載荷重の期待値

生起する確率である．図 4.2.24 と同様，実測データに基づく非超過確率 99 % の値（図中○印）は確率分布形の影響を考慮して算定したものであり，実線は図 4.2.24 で示した 1 480 N/m^2×k_n をプロットしたものである．支える床数によって負担積載荷重の期待値に差があるが，ほとんどの偏在荷重に対しては本指針による層数低減係数は安全かつ合理的であることが示されている．なお，層数低減係数も面積低減係数と同様に，対象とする影響面積が増えると荷重が平均化されて非超過確率 99 % の値が小さくなるという事実に基づいて導入された係数といえる．したがって，1 層あたりの柱の影響面積が極端に大きい場合，面積低減係数によって積載荷重値を低減した後にさらに層数低減係数で低減すると危険側になる可能性も否定できない．そこで，面積低減係数と層数低減係数の両方を用いた場合には，その積が 0.4 以下にならないような制限を設けている．

4.3 偏在，たわみなどを考慮した積載荷重

荷重の偏在，たわみ，ひび割れなどを考慮する必要がある場合には，それに応じた適切な積載荷重を設定する．

4.1 節で定義されているとおり，積載荷重は，建築物の供用期間を通じて，その作用が一定ではなく，時間的・空間的に変動する可能性を有する物品・人間などによる鉛直方向の荷重である．積載荷重のこうした性質を踏まえたうえで，4.2 節では設計に用いるための基本値を具体的に提示した．4.2 節で提示されている積載荷重の基本値は，常時使用状態において，部材に生ずる荷重効果が等価となる等分布荷重として与えられており，一般の構造設計における積載荷重の位置づけを考えれば，設計上最も有用かつ一般的な情報が指針化されているといえる．

しかし，4.1 節の解説で述べられているとおり，積載荷重は室の常時使用状態においてのみ生ずる荷重ではなく，一時的な偏在・集中した状態の荷重，あるいは振動の発生源となる動的な効果も合わせもっている．また基本値は，室の常時使用状態において行ったアンケートおよび実地調査によって得られた積載荷重のデータを用い，床板については四辺固定の短辺方向端部曲げモーメント，大梁については両端固定の端部曲げモーメント，柱については柱軸力に対する，それぞれの解析結果の統計量をもとに設定されている．すなわちこれら以外の前提条件のもとでは必然的に 4.2 節で基本値を与えたときの考え方とは異なった配慮が必要となる．こうした配慮が必要な具体例としては，以下のような場合が考えられる．

1） 常時使用状態ではなく，物品や人間の一時的な偏在や集中を考慮する場合

2） 上記荷重効果によらない，たわみやひび割れなどを考慮する場合

3） 積載荷重の動的効果を考慮する場合

ここで掲げた 3 つの場合のうち，本節では 1）2）について既往の研究から得られている成果を紹介する．なお，3）については，次の 4.4 節で体系的に解説している．

1） 常時使用状態ではなく，物品や人間の一時的な偏在や集中を考慮する場合

物品や人間の一時的な偏在や集中の発生としては，テナントの変更に伴う物品の入替え，模様替え，清掃時，出入り口付近での人の集中，緊急避難時の集中などが想定される．このような状態の積載荷重を把握することは非常に困難であり，実際の調査・解析例としては大学の移転時における報告[33]があるが，充分なデータ数ではないため，定量的な評価を行うことはできない．そこで，一時的な物品や人の集中をあるシナリオに基づいてシミュレーションし，その結果から偏在時の積載荷重を検討した研究成果報告がいくつかなされている．これらの結果を考慮したうえで，必要に応じて工学的判断に基づき適切な設計荷重を設定することが重要である．

まず，床板に積載荷重が等分布載荷されている状態を仮定し，荷重を偏在させて作用面積を小さくした場合の各応力に及ぼす影響が対象部材ごとに報告されている[34]．図 4.3.1 に偏在状態の概要を示す．荷重面積が小さくなれば，偏在に対する応力の影響は大きくなる．しかしもう一方では，実際の物品配置の集中度合には限界があり，荷重面積の減少にも限度があることから，偏在率の大

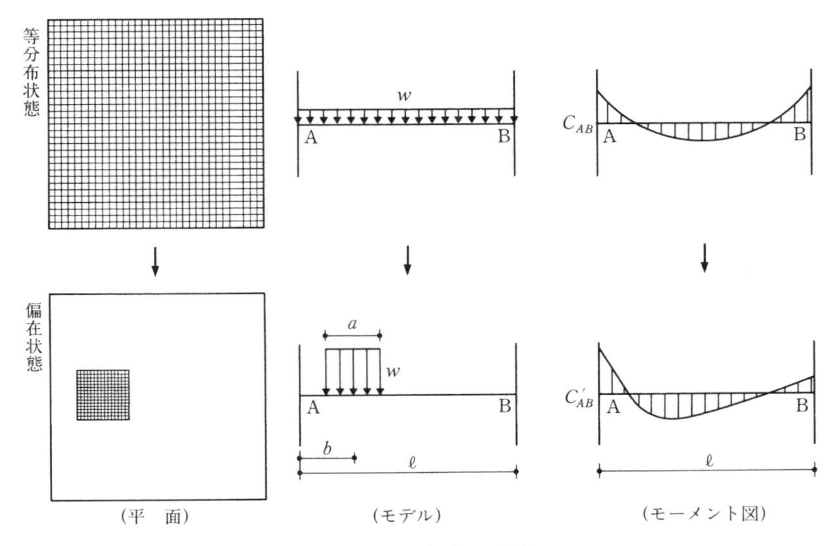

図 4.3.1　偏在の状態

きな状態が発生する確率は小さくなると考えられる．また物品荷重が主体の用途と人間荷重が主体の用途では偏在の影響等が異なっており，人間荷重主体の用途の方が大きく偏在する可能性もある．設計荷重は分布荷重を想定しているため，使用状況に応じて，偏在に対する割増しを考慮することができる．

また，床平面上に等分布している荷重を一部分に偏在させたときの影響を，偏在の程度や床形状に応じて考察した結果も報告されている[35]．ここでは，床板の偏在荷重による影響は，偏在の度合，偏在荷重の位置，載荷面積，床版の辺長比などに影響され，辺長比が 3 以上の場合には安全の確認が必要であることなどが述べられている．さらに，非日常を想定した物品や人間の状態と，その時の等価等分布荷重値を図 4.3.2 にまとめており，設計の際に参考とされたい．

物品荷重が主体となる用途については，常時使用状態における積載荷重データをもとに，シナリオを作成して荷重を偏在させ，その荷重効果に及ぼす影響を評価した研究成果も報告されている[5),16),36)]．

一方，人間荷重が主体となる用途での積載荷重の偏在を考えた場合，災害による避難時などを想定したシナリオに沿ったシミュレーションがより重要である．シミュレーション結果に基づき，床の最大曲げモーメントについて検討した例[37]を示す．図 4.3.3 は，シナリオに沿った偏在シミュレーションで得られたデータを用いて算出した，人間荷重偏在時における床の最大モーメント比のヒストグラムである．固定席をもつ「劇場」「映画館」「多目的ホール」では最大モーメントが常時の 3 倍前後となったのに対し，固定席をもたない「教室」，「会議室」では 1 を下回った．ただし，変動係数に関しては「教室」，「会議室」が 100 % 前後と大きく，他の用途は 50 % 前後となっている．確率分布形に関しては，用途ごとで整理したデータが比較的よい対応を示した．物品荷重が主体となる用途における物品の偏在や，人間荷重が主体となる用途の非常時荷重についても，用途別に想定される状況に応じた確認が必要である．

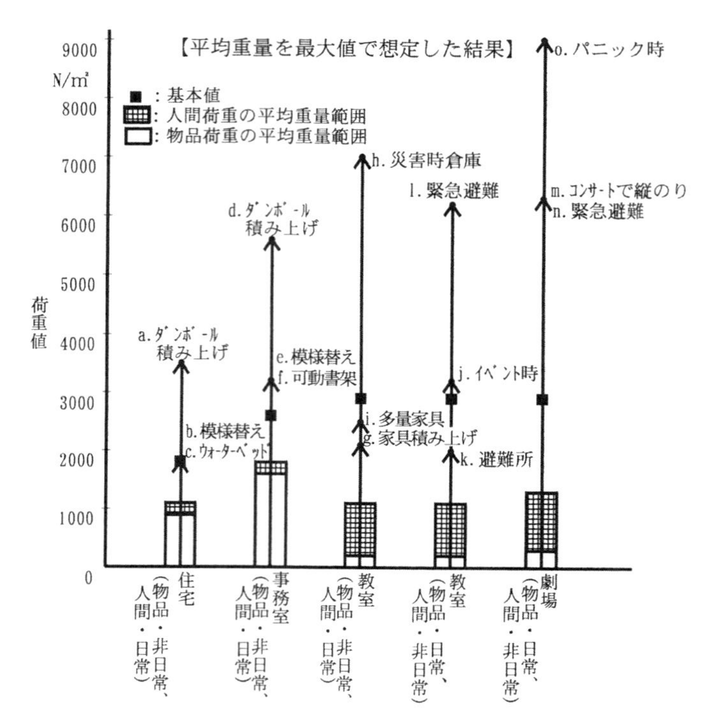

図 4.3.2 各種偏在状態に対する積載荷重値

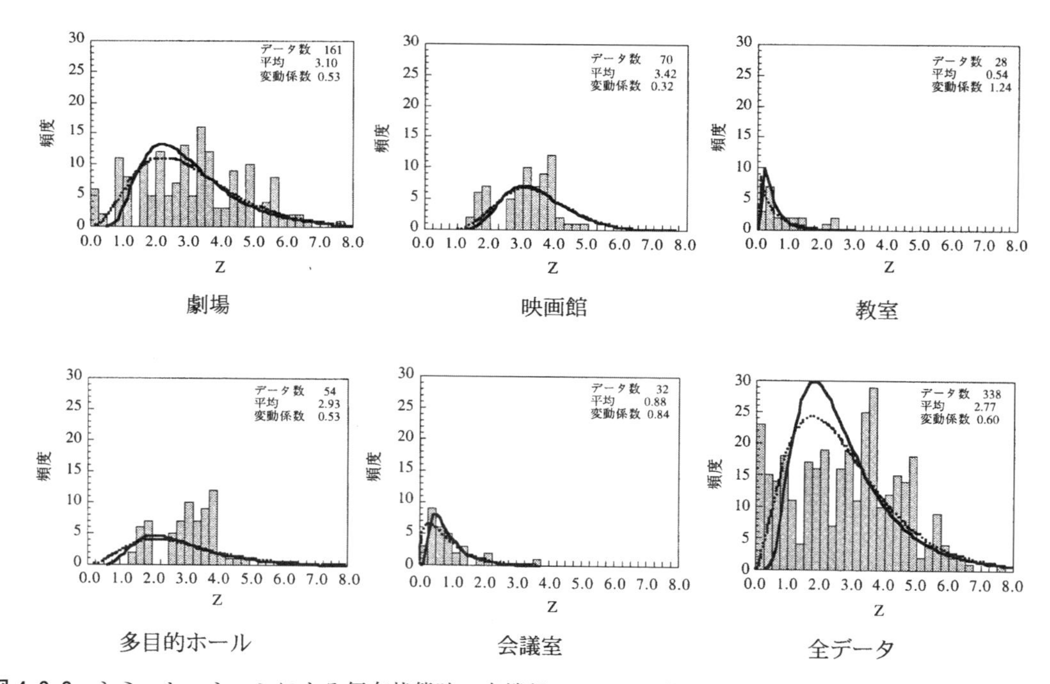

図 4.3.3 シミュレーションによる偏在状態時の床端部モーメント倍率のヒストグラム（確率密度—実線：対数正規分布，点線：ガンマ分布）

2)　たわみやひび割れなどを考慮する場合

床板や梁のたわみやひび割れは複雑な要因によって生ずるものである．そのため，4.2 節で示された設計荷重をそのまま使うことが適当でないことは，先に述べたとおりである．ただし，「鉄筋コンクリート構造計算規準・同解説」[38]のように，床板および梁のたわみを曲げモーメントによって求める場合，荷重効果としては同じものを対象としているため，4.2 節の設計荷重値をそのまま用いることができる．ただし，信頼性のレベルに関しては，同じ設計荷重値を使っても，設計対象ごとに異なることが一般的である．

床のたわみを対象とした検討については，事務所庁舎の積載荷重を実地調査し，得られた積載荷重データから床板の中央に等価な「たわみ」を生じさせる等分布荷重について解析した報告[39]や，事務室について 4.2 節と同じデータを用い床板のたわみに関する解析を行った結果が報告されている[40]．前者によると，等価なたわみを生じさせる等分布荷重（報告中では「有効積載荷重」）は，積載荷重強さの 0.24 倍～1.75 倍となることが報告されている．

また，木造床を対象とした解析的な検討も報告されている[23]．これによれば，根太および大引きの剛性はほぼ確保されているが，梁の大部分は設計規準を満たしているものの，約 6％の部材が設計規準を超える結果が示されている．木質構造の設計を行う場合は，これらの結果も参考にして，適宜状況に応じた判断（断面設計や使用する材，柱の配置間隔などへの対応など）を行うべきである．

一方，コンクリート系スラブや梁部材のひび割れは，断面の諸量，すなわち，部材丈や鉄筋量，かぶり厚さのほかに材料の引張強度などに関係し，引張鉄筋の応力が許容応力度以下であっても，ひび割れ発生の可能性が極めて大きいことが指摘されている[38),41]．

また，床板のひび割れを対象とした検討については，実在建築物の鉄筋コンクリートスラブについて，設計用積載荷重による設計上のひび割れ幅についての調査が報告されている[42]．用途は，住宅・事務室・教室などであり，支持条件を四辺固定として，短辺固定端における中央部のコンクリート上面のひび割れを，「鉄筋コンクリート構造計算規準・同解説」[38]の算定式により求めている．図 4.3.4 は，コンクリートのかぶり厚と収縮ひずみをパラメータとしてひび割れ幅と積載荷重との関係を示したものである．図より，収縮ひずみが 300 μ 程度までであれば，かぶり厚が 3 cm でも 0.3 mm を超えるひび割れはほどんど生じないことがわかる．

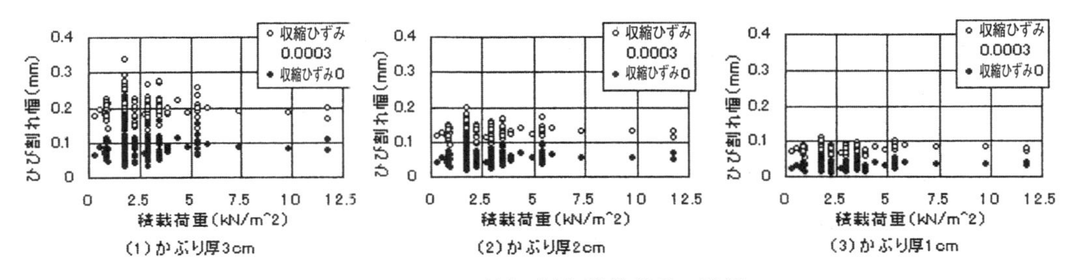

図 4.3.4　ひび割れ幅と積載荷重の関係

次に，鉄筋コンクリート床スラブの設計図書から，強度あるいはたわみ，ひび割れなどを発生させる積載荷重値を算定した結果[43)]を図 4.3.5 に示す．この図は，住宅と事務所の設計図書から，鉄筋が降伏に至る積載荷重，弾性たわみがスパンの 1/4 000 に至る積載荷重，最大ひび割れ幅が 0.2 mm に至る積載荷重を試算した結果である．鉄筋の降伏に至るような強度に対する積載荷重値は大きいが，比較的小さい荷重で建築物に弾性たわみやひび割れを発生させる可能性も考えられることがわかる．よって，変形に対する設計を行う場合には，応力をもとに設定されてきたこれまでの積載荷重値よりも大きな荷重値を用いる必要が生じる場合があることを理解しておきたい．

積載荷重がたわみやコンクリートのひび割れに与える影響については系統的な研究報告が少なく，今後の研究の進展が期待される．

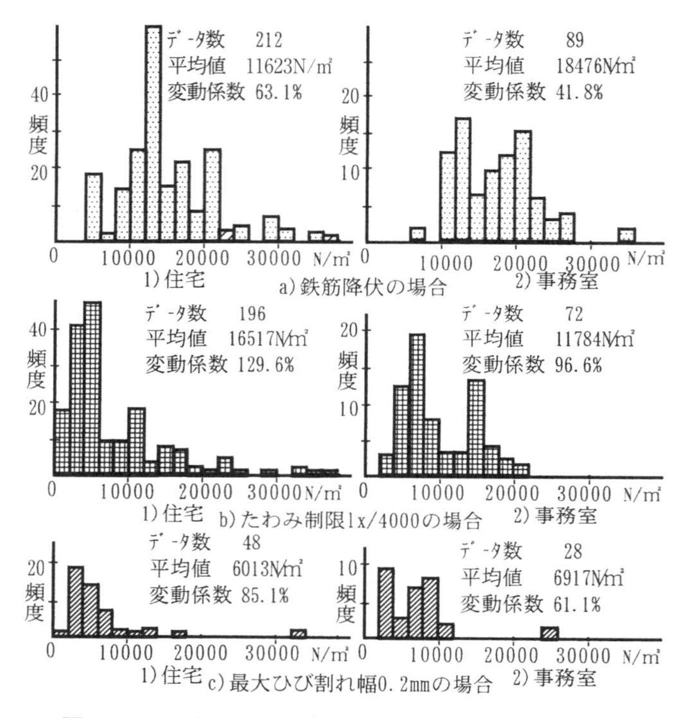

図 4.3.5　たわみ，ひび割れなどを生じさせる積載荷重値

4.4　積載荷重の動的効果

> 積載荷重の動的効果については，建築物使用者の居住性や精密機器に対する振動対策など，振動に関する使用性能の検討が必要な場合に，物品の移動や人間の挙動に伴う影響を考慮する．さらに，周囲の環境や，建築物内の他の床上にある振動源による影響も考慮することが望ましい．

近年，材料の軽量化や高強度化，あるいはロングスパン床をはじめとする構造設計技術の進歩に伴い，事務所や物販施設，および住宅などで，軽量あるいは低剛性の床構造が採用される例が増加してきた．これらの床では，歩行などの人間の日常的な動作や，設備機器，生産機器をはじめとする各種機器の稼働などにより発生する振動が，居住性の観点から問題となる場合がある．これらの振動は，従来の一般的な質量，剛性の床では表面化することは少なかったが，軽量あるいは低剛性の床では，人間や機器の動的効果を考慮して，建築物の用途に応じた居住性を満足するよう設計する必要がある．

また，観客が多く集まるコンサートホールやスタジアム，あるいはエアロビックスタジオなどでは，リズムに合わせて多くの人間が同時に飛び跳ねるような動作を行うことにより，床に非常に大きな動的荷重が作用する．この動的荷重による振動が，構造体や地盤を伝搬し，同一建築物内の他の床や近隣建築物の床で居住性の観点から問題となる場合がある．さらに，この振動は，場合によっては，動作が行われている床の崩壊などを引き起こす危険性もある．設計時には，このようなことも想定して，動的な検討をしておく必要がある．

交通量の多い道路や鉄道の線路に近接した敷地に建つ建築物では，車両の走行により発生する振動が居住性の観点から問題となる場合がある．現状では，比較的軽量な建築物で問題となる例が多いが，今後は，都市の高密度化が進み，道路，線路と一体化した構造の建築物など，振動源と居住空間がより近接した建築物が数多く出現することが予想される．このような建築物では，車両の走行による動的効果の検討が必要となる．

一方，半導体製造工場や研究施設などの超精密環境施設においては，製造装置や検査装置など振動の影響を敏感に受けやすい機器が設置されており，生産性や作業性の観点から，人間や機器，および車両の動的効果による床応答の制御を求められる．一般に，これらの施設では，人間の知覚限界よりさらに微小な振動が問題となる．敷地や計画によっては，床の質量や剛性を増すなどの設計的対応だけでは対処できない場合があり，免震装置や制震装置などを設置する例も多くみられる．

ここでは，積載荷重の動的効果として，設計段階で振動対策を講じる際必要となる，人間の動作に伴う動的効果，機器の稼働に伴う動的効果，および車両の走行に伴う動的効果について，基本的な考え方を述べる．

4.4.1　積載荷重の動的効果に関する検討の基本

振動対策には，振動源での対策，伝搬経路での対策，受振対象での対策がある．このうち，一般に，最も効率がよく高い効果が期待できるのは，振動源での対策とされている．しかし，設備機器，生産機器などが振動源である場合の一部を除き，建築側で振動源での対策を講じるのは現実には困難な場合が多い．また，伝搬経路での対策のうち，振動源と受振対象の距離を離すことは，基本的かつ確実な振動対策の1つである．したがって，用途上より高い水準が求められる空間は，平面的にも断面的にも，できる限り振動源から離れた位置に配置するよう建築計画上配慮することが重要となる．一方，振動は最終的には床を介して人間や機器に入力されるため，受振対象での対策として，床の質量や剛性を増すことは効果的である．

動的効果に関する検討において最も注意を要する問題の1つが，共振現象である．共振を避けるためには，加振力の卓越振動数と床の固有振動数を予測し，両者が近接しないよう設計する必要がある．床の固有振動数には，床の質量と剛性が大きく影響する．このうち，質量に関しては，床上に設置された什器，備品などの質量も考慮に入れた方がより精度の高い予測が可能となるが，その際，積載荷重や地震荷重に対する構造安全性を検討する場合に用いる設計用の質量をそのまま用いても，動的効果の観点からは必ずしも安全側になるとは限らない．あくまでも，実際の使用時における設置状況を想定し，実状に即した質量を付加して固有振動数を予測することが肝要といえる．なお，床上の人間については，人体が複雑な振動系を有していることから，単なる付加質量として扱うのは適当ではない．一般に，床上の人間の有無，人数は，床の固有振動数にはほとんど影響しない[44)～47)]．

質量，剛性とともに床応答に大きく影響する要因として，減衰が挙げられる．減衰が大きいと，共振時の振幅が小さくなる他，衝撃的な荷重に対する過渡的な応答などを対象とする場合，居住性に少なからず影響する振動の継続時間が短くなる．床の減衰の大きさを設計段階で精度よく予測するのは，現在の技術では困難である．現状では，これまでに蓄積されたデータ[48)]などに基づいて，鉄骨造建築物の床スラブの場合減衰定数を 1.5～3％，鉄筋コンクリート造の場合 3～5％程度として設計する場合が多い．木造床の場合，一般的な住宅床などでは 5％程度以上となることが多いが，今後増加が見込まれる大スパン床では，場合によっては 2％程度まで低下することも予想される．減衰は，通常，構造体のみの状態が最も小さく，間仕切り壁や仕上げ材の施工，および什器，備品の設置などにより大きくなる．なお，床上の人間の存在は，一般に，減衰を大きくする方向に作用する．鉄骨造や鉄筋コンクリート造建築物の床スラブなど人体と比較して有効質量が大きい床ではその影響はわずかであるが，木造，軽量鉄骨造など軽量な床では無視できない場合がある[44)～47)]．

4.4.2 人間の動作に伴う動的効果

人間の動作による振動問題のうち，代表的なものとして，1 人～数人の日常的な動作により発生する床振動の問題と，十人～数万人規模の人間が曲などにあわせて同時に連続的な動作を行った際に発生する振動の問題が挙げられる．前者に該当する動作には，歩行，小走り，階段昇降などがある．このうち歩行は，日常避けられない動作であることから，仮に歩行により有害な振動が発生した場合，建築側の責任とみなされることが多く，設計の際検討の対象とする例が多い．一方，後者に関しては，「つま先立ち→かかと着地→軽い屈伸→つま先立ち」の繰返しからなるいわゆる「たてのり」や，エアロビック時の荷重を検討に用いる例が多い．

a) 歩　　行

図 4.4.1 に，歩行時に人間が床に与える荷重の時刻歴波形と足の接地状況との関係例を示す[44),45),49)]．図の荷重・時間曲線に示すピーク p_1 は，かかとが床に衝突した際の衝撃によるもので，動作の個人差，場合差や履物などの影響を受けやすいため，歩行者の体重や歩調が同じでもばらつきが大きく，発生しない場合もある．ピーク p_1 を除いた歩行時の荷重は，ピーク p_2 と p_3 からなる二峰形を示している．前半は着地，後半は次の一歩への踏出しによるものである．この二峰形の荷重のばらつきは，ピーク p_1 と比較して小さい．

また，図 4.4.1 には，歩行時に発生する床振動の例も示した．図の例は，周囲から縁の切れた床に 1 歩着地して歩き抜けた場合のものである．図の加速度・時間曲線に示すように，床には，着地

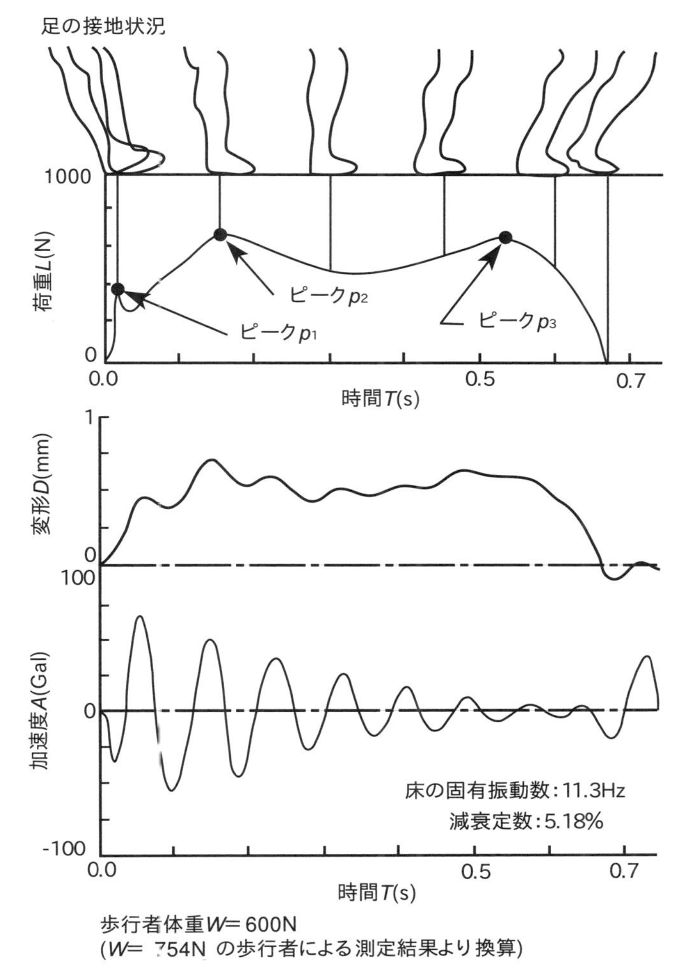

図 4.4.1　歩行時に人間が床に与える荷重と発生する床振動の例[44),45),49)]

時の衝撃により励起される床の固有振動数での減衰振動（自由振動成分）が発生する．一方，加速度・時間曲線より低振動数成分が強調される変形・時間曲線からは，床に二峰形の荷重に応じた振動（強制振動成分）が発生していることがわかる．すなわち，床には，これら 2 つの成分が複合された，複雑な振動が発生する．実際の床では，連続した歩行により図に示した荷重が両脚支持期（左右両足が床に接している時間）分オーバーラップしながら繰り返し与えられるので，同様の挙動が歩行の周期ごとに繰り返される振動が発生する．

着地時の衝撃は，二峰形の荷重にもピーク p_1 にも含まれるが，前者の加振力はおおむね 10 Hz 以下，後者は 10～100 Hz の成分が卓越している[50)]ことから，固有振動数が 10 Hz 程度以上の床では，ピーク p_1 の影響が大きい．ここで，着地開始時点からピーク p_1 までの力積は，平均で 2.29 N･s，最大で 4.58 N･s 程度となる[49)]．この値は，本会編「鉄筋コンクリート構造計算規準・同解説（1991 年）」[51)]に歩行時の有効衝撃力として示された力積，および「各種合成構造設計指針・同解説」[52)]に人間の足が接地する場合の加振力として示された「約 30 N のものを 50 mm の高さから落としたとき」の衝撃が有する力積とほぼ一致する．

一方，二峰形の荷重は，連続した繰返し荷重として，歩調を 1 次振動数とするフーリエ級数で記述されることが多い．これは，この連続した荷重が，歩調とその整数倍の振動数（倍調波振動数）に卓越した成分をもっており，倍調波振動数と床の固有振動数が一致した場合に，共振により大きな振動が発生するためである．このいわゆる「倍調波共振」による振動障害は，一般的な床では，おおむね 4 倍調波まで発生例が見受けられる．したがって，通常の歩調の範囲が 1.6～2.3 Hz であることを考慮すると，床の固有振動数を 10 Hz 程度以上とすれば，倍調波共振による障害の発生は避けられる可能性が高い．

以上より，設計時には，はじめに床の固有振動数を予測し，10 Hz 程度以下の場合は，倍調波振動数と固有振動数が一致するよう 1 次振動数を調整したフーリエ級数などを用いて，強制振動成分と自由振動成分の共振時の応答を求める必要がある．一方，10 Hz 程度以上の床では，フーリエ級数などに対する応答（強制振動成分）とピーク p_1 に相当する力積に対する応答（自由振動成分）について，それぞれ検討することとなる．鉄骨造や鉄筋コンクリート造建築物の床スラブなど有効質量が大きい床では，固有振動数が 10 Hz 程度以上であれば相応の剛性を有するため，前者が居住性の観点から問題となることは少ないが，木造，軽量鉄骨造など軽量な床では，2 つの成分がともに影響する場合が多い．

b）たてのり，エアロビックなど

たてのりは，コンサート公演中に行われる観客の動作の 1 つである．おもに若者を対象としたコンサートにおいて，2～3 Hz のテンポの曲が演奏されると，観客は自然にたてのりを始める[53]．このテンポは，リズムに合わせて上下方向に体を揺らす動作をしやすいテンポであることから，スポーツ観戦などでも，無意識のうちにこのテンポでの動作が行われている．また，エアロビックなどでは，意識的にこのテンポが採用されているように思われる．なお，コンサートでのたてのりは，観客の層や嗜好によっては，より遅い（1.8 Hz 程度まで），あるいは速い（3.5 Hz 程度まで）テンポの曲でも行われる場合がある．

たてのりやエアロビック時に人間が床に与える荷重は，フーリエ級数で記述され，設計に用いられることが多い．フーリエ級数の 1 次振動数は上述のとおり主に 2～3 Hz で共通しているが，荷重の大きさは動作により異なる．特に，エアロビック時の荷重は，動作の種類や習熟度により大きく異なり，近年はより激しさを増してきているといわれている．

c）動作者の人数の影響

設計時には，動作者の人数も考慮する必要がある．通常，複数人動作時の床応答は，1 人動作時の人数倍より小さくなる．これは，各動作者の位相が完全に一致することは稀であることによる．位相のずれは動作者相互の関係や習熟度などにも依存するが，一般には，6 人程度までは，動作者数の平方根倍とすると，おおむね妥当な結果が得られている．

4.4.3　機器の稼働に伴う動的効果

一般建築物の空調設備機器，工場の設備機器，生産機器など，振動源となる機器は多種多様であり，それらの機器から発生する動的荷重を一義的に推測することは困難である．実際には，個々の機器について振動発生のメカニズムを把握し，機器製造メーカの情報などから加振力を推定することになる．ここでは，機器に起因する動的荷重の概要を示す[54)～56)]．

一般に，振動を発生するメカニズムは，回転運動，往復運動，衝撃運動に大きく分類できる．送風機や電動機のような回転機器では，回転運動による不釣合い成分を除去するように考慮されているが，実際には複雑な機器では完全に釣合いを取ることが困難な場合があり，不釣合いによる加振力が発生する．このような回転機器から発生する加振力は，一般に調和波形となり，その振動数は機器の回転数に一致する．

内燃機関や蒸気機関は往復運動を回転運動に変換する機構であり，コンプレッサなどは回転運動を往復運動に変換する機構となっている．このような回転運動—往復運動の変換機構はクランク機構と呼ばれ，発生する加振力には，クランク軸の回転数とその 2 倍，4 倍，6 倍…の振動数成分が含まれる．ただし，4 倍以上の成分は 2 倍以下と比較して小さく，実用上無視できる．多シリンダー機関の場合，各クランク間の位相関係により力がある程度相殺されるが，どうしても不平衡慣性力と不平衡慣性モーメントが残り，振動を発生させる原因となる．このため，内燃機関などの基礎を設計する場合には，そのメカニズムの把握と加振力の予測が重要となる．

鍛造機や鋳造機のように，機器の中で重量物が落下あるいは衝突するような機構の場合，そこで発生する衝撃力により振動が発生する．実際の衝撃力の大きさを正確に把握するのは困難であるが，自由落下や衝突の問題として力積を想定し，半正弦波パルスや矩形パルスによって衝撃力の時刻歴波形を表現することができる．

以上のような機器により発生する加振力は，適切な防振対策を講じることにより建築物に対する影響を低減することが可能であるため，振動源の特性を充分把握し設計に反映させることが重要である[57)]．また，通常の建築物では種々の機器が多数設置され，かつ稼働状態が時間とともに変化するため，複数の機器の連成や，動作開始時や停止時の非定常状態での共振など，想定外の振動が発生する可能性があり，設計の際は注意を要する．

4.4.4　車両の走行に伴う動的効果

建築物の前面道路を車が走行した場合や，建築物内の駐車場を車が走行した場合などに，建築物内の部屋で床が揺れるなどの振動障害が発生することがある．また，鉄道や地下鉄が建築物に近接して走行する場合には，床が揺れるなどの振動障害の他，列車の走行によって発生した振動が構造体を伝搬し，建築物内のある部分で音として放射される，いわゆる固体伝搬音の問題が発生することがある．列車の走行による振動は，一般に 63～125 Hz 帯域に卓越した成分を有していることから，実際には後者の固体伝搬音が問題となる例の方が多い．

道路や線路を車両が走行した場合の加振力は，質量や各部のバネなどを含む車両の振動特性，走行速度，および道路，線路の構造（平面か高架かなど）や保守状態などに依存する．ここで，走行する車両の種類や走行速度は，時間帯によって大きく変動する．また，道路や線路から発生する振動は，路面の段差や亀裂，レールの継ぎ目を車両が通過する際に発生する衝突性の振動が主であり，路面やレールを補修することで大きく抑えられる場合が多い．なお，地盤や道路，線路の構造によっては，上記衝突により励起された振動が車両の固有振動数と共振し，比較的継続時間の長い振動となる場合がある．

車が建築物内を走行したときに床に与える動的効果も，車の振動特性や走行速度，および床の架構や床面の状態などによって変化する．このため，車の走行に伴う動的効果を正しく評価し設計に反映させるのは，非常に困難である．そこで，簡便な方法として，車の自重による床の静的たわみに対する走行時の動的たわみの割合を用いて，動的効果を評価する方法がある．この場合の割増し係数としては，1.2〜1.3 が採用されることが多い．

さらに，車が走行中に急停車したときの動的効果としては，ブレーキによる制動力を考慮する必要がある．制動力は，タイヤ接地面の摩擦係数とそのタイヤ接地面に垂直にかかる荷重によって決まり，前後方向の最大荷重は通常 $0.6〜0.7g$（g：重力加速度）程度といわれている．しかし，車の種類や走行方法により各タイヤが分担する荷重が変動するため，車の定積載に対する $1g$ 相当以上を考えなくてはならないことがある．

付 4.1　積載荷重の略算値

本文 4.2.2 項で求めた基本積載重量 Q_0 と 4.2.3 項で求めた等分布換算係数 k_e の値から，低減などを考慮しない荷重値を求めたのが次ページに示す付表 4.1.2 であり，これを整理して設定したものが付表 4.1.1 である．特に，荷重低減などの要求条件がない場合は，この数値を積載荷重の略算値として用いることができる．

本略算値を用いるうえでの留意点を以下に述べる．

4.2.2 項，4.2.3 項で示したとおり，ホテルの客用寝室における荷重値はユニットバスや間仕切り壁などを含まない値である．

倉庫をはじめ対象用途から外れたものについては，充分な実測調査データが得られていないことから，実況によるべきと考え，特に規定しないこととした．調査，解析資料の蓄積が望まれる．

これらの結果はシミュレーションを含めた実測調査の解析結果によるものであり，実際に設計する建築物と条件が必ずしも一致しないことが予想される．したがって，4.2.2 項，4.2.3 項で述べた用途ごとの解析対象と実状との比較を行って用いることが望ましい．

なお，用途ごとに荷重の偏在や人の集中などが起こりえる場合など，激しい荷重変動が予想される場合には，状況に合わせて値を割り増すなどの配慮が必要になる．また，動的な効果や衝撃力を受けると予想される場合には，本文 4.4 節を参照のうえ対処する必要がある．

これまでの構造設計では，指針などで定められている値を慣用的に用いる傾向が強いように思われるが，想定している用途との整合を鑑み，設計者が適宜判断したうえで本指針を活用されることが望まれる．

付表 4.1.1　積載荷重の略算値

(N/m^2)

室用途 ＼ 対象部位		床	大梁・柱・基礎
①	住宅の居室	1 800	1 200
②	ホテルの客室（ユニットバスを含まない）	1 000	600
③	事務室・研究室	2 600	2 000
④	百貨店・店舗の売り場	3 800	2 600
⑤	電算室（配線部分を含まない）	5 600	4 200
⑥	自動車車庫および自動車通路	4 000	2 700
⑦	一般書庫	7 700	5 800
⑧	劇場・映画館・ホール・集会場・会議室・教室など，人間荷重が主体の用途	2 900	2 200

付表 4.1.2　積載荷重の基本値

部屋の種類	Q_0	床板用		大梁用		柱用		備考
		k_e	$Q_0 \times k_e$	k_e	$Q_0 \times k_e$	k_e	$Q_0 \times k_e$	
住宅の居室	1 020	1.8	(1 590) 1 730	1.2	(870) 1 110	1.3	(910) 1 160	
	1 000	1.8	1 800	1.2	1 200	1.2	1 200	
ホテルの客室(ユニットバスを含まない)	330	2.3	(810) 870	1.3	(350) 470	1.3	(350) 470	
	500	2.0	1 000	1.2	600	1.2	600	
事務室・研究室	1 590	1.4	(2 490) 2 570	1.0	(1 620) 1 860	1.1	(1 890) 2 070	
	1 600	1.6	2 560	1.2	1 920	1.2	1 920	
店舗の売り場	2 270	1.8	(3 580) 3 620	1.2	(2 330) 2 820	1.2	(2 320) 2 760	
	2 100	1.8	3 780	1.2	2 520	1.2	2 520	
電算室（配線部分を含まない）	3 810	1.4	(6 750) 6 750	1.4	(4 780) 6 170	1.1	(3 910) 4 950	オフィスに含まれる場合など
	3 600	1.6	(5 450) 5 450	1.1	(3 040) 3 930	1.1	(3 130) 3 930	専用用途（電算センター）の例
	3 500	1.6	5 600	1.2	4 200	1.2	4 200	
自動車車庫および自動車通路	2 140	1.8	(3 150) 3 380	1.4	(2 430) 2 840	1.2	(2 090) 2 340	自動車は，2.6 m × 1.4 m，15 kN と仮定
	2 200	1.8	3 960	1.2	2 640	1.2	2 640	
一般書庫	4 680	1.1	(4 430) 4 810	1.1	(4 120) 4 820	1.0	(3 660) 4 210	
	4 800	1.6	7 680	1.2	5 760	1.2	5 760	
劇場・映画館・ホール・集会場・会議室・教室など，人間荷重が主体の用途	1 760							
	1 800	1.6	2 880	1.2	2 160	1.2	2 160	

[注 1]：上段は等価等分布荷重に関する統計量，下段は指針値の案で，それぞれ 18 m² における値である．
　　なお，電算室については調査対象の異なる 2 つの統計量を上中段に示している．

[注 2]：(　) 内は等価等分布荷重に関する統計量の結果であり，対象面積ごとの値である．

[注 3]：Q_0 および $Q_0 \times k_e$ の単位は N/m².

付 4.2　基本値の確率分布モデル

限界状態設計法において積載荷重を評価する場合には，基本値の確率分布が必要となる．また，非超過確率 99 % の値以外の積載荷重値を用いる場合にも，確率分布モデルは有用である．

積載荷重は現在のところ理論的根拠をもとに確率分布モデルを作成することできないため，既往の研究から 4 つの確率分布（正規分布，対数正規分布，グンベル分布，ガンマ分布）を用いてモデル化を行っている．基本値の設定にあたっては，4 つの確率分布の適合度を規準化誤差によって評価し，最も規準化誤差の小さい確率分布をその確率分布モデルとして採用した．付表 4.2.1 に代表的な部屋の種類に対して，対象部材ごとに基本値の確率分布モデルをまとめた．

付表 4.2.1　基本値の確率分布モデル

部屋の種類	床板用	大梁用	柱用	備考
住宅の居室	GAM	GAM	GAM	
ホテルの客室（ユニットバスを含まない）	LNO	GAM	GUM	
事務室・研究室	GUM	GUM	GUM	
店舗の売り場	GAM	GAM	GAM	
電算室（配線部分を含まない）	GAM	LNO	LNO	オフィスに含まれる場合など
	NOR	NOR	GUM	専用用途（電算センター）の例
教室	GAM	LNO	NOR	

［注］NOR：正規分布，LNO：対数正規分布，GUM：グンベル分布，GAM：ガンマ分布

それぞれの確率分布モデルのパラメータは，本指針のデータを用いる場合，表 4.2.4 に示された平均値と標準偏差から積率法により推定して良い．

非超過確率 99 % の値以外の積載荷重を用いるためには，次の手順で係数 k_{conv} を計算し，基本値に乗ずるものとする．

1. 評価対象とする基本値の確率分布モデルから，非超過確率 99 % の値 Q_{99} を計算する．
2. 同じモデルから，目的とする非超過確率（ここでは 99.5 % とする）の値 $Q_{99.5}$ を計算する．
3. 係数 $k_{\text{conv}} = \dfrac{Q_{99.5}}{Q_{99}}$ を計算する．
4. 積載荷重の基本値 Q に係数 k_{conv} を乗じた $k_{\text{conv}} \times Q$ を積載荷重とする．

なお，確率分布モデルの式，積率法によるパラメータの推定方法および任意の非超過確率に対応する荷重値の求め方は付 4.3 節を参照されたい．

最後に，99 % 以外の非超過確率に対応する荷重値を用いる場合についての注意を述べる．積載荷重は固定荷重とともに，建物に常時作用する構造設計上もっとも基本的な荷重である．一般的な構造物よりも供用期間の短かい構造物，例えば仮設構造物などについては，計算上本指針の基本値よりも小さな荷重値で設計することも可能であり，それに関していくつかの研究報告がなされている．

しかしながら，積載荷重の本質を考えれば，基本値より小さな荷重値を用いることについて，社会的に許容されるかどうかは難しい問題であり，本指針では推奨しないこととした．もちろん，重要度やグレードなどに応じて 99 % より大きな非超過確率を採用することを妨げるものではない．

付 4.3 確率分布の累積分布関数

積載荷重の評価に用いられている 4 つの確率分布の累積分布関数を以下に示す．

【正規分布】

$$F_X(x) = \frac{1}{\sqrt{2\pi}\sigma}\int_{-\infty}^{x}\exp\left\{-\frac{1}{2}\left(\frac{t-\mu}{\sigma}\right)^2\right\}dt = \Phi\left(\frac{x-\mu}{\sigma}\right)$$

【対数正規分布】

$$F_X(x) = \frac{1}{\sqrt{2\pi}\zeta}\int_{0}^{x}\frac{1}{t}\exp\left\{-\frac{1}{2}\left(\frac{\ln t-\lambda}{\zeta}\right)^2\right\}dt = \Phi\left(\frac{\ln x-\lambda}{\zeta}\right)$$

【グンベル分布】

$$F_X(x) = \exp\left[-\exp\{-a(x-b)\}\right]$$

【ガンマ分布】

$$F_X(x) = \frac{1}{\Gamma(\kappa)}\int_{o}^{\nu x} t^{\kappa-1}e^{-t}dt$$

ただし，$\phi(x) = \frac{1}{\sqrt{2\pi}}\exp\left(-\frac{1}{2}x^2\right)$

$$\Phi(x) = \int_{-\infty}^{x}\phi(t)\,dt$$

$$\Gamma(\kappa) = \int_{0}^{\infty} t^{\kappa-1}e^{-t}dt$$

である．また，それぞれの確率分布のパラメータは，積率法を用いれば，以下によって推定することができる．

$$\mu = \frac{1}{n}\sum_{i=1}^{n}x_i$$

$$\sigma = \sqrt{\frac{1}{n-1}\sum_{i=1}^{n}(x_i-\mu)^2}$$

$$\zeta = \sqrt{\ln\left\{1+\left(\frac{\sigma}{\mu}\right)^2\right\}}$$

$$\lambda = \ln\mu - \frac{1}{2}\zeta^2$$

$$a = \frac{\pi}{\sqrt{6}\sigma}$$

$$b = \mu - \frac{\gamma}{a}$$

$$\nu = \frac{\mu}{\sigma^2}$$

$$\kappa = \left(\frac{\mu}{\sigma}\right)^2$$

ただし，γはオイラー定数である．

任意の非超過確率Pに対応する荷重値は，累積分布関数の逆関数を用いることで求めることができる．正規分布および対数正規分布については，標準正規分布の累積分布関数の逆関数$\Phi^{-1}(P)$または標準正規確率表により，

$$x = \sigma\,\Phi^{-1}(P) + \mu$$

$$x = \exp\left\{\zeta\,\Phi^{-1}(P) + \lambda\right\}$$

となる．また，グンベル分布は，

$$x = -\frac{1}{a}\ln(-\ln P) + b$$

となる．しかし，ガンマ分布は逆関数が存在せず，簡単に計算する方法も無いので，一般には繰返し計算によって任意の非超過確率Pに対応する荷重値を求めることになる．なお，近年の数値計算ソフトウェアや表計算ソフトウェアにはガンマ分布の逆関数をサポートしているものも多いので，それらを用いることが現実的である．

参考文献

1）アタナシアス・パポリス（平岡寛二ほか訳）：工学のための応用確率論（確率過程編），pp.334～338，東海大学出版会，1972

2）石川孝重・久木章江：積載荷重の評価に関する研究，構造工学論文集，Vol.38B，pp.31～38，1992

3）山村一繁・神田　順：集合住宅用積載荷重の確率・統計的解析，日本建築学会大会学術講演梗概集，B，構造I，pp.37～38，1986.8

4）木下一也・神田　順：事務所建築用積載荷重の確率・統計的解析，日本建築学会大会学術講演梗概集，構造系，pp.2449～2450，1983.9；事務所用積載荷重の梁・床板用等価等分布荷重，日本建築学会大会学術講演梗概集，構造系，pp.1023～1024，1984.10

5）山村一繁・神田　順：商業施設用積載荷重の人間荷重偏在モデル床板用等価等分布荷重について，日本建築学会大会学術講演梗概集，B，構造I，pp.55～56，1988.10

6）山村一繁・神田　順：電算室積載荷重の確率・統計的分析，日本建築学会大会学術講演梗概集，B，構造I，pp.41～42，1989.10

7）山村一繁・神田　順：駐車場積載荷重の確率・統計的分析，日本建築学会大会学術講演梗概集，B，構造I，pp.149～150，1990.10

8）高橋　徹：荷重の観測・統計資料と構造信頼性，建築雑誌Vol.112，No.1406，p.65，1997.5

9）山村一繁：積載荷重確率分布モデルの推定に関する一考察，日本建築学会学術講演梗概集，B-1，構造I，p.77～78，1999.9

10）石川孝重・田中美知：住宅の積載荷重に関する研究—その1100住戸に対する調査，その2調査結果の分析並びに設計用基準値算定に対する試案，日本建築学会大会学術講演梗概集，構造系，pp.1393～1396，1987.10

11) 石川孝重ほか：ホテル客室用積載荷重に関する調査研究—その1アンケート概要と単純集計結果，その2アンケートデータの評価，日本建築学会大会学術講演梗概集，B，構造I，pp.43～46，1989.10
12) 日本建築学会：建築設計用資料集成 7，建築—文化，丸善，1981.5
13) 守屋秀夫・佐藤　仁：建築計画学 11 図書館，丸善，1970.11
14) 平野道勝：教室の積載荷重調査例の報告，日本建築学会大会学術講演梗概集，B，構造I，pp.1399～1400，1987.10
15) 岡田光正・吉田勝行・柏原士郎・辻　正矩：建築と都市の人間工学—空間と行動のしくみ—，鹿島出版会，1977.6
16) Kanda, J., Kinoshita, K : A Probabilistic Model for Live Load Extremes in Offce Buildings, Proc. 4, ICOSSAR, 1985
17) 井戸田秀樹・小野徹郎：物品の偏在状態を考慮した柱設計用積載荷重値，日本建築学会構造系論文集，No.478，pp.55～61，1995.12
18) 内田祥哉・宇野英隆ほか：床の硬さが人間に及ぼす影響 その 2．歩行の解析（2），日本建築学会大会学術講演梗概集，構造系，pp.225～226，1968.10
19) 山岡英明・青木　実ほか：建築物の積載重量の調査（その 3 —人間の衝撃荷重について），日本建築学会大会学術講演梗概集，構造系，pp.745～746，1976.10
20) 国弘　仁・青木　実ほか：建築物の積載重量の調査（その 4 —歩行時の衝撃係数について），日本建築学会大会学術講演梗概集，構造系，pp.853～854，1977.10
21) (財)建材試験センター：住宅性能標準化のための調査研究報告書，1977.10
22) 坪井善勝：平面構造論，丸善，1960.9
23) 久木章江・石川孝重・真嶋麻理・沼田竜一：積載荷重が木造軸組架構に及ぼす影響—その1長期許容応力度に対する余裕度；—その 2 剛性に対する検証—；—その 3 等価等分布荷重の評価および構造種別の比較—，日本建築学会大会学術講演梗概集，B-1，構造I，pp.83～88，1999.9
24) 神山定雄：木造住宅の形と骨組—平面タイプによる軸部・屋根架構の計画と方法—，彰国社，1992.9
25) ISO: ISO 2103 - Loads due to use and occupancy in residental and public buildings, 1986
26) AmericanNational Standard A58, 1-1982, 1982
27) 山村一繁・神田　順：面積による積載荷重低減に関する研究，日本建築学会大会学術講演梗概集，B，構造I，pp.169～170，1991.9
28) 木下美知・石川孝重・久木章江：基本統計量に基づく積載荷重の評価 その3 対象面積の違いによる効果，日本建築学会大会学術講演梗概集，B，構造I，pp.207～208，1992.8
29) 山村一繁：事務室用積載荷重の荷重効果の確率・統計的分析，構造工学論文集，Vol.52B，pp.139～144，2006.3
30) E. C. C.Choi, "Live Load Model for Offce Buildings", The Structural Engineer, Vol.67,No.24/19, pp.421～437, 1985.12
31) E. C. C. Choi, "Live Load for Offce Buildings : Effect of Occupancy and Code Comparison", Journal of the Structural Division, Vol. 116, No. 11, pp.3162～3174, 1990.11
32) 井戸田秀樹・小野徹郎：柱軸力計算用積載荷重の確率モデルと層数低減係数，日本建築学会構造系論文報告集，No.455，pp.37～45，1994.1
33) 山村一繁・神田　順：引越し時積載荷重に関する調査・研究，日本建築学会学術講演梗概集，B，構造I，pp.211～212，1992.8
34) 石川孝重・久木章江：積載荷重の偏在が評価値に及ぼす影響に関する研究，日本建築学会大会学術講演梗概集，B，構造I，pp.217～218，1992.8
35) 久木章江・石川孝重：積載物の偏在を考慮した積載荷重評価—非日常状態を想定したシミュレーション—，日本建築学会構造系論文集，第 522 号，pp.21～27，1999.8
36) Kanda, J., Yamamura, K : Extraordinary Live Load Model in Retail Premises, Proc. 5, ICOSSAR, 1989
37) 井戸田秀樹：人間主体用途における非常時積載荷重，日本建築学会東海支部研究報告集，pp.133～136，2002.2
38) 日本建築学会：鉄筋コンクリート構造計算規準・同解説，2010
39) 佐藤　尚ほか：ある事務所庁舎床スラブの積載荷重調査（その 3 有効積載荷重），日本建築学会学術講演梗概

集，C，構造 II，pp.221～222，1990.10
40）山村一繁・夏　暉：たわみを対象とした事務室用設計積載荷重に関する研究，日本建築学会大会学術講演梗概集，B-1，構造 I，pp.65～66，2003.9
41）日本建築学会：プレストレストコンクリート（III 種 PC）構造設計・施工指針・同解説，丸善，1986.1
42）岩原昭次・柿野高男：実在鉄筋コンクリート床スラブのひび割れに対する積載荷重の評価に関する検討，日本建築学会九州支部研究報告，第 42 号，pp.221～224，2003.3
43）石川孝重・久木章江：限界状態を考慮した実建物の床スラブ耐荷重に関する調査，構造工学論文集，Vol.41B，pp.139～146，1995.3
44）小野英哲・横山　裕：人間の動作により発生する床振動の振動感覚上の表示方法に関する研究，—振動発生者と受振者が同じ場合—，日本建築学会構造系論文報告集，第 381 号，pp.1～9，1987.11
45）横山　裕：歩行時に発生する床振動評価のための加振，受振装置に関する研究，動的加振器，受振器の設定および妥当性の検討，日本建築学会構造系論文集，第 466 号，pp.21～29，1994.12
46）鈴木秀三・藤野栄一・野口弘行：木造床の鉛直振動特性に及ぼす人間荷重の影響に関する実験的研究（第 1 報），日本建築学会構造系論文集，第 585 号，pp.123～129，2004.11
47）藤野栄一・鈴木秀三・野口弘行：木造床の鉛直振動特性に及ぼす人間荷重の影響に関する実験的研究（第 2 報），日本建築学会構造系論文集，第 589 号，pp.137～142，2005.3
48）櫛田　裕：環境振動工学入門，—建築構造と環境振動—，理工図書，1997
49）横山　裕・佐藤正幸：歩行時に発生する床振動評価のための加振，受振装置に関する研究　衝撃的加振器の開発および振動減衰時間算出方法の妥当性の確認，日本建築学会構造系論文集，第 476 号，pp.21～30，1995.10
50）横山　裕・守時秀明・石崎功雄：歩行による床衝撃音測定用加振器としての衝撃的加振器の適用性に関する研究，歩行と衝撃的加振器の加振力の検討および木造軸組構法住宅における床衝撃音の比較，日本建築学会構造系論文集，第 508 号，pp.25～32，1998.6
51）日本建築学会：鉄筋コンクリート構造計算規準・同解説，1991.4
52）日本建築学会：各種合成構造設計指針・同解説，2010.11
53）横山　裕・櫛田　裕・広松　猛・小野英哲：コンサート公演中の観客の動作により発生する振動に関する考察　実態調査と加振力の同定，日本建築学会構造系論文報告集，第 434 号，pp.21～30，1992.4
54）山原　浩：環境保全のための防振設計，彰国社，1974
55）麦倉喬次：設備機器の加振力推定と床のインピーダンス，音響技術，No.101，1998.3
56）田野正典・安藤　啓・峯村敦雄・麦倉喬次：建築設備用送風機の加振力に関する実験的研究，その 2　送風機の簡易測定方法に関する検討，日本建築学会計画系論文報告集，第 427 号，pp.49～55，1991.9
57）田野正典：防振効果の推定法，音響技術，No.101，1998.3

5章　雪　荷　重

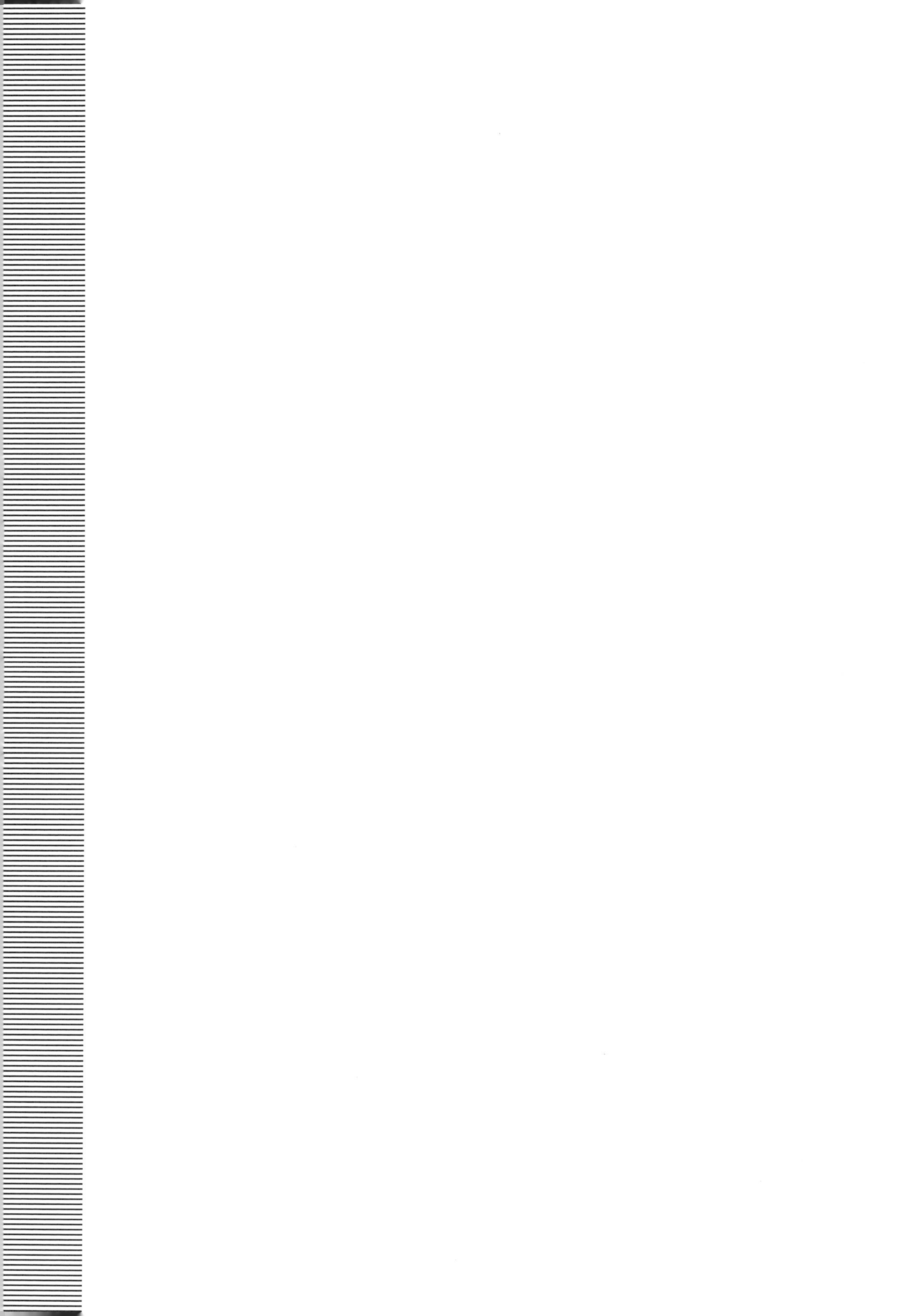

5章　雪　荷　重

概　　説

本章では，建築物を設計するために，屋根の積雪を設計者がどのように判断し雪荷重として適切に評価するかを，手順に沿い定めている．今回の改定の要点は以下のとおりである．

1. 屋根雪を制御しない場合を優先してフローチャートを整理し，記述した．
2. 屋根形状係数を定める際に用いる冬期平均風速設定法の明確化を図った．
3. 2014年2月に関東甲信地方を襲った大雪による被害を踏まえ，降水量に基づく地上積雪重量の評価を推奨することにした．
4. 2014年の観測値を含む統計データに基づいた地上積雪深と地上積雪重量（降水量データに基づく）を付表に示した．
5. 「その他の雪荷重」に研究成果を追加した．

以下に，各節に沿って本指針の概要を示す．

5.1「雪荷重の設定方針」では，屋根雪の積雪量を制御しない場合，制御する場合に対してフローチャートを用いて雪荷重を設定する手順を示している．

5.2「地上積雪重量」では，屋根積雪深を充分長い期間測定したデータがないため地上積雪重量から推定する理由を述べ，地上積雪重量を算定する方法として，地上積雪深のデータから求める方法と，降水量と気温から推定する方法を示している．積雪重量は，降雪時からの時間の経過に伴い雪の凍結，融解，圧密など層状に雪の密度が変化しているので，統計的な処理により等価単位積雪重量を求めている．さらに，建築物の周囲の地形や状況に応じて積雪量が増加する場合には環境係数を考慮して補正をすることにしている．

5.3「屋根形状係数」では，屋根雪荷重が，屋根の形状，建設地の冬期平均風速，および積雪後の雪の移動に影響されることを示し，これらを勘案した屋根形状係数を求めて，地上積雪重量に乗じて算定することを述べている．大規模な屋根，特殊な屋根形状の場合には調査・風洞実験や数値流体計算などにより屋根形状係数を求めるように定めている．

5.4「局所的屋根雪荷重」では，屋根の突起物により堆積する雪，軒先やけらばにおけるつららや巻垂れなどの局所荷重，上の屋根からの落雪による衝撃荷重やその飛距離のように雪特有の荷重について考慮することを定めている．

5.5「制御する場合の屋根雪荷重」では，屋根雪を制御する場合，地上増分積雪重量に屋根形状係数を乗じて算定し，制御雪荷重を差し引いて，算定することを述べている．制御雪荷重は管理方法や制御装置の性能により異なるので充分注意すべきことを示している．なお屋根形状係数は制御しない場合と同じ値を用いている．

5.6「その他の雪荷重」では，積雪による側圧および沈降圧の算定法，着雪・冠雪の影響，外装材および開放部への雪の吹込みによる荷重，隣接建築物および大型建築物による影響について述べている．

付 5.1「地上積雪深・地上積雪重量の極値統計量」では，気象庁による観測資料が整備されている全国 830 地点の年最大地上積雪深および年最大 7 日増分積雪深のデータを付表として示すとともに，これらの値のばらつき情報および任意の再現期間に対する積雪深を算出するための係数値も付け加えた．

付 5.2「標高と海率を用いた積雪未観測点における地上積雪深と地上積雪重量の推定値」では，気象観測資料が入手できない積雪未観測地点における再現期間 100 年に対する地上積雪深と地上積雪重量の値をその地点の標高と海率〔5.2.2 項参照〕から推定するための係数値を示した．

付 5.3 節から 5.5 節では今なお広く用いられている許容応力度設計で用いる場合に，再現期間換算係数を乗じて適切に設計荷重を設定するための要点や使用性検討のための留意点を記述している．さらに，具体的な雪荷重の設定例と，本指針で取り上げられていない屋根形状を対象とした屋根形状係数を設定するための方法，設計に対して留意すべき事項については「建築物荷重指針を活かす設計資料 1（以下，荷重指針設計資料と呼ぶ）」を用意しているので参照されたい．

記　号

本章の本文で用いられる主な記号を示す．

大文字

A ：滑落雪の衝突断面積（m^2）
C ：融雪係数（kN/m^2℃）
C_a ：上村らの式における融雪係数（N/m^2℃）
C_b ：降水量中の氷分率（無次元）
F_a ：凍着抵抗力（kN/m^2）
F_c ：下部障害物による圧縮抵抗力（N/m^2）
F_{ch} ：融雪水の粘性抵抗力（N/m^2）
F_t ：上部連続積雪による引張抵抗力（N/m^2）
F_I ：衝撃荷重（kN/m^2）
F_l ：側圧（kN/m^2）
F_s ：沈降力（kN/m），および側部雪とのせん断抵抗力（N/m^2）
F_{kf} ：動摩擦抵抗力（N/m^2）
F_{sf} ：静摩擦抵抗力（N/m^2）
F_t ：上部連続積雪による引張抵抗力（N/m^2）
H ：建築物の高さ（m）

$N(d_s)$　：距離 d_s のところにある観測点の数
P_c　：融雪量（kN/m^2）
P_i　：根雪開始 i 日目の日降水量（mm）から換算した降水重量（kN/m^2）
P_n　：根雪開始 n 日目の日降水量（mm）に基づく地上積雪重量（kN/m^2）
$_mP$　：根雪開始 m 日目の日降水量（mm）から換算した降水重量（kN/m^2）
$_mP_c$　：根雪開始 m 日目の積雪層における融雪量（kN/m^2）
S　：屋根雪荷重（kN/m^2）
S_0　：屋根雪荷重を制御しない場合に用いる地上積雪重量（kN/m^2）
S_n　：屋根雪荷重を制御する場合に用いる地上増分積雪重量（kN/m^2）
S_c　：制御雪荷重（kN/m^2）
S_{max}　：褶曲層内積雪の単位面積あたりの最大積雪重量（kN/m^2）
S_{min}　：地上積雪重量の下限値（kN/m^2）
T　：日平均気温（℃）
T_0　：融雪下限温度（℃），－2℃に設定
T_s　：積雪期間の平均気温（℃）
U_Z　：屋根面高さの風速（m/s）
U_{SDP}　：気象観測地点の風速計高さにおける風速（m/s）
V　：1，2月の平均風速（m/s）
V_I　：滑落雪の衝突速度（m/s）
V_s　：積雪期間の平均風速（m/s）
X　：基準点からの位置（m）
Z　：屋根面の高さ（m）
Z_{SDP}　：気象観測地点の風速計高さ（m）
Z_{GSDP}　：気象観測地点における風速の鉛直分布を定めるパラメータ（m）
Z_{GSITE}　：建設地における風速の鉛直分布を定めるパラメータ（m）

小文字

a　：グンベル分布の尺度パラメータ
$\overline{a}_u$　：風の平均加速度（m/s^2）
b　：グンベル分布の位置パラメータ
d　：重回帰分析で推定される積雪深（m）
d_0　：基本地上積雪深（m）
d_c　：地上積雪重量の下限値を用いる限界の積雪深（m）
d_n　：屋根雪荷重を制御する場合に用いる地上増分積雪深（m）
d_{max}　：最大積雪深（m）
d_{ref}　：無次元化のための基準積雪深（＝1 m）

d_{tr}　：少雪地域と多雪地域を区分する積雪深（m）

${}_m d_n$　：根雪開始後 m 日目の降雪により形成された第 m 層の n 日目の層厚（m）

g　：重力加速度（m/s^2）

h_s　：セットバック上階の高さ（m）

h_0　：桁の地上高さ（m）

h_d　：吹きだまり係数（無次元）

k_{env}　：環境係数（無次元）

k_{Rs}　：再現期間換算係数（無次元）

${}_m k$　：第 m 層の降雪時密度増加分の補正係数

m　：根雪開始からの経過日数（$m=1, 2, 3, \cdots$）（日），および屋根雪の質量（kg）

n　：制御雪荷重を定める日数，または第 m 層形成からの経過日数（日）

p_0　：屋根雪荷重を制御しない場合に用いる等価単位積雪重量（kN/m^3）

p_n　：屋根雪荷重を制御する場合に用いる等価単位積雪重量（kN/m^3）

t_R　：再現期間（年）

t_s　：根雪初日からの日数（連続量）

t_{smax}　：積雪期間（日）

ギリシャ文字

α　：重回帰分析における標高の係数

α_{SDP}　：気象観測地点における風速の鉛直分布を定めるパラメータ

α_{SITE}　：建設地における風速の鉛直分布を定めるパラメータ

β　：重回帰分析における海率の係数

γ　：重回帰分析における定数項

δ　：クリープ変形を含む，建築物の部材の全変位量（m）

δ_0　：初期変位量（m）

θ　：屋根勾配，滑雪角度（°）

μ　：統計量の平均値

μ_0　：屋根形状係数（無次元）

μ_n　：屋根雪荷重を制御する場合の屋根形状係数（無次元）

μ_b　：基本となる屋根形状係数（無次元）

μ_d　：風による偏分布に関する屋根形状係数（無次元）

μ_s　：屋根上滑動による偏分布に関する屋根形状係数（無次元）

ρ_{min}　：積雪の最小単位体積重量（kN/m^3）

ρ_{max}　：積雪の最大単位体積重量，4.9 kN/m^3 に設定

${}_m\rho_0$　：降雪時の単位体積重量（kN/m^3）

ρ_s　：雪の全層平均密度（kg/m^3）

σ　：統計量の標準偏差

σ_s　：最大衝撃荷重（N/m^2）

5.1　雪荷重の設定方針

雪荷重として，建築物の立地環境に応じて（1）屋根雪荷重，（2）局所的屋根雪荷重，（3）その他の雪荷重を適切に設定する．このうち屋根雪荷重は，建設地の地上積雪深をもとに設定した地上積雪重量に屋根形状係数を乗じて求める．装置や技術などを用いて確実に屋根積雪量を制御できる場合には，雪荷重を低減することができる．

本指針による雪荷重設定のフローチャートを図5.1.1，図5.1.2に示す．雪荷重を設定するに際し，まず設計者が屋根雪荷重を制御するか否かを定める必要がある．建築物の屋根積雪量を信頼性の高い方法によって積極的にかつ確実に制御するか否かに応じて算定すべき内容も変わることになる．屋根雪荷重を制御する場合は5.5節を参照する．屋根雪荷重を評価するためには，設計対象建築物と建設地点，屋根形状，周辺環境などが同一条件を有する建築物の屋根に降り積もった雪の荷重に関して，何年間にもおよぶ観測データが必要となる．しかし，一般的にこのような観測データがないために，建設地点に近い気象観測所などで得られた地上積雪深の観測データを用いることになる．

屋根雪荷重を制御しない場合には，再現期間100年に対する年最大地上積雪深を用いて等価単位積雪重量評価式によって，まず地上積雪重量を求める．なお，2014年に関東甲信地方を襲った大雪による被害をみると，積雪深で評価するよりも累積降水量で評価するのが望ましい場合もあった．解説では降水量と気温に基づく地上積雪重量の評価に関しても述べている．次に地上の積雪状態から屋根上の積雪状態を推定するが，建築物の配置，規模や形状および気温，風向，風速によって屋根への積り方が大きく影響する．本指針では，基本的な屋根形状に対して屋根形状係数を，さらに風による偏分布や屋根上滑動による影響などを考慮した係数を定め，その係数に地上積雪重量を乗ずることにより屋根雪荷重を求める流れとなっている．

屋根雪荷重の制御を行う場合には，集中降雪時に対処するためにn日間の積雪増分を考慮して荷重をより適切に評価できるものとした．解説では年最大3日増分積雪深または7日増分積雪深を用いて評価する方法について詳述している．また，本指針では基本的に再現期間100年に対する雪荷重の値を算定するものとしているが，建築物の用途に応じて，より短いあるいはより長い再現期間に対しても再現期間換算係数を介して評価できる仕組みにしている．

屋根雪荷重の制御方法としては，人力による「雪下ろし」が古来より行われてきた．しかし，過去の豪雪時には特に比較的大きなスパンを有する公共建築物などでは，必ずしも充分に対応できないまま崩壊を招いてしまった例も見られる[1]．また，数多くの屋根雪処理装置や技術が開発・提案されてきたものの，そのランニングコストや非常時における信頼性および適正規模などの問題から必ずしも広く用いられるに至っていない[2),3)]．しかしながら，近年の人手不足から人力による「雪下ろし」が困難になってきたこと，従来雪国では考えられなかったほどの大規模膜構造物などの建設が社会的に求められるようになってきたことなどから，豪雪時にも「雪下ろし」の不要な大型建築物の建設技術，屋根勾配を利用した滑落により制御する方法，およびより信頼性の高い屋根雪荷重の制御技術が開発されつつある．制御方法の適用にあたっては，豪雪時の積雪重量ならびに積雪増分速度の適切な予測のみならず，管理システムもふくめた信頼性および集中積雪量とその期間に見合った制御能力を装置や技術に保有させることが特に重要となる．また，このような特殊な装置を用いて屋根雪荷重を制御する場合には，常時および豪雪時の除雪能力，故障発生確率やその復旧時間などを特別な調査・実験によって確認し屋根雪荷重を評価しなければならない．

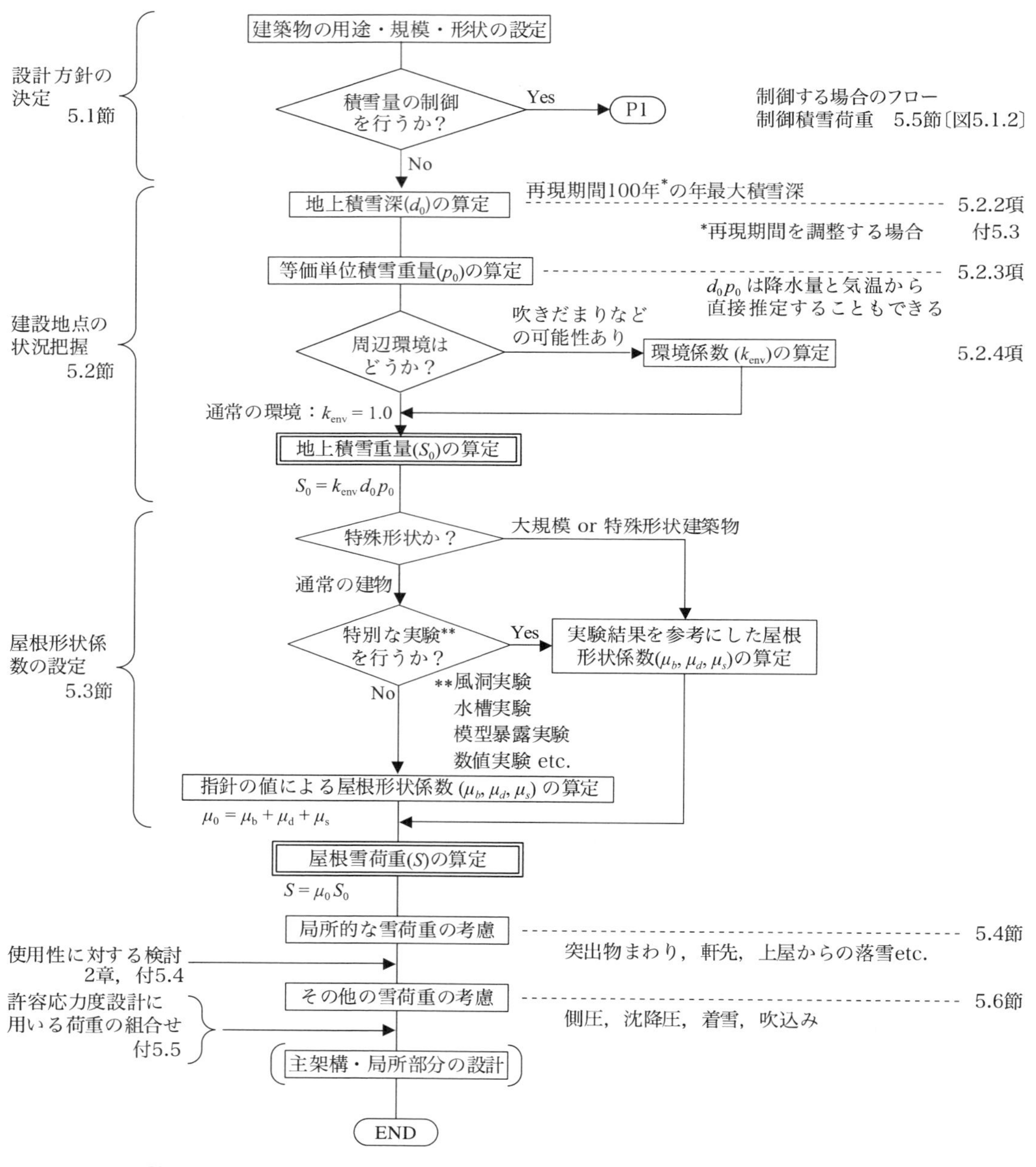

図 5.1.1 雪荷重設定のフローチャート（屋根雪荷重の制御を行わない場合）

前述の屋根形状係数は，均等に積もる分に風による偏分布と滑動による偏分布を加えて考慮することとしている．このうち均等に積もる分は屋根が地上よりも高いことにより風によって均等に吹き払われて堆積する状態までを考慮したもので，地上積雪に対する低減係数として表される．局所的屋根雪荷重は，これ以外の定量的評価の難しい検討事項として吹きだまりや雪庇などを挙げている．その他の雪荷重では，屋根雪荷重や局所的屋根雪荷重以外の雪特有の現象から生じる荷重として設計時に考慮すべき項目を列記している．

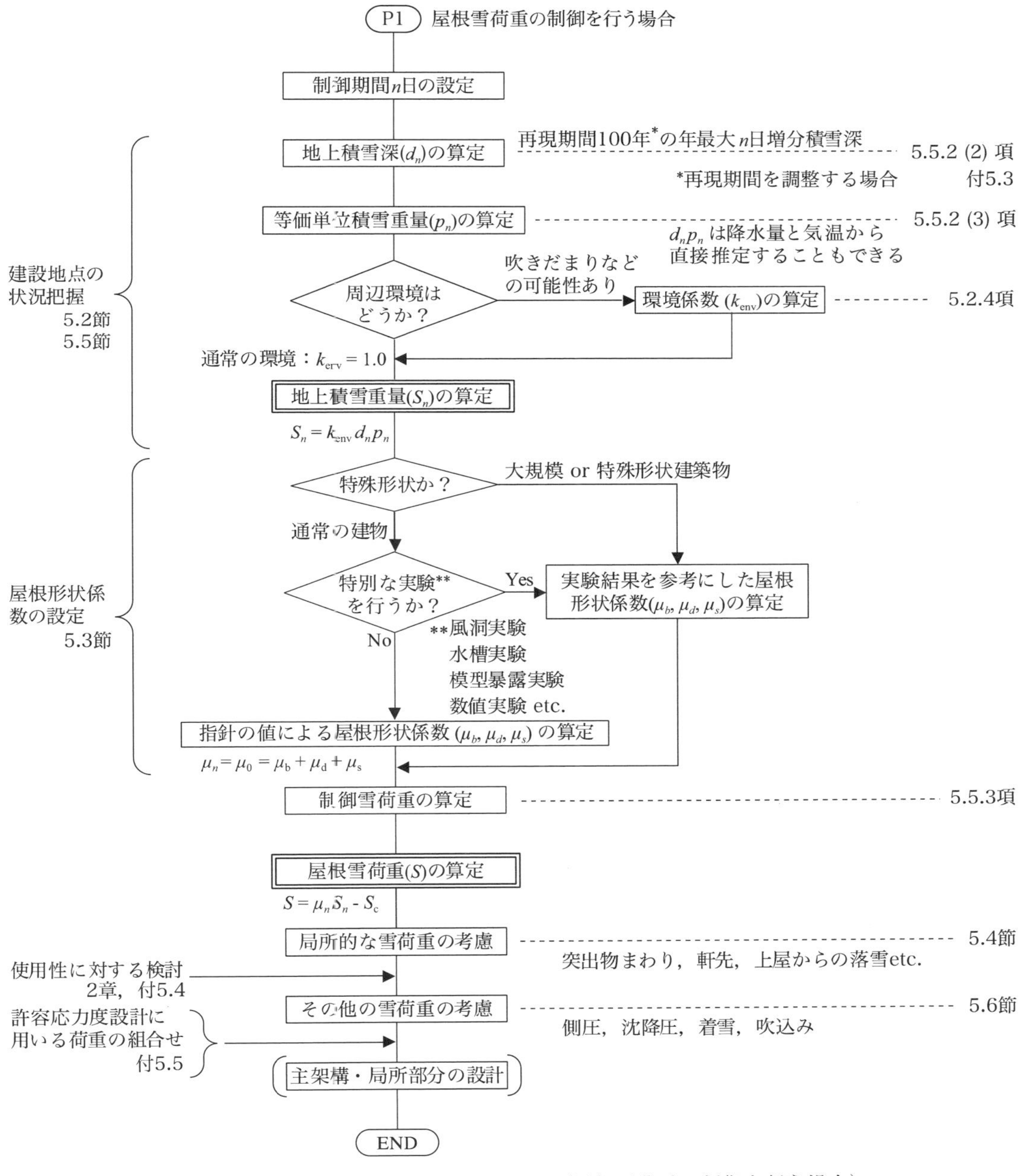

図 5.1.2　雪荷重設定のフローチャート（屋根雪荷重の制御を行う場合）

最終的には，本章で算出される屋根雪荷重の基本値に荷重係数を掛けたうえで安全限界状態の検討に用いる．多雪地域においては2～3か月間持続荷重として作用し，それによってもたらされる過大な変形は，戸や窓の開閉あるいは雨仕舞いなどに支障をきたすことなどから使用限界状態の検討も必要となり，木造などではクリープ破壊など修復性に関わる検討も必要となる場合もある．このような場合は，使用性に対する限界状態に対応する荷重係数をかけて検討すればよい．また，許容応力度設計において，組合せ荷重を考えるための荷重係数をかける場合に対しては，旧指針（2004年版）と同様の考え方を付5.5節に例示する．

5.1.1 屋根雪荷重の基本値の算定

屋根雪荷重の基本値 S(kN/m^2) は次式によって求める．

$$S = \mu_0 S_0 \tag{5.1}$$

ここで，μ_0 ：屋根形状係数〔5.3節参照〕

S_0 ：地上積雪重量（kN/m^2）〔5.2節参照〕である．

一般に，屋根雪荷重は観測データから直接求めることはできない．建設予定地に同じ形状の建築物があって，その屋根上の雪荷重の観測データが充分に得られていることはきわめて稀だからである．そのため，本指針では地上積雪重量 S_0 から屋根雪荷重を推定する方法を採用することにしている．改修の場合などで，屋根上の雪の資料が充分に得られていれば，それに基づいて算定することができることはいうまでもない．

屋根雪荷重は，地上積雪重量ときわめて密接な関係を有するが，屋根上では風や日射などの影響を受けやすく，積雪は地上より少ないことが多い．地上積雪重量に対する屋根雪荷重の比は，風速や気温などの気象条件とともに，屋根の形状・勾配に依存するところが大きい．そこで，気象条件を考慮しながら屋根の形状や勾配によって変化する係数を導入し，それを地上積雪重量に乗じて屋根雪荷重を求めることとした．これが屋根形状係数 μ_0 である．ただし，屋根上の突起物の周囲の吹きだまりや上方の屋根からの雪の落下による局所的な荷重の増大，巻垂れや雪庇による軒先の局所的な荷重などは，二次的なものなので，屋根形状係数 μ_0 には考慮されていない．これらについては，5.4節で取り扱う．

5.2 地上積雪重量

5.2.1 地上積雪重量の算定

基本地上積雪深を用いた単位水平投影面積あたりの地上積雪重量 S_0(kN/m^2) は次式によって算定する．

$$S_0 = k_{env}\, d_0\, p_0 \tag{5.2}$$

ここで，k_{env} ：環境係数〔5.2.4項参照〕，

d_0 ：基本地上積雪深（m）〔5.2.2項参照〕，

p_0 ：等価単位積雪重量（kN/m^3）〔5.2.3項参照〕である．

ただし（5.2）式において d_0，p_0 を降水量と気温から適切な方法により直接推定することもできる．

(1) 基本地上積雪深と等価単位積雪重量に基づく地上積雪重量の推定

雪荷重はいうまでもなく積雪の重量であり，重量を直接測定した資料によって検討することが望ましい．しかしながら，現在のところ積雪重量の観測資料は少なく観測点も限られているので，確率・統計処理などによって，一般化するに足る広域かつ長期にわたる資料を得ることはきわめて困難である．そのため，一般的には雪荷重は積雪深に単位体積あたりの重量（単位重量）を乗ずる形で計算することにしている．

積雪は降雪・沈降・融雪などの現象によって変化する．すなわち，降ってきた雪が地上や屋根に達すると，まもなく組織を変え始め，時間とともに元々の結晶構造が失われて締まっていく．これを沈降といい，積雪の深さが減少する一方で単位重量は増加する．その上に新しい降雪があるとその分だけ深さは増すが，その重さが加わって圧密されるので，下方の雪の沈降は促進される．また，日射や気温の上昇で表面から融けたり，地熱により底部から融けたりすることによっても深さが減少する．年最大積雪深は，これらの現象が複雑に繰り返された一つの結果であり，その冬の雪の降り始めから完全に消えるまでの間に観測された積雪深の最大値である．

設計に用いる単位水平投影面積あたりの地上積雪重量 S_0(kN/m^2) は，雪の降り始めからピークに達するまでに累積された一冬期間で最大の積雪量の統計値が問題であるので，年最大積雪深の統計に基づく再現期間100年に対する地上積雪深 d_0(m) に等価単位積雪重量と環境係数を乗じて求めることとした．

等価単位積雪重量 p_0(kN/m^3) は，積雪の単位体積あたりの重量に対応するが，層状をなして堆積している積雪内部ではその重量は一様ではない．これは降雪ごとに雪質の異なる層が形成され，積雪全体はそれらの雪の層の重量によって構成されているからである．積雪全体の平均単位体積重量も，時期によって，おおよそ1 kN/m^3～6 kN/m^3 の範囲で大きく変化する．しかし，最大積雪深を記録するようなときは，激しい降雪が続いて急速に深さを増していくので，全層平均単位体積重量は比較的小さい値を示す場合が多い．その上にさらに新しい降雪があれば，重量はその分だけ増加するが，その頃には沈降が一層大きくなるために積雪深はむしろ減少する．このようにして，最大積雪重量は最大積雪深より遅れて現れることが多く，特に多雪地域では最大積雪深の出現日に対する最大積雪重量の出現日の遅れは数日ないし数週間にもおよび，単位面積あたりの最大積雪重量を推定するためには，実際の単位体積重量ではなく，換算係数としての見かけの単位体積重量，すなわち最大積雪重量を最大積雪深で除して得られた値を用いる必要がある．これが等価単位積雪重量である．

積雪深は周囲の地形・地物などの影響を受けやすく，少し離れただけで値が大きく変わることも珍しくない．屋根上積雪深に影響を及ぼす環境因子は数多いが，大きく3つに分類できる〔表5.2.1〕．すなわち，その地域全体に影響を及ぼす巨視的因子，その建築物の敷地を含む局所的な地域に影響を及ぼす中間的因子，さらにはその建築物の屋根面に直接結びついている微視的因子である．積雪深は降雪量・沈降量・融雪量の積算であるから，気温などの気候条件や標高などの巨視的地形条件は地上積雪深を評価するにあたって既に考慮されていると考えてよい．しかし，局所的地形などの影響で地上積雪深が大きくなるような場所では，それを考慮する必要がある．本指針では，

これを環境係数 k_{env} として積雪深に乗ずることとした．ただし，屋根自体が持っている微視的な環境条件，すなわち暖房による屋根面の温熱環境，あるいは屋根葺材や屋根の向きなどによる影響については，データの蓄積が充分ではないので本指針では取り上げていない．

表 5.2.1 屋根上積雪深に影響を及ぼす環境諸因子

巨視的因子	海岸からの距離，標高，地形傾斜，地形曲率，その他
中間的因子	樹林，隣接建築物，微地形，その他
微視的因子	暖房による屋根面の温熱環境，屋根葺材，屋根の向き，その他

(2) 日降水量と日平均気温資料に基づく地上積雪重量の算定

地上積雪重量（以下，積雪重量と記す）の観測は，気象官署の定める標準気象観測項目に組み込まれていないのでその継続的な実測資料は全国的に少なく，多雪地域に位置する少数の研究機関によるものに限られている．このため，各地の気象官署などで豊富に蓄積されている標準気象観測項目のみの資料を用いて積雪重量を推定することができれば大変都合がよい．これに関する既往の3つの研究について，それぞれの提案式を以下に示す．適用例については荷重指針設計資料で示す．

1) 城・桜井の提案式

城・柴田らは，積雪重量の増加成分を降水量から，融雪による減少成分を融雪に寄与する下限温度（以下，融雪下限温度と記す）を超過する温度を累積した積算温度との関連から求められるものと考え，日降水量と日平均気温の観測資料を用いて積雪重量を直接算定する方法を提案した[4]．すなわち日降水量の累積値から積算温度と融雪係数とを乗じて得られる融雪量を差し引く方法で，札幌の観測資料をもとに同法の有効性について検証した．同一地点で積雪重量，積雪深，日平均気温，日降水量を継続的に観測した資料は極めて少ないが，幸い札幌のほか，弘前・釜淵・新庄・十日町・上越・塩沢の計6地点ではこれらの観測値が得られている．桜井・城はこれらの観測資料を集約し，引き続き上記の方法の有効性について検証した[5]．ここで6地点それぞれの融雪係数の値については，融雪下限温度として日平均気温が0℃および−1℃の場合の2種類を設定し，積雪重量の減少量実測値と積算温度との関係を統計的に処理して求めた．ただし，年最大重量に達した後の融雪による重量減少が大きく現れる区間を対象としている．得られた融雪係数の値を表5.2.2に参考値として示す．融雪下限温度を0℃とした場合34～77(N/m^2℃)，融雪下限温度を−1℃とした場合31～54(N/m^2℃）の範囲となった．これから，融雪下限温度の設定値によって各地の融雪係数の値が異なることがわかる．

表 5.2.2 融 雪 係 数（N/m^2℃）

	札幌	弘前	釜淵	新庄	長岡	十日町	上越	塩沢
統 計 年 数	26	15	42	10	8	48	9	8
融雪下限温度0℃の場合	77	49	46	63	41	34	44	51
融雪下限温度−1℃の場合	54	33	36	44	33	31	34	39

ところで，融雪係数は，地域の標高，緯度，季節によって異なる値をとることが識者によって指摘されており[6),7)]，積雪重量実測値の得られていないことの多い一般の地点において，その算定値を得ようとする場合，慎重な検討を要するものと考えられる．また，研究の目的からして，積雪重量の推移過程を評価しようとする場合，積雪開始からその最大値へ漸増していく積雪期間が重要であるが，その期間における積雪亘量の増減の程度は積雪深のそれに比べ緩やかであることは既往の研究から読み取ることができる[8)~10)]．これらのことから桜井・城は，実用的な有効性を重視して，融雪量の項目を省き日降水量の累積値のみによって，積雪開始から年最大値に達するまでの日積雪重量の過程を算定するための簡略式として（5.2.1）式を提案している[11),12)]．

城・桜井の式

$$P_n=\sum_{i=1}^{n-1}P_i \qquad [T_i<2℃] \tag{5.2.1}$$

（5.2.1）式では，積雪初日（$i=1$）から（$n-1$）日目までの日降水量（mm）から換算した降水重量 P_i(N/m^2) の累積値を n 日目における積雪重量推定値 P_n(N/m^2) とみなしている．ここで，積雪初日であるかどうかは，同時観測された積雪深記録から判断する．気象観測項目の日降水量は，降雨量の1日間の総量を示す．日界は普通24時（午前0時）とされているが，便宜的に9時または10時あるいは21時にとられることがある．降雪の場合はこれを融かして雨量に換算した値で表わされているため，日降水量の観測値が降雨であったのか降雪であったのかの判別が必要である．降雨と降雪の判別は，地表における気温だけではなく上空の気温にも依存するが，容易に入手できる資料を用いての積雪重量の推定を目的としているので地表での気温を用いる．地表気温については，統計的に+2℃付近が境界温度とされていることから[13),14)]，（5.2.1）式においては，全国一律に，日平均気温 T_i が2℃未満の場合の日降水量記録のみを積雪重量の増加に寄与するとみなして累加する[15)]．なお，一日の中でも降雨と降雪が混在することも有り得るが，降雨量の時刻的対応が判らないため日単位で判別することにしている．

2)　上村・梅村の提案式

上村・梅村は，城らと基本的に同等な日降水量・日平均気温などを用いる方法を十日町，長岡の観測資料をもとに検討し[16)]，さらに新庄の観測資料を加えて（5.2.2）式を提案している[17),18)]．

上村・梅村の式

$$S_m=S_{m-1}+C_b\cdot P_m-C_a\cdot T_m \tag{5.2.2}$$

$$C_a=\begin{cases}0 & (T<0℃)\\ C_{a_1} & (0℃\leqq T \text{ かつ } C_bP_m>0)\\ C_{a_2} & (0℃\leqq T \text{ かつ } C_bP_m=0)\end{cases}$$

$$C_b=\begin{cases}1 & (T\leqq T_l)\\ (T_u-T)/(T_u-T_l) & (T_l<T\leqq T_u)\\ 0 & (T_u<T)\end{cases}$$

ここで，S は積雪重量（N/m^2），P は日降水量（mm）から換算した降水重量（N/m^2），T は日平均気温（℃），添え字 m は積雪期間が始まる前に設定した計算開始日からの日数を表している．C_a は融雪係数（N/m^2℃）で，積雪表層に新積雪が存在する場合 C_{a_1}，存在しない場合 C_{a_2} とで分けて与えている．表 5.2.3 に，新庄，長岡，十日町における値を示す．

C_{a_1} は 3 地点とも 9.8 の値を与えている．C_{a_2} は上述の条件以外の場合で，順に 44，46，40 の値を与えている．これを表 5.2.2（融雪下限温度 0℃の場合）の新庄，長岡，十日町の値 63，41，34 と比べると，両者の差はそれぞれ 19，5，6 となり，新庄ではやや差が大きいが，長岡，十日町については差が小さく近似した値となっている．また，日降水量観測値の雨・雪判別に必要な温度範囲（上限値 T_u(℃)，下限値 T_l(℃)）を設定し，それに基づいて降水中の氷分率 C_b を与えている．すなわち，日平均気温 T が T_u 以上の場合 $C_b = 0$ を，T が T_u と T_l の範囲にある場合それらの関数としての C_b の算定式を，T が T_l 以下の場合 $C_b = 1$ を与えている．表 5.2.3 に 3 地点それぞれの T_u と T_l の値を示すが，地点にかかわりなく一定値として与えるのではなく，各地点ごとに適切な値を設定する方法を用いている．

上述したように，(5.2.2) 式は，ある特定日から翌日までの積雪重量の増加分を $C_b P$ で，減少分を $C_a T$ で表し，積雪の開始から消雪するまでの積雪重量の推移を追跡しようとするものである．その際，融雪係数 C_a や雨雪判別用上限・下限温度 T_u，T_l について各地点ごとに適切な設定値が必要となるが，積雪重量実測値のない地点においてそれらをどのように推定するか検討の余地が残されている．

表 5.2.3 融雪係数 C_a(N/m^2℃）と雨雪判別用上限・下限温度 T_u(℃)，T_l(℃)

	統計年数	C_{a_1}	C_{a_2}	T_u	T_l
新　庄	10	9.8	44	4.0	1.0
長　岡	8	9.8	46	3.5	1.5
十日町	20	9.8	40	5.0	1.0

3）　高橋らの提案式

高橋らは上述の日降水量・日平均気温・融雪係数を用いた積雪重量推定法を応用して，積雪の内部に降雪ごとに形成される各積雪層の厚さ（m）を算定するための（5.2.3）式を提唱している[19)~21)]．同式は，積雪の各層ごとに，積雪重量および単位積雪重量を算定して層厚を求めるもので，分子が積雪重量の算定値，分母が単位体積重量の算定値を示している．

高橋らの式

$$ {}_m d_n = \frac{{}_m P - {}_m P_c}{\rho_{\min}\sqrt{n + {}_m k}} \qquad (5.2.3)$$

ここで，${}_m d_n$　：根雪開始後 m 日目の降雪により形成された第 m 層の n 日目の層厚（m）

${}_m P$　：根雪開始後 m 日目の日降水量（mm）から換算した降水重量（kN/m^2）

P_c　：融雪量（kN/m^2）

$_mP_c$　：根雪開始後 m 日目の融雪量（kN/m²）

$$P_c=\begin{cases}\sum_m {}_mP_c=C(T-T_0) & (T>T_0)\\ 0 & (T\leqq T_0)\end{cases}$$

C　：融雪係数（kN/m²℃）（1冬期間一定値と仮定）

T　：日平均気温（℃）

T_0　：融雪下限温度（℃），－2℃に設定

n　：第 m 層形成からの経過日数（日）

$_mk$　：第 m 層の単位積雪重量増加分の補正係数　　$_mk={}_m\rho_0{}^2/\rho_{min}{}^2$

ρ_{min}　：積雪の最小単位体積重量（kN/m³）

ρ_{max}　：積雪の最大単位体積重量，4.9 kN/m³ に設定

$_m\rho_0$　：降雪時の単位体積重量（kN/m³）

$_mT$　：根雪開始後 m 日目の日平均気温（℃）

$$_m\rho_0=\begin{cases}\rho_{min} & (T\leqq 0℃)\\ \rho_{min}+{}_mT(\rho_{max}-\rho_{min})/3 & (0℃<T\leqq 3℃)\\ \rho_{max} & (3℃<T)\end{cases}$$

本法は，積雪の最小単位体積重量 ρ_{min} と融雪係数 C の2つをパラメータとして，（5.2.3）式により求めた積雪断面各層厚の計算値と実測値との誤差が最小となるように繰り返し計算を行いながら，それら2つのパラメータの最適解を求めていくものである．その際，計算は1日単位で行われる．次に，得られた融雪係数 C の値を用いて，積雪の開始から消雪するまでの期間における積雪重量の変化過程（（5.2.3）式分子の項）を確定するという手順をとる．計算上の主な仮定は次の2点である．日最低気温が2℃以上の日の降水量は雨と判断し，全降水量が積雪表面下の層にしみ込む．しみ込んだ層の単位体積重量が 4.9 kN/m³ を超えるときは，さらにその下の層にしみ込む．日平均気温が融雪下限温度より高い場合に，最も上の層から順に，融雪量が上述の P_c になるまで融雪が起こる．融雪した水は下の層に流出し，最終的には土に吸収される．

ところで，実際にこの方法を標準気象観測項目のみの資料へ適用しようとする場合，積雪断面各層ごとの観測値は得られていないので，日積雪深の観測値と（5.2.3）式から得られる各層厚の合計値との差が最小になるような ρ_{min} と C を求めていくことになる．ここで，C は1冬期間一定値と仮定している．

5.2.2　基本地上積雪深

> 基本地上積雪深 d_0(m) は，地上積雪の観測資料に基づいて推定される年最大積雪深の再現期間 100 年に対する値とする．

年最大積雪深とは，ひと冬の間にその地域で観測される最も大きな積雪深の値であるが，これは，新雪が何層にも降り積もり，それぞれが圧密・融解・変態など複雑な物理的変化過程を繰り返す中

で観測される．

各地の積雪深に影響を及ぼす因子としては，単にその周辺の地形的環境のみならず，降雪現象の主原因であるシベリアの寒気団の発達，北極からの寒気の南下の仕方，あるいは東シナ海付近で発生する温帯低気圧の発達と進路など，きわめて広域的な気象条件があげられる．そのために，各地点で観測された降雪量あるいは積雪深の値はたまたまその値となったものといえる．しかしながら，年によって量の多少の変化はあるにしても，豪雪地帯には雪が多く太平洋側には雪が少ないという大局的な傾向は毎年変わらず，何年間かのデータを比べてみると，ある程度のばらつきはあるものの，各地域ごとにある特性をもった曲線で積雪深の推移を表すことができる．このように，ランダム性がその現象の本質でありながら，全体としてはある特性を有するような現象を数量化し解析する方法として確率論が広く用いられている．年最大積雪深の値は年によって変化するので簡単に設計値を定めることはできない．そこで，該当地域で直接観測されたデータあるいは最寄りの気象観測点の気象資料に統計処理を施して，100 年に一度の大雪と考えられる積雪深値を算出し，それを基本地上積雪深とする．いいかえるならば，その年の積雪深が基本地上積雪深を超える確率は 1/100 である．年最大積雪深の統計的性質について研究した例として，アメリカでは，トム（Thom）[22]，エリングウッド（Ellingwood）[23]らが，積雪重量を降水量で換算した水当量に対して対数正規分布が比較的よく適合するという結果を発表している．一方わが国では，前田[24]が北陸地方の数地点についてグンベル分布，フレッシェ分布，ワイブル分布および対数正規分布を用いて検討し，これら

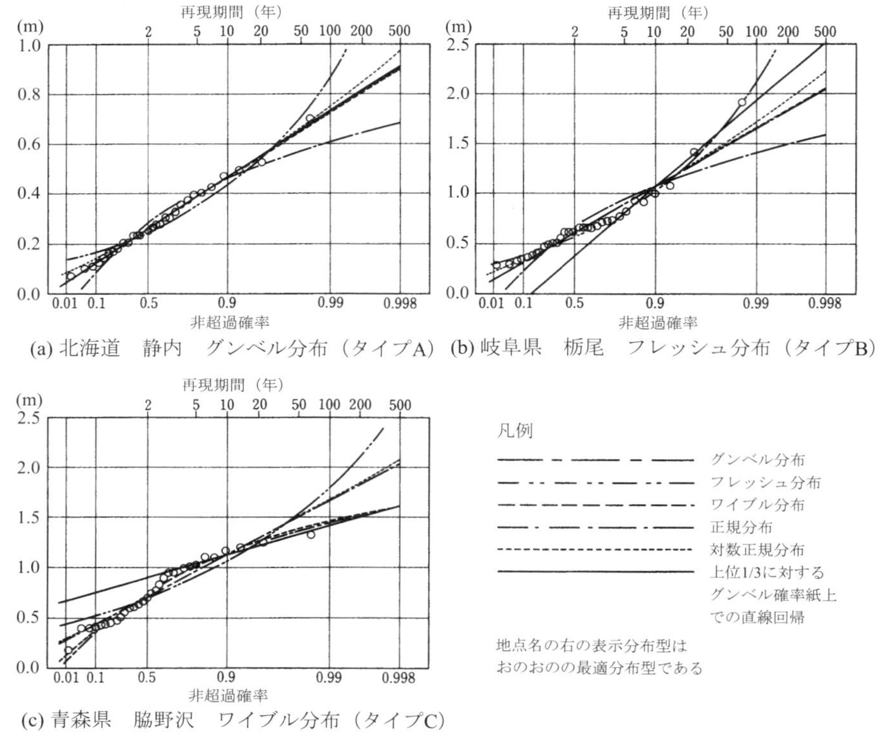

図 5.2.1　グンベル確率紙上でのタイプ分け

の地点では対数正規分布がよく対応するとしているが，桜井ら[25]はフィリベン（Filliben）法を用いて，グンベル分布，フレッシェ分布，ワイブル分布および正規・対数正規分布の適合性を検討し，年最大積雪深の最適分布は地点によって異なることを指摘するとともに，年最大積雪深と年最大積雪重量の確率分布形は同じとみなしてよいと報告している．また，和泉ら[26]は，年最大積雪深をもたらす降雪機構の混在を考えると，実際には異なる母集団に属するデータが入りまじっている観測値全体に対して唯一の確率分布の適合性を論ずる意味はあまりない点を指摘し，グンベル確率紙上にプロットされたデータの上位何個かに回帰直線を当てはめ，比較的長期の再現期間に対する値を推定する方法を提案している．本指針では，この提案に従い，各地の観測データをヘイズン（Hazen）プロットを用いてグンベル確率紙上にプロットし，データの上位1/3の値に対して回帰直線を当てはめて地上積雪深を算出した．詳細は付5.1節に表として示す．

年最大地上積雪深をヘイズンプロットに従い，グンベル確率紙上へプロットすると図5.2.1に示すようにおのおのに最適な確率分布を見出すことはできるが，その確率分布特性は大きくA, B, Cの三つのタイプに分けることができる．

タイプAはグンベル分布をなすものあるいはほぼこれに近いもの，タイプBは再現期間が長いほどタイプAよりも急激に値が大きくなるもの，タイプCは再現期間が長いほど値の増加は緩やかとなるものである．いずれのタイプであっても，上位1/3の値に回帰直線を当てはめると10年程度以上の長い再現期間の範囲においてはよい近似を示していることがわかる．各観測地点におけるこの直線を規定するパラメータ $1/a$, b が付5.1節の表に示されており，それらの値を用いて地上積雪深（すなわち，再現期間100年に対する値）から任意の再現期間に対する地上積雪深の値を換算することができる．例えば，任意の再現期間 t_R（$10<t_R<200$：t_R の範囲は $t_R<10$ では近似精度が悪くなるため，また $t_R>200$ に対しては使用した観測値の統計年数が短すぎるために上記のように限定している.）に対する値 d_0 を求める場合には

$$d_0 = b + \frac{1}{a}\ln(t_R) \tag{5.2.4}$$

となる．

ところで，一般に建設予定地は気象庁の観測地点とは異なることから，設計用資料を整備するにあたっては，観測点以外の地点の値を推定する方法が必要となる．積雪深の分布には地形的要因が深くかかわっていることから，これまでにもいくつかの地形因子を抽出して年最大積雪深を推定する方法が種々提案されている[27)~30)]．なお，地形因子の算出には，例えば国土数値情報[31]が用いられる．高橋ら[27),32)]は，10個の地形因子を設定して重回帰分析を行い，年最大積雪深と年最大3日および7日増分積雪深に対する地形因子の影響について考察し，1 km^2 単位のメッシュマップを得た．それによると，例えば岩手，宮城，新潟，北陸においては標高と積雪深に密接な関係があること，東北地方の太平洋側では経度の増大とともに積雪深は減少することなどが特徴として上げられる．また，年最大積雪深ではみられず，年最大3日および7日増分積雪深で特徴的なこととして，新潟など北陸の分布が挙げられる．これらにおいては，標高の係数がほとんど0になり，海岸部から山間部まで比較的均等な分布になっている．これは里雪型の降雪による海岸部での短期間の積雪

量が山間部並みに大きくなる可能性を示している．

旧指針（1993 年版）ではこれらの結果を受け，10 個の地形因子の中でも特に大きな影響を及ぼす標高と海率〔図 5.2.2〕を使った年最大積雪深を推定するための（5.2.5）式[33]を与えたが，一部の地域で従来の特定行政庁による推定値と大きな隔たりがあることが指摘されていた．この原因には，推定に用いた観測点の数が 432 地点と限定されていたことが挙げられ，このことが適切な地域区分を困難にしていた．そこで，旧指針（2004 年版）では，1999 寒候年まで統計資料が蓄積されていたことを踏まえ，また，5.2.1 項で示した降水量と気温に基づく積雪重量の推定法による推定値を加えて，約 900 地点における年最大積雪重量の再現期間 100 年に対する値を推定した．これらの値を用いて地域区分の見直しを行った結果，年最大積雪重量は 64 区域に区分された[34]．

本指針においては，2014 寒候年までの統計資料を用い，830 地点における年最大積雪深と年最大 7 日増分積雪深，ならびに年最大積雪重量と年最大 7 日増分積雪重量の再現期間 100 年に対する値を推定した．これらの推定値は，付 5.1 節に示すとおりである．また，旧指針（2004 年版）と同様に地域区分の見直しを行い，年最大積雪深と年最大積雪重量は 65 区域に，年最大 7 日増分積雪深と年最大 7 日増分積雪重量については 53 区域に区分した．

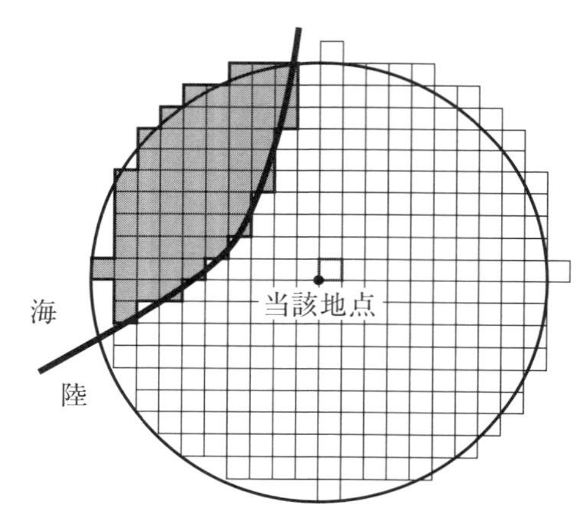

海率 ＝ 海の面積 ／ 円内の面積
＝ 59 ／ 317
＝ 0.19

図 5.2.2　海率の定義

$$d=(\alpha\times 標高)+(\beta\times 海率)+\gamma \qquad (5.2.5)$$

ここで，α　：重回帰分析における標高の係数，β：重回帰分析における海率の係数

γ　：重回帰分析における定数項

5.2.3　等価単位積雪重量

等価単位積雪重量 p_0(kN/m^3) は，（5.3）式により求める．

$$p_0=0.72\sqrt{d_0/d_{ref}}+2.32 \qquad (5.3)$$

ここで，d_0　：地上積雪深（m），

d_{ref}　：基準積雪深（＝1 m）である．

積雪深と積雪重量の関係でプコットすると，一冬期間の積雪状態は，図 5.2.3 に示すように新雪が降り積もって最深積雪に達するまでの過程（増雪期）と最深積雪に達した後の，粗い氷粒の状態に近づきながら融けていく過程（融雪期）の 1 サイクルの変態過程として表される[35]．図中，最大積雪深と最大積雪重量には，それぞれ出現した月日を略号で付けてあり，例えばF25 は 2 月 25 日，M25 は 3 月 25 日を表す．図中に破線で示した原点を通る直線の勾配は，全層平均密度を示している．

これによると積雪の密度は変態の進行に伴って増大する傾向にあり，一般に降雪後の経過時間が長いほど密度は大きいが，変態の度合いは降雪ごとに形成される雪層によって異なるので，積雪内での密度の分布は単純ではない．それでも大雪の場合の増雪期には，図 5.2.4 のように上層から下層へ向かって標準的な変態過程の雪層が順序よく並ぶことが多いので，密度と積雪深との関係が比較的見出しやすい[36]．そこで，本指針では，そのような積雪状態を対象として，雪の全層平均密度に対応する単位積雪重量の値を積雪深に応じて定めるものとした．ただし，5.2.1 項で説明したように，また，図 5.2.3 からもわかるように，特に多雪地域では積雪重量が年最大となるのは，積雪深の年最大値が生起してから約 1～2 週間後である場合が多い．そのため，最大積雪深に乗ずべき単位積雪重量としては，最大積雪深に対する単位面積あたりの最大積雪重量の比として定義される見かけの単位積雪重量，すなわち等価単位積雪重量を定める必要がある．

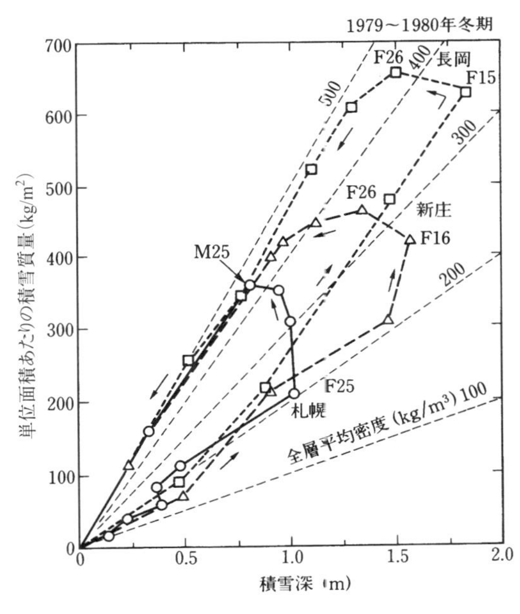

図 5.2.3　積雪深・積雪質量循環曲線[35]

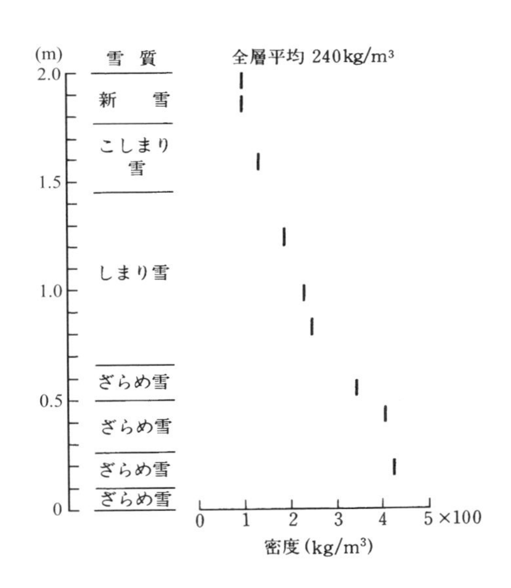

図 5.2.4　積雪断面観測図
（1963 年 1 月 28 日，福井）[36]

図 5.2.5 は，多雪地域における一冬期間の積雪深，積雪重量，積雪密度の推移を示したものである．積雪重量はスノーコーンなどによって得られた重量計測値を用いて 1 m² あたりの重量に換算し

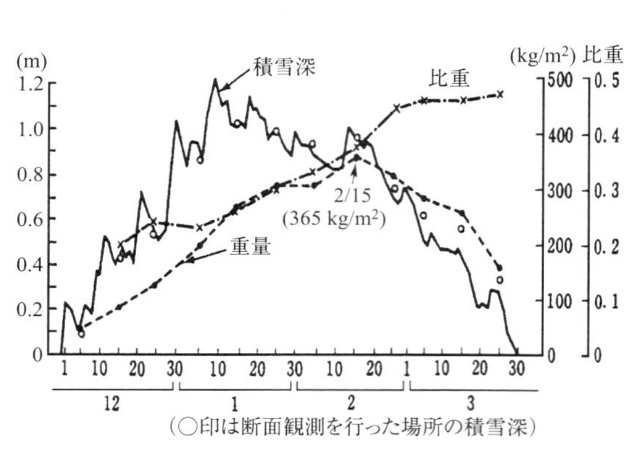

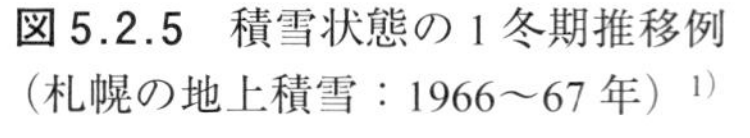
図 5.2.5　積雪状態の 1 冬期推移例
（札幌の地上積雪：1966～67 年）[1]

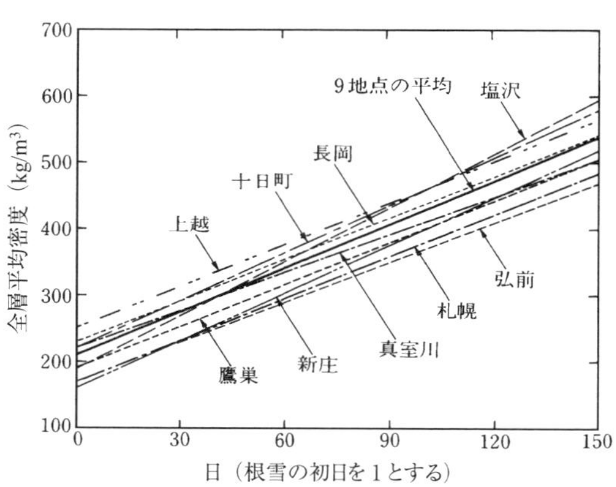

図 5.2.6　全層平均密度の経日変化過程[37]

た値であり，積雪密度はこの積雪重量を同時に観測された積雪深で除したもので，全層平均密度を表わしている．同図では，年最大積雪深は 1 月 10 日に発生しているのに対して，年最大積雪重量は 2 月 15 日に発生し 35 日の遅れが生じている．ある冬季の初めに大量の降雪があれば，両者の発生日が一致する場合もあるが，多雪地域では降雪の後に自重によって沈降するために積雪深は減じても重量は変化しない場合もある．降雪ごとにこの現象を繰り返すと，春近くになって融雪が開始する前に最大重量に達することになる．実際にはその途中でも暖かい日には部分的に融雪して重量が減じることもある．いずれにしても多雪地域では多くの場合に両者の発生時期が異なるが，構造耐力の設計では最大積雪重量の方が必要な値である．しかし，一般的に入手可能な積雪の推移に関す資料は積雪深であるために，最大積雪深を用いて推定する方法が望まれる．同図で年最大積雪深（＝1.21 m）時および年最大積雪重量（＝3.58 kN/m²）時の密度（図中では比重で示している）は，それぞれ約 2.3 kN/m³ と 3.7 kN/m³ であるが，どちらの値を用いても最大積雪重量は求められない．このために便法として最大積雪重量を最大積雪深で除した値を見かけの単位積雪重量（93 年版では全層平均密度の値を示していた）として用いる方法を，旧指針（1993 年版）から採用している．同図の場合の等価単位積雪重量は 3.58/1.21＝2.96 kN/m³ となる．年ごとに最大積雪深と最大積雪重量の出現日は変化し，それに伴って等価単位積雪重量は異なる値となる．したがって，実際の算出方法としては，積雪荷重の基本値に再現期間 100 年に対する値を用いるので，最大積雪重量の再現期間 100 年に対する値と最大積雪深の再現期間 100 年に対する値との関係から等価単位積雪重量を求めることとする．

北陸と北海道では気温の違いから降雪の雪質が大きく異なることが知られているが，各地の積雪全層平均密度の時間変化を比較してみると，わが国においては地域による変化過程の差は比較的小さいことが図 5.2.6[37]から理解される．また，図 5.2.3 において，増雪期には各地の気温の相違に基づく積雪密度が観測地点で異なるのに対して，融雪期には観測地点の差異は比較的小さいことがわかる．本指針では，これらのことを勘案して，全国一律の関係式を用いることとした．

前田は，再現期間 100 年に対する積雪深で無次元化した積雪深比と積雪全層平均密度との関係を増雪期および融雪期の曲線で包絡し，等価単位積雪重量を求める方法を提案した[36]．この方法によれば，最大重量を示すときの全層平均密度は積雪期間が短い少積雪地を除いて，積雪深や地域的な気候条件による差異はあまりなく，約 3.63 kN/m³ であり，等価単位積雪重量は 3.15 kN/m³ としている[36]．これに対して桜井・城は，全国各地で観測された最大積雪重量と最大積雪深の資料をそれぞれ確率・統計処理して，両者の相関特性から再現期間 30～100 年の多雪地域における等価単位積雪重量を求め，3.43 kN/m³ の値を報告している[10]．

さらに城・桜井は，年最大積雪深 d(m) と等価単位積雪重量の関係を，両者の実測値が得られている 12 都市のデータを用いて年最大積雪深の関数として表した[38]．これを示したものが図 5.2.7 で，最小二乗近似により（5.2.6）式を得ている．

$$p = 0.72\sqrt{d} + 2.32 \qquad (\mathrm{kN/m^3}) \qquad (5.2.6)$$

同図より 3 都市の等価単位積雪重量は（5.2.6）式からずれているが，ほかの都市では再現期間 100 年に対する値とともに再現期間 10 年に対する値も同様の関係が示されていることがわかる．しかし，図に用いた資料は，積雪深 1 m 以上の多雪地域で得られたものに限定されている．

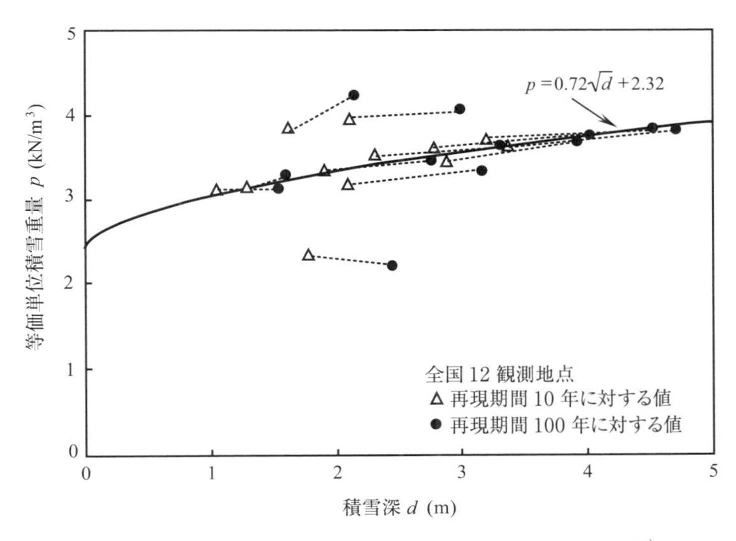

図 5.2.7 年最大積雪深と等価単位積雪重量との関係[38]

これらとは全く別に，桜井・域が約30年間の日降水量と外気温の気象観測資料を用いた積雪質量推定法（計算方法は 5.2.1 項に詳述）による計算等価単位重量と実測積雪深の関係を国内の気象官署 126 地点についてまとめたものが図 5.2.8 である．これによれば，積雪深が 0.8 m ないし 1 m を超える多雪地域では（5.2.6）式による表現がよく適用できることがわかる．しかし，それ以下の少雪地域においては，明らかに過大な推定を行っている．

積雪深 1 m 以下の少雪地域の等価単位積雪重量は，図 5.2.9 に示すようにその平均値は 1.94 kN/m³ となっている．温暖な少雪地域では降雪後に数日で無雪状態になる過程を繰り返すために，根雪期間が短くなり，5.5.2 項でも説明するように n 日最大増分積雪深が年最大積雪深に一致し，積

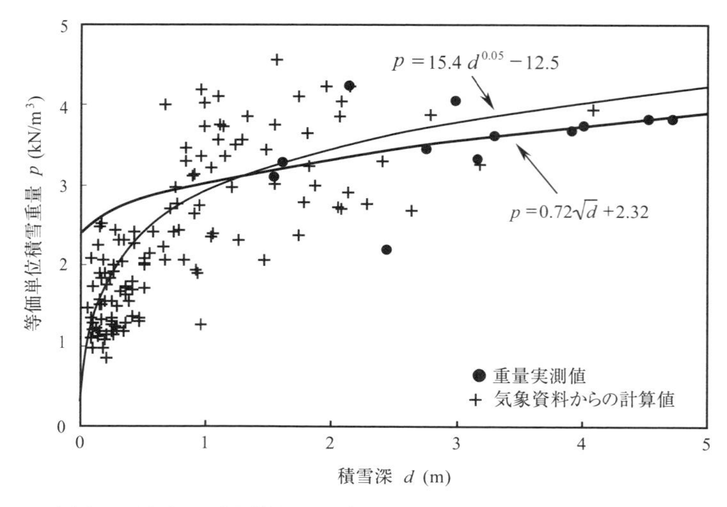

図 5.2.8　全国 126 地点の再現期間 100 年に対する年最大積雪深と等価単位積雪重量

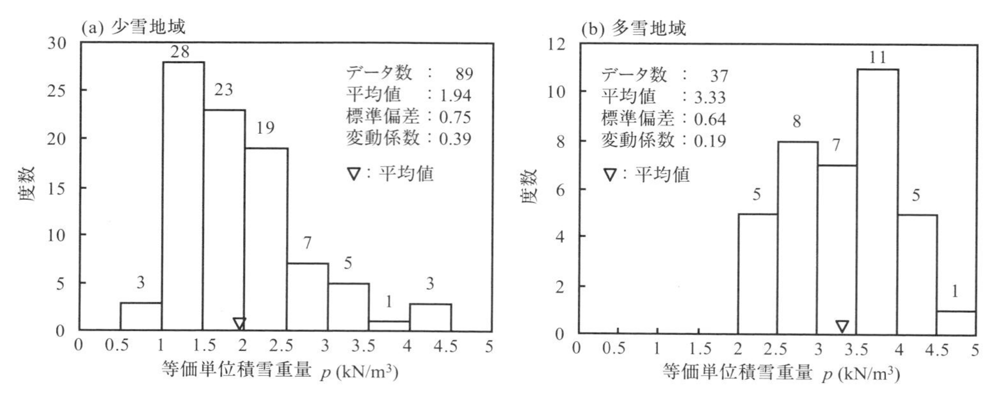

図 5.2.9　少雪地域と多雪地域の等価単位積雪重量の比較 [39)]

雪深のピークと積雪重量のピークが同時に現れる．すなわち，年最大となる積雪深の発生機構が多雪地域と少雪地域とでは異なるために，等価単位積雪重量と積雪深との関係が両地域で不連続となり得るので，両地域を分けて等価単位積雪重量算定式を示すことも考えられる．しかし，積雪深が 1 m よりも大きく下回る少雪地域の年最大積雪重量を算出する際に用いる等価単位積雪重量としては，未だ充分な検証資料が少ないことと，等価単位積雪重量の評価として本文（5.3）式は過大評価ではあるが，積雪重量の評価としては許容し得る範囲の値を与えていると考えられる [39)] ことから，本指針では（5.3）式を適用することとした．

雪荷重に関する国際規格である ISO 4355 の附属書 [40)] には，わが国の等価積雪密度の算定式として $\rho=73\sqrt{d/d_{ref}}+240$ (kg/m³) が紹介されている．なお，同国際規格の本文，およびアメリカ，カナダ，ヨーロッパの設計基準における雪荷重の算定では，積雪深を用いずに対象とする地域の積雪重量を直接に定めるのが一般的である．

地上の積雪と屋根上の積雪との同一地点における密度を比較した研究例は極めて少ないが，和泉ら [41)] によれば，屋根上の積雪密度の変化は地上のそれとほぼ等しいものと考えられることから，屋

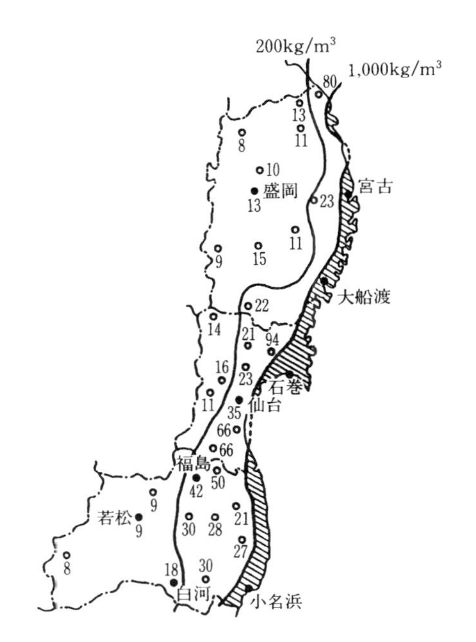

図 5.2.10　積雪の換算密度（数値は換算密度の 1/10 倍，斜線部はほとんど降雨の地域）[43)]

根上積雪の等価単位積雪重量も本文（5.3）式で評価することができよう．

一方，太平洋側での単位積雪重量の観測例はあまり報告されていない．しかし，福島・宮城両県に大きな被害をもたらした 1980 年 12 月の大雪では，奥羽山脈以西の地域に該当する新庄においても，通常の降雪密度の 3.0〜3.5 倍程度の重い雪が降り積もった[1)]．また，福島県飯館村では積雪全層平均密度 2.20 kN/m³，同南郷村では積雪全層平均密度 3.58 kN/m³ であった[42)]．渡辺は，雪の密度に関する資料の不足を補うために各地の降水量を積雪深で除した値の分布を用いて考察している〔図 5.2.10〕[43)]．この値は，必ずしもこのときの異常なぬれ雪の密度を示すものではないが，異常気象時の雪質の分布を示す参考値として示す．図中に描かれた 2 本の太い曲線は，単位重量 1.96 kN/m³ と 9.8 kN/m³ の位置を示している．海岸線に沿って斜線で示されている地域は，雨に混って降った雪の大部分が融け去ってしまったために，計算上極めて高い換算密度値を示した地域である．このとき，例えば積雪が 0.19 m であった福島の単位積雪重量は約 4.12 kN/m³ であった．また，このように湿り気の多いぬれ雪は，付着力・凝集力が大きいことも特徴の一つである．

5.2.4　環境係数

> 環境係数 k_{env} は，通常の場合 1.0 とする．地形・地物などの影響で地上の積雪深が増加し，それに伴い屋根上の積雪深が通常よりも大きくなると予想される場合には，建設予定地の状況に応じて k_{env} を 1.0 よりも大きな値としなければならない．

屋根上積雪深に影響を及ぼす環境因子は，表 5.2.1 に示したように巨視的因子，中間的因子，微視的因子の大きく三つに分類できる．中でも，敷地周辺の局地的地形や樹林など地物の影響で，観測地点の地上積雪深よりも大きくなる場合に環境係数 k_{env} (≧1.0) を乗ずることとした.

図 5.2.11 は北海道札幌市周辺における地上積雪深分布の測定結果であるが，市街地周辺（沿岸部から市街地に差しかかる地点や市街地東側，市街地西側に位置する山際など）の地上積雪深は気象官署付近よりも 1～2 割程度多い傾向がみられる[44]．このように地表面の状況や地形などの影響により，観測地点よりも地上積雪深が大きい場合があるため，建設予定地の堆積特性を調べ，環境係数として考慮する必要がある.

地形の影響などによって風の強い場所と弱い場所が生じる場合には，雪粒子は風の強い場所で吹き払われて風の弱い場所に集中的に積もる．特に，地形的に窪地となっている所には深い吹きだまりが生じる．図 5.2.12 は窪地（道路の切土）において風上側で吹き払われた雪により形成された吹きだまりの実測例である．斜面勾配 1：1.5 の場合，風上側の斜面から道路にかけて 4.0 m に達する吹きだまりが生じている．一方，斜面勾配 1：3 の場合，風上側斜面の中間付近で最大 3.7 m の吹きだまりが発生し，道路に近づくにつれて吹きだまりが減少している[45]．このように斜面の勾配によって吹きだまりの発生位置が大きく異なるが，局地的地形による環境係数をどの程度見込むべきかを定量的に定めることは現在のところ困難であり，立地状況に応じて風洞実験や数値流体計算，実測などにより検討する必要がある.

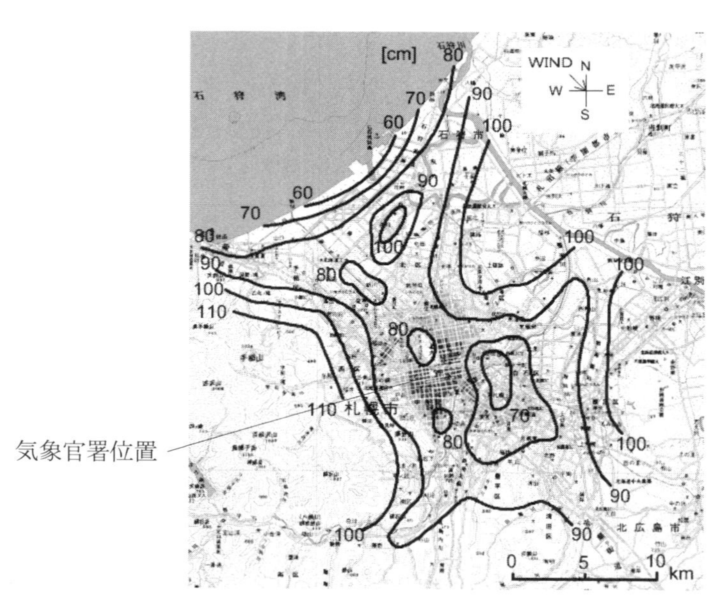

図 5.2.11 札幌市周辺を対象とした地上積雪深分布の測定結果[44]
（文献 44）の測定結果を国土地理院 20 万分の 1 地形図上に図示）

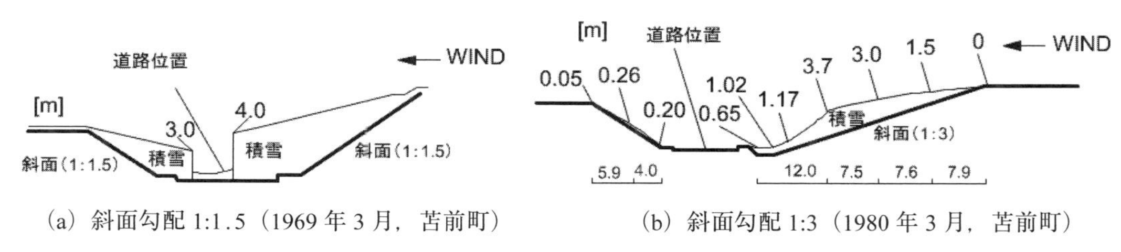

(a) 斜面勾配 1:1.5（1969年3月，苫前町）　(b) 斜面勾配 1:3（1980年3月，苫前町）

図 5.2.12　窪地に発生した吹きだまりの実測例[45]

5.3　屋根形状係数

> 屋根形状係数 μ_0 は，次式により算定する．
>
> $$\mu_0 = \mu_b + \mu_d + \mu_s \tag{5.4}$$
>
> ここで，μ_b ：基本となる屋根形状係数〔5.3.1項参照〕
>
> μ_d ：風による偏分布に関する屋根形状係数〔5.3.2項参照〕
>
> μ_s ：屋根上滑動による偏分布に関する屋根形状係数〔5.3.3項参照〕
>
> ただし，大規模または特殊な屋根形状の場合は，適切な調査・実験などに基づいて μ_0 を求める．

これまでの国内における屋外実測結果をみると[46),47)]屋根上の積雪状況は冬期間の気象条件や屋根形状の影響を大きく受けることから，さまざまな建築物における屋根雪の堆積状況を一義的に評価することは極めて困難である．カナダにおける屋外実測結果をみると[48)]，図5.3.1に示すように陸屋根，山形屋根，およびアーチ型屋根で屋根上の積雪状況はそれぞれ異なっている．

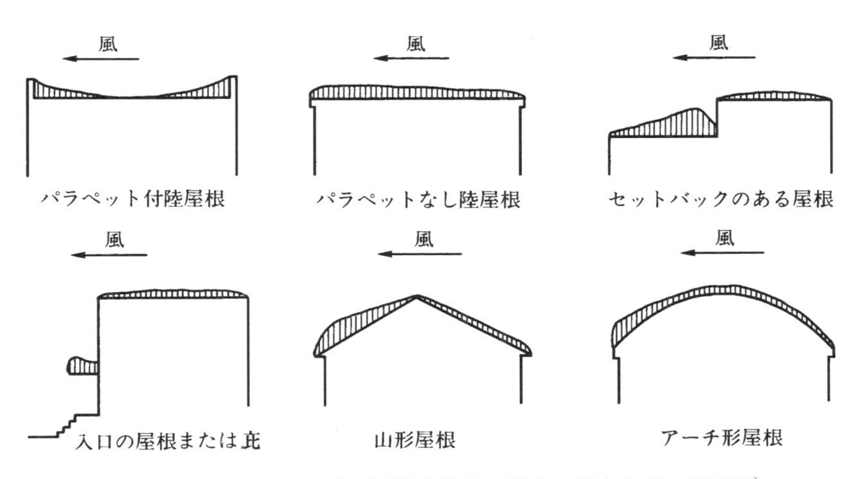

図 5.3.1　カナダにおける屋根上積雪に関する調査結果の概要[48)]

陸屋根の場合においても，パラペットがあったり，階段状であったりすると屋根上の積雪分布は大きく異なるものとなる．こうした背景から，諸外国における屋根雪荷重の算定式では，気象条件や屋根形状に関する諸係数を地上積雪荷重に乗じて算定している．ここで，表5.3.1に示す諸外国における屋根雪荷重の算定式に用いられている諸係数をみると[40),49)～52)]，ISOおよびイギリスでは屋根形状係数，吹きだまり係数および滑落係数で気象条件や屋根形状の差異を評価している．本指針では，ISO の考え方に準じ，屋根形状係数を用いて屋根上の積雪状況を評価することとしている．屋根形状係数は，屋根形状，冬期間における風の強弱および雪質によって決まる屋根上の積雪状況を地上積雪深に対する屋根上積雪深の割合で表す値である．この屋根形状係数を「基本となる屋根形状係数（μ_b）」，「風による偏分布に関する屋根形状係数（μ_d）」，「屋根上滑動による偏分布に関する屋根形状係数（μ_s）」の 3 段階で評価し，本文（5.4）式のようにそれぞれの和で算出することによって対象建築物固有の屋根上積雪状況を評価する．なお，屋根形状や屋根葺材の特性，さらには，建設地の気象条件などによって，基本となる屋根形状係数（μ_b）のみにより屋根上積雪分布を評価することや，他の屋根形状係数と組み合わせ，対称あるいは非対称ないくつかのパターンを対象として雪荷重を評価することがある．このような 3 つの屋根形状係数の具体的な設定事例は荷重指針設計資料において示す．

表 5.3.1 各国の雪荷重算定式に用いられている項および係数の比較

	ISO[40)]	イギリス[49)]	フランス[50)]	カナダ[51)]	アメリカ[52)]	本指針
地上積雪重量	●	●	●	●	●	●
周辺環境の係数	●			●	●	●
屋根形状の係数	●	●	●	●	●	●
用途の係数					●	
標高の係数		●	●			△
吹きだまりの係数	●	○		○	○	●
滑落の係数	●	○				●
屋根葺材の係数	●				○	△
温度の係数	●				○	△

［注］ ●：算定式に取り入れられている項・係数
○：規定の中で考慮されている項・係数
△：規定の中で間接的に考慮されている項・係数

積雪地域に建設された大規模建築物を対象とした屋外調査結果をみると[53),54)]，単純な屋根形状であっても，屋根上の積雪状況は一般建築物に比べて冬期間の気象条件や屋根形状の影響を大きく受けている．したがって，大規模あるいは特殊な屋根形状の建築物における屋根形状係数は，建設地の気象条件および対象建築物の屋根形状に対応した適切な調査・実験などに基づいて定める必要がある．また，周囲および隣接する建築物との位置関係や風向に依存する吹きだまりや屋根上の積雪状況は，5.6 節および荷重指針設計資料で示すように，風洞実験や数値流体計算（CFD；Computational Fluid Dynamics）など，建設地周辺環境の実情を反映させた調査・実験・解析に基づいて設定することが望ましい．

調査・実験・解析により屋根形状係数を求める方法には屋外実測，模型実験および数値流体計算などがある．屋外実測による方法は，計画中の建築物と類似した実在の建築物を対象とした屋根上積雪調査や建設予定地の屋外に設置した縮小モデルを対象とした屋根上積雪調査である．この場合，屋根面が水平な陸屋根では屋根上積雪深を直接測定できるが，勾配のある屋根では実測作業に危険性を伴うこともあり直接測定することが困難で間接的な測定に頼らざるを得ない．この間接的な測定には，光学機器を用いる方法や航空測量を用いる方法などがある[55]．しかし，これらの屋外実測は膨大な人力と経費を要するルーチンワークが大部分を占め，さらに調査期間が限られることやその結果が降積雪状況に大きく左右されるため，短期間で結果を得にくいなどの問題点を残している．

模型実験による方法は，縮小モデルを対象とした吹雪風洞実験や屋根面における風速分布を測定する風洞実験などがある．吹雪風洞実験は，1934年にフィニー（Finney）[56]によって鉋くずや雲母の粉を模型雪に用いた実験が実施されて以来，道路の防雪対策を検討するために種々の模型雪を用いた吹雪風洞実験が実施され[57),58]，多くの成果が得られている．積雪地域における大規模な建築物の計画が始まった1990年代から粉体を模擬雪とした吹雪風洞実験で屋根上積雪状況を検討するようになった．さらに，近年では自然雪に近似した人工雪による吹雪風洞実験が実施されるようになった[59)〜61]．しかし，いずれの吹雪風洞実験においても一定条件での現象のみを再現するため，わが国のように乾雪や湿雪の地域が混在し，降雪期の気象条件も多様になる場合には実験結果をただちに自然条件の結果に対応させることにいくつかの問題を残している．そのため，建設予定地における風向の頻度および風向ごとの風速を整理し，それらに対応したいくつかの条件で吹雪風洞実験を実施し，これらの結果を組み合せて屋根形状係数を評価する必要がある．

吹雪風洞実験は専用装置が必要であるが，その設置数が少ないのが現状である．これに対して，気流を対象とした風洞装置の設置数は多く，その実験手法も確立されている．屋根雪は，屋根面における風速の影響を大きく受けて形成されることから，屋根面近傍の気流性状から屋根上の積雪分布を推定しようとする試みがなされている．桜井ら[62]は，風洞実験で得られた屋根面風圧と吹雪風洞実験で得られた屋根上の積雪分布に相関性があることを指摘し，屋根面風圧から屋根上の積雪分布を推定できる可能性を示している．一方，土谷らの研究[63]では，図5.3.2に示すように屋根面における2点間の平均風速の変化量から算定される平均加速度分布と屋外実測から得られた積雪分布が対応する結果が得られている．さらに，土谷ら[64]の研究で行われている数値流体計算においても平均加速度分布を用いる屋根上積雪分布の推定手法が提案されている．なお，これらの雪や模型雪などの粒子を用いない気流性状のみを対象とした実験・解析に基づく屋根上の積雪分布を推定する手法の詳細は荷重指針設計資料において解説する．

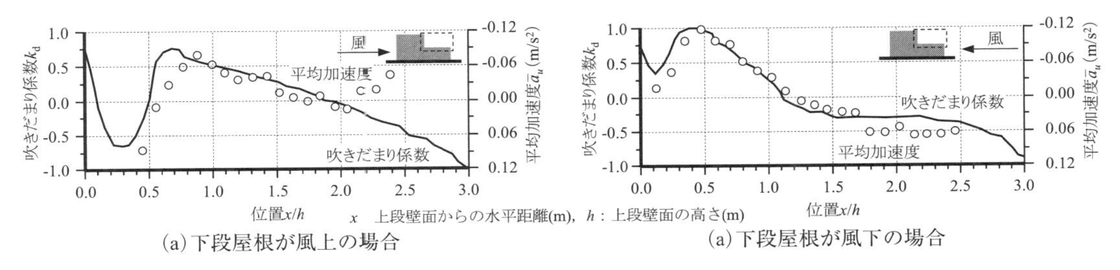

図5.3.2　屋根面に近接した位置における水平方向の風の平均加速度 $\bar{a}_u$ と吹きだまり係数 k_d の分布[63]

5.3.1 基本となる屋根形状係数

基本となる屋根形状係数は，図 5.1 により求める．ただし，図中の風速 V(m/s) は 1 月と 2 月の 2 か月間の平均風速をもとにした屋根面の高さの風速である．また，V の値が図中にない場合の μ_b は直線補間して求めるものとする．

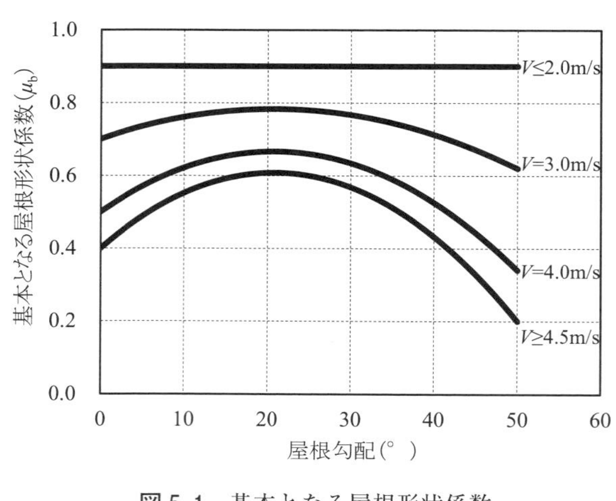

図 5.1 基本となる屋根形状係数

建築物の屋根形状は極めて多様であるため，そのすべてに対応した屋根形状係数を示すことができない．加えて，屋根上の積雪状況は冬期間の風速を代表とする各地域における気象条件の影響を大きく受ける．これらのことから，本指針における基本となる屋根形状係数の値は，単純な屋根形状を対象として屋根勾配と風速との関係で整理して示してある．

既往の研究結果をみると [65]，冬期間の平均風速（1 月と 2 月の 2 か月間の平均風速）が 2 m/s 以下の地域では，屋根上における雪の移動すなわち吹雪の発生が少ないため，各降雪における屋根上の積雪は屋根勾配に関係なく均一の深さに積もり，その積雪深は地上積雪深と同程度あるいはやや少なくなる．こうした実態を踏まえて，冬期間の平均風速 2 m/s 以下の地域では基本となる屋根形状係数を 0.9 とした．

冬期間の平均風速が 2 m/s を超える風の強い地域では，屋根上で吹雪による吹払い現象が発生し，屋根上の積雪深が地上に比べて減少することが知られている [66]．一般に，吹雪の発生は，図 5.3.3 に示すように風速と気温との組合せに支配され [67]，冬期間の気温がマイナスとなる北海道や東北北部では写真 5.3.1 に示すような屋根上における吹雪が日常的に見られる．これまでの調査結果をもとに，陸屋根における屋根形状係数と平均風速との関係をみると，図 5.3.4 となる．図のように，三橋および苫米地らの屋外観測結果 [68),69] から得られた回帰式をみると風速の増加に伴い屋根形状係数が減少する傾向を示し，平均風速 6 m/s を超えると屋根形状係数が 0.4 程度の値まで減少する．30 年間の観測結果をもとにした旧ソ連の基準 [40] においても，平均風速 2～8 m/s の範囲で風速の増加に伴い屋根形状係数は直線的に減少し，平均風速 8 m/s 以上で 0.4 の値となる．勾配屋根を対象とした吹雪風洞実験例をみると [70]，風速が大きくなると屋根上の積雪深が地上積雪深よりも小さくなり，屋根勾配 20° ～25° を分岐点に漸増漸減している．これらの結果を踏まえて，本指針では各風速におけるμ_bを屋根勾配 20° を最大値とする屋根勾配の関数として求められるようになっている．屋根勾配が 50° を超える場合は図 5.1 を外挿して設定する．しかし，建築物の密集する市街地では，建設直後に強い風による屋根面の吹払い現象が発生していた建築物も周辺環境の変化により，風が弱まることが予想される．風の強い地域で将来にわたって建築物周辺環境の変化による屋根面の風速低下が生じないことを確認する必要がある．

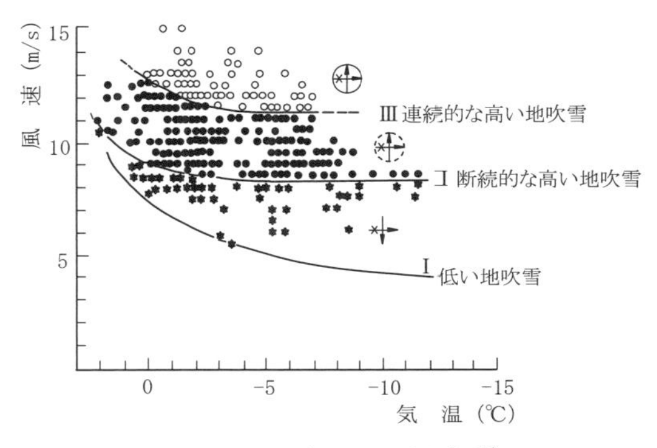

図 5.3.3　吹雪限界風速[67]

写真 5.3.1　屋上での吹雪発生状況

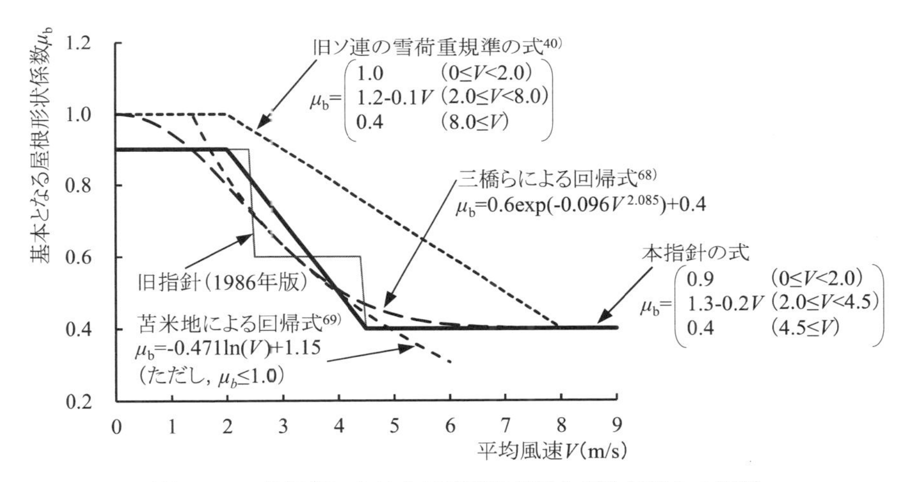

図 5.3.4　陸屋根における屋根形状係数と平均風速との関係

なお，本指針における 1 月と 2 月の 2 か月間の平均風速は，気象庁が公表している平年値（30 年間の平均値）を，対象とする建築物における屋根面の高さに換算した風速としている．気象庁アメダスにおける風速計の高さは 6〜10 m である．一方で，気象官署における風速計の高さは数十 m にまで達する地点が多く存在している．すなわち，気象庁が公表している風速は，一定の高さに基づいて測定された値ではない．風速の鉛直分布は，地表面の地物や凹凸および地形の起伏などの影響を受けて変化することから，対象とする建築物の屋根面の高さに合わせた平均風速を用いてμ_bを決定する必要がある．ここで，屋根面の高さZにおける風速U_zは，気象観測地点おける風速の測

定高さ Z_{SDP} の風速 U_{SDP} および，建設地における風速の鉛直分布を表すべき指数 α_{SITE} を用いて以下の（5.3.1）式で表される．U_z を本指針での平均風速 V とする．

$$U_z = U_{SDP} \left(\frac{Z}{Z_{SDP}}\right)^{\alpha_{SITE}} \tag{5.3.1}$$

本指針の第 6 章「風荷重」によると，べき指数 α_{SITE} は，表 5.3.2 に示すように，地表面粗度区分に応じて設定されており，地表面の凹凸が大きく摩擦の影響が大きくなるほど α_{SITE} の値が増加する関係を示す．地表面粗度区分は風荷重を算定する際に設定されることから，μ_b を算定する際においても，その区分に応じて α_{SITE} を決定する．なお，勾配屋根の場合は，軒高と最高高さが大きく異なる場合があることから，これらの平均高さの位置で平均風速を求めることとする．

また，建設地と気象観測地点の地表面粗度区分が異なる場合，特に，気象観測地点周辺が建設地周辺に比べて凹凸が小さく開けた環境である場合は，風速の大きさを過大評価，すなわち，μ_b を過小評価することがある．このような場合は，建設地と気象観測地点における地表面粗度区分の違いを考慮する方が望ましく，建設地における風速の鉛直分布を定めるパラメータを α_{SITE}，Z_{GSITE}，気象観測地点における風速の鉛直分布を定めるパラメータを α_{SDP}，Z_{GSDP}，気象観測地点の風速計高さ Z_{SDP} での風速を U_{SDP} とすると，屋根面の高さ Z の風速 U_Z は（5.3.2）式で表される．

$$U_z = U_{SDP} \cdot \frac{(Z/Z_{GSITE})\,\alpha_{SITE}}{(Z_{SDP}/Z_{GSDP})\,\alpha_{SDP}} \tag{5.3.2}$$

表 5.3.2　地表面粗度区分と風速の鉛直分布を定めるパラメータ

SITE と SDP それぞれの地表面粗度区分	べき指数 α_{SITE}, α_{SDP}	Z_{GSITE}, Z_{GSDP}
Ⅰ	0.10	250
Ⅱ	0.15	350
Ⅲ	0.20	450
Ⅳ	0.27	550
Ⅴ	0.35	650

ここで，図 5.3.5 に，陸屋根を対象とした過去の調査結果を用い[47),71)～84)]，屋根面の高さにおける 1，2 月の平均風速と積雪比（屋根上積雪深／地上積雪深）との関係と本指針における μ_b とを比較した結果を示す．図のように，本指針における陸屋根の μ_b は概ね調査結果の上限値を表しており，屋根面高さの風速が大きいほど屋根上積雪が吹き払われて μ_b が小さくなることがわかる．これに対し，屋根面の高さが 15 m 未満の場合をみると，積雪比が本指針の μ_b に比べて大きくなるケースがいくつか存在するようになり，屋根面高さの低下と共に積雪比が大きくなる場合が増えている．これは，調査対象とした屋根面の高さに比べて周囲が高く，吹きだまりが生じた可能性がある．また，屋根面の高さ 4 m 以下の場合は，吹雪によって地上雪が舞い上がって屋根上積雪深が増加することもある．

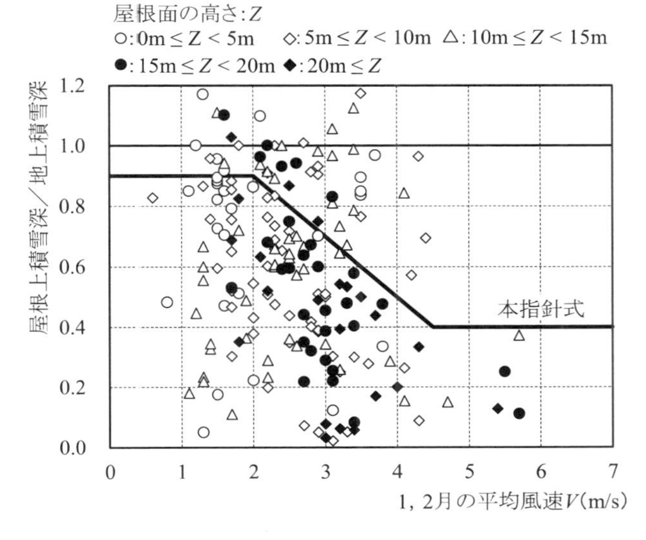

図 5.3.5　1，2 月の平均風速と過去の調査で得られた積雪比との関係

5.3.2　風による偏分布に関する屋根形状係数

(1) M 型屋根，連続山形屋根およびのこぎり屋根の谷部底辺の風による偏分布に関する屋根形状係数 μ_d は表 5.1 による．屋根の最側部または棟部では，図 5.2 に従い μ_d をゼロとし，屋根雪分布は谷部底辺の μ_d とゼロ点とを直線で結ぶように設定する．また，1，2 月の平均風速 V の値が表に示されていない場合の μ_d は直線補間して求めるものとする．
(2) セットバックおよびこれに類する形状の屋根における μ_d は表 5.2 による．図 5.3 に示す O 点の μ_d は表 5.2 に示す値とし，O 点からの水平距離がセットバックの高さ h_s の 2 倍となる位置で μ_d をゼロとする．屋根雪分布は μ_d とゼロ点とを直線で結ぶように設定する．また，V および屋根勾配が表に示されていない場合の μ_d は直線補間して求めるものとする．

表 5.1　M 型屋根・連続山形屋根およびのこぎり屋根における谷部底辺の μ_d

屋根勾配	M 型屋根および連続山形屋根				のこぎり屋根			
	1，2 月の平均風速 V				1，2 月の平均風速 V			
	2 m/s 以下	3 m/s	4 m/s	4.5 m/s 以上	2 m/s 以下	3 m/s	4 m/s	4.5 m/s 以上
10° 以下	0	0	0	0	0	0	0	0
25°	0	0	0.15	0.20	0.10	0.20	0.35	0.55
40°	0	0.20	0.35	0.45	0.10	0.30	0.45	0.70
50° 以上	0	0.30	0.55	0.70	0.10	0.40	0.65	0.80

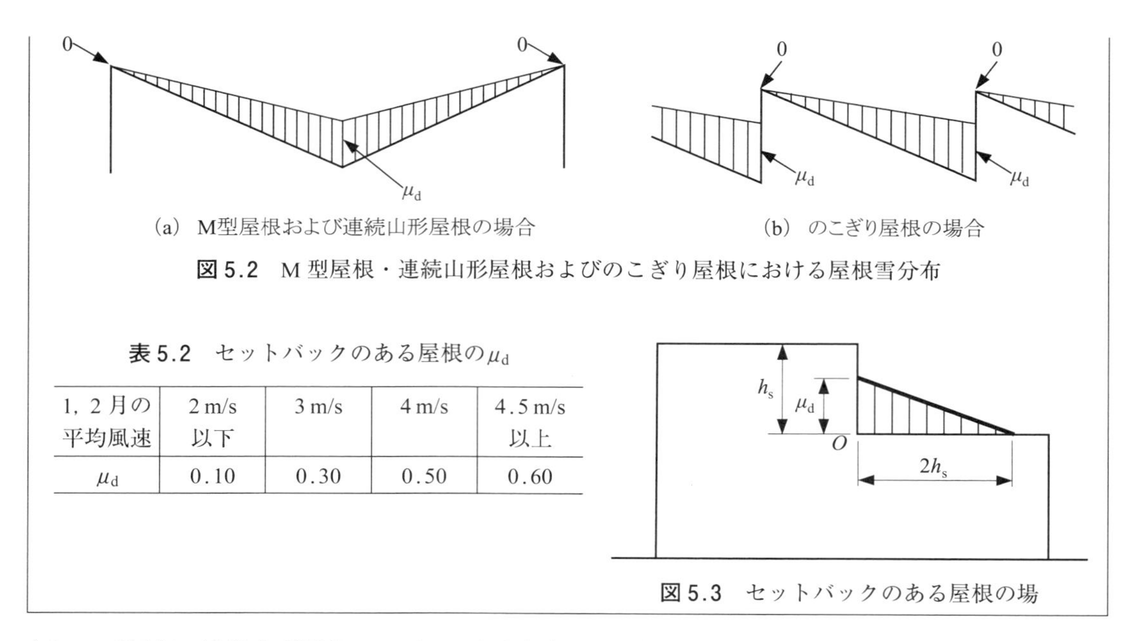

(a) M型屋根および連続山形屋根の場合　　(b) のこぎり屋根の場合

図 5.2 M 型屋根・連続山形屋根およびのこぎり屋根における屋根雪分布

表 5.2 セットバックのある屋根のμ_d

1，2 月の平均風速	2 m/s 以下	3 m/s	4 m/s	4.5 m/s 以上
μ_d	0.10	0.30	0.50	0.60

図 5.3 セットバックのある屋根の場

(1) M 型屋根・連続山形屋根およびのこぎり屋根は，屋根面に谷部を持っていることが大きな特色である．国内では，これらの屋根形状を対象とした屋根雪の実測例がない．カナダにおける実測例をみると[85]，図 5.3.6 のように谷部に吹きだまりが生じている．この現象は，吹雪風洞実験でも確認されている[86]．これらの点を考慮し，風による谷部の偏分布に関する屋根形状係数は，風速および屋根勾配が大きくなるのに伴い増加するようにした．また，吹雪風洞実験結果をみると，M 型屋根および連続山形屋根とのこぎり屋根とは谷部の吹きだまり状況がやや異なることから，両者に分けて示してある．なお，ほかの屋根形状の風による偏分布については規定していないが，山形屋根やドーム型屋根を対象とした屋外観測結果をみると[46),53)]，屋根面の風下側では風の影響を大きく受けて積雪が増加する傾向にあることが報告されている．このように，屋根面における吹雪が発生しやすい風の強い地域では，積雪の偏分布を考慮しなければならない．

(2) セットバックおよびこれに類する形状の屋根では，吹きだまりが著しい．カナダの観測例[87]をみると，吹きだまりの範囲は最大吹きだまり高さの約 8 倍となり，この範囲で局所的な雪荷重が発生していることになる．しかし，本指針では「基本となる屋根形状係数」に「風による偏分布に関する屋根形状」を加算する考え方となっていることから，風の影響による雪荷重の増分を評価する必要がある．土谷らによる札幌における屋外観測結果[88]をみると，写真 5.3.2 および図 5.3.7 に示すように積雪の偏分布が顕著にみられ，局所的には地上積雪深の1.5～2.0倍の積雪深となる部位もある．積雪の偏分布は広範囲であるが，屋根上の積雪深が地上積雪深よりも大きくなる範囲は，風向によって異なるものの壁面から壁面高さ（図 5.3 の h_s に相当する）の 2 倍程度の範囲で発生している．この範囲が風の影響による雪荷重の増分と考えることができる．これらのことを配慮し，背後の壁面高さを基準に壁から三角形状荷重として与えるようになっている．なお，セットバックに類する屋根には，バルコニーなどの壁面から突出した床面や風除け室の屋上，パラペットまたはこれに類する広告塔などの工作物を設ける場合などがある．

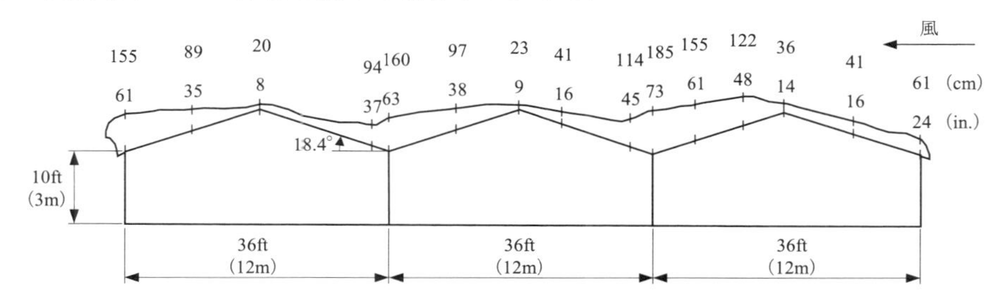

図 5.3.6　連続山形屋根における屋根積雪深の実測例（オタワの例）[87]

写真 5.3.2　階段屋根下段の吹きだまり状況

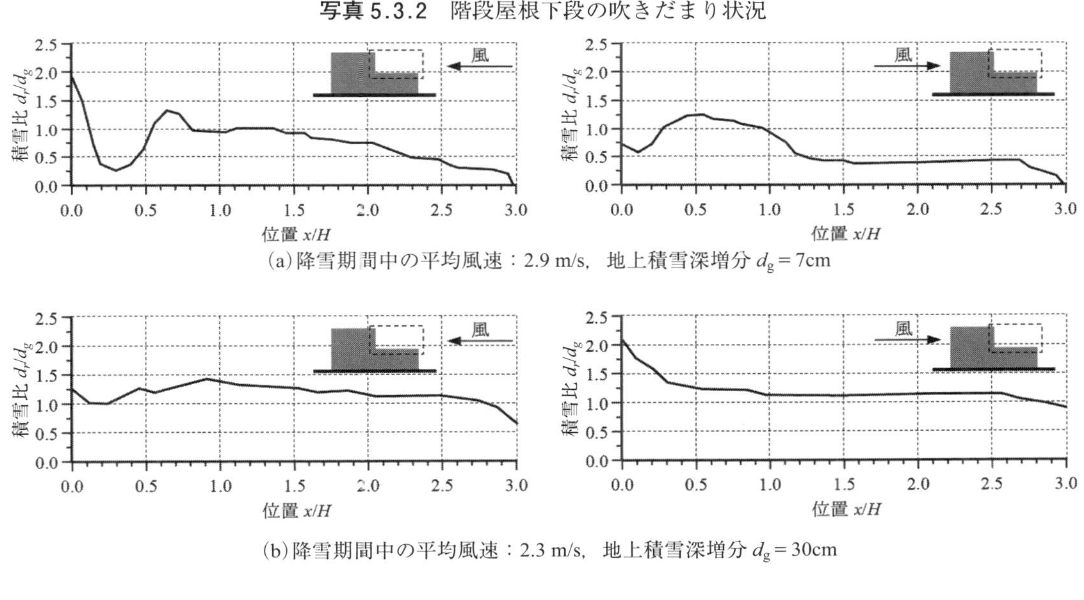

(a) 降雪期間中の平均風速：2.9 m/s，地上積雪深増分 d_g = 7cm

(b) 降雪期間中の平均風速：2.3 m/s，地上積雪深増分 d_g = 30cm

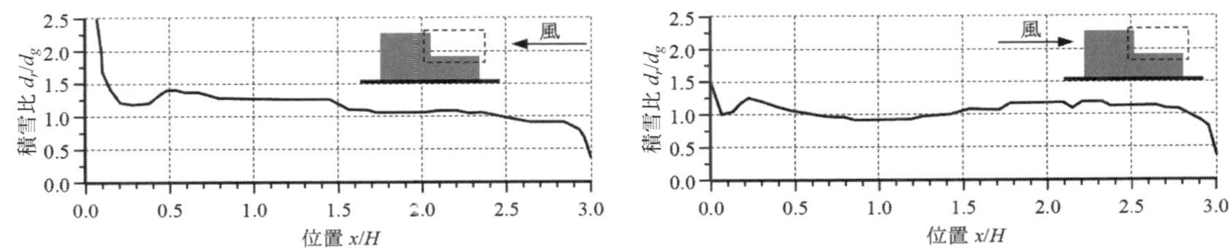

(c) 降雪期間中の平均風速：1.2 m/s，地上積雪深増分 d_g = 11cm

※積雪比とは，任意点の屋根上積雪深 d_r を地上積雪深増分 d_g で除した値である。なお，本観測は，屋根上に吹きだまりが生じた際に屋根上積雪深を測定し，その後，除去して次の吹きだまりを観測するという流れで実施したことから，基準となる地上積雪深 d_g は，屋根上積雪を除去してから吹きだまりが生じるまでの増分積雪深としている。

図 5.3.7　最頻度風向角 0 の場合における下段屋根上の積雪深分布 [88]

5.3.3 屋根上滑動による偏分布に関する屋根形状係数

M 型屋根，連続山形屋根，のこぎり屋根の屋根上滑動による偏分布荷重に関する屋根形状係数 μ_s は（5.5）式および（5.6）式により算定し，谷部底辺で正，棟で負の値とし，その中間は直線分布として用いる．ただし，屋根勾配の両式の中間となる場合は屋根材の滑雪性を考慮して決定する．

（1）屋根勾配が 10° 以下の場合

$$\mu_s = 0 \tag{5.5}$$

（2）屋根勾配が 25° 以上の場合

$$\mu_s = \mu_b \tag{5.6}$$

谷部をもつ M 型屋根，連続山形屋根，のこぎり屋根では，積もった雪が谷部に向かって滑動し，屋根雪荷重が偏分布になることを考慮しなければならない．この滑動により，偏分布になるだけでなく，突起物や壁面に側圧が加わることもあるため，多雪地域では谷部をもつこれらの屋根形状を用いることは望ましいものではない．

M 型屋根，連続山形屋根，のこぎり屋根などの凹部をもつ屋根では，図 5.3.8 に示すように屋根に積もった雪が時間の経過と共に重力によって下り勾配方向に滑動し，凹部の積雪が増加して不均一な分布となる．屋根雪の滑動は，雪質，気温，屋根の諸特性（勾配，屋根材，屋根葺き工法など）などによって大きく異なるため [89),90)]，その移動量を一般化して論ずることは難しい．

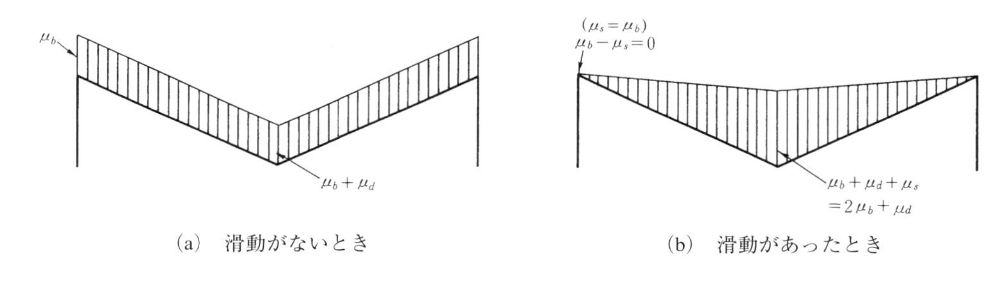

(a) 滑動がないとき　　(b) 滑動があったとき

図 5.3.8 通常の場合の屋根上滑動雪

片流れ屋根の塗装鋼板を対象とした屋根雪の滑落状況をみると [91)]，図 5.3.9 に示すように屋根勾配 1/10(5.7°) では気温が上昇した融雪期間に 1 回の滑落現象が見られるが，その現象は地上と同程度の最深積雪に至った後に発生している．これに対し，屋根勾配 2/10(11.3°) では 7 回の滑落現象，屋根勾配 4/10(21.8°) では 16 回の滑落現象が発生するなど，勾配が急になると滑落による雪の移動が頻繁に起きることが確認されている．凹部をもつ屋根における滑動現象は，下り勾配方向にゆっくりと移動する現象であることから，片流れ屋根にみられる滑落現象のような顕著な雪の移動とはならない．こうした現状を踏まえて，屋根勾配のみの影響を要因として，屋根勾配 10° 以下の場合は滑動しないものとして $\mu_s = 0$ とした．本文（5.6）式は，図 5.3.10（b）のように棟の積雪が 0 になり，その分が谷に堆積することを示している．したがって，積雪深や屋根勾配・屋根の長さなどによっては，そのままでは図 5.3.10（b）のような形状になってしまうことがある．これは実際にあり得ることではなく，本指針の意図するところではない．このような場合は同図（c）のように水平になるような分布としてμ_sを決定すべきである．なお，切妻のような山形屋根については，本文では触れていないが，片側の屋根面での積雪の滑動によって荷重が偏分布となるおそれがある．風による偏分布と同様に，大規模な山形屋根ではこの影響が無視できないので，本項に準じて滑雪性を評価し，偏分布による影響を考慮しなければならない．

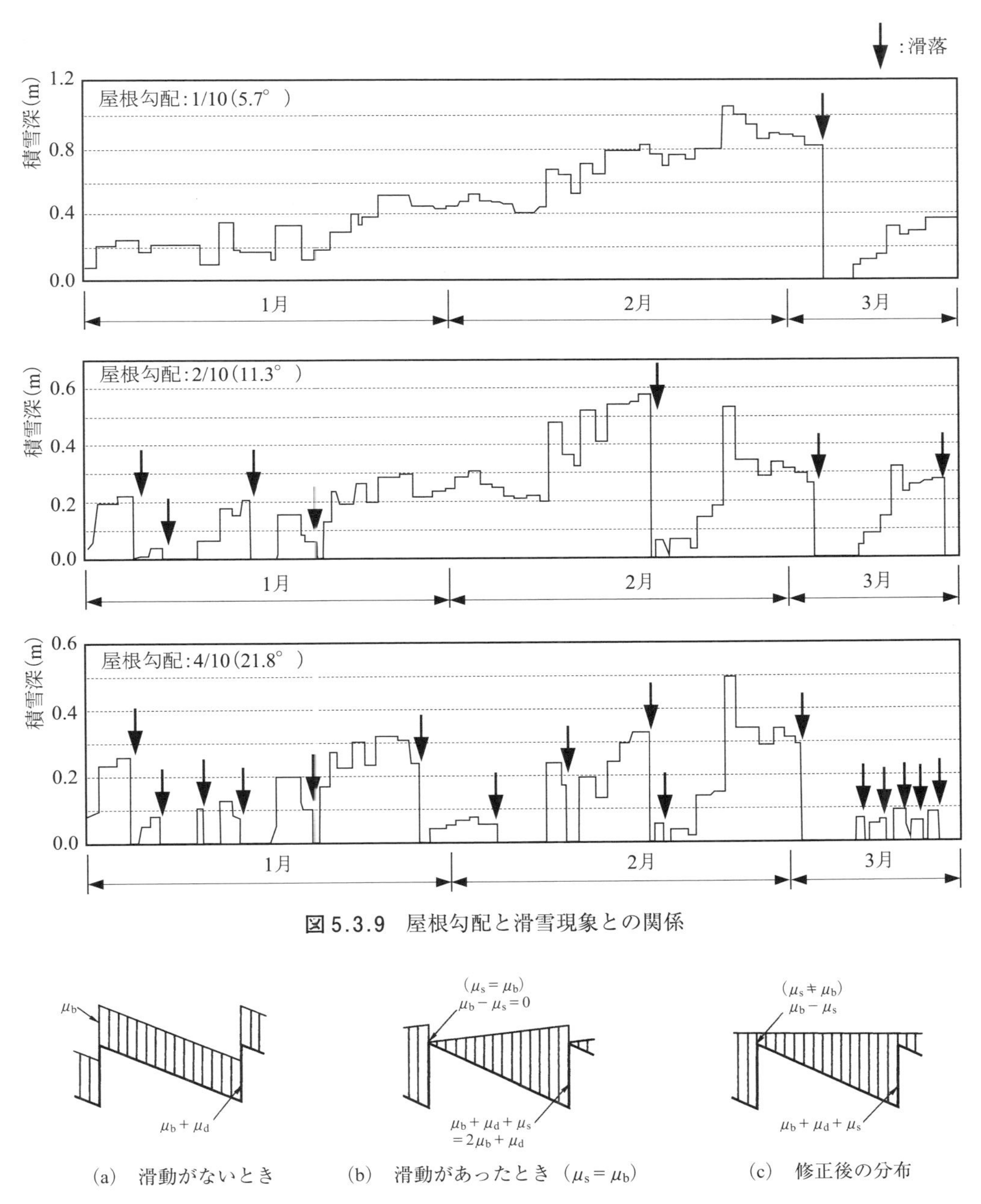

図 5.3.9　屋根勾配と滑雪現象との関係

(a)　滑動がないとき　(b)　滑動があったとき（$\mu_s=\mu_b$）　(c)　修正後の分布

図 5.3.10　谷部で盛り上がる場合の屋根雪分布の修正

5.4　局所的屋根雪荷重

> 屋根上に局所的に増大する積雪荷重が作用するおそれのある場合は，これを考慮する．
> (1) 屋根上の突起物等により，吹きだまりや滑雪の堆積が発生する場合
> (2) 軒先やけらばの部分で，巻垂れ，雪庇，つららなどが発生する場合
> (3) 庇や下方の屋根に，上方の屋根から雪が落下して堆積する場合
> ただし (3) の場合は，状況によって，落下時の衝撃荷重も考慮する．

屋根雪荷重は，写真 5.4.1～写真 5.4.4 に示すように突起物などの周囲に形成される吹きだまりや，滑落やそれに伴う巻垂れや雪庇あるいはつららの発生によって，局所的に増大することがある．このような局所的な荷重の増大が大梁や柱などの主体構造の応力に及ぼす影響は余り大きくないが，小梁や母屋，垂木などの二次部材の設計には，充分考慮する必要がある．このような場合，荷重が増大する範囲を考慮した荷重設定が必要となる．

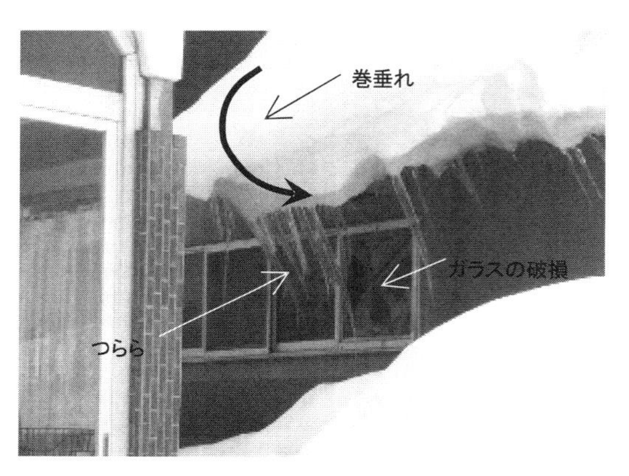

写真 5.4.1　軒先に形成された巻垂れおよびつらら

写真 5.4.2　倉庫建築物の屋根（折板屋根）に形成されたつらら

写真 5.4.3　ハイサイドライトの風下側に形成された吹きだまりと巻垂れ

写真 5.4.4　ハイサイドライトの軒先に成長したつららと巻垂れ（写真 5.4.3 の吹きだまりの側面）

煙突やベンチレーターなどの突起物が屋根上にあれば，高いパラペットと同様に，その周囲には吹きだまりが発生して，その部分の積雪荷重が増大する．吹きだまりの大きさは，突起物の形状，

気温，風向や風速に関係するが，一般には，5.3.2 項に準じて考慮すればよい．ただし，風向によって吹きだまりができる場所が異なることに注意するべきである．

巻垂れや雪庇は，その大きさが時には数メートルにも達することがあることに注意しなければならない．平成 18 年豪雪において，北陸地方のある施設で建設中に雪止めが破壊し，大量の屋根雪が滑落して，窓ガラスや外壁の一部を破損した事例がある [113]．この要因としては，雪止め設計時に雪庇を考慮しなかったことが挙げられている．なお，巻垂れや雪庇に関する評価資料は充分に得られていないが，これらの部分は写真 5.4.5～写真 5.4.6 に示すようにざらめ雪やよくしまったしまり雪で構成されていることが多いので，5.2.3 項の図 5.2.4 のように単位重量を 4 kN/m^3 程度とし，軒などの先端にかかる集中荷重として計算すればよい．

写真 5.4.5　雪庇の断面写真

写真 5.4.6　風下側に形成された巨大な雪庇

また，軒先で凍着現象が生じ，屋根雪が滑落しない状況になると，軒先に屋根全面の滑雪力が集中し，仕上げ材等が破損する可能性がある〔図 5.4.1〕．図 5.4.2 は，各種屋根葺き材における温度条件と凍着力との関係を示したものである．滑雪力が凍着力を上回ると屋根雪は凍着部分で破断し滑落するが，その際，凍着力分の荷重が軒先等にかかることになる．

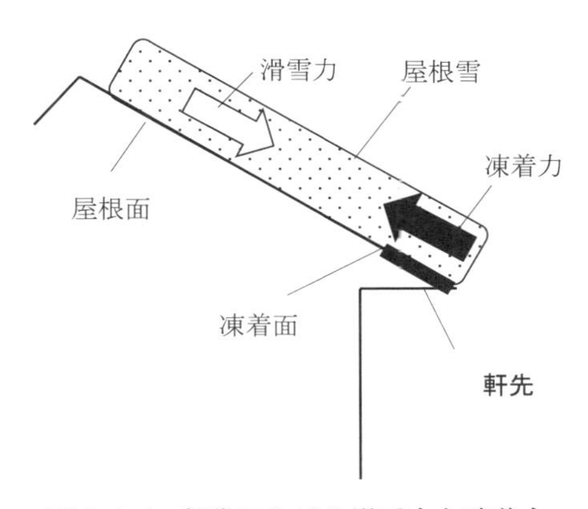

図 5.4.1　軒先における滑雪力と凍着力

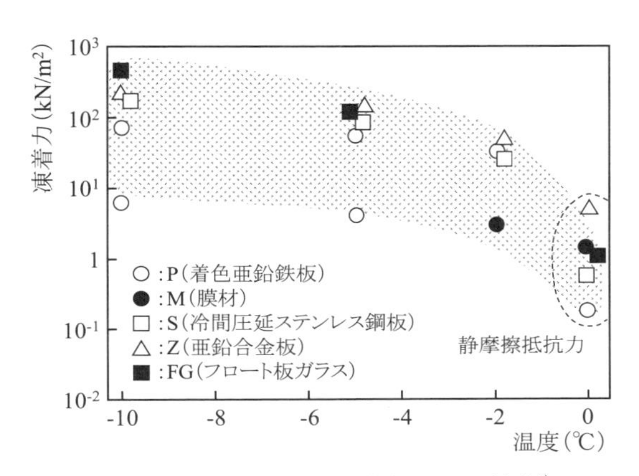

図 5.4.2　凍着力と温度変化との関係 [114]
（単位重量 300 N/m^2 の場合）

上方の屋根からの雪の落下による荷重の増大については，そもそもこのような状況をつくりだすことが問題であるが，種々の事情で避けることができない場合は，最も不利な条件を考慮しなければならない．屋根雪の滑落が，屋根形状や屋根材だけでなく，気象条件にも影響されるからである．したがって，ゆっくり落下する場合だけでなく，急速に滑って衝撃荷重を伴ったり，かなり遠くまで飛ぶ場合も想定する必要がある．図 5.4.3 は滑雪実験の模式図であり，図 5.4.4，図 5.4.5 は比較的滑雪性の良い四フッ化エチレンコーティングガラス繊維の膜材での実験結果[115]であるが，かなりの飛散距離・飛散範囲と衝撃荷重が認められた．図 5.4.6 は雪氷塊の落下実験[116]から得られた雪氷塊密度と最大衝撃荷重の関係を示したものであるが，これによると衝撃荷重の最大値は，単位重量が 6 kN/m^3 までは増加傾向にあるが，6 kN/m^3 を超えると 400 kN/m^2 程度となる．

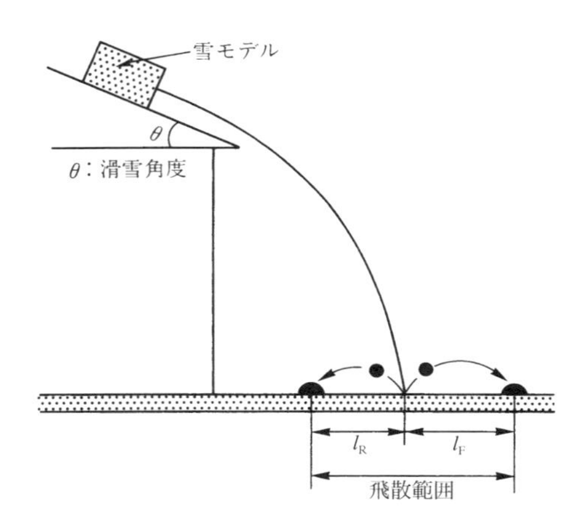

図 5.4.3　滑雪実験の模式図[115]

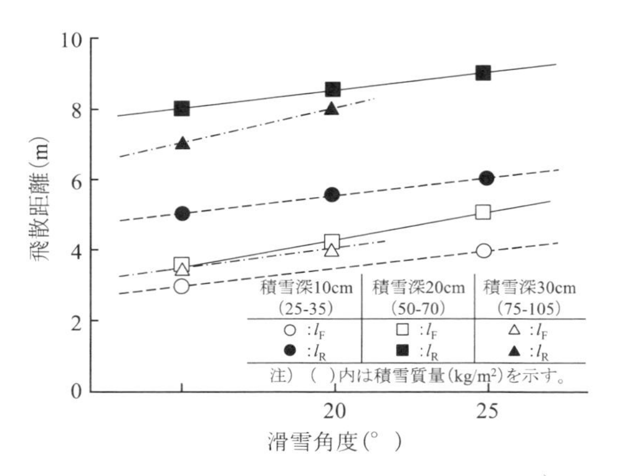

図 5.4.4　飛散距離と屋根勾配との関係[115]
（軒高さ 13.1 m の場合）

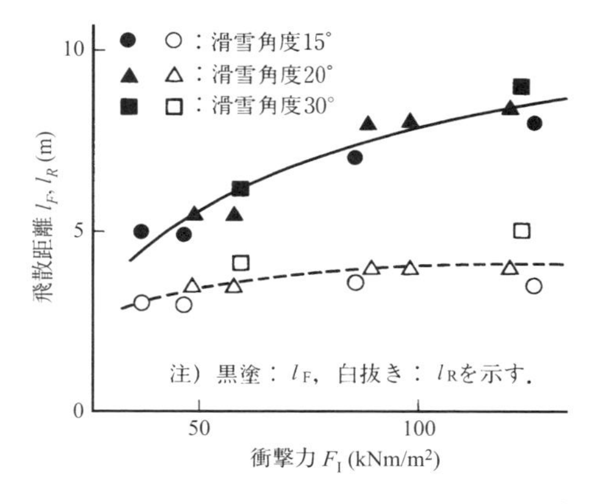

図 5.4.5　飛散距離と衝撃荷重との関係[115]
（軒高さ 13.1 m の場合）

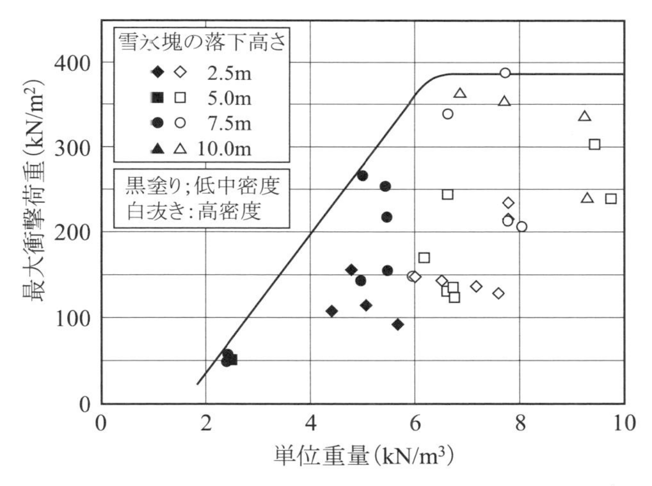

図 5.4.6　雪の単位体積重量と最大衝撃荷重との関係 [116)]

これらの値は限定された条件下で得られたものであるが，雪氷塊の衝撃荷重は無視できない荷重であることを示している．なお，雪氷塊の衝撃荷重における波形は，衝突直後にピーク値（最大衝撃値）が発生し，その後，雪氷塊が流体的に崩れながら変形する波形へと移行する．ここで，衝突直後に発生する最大衝撃値 F_{Imax} および流体的な状態での衝撃値 F_{I} は以下の式で求められる．

$$F_{\mathrm{Imax}} = \sigma_s A\,(\mathrm{N}) \tag{5.4.1}$$

$$F_{\mathrm{I}} = \rho_{\mathrm{s}} V_I^2 A\,(\mathrm{N}) \tag{5.4.2}$$

ここで，σ_{s}　：単位面積あたりの最大衝撃荷重（N/m²），

ρ_{s}　：雪密度（kg/m³），

A　：衝突断面積（m²），

V_{I}　：衝突速度（m/s）である．

その他，上方の屋根からの雪の落下による堆雪は，下方の屋根に局所的な積雪荷重として作用することになる．上方の屋根が一定勾配の場合，堆雪形状は，図 5.4.7 や図 5.4.8 に示したような三角形状となる傾向がある．なお，上方の屋根が小規模な場合は図 5.4.7，中規模以上の場合は図 5.4.8 が参考になるだろう．また，上方から落下した雪は，衝撃により圧密され，雪密度が増加する分，容積が減少する．積雪荷重として評価する際は，上方の屋根雪荷重のうち下方の屋根に落下する分について，圧密を考慮した堆雪形状に合わせた分布荷重とする．なお，落下による雪の圧密に関しては，図 5.4.7 から算出するほか，大規模建築物の場合は圧密係数（地上積雪密度 / 落下して堆積した雪の密度）が 0.7 程度となることが報告 [118)] されている．

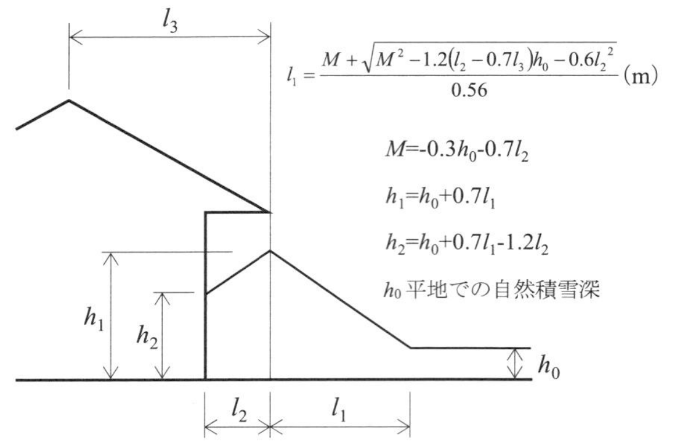

図 5.4.7 一般建物における堆雪形状の模式図 [35)]

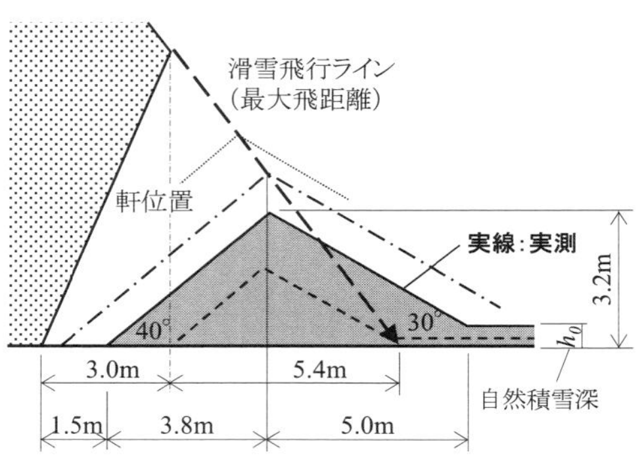

図 5.4.8 大規模建築物における堆雪形成過程模式図 [117)]

5.5 制御する場合の屋根雪荷重

5.5.1 屋根雪荷重の算定

屋根雪荷重を制御する場合に用いる屋根雪荷重 S(kN/m^2) は (5.7) 式によって求める.

$$S = \mu_n S_n - S_c \tag{5.7}$$

ここで, μ_n ：屋根雪荷重を制御する場合の屋根形状係数で, 5.3 節に示す μ_0 と同じとする.
S_n ：地上増分積雪重量 (kN/m^2)〔5.5.2 項参照〕,
S_c ：制御雪荷重 (kN/m^2)〔5.5.3 項参照〕である.

屋根雪荷重を制御する場合には, 屋根雪が制御を開始すべき積雪重量に達したのち, 制御装置などが確実に作動するまでの時間に増加する積雪重量 $\mu_n S_n$ から, 制御の方法や装置の性能に応じて除去される分の積雪重量 S_c を減じて算定する.

屋根雪荷重の制御は, 人力や機械によって屋根から雪を除去したり, 雪が滑りやすい屋根材を用いて滑落させたり, 水や電熱などによって融雪したりする方法がある. いずれの方法も, 屋根雪が多くなる前に制御を開始して屋根雪荷重が設計値を超えないようにするが, 制御を開始するときの屋根雪の状況や制御の仕方によって雪荷重が異なる. 例えば,「雪下ろし」をする場合などは, 屋根にある程度雪が積もってからその雪を除去するので, 雪下ろしを始めるまでの屋根雪荷重は当然見込んでおかなければならない. 一方, 融雪装置などでは, 豪雪時に降雪強度が融雪性能を上回って完全に除去されないこともあり得る. また, 豪雪時には停電や燃料切れによって作動できなくなり, その間に屋根雪が増加するという事態も考えられる. そのような場合の雪荷重も見込んでおく必要がある.

(5.7) 式の右辺第 1 項の$\mu_n S_n$ は, 地上増分積雪重量に屋根形状係数を乗じたものであり, 屋根増分積雪重量である. 制御装置などが有効に作動するまでの間に, 屋根に積もり得る積雪重量の最大値である. この場合の屋根形状係数μ_n は, 当然, 屋根雪荷重を制御しない場合の屋根形状係数 μ_0 とは異なるはずであるが, 地上増分積雪重量 S_n が年最大 n 日増分積雪深に基づくものであって, 積もり始めからの累積の積雪深に基づくものではないことや, 制御の仕方によっても異なるために,風洞実験などによって両者の相違を明確に提示することは困難である．したがって，本指針では屋根雪荷重を制御する場合の屋根形状係数μ_nは屋根雪荷重を制御しない場合の屋根形状係数 μ_0 と同じ値を採用することとした．

また，第2項のS_cは制御装置などによって除去される荷重分であるが，制御が開始されるときに屋根に雪が残存している場合は，その雪荷重値との差になる．原則として，調査や実験によって，機器などの信頼性を評価して，値を定めることとする．

5.5.2　地上増分積雪重量

(1) 地上増分積雪重量の算定

屋根雪荷重を制御する場合に用いる，単位水平投影面積あたりの地上増分積雪重量 S_n(kN/m^2) は，次式によって算定する．

$$S_n = k_{\rm env}\, d_n\, p_n \qquad (5.8)$$

ここで，

$k_{\rm env}$ ：環境係数〔5.2.4項参照〕，

d_n ：屋根雪荷重を制御する場合の基本地上増分積雪深 (m)〔5.5.2 (2) 参照〕，

p_n ：屋根雪荷重を制御する場合の等価単位積雪重量(kN/m^2)〔5.5.2 (3) 参照〕である．

ただし，(5.8) 式において S_n を降水量と気温から適切な方法により直接推定することもできる．

1) 地上増分積雪深と等価単位積雪重量に基づく地上増分積雪重量の推定

設計に用いる地上増分積雪重量は，屋根雪荷重の制御を行わない場合と屋根雪荷重の制御を行う場合とで算定方法が異なる．これは，荷重の制御を行わない場合は雪の降始めからピークに達するまでに累積された積雪量のうち，年間で最大の値が問題であるのに対し，制御を行う場合は制御装置などが働くまでの期間内に積もる最大の積雪量が問題となるからである．また，制御装置などの能力を超えるような積雪があった場合でも，安全性を確保するために見込んでおくべき荷重値も問題である．このような構造安全上最も危険な状況は，短期間のうちに積雪量が急速に増大して屋根雪を低減する制御装置の作動あるいはその能力が間に合わない場合に生じる．したがって，地上増分積雪深として，制御装置の性能に応じて定まる一定の期間（n日間）に積もり得る最大の積雪深の増分量の再現期間100年に対する値を採用することとした．地上増分積雪重量 S_n(kN/m^2) は，(5.2) 式と同様にこの地上増分積雪深 d_n に環境係数 $k_{\rm env}$ と等価単位積雪重量 p_n(kN/m^2) を乗じて定めるものとする．ただし，屋根雪荷重の制御を行う場合の等価単位積雪重量は，制御を行わない場合よりやや小さい値になると考えられ，これに関する考え方を (3) で解説する．

2) 降水量と気温資料に基づくn日増分積雪重量の算定

5.2.1 (2) において，日降水量と日平均気温の観測資料を用いて積雪重量を直接算定する方法が，実用的な有効性を有していることを述べた．ここでは，(5.2.1) 式を用いて7日増分積雪重量を検討した結果を述べる．

札幌・釜淵・長岡・十日町における1冬期の積雪重量の推移については荷重指針設計資料に示すが，その資料をもとに計算値と実測値それぞれについて，7日増分積雪重量を求めることができる．

ただし，札幌・釜淵・長岡については必ずしも毎日の実測値が得られていないので，空白日の値については実測値を直線補間して求めた．結果を図 5.5.1 (a)～(d) に示す．精度よく算定できることがわかる．特に毎日の重量計測を行っている十日町においては，7 日増分積雪重量実測値に対して計算値の日変化の推移が細部にわたって極めてよく一致していること，またいずれの観測点も年

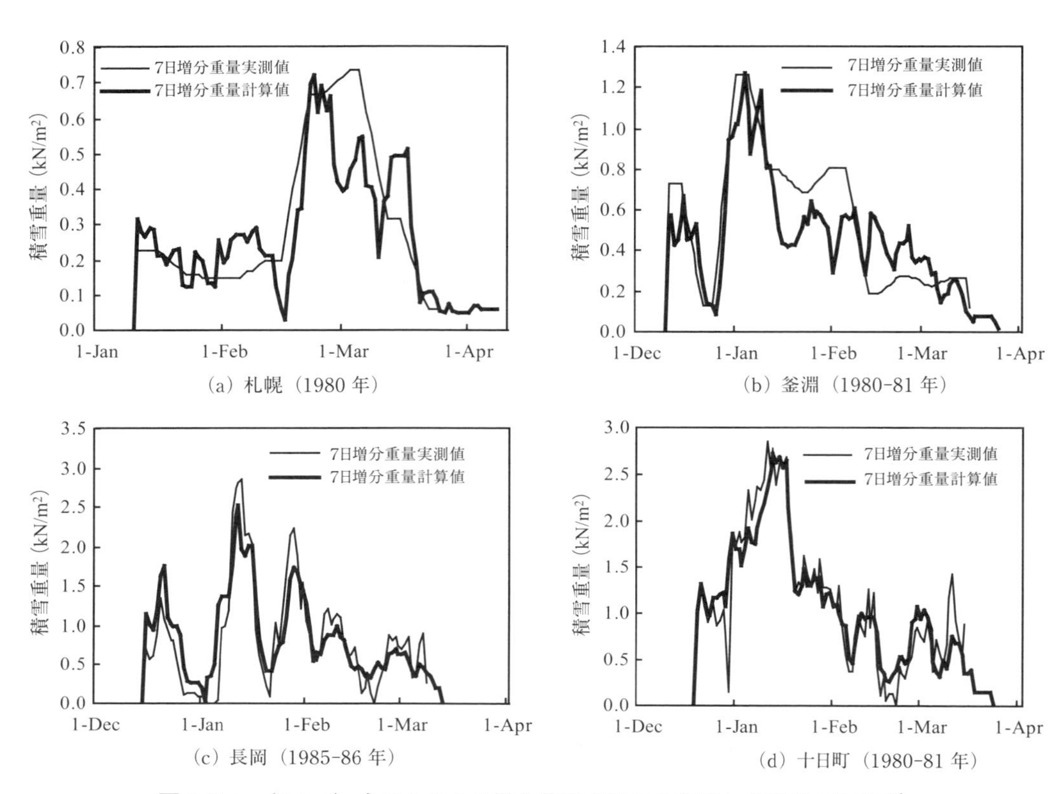

図 5.5.1　(5.2.1) 式による 7 日増分積雪重量の計算値と実測値の比較 [12)]

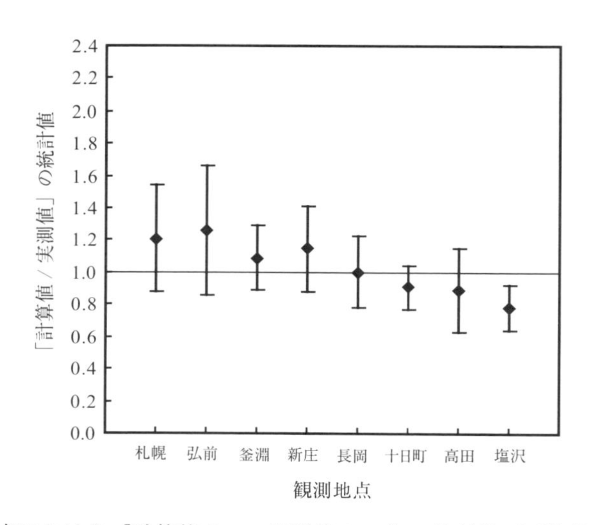

図 5.5.2　8 地点における［計算値 P_{7max}/ 実測値 S_{7max}］の統計値（平均値，標準偏差）[12)]

最大値における誤差が通常日の誤差よりも小さいことが示されている.

これらは1冬期における比較であるが，札幌（26冬期），弘前（15冬期），釜淵（42冬期），新庄（10冬期），長岡（8冬期），十日町（48冬期），高田（9冬期），塩沢（8冬期）の8地点について，地点ごとの各統計年数における $P_{7\max}/S_{7\max}$ に関する平均値 μ と標準偏差 σ を求めた．図5.5.2に，$\mu\pm\sigma$ の値を示す．全般的には有効な精度を有しているとみなしてよさそうである.

（2）基本地上増分積雪深
基本地上増分積雪深 d_n は，地上積雪の観測資料に基づいて推定される年最大 n 日増分積雪深の再現期間100年に対する値とする．増分積雪を評価する日数 n は屋根雪荷重を制御する装置などの性能に応じて求める.

雪下ろしをせずに滑落させる屋根や，装置を用いて融雪・滑雪・除雪など屋根雪の制御を行う場合は，年最大積雪深からはその最大雪荷重が定まらず，厳密には降雪が始まってからなんらかの処理が行われるまでの間に積もり得る雪の量によって定まるはずである．この積雪量を的確に予測することは近年の活発な屋根雪制御装置の開発・導入に伴ってますます重要な課題となってきている．しかるに，豪雪時の建築物被害例の中には，連続した降雪によって雪下ろしをする間もないまま，あるいは装置の有効な作動が充分に行われないままに屋根上積雪深が設計用積雪深を上回って崩壊してしまった例が数多く存在する．したがって，これら，1冬期間になんらかの屋根雪処理が行われることを前提として設計される建築物においては，雪下ろしあるいは滑落雪・融雪の実況を把握するにとどまらず，雪下ろしの警告がなされてから実際に雪下ろしが行われるまでの間，または屋根に雪が積もり始めてから，確実に滑落その他の屋根雪処理が行われるまでの間の連続した降雪でどれくらいの積雪重量の増加の可能性があるのかを把握したうえで雪荷重の低減を行うべきである.

多雪地域での降積雪状況を調べてみると，1冬期間中同じ割合で降積雪が進むのではなく数日間連続して降雪が続くと1，2日間は晴れ間さえ見られ，再び激しい降雪が続く場合が多い．和泉ら[92]は，全国423地点の気象庁観測点における12月1日から翌年の3月31日までの積雪深の継続記録（統計期間は数地点を除いて1983年までの年数）から，3日間および7日間の積雪深の増加を1日ずつずらして順次求め，その最大値すなわち年最大3日増分積雪深および7日増分積雪深の統計的性質ならびに年最大積雪深との関係について考察している．本指針では，確実な屋根雪処理あるいは制御を前提として設計を行う場合の基本地上積雪深として，年最大積雪深（AMD）の代わりに連続して n 日間の積雪増分量の年最大値（すなわち，年最大 n 日増分積雪深）〔図5.5.3参照〕を用いることができると提案している.

北海道では一般的に気温が低いので，1回の降雪で積もった雪は次の降雪までの間にそれほど融けることなく，1回の降雪による積雪の多寡はあるにせよ，積雪深は着実に増え続ける．したがって，年最大積雪深の値は年最大3日または7日増分積雪深にはそれほど影響されず，年最大3日または7日増分積雪深の値の大きい年と年最大積雪深の値の大きい年は必ずしも一致しない．したがって，設計用屋根雪荷重を小さく設定した場合には，年最大積雪深がそれほど大きくない年でも，短期間の多量の降積雪によって，その建築物が崩壊に至る場合が生じる[93]．それに対して，北陸か

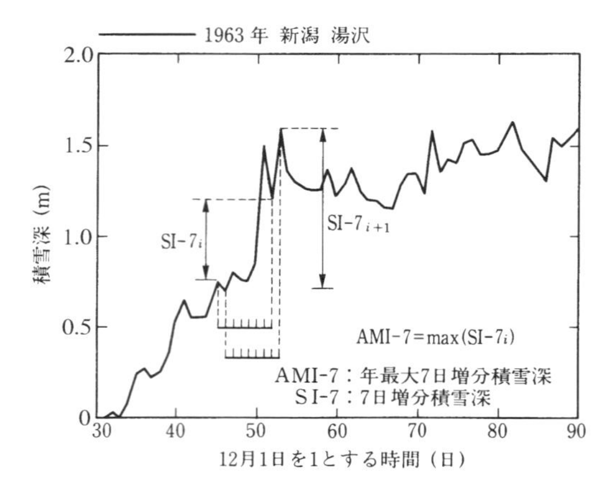

図 5.5.3 年最大 n 日増分積雪深の定義

ら中国地方にかけての日本海側の地域では，平均的にみても，短期間の降雪量は全国平均よりも多く，いわゆるドカ雪型といえる．そして，その多寡によって年最大積雪深の多寡がほぼ定まっている．しかし，年最大 3 日増分積雪深の値は，年最大積雪深の場合とは異なり，再現期間が長くなっても平年値に比較してそれほど大きくならない．これら二つの地方における積雪深の統計的な性質を示す典型的な例を図 5.5.4 に示す．東北や中部では北海道および北陸双方のタイプが混在していると考えられる．一方，関東から九州にかけての太平洋側の少雪地帯では，ほぼ 1 回の降雪で年最大積雪深を記録するため，年最大積雪深と年最大 7 日増分積雪深はほとんど同じ統計データとなる．設計者はこのような性質をよく理解したうえで，屋根雪処理方法や装置の能力などを総合的に勘案し，n 日の日数を具体的に設定する必要がある．参考のために付 5.1 節には全国 330 地点の気象庁観測点における年最大積雪深と年最大 7 日増分積雪深おのおのの再現期間 100 年に対する値を示した．

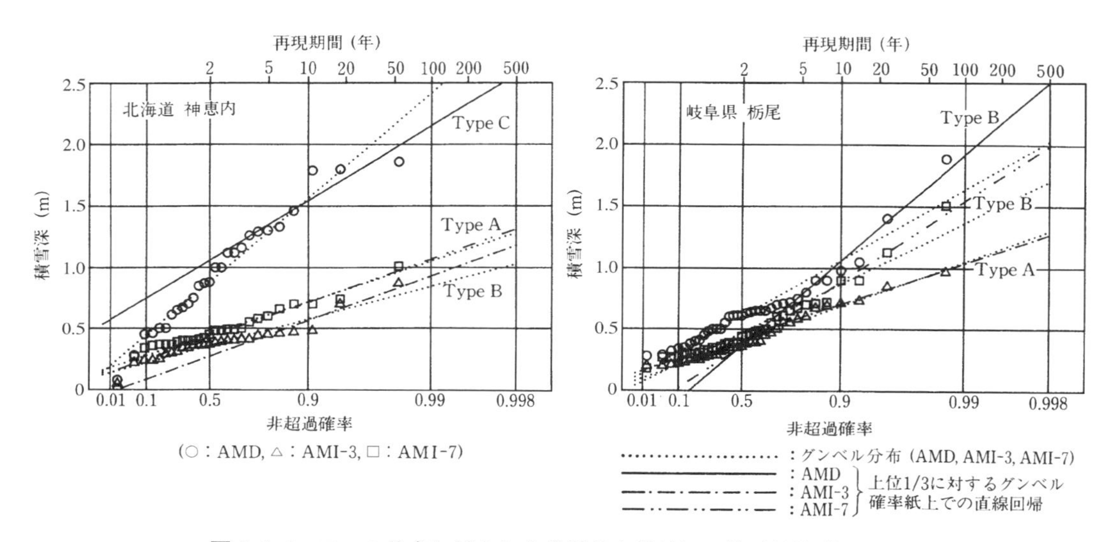

図 5.5.4 二つの地方に見られる典型的な積雪深の統計的性質の比較

(3) 屋根雪荷重の制御を行う場合の単位積雪重量
屋根雪荷重を制御する場合に用いる等価単位積雪重量 p_n は，(5.3) 式に示す p_0 とする．

屋根雪荷重の制御を行う場合には，n 日増分積雪重量を設計に用いる．n 日間の累積降雪重量が入手できる場合は直接この値を用いることが可能であり，付 5.1 節には 7 日増分積雪重量の推定値を示すが，一般には n 日増分最大積雪深に等価単位積雪重量を乗じて求める．その場合，n 日増分積雪深に掛け合わせる等価単位重量の資料が不足しているため，安全側の値として年最大積雪深に対するものと同じ p_0 を用いることとしている．

旧指針（1993 年版）では n 日増分積雪深の定義として n 日間における地上積雪深の差違を用いていた．このために降雪がなく沈降のみが生じている期間では，負の値が得られることになる．現在では気象官署や AMeDAS 観測点の観測データを CD-ROM や Web で入手可能であり，日降雪深に基づく解析は容易になっている．本項では地上積雪深の差違に基づく方法を A 法，日降雪深に基づく方法を B 法として区別する．他方，n 日増分積雪重量は毎日の重量観測値を用いる必要がある．しかし，毎日観測した事例は極めて少なく，前述の多雪地域 12 地点の観測でも長岡・高田・十日町の 3 都市以外は，数日おきにしか観測していない．

桜井・城は前述した降水量と気温の気象観測資料を用いた積雪重量推定法に基づいて 126 地点の n 日増分最大積雪重量を算出し，実測した A 法による n 日増分最大積雪深との関係より等価単位積雪重量を求めた[12]．多くの場合に 1 冬期間における両者の最大値発生日は一致するので，その限りでは物理的な意味をもつ単位積雪重量である．しかし，同一地点における 30 年間の観測資料から両者の再現期待値を求める作業の中で，第 1 位から大きい順に並べた際に，同一順位における両者の発生年が異なる場合が生じる．その結果，得られる単位積雪重量は，年最大積雪重量と同様に見かけの等価単位積雪重量の性質となる．

図 5.5.5 は，このようにして求めた 7 日増分最大積雪深と等価単位積雪重量の関係を 3 日増分最大積雪深および 7 日増分最大積雪深について示したものである．積雪深 0.3 m 以下の多くの地点では，3 日増分最大積雪深と 7 日増分最大積雪深の関係は同じであり，図 5.2.2 の年最大値の関係とも一致しているところが多い．これは，雪のほとんど降らない地域では，大雪でも数日内に融けて根雪にならないために，数日間の増分最大積雪深と年最大積雪深とが一致することを表している．また同図は，これらの等価単位積雪重量は積雪深に関係なくほぼ一定であることも読みとれる．図 5.5.6 は，各増分日数ごとの等価単位積雪重量の平均値と分散を示したものである．

図 5.5.7 では，数都市について 3 日から 14 日までの増分日数と年最大についての等価単位積雪重量を示したものである．東京では 1 日増分時と年最大時の等価単位重量は同じであり，仙台でも両者に大きな差違はない．これに対して日本海側の各都市では，増分日数が多いほど等価単位積雪重量が顕著に増大している．したがって，多雪地域以外では n 日増分積雪重量を算定する場合と年最大積雪重量を算定する場合の等価単位積雪重量には，おおむね同じ値を用いることができること，また，(5.3) 式より小さな値でよいことがわかる．

他方，高橋らは B 法による n 日増分積雪深と n 日増分積雪重量の推定を気象官署と積雪深計をもつAMeDAS観測点に対して行い，全国330地点に対して，図5.5.8に示すような結果を得ている[94]．1日増分積雪深に関する結果を新積雪の密度に関する既往の報告〔図5.5.9〕と比較すると，ほぼ対応していることがわかる．積雪の非常に少ない地点では雨混じりの非常に密度の大きい雪が降る可能性が指摘できる．これに$S_{\min}=0.3\,\mathrm{kN/m^2}$としたときの線を重ねてみると図5.5.10のようになり，この値を雪荷重の下限と設定して支障ない様子がわかる．積雪の多い地点ではnの日数が増えるに従って等価単位積雪密度が増加していく傾向が見えた．年最大積雪深では積雪が多くなるほど単位積雪重量の値が大きくなる傾向が現れるが，14日まで解析した範囲ではその傾向は見られなかった．荷重指針設計資料で示す多雪地域とそれ以外を区分する積雪深d_{tr}を用いてそれぞれの領域について密度の平均値を計算すると表5.5.1のようになった．この関係を図に示すと図5.5.11のようになる．このままでは下限とd_{tr}の間に空白領域ができるので，改めて下限と交差する積雪深d_cを定めると表5.5.1最右列のようになる．したがって，B法によるn日増分積雪深に対する等価単位積雪重量の近似式としては

$$p_n=0.33\ln(n+2)+0.48 \qquad (d \geqq d_c) \tag{5.5.1}$$

$$S_{\min}=0.3\,(\mathrm{kN/m^2}) \qquad (d<d_c) \tag{5.5.2}$$

を用いることができよう．この式に基づく積雪重量の推定値は図5.5.12のようになる．

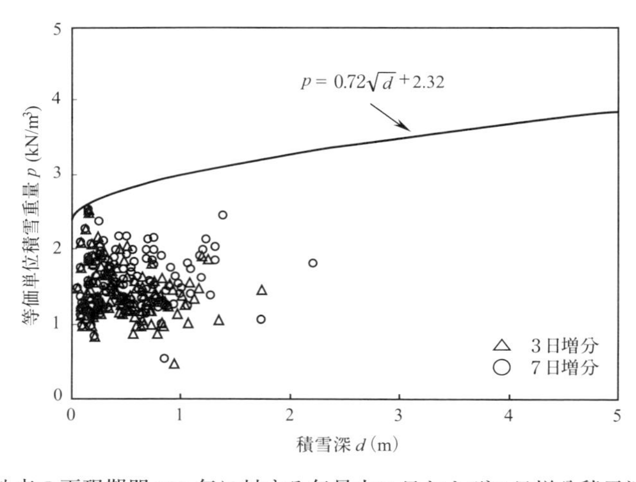

図5.5.5　全国126地点の再現期間100年に対する年最大3日および7日増分積雪深と等価単位積雪重量

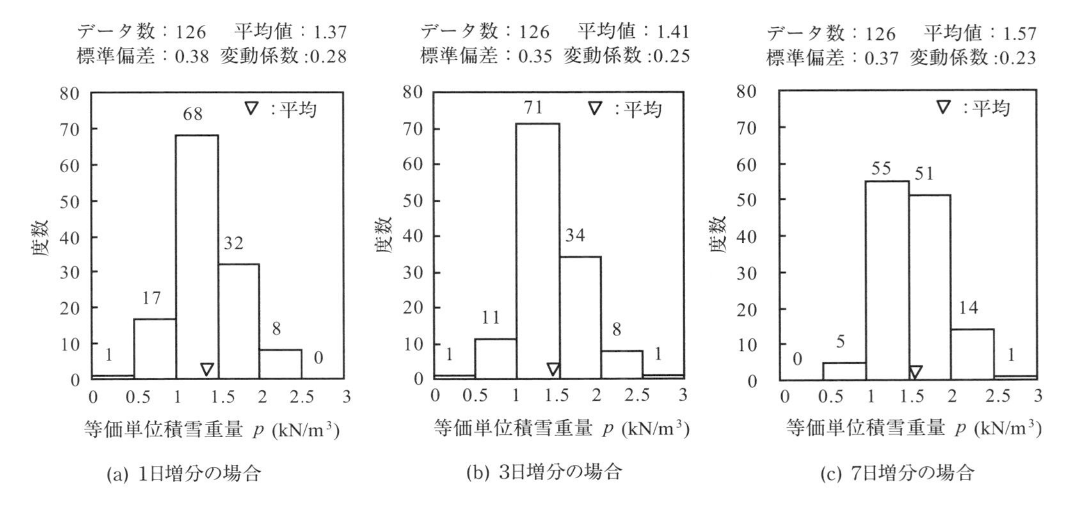

図 5.5.6　7 日増分等価単位積雪重量の度数分布 [12)]

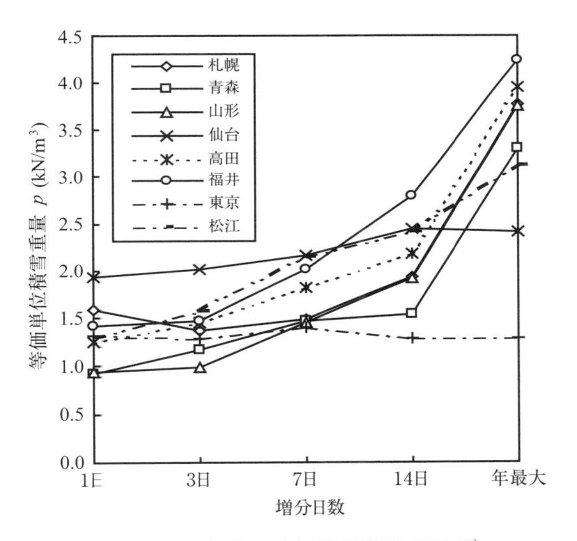

図 5.5.7　各地の等価単位積雪重量 [12)]

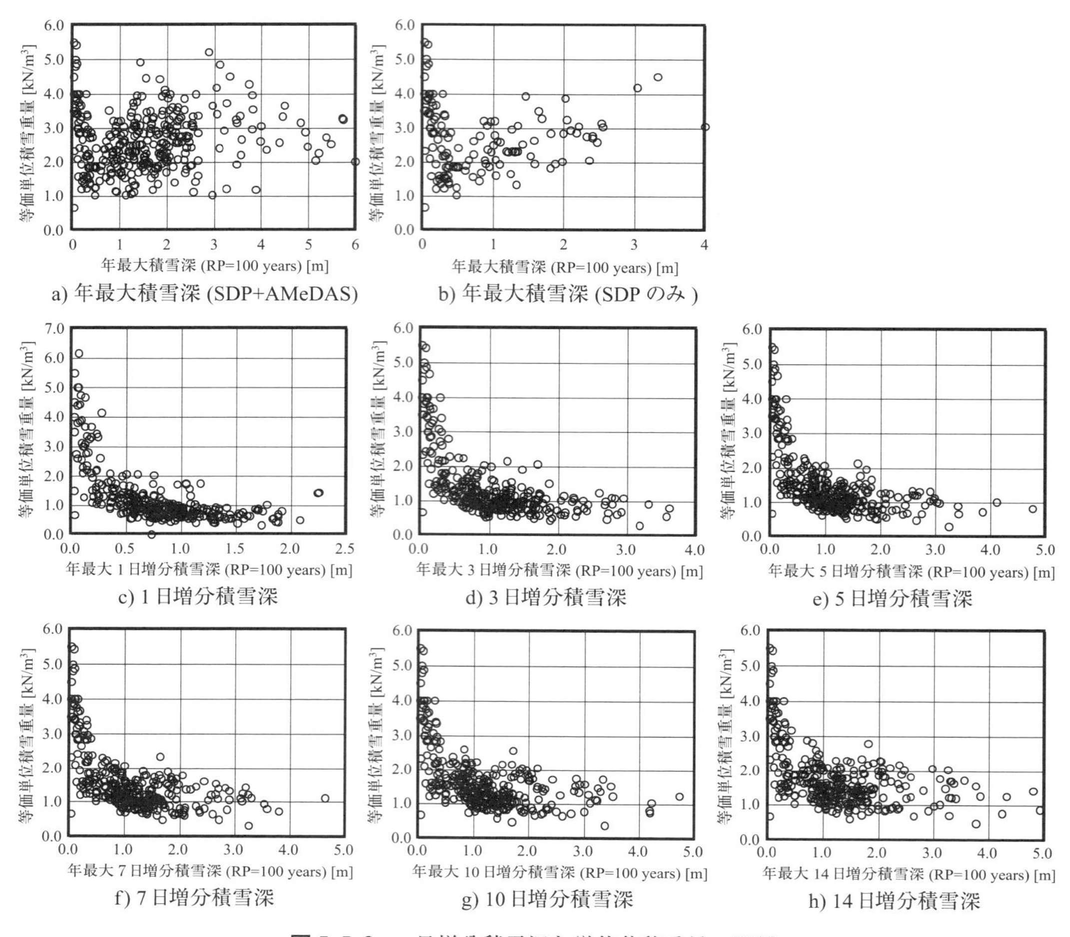

図 5.5.8　n 日増分積雪深と単位体積重量の関係

表 5.5.1　単位体積重量一定と見なせる部分の平均と標準偏差（kN/m²）[94]

増分日数 n	遷移積雪深 * d_{tr}(m)	$d \geqq d_{tr}$		$d < d_{tr}$		下限と交差する積雪深 d_c(m)
		平　均	標準偏差	平　均	標準偏差	
1	0.50	0.86	0.32	2.35	1.30	0.35
3	0.57	1.02	0.34	2.51	1.24	0.30
5	0.63	1.12	0.35	2.56	1.24	0.27
7	0.70	1.20	0.37	2.51	1.15	0.25
10	0.80	1.31	0.42	2.48	1.13	0.23
14	0.93	1.42	0.43	2.39	1.07	0.21

［注］　＊：付 5.3 節参照

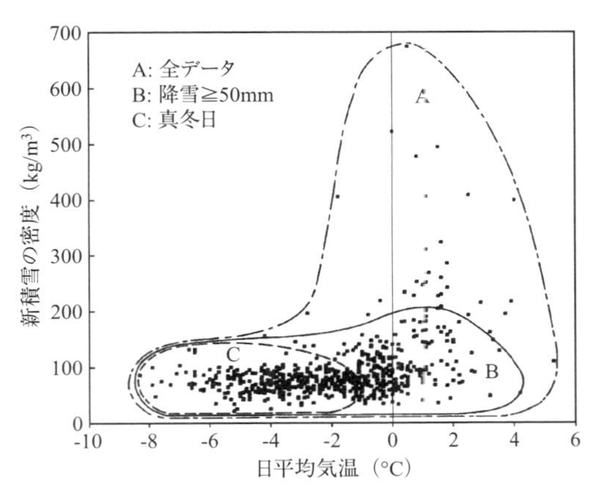

図 5.5.9　新積雪の密度に対する日平均気温の影響[35)]

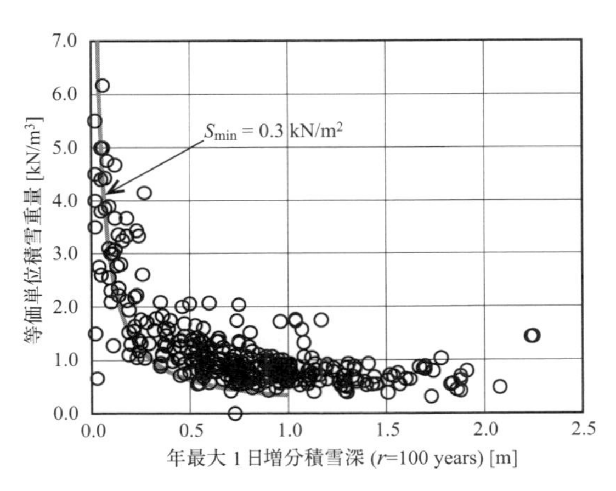

図 5.5.10　1日増分積雪深の等価単位積雪重量と雪荷重の下限値[94)]

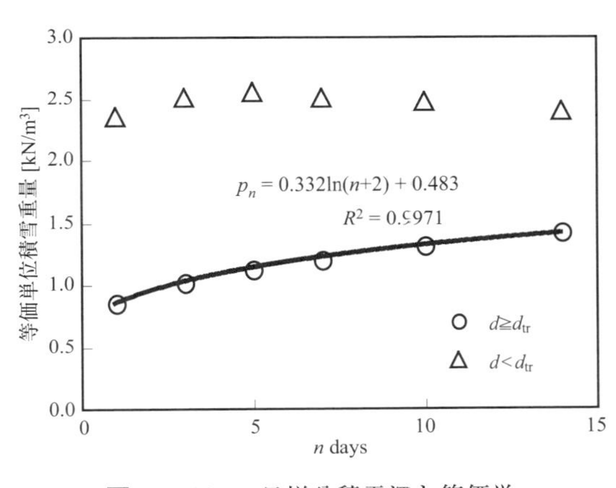

図 5.5.11　n 日増分積雪深と等価単位積雪重量の関係[94)]

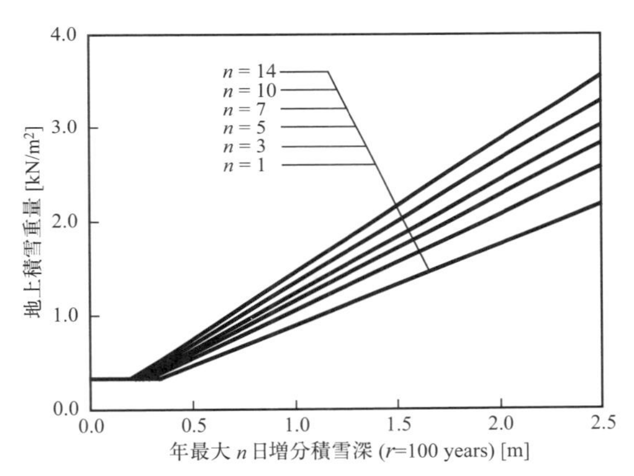

図 5.5.12　n 日増分積雪深と地上積雪重量の関係（5.5.1式）[94)]

5.5.3　制御雪荷重

制御雪荷重 S_c は，原則として調査・実験などにより制御装置などの性能に応じて求める．S_c は，制御装置などにより n 日豪雪期間に排雪される屋根雪荷重と豪雪開始時に残存する屋根雪荷重の差である．

屋根雪荷重を人為的に制御する方法は

1. 機械的に除去する方法（雪下ろしを含む）
2. 積極的に滑落させる方法[96),97)]
3. 融雪させる方法[98)～100)]

に大別できる．また，2と3を組み合せた方法も実際に採用されている．1あるいは2の方法を採用する場合には，屋根にある程度積雪してから処理されることになるので，どの程度の積雪をもって処理を行うのかが問題となる．また，3の場合にも，すべての積雪を融かす場合と，ある程度の積雪を残した状態に保つ場合があるので，1，2と同様に計画積雪量（すなわち，設計用屋根雪荷重．

図 5.5.13 に一点鎖線で示す.）を定める必要がある．図 5.5.13（a）に 1981 年の札幌における積雪深の変化過程を示す．図 5.5.13（b）は，5.2.1 項で例示した高橋らの方法[21]によって求めた地上積雪重量の推定値である．

雪下ろしをする場合，計画積雪量に達してから雪下ろしをするまでの間隔が問題である．図 5.5.13（c）のようにその間隔が長い場合には，雪下ろしを見込んで雪荷重の低減を行うことはできない．図 5.5.13（d）に示したのは雪下ろしが適切に行われている例であるが，最悪の場合には計画積雪量に達した時点から豪雪が始まることも考えられ，このことを考慮して設計用屋根雪荷重を設定する必要がある．図 5.5.13（e）は，機械的な除雪により計画積雪量に達すると同時に除雪が行われる場合を示しており，本項で示している屋根雪の制御はこのような場合を意図している．図 5.5.13（f）は，融雪装置を定常的に運転する場合をシミュレートしたものであるが，融雪能力と積雪の増加量との関係をよく考慮する必要がある．豪雪時においても融雪システムの信頼性が保証さ

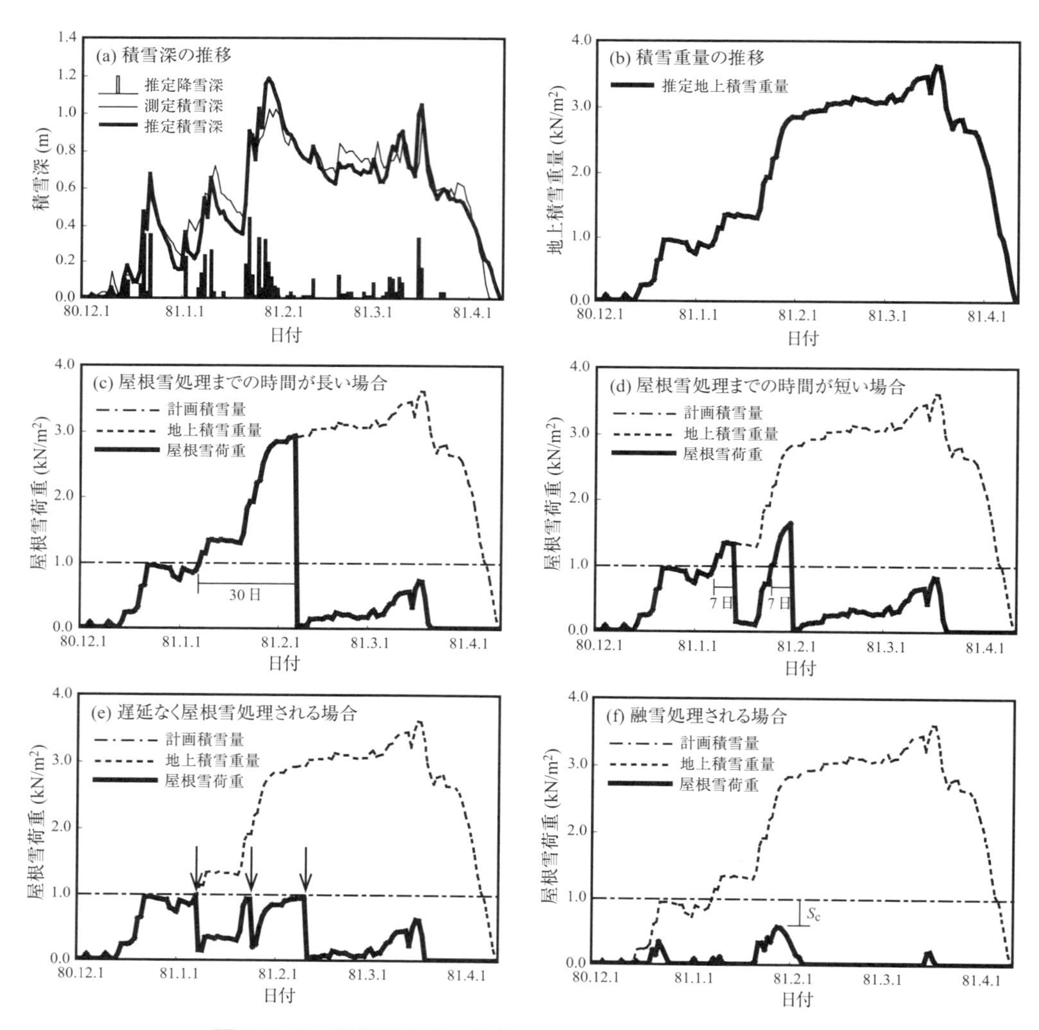

図 5.5.13　屋根雪荷重の人為的な制御（札幌市を例として）

れる場合にはS_nの値からS_cだけ減ずることも可能となろう．融雪システムに関する研究は，積雪地域で膜構造物の建設計画が検討されはじめた1984年ごろから数多く実施されてきた．初期段階の融雪方法は，降雪と同時に融雪を開始して屋根面に雪を積もらせない方法と構造強度の範囲内に雪を積もらせてから融雪する方法とがあった．両者の融雪状況をみると，前者では過剰なエネルギー量が必要となり，後者では図5.5.14に示すような空洞が形成されて融雪効率が大きく低下することが指摘されている[101),102)]．その後，膜構造物がドーム型などのように勾配を持っていることから，融雪しながら滑雪させる処理方法に関する研究が実施されるようになってきた[103),104)]．

一般に，滑雪する場合には屋根葺材と積雪との界面を湿潤状態にして付着力を低下させることが必要である．この処理方法は，融雪によって界面を湿潤状態にして滑雪させるものである．滑雪に必要な湿潤状態まで融雪する場合，界面がざらめ状の多結晶で微細な空隙を含む不均一な状態になっているため，供給エネルギー量が多くなる．このため，界面に比較的均一な薄い氷板を形成させてから，小さなエネルギーで再融雪しながら消雪させる処理方法の研究も実施されている[103)~105)]．ここで，屋根雪の滑雪条件を整理すると図5.5.15となる[106)]．図のように，温度条件によって滑走開始条件や滑走が持続する条件が異なってくることを充分に考慮して滑雪処理を検討

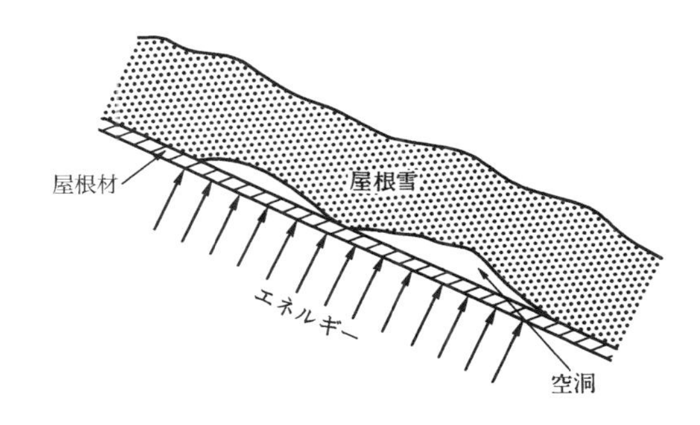

図5.5.14　屋根葺き材と積雪の界面に形成される空洞

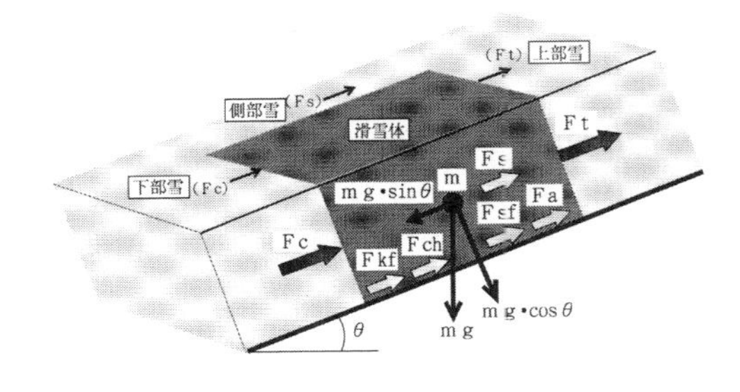

屋根雪の滑走に係る力

θ :屋根勾配
F_{sf}: 静摩擦抵抗力
F_a :凍着抵抗力
F_t :上部連続積雪による引張抵抗力
F_s :側部雪とのせん断抵抗力
F_c :下部障害物による圧縮抵抗力
F_{kf}: 動摩擦抵抗力
F_{ch}: 融雪水の粘性抵抗力

運動条件	屋根面温度 t[℃]	滑雪条件
滑走開始	$t \leqq 0$	$mg \cdot \sin\theta > F_{sf}+F_a+F_t+F_s+F_c$
	$t>0$	$mg \cdot \sin\theta > F_{sf}+F_t+F_s+F_c$
滑走持続	$t \leqq 0$	$mg \cdot \sin\theta > F_{kf}$
	$t>0$	$mg \cdot \sin\theta > F_{kf}+F_{ch}^*$

[注]＊: F_{ch}は，遠藤ほか[107)]が設定した融雪水の粘性抵抗力

図5.5.15　屋根雪の滑雪条件[106)]

する必要がある．さらに，図中の各抵抗力は屋根葺材で大きく異なることから，各抵抗力を実験などで把握する必要がある．伊東らは金属屋根の滑雪特性と経年劣化について研究している[96)～100),108)]．それによると，屋根葺き材には紫外線による化学的劣化と滑雪による機械的劣化が生じ，再塗装や葺替えなどの適切な管理を行うことが性能を維持するうえで重要であることが指摘されている〔図 5.5.16 および図 5.5.17〕．

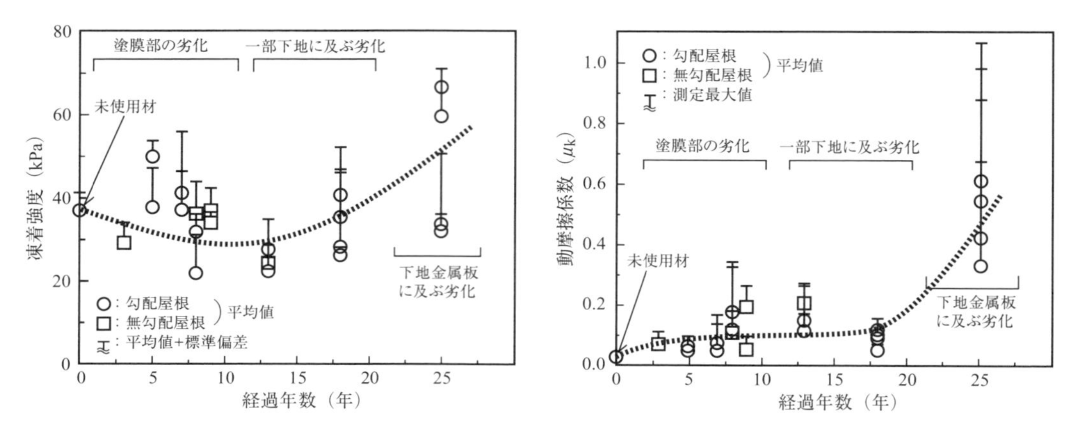

図 5.5.16　凍着強度と動摩擦係数の経年変化[100)]

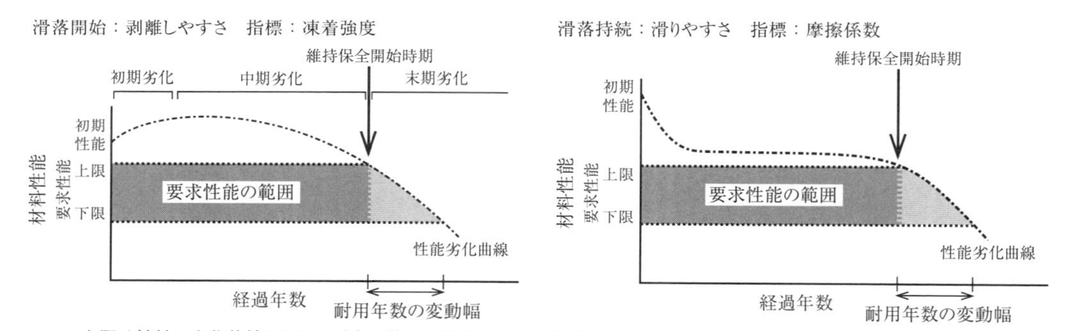

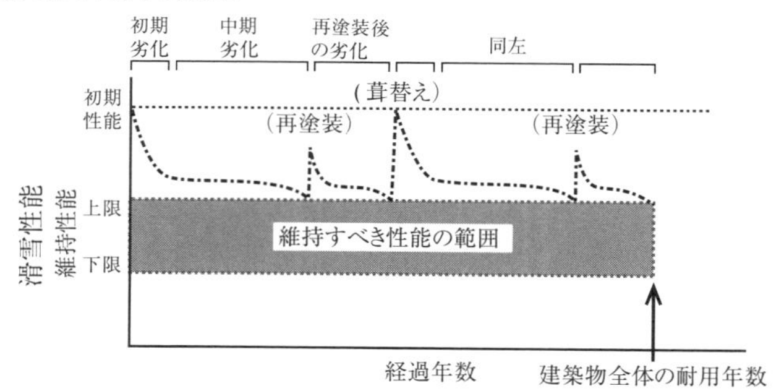

図 5.5.17　滑雪性能の維持[100)]

屋根雪荷重を人為的に制御する場合，人力による雪下ろし以外は電力や燃料などのエネルギーを必要とする．過去の豪雪では，道路，鉄道および送電線が雪により寸断されてエネルギーの供給が止まってしまった．このような状態を考えると，エネルギーを用いた屋根雪荷重の制御ではエネルギーの供給が止まった場合の対策を講ずる必要がある．北海道において1970年以降で最も交通途絶の多かった1980年における主要幹線の復旧状況をみると，図5.5.18となる[109]．図のように，道路の防雪対策が進んだこともあって4日程度で復旧している．また，屋根雪荷重を制御する場合は，制御装置の管理を制御方法に対応して充分に検討する必要がある．高倉らは屋根雪荷重の制御に滑雪処理を用いる場合の制御日数について考察し，低温が続くと屋根葺材と雪が固着し滑雪しないことを考慮して，ある一定の気温以下の連続日数の再現期間を推定することの可能性を示唆している[110),111]．そこで本指針では屋根雪の制御を行う際に用いる地上積雪深として，設計者が適切な判断の下に n 日増分積雪深を用いることを提案している．このような手法の下に，但馬ドームや小松ドームでは滑雪処理による屋根雪荷重の低減が行われている．

なお，これらとは別に，動的に融雪させようとする場合の装置の信頼性については東山ら[112]が検討を加えており，実用化に向けた実験が繰り返されている．

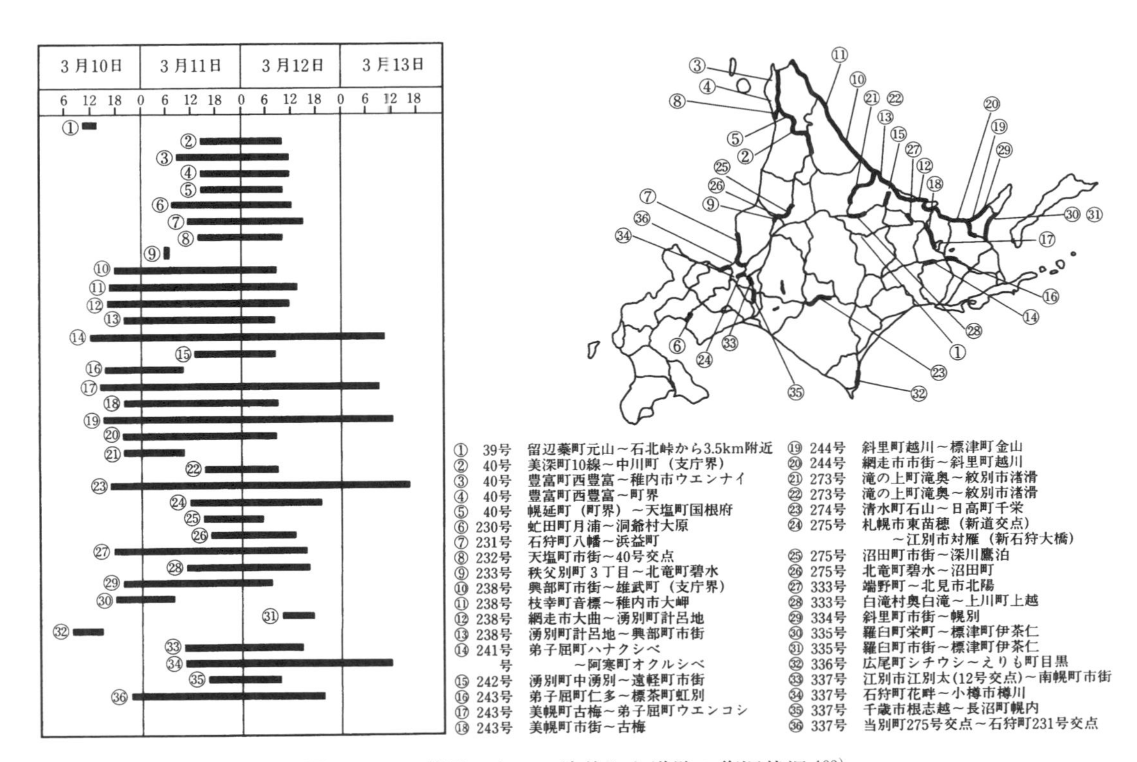

図 5.5.18　積雪によって途絶した道路の復旧状況[109]

5.6 その他の雪荷重

その他の雪荷重として，次の点を考慮しなければならない．
(1) 落雪や吹きだまりなどにより外壁に接する積雪が多量になる場合は，外壁に及ぼす積雪の側圧
(2) 地上の積雪と屋根雪が連結するおそれのある場合は，積雪の沈降力
(3) 建築物本体や部材への冠雪および着雪のおそれのある場合は，冠雪の重量や雪塊の落下による影響
(4) 庇やルーバーなど外装材に雪が堆積するおそれのある場合は，堆積による荷重と落雪の影響
(5) バルコニーなどの開放部に大量に雪が吹き込むことが予想される場合は，吹込みによる影響
(6) 隣接する建築物や樹木により雪の吹きだまりが発生するおそれのある場合は，吹きだまりによる荷重
(7) 高層建築物・大型建築物の場合は，周辺の建築物に及ぼす雪の吹きだまりの影響
(8) 膜構造の場合は，雪によるポンディングなど膜屋根特有の現象

(1) 積雪による側圧

建築物に加わる側圧は，図 5.6.1 に示すようにＡとＢの２つがある．Ａの場合は片側が解放，Ｂの場合は両方とも閉鎖されており，Ａの場合よりもＢの場合のほうが側圧は大きいと考えられる．積雪の側圧に関する研究は，現在のところ極めて少なく充分な資料が少ない．写真 5.6.1 のようなアーチ型の形状をした建築物では，屋根から滑り落ちた雪が側面に堆積し，側圧が大きくなるおそれがあり，屋根雪荷重と側圧が同時に作用する場合もあるので注意を要する．

側圧に関する実験結果[119), 120)]によれば，雪質その他の条件によっても変わるが，図 5.6.2 の①に示すように積雪表面（図の最上部 0）から 1 m で 0.2 kN/m²，2 m で 0.8 kN/m²，3 m で 1.5 kN/m²，4 m で 2.5 kN/m² 程度の値を示す．これらの最大値を包絡すると図中の破線②が得られる．この破線は次式で近似できる．

$$F_\ell = 9.8\times10^{-3}\times(15\sim20)\times d_s^2 \qquad (5.6.1)$$

ここで，F_ℓ：側圧（kN/m²），d_s：積雪表面からの深さ（m）である．

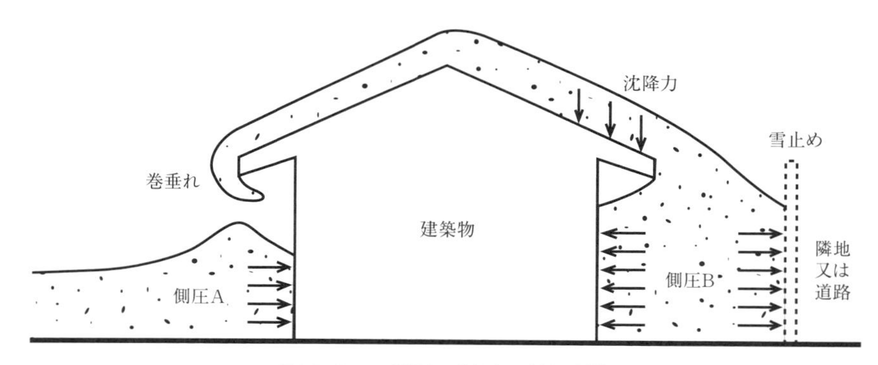

図 5.6.1 積雪の側圧の種類[120)]

(2) 積雪の沈降力

積雪には，時間の経過とともに圧密し沈降する性質がある．この場合，積雪の中に構造物があると，図 5.6.3 に示すように構造物の上部や側方にある積雪の沈降が妨げられ，構造物に引っかかっ

た状態となる．この積雪の重量によって構造物に沈降力が作用する．例えば，建築物の外側に筋かいが出ている場合には，写真 5.6.2 に示すように積雪の沈降力で筋かいが変形し，破断することがある[122]．雪に埋没したフェンスの積雪断面をみると，写真 5.6.3 に示すようにフェンスを中心に左右に褶曲した積雪層がみられ，この褶曲した積雪層が沈降力の要因となっている．

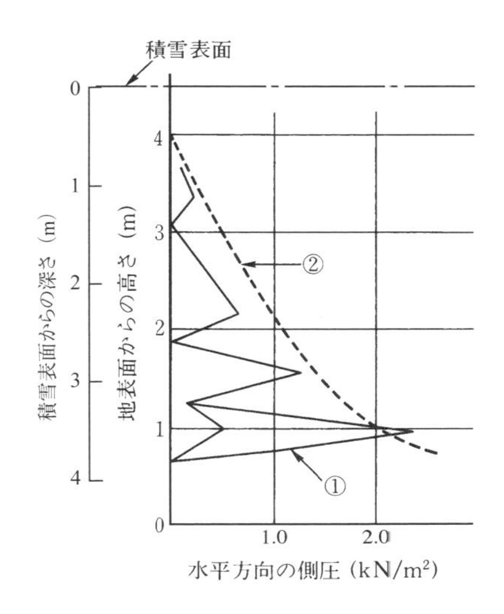

図 5.6.2　積雪の側圧の実測結果[119]

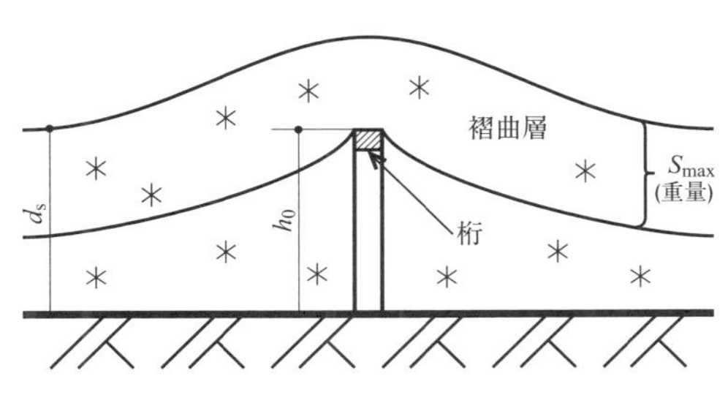

図 5.6.3　水平桁周囲での積雪の褶曲状況[121]

写真 5.6.1　アーチ型建築物の積雪の例

写真 5.6.2　沈降力によるブレースの変形例

写真 5.6.3　褶曲の例

写真 5.6.4　冠雪の例

写真 5.6.5　外装材の着雪例

また，屋根雪と地上の積雪がつながった状況〔図 5.6.1〕になると，積雪の沈降力で軒先部が破壊することがあるため，充分に考慮する必要がある．沈降力を理論的に求めることは容易でなく，一般には水平桁に作用する沈降力の実測から得られた経験式を用いている．以下に示す（5.6.2）式〜（5.6.4）式は，幅 10 cm 程度の水平桁が地上 0.5〜1.0 m 付近にあるとき，桁に作用する沈降力を概算するときに用いられる．一冬期間の最大積雪重量 $S_{\max}$ を推定できる場合は，（5.6.2）式と（5.6.3）式から最大沈降力 $F_{s\max}$ を求め，最大積雪重量 $S_{\max}$ を推定できない場合は，（5.6.4）式から任意の積雪重量 S に対する沈降力 F_s を求めるとよい．積雪の全層平均密度 ρ_s を 300 kg/m^3 と仮定して各式により試算した沈降力を図 5.6.4 に示す．積雪 3 m では 8.7〜14.2(kN/m)，積雪 5 m では 18.7〜20.6(kN/m) 程度となっている．

荘田の式[121]　$F_{\mathrm{smax}} = 9.8 \times 1.7 (S_{\max}/9.8)^{1.5}$　（最大積雪深 3 m まで）　(5.6.2)

中俣・須藤の式[121]　$F_{\mathrm{smax}} = 1.4\, S_{\max}$　（最大積雪深 10 m まで）　(5.6.3)

下村らの式[123]　$F_{\mathrm{s}} = 9.8 \times (-0.132 + 0.782 (S/9.8) + 0.387 (S/9.8)^2)$

（積雪深 5 m まで）　(5.6.4)

ここで，$F_{\mathrm{s}}, F_{\mathrm{smax}}$：沈降力（kN/m），および一冬期間の最大沈降力（kN/m）

$S, S_{\max}$：褶曲層内積雪の単位面積あたりの積雪重量（kN/m^2），および一冬期間の最大積雪重量（kN/m^2）

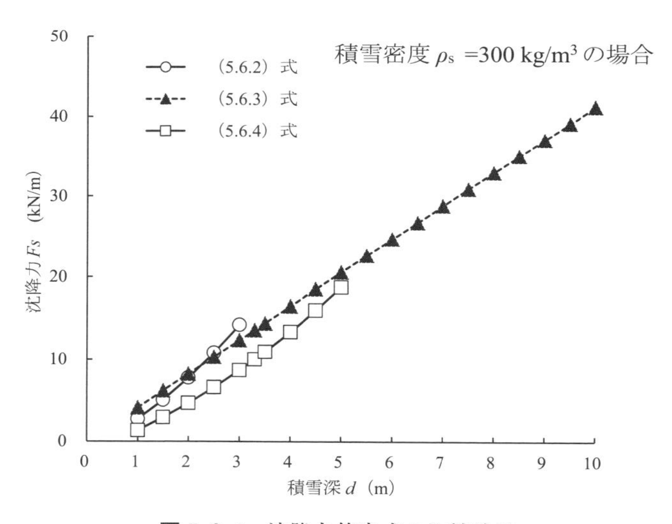

図 5.6.4　沈降力算定式の比較結果

(3) 冠雪および着雪

写真 5.6.4 に示すように看板や電柱などの構造物の頂部に雪が綿帽子のように積もった状態を冠雪という[124]．この冠雪は構造物の頂部の面積が大きくなると，その積雪深が 1 m 以上にも達する場合があるので，冠雪の重量による影響を考慮する必要がある．

また，降雪が次々と構造物に付着して成長していくものを着雪という〔写真 5.6.5〕[124),125]．着雪は，水分を含んだ降雪（湿雪）の場合[126),127)]や降雪時の風が強い場合[128),129)]に発生しやすい．特に，強風を伴って湿雪が降る場合は，建築物の壁面や電線のような細い線の上でも短時間に多量の着雪が成長する．着雪が成長するおそれがある場合は，着雪した雪塊の落下による影響を考慮する必要がある．なお，雪が構造物上に積もって付着力を有している場合など，冠雪と着雪を厳密に区別することが難しい場合がある．着雪した雪塊の落下に対する安全対策については荷重指針設計資料で解説する．

(4) ルーバーや庇など外装材の雪荷重

近年，室内環境改善や意匠性の向上を目的としてルーバーや庇など多様な外装材が用いられるようになっており，これらの外装材にも着雪や屋根同様に雪が堆積するおそれがある．スリットを設けた庇であっても降雪によりスリットが閉塞し庇上に大量に雪が堆積することが実験と実測により明らかになっており〔写真 5.6.6〕，雪荷重や落雪への配慮が必要である[130)]．また，外気温が氷点下の場合，日射や外壁からの漏熱により発生した融雪水が凍結するなどし，氷塊が形成されるおそれがあるためその影響を考慮する必要がある．これらの安全対策については荷重指針設計資料で解説する．

(5) 開放部への雪の吹込みによる影響

バルコニーやベランダ，外廊下・外階段のような開放部において大量に雪が吹き込むことが予想される場合には〔写真 5.6.7〕，雪の吹込みによる荷重やサッシなどへの側圧，設備機器や非常口への影響について充分に考慮する必要がある．特に，高層建築物や大規模建築物は，風の影響を大きく受け，部位によって吹込みの状況も異なるため，必要に応じて風洞実験や数値流体計算により検討する必要がある[131)]．

写真 5.6.6　スリットをもつ庇上の積雪[130)]

写真 5.6.7　高層建築物バルコニーの吹きだまり

(6) 隣接建築物の影響

建設予定地に隣接して建築物や樹木などの地物があり，吹きだまりによる屋根上積雪深の増加や側圧が発生するおそれがある場合，同一敷地に複数の建築物がある場合は，その影響を雪荷重算定時に考慮しなければならない．屋根上の積雪分布に大きく関わる風の性質は，環境係数 k_{env} で考慮される局地的地形や屋根形状係数 μ_0 で考慮される屋根形状のほか，隣接する建築物や樹木の影響でも変化する．すなわち，同一気象条件，同一屋根形状であっても隣接建築物の有無により屋根上積雪深およびその分布性状が異なる．一般に，隣接する建築物や樹木が建設予定の建築物の高さと同程度か大きい場合にその影響が大きくなる．

風上側に対象建築物より大きな隣接建築物がある場合の観測例によれば〔図 5.6.5〕[35]，風上側の建築物の高さと同程度離れた風下側にある建築物の屋根上積雪は，豪雪年には風上側の建築物より約 20 %程度多い結果となった〔表 5.6.1〕．風上側に樹木がある場合の観測例〔図 5.6.6〕では，樹木の影響による吹きだまりにより，積雪重量にして地上よりも最大約 50 % も大きな値が観測された〔表 5.6.2〕[132]．

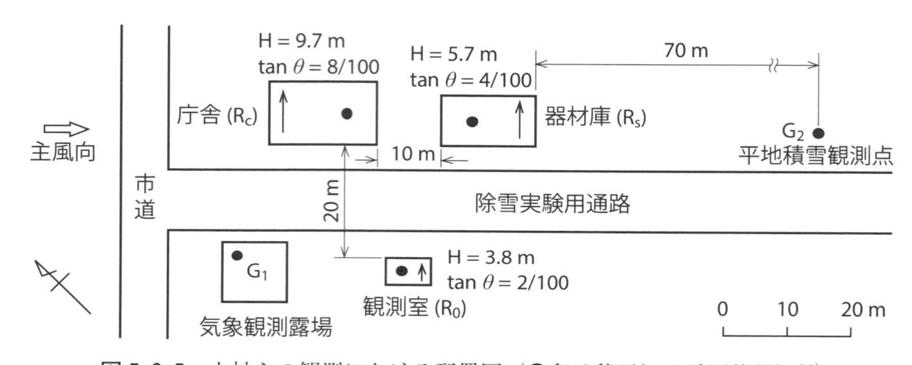

図 5.6.5　中村らの観測における配置図（●印は積雪深の計測位置）[35]

表 5.6.1　地上と屋根上での積雪深比 [35]

観測時期		庁舎 / 地上 (風上側)	器材庫 / 地上 (風下側)	観測室 / 地上
大雪年	1979-80 年	0.78	1.00	0.96
	1980-81 年	0.84	1.05	1.01
平均		0.81	1.03	0.99
平年	1977-78 年	0.54	1.03	0.80
	1981-82 年	0.58	1.05	0.88
	1982-83 年	0.57	0.97	0.75
平均		0.56	1.02	0.81

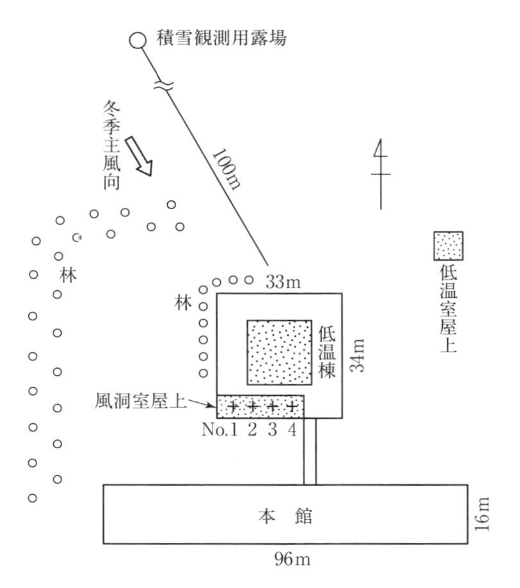

図 5.6.6　秋田谷の観測における配置図 [132)]

表 5.6.2　観測結果（カッコ内は地上積雪に対する比）[132)]

月日	場所	積雪深 d(m)	積雪重量 S(kN/m²)	備考
3/4	No.1	1.07(1.22)	4.2(1.51)	氷 0.07 m
	No.2	0.87(0.99)	3.3(1.20)	〃
	No.3	0.84(0.95)	3.0(1.08)	〃
	No.4	0.90(1.02)	3.2(1.15)	〃
	平均	0.90(1.05)	3.4(1.22)	
3/5	No.1	0.54(1.26)	2.5(1.47)	氷 0.07 m
	No.2	0.34(0.79)	1.6(0.97)	〃
	No.3	0.31(0.72)	1.4(0.83)	〃
	No.4	0.34(0.79)	1.4(0.84)	〃
	平均	0.38(0.88)	1.7(1.02)	

［注］　積雪重量は氷を含めた値，氷の単位堆積重量は 7.84 kN/m³ と仮定

同一寸法のプレハブ 12 棟を用いた野外実験によれば〔写真 5.6.8〕[133)]，風上側に位置するプレハブの屋根上積雪は風の吹払いにより減少しているが，中心部に位置するプレハブの屋根上積雪は吹きだまりにより著しく増加しており，両者の積雪深および積雪重量には 3 倍程度の差がみられた〔図 5.6.7〕．以上のように，隣接建築物や樹木が屋根上積雪に及ぼす影響は明らかであるが，その影響度合いは建築物の形状や高さ，風向，隣棟間隔などにより異なり，定式化することは現在のところ困難であるため，必要に応じて風洞実験や数値流体計算などにより検討することが望ましい．

写真 5.6.8 モデル実験の状況 [133)]

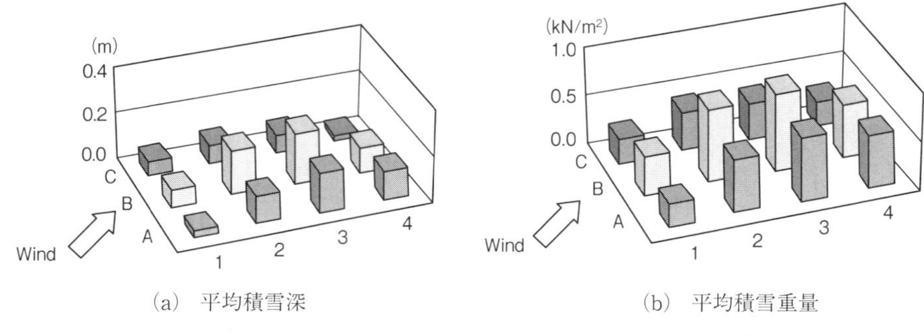

(a) 平均積雪深　　(b) 平均積雪重量

図 5.6.7 モデル実験における屋根上積雪深の状況 [133)]

(7) 高層建築物・大型建築物の吹きだまりによる影響

低層建築物が主体の街区に高層建築物や大規模建築物が建設されると，建設前と風の状況が大きく変わり，周辺の建築物に対し吹きだまりによる雪荷重の増加などの悪影響を与えるおそれがある．模擬雪を用いた風洞実験による検討例によれば，低層街区内に建つ高層建築物の吹きだまりにより，高層建築物風上・風下側では，建設前よりも低層街区屋根上の積雪深が著しく増加する傾向がみられた〔図 5.6.8〕[134)]．隣接建築物の影響と同様に，必要に応じて風洞実験や数値流体計算などにより検討することが望ましい．

(8) 雪によるポンディングなど膜屋根特有の現象への配慮

膜屋根では，屋根上の不均一な積雪分布，滑動による谷部への雪の移動，降雨による雪荷重の増加，膜材のクリープがもたらす初期張力の減少などによる変形の増加，これらの要因が重なり局所的な変形から，水勾配が失われて雨水や融雪水が滞留してしまうポンディングという現象を起こす可能性がある．一度，ポンディングが発生するとさらに荷重が負荷されるおそれがあり，現象が進行すると膜材料の破損に繋がるため，スムーズな滑雪を促す設計，融雪処理による対応が必要である [135)]．

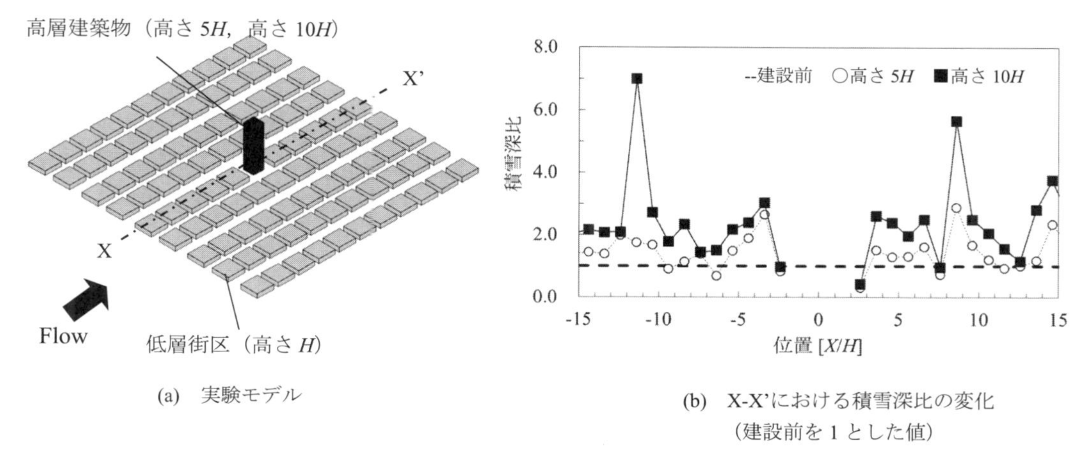

(a)　実験モデル

(b)　X-X'における積雪深比の変化（建設前を 1 とした値）

図 5.6.8　低層街区内に建つ高層建築物の吹きだまりによる影響 [134)]

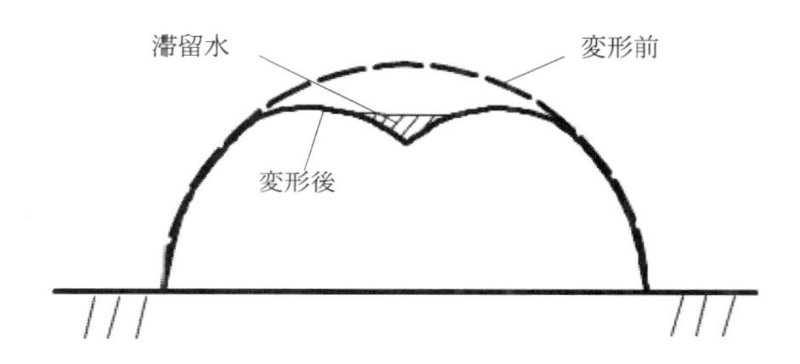

図 5.6.9　ポンディング現象 [134)]

付 5.1 地上積雪深・地上積雪重量の極値統計量

付 5.1.1 積雪観測点における極値統計量

年最大積雪深 d_0 または年最大 n 日増分積雪深 d_n がグンベル分布に従う場合，グンベル確率紙上では，直線上にプロットされ，（付 5.1.1）式で示されるグンベル分布のパラメータ a，b はそれぞれ確率紙上で付図 5.1.1 に示すような図形的な意味をもつ．以下，年最大積雪深と年最大 n 日増分積雪深を区別する必要がないときは d で表す．

$$F(d)=\exp\{-\exp[-a(d-b)]\} \qquad \text{（付 5.1.1）}$$

荷重指針設計資料で示すように任意の再現期間 t_R に対する積雪深の推定値は次式で求められる．

$$d=b+\frac{1}{a}\ln(t_R) \qquad \text{（付 5.1.2）}$$

付表 5.1.1，5.1.2 には年最大積雪深と年最大 7 日増分積雪深およびそれらの重量について，気象庁の観測点[136]における再現期間 100 年に対する値とそのパラメータ $1/a$，b，ならびに各年極値の平均値 μ および標準偏差 σ の値を示す．用いたデータは気象庁で公開されているものであり，10 年分以上の有意な積雪深観測記録のある全国 142 地点の気象官署（原則として 1962～2014 寒候年）ならびにロボット積雪深計が設置されている 195 地点の AMeDAS 観測点（原則として 1977～2014 寒候年）における推定値である．なお，この表から求めた屋根雪荷重が非常に小さな値になる場合でも，施工時荷重が氷堤，ポンディングの可能性などを考慮して，0.3 kN/m² 程度の最小荷重は見込んでおいた方がよいであろう．

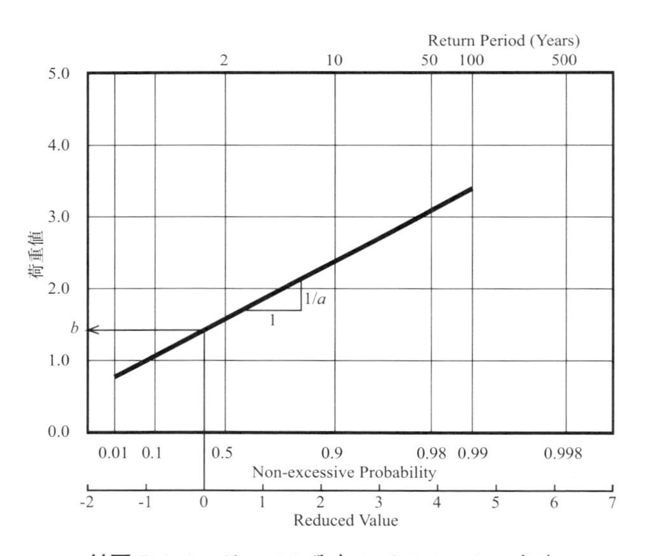

付図 5.1.1 グンベル分布のパラメータの意味

付表 5.1.1 気象官署における年最大積雪深と年最大7日増分積雪深およびそれらの重量の再現期間100年に対する値

Code	地点名	n	年最大積雪深 $t_R=100$ (m)	$1/a$	b	μ_{d_0} (m)	σ_{d_0} (m)	年最大積雪重量 $t_R=100$ (kN/m^2)	$1/a$	b	μ_{S_0} (kN/m^2)	σ_{S_0} (kN/m^2)	7日増分積雪深 $t_R=100$ (m)	$1/a$	b	μ_{d_n} (m)	σ_{d_n} (m)	7日増分積雪重量 $t_R=100$ (kN/m^2)	$1/a$	b	μ_{S_n} (kN/m^2)	σ_{S_n} (kN/m^2)
401	稚内	53	1.76	0.233	0.68	0.87	0.29	5.06	0.393	3.25	3.07	0.89	0.77	0.060	0.49	0.43	0.15	1.46	0.194	0.57	0.73	0.21
402	北見枝幸	53	1.90	0.183	1.06	1.13	0.26	6.96	0.764	3.44	3.80	1.06	0.73	0.075	0.39	0.43	0.10	1.39	0.138	0.76	0.78	0.23
404	羽幌	53	1.77	0.178	0.95	1.08	0.22	6.92	0.682	3.78	3.97	1.05	0.95	0.130	0.35	0.45	0.14	1.63	0.212	0.65	0.82	0.23
405	雄武	53	1.31	0.111	0.79	0.76	0.23	3.84	0.420	1.90	1.99	0.67	0.60	0.058	0.33	0.33	0.10	1.20	0.129	0.61	0.58	0.24
406	留萌	53	1.82	0.174	1.02	1.00	0.32	5.88	0.488	3.64	3.42	1.04	0.85	0.099	0.40	0.45	0.13	1.35	0.127	0.77	0.77	0.22
407	旭川	53	1.40	0.098	0.95	0.93	0.20	5.18	0.522	2.77	2.91	0.84	0.65	0.064	0.36	0.39	0.09	0.93	0.084	0.55	0.57	0.13
409	網走	53	1.33	0.183	0.49	0.60	0.23	3.61	0.385	1.85	1.79	0.69	0.75	0.119	0.20	0.30	0.13	1.53	0.203	0.60	0.65	0.30
411	小樽	53	1.72	0.103	1.24	1.17	0.24	7.25	0.647	4.27	4.33	1.12	0.73	0.074	0.39	0.42	0.10	1.51	0.158	0.78	0.88	0.20
412	札幌	53	1.50	0.103	1.02	1.00	0.20	5.45	0.519	3.06	3.14	0.84	0.87	0.094	0.43	0.47	0.13	1.40	0.152	0.70	0.75	0.22
413	岩見沢	53	2.01	0.170	1.23	1.24	0.30	7.58	0.819	3.82	4.05	1.26	1.05	0.114	0.53	0.59	0.15	1.72	0.215	0.73	0.90	0.25
417	帯広	53	1.62	0.250	0.47	0.65	0.30	4.20	0.731	0.84	1.41	0.81	1.14	0.180	0.31	0.43	0.21	2.16	0.404	0.30	0.65	0.42
418	釧路	53	0.86	0.122	0.30	0.37	0.15	2.25	0.349	0.64	0.86	0.43	0.71	0.106	0.22	0.30	0.13	1.29	0.191	0.42	0.53	0.23
420	根室	53	0.95	0.163	0.19	0.32	0.18	2.35	0.401	0.50	0.77	0.47	0.65	0.102	0.19	0.24	0.13	1.22	0.190	0.34	0.46	0.23
421	寿都	53	1.25	0.095	0.82	0.76	0.22	4.99	0.523	2.58	2.57	0.92	0.79	0.098	0.34	0.37	0.14	1.40	0.164	0.64	0.70	0.23
423	室蘭	53	0.58	0.066	0.28	0.28	0.12	2.06	0.318	0.59	0.78	0.40	0.47	0.061	0.18	0.21	0.08	1.24	0.215	0.25	0.47	0.21
424	苫小牧	53	0.78	0.123	0.22	0.30	0.14	1.85	0.278	0.57	0.69	0.38	0.58	0.097	0.14	0.23	0.10	1.12	0.182	0.29	0.41	0.21
426	浦河	53	0.52	0.076	0.16	0.21	0.10	1.13	0.185	0.28	0.39	0.22	0.45	0.074	0.11	0.17	0.08	0.78	0.148	0.10	0.27	0.13
428	江差	53	0.90	0.138	0.26	0.35	0.17	3.07	0.572	0.44	0.99	0.57	0.56	0.080	0.19	0.23	0.10	1.28	0.220	0.27	0.49	0.21
430	函館	53	1.00	0.146	0.33	0.45	0.16	2.80	0.341	1.23	1.25	0.55	0.49	0.055	0.24	0.27	0.07	1.03	0.142	0.38	0.49	0.16
433	倶知安	53	2.90	0.217	1.90	1.94	0.35	12.21	1.250	6.46	7.07	1.74	0.98	0.084	0.60	0.62	0.12	1.71	0.130	1.11	1.12	0.22
435	紋別	53	1.25	0.137	0.62	0.66	0.21	3.25	0.297	1.88	1.76	0.61	0.85	0.128	0.26	0.34	0.15	1.62	0.270	0.37	0.58	0.30
440	広尾	53	1.90	0.210	0.93	0.94	0.36	6.70	1.119	1.55	2.48	1.25	1.02	0.094	0.58	0.54	0.19	3.10	0.600	0.34	0.98	0.55
512	大船渡	51	0.32	0.049	0.10	0.12	0.06	0.86	0.172	0.07	0.22	0.18	0.28	0.037	0.11	0.12	0.06	0.61	0.094	0.18	0.20	0.15
520	新庄	53	2.44	0.230	1.38	1.34	0.44	9.69	1.126	4.51	4.68	1.81	1.24	0.155	0.53	0.65	0.17	1.86	0.149	1.18	1.15	0.28
570	若松	53	1.24	0.143	0.59	0.63	0.22	3.87	0.580	1.20	1.44	0.80	1.11	0.148	0.43	0.51	0.19	1.61	0.228	0.57	0.69	0.29
574	深浦	53	0.97	0.106	0.48	0.45	0.20	3.41	0.480	1.21	1.29	0.73	0.48	0.049	0.25	0.27	0.08	1.25	0.197	0.34	0.54	0.20
575	青森	53	2.01	0.172	1.22	1.14	0.38	7.52	0.822	3.74	3.66	1.50	0.87	0.052	0.63	0.57	0.15	1.68	0.173	0.89	0.93	0.27
576	むつ	53	1.67	0.260	0.48	0.69	0.29	4.42	0.613	1.61	1.85	0.84	0.96	0.150	0.27	0.40	0.16	1.46	0.190	0.58	0.69	0.24
581	八戸	53	0.96	0.157	0.24	0.32	0.20	2.30	0.424	0.34	0.68	0.45	0.78	0.136	0.15	0.26	0.15	1.14	0.148	0.46	0.48	0.23
582	秋田	53	1.06	0.169	0.28	0.42	0.19	3.66	0.659	0.63	1.21	0.69	0.60	0.081	0.23	0.28	0.10	1.13	0.146	0.46	0.55	0.18
584	盛岡	53	0.79	0.092	0.37	0.39	0.14	2.29	0.345	0.70	0.89	0.44	0.58	0.071	0.25	0.28	0.10	0.94	0.120	0.39	0.45	0.16
585	宮古	53	0.86	0.139	0.23	0.31	0.18	2.25	0.422	0.31	0.69	0.44	0.76	0.121	0.20	0.28	0.15	1.78	0.292	0.44	0.62	0.36
587	酒田	53	0.84	0.115	0.31	0.36	0.16	2.69	0.406	0.82	1.01	0.54	0.56	0.053	0.32	0.30	0.11	1.49	0.200	0.57	0.66	0.28
588	山形	53	1.07	0.125	0.49	0.51	0.20	3.16	0.439	1.14	1.26	0.64	0.66	0.083	0.28	0.34	0.10	1.10	0.132	0.49	0.55	0.18
590	仙台	53	0.38	0.041	0.19	0.18	0.08	0.86	0.113	0.34	0.35	0.20	0.38	0.045	0.17	0.17	0.08	0.78	0.095	0.34	0.33	0.18
592	石巻	53	0.37	0.041	0.18	0.17	0.08	1.13	0.210	0.16	0.32	0.25	0.37	0.045	0.16	0.16	0.08	1.06	0.197	0.15	0.30	0.23
595	福島	53	0.59	0.082	0.21	0.25	0.11	1.27	0.218	0.27	0.43	0.24	0.55	0.078	0.19	0.23	0.10	0.93	0.136	0.31	0.38	0.18
597	白河	53	0.71	0.138	0.07	0.22	0.13	1.38	0.296	0.02	0.36	0.25	0.51	0.077	0.15	0.20	0.10	0.94	0.178	0.12	0.31	0.18
598	小名浜	47	0.23	0.040	0.05	0.06	0.06	0.63	0.136	0.01	0.10	0.15	0.23	0.040	0.05	0.06	0.06	0.61	0.130	0.02	0.10	0.15
600	輪島	53	0.84	0.119	0.29	0.33	0.18	2.90	0.502	0.59	0.90	0.61	0.67	0.095	0.23	0.28	0.14	1.63	0.239	0.53	0.66	0.33
602	相川	53	0.61	0.097	0.16	0.21	0.13	1.49	0.300	0.11	0.38	0.31	0.58	0.098	0.12	0.19	0.12	1.12	0.204	0.18	0.33	0.24
604	新潟	53	0.95	0.119	0.40	0.38	0.21	3.19	0.525	0.77	1.06	0.67	0.91	0.146	0.24	0.33	0.18	1.95	0.300	0.57	0.78	0.37
605	金沢	53	1.72	0.326	0.22	0.52	0.33	6.70	1.485	-0.13	1.50	1.29	1.14	0.177	0.32	0.43	0.22	2.77	0.478	0.58	0.99	0.50
606	伏木	53	2.02	0.382	0.26	0.66	0.36	6.72	1.303	0.73	1.89	1.31	1.12	0.153	0.42	0.52	0.19	2.90	0.468	0.74	1.20	0.48
607	富山	53	1.88	0.303	0.48	0.67	0.37	6.51	1.159	1.17	1.91	1.36	1.16	0.153	0.46	0.52	0.21	2.59	0.391	0.79	1.12	0.45
610	長野	53	0.71	0.090	0.30	0.32	0.13	1.80	0.344	0.22	0.53	0.34	0.58	0.074	0.24	0.27	0.10	0.81	0.108	0.31	0.35	0.15
612	高田	53	3.50	0.508	1.16	1.35	0.73	13.90	2.239	3.60	4.81	2.88	1.90	0.246	0.77	0.83	0.37	4.02	0.459	1.91	1.97	0.75
615	宇都宮	53	0.33	0.052	0.09	0.10	0.08	0.68	0.135	0.06	0.16	0.16	0.29	0.040	0.11	0.10	0.07	0.59	0.108	0.10	0.15	0.14
616	福井	53	2.15	0.416	0.23	0.62	0.41	7.54	1.520	0.55	1.98	1.48	1.26	0.193	0.37	0.50	0.24	2.79	0.379	1.04	1.24	0.51
617	高山	53	1.18	0.152	0.48	0.53	0.22	3.27	0.479	1.07	1.18	0.70	0.95	0.135	0.33	0.42	0.16	1.16	0.130	0.56	0.59	0.22
618	松本	53	0.77	0.142	0.12	0.26	0.14	1.19	0.227	0.15	0.36	0.22	0.57	0.084	0.19	0.24	0.10	0.87	0.136	0.25	0.33	0.17
620	諏訪	52	0.63	0.111	0.12	0.22	0.12	0.98	0.158	0.25	0.35	0.20	0.43	0.053	0.19	0.20	0.08	0.72	0.097	0.27	0.30	0.15
622	軽井沢	50	0.96	0.159	0.23	0.34	0.18	1.73	0.274	0.47	0.60	0.36	0.70	0.108	0.21	0.29	0.12	0.98	0.148	0.30	0.38	0.19
624	前橋	53	0.59	0.139	-0.05	0.11	0.12	1.06	0.250	-0.09	0.19	0.22	0.41	0.082	0.04	0.10	0.09	0.95	0.216	-0.04	0.19	0.20
626	熊谷	53	0.51	0.116	-0.03	0.09	0.11	1.11	0.271	-0.14	0.18	0.24	0.40	0.082	0.02	0.09	0.09	0.87	0.193	-0.02	0.17	0.19
629	水戸	53	0.28	0.045	0.07	0.08	0.07	0.60	0.119	0.05	0.12	0.14	0.28	0.045	0.07	0.08	0.07	0.60	0.122	0.04	0.12	0.14
631	敦賀	53	1.87	0.327	0.37	0.56	0.40	6.55	1.299	0.57	1.63	1.37	1.14	0.126	0.56	0.48	0.28	2.90	0.312	1.46	1.23	0.72
632	岐阜	53	0.46	0.068	0.14	0.16	0.10	0.55	0.076	0.20	0.21	0.13	0.46	0.070	0.14	0.16	0.10	0.55	0.077	0.20	0.21	0.13
636	名古屋	53	0.25	0.043	0.05	0.07	0.06	0.38	0.068	0.07	0.09	0.10	0.25	0.042	0.05	0.07	0.06	0.38	0.068	0.07	0.09	0.10
637	飯田	53	0.69	0.145	0.02	0.19	0.13	1.09	0.226	0.05	0.29	0.22	0.45	0.070	0.13	0.18	0.09	0.81	0.145	0.14	0.26	0.16
638	甲府	53	0.87	0.214	-0.11	0.16	0.17	1.11	0.250	-0.04	0.25	0.23	0.68	0.154	-0.03	0.15	0.14	0.88	0.175	0.08	0.24	0.19
640	河口湖	53	1.27	0.252	0.11	0.36	0.24	2.11	0.394	0.30	0.62	0.42	1.02	0.179	0.19	0.33	0.19	1.67	0.308	0.26	0.52	0.32
641	秩父	53	0.83	0.184	-0.02	0.19	0.16	1.34	0.249	0.20	0.36	0.29	0.58	0.106	0.09	0.18	0.12	1.12	0.176	0.31	0.35	0.26
648	銚子	53	0.11	0.031	-0.03	0.01	0.02	0.26	0.079	-0.10	0.02	0.05	0.11	0.031	-0.03	0.01	0.02	0.26	0.079	-0.10	0.02	0.05
649	上野	36	0.25	0.039	0.07	0.08	0.06	0.57	0.124	0.01	0.11	0.13	0.25	0.037	0.08	0.08	0.06	0.57	0.124	0.01	0.11	0.13
651	津	53	0.16	0.029	0.02	0.04	0.04	0.44	0.104	-0.04	0.06	0.10	0.16	0.029	0.02	0.04	0.04	0.44	0.104	-0.04	0.06	0.10
653	伊良湖	37	0.12	0.033	-0.03	0.01	0.03	0.21	0.065	-0.08	0.02	0.04	0.12	0.033	-0.03	0.01	0.03	0.21	0.065	-0.08	0.02	0.04
654	浜松	45	0.04	0.011	-0.01	0.00	0.01	0.07	0.023	-0.04	0.00	0.02	0.04	0.011	-0.01	0.00	0.01	0.07	0.023	-0.04	0.00	0.02
655	御前崎	49	0.02	0.007	-0.01	0.00	0.01	0.03	0.009	-0.02	0.00	0.01	0.02	0.007	-0.01	0.00	0.01	0.03	0.009	-0.02	0.00	0.01
656	静岡	53	0.04	0.011	-0.01	0.00	0.01	0.07	0.022	-0.03	0.00	0.02	0.04	0.011	-0.01	0.00	0.01	0.07	0.022	-0.03	0.00	0.02
657	三島	41	0.10	0.022	0.00	0.02	0.03	0.30	0.084	-0.09	0.03	0.06	0.10	0.022	0.00	0.02	0.03	0.30	0.083	-0.09	0.03	0.06
662	東京	53	0.34	0.064	0.04	0.07	0.08	0.89	0.199	-0.03	0.15	0.20	0.30	0.052	0.06	0.07	0.08	0.74	0.153	0.04	0.15	0.17
663	尾鷲	46	0.05	0.015	-0.02	0.00	0.01	0.04	0.012	-0.02	0.00	0.01	0.05	0.015	-0.02	0.00	0.01	0.04	0.012	-0.02	0.00	0.01
666	石廊崎	43	0.07	0.022	-0.03	0.00	0.01	0.06	0.019	-0.03	0.00	0.01	0.07	0.022	-0.03	0.00	0.01	0.06	0.019	-0.03	0.00	0.01
668	網代	43	0.11	0.031	-0.03	0.01	0.02	0.24	0.066	-0.06	0.02	0.05	0.11	0.031	-0.03	0.01	0.02	0.24	0.066	-0.06	0.02	0.05
670	横浜	53	0.39	0.073	0.06	0.08	0.10	0.84	0.177	0.02	0.16	0.19	0.38	0.071	0.05	0.08	0.09	0.71	0.139	0.07	0.15	0.17
672	館山	38	0.10	0.025	-0.02	0.01	0.02	0.16	0.052	-0.07	0.01	0.03	0.10	0.025	-0.02	0.01	0.02	0.15	0.048	-0.07	0.01	0.03
674	勝浦	46	0.27	0.081	-0.10	0.02	0.06	0.32	0.092	-0.10	0.03	0.07	0.27	0.081	-0.10	0.02	0.06	0.32	0.092	-0.10	0.03	0.07
675	大島	48	0.26	0.070	-0.07	0.03	0.05	0.90	0.262	-0.31	0.07	0.18	0.26	0.070	-0.07	0.03	0.05	0.90	0.262	-0.31	0.07	0.18
677	三宅島	44	0.03	0.011	-0.02	0.00	0.01	0.00	0.000	0.00	0.00	0.00	0.03	0.011	-0.02	0.00	0.01	0.00	0.000	0.00	0.00	0.00
678	八丈島	43	0.03	0.010	-0.01	0.00	0.01	0.12	0.041	-0.06	0.01	0.03	0.03	0.010	-0.01	0.00	0.01	0.12	0.041	-0.06	0.01	0.03
682	千葉	48	0.34	0.076	-0.01	0.06	0.08	0.83	0.193	-0.06	0.12	0.18	0.34	0.076	-0.01	0.06	0.08	0.65	0.137	0.02	0.11	0.16
684	四日市	31	0.52	0.126	-0.06	0.09	0.10	0.68	0.155	-0.04	0.11	0.15	0.53	0.127	-0.06	0.09	0.10	0.68	0.155	-0.04	0.11	0.15

付表 5.1.1 気象官署における年最大積雪深と年最大 7 日増分積雪深およびそれらの重量の再現期間 100 年に対する値（つづき）

Code	地点名	n	年最大積雪深 $t_R=100$ (m)	$1/a$	b	μ_{d_0} (m)	σ_{d_0} (m)	年最大積雪重量 $t_R=100$ (kN/m²)	$1/a$	b	μ_{S_0} (kN/m²)	σ_{S_0} (kN/m²)	7 日増分積雪深 $t_R=100$ (m)	$1/a$	b	μ_{d_n} (m)	σ_{d_n} (m)	7 日増分積雪重量 $t_R=100$ (kN/m²)	$1/a$	b	μ_{S_n} (kN/m²)	σ_{S_n} (kN/m²)
690	奥日光	53	1.16	0.172	0.37	0.47	0.22	3.46	0.550	0.93	1.16	0.73	0.77	0.101	0.31	0.35	0.14	2.26	0.425	0.31	0.72	0.42
740	西郷	53	1.09	0.226	0.05	0.29	0.20	2.80	0.611	−0.01	0.68	0.53	0.91	0.177	0.10	0.27	0.18	1.77	0.321	0.29	0.57	0.34
741	松江	53	0.95	0.205	0.01	0.25	0.18	2.82	0.660	−0.21	0.60	0.54	0.80	0.165	0.04	0.23	0.15	1.74	0.323	0.25	0.53	0.34
742	境	53	0.95	0.190	0.08	0.27	0.18	3.25	0.745	−0.18	0.70	0.62	0.74	0.130	0.14	0.25	0.14	1.97	0.358	0.32	0.60	0.39
744	米子	53	0.88	0.165	0.12	0.29	0.16	2.44	0.507	0.11	0.66	0.45	0.80	0.144	0.13	0.28	0.14	1.75	0.294	0.40	0.61	0.33
746	鳥取	53	1.09	0.143	0.43	0.45	0.23	3.04	0.456	0.94	1.08	0.65	0.98	0.130	0.38	0.41	0.20	1.81	0.165	1.05	0.89	0.41
747	豊岡	53	1.39	0.195	0.49	0.56	0.28	4.51	0.689	1.34	1.59	0.97	0.89	0.096	0.45	0.45	0.18	1.83	0.146	1.16	1.04	0.38
750	舞鶴	53	0.92	0.142	0.27	0.36	0.18	2.49	0.476	0.29	0.74	0.49	0.68	0.072	0.35	0.33	0.14	1.76	0.292	0.42	0.63	0.34
751	伊吹山	28	8.77	0.752	5.31	5.26	1.81	38.08	3.837	20.43	20.89	7.97	7.67	1.048	2.85	3.51	1.44	32.24	5.040	9.05	12.92	6.14
754	萩	42	0.28	0.060	0.00	0.06	0.06	1.08	0.273	−0.17	0.15	0.23	0.28	0.060	0.00	0.06	0.06	0.82	0.186	−0.04	0.13	0.18
755	浜田	48	0.50	0.123	−0.07	0.08	0.10	1.30	0.321	−0.17	0.20	0.27	0.49	0.121	−0.07	0.08	0.10	1.00	0.222	−0.02	0.18	0.22
756	津山	53	0.41	0.060	0.14	0.16	0.08	0.68	0.128	0.09	0.21	0.14	0.41	0.060	0.14	0.16	0.08	0.65	0.118	0.11	0.21	0.13
759	京都	53	0.17	0.022	0.07	0.06	0.04	0.28	0.052	0.04	0.06	0.07	0.17	0.022	0.07	0.06	0.04	0.28	0.052	0.04	0.06	0.07
761	彦根	53	0.72	0.101	0.25	0.29	0.15	1.49	0.236	0.40	0.51	0.30	0.64	0.081	0.26	0.28	0.13	1.26	0.178	0.44	0.48	0.26
762	下関	53	0.14	0.025	0.03	0.04	0.04	0.47	0.113	−0.05	0.07	0.10	0.14	0.025	0.03	0.04	0.04	0.47	0.113	−0.05	0.07	0.10
765	広島	53	0.25	0.050	0.01	0.06	0.05	0.31	0.063	0.02	0.06	0.07	0.25	0.050	0.01	0.06	0.05	0.31	0.063	0.02	0.06	0.07
766	呉	41	0.12	0.027	−0.01	0.02	0.03	0.31	0.095	−0.13	0.02	0.06	0.12	0.027	−0.01	0.02	0.03	0.31	0.095	−0.13	0.02	0.06
767	福山	43	0.22	0.056	−0.04	0.03	0.05	0.78	0.219	−0.22	0.07	0.16	0.22	0.056	−0.04	0.03	0.05	0.46	0.114	−0.06	0.05	0.10
768	岡山	53	0.14	0.031	−0.01	0.02	0.03	0.29	0.063	0.00	0.04	0.07	0.14	0.031	−0.01	0.02	0.03	0.29	0.064	−0.01	0.04	0.07
769	姫路	42	0.21	0.049	−0.02	0.03	0.04	0.22	0.047	0.00	0.03	0.05	0.20	0.049	−0.02	0.03	0.04	0.22	0.047	0.00	0.03	0.05
770	神戸	53	0.11	0.027	−0.02	0.01	0.02	0.24	0.066	−0.06	0.02	0.05	0.10	0.026	−0.02	0.01	0.02	0.24	0.066	−0.06	0.02	0.05
772	大阪	53	0.17	0.039	−0.02	0.02	0.04	0.38	0.095	−0.06	0.04	0.08	0.17	0.040	−0.02	0.02	0.04	0.38	0.095	−0.06	0.04	0.08
776	洲本	42	0.16	0.033	0.00	0.03	0.04	0.35	0.093	−0.07	0.04	0.07	0.16	0.033	0.00	0.03	0.04	0.35	0.093	−0.07	0.04	0.07
777	和歌山	53	0.12	0.028	−0.01	0.02	0.03	0.33	0.102	−0.14	0.02	0.07	0.12	0.028	−0.01	0.02	0.03	0.33	0.102	−0.14	0.02	0.07
778	潮岬	49	0.01	0.003	0.00	0.00	0.00	0.00	0.000	0.00	0.00	0.00	0.01	0.003	0.00	0.00	0.00	0.00	0.000	0.00	0.00	0.00
780	奈良	53	0.23	0.041	0.04	0.05	0.05	0.42	0.089	0.01	0.07	0.10	0.22	0.041	0.03	0.05	0.05	0.42	0.089	0.01	0.07	0.10
784	山口	48	0.36	0.059	0.09	0.12	0.08	0.53	0.086	0.14	0.16	0.13	0.35	0.057	0.09	0.11	0.08	0.53	0.086	0.14	0.16	0.13
800	厳原	48	0.05	0.015	−0.02	0.00	0.01	0.07	0.022	−0.04	0.00	0.02	0.05	0.015	−0.02	0.00	0.01	0.07	0.022	−0.04	0.00	0.02
805	平戸	41	0.08	0.015	0.01	0.02	0.02	0.36	0.103	−0.11	0.03	0.07	0.08	0.014	0.01	0.02	0.02	0.25	0.064	−0.05	0.03	0.05
807	福岡	53	0.17	0.035	0.01	0.03	0.04	0.47	0.112	−0.04	0.07	0.10	0.17	0.035	0.01	0.03	0.04	0.47	0.112	−0.04	0.07	0.10
809	飯塚	42	0.29	0.053	0.05	0.08	0.07	1.98	0.573	−0.66	0.20	0.44	0.28	0.049	0.05	0.07	0.06	0.77	0.171	−0.02	0.15	0.16
812	佐世保	42	0.15	0.035	−0.01	0.02	0.03	0.75	0.222	−0.27	0.06	0.16	0.15	0.035	−0.01	0.02	0.03	0.50	0.141	−0.15	0.04	0.11
813	佐賀	53	0.16	0.031	0.02	0.04	0.03	0.31	0.073	−0.03	0.04	0.07	0.16	0.031	0.02	0.04	0.03	0.31	0.073	−0.03	0.04	0.07
814	日田	42	0.37	0.086	−0.02	0.08	0.07	0.69	0.161	−0.05	0.12	0.15	0.37	0.086	−0.02	0.08	0.07	0.63	0.143	−0.03	0.11	0.13
815	大分	53	0.15	0.044	−0.05	0.01	0.03	0.28	0.089	−0.13	0.02	0.06	0.15	0.044	−0.05	0.01	0.03	0.28	0.089	−0.13	0.02	0.06
817	長崎	53	0.17	0.039	−0.01	0.03	0.04	0.29	0.069	−0.03	0.04	0.06	0.17	0.039	−0.01	0.03	0.04	0.29	0.069	−0.03	0.04	0.06
819	熊本	53	0.12	0.029	−0.02	0.02	0.02	0.26	0.082	−0.11	0.02	0.05	0.12	0.029	−0.02	0.02	0.02	0.26	0.082	−0.11	0.02	0.05
821	阿蘇山	53	1.01	0.209	0.05	0.27	0.20	2.32	0.553	−0.22	0.48	0.47	0.63	0.096	0.19	0.23	0.13	0.93	0.120	0.38	0.37	0.21
822	延岡	40	0.06	0.019	−0.03	0.00	0.01	0.13	0.043	−0.07	0.01	0.03	0.06	0.019	−0.03	0.00	0.01	0.13	0.043	−0.07	0.01	0.03
823	阿久根	40	0.36	0.092	−0.07	0.04	0.07	0.63	0.181	−0.20	0.05	0.13	0.36	0.092	−0.07	0.04	0.07	0.63	0.181	−0.20	0.05	0.13
824	人吉	40	0.27	0.058	0.00	0.05	0.06	0.37	0.070	0.05	0.07	0.09	0.27	0.058	0.00	0.05	0.06	0.37	0.070	0.05	0.07	0.09
827	鹿児島	53	0.29	0.069	−0.03	0.04	0.06	0.39	0.090	−0.02	0.05	0.09	0.29	0.069	−0.03	0.04	0.06	0.39	0.090	−0.02	0.05	0.09
829	都城	40	0.08	0.021	−0.02	0.01	0.02	0.17	0.050	−0.06	0.01	0.03	0.08	0.021	−0.02	0.01	0.02	0.17	0.050	−0.06	0.01	0.03
830	宮崎	53	0.02	0.005	−0.01	0.00	0.00	0.00	0.000	0.00	0.00	0.00	0.02	0.005	−0.01	0.00	0.00	0.00	0.000	0.00	0.00	0.00
831	枕崎	43	0.30	0.079	−0.07	0.03	0.06	0.72	0.204	−0.22	0.06	0.15	0.30	0.079	−0.07	0.03	0.06	0.72	0.204	−0.22	0.06	0.15
835	油津	43	0.01	0.003	0.00	0.00	0.00	0.00	0.000	0.00	0.00	0.00	0.01	0.003	0.00	0.00	0.00	0.00	0.000	0.00	0.00	0.00
836	屋久島	47	0.01	0.005	−0.01	0.00	0.00	0.07	0.022	−0.04	0.00	0.02	0.01	0.005	−0.01	0.00	0.00	0.07	0.022	−0.04	0.00	0.02
838	牛深	42	0.30	0.081	−0.07	0.04	0.06	0.55	0.145	−0.12	0.06	0.12	0.30	0.081	−0.07	0.04	0.06	0.55	0.148	−0.13	0.06	0.11
843	福江	48	0.32	0.085	−0.07	0.04	0.07	1.24	0.363	−0.43	0.10	0.26	0.32	0.085	−0.07	0.04	0.07	1.04	0.302	−0.35	0.09	0.23
887	松山	53	0.14	0.034	−0.02	0.02	0.03	0.29	0.088	−0.12	0.02	0.06	0.14	0.035	−0.02	0.02	0.03	0.29	0.088	−0.12	0.02	0.06
890	多度津	41	0.20	0.055	−0.05	0.02	0.04	0.58	0.159	−0.16	0.05	0.12	0.20	0.055	−0.05	0.02	0.04	0.50	0.139	−0.14	0.05	0.10
891	高松	53	0.21	0.053	−0.04	0.03	0.04	0.53	0.143	−0.13	0.05	0.11	0.21	0.053	−0.04	0.03	0.04	0.53	0.143	−0.13	0.05	0.11
892	宇和島	44	0.24	0.043	0.04	0.06	0.06	0.35	0.065	0.05	0.08	0.08	0.24	0.043	0.04	0.06	0.06	0.35	0.065	0.05	0.08	0.08
893	高知	53	0.11	0.031	−0.03	0.01	0.02	0.06	0.018	−0.03	0.00	0.01	0.11	0.031	−0.03	0.01	0.02	0.06	0.018	−0.03	0.00	0.01
894	剣山	26	3.19	0.670	0.11	0.78	0.64	8.22	2.147	−1.66	1.32	1.65	1.94	0.370	0.24	0.54	0.41	2.03	0.384	0.27	0.57	0.44
895	徳島	53	0.19	0.044	−0.02	0.03	0.04	0.56	0.162	−0.18	0.05	0.12	0.19	0.044	−0.02	0.03	0.04	0.56	0.162	−0.18	0.05	0.12
897	宿毛	40	0.22	0.042	0.03	0.05	0.05	0.28	0.054	0.03	0.05	0.07	0.22	0.043	0.03	0.05	0.05	0.28	0.054	0.03	0.05	0.07
898	清水	46	0.03	0.008	0.00	0.01	0.01	0.00	0.000	0.00	0.00	0.00	0.03	0.008	0.00	0.01	0.01	0.00	0.000	0.00	0.00	0.00
899	室戸岬	48	0.03	0.010	−0.01	0.00	0.01	0.03	0.009	−0.02	0.00	0.01	0.03	0.010	−0.01	0.00	0.01	0.03	0.009	−0.02	0.00	0.01

付表 5.1.2　AMeDAS 観測点（ロボット積雪深計設置地点）における年最大積雪深と年最大 7 日増分積雪深およびそれらの重量の再現期間 100 年に対する値

Code	地点名	n	年最大積雪深 $t_R=100$ (m)	$1/a$	b	μ_{d_0} (m)	σ_{d_0} (m)	年最大積雪重量 $t_R=100$ (kN/m²)	$1/a$	b	μ_{S_0} (kN/m²)	σ_{S_0} (kN/m²)	7日増分積雪深 $t_R=100$ (m)	$1/a$	b	μ_{d_n} (m)	σ_{d_n} (m)	7日増分積雪重量 $t_R=100$ (kN/m²)	$1/a$	b	μ_{S_n} (kN/m²)	σ_{S_n} (kN/m²)
11076	浜鬼志別	30	1.28	0.091	0.86	0.85	0.17	5.01	0.626	2.13	2.58	0.75	0.66	0.059	0.39	0.39	0.10	1.02	0.097	0.57	0.58	0.16
11121	沼川	30	1.85	0.133	1.24	1.20	0.26	6.76	0.721	3.44	3.82	0.96	0.93	0.133	0.32	0.45	0.13	1.32	0.177	0.51	0.68	0.17
11176	豊富	31	1.52	0.118	0.98	1.00	0.21	5.22	0.530	2.78	2.88	0.83	1.02	0.181	0.19	0.41	0.15	1.14	0.157	0.42	0.57	0.17
11276	中頓別	31	1.99	0.072	1.66	1.44	0.34	7.06	0.500	4.76	4.38	1.20	1.20	0.175	0.39	0.53	0.19	1.63	0.232	0.56	0.77	0.24
11316	歌登	31	2.16	0.103	1.69	1.54	0.31	7.18	0.494	4.90	4.73	1.04	1.04	0.104	0.56	0.58	0.15	1.44	0.116	0.91	0.89	0.21
12041	音威子府	31	2.58	0.127	2.00	1.93	0.32	8.21	0.685	5.06	5.21	1.09	1.31	0.163	0.56	0.70	0.18	1.54	0.183	0.70	0.84	0.21
12141	美深	30	1.85	0.101	1.38	1.37	0.22	6.44	0.522	4.04	4.02	0.94	0.74	0.037	0.57	0.52	0.11	0.96	0.053	0.72	0.67	0.13
12181	名寄	34	1.89	0.203	0.96	1.13	0.23	4.36	0.251	3.20	2.83	0.73	1.04	0.153	0.34	0.48	0.15	1.12	0.179	0.29	0.50	0.16
12231	下川	30	1.78	0.095	1.35	1.28	0.24	3.58	0.239	2.48	2.28	0.60	1.23	0.164	0.47	0.57	0.20	1.17	0.200	0.25	0.43	0.20
12301	和寒	31	1.74	0.154	1.03	1.05	0.25	6.68	0.778	3.10	3.35	1.10	0.80	0.076	0.45	0.47	0.12	1.09	0.091	0.67	0.66	0.16
12411	上川	31	1.38	0.107	0.88	0.95	0.14	4.58	0.521	2.18	2.37	0.72	0.83	0.112	0.31	0.39	0.12	1.05	0.162	0.31	0.44	0.17
12551	美瑛	30	1.35	0.125	0.77	0.82	0.17	4.26	0.439	2.24	2.25	0.74	0.66	0.084	0.27	0.32	0.10	0.86	0.107	0.37	0.44	0.13
12626	富良野	34	1.25	0.121	0.69	0.75	0.16	4.35	0.550	1.81	2.06	0.72	0.56	0.045	0.35	0.34	0.09	0.86	0.114	0.34	0.43	0.13
12691	幾寅	31	1.17	0.081	0.79	0.81	0.14	3.89	0.402	2.04	2.15	0.61	0.66	0.066	0.36	0.37	0.11	0.92	0.097	0.48	0.48	0.16
12746	占冠	31	1.45	0.114	0.92	0.93	0.19	4.83	0.485	2.60	2.64	0.81	0.82	0.121	0.27	0.38	0.12	1.13	0.152	0.43	0.53	0.18
13061	天塩	31	1.24	0.088	0.84	0.84	0.16	3.65	0.380	1.90	1.98	0.57	0.70	0.079	0.33	0.37	0.11	0.76	0.079	0.39	0.41	0.12
13121	初山別	31	1.27	0.091	0.85	0.84	0.17	4.57	0.534	2.11	2.50	0.68	0.56	0.040	0.38	0.38	0.07	1.18	0.173	0.38	0.55	0.17
13321	幌糠	31	2.97	0.174	2.17	1.95	0.46	10.46	0.562	7.88	6.85	1.80	1.28	0.172	0.49	0.64	0.18	1.55	0.113	1.03	1.03	0.20
14071	厚田	32	2.13	0.197	1.22	1.22	0.33	5.72	0.451	3.65	3.46	0.89	1.05	0.150	0.36	0.49	0.15	1.62	0.217	0.62	0.73	0.27
14121	石狩	26	1.92	0.151	1.22	1.16	0.30	4.55	0.164	3.79	3.28	0.71	0.83	0.082	0.46	0.47	0.13	1.19	0.111	0.68	0.69	0.18
14101	新篠津	32	2.32	0.256	1.14	1.26	0.35	6.71	0.537	4.24	3.87	1.21	1.07	0.142	0.42	0.52	0.16	1.33	0.132	0.73	0.73	0.22
14206	恵庭島松	32	1.20	0.073	0.87	0.86	0.14	3.44	0.295	2.08	2.10	0.48	0.99	0.170	0.20	0.41	0.15	0.98	0.124	0.41	0.48	0.16
15041	朱鞠内	32	3.07	0.107	2.58	2.36	0.39	11.28	0.726	7.94	7.56	1.56	0.98	0.053	0.73	0.73	0.11	1.43	0.084	1.04	1.01	0.17
15076	幌加内	32	2.74	0.134	2.13	1.99	0.35	10.31	0.865	6.33	6.34	1.52	1.14	0.105	0.66	0.70	0.15	1.66	0.173	0.87	0.94	0.23
15161	深川	32	1.63	0.090	1.21	1.17	0.20	4.78	0.458	2.67	2.73	0.74	0.67	0.025	0.55	0.48	0.09	0.78	0.063	0.49	0.48	0.11
15241	滝川	31	1.51	0.045	1.30	1.15	0.21	5.71	0.470	3.55	3.33	0.95	1.07	0.151	0.37	0.50	0.16	1.31	0.164	0.55	0.64	0.21
15251	芦別	32	1.22	0.077	0.87	0.81	0.18	4.71	0.402	2.86	2.63	0.83	0.62	0.057	0.36	0.37	0.09	1.23	0.176	0.42	0.57	0.18
15321	美唄	32	1.76	0.126	1.18	1.17	0.24	5.92	0.474	3.74	3.51	1.04	0.86	0.085	0.47	0.51	0.12	1.35	0.165	0.59	0.69	0.21
15442	夕張	34	2.09	0.141	1.44	1.40	0.28	7.61	0.561	5.03	4.72	1.18	1.29	0.159	0.56	0.68	0.18	1.82	0.224	0.79	0.93	0.28
16076	余市	32	2.00	0.149	1.32	1.33	0.28	7.69	0.649	4.71	4.78	1.21	1.14	0.165	0.38	0.52	0.17	1.76	0.221	0.74	0.90	0.25
16156	共和	29	1.90	0.126	1.32	1.23	0.32	4.06	0.412	2.16	2.19	0.69	1.06	0.103	0.59	0.58	0.18	1.11	0.150	0.42	0.48	0.20
16206	蘭越	32	2.19	0.169	1.41	1.34	0.35	7.47	0.881	3.42	3.95	1.10	1.01	0.127	0.43	0.50	0.15	1.20	0.092	0.78	0.69	0.21
16286	喜茂別	32	1.97	0.100	1.51	1.47	0.21	6.76	0.660	3.72	4.04	0.90	0.90	0.100	0.44	0.52	0.11	1.04	0.094	0.61	0.62	0.15
16321	黒松内	32	2.27	0.180	1.44	1.37	0.37	7.16	0.629	4.27	4.27	1.16	0.73	0.067	0.42	0.45	0.09	1.12	0.095	0.68	0.71	0.14
17091	西興部	28	1.64	0.155	0.93	0.99	0.24	4.06	0.267	2.83	2.57	0.69	1.12	0.143	0.46	0.51	0.20	1.64	0.232	0.57	0.67	0.31
17196	滝上	29	2.05	0.289	0.72	0.98	0.31	4.12	0.465	1.98	2.17	0.67	1.31	0.183	0.47	0.56	0.24	1.75	0.303	0.36	0.60	0.32
17306	遠軽	29	1.67	0.229	0.62	0.83	0.24	3.99	0.587	1.29	1.83	0.65	1.03	0.127	0.45	0.48	0.18	1.62	0.254	0.45	0.62	0.31
17316	佐呂間	25	1.76	0.220	0.75	0.93	0.24	3.28	0.333	1.75	1.84	0.53	1.07	0.129	0.48	0.50	0.20	1.50	0.207	0.55	0.59	0.30
17351	宇登呂	25	2.04	0.177	1.23	1.23	0.31	5.59	0.551	3.06	3.23	0.85	1.32	0.168	0.54	0.58	0.25	3.15	0.594	0.42	1.05	0.53
17482	白滝	30	1.56	0.182	0.73	0.81	0.18	4.02	0.401	2.18	2.13	0.71	1.05	0.154	0.34	0.45	0.18	1.37	0.259	0.17	0.46	0.23
17521	北見	34	1.64	0.219	0.63	0.80	0.25	4.09	0.621	1.24	1.74	0.72	1.05	0.167	0.29	0.43	0.18	1.94	0.392	0.14	0.63	0.34
17561	斜里	28	1.97	0.233	0.90	1.02	0.31	3.16	0.299	1.78	1.78	0.55	1.53	0.300	0.16	0.47	0.27	1.36	0.214	0.38	0.53	0.24
17596	留辺蘂	29	1.59	0.234	0.51	0.71	0.24	2.49	0.188	1.62	1.43	0.47	0.95	0.118	0.41	0.43	0.18	1.63	0.316	0.17	0.49	0.30
17717	津別	26	1.67	0.238	0.57	0.78	0.25	3.76	0.592	1.04	1.63	0.62	0.92	0.125	0.34	0.41	0.15	1.71	0.313	0.27	0.59	0.29
18038	羅臼	28	1.75	0.186	0.90	0.98	0.28	5.57	0.514	3.21	3.24	0.97	0.68	0.047	0.46	0.42	0.12	1.41	0.094	0.98	0.90	0.24
18171	中標津	28	1.26	0.119	0.71	0.72	0.20	3.76	0.371	2.05	1.94	0.75	0.57	0.046	0.36	0.37	0.08	1.32	0.173	0.53	0.64	0.21
18256	別海	25	0.95	0.063	0.66	0.60	0.16	3.46	0.449	1.40	1.50	0.67	0.52	0.030	0.38	0.34	0.09	1.09	0.113	0.58	0.58	0.19
18311	厚床	27	0.92	0.082	0.54	0.48	0.19	2.63	0.292	1.29	1.23	0.55	0.56	0.075	0.22	0.27	0.09	0.99	0.092	0.57	0.59	0.17
19021	川湯	28	1.90	0.218	0.89	0.96	0.31	4.30	0.435	2.30	2.31	0.78	1.04	0.148	0.36	0.47	0.17	1.78	0.295	0.43	0.70	0.30
19076	阿寒湖畔	27	2.36	0.294	1.01	1.23	0.33	5.33	0.460	3.22	3.07	0.94	1.44	0.240	0.34	0.58	0.22	3.15	0.654	0.15	0.92	0.52
19151	標茶	26	1.28	0.136	0.65	0.62	0.26	3.46	0.465	1.33	1.45	0.70	0.81	0.104	0.33	0.35	0.16	1.21	0.157	0.49	0.55	0.22
19191	鶴居	28	1.16	0.151	0.46	0.57	0.19	3.44	0.509	1.10	1.45	0.61	0.63	0.069	0.32	0.33	0.11	1.25	0.161	0.51	0.58	0.21
19261	中徹別	25	1.33	0.145	0.66	0.70	0.23	4.41	0.569	1.79	1.92	0.86	0.72	0.072	0.39	0.39	0.13	1.73	0.255	0.56	0.74	0.29
19376	太田	27	1.01	0.087	0.61	0.57	0.18	3.34	0.444	1.29	1.46	0.62	0.80	0.108	0.30	0.37	0.13	1.09	0.104	0.61	0.60	0.18
19416	白糠	27	0.91	0.094	0.48	0.48	0.16	3.00	0.401	1.15	1.23	0.61	0.54	0.055	0.29	0.30	0.09	1.10	0.105	0.62	0.58	0.21
20146	陸別	27	1.26	0.131	0.66	0.70	0.21	3.13	0.424	1.18	1.40	0.55	0.92	0.140	0.28	0.39	0.15	1.62	0.325	0.13	0.50	0.27
20186	糠平	29	1.58	0.114	1.05	1.01	0.23	5.44	0.675	2.33	2.66	0.91	0.81	0.085	0.42	0.45	0.13	1.74	0.282	0.44	0.68	0.30
20266	上士幌	26	1.15	0.147	0.48	0.53	0.21	2.71	0.308	1.29	1.25	0.56	0.72	0.105	0.23	0.30	0.13	1.70	0.335	0.16	0.53	0.29
20341	本別	29	0.94	0.109	0.44	0.45	0.18	2.48	0.334	0.94	0.96	0.54	0.63	0.077	0.28	0.28	0.12	1.15	0.189	0.28	0.43	0.21
20356	新得	29	1.28	0.137	0.66	0.74	0.18	3.31	0.286	1.99	1.86	0.59	0.76	0.065	0.46	0.41	0.14	1.48	0.253	0.31	0.57	0.24
20421	芽室	26	1.40	0.149	0.71	0.77	0.22	3.17	0.328	1.66	1.65	0.57	0.97	0.124	0.40	0.45	0.18	1.27	0.160	0.53	0.60	0.22
20506	浦幌	28	0.87	0.052	0.63	0.52	0.18	2.58	0.288	1.26	1.20	0.55	0.76	0.116	0.23	0.32	0.12	0.95	0.070	0.63	0.55	0.19
20601	上札内	29	1.68	0.148	1.00	1.04	0.23	4.16	0.338	2.60	2.43	0.74	1.17	0.137	0.54	0.59	0.19	1.64	0.216	0.65	0.76	0.27
20696	大樹	28	1.80	0.211	0.83	0.96	0.27	3.60	0.381	1.85	1.81	0.72	1.04	0.137	0.41	0.50	0.17	2.16	0.413	0.26	0.70	0.39
21126	穂別	30	0.83	0.042	0.64	0.58	0.11	2.59	0.211	1.62	1.53	0.44	0.62	0.087	0.22	0.29	0.10	0.95	0.115	0.42	0.44	0.17
21161	大滝	30	1.88	0.129	1.28	1.30	0.22	7.50	0.717	4.20	4.54	1.04	0.78	0.067	0.47	0.46	0.11	1.78	0.237	0.69	0.83	0.28
21226	大岸	30	1.14	0.056	0.88	0.81	0.17	4.18	0.459	2.06	2.28	0.63	0.51	0.032	0.37	0.35	0.08	1.19	0.206	0.24	0.49	0.17
21261	白老	30	0.73	0.098	0.28	0.31	0.14	1.76	0.236	0.68	0.77	0.33	0.41	0.038	0.24	0.22	0.08	1.07	0.154	0.36	0.45	0.19
21312	登別	25	1.55	0.170	0.77	0.87	0.21	4.08	0.473	1.91	2.18	0.61	0.73	0.089	0.32	0.37	0.11	1.45	0.204	0.51	0.65	0.23
22036	日高	29	1.31	0.096	0.87	0.86	0.18	4.72	0.577	2.07	2.31	0.80	0.85	0.132	0.24	0.38	0.12	1.01	0.116	0.48	0.52	0.17
22241	静内	25	0.43	0.040	0.24	0.22	0.08	0.98	0.107	0.49	0.47	0.21	0.38	0.060	0.10	0.15	0.06	0.70	0.113	0.18	0.26	0.13
22306	中杵臼	29	1.22	0.143	0.56	0.62	0.21	3.01	0.231	1.95	1.78	0.56	0.69	0.089	0.28	0.30	0.13	1.18	0.146	0.51	0.57	0.20
23031	長万部	31	1.23	0.083	0.85	0.78	0.20	4.41	0.464	2.28	2.40	0.70	0.51	0.044	0.31	0.31	0.07	1.14	0.144	0.48	0.57	0.17
23086	八雲	31	1.26	0.075	0.91	0.85	0.2[illegible]	4.30	0.378	2.57	2.42	0.80	0.56	0.049	0.33	0.35	0.07	0.94	0.078	0.58	0.58	0.14
23166	森	12	1.19	0.126	0.60	0.68	0.18	2.54	0.156	1.83	1.53	0.55	0.45	0.020	0.36	0.33	0.06	1.06	0.126	0.48	0.52	0.18
24051	今金	31	1.55	0.101	1.08	1.04	0.26	5.50	0.469	3.34	3.26	1.00	0.79	0.089	0.38	0.42	0.12	1.16	0.109	0.66	0.68	0.17
24141	熊石	31	0.99	0.086	0.60	0.57	0.18	3.18	0.330	1.66	1.57	0.65	0.66	0.093	0.23	0.31	0.10	1.11	0.161	0.37	0.51	0.17
24201	鶉	31	1.57	0.159	0.84	0.88	0.25	5.49	0.762	1.98	2.62	0.86	0.54	0.037	0.37	0.34	0.09	0.91	0.077	0.56	0.55	0.13
31001	大間	30	0.98	0.186	0.13	0.31	0.18	1.32	0.157	0.60	0.59	0.28	0.92	0.190	0.04	0.25	0.17	0.85	0.117	0.31	0.38	0.15
31136	今別	34	1.74	0.186	0.88	0.87	0.33	6.23	0.907	2.06	2.56	1.17	0.70	0.058	0.44	0.41	0.13	1.07	0.094	0.63	0.65	0.15
31156	脇野沢	30	1.48	0.156	0.76	0.71	0.32	5.21	0.929	0.94	1.75	0.95	0.77	0.085	0.38	0.38	0.15	1.11	0.140	0.47	0.54	0.19

付表 5.1.2 AMeDAS 観測点（ロボット積雪深計設置地点）における年最大積雪深と年最大 7 日増分積雪深およびそれらの重量の再現期間 100 年に対する値（つづき）

Code	地点名	n	年最大積雪深 $t_R=100$ (m)	$1/a$	b	μ_{d_0} (m)	σ_{d_0} (m)	年最大積雪重量 $t_R=100$ (kN/m²)	$1/a$	b	μ_{S_0} (kN/m²)	σ_{S_0} (kN/m²)	7 日増分積雪深 $t_R=100$ (m)	$1/a$	b	μ_{d_n} (m)	σ_{d_n} (m)	7 日増分積雪重量 $t_R=100$ (kN/m²)	$1/a$	b	μ_{S_n} (kN/m²)	σ_{S_n} (kN/m²)
31296	五所川原	34	1.69	0.185	0.84	0.87	0.31	5.78	0.758	2.29	2.60	1.12	0.85	0.086	0.45	0.44	0.15	1.39	0.185	0.54	0.68	0.21
31332	野辺地	32	2.06	0.193	1.18	1.17	0.38	7.21	1.072	2.28	3.21	1.21	0.95	0.104	0.48	0.53	0.14	1.05	0.082	0.67	0.69	0.14
31366	鰺ケ沢	30	1.20	0.128	0.61	0.56	0.26	5.68	1.028	0.96	1.81	1.06	0.61	0.051	0.37	0.34	0.13	1.00	0.111	0.49	0.57	0.13
31461	弘前	31	1.76	0.224	0.73	0.86	0.28	6.47	1.009	1.82	2.64	1.11	0.68	0.062	0.39	0.40	0.10	1.29	0.173	0.49	0.64	0.19
31482	酸ケ湯	34	5.74	0.429	3.77	3.88	0.66	22.72	1.982	13.60	14.27	2.89	1.62	0.124	1.05	1.13	0.42	5.13	0.437	3.12	3.46	1.57
31586	十和田	30	0.98	0.102	0.51	0.54	0.18	1.95	0.226	0.91	0.95	0.36	0.54	0.052	0.30	0.33	0.08	0.79	0.074	0.45	0.41	0.15
31646	碇ケ関	34	1.44	0.108	0.94	0.91	0.23	4.90	0.502	2.59	2.77	0.79	0.73	0.077	0.37	0.40	0.11	1.33	0.180	0.50	0.68	0.18
31721	三戸	30	1.08	0.126	0.50	0.52	0.20	2.50	0.332	0.98	1.13	0.45	0.72	0.092	0.30	0.32	0.14	1.18	0.169	0.40	0.48	0.22
32111	能代	35	1.11	0.152	0.41	0.44	0.23	3.34	0.448	1.28	1.32	0.71	0.67	0.091	0.25	0.29	0.12	1.23	0.166	0.47	0.59	0.20
32126	鷹巣	35	1.48	0.148	0.80	0.78	0.28	4.52	0.499	2.23	2.32	0.79	0.71	0.073	0.37	0.38	0.11	1.10	0.105	0.62	0.62	0.17
32146	鹿角	35	1.12	0.101	0.66	0.66	0.18	3.42	0.386	1.65	1.83	0.57	0.58	0.051	0.34	0.36	0.08	1.10	0.166	0.34	0.48	0.17
32296	五城目	35	1.48	0.231	0.41	0.55	0.28	4.47	0.735	1.09	1.61	0.88	0.82	0.142	0.16	0.31	0.14	1.08	0.104	0.60	0.59	0.20
32311	阿仁合	35	2.01	0.131	1.40	1.23	0.35	7.42	0.826	3.62	3.84	1.23	0.94	0.089	0.53	0.54	0.13	1.25	0.119	0.70	0.77	0.16
32466	角館	35	1.86	0.173	1.07	1.04	0.33	7.35	0.834	3.51	3.59	1.39	0.81	0.078	0.45	0.48	0.11	1.54	0.170	0.76	0.84	0.23
32496	大正寺	34	1.59	0.153	0.88	0.84	0.32	5.55	0.631	2.65	2.66	1.09	0.85	0.094	0.42	0.44	0.15	1.34	0.120	0.79	0.78	0.20
32571	本荘	35	1.02	0.128	0.44	0.47	0.19	2.96	0.399	1.13	1.28	0.58	0.94	0.167	0.17	0.34	0.16	1.44	0.209	0.47	0.67	0.22
32596	横手	35	2.05	0.174	1.25	1.20	0.39	6.27	0.557	3.70	3.63	1.17	1.09	0.106	0.61	0.61	0.18	1.26	0.067	0.95	0.87	0.18
32626	矢島	35	1.89	0.154	1.18	1.10	0.36	7.12	0.741	3.71	3.77	1.39	1.06	0.113	0.55	0.56	0.18	1.65	0.163	0.90	1.04	0.19
32691	湯沢	28	1.82	0.176	1.01	0.95	0.36	6.72	0.883	2.66	2.88	1.30	0.95	0.077	0.60	0.55	0.17	1.51	0.175	0.70	0.79	0.23
32771	湯の岱	35	2.32	0.208	1.36	1.40	0.34	8.23	0.854	4.30	4.53	1.36	1.16	0.139	0.52	0.63	0.17	1.87	0.226	0.83	0.98	0.27
33071	二戸	30	1.02	0.146	0.35	0.41	0.20	1.75	0.240	0.65	0.72	0.34	0.80	0.122	0.24	0.31	0.15	1.00	0.166	0.24	0.37	0.17
33146	久慈	25	0.86	0.122	0.30	0.33	0.18	1.77	0.272	0.52	0.66	0.35	0.75	0.121	0.19	0.28	0.14	1.24	0.155	0.53	0.54	0.24
33176	奥中山	34	1.24	0.090	0.83	0.83	0.16	3.25	0.261	2.05	1.98	0.52	0.86	0.135	0.24	0.38	0.12	1.00	0.152	0.30	0.46	0.15
33186	葛巻	29	1.38	0.214	0.40	0.55	0.24	2.92	0.504	0.60	1.06	0.50	1.20	0.221	0.19	0.39	0.22	1.38	0.263	0.17	0.43	0.24
33226	岩手松尾	22	0.67	0.037	0.50	0.46	0.10	1.90	0.229	0.85	0.92	0.33	0.61	0.067	0.31	0.31	0.11	1.34	0.282	0.05	0.42	0.21
33326	岩泉	22	1.16	0.215	0.17	0.40	0.20	2.93	0.587	0.23	0.81	0.54	0.77	0.111	0.26	0.33	0.13	1.89	0.350	0.29	0.59	0.36
33421	雫石	30	1.22	0.142	0.57	0.65	0.19	2.92	0.325	1.42	1.57	0.45	0.74	0.093	0.31	0.36	0.12	0.93	0.110	0.43	0.50	0.13
33441	区界	18	1.48	0.130	0.88	0.93	0.18	3.99	0.255	2.82	2.59	0.60	1.06	0.172	0.27	0.43	0.17	1.41	0.168	0.64	0.67	0.25
33631	湯田	34	2.84	0.213	1.86	1.83	0.40	9.29	0.588	6.58	6.26	1.36	1.09	0.072	0.76	0.75	0.14	1.94	0.189	1.07	1.17	0.25
33671	遠野	29	0.55	0.043	0.35	0.31	0.11	1.28	0.132	0.68	0.61	0.28	0.54	0.076	0.19	0.23	0.09	0.75	0.074	0.40	0.36	0.16
33716	北上	29	0.72	0.081	0.34	0.38	0.12	1.95	0.225	0.91	0.87	0.41	0.58	0.066	0.28	0.30	0.10	1.01	0.129	0.41	0.47	0.17
33911	一関	31	0.68	0.130	0.09	0.23	0.12	1.35	0.244	0.23	0.44	0.25	0.45	0.062	0.17	0.21	0.07	1.11	0.220	0.10	0.33	0.20
34012	駒ノ湯	16	1.72	0.101	1.26	1.25	0.20	7.73	1.034	2.98	3.97	1.08	1.23	0.162	0.48	0.63	0.16	2.28	0.338	0.72	0.93	0.39
34096	川渡	34	1.24	0.150	0.55	0.59	0.22	3.39	0.399	1.56	1.55	0.71	1.01	0.160	0.27	0.42	0.16	1.38	0.165	0.63	0.65	0.25
34216	古川	25	0.95	0.208	−0.01	0.27	0.16	1.34	0.253	0.18	0.42	0.25	0.79	0.165	0.03	0.24	0.12	0.84	0.103	0.37	0.36	0.17
34311	新川	29	0.71	0.077	0.36	0.36	0.13	2.05	0.310	0.62	0.77	0.40	0.56	0.061	0.28	0.30	0.09	1.06	0.128	0.47	0.49	0.19
34461	白石	29	0.55	0.100	0.09	0.19	0.10	0.95	0.162	0.21	0.31	0.20	0.36	0.040	0.18	0.18	0.07	0.81	0.139	0.17	0.28	0.16
35116	金山	31	2.42	0.245	1.30	1.35	0.39	8.82	1.079	3.85	4.42	1.45	0.93	0.082	0.56	0.58	0.13	1.72	0.169	0.94	1.00	0.25
35146	狩川	34	1.76	0.195	0.87	0.79	0.38	5.80	0.742	2.39	2.40	1.21	0.81	0.072	0.47	0.46	0.15	1.41	0.103	0.94	0.90	0.23
35176	向町	30	2.34	0.197	1.43	1.34	0.42	8.97	1.238	3.27	3.99	1.56	1.31	0.170	0.53	0.66	0.19	1.89	0.228	0.84	0.96	0.29
35216	肘折	31	4.33	0.135	3.72	3.28	0.60	16.44	0.522	14.03	12.27	2.46	1.78	0.169	1.01	1.12	0.20	3.44	0.338	1.89	2.02	0.47
35231	尾花沢	34	2.66	0.238	1.56	1.47	0.49	9.15	1.316	3.10	3.74	1.65	1.11	0.069	0.79	0.69	0.23	1.72	0.168	0.94	0.91	0.31
35361	大井沢	32	3.69	0.194	2.79	2.58	0.52	14.10	0.753	10.64	9.27	2.54	1.25	0.077	0.90	0.88	0.15	2.60	0.174	1.80	1.63	0.48
35376	左沢	31	1.58	0.178	0.76	0.79	0.30	5.71	0.767	2.18	2.42	1.14	0.84	0.082	0.46	0.47	0.14	1.29	0.101	0.83	0.79	0.20
35456	長井	10	2.31	0.288	0.98	1.14	0.37	6.37	0.734	3.00	3.40	0.99	0.96	0.093	0.54	0.59	0.12	1.62	0.158	0.89	0.98	0.20
35486	小国	34	3.01	0.220	2.00	1.77	0.58	11.33	0.959	6.93	6.35	2.13	1.54	0.191	0.66	0.81	0.21	2.63	0.210	1.66	1.65	0.38
35552	米沢	34	2.04	0.225	1.01	1.05	0.38	10.58	2.161	0.64	3.16	1.91	1.00	0.084	0.61	0.59	0.17	1.77	0.210	0.81	0.91	0.30
36056	茂庭	33	1.12	0.121	0.56	0.57	0.21	2.81	0.345	1.22	1.20	0.59	0.87	0.121	0.31	0.42	0.13	1.23	0.153	0.52	0.59	0.20
36251	西会津	33	1.78	0.148	1.10	1.02	0.33	6.24	0.722	2.92	3.09	1.17	1.09	0.099	0.63	0.61	0.19	2.06	0.230	1.00	1.05	0.37
36276	猪苗代	34	2.41	0.385	0.64	0.87	0.47	4.59	0.741	1.18	1.65	0.93	1.20	0.167	0.43	0.55	0.22	1.39	0.239	0.29	0.52	0.23
36342	金山	33	2.56	0.223	1.53	1.55	0.40	7.66	0.430	5.68	5.02	1.39	1.60	0.199	0.69	0.83	0.23	2.54	0.347	0.94	1.25	0.35
36426	只見	34	3.63	0.237	2.54	2.37	0.54	12.12	0.669	9.04	8.05	2.12	1.80	0.149	1.12	1.10	0.27	2.64	0.193	1.75	1.66	0.41
36536	南郷	33	2.81	0.267	1.58	1.66	0.43	7.12	0.775	3.55	3.78	1.22	1.58	0.163	0.83	0.90	0.22	1.82	0.182	0.98	0.93	0.36
36562	湯本	28	1.46	0.117	0.92	0.90	0.24	3.75	0.302	2.36	2.15	0.71	0.91	0.091	0.49	0.52	0.14	1.73	0.277	0.45	0.69	0.29
36641	田島	29	1.58	0.147	0.91	0.91	0.25	4.16	0.457	2.06	2.11	0.70	0.87	0.056	0.61	0.59	0.11	1.24	0.137	0.61	0.66	0.19
36716	桧枝岐	31	3.37	0.269	2.13	2.08	0.52	8.90	0.908	4.72	5.03	1.35	1.74	0.164	0.98	1.03	0.23	2.26	0.275	1.00	1.09	0.39
41011	那須	24	0.92	0.143	0.26	0.40	0.14	2.10	0.371	0.40	0.71	0.39	0.62	0.066	0.32	0.34	0.10	0.90	0.090	0.49	0.45	0.18
41116	土呂部	24	1.47	0.187	0.62	0.77	0.22	3.20	0.274	1.94	1.91	0.54	0.92	0.118	0.38	0.46	0.14	2.02	0.326	0.52	0.76	0.35
42046	藤原	24	3.35	0.288	2.02	2.12	0.47	10.94	1.056	6.08	6.19	1.74	1.49	0.080	1.12	1.01	0.23	2.08	0.154	1.37	1.34	0.32
42091	みなかみ	24	2.94	0.366	1.26	1.58	0.44	8.69	1.114	3.56	4.31	1.47	1.36	0.105	0.88	0.85	0.21	2.20	0.270	0.96	1.13	0.34
42121	草津	24	1.73	0.167	0.96	1.01	0.25	3.42	0.223	2.39	2.28	0.54	1.12	0.143	0.46	0.53	0.18	1.35	0.162	0.60	0.70	0.20
48031	野沢温泉	33	3.78	0.381	2.03	2.18	0.61	12.30	1.226	6.66	6.67	2.25	2.00	0.251	0.85	1.01	0.31	2.73	0.312	1.30	1.44	0.44
48061	信濃町	32	1.78	0.128	1.19	1.09	0.34	4.74	0.426	2.78	2.70	0.94	0.88	0.065	0.58	0.56	0.13	1.04	0.068	0.73	0.66	0.17
48066	飯山	30	2.80	0.308	1.38	1.49	0.49	7.85	0.774	4.29	4.07	1.57	1.59	0.180	0.77	0.80	0.28	2.20	0.307	0.78	1.01	0.35
48141	白馬	33	1.80	0.162	1.05	1.00	0.33	6.29	0.695	3.09	3.13	1.23	1.16	0.151	0.46	0.56	0.17	2.00	0.305	0.60	0.90	0.29
48191	大町	32	1.26	0.164	0.50	0.59	0.21	3.65	0.520	1.26	1.44	0.75	0.87	0.117	0.33	0.40	0.14	1.09	0.110	0.58	0.59	0.18
48216	菅平	32	1.60	0.137	0.97	1.03	0.20	4.44	0.402	2.59	2.63	0.66	0.94	0.137	0.31	0.45	0.13	1.39	0.218	0.38	0.60	0.21
48531	開田高原	22	1.28	0.101	0.82	0.79	0.21	4.18	0.375	2.46	2.35	0.73	0.71	0.074	0.37	0.38	0.12	1.29	0.092	0.87	0.80	0.22
52041	河合	33	2.51	0.235	1.43	1.42	0.43	7.96	0.757	4.47	4.15	1.62	1.50	0.135	0.88	0.85	0.25	1.96	0.209	1.00	1.10	0.29
52051	神岡	30	2.13	0.276	0.87	1.01	0.36	5.79	0.692	2.61	2.69	1.18	1.37	0.177	0.55	0.64	0.24	1.73	0.214	0.75	0.86	0.28
52081	白川	30	3.19	0.315	1.74	1.79	0.52	10.11	1.015	5.44	5.53	1.86	1.48	0.089	1.07	1.00	0.20	2.25	0.160	1.51	1.47	0.33
52221	長滝	31	2.30	0.260	1.10	1.11	0.44	6.96	0.979	2.45	2.81	1.40	1.74	0.227	0.69	0.83	0.29	2.06	0.293	0.71	0.99	0.29
52381	樽見	33	1.76	0.230	0.70	0.74	0.35	5.57	0.959	1.16	1.68	1.17	1.22	0.106	0.74	0.63	0.26	2.27	0.308	0.86	0.98	0.42
52571	関ヶ原	32	1.41	0.242	0.29	0.46	0.29	3.61	0.711	0.34	0.96	0.72	1.08	0.149	0.40	0.42	0.23	2.17	0.363	0.50	0.75	0.43
54191	下関	33	1.99	0.251	0.84	0.88	0.40	7.69	0.955	3.30	3.15	1.73	1.09	0.120	0.53	0.55	0.20	2.55	0.343	0.97	1.24	0.40
54296	新津	31	1.90	0.404	0.13	0.53	0.38	5.17	1.039	0.40	1.35	1.03	1.33	0.251	0.17	0.42	0.25	1.71	0.184	0.86	0.82	0.36
54421	津川	33	2.04	0.141	1.39	1.15	0.45	7.79	0.693	4.60	3.87	1.76	1.47	0.197	0.57	0.71	0.25	2.63	0.262	1.43	1.45	0.44
54501	長岡	33	2.41	0.321	0.93	0.97	0.52	9.87	1.684	2.12	3.25	2.00	2.12	0.405	0.26	0.68	0.37	2.99	0.427	1.03	1.34	0.50
54541	柏崎	33	2.03	0.373	0.31	0.63	0.39	7.07	1.502	0.16	1.79	1.34	1.48	0.246	0.35	0.52	0.28	2.70	0.385	0.93	1.12	0.50
54566	入広瀬	33	4.51	0.406	2.64	2.64	0.72	18.04	1.634	10.52	10.40	3.17	2.15	0.205	1.20	1.21	0.34	3.92	0.356	2.28	2.27	0.61
54616	小出	33	3.88	0.374	2.16	2.07	0.74	13.67	1.454	6.98	6.84	2.71	2.03	0.274	0.77	0.99	0.31	3.04	0.293	1.69	1.71	0.48

付表 5.1.2　AMeDAS 観測点（ロボット積雪深計設置地点）における年最大積雪深と年最大 7 日増分積雪深およびそれらの重量の再現期間 100 年に対する値（つづき）

Code	地点名	n	年最大積雪深 $t_R=100$ (m)	$1/a$	b	μ_{d_0} (m)	σ_{d_0} (m)	年最大積雪重量 $t_R=100$ (kN/m²)	$1/a$	b	μ_{S_0} (kN/m²)	σ_{S_0} (kN/m²)	7 日増分積雪深 $t_R=100$ (m)	$1/a$	b	μ_{d_n} (m)	σ_{d_n} (m)	7 日増分積雪重量 $t_R=100$ (kN/m²)	$1/a$	b	μ_{S_n} (kN/m²)	σ_{S_n} (kN/m²)
54661	安塚	33	3.95	0.436	1.94	1.82	0.85	15.10	1.848	6.60	6.36	3.34	2.56	0.421	0.62	1.00	0.43	4.61	0.785	1.00	1.79	0.76
54676	十日町	33	3.82	0.277	2.55	2.25	0.74	16.39	1.748	8.35	8.23	3.23	2.26	0.275	1.00	1.11	0.39	3.76	0.375	2.03	2.00	0.66
54721	能生	33	3.79	0.707	0.53	1.18	0.71	12.91	2.470	1.54	3.76	2.50	1.65	0.223	0.62	0.78	0.29	3.45	0.465	1.31	1.54	0.62
54816	関山	33	4.12	0.434	2.12	2.18	0.75	14.54	1.948	5.58	6.53	2.72	2.26	0.267	1.03	1.16	0.37	3.22	0.358	1.57	1.67	0.59
54836	津南	24	4.35	0.311	2.92	2.81	0.73	12.88	1.298	6.91	7.20	2.24	2.14	0.240	1.04	1.15	0.31	2.40	0.227	1.35	1.30	0.44
54841	湯沢	31	4.04	0.457	1.94	2.17	0.65	12.57	1.227	6.93	6.92	2.34	1.80	0.110	1.29	1.13	0.31	3.03	0.323	1.54	1.66	0.46
55021	泊	33	1.47	0.237	0.39	0.51	0.30	4.87	0.998	0.28	1.31	0.91	1.23	0.202	0.31	0.44	0.24	2.13	0.303	0.73	0.95	0.37
55041	氷見	23	1.36	0.236	0.28	0.47	0.25	4.56	0.937	0.25	1.19	0.85	0.89	0.098	0.44	0.41	0.18	2.13	0.323	0.64	0.87	0.37
55056	魚津	33	1.78	0.263	0.57	0.64	0.38	6.58	1.322	0.50	1.70	1.31	1.32	0.187	0.45	0.52	0.26	2.40	0.358	0.75	0.97	0.45
55141	砺波	34	1.91	0.337	0.36	0.64	0.36	7.55	1.526	0.52	2.00	1.44	0.92	0.087	0.52	0.48	0.20	2.39	0.341	0.82	1.07	0.39
56036	珠洲	32	1.84	0.355	0.21	0.50	0.37	7.36	1.717	−0.54	1.46	1.43	1.26	0.242	0.14	0.38	0.23	2.45	0.437	0.44	0.87	0.44
56146	七尾	32	0.84	0.110	0.33	0.33	0.19	3.00	0.520	0.61	0.87	0.65	0.74	0.109	0.24	0.28	0.15	1.96	0.347	0.36	0.64	0.37
56286	白山吉野	33	3.30	0.570	0.68	1.13	0.60	11.03	1.778	2.85	3.59	2.32	1.61	0.224	0.58	0.75	0.25	2.60	0.265	1.38	1.49	0.39
56301	栢野	30	2.54	0.409	0.66	0.92	0.47	10.49	1.873	1.87	3.26	2.03	1.35	0.159	0.62	0.65	0.24	3.18	0.396	1.36	1.59	0.52
57121	大野	32	2.10	0.246	0.96	0.94	0.42	8.04	1.125	2.87	2.81	1.80	1.40	0.151	0.71	0.70	0.26	2.84	0.370	1.14	1.37	0.46
57206	今庄	32	2.83	0.467	0.68	0.96	0.57	9.91	1.632	2.40	3.03	2.15	1.81	0.270	0.57	0.73	0.34	4.35	0.718	1.05	1.66	0.74
57317	小浜	32	1.33	0.266	0.10	0.38	0.25	4.30	0.921	0.06	1.06	0.80	0.77	0.104	0.29	0.33	0.15	1.91	0.236	0.83	0.84	0.38
60051	今津	31	1.20	0.179	0.38	0.46	0.24	3.49	0.614	0.67	1.05	0.72	0.81	0.085	0.42	0.40	0.17	1.52	0.123	0.96	0.79	0.35
60102	米原	13	0.97	0.095	0.54	0.47	0.23	2.53	0.250	1.39	0.93	0.72	0.63	0.033	0.48	0.40	0.15	2.05	0.338	0.49	0.67	0.43
61206	美山	31	0.82	0.113	0.30	0.33	0.16	1.87	0.285	0.56	0.64	0.40	0.67	0.078	0.31	0.31	0.13	1.01	0.084	0.62	0.49	0.24
63016	香住	31	1.45	0.222	0.43	0.54	0.30	4.81	0.872	0.80	1.43	0.97	1.16	0.160	0.43	0.49	0.24	2.44	0.309	1.02	1.07	0.50
63071	兎和野高原	29	2.52	0.310	1.10	1.07	0.52	8.93	1.546	1.82	2.94	1.76	1.26	0.124	0.69	0.69	0.22	2.43	0.268	1.19	1.25	0.41
63121	和田山	31	0.86	0.155	0.14	0.30	0.15	2.01	0.423	0.06	0.52	0.37	0.65	0.096	0.21	0.28	0.12	1.22	0.206	0.27	0.44	0.22
66046	上長田	23	1.46	0.106	0.98	0.83	0.30	4.66	0.449	2.59	2.14	1.09	0.96	0.090	0.54	0.54	0.15	1.56	0.136	0.94	0.89	0.26
66091	千屋	23	1.14	0.152	0.44	0.53	0.19	3.01	0.464	0.87	1.09	0.61	0.85	0.104	0.37	0.43	0.13	1.04	0.083	0.66	0.61	0.17
66136	今岡	22	0.73	0.123	0.16	0.25	0.14	0.94	0.147	0.26	0.35	0.19	0.71	0.130	0.12	0.24	0.13	0.94	0.151	0.24	0.34	0.19
67016	高野	23	1.89	0.212	0.92	0.97	0.34	5.12	0.663	2.07	2.24	1.10	1.37	0.169	0.59	0.68	0.22	2.02	0.308	0.60	0.83	0.33
67151	大朝	23	1.26	0.213	0.28	0.47	0.22	3.15	0.532	0.71	0.96	0.65	0.91	0.129	0.31	0.41	0.15	1.62	0.248	0.48	0.63	0.30
68276	横田	31	1.57	0.243	0.45	0.64	0.27	4.58	0.888	0.49	1.21	0.91	0.85	0.070	0.53	0.50	0.15	1.37	0.157	0.65	0.70	0.24
68306	赤名	31	1.61	0.192	0.73	0.74	0.32	4.98	0.716	1.69	1.81	1.09	0.93	0.061	0.66	0.55	0.20	1.94	0.252	0.78	0.92	0.33
68401	瑞穂	28	1.05	0.152	0.36	0.44	0.20	3.46	0.686	0.30	0.96	0.65	0.77	0.088	0.36	0.38	0.14	1.76	0.271	0.51	0.72	0.31
68431	弥栄	28	1.01	0.148	0.33	0.41	0.19	2.96	0.505	0.64	1.01	0.57	0.75	0.098	0.30	0.34	0.13	1.35	0.100	0.89	0.76	0.28
69101	倉吉	31	0.80	0.113	0.28	0.31	0.17	1.83	0.312	0.39	0.56	0.40	0.78	0.110	0.27	0.31	0.16	1.64	0.278	0.36	0.51	0.36
69246	智頭	31	1.33	0.221	0.31	0.48	0.25	3.93	0.801	0.24	1.04	0.74	0.82	0.100	0.36	0.39	0.16	1.34	0.150	0.66	0.67	0.24

付 5.1.2　積雪未観測点における極値統計量

5.2.1 節で解説した降水量と気温に基づく方法の（5.2.3）式によって推定した，積雪深を測定していない気象庁観測点における年最大積雪深と年最大 7 日増分積雪深の，再現期間 100 年に対する値を推定した例を付表 5.1.3 に示す．推定に用いたデータは，降水量と気温を観測している全国 493 地点の AMeDAS 観測点のものである．

付表 5.1.3　AMeDAS 観測点のうち積雪深計を設置していない点における年最大積雪深と年最大 7 日増分積雪深およびそれらの重量の再現期間 100 年に対する値

Code	地点名	n	年最大積雪深 $t_R=100$ (m)	$1/a$	b	μ_{d_0} (m)	σ_{d_0} (m)	年最大積雪重量 $t_R=100$ (kN/m²)	$1/a$	b	μ_{S_0} (kN/m²)	σ_{S_0} (kN/m²)	7 日増分積雪深 $t_R=100$ (m)	$1/a$	b	μ_{d_n} (m)	σ_{d_n} (m)	7 日増分積雪重量 $t_R=100$ (kN/m²)	$1/a$	b	μ_{S_n} (kN/m²)	σ_{S_n} (kN/m²)
11001	宗谷岬	35	1.05	0.166	0.29	0.40	0.19	2.51	0.402	0.66	0.85	0.50	0.93	0.150	0.24	0.34	0.18	0.91	0.135	0.29	0.37	0.17
11011	船泊	25	2.55	0.345	0.96	1.10	0.48	8.00	1.106	2.92	3.20	1.64	1.76	0.307	0.35	0.65	0.30	1.66	0.235	0.58	0.72	0.28
11151	沓形	36	1.47	0.168	0.69	0.65	0.32	4.40	0.621	1.55	1.69	0.95	1.30	0.225	0.27	0.44	0.25	1.03	0.098	0.58	0.52	0.21
11206	浜頓別	36	1.97	0.194	1.08	1.03	0.39	5.65	0.566	3.04	2.91	1.18	1.02	0.119	0.48	0.52	0.18	0.88	0.047	0.66	0.59	0.16
12011	中川	36	2.25	0.251	1.09	1.21	0.35	7.30	0.839	3.44	3.74	1.24	1.06	0.096	0.62	0.60	0.17	1.04	0.076	0.70	0.67	0.16
12261	士別	36	1.71	0.105	1.23	1.13	0.28	5.89	0.494	3.61	3.41	1.06	1.36	0.199	0.45	0.62	0.21	1.18	0.137	0.55	0.63	0.16
12266	朝日	36	1.55	0.206	0.60	0.75	0.25	4.35	0.486	2.11	2.20	0.75	1.16	0.217	0.16	0.41	0.19	0.96	0.136	0.33	0.43	0.16
12386	江丹別	36	2.88	0.290	1.54	1.64	0.44	8.91	0.825	5.12	5.18	1.39	1.57	0.232	0.51	0.73	0.23	1.25	0.089	0.84	0.80	0.20
12396	比布	36	1.35	0.111	0.84	0.82	0.21	4.13	0.287	2.81	2.49	0.76	0.94	0.145	0.27	0.41	0.14	0.86	0.101	0.40	0.45	0.13
12451	東川	36	1.22	0.162	0.47	0.56	0.19	3.52	0.425	1.57	1.64	0.63	0.64	0.077	0.29	0.32	0.11	0.64	0.067	0.33	0.34	0.11
12512	忠別	36	1.49	0.152	0.79	0.80	0.28	4.82	0.514	2.45	2.43	0.96	0.81	0.098	0.36	0.41	0.15	0.77	0.064	0.48	0.44	0.15
12596	上富良野	36	1.38	0.161	0.64	0.71	0.23	4.12	0.432	2.13	2.06	0.81	0.77	0.104	0.29	0.37	0.12	0.84	0.120	0.29	0.40	0.12
12632	麓郷	35	1.44	0.161	0.70	0.76	0.22	4.01	0.342	2.44	2.18	0.75	0.75	0.075	0.40	0.41	0.12	0.81	0.087	0.41	0.44	0.12
13086	遠別	36	1.73	0.198	0.82	0.88	0.29	6.57	1.045	1.76	2.65	1.11	1.18	0.201	0.26	0.50	0.17	1.16	0.174	0.36	0.55	0.16
13146	焼尻	36	1.10	0.156	0.38	0.45	0.21	3.72	0.641	0.78	1.12	0.79	0.78	0.121	0.23	0.31	0.14	0.92	0.141	0.27	0.37	0.16
13261	達布	36	3.08	0.250	1.93	1.89	0.48	11.26	1.063	6.37	6.46	1.78	1.35	0.124	0.78	0.81	0.19	1.40	0.088	0.99	0.96	0.17
13311	増毛	35	2.40	0.318	0.93	1.02	0.50	7.85	0.980	3.34	3.33	1.83	1.31	0.160	0.57	0.58	0.27	1.39	0.132	0.78	0.71	0.29
14026	浜益	36	1.88	0.212	0.91	0.99	0.31	6.04	0.608	3.24	3.18	1.09	1.08	0.151	0.38	0.50	0.17	1.09	0.103	0.62	0.64	0.15

付表 5.1.3　AMeDAS 観測点のうち積雪深計を設置していない点における年最大積雪深と年最大 7 日増分積雪深およびそれらの重量の再現期間 100 年に対する値（つづき）

Code	地点名	n	年最大積雪深					年最大積雪重量					7 日増分積雪深					7 日増分積雪重量				
			$t_R=100$ (m)	$1/a$	b	μ_{d_0} (m)	σ_{d_0} (m)	$t_R=100$ (kN/m^2)	$1/a$	b	μ_{S_0} (kN/m^2)	σ_{S_0} (kN/m^2)	$t_R=100$ (m)	$1/a$	b	μ_{d_n} (m)	σ_{d_n} (m)	$t_R=100$ (kN/m^2)	$1/a$	b	μ_{S_n} (kN/m^2)	σ_{S_n} (kN/m^2)
14116	山口	36	1.86	0.183	1.02	1.03	0.32	5.46	0.518	3.08	3.09	0.94	1.08	0.108	0.58	0.58	0.18	1.15	0.093	0.72	0.70	0.19
14136	江別	13	1.54	0.075	1.19	0.98	0.29	4.62	0.454	2.53	2.65	0.68	1.08	0.134	0.47	0.53	0.17	1.16	0.133	0.55	0.59	0.18
14171	西野幌	22	2.21	0.276	0.95	1.19	0.29	5.80	0.507	3.47	3.44	0.84	1.46	0.234	0.38	0.62	0.22	1.50	0.228	0.45	0.69	0.20
14286	支笏湖畔	36	2.08	0.153	1.38	1.25	0.41	5.73	0.508	3.40	3.23	1.08	1.32	0.082	0.94	0.77	0.28	1.39	0.107	0.89	0.84	0.23
15116	石狩沼田	38	2.60	0.192	1.72	1.57	0.50	7.92	0.502	5.61	4.87	1.58	1.25	0.134	0.63	0.66	0.22	1.32	0.129	0.72	0.77	0.23
15231	空知吉野	35	3.17	0.200	2.25	2.08	0.48	10.64	0.641	7.69	6.89	1.67	1.69	0.177	0.88	0.94	0.25	1.66	0.126	1.08	1.06	0.23
15311	月形	36	2.88	0.283	1.58	1.67	0.44	9.81	0.890	5.72	5.57	1.65	1.54	0.210	0.58	0.76	0.23	1.60	0.179	0.77	0.89	0.22
15431	長沼	36	2.32	0.418	0.40	0.86	0.38	4.75	0.652	1.75	2.19	0.79	1.68	0.351	0.06	0.50	0.28	1.43	0.235	0.34	0.55	0.23
16026	美国	36	3.24	0.210	2.27	2.16	0.51	11.52	0.605	8.73	7.78	2.11	1.58	0.179	0.76	0.84	0.24	2.14	0.235	1.06	1.19	0.31
16061	神恵内	36	1.87	0.233	0.80	0.85	0.35	5.77	0.718	2.46	2.44	1.24	1.41	0.236	0.32	0.55	0.24	1.53	0.182	0.70	0.75	0.27
16281	真狩	35	2.66	0.224	1.63	1.66	0.39	9.51	0.952	5.13	5.45	1.47	1.17	0.113	0.65	0.70	0.17	1.21	0.072	0.88	0.82	0.17
17076	興部	36	2.33	0.403	0.47	0.78	0.45	4.45	0.663	1.40	1.70	0.90	1.97	0.400	0.13	0.54	0.37	1.67	0.301	0.29	0.55	0.31
17166	湧別	36	1.79	0.241	0.69	0.72	0.38	3.26	0.416	1.34	1.39	0.68	1.40	0.175	0.60	0.56	0.32	1.26	0.163	0.51	0.51	0.27
17246	常呂	36	2.20	0.480	−0.01	0.58	0.41	3.59	0.640	0.65	1.19	0.69	1.93	0.462	−0.19	0.42	0.36	1.71	0.394	−0.10	0.40	0.31
17501	生田原	36	1.66	0.225	0.63	0.74	0.30	2.99	0.361	1.33	1.46	0.53	1.38	0.194	0.48	0.54	0.28	1.47	0.252	0.31	0.49	0.28
17546	小清水	36	1.66	0.294	0.30	0.57	0.30	2.97	0.468	0.81	1.08	0.59	1.50	0.281	0.21	0.45	0.28	1.42	0.278	0.14	0.43	0.25
17607	境野	36	1.77	0.268	0.53	0.72	0.31	3.35	0.452	1.27	1.38	0.67	1.46	0.262	0.25	0.51	0.25	1.31	0.224	0.28	0.45	0.24
17631	美幌	36	1.73	0.281	0.43	0.67	0.30	3.00	0.416	1.08	1.29	0.57	1.52	0.271	0.27	0.51	0.28	1.42	0.250	0.27	0.48	0.26
18136	標津	36	2.04	0.326	0.54	0.77	0.38	4.10	0.594	1.36	1.62	0.83	1.55	0.259	0.36	0.55	0.29	1.29	0.166	0.52	0.57	0.24
18206	計根別	25	1.93	0.199	1.01	0.98	0.37	4.54	0.626	1.66	1.96	0.80	1.31	0.103	0.84	0.72	0.28	1.27	0.158	0.54	0.64	0.19
18281	納沙布	36	0.82	0.148	0.13	0.28	0.15	2.27	0.522	−0.13	0.50	0.42	0.72	0.135	0.10	0.24	0.13	0.84	0.153	0.14	0.30	0.14
19051	弟子屈	36	2.83	0.401	0.98	1.24	0.49	5.90	0.710	2.63	2.61	1.23	2.42	0.420	0.48	0.88	0.43	2.13	0.350	0.52	0.85	0.38
19311	榊町	36	1.39	0.225	0.36	0.50	0.28	2.28	0.354	0.65	0.82	0.47	1.22	0.199	0.30	0.42	0.25	0.94	0.110	0.43	0.43	0.19
19451	知方学	35	1.17	0.115	0.64	0.53	0.28	2.35	0.330	0.83	0.89	0.51	0.99	0.100	0.53	0.44	0.24	1.00	0.120	0.45	0.47	0.20
20276	足寄	36	1.42	0.255	0.25	0.47	0.26	2.16	0.315	0.72	0.82	0.45	1.15	0.199	0.24	0.37	0.23	0.79	0.107	0.30	0.35	0.15
20361	鹿追	35	1.50	0.233	0.43	0.62	0.25	3.17	0.453	1.09	1.24	0.63	1.10	0.157	0.37	0.45	0.20	1.47	0.278	0.18	0.46	0.26
20371	駒場	36	1.31	0.180	0.48	0.57	0.25	2.16	0.228	1.11	1.01	0.46	1.12	0.168	0.35	0.43	0.22	1.35	0.248	0.21	0.43	0.25
20441	池田	36	2.01	0.300	0.63	0.82	0.37	2.83	0.267	1.60	1.44	0.58	1.73	0.273	0.47	0.62	0.35	1.26	0.157	0.54	0.58	0.23
20556	糠内	35	2.33	0.347	0.73	1.00	0.39	3.55	0.365	1.86	1.78	0.69	1.85	0.279	0.57	0.73	0.34	2.18	0.407	0.30	0.68	0.39
20606	更別	36	2.35	0.255	1.18	1.24	0.39	3.88	0.287	2.56	2.33	0.71	2.08	0.310	0.65	0.89	0.34	1.97	0.318	0.51	0.77	0.34
20631	大津	36	2.01	0.272	0.75	0.86	0.40	3.66	0.521	1.26	1.56	0.72	1.63	0.205	0.69	0.67	0.35	1.42	0.200	0.49	0.62	0.24
21111	厚真	36	1.36	0.211	0.39	0.52	0.26	2.85	0.424	0.90	1.14	0.54	1.27	0.247	0.14	0.38	0.23	1.13	0.193	0.24	0.41	0.21
21171	森野	36	3.12	0.508	0.78	1.21	0.55	6.64	0.880	2.60	3.01	1.17	2.48	0.461	0.36	0.80	0.48	2.30	0.375	0.58	0.92	0.38
21276	鵡川	35	1.01	0.169	0.23	0.35	0.19	1.78	0.280	0.49	0.62	0.36	0.82	0.139	0.18	0.28	0.16	0.90	0.175	0.10	0.29	0.16
21297	伊達	36	1.61	0.339	0.05	0.41	0.30	3.06	0.568	0.44	0.82	0.65	1.13	0.237	0.04	0.31	0.20	1.38	0.286	0.07	0.39	0.25
22141	日高門別	38	0.93	0.186	0.08	0.28	0.18	1.27	0.199	0.36	0.43	0.28	0.84	0.170	0.06	0.23	0.16	0.77	0.145	0.10	0.25	0.15
22156	新和	36	1.21	0.169	0.43	0.51	0.23	2.89	0.311	1.46	1.34	0.63	0.91	0.157	0.19	0.33	0.16	0.97	0.148	0.29	0.39	0.17
22291	三石	36	0.59	0.066	0.28	0.30	0.11	1.58	0.213	0.60	0.66	0.32	0.49	0.058	0.22	0.23	0.09	0.70	0.091	0.28	0.31	0.13
22391	えりも岬	35	0.84	0.196	−0.06	0.17	0.16	0.91	0.155	0.20	0.30	0.18	0.83	0.197	−0.07	0.16	0.16	0.77	0.135	0.15	0.25	0.15
23206	川汲	36	1.53	0.247	0.39	0.53	0.30	3.66	0.629	0.77	1.18	0.74	1.14	0.172	0.35	0.42	0.22	1.38	0.177	0.56	0.61	0.26
23226	北斗	36	1.23	0.172	0.44	0.54	0.22	3.65	0.524	1.23	1.46	0.71	0.61	0.065	0.31	0.33	0.10	0.80	0.070	0.48	0.48	0.13
23326	木古内	36	1.45	0.151	0.75	0.69	0.30	5.24	0.661	2.20	2.14	1.18	0.65	0.061	0.37	0.37	0.10	1.01	0.101	0.54	0.55	0.16
23376	松前	36	1.39	0.239	0.29	0.45	0.29	4.47	0.892	0.37	1.12	0.93	0.90	0.153	0.19	0.32	0.17	1.17	0.169	0.39	0.47	0.23
24041	せたな	36	1.04	0.186	0.18	0.36	0.19	2.87	0.524	0.46	0.88	0.58	0.74	0.131	0.13	0.26	0.13	0.94	0.150	0.26	0.37	0.17
24101	奥尻	36	1.84	0.291	0.50	0.52	0.47	5.43	0.832	1.60	1.47	1.46	1.16	0.189	0.29	0.34	0.29	1.32	0.168	0.55	0.47	0.36
31121	小田野沢	37	0.90	0.142	0.25	0.31	0.18	2.16	0.370	0.46	0.67	0.45	0.91	0.160	0.17	0.29	0.18	0.85	0.102	0.38	0.39	0.18
31186	市浦	37	1.55	0.281	0.25	0.50	0.29	4.94	0.965	0.50	1.37	0.96	0.89	0.142	0.24	0.34	0.16	1.24	0.188	0.38	0.53	0.21
31201	蟹田	37	1.11	0.111	0.60	0.54	0.24	4.15	0.587	1.45	1.62	0.88	0.64	0.069	0.33	0.34	0.11	0.94	0.104	0.46	0.52	0.15
31336	六ケ所	35	1.57	0.225	0.54	0.63	0.31	5.11	0.909	0.93	1.67	1.00	0.94	0.116	0.40	0.43	0.18	1.38	0.193	0.49	0.62	0.25
31466	黒石	37	1.40	0.260	0.21	0.44	0.26	4.70	0.986	0.16	1.17	0.91	0.74	0.108	0.24	0.30	0.13	0.97	0.143	0.32	0.41	0.17
31506	三沢	37	0.66	0.084	0.27	0.30	0.13	1.44	0.237	0.35	0.54	0.26	0.62	0.089	0.21	0.26	0.11	0.71	0.067	0.40	0.40	0.12
31662	休屋	37	1.58	0.198	0.67	0.72	0.30	4.66	0.564	2.06	2.03	0.96	1.03	0.183	0.19	0.40	0.17	1.18	0.147	0.50	0.55	0.21
32056	八森	37	0.48	0.064	0.19	0.18	0.11	1.12	0.204	0.18	0.34	0.22	0.44	0.061	0.16	0.16	0.10	0.54	0.042	0.34	0.28	0.13
32136	大館	37	1.26	0.152	0.56	0.58	0.25	4.69	0.645	1.73	1.84	0.99	0.68	0.072	0.35	0.35	0.12	1.06	0.122	0.50	0.54	0.18
32206	湯瀬	37	1.98	0.349	0.37	0.74	0.33	5.21	0.850	1.30	2.07	0.89	1.49	0.307	0.07	0.46	0.25	1.41	0.224	0.37	0.60	0.22
32287	大潟	37	0.80	0.124	0.23	0.30	0.16	2.55	0.510	0.21	0.67	0.51	0.56	0.079	0.20	0.24	0.11	0.88	0.118	0.34	0.39	0.16
32266	八幡平	35	2.64	0.161	1.90	1.58	0.54	11.16	1.025	6.45	5.83	2.30	1.55	0.234	0.48	0.70	0.24	1.62	0.126	1.04	0.97	0.27
32286	男鹿	37	0.98	0.170	0.20	0.35	0.18	3.29	0.640	0.34	0.92	0.65	0.61	0.072	0.28	0.28	0.12	1.26	0.210	0.30	0.48	0.23
32407	岩見三内	37	1.35	0.133	0.74	0.74	0.25	5.40	0.632	2.49	2.62	1.09	0.72	0.083	0.34	0.39	0.11	1.21	0.120	0.66	0.68	0.19
32476	田沢湖	37	2.13	0.315	0.68	0.93	0.37	6.14	0.600	3.38	3.24	1.27	1.35	0.252	0.19	0.48	0.21	1.79	0.254	0.62	0.79	0.30
32551	大曲	37	1.84	0.224	0.81	0.88	0.35	7.34	1.054	2.49	2.96	1.43	0.92	0.117	0.38	0.45	0.15	1.26	0.137	0.63	0.71	0.18
32581	東由利	37	2.80	0.316	1.35	1.48	0.46	10.09	1.108	4.99	5.42	1.76	1.21	0.126	0.63	0.69	0.17	1.75	0.157	1.03	1.11	0.20
32616	象潟	37	0.93	0.190	0.06	0.22	0.19	1.81	0.334	0.27	0.50	0.39	0.89	0.198	−0.03	0.20	0.18	1.14	0.182	0.30	0.39	0.24
33006	種市	37	0.99	0.137	0.36	0.38	0.21	1.98	0.336	0.43	0.65	0.40	0.85	0.124	0.28	0.33	0.17	1.10	0.141	0.45	0.49	0.21
33026	軽米	37	1.22	0.203	0.29	0.42	0.24	2.19	0.411	0.30	0.68	0.40	0.95	0.134	0.34	0.37	0.19	1.27	0.198	0.35	0.47	0.24
33136	山形	36	1.58	0.211	0.61	0.64	0.33	2.49	0.312	1.06	1.07	0.52	1.39	0.184	0.55	0.54	0.30	1.49	0.204	0.55	0.61	0.29
33166	荒屋	37	1.44	0.179	0.61	0.65	0.28	4.72	0.760	1.22	1.67	0.95	1.16	0.198	0.25	0.43	0.20	1.00	0.112	0.48	0.51	0.18
33206	普代	37	1.32	0.190	0.44	0.51	0.27	2.53	0.395	0.71	0.93	0.51	1.11	0.138	0.48	0.48	0.24	1.95	0.282	0.65	0.75	0.39
33296	好摩	37	1.55	0.380	−0.19	0.36	0.29	1.84	0.325	0.35	0.61	0.35	1.49	0.383	−0.27	0.30	0.29	1.26	0.280	−0.03	0.36	0.22
33336	小本	36	1.11	0.164	0.35	0.42	0.23	2.43	0.397	0.61	0.86	0.46	0.92	0.116	0.38	0.38	0.20	1.58	0.233	0.51	0.67	0.28
33371	藪川	37	1.51	0.167	0.74	0.78	0.26	4.00	0.380	2.26	2.13	0.75	1.13	0.181	0.29	0.45	0.19	1.21	0.185	0.36	0.52	0.19
33446	門馬	18	1.10	0.124	0.53	0.58	0.16	3.59	0.444	1.55	1.72	0.59	0.58	0.044	0.38	0.35	0.10	1.28	0.219	0.27	0.48	0.20
33501	紫波	37	0.75	0.105	0.27	0.34	0.13	1.67	0.237	0.58	0.67	0.33	0.62	0.087	0.22	0.28	0.11	0.86	0.113	0.33	0.39	0.15
33526	川井	36	1.24	0.239	0.14	0.36	0.24	2.08	0.424	0.13	0.58	0.39	1.16	0.215	0.17	0.34	0.23	1.53	0.279	0.25	0.49	0.30
33561	沢内	37	2.89	0.278	1.61	1.66	0.48	10.98	1.032	6.23	6.06	1.96	1.21	0.102	0.74	0.73	0.18	1.68	0.118	1.14	1.10	0.24
33581	大迫	37	0.72	0.116	0.19	0.28	0.12	1.44	0.221	0.42	0.54	0.28	0.68	0.122	0.11	0.24	0.11	0.84	0.125	0.26	0.35	0.15
33616	山田	37	0.99	0.144	0.33	0.37	0.21	2.58	0.441	0.56	0.85	0.51	0.95	0.147	0.27	0.34	0.19	1.98	0.287	0.66	0.77	0.41
33751	釜石	37	0.97	0.161	0.23	0.30	0.21	2.80	0.545	0.29	0.77	0.56	0.93	0.158	0.21	0.29	0.20	1.90	0.278	0.62	0.69	0.41
33776	若柳	37	0.80	0.083	0.42	0.39	0.17	2.43	0.342	0.85	0.89	0.56	0.65	0.080	0.28	0.30	0.13	0.91	0.095	0.47	0.43	0.19
33781	江刺	37	0.62	0.061	0.33	0.31	0.12	1.79	0.251	0.63	0.65	0.39	0.52	0.061	0.24	0.26	0.10	0.70	0.062	0.41	0.37	0.14
33801	住田	36	0.75	0.147	0.07	0.20	0.15	1.14	0.184	0.30	0.38	0.24	0.70	0.146	0.03	0.18	0.13	1.14	0.208	0.18	0.34	0.23

付表 5.1.3　AMeDAS 観測点のうち積雪深計を設置していない点における年最大積雪深と年最大 7 日増分積雪深およびそれらの重量の再現期間 100 年に対する値（つづき）

Code	地点名	n	年最大積雪深 $t_R=100$ (m)	$1/a$	b	μ_{d_0} (m)	σ_{d_0} (m)	年最大積雪重量 $t_R=100$ (kN/m²)	$1/a$	b	μ_{S_0} (kN/m²)	σ_{S_0} (kN/m²)	7日増分積雪深 $t_R=100$ (m)	$1/a$	b	μ_{d_n} (m)	σ_{d_n} (m)	7日増分積雪重量 $t_R=100$ (kN/m²)	$1/a$	b	μ_{S_n} (kN/m²)	σ_{S_n} (kN/m²)
33921	千厩	37	0.30	0.032	0.15	0.15	0.06	0.78	0.116	0.24	0.29	0.16	0.31	0.043	0.11	0.14	0.06	0.74	0.126	0.16	0.26	0.14
34026	気仙沼	37	0.47	0.091	0.06	0.15	0.09	1.02	0.144	0.36	0.38	0.22	0.44	0.081	0.06	0.14	0.08	0.98	0.147	0.31	0.36	0.20
34111	築館	38	0.55	0.088	0.14	0.21	0.10	1.06	0.165	0.30	0.39	0.21	0.53	0.087	0.13	0.19	0.10	1.03	0.181	0.20	0.36	0.19
34171	米山	37	0.40	0.047	0.19	0.16	0.10	1.16	0.212	0.19	0.34	0.23	0.36	0.034	0.20	0.16	0.09	1.03	0.198	0.12	0.30	0.19
34186	志津川	37	0.56	0.117	0.02	0.15	0.11	0.98	0.155	0.26	0.34	0.20	0.56	0.118	0.02	0.15	0.11	0.88	0.143	0.23	0.32	0.18
34266	大衡	37	0.84	0.152	0.14	0.28	0.15	1.51	0.255	0.34	0.53	0.29	0.79	0.148	0.11	0.26	0.14	0.93	0.095	0.49	0.45	0.19
34276	鹿島台	37	0.39	0.052	0.15	0.15	0.08	0.84	0.119	0.29	0.33	0.18	0.39	0.056	0.13	0.15	0.08	0.81	0.114	0.28	0.32	0.17
34331	塩釜	37	0.50	0.070	0.18	0.19	0.11	0.91	0.119	0.37	0.38	0.19	0.50	0.071	0.17	0.18	0.11	0.90	0.129	0.31	0.36	0.18
34361	江ノ島	35	0.46	0.119	−0.09	0.06	0.09	0.62	0.110	0.11	0.16	0.14	0.46	0.119	−0.09	0.06	0.09	0.62	0.110	0.11	0.16	0.15
34421	川崎	28	0.64	0.063	0.35	0.30	0.14	1.86	0.338	0.31	0.61	0.34	0.61	0.071	0.28	0.27	0.13	1.14	0.163	0.39	0.50	0.20
34471	亘理	37	0.63	0.118	0.09	0.16	0.14	1.07	0.163	0.32	0.37	0.24	0.60	0.109	0.10	0.16	0.13	1.06	0.169	0.28	0.36	0.23
34506	丸森	36	0.84	0.139	0.20	0.25	0.19	1.42	0.230	0.36	0.48	0.29	0.80	0.136	0.17	0.24	0.18	1.35	0.246	0.22	0.43	0.26
35002	飛島	35	0.87	0.172	0.08	0.21	0.19	1.37	0.222	0.35	0.41	0.32	0.86	0.174	0.06	0.20	0.18	1.22	0.203	0.29	0.37	0.27
35071	差首鍋	37	2.82	0.275	1.56	1.55	0.51	11.65	1.156	6.34	6.21	2.28	1.07	0.086	0.67	0.66	0.17	1.85	0.154	1.14	1.18	0.26
35141	鶴岡	37	1.14	0.146	0.47	0.49	0.24	3.42	0.445	1.37	1.44	0.74	1.05	0.172	0.26	0.40	0.20	1.98	0.282	0.68	0.85	0.36
35246	鼠ケ関	37	0.59	0.082	0.22	0.22	0.14	1.89	0.320	0.42	0.65	0.38	0.58	0.089	0.17	0.20	0.12	1.09	0.131	0.49	0.52	0.22
35332	村山	37	1.59	0.194	0.70	0.71	0.31	5.91	0.936	1.60	2.17	1.15	0.94	0.119	0.39	0.45	0.15	1.55	0.206	0.61	0.72	0.26
35511	高畠	37	1.71	0.271	0.47	0.64	0.33	5.05	0.742	1.64	1.80	1.13	1.05	0.149	0.37	0.43	0.20	1.43	0.168	0.65	0.68	0.27
35541	高峰	37	3.32	0.457	1.22	1.55	0.58	13.61	2.115	3.88	5.70	2.41	1.42	0.136	0.80	0.76	0.26	2.31	0.219	1.30	1.28	0.40
36066	梁川	37	0.67	0.125	0.10	0.19	0.14	1.10	0.191	0.22	0.35	0.22	0.58	0.102	0.12	0.18	0.12	0.92	0.142	0.26	0.33	0.18
36106	桧原	35	2.45	0.227	1.41	1.45	0.39	8.37	0.869	4.37	4.66	1.44	1.71	0.221	0.69	0.79	0.30	2.05	0.253	0.88	1.00	0.34
36151	相馬	37	1.15	0.285	−0.16	0.17	0.23	1.29	0.240	0.19	0.34	0.29	1.13	0.284	−0.18	0.16	0.23	1.14	0.199	0.23	0.32	0.26
36176	喜多方	37	2.13	0.278	0.85	0.93	0.42	6.03	0.622	3.17	2.88	1.34	1.62	0.248	0.47	0.63	0.30	2.08	0.279	0.80	0.95	0.36
36196	鷲倉	37	3.01	0.471	0.84	0.82	0.83	9.22	1.368	2.92	2.53	2.60	2.03	0.368	0.34	0.49	0.51	2.48	0.458	0.38	0.61	0.61
36221	飯舘	37	1.75	0.384	−0.02	0.42	0.33	2.79	0.544	0.28	0.70	0.58	1.37	0.285	0.05	0.36	0.26	1.53	0.256	0.35	0.49	0.31
36291	二本松	37	0.62	0.096	0.18	0.21	0.13	0.94	0.135	0.32	0.36	0.20	0.60	0.101	0.13	0.20	0.12	0.70	0.076	0.35	0.32	0.16
36391	船引	37	1.05	0.216	0.06	0.28	0.20	1.70	0.347	0.11	0.44	0.33	0.88	0.167	0.11	0.25	0.17	1.12	0.199	0.21	0.36	0.21
36411	浪江	37	0.75	0.157	0.03	0.15	0.16	1.68	0.346	0.09	0.42	0.35	0.71	0.146	0.03	0.14	0.15	1.37	0.251	0.22	0.39	0.30
36476	郡山	38	0.53	0.093	0.10	0.16	0.11	0.89	0.154	0.18	0.28	0.18	0.51	0.090	0.10	0.15	0.11	0.66	0.085	0.27	0.27	0.15
36501	川内	37	1.06	0.180	0.24	0.32	0.23	2.07	0.386	0.29	0.59	0.42	0.89	0.148	0.21	0.28	0.19	1.40	0.234	0.32	0.47	0.28
36591	小野新町	37	0.68	0.124	0.11	0.21	0.13	1.29	0.248	0.15	0.37	0.25	0.56	0.094	0.13	0.19	0.11	0.82	0.130	0.22	0.30	0.16
36611	広野	37	0.47	0.098	0.02	0.10	0.10	1.20	0.232	0.14	0.30	0.26	0.47	0.098	0.02	0.10	0.10	1.08	0.210	0.12	0.27	0.23
36676	石川	37	0.65	0.108	0.15	0.20	0.14	1.34	0.257	0.16	0.38	0.26	0.44	0.052	0.20	0.18	0.10	0.86	0.125	0.28	0.32	0.18
36776	上遠野	32	0.21	0.032	0.06	0.06	0.05	0.81	0.129	0.21	0.22	0.20	0.21	0.032	0.06	0.06	0.05	0.82	0.137	0.18	0.22	0.19
36821	東白川	37	0.61	0.127	0.03	0.14	0.13	1.12	0.220	0.11	0.29	0.23	0.49	0.094	0.06	0.13	0.10	0.73	0.109	0.23	0.26	0.16
40046	北茨城	36	0.36	0.093	−0.07	0.05	0.07	1.01	0.234	−0.07	0.17	0.21	0.36	0.094	−0.07	0.05	0.07	0.98	0.235	−0.10	0.16	0.20
40061	大子	36	0.37	0.071	0.05	0.09	0.08	0.80	0.151	0.10	0.23	0.16	0.28	0.041	0.09	0.09	0.07	0.62	0.105	0.14	0.21	0.12
40091	小瀬	35	0.19	0.024	0.08	0.06	0.05	0.53	0.083	0.15	0.16	0.13	0.19	0.024	0.08	0.06	0.05	0.46	0.061	0.18	0.16	0.11
40136	日立	36	0.37	0.104	−0.11	0.04	0.08	1.14	0.308	−0.28	0.15	0.24	0.37	0.105	−0.11	0.04	0.08	0.82	0.205	−0.12	0.13	0.17
40191	笠間	36	0.25	0.050	0.02	0.06	0.05	1.09	0.265	−0.13	0.21	0.20	0.25	0.050	0.02	0.06	0.05	0.91	0.207	−0.04	0.20	0.17
40221	古河	36	0.21	0.041	0.02	0.05	0.05	0.69	0.160	−0.05	0.13	0.15	0.18	0.030	0.04	0.04	0.05	0.61	0.137	−0.01	0.13	0.13
40231	下館	12	0.31	0.063	0.02	0.06	0.07	1.23	0.323	−0.26	0.17	0.22	0.23	0.040	0.05	0.06	0.06	1.14	0.294	−0.21	0.16	0.21
40243	筑波山	25	0.99	0.190	0.12	0.27	0.21	1.85	0.397	0.02	0.42	0.37	0.91	0.187	0.05	0.24	0.18	1.13	0.210	0.16	0.33	0.23
40281	下妻	36	0.31	0.067	0.00	0.06	0.06	0.69	0.149	0.00	0.16	0.14	0.25	0.050	0.02	0.05	0.05	0.55	0.105	0.07	0.15	0.12
40311	鉾田	36	0.25	0.050	0.02	0.06	0.06	0.64	0.117	0.10	0.19	0.14	0.25	0.050	0.02	0.06	0.06	0.64	0.117	0.10	0.19	0.14
40336	長峰	24	0.40	0.102	−0.07	0.05	0.08	0.94	0.239	−0.15	0.15	0.19	0.40	0.104	−0.07	0.05	0.08	0.61	0.130	0.01	0.14	0.13
40341	土浦	36	0.29	0.074	−0.05	0.04	0.06	0.60	0.128	0.01	0.13	0.13	0.29	0.074	−0.05	0.04	0.06	0.42	0.071	0.09	0.12	0.10
40406	鹿嶋	36	0.11	0.015	0.04	0.03	0.03	0.49	0.072	0.15	0.14	0.13	0.11	0.015	0.04	0.03	0.03	0.48	0.070	0.16	0.14	0.13
40426	龍ケ崎	35	0.45	0.120	−0.10	0.06	0.09	1.09	0.271	−0.16	0.19	0.22	0.45	0.121	−0.10	0.06	0.09	0.74	0.153	0.03	0.17	0.16
41076	五十里	36	1.18	0.190	0.30	0.43	0.22	2.81	0.526	0.39	0.84	0.55	0.87	0.117	0.33	0.37	0.17	1.12	0.132	0.51	0.50	0.22
41091	黒磯	36	0.33	0.058	0.06	0.11	0.07	0.57	0.098	0.12	0.19	0.11	0.31	0.053	0.07	0.11	0.06	0.57	0.102	0.10	0.19	0.11
41141	大田原	38	0.34	0.066	0.04	0.09	0.07	0.65	0.114	0.13	0.21	0.13	0.33	0.061	0.05	0.08	0.07	0.66	0.119	0.11	0.20	0.13
41171	今市	35	0.55	0.082	0.18	0.19	0.13	1.52	0.267	0.29	0.43	0.33	0.45	0.062	0.16	0.17	0.10	1.14	0.174	0.34	0.38	0.25
41181	塩谷	35	0.30	0.038	0.13	0.11	0.07	0.82	0.151	0.13	0.24	0.16	0.28	0.032	0.13	0.10	0.07	0.65	0.096	0.21	0.23	0.14
41247	那須烏山	36	0.32	0.058	0.05	0.08	0.07	0.65	0.116	0.12	0.20	0.14	0.29	0.050	0.06	0.08	0.07	0.57	0.087	0.16	0.19	0.13
41271	鹿沼	36	0.36	0.070	0.04	0.08	0.08	0.97	0.184	0.12	0.24	0.21	0.28	0.044	0.07	0.08	0.07	0.89	0.173	0.09	0.23	0.19
41331	真岡	36	0.29	0.056	0.03	0.07	0.07	0.72	0.159	−0.01	0.16	0.15	0.24	0.043	0.05	0.06	0.06	0.58	0.115	0.05	0.15	0.12
41361	佐野	36	0.31	0.066	0.00	0.06	0.07	0.80	0.196	−0.10	0.14	0.18	0.31	0.066	0.00	0.06	0.07	0.60	0.130	0.00	0.13	0.13
41376	小山	36	0.24	0.047	0.02	0.05	0.05	0.71	0.169	−0.07	0.14	0.15	0.19	0.032	0.05	0.05	0.05	0.66	0.155	−0.05	0.13	0.14
42146	沼田	36	0.90	0.160	0.16	0.28	0.18	1.82	0.404	−0.04	0.41	0.34	0.70	0.107	0.21	0.26	0.14	1.16	0.230	0.10	0.34	0.21
42186	中之条	36	0.95	0.243	−0.17	0.17	0.18	1.14	0.236	0.06	0.29	0.22	0.76	0.182	−0.08	0.15	0.14	0.97	0.188	0.10	0.27	0.19
42221	田代	36	1.47	0.175	0.67	0.71	0.27	3.79	0.614	0.97	1.37	0.71	1.10	0.127	0.51	0.52	0.21	1.10	0.112	0.59	0.59	0.20
42266	桐生	38	0.39	0.094	−0.04	0.06	0.08	1.03	0.260	−0.16	0.16	0.21	0.37	0.087	−0.03	0.06	0.08	0.79	0.180	−0.03	0.15	0.17
42286	上里見	36	0.48	0.119	−0.07	0.07	0.10	1.02	0.240	−0.08	0.18	0.21	0.37	0.085	−0.02	0.07	0.08	0.92	0.208	−0.04	0.17	0.19
42302	伊勢崎	36	0.37	0.094	−0.06	0.05	0.07	1.18	0.303	−0.22	0.17	0.24	0.30	0.070	−0.03	0.05	0.06	1.05	0.261	−0.16	0.16	0.22
42326	西野牧	36	0.84	0.208	−0.12	0.14	0.17	1.19	0.278	−0.09	0.25	0.23	0.55	0.117	0.01	0.13	0.11	0.99	0.215	0.00	0.23	0.20
42366	館林	35	0.35	0.091	−0.06	0.05	0.07	1.01	0.266	−0.22	0.15	0.21	0.35	0.091	−0.06	0.05	0.07	0.73	0.172	−0.07	0.14	0.15
42396	神流	36	1.03	0.248	−0.11	0.18	0.20	1.33	0.269	0.09	0.32	0.27	0.70	0.149	0.02	0.16	0.14	1.09	0.193	0.20	0.31	0.24
43051	寄居	36	0.40	0.094	−0.03	0.07	0.08	1.18	0.263	−0.03	0.22	0.25	0.34	0.073	0.00	0.06	0.07	1.00	0.206	0.05	0.21	0.22
43126	久喜	36	0.30	0.064	0.01	0.06	0.07	1.07	0.261	−0.13	0.20	0.22	0.27	0.054	0.02	0.06	0.06	0.89	0.203	−0.04	0.19	0.18
43171	鳩山	36	0.48	0.119	−0.07	0.07	0.10	1.30	0.321	−0.18	0.22	0.26	0.46	0.114	−0.06	0.07	0.10	0.91	0.194	0.02	0.20	0.19
43241	浦和	36	0.28	0.059	0.01	0.06	0.06	0.81	0.164	0.06	0.19	0.18	0.21	0.036	0.04	0.05	0.05	0.62	0.104	0.15	0.18	0.15
43256	越谷	36	0.29	0.057	0.02	0.06	0.06	0.94	0.208	−0.02	0.21	0.19	0.27	0.053	0.02	0.06	0.06	0.74	0.143	0.08	0.20	0.16
43266	所沢	36	0.85	0.223	−0.18	0.11	0.17	1.90	0.477	−0.30	0.31	0.38	0.78	0.205	−0.16	0.11	0.16	1.37	0.308	−0.04	0.28	0.29
44046	小河内	37	0.98	0.222	−0.04	0.20	0.20	1.72	0.387	−0.06	0.41	0.33	0.87	0.194	−0.02	0.19	0.17	1.23	0.231	0.17	0.37	0.24
44056	青梅	37	0.65	0.160	−0.09	0.10	0.13	1.66	0.405	−0.20	0.30	0.33	0.59	0.147	−0.08	0.10	0.12	1.24	0.269	0.01	0.28	0.25
44076	練馬	37	0.36	0.077	0.01	0.07	0.08	1.04	0.217	0.04	0.23	0.22	0.36	0.076	0.01	0.07	0.08	0.95	0.191	0.07	0.22	0.20
44112	八王子	37	0.45	0.103	−0.02	0.08	0.09	0.97	0.166	0.21	0.27	0.23	0.45	0.102	−0.02	0.08	0.09	0.84	0.129	0.24	0.26	0.20
44116	府中	37	0.45	0.110	−0.06	0.07	0.09	1.12	0.241	0.01	0.24	0.23	0.42	0.101	−0.05	0.07	0.08	0.82	0.144	0.15	0.23	0.19
44136	新木場	37	0.23	0.061	−0.05	0.03	0.05	0.65	0.142	0.00	0.11	0.14	0.23	0.060	−0.05	0.03	0.05	0.57	0.124	0.00	0.10	0.13
44206	新島	31	0.01	0.004	−0.01	0.00	0.00	0.06	0.020	−0.03	0.00	0.01	0.01	0.004	−0.01	0.00	0.00	0.06	0.020	−0.03	0.00	0.01

付表 5.1.3 AMeDAS 観測点のうち積雪深計を設置していない点における年最大積雪深と年最大 7 日増分積雪深およびそれらの重量の再現期間 100 年に対する値（つづき）

Code	地点名	n	年最大積雪深					年最大積雪重量					7 日増分積雪深					7 日増分積雪重量				
			$t_R=100$ (m)	$1/a$	b	μ_{d_0} (m)	σ_{d_0} (m)	$t_R=100$ (kN/m^2)	$1/a$	b	μ_{S_0} (kN/m^2)	σ_{S_0} (kN/m^2)	$t_R=100$ (m)	$1/a$	b	μ_{d_n} (m)	σ_{d_n} (m)	$t_R=100$ (kN/m^2)	$1/a$	b	μ_{S_n} (kN/m^2)	σ_{S_n} (kN/m^2)
45036	佐原	21	0.28	0.067	-0.03	0.05	0.06	0.53	0.095	0.09	0.15	0.12	0.28	0.067	-0.03	0.05	0.06	0.53	0.095	0.09	0.15	0.12
45056	我孫子	36	0.47	0.112	-0.04	0.08	0.10	1.07	0.252	-0.09	0.21	0.22	0.44	0.103	-0.03	0.08	0.09	0.70	0.133	0.09	0.19	0.16
45081	香取	14	0.33	0.073	0.00	0.06	0.07	0.84	0.135	0.22	0.24	0.21	0.32	0.075	-0.03	0.06	0.06	0.82	0.139	0.18	0.23	0.20
45106	船橋	36	0.47	0.119	-0.08	0.07	0.09	0.99	0.232	-0.08	0.19	0.21	0.43	0.110	-0.07	0.06	0.09	0.64	0.117	0.10	0.18	0.15
45116	佐倉	35	0.32	0.074	-0.02	0.06	0.07	1.01	0.232	-0.06	0.20	0.21	0.31	0.073	-0.02	0.06	0.06	0.78	0.156	0.06	0.19	0.17
45181	横芝光	36	0.20	0.043	0.01	0.04	0.05	0.75	0.152	0.05	0.16	0.17	0.20	0.043	0.01	0.04	0.05	0.75	0.152	0.05	0.16	0.17
45261	茂原	36	0.24	0.055	-0.01	0.04	0.05	0.97	0.213	-0.01	0.18	0.21	0.24	0.055	-0.01	0.04	0.05	0.96	0.210	-0.01	0.18	0.21
45282	木更津	36	0.21	0.047	0.00	0.04	0.05	0.97	0.220	-0.04	0.17	0.21	0.17	0.034	0.01	0.03	0.04	0.82	0.177	0.00	0.15	0.18
45291	牛久	36	0.48	0.115	-0.05	0.08	0.10	1.55	0.380	-0.20	0.26	0.31	0.48	0.118	-0.06	0.07	0.10	1.14	0.251	-0.01	0.23	0.24
45326	坂畑	36	0.75	0.182	-0.09	0.12	0.15	1.87	0.401	0.02	0.41	0.39	0.70	0.168	-0.07	0.12	0.14	1.52	0.295	0.16	0.39	0.32
45361	鴨川	36	0.24	0.065	-0.06	0.02	0.05	1.16	0.318	-0.30	0.11	0.24	0.17	0.044	-0.03	0.02	0.04	0.89	0.227	-0.16	0.10	0.19
46091	海老名	36	0.48	0.119	-0.07	0.07	0.10	1.20	0.262	-0.01	0.23	0.26	0.45	0.115	-0.07	0.06	0.09	0.81	0.142	0.16	0.21	0.20
46141	辻堂	22	0.19	0.043	-0.01	0.03	0.04	0.77	0.168	0.00	0.13	0.17	0.13	0.025	0.02	0.03	0.03	0.50	0.086	0.10	0.11	0.13
46166	小田原	36	0.19	0.039	0.01	0.04	0.04	0.83	0.167	0.06	0.18	0.19	0.17	0.033	0.02	0.04	0.04	0.58	0.092	0.16	0.16	0.15
46181	江ノ島	14	0.16	0.020	0.07	0.05	0.04	0.72	0.111	0.21	0.21	0.18	0.16	0.020	0.07	0.05	0.04	0.72	0.111	0.21	0.21	0.18
46211	三浦	36	0.20	0.043	0.00	0.04	0.05	0.85	0.178	0.03	0.16	0.20	0.18	0.039	0.01	0.04	0.04	0.62	0.107	0.13	0.15	0.16
48196	信州新町	35	0.97	0.174	0.16	0.31	0.18	2.16	0.416	0.24	0.57	0.43	0.70	0.123	0.13	0.25	0.12	0.88	0.115	0.35	0.37	0.17
48256	上田	38	0.83	0.200	-0.09	0.16	0.16	1.06	0.244	-0.07	0.22	0.20	0.52	0.102	0.05	0.14	0.11	0.70	0.139	0.06	0.19	0.14
48296	穂高	35	1.03	0.221	0.01	0.26	0.19	1.35	0.220	0.33	0.44	0.28	0.70	0.124	0.13	0.23	0.14	0.97	0.135	0.34	0.37	0.20
48321	東御	35	1.11	0.240	0.00	0.30	0.20	1.26	0.235	0.17	0.37	0.24	0.80	0.151	0.10	0.26	0.15	0.78	0.140	0.14	0.28	0.14
48381	立科	35	1.20	0.268	-0.04	0.28	0.23	1.34	0.263	0.13	0.37	0.26	0.75	0.133	0.14	0.24	0.15	0.87	0.156	0.16	0.29	0.16
48386	佐久	35	1.00	0.219	0.00	0.22	0.20	1.09	0.221	0.07	0.29	0.21	0.80	0.163	0.05	0.20	0.16	0.80	0.153	0.09	0.24	0.15
48466	奈川	35	1.58	0.205	0.64	0.71	0.29	3.88	0.370	2.18	1.86	0.86	1.00	0.118	0.45	0.48	0.18	1.31	0.141	0.66	0.70	0.23
48541	木曽平沢	35	1.02	0.128	0.44	0.44	0.21	3.15	0.539	0.67	1.02	0.62	0.76	0.093	0.33	0.35	0.14	1.18	0.119	0.63	0.60	0.23
48546	辰野	35	0.78	0.133	0.17	0.24	0.16	1.75	0.361	0.09	0.45	0.34	0.56	0.087	0.16	0.21	0.11	0.83	0.113	0.31	0.33	0.17
48561	原村	35	1.54	0.285	0.23	0.48	0.29	2.74	0.511	0.39	0.82	0.53	1.09	0.160	0.35	0.41	0.22	1.03	0.119	0.48	0.49	0.20
48571	野辺山	35	2.00	0.383	0.24	0.63	0.37	3.56	0.514	1.19	1.24	0.80	1.51	0.301	0.13	0.48	0.28	1.56	0.281	0.26	0.54	0.28
48606	木曽福島	38	0.95	0.146	0.27	0.34	0.19	2.35	0.433	0.36	0.71	0.46	0.72	0.105	0.24	0.29	0.15	0.96	0.102	0.49	0.47	0.19
48621	伊那	21	1.11	0.215	0.12	0.31	0.22	1.72	0.310	0.30	0.51	0.34	0.71	0.099	0.25	0.27	0.15	0.98	0.143	0.32	0.38	0.19
48626	高遠	17	0.50	0.024	0.39	0.27	0.15	2.00	0.453	-0.08	0.46	0.35	0.50	0.029	0.36	0.25	0.13	1.13	0.217	0.13	0.36	0.20
48717	南木曽	35	0.99	0.141	0.34	0.40	0.19	2.60	0.372	0.88	0.97	0.53	0.68	0.088	0.27	0.32	0.12	1.03	0.115	0.49	0.54	0.17
48731	飯島	35	1.74	0.415	-0.17	0.37	0.32	2.58	0.500	0.28	0.77	0.47	1.24	0.275	-0.02	0.31	0.23	1.39	0.208	0.43	0.58	0.24
48826	浪合	35	1.47	0.210	0.51	0.55	0.30	4.91	0.896	0.79	1.61	0.90	0.93	0.116	0.40	0.39	0.20	1.36	0.128	0.77	0.76	0.22
48841	南信濃	35	0.64	0.126	0.06	0.16	0.13	1.34	0.295	-0.02	0.32	0.25	0.49	0.081	0.11	0.15	0.11	1.03	0.197	0.13	0.30	0.20
49036	大泉	36	1.25	0.298	-0.12	0.24	0.24	1.68	0.355	0.05	0.40	0.34	1.02	0.235	-0.07	0.22	0.19	1.13	0.213	0.15	0.33	0.23
49086	韮崎	36	0.90	0.222	-0.12	0.15	0.18	1.68	0.398	-0.15	0.31	0.33	0.82	0.197	-0.09	0.14	0.16	1.28	0.270	0.04	0.29	0.26
49151	勝沼	36	0.80	0.197	-0.11	0.12	0.16	1.15	0.246	0.02	0.26	0.24	0.75	0.184	-0.10	0.12	0.15	1.03	0.209	0.07	0.24	0.22
49161	大月	36	1.04	0.234	-0.04	0.21	0.21	1.50	0.288	0.18	0.43	0.30	0.91	0.201	-0.02	0.20	0.18	1.31	0.230	0.26	0.42	0.26
49196	古関	35	1.26	0.285	-0.05	0.27	0.25	2.18	0.494	-0.09	0.52	0.39	1.02	0.218	0.02	0.25	0.20	1.44	0.272	0.19	0.45	0.26
49236	切石	36	0.86	0.192	-0.02	0.17	0.18	2.05	0.502	-0.26	0.39	0.39	0.77	0.164	0.01	0.16	0.16	1.59	0.358	-0.06	0.36	0.30
49256	山中	36	2.61	0.516	0.24	0.75	0.48	4.38	0.708	1.13	1.51	0.89	1.87	0.332	0.34	0.63	0.34	2.02	0.237	0.93	0.92	0.41
49316	南部	36	0.35	0.066	0.04	0.08	0.08	1.33	0.269	0.09	0.33	0.27	0.30	0.052	0.06	0.08	0.07	1.10	0.202	0.17	0.31	0.23
50106	井川	35	0.92	0.171	0.14	0.27	0.18	2.74	0.561	0.17	0.77	0.49	0.73	0.128	0.14	0.25	0.14	1.74	0.282	0.44	0.65	0.30
50136	御殿場	37	1.09	0.227	0.04	0.23	0.23	2.09	0.424	0.14	0.54	0.41	1.04	0.222	0.02	0.22	0.22	1.71	0.315	0.26	0.51	0.35
50196	富士	33	0.07	0.015	0.00	0.01	0.02	0.32	0.068	0.00	0.05	0.07	0.07	0.016	0.00	0.01	0.02	0.32	0.070	-0.01	0.05	0.07
50226	佐久間	35	0.23	0.050	0.00	0.05	0.05	0.81	0.159	0.08	0.19	0.18	0.19	0.035	0.03	0.05	0.04	0.74	0.143	0.09	0.18	0.17
50241	川根本町	35	0.28	0.049	0.06	0.08	0.06	0.99	0.175	0.19	0.31	0.21	0.28	0.049	0.06	0.08	0.06	1.00	0.181	0.17	0.31	0.21
50261	清水	36	0.05	0.013	-0.01	0.00	0.01	0.23	0.061	-0.05	0.02	0.05	0.05	0.013	-0.01	0.00	0.01	0.23	0.061	-0.05	0.02	0.05
50386	天竜	34	0.09	0.025	-0.03	0.01	0.02	0.42	0.124	-0.15	0.03	0.09	0.09	0.025	-0.03	0.01	0.02	0.42	0.124	-0.15	0.03	0.09
50476	菊川牧之原	35	0.10	0.023	-0.01	0.01	0.02	0.46	0.109	-0.04	0.06	0.10	0.10	0.023	-0.01	0.01	0.02	0.45	0.108	-0.04	0.06	0.10
50491	松崎	35	0.02	0.007	-0.01	0.00	0.00	0.12	0.035	-0.04	0.01	0.02	0.02	0.007	-0.01	0.00	0.00	0.12	0.035	-0.04	0.01	0.02
50506	稲取	35	0.12	0.030	-0.02	0.01	0.02	0.57	0.149	-0.12	0.06	0.12	0.12	0.031	-0.02	0.01	0.02	0.57	0.150	-0.12	0.06	0.12
50536	磐田	36	0.04	0.012	-0.01	0.00	0.01	0.19	0.057	-0.07	0.01	0.04	0.04	0.012	-0.01	0.00	0.01	0.19	0.057	-0.07	0.01	0.04
51031	愛西	35	0.38	0.073	0.04	0.08	0.09	0.64	0.132	0.03	0.14	0.14	0.38	0.073	0.04	0.08	0.09	0.64	0.132	0.03	0.14	0.14
51071	稲武	35	0.49	0.083	0.11	0.16	0.10	1.41	0.290	0.08	0.37	0.27	0.45	0.079	0.09	0.15	0.09	0.92	0.141	0.27	0.32	0.19
51116	豊田	35	0.20	0.041	0.01	0.04	0.05	0.41	0.085	0.02	0.09	0.09	0.19	0.039	0.01	0.04	0.04	0.38	0.077	0.03	0.08	0.09
51161	東海	33	0.28	0.076	-0.06	0.03	0.06	0.49	0.115	-0.04	0.07	0.11	0.28	0.076	-0.06	0.03	0.06	0.49	0.115	-0.04	0.07	0.11
51226	岡崎	35	0.20	0.045	-0.01	0.03	0.04	0.56	0.131	-0.04	0.09	0.12	0.20	0.045	-0.01	0.03	0.04	0.43	0.087	0.03	0.08	0.10
51247	新城	35	0.14	0.036	-0.02	0.02	0.03	0.39	0.087	-0.01	0.07	0.09	0.14	0.036	-0.02	0.02	0.03	0.39	0.087	-0.01	0.07	0.09
51281	蒲郡	35	0.10	0.019	0.01	0.02	0.03	0.46	0.096	0.02	0.07	0.11	0.10	0.019	0.01	0.02	0.02	0.44	0.092	0.02	0.07	0.11
51311	南知多	35	0.20	0.047	-0.01	0.03	0.04	0.45	0.087	0.04	0.08	0.11	0.20	0.047	-0.01	0.03	0.04	0.45	0.087	0.04	0.08	0.11
51331	豊橋	37	0.07	0.017	-0.01	0.01	0.01	0.32	0.081	-0.05	0.04	0.07	0.07	0.017	-0.01	0.01	0.01	0.32	0.081	-0.05	0.04	0.07
52111	栃尾	35	1.98	0.388	0.19	0.63	0.34	5.25	0.859	1.30	1.86	1.05	1.39	0.283	0.08	0.43	0.24	1.64	0.292	0.29	0.63	0.27
52181	六厩	35	3.11	0.404	1.25	1.54	0.49	8.96	0.799	5.28	5.12	1.53	2.15	0.339	0.58	0.85	0.37	2.19	0.289	0.86	1.05	0.34
52196	宮之前	35	1.53	0.136	0.90	0.82	0.30	5.27	0.577	2.62	2.54	1.02	0.93	0.111	0.42	0.45	0.17	1.23	0.118	0.69	0.69	0.22
52286	萩原	38	0.89	0.166	0.12	0.25	0.19	2.01	0.412	0.11	0.51	0.40	0.89	0.173	0.10	0.24	0.18	1.32	0.241	0.21	0.42	0.25
52331	八幡	35	0.95	0.134	0.33	0.36	0.20	3.16	0.626	0.28	0.86	0.61	0.92	0.142	0.27	0.34	0.18	1.14	0.112	0.62	0.58	0.23
52346	宮地	35	0.55	0.070	0.23	0.23	0.11	1.73	0.324	0.24	0.51	0.33	0.53	0.066	0.22	0.22	0.11	0.98	0.139	0.34	0.41	0.19
52406	金山	35	0.34	0.039	0.16	0.15	0.08	1.04	0.190	0.17	0.33	0.20	0.34	0.039	0.16	0.14	0.08	0.77	0.105	0.28	0.30	0.16
52461	美濃	35	0.51	0.086	0.11	0.13	0.13	1.11	0.254	-0.06	0.24	0.21	0.49	0.081	0.12	0.13	0.12	0.92	0.194	0.03	0.23	0.18
52482	黒川	35	0.60	0.119	0.05	0.17	0.11	1.54	0.339	-0.02	0.39	0.28	0.41	0.060	0.14	0.16	0.09	0.80	0.116	0.27	0.32	0.16
52511	揖斐川	35	0.86	0.156	0.14	0.22	0.19	2.01	0.416	0.10	0.49	0.39	0.68	0.103	0.21	0.21	0.17	1.37	0.228	0.32	0.44	0.28
52536	美濃加茂	35	0.24	0.043	0.04	0.06	0.06	0.40	0.060	0.13	0.13	0.10	0.24	0.043	0.04	0.06	0.06	0.40	0.060	0.13	0.13	0.10
52556	恵那	38	0.35	0.062	0.06	0.10	0.08	1.04	0.238	-0.06	0.24	0.20	0.33	0.056	0.07	0.10	0.07	0.73	0.145	0.06	0.21	0.14
52561	中津川	35	0.32	0.074	-0.02	0.07	0.06	0.62	0.120	0.07	0.17	0.13	0.32	0.074	-0.02	0.07	0.06	0.54	0.099	0.08	0.16	0.11
52581	大垣	35	0.34	0.059	0.07	0.08	0.09	0.62	0.104	0.14	0.17	0.14	0.34	0.059	0.07	0.08	0.09	0.62	0.104	0.14	0.17	0.14
52606	多治見	35	0.29	0.065	0.00	0.05	0.06	0.58	0.126	0.00	0.12	0.13	0.29	0.065	-0.01	0.05	0.06	0.42	0.074	0.08	0.11	0.10
53041	桑名	35	0.22	0.048	0.00	0.03	0.05	0.34	0.061	0.06	0.08	0.09	0.22	0.048	0.00	0.03	0.05	0.34	0.061	0.06	0.08	0.09
53091	亀山	35	0.34	0.082	-0.04	0.05	0.07	0.44	0.079	0.07	0.11	0.10	0.34	0.082	-0.04	0.05	0.07	0.44	0.079	0.07	0.11	0.10
53196	小俣	35	0.20	0.045	0.00	0.04	0.05	0.59	0.124	0.02	0.12	0.13	0.20	0.045	0.00	0.04	0.05	0.54	0.108	0.05	0.12	0.13
53231	粥見	35	0.26	0.061	-0.02	0.04	0.06	0.50	0.096	0.06	0.10	0.12	0.26	0.061	-0.02	0.04	0.06	0.47	0.086	0.07	0.10	0.12

付表 5.1.3　AMeDAS 観測点のうち積雪深計を設置していない点における年最大積雪深と年最大 7 日増分積雪深およびそれらの重量の再現期間 100 年に対する値（つづき）

			年最大積雪深					年最大積雪重量					7 日増分積雪深					7 日増分積雪重量				
Code	地点名	n	$t_R=100$ (m)	$1/a$	b	μ_{d_0} (m)	σ_{d_0} (m)	$t_R=100$ (kN/m^2)	$1/a$	b	μ_{S_0} (kN/m^2)	σ_{S_0} (kN/m^2)	$t_R=100$ (m)	$1/a$	b	μ_{d_n} (m)	σ_{d_n} (m)	$t_R=100$ (kN/m^2)	$1/a$	b	μ_{S_n} (kN/m^2)	σ_{S_n} (kN/m^2)
53257	鳥羽	36	0.15	0.037	−0.03	0.02	0.03	0.65	0.161	−0.09	0.08	0.14	0.15	0.037	−0.03	0.02	0.03	0.65	0.161	−0.09	0.08	0.14
53296	南伊勢	35	0.11	0.029	−0.02	0.01	0.02	0.55	0.142	−0.10	0.06	0.11	0.11	0.029	−0.02	0.01	0.02	0.55	0.142	−0.10	0.06	0.11
53326	紀伊長島	35	0.18	0.055	−0.07	0.01	0.04	0.90	0.267	−0.33	0.07	0.18	0.18	0.055	−0.07	0.01	0.04	0.90	0.267	−0.33	0.07	0.18
54011	粟島	35	0.53	0.085	0.14	0.16	0.12	1.27	0.224	0.23	0.38	0.26	0.45	0.063	0.16	0.16	0.11	0.79	0.093	0.36	0.33	0.18
54041	弾崎	35	0.63	0.125	0.05	0.14	0.14	1.41	0.319	−0.06	0.31	0.27	0.44	0.063	0.15	0.13	0.11	0.80	0.121	0.24	0.28	0.18
54086	村上	35	1.12	0.162	0.37	0.46	0.22	4.32	0.725	0.99	1.49	0.86	0.72	0.090	0.30	0.35	0.13	2.10	0.353	0.47	0.83	0.33
54166	両津	35	0.67	0.101	0.20	0.23	0.15	1.89	0.360	0.24	0.55	0.38	0.65	0.104	0.17	0.22	0.14	1.19	0.173	0.39	0.47	0.26
54181	中条	35	1.50	0.208	0.54	0.61	0.31	5.85	0.967	1.40	1.94	1.21	1.04	0.135	0.42	0.49	0.21	2.04	0.229	0.99	1.04	0.39
54271	羽茂	35	0.55	0.104	0.07	0.14	0.12	1.43	0.293	0.08	0.38	0.28	0.54	0.101	0.07	0.14	0.11	1.03	0.161	0.28	0.35	0.22
54341	巻	35	1.80	0.410	−0.08	0.37	0.35	4.36	0.846	0.47	1.05	0.94	1.59	0.378	−0.15	0.32	0.30	2.21	0.392	0.41	0.71	0.44
54387	寺泊	35	1.08	0.193	0.20	0.28	0.25	3.55	0.783	−0.05	0.78	0.69	0.97	0.176	0.16	0.26	0.21	1.97	0.352	0.36	0.62	0.39
54396	三条	35	1.06	0.168	0.29	0.40	0.21	2.86	0.303	1.47	1.30	0.64	0.83	0.121	0.27	0.33	0.16	1.95	0.268	0.71	0.88	0.35
54586	大潟	35	3.01	0.658	−0.02	0.68	0.58	10.37	2.291	−0.17	2.23	2.02	1.84	0.354	0.21	0.53	0.35	2.91	0.370	1.21	1.26	0.60
54711	糸魚川	35	1.50	0.206	0.56	0.55	0.35	4.89	0.756	1.41	1.69	1.06	1.24	0.185	0.39	0.45	0.27	2.17	0.206	1.23	1.15	0.45
55166	上市	34	2.53	0.246	1.40	1.31	0.53	9.61	0.874	5.59	4.83	2.22	1.90	0.320	0.42	0.76	0.31	2.77	0.414	0.86	1.30	0.41
55191	南砺高宮	35	2.39	0.337	0.84	0.97	0.48	8.31	1.027	3.58	3.37	1.88	1.22	0.156	0.50	0.60	0.21	2.41	0.265	1.19	1.31	0.38
55206	八尾	38	2.70	0.416	0.78	1.01	0.55	9.50	1.376	3.17	3.40	2.12	1.31	0.134	0.69	0.67	0.26	2.12	0.147	1.45	1.35	0.36
56116	志賀	35	0.54	0.098	0.08	0.14	0.12	1.70	0.379	−0.04	0.38	0.34	0.46	0.080	0.09	0.13	0.10	1.20	0.238	0.11	0.33	0.24
56176	羽咋	35	1.33	0.258	0.14	0.32	0.29	3.98	0.873	−0.04	0.84	0.80	1.27	0.253	0.11	0.30	0.27	2.65	0.529	0.22	0.69	0.53
56186	宇ノ気	35	1.44	0.287	0.12	0.38	0.29	4.48	0.979	−0.02	1.02	0.86	1.28	0.259	0.09	0.34	0.25	2.31	0.415	0.40	0.76	0.43
56276	小松	35	1.35	0.309	−0.07	0.31	0.24	3.98	0.859	0.02	0.99	0.73	1.27	0.296	−0.09	0.29	0.22	2.06	0.330	0.55	0.79	0.38
57001	三国	35	1.58	0.376	−0.15	0.29	0.32	4.71	1.223	−0.92	0.79	0.90	1.57	0.379	−0.18	0.28	0.31	2.53	0.535	0.07	0.64	0.47
57051	越廼	35	0.64	0.147	−0.04	0.12	0.13	1.67	0.326	0.17	0.43	0.34	0.62	0.142	−0.04	0.12	0.13	1.39	0.242	0.27	0.41	0.29
57082	勝山	36	2.84	0.384	1.07	1.04	0.64	9.71	1.365	3.43	3.20	2.34	1.97	0.311	0.54	0.75	0.37	3.09	0.435	1.09	1.36	0.55
57286	美浜	35	2.22	0.506	−0.10	0.43	0.45	5.36	1.052	0.52	1.32	1.13	1.81	0.417	−0.11	0.36	0.35	3.38	0.650	0.40	1.00	0.66
60061	長浜	35	1.28	0.218	0.28	0.37	0.29	3.39	0.652	0.39	0.86	0.71	0.96	0.121	0.40	0.34	0.24	1.60	0.173	0.81	0.68	0.39
60116	南小松	35	0.61	0.107	0.12	0.20	0.13	1.21	0.224	0.18	0.38	0.23	0.59	0.100	0.13	0.20	0.12	0.91	0.127	0.32	0.36	0.18
60196	東近江	35	0.53	0.093	0.10	0.16	0.11	0.87	0.150	0.18	0.26	0.18	0.53	0.093	0.10	0.16	0.11	0.74	0.115	0.21	0.25	0.16
60216	大津	36	0.14	0.029	0.01	0.03	0.03	0.34	0.052	0.10	0.10	0.09	0.14	0.029	0.01	0.03	0.03	0.34	0.053	0.09	0.10	0.09
60226	信楽	35	0.33	0.049	0.11	0.11	0.08	0.61	0.095	0.18	0.22	0.13	0.32	0.049	0.10	0.11	0.07	0.59	0.093	0.16	0.21	0.12
60236	土山	35	0.64	0.137	0.01	0.16	0.12	0.73	0.116	0.20	0.25	0.16	0.64	0.137	0.01	0.15	0.12	0.74	0.120	0.19	0.24	0.16
61001	間人	37	1.91	0.367	0.22	0.49	0.41	4.71	0.885	0.63	1.33	0.97	1.85	0.373	0.14	0.46	0.39	3.32	0.556	0.77	1.10	0.68
61076	宮津	35	1.24	0.194	0.35	0.37	0.29	4.00	0.749	0.56	1.02	0.85	0.91	0.109	0.41	0.33	0.23	2.15	0.334	0.61	0.76	0.44
61187	福知山	38	0.61	0.111	0.09	0.18	0.13	1.55	0.340	−0.01	0.36	0.29	0.46	0.064	0.16	0.18	0.11	0.85	0.120	0.30	0.32	0.18
61242	園部	35	0.34	0.054	0.09	0.09	0.08	0.67	0.115	0.15	0.21	0.15	0.34	0.054	0.09	0.09	0.08	0.65	0.120	0.10	0.20	0.13
61326	京田辺	34	0.17	0.041	−0.02	0.02	0.04	0.37	0.079	0.01	0.07	0.09	0.17	0.041	−0.02	0.02	0.04	0.37	0.079	0.01	0.07	0.09
62016	能勢	37	0.23	0.046	0.02	0.05	0.06	0.51	0.099	0.05	0.12	0.11	0.23	0.044	0.03	0.05	0.06	0.48	0.093	0.05	0.12	0.11
62046	枚方	37	0.16	0.042	−0.04	0.02	0.03	0.36	0.080	−0.01	0.06	0.08	0.16	0.042	−0.04	0.02	0.03	0.36	0.080	−0.01	0.06	0.08
62051	豊中	37	0.05	0.014	−0.01	0.01	0.01	0.22	0.053	−0.03	0.03	0.05	0.05	0.014	−0.01	0.01	0.01	0.22	0.053	−0.03	0.03	0.05
62081	生駒山	38	0.48	0.070	0.15	0.14	0.12	0.67	0.092	0.24	0.25	0.15	0.45	0.063	0.16	0.14	0.12	0.55	0.074	0.21	0.22	0.12
62091	堺	37	0.09	0.022	−0.02	0.01	0.02	0.24	0.049	0.01	0.04	0.06	0.09	0.022	−0.02	0.01	0.02	0.24	0.049	0.01	0.04	0.06
62131	熊取	37	0.07	0.017	−0.01	0.01	0.02	0.18	0.025	0.06	0.04	0.05	0.07	0.017	−0.01	0.01	0.02	0.18	0.025	0.06	0.04	0.05
63201	生野	35	0.70	0.142	0.05	0.20	0.13	1.00	0.145	0.33	0.41	0.19	0.68	0.135	0.05	0.20	0.12	0.77	0.084	0.39	0.37	0.15
63216	柏原	35	0.31	0.058	0.04	0.08	0.07	0.39	0.050	0.16	0.15	0.09	0.31	0.058	0.04	0.08	0.07	0.39	0.050	0.16	0.15	0.09
63251	一宮	35	0.55	0.111	0.04	0.13	0.11	0.72	0.130	0.12	0.23	0.14	0.54	0.113	0.02	0.13	0.11	0.73	0.137	0.10	0.23	0.14
63321	福崎	36	0.08	0.011	0.02	0.02	0.02	0.27	0.044	0.06	0.06	0.07	0.08	0.011	0.02	0.02	0.02	0.27	0.044	0.06	0.06	0.07
63331	西脇	35	0.24	0.059	−0.03	0.04	0.05	0.36	0.061	0.08	0.09	0.09	0.24	0.059	−0.03	0.04	0.05	0.36	0.061	0.08	0.09	0.09
63366	上郡	35	0.25	0.069	−0.06	0.03	0.05	0.38	0.074	0.04	0.08	0.09	0.25	0.069	−0.06	0.03	0.05	0.38	0.074	0.04	0.08	0.09
63411	三田	35	0.24	0.053	0.00	0.04	0.05	0.44	0.097	0.00	0.09	0.09	0.23	0.049	0.00	0.04	0.05	0.44	0.096	0.00	0.09	0.09
63461	三木	36	0.14	0.032	0.00	0.02	0.03	0.37	0.078	0.01	0.06	0.09	0.14	0.032	0.00	0.02	0.03	0.37	0.078	0.01	0.06	0.09
63491	家島	35	0.06	0.016	−0.02	0.01	0.01	0.25	0.067	−0.06	0.02	0.05	0.06	0.016	−0.02	0.01	0.01	0.25	0.067	−0.06	0.02	0.05
63496	明石	34	0.10	0.029	−0.03	0.01	0.02	0.44	0.125	−0.14	0.04	0.09	0.10	0.029	−0.03	0.01	0.02	0.44	0.125	−0.14	0.04	0.09
63551	郡家	35	0.09	0.029	−0.04	0.01	0.02	0.40	0.121	−0.16	0.03	0.08	0.09	0.029	−0.04	0.01	0.02	0.40	0.121	−0.16	0.03	0.08
63588	南淡	35	0.06	0.018	−0.02	0.00	0.01	0.30	0.088	−0.11	0.02	0.06	0.06	0.018	−0.02	0.00	0.01	0.30	0.088	−0.11	0.02	0.06
64041	針	35	0.32	0.050	0.09	0.09	0.08	0.70	0.118	0.16	0.22	0.16	0.29	0.044	0.09	0.09	0.07	0.69	0.124	0.12	0.20	0.15
64101	大宇陀	35	0.31	0.062	0.02	0.07	0.07	0.55	0.091	0.14	0.17	0.12	0.29	0.058	0.03	0.07	0.06	0.56	0.096	0.12	0.17	0.12
64127	五條	35	0.27	0.069	−0.05	0.03	0.05	0.39	0.067	0.08	0.09	0.10	0.27	0.069	−0.05	0.03	0.05	0.39	0.067	0.08	0.09	0.10
64206	上北山	35	0.31	0.064	0.02	0.07	0.07	0.40	0.052	0.16	0.15	0.10	0.31	0.064	0.02	0.07	0.07	0.39	0.051	0.16	0.15	0.10
64227	風屋	36	0.27	0.062	−0.02	0.05	0.05	0.45	0.078	0.09	0.13	0.11	0.26	0.062	−0.02	0.05	0.05	0.45	0.078	0.09	0.13	0.11
65026	かつらぎ	35	0.23	0.053	−0.01	0.04	0.05	0.37	0.059	0.10	0.10	0.10	0.23	0.053	−0.01	0.04	0.05	0.37	0.057	0.10	0.10	0.10
65061	高野山	35	0.67	0.105	0.19	0.26	0.13	1.36	0.204	0.42	0.53	0.26	0.64	0.107	0.15	0.23	0.12	0.91	0.128	0.32	0.40	0.16
65121	清水	35	0.20	0.039	0.02	0.05	0.04	0.50	0.083	0.12	0.15	0.12	0.20	0.039	0.02	0.05	0.04	0.50	0.083	0.12	0.15	0.12
65162	龍神	35	0.27	0.044	0.07	0.09	0.06	0.61	0.078	0.25	0.23	0.15	0.27	0.043	0.07	0.09	0.05	0.61	0.080	0.24	0.23	0.15
65201	川辺	36	0.05	0.014	−0.01	0.00	0.01	0.24	0.069	−0.07	0.02	0.05	0.05	0.014	−0.01	0.00	0.01	0.24	0.069	−0.07	0.02	0.05
65256	栗栖川	35	0.11	0.017	0.03	0.03	0.03	0.56	0.091	0.14	0.15	0.14	0.11	0.017	0.03	0.03	0.03	0.56	0.091	0.14	0.15	0.14
65276	新宮	35	0.07	0.022	−0.03	0.00	0.01	0.33	0.108	−0.16	0.02	0.07	0.07	0.022	−0.03	0.00	0.01	0.33	0.108	−0.16	0.02	0.07
65288	南紀白浜	38	0.08	0.026	−0.04	0.00	0.02	0.39	0.128	−0.20	0.02	0.08	0.08	0.026	−0.04	0.00	0.02	0.39	0.128	−0.20	0.02	0.08
65306	西川	35	0.17	0.025	0.05	0.05	0.05	0.85	0.136	0.23	0.22	0.22	0.17	0.025	0.05	0.05	0.05	0.85	0.136	0.23	0.22	0.22
66127	奈義	37	0.53	0.095	0.09	0.15	0.11	0.72	0.127	0.14	0.23	0.14	0.52	0.098	0.07	0.15	0.11	0.62	0.098	0.17	0.22	0.12
66171	久世	35	0.44	0.090	0.03	0.12	0.08	0.58	0.083	0.19	0.23	0.11	0.44	0.091	0.03	0.12	0.08	0.58	0.086	0.18	0.22	0.11
66221	新見	35	0.43	0.063	0.14	0.15	0.09	0.70	0.120	0.15	0.25	0.13	0.43	0.063	0.14	0.15	0.09	0.69	0.123	0.12	0.25	0.12
66296	福渡	35	0.20	0.040	0.01	0.05	0.04	0.44	0.076	0.09	0.13	0.10	0.20	0.040	0.01	0.05	0.04	0.44	0.076	0.09	0.13	0.10
66306	和気	35	0.14	0.029	0.01	0.03	0.03	0.35	0.056	0.09	0.10	0.09	0.14	0.029	0.01	0.03	0.03	0.35	0.056	0.09	0.10	0.09
66336	高梁	35	0.13	0.024	0.02	0.04	0.03	0.34	0.045	0.13	0.11	0.09	0.13	0.023	0.02	0.03	0.03	0.34	0.045	0.13	0.11	0.09
66421	虫明	35	0.08	0.016	0.00	0.01	0.02	0.35	0.076	0.00	0.05	0.08	0.08	0.016	0.00	0.01	0.02	0.35	0.076	0.00	0.05	0.08
66446	倉敷	35	0.08	0.019	−0.01	0.01	0.02	0.37	0.087	−0.03	0.05	0.08	0.08	0.019	−0.01	0.01	0.02	0.37	0.087	−0.03	0.05	0.08
66481	笠岡	35	0.07	0.017	−0.01	0.01	0.02	0.30	0.071	−0.03	0.04	0.07	0.07	0.017	−0.01	0.01	0.02	0.30	0.071	−0.03	0.04	0.07
66501	玉野	38	0.06	0.015	−0.01	0.01	0.01	0.29	0.076	−0.06	0.03	0.06	0.06	0.015	−0.01	0.01	0.01	0.29	0.076	−0.06	0.03	0.06
67106	三次	35	0.52	0.083	0.14	0.20	0.09	1.10	0.211	0.13	0.34	0.20	0.48	0.072	0.15	0.20	0.09	0.95	0.171	0.17	0.32	0.17
67116	庄原	38	0.72	0.142	0.07	0.24	0.12	1.36	0.277	0.09	0.39	0.24	0.66	0.122	0.09	0.23	0.11	0.97	0.181	0.14	0.33	0.16
67191	油木	35	0.48	0.081	0.11	0.16	0.10	0.75	0.130	0.15	0.27	0.14	0.46	0.077	0.11	0.16	0.09	0.43	0.040	0.24	0.23	0.08

付表 5.1.3　AMeDAS 観測点のうち積雪深計を設置していない点における年最大積雪深と年最大 7 日増分積雪深およびそれらの重量の再現期間 100 年に対する値（つづき）

Code	地点名	n	年最大積雪深 $t_R=100$ (m)	$1/a$	b	μ_{d_0} (m)	σ_{d_0} (m)	年最大積雪重量 $t_R=100$ (kN/m^2)	$1/a$	b	μ_{S_0} (kN/m^2)	σ_{S_0} (kN/m^2)	7 日増分積雪深 $t_R=100$ (m)	$1/a$	b	μ_{d_n} (m)	σ_{d_n} (m)	7 日増分積雪重量 $t_R=100$ (kN/m^2)	$1/a$	b	μ_{S_n} (kN/m^2)	σ_{S_n} (kN/m^2)
67212	加計	35	0.80	0.119	0.25	0.33	0.14	1.88	0.348	0.28	0.62	0.34	0.65	0.078	0.29	0.30	0.12	1.19	0.174	0.39	0.51	0.21
67292	三入	35	0.34	0.065	0.04	0.08	0.08	0.57	0.102	0.10	0.16	0.13	0.34	0.065	0.04	0.08	0.08	0.56	0.100	0.11	0.16	0.13
67316	世羅	37	0.39	0.077	0.04	0.10	0.08	0.58	0.112	0.06	0.17	0.11	0.38	0.072	0.04	0.10	0.08	0.41	0.056	0.15	0.16	0.09
67326	府中	35	0.13	0.026	0.01	0.03	0.03	0.32	0.050	0.08	0.09	0.08	0.13	0.027	0.01	0.03	0.03	0.32	0.050	0.08	0.09	0.08
67376	東広島	35	0.26	0.054	0.01	0.05	0.06	0.48	0.083	0.10	0.14	0.11	0.26	0.055	0.00	0.05	0.06	0.43	0.071	0.11	0.13	0.10
67421	佐伯	35	0.40	0.070	0.08	0.12	0.08	0.56	0.060	0.28	0.25	0.13	0.40	0.070	0.08	0.12	0.08	0.57	0.067	0.26	0.24	0.12
67461	竹原	35	0.06	0.015	-0.01	0.01	0.01	0.26	0.065	-0.04	0.03	0.06	0.06	0.015	-0.01	0.01	0.01	0.26	0.065	-0.04	0.03	0.06
67471	因島	33	0.08	0.022	-0.02	0.01	0.02	0.33	0.083	-0.05	0.04	0.07	0.08	0.022	-0.02	0.01	0.02	0.33	0.083	-0.05	0.04	0.07
67496	大竹	35	0.09	0.016	0.02	0.02	0.02	0.39	0.091	-0.02	0.06	0.09	0.09	0.016	0.02	0.02	0.02	0.39	0.091	-0.02	0.06	0.09
67581	久比	30	0.10	0.025	-0.01	0.01	0.02	0.37	0.080	0.00	0.05	0.09	0.10	0.025	-0.01	0.01	0.02	0.37	0.080	0.00	0.05	0.09
68056	海士	35	0.29	0.056	0.03	0.07	0.06	0.68	0.121	0.12	0.19	0.15	0.29	0.056	0.03	0.07	0.06	0.68	0.121	0.12	0.19	0.15
68091	鹿島	35	0.53	0.135	-0.09	0.09	0.10	1.66	0.399	-0.17	0.32	0.32	0.53	0.135	-0.09	0.09	0.10	1.51	0.349	-0.10	0.30	0.29
68156	出雲	35	0.23	0.038	0.06	0.07	0.05	0.98	0.209	0.01	0.22	0.20	0.23	0.038	0.06	0.07	0.05	0.98	0.209	0.01	0.22	0.20
68246	大田	35	0.26	0.054	0.01	0.06	0.05	0.95	0.215	-0.04	0.22	0.19	0.26	0.054	0.01	0.06	0.05	0.95	0.215	-0.04	0.22	0.19
68261	掛合	35	1.29	0.252	0.14	0.42	0.23	3.61	0.764	0.10	0.94	0.67	0.83	0.111	0.32	0.37	0.15	1.56	0.214	0.57	0.70	0.27
68351	川本	35	0.65	0.082	0.27	0.28	0.13	2.45	0.503	0.14	0.67	0.46	0.55	0.061	0.27	0.26	0.11	1.21	0.151	0.52	0.55	0.25
68462	益田	34	0.33	0.075	-0.02	0.05	0.07	0.99	0.238	-0.11	0.16	0.20	0.33	0.075	-0.02	0.05	0.07	0.99	0.238	-0.11	0.16	0.20
68516	津和野	35	0.74	0.118	0.20	0.24	0.16	1.93	0.401	0.09	0.50	0.38	0.62	0.084	0.23	0.23	0.14	1.22	0.175	0.42	0.45	0.26
68546	六日市	27	0.79	0.135	0.17	0.27	0.16	1.52	0.248	0.38	0.50	0.31	0.76	0.131	0.16	0.26	0.15	0.95	0.119	0.40	0.42	0.19
69021	塩津	34	0.64	0.121	0.08	0.16	0.14	1.57	0.277	0.29	0.42	0.35	0.64	0.123	0.07	0.15	0.14	1.47	0.271	0.22	0.40	0.31
69041	青谷	35	1.00	0.130	0.40	0.36	0.24	2.76	0.424	0.81	0.89	0.62	1.02	0.162	0.27	0.33	0.22	2.20	0.329	0.69	0.78	0.47
69061	岩井	35	1.36	0.225	0.33	0.42	0.30	4.81	0.884	0.74	1.28	1.04	1.27	0.234	0.19	0.38	0.25	2.14	0.263	0.93	0.90	0.47
69271	茶屋	35	2.02	0.372	0.31	0.71	0.34	5.59	0.955	1.19	1.90	1.07	1.25	0.174	0.45	0.54	0.22	1.57	0.195	0.67	0.77	0.26
71066	池田	36	0.37	0.081	0.00	0.07	0.08	0.56	0.104	0.08	0.16	0.13	0.35	0.075	0.00	0.07	0.08	0.53	0.097	0.09	0.15	0.12
71087	穴吹	37	0.17	0.034	0.01	0.03	0.04	0.36	0.059	0.09	0.09	0.10	0.17	0.034	0.01	0.03	0.04	0.36	0.059	0.09	0.09	0.10
71191	京上	36	0.55	0.086	0.16	0.21	0.11	1.26	0.254	0.10	0.36	0.24	0.40	0.040	0.21	0.20	0.08	0.65	0.066	0.35	0.32	0.14
71231	蒲生田	36	0.05	0.016	-0.02	0.00	0.01	0.26	0.080	-0.11	0.02	0.06	0.05	0.016	-0.02	0.00	0.01	0.26	0.080	-0.11	0.02	0.06
71251	木頭	35	0.62	0.153	-0.09	0.09	0.12	1.11	0.256	-0.07	0.22	0.22	0.61	0.152	-0.09	0.09	0.12	0.99	0.226	-0.05	0.21	0.20
71266	日和佐	38	0.10	0.031	-0.04	0.01	0.02	0.48	0.151	-0.22	0.03	0.09	0.10	0.031	-0.04	0.01	0.02	0.48	0.151	-0.22	0.03	0.09
71316	宍喰	31	0.12	0.037	-0.05	0.01	0.02	0.58	0.182	-0.26	0.03	0.12	0.12	0.037	-0.05	0.01	0.02	0.58	0.182	-0.26	0.03	0.12
72061	内海	36	0.04	0.011	-0.01	0.00	0.01	0.19	0.052	-0.05	0.02	0.04	0.04	0.011	-0.01	0.00	0.01	0.19	0.052	-0.05	0.02	0.04
72121	滝宮	36	0.11	0.028	-0.02	0.01	0.02	0.32	0.074	-0.02	0.05	0.07	0.11	0.028	-0.02	0.01	0.02	0.32	0.074	-0.02	0.05	0.07
72146	引田	36	0.10	0.026	-0.02	0.01	0.02	0.38	0.101	-0.08	0.04	0.08	0.10	0.026	-0.02	0.01	0.02	0.38	0.101	-0.08	0.04	0.08
72161	財田	36	0.11	0.028	-0.02	0.01	0.02	0.27	0.052	0.03	0.05	0.07	0.11	0.028	-0.02	0.01	0.02	0.27	0.052	0.03	0.05	0.07
73001	大三島	36	0.07	0.016	-0.01	0.01	0.01	0.33	0.079	-0.04	0.04	0.07	0.07	0.016	-0.01	0.01	0.01	0.33	0.079	-0.04	0.04	0.07
73076	今治	38	0.06	0.015	-0.01	0.01	0.01	0.28	0.075	-0.07	0.03	0.06	0.06	0.015	-0.01	0.01	0.01	0.28	0.075	-0.07	0.03	0.06
73126	西条	34	0.16	0.044	-0.04	0.02	0.03	0.51	0.123	-0.06	0.06	0.11	0.16	0.044	-0.04	0.02	0.03	0.51	0.123	-0.06	0.06	0.11
73136	新居浜	36	0.11	0.029	-0.03	0.01	0.02	0.49	0.133	-0.12	0.05	0.10	0.11	0.029	-0.03	0.01	0.02	0.49	0.133	-0.12	0.05	0.10
73151	四国中央	34	0.15	0.041	-0.04	0.01	0.03	0.48	0.124	-0.09	0.05	0.10	0.15	0.041	-0.04	0.01	0.03	0.48	0.124	-0.09	0.05	0.10
73256	長浜	36	0.03	0.008	-0.01	0.00	0.01	0.14	0.040	-0.05	0.01	0.03	0.03	0.008	-0.01	0.00	0.01	0.14	0.040	-0.05	0.01	0.03
73276	久万	36	0.66	0.090	0.24	0.23	0.15	1.49	0.260	0.30	0.46	0.31	0.66	0.094	0.23	0.23	0.15	1.04	0.140	0.40	0.40	0.23
73306	大洲	36	0.35	0.094	-0.08	0.04	0.07	0.66	0.147	-0.02	0.12	0.14	0.35	0.094	-0.08	0.04	0.07	0.66	0.147	-0.02	0.12	0.14
73341	瀬戸	17	0.15	0.031	0.01	0.02	0.04	0.28	0.062	0.00	0.04	0.06	0.15	0.031	0.01	0.02	0.04	0.28	0.062	0.00	0.04	0.06
73391	三崎	19	0.04	0.014	-0.02	0.00	0.01	0.20	0.067	-0.10	0.01	0.04	0.04	0.014	-0.02	0.00	0.01	0.20	0.067	-0.10	0.01	0.04
73406	宇和	36	0.39	0.061	0.11	0.11	0.10	0.66	0.109	0.15	0.20	0.15	0.39	0.061	0.11	0.11	0.10	0.66	0.109	0.15	0.20	0.15
73446	近永	35	0.18	0.034	0.03	0.04	0.04	0.46	0.087	0.06	0.11	0.11	0.18	0.034	0.03	0.04	0.04	0.46	0.087	0.06	0.11	0.11
73516	御荘	36	0.10	0.029	-0.04	0.01	0.02	0.21	0.056	-0.05	0.02	0.04	0.10	0.029	-0.04	0.01	0.02	0.21	0.056	-0.05	0.02	0.04
74056	本川	35	0.42	0.061	0.14	0.14	0.10	1.20	0.217	0.20	0.36	0.25	0.36	0.047	0.14	0.13	0.09	0.98	0.169	0.21	0.32	0.20
74071	本山	36	0.39	0.090	-0.03	0.07	0.08	0.71	0.125	0.13	0.17	0.17	0.34	0.073	0.00	0.06	0.07	0.68	0.118	0.14	0.17	0.17
74136	大栃	36	0.12	0.024	0.01	0.02	0.03	0.59	0.140	-0.06	0.09	0.13	0.12	0.024	0.01	0.02	0.03	0.59	0.140	-0.06	0.09	0.13
74187	後免	36	0.09	0.025	-0.03	0.01	0.02	0.42	0.122	-0.14	0.03	0.08	0.09	0.025	-0.03	0.01	0.02	0.42	0.122	-0.14	0.03	0.08
74296	梼原	36	0.57	0.102	0.10	0.16	0.13	1.14	0.221	0.13	0.30	0.24	0.57	0.103	0.10	0.16	0.13	0.94	0.169	0.17	0.28	0.20
74311	須崎	36	0.06	0.018	-0.02	0.00	0.01	0.23	0.069	-0.08	0.02	0.05	0.06	0.018	-0.02	0.00	0.01	0.23	0.069	-0.08	0.02	0.05
74361	窪川	36	0.20	0.041	0.01	0.04	0.05	0.79	0.183	-0.05	0.14	0.17	0.20	0.041	0.01	0.04	0.05	0.79	0.183	-0.05	0.14	0.17
74381	江川崎	36	0.37	0.091	-0.05	0.05	0.08	0.53	0.104	0.05	0.12	0.12	0.37	0.091	-0.05	0.05	0.08	0.50	0.095	0.07	0.11	0.12
74436	佐賀	36	0.11	0.031	-0.04	0.01	0.02	0.28	0.078	-0.08	0.03	0.06	0.11	0.031	-0.04	0.01	0.02	0.28	0.078	-0.08	0.03	0.06
74456	中村	38	0.11	0.018	0.02	0.03	0.03	0.43	0.082	0.05	0.10	0.10	0.11	0.018	0.02	0.03	0.03	0.43	0.082	0.05	0.10	0.10
81011	須佐	37	0.55	0.156	-0.17	0.06	0.11	0.96	0.226	-0.07	0.17	0.20	0.55	0.156	-0.17	0.06	0.11	0.97	0.227	-0.08	0.17	0.20
81116	油谷	37	0.21	0.057	-0.05	0.02	0.04	0.58	0.134	-0.04	0.09	0.13	0.21	0.057	-0.05	0.02	0.04	0.58	0.134	-0.04	0.09	0.13
81151	徳佐	37	1.01	0.144	0.34	0.36	0.22	2.56	0.495	0.28	0.72	0.50	0.90	0.135	0.28	0.32	0.19	1.20	0.149	0.51	0.53	0.23
81196	秋吉台	37	0.73	0.157	0.01	0.16	0.15	1.14	0.239	0.04	0.28	0.22	0.73	0.157	0.01	0.16	0.15	1.12	0.232	0.05	0.28	0.22
81231	広瀬	38	0.35	0.048	0.13	0.12	0.08	0.74	0.102	0.27	0.28	0.16	0.35	0.050	0.12	0.12	0.08	0.74	0.104	0.26	0.28	0.16
81266	豊田	37	0.27	0.055	0.01	0.06	0.06	0.72	0.146	0.05	0.18	0.15	0.27	0.055	0.01	0.06	0.06	0.72	0.146	0.05	0.18	0.15
81321	岩国	37	0.17	0.035	0.00	0.03	0.04	0.57	0.116	0.03	0.12	0.13	0.16	0.032	0.01	0.03	0.04	0.57	0.120	0.02	0.12	0.13
81371	防府	37	0.20	0.051	-0.03	0.02	0.04	0.43	0.103	-0.05	0.06	0.10	0.20	0.051	-0.03	0.02	0.04	0.43	0.103	-0.05	0.06	0.10
81386	下松	37	0.12	0.026	0.00	0.02	0.03	0.35	0.078	-0.01	0.05	0.08	0.12	0.027	0.00	0.02	0.03	0.35	0.080	-0.02	0.05	0.08
81397	玖珂	37	0.16	0.032	0.01	0.04	0.03	0.73	0.171	-0.06	0.13	0.15	0.16	0.032	0.01	0.03	0.03	0.73	0.173	-0.06	0.13	0.15
81481	柳井	37	0.09	0.024	-0.02	0.01	0.02	0.42	0.118	-0.13	0.04	0.08	0.09	0.024	-0.02	0.01	0.02	0.42	0.118	-0.13	0.04	0.08
81486	安下庄	37	0.08	0.016	0.00	0.01	0.02	0.37	0.077	0.01	0.06	0.09	0.08	0.016	0.00	0.01	0.02	0.37	0.077	0.01	0.06	0.09
82046	宗像	37	0.17	0.045	-0.03	0.02	0.04	0.63	0.149	-0.06	0.09	0.13	0.17	0.045	-0.03	0.02	0.04	0.63	0.149	-0.06	0.09	0.13
82056	八幡	37	0.08	0.016	0.01	0.02	0.02	0.36	0.079	-0.01	0.06	0.08	0.08	0.016	0.01	0.02	0.02	0.36	0.079	-0.01	0.06	0.08
82101	行橋	37	0.10	0.016	0.03	0.03	0.03	0.39	0.069	0.07	0.09	0.10	0.10	0.016	0.03	0.03	0.03	0.39	0.069	0.07	0.09	0.10
82171	前原	37	0.06	0.011	0.01	0.01	0.02	0.29	0.057	0.03	0.05	0.07	0.06	0.011	0.01	0.01	0.02	0.29	0.057	0.03	0.05	0.07
82191	太宰府	37	0.08	0.017	0.00	0.01	0.02	0.36	0.081	-0.02	0.06	0.08	0.08	0.017	0.00	0.01	0.02	0.36	0.081	-0.02	0.06	0.08
82206	添田	37	0.30	0.066	-0.01	0.05	0.06	0.41	0.067	0.10	0.12	0.10	0.30	0.066	-0.01	0.05	0.06	0.41	0.069	0.09	0.12	0.10
82261	朝倉	37	0.19	0.044	-0.01	0.03	0.04	0.36	0.061	0.08	0.09	0.09	0.19	0.044	-0.01	0.03	0.04	0.36	0.061	0.08	0.09	0.09
82306	久留米	37	0.10	0.022	-0.01	0.01	0.02	0.21	0.042	0.02	0.04	0.05	0.10	0.022	-0.01	0.01	0.02	0.21	0.042	0.02	0.04	0.05
82317	黒木	37	0.12	0.026	0.00	0.02	0.03	0.22	0.036	0.06	0.06	0.06	0.12	0.026	0.00	0.02	0.03	0.22	0.036	0.06	0.06	0.06
82361	大牟田	37	0.04	0.011	-0.01	0.00	0.01	0.20	0.056	-0.06	0.02	0.04	0.04	0.011	-0.01	0.00	0.01	0.20	0.056	-0.06	0.02	0.04
83021	国見	37	0.09	0.025	-0.03	0.01	0.02	0.29	0.082	-0.08	0.03	0.06	0.09	0.025	-0.03	0.01	0.02	0.29	0.082	-0.08	0.03	0.06
83046	中津	37	0.06	0.010	0.01	0.01	0.02	0.29	0.056	0.03	0.05	0.07	0.06	0.010	0.01	0.01	0.02	0.29	0.056	0.03	0.05	0.07

付表 5.1.3　AMeDAS 観測点のうち積雪深計を設置していない点における年最大積雪深と年最大 7 日増分積雪深およびそれらの重量の再現期間 100 年に対する値（つづき）

Code	地点名	n	年最大積雪深					年最大積雪重量					7 日増分積雪深					7 日増分積雪重量				
			$t_R=100$ (m)	$1/a$	b	μ_{d_0} (m)	σ_{d_0} (m)	$t_R=100$ (kN/m²)	$1/a$	b	μ_{S_0} (kN/m²)	σ_{S_0} (kN/m²)	$t_R=100$ (m)	$1/a$	b	μ_{d_n} (m)	σ_{d_n} (m)	$t_R=100$ (kN/m²)	$1/a$	b	μ_{S_n} (kN/m²)	σ_{S_n} (kN/m²)
83061	豊後高田	37	0.05	0.014	-0.01	0.01	0.01	0.24	0.060	-0.03	0.03	0.05	0.05	0.014	-0.01	0.01	0.01	0.24	0.060	-0.03	0.03	0.05
83106	院内	37	0.21	0.051	-0.02	0.04	0.04	0.36	0.052	0.12	0.11	0.09	0.21	0.052	-0.03	0.04	0.04	0.36	0.055	0.11	0.11	0.09
83121	杵築	36	0.06	0.016	-0.01	0.01	0.01	0.25	0.059	-0.02	0.04	0.06	0.06	0.016	-0.01	0.01	0.01	0.25	0.059	-0.02	0.04	0.06
83191	玖珠	37	0.40	0.094	-0.03	0.07	0.08	0.70	0.148	0.02	0.17	0.14	0.36	0.082	-0.02	0.07	0.07	0.49	0.077	0.13	0.16	0.11
83201	湯布院	37	0.41	0.094	-0.02	0.08	0.08	0.84	0.177	0.02	0.20	0.17	0.32	0.065	0.03	0.08	0.07	0.67	0.128	0.08	0.19	0.14
83341	犬飼	37	0.15	0.033	0.00	0.03	0.03	0.41	0.065	0.11	0.10	0.11	0.15	0.033	0.00	0.03	0.03	0.41	0.065	0.11	0.10	0.11
83371	竹田	37	0.24	0.056	-0.02	0.04	0.05	0.57	0.098	0.12	0.16	0.13	0.23	0.053	-0.02	0.04	0.05	0.49	0.070	0.16	0.16	0.12
83401	佐伯	37	0.06	0.015	-0.01	0.01	0.01	0.28	0.075	-0.06	0.03	0.06	0.06	0.015	-0.01	0.01	0.01	0.28	0.075	-0.06	0.03	0.06
83431	宇目	37	0.23	0.044	0.03	0.05	0.06	0.66	0.118	0.11	0.16	0.16	0.23	0.044	0.02	0.05	0.06	0.65	0.117	0.11	0.15	0.16
83476	蒲江	37	0.04	0.013	-0.02	0.00	0.01	0.20	0.063	-0.09	0.01	0.04	0.04	0.013	-0.02	0.00	0.01	0.20	0.063	-0.09	0.01	0.04
84011	佐須奈	18	0.16	0.043	-0.04	0.02	0.03	0.79	0.213	-0.19	0.08	0.16	0.16	0.043	-0.04	0.02	0.03	0.79	0.213	-0.19	0.08	0.16
84012	鰐浦	19	0.04	0.012	-0.02	0.00	0.01	0.18	0.060	-0.09	0.01	0.04	0.04	0.012	-0.02	0.00	0.01	0.18	0.060	-0.09	0.01	0.04
84121	芦辺	37	0.07	0.022	-0.03	0.00	0.01	0.26	0.080	-0.11	0.02	0.05	0.07	0.022	-0.03	0.00	0.01	0.26	0.080	-0.11	0.02	0.05
84182	松浦	37	0.04	0.010	-0.01	0.00	0.01	0.20	0.050	-0.03	0.02	0.04	0.04	0.010	-0.01	0.00	0.01	0.20	0.050	-0.03	0.02	0.04
84341	有川	32	0.04	0.011	-0.02	0.00	0.01	0.17	0.056	-0.08	0.01	0.03	0.04	0.011	-0.02	0.00	0.01	0.17	0.056	-0.08	0.01	0.03
84356	大瀬戸	37	0.01	0.003	-0.01	0.00	0.00	0.05	0.016	-0.03	0.00	0.01	0.01	0.003	-0.01	0.00	0.00	0.05	0.016	-0.03	0.00	0.01
84519	雲仙岳	38	0.49	0.080	0.12	0.16	0.11	0.74	0.111	0.23	0.25	0.17	0.50	0.086	0.10	0.15	0.11	0.72	0.121	0.16	0.23	0.15
84523	島原	37	0.03	0.011	-0.02	0.00	0.01	0.17	0.055	-0.08	0.01	0.04	0.03	0.011	-0.02	0.00	0.01	0.17	0.055	-0.08	0.01	0.04
84561	口之津	38	0.02	0.007	-0.01	0.00	0.00	0.09	0.030	-0.04	0.01	0.02	0.02	0.007	-0.01	0.00	0.00	0.09	0.030	-0.04	0.01	0.02
85031	枝去木	33	0.15	0.040	-0.04	0.02	0.03	0.36	0.083	-0.02	0.06	0.08	0.15	0.040	-0.04	0.02	0.03	0.36	0.083	-0.02	0.06	0.08
85116	伊万里	37	0.09	0.021	-0.01	0.01	0.02	0.44	0.109	-0.06	0.06	0.09	0.09	0.021	-0.01	0.01	0.02	0.44	0.109	-0.06	0.06	0.09
85161	嬉野	37	0.14	0.032	-0.01	0.03	0.03	0.43	0.087	0.03	0.10	0.10	0.14	0.032	-0.01	0.03	0.03	0.43	0.087	0.03	0.10	0.10
85166	白石	37	0.07	0.014	0.01	0.01	0.02	0.25	0.047	0.04	0.05	0.06	0.07	0.014	0.01	0.01	0.02	0.25	0.047	0.04	0.05	0.06
86006	鹿北	37	0.10	0.025	-0.02	0.01	0.02	0.24	0.051	0.01	0.05	0.06	0.10	0.025	-0.02	0.01	0.02	0.24	0.051	0.01	0.05	0.06
86066	南小国	37	0.48	0.104	0.00	0.11	0.10	0.83	0.149	0.14	0.23	0.17	0.40	0.078	0.04	0.10	0.09	0.65	0.092	0.22	0.22	0.15
86086	岱明	37	0.10	0.028	-0.03	0.01	0.02	0.30	0.082	-0.07	0.03	0.06	0.10	0.028	-0.03	0.01	0.02	0.30	0.082	-0.07	0.03	0.06
86101	菊池	37	0.11	0.032	-0.03	0.01	0.02	0.28	0.070	-0.04	0.04	0.06	0.11	0.032	-0.03	0.01	0.02	0.28	0.070	-0.04	0.04	0.06
86111	阿蘇乙姫	36	0.38	0.077	0.02	0.09	0.08	0.85	0.157	0.13	0.26	0.17	0.35	0.070	0.03	0.09	0.07	0.80	0.151	0.11	0.25	0.15
86161	高森	37	0.38	0.074	0.04	0.09	0.08	0.66	0.126	0.08	0.18	0.14	0.38	0.074	0.04	0.09	0.08	0.54	0.090	0.12	0.18	0.12
86216	三角	37	0.04	0.012	-0.01	0.00	0.01	0.19	0.057	-0.07	0.01	0.04	0.04	0.012	-0.01	0.00	0.01	0.19	0.057	-0.07	0.01	0.04
86236	甲佐	37	0.13	0.035	-0.03	0.01	0.03	0.33	0.079	-0.03	0.05	0.07	0.13	0.035	-0.03	0.01	0.03	0.33	0.079	-0.03	0.05	0.07
86271	松島	37	0.05	0.014	-0.01	0.01	0.01	0.26	0.072	-0.07	0.02	0.05	0.05	0.014	-0.01	0.01	0.01	0.26	0.072	-0.07	0.02	0.05
86316	本渡	37	0.12	0.031	-0.02	0.01	0.03	0.34	0.076	-0.01	0.05	0.08	0.12	0.031	-0.02	0.01	0.03	0.34	0.076	-0.01	0.05	0.08
86336	八代	37	0.07	0.022	-0.03	0.01	0.01	0.33	0.097	-0.11	0.03	0.07	0.07	0.022	-0.03	0.01	0.01	0.33	0.097	-0.11	0.03	0.07
86451	水俣	37	0.11	0.033	-0.04	0.01	0.02	0.21	0.058	-0.05	0.02	0.04	0.11	0.033	-0.04	0.01	0.02	0.21	0.058	-0.05	0.02	0.04
86477	上	37	0.17	0.041	-0.02	0.02	0.04	0.42	0.092	-0.01	0.07	0.09	0.17	0.041	-0.02	0.02	0.04	0.42	0.092	-0.01	0.07	0.09
87041	高千穂	37	0.31	0.072	-0.02	0.05	0.06	0.56	0.101	0.10	0.15	0.13	0.31	0.071	-0.02	0.05	0.06	0.48	0.075	0.14	0.14	0.12
87071	鞍岡	35	0.53	0.084	0.15	0.19	0.11	1.02	0.160	0.29	0.35	0.22	0.53	0.082	0.15	0.19	0.11	0.80	0.105	0.32	0.32	0.17
87181	日向	37	0.07	0.021	-0.03	0.01	0.01	0.32	0.096	-0.12	0.02	0.06	0.07	0.021	-0.03	0.01	0.01	0.32	0.096	-0.12	0.02	0.06
87206	神門	35	0.33	0.084	-0.06	0.04	0.07	0.78	0.161	0.03	0.16	0.17	0.31	0.081	-0.06	0.04	0.06	0.66	0.126	0.08	0.15	0.16
87231	西米良	35	0.11	0.021	0.01	0.02	0.03	0.35	0.053	0.11	0.08	0.10	0.11	0.021	0.01	0.02	0.03	0.35	0.053	0.11	0.08	0.10
87292	高鍋	38	0.02	0.008	-0.01	0.00	0.00	0.12	0.038	-0.05	0.01	0.02	0.02	0.008	-0.01	0.00	0.00	0.12	0.038	-0.05	0.01	0.02
87301	加久藤	37	0.06	0.012	0.00	0.01	0.01	0.24	0.054	-0.01	0.03	0.06	0.06	0.012	0.00	0.01	0.01	0.24	0.054	-0.01	0.03	0.06
87331	西都	37	0.03	0.008	-0.01	0.00	0.01	0.13	0.038	-0.04	0.01	0.03	0.03	0.008	-0.01	0.00	0.01	0.13	0.038	-0.04	0.01	0.03
87352	小林	37	0.05	0.010	0.01	0.01	0.01	0.26	0.053	0.02	0.04	0.06	0.05	0.010	0.01	0.01	0.01	0.26	0.053	0.02	0.04	0.06
87411	青島	37	0.01	0.004	-0.01	0.00	0.00	0.07	0.022	-0.04	0.00	0.02	0.01	0.004	-0.01	0.00	0.00	0.07	0.022	-0.04	0.00	0.02
87501	串間	37	0.01	0.003	-0.01	0.00	0.00	0.05	0.017	-0.03	0.00	0.01	0.01	0.003	-0.01	0.00	0.00	0.05	0.017	-0.03	0.00	0.01
88081	大口	37	0.10	0.024	-0.01	0.02	0.02	0.31	0.069	-0.01	0.05	0.07	0.10	0.024	-0.01	0.02	0.02	0.31	0.069	-0.01	0.05	0.07
88107	さつま柏原	37	0.14	0.039	-0.04	0.01	0.03	0.34	0.082	-0.03	0.05	0.07	0.14	0.039	-0.04	0.01	0.03	0.34	0.083	-0.04	0.05	0.07
88131	中甑	37	0.02	0.006	-0.01	0.00	0.00	0.10	0.031	-0.05	0.01	0.02	0.02	0.006	-0.01	0.00	0.00	0.10	0.031	-0.05	0.01	0.02
88151	川内	37	0.07	0.017	-0.01	0.01	0.02	0.23	0.044	0.03	0.04	0.06	0.07	0.017	-0.01	0.01	0.02	0.23	0.044	0.03	0.04	0.06
88261	東市来	37	0.11	0.030	-0.03	0.01	0.02	0.30	0.078	-0.06	0.03	0.06	0.11	0.030	-0.03	0.01	0.02	0.30	0.078	-0.06	0.03	0.06
88286	牧之原	37	0.14	0.035	-0.02	0.02	0.03	0.39	0.099	-0.06	0.05	0.08	0.14	0.035	-0.02	0.02	0.03	0.39	0.099	-0.06	0.05	0.08
88331	輝北	37	0.11	0.023	0.00	0.02	0.03	0.36	0.083	-0.02	0.06	0.08	0.11	0.023	0.00	0.02	0.03	0.36	0.083	-0.02	0.06	0.08
88371	加世田	37	0.10	0.028	-0.03	0.01	0.02	0.47	0.133	-0.14	0.04	0.09	0.10	0.028	-0.03	0.01	0.02	0.47	0.133	-0.14	0.04	0.09
88406	志布志	37	0.04	0.012	-0.01	0.00	0.01	0.20	0.060	-0.07	0.02	0.04	0.04	0.012	-0.01	0.00	0.01	0.20	0.060	-0.07	0.02	0.04
88432	喜入	37	0.13	0.041	-0.06	0.01	0.03	0.44	0.133	-0.17	0.03	0.09	0.13	0.041	-0.06	0.01	0.03	0.44	0.133	-0.17	0.03	0.09
88442	鹿屋	37	0.03	0.008	-0.01	0.00	0.01	0.13	0.040	-0.06	0.01	0.03	0.03	0.008	-0.01	0.00	0.01	0.13	0.040	-0.06	0.01	0.03
88447	肝付前田	38	0.05	0.014	-0.02	0.00	0.01	0.25	0.072	-0.08	0.02	0.05	0.05	0.014	-0.02	0.00	0.01	0.25	0.072	-0.08	0.02	0.05
88486	指宿	37	0.07	0.023	-0.03	0.00	0.02	0.28	0.089	-0.13	0.01	0.06	0.07	0.023	-0.03	0.00	0.02	0.28	0.089	-0.13	0.01	0.06
88506	内之浦	37	0.02	0.007	-0.01	0.00	0.00	0.12	0.036	-0.05	0.01	0.02	0.02	0.007	-0.01	0.00	0.00	0.12	0.036	-0.05	0.01	0.02
88536	田代	37	0.18	0.056	-0.08	0.01	0.04	0.33	0.094	-0.10	0.03	0.07	0.18	0.056	-0.08	0.01	0.04	0.33	0.094	-0.10	0.03	0.07
88666	上中	37	0.06	0.018	-0.02	0.00	0.01	0.28	0.087	-0.12	0.02	0.06	0.06	0.018	-0.02	0.00	0.01	0.28	0.087	-0.12	0.02	0.06

付 5.2　標高と海率を用いた積雪未観測点における地上積雪深および地上積雪重量の推定値

5.2 節の解説で述べたように，積雪深の値は地形などの影響で同一行政区内でも大きく異なることがしばしばある．したがって，気象庁観測点から離れた地点における積雪深を推定する際には積雪深に影響を及ぼすと考えられる地形などの影響を考慮することが妥当である．ここでは，地形因子の中から最も影響の大きいと思われる標高と海率に着目し，積雪深未観測地点において再現期間 100 年に対する値を推定するための係数を重回帰分析により求めた．それらの結果を付表 5.2.1～5.2.4 に示す．なお，地域区分の境界にあたる場合には近隣の複数の区分を比較検討すると共に専門家のアドバイスを受けることを勧める．

付表 5.2.1 年最大積雪深に関する重回帰分析結果
($d_0 = \alpha \times$ 標高 $+ \beta \times$ 海率 $+ \gamma$)

No.	主要都市	地点数	重相関 R	重決定 $R2$	補正 $R2$	標準誤差	係数 標高 α	海率 β	定数項 γ	海率半径 (km)
1	稚内・天塩	11	0.868	0.753	0.691	0.318	0.0030	-1.628	2.303	40
2	枝幸	7	0.656	0.430	0.146	0.325	0.0034	-0.315	2.053	20
3	旭川・名寄	8	0.766	0.586	0.517	0.397	0.0080	−	0.910	−
4	雄武・紋別	7	0.635	0.403	0.104	0.456	0.0014	-0.183	1.720	40
5	網走・北見	17	0.582	0.338	0.244	0.264	0.0013	0.515	1.493	40
6	釧路・根室	19	0.728	0.531	0.472	0.413	0.0024	-0.804	1.454	40
7	足寄・浦幌	10	0.440	0.193	-0.037	0.503	0.0012	1.193	1.194	20
8	日高・帯広	14	0.493	0.243	0.106	0.458	0.0015	1.562	1.329	40
9	浦河・えりも	14	0.583	0.340	0.220	0.312	0.0025	-0.353	0.953	20
10	富良野・美瑛	8	0.955	0.911	0.897	0.061	0.0016	−	0.951	−
11	深川・岩見沢	11	0.807	0.652	0.565	0.393	0.0014	8.223	1.650	40
12	留萌	7	0.933	0.871	0.806	0.313	0.0120	-2.217	2.805	20
13	札幌・恵庭	10	0.508	0.258	0.046	0.300	0.0011	0.913	1.589	20
14	苫小牧・室蘭	11	0.806	0.650	0.562	0.535	0.0006	-2.207	2.127	20
15	小樽・寿都	14	0.670	0.450	0.349	0.583	0.0060	-0.931	1.962	20
16	八雲・函館	7	0.618	0.382	0.073	0.177	0.0014	0.611	0.928	40
17	江差・松前	6	0.917	0.842	0.736	0.257	0.0122	0.099	0.965	40
18	むつ・八戸	12	0.906	0.821	0.782	0.570	0.0048	1.229	0.470	40
19	青森・深浦	11	0.955	0.913	0.891	0.436	0.0047	-0.489	1.460	20
20	盛岡・宮古	25	0.531	0.282	0.217	0.266	0.0009	0.519	0.779	40
21	田沢湖・雫石	13	0.895	0.802	0.784	0.569	0.0045	−	0.930	−
22	秋田・能代	9	0.895	0.801	0.735	0.235	0.0032	-1.581	1.507	20
23	大曲・本荘	11	0.907	0.822	0.777	0.355	0.0031	-1.315	1.798	20
24	酒田・新潟	21	0.837	0.701	0.668	0.308	0.0045	-1.458	1.598	20
25	山形・新庄	16	0.608	0.370	0.273	0.765	0.0056	−	1.359	−
26	大船渡・石巻	19	0.932	0.869	0.853	0.264	0.0026	-0.615	0.593	40
27	仙台	9	0.841	0.707	0.609	0.270	0.0028	0.910	0.129	40
28	小名浜	8	0.753	0.567	0.393	0.442	0.0024	0.629	0.253	20
29	福島・白河	12	0.920	0.846	0.831	0.287	0.0020	−	0.242	−
30	若松・水上	12	0.612	0.374	0.312	0.565	0.0017	−	1.648	−
31	長岡・上越	11	0.754	0.569	0.461	0.703	0.0038	-1.942	3.423	40
32	湯沢・野沢温泉	4	0.700	0.489	0.234	0.637	0.0042	−	2.089	−
33	長野・白馬	7	0.607	0.368	0.242	0.373	0.0009	−	0.647	−
34	松本・軽井沢	12	0.798	0.637	0.601	0.245	0.0013	−	0.047	−
35	飯田・伊那	10	0.499	0.249	0.155	0.360	0.0009	−	0.392	−
36	関東平野	90	0.907	0.823	0.819	0.147	0.0009	-0.353	0.343	20
37	御殿場・甲府	12	0.870	0.757	0.702	0.336	0.0016	-1.448	0.310	20
38	富山・白川	15	0.772	0.596	0.529	0.395	0.0009	-1.636	2.333	40
39	金沢・小松	10	0.817	0.668	0.573	0.546	0.0081	-1.082	1.638	20
40	高山・八幡	7	0.647	0.419	0.302	0.677	0.0018	−	0.556	−
41	恵那・中津川	5	0.856	0.733	0.644	0.079	0.0010	−	0.047	−
42	名古屋・岐阜	16	0.576	0.332	0.229	0.130	0.0005	-0.147	0.320	20
43	静岡・浜松	17	0.958	0.918	0.906	0.068	0.0010	-0.101	0.081	40
44	福井・敦賀	12	0.731	0.535	0.432	0.572	0.0010	-2.117	2.415	40
45	彦根・大津	14	0.979	0.958	0.950	0.485	0.0062	2.856	0.056	40
46	京都・舞鶴	6	0.921	0.848	0.746	0.198	0.0010	2.521	0.254	40
47	姫路	9	0.732	0.536	0.381	0.114	0.0009	-0.457	0.231	40
48	大阪・奈良	18	0.932	0.869	0.851	0.046	0.0006	-0.080	0.111	20
49	和歌山・尾鷲	22	0.877	0.769	0.745	0.074	0.0005	-0.131	0.129	20
50	豊岡	8	0.817	0.668	0.536	0.397	0.0024	1.997	0.505	40
51	鳥取・松江	14	0.817	0.668	0.607	0.273	0.0019	-0.559	1.093	20
52	浜田・出雲	10	0.965	0.930	0.910	0.274	0.0034	0.185	0.163	20
53	津山	14	0.854	0.729	0.680	0.331	0.0018	3.577	0.186	40
54	岡山・倉敷	9	0.850	0.723	0.631	0.029	0.0001	-0.192	0.145	20
55	福山	5	0.998	0.997	0.993	0.011	0.0009	0.029	0.055	20
56	広島・呉	13	0.892	0.796	0.755	0.099	0.0011	-0.370	0.276	40
57	山口・下関	11	0.948	0.898	0.873	0.100	0.0021	-0.340	0.405	40
58	高松・徳島	18	0.985	0.970	0.966	0.133	0.0016	0.276	-0.055	40
59	高知・室戸	8	0.905	0.820	0.748	0.084	0.0006	-0.245	0.121	20
60	宿毛・清水	9	0.929	0.863	0.818	0.074	0.0007	-0.319	0.238	20
61	松山・宇和島	13	0.907	0.822	0.787	0.085	0.0009	-0.244	0.221	20
62	福岡・長崎	38	0.698	0.487	0.458	0.076	0.0005	-0.125	0.139	20
63	大分・熊本	33	0.932	0.869	0.860	0.077	0.0007	-0.013	0.086	20
64	宮崎・都城	16	0.818	0.669	0.618	0.084	0.0008	0.076	-0.009	20
65	鹿児島・阿久根	31	0.632	0.400	0.357	0.100	0.0002	-0.198	0.194	40

付表 5.2.2　年最大7日増分積雪深に関する重回帰分析結果
（$d_7=\alpha\times$標高$+\beta\times$海率$+\gamma$）

No.	主要都市	地点数	重相関 R	重決定 $R2$	補正 $R2$	標準誤差	係数		定数項 γ	海率半径
							標高 α	海率 β		(km)
1	稚内・天塩	17	0.610	0.372	0.282	0.197	0.0007	−0.439	1.048	20
2	旭川・名寄	11	0.481	0.231	0.146	0.299	0.0012	−	0.857	−
3	雄武・紋別	7	0.470	0.221	−0.169	0.530	0.0012	0.121	1.053	40
4	北見・網走	18	0.560	0.313	0.222	0.302	0.0014	0.059	1.036	20
5	釧路・根室	21	0.564	0.318	0.242	0.446	0.0025	−0.230	0.790	40
6	足寄・帯広	23	0.412	0.170	0.087	0.420	0.0014	0.842	0.894	40
7	富良野・日高	12	0.607	0.368	0.305	0.120	0.0009	−	0.526	−
8	深川・夕張	11	0.552	0.305	0.131	0.345	0.0010	3.435	0.928	40
9	浦河・えりも	14	0.512	0.262	0.127	0.261	0.0018	−0.121	0.714	20
10	札幌・留萌	18	0.484	0.234	0.132	0.196	−0.0002	−0.392	1.155	20
11	苫小牧・函館	19	0.455	0.207	0.108	0.472	0.0004	−0.852	0.992	20
12	倶知安・寿都	9	0.746	0.556	0.409	0.208	0.0025	1.261	0.418	40
13	松前・江差	9	0.929	0.863	0.817	0.083	0.0000	1.040	0.198	40
14	青森・能代	24	0.839	0.704	0.676	0.180	0.0011	−0.303	0.746	20
15	むつ・八戸	11	0.934	0.872	0.841	0.113	0.0012	0.567	0.512	40
16	盛岡・宮古	31	0.542	0.294	0.244	0.231	0.0008	0.458	0.664	40
17	秋田・大曲	12	0.720	0.518	0.411	0.164	0.0013	−0.369	0.884	20
18	酒田・村上	22	0.751	0.564	0.518	0.250	0.0032	−0.702	1.082	20
19	山形・新庄	15	0.552	0.304	0.251	0.241	0.0015	−	0.798	−
20	仙台・大船渡	21	0.823	0.677	0.641	0.175	0.0009	−0.389	0.542	40
21	福島・小名浜	23	0.773	0.598	0.558	0.271	0.0013	0.578	0.314	40
22	喜多方・若松	6	0.816	0.666	0.583	0.236	0.0007	−	1.192	−
23	桧枝岐・水上	7	0.524	0.274	0.129	0.348	0.0007	−	1.100	−
24	新潟・上越	15	0.506	0.256	0.133	0.515	−0.0005	−1.805	2.314	40
25	湯沢・野沢温泉	5	0.778	0.605	0.474	0.256	0.0023	−	0.982	−
26	長野・穂高	5	0.958	0.917	0.890	0.042	0.0008	−	0.255	−
27	松本・軽井沢	13	0.758	0.574	0.535	0.190	0.0008	−	0.099	−
28	飯田・伊那	9	0.617	0.380	0.292	0.128	0.0004	−	0.357	−
29	関東平野	90	0.871	0.759	0.754	0.123	0.0006	−0.315	0.323	20
30	御殿場・甲府	12	0.881	0.777	0.727	0.229	0.0011	−1.600	0.381	20
31	静岡・浜松	17	0.963	0.926	0.916	0.052	0.0008	−0.115	0.097	40
32	名古屋・岐阜	17	0.742	0.550	0.486	0.133	0.0005	−0.177	0.288	20
33	高山・白河	11	0.695	0.482	0.425	0.405	0.0017	−	0.362	−
34	富山・氷見	12	0.972	0.945	0.933	0.120	0.0030	0.484	0.923	20
35	金沢・輪島	13	0.860	0.739	0.687	0.288	0.0019	−0.829	1.427	40
36	福井・敦賀	12	0.525	0.275	0.114	0.444	0.0009	−0.707	1.432	40
37	彦根・今津	16	0.806	0.649	0.595	0.250	0.0051	1.272	0.088	40
38	舞鶴・鳥取	13	0.698	0.487	0.384	0.296	0.0012	1.514	0.366	40
39	姫路・京都	13	0.667	0.444	0.333	0.147	0.0012	−0.513	0.239	40
40	大阪・奈良	18	0.920	0.846	0.826	0.046	0.0005	−0.080	0.112	20
41	和歌山・尾鷲	22	0.883	0.779	0.756	0.070	0.0005	−0.137	0.126	20
42	松江・境	10	0.858	0.736	0.661	0.174	0.0005	−0.450	0.935	20
43	津山	14	0.770	0.593	0.520	0.217	0.0010	1.154	0.327	40
44	岡山・福山	15	0.828	0.685	0.633	0.054	0.0006	−0.089	0.122	20
45	広島・呉	13	0.898	0.806	0.767	0.093	0.0011	−0.368	0.275	40
46	出雲・浜田	10	0.965	0.931	0.911	0.129	0.0016	0.072	0.273	40
47	山口・下関	11	0.938	0.880	0.850	0.096	0.0020	−0.176	0.331	40
48	高松・松山	23	0.790	0.624	0.587	0.093	0.0008	−0.135	0.160	20
49	徳島・高知	25	0.955	0.911	0.903	0.120	0.0009	−0.147	0.123	20
50	福岡・長崎	38	0.706	0.498	0.469	0.075	0.0005	−0.124	0.138	20
51	大分・熊本	33	0.888	0.789	0.775	0.074	0.0005	−0.092	0.130	20
52	宮崎・都城	16	0.736	0.542	0.471	0.073	0.0004	−0.081	0.061	40
53	鹿児島・阿久根	30	0.573	0.328	0.278	0.092	0.0001	−0.189	0.198	40

付表 5.2.3　年最大積雪重量に関する重回帰分析結果
($S_0 = \alpha \times$標高$+ \beta \times$海率$+ \gamma$)

No.	主要都市	地点数	重相関 R	重決定 $R2$	補正 $R2$	標準誤差	係数 標高α	海率β	定数項γ	海率半径 (km)
1	稚内・天塩	11	0.919	0.845	0.807	1.112	0.0322	-4.557	6.485	20
2	枝幸	7	0.776	0.602	0.403	1.157	0.0199	-0.656	6.536	20
3	旭川・名寄	8	0.741	0.549	0.474	1.981	0.0369	–	1.561	–
4	雄武・紋別	7	0.902	0.813	0.719	0.500	0.0051	0.825	3.259	40
5	網走・北見	17	0.758	0.574	0.513	0.744	0.0056	3.190	2.352	40
6	釧路・根室	19	0.862	0.743	0.711	0.604	0.0034	-2.604	4.101	40
7	足寄・浦幌	10	0.915	0.837	0.791	0.554	0.0069	3.727	1.667	40
8	日高・帯広	14	0.876	0.768	0.726	0.571	0.0047	7.788	2.953	20
9	浦河・えりも	14	0.699	0.488	0.395	0.992	0.0094	-1.933	2.480	20
10	富良野・美瑛	8	0.860	0.740	0.696	0.409	0.0056	–	2.809	–
11	深川・岩見沢	11	0.878	0.772	0.715	1.079	0.0109	29.169	4.784	40
12	留萌	7	0.924	0.854	0.781	1.239	0.0314	-8.096	10.162	20
13	札幌・恵庭	10	0.725	0.525	0.390	0.733	0.0073	3.329	4.276	40
14	苫小牧・室蘭	11	0.940	0.884	0.855	0.984	0.0108	-3.850	4.306	40
15	小樽・寿都	14	0.722	0.521	0.434	2.361	0.0310	-3.772	6.377	20
16	八雲・函館	7	0.503	0.253	-0.121	0.827	0.0057	-2.497	4.650	40
17	江差・松前	6	0.890	0.793	0.654	1.041	0.0399	-0.936	3.871	20
18	むつ・八戸	12	0.858	0.736	0.678	2.235	0.0146	3.664	1.083	40
19	青森・深浦	11	0.958	0.917	0.896	1.723	0.0193	-1.238	5.053	20
20	盛岡・宮古	25	0.825	0.681	0.652	0.454	0.0035	2.009	1.252	40
21	田沢湖・雫石	13	0.892	0.796	0.777	2.487	0.0192	–	2.384	–
22	秋田・能代	9	0.921	0.848	0.797	0.838	0.0164	-6.253	5.176	20
23	大曲・本荘	11	0.925	0.856	0.821	1.377	0.0110	-6.656	6.416	20
24	酒田・新潟	21	0.863	0.744	0.716	1.080	0.0278	-5.228	5.002	20
25	山形・新庄	16	0.579	0.335	0.233	3.414	0.0232	–	4.664	–
26	大船渡・石巻	19	0.964	0.929	0.920	0.771	0.0113	-1.659	1.202	40
27	仙台	9	0.929	0.864	0.818	0.294	0.0038	-0.690	1.023	20
28	小名浜	8	0.921	0.849	0.788	0.487	0.0058	1.826	0.187	20
29	福島・白河	12	0.908	0.825	0.808	1.034	0.0068	–	-0.208	–
30	若松・水上	12	0.550	0.302	0.233	2.121	0.0054	–	4.738	–
31	長岡・上越	11	0.782	0.611	0.514	2.780	0.0105	-11.746	14.328	40
32	湯沢・野沢温泉	4	0.707	0.500	0.250	2.248	0.0153	–	5.272	–
33	長野・白馬	7	0.537	0.289	0.146	1.667	0.0035	–	1.029	–
34	松本・軽井沢	12	0.784	0.615	0.576	0.696	0.0035	–	-1.023	–
35	飯田・伊那	10	0.828	0.686	0.646	0.726	0.0046	–	-0.769	–
36	関東平野	90	0.888	0.789	0.784	0.343	0.0020	-0.754	0.862	20
37	御殿場・甲府	12	0.760	0.577	0.483	0.701	0.0021	-2.858	0.872	20
38	富山・白川	15	0.659	0.434	0.340	1.680	0.0023	-5.659	7.790	20
39	金沢・小松	10	0.768	0.589	0.472	2.341	0.0336	-2.431	5.019	20
40	高山・八幡	7	0.649	0.421	0.305	2.012	0.0055	–	1.548	–
41	恵那・中津川	5	0.735	0.541	0.388	0.284	0.0024	–	0.343	–
42	名古屋・岐阜	16	0.752	0.565	0.498	0.217	0.0016	-0.178	0.479	40
43	静岡・浜松	17	0.968	0.938	0.929	0.176	0.0029	-0.370	0.291	40
44	福井・敦賀	12	0.816	0.666	0.591	1.855	0.0031	-9.747	8.809	40
45	彦根・大津	14	0.987	0.973	0.969	1.721	0.0280	9.585	-1.205	40
46	京都・舞鶴	6	0.949	0.901	0.835	0.544	0.0014	8.476	0.502	40
47	姫路	9	0.839	0.704	0.605	0.093	0.0017	-0.323	0.274	40
48	大阪・奈良	18	0.805	0.648	0.601	0.108	0.0007	-0.061	0.294	20
49	和歌山・尾鷲	22	0.601	0.361	0.293	0.269	0.0007	-0.252	0.416	20
50	豊岡	8	0.701	0.492	0.289	1.989	0.0087	6.662	1.167	40
51	鳥取・松江	14	0.752	0.565	0.486	0.954	0.0044	-2.030	3.409	20
52	浜田・出雲	10	0.963	0.928	0.907	0.996	0.0125	2.203	-0.330	40
53	津山	14	0.903	0.815	0.782	1.003	0.0061	17.270	-0.349	40
54	岡山・倉敷	9	0.751	0.564	0.418	0.042	0.0004	-0.144	0.366	40
55	福山	5	0.993	0.986	0.972	0.022	0.0011	0.240	0.188	40
56	広島・呉	13	0.745	0.556	0.467	0.238	0.0017	-0.326	0.518	20
57	山口・下関	11	0.868	0.754	0.693	0.367	0.0038	-1.441	1.295	40
58	高松・徳島	18	0.983	0.967	0.963	0.355	0.0043	1.528	-0.428	40
59	高知・室戸	8	0.970	0.941	0.917	0.126	0.0016	-0.698	0.313	20
60	宿毛・清水	9	0.979	0.958	0.944	0.082	0.0018	-0.513	0.446	20
61	松山・宇和島	13	0.917	0.841	0.809	0.161	0.0018	-0.423	0.459	20
62	福岡・長崎	38	0.488	0.238	0.194	0.364	0.0012	-0.381	0.486	20
63	大分・熊本	33	0.929	0.863	0.854	0.157	0.0016	0.233	0.138	40
64	宮崎・都城	16	0.877	0.768	0.733	0.130	0.0014	0.058	0.054	20
65	鹿児島・阿久根	31	0.691	0.477	0.440	0.183	0.0004	-0.459	0.489	40

付表 5.2.4　年最大 7 日増分積雪重量に関する重回帰分析結果
($S_7 = \alpha \times$ 標高 $+ \beta \times$ 海率 $+ \gamma$)

No.	主要都市	地点数	重相関 R	重決定 $R2$	補正 $R2$	標準誤差	係数 標高 α	係数 海率 β	定数項 γ	海率半径 (km)
1	稚内・天塩	17	0.552	0.305	0.206	0.268	0.0023	−0.280	1.236	20
2	旭川・名寄	11	0.959	0.921	0.912	0.206	0.0051	−	0.480	−
3	雄武・紋別	7	0.980	0.960	0.939	0.206	0.0043	0.687	1.107	20
4	北見・網走	18	0.766	0.586	0.531	0.396	0.0038	1.172	0.973	40
5	釧路・根室	21	0.794	0.631	0.590	0.348	0.0038	−0.338	1.079	40
6	足寄・帯広	23	0.611	0.373	0.310	0.498	0.0028	1.979	1.121	40
7	富良野・日高	12	0.829	0.687	0.656	0.424	0.0060	−	−0.657	−
8	深川・夕張	11	0.612	0.375	0.218	0.253	0.0020	2.037	1.179	40
9	浦河・えりも	14	0.455	0.207	0.063	0.712	0.0039	−0.394	1.187	20
10	札幌・留萌	18	0.514	0.264	0.166	0.223	0.0010	−0.150	1.365	20
11	苫小牧・函館	19	0.455	0.207	0.108	0.355	0.0016	0.528	0.867	40
12	倶知安・寿都	9	0.743	0.552	0.403	0.593	0.0111	1.716	0.305	40
13	松前・江差	9	0.828	0.685	0.580	0.322	0.0141	0.657	0.631	20
14	青森・能代	24	0.816	0.667	0.635	0.509	0.0034	0.502	0.792	40
15	むつ・八戸	11	0.983	0.967	0.958	0.256	0.0049	0.448	0.696	40
16	盛岡・宮古	31	0.620	0.385	0.341	0.314	0.0006	1.386	0.977	40
17	秋田・大曲	12	0.790	0.624	0.541	0.167	0.0019	−0.157	1.329	20
18	酒田・村上	22	0.812	0.659	0.623	0.416	0.0024	−1.798	2.509	40
19	山形・新庄	15	0.695	0.484	0.444	0.443	0.0041	−	1.038	−
20	仙台・大船渡	21	0.917	0.841	0.823	0.329	0.0032	−0.387	0.835	40
21	福島・小名浜	23	0.810	0.656	0.622	0.260	0.0014	0.939	0.605	40
22	喜多方・若松	6	0.681	0.464	0.330	0.394	0.0008	−	1.855	−
23	桧枝岐・水上	7	0.514	0.264	0.117	0.531	0.0010	−	1.503	−
24	新潟・上越	15	0.431	0.185	0.050	1.634	0.0023	−1.575	3.330	20
25	湯沢・野沢温泉	5	0.501	0.251	0.002	2.762	0.0116	−	−1.375	−
26	長野・穂高	5	0.967	0.935	0.914	0.034	0.0008	−	0.513	−
27	松本・軽井沢	13	0.781	0.610	0.574	0.180	0.0008	−	0.285	−
28	飯田・伊那	9	0.724	0.524	0.456	0.138	0.0006	−	0.641	−
29	関東平野	90	0.779	0.607	0.598	0.255	0.0007	−0.635	0.777	20
30	御殿場・甲府	12	0.788	0.620	0.536	0.305	0.0007	−3.184	1.044	20
31	静岡・浜松	17	0.953	0.908	0.895	0.139	0.0016	−0.470	0.384	40
32	名古屋・岐阜	17	0.777	0.604	0.548	0.149	0.0007	−0.123	0.490	40
33	高山・白河	11	0.538	0.289	0.210	0.459	0.0013	−	0.931	−
34	富山・氷見	12	0.891	0.794	0.748	0.990	0.0115	1.363	1.569	20
35	金沢・輪島	13	0.895	0.801	0.761	0.977	0.0088	−2.333	3.072	40
36	福井・敦賀	12	0.735	0.540	0.438	0.840	0.0058	−0.586	2.491	20
37	彦根・今津	16	0.814	0.662	0.610	0.821	0.0165	5.360	−0.628	40
38	舞鶴・鳥取	13	0.863	0.746	0.695	0.360	0.0017	3.207	0.742	40
39	姫路・京都	13	0.621	0.386	0.263	0.216	0.0018	−0.591	0.388	40
40	大阪・奈良	18	0.738	0.545	0.485	0.114	0.0006	−0.069	0.302	20
41	和歌山・尾鷲	22	0.515	0.265	0.188	0.242	0.0003	−0.396	0.492	20
42	松江・境	10	0.764	0.584	0.465	0.619	0.0022	−0.222	1.615	20
43	津山	14	0.844	0.712	0.659	0.536	0.0021	7.836	0.253	40
44	岡山・福山	15	0.575	0.330	0.219	0.056	0.0002	−0.075	0.355	40
45	広島・呉	13	0.781	0.610	0.532	0.136	0.0009	−0.325	0.540	20
46	出雲・浜田	10	0.942	0.888	0.856	0.544	0.0056	2.730	−0.476	40
47	山口・下関	11	0.767	0.589	0.486	0.212	0.0018	−0.258	0.779	40
48	高松・松山	23	0.739	0.546	0.500	0.152	0.0010	−0.466	0.528	40
49	徳島・高知	25	0.898	0.806	0.788	0.201	0.0008	−0.435	0.452	20
50	福岡・長崎	38	0.464	0.215	0.170	0.227	0.0007	−0.229	0.389	20
51	大分・熊本	33	0.823	0.677	0.656	0.127	0.0006	−0.135	0.332	20
52	宮崎・都城	16	0.845	0.713	0.669	0.119	0.0010	−0.199	0.164	40
53	鹿児島・阿久根	30	0.659	0.435	0.393	0.176	0.0002	−0.452	0.497	40

付 5.3 任意の再現期間に対する積雪深の推定

本指針では，雪荷重の基本値を再現期間 100 年の年最大積雪深または年最大 n 日増分積雪深に基づいて算定することとしている．しかし，建築物の用途などにより，許容応力度設計において 100 年とは異なる設計用再現期間 t_R(年) に対して設計する場合には，再現期間 t_R(年) に対する年最大積雪深または年最大 n 日増分積雪深を求めることが必要になる．これを観測データから直接に求める場合には，その値を用いることができる．しかし，ここでは，そのようなデータを利用できない場合や概算で求めようとする際のために，再現期間換算係数 k_{R_S} を示すこととした．再現期間換算係数は，本文で定めた再現期間 100 年の年最大積雪深あるいは年最大 n 日増分積雪深に乗じることによって，任意の再現期間に対する年最大積雪深あるいは年最大 n 日増分積雪深を算出できるようにしたものである．

観測値がグンベル分布に従う場合，付 5.1 節に示したようにグンベル確率紙上での傾き $1/a$ と切片 b が分かれば，任意の再現期間に対する値を求めることができる．再現期間換算係数は，これらの値を基準となる再現期間（本文中では 100 年）に対する値で規準化したものである．これを再現期間 t_R(年) の関数で表すと，次式のようになる．

$$k_{R_S} = b_0 - a_0 \ln\left\{ \ln\left(\frac{t_R}{t_R - 1} \right) \right\} \qquad (付 5.3.1)$$

なお，t_R がある程度大きい場合(ほぼ 10 年以上の場合)には，次式のように近似することができる．

$$k_{R_S} = b_0 + a_0 \ln(t_R) \qquad (付 5.3.2)$$

したがって，適切な a_0 および b_0 の値を設定することができれば，上記の関数を用いることにより，任意の再現期間の再現期間換算係数を求めることができる．

気象庁の観測データを用いて，年最大積雪深および年最大 1 日，3 日，5 日，7 日，10 日，14 日増分積雪深について a_0 の値を求め，それぞれの再現期間 100 年に対する値 d および d_n に対してプロットしたものを付図 5.3.1 に示す[137]．ここでは，SDP 観測点 146 点，AMeDAS 観測点 822 点のうち，積雪深が 0 と推定された 21 地点を除く 947 点のデータを用い，グンベル確率紙上で上位 1/3 の値を最小二乗法で回帰する方法で求められている．各図とも，係数 a_0 は，ばらつきは大きいが，再現期間 100 年に対する値がある値になるまでは漸減し，その値を超えるとそれぞれ一定値になる傾向が見られ，両者の関係はおおよそ図中に示すような 2 本の直線で近似できる．年最大 n 日増分積雪深に対して，2 本の直線の境界となる再現期間 100 年に対する値（以下，遷移積雪深（m）という）をプロットすると付図 5.3.2 のようになり，次式で近似できる．

$$d_{tr} = 0.0333n + 0.4667 \quad ただし，1 \leqq n \leqq 14 \qquad (付 5.3.3)$$

なお，年最大積雪深に対しては，付図 5.3.1(a) より，遷移積雪深 d_{tr} はほぼ 1.0 m となっている．遷移積雪深を境に 2 つに区分して，係数 a_0 の平均値と標準偏差を求めたものを付表 5.3.1 に示す．

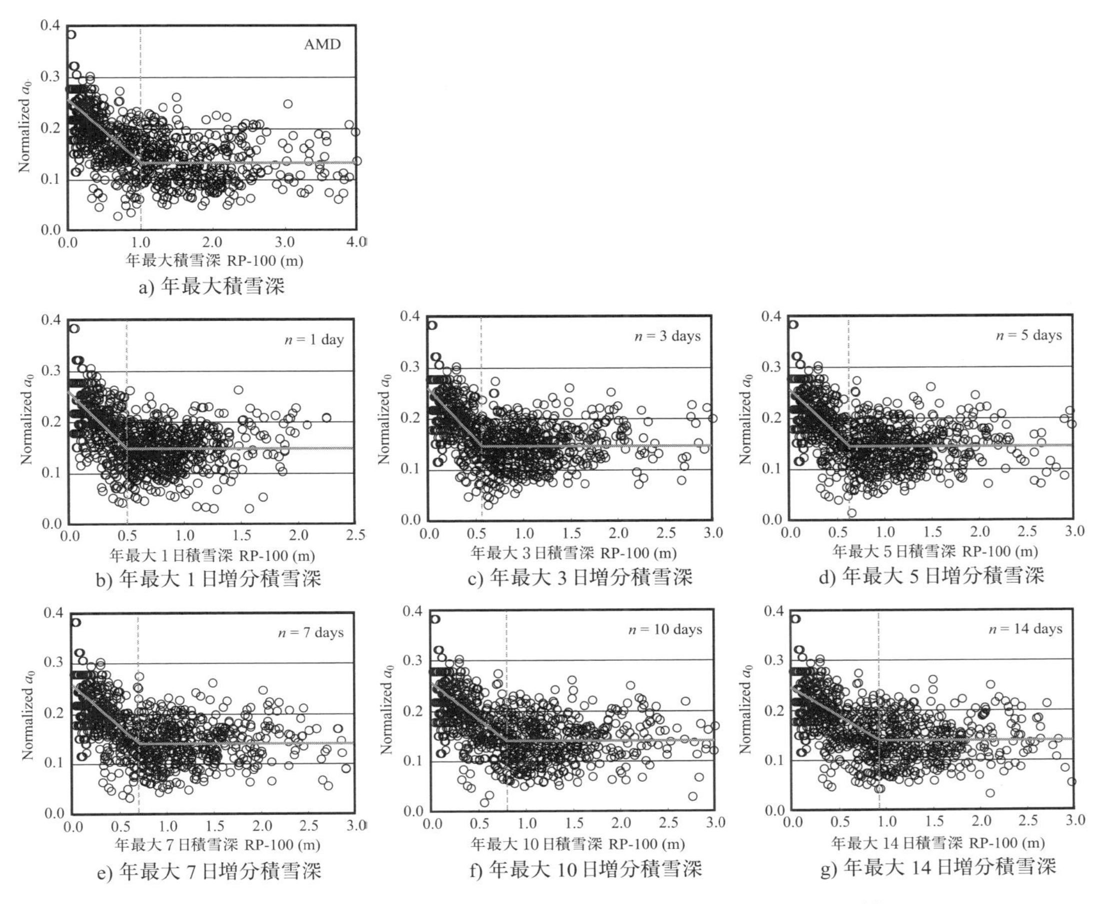

付図 5.3.1　係数 a_0 と再現期間 100 年に対する値 d, d_n との関係

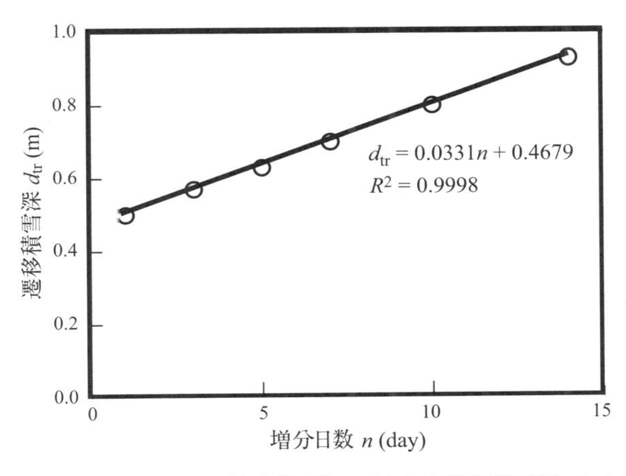

付図 5.3.2　年最大 n 日増分積雪深に対する遷移積雪深 d_{tr} の変化

付表 5.3.1　係数 a_0 の平均値と標準偏差

		遷移積雪深 d_{tr}(m)	$d, d_n \geqq d_{tr}$		$d, d_n < d_{tr}$	
			平均値	標準偏差	平均値	標準偏差
年最大積雪深		1.00	0.136	0.044	0.199	0.057
年最大増分積雪深	1日	0.50	0.147	0.041	0.207	0.055
	3日	0.57	0.146	0.041	0.208	0.055
	5日	0.63	0.144	0.042	0.206	0.056
	7日	0.70	0.142	0.043	0.203	0.057
	10日	0.80	0.142	0.044	0.200	0.058
	14日	0.93	0.141	0.044	0.195	0.059

係数 a_0 の値は，大局的に見れば，n 日によらずにほぼ一定と見ることができ，有効数字 2 桁を考えれば，d，$d_n \geqq d_{tr}$ では $a_0 = 0.14$，d，$d_n < d_{tr}$ では $a_0 = 0.20$ 程度とすることができる．したがって，再現期間 100 年では $k_{Rs} = 1.0$ という条件を考慮すると，再現期間換算係数は（付 5.3.4）式によって表すことができる．なお付 5.1 節が使用できる条件であれば，付表 5.1.1～5.1.3 を参照する．

$$k_{Rs} = 0.36 + 0.14\ln(t_R) \qquad d,\ d_n \geqq d_{tr} \text{ のとき} \qquad (\text{付 } 5.3.4\text{a})$$

$$k_{Rs} = 0.08 + 0.20\ln(t_R) \qquad d,\ d_n < d_{tr} \text{ のとき} \qquad (\text{付 } 5.3.4\text{b})$$

付 5.4　使用性検討のための屋根雪荷重

雪荷重は地域によっては長い場合には数か月間も載荷されることから，木質構造や鉄筋コンクリート構造では使用性に関わるクリープ変形などを考慮すべきであろう．1986 年版までの旧指針では，長期許容応力度設計に対して，短期許容応力度設計に用いる荷重の 7 割の値を採用して検討を行うこととされてきた．これは，雪荷重が長期間載荷されることによるクリープ変形を考慮するために木質構造における実験結果から導かれた結果であるというのが従来の大筋の認識であった．この値の設定過程について調査した三橋[138]によれば，この値は，長期許容応力度以下の荷重に対して，木質構造の接合部と部材の変形の比率を 2：1 と仮定して，3 か月間の載荷を行ったものとして，雪荷重のように漸増載荷される場合の変形量は，3 か月間連続して最大荷重が載荷される場合の変形量に対して，ほぼ 0.65 程度であるという委員会資料（久田俊彦：雪荷重長期取扱ひについて）から算定されている．したがって，この値をこのまま他の構造物に対して採用する根拠は薄いといえよう．

一方，松下・和泉は地上積雪重量の変化過程 $S(t_s)$ について次のような式を提案している．[139]

$$S(t_s) = \frac{27}{4} S_{max} t_s^2 (t_{smax} - t_s) / t_{smax}^3 \qquad (\text{付 } 5.4.1)$$

ここで，S_{max}：地上積雪重量の最大値（kN/m²），
t_s：積雪開始からの経過時間（日），
t_{smax}：積雪期間（日）である．

高橋はこの式の妥当性を各地の雪荷重の観測値を用いて検討しており[140]，平年値に対する標準

的な雪荷重の推移過程として採用することは充分可能であるとしている〔付図5.4.1〕. これを積雪期間を固定して重量の比に直せば0.56となる.

他方，クリープ変形は小さいとされる鋼構造においても屋根やベランダの水勾配の確保などのために変形の検討を行う必要があるし，膜構造のような建築物では，応力的には問題なくともポンディングなどの過大な変形により下部構造や装置などに接触するような支障が生じることが考えられる. 前述のクリープも含め，これらはいずれも過大な変形を生じないように制限することで使用性に関わる不具合を未然に防ぐことができる. すなわち，応力度の問題というよりも，変形量の問題とみなすことが妥当といえる. しかし，変形制限のガイドラインを示すことは構造種別ごとの設計指針および規準類の範ちゅうであって，荷重指針で定めるものではないと考えるため，本指針では，長期許容応力度での検討の代わりに，変形量を検討する項目を付け加えるにとどめた. ただし，雨仕舞いの水勾配が常識的な範囲内におさまるかどうか，建具の使用性，装置の接触などは，規準類によらずともおのずと規定されよう.

ちなみに，1993年改定以前の荷重指針において長期許容応力度の検討のために用いられていた，設計用屋根雪荷重の7割という値は，多雪地帯においては再現期間約10年の値に相当する. すなわち，多雪地帯における再現期間換算係数の式（付5.3.4a）に $k_{R_S}=0.7$ を代入すると，$0.14\ln(r)=0.7-0.36$ となる. これより t_R を算出すると，$t_R=11$ が得られ，再現期間は約10年となる. また，木質構造の場合には，前述の久日の資料などにより積雪期間3か月の荷重の時間的変動を考えたクリープを伴う変形が弾性変形の1.4倍程度と考えられること，また，平均年の最大雪荷重が100年再現期待値の約5割に相当することから，再現期間100年に対する値の7割の値を用いて弾性変形を計算すれば，平年の雪荷重を月いてクリープ変形を求めたのとほぼ同等である，という説明も可能である.

積雪期間3か月の荷重の時間的変動を考えたクリープを伴う変形が弾性変形の1.4倍程度と考えられることについては，以下の計算からも導かれる. すなわち，積雪荷重の時間的変動について（付5.4.1）式で示される松下・和泉モデルを用い，変形については木質構造を念頭において次式で表される木材のクリープ特性[141]を用いることとする.

$$\frac{\delta(t)}{\delta_0}=1+at_s^N \qquad \text{（付 5.4.2）}$$

ここで，$\delta(t)$：クリープ変形を含む全変位量，

δ_0：初期変位量，

a：荷重に比例する定数（単位を日とすると $a=2.0$），

N：材料定数（ここでは $N=0.2$ とした），

t_s：載荷継続時間（日）である.

たわみ量の重合せが成り立つものと仮定して，積雪期間90日に対するたわみの時間的変化を求めると，最大たわみは最大積雪荷重の直後に発生し，最大積雪荷重に対する弾性たわみの約1.39倍と算出される.

構造種別により，チェックすべき部材や接合部の全体構造に対する位置付けも異なり，使用性の

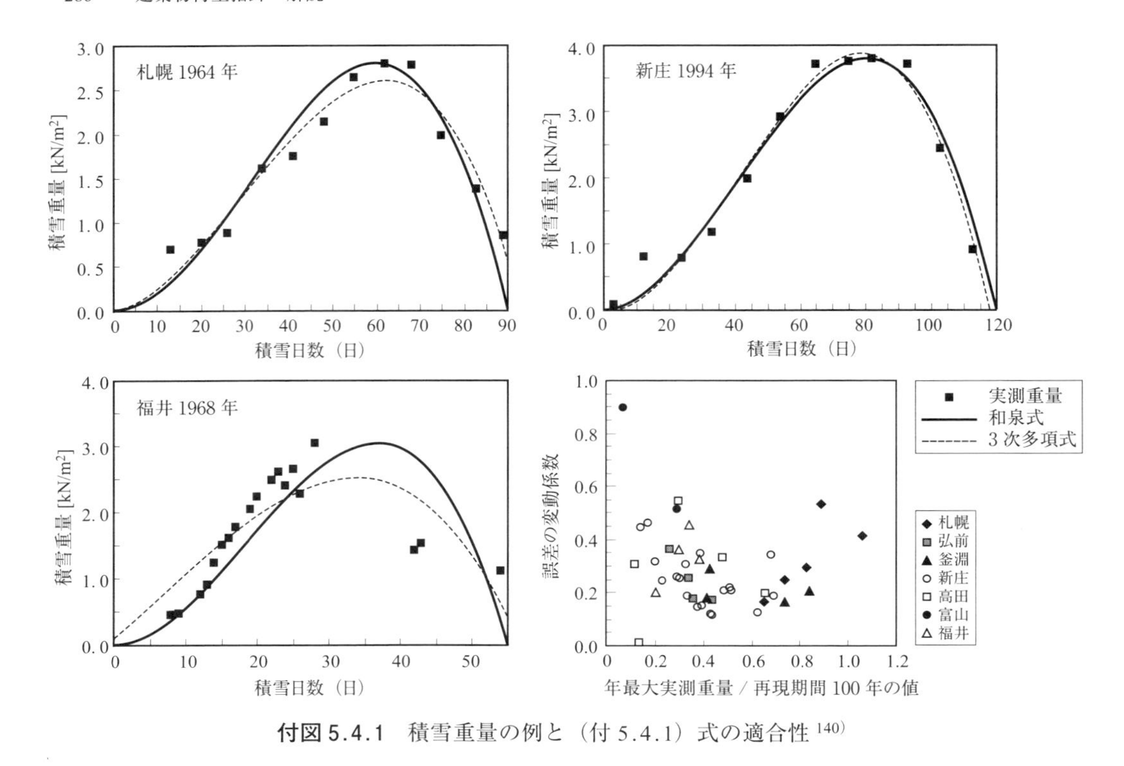

付図 5.4.1　積雪重量の例と（付 5.4.1）式の適合性 [140)]

検討に対する最適な再現期間は異なってこよう．適切な再現期間の設定と，局所的な雪荷重の作用する箇所を含めた変形の検討を行うことにより，使用性を損なわないことを確認するものである．

付 5.5　許容応力度設計において従の荷重としての雪荷重に乗じる荷重係数

旧指針（1986 年版）までは，風荷重，地震荷重と組み合せる雪荷重について，「暴風時または地震時に存在し得る雪荷重を想定して雪荷重を低減する」という考えに基づいて，暴風時または地震時に組み合せるべき雪荷重の値を規定していた．この考え方は，第 2 章の解説にもあるように，基本的にはタークストラ（Turkstra）の経験則が採用されていることと同様であるといえる．タークストラの経験則に従えば，考慮すべきは主たる荷重が最大を取る時点の荷重の組合せであり，従たる荷重の値としては，その確率過程的な意味での平均的な値を採用することができる．付 5.4 節で述べたように松下・和泉 [139)] は雪荷重の過程 $S(t_s)$ を積雪期間 t_{smax} を用いて（付 5.4.1）式のように表しており，これを用いて，地震と積雪の組合せ荷重の最大値を独立事象の仮定の下に推定し，S_{max} が正規確率分布に従う場合，地震荷重と組み合せられる雪荷重は最大雪荷重の 21 % を超えない値であることを得ている [142)]．

神田 [143)] は積雪深の推移過程を矩形と仮定して許容応力度設計下で風荷重または地震荷重と組合せるときの（2.2）式に用いる荷重係数を試算し，積雪期間を 3 か月，平年の積雪深を 50 年再現期待値の 1/2 としたときの荷重係数は，0.2〜0.36 になることを得ている．これに対して，鈴谷 [144)] らは実際の雪荷重の推移過程を等価な矩形で置換することを試みており，最大積雪深 × 積雪期間 3 か月の過程は安全側であるが，豪雪時でも 7 割程度の積雪深を採用することが妥当であることを示している．この鈴谷の結果を神田の解析にフィードバックすると，前述の荷重係数は，ほぼ0.14～0.25程度になる．

高橋[140]は，雪荷重の推移過程として（付5.4.1）式を用い，タークストラの経験則にしたがって雪荷重が従となる場合の荷重係数を求めている．荷重係数は積雪期間に対して二次関数的に漸増すること，積雪期間3か月を超える地点では，荷重係数0.3は，地震荷重との組合せでは安全側の評価であり，風荷重との組合せではほぼ妥当な値であることを示している〔付図5.5.1〕．付図5.5.1(b)は冬期間に限定した係数であり，季節風を想定している．地震のように季節変動がない荷重に対しては雪荷重の期待値はさらに小さくなる．第2章の表2.4.1では従の荷重の荷重効果の平均値と基本値との比として$0.18\,S_0^{0.46}$と示されているが，これは，積雪期間が3か月を超えるようなところはおおよそS_0が3 kN/m^{2}程度以上であり，このときの荷重係数が約0.3となることに対応している．

また，積雪パターンの多様さを考慮すると，現時点で有効数字の2桁目の信頼性はあまり期待できない．以上の理由から，本指針では，暴風時または地震時において組み合せるべき雪荷重の値として，付表5.5.1に示したように，積雪期間3か月以上の地点では0.3を推奨している．積雪期間が1か月以上3か月未満の場合は積雪期間に応じて直線補間すればよい．地震荷重算定用に，建築物の重量に加算する雪荷重の値としても，これと同じ値を採用すればよい．

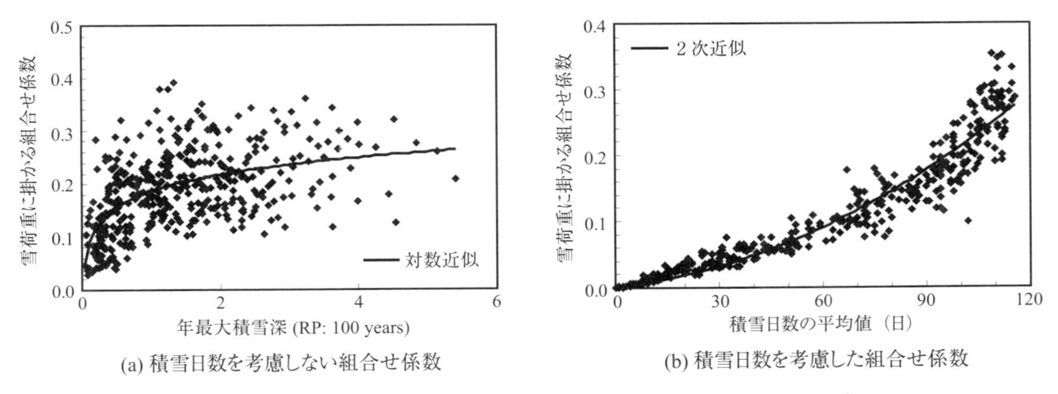

付図5.5.1　雪荷重に掛かる組合せ荷重のための係数の検討[140]

付表5.5.1　組合せ荷重のための係数

積雪期間	1か月未満	1か月以上3か月未満	3か月以上
係数	0	積雪期間に応じて直線補間	0.3

参考文献

1) 日本建築学会：昭和56年豪雪被害調査報告，1981
2) 日本雪工学会：屋根雪処理装置の実態調査，1987
3) 三橋博三：雪荷重の制御，1991年度大会（東北）構造部門研究協議会－制御技術と構造の機能性安全性，日本建築学会構造委員会東北支部研究委員会構造部会，pp.5～14，1991
4) 金子ヒロミ・城　攻・柴田拓二：気温・降水量資料に基づく地上積雪重量の推定について（札幌市の場合），日本建築学会大会学術講演梗概集 B-1，pp.1411～1412，1987
5) 桜井修次・城　攻：気温，降水量資料に基づく地上積雪重量の推定に関する考察，日本建築学会大会学術講演梗概集 B-1，pp.75～76，1994
6) 太田岳史：気温および降水量による山地積水量の経時変化の推定，雪氷 Vol.51，No.1，pp.37～48，1989
7) 大沼匡之・小島賢治・長谷美達雄・大畑哲夫・本山秀明・石川信敬・大野宏之：第1回「融雪係数に関する談話会」の報告，雪氷 Vol.54，No.2，pp.182～183，1992
8) 前田博司・山田孝一郎・松本芳紀：建築物の雪荷重に関する基礎的研究　その3屋根の積雪状況・昭和59年寒候期，日本建築学会大会学術講演梗概集 B，pp.1031～1032，1984
9) 前田博司・山田孝一郎・松本芳紀：建築物の雪荷重に関する基礎的研究　その5屋根の積雪状況・昭和60年寒候期，日本建築学会大会学術講演梗概集 B，pp.665～666，1985
10) 桜井修次・城　攻・柴田拓二：設計用雪荷重評価のための年最大地上積雪重量の確率・統計的性質に関る考察，日本建築学会構造系論文報告集，第437号，pp.1～10，1992
11) 桜井修次・城　攻：累積降水量に基づく年最大7日積雪重量強度の推定および年最大7日積雪重量強度の再現期待値評価のための単位積雪重量相当値について，日本建築学会大会学術講演梗概集 B-1，pp.1013～1014，1993
12) 桜井修次・城　攻：気温，降水量資料に基づく地上積雪重量の推定法および等価単位積雪重量の評価に関する基礎的研究，日本雪工学会誌，Vol.17，No.3，pp.194～205，2001
13) 田村盛彰：長岡における気温と降水種出現頻度・降水量の関係について，雪氷 Vol.52，No.4，pp.251～257，1990
14) 日本放送協会：NHK 最新気象用語ハンドブック，pp.160～161，日本放送出版協会，1986
15) 桜井修次・城　攻：累積降水量に基づく地上積雪重量の推定－推定値に及ぼす判別気温の影響について－，日本建築学会大会学術講演梗概集 B-1，pp.91～92，1995
16) Kamimura, S., Umemura, T.: Estimation of daily snow mass on the ground using air temperature and precipitation data, Second International Conference on Snow Engineering, CRREL Special Report 92-27, pp.157～167, 1992
17) 上村靖司：日気温，降水量データによる積雪重量推定式の改良，日本雪氷学会大会講演予稿集，p.162，1995
18) 上村靖司・梅村晃由：屋根融雪装置の能力設計に関する提案，日本雪工学会誌，Vol.12，No.3，pp.212～217，1996
19) 倉本幸治・高橋　徹：降水量データによる積雪重量の推定，日本建築学会大会学術講演梗概集 B-1，pp.81～82，1996
20) 倉本幸治・高橋　徹：積雪層モデルによる積雪重量の推定その1・その2，日本建築学会大会学術講演梗概集 B-1，pp.107～110，1997
21) Takahashi, T., Kawamura, T., Kuramoto, K.: Estimation of ground snow load using snow layer model（積雪層モデルによる地上積雪重量の推定），日本建築学会構造系論文集，第545号，pp.35～41，2001
22) Thom, H-C-S.: Distribution of Maximum Annual Water Equivalent of Snow on the Ground, Monthly Weather Review, Vol.94, No.4, pp.265～271, 1966
23) Ellingwood, B.: Wind and Snow Load Statistics for Probabilistic Design, Proc. of ASCE, Vol.107, No.ST7, pp.1345～1350, 1981
24) 前田博司：積雪深の極値分布，福井工業大学研究紀要，第10号，pp.23～31，1980
25) 桜井修次・城　攻：設計用雪荷重評価のための年最大地上積雪深の確率統計解析，日本建築学会構造系論文報告集，第436号，pp.31～41，1992
26) 和泉正哲・三橋博三・高橋　徹：年最大積雪深の確率統計的性質と再現期間値推定法，日本建築学会構造系論

文報告集，第390号，pp.49～58，1988
27）和泉正哲・三橋博三・高橋　徹・小野　貢：地形因子を用いた年最大積雪深の分布推定，東北大学建築学報，第26号，pp.75～83，1987
28）石原健二・井澤龍夫：地形因子法による年最大積雪深のメッシュマップ作成，第6回寒地技術シンポジウム，pp.459～465，1990
29）中峠哲朗・北川　茂：福井県における積雪深分布の一次近似，雪氷，37巻4号，pp.14～21，1975
30）前田博司・吉田泰穂：加越地方における最大積雪深の地理的分布，日本建築学会北陸支部研究報告集，第23号，pp.5～8，1980
31）建設省国土地理院：国土数値情報の概要（昭和60年版），日本地図センター，1985
32）高橋　徹：建築構造物設計荷重の規定要因と総合評価に関する研究，東北大学博士学位論文，1990
33）高橋　徹・深谷　学・三橋博三・和泉正哲：積雪深の地理的分布に対する標高と海率の影響評価，日本建築学会大会学術講演梗概集，Vol.B，pp.219～220，1992
34）設楽敬之・高橋　徹・Ellingwood, B.R.：クリギング法と重回帰分析による積雪荷重の推定と比較，日本建築学会大会学術講演梗概集B-1，pp.67～68，2002
35）高橋　博・中村　勉（編著）：雪氷防災，白亜書房，1986
36）前田博司：雪荷重の評価に関する基礎的研究一（その1）積雪の平均密度について，日本建築学会論文報告集，第319号，pp.32～37，1982
37）苫米地司・遠藤明久：積雪密度と根雪期間の関係について，日本建築学会大会学術講演梗概集B，pp.61～62，1988
38）城　　攻・桜井修次：多雪地域における等価単位積雪重量について，日本雪工学会誌，Vol.9，No,2，pp.112～114，1993
39）三橋博三・高橋　徹：雪荷重設定に関する一考察，第4回雪工学シンポジウム論文報告集，pp.71～78，1988
40）ISO，ISO4355：Bases for design of structures－Determination of snow loads on roofs, ISO, Switzerland, 2013
41）和泉正哲・三橋博三・佐々木達夫・高橋　徹：積雪荷重の評価に関する基礎的研究，構造工学論文集，Vol.31B，pp.73～80，1985
42）鈴谷二郎：積雪の重量，東北北陸56年豪雪による鋼構造物被害調査報告，日本鋼構造協会，pp.44～46，1981
43）渡辺善八：福島宮城岩手3県における昭和55年12月暴風雨雪とその被害の概況，文部省科学研究費自然災害特別研究突発災害研究成果，昭和55・56年豪雪によるなだれ地すべり災害および交通障害の調査研究（研究代表：石原安雄），p.155，1981
44）成瀬廉二・油川英明・石川信敬：札幌市における雪の堆積分布の特性，低温科学物理編，A，36，pp.139～153，1979
45）石本敬志・竹内政夫・野原他喜男・福澤義文：切土区間の道路の防雪容量，寒地技術シンポジウム講演論文集，pp.533～538，1985
46）苫米地司・和泉正哲・遠藤明久：屋上積雪の評価方法に関する基礎的研究，構造工学論文集，Vol.32B，pp.50～56，1986
47）和泉正哲・三橋博三・佐々木達夫・高橋　徹・松村高俊：積雪荷重の評価に関する研究（その15），日本建築学会大会学術講演梗概集B，pp.1405～1406，1987
48）Thorburn, H.J. and Schriever, W.R.: Recent failures point out importance of snow loads on roofs, National Builder, Vol.5, pp.18～21, 1959.5
49）British Standard Institution: British Standard, Loading for Buildings, Part3, Code of practice for imposed roof loads, BS6399: Part3, 1988
50）Document Technique Unifie: Actions de la neige sur les constructions, Regles No.84 1987
51）Canadian Commission on Building and Fire Codes, National Research Council of Canada: National Building Code of Canada, NRCC 53301, 2010
52）American Society of Civil Engineers: Minimum Design Loads for Buildings and Other Structures, ASCE/SEI 7-10, 2010
53）桜井修次：大型ドーム上の積雪分布の実測例，日本建築学会大会学術講演梗概集（構造），pp.1035～1036，1984

54) 桜井修次・城　攻：実建物の屋根雪多点観測（札幌市に建つ陸屋根および2段屋根について，その2），日本建築学会大会学術講演梗概集 B1，pp.69～70，2002
55) 桜井修次・城　攻：屋根上積雪深測定への空中写真測量の応用に関する基礎的研究，日本建築学会構造系論文報告集，No.450，pp.25～35，1993
56) Finney, E.A.: Snow control on highways, Michigan Engineering Experiment Station Bulletin, No.57, pp.1～62, 1934
57) Iversen, J.D.: Drifting snow similitude－transport rate and roughness modeling, Journal of Glaciology, 26, pp.293～403, 1980
58) Anno, Y. and Konishi, T.: Modeling the effects of a snowdrift－preventing forest a snow fence by means of activated clay particles, Cold Regions and Technology, 5, pp.43～58, 1981
59) 老川　進・佐藤　威・小杉健二・苫米地司：人口雪を用いた建物近傍吹きだまりの風洞実験，寒地技術論文・報告集，Vol.17，pp.129～132，2001
60) 三橋博巳：建築物の雪の吹きだまりと吹雪風洞実験，雪氷，65巻，3号，pp.287～295，2003
61) 堤　拓哉：吹雪の風洞実験，日本雪工学会誌，Vol.23，No.1，pp.47～50，2007
62) 桜井修次・阿部　修・城　攻：屋根面風圧と屋根雪分布との相互関係に基づく屋根雪の実用的偏分布評価法－水平屋根および切妻屋根について－，日本建築学会構造系論文集，No.679，pp.1375～1382，2012.9
63) 土谷　学・苫米地司・本郷　剛・上田　宏：階段状屋根の吹きだまり予測に影響を及ぼす風の流れの特性に関する研究，日本建築学会構造系論文集，No.555，pp.53～59，2002
64) 土谷　学・苫米地司・本郷　剛・近藤宏二：建物周りの吹きだまり予測に対する数値計算の適用，数値流体力学シンポジウム講演要旨集，Vol.15，p.158，E02-1，2001
65) 苫米地司：気象条件が屋上積雪深におよぼす影響について，日本建築学会大会学術講演梗概集 B，pp.51～52，1989
66) 苫米地司・橋本茂樹：屋根面で発生する吹雪に関する一考察，日本雪工学会誌，Vol.9，No.2，pp.2～8，1993
67) 竹内政夫・石本敬志・野原他喜男・福沢義文：降雪時の高い地吹雪の発生限界風速，昭和61年度日本雪氷学会予稿集，1986
68) Mihashi, H., Takahashi, T. and Izumi, M.: Wind effects on Snow Loads, Proc. of First International Conference on Snow Engineering, CRREL Special Report 89-6, pp.158～167, 1988
69) 苫米地司・山口英治・橋本茂樹：気象要素を用いた屋根上積雪の評価方法について，日本雪工学会誌，Vol.9，No.3，pp.2～9，1993
70) 遠藤明久・苫米地司：活性白土を用いた風洞実験による水平屋根，山形屋根の屋根上積雪形状，日本建築学会構造系論文集，No.357，pp.20～28，1985
71) 桜井修次・藤村成夫：各種建築物の屋上積雪の実態に関する調査，日本建築学会北海道支部報告集，No.57，pp.173～176，1984
72) 和泉正哲・三橋博三・佐々木達夫・木村正彦：積雪荷重の評価方法に関する基礎的研究（その1），日本建築学会大会学術講演梗概集 B，pp.1025～1026，1984
73) 和泉正哲・三橋博三・佐々木達夫・高橋　徹：積雪荷重の評価方法に関する基礎的研究（その9）最大積雪深と最大積雪重量の関係，日本建築学会大会学術講演梗概集 B，pp.671～672，1985
74) 和泉正哲・三橋博三・近野正弘・佐々木達夫・高橋　徹：積雪荷重の評価方法に関する基礎的研究（その13）屋上積雪深の諸性状，日本建築学会大会学術講演梗概集 B，pp.45～46，1986
75) 和泉正哲・三橋博三・近野正弘・佐々木達夫・高橋　徹：積雪荷重の評価方法に関する基礎的研究（その14）東北地方における委託観測と多変量解析，日本建築学会東北支部研究報告集，pp.187～194，1986
76) 和泉正哲・三橋博三・佐々木達夫・高橋　徹・近野正弘・松村高俊：積雪荷重の評価方法に関する基礎的研究（その16）'88寒候期の委託観測結果，日本建築学会大会学術講演梗概集 B，pp.63～64，1988
77) 平田逸郎：冬季間の雪荷重の変化について（札幌），日本建築学会北海道支部報告集，No.5，pp.43～46，1953
78) 森　晴勇・新井健一：陸屋根の積雪荷重の実態に就いて，日本建築学会北海道支部報告集，No.8，pp.47～50，1954
79) 森　晴勇・新井健一：札幌に於ける積雪荷重の実態に就いて，日本建築学会北海道支部報告集，No.10，pp.86～91，1956

80）大野和男・新井健一：札幌市内における積雪荷重の実態，日本建築学会北海道支部報告集，No.16，pp.6.1～6.10，1960
81）山田孝一郎・松本芳紀・前田博司：建築物の雪荷重に関する基礎的研究（その1：屋根の積雪状況），日本建築学会大会学術講演梗概集B，pp.2455～2456，1983
82）山田孝一郎・松本芳紀・前田博司：建築物の雪荷重に関する基礎的研究（その5：屋根の積雪状況・昭和60年寒候期），日本建築学会大会学術講演梗概集B，pp.665～666，1985
83）山田孝一郎・松本芳紀・前田博司：建築物の雪荷重に関する基礎的研究（その8：屋根の積雪状況・昭和62年寒候期），日本建築学会大会学術講演梗概集B，pp.1413～1414，1987
84）阿部　修・佐藤　威・小杉健二・佐藤篤司・鈴谷二郎：長期野外観測によって得られた平らな屋根における積もり係数の風速・温度依存性，日本雪工学会誌，Vol.23，No.2，pp.3～12，2007
85）Taylor, D. A.: Roof Snow Loads in Canada, Canadian Journal of Civil Engineering, Vol. 7, No. 1, pp. 1～18, 1980
86）遠藤明久・苫米地司：模型雪による屋上積雪形状の風洞模型実験（その1），北海道工業大学研究紀要，No.11，pp.163～178，1983
87）Irwin, P. A.: Snow loads steps－Building code studies, Snow Engineering, pp. 329～336, 1997
88）土谷　学・苫米地司・本郷　剛・上田　宏：2段屋根建物試験体を用いた吹きだまり性状の屋外観測，日本雪工学会誌，Vol.18，No.2，pp.13～21，2002
89）前田博司：金属屋根における積雪の滑落，雪氷，Vol.41，No.3，pp.199～204，1978
90）伊東敏幸・苫米地司・三橋博三：金属屋根における葺工法が屋根雪滑雪に及ぼす影響，日本建築学会構造系論文集，No.475，pp.9～15，1995
91）小林敏道・千葉隆弘・苫米地司・干場信司：畜舎施設における屋根上積雪荷重評価について，農業施設，32巻，2号，pp.69～77，2001
92）和泉正哲・三橋博三・高橋　徹：年最大積雪強度の統計的性質とその地域特性，日本建築学会構造系論文報告集，第392号，pp.68～77，1988
93）西口明広・桜井修次・城　　攻・柴田拓二：多雪地域における平地最大積雪重量 に関する資料的検討（その1）平地最大積雪重量の実態と起日，日本建築学会北海道支部研究報告集，第55号，pp.35～38，1982
94）高橋　徹：年最大n日増分積雪深の単位体積重量に関する考察－積雪層モデルを用いた推定－，日本雪工学会大会論文報告集 Vol.20，pp.25～26，2003
95）小林敏道・千葉隆弘・苫米地司・干場信司：畜舎施設における屋根上積雪荷重 評価について，農業施設32巻2号，pp.69～77，2001
96）伊東敏幸・苫米地司・星野政幸：劣化した屋根用塗装鋼板の表面性状と滑雪性について，日本雪工学会誌，Vol.10，No.2，pp.76～84，1994
97）伊東敏幸・湯浅雅也・苫米地司・今津隆二：材料表面の初期劣化が着雪氷性に及ぼす影響，日本雪工学会誌，Vol.11，No.3，pp.161～169，1995
98）伊東敏幸・湯浅雅也・苫米地司・今津隆二：着雪氷性に及ぼす材料特性に関する考察，日本雪工学会誌，Vol.11，No.4，pp.283～290，1995
99）苫米地司・高倉政寛・伊東敏幸：屋根葺き材の表面粗さが滑雪現象に及ぼす影響，日本雪工学会誌，Vol.12，No.3，pp.205～211，1996
100）伊東敏幸・苫米地司・三橋博三：屋根用塗装鋼板における滑雪性能の評価および維持の手法，日本雪工学会誌，Vol.13，No.3，pp.244～252，1997
101）森野仁夫・小林昌弘・竹林芳久・川井昌裕・川島　実：空気膜構造融雪実験（第2報風洞箱による実験），日本建築学会大会計画系学術講演梗概集，pp.789～790，1984
102）西　安信・西川　薫・石井久雄：空気膜構造における融雪実験（その2: 融雪機構の解明），日本建築学会大会学術講演梗概集D，pp.895～896，1986
103）大塚清教・城　　攻・本間義教・宮川保之・増茂　貞・岡田　宏：膜構造の雪処理に関する研究，（社）日本膜構造協会膜構造研究論文集’90，No.4，pp.55～68，1990
104）苫米地司・山口英治・伊東敏幸・星野政幸：膜構造物の屋根雪処理に関する基礎的研究，日本建築学会構造系論文報告集，第426号，pp.99～105，1991

105）早川　真・佐倉　勇：膜屋根の落雪制御「あきたスカイドームの間欠融雪運転法」，日本雪工学会誌，Vol.12，No.3，pp.234～238，1996
106）日本建築学会：雪と建築，pp.62～63，技報堂出版，2010
107）遠藤八十一・大関義男・庭野昭二・小林俊一・皆川恒彦・篠島健二・吉田順男：屋根雪の滑雪特性と飛距離，寒地技術シンポジウム’88 講演論文集　pp.220～225，1988
108）伊東敏幸・高倉政寛・苫米地司：屋根上積雪の経時的な雪質変化および摩擦特性，日本雪工学会誌，Vol.15，No.1，pp.3～9，1999
109）山形敏明・苫米地司：北海道における雪氷防災に関する基礎的研究（その1），日本建築学会大会学術講演梗概集 E，pp.1069～1070，1992
110）高倉政寛・伊東敏幸・苫米地司：経時的に雪質変化した屋根上積雪と塗装鋼板との摩擦特性，日本建築学会構造系論文集，第 510 号，pp.45～50，1998
111）高倉政寛・千葉隆弘・伊東敏幸・苫米地司：屋根上積雪荷重の制御に滑落雪処理を用いる場合の制御日数について，日本建築学会技術報告集，第 7 号，pp.23～26，1999
112）東山貞夫・向瀬慎一・浅野和俊：瓦葺き屋根に設置した太陽雪池アレイ上の雪処理，日本雪工学会誌，Vol.14，No.1，pp.16～25，1998
113）前田博司：平成 18 年豪雪における建物被害と高齢者問題，2006 年度雪氷防災研究講演会報文集，2006
114）川上俊一・苫米地司・伊東敏幸・山口英治：屋根上積雪荷重の制御に関する基礎的研究（その1），日本建築学会大会学術講演梗概集 B，pp.1015～1016，1993.9
115）山口英治・苫米地司・山田利行・中島　肇・伊東敏幸・星野政幸：膜構造における滑雪時の性状に関する研究，日本建築学会構造系論文集，第 437 号，pp.91～96，1992
116）小竹達也・苫米地司・西川　薫：屋根上積雪の落雪による衝撃荷重に関する一考察，日本建築学会構造系論文集，第 543 号，pp.31～36，2001
117）小竹達也・苫米地司：大規模建築物の軒下堆雪形状予測手法の提案，日本建築学会技術報告集，第 10 号，pp.25～28，2000
118）小竹達也・細澤　治・水谷太朗：大規模建築物における屋根雪性状に関する報告（その2），日本建築学会大会学術講演梗概集 B-1，pp.101～102，2006.9
119）松下清夫・中島一安・和泉正哲：積雪による側圧の調査，日本建築学会論文報告集，第 89 号，p.82，1963
120）久保寺勲：建物に加わる積雪の側圧，建築技術，No.384，pp.203～204，1983
121）消防科学総合センター：積雪の沈降力，地域防災データ総覧危険物災害・雪害編，p.199，1986
122）数矢　彰・苫米地司：筋違に作用する積雪沈降荷重に関する研究，日本建築学会大会学術梗概集 B1，pp.87～88，1996
123）下村忠一・山本益人・石平貞夫：水平桁に作用する雪圧特性，土木技術資料，Vol.28，No.2，pp.70～75，1986
124）日本雪氷学会：着雪と冠雪（標識・橋梁），雪と氷の事典，朝倉書店，pp.556～560，2005
125）松下拓樹：道路案内標識の着雪・落雪対策について，寒地土木研究所月報，No.658，pp.45～48，2008
126）水野悠紀子・若浜五郎：湿雪の付着強度，低温科学，A35，pp.133～145，1978
127）松下拓樹・西尾文彦：着雪を生じる降水の気候学的特徴，雪氷，68 巻，pp.421～432，2006
128）竹内政夫：道路標識への着雪とその防止，雪氷，40 巻，pp.117～127，1978
129）苫米地司・千葉隆弘・佐藤　威・堤　拓哉・高橋　徹・伊東敏幸：構造部材への着雪性状に関する基礎的研究　屋外観測と風洞実験による部材形状と着雪性状との関係について．日本建築学会構造系論文集，No.65，pp.45～52，2011
130）堤　拓哉・佐藤　威・苫米地司・千葉隆弘：建物外壁に設置されるルーバー庇の積雪性状に関する実験的研究，日本建築学会技術報告集，No.32，pp.59～62，2010
131）富永禎秀・持田　灯・吉野　博：集合住宅周辺の気流分布と雪の吹き込みに関する CFD と CG による解析，日本雪工学会誌，vol.18，No.1，pp.3～11，2002
132）秋田谷英二：屋根上および地上積雪量の実測調査－北海道大学低温科学研究所研究棟，雪荷重調査委員会報告書，日本建築学会北海道支部構造専門委員会雪荷重調査委員会，pp.20～26，1987

133）堤　拓哉・千葉隆弘・苫米地司：建物群内における屋根上積雪深について，日本建築学会大会学術講演梗概集，B1，pp.219〜220，2010
134）堤　拓哉：街区内に建つ高層建築物が周辺の積雪に及ぼす影響について，日本建築学会北海道支部研究報告集，No.84，pp.51〜54，2011
135）膜構造調査・研究委員会：膜構造研究レビュー2000，日本膜構造協会，2000
136）気象庁ホームページ：過去の気象データ検索，http://www.data.jma.go.jp/obd/stats/etrn/
137）高橋　徹：n日増分積雪深の再現期間換算係数，日本雪工学会誌，Vol.19，No.3，pp.206〜209，2003
138）三橋一彦：雪荷重長期70％の正体，Structure，No.43，pp.87〜89，1992
139）松下清夫・和泉正哲：建築物に加わる外力および荷重に関する資料（その3）－地震と雪の組合せ荷重について，日本建築学会研究報告，第39号，pp.1〜4，1957
140）高橋　徹：積雪荷重の推移過程モデルに関する一考察，構造工学論文集，Vol.44B，pp.107〜112，1998.3
141）日本建築学会：木質構造設計規準・同解説　－許容応力度・許容耐力設計法－　第3版，2002
142）松下清夫・和泉正哲：建築物に加わる外力および荷重に関する資料（その3）－地震と雪の組合せ荷重について，日本建築学会研究報告，第39号，pp.1〜4，1957
143）神田　順：雪荷重用荷重組合せ係数に関する一考察，日本建築学会大会学術講演梗概集B，pp.127〜128，1990
144）鈴谷二郎・川名秀人：積雪の経日変化と設計積雪荷重，第5回雪工学シンポジウム論文報告集，pp.81〜84，1989

6章 風 荷 重

6章　風　荷　重

概　　説

本指針の風荷重は「等価静的荷重」の概念に基づく風荷重で，建築物上部構造（工作物を含む）の弾性的挙動を前提として，確率・統計的手法によって定めたものである．

建築物には一般に，平均風速に基づく平均風力と風速の変動その他の種々の要因によって発生する変動風力が作用する．変動風力が建築物全体あるいは対象とする部位に与える影響は，変動風力の特性だけでは決まらず，建築物あるいはその部分の規模や振動特性が関係する．本指針では，この変動風力が建築物あるいはその部分に与える最大荷重効果を確率・統計的手法によって評価し，それと等価な効果を与える静的荷重を定め，これに平均風力を加えて設計用風荷重としている．

風荷重算定法については，設計対象の規模，形状，振動特性に応じて適切な手法を与えている．通常の建築物の風荷重は，大きく構造骨組用水平風荷重，構造骨組用屋根風荷重および外装材用風荷重に区分される．構造骨組用水平風荷重は，さらに風方向荷重，風直交方向荷重，およびねじり風荷重に区分され，そのうち風方向荷重は，速度圧にガスト影響係数，風力係数，および見付面積を乗ずる方法で算定される．一方，構造骨組用屋根風荷重は，平均風荷重と変動風荷重の和として与えられる．

地上から直立するラチス型塔状構造物の構造骨組用水平風荷重と独立上屋の構造骨組用風荷重については，変動風力の作用の仕方が通常の建築物とは異なるため，風荷重評価法も異なるものとなっている．また，アスペクト比が大きい建築物など，剥離渦の影響を受けやすい建築物では，風直交方向振動やねじれ振動が起きやすいため，その影響を考慮し，風直交方向荷重ならびにねじり風荷重を算定する．

本指針では，風向別に設計風速を算定するための風向係数を導入し，建築物の配置と風向を考慮したより合理的な設計を可能としている．また，小地形による風速の割増し係数に，乱れの強さの補正係数を加え，風速変動の増加による風荷重の割増しについても考慮している．さらに，季節を限定して建設・使用され，それ以外の時には撤去される建築物に対して，存置期間を考慮して風荷重をより合理的に評価できるよう，新たに季節係数を導入した．

本指針では，風直交方向荷重およびねじり風荷重と風方向荷重との組合せに関する規定を陽な形で取り入れている．また，性能設計で要求される，風揺れに対する居住性を検討するための風応答加速度の算定式，およびその検討に必要な再現期間1年の風速の情報も与えている．その他，風荷重のばらつきに関する情報を付録として与えている．

今回の改定における主な変更点をまとめると以下のようである．

1. 限られた期間にのみ建設・使用され，それ以外の時には撤去される建築物の設計風速の評価に季節係数を導入した.
2. 地形の影響を考慮した設計風速の評価，風力係数・風圧係数の評価等に数値流体計算を利用できることを明示した.
3. 構造骨組用屋根風荷重を平均成分と変動成分の和として与えることとし，変動屋根風荷重の算定式を示した.
4. 長方形平面をもつ建築物の風力係数について，従来のように基準高さ 45 m ではなく，アスペクト比 2 を境に算定方法を分けた.
5. 寄棟屋根の建築物や楕円形平面をもつ建築物の構造骨組用外圧係数ならびに外装材用ピーク外圧係数を加えた.
6. 近年の研究成果に基づき，風力係数や外圧係数の値を一部見直した.
7. 構造骨組用ねじり風荷重の算定式を，建築物基部におけるねじりモーメントに基づく算定式に変更した.
8. 独立上屋の構造骨組用風荷重算定式を与えた.

なお，本章の構成は他章と異なり，6.1 節～6.4 節の本文に荷重算定の全体像を示す最も基本的な事項を，それに続く A6.1 節～A6.15 節にそれらを補足する細かい規定を示した．解説では，他章と同様に本文を枠囲みで再掲し，その後に解説文を示した．ただし，A6.1 節～A6.15 節は，解説では再掲していない.

記　　号

本章で用いられる主な記号を示す.

大文字

A：地表面からの高さ Z（m）における建築物の見付面積または部材端部からの距離 x（m）における見付面積（m^2）

A_R：屋根梁の負担する部分の受圧面積（m^2）

A_C：外装材等の荷重負担面積（m^2）

A_0, A_F：外郭面積および正対投影面積（m^2）

B：建築物の幅（m）

B_1：建築物の短辺の幅またはスパン方向長さ（m）

B_2：建築物の長辺の幅または桁行方向長さ（m）

B_0, B_H：ラチス型塔状構造物の基部の塔体幅および基準高さでの塔体幅（m）

B_D：ラチス型塔状構造物の非共振係数

C_1, C_2, C_3：小地形による風速の割増し係数 E_g を決めるパラメータ

$C_\mathrm{D}, C_\mathrm{R}, C_\mathrm{F}$：風力係数

C, C_X, C_Y：部材の風力係数

C'_L, C'_T ：風直交方向の変動転倒モーメント係数および変動ねじりモーメント係数

C_e ：建設地周辺の地表面の状況に応じて決まる環境係数

C_g ：風方向転倒モーメントに関する係数

C'_g ：風方向の変動転倒モーメントに関する係数

C_f ：風力係数で水平風荷重の風力係数 C_D あるいは屋根風荷重の風力係数 C_R を用いる

C_{pe} ：外圧係数

C_{pe1}, C_{pe2} ：風上壁面および風下壁面の外圧係数

C_{pi} ：内圧係数

C^*_{pi} ：外装材用の内圧変動の効果を表す係数

C_r ：共振時風力係数

$\hat{C}_c$ ：ピーク風力係数

$\hat{C}_{pe}$ ：ピーク外圧係数

C'_R ：屋根梁の一般化変動風力係数

D ：建築物の奥行または外径，部材の外径（m）

D_1, D_2 ：楕円形平面をもつ建築物の長辺の径，短辺の径（m）

D_B ：建築物の基部の外径（m）

D_m ：高さ $2H/3$(m）における建築物の外径（m）

E ：風速の鉛直分布係数

E_H ：風速の鉛直分布係数 E の基準高さ H(m）における値

E_I ：地表面からの高さ Z(m）における変動風速の標準偏差の割増し係数

E_a ：小地形による風速の割増し係数 E_g を決めるパラメータ

E_g ：小地形による風速の割増し係数

E_{gI} ：小地形による地表面からの高さ Z(m)における風速の乱れの強さの補正係数

E_r ：平坦とみなせる状況での風速の鉛直分布を表す係数

F_D ：風方向風力のスペクトル係数

F ：風速のスペクトル係数

G_D ：構造骨組用風方向荷重のガスト影響係数

G_R ：独立上屋の構造骨組用風荷重のガスト影響係数

H ：基準高さ（m）

H_s ：傾斜地または尾根の高さ（m）

I_T ：頂部を1としたねじれ1次振動モードをもつ建築物の一般化慣性モーメント(kgm^2)

I_Z ：地表面からの高さ Z(m）における風速の乱れの強さ

I_{Z_p} ：地表面からの高さ Z_p(m）における風速の乱れの強さ

I_{rZ} ：平坦とみなせる状況での地表面からの高さ Z(m)における風速の乱れの強さ

L ：屋根梁のスパン長さまたは部材の長さ（m）

L_S ：小地形の頂部から小地形の高さ H_s の 1/2 の位置までの水平距離（m）
L_Z ：地表面からの高さ Z(m) における風速の乱れのスケール（m）
M ：建築物の質量（kg）
M_D ：頂部を 1 とした風方向 1 次振動モードをもつ建築物の一般化質量（kg）
M_L ：頂部を 1 とした風直交方向 1 次振動モードをもつ建築物の一般化質量（kg）
R ：風上面と風下面の風圧の相関係数
R_D, R_L, R_T ：風方向振動，風直交方向振動およびねじれ振動の共振係数
R_R ：屋根梁の共振係数
S_D ：規模係数
U_0 ：地表面粗度区分Ⅱ，地上 10 m での基本風速（m/s）
U_1 ：地表面粗度区分Ⅱ，地上 10 m での再現期間 1 年の風速（m/s）
U_{500} ：再現期間 500 年の風速（m/s）
U_H ：設計風速（m/s）
U^* ：無次元風速
U_{t_R} ：再現期間 t_R 年の風速（m/s）
U^*_{Lcr}, U^*_{Tcr} ：風直交方向空力不安定振動およびねじれ空力不安定振動の無次元発振風速
U_r ：共振風速（m/s）
U^*_r ：部材の平均高さにおける無次元共振風速
W_D, W_L, W_T ：地表面からの高さ Z(m) における風方向荷重，風直交方向荷重（N）およびねじり風荷重（Nm）
W_{LC} ：地表面からの高さ Z(m) における風直交方向組合せ荷重（N）
W_r ：地表面からの高さ Z(m) における風荷重または部材端部からの距離 x(m) における風荷重（N）
W'_R ：変動屋根風荷重（N）
X_S ：小地形の頂部から建設地点までの水平距離（m）
Z ：地表面からの高さ（m）
Z_a ：小地形による風速の割増し係数 E_g を決めるパラメータ（m）
Z_b, Z_G ：風速の鉛直分布を特徴づける地表面からの高さ（m）

小文字

$a_{D_{max}}, a_{L_{max}}, a_{T_{max}}$ ：地表面からの高さ Z における風方向応答加速度，風直交方向応答加速度の最大値（m/s²）およびねじれ応答角加速度の最大値（rad/s²）
b ：荷重の負担幅または部材の見付幅（m）
f ：ライズ（m）または周波数（Hz）
f_1 ：風直交方向振動あるいはねじれ振動の 1 次固有振動数のうちいずれか小さい方の値（Hz）

f_D, f_L, f_T ：風方向振動，風直交方向振動およびねじれ振動の 1 次固有振動数（Hz）

f_R ：屋根梁の 1 次固有振動数（Hz）

g_{aD}, g_{aL}, g_{aT} ：風方向応答加速度，風直交方向応答加速度およびねじれ応答角加速度のピークファクター

g_D, g_L, g_T ：風方向荷重，風直交方向荷重およびねじり風荷重のピークファクター

g_R ：変動屋根風荷重のピークファクター

h ：軒高（m）

k_1 ：アスペクト比による風力係数の補正係数

k_2 ：表面の粗さの状況による風力係数の補正係数

k_3 ：辺長比 D_1/D_2 の影響を表す係数

k_4 ：端部効果を表す係数

k_5 ：辺長比 D_1/D_2 の影響を表す係数

k_6 ：局部負圧領域を表す係数

k_C ：局部風圧低減係数

k_{R_W} ：再現期間換算係数

k_Z ：風圧係数または風力係数の高さ方向分布係数

l ：$4H$ と B のいずれか小さい方の値または $4H, B_1, B_2$ のうち最小値，部材の長さ(m)

l_{a1} ：H と B_1 のいずれか小さい方の値（m）

l_{a2} ：H と B_2 のいずれか小さい方の値（m）

l_{b1} ：$4H$ と B_1 のいずれか小さい方の値（m）

l_{b2} ：$4H$ と B_2 のいずれか小さい方の値（m）

q_H ：地表面からの基準高さ H(m) における速度圧（N/m^2）

q_Z ：地表面からの高さ Z(m) における速度圧（N/m^2）

t_R ：再現期間（年）

x ：屋根梁の端部またはラチス部材端部からの距離（m）

y ：風向に直交する屋根梁の屋根の風上端からの距離（m）

ギリシャ文字

α ：風速の鉛直分布のべき指数

β ：振動モードを表すべき指数

γ ：建築物の平面の辺長比によって定まる組合せ係数

δ_L, δ_T ：風直交方向振動およびねじれ振動の質量減衰パラメータ

ϕ_D, ϕ_L, ϕ_T ：風方向振動，風直交方向振動およびねじれ振動の振動モードの違いによる風荷重の補正係数

$\zeta_D, \zeta_L, \zeta_T$ ：風方向振動，風直交方向振動およびねじれ振動の 1 次減衰定数

ζ_R ：屋根梁の 1 次減衰定数

φ ：充実率

λ ：振動モードの違いによる変動一般化風力の補正係数

μ ：振動モード

ν_D ：レベルクロッシング数（Hz）

θ ：屋根勾配または部材の風向角（°）

θ_S ：小地形の傾斜角（°）

ρ ：空気密度（kg/m^3）

ρ_S ：建築物の相当密度（kg/m^3）

ρ_{LT} ：風直交方向振動とねじれ振動の相関係数

6.1 一　　般

6.1.1 適 用 範 囲

（1） 本指針は，強風の作用に対して建築物の上部構造が弾性的に挙動することを前提とした風荷重を算定する場合に適用する．

（2） 構造骨組用水平風荷重と構造骨組用屋根風荷重は，建築物の構造骨組を設計する場合に適用し，外装材用風荷重は，外装仕上材およびその下地構造材ならびにそれらの緊結部（以下，外装材等という）を設計する場合に適用する．

（1） 対象とする強風

建築物の風による被害は，ほとんど強風時に発生する．ここに規定する風荷重は，強風に対して安全に建築物を設計する場合に適用されるものである．ここでの強風とは，主として台風等の熱帯性低気圧および温帯性低気圧に伴う強風を対象としている．ただし，台風や低気圧による強風についても，現在の気象観測網では，必ずしも最大風速が捉えられているとは限らない．このような不確定要素や他の強風，突風等も考慮に入れて，基本風速の下限値 30 m/s を設定した．

わが国で発生する強風には，熱帯性低気圧や温帯性低気圧に伴うものと，ダウンバーストや竜巻などがある．前二者は，平面的に 1 000 km 内外の広がりをもつ大規模な現象であって，それに伴う強風の性質は比較的よく知られている．それらによる風は，日本全国に配置されている気象官署の過去の記録で概ね補足されており，この記録をもとに，均質化処理，統計分析，台風モデルによる分析等を行い，本指針での基本風速を設定した．

一方，ダウンバーストは，発達した積乱雲中の激しい降雨に伴って生じる下降気流による突風であるが，規模は小さく，通常の気象観測網では充分に捉えることができない．また，竜巻はたかだか数百 m 程度のきわめて小規模な現象で，急激な気圧降下を伴う回転性の突風であるということは知られているが，荷重評価のための強風や圧力変動については明らかでない部分が多い．このような現象は，全国的に見れば発生数こそ少なくはないが，規模が小さいため，陸上の 1 地点を襲う確率は，熱帯性低気圧や温帯性低気圧に比較してはるかに小さい．また，ダウンバーストや竜巻に伴う風はきわめて強く，建築物に致命的な被害をもたらすことも少なくないが，それらによる風の特性や構造物に作用する風圧・風力の特性については未だ不明な点が多い．そのため，これらの突風の性質を積極的に考慮した風荷重評価には，今後の調査研究が待たれるところである．ただし，本指針で設定された基本風速の下限値 30 m/s は，粗度区分にもよるが，地上 10 m における F0～F1 クラスの竜巻の等価な最大瞬間風速に相当しており，飛散物等の影響を除けば，本指針は陰にこれらの突風の一部をカバーしているとみることもできる．

(2) 構造骨組用風荷重と外装材月風荷重

本指針における風荷重は，構造骨組用風荷重と外装材用風荷重とから構成されている．前者は柱・梁などの構造骨組の設計に用いられるものであり，後者は外装仕上材およびその下地構造材ならびにそれらの緊結部を設計する場合に用いられる．

構造骨組と外装材等の風荷重が異なるのは，それぞれの寸法および振動特性が大きく異なり，支配的な現象や挙動に著しい相違があるためである．構造骨組用風荷重は，風力変動による建築物全体の弾性的挙動を前提に算定されており，外装材用風荷重は，局所的な風力変動に着目して算定されている．従来，外装材の耐風設計は必ずしも充分に行われない場合があったが，外装材は建築物の内部空間の強風による損壊を防止する重要な役割を担っているものであるから，その耐風設計は構造骨組の設計の場合と同様に入念に行われなければならない．

6.1.2 算 定 方 針

(1) 風荷重（W）の基本値は，A6.1.3 項に定める再現期間 100 年の基本風速を基に算定する．

(2) 設定された再現期間に対応する設計風速は，A6.1.4 項に示す再現期間換算係数を用いて算定する．

(3) 風荷重は，構造骨組用水平風荷重と構造骨組用屋根風荷重，および外装材用風荷重に分けて算定する．構造骨組用水平風荷重は，風方向荷重，風直交方向荷重，ねじり風荷重に分けて算定する．

(4) 6.1.3 項（1）に示す条件を満足する，アスペクト比が大きく比較的柔らかい建築物の場合は，A6.5 節および A6.6 節に定める構造骨組用風直交方向荷重およびねじり風荷重を考慮しなければならない．

(5) 6.1.3 項（2）に示す条件を満足する，アスペクト比が極めて大きく柔らかい建築物では，渦励振，空力不安定振動の検討が必要になる．なお，円形平面をもつ建築物および円形断面部材の渦励振については，A6.9 節により風荷重を定める．

(6) 構造骨組用水平風荷重（風方向荷重）は，6.2 節に定めるとおり，A6.1 節に定める速度圧，A6.2 節に定める風力係数，および A6.3 節に定める構造骨組用風方向荷重のガスト影響係数の積に，風荷重に応じて適切に定めた見付面積を乗じて算定する．

(7) 構造骨組用屋根風荷重は，6.3 節に定めるとおり，平均成分と変動成分に分けて算定し，それらを組み合せる．平均成分は，A6.1 節に定める速度圧，A6.2 節に定める風力係数を用いて算定し，変動成分は A6.4 節により算定する．

(8) 外装材用風荷重は，6.4 節に定めるとおり，A6.1 節に定める速度圧と A6.2 節に定めるピーク風力係数の積に，外装材の位置や大きさに応じて適切に定めた荷重負担面積を乗じて算定する．

(9) 風荷重は，原則として A6.1.2 項に定める風向別の設計風速に基づいて算定する．

(10) 特定の期間にだけ使用され，それ以外の時には撤去される建築物の風荷重は，A6.1.6 項に定める季節係数を用いて算定することができる．

(11) 通常の建築物では，屋根の平均高さを基準高さとし，この基準高さでの速度圧に基づいて風荷重を算定する．ただし，ラチス型塔状構造物では，A6.7 節に定めるように，各高さでの速度圧に基づいて風荷重を算定する．

（12） 独立上屋の構造骨組用風荷重は，A6.8 節に定めるとおり，A6.1 節に定める速度圧，A6.2 節に定める風力係数，A6.8.3 項に定めるガスト影響係数の積に，適切に定めた受圧面積を乗じて算定する．
（13） 構造骨組用風荷重については，A6.10 節に従って各水平風荷重の組合せ，および水平風荷重と屋根風荷重の組合せを考慮しなければならない．なお，外装材と主要構造体を兼ねるような部分や，構造骨組と外装材の取付き方によっては，構造骨組用風荷重に局所的な外装材用風荷重の組合せを考慮しなければならない．
（14） 数値流体計算によって風荷重を算定する場合には，A6.11 節を参考にして充分な精度を確保しなければならない．
（15） 隣接建築物の影響により応答が増加するおそれのある場合には，A6.12 節を参考にして，これを適切に考慮しなければならない．
（16） 地形や建築物等の地物によって生じる遮蔽効果を風荷重評価で取り入れる場合は，将来の状況変化に対しても同等以上の遮風効果が期待できること，および適切な風洞実験や数値流体計算等でその効果を確認することが必要である．
（17） 風揺れに対する居住性等の検討において必要となる応答加速度は A6.13 節によって算定する．その際に必要な再現期間 1 年の風速については，A6.14 節によることができる．
（18） 疲労損傷等の累積的な荷重効果は，A6.15 節に示すように風の作用時間を考慮して検討する．

（1）風荷重の基本値

風による静的な影響のみを取り扱う場合は，風荷重の基本となる値として速度圧のみを示せばよいが，振動現象のような動的な影響を取り扱うときは，風速を基本としたほうが理解しやすい場合がある．したがって，本指針では風荷重算定の基本値として，A6.1.3 項に定める再現期間 100 年の基本風速を用いる．

（2）再現期間換算係数

基本風速の再現期間 100 年と異なる再現期間の設計風速を設定する場合に，基本風速に乗じる係数を再現期間換算係数とした．設計で想定する再現期間が概ね 50 年から 1000 年程度であることを考慮して，図 A6.2 に示される再現期間 500 年の風速と基本風速の比から，グンベル（Gumbel）分布を仮定して再現期間換算係数を算定するものとした．

（3），（4）風荷重の区分

建築物には平均風速に基づく平均風力と種々の要因によって発生する変動風力が作用する．変動風力が建築物あるいはその部分に与える影響は，一般には変動風力の特性だけで決まらず，それを受ける建築物あるいはその部分の規模や振動特性にも関係する．したがって，設計用風荷重の設定には，設計対象部分に作用する変動風力の特性とそれに対する建築物の応答の特性を正しく評価することが必要である．

変動風力の発生要因としては一般に，

① 風の乱れ（風速の時間的・空間的変動）
② 建築物からの渦発生
③ 建築物の振動と周囲の流れの相互作用

の3つが考えられる．そのうち，風の乱れによる変動風力と建築物からの渦発生による変動風力の概念図を図 6.1.1 に示す．

これらの要因によって建築物表面付近の風圧が変動し，建築物は変動風力を受ける．風圧は時間的に変動し，その変動の様子は建築物各部で同一とはならない．したがって，変動風力の建築物への影響を考える場合には，まず構造骨組の設計のように建築物の全体の挙動を考える場合と，外装材の設計のように建築物の一部の挙動を考える場合とに区別するのが合理的である．

構造骨組用の風荷重を考えるとき，大部分の建築物にとっては，風の乱れに起因する変動風力の影響が支配的であり，風方向荷重が重要となる．しかし，アスペクト比が大きく，比較的柔らかい建築物では，風直交方向およびねじりの変動風力の影響が無視できないため，水平風荷重として風方向荷重だけでなく，風直交方向荷重，ねじり風荷重を考える必要がある．また，屋根に関しては，軒先で剥離した流れによる変動風力が支配的であり，屋根骨組用風荷重は，水平風荷重とは別に扱う必要がある．このため，構造骨組用風荷重を構造骨組用水平風荷重と構造骨組用屋根風荷重に区分した〔図 6.1.2 参照〕.

(5) 渦励振，空力不安定振動

極めてアスペクト比が大きく，柔らかい建築物および部材では，渦励振や空力不安定振動が生じるおそれがあるため，長方形平面をもつ建築物については風直交方向およびねじれの空力不安定振動の判定条件を，円形平面をもつ建築物と円形断面をもつ部材については渦励振の判定条件を与え

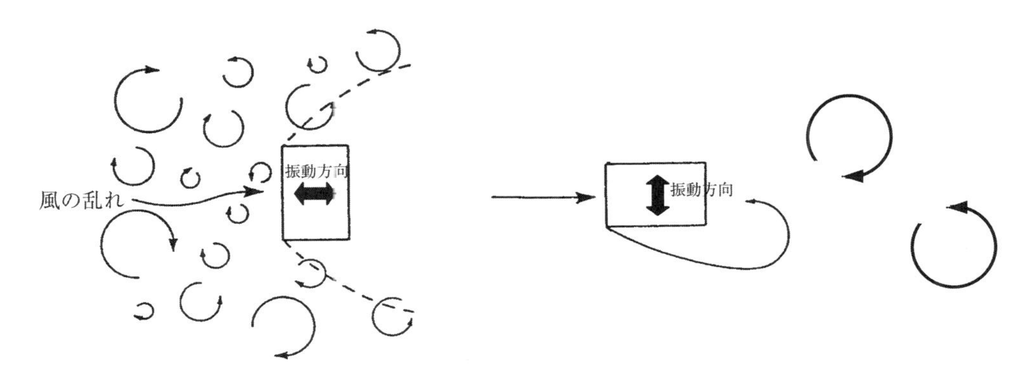

a) 風の乱れによる変動風力　　b) 渦による変動風力

図 6.1.1　風の乱れによる変動風力と建築物からの渦発生による変動風力

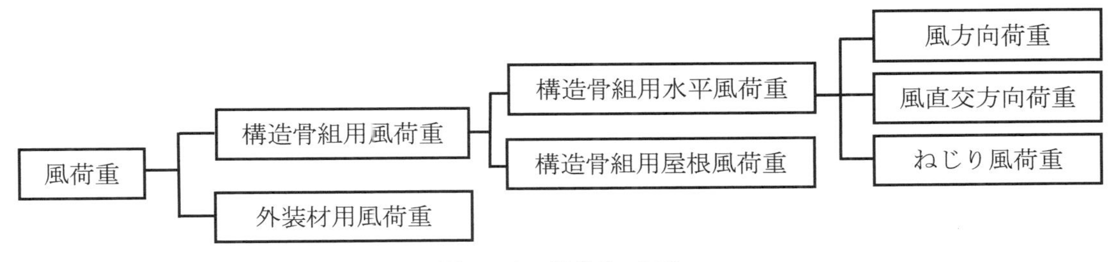

図 6.1.2　風荷重の区分

た．これらの判定条件で渦励振あるいは空力不安定振動が発現するおそれがあると判定された場合は，風洞実験や数値流体計算等により安全性を確認する必要がある．ただし，円形平面をもつ建築物と円形断面をもつ部材については，渦励振時の風荷重の算定式を提示した．

(6) 構造骨組用水平風荷重

建築物の各部に生じる最大荷重効果は，変動風圧の時間的・空間的な変動特性と建築物の振動特性を考慮することにより，動的応答解析などによって合理的に評価される．このようにして評価された最大荷重効果と同じ大きさの荷重効果を与える静的荷重（等価静的風荷重）を求め，これを設計用風荷重とした．多くの建築物の場合，風による応答は 1 次振動モードが卓越し，高次振動の影響は小さい．そこで，構造骨組用水平風荷重（風方向荷重）分布は，平均荷重分布と変わらないものと仮定している．具体的には，建築物の応答の平均値に対する最大瞬間値の比率をガスト影響係数とし，これを平均風荷重に乗じることで等価静的風荷重を算定する．

一方，風直交方向振動およびねじれ振動を風方向振動のように理論的に予測することは難しい．このため，各振動方向の 1 次振動に着目し，風洞実験で求めた風直交方向の変動転倒モーメントおよびねじりモーメントのデータに基づいて，風直交方向荷重とねじり風荷重の算定式を与えた．

(7) 構造骨組用屋根風荷重

屋根に作用する風力の性状は，軒先部分からの剥離流の挙動に支配される外圧性状と建築物の密閉度に依存する内圧性状に影響される．したがって，構造骨組用屋根風荷重は，風方向の構造骨組用水平風荷重とは大きく異なり，同じ方法で見積もることができない．そこで，風荷重を平均成分と変動成分の和として与えた．特に変動成分については，風による屋根梁の動的弾性挙動を前提として，1 次振動モードが卓越する場合を想定して荷重を評価した．

(8) 外装材用風荷重

外装材の風荷重算定では，ピーク外圧係数と内圧変動の効果を表す係数を与え，その差からピーク風力係数を求める．このとき，外装材の固有振動数が一般に 10 Hz より高いことから共振効果を無視し，規模効果のみを考慮する．また，構造骨組用風荷重が建築物の各壁面に正対する風向に対して規定しているのに対して，外装材用風荷重は，建築物に対するあらゆる方向からの風を想定し，それぞれの部位ごとに正圧の最大値，負圧の最小値を規定している．したがって，風向ごとの外装材用風荷重を算定する場合は，風洞実験や数値流体計算等で風向ごとのピーク風力係数あるいはピーク外圧係数を求める必要がある．

(9) 風 向 係 数

建設地点の風速は，地理的位置や大規模地形の影響などにより，風向ごとに頻度や強度が異なる．また，建築物に作用する風力も風向によって特性が変化する．したがって，建設地点の風速と建築物に作用する風力の風向特性を検討し，建築物を適切に配置することで，合理的な設計ができる．

そこで，風向別に設計風速を算定するための風向係数を導入し，風向を考慮した設計を可能とした．風向係数の設定にあたっては，日本における強風の主要因である台風の影響を充分に考慮する必要がある．しかし，ある地点を襲う台風の来襲頻度は必ずしも高くなく，たかだか70年程度の気象官署の記録のみから風向別に台風による強風の確率分布を定量化することは困難である．そこで，台風時の風に対しては，台風モデルを用いたモンテカルロ・シミュレーションを用い，非台風時の気象官署の記録を併用することで風向係数を規定した．

（10）季 節 係 数

建築物や工作物では特定の季節にだけ供用され，それ以外の季節には撤去されるものもある．強風の主要因が台風である地域において，非台風時にのみ供用される建築物等に対しては設計風速を低減できる．そのような設計風速の評価が可能となるよう，季節係数を新たに導入した．ただし，今回示したのは，冬季（12月～3月）の値である．また，季節係数による設計風速の低減は風向係数による設計風速の低減と同時に用いることはできない．

（11）基準高さと速度圧

通常の建築物に関しては，図6.1.3に示すように屋根の平均高さを基準高さH（m）とし，この高さでの速度圧に基づいて風荷重を算定する．高さ方向の風荷重の分布は，風力係数や風圧係数に反映される．ラチス型塔状構造物に関しては，各高さでの速度圧に基づいて風荷重を算定することとした．

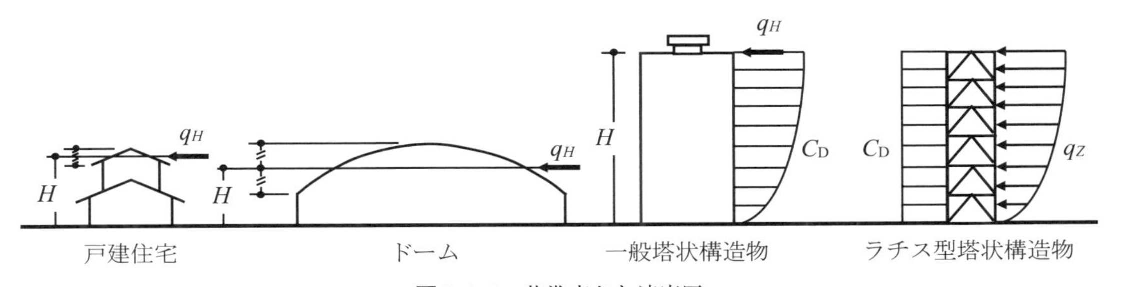

図6.1.3　基準高さと速度圧

（12）独立上屋等の構造骨組用風荷重

比較的小規模な独立上屋や地上に建つフェンスについては，変動風力の発生要因は主に風の乱れであり，最大荷重効果は最大瞬間風速時に発生すると考えられる．そこで，これらの建築物や工作物の風荷重はガスト影響係数法で評価することとし，気流の乱れに基づくガスト影響係数の算定式を与えた．

（13）風荷重の組合せ

本指針で算定される構造骨組用風荷重は，ある面に垂直に風が当たるときの風方向，風直交方向，ねじれおよび屋根（鉛直方向）荷重のそれぞれ独立した値である．実際には各方向の風荷重は単独で作用するのではなく，一つの風向でも互いに相関をもちながら同時に作用する．そのため，それぞれの方向の風荷重を適切に組み合せる必要がある．本指針では合理的な風荷重評価が可能となるよう，風荷重の組合せに関する方法を与えた．

(14) 数値流体計算の利用

風荷重の算定に数値流体計算を用いる場合，充分な精度が得られるよう，風の特性を表現できる適切な解法を用いなければならない．

計算は，建築物およびその周囲の工学的なスケールの現象に着目していることから，非圧縮性粘性流体を対象とする非定常流れ場を再現できる運動方程式と連続の式を用いて行うのが一般的である．計算にあたっては，計算誤差が荷重評価に悪い影響を与えないよう，適切な離散的近似解法および風の変動特性を的確に表現できる乱流場のモデリング手法を選定することが必要である．

このため，数値流体計算を風荷重評価に用いる場合は，建築物の耐風設計に精通した数値流体計算の専門家の指導のもと，「建築物荷重指針を活かす設計資料 2」に示す適用ガイドに基づいて，適切な計算を行うものとする．なお，適用ガイドに基づかない場合は，精度が充分に確認された風洞実験結果や実測結果，あるいは数値流体計算結果などに基づいて，用いられた計算方法に対して充分な検証を行い，計算結果の妥当性を示さなければならない．

(15) 隣接建築物の影響

高層建築物が隣接して建つと，建築物間を流れる風が複雑に変化し，建築物が単独で建っている場合に比べて風の作用が異なることがある．特に，風上に建つ建築物により風下の建築物の受ける風力および振動応答が，単独建築物の場合に比べて著しく変化する場合があるので注意が必要である．

(16) 周辺の地形や建築物等の地物による遮蔽効果

建設地点の周辺に風を遮るような地形や建築物等の地物がある場合，その遮蔽効果によって風荷重や風揺れが低減することがある．この場合，遮蔽効果を考慮することによって合理的な設計が可能となるが，特に遮風効果による荷重の低減を考慮する場合，当該建築物の供用期間において，周囲の地形改変や建築物の改築等によって，当該建築物に当たる風の状況が大きく変わる可能性がある場合は，この効果を用いるべきではない．また，遮蔽効果は複雑であり，一概に規定することができないため，適切な風洞実験や数値流体計算等によりその効果を調査する必要がある．

(17) 風揺れに対する居住性評価

風揺れに対する居住性は，再現期間 1 年の風速時の最大応答加速度を対象に評価するのが一般的である．そこで，気象官署の日最大風速に基づく再現期間 1 年の風速マップを与えるとともに，応答加速度の算定法を示した．

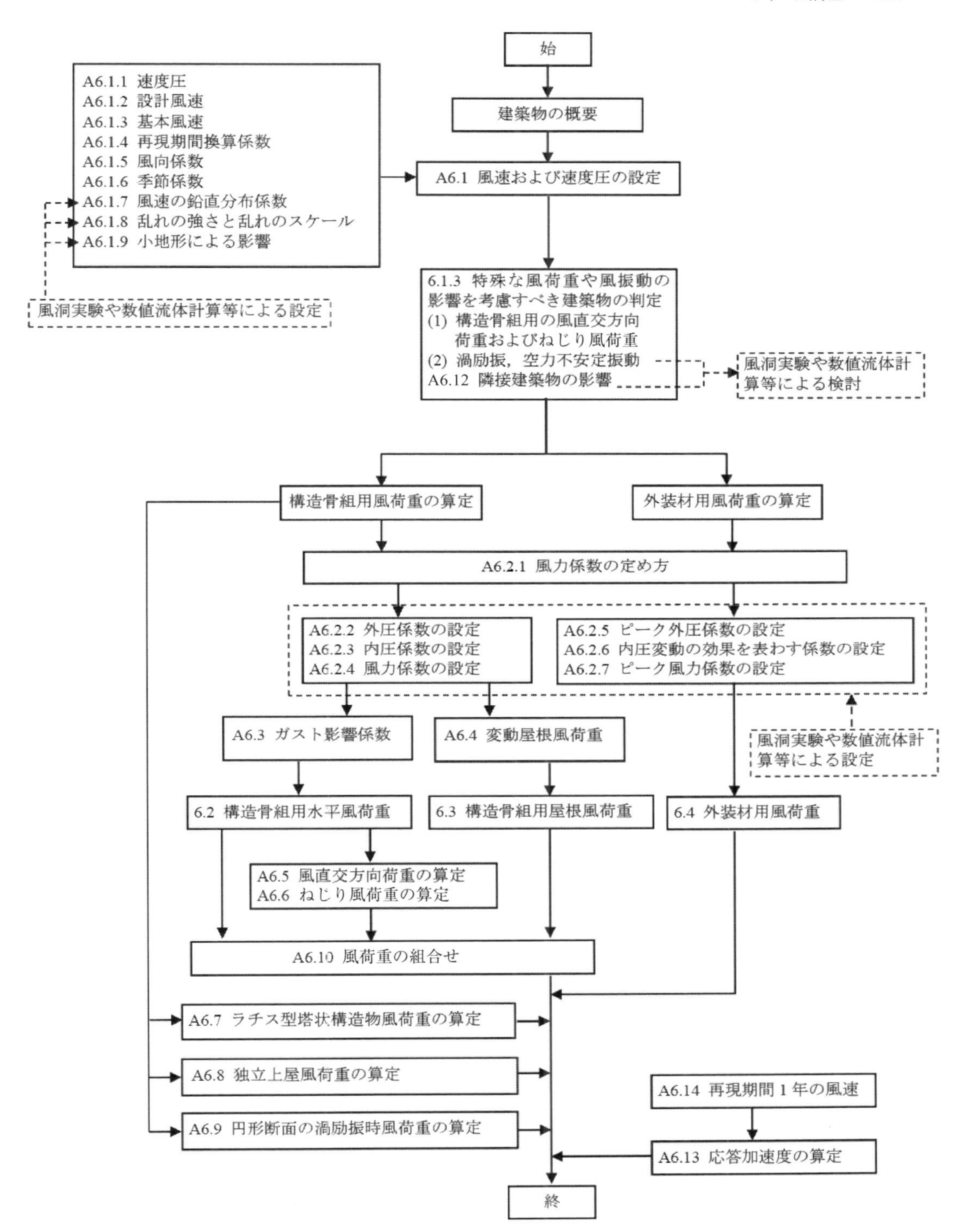

図 6.1.4　本指針の風荷重算定フロー

(18) 風の作用時間

疲労損傷等の累積的な荷重効果を考慮する場合は，風の作用時間に関する情報が必要になる．作用時間の評価には，設計風速で対象とする年最大風速のような極値だけでなく，中弱風の発生頻度などに関する統計値やまれに生じるイベントの風速の時刻歴等に対する評価も必要になる．さらに，設計対象とする建築物・構造物や部位によっては，設計風速よりも低い風速で渦励振が生じ，比較的短期間で疲労損傷に至った事例も報告されている．また，このような累積的影響を考慮する際は，評価対象部材の供用期間やメンテナンスサイクルを考慮しなければならない．

以上を総括して，本指針の風荷重の算定体系をフローチャートで示すと，図6.1.4のようになる．

6.1.3　特殊な風荷重や風振動の影響を考慮すべき建築物

(1)　構造骨組用風直交方向荷重およびねじり風荷重の検討を必要とする建築物

以下の条件が当てはまる建築物については，A6.5節に定める風直交方向荷重およびA6.6節に定めるねじり風荷重の検討が必要である．

$$\frac{H}{\sqrt{BD}} \geqq 3 \tag{6.1}$$

ここで，

H ：基準高さ（m）で，6.1.2項（11）により定める．
B ：建築物の幅（m）
D ：建築物の奥行（m）

(2)　渦励振，空力不安定振動

以下の条件が当てはまる建築物については，適切な風洞実験や数値流体計算等によって，渦励振，空力不安定振動の検討が必要である．ただし，円形平面をもつ建築物の渦励振については，A6.9節により風荷重を定める．

1) 長方形平面をもつ建築物

$$\frac{H}{\sqrt{BD}} \geqq 4 \quad \text{かつ} \quad \left(\frac{U_H}{f_{\mathrm{L}}\sqrt{BD}} \geqq 0.83U^*_{\mathrm{Lcr}} \ \text{または} \frac{U_H}{f_{\mathrm{T}}\sqrt{BD}} \geqq 0.83U^*_{\mathrm{Tcr}} \right) \tag{6.2}$$

ここで，

U_H ：設計風速（m/s）で，A6.1.2項により定める．ただし，風向係数 K_{D} および季節係数 K_{S} は1とする．
U^*_{Lcr}：風直交方向の空力不安定振動の無次元発振風速で，表6.1によって算定する．
U^*_{Tcr}：ねじれの空力不安定振動の無次元発振風速で，表6.2によって算定する．
$f_{\mathrm{L}}, f_{\mathrm{T}}$：建築物の風直交方向振動およびねじれ振動の1次固有振動数（Hz）

2) 円形平面をもつ建築物

$$\frac{H}{D_{\mathrm{m}}} \geqq 7 \quad \text{かつ} \quad \frac{U_H}{f_{\mathrm{L}} D_{\mathrm{m}}} \geqq 3.5 \tag{6.3}$$

ここで，

D_{m} ：高さ $2H/3$（m）における建築物の外径（m）

表6.1　風直交方向の空力不安定振動の無次元発振風速 U^*_{Lcr}

地表面粗度区分	辺長比 D/B	質量減衰パラメータ δ_{L} 注)	無次元発振風速 U^*_{Lcr}
Ⅰ，Ⅱ	$D/B \leqq 0.8$	$\delta_{\mathrm{L}} \leqq 0.7$	$16\delta_{\mathrm{L}}$
		$0.7 < \delta_{\mathrm{L}}$	11
	$0.8 < D/B \leqq 1.5$	−	$1.2\delta_{\mathrm{L}} + 7.3$
	$1.5 < D/B \leqq 2.5$	$\delta_{\mathrm{L}} \leqq 0.2$	2.3
		$0.2 < \delta_{\mathrm{L}} \leqq 0.8$	12
		$0.8 < \delta_{\mathrm{L}}$	$15\delta_{\mathrm{L}}$
	$2.5 < D/B$	$\delta_{\mathrm{L}} \leqq 0.4$	3.7
		$\delta_{\mathrm{L}} > 0.4$	検討不要
Ⅲ，Ⅳ，Ⅴ	$D/B \leqq 0.8$	−	$4.5\delta_{\mathrm{L}} + 6.7$
	$0.8 < D/B \leqq 1.2$	−	$0.7\delta_{\mathrm{L}} + 8.8$
	$1.2 < D/B \leqq 2$	−	11
	$2 < D/B$		15

［注］　δ_{L} は質量減衰パラメータで，$\delta_{\mathrm{L}} = \zeta_{\mathrm{L}} M_{\mathrm{L}} / (\rho BDH)$ とする．ここで，ζ_{L}：建築物の風直交方向振動の1次減衰定数，M_{L}：頂部を1とした風直交方向1次振動モードをもつ建築物の一般化質量（kg），ρ：空気密度で 1.22 kg/m^3 とする．

表6.2　ねじれの空力不安定振動の無次元発振風速 U^*_{Tcr}

辺長比 D/B	質量減衰パラメータ δ_{T} 注)	無次元発振風速 U^*_{Tcr}
すべて	$\delta_{\mathrm{T}} \leqq 0.05$	1.7
$D/B \leqq 1.5$	$0.05 < \delta_{\mathrm{T}} \leqq 0.1$	9.2
	$0.1 < \delta_{\mathrm{T}}$	検討不要
$1.5 < D/B \leqq 2.5$	$0.05 < \delta_{\mathrm{T}} \leqq 0.15$	$8\delta_{\mathrm{T}} + 3.3$
	$0.15 < \delta_{\mathrm{T}}$	$7.4\delta_{\mathrm{T}} + 7.2$
$2.5 < D/B \leqq 5$	$0.05 < \delta_{\mathrm{T}}$	$10.5\delta_{\mathrm{T}} + 4.2$

［注］　δ_{T} は質量減衰パラメータで，$\delta_{\mathrm{T}} = \zeta_{\mathrm{T}} I_{\mathrm{T}} / (\rho B^2 D^2 H)$ とする．ここに，ζ_{T}：建築物のねじれ振動の1次減衰定数，I_{T}：頂部を1としたねじれ1次振動モードを持つ建築物の一般化慣性モーメント（kg m^2），ρ は空気密度で 1.22 kg/m^3 とする．

(1)　構造骨組用風直交方向荷重およびねじり風荷重の検討を必要とする建築物

構造骨組用水平風荷重には風方向荷重（6.2節），風直交方向荷重（A6.5節），ねじり風荷重（A6.6節）の3種類がある．(6.1) 式は風直交方向荷重およびねじり風荷重を検討しなければならない建築物の条件を示すものである．なお，風向と風方向荷重，風直交方向荷重，ねじり風荷重の関係および建築物の形状に関する定義を図6.1.5に示す．

風直交方向振動やねじれ振動は，主として建築物から放出される渦に起因して生じる．低層でずんぐりした建築物の場合，これらの振動はあまり大きくない．しかし，高層化してアスペクト比が大きくなると，高さ方向に一様な周期性の強い渦が出やすくなり風直交方向やねじりの変動風力が大きくなる．また，建築物が高層化すると固有振動数が低くなり渦放出周波数に近づくために共振成分が増し，応答が大きくなる．一般に，風直交方向振動やねじれ振動は風方向振動に比べ風速による応答の増加の割合が大きい．通常，低風速時は風方向の応答が大きく，高風速時は風直交方向の応答が大きくなる．この風方向と風直交方向の応答の大小が入れ替わる風速は建築物の高さ，形状や振動特性によって異なる．一般的な建築物として，建築物の密度 180 kg/m^3，1次固有振動数 f_1

＝1/(0.024H)（Hz）（H（m）は建築物の基準高さ），減衰定数 1％を想定し，地表面粗度区分Ⅱ，基本風速 40 m/s の条件で風方向荷重と風直交方向荷重の大小関係を検討し，（6.1）式のアスペクト比に関する条件を設けた．したがって，質量や減衰の小さい建築物は，（6.1）式に当てはまらない場合でも，風直交方向荷重やねじり風荷重の検討をすることが望ましい．

なお，扁平でねじれ剛性が小さいものや，並進とねじれの固有振動数が近くかつ偏心の大きいものについては，（6.1）式に当てはまらない場合でも，ねじり風荷重の検討をすることが望ましい．

ここに示した判別条件式は，長方形平面をもつ建築物について導かれたものであるが，長方形とは若干異なる平面をもつ建築物に対しては，B，D を大まかな見付幅と奥行として，（6.1）式を目安とすることは可能である．また，高さ方向に B，D が変化する場合，上部での風力が応答に影響するので，上部での代表的な値を用いるのが望ましい．通常は，建築物高さの 2/3 付近での値を用いることが多い．ただし，上部での小さめの値を用いて（6.1）式を計算すると安全側となる．

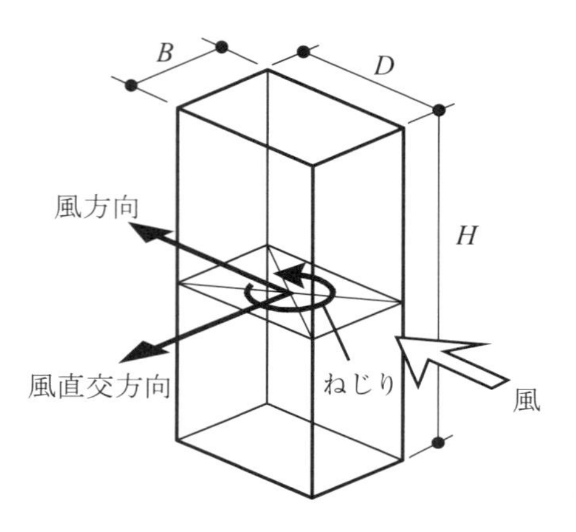

図 6.1.5　荷重方向と風向

（2）　渦励振，空力不安定振動

固有振動数が低く，幅や奥行に対して高さが大きい建築物や細長い部材では，渦励振やギャロッピング，フラッター等の空力不安定振動が生じるおそれがある．長方形平面をもつ建築物については，風直交方向およびねじれの空力不安定振動を検討すべき条件を，円形平面をもつ建築物については，渦励振を検討すべき条件を風洞実験結果および実測結果等[1)〜8)]に基づいて与えた．また，円形平面をもつ建築物の渦励振時の風荷重の算定方法を A6.9 節に示した．なお，三角形平面，楕円形平面等をもつ細長い建築物においても，渦励振や空力不安定振動が生じる可能性があるので注意が必要である．

空力不安定振動と渦励振に関する第 1 の検討条件は，建築物のアスペクト比（$H/\sqrt{BD}$ あるいは H/D_m）である．空力不安定振動や渦励振は，建築物のアスペクト比が小さい場合には生じにくい．本指針では，空力不安定振動と渦励振を検討すべきアスペクト比をそれぞれ 4 および 7 以上に設定した．第 2 の検討条件は無次元風速で，空力不安定振動や渦励振の発現は，建築物の平面の代表幅と，建築物の固有振動数および風速で決まる無次元風速によって支配されることが知られている．空力不安定振動の無次元発振風速は，平面の辺長比，接近流の乱れの特性（地表面粗度区分）および建築物の質量と減衰定数により定まる質量減衰パラメータに依存する．そのため，長方形平面をもつ建築物の空力不安定振動の検討に関わる無次元発振風速をこれらのパラメータの関数として与えた．また，円形平面をもつ建築物の渦励振の無次元発振風速は，上記のパラメータにほとんど依存しないので一定値とした．なお，表 6.1 および表 6.2 の無次元発振風速，および（6.3）式に含まれている無次元発振風速は，気流の乱れの小さい地表面粗度区分ⅠとⅡでは 1 割程度，その他の地表面粗度区分では 2 割程度実験値より小さい値に設定した．これは，空力不安定振動や渦励振が本指針での風速の評価時間である 10 分間よりも短い時間で発現するおそれがあることを考慮したものである．また，空力不安定振動と渦励振の検討を行う無次元風速は，設計風速の見積りに伴う不確定性などを考慮して，無次元共振風速に安全率 0.83（= 1/1.2）を乗じた風速とした．なお，表 6.1 は，アスペクト比 $H/\sqrt{BD}$ が風直交方向では 7，ねじれでは 5 の模型を用いた風洞実験に基づいており，これよりも細長い建築物では，表 6.1 より得られる値よりも低い風速で不安定振動の生じる可能性があるので注意が必要である．

建築物の空力不安定振動の質量減衰パラメータの算定には建築物の減衰定数が必要であるが，これについては，本会編「建築物の減衰」[9)]や「建築物荷重指針を活かす設計資料 1」を参考にして建築物の減衰定数を評価することを推奨する．

6.2　構造骨組用水平風荷重

6.2.1　適 用 範 囲

本節は，建築物の構造骨組を設計する場合の水平風荷重として，風方向荷重を算定する場合に適用する．

本節の構造骨組用水平風荷重は風方向荷重を与えるものである．風方向荷重は一般に平均風速による平均成分，比較的低周波数の変動による準静的成分および固有振動数付近の変動による共振成分からなる．多くの建築物の場合，共振成分として 1 次固有振動数成分のみを考えればよい．本節の算定法は，時々刻々変動する建築物の応答（応力，変位などの荷重効果）の最大値を生じさせる等価静的風荷重を，ガスト影響係数を用いて評価するものである．なお，等価静的風荷重も，平均成分，準静的成分，共振成分に分けられ，それぞれ空間的分布も異なるが，便宜的に平均成分の分布と相似となるものと仮定して与えている．

6.2.2　算　定　式

構造骨組用風方向荷重は，（6.4）式により算定する．

$$W_D = q_H C_D G_D A \tag{6.4}$$

ここで，

W_D ：地表面からの高さ Z(m) における風方向荷重（N）

q_H ：速度圧（N/m^2）で，A6.1.1 項により定める．

C_D ：風力係数で，A6.2 節により定める．
G_D ：構造骨組用風方向荷重のガスト影響係数で，A6.3 節により定める．
A ：地表面からの高さ Z(m) における，風向に垂直な面に投影した建築物の面積（見付面積）(m^2)

構造骨組用水平風荷重の算定式，(6.4) 式は，風の乱れによる建築物の風方向の荷重効果を，ガスト影響係数法によって評価するものである．ガスト影響係数は建築物の応答の平均値に対する最大瞬間値の倍率を意味し，最初の提案者であるダベンポート（Davenport）[10]は建築物頂部の変位を基に算出したが，より合理的に建築物の設計用風荷重を評価できる基部の転倒モーメントに基づく方法が提案されている[11]．本指針でも基部の転倒モーメントに基づくガスト影響係数を採用した．なお，見付面積 A(m^2) は，図 6.2.1 に示すように，当該部分の風方向からの投影面積であり，単位高さあたりの風荷重を考えるときは見付幅 B(m) となる．

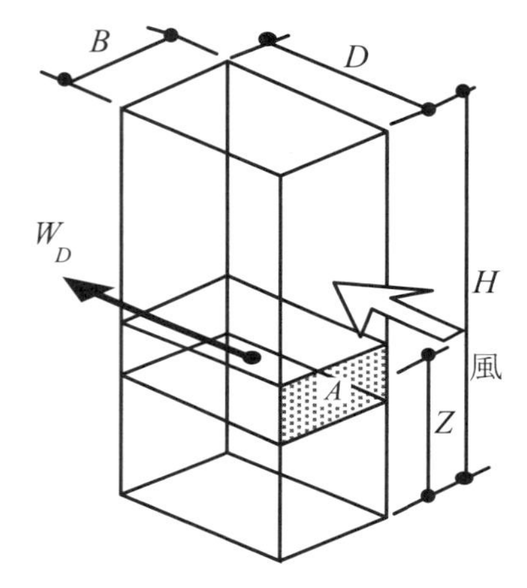

図 6.2.1　見付面積 A(m^2)

6.3　構造骨組用屋根風荷重

6.3.1　適 用 範 囲

本節は，建築物の構造骨組を設計する場合の屋根風荷重の算定に適用する．

構造骨組用屋根風荷重は，屋根骨組に作用する風力の荷重効果に基づいて評価する必要がある．屋根に作用する風力の性状は，気流の乱れのみならず建築物の風上軒先部分から剥離した流れの挙動に支配される．したがって，その変動特性は風方向の構造骨組用水平風荷重とは大きく異なり，6.2 節に述べた方法で見積ることはできない．本節の算定式は，当該屋根骨組に作用する変動外圧と変動内圧が無相関であるとみなせる長方形平面をもつ閉鎖型の建築物を対象として導いたものであり，軽量かつ面外剛性が非常に小さい屋根には適用できない．

吊屋根等の軽量かつ面外方向の剛性が非常に小さい屋根では，極端な場合，ある風速域で空力不安定振動が発生する．つまり，下記の 3 つの条件をいずれも満たすような屋根については，空力不安定振動の発生する可能性がある[12),13)].

1)　$m/(\rho L) < 3$

2)　$U_H/(f_{R1}L) > 0.7$

3)　$I_H < 0.15$

ここで,

m　：屋根の単位面積あたりの質量（kg/m^2）

ρ　：空気密度（kg/m^3）

L　：スパン長さ（m）

U_H　：設計風速（m/s）

f_{R1}　：逆対称1次振動モードの屋根梁の固有振動数（Hz）

I_H　：基準高さH(m)における乱れの強さ

また，軽量の大スパン屋根については，平均風力による静的変形や振動に伴って発生する風力によって屋根面の剛性が見かけ上低下し，大きな振動が発生する可能性もあるので，注意が必要である．そのような場合には，風洞実験や数値流体計算等により，空力不安定振動などが発生しないことを確認する必要がある．

6.3.2　算　定　式

構造骨組用屋根風荷重は，(6.5) 式によって算定する．

$$W_R = q_H C_R A_R \pm W'_R \tag{6.5}$$

ここで,

W_R　：屋根風荷重（N）

q_H　：速度圧（N/m^2）で，A6.1.1項により定める．

C_R　：風力係数で，A6.2節により定める．

A_R　：屋根梁の負担する部分の受圧面積（m^2）

W'_R　：変動屋根風荷重（N）で，A6.4節により定める．

構造骨組用屋根風荷重の算定式は，平均風力と変動風力を考慮した等価静的風荷重の和として与えた．平均風力と変動風荷重を分けて算出するのは，最大の荷重効果を与える等価静的風荷重の分布が平均風力の分布とは異なるためである．

6.4　外装材用風荷重

6.4.1　適 用 範 囲

本節は，建築物の外装材等を設計する場合の風荷重の算定に適用する．

外装材用風荷重は，建築物の屋根，外壁などの仕上材，母屋，胴縁，間柱などの下地部材，屋根面ブレースやつなぎ梁など，局部的な風圧の影響を強く受ける外装材等の設計に供する風荷重である．なお，軒および庇にもこの外装材用風荷重を適用する．

6.4.2 算　定　式

外装材等に作用する風荷重は，(6.6) 式により算定する．

$$W_C = q_H \hat{C}_C A_C \tag{6.6}$$

ここで，

W_C ：外装材等の風荷重 (N)
q_H ：速度圧 (N/m^2) で，A6.1.1項により定める．
$\hat{C}_C$ ：ピーク風力係数で，A6.2節により定める．
A_C ：外装材等の荷重負担面積 (m^2)

外装材等に作用する風荷重は，建築物外表面に作用する圧力（外圧）と建築物内表面に作用する圧力（内圧）との差で表され，(6.6) 式により与えられる．ピーク風力係数 $\hat{C}_C$ は，変動する圧力差のピーク値を示す風力係数であり，便宜的に (A6.15) 式，すなわち，ピーク外圧係数 $\hat{C}_{pe}$ と内圧変動の効果を表す係数 C_{pi}^* の差で与えている．瓦屋根のように外装材が下地材上に取り付けられる場合，外装材に作用する風荷重は外装材の表裏面に作用する圧力差となり，厳密には建築物の内圧と外装材の裏面圧は異なるものであるが，瓦屋根の風洞実験結果[14]から建築物の内圧で瓦の風荷重を算定した方が安全側の評価になることが分かっている．なお，外装材の表裏ともに外気に曝される独立上屋のような場合には，閉鎖型建築物のように，表面および裏面の外圧係数を分けて評価することはできないので，A6.2.7項に示す表裏面の差圧のピーク値より得られたピーク風力係数 $\hat{C}_C$ を用いる．

本指針に示す外装材用外圧係数は，あらゆる方向からの風を想定し，部位ごとに正圧の最大値と負圧の最小値に対応するものである．したがって，風向ごとの風荷重算定をする場合には，風向ごとのピーク風力係数またはピーク外圧係数の分布が必要となるため，風洞実験や数値流体計算等で求める[15),16)]．

外装材の荷重負担面積 A_C は，屋根や壁の仕上げ材を検討対象とする場合，仕上げ材が支持されている領域の面積とする．また，仕上げ材の支持材を検討対象とする場合には，その支持材の荷重負担面積に相当する．

A6.1 風速および速度圧

A6.1.1 速　度　圧

速度圧は建築物に作用する風荷重を算定する場合の基本となる量であり，風のもつ単位体積あたりの運動エネルギーである．これは，建築物の風上面のよどみ点において大気の静圧を基準にして測った圧力に相当し，空気密度を ρ (kg/m^3)，風速を U (m/s) とするとき，$(1/2)\rho U^2$ (N/m^2) で表される．

風による静的な影響のみを取り扱う場合は，風荷重の基本となる量として速度圧のみを示せばよいが，振動現象のような動的な影響を取り扱うときは，風速を基本としたほうが理解しやすい場合があり，本指針では風荷重算定の基本量として風速を用いる．

設計で用いられる速度圧 q_H (N/m^2) は，基準高さ H (m) における設計風速 U_H (m/s) に基づく速度圧であり，（A6.1）式により算定される．なお，ラチス型塔状構造物等の構造骨組用風荷重では，当該高さ Z(m) での風速 U_Z(m/s) から速度圧 q_Z(N/m^2) を算定する点に注意が必要である．

空気密度 ρ(kg/m^3) は，気温，気圧および湿度により異なるが，湿度の影響は通常無視することができる．本指針では15℃，1 013 hPa での値 $\rho=1.22$ kg/m^3 を用いる．

A6.1.2　設計風速

建設地における風速は，建設地の地理的位置および大規模な地形の影響を受けるとともに，建設地周辺の地表面粗度（建築物や樹木の大きさや密度等の程度），小地形（傾斜地や丘陵地等）および地表面からの高さの影響を受ける．建設地の地理的位置および大規模な地形の影響は，基本風速 U_0(m/s) および風向係数 K_D に反映され，地表面粗度，小地形および地表面からの高さの影響は，風速の鉛直分布係数 E_H に反映されている．また，荷重の基本値は，再現期間100年の値で，再現期間換算係数 $k_{R_W}=1$ として定まる設計風速に基づく風荷重として求められる．異なる再現期間の設計風速を算定する場合は，再現期間換算係数 k_{R_W} を用いる．

風向係数 K_D は，風向によって頻度・強度が異なる風向特性と建築物に作用する風力の風向依存性を考慮し，適切な配置計画とすることで，合理的な設計を可能とするものである．強風の風向特性は，台風モデルを用いたシミュレーション手法などを用い，台風の来襲頻度や経路，気候的な要因，および大規模地形の影響などにより規定した．なお，風向を考慮できない場合は風向係数 K_D を1として設計風速を算定する．

季節係数 K_S は，気象要因が年間を通じて大きく変化することを考慮して，1年のうち特定の期間のみに設置され，それ以外の時には撤去される建築物等に対する合理的な設計風速を設定するために導入された．本指針に示される季節係数は風向を考慮していない分析に基づくものであり，風向特性を考慮する場合は，季節係数を考慮しないものとする（$K_S=1$ とする）．

A6.1.3　基本風速

基本風速 U_0(m/s) は，（A6.2）式によって設計風速を求めるときの基本となる風速である．建設地の風速の大きさは，台風の来襲頻度や季節風の発生頻度，その地点の緯度・経度や，山脈・半島あるいは海からの距離などの大規模な地形的影響によって左右される．ここで定義した基本風速は，それらの影響を反映したものである．また，その値は，地表面の状況が表A6.2に定める地表面粗度区分IIの場合の，地上10 m における10分間平均風速の再現期間100年に対する値である．

基本風速の設定にあたり，気象官署における風速記録を均質化するために風向別地表面粗度の解析が行われた．さらに，風速の再現期間の評価に際しては，成因別極値統計解析と台風モデルによるモンテカルロ・シミュレーションが実施された．また，基本風速は風向を考慮しない全方位からの風速による値とし，風向特性はこの全方位の風速に対する風向別風速比として，A6.1.5項に定める風向係数によって考慮することとした．

基本風速の分布は旧指針（2004年版）の値を踏襲することとした．これは，分析手法に大きな変化がないこと，独立ストームによる成因別極値統計分析，台風モンテカルロ・シミュレーション手法等，確率統計的にロバストな手法によっていること，最終的に空間的平滑化が行われ，一部の観測記録に左右されにくくなっていることによる．

基本風速の設定にあたり，考慮された条件は以下のとおりである．

1）使用データ

解析に用いた気象データは，（財）気象業務支援センター発行の資料（地上気象観測時日別編集データ（1961～2000），気象官署観測履歴）中の風向・風速および風速計設置高さである．また，台風気圧場のモデル化では地上気象観測原簿データ（1961～2000）を，台風経路のモデル化にあたっては気象要覧（1951～2000）を参照した．測器の均質化にあたっては，3 杯風速計による観測記録を風車型風速計による値に換算した[17]．

2）風向別地表面粗度区分の評価と風速記録の均質化

気象官署における風速記録は，擬似突風率（日最大瞬間風速を日最大風速で除した値）と観測高さから客観的に風向別地表面粗度を推定する方法[18]を用いて，地表面粗度区分 II，地上 10 m における風速値に均質化した．すなわち，年別，風向別に擬似突風率の平均値を算定し，風速計設置高さでの擬似突風率が算定結果と一致する地表面粗度区分を，A6.1.7 項に規定された平均風速の鉛直分布，A6.1.8 項に規定された乱れの強さの鉛直分布より求めた．なお，ここでの地表面粗度区分は連続量として評価している．

このようにして求められた風向別地表面粗度区分の経年変化は，気象官署における風速記録の均質化，成因別極値統計解析や台風モデルにより地表風速を推定する際のキャリブレーションデータに用いられた．

3）成因別極値統計解析

極値統計解析には多くの方法があるが，ここでは，台風や季節風など，いくつか成因の異なる強風からなる観測記録を適切に扱うことのできる成因別極値統計解析[19]を採用した．この手法は，成因別に母集団を極値分布にあてはめたうえで，それぞれの成因の独立性を仮定して，極値分布を合成する手法である．

観測記録を，台風によるものとそれ以外のもの（非台風）に分け，気象庁が発表した台風経路により，台風中心から 500 km 以内の場合を台風，それ以外を非台風と区別した．台風に対しては，後述する台風モデルに基づくモンテカルロ・シミュレーション手法を用いて極値分布を評価した．非台風に対しては，年最大風速だけでなく，その年における第 2 位以下の風速の記録も独立ストームとして抽出して用いる手法[20]により極値分布を評価した．

4）台風シミュレーション手法

建築物の耐風設計で考慮すべき強風の成因について，風速や影響範囲の大きさを考えると，日本においては台風の影響が最も大きい．台風は，年間平均約 28 個発生し，その 1 割程度が上陸する．しかし，その影響が顕著なものは発生が稀であり，しかも台風のコースをたまたま外れた気象台では大きな風速が観測されないことがありうる．このような台風時の観測記録の統計的不安定性（サンプリング誤差）を補うため，本指針では，台風を成因とする強風の評価に台風シミュレーション手法を採用した．

この台風シミュレーション手法と非台風を成因とする強風の極値統計解析結果の合成分布から複数の成因による年最大風速の再現期間を評価した．

5）基本風速分布図

以上のようにして得られた，気象官署ごとの地表面粗度区分 II，地上 10 m に均質化された再現期間 100 年の風速を基に等高線を描くと非常に入り組んだ複雑な分布となる．これは，気象官署の記録に対しては，あらかじめ風向別地表面粗度区分を考慮した均質化が行われているものの，気象官署周辺の局所的な地形，地物による影響，均質化に用いたモデルの精度等に起因する種々の影響に対する補正が困難なことによるものと考えられる．したがって，このような局所的な特異性を取り除くため，空間的平滑化を行った．

また，基本風速分布図の作成にあたり，その下限値を 30 m/s とした．これは，気象官署における観測記録や台風モデルでは捕捉できない気象要因やその他の不確定要因があることを便宜的に考慮したものである．竜巻やダウンバーストの影響を考慮するには別途評価が必要である．

A6.1.4　再現期間換算係数

再現期間 t_R（年）の年最大風速 U_{t_R}（m/s）は，一般に再現期間に対する単調増加関数で表される．本指針では，この関係を以下に示すグンベル分布

$$t_R = [1 - \exp\{-\exp(-a(U_{t_R} - b))\}]^{-1} \quad \text{(A6.1.1)}$$

ここで，a(s/m)，b(m/s) は係数

と仮定し，異なる再現期間の年最大風速を求めるための再現期間換算係数（再現期間 t_R 年風速の基本風速に対する比）を求めることとした．係数 a(s/m)，b(m/s) は再現期間 100 年および 500 年の年最大風速 U_0(m/s)，U_{500}(m/s) から求め，整理して最終的に（A6.3）式の形にまとめた．

再現期間換算係数の適用にあたっては，年最大風速の成因が短い再現期間と長い再現期間で異なる可能性等を考慮すると，安易な外挿は避けるべきである．再現期間 50 年の値に対する（A6.3）式の予測誤差は最大 5 % 程度であるが，再現期間 20 年の値になると最大 9 % 程度となる．このことを考慮して，適用する t_R（年）の範囲は 50 年から 1000 年程度の範囲にとどめておくべきである．

居住性を評価する再現期間 1 年の風速については，風向特性を含め A6.14 節に示されている値を用いなければならない．

A6.1.5　風 向 係 数

建築物の安全性照査に用いられるレベルの強風は発生頻度が低く，気象庁の記録では風向別に年最大風速が整備されていないなど，風向別の風速の極値分布を定量化することは困難である．また，日本における強風の主要因のひとつである台風時の風向は，台風と建設地点の相対的位置関係が変化すると大きく変化するため，風向係数を設定するにあたっては台風の影響を充分に考慮する必要がある．本指針では，台風時の風に対しては台風モデルを用いたモンテカルロ・シミュレーションを，非台風時の風に対しては気象庁から公開されている観測値を用いて，風向係数を算定した．

風向係数には，2 種類の与え方がある．一つめは，風向別に異なる風向係数を与えるもので，こ

れは，英国基準（BS6399.2）[21]，オーストラリア / ニュージーランド基準（AS/NZS 1170.2）[22),23]などにみられる．ただし，AS/NZS 1170.2 では，サイクロン常襲地域については適用を除外している．他方，ASCE 7[24]では，風向に依存しない一律の低減係数を与えており，AS/NZS 1170.2 でのサイクロン常襲地帯についても同様の考え方を適用している．

本指針では，より合理的な設計を可能とするために，風向別に風向係数を与えることとした．

風向係数は次のような手順で風荷重を評価することを前提に求められている．

（1）風向ごとの風力係数あるいは風圧係数が既知である場合

構造骨組，外装材とも，8 方位それぞれを中心とする 45° の扇形内の風向では，当該方位での風向係数が当てはまるものとして，各風向の風荷重を算定する．この場合，風洞実験や数値流体計算等では対象とする建築物の風力，風圧特性に応じて適切に細かく風向角を変化させた実験や計算を行わなくてはならない．

（2）A6.2 節の風力係数，風圧係数による場合

1）構造骨組用風荷重を算定する場合

以下に示すように，風力係数，風圧係数が風向に依存する場合と依存しない場合の 2 ケースに分けられる．

a）風力係数，風圧係数が風向に依存する場合

風力係数が風向に依存する建築物に対しては，風力係数が規定されている主要な面に正対する 4 風向を考慮する．正対 4 風向の風向係数は，正対風向が表 A6.1 に示される 8 方位いずれかを中心とする 22.5° の扇形に入る場合は，同表に示される当該風向の風向係数をそのまま用いる〔図 A6.1.1（a）〕．それ以外の場合は，正対風向に隣接する 2 方位の風向係数のうち大きな値をその風向の風向係数として用いる〔図 A6.1.1（b）〕．なお，ラチス構造では，風力係数の評価にあたって斜風の影響を考慮できるようになっているので，8 風向（4 脚正方形平面）ないし 6 風向（3 脚正三角形平面）に対して，上記の長方形平面角柱と同様な扱いをする．

b）風力係数，風圧係数が風向に依存しない場合

円形平面に代表される風力係数が風向に依存しない建築物に対しては，8 方位それぞれを中心とする 45° の扇形内の風向では，当該方位での風向係数を用い，各風向の風荷重を算定する．

2）外装材用風荷重を算定する場合

A6.2 節のピーク風力係数に基づいて外装材用風荷重を算定する場合，ピーク風力係数は全風向中の最大値のみが示されているため，$K_D = 1$ として算定した風荷重を設計値として採用する．

表 A6.1 に示された風向係数は，本来 16 方位（22.5° ごと）で求められた値を 8 方位の値として示したものである．16 方位の値を 8 方位の値にするにあたっては，当該方位および隣接する方位，計 3 方位の 67.5° の範囲の最も大きな風向係数を当該方位の風向係数として表示した．この操作により，同表に示された値は当該方位を中心とする 67.5° の範囲の影響を考慮していると考えることができる．また，長方形平面形状の建築物に対して本指針では面に正対する風向の風力係数が与

えられているに過ぎない．そこで，照査する面の正対風向が同表に示される方位の中間に位置する場合は，隣接する方位の風向係数のうち大きい方の値を採用することとした．この場合は，112.5°の扇形の範囲の影響を考慮した値と考えることができる．また，現在の観測網では必ずしも最大風速が捉えられているとは限らないことなどを考慮して，風向係数の下限値を 0.85 としている．

なお，風向を考慮しない場合は，上記手順において風向係数をすべての風向で 1 として荷重効果を算定することに相当する．これは，風向を考慮する場合に比較して安全側の値を与える．

風向を考慮する場合と考慮しない場合の違いは，風向係数の設定の有無である．表 A6.1 に見られるように，風向係数は 1 以下の値であり，これらの値を用いて風荷重を求めた場合に，その荷重効果の再現期間が 100 年となる値として風向係数は規定されている．この風向係数を利用して，建築物の配置計画を工夫することにより，合理的な設計が可能となる．これは，風速の風向特性を考慮しない設計風速を用いた場合，再現期間 100 年の風速を用いていても，風荷重としてはそれ以上の安全性を有している（マージンを有する）ことを意味する．ただし，そのマージンは建築物の配

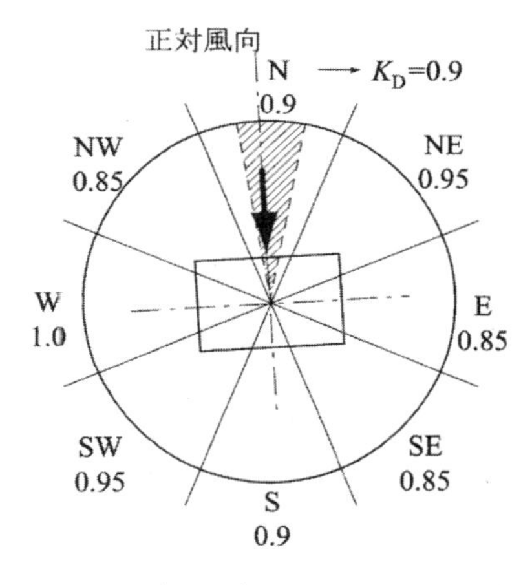

(a) 正対風向が表 A5.1 に示される方位を中心とする 22.5° の範囲に入る場合

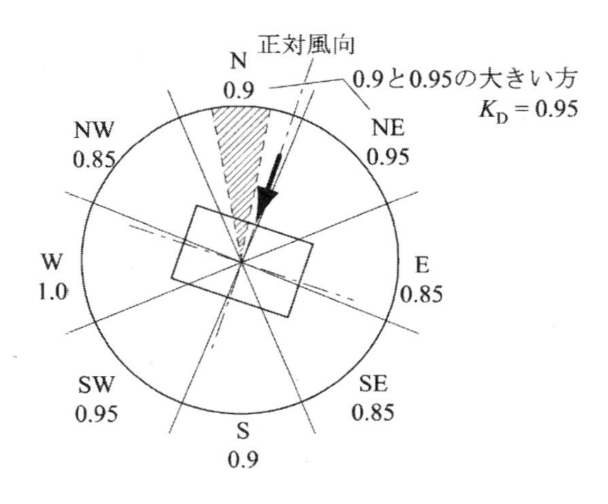

(b) 正対風向が表 A6.1 に示される方位を中心とする 22.5° の範囲に入らない場合

図 A6.1.1　風向係数の選択（矩形平断面の建築物に対して本指針の風力係数を用いる場合）

置等に依存し，すべての建築物について一定ではない．一方，風速の風向特性を考慮する場合，風向係数は 1 以下の値であり，これは風速の風向特性を考慮しない耐風設計に比較し小さな荷重で設計する可能性を意味する．設計者は，この風向係数を用いることにより，より高精度な照査が可能になる反面，風向を考慮しない場合に比べて安全性のマージンが小さくなることを意識する必要がある．

本指針では，主な気象官署に対してのみ風向係数を与えている．これらの値は気象官署付近で用いることができると考えられる．したがって，気象官署から離れた，大規模な地形の影響などにより風向特性が異なると考えられる地点では，表 A6.1 に示される数値を用いることはできない．そのような場合には，風向特性を考慮しない（$K_D=1$ とする）等，特別の配慮が必要である．さらに，風向特性は季節により大きく異なることが想定されるので，A6.1.6 項に定める季節係数を用いる場合は，原則として風向特性を考慮しない（$K_D=1$ とする）ものとする．

A6.1.6　季 節 係 数

1 年間の特定の季節のみの風荷重を評価する場合，対象となる季節の風速特性を考慮したうえで，通年設置される場合と同等の安全性を確保するには，等しい超過確率（再現期間）で設計風速を規定することが必要である．

この同じ超過確率（再現期間）の風速，すなわち再現期間 100 年の風速について，通年値に対する特定の季節の値の比を季節係数と定義した．特定の季節の設定として，雪荷重との組合せ等に必要となる積雪期間（12 月から 3 月の 4 か月間）を冬季とし，季節係数を求めた．これにより，1 年間のうち冬季のみ設置され，それ以外の時には撤去される構造物等について，設置場所の基本風速に季節係数を乗じることで，合理的な設計風速を設定することが可能となる．

なお，図 A6.3 の季節係数を用いる場合は，原則として A6.1.5 項に定める風向係数を考慮しない（$K_D=1$ とする）こととする．

冬季以外の期間についても季節係数を設定することは可能である．その場合，観測記録の均質化や成因別極値統計解析を行い，基本風速と同じ再現期間の値を求め，図 A6.1 の基本風速との比を求めればよい．同様な解析例[25]をみると，台風が卓越する期間（6 月～10 月）の季節係数は，北海道など北の地域ではやや 1 を下回るものの，関東以西の地域では多くの地域で 1 に近い値になるという結果も出ている．

A6.1.7　風速の鉛直分布係数

(1) 風速分布に与える地表面および地形の影響

地表面付近の風速は，建築物，樹木などの地物や地表面の凹凸および地形の起伏などの影響を受けて変化する．地物や地表面の凹凸は地表面の粗さ，すなわち地表面粗度による摩擦として，また，地形の起伏は収束や遮蔽効果として，地表面から上空にかけての風に影響を与える．本指針では平均風速の鉛直分布に対して，平坦とみなせる状況における地表面粗度の影響を係数 E_r で，小地形による影響を係数 E_g で表す．

(2) 平坦とみなせる状況での風速の鉛直分布

地表面の粗さによって生じた乱れは上方に拡散し，結果として，平均風速は地表面に近づくほど低減するようになる．このことは，上空の風が地表面から摩擦を受けているとみなすことができ，その効果は地表面の粗さの程度，すなわち地表面粗度として評価される．地表面粗度の影響が及ぶ範囲は境界層と呼ばれ，境界層内部の平均風速の鉛直分布は地表面粗度に応じて変化する．境界層厚さは風が吹く距離，すなわち吹走距離が長くなるにつれて厚くなり，これに応じて地表面付近から次第に高高度まで地表面粗度に対応した平均風速の鉛直分布が形成される．なお，境界層は地表面の状態が粗いほど，より急速に発達する傾向がある．

地表面上を充分に吹走し，その影響を受けて発達した境界層内において，平均風速の鉛直方向分布はべき指数分布あるいは対数分布でよく近似できる．本指針では（A6.1.2）式で表されるべき指数分布を用いる．

$$U_Z = U_{Z0}\left(\frac{Z}{Z_0}\right)^{\alpha} \qquad \text{(A6.1.2)}$$

ここで，U_Z(m/s) は高さ Z(m) における平均風速，U_{Z0}(m/s) は基準となる高さ Z_0(m) における平均風速，αは平均風速の鉛直分布を表すべき指数である．

過去の多くの観測結果から代表的な地表面の状態でのべき指数の値をまとめると，地表面が粗いほどべき指数の値は大きくなる傾向がある．

ところで，地表面粗度が長距離にわたって一様であることはまれで，実際には吹走方向に変化する場合も多い．地表面粗度が変化した直後では，境界層の発達は充分ではなく，高高度では粗度の急変前の平均風速の鉛直分布が維持されるため，新しい地表面粗度に対応する平均風速の鉛直分布を高高度まで適用することはできない．特に，海に市街地が接する状況で海から市街地に向けて風が吹く場合のように，地表面が滑らかな状態から粗い状態に急変する場合にその傾向が強い．しかし，このような場合であっても，粗度の急変する地点から風下側約 3 km 以上になると，新しい地表面粗度に対応した平均風速の鉛直分布にほぼ近づくようになる．本指針では，これらを考慮して，建設地の風上側 3 km 程度の範囲の地表面粗度の状態を考慮して，表 A6.2 で表される地表面粗度区分を判定するものとする．

また，上空に近づくほど，地表面粗度の影響は小さくなる．また，地表面が粗いほど境界層が厚くなることを考慮し，表 A6.3 のように，地表面粗度区分が大きくなるに従って Z_G を大きくした．なお，高高度の風速分布がよくわかっていないことなどを考慮し，本指針で定めた Z_G の値は地表面粗度区分間の風速の変化とべき指数の関係から便宜的に定めたもので，厳密に定義される境界層厚さとは区別して設定している．高さ 250 m 以上の高高度における風速の分布等については，実測を行うなど慎重に検討すべきである．

実市街地のデータをもとに建築物の高さや形状を変化させて，風速の鉛直分布を計算した結果によると，水平面内で建築物の面積が占める割合が数 % 程度になると，平均風速の鉛直分布は図 A6.1.2 に示すように，ある高さ以下ではべき指数分布からはずれ，付近の建築物の影響を受けて複雑な変化をする．このような高さの範囲内の風速は，通常，その上限高さにおける風速よりも小さいので，本指針では安全を見込んで，上限高さに相当する高さ Z_b(m) を表 A6.3 のように定め，Z_b(m) 以下の高さでは，風速は Z_b(m) における値とすることとした．上限高さよりも上空では，平面的な位置による風速の差はなくなり，前述のべき指数分布はその地点における平均風速の鉛直分布形状を近似する．

自然風実測による平均風速の鉛直分布の観測例[26]を図 A6.1.3 に示す．海上からの風が直接当たる海岸と，風がさらに内陸に向かって吹走した後の内陸の地点での同時観測の結果である．風が陸地を吹走すると，前述したように，地表面粗度によって，特に地表近くでは風速がかなり低減する

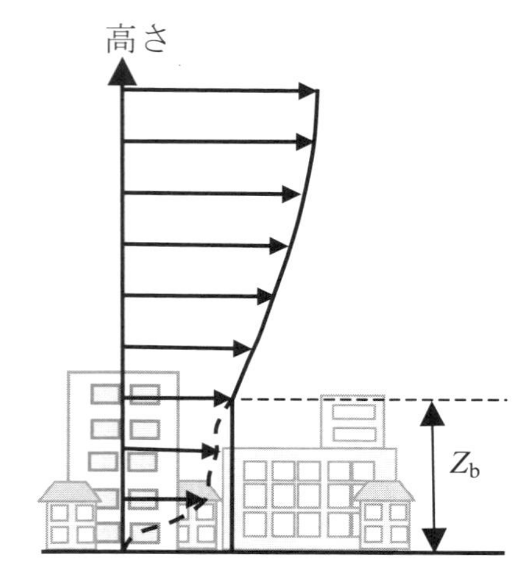

図 A6.1.2　市街地における平均風速の鉛直分布

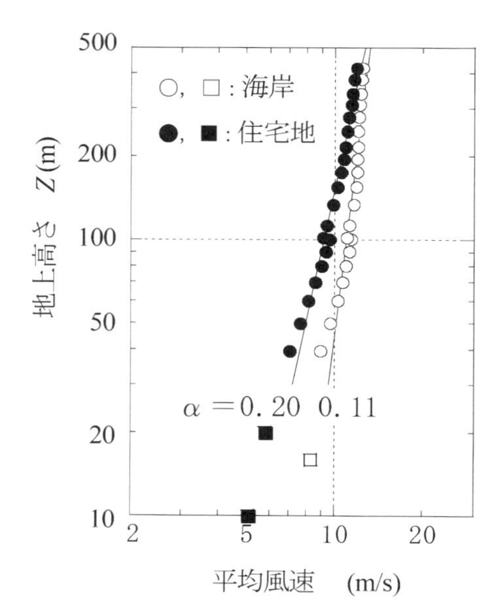

図 A6.1.3　平均風速の鉛直分布の観測例
（東京湾の海岸と約 12 km 内陸の大都市郊外の住宅地での自然風同時観測[26]）

こと，その結果，風速の鉛直分布が大きく変化することが示されている．

A6.1.7 項（2）2）に示す平坦とみなせる状況での平均風速の鉛直分布係数 E_r は，以上を考慮して定めたものであり，各地表面粗度区分に対して，図 A6.1.4 のように表される．なお，鉛直分布係数 E_r は，地表面粗度区分 II における地上高さ 10 m での平均風速に対する，各地表面粗度における高さ Z（m）における平均風速の比を示している．

表 A6.2 で想定している地表面粗度区分の例を図 A6.1.5 に示す．

地表面粗度区分 I は，海面や湖面のような，ほとんど障害物のない地域である．

地表面粗度区分 II は，高さ数 m から 10 m 程度の障害物が散在している地域であり，その代表的なものは田園地帯である．低層建築物が中心で，建築面積率（対象となる地域の面積に対する建築物の建築面積の総和の割合）が 10 % を超えない地域であることが目安である．

地表面粗度区分 III は，高さ数 m から 10 m 程度の障害物が多数存在しているか，あるいは中層建築物（4～9 階）が散在している地域であり，その代表的なものが都市周辺の住宅地，工業地帯，森林地帯である．建築面積率が 10 % 以上の地域で，かつ，建築面積率が 20 % 未満の地域または中高層化率（対象となる地域の建築物の建築面積の総和に対する 4 階建て以上の建築物の建築面積の総和の割合）が 30 % を超えない地域であることが目安である．図 A6.1.5(c）に示した例は，建築面積率 30 % 程度，中高層化率 5～20 % 程度の地域である．

地表面粗度区分 IV は，中層建築物（4～9 階）が主となる市街地で，地方中心都市の市街地などが該当する．建築面積率が 20 % 以上，かつ，中高層化率が 30 % 以上の地域であることが目安である．図 A6.1.5(d）に示した例は，建築面積率 30～40 % 程度，中高層化率 40～50 % 程度の地域である．

地表面粗度区分 V は，高層建築物（10 階以上）が密集している地域であり，東京，大阪などの大都市の中心市街地が該当する．

用途地域，容積率，建蔽率などが同じ行政区域内では，地表面粗度区分は同一と判断できる場合

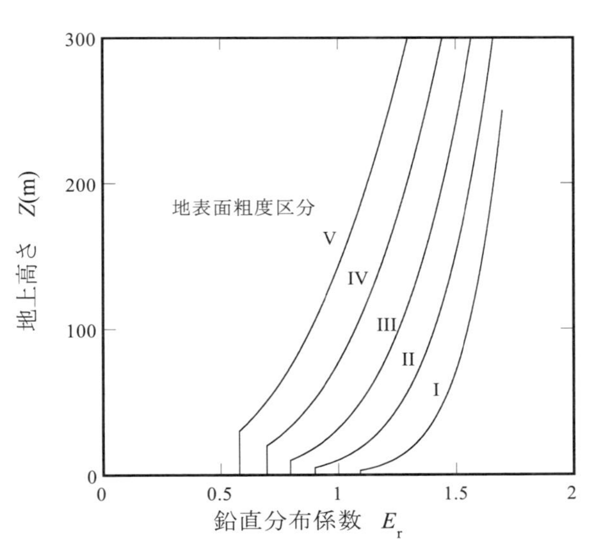

図 A6.1.4　鉛直分布係数 E_r

(a) 地表面粗度区分 I

(b) 地表面粗度区分 II

(c) 地表面粗度区分 III

(d) 地表面粗度区分 IV

(e) 地表面粗度区分 V

図 A6.1.5 地表面粗度区分の例（写真：近代航空㈱）

も多いが，一般には，建設地点の周辺地域が広い範囲にわたって同一の地表面粗度であることはまれであり，複数の地表面粗度区分が混在することが多い．風向方向に粗度が変化すると，粗度が変わる地点から，新しい粗度に対応した境界層と平均風速の鉛直分布が風下側に向かって徐々に発達する．新しい境界層の発達の状態は，粗度が滑から粗に変化する場合と，粗から滑に変化する場合で異なる．地表面粗度が滑から粗に変化した後の新しい境界層の発達の状況は，おおよそ図 A6.1.6 に示すようになる．特に粗度が滑から粗に変化する場合は発達が遅く，この場合は，粗度の変化地点から建設地点までの距離が充分にないと，新しい地表面粗度区分に対応する平均風速の鉛直分布を採用することは適当ではないと判断される．したがって，建設地から風上側に向かって，基準高

さ H（m）の 40 倍かつ 3 km 以内の地点で，粗度が滑から粗に変化する場合は，粗度変化地点より風上側の地表面粗度区分を採用することとした．

地表面粗度区分の選定にあたっては，考慮する風向に対して，図 A6.1.7 に示すように，広がり 45° の扇形の領域のうち，風上側に基準高さ H(m) の 40 倍かつ 3 km 以内の領域を対象として判断する．

建設地点の風上側の地表面粗度に変化のある場合については，AS/NZS 1170.2[22] などでは，各粗度に応じた鉛直分布係数とその吹走距離による重み付き平均を取って，設計用の鉛直分布係数とする方法を採用している．

本指針では，急激な粗度の変化がない場合には，扇型の領域の平均的な粗度を，その風向に対する地表面粗度区分とすることとした．なお，一般的には，滑らかな地表面粗度区分を選定する方が，風荷重は大きく見積もられる．

また，たとえば，駅を中心に発達過程の市街地などでは，周辺の街並みに比べ規模の大きい建築物が密集する．その中心部に建設地点があるとすると，図 A6.1.7 に示すように，地表面粗度は風向方向に滑から粗へと変化することとなる．このような場合，風上側の基準高さ H（m）の 40 倍か

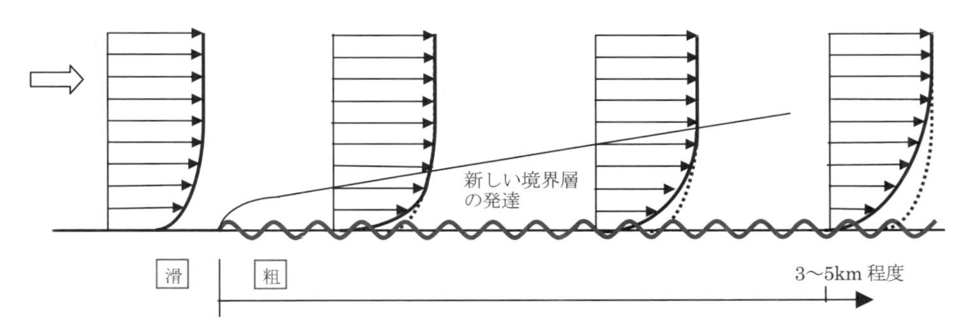

図 A6.1.6　地表面粗度が滑から粗に変化した後の新しい境界層の発達と平均風速の鉛直分布の変化の様子

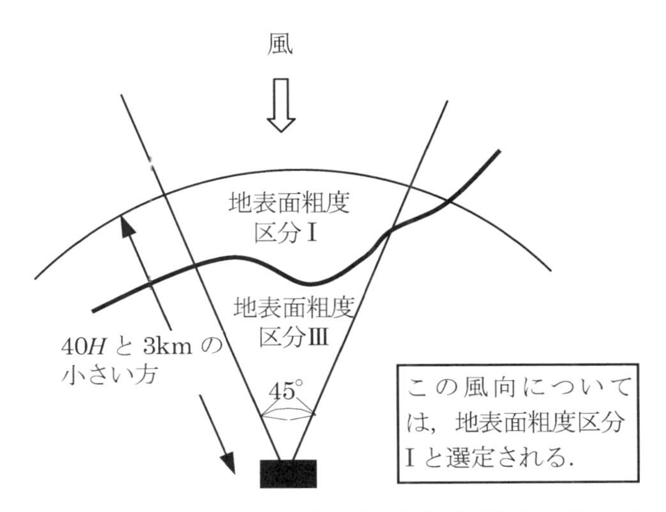

図 A6.1.7　地表面粗度区分の選定方法（地表面粗度が滑から粗に変化する場合）

つ 3 km 以内の範囲内において，滑から粗へ地表面粗度が急変すると判断されれば，急変する地点より風上側の滑らかな地表面粗度区分を選択する．

なお，地表面粗度が粗から滑に変化する場合には，変化後の地表面粗度を地表面粗度区分として選択してよいこととしている．ただし，粗な地域の中に一部分滑らかな領域がある場合，たとえば，公園などが市街地の中にある場合などでは，その風下側では地表面付近の風速が大きくなる場合があることを考慮する．

このように，建築物高さによって地表面粗度区分を判断する際に対象とする領域が異なるため，同一建設地点であっても，計画建築物の高さによって，地表面粗度区分の判断が変わる場合も考えられる．高い建築物になるほど，地表面粗度を判断する領域が広範囲になるため，小さな地表面粗度区分を選択する場合が多くなるものと考えられる．

地表面粗度区分は，一義的に判定することは難しい場合も多く，判定結果が異なる可能性があり，慎重に判断する必要がある．なお，風洞実験や数値流体計算によって建設地周辺にある建築物などを再現する場合には，再現する範囲より風上側の地表面の状況に応じて地表面粗度区分を定める．

A6.1.8 乱れの強さと乱れのスケール

自然風は絶えず変動しており，これは「風の息」とか「風の乱れ」と呼ばれている．1 点での風速 $U(t)$（m/s）は図 A6.1.8 に示すように平均風速 U（m/s）と，その方向の変動成分 $u(t)$（m/s）およびそれに直交する 2 方向の変動成分 $v(t)$（m/s），$w(t)$（m/s）で表現できる．通常の建築物では，風方向の変動成分 $u(t)$（m/s）が重要である．したがって，本指針では，$u(t)$（m/s）についてのみ，その特性を定めている．橋梁のような水平方向に長い建築物では風直角方向の鉛直成分 $w(t)$（m/s）が，また鉛直方向に細長い建築物では風直角方向の水平成分 $v(t)$（m/s）が重要となる場合がある．

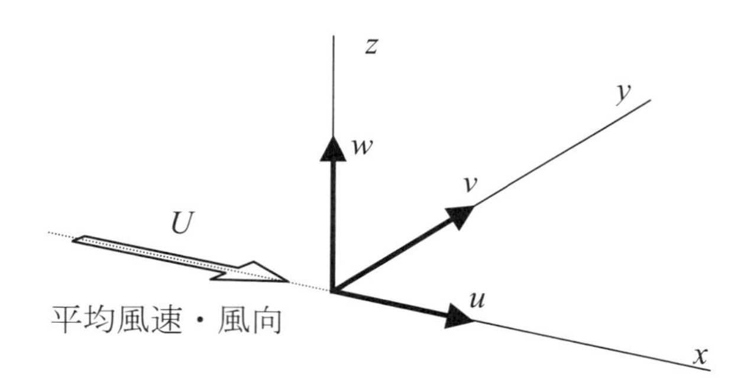

図 A6.1.8 平均風速と変動風速の 3 成分

(1) 乱れの強さ

風速変動を定量的に把握するためには，風の乱れの不規則な性質のため，統計的に表現するのが都合がよい．

乱れの度合いを表す指標として，地表面からの高さ Z(m) における乱れの強さ I_Z が平均風速

U(m/s) に対する風方向の変動成分 $u(t)$(m/s) の標準偏差 σ_u(m/s) の比として次式で定義される．

$$I_Z=\frac{\sigma_u}{U} \tag{A6.1.3}$$

風の乱れは，主に地表面との摩擦により発生するもので，平均風速の鉛直分布と同様に，地表面の粗さに影響される．図 A6.1.9 に乱れの強さ I_Z の観測例[27]と，(A6.7) 式に示す地表面粗度区分別の指針値 I_{rZ} を併記した．また，同図には，指針値と観測結果との差の標準偏差を指針値で基準化した値 (0.26) も点線で示している．なお，地表面粗度区分Ⅰで乱れの強さ I_Z が小さいデータには，橋梁上のデータも含まれている．

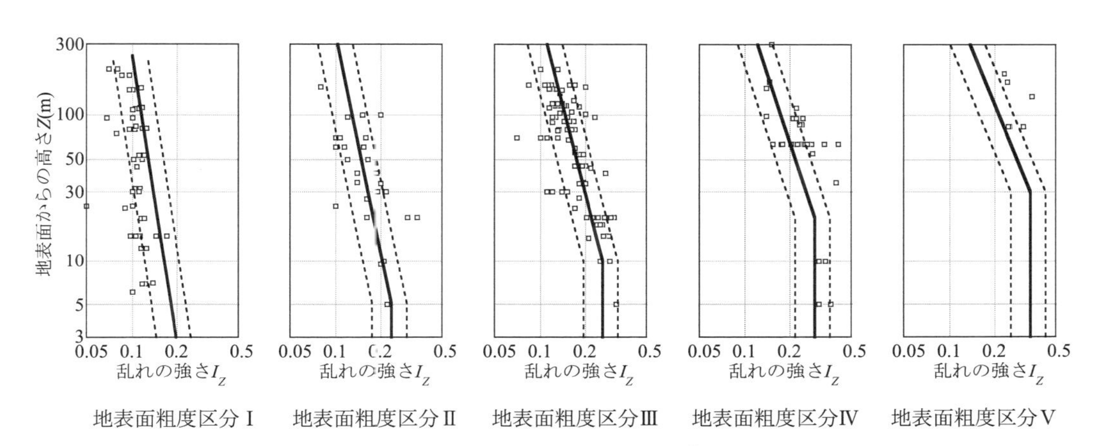

図 A6.1.9　乱れの強さ I_Z の観測例[27]と指針値

本指針では，地表面からの高さ Z(m) における乱れの強さ I_Z は，平坦とみなせる状況での乱れの強さ I_{rZ} を表す (A6.7) 式に，小地形による乱れの強さの補正係数 E_{gI} を表 A6.6，表 A6.7 に従って考慮し，(A6.11) 式により定めることとした．

(2) パワースペクトル密度

パワースペクトル密度とは変動の分散に対する各周波数成分の寄与分をいい，本指針では，風速の変動成分 $u(t)$ (m/s) のパワースペクトル密度 $F_u(f)$ ((m/s)^{2}s) としてカルマン (Kármán) 型の (A6.1.4) 式を用いる．

$$F_u(f)=\frac{4\sigma_u^2(L_Z/U)}{\left\{1+71(fL_Z/U)^2\right\}^{5/6}} \tag{A6.1.4}$$

ここで，

f　：周波数 (Hz)

σ_u　：風速の変動成分 $u(t)$ の標準偏差 (m/s)

U　：平均風速 (m/s)

L_Z　：乱れのスケール (m)

(3) 乱れのスケール

高さ Z(m) における風速の変動成分 $u(t)$ (m/s) の流れ方向の乱れのスケール L_Z(m) として (A6.8) 式を用いる.

乱れのスケールはパワースペクトル密度 (A6.1.4) 式の重要なパラメータであり, 渦の平均的な大きさを示す. 図 A6.1.10 に乱れのスケールの観測例[27]と, (A6.8) 式に示す地表面粗度区分別の指針値 L_Z(m) を併記した. また同図には, 指針値と観測結果との差の標準偏差を指針値で基準化した値 (0.34) も破線で示している.

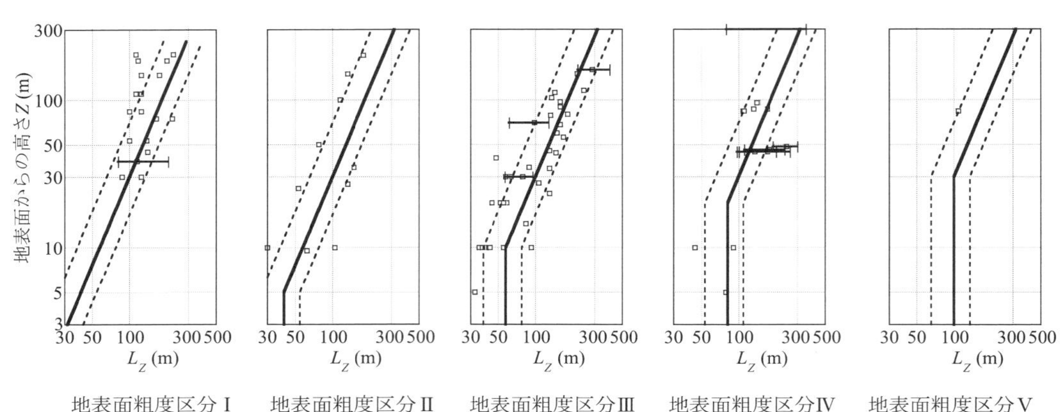

図 A6.1.10 乱れのスケール L_Z の観測例[27]

(4) コ・コヒーレンス

コ・コヒーレンス $R_u(f, r_z, r_y)$ は, 風速変動の空間分布性状を周波数別の相関として定量的に表現したもので, (A6.1.5) 式で近似的に表される.

$$R_u(f, r_z, r_y) = \exp\left[-\frac{f\sqrt{k_z^2 r_z^2 + k_y^2 r_z^2}}{U}\right] \quad \text{(A6.1.5)}$$

ここで,

f : 周波数 (Hz)

r_z, r_y : 2 点間の鉛直方向および水平方向距離 (m)

k_z, k_y : 鉛直方向および水平方向相関の低減度合いを表す定数

U : 2 点の平均風速の平均値 (m/s)

相関の低減度合いを表す係数 k_z, k_y は, 観測で 5〜10 の値が示されている.

A6.1.9 小地形による影響

小地形による風速の割増し係数 E_g および小地形による乱れの強さの補正係数 E_{gI} は, 以下の (1) および (2) に示すとおりとする. また, 地形による風速への影響を検討するために数値流体計算を行う場合の注意点を (3) に示した.

以下，(1) 小地形による風速の割増し係数および (2) 乱れの強さの補正係数の算定方法を示すが，これらは，さまざまな角度をもつ二次元傾斜地および二次元尾根状地形に関する風洞実験結果に基づいて定めたものである[28)～30)]．基礎となった風洞実験は，地表面粗度区分Ⅱに相当する気流中で滑らかな表面をもつ高さ数十 m～100 m 程度の傾斜地や尾根状地形の稜線に直角に風が当たる場合について行われたものである．ただし，純粋な意味の二次元地形は実際には存在しないし，必ずしも傾斜地や尾根状地形の稜線に直角に風が当たるとは限らない．しかし，そのような場合でも，地形の広がりがその高さに対して数倍以上であれば，本項を適用することが可能である．また，孤立峰による風洞実験結果や数値流体計算結果が示しているように，三次元地形よりも二次元地形における風速の割増しの方が大きい場合が多く，本項をそのような単純な三次元地形に適用したとしても一般には（A6.9）式は安全側の評価を与える[31)]．

しかし，実際の地形は複雑であり，山と山の間の峡谷に沿って風が吹く場合など本項で考慮していない効果によって風が強まる可能性も考えられる．したがって，建築物が複雑な地形上に建つ場合には，風洞実験や数値流体計算等によって，地形による風速の割増し効果を調べることを推奨する．

(1) 小地形による風速の割増し係数

傾斜地や尾根状地形上を風が流れる時，図 A6.1.11 に示すように傾斜角度が大きい場合，地形の風上側では，地形によって風がせき止められ，平均風速は平坦な地形上よりも小さくなるが，風は斜面を上るにつれて加速し，斜面の中程よりも上の地表面付近での平均風速は，平坦な地形上よりも大きい．さらに頂部より風下側の地表面付近では，頂部から剥離した流れの領域に入るため，平均風速は平坦な地形よりも小さくなる．一方，斜面角度が小さい場合，頂部より風上側および風下側の地表面付近の風速は，広い範囲にわたって平坦地よりも大きくなる．

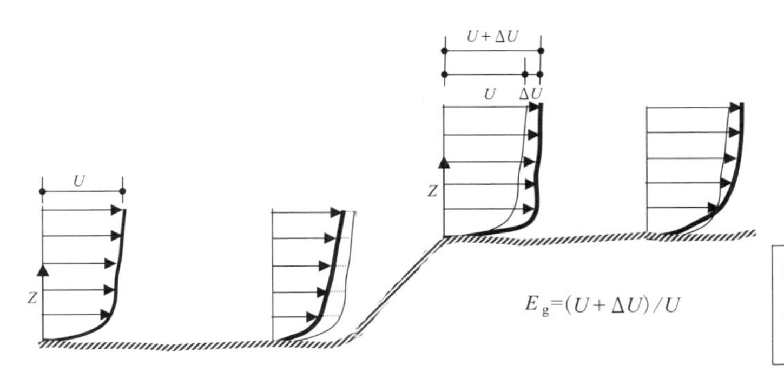

図 A6.1.11　傾斜地上の平均風速の変化

上述したように，地形の風上側や頂部より風下側の剥離領域内の地表面付近では平均風速が平坦な地形上より小さくなるが，ここでは平均風速の割増しのみを考慮することとし，平均風速が平坦な地形上より小さくなる場合でも，風速の割増し係数 E_g は 1 としている[29)]．

傾斜地および尾根状地形での風速の割増し係数は，傾斜角 7.5° 未満は 1 としてよいとしているが，状況によっては比較的大きな割増し係数となる場合もあるので，「建築物荷重指針を活かす設計資料 2」に従って検討することが望まれる．

表 A6.4，表 A6.5 は，実験を行った傾斜地および尾根状地形の特定の位置に関する（A6.9）式中のパラメータの値を示したものである．かなり複雑な算定式であるため，算定結果の目安となるよう，いくつかの例について計算した結果を図 A6.1.12 に示す．

なお，表 A6.4，表 A6.5 に示されていない，任意の位置および傾斜角をもつ傾斜地や尾根状地形に関する風速の割増し係数は補間によって求める．補間は，求める傾斜角に最も近い 2 つの傾斜角と地点について，風速の割増し係数を求めたうえ，それらについて直線補間する．

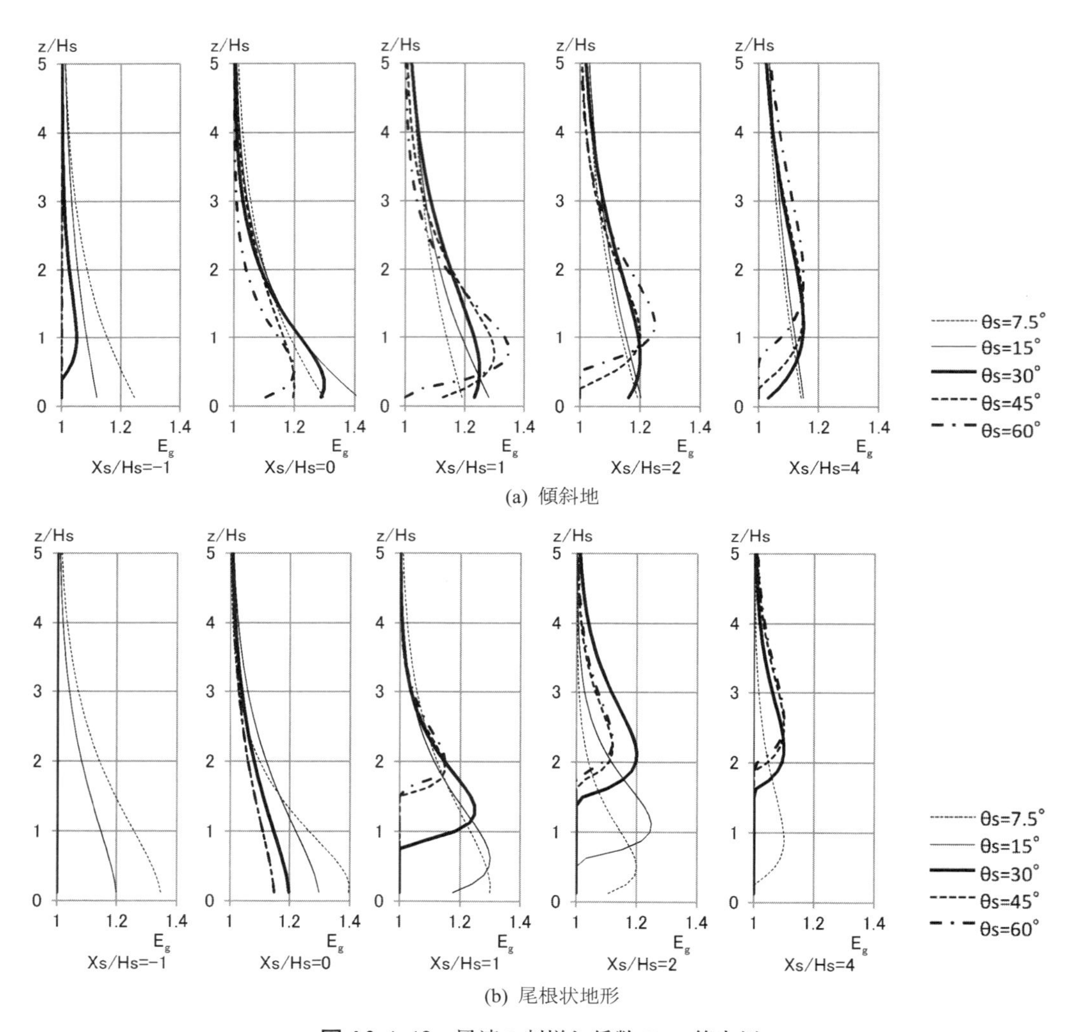

図 A6.1.12 風速の割増し係数 E_g の算定例

(2) 小地形による乱れの強さの補正係数

傾斜地や尾根状地形は，平均風速ばかりではなく風速変動にも影響を及ぼす．特に，頂部から風下の平均風速が減少する領域内においては，図 A6.1.13 に示すように，風速の変動成分 $u(t)$ (m/s) の標準偏差（以下，変動風速と呼ぶ）は平坦地上の風に比べて増大する．変動風速は平均風速と一対をなしており，変動風速が最大の位置は，平均風速分布において鉛直方向の風速勾配が最も大きくなる位置に相当する．また，小地形上において変動風速が平坦地上よりも大きくなる領域のほとんどは，平均風速が平坦地上よりも小さい領域内にある．

本項では，乱れの強さの補正係数 E_{gI} を変動風速の割増し係数 E_I と風速の割増し係数 E_g の比で定義し，変動風速の割増し係数を（A6.12）式によって与えた．（A6.12）式は，パラメータ C_1, C_2, C_3 の値以外は，風速の割増し係数（A6.9）式と同じである．なお，風速の割増し係数，変動風速の割増し係数，いずれも地形による減少効果は考慮せず 1 以上とした[29]．ただし，乱れの強さの補正係数は，変動風速の割増し係数が風速の割増し係数を下回る場合には 1 以下となる．

変動風速は，傾斜角の大きい傾斜地や尾根状地形の風下側の地表面付近において，平坦地よりも大きい．しかし，この付近では，平均風速が平坦地より小さいため，最大瞬間風速は平坦地に比べて減少する．平均風速の減少は考慮しないため，平均風速が減少する領域内で，変動風速の割増し係数のみを実験値に一致させた場合，その領域内の最大瞬間風速を過大に見積もることになり，荷重を過大評価する可能性がある．本項では，このような荷重の過大評価を緩和するため，平均風速が減少する領域内においては，図 A6.1.13 に示したように風速の割増し係数が 1 になる位置での変動風速の割増し係数を用いることとした．

表 A6.6，表 A6.7 に示した値以外の角度をもつ傾斜地や尾根状地形の任意位置における変動風速の割増し係数は，風速の割増し係数と同様の方法で，直線補間によって求める．その際，風速の割増し係数と同様に，補間を表 A6.6，表 A6.7 に示した個々のパラメータに対しては行ってはならない．なお，傾斜地や尾根状地形の角度が 7.5° 未満の場合には，変動風速は地形によってほとんど影響を受けないため，乱れの強さの補正係数は本項では考慮しないことにした．なお，風速の割増し係数と同様に，乱れの強さの補正係数についてもいくつかの算定例を図 A6.1.14 に示した．

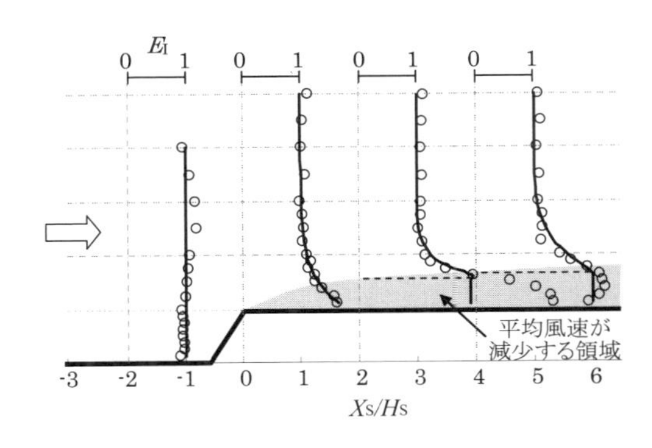

(a) 傾斜地（斜面の傾斜角 50°）

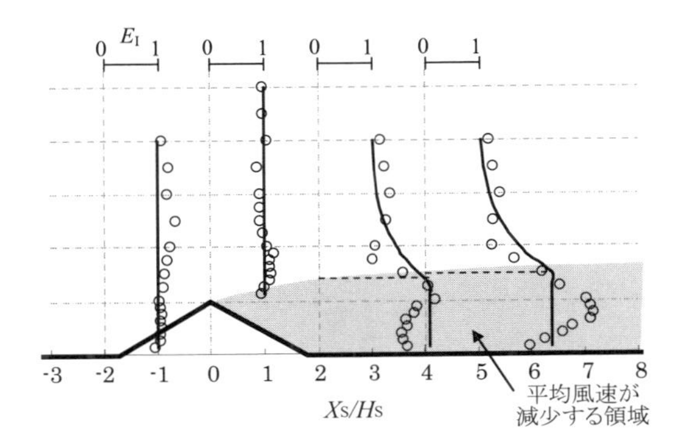

(b) 尾根状地形（斜面の傾斜角 30°）

図 A6.1.13　傾斜地上の変動風速の割増し係数 E_I，○が実験値，太実線が（A6.12）式による算定値

図 A6.1.13 に（A6.12）式による変動風速の割増し係数の算定値を実線で示した．傾斜地については，傾斜地の角度や位置によらず，（A6.12）式は実験値とよく一致する．一方，尾根状地形における変動風速の増減率は複雑で，傾斜地のようにすべての高さで（A6.12）式により精度よく表すことはできないが，平均風速の割増し係数が 1 以上の領域においては実験値との整合性はよい．

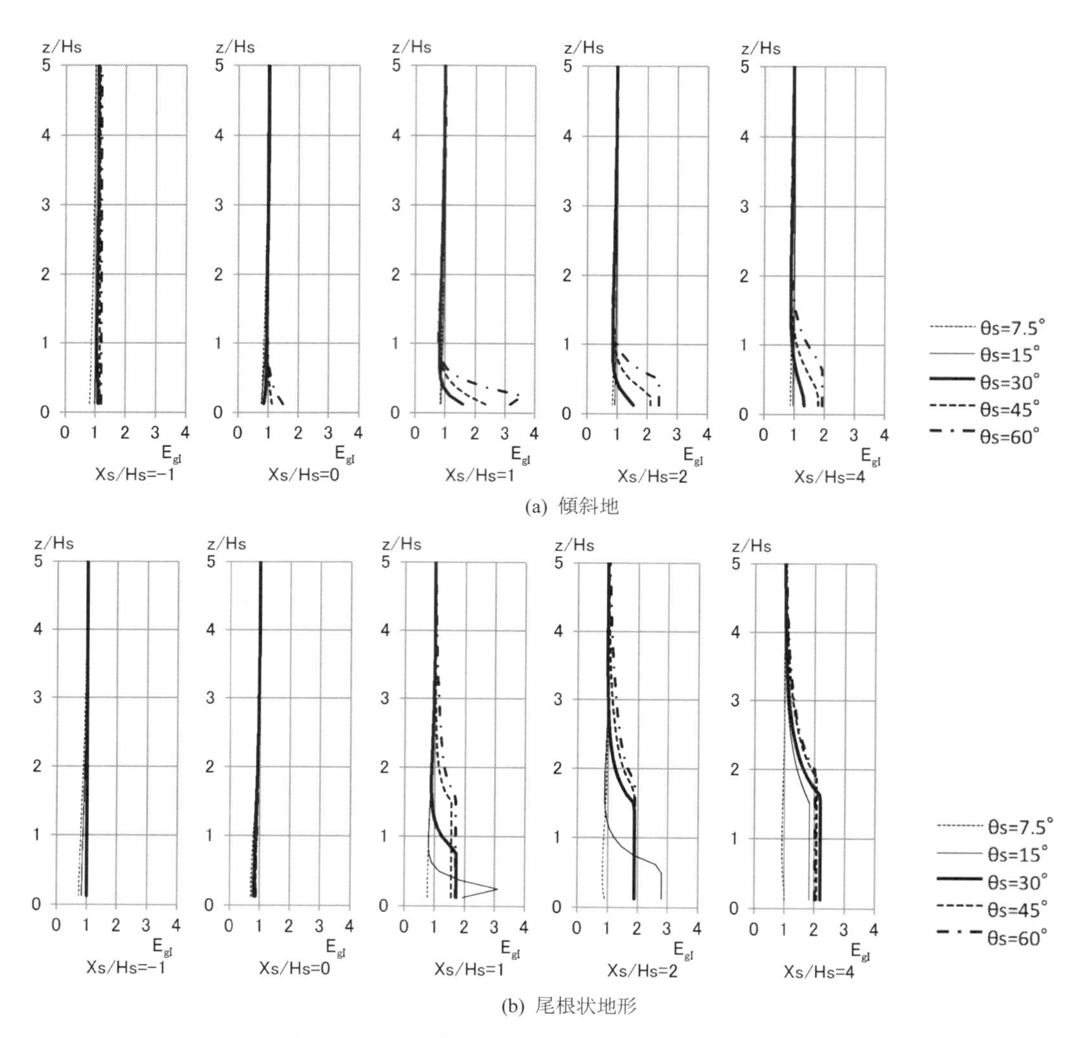

図 A6.1.14 乱れの強さの補正係数 E_{gI} の算定例

(3) 数値流体計算による風速に対する地形の影響評価

本指針で規定している地形の影響を受けた場合の風速の割増し係数ならびに乱れの強さの補正係数は，田園地帯を想定した地表面粗度区分 II に対する風洞実験に基づき定められたものであるため，草地などの比較的滑らかな地表の地形が適用範囲となっている．したがって，木々が密生する，より粗い地表被覆状態での割増し係数などは，数値流体計算によって決められることが望ましい．また，数値流体計算の特徴として，地形モデルを計算する過程で荷重評価に必要な情報（パラメータ）

を直接獲得し，適宜利用することになるので，荷重の過大評価を招きがちな仮定を避けることができる．しかしながら，こういった新しい技術を使う場合，実務上慎重さが求められることから，ここではより適切な数値流体計算を実行するためのいくつかの注意点を解説する．

地形の問題において数値流体計算で予測される物理量は，平均風速および変動風速であり，これを用いて変動風速のパワースペクトル密度，風速の空間相関，乱れのスケールあるいは乱れの強さの評価も可能である．またこの場合，風を乱流として取り扱わなければならず，荷重評価において変動成分まで予測する必要があることから，計算のモデルとしては，非定常計算が可能なLES（Large Eddy Simulation）が適切である．ただし，乱流場の平均値あるいは変動値などの乱流統計量が，地形が急峻なとき発生する剥離流など，複雑な流れの場合も適切に再現できる乱流モデルであれば，他のモデル（RANS（Reynolds Averaged Navier-Stokes）系）でも活用は可能である．RANS系の標準モデルの場合，地形の問題に限れば，建築物周辺の流れの問題に比べて大きな剥離が発生しないことから，工学的判断に基づく適用が可能であるが，内在するモデル上の欠点が学術成果[32]として数多く指摘されており，その欠点が解に関与していないことを確認することが必要であろう．それに対し，RANS系の修正型モデルの導入が考えられ，その例としては，乱れの各方向の成分を別々に予測できる非線形モデル[33]などが挙げられる．

地形の影響評価を数値流体計算で行う場合，計算モデルを構築するうえで，以下の課題が挙げられる．山地などの実際の地形を解析の対象とすると地形は水平方向へ連続的に存在するため，解析領域の地表面境界全体を地形のモデル形状が占めることになる．その結果，閉塞率が一般に大きくなるため，境界層厚さの妥当性に配慮しながら，鉛直方向の範囲を規定しなければならない．また，解析領域の側方境界あたりでの風の流れは，側方境界近傍の地形によって決定されるが，境界条件において，境界近傍流れを反映させたものは定式化できない．一般にはすべり壁などの境界条件を設定することになると思われるが，境界に沿って風向を規定することに対し，そこに生じる流れの不一致に基づく壁効果を除去する必要がある．さらに流入条件の設定方法にも配慮する必要がある．どの程度前方から解析領域とすればよいのか，また，任意の流入位置での風速の鉛直分布および風速値をどのように決定すればよいのかを吟味する必要がある．さらに，地形の地表被覆状態は，草地，低木，森林など，わが国ではさまざまな様相を呈する．こういった地表被覆では植生に基づく粗度効果を解析条件に取り入れる必要がある．現時点では，ブロックを配置する方法，粗度長に基づく壁関数の導入，キャノピーモデルの定式化，RANS系モデルとの融合モデルなどが考えられる．

LESを用いた数値流体計算の現在の予測精度を検討するために，単純形状の地形を対象とした場合の風洞実験[31]との対応関係を以下に示す．正弦波状の比較的急峻な三次元丘陵地を越える風について，粗度の効果を吟味し，平均および変動風速の予測精度を確認する．流入条件としての風は，同じ粗度を有する平地に発達する乱流境界層を規定する．

粗度をブロックで表現した場合の一般座標系構造格子に基づく計算結果[34]と，粗度長に基づく壁関数を導入した場合の非構造格子（地表近傍は層状格子使用）を用いた計算結果[35]の2つを図A6.1.15および図A6.1.16に示す．それぞれ平均および変動風速は境界層外の一様風速，丘陵地頂部高さの平均風速で無次元化している．平均風速については両者とも実験値との対応はよく，丘陵地後方での再付着点位置，循環流の大きさが一致している．変動風速も，剥離域内も含め，充分な精度を有しているのが確認できる．ただし，詳細にみれば，一致度は一般座標系の場合の方が高いといえる．これは，非構造格子の計算例で使用している数値粘性による影響と判断され，数値計算法の選定に関わる注意点といえよう．なお，非構造格子についてはオープンソースコードあるいは汎用コードで用いられる場合が多いが，安定化のための数値計算技法がデフォルトで設定されることもあり，計算用の入力データの作成には慎重な吟味が求められる．

粗面での割増し係数は，滑面より大きな値になることがあり，本指針の割増し係数を粗面に適用した場合に必ずしも安全側とはならないことに注意する必要がある．粗面の場合，増速する場所であっても地表面近傍では粗度効果から減速し，連続条件からその分上空で増速する結果になる．

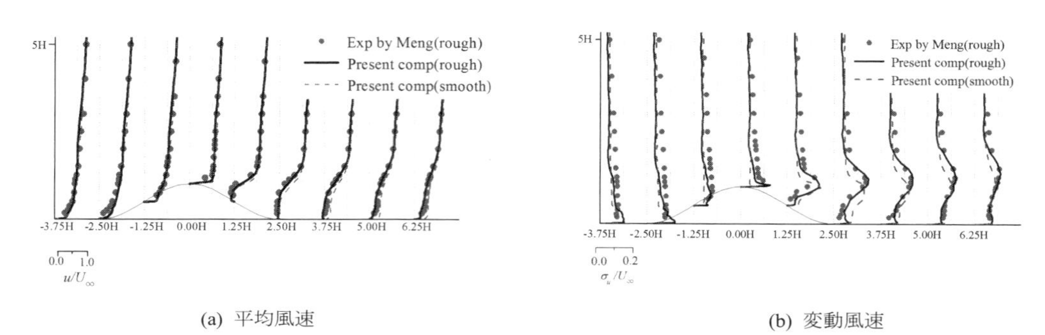

(a) 平均風速　　(b) 変動風速

図 A6.1.15　丘陵地形の無次元化された平均および変動風速の鉛直分布（一般座標系構造格子，粗度をブロックで表現）[34]

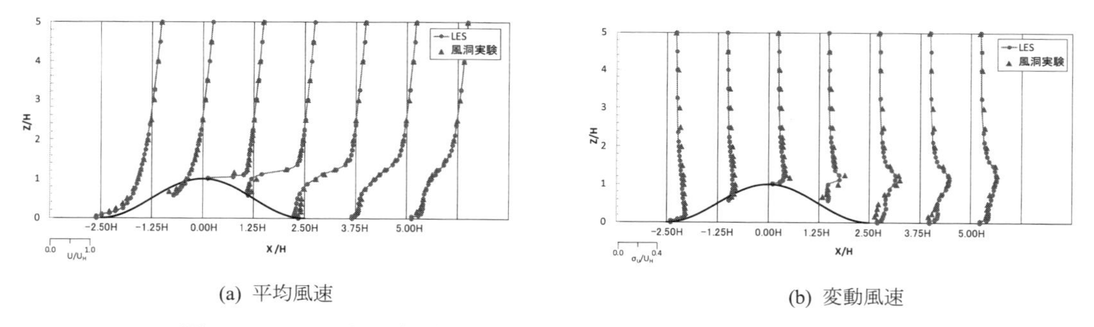

(a) 平均風速　　(b) 変動風速

図 A6.1.16　丘陵地形の無次元化された平均および変動風速の鉛直分布（非構造格子，粗度長の対数則）[35]

A6.2　風力係数，風圧係数

A6.2.1　風力係数の定め方

風力係数および風圧係数（外圧係数または内圧係数）は，建築物の形状，規模，表面粗さや自然風の性状により異なる．したがって，適切に計画，実施された風洞実験あるいは数値流体計算等によって定めることが望ましい．ただし，長方形平面および円・楕円平面をもつ建築物に関しては，

A6.2.2項からA6.2.7項に示す適用範囲であれば，各項の風圧係数（外圧係数および内圧係数），または風力係数を用いることができる．

本指針では，風力が構造骨組に及ぼす影響と外装材に及ぼす影響が異なることに留意し，構造骨組用風荷重算定のための風力係数，風圧係数と，外装材用風荷重算定のためのピーク風力係数，ピーク外圧係数を区別して与えた．また，風力係数，風圧係数は，基本的には基準高さH(m)における速度圧q_H(N/m^2)で基準化された値である．これは，建築物の側面や風下面に作用する風圧がその高さでの速度圧に比例しないためである．ただし，ラチス型塔状構造物および部材の風力係数は，それぞれの設計対象部位の高さZ(m)における速度圧q_Z(N/m^2)で基準化された値である．

建築物まわりの流れやその結果として生じる外圧分布の性状は，基準高さと代表幅の比として定義されるアスペクト比によって大きく変化する．なお，アスペクト比を定義する代表幅のとり方は，注目する現象に応じて様々であるが，長方形平面の建築物については，各辺の長さの積の平方根$\sqrt{BD}$を用いている．このアスペクト比は，一般に高層建築物では大きく，中低層建築物では小さい．建築物の大多数を占める中低層建築物のアスペクト比は2以下であることが多い．そこで，アスペクト比2を境に，風力係数，外圧係数の算定方法を変えた．旧指針（2004年版）での「高さ45 m以下の建築物」が本指針における「アスペクト比2以下の建築物」に概ね対応する．

風圧の作用方向は常に面の法線方向であり，面を押す方向を正とする．図A6.2.1に示すように，円弧屋根やドーム屋根のような曲面屋根の場合，風圧の作用方向が場所によって変化するため，風力の算定において注意が必要である．

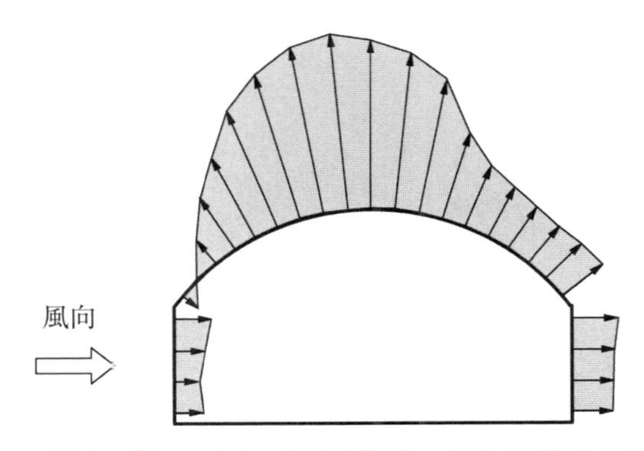

図A6.2.1　外圧の作用の方向（円弧型屋根，風向が妻面に平行な場合）

構造骨組用水平風荷重（風方向）算定のための風力係数C_Dは，円・楕円形平面をもつ建築物のように風力係数が直接与えられている場合を除くと，（A6.13）式に示すように，風上面の外圧係数C_{pe1}と風下面の外圧係数C_{pe2}の差によって求めることができる．同様に，構造骨組用屋根風荷重算定のための風力係数C_Rは，両面が気流に曝される独立上屋の場合を除くと，（A6.14）式に示すように，屋根面の外圧係数C_{pe}と建築物内部の内圧係数C_{pi}の差によって求めることができる．このような構造骨組用風荷重算定のための風力係数，風圧係数は時間的にも空間的にも平均化された値である．平均化する時間の長さは，設計風速と同じ10分である．風力係数，外圧係数に関する空間平均のための評価領域は，建築物全体あるいは各壁面または屋根面全体を基本とするが，各壁面または屋根面の外圧分布が領域によって大きく変化する場合には領域ごとの外圧係数を与えた．ラチス型塔状構造物の風力係数 C_D は，充実率 φ の関数として与えたが，個々の部材の風力係数を利用し，部材集計法に基づいて全体風力を定めることもできる．

外装材用風荷重算定のためのピーク風力係数 $\hat{C}_C$ は，独立上屋の場合を除くと，（A6.15）式に示すように，外圧のピーク値を表すピーク外圧係数 $\hat{C}_{pe}$ と外装材用の内圧変動の効果を表す係数 C_{pi}^* の差によって求めることができる．一方，独立上屋では，ピーク風力係数として直接与えられる．外装材用ピーク風力係数は，全風向中の正および負の最大ピーク値に基づいて定めたものであり，対象とする外装材の面積としては，アスペクト比が2を超えるような高層建築物ではカーテンウォール1ユニットに相当する30 m^2 程度を，アスペクト比が2以下の中低層建築物では外装仕上材の支持部材の荷重負担面積に相当する1 m^2 程度を想定している．ただし，アスペクト比が2を超える建築物において，窓等の面積が比較的小さい外装材を対象に風荷重を算定する場合には，ピーク風圧の空間的広がりに関する研究[36),37)]を参考にピーク外圧係数を割増しすることが望ましい．また，C_{pi}^* は，ピーク内圧係数そのものではなく，外圧変動と内圧変動の相関を考慮してピーク風力を評価するために導入された係数である．なお，外装材用のピーク風力係数 $\hat{C}_C$ を（A6.15）式で与えたのは，一般に行われる風洞実験で得られる情報がピーク外圧係数 $\hat{C}_{pe}$ であるからである．外装材の耐風設計については，本会編「実務者のための建築物外装材耐風設計マニュアル」[38)]が参考になる．

本項に示す風力係数，風圧係数は，いずれも建築物等が単独で存在する場合を想定した風洞実験結果に基づいて定められたものである．実際には建築物等が単独で存在する場合はまれであり，同程度の建築物等に囲まれている場合が多い．しかし，隣接建築物等の影響はそれらの形状，配置等の関係により複雑に変化し，一般化してまとめることは困難である．周辺建築物等により風力係数や風圧係数が大きく変化することが懸念される場合には，風洞実験や数値流体計算等による特別な調査が必要である[15),16)]．

A6.2.2 構造骨組用外圧係数

構造骨組用の外圧係数は，前項で述べたように，建築物平面の代表幅に対する基準高さ H（m）の比であるアスペクト比を用いて区分され，アスペクト比が2を超える場合と2以下の場合に分けて設定される．アスペクト比を求める際の建築物の代表幅には，長方形平面の場合は各辺の長さの積の平方根 $\sqrt{BD}$，円形平面の場合は外径 D（m），楕円平面の場合は短辺の外径 D_2（m）が用いられる．なお，本文の図中に示す白抜きの矢印は風向を示す．

(1) 長方形平面をもちアスペクト比 $H/\sqrt{BD}$ が2を超える建築物の外圧係数 C_{pe}

アスペクト比 $H/\sqrt{BD}$ が2を超える建築物としては主に高層建築物を想定しており，表A6.8に示された壁面の外圧係数は長方形平面をもつ高層建築物を対象とした風洞実験結果[39)]に基づいて設定されている．長方形平面をもつ高層建築物の風上および風下壁面の外圧係数分布は，壁面に正対する風向では次のような傾向を示す.

①風上壁面の外圧係数は，建築物の頂部付近を除き接近流の速度圧の高さ方向分布に概ね比例する正の値（正圧）となる.

②風下壁面の外圧係数は，全面にわたりほぼ一様な負の値（負圧）となる.

これらの結果に基づき，壁面の外圧係数を風上壁面では高さ方向分布係数 k_Z を用いて与え，風下壁面では負の一定値で与えた．風下壁面の外圧係数の大きさは，奥行 D(m) が幅 B(m) に比べて長いほど，その絶対値が小さくなる傾向を示す．これは，風上隅角部で剥離した気流が側壁面に再付着するか否かに関連しており，風下壁面の外圧係数 C_{pe2} にこのような流れパターンの違いによる影響が反映されている．また，高層建築物に多く見られるアスペクト比 $H/\sqrt{BD}=2$～8 の範囲では，外圧係数に及ぼすアスペクト比の影響は比較的小さいので，外圧係数はアスペクト比によらないものとした.

屋根面の外圧係数は，陸屋根を想定し，風洞実験結果および諸外国の基規準[22), 40)]に基づき定めた．陸屋根ではパラペットを有しているものが多いが，ここではその影響を考慮していない．なお，Eurocode[40)]にはパラペットを有する場合の外圧係数の低減係数が定められているので参考になる.

(2)　長方形平面をもちアスペクト比 $H/\sqrt{BD}$ が 2 以下の建築物の外圧係数 C_{pe}

1)　陸屋根，切妻屋根，片流れ屋根または寄棟屋根をもつ建築物

アスペクト比が小さい中低層の建築物の屋根形状は多様である．本項に示された外圧係数は，長方形平面をもつ低層建築物を対象とした風洞実験結果[41)～44)]に基づいて定められたもので，屋根形状は陸屋根，切妻屋根，片流れ屋根または寄棟屋根である．なお，屋根勾配が 10° 未満の切妻屋根，片流れ屋根または寄棟屋根の外圧係数については，陸屋根の値を適用する.

表 A6.9（1）に示された外圧係数は，建築物の形状パラメータとして，幅 B(m)，奥行き D(m)，基準高さ H(m) および屋根勾配 θ (°) を考慮して定めたものであり，これらのパラメータに応じて各部位の値が設定されている．各外圧係数は，基本的には妻面あるいは桁行面に正対する風向に対し，壁面や屋根面に生じる風圧を当該領域内で空間平均した値に基づき設定しているが，正対する風向から多少ずれた風向の時により大きな風力が発生することがあるので，そのような風向変化による風力の変化も考慮されている．風上側屋根面の R_U 部および寄棟屋根の R_a，R_b 部の外圧係数については，正負両方の値を与えているので，設計では，これら両方について他の領域の外圧係数と組み合せて検討する必要がある．また，陸屋根の表に示す正の外圧係数で「検討不要」としているのは，閉鎖型建築物の内圧係数 C_{pi} を考慮した場合においても屋根の風力係数 C_R は負の値になるので，負の外圧係数の設定のみで安全側の風荷重が与えられるからである.

軒の出をもつ風上屋根では，軒部の上面が負圧，下面が正圧となり，大きな風力が作用することが多いので注意が必要である．なお，AS/NZS1170.2[22)]では，軒の下面の外圧はその面の下につながる壁面の外圧を用いるとしている.

2)　円弧屋根をもつ建築物

曲面をもつ建築物の外圧係数は，A6.2.4 項の解説に示すように，一般には建築物の形状や気流条

件のほか，表面粗さやレイノルズ数の影響を受ける．しかし，円弧屋根をもつ建築物は概して乱れの大きな気流中にあることや，風上壁面の上端で流れの剥離が生じやすいことから，A6.2.4 項に示す円形あるいは楕円形平面をもつ建築物の壁面外圧に比べると，表面粗さやレイノルズ数の影響は小さいと考えられる．表 A6.9（2）に示す外圧係数 C_{pe} は，市街地に建つ中規模の建築物を想定した風洞実験結果[45),46)]を基に定めたものであり，表面粗さの影響は考慮していない．同表に示された外圧係数を選定するための建築物の形状のパラメータは風向により異なっており，妻面に直角な風向 W_1 の場合には屋根のライズと幅の比 f/B ならびに軒高と幅の比 h/B が用いられ，妻面に平行な風向 W_2 の場合には屋根のライズと奥行の比 f/D ならびに軒高と奥行の比 h/D が用いられる．これは，風向 W_1 と W_2 では屋根に作用する風圧の発生メカニズムが異なるためである．また，外圧係数の領域分け（R_a，R_b，R_c 部）についても同様で，風向 W_1 では切妻屋根等の外圧係数での領域分けに準じており，風向 W_2 では後述のドーム屋根に対する領域分けに類似させている．各領域での外圧係数は領域内の空間平均値に相当しており，荷重算定に際しては，各領域に一定の外圧が作用するものと考える．なお，表 A6.9(2) にはライズ f(m) が 0($f/B=0$，$f/D=0$) で，軒高 h(m) が 0($h/B=0$，$h/D=0$) となる場合の外圧係数が示されているが，これらの値は中間値を補間するために便宜上与えたものである．

壁面の外圧係数は，表 A6.9(1) に示された陸屋根，切妻屋根，片流れ屋根，または寄棟屋根をもつ建築物の壁面の外圧係数と同様の設定とした．

(3) 円形平面でドーム屋根をもつ建築物の外圧係数 C_{pe}

円形平面のドーム屋根の外圧係数は，円弧屋根と同様，市街地に建つ建築物を想定した風洞実験の結果[47)]に基づいて定めたものである．

ドーム屋根上の等風圧線は風向に対してほぼ直交していることより，屋根面を R_a～R_d 部の 4 領域に分け，領域ごとに外圧係数分布を空間平均したものを構造骨組用外圧係数 C_{pe} として与えた．各領域での外圧係数を設定するための建築物の形状のパラメータは，ライズと外径の比 f/D および軒高と外径の比 h/D が用いられる．表 A6.9（3）でのこれらのパラメータ値は段階的に与えられているので，中間値については直線補間によって定めるものとした．また，R_a 部については，表 A6.9（1）に示した切妻屋根等の R_U 部と同様，正および負の外圧係数を与えているので，設計ではこれら両方について検討する必要がある．なお，表 A6.9（3）には，ライズ f(m) が 0($f/D=0$) で，軒高 h(m) が 0($h/D=0$) となる場合の外圧係数が示されているが，これは中間値を補間するために便宜上与えられたものである．

壁面の風力係数は，壁面の高さ h(m) を H(m) とみなし，表 A6.10 に示された円・楕円平面をもつ建築物の風力係数 C_D を目安として与えることもできる．また，壁面の外圧係数 C_{pe} の分布が必要な場合には，h/D が 1 以下で f/D が小さい場合に限り，円筒形貯槽を対象とした研究例[48)]を参考にすることも可能である．

A6.2.3　構造骨組用内圧係数

（1）内圧の形成要因に応じた内圧係数の設定

内圧は概ね次に掲げる要因により決定される．

a）外圧分布，b）建築物の内部と外部を繋ぐ開口や隙間，c）建築物内部の容積，

d）建築物内部の部屋どうしを繋ぐ開口や隙間，e）空調，f）屋根や外壁の変形，

g）温度，h）外装材の破壊

建築物の外壁には一般に多くの隙間や開口（換気口等）が存在し，外圧と内圧に差があるとそれらの隙間や開口を通して空気が流出入し，そのバランスによって内圧の大きさが決まる．例えば，風上壁面にのみ大きな開口がある場合には，そこからの空気の流入により内圧は正圧となる．一方，側壁面あるいは風下壁面にのみ大きな開口がある場合には，内圧は負圧となる．また，内圧の変動性状には，建築物内部の容積に対する隙間や開口の相対的な大きさが関係する．本項では，強風時の内圧に最も大きな影響を及ぼすと考えられる上記のa）およびb）の要因を考慮し，系統的なシミュレーションの結果に基づき，閉鎖型建築物（設計上，外壁に卓越開口を想定しない建築物）の内圧係数を規定した．すなわち，外壁面に隙間や開口が一様に分布し，それらの隙間や開口から外圧が建築物内部に伝達され内圧が形成されるという仮定のもとに，種々の形状の建築物について内圧の時間平均値を算定し[49)～50)]，それらに基づき閉鎖型建築物の内圧係数の指針値を与えた．したがって，外壁面の隙間や開口の分布が一様でない場合には，指針値を用いることはできない．また，他の要因の影響も大きいと考えられる場合には，それらの影響も考慮した検討が必要である．例えば，建築物内部が気密な間仕切り等により分割されている場合には，内圧は建築物全体で一様にはならず，d）の影響を考慮する必要がある．容量の大きな空調機械を運転した場合にはe）の影響が大きくなり，膜構造のように屋根や外壁が柔な構造物ではf）の影響が大きい．また，h）に関しては，強風時に飛来物により風上壁面の窓ガラス等が破壊すると，そこから風が吹き込んで内圧が急激に上昇し，それが屋根の飛散等の原因になることが多く，注意が必要である．

また，2つの内圧係数（0または−0.4）の両方について，外圧係数および風荷重以外の荷重との組合せを考慮し，最も安全側の荷重効果となる値を採用する．

（2）卓 越 開 口

建築物の外壁に存在する隙間の面積に比べて充分大きな面積の開口であって，内圧に大きな影響を与えるものは，卓越開口と呼ばれている．外壁に卓越開口があるとみなされる場合には，閉鎖型建築物を対象にした指針値ではなく，当該開口部の大きさや位置を考慮した風洞実験や数値流体計算等によって内圧係数を設定する必要がある．一般に卓越開口としてみなすことができる状況としては，以下の3点が挙げられる．

a）設計時に意図して外壁に大きな開口が設けられる場合

b）重量シャッター等を通常時には開放して使用する物流倉庫等において，シャッター等の閉鎖に一定の時間を要する場合

c）屋外に面する窓ガラス等の飛来物による破壊を想定する場合

a）は平成 12 年建設省告示第 1454 号に定める「開放型の建築物」の形状に該当する．一方，閉鎖型建築物であってもb）またはc）のような状況を前提とした設計をするべきか，あるいはした方がよいのかの一般的な判断は難しく，個別の物件ごとに設計者の考えに委ねられよう．設計時にこれらの状況を前提とする場合には，例えば重量シャッターや窓ガラスがもともと存在しない「開放型の建築物」とみなして，開口の位置や大きさに応じた内圧を考慮すればよい．

一般に，1 つの卓越開口が風上面にあると内圧は正，側面または風下面にあると内圧は負の値となる．また，卓越開口の面積が大きいほど当該開口が存在する壁面での外圧が内圧に与える影響は大きく，内圧は卓越開口の面積と他の隙間や開口の面積との比，つまり（A6.2.1）式により定義される開口面積比 r に依存するとされている[38), 50)]．

$$r = \frac{A_1 + a_1}{a_2 + a_3 + a_4} \quad \text{(A6.2.1)}$$

ここで，A_1：卓越開口の面積の総和（m^2），a_1：卓越開口がある面に存在する隙間や開口の面積の総和（m^2），a_2, a_3, a_4：卓越開口がない面に存在する隙間や開口の面積の面ごとの総和（m^2）である．

a_1 から a_4 までの値を評価するにあたり，各面に存在する隙間の面積は，室内圧を送風機等で減圧または加圧する試験によって把握することも可能であるが，この場合の室内外の圧力差は，弱風時の室内換気の際の値に相当する点に注意すべきである．強風時を想定した圧力差での値に関しては情報が極めて少ないが，低層建築物の場合，文献 51）には隙間率（全隙間面積を建築物の表面積で除した値）として低気密下で 0.36 % 程度，中気密下で 0.18 % 程度，高気密下で 0.08 % 程度の値が示されており，隙間の面積を設定する際の参考にすることができる．

上記の開口面積比を 1 つの指標にすれば，卓越開口とその他の隙間等との相対的な面積の関係から効率よく内圧性状を把握することができる．図 A6.2.2 および A6.2.3 に，表 A6.2.1 に掲げる 6 種類の建築物形状の風上面および側面に開口がある場合について，開口面積比 r と内圧係数の統計量（平均内圧係数，変動内圧係数）との関係を検討した例を示す[38), 50)]．この結果から，開口面積比 r が 10 を超えると，平均内圧係数および変動内圧係数は開口が存在する壁面での平均外圧係数および変動外圧係数に概ね等しくなることがわかる．

A6.2.4 構造骨組用風力係数

(1) 円・楕円形平面をもつ建築物の風力係数 C_D

円形平面をもつ建築物の風力係数は，レイノルズ数，気流条件，アスペクト比 H/D_2 や表面粗さの影響を受ける．

図 A6.2.4 は，表面が極めて滑らかな二次元円柱の一様流中での抗力係数 C_D のレイノルズ数による変化を示す[52)]．ここで，レイノルズ数は $Re = UD/\nu$ で定義されている．ただし，U，D，ν は，それぞれ流速（m/s），円柱の外径（m），流体の動粘性係数（m^2/s）である．なお，空気中でのレイノルズ数は，$Re \approx 7UD \times 10^4$ と計算される．図A6.2.4 によれば，$Re = 2.8 \times 10^5 \sim 3.5 \times 10^5$ にかけて C_D は 1.0 から 0.2 に減少するが $Re = 3.5 \times 10^5$ 付近からレイノルズ数の増加に伴い C_D も増加，$Re = 4 \times 10^6$ 付近では C_D は 0.5 程度となる．円柱まわりの流れは，通常，図 A6.2.4 に示すように，「亜

表 A6.2.1　対象にした建築物形状

モデル	M1	M2	M3	M4	M5	M6
高さ（m）	100	50	50	50	40	20
幅（m）	50	50	50	12.5	12.5	10
奥行（m）	50	50	12.5	50	50	10

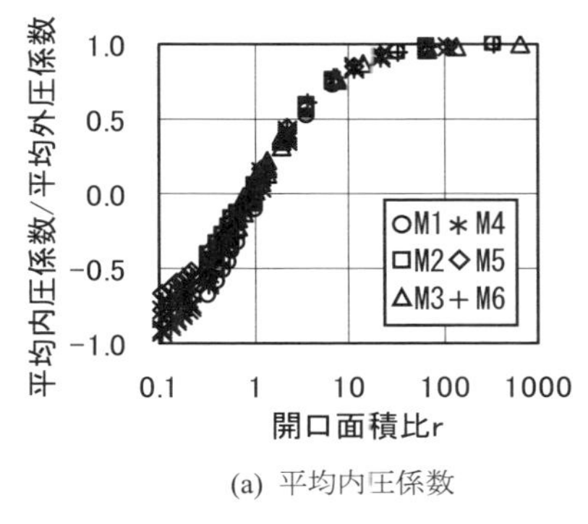

(a) 平均内圧係数

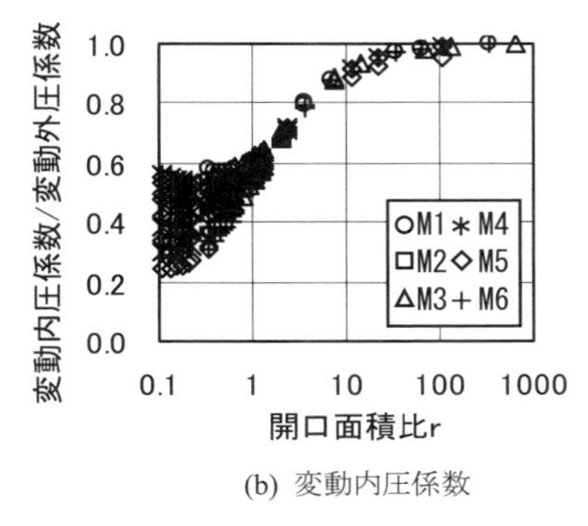

(b) 変動内圧係数

図 A6.2.2　開口面積比 r と内圧の関係（風上面に大きな開口がある場合）[38),50)]

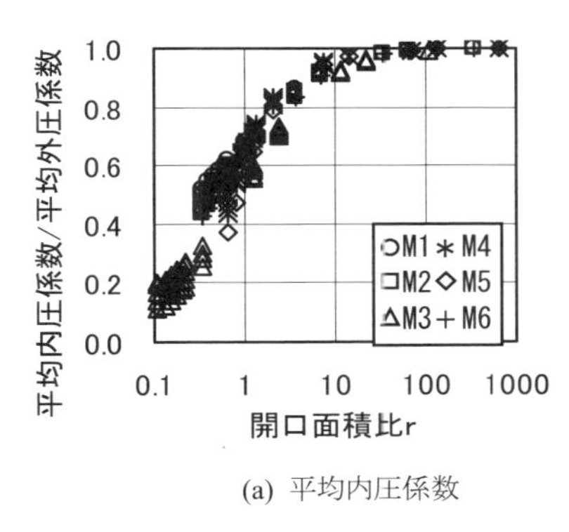

(a) 平均内圧係数

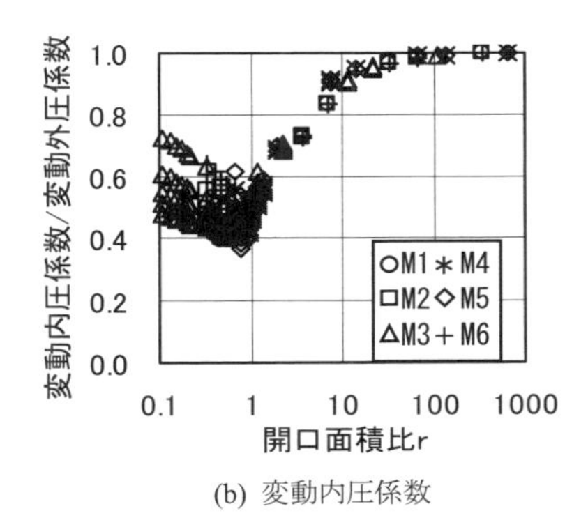

(b) 変動内圧係数

図 A6.2.3　開口面積比 r と内圧の関係（側面に大きな開口がある場合）[38),50)]

臨界域」，「臨界域」，「超臨界域」，および，「極超臨界域」の4領域に分けて考えられる．強風を対象とした場合，建築物のレイノルズ数は極超臨界域にあるので，本項ではこの領域を対象に風力係数 C_D を定めた．また，円柱のアスペクト比や表面粗さは風力係数 C_D に大きな影響を及ぼす．特に，表面粗さは極超臨界域での C_D を大きく変化させる．楕円柱まわりの流れも同様である．本項では，長径 D_1（m），短径 D_2（m）の楕円平面をもつ建築物の風力係数 C_D は風力が最大となる長径に直角な風向を対象とし，（A6.2.2）式で定義している．

$$C_D = \frac{\text{長径に直角な風向における風力}}{q_H D_1 H} \qquad \text{(A6.2.2)}$$

ここで，q_H(N/m^2) は基準高さ H(m) での速度圧である．アスペクト比 H/D_2 の影響は係数 k_1 で，極超臨界域での表面粗さの影響は係数 k_2 で考慮されている[53)]．

楕円柱に関しては，円柱に比べてレイノルズ数の影響は比較的小さいが，辺長比 D_1/D_2 の影響により風力係数が変化することが知られている[54]．この辺長比 D_1/D_2 の影響は係数 k_3 で考慮されている．

円形平面をもつ建築物の屋根の外圧係数は，表 A6.9(3) に示すドーム屋根の外圧係数のうち，$f/D=0$ かつ $h/D=1$ に対する値とすることができる．ただし，楕円形平面をもつ建築物の屋根については研究事例がなく，風洞実験や数値流体計算等による検証が望まれる．

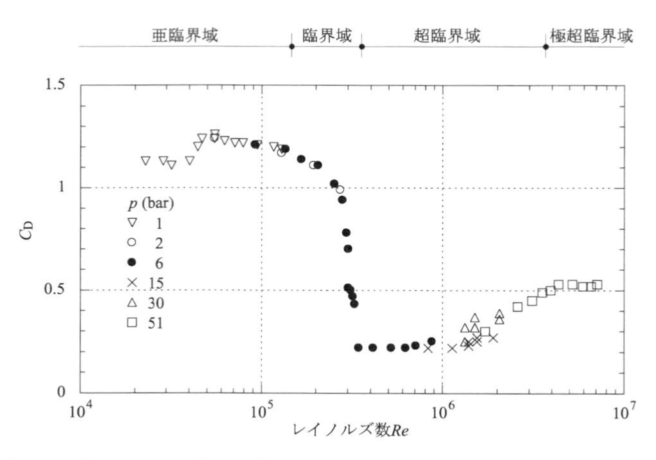

図 A6.2.4 表面が極めて滑らかな二次元円柱の一様流での抗力係数 C_D とレイノルズ数 Re の関係[52]

(2) 長方形平面をもつ独立上屋の風力係数 C_R

独立上屋の場合，屋根の下にも風が流れ，屋根の上面だけでなく下面にも大きな変動風圧が作用する．屋根に作用する風力は上下面に作用する風圧の差であり，独立上屋の場合には閉鎖型建築物に比べて両者の相関が高く，それぞれ切り離して扱うことはできないので，風力係数を直接与えた．なお，本項に定める風力係数は，基準高さが概ね 10 m 以下の屋根を対象とした風洞実験結果に基づいているため，基準高さが 10 m 以下の小規模な建築物に利用を限定している．

表 A6.11 (1), (2) に示す風力係数は，切妻独立上屋（屋根勾配 $\theta>0°$ ），翼型独立上屋（屋根勾配$\theta<0°$ ），および片流れ独立上屋に作用する風圧および風力の測定に関する風洞実験結果[55), 56)]と諸外国の基規準[22), 24)]を参考にして定めたものである．既往の実験結果のほとんどが屋根勾配 ±30° までの範囲を対象としているが，本項の規定では屋根勾配の範囲を ±20° までに限定した．これは，A6.2.7(1) に示す独立上屋の外装材用ピーク風力係数に対する屋根勾配の範囲 ±20° に一致させたものである．なお，屋根勾配が±20° を超え ±30° までの風力係数は文献 55)，56) に示されているので参考になる．表に示した風力の組合せ 1 および 2 は，動的に変動する風による荷重効果（屋根を支える柱の軸力に着目）がクリティカルな状態になる 2 ケースの荷重時を定めたものであり，両方の組合せに対して検討しなければならない．また，ここに示した風力係数は，屋根の下に流れを遮るような大きな遮蔽物がない状態を想定したものである．閉塞率が 50 % を超えるような大きな遮蔽物が屋根の下に置かれると，屋根下面の風圧が上昇して大きな吹上げ力が作用す

ることが多い．このような場合には，風洞実験や数値流体計算等により適切に風力係数を定める必要がある．

(3) ラチス型塔状構造物の風力係数 C_D

一般にラチス型塔状構造物では，個々の部材はその幅が構面の寸法に比べて充分に小さく対称に配置されることが多い．そのような場合，構面全体に働く風力は，平均的には風方向の抗力のみとみなすことができる．構面全体の抗力は部材等各要素の抗力の和をとることで得られる．部材まわりの流れはその場所の流れの特性のみに支配されるので，各部材の抗力は直接作用する当該高さの速度圧に比例する．このような考え方に基づき，ラチス型塔状構造物の風力の算定法には，構面の充実率 φ に対応した風力係数に構面の正対投影面積を乗じて算定する方法，および，個々の部材等の風力係数に見付面積を乗じたものを合計して算定する方法[57]（一般に「部材集計法」と呼ばれる）が採用されている．いずれの場合も，充実率が小さいことが前提となっており，本項では前者の方法を採用し，充実率 φ が 0.6 以下の場合について風力係数 C_D を示した．

風力係数 C_D は，充実率 φ，構造物の平面形状，部材の断面形状により表 A6.12 で与えられる．ここでの充実率 φ は，一構面の部材やプレートによる正対投影面積 A_F (m^2) を外郭面積 A_0 ($=Bh$) (m^2) で除したものであり，風向が構面に正対する場合の風上面について節間ごとに求める．同じ高さであれば各構面の充実率 φ は等しいと考え，充実率 φ の算定には風下側のトラスやトラス以外の付属材は考慮していない．付属材に作用する風力は，表 A6.14 に示す部材の風力係数，あるいは風洞実験や数値流体計算等によって求め，本項で求めたラチス型塔状構造物全体に作用する風力に加算する必要がある．

構造物の平面形状として 4 脚の正方形平面と 3 脚の正三角形平面，部材の断面形状として山形鋼と円形鋼管のラチス型塔状構造物の風力係数を与えた．3脚の正三角形平面の風力係数は，表 A6.12 内の図に示す 2 種類の風向に対して同じ値とした．部材が円形鋼管の場合にはレイノルズ数の効果を考慮して風力係数を低減することもあるが，ここではその効果を考慮せず亜臨界領域での値に基づいている．

表 A6.12 に示されていない平面形状や部材断面形状をもつ場合は，表 A6.14 に示す部材の風力係数を用いて部材集計法に基づいて算定することもできる．ただし，部材の充実率が 0.6 以下であることが前提である．

(4) 地上に建つフェンスの風力係数 C_D

フェンスの風力係数は，ラチス型塔状構造物の場合と同様，充実率 φ の関数として与えられる．表 A6.13 には $\varphi=0$ の値も示されているが，これは中間値を補間するために便宜上与えられたものである．フェンスの風力は，このようにして得られた風力係数 C_D を用いて算定する．その際，見付面積 A (m^2) はフェンスの外郭面積に充実率 φ を乗じたものとする．

(5)　部材の風力係数 C

部材の風力係数は，一様流中の二次元部材を対象とした風洞実験結果[58]に基づいて定めたもので，表 A6.14 には代表的な風向に対する値を示した．これらの風力係数は，幅数十 cm 程度までの細長い建築部材を想定したものであるから，同じ断面形であっても，建築物等の風力係数にこれらを用いるのは適切ではない．形状によっては，特定の風向で風直交方向の風力係数がゼロになるが，これよりわずかにずれた風向で大きい風力係数を示す場合がある．表 A6.14 では，このような現象も考慮して風力係数を定めている．

この風力係数は，部材集計法を用いてラチス型塔状構造物等の風力係数を算定する場合や，建築物の付属物の風荷重を算定する場合に利用される．その際，速度圧としては当該高さ Z(m) での速度圧 q_Z(N/m^2) を用いる．

個材の設計を行う場合，風力は速度圧 q_Z(N/m^2) に風力係数 C，高さ Z(m) での乱れの強さ I_Z ((A6.6) 式)を用いて計算される (A6.3.22) 式のガスト影響係数 G_D，および面積 bl (ネットの場合 $bl\varphi$)(m^2) を乗じたものとする．

A6.2.5　外装材用ピーク外圧係数

(1)　長方形平面をもちアスペクト比 $H/\sqrt{B_1B_2}$ が 2 を超える建築物のピーク外圧係数 $\hat{C}_{pe}$

アスペクト比 $H/\sqrt{B_1B_2}$ が 2 を超える建築物の外装材用ピーク外圧係数は，建築物の各部分における全風向中の正および負の最大ピーク外圧係数に対応する．壁面での正のピーク外圧係数は，その部分が風上に位置するときに発生し，その大きさは上流側気流の鉛直分布の影響を受けて鉛直方向に変化する．一方，負のピーク外圧係数は，その面が側壁面や風下面となったときに発生し，気流の鉛直分布の影響は小さく，高さ方向には大きく変化しない．側面の風上端に近い領域では，風上側隅角部から剥離する流れによって生じる渦の影響を強く受け，大きなピーク外圧が作用する．

表 A6.15 に示すピーク外圧係数は，風洞実験結果[36),37),39),59]に基づき定めたものである．正のピーク外圧係数は，建築物上流側の平均風速の鉛直分布を考慮した外圧係数と乱れの強さの鉛直分布を考慮した外圧のガスト影響係数の積として与えられる．したがって，正のピーク外圧係数は，建設地の地表面粗度区分に応じて算定する必要がある．一方，負のピーク外圧係数は，ピーク外圧係数を直接与えてあり，建設地の地表面粗度区分による区別はしていない．

高層建築物で隅角部に隅欠きや隅切りを有する場合は，隅欠きや隅切りの寸法によって隅欠き部分または隅切り部分の負圧が変化する．本指針では，風洞実験結果[38),59]に基づいて隅欠きおよび隅切り部のピーク外圧係数を定めている．表 A6.15 の図では，建築物の一つの隅角部に隅欠きまたは隅切りを有する表現となっているが，複数の隅角部に隅欠きまたは隅切りがある場合にも，それぞれの隅角部に対し，表 A6.15 に示すピーク外圧係数を用いることができる．

屋根面に関しては，長方形平面で陸屋根をもつ建築物のピーク外圧係数を与えている．長方形平面の屋根面では，対角線方向の風向の場合に，屋根面隅角部に大きな負圧が生じるが，そのような大きな負圧が生じる領域は狭い範囲に限られる[60]．荷重負担面積が大きい外装材の場合には，この局所的なピーク外圧係数をその外装材全体に適用すると荷重の過大評価となるので，R_c 部について

は荷重負担面積 A_C(m^2) に応じた局部風圧低減係数 k_C を用いて荷重を算定することができる．ただし，荷重負担面積が大きい外装材では面全体の剛性が低い場合が多いので，その場合の荷重負担面積 A_C(m^2)は外装材の支持部材が負担する面積を支持部材ごとに考慮して適切に設定する必要がある．

表 A6.15 に示した各数値は，$H/\sqrt{B_1B_2}$が 8 以下の建築物を対象とした風洞実験結果に基づいて設定された値であるので，$H/\sqrt{B_1B_2}$が 8 以下の建築物に対してのみ適用する．

(2) 長方形平面をもちアスペクト比 $H/\sqrt{B_1B_2}$が 2 以下の建築物のピーク外圧係数 $\hat{C}_{pe}$

1) 陸屋根，切妻屋根，片流れ屋根，または寄棟屋根をもつ建築物

陸屋根，切妻屋根，片流れ屋根をもつアスペクト比 $H/\sqrt{B_1B_2}$が 2 以下の建築物の外装材の荷重負担面積は，通常の低層建築物の外装要素を想定して 1 m^2 を基本とした．正のピーク外圧は主として接近流の乱れに起因して発生するので，ピーク外圧係数は乱れの強さの関数として与えた．なお，屋根面の正のピーク外圧係数は，表 A6.9(1) に定める R_U 部の正の外圧係数 C_{pe} を用いて計算されるが，屋根勾配が小さく C_{pe} が正とならない場合には計算を省略することができる．一方，負のピーク外圧係数は，壁面や屋根の端部および隅角部に発生する渦の影響を強く受ける[61]．旧指針（2004年版）では，乱れの強さによる影響は正のピーク外圧係数に比べて小さいため，べき指数 0.25，乱れの強さ 17 %の実験気流中で得られた値を基に与え，乱れの強さにはよらないものとしていたが，戸建住宅のような低層建築物を対象とした近年の研究成果[62]により，乱れの強さによる補正を行うこととした．ピーク外圧係数の補正は，壁面の W_b 部と屋根面の R_f 部については行わず，それ以外の隅角部を対象とし，(A6.2.3) 式を用いて，乱れの強さ 17 %のピーク外圧係数 $\hat{C}_{pe(I_H=0.17)}$ と，乱れの強さ 26 %（地表面粗度区分Ⅲ，$H=10$ m 相当）のピーク外圧係数 $\hat{C}_{pe(I_H=0.26)}$ の倍率を求め，その倍率 $\hat{C}_{pe(I_H=0.26)}/\hat{C}_{pe(I_H=0.17)}$ を補正係数とした．

$$\hat{C}_{pe}=\begin{cases}(1+17.5I_H)\overline{C}_{pe}\ \text{（壁　面）}\\(1+12.0I_H)\overline{C}_{pe}\ \text{（屋根面）}\end{cases}\qquad\text{(A6.2.3)}$$

ここで，$\hat{C}_{pe}$：ピーク外圧係数，I_H：乱れの強さ，$\overline{C}_{pe}$：平均外圧係数である．

また，強い負のピーク外圧が発生するのは壁面や屋根の端部に沿った帯状の領域であり，その幅は建築物形状（高さ H(m)，短辺の長さ B_1(m)，長辺の長さ B_2(m)）に依存する．

切妻屋根の場合，屋根勾配が 10° 以下のときの軒端部（R_b 部）や屋根勾配が約 20° のときの棟端部（R_d, R_g 部）には強い負のピーク外圧が作用する．片流れ屋根の場合，屋根勾配が 10° 以上のとき，高い方の軒端部の比較的広い範囲（R_d 部）に強い負のピーク外圧が発生するので，この部分の局部風圧領域を切妻屋根より広く規定した．ただし，片流れ屋根の屋根勾配が 10° 未満の場合には，このような現象はみられなくなるため，陸屋根の値を採用することとした．

寄棟屋根をもつ建築物の屋根面におけるピーク外圧係数は，一般的な戸建住宅を想定した風洞実験結果[44]をもとに定めた．実験気流は地表面粗度区分Ⅲに相当し，乱れの強さは軒高で約 25 % である．屋根勾配が 10° のときの軒端部（R_b 部）や，屋根勾配が 20° のときの軒端部および棟端部（R_b および R_e 部）には負の大きなピーク外圧が作用する．いずれの場合も，負の大きなピーク外圧

が発生するのは局所的であるため，荷重負担面積が 1 m^2 を超える場合には，(1) と同様 A_C(m^2) に応じた面積低減係数 k_C を用いて荷重を算定することができる[60),61)]．なお，寄棟屋根においては，戸建住宅を想定した風洞実験結果をもとにしているため，辺長比 B_2/B_1 が大きい板状建築物は対象としていない．

2) 円弧屋根をもつ建築物

円弧屋根をもつ建築物のピーク外圧係数は，市街地に建つ中規模の建築物を想定し，$h/B_1=0$～0.7，$f/B_1=0.1$～0.4 の建築物に関する風洞実験結果[46)]をもとに定めたものである．ライズ比 f/B_1 が小さい場合には，陸屋根と同様，屋根の端部や隅角部に発生する渦の影響を強く受け，R_a 部や R_d 部で負のピーク外圧係数が大きくなる．ライズ比 f/B_1 が大きい場合，妻側から風を受けると屋根の妻側端部（R_d 部）で流れの剥離により負のピーク外圧係数が大きくなり，軒先側から風を受けると屋根中央部（R_c 部）で気流の乱れと流れの剥離に伴う渦発生により負のピーク外圧係数が大きくなる．

表 A6.16(2) に示す屋根面のピーク外圧係数は，上で述べたような風圧の特性を考慮し，正と負の値を領域ごとに与えた．ただし，ライズ比 $f/B_1<0.1$ の場合には，切妻屋根や片流れ屋根と同様，屋根面では負圧が卓越するため，正のピーク外圧係数は定めていない．

壁面のピーク外圧係数は，屋根形状の影響をあまり受けないので，表 A6.16(1) に示す壁面の値を用いればよい．

(3) 円形平面でドーム屋根をもつ建築物のピーク外圧係数 $\hat{C}_{pe}$

本項に示すピーク外圧係数は，構造骨組用外圧係数と同様，自然風を模擬した境界層乱流中での実験結果に基づいて定めたものである[47)]．気流の乱れだけでなく流れの剥離に伴う渦発生により，ドーム屋根に作用する外圧は正側および負側に大きく変動するため，正および負のピーク外圧係数を与えた．ライズ比 f/D が小さい場合，風上端で流れの剥離が生じ，風上領域に強い負のピーク外圧が作用する．一方，f/D が大きくなると，風がドーム屋根に直接当たるようになるため，強い正のピーク外圧が作用するようになる．表 A6.16(3) に定めるピーク外圧係数は，このような風圧性状の変化を考慮し，屋根面を R_a～R_c の 3 領域に分け，各領域内での全風向に対する正および負の最大ピーク外圧係数に基づいて定めたものである．ここで，R_a 部の正のピーク外圧係数については，f/D が大きくなると気流の乱れの強さも影響するようになるので，$f/D\geqq 0.2$ に対してこの影響を考慮した．

(4) 円・楕円形平面をもつ建築物のピーク外圧係数 $\hat{C}_{pe}$

円形および楕円形平面をもつ建築物の場合，壁面上の正の最大ピーク外圧係数は風上淀み点に生じ，負の最大ピーク外圧係数は側面に生じ，その位置は平均外圧係数が負の最大値となる点に近い[63)]．

円形および楕円形平面をもつ建築物の壁面に作用する風圧の鉛直分布は，長方形平面の場合と同様，正圧領域では建築物上流側の気流の鉛直分布の影響を強く受ける．そこで，正のピーク外圧係数分布は，表 A6.15 に示す長方形平面の場合と同様の表現とした．一方，円形平面における負のピーク外圧係数はアスペクト比，表面粗さの影響を受ける．アスペクト比の影響は係数 k_1 に，極超臨界域での表面粗さの影響は係数 k_2 に考慮されている．また，負のピーク外圧係数は，建築物頂部より D_1+D_2 までの上層部において，頂部での流れの剥離の影響（端部効果）を受けて大きくなる．この影響は係数 k_4 に考慮されている．楕円形平面は，辺長比 D_1/D_2 の影響を受け剥離位置が変化し，広範囲で強い負圧が発生することが知られている[54),64)]．このため辺長比 D_1/D_2 の影響は k_5 に，高い負圧の発生領域は係数 k_6 に考慮されている．なお，本項に示した各係数値は，建築物のアスペクト比 H/D_2 が 8 以下，辺長比 D_1/D_2 が 1～3 の場合の建築物を対象とした風洞実験結果に基づくものであるから，この範囲の建築物にのみ適用される．

円形平面をもつ建築物の屋根面に作用するピーク外圧係数については，負圧のみを考慮すればよく，表 A6.16(3) に示すドーム屋根に対する値のうち，$f/D=0$ に対する値を用いることができる．ただし，楕円形平面をもつ建築物の屋根面については研究事例がなく，風洞実験や数値流体計算等による検証が望まれる．

A6.2.6　外装材用の内圧変動の効果を表す係数

(1)　基本的な考え方

外装材に作用する風力は，時々刻々変動する外圧と内圧の差であるから，差圧の最大瞬間値（正の最大値および負の最大値）に基づいてピーク風力係数を与えるのがよい．しかし，外圧係数に関する資料はかなり充実しているものの，差圧に関する資料は極めて少ない．そこで本指針では，一般の風洞実験で得られる情報がピーク外圧係数 $\hat{C}_{pe}$ であることを考慮し，$\hat{C}_{pe}$ を陽な形で示した (A6.15) 式によりピーク風力係数 $\hat{C}_C$ を与えることとした．

図 A6.2.5 は外圧と内圧の変動を模式的に表したものである．外圧の変動に比べて内圧の変動はゆっくりしたものとなり，ピーク外圧とピーク内圧は必ずしも同時に生じるわけではない．

(A6.15) 式における外装材用の内圧変動の効果を表す係数 C_{pi}^* は，ピーク内圧係数そのものではなく，ピーク風力係数を適切に評価できるよう，外圧と内圧の相関関係を考慮して定めたものであ

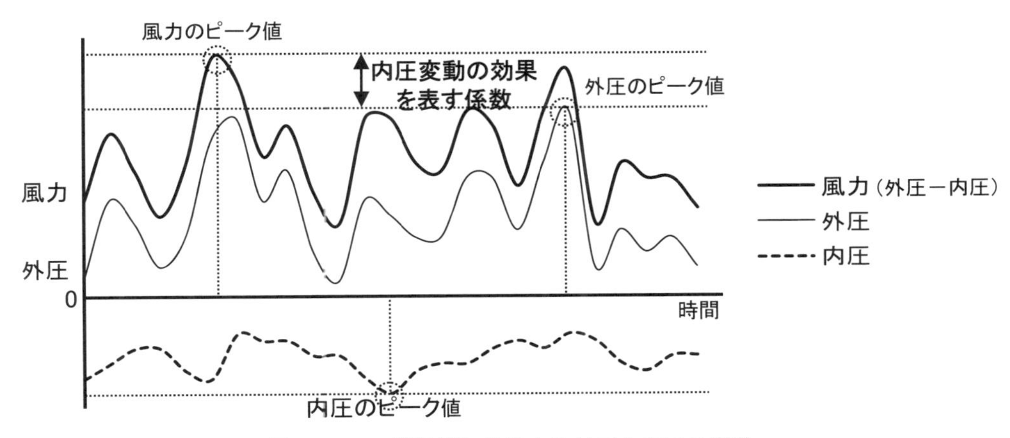

図 A6.2.5　外装材に作用する外圧と内圧の変動

る．本項では，種々の形状をもつ閉鎖型建築物について，ピーク外圧係数に関する風洞実験結果を用い，以下の仮定のもとにピーク風力係数を計算し，その結果に基づいて外装材用の内圧変動の効果を表す係数 C_{pi}^* の値（0 または－0.5）を規定した[49]．これらの2つの数値とピーク外圧係数との組合せを考慮し，（A6.15）式によるピーク風力係数が最も安全側となる結果を採用する．

1) 外壁面に隙間や開口が一様に分布し，それらの隙間や開口から外圧が建築物内部に伝達されることにより内圧が形成される．

2) 内圧変動と外圧変動は無相関である．

なお，最近では外壁面だけでなく，間仕切り壁等に存在する隙間も考慮した室内圧変動のシミュレーションが行われている[65),66)]．例えば，外壁の気密性が高く，間仕切り壁等の気密性が低い高層建築物の場合にはピーク内圧係数の最大値が約 0，最小値が約－0.6 であり，これらの値は A6.2.6 項に定めた値の範囲に概ね整合している結果となっている．

(2) 大きな開口がある場合の取扱い

A6.2.3 項の解説（2）にも示したように，設計者が意図して外壁に開口を設ける場合や飛来物によって窓ガラスが破損した場合，それらの開口の面積は建築物に存在する通常の隙間や換気口等の開口に比べてかなり大きくなる．そのような大きな開口がある場合，ピーク内圧は閉鎖型建築物の場合とはかなり異なった性状を示す．このような場合には閉鎖型建築物を対象にした値（0 または－0.5）を用いることはできないため，風洞実験や数値流体計算等によって外圧と内圧に関するデータを得て，ピーク風力係数を適切に評価する必要がある[50)]．風上面および側面に卓越開口がある場合について，（A6.2.1）式で定義される開口面積比 r を用いた検討例を図 A6.2.6 に示す[38),50)]．この結果から，内圧変動の効果を表す係数は開口面積比 r が概ね 0.5 以下では 0～－0.5 の値を示しており，閉鎖型建築物の場合と概ね同等であるが，開口面積比 r が 0.5 を超えると閉鎖型建築物とは異なったものになることがわかる．なお，諸外国の基規準には，壁面に大きな開口がある場合，あるいは強風により破損するおそれのあるガラス窓等を有する場合の内圧に関する規定も見られる[22),67)]．

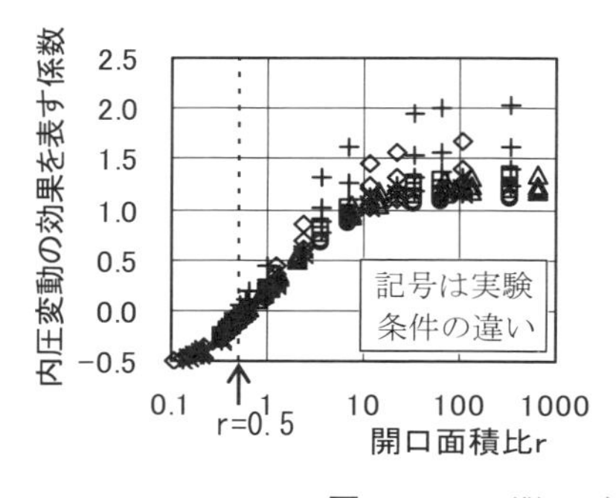

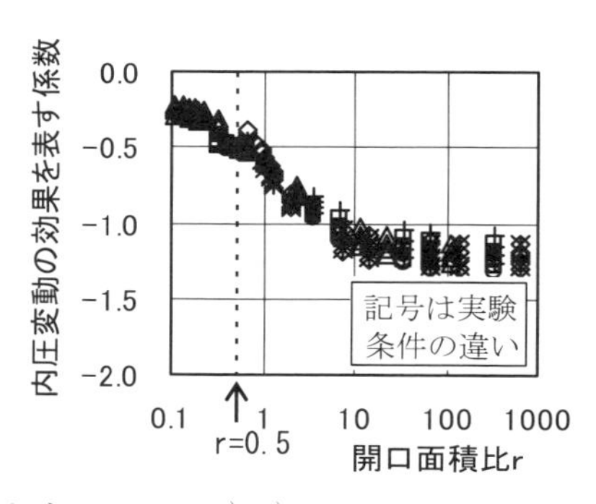

図 A6.2.6　開口面積比 r と内圧の関係[38),50)]

A6.2.7　外装材用ピーク風力係数

独立上屋の場合には屋根の上下面に作用する風圧の差である風力を直接評価する必要がある．本項の規定は，風力のピーク値を直接測定している既往の風洞実験結果[68]と諸外国の基規準[22),24]を参考にして定めたものである．ただし，既往の風洞実験では勾配が比較的小さい屋根のみを対象としているため，ここでは屋根勾配の範囲を±20°までに限定した．閉鎖型の低層建築物の場合と同様，流れの剥離に伴い，渦が屋根の上面あるいは下面近傍に発生するため，屋根の周辺に沿った領域のほか，勾配が大きい場合には棟や谷に沿った領域に強いピーク風力が発生する．そこで，そのような強いピーク風力が発生する領域とそれ以外の領域に分け，それぞれに対してピーク風力係数を与えた．

屋根の下に閉塞率が 50 %を超えるような大きな遮蔽物が置かれると，強い負のピーク風力が作用することがあるので，そのような場合には風洞実験や数値流体計算等により適切に風力係数を定める必要がある．

A6.3　構造骨組用風方向荷重のガスト影響係数

(1)　基本的な考え方

本指針では次式で表される風方向転倒モーメントに基づくガスト影響係数 G_D を採用した．

$$G_D = \frac{M_{D\max}}{\overline{M}_D} = \frac{\overline{M}_D + g_D\sigma_{MD}}{\overline{M}_D} = 1 + \frac{g_D\sigma_{MD}}{\overline{M}_D} \qquad \text{(A6.3.1)}$$

ここで，$M_{D\max}$，$\overline{M}_D$，σ_{MD} は建築物基部に作用する転倒モーメントの最大値（Nm），平均値（Nm）および標準偏差(Nm)，g_D はピークファクターであり，$M_{D\max}$，σ_{MD} にはスペクトルモーダル法による荷重効果が含まれている．σ_{MD}(Nm) を非共振成分 σ_{MDQ}(Nm) と固有振動数付近での共振成分 σ_{MDR}(Nm) の合成として表すと，(A6.3.1) 式は (A6.3.2) 式のように示すことができる．

$$G_D = 1 + \frac{g_D\sqrt{\sigma_{MDQ}^2 + \sigma_{MDR}^2}}{\overline{M}_D} \approx 1 + g_D\frac{\sigma_{MDQ}}{\overline{M}_D}\sqrt{1 + \phi_D^2\frac{\pi f_D S_{MD}(f_D)}{4\zeta_D\sigma_{MDQ}^2}} \qquad \text{(A6.3.2)}$$

ここで，$S_{MD}(f_D)$ は1次固有振動数 f_D(Hz) における風方向転倒モーメントのパワースペクトル密度，ϕ_D は振動モードの違いによる風荷重の補正係数，ζ_D は1次減衰定数である．σ_{MDR}(Nm) は1次固有振動数成分のみを対象としており，振動による慣性力を (A6.3.3) 式で評価したものである．

$$\sigma_{MDR} = \int_0^H \sigma_a(Z)m(Z)ZdZ = \sigma_a(H)\int_0^H \mu(Z)m(Z)ZdZ \qquad \text{(A6.3.3)}$$

ここで，$\sigma_a(Z)$，$m(Z)$，$\mu(Z)$ は高さ Z(m) における加速度の標準偏差 (m/s^2)，建築物の単位高さあたりの質量 (kg/m) および振動モードを表す．

(A6.3.2) 式に現れるパラメータは建築物に作用する空気力係数を用いると次のように表される．

$$\overline{M}_D = q_H BH^2 C_{MD} \qquad \text{(A6.3.4)}$$

$$\sigma_{MDQ} = q_H BH^2 C'_{MD} \qquad \text{(A6.3.5)}$$

$$\frac{f_D S_{MD}(f_D)}{\sigma_{MDQ}^2} = \frac{f_D^* S_{CMD}(f_D^*)}{C'^2_{MD}} \qquad \text{(A6.3.6)}$$

ここで，C_{MD} は風方向平均転倒モーメント係数，C'_{MD} は風方向変動転倒モーメント係数，$S_{CMD}(f^*_D)$ は無次元振動数 f^*_D における変動転倒モーメント係数のパワースペクトル密度，q_H は速度圧である．これらを（A6.3.2）式に代入して整理すると（A6.3.7）式となる．

$$G_D \approx 1 + g_D \frac{C'_{MD}}{C_{MD}} \sqrt{1 + \phi_D^2 \frac{\pi f^*_D S_{CMD}(f^*_D)}{4\zeta_D C'^2_{MD}}} \qquad \text{(A6.3.7)}$$

本指針では無次元振動数は乱れのスケール L_H(m) を代表長さとして $f^*_D = f_D L_H / U_H$ としているが，風洞実験では建築物の見付幅 B(m) を用いて $f^*_D = f_D B / U_H$ とすることが多い．

なお，適切に実施された風洞実験や数値流体計算等により建築物基部に作用する転倒モーメントの平均転倒モーメント係数 C_{MD}，変動転倒モーメント係数 C'_{MD}，無次元振動数 f^*_D における転倒モーメント係数のパワースペクトル密度 $S_{CMD}(f^*_D)$ が求められている場合，ガスト影響係数は（A6.3.7）式で算定することができる．

(2) 指針式の風力モデル

指針式の風力モデルは風速変動が壁面に作用する風圧に直接的に変換されるとの仮定に基づいて求められている[69]．この際，平均風速，乱れの強さ，乱れのスケール，風速のパワースペクトル密度およびコ・コヒーレンスはそれぞれ（A6.2），（A6.6），（A6.8），（A6.1.4）式および高さ方向に変化する（A6.1.5）式で表される．また，風力係数 C_D は（A6.3.8）式のように右辺第 1 項で表される風上面の風圧係数 C_{PA}（高さ方向の分布をもつ）と風下面の風圧係数 C_{PB}（高さ方向に一定）の差として表される．

$$C_D = C_{PA}\left(\frac{Z}{H}\right)^{2\alpha} - C_{PB} \qquad \text{(A6.3.8)}$$

指針式のパラメータを用いると C_{MD}，C'_{MD}，$S_{CMD}(f^*_D)$ は次のように表わされる．

$$C_{MD} = C_H C_g \qquad \text{(A6.3.9)}$$

$$C'_{MD} = C_H C'_g \qquad \text{(A6.3.10)}$$

$$f^*_D S_{CMD}(f^*_D) = C'^2_{MD} F_D \qquad \text{(A6.3.11)}$$

ここで，C_H は建築物頂部の風力係数，C_g は風方向転倒モーメントに関する係数，C'_g は風方向変動転倒モーメントに関する係数，F_D は風方向風力のスペクトル係数である．F_D には風速スペクトル係数 F，規模係数 S_D，風上面と風下面の風圧の相関を表す係数 R が考慮されている．

（A6.3.9）～（A6.3.11）式で得られる風方向転倒モーメントに関するパラメータを風洞実験と比較した例を図 A6.3.1 に示す．平均転倒モーメントおよび変動転倒モーメントの指針値は実験値よりも概ね大きめであり，転倒モーメント係数のスペクトル密度はほぼ実験値に一致している．

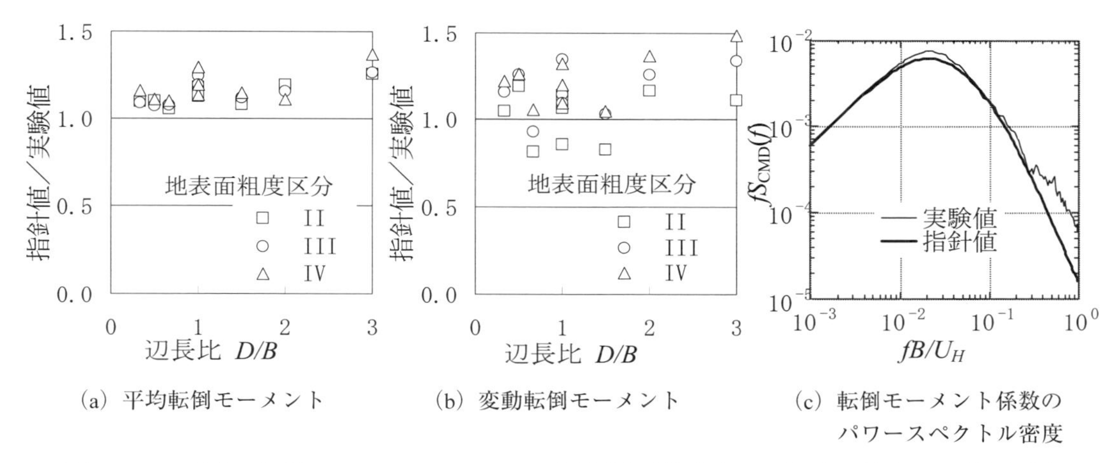

(a) 平均転倒モーメント　(b) 変動転倒モーメント　(c) 転倒モーメント係数のパワースペクトル密度

図 A6.3.1　風方向転倒モーメントパラメータの指針値と実験値との比較（$H/\sqrt{BD}=4$ の場合）[70)]

(3) 風方向転倒モーメントの変動成分

振動モードを$\mu(Z)=Z/H$としたとき，風力として建築物に作用する風方向転倒モーメントのスペクトル $S_{\mathrm{MD}}(f)$ と共振による荷重効果を含めた風方向転倒モーメントのスペクトル $S'_{\mathrm{MD}}(f)$ の関係は（A6.3.12）式で表される．

$$S'_{\mathrm{MD}}(f)=|\chi_{\mathrm{m}}(f)|^2 S_{\mathrm{MD}}(f) \qquad \text{(A6.3.12)}$$

ここで，$|\chi_{\mathrm{m}}(f)|^2$ は機械的アドミッタンスであり，（A6.3.13）式で表される．

$$|\chi_{\mathrm{m}}(f)|^2=\frac{1}{\left\{1-(f/f_{\mathrm{D}})^2\right\}^2+4\zeta_{\mathrm{D}}(f/f_{\mathrm{D}})^2} \qquad \text{(A6.3.13)}$$

共振による荷重効果を含めた風方向転倒モーメントの分散値 $\sigma^2_{\mathrm{MD}}(\mathrm{N^2m^2})$ は（A6.3.12）式の積分値であるが，非共振成分$\sigma_{\mathrm{MDQ}}(\mathrm{Nm})$ と固有振動数付近での共振成分 $\sigma_{\mathrm{MDR}}(\mathrm{Nm})$ との合成として近似的に（A6.3.14）式のように表され，（A6.3.2）式に反映されている．

$$\begin{aligned}\sigma^2_{\mathrm{MD}}&=\int_0^\infty S'_{\mathrm{MD}}(f)\,df\approx\sigma^2_{\mathrm{MDQ}}+\sigma^2_{\mathrm{MDR}}\\&=\int_0^\infty S_{\mathrm{MD}}(f)\,df+\int_0^\infty S_{\mathrm{MD}}(f_{\mathrm{D}})|\chi_{\mathrm{m}}(f)|^2 df=\sigma^2_{\mathrm{MDQ}}+\frac{\pi f_{\mathrm{D}} S_{\mathrm{MD}}(f_{\mathrm{D}})}{4\zeta_{\mathrm{D}}}\end{aligned} \qquad \text{(A6.3.14)}$$

上式では，共振成分は固有振動数f_{D}（Hz）での風力のスペクトル密度 $S_{\mathrm{MD}}(f_{\mathrm{D}})$ に対する応答として近似的に評価されている．

上記より，最大の荷重効果となる風方向転倒モーメントは（A6.3.15）式で表される．

$$M_{\mathrm{Dmax}}=\overline{M}_{\mathrm{D}}+g_{\mathrm{D}}\sqrt{\sigma^2_{\mathrm{MDQ}}+\sigma^2_{\mathrm{MDR}}} \qquad \text{(A6.3.15)}$$

ここで，g_{D} は定常確率過程に関する理論に基づき，（A6.3.16）式で表される．

$$g_{\mathrm{D}}=\sqrt{2\ln(\nu_{\mathrm{D}}T)}+\frac{0.577}{\sqrt{2\ln(\nu_{\mathrm{D}}T)}}\approx\sqrt{2\ln(\nu_{\mathrm{D}}T)+1.2} \qquad \text{(A6.3.16)}$$

ここで，T は評価時間（s），ν_{D} はレベルクロッシング数（Hz）でパワースペクトル密度から（A6.3.17）式により得られる．

$$\nu_D = \sqrt{\frac{\int_0^{\infty} f^2 S'_{MD}(f)\,df}{\int_0^{\infty} S'_{MD}(f)\,df}} \approx f_D \sqrt{\frac{R_D}{1+R_D}} \qquad \text{(A6.3.17)}$$

ここで，R_D は風方向振動の共振係数である．

なお，海外基準には（A6.3.15）式の代りに M_{Dmax}(Nm) を次式のように表して，非共振成分と共振成分を区別し，変動分の最大値を（A6.3.18）式のように算定する例もある[71]．

$$M_{Dmax} = \overline{M}_D + \sqrt{g_Q^2 \sigma_{MDQ}^2 + g_R^2 \sigma_{MDR}^2} \qquad \text{(A6.3.18)}$$

ここで，g_Q は非共振成分のピークファクター（=3.4），g_R は共振成分のピークファクターで $\nu_D = f_D$(Hz) として（A6.3.16）式により求めた値である．

(4) 等価静的風荷重の鉛直分布

ガスト影響係数法で高さ方向の風荷重分布を得る場合，平均荷重にガスト影響係数を乗じて等価静的な風荷重を求めるが，これは振動モードが平均風荷重の分布に近く，建築物の上部構造の高さ方向質量分布がほぼ一様であることを前提とした近似的な値である．実際には風荷重の平均成分，非共振成分，共振成分で風荷重分布が異なる．すなわち，平均風力の高さ方向分布は（A6.3.8）式のように表わされ，質量分布が高さ方向に一様な場合の共振成分の風荷重の高さ方向分布は，振動モード $\mu(Z)$ の分布をもつが，建築物の高さ方向質量分布が著しく偏っている場合には，（A6.3.3）式により表される共振成分の評価に注意を要する．このような場合，（A6.3.19）式により1次モードの共振成分の風荷重の高さ方向分布の違いを考慮することができる．

$$W_D = \overline{W}_D + \sqrt{W_{DQ}^2 + W_{DR}^2} \qquad \text{(A6.3.19)}$$

ただし，

$$\overline{W}_D = q_H C_D A$$

$$W_{DQ} = g_{DQ} q_H C_D \frac{C'_g}{C_g} A$$

$$W_{DR} = a_{Dmax} \mu(Z) m(Z) \frac{A}{B}$$

ここで，

$\overline{W}_D$，W_{DQ}，W_{DR} ：それぞれ風荷重の平均値，非共振成分，共振成分（N）

a_{Dmax} ：建築物の頂部における風方向応答加速度の最大値（m/s^2）でA6.13.2項により求めることができる．

g_{DQ} ：非共振成分のピークファクター

本指針では非共振成分は平均風荷重と同じ分布形としてほぼ評価できると仮定しているが，建築物の各高さでのせん断力や転倒モーメントを評価する場合にそれより上の風圧力を面積分して求める方法[22]や，各高さに作用する風力と転倒モーメントの相関を考慮してLRC法により風荷重分布を定める方法[72]もある．

（5）ガスト影響係数の計算例

図 A6.3.2 はアスペクト比 $H/B=4$，辺長比 $B/D=1$，固有振動数 $f_D=\dfrac{1}{0.024H}$，減衰定数 $\zeta_D=0.01$，基本風速 35 m/s の場合について，（A6.16）式より算定されるガスト影響係数 G_D が地表面粗度区分および建築物の高さによってどのように変化するかを調べたものである．ガスト影響係数 G_D は地表面粗度区分が大きいほど，また建築物の高さが低いほど大きくなる．

（6）剛な建築物のガスト影響係数

以下の条件にあてはまる比較的小規模で，かつ剛と判断される建築物においては，共振成分を無視することができる．

i）$H \leqq 15$ m

ii）$\dfrac{H}{2} \leqq B \leqq 30$ m

この場合，（A6.16）式に示すガスト影響係数の式において，風方向振動の共振係数を $R_D=0$，風方向荷重のピークファクター $g_D=4$ とした（A6.3.20）式により，ガスト影響係数 G_D を算定してもよい．

$$G_D = 1 + 4\frac{C'_g}{C_g} \qquad \text{(A6.3.20)}$$

（7）地上に建つフェンス，部材のガスト影響係数

表 A6.13，表 A6.14 で風力係数が与えられる地上に建つフェンスおよび部材については，A6.8 節の独立上屋と同様に準静的な風荷重を評価することとし，地上に建つフェンスは（A6.3.21）式，部材については（A6.3.22）式によりガスト影響係数 G_D を算定する．

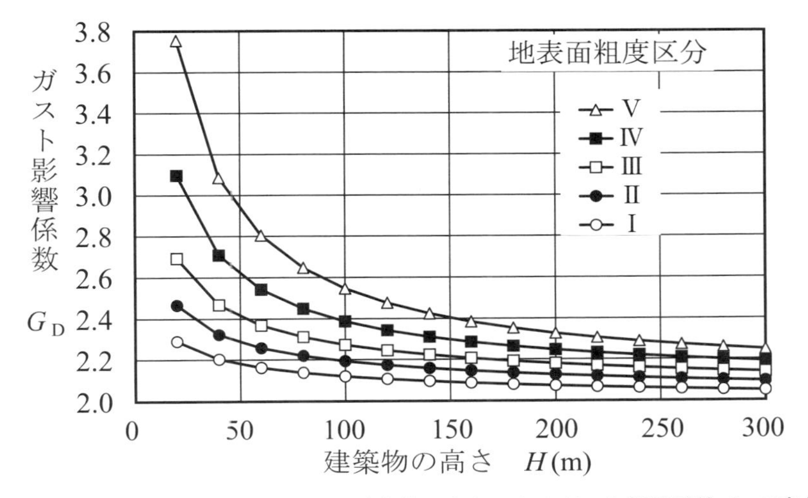

図 A6.3.2　地表面粗度区分および建築物の高さによるガスト影響係数 G_D の変化

$$G_{\mathrm{D}}=(1+3I_H)^2 \quad (A6.3.21)$$

$$G_{\mathrm{D}}=(1+3I_Z)^2 \quad (A6.3.22)$$

ここで，I_H は基準高さ H(m) における乱れの強さ，I_Z は高さ Z(m) における乱れの強さを表す．

(8) 振動モード補正係数

本指針では，A6.3 節，A6.5.2 項および A6.6.2 項で風方向荷重のガスト影響係数，風直交方向荷重およびねじり風荷重を算定する際に，建築物の上部構造の質量分布がほぼ一様であり，基本振動モードが $\mu(Z)=Z/H$ と表せる建築物を基本としている．振動モードが $\mu(Z)=(Z/H)^{\beta}$ で表される場合，基本振動モードに対して算定した値を振動モード補正係数 ϕ_{D} により補正する．

振動モードによる風荷重の補正係数 ϕ_{D} は一般化変動風力の補正係数 λ と，一般化質量あるいは一般化慣性モーメントの補正係数の積で表される．ここで用いた λ の値は，辺長比 $D/B=0.2$～5 の長方形平面をもつ建築物について振動モードを表すべき指数 β を 0.2～4 まで変化させて得られた結果[70]を簡単な式で近似したものでありその適用範囲には注意を要する．

本指針では，基本的に建築物の上部構造の質量分布がほぼ一様であることを前提としているが，質量分布 $m(Z)$ が一様でない場合にも一般化質量あるいは一般化慣性モーメントの振動モードの違いによる補正係数を算定できるように基本振動モード $\beta=1$ に対応する一般化質量 $M_{\mathrm{D1}}=\int_0^H m(Z)\left(\frac{Z}{H}\right)^2 dZ$，および振動モード $\mu(Z)=\left(\frac{Z}{H}\right)^{\beta}$ に対応する一般化質量 $M_{\mathrm{D}}=\int_0^H m(Z)\left(\frac{Z}{H}\right)^{2\beta} dZ$ を示した．

(9) 免震建築物の振動モード補正

建築物基礎部分に免震層をもつ免震層上部建築物の振動モードの成分は，一般に図 A6.3.3 に示すように，免震層部分の規準化振動変位を μ_0 として，(A6.3.23) 式で表される．

$$\mu(Z)=\mu_0+(1-\mu_0)\frac{Z}{H} \quad (A6.3.23)$$

免震層上部構造物の振動モードを (A6.3.24) 式で近似した例を図 A6.3.4 に示す．ここで，β は μ_0 を用いて (A6.3.25) 式で表すことができる．

$$\mu(Z)=(Z/H)^{\beta} \quad (A6.3.24)$$

$$\beta=0.51\mu_0^2-1.5\mu_0+0.99 \quad (A6.3.25)$$

この場合，免震層上部建築物の振動モードと，近似した β で表されるモードの差は，一般化質量と一般化風力に影響を与えるが，風洞実験結果に基づいた応答解析 ($\zeta=0.02$) との比較から，モード補正係数中の一般化変動風力の補正係数 λ の適用範囲内ならば，近似した β に対応するモード補正係数 ϕ_{D} を使用して応答評価が可能である．

なお，一般に免震層全体の剛性はバイリニア特性で表現される．(A6.3.23) 式または (A6.3.24) 式の振動モードを用いた算定値は，免震層を含めた建築物の剛性を線形と仮定した等価線形解析の結果である．免震層がバイリニアの降伏変位を超えると剛性や減衰が変化するため，非線形時刻歴応答解析等で建築物の風応答を適切に検討することが望ましい．

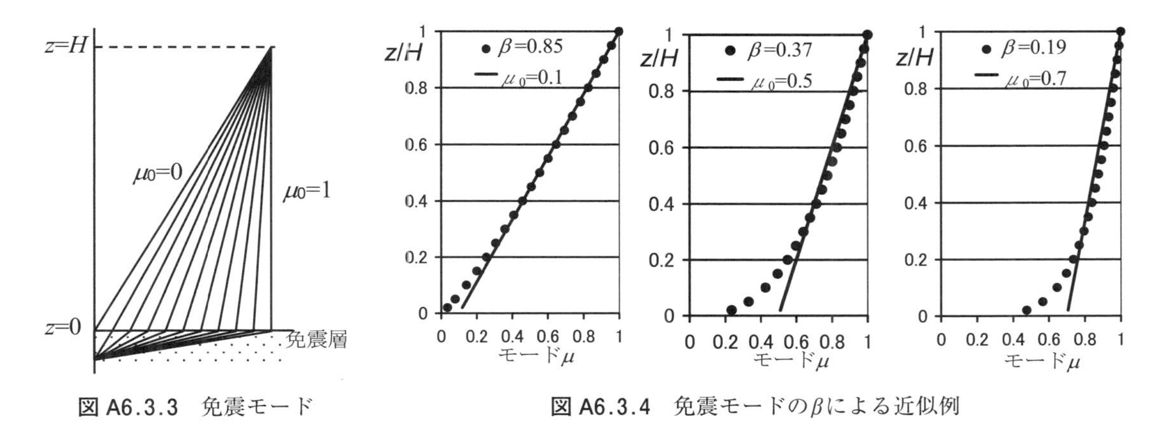

図 A6.3.3　免震モード

図 A6.3.4　免震モードのβによる近似例

A6.4　構造骨組用変動屋根風荷重

A6.4.1　適 用 範 囲

本節で示す算定方法は，空力不安定振動が発生しない場合について，屋根の上下方向の強制振動を考慮した等価静的風荷重を対象としたものである．

風方向振動が自然風の乱れに起因して生じるのに対して，ここで対象とする屋根の上下方向振動は風の乱れおよび軒先部分からの流れの剥離に起因して生じる．軒先部分からの剥離性状は，多くの研究例はあるものの依然不明な点が残されており，また建築物の形状に大きく左右されるため，屋根の上下方向振動を風方向振動のように理論的に予測することは一般的に難しい．ここでは，陸屋根を支持する梁の 1 次振動に着目し，風洞実験により得られる 1 次振動に対する一般化風力係数から，構造骨組用変動屋根風荷重の算定式を誘導した．

A6.4.2　算　定　式

構造骨組用屋根風荷重のうちの変動屋根風荷重は，屋根の風による共振効果が無視できないため，(A6.17) 式により算定する．屋根面に作用する風力の性状は，屋根面の形状や高さによって大きく異なる．ここでは，図 A6.4.1 に示すような，長方形平面を有する梁支持型の陸屋根を対象とし，風洞実験により得られる 1 次振動に対する一般化風力係数から，(A6.17) 式を導いている．

風洞実験結果は，長方形平面をもつ陸屋根の外圧係数データベース[73]を用いた．検討対象とした建築物は，幅 16 m，奥行 16 m，24 m および 40 m の 3 種類，基準高さ 4 m，8 m，12 m および 16 m の 4 種類の合計 12 種類である．検討対象とした屋根梁は，風向に直交する風上および中央の屋根梁，風向に平行な端部および中央の屋根梁の 4 種類である．風向は建築物の壁面に正対するものとした．

外圧のみから算出された一般化変動風力係数 $C'_{R,ext}$ は，H/D，H/B を変数とした関数の和で概ね近似できる．$C'_{R,ext}$ の実験値と近似式の値を屋根梁の部位別に比較した結果を図 A6.4.2 に示す．本指針では風向に平行な屋根梁については，端部と中央で差異が小さいため，近似式は部位によらないとし，風向に直交する屋根梁については，風上と中央で差異が大きいため，風上 ($y/D=0.1$) と

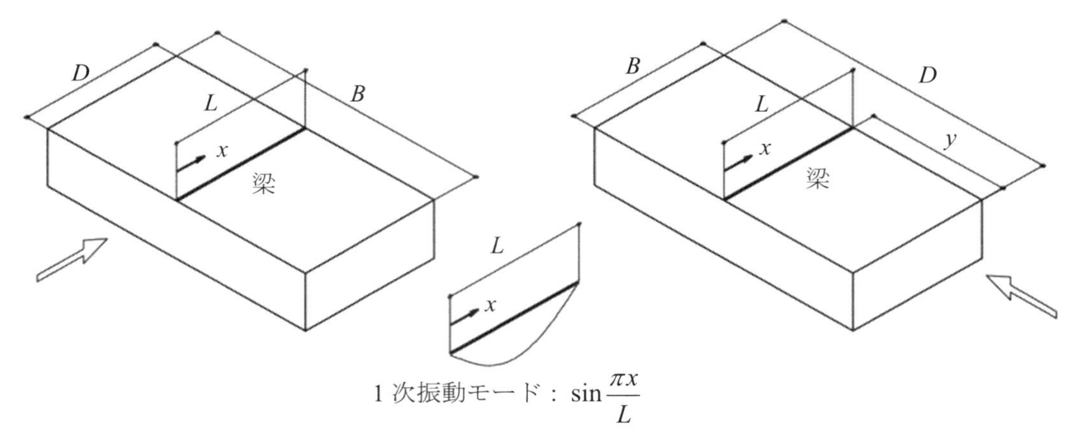

図 A6.4.1　対象とする屋根梁および 1 次振動モード

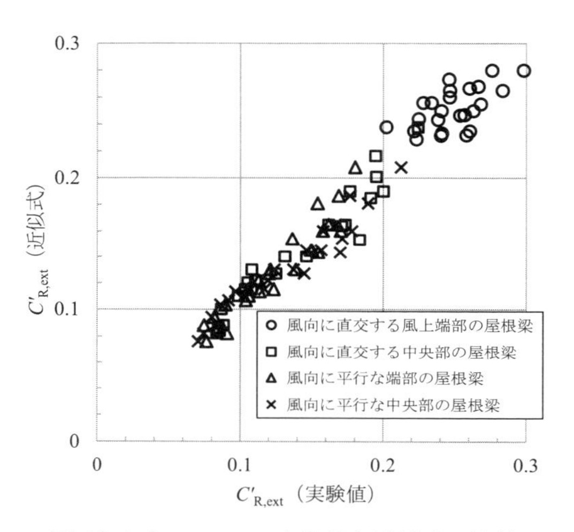

図 A6.4.2　$C'_{R,\,ext}$ の実験値と近似式の比較

中央（$y/D=0.5$）に対する結果に基づき，近似式は y/D の関数とした．室内圧については，長方形平面をもつ陸屋根の外圧係数データベース [73)] を用い，隙間が壁面に一様に存在すると仮定して，変動内圧係数 0.10 を算出し，この変動内圧係数に 1 次振動モードを乗じ，外圧と内圧が無相関であるとして算定した一般化変動内圧係数 0.07 を考慮し，(A6.17) 式中の一般化変動風力係数 C'_R を導いた．

外圧のみから算出された一般化風力計数 $C_{R,\,ext}$ のパワースペクトル密度の解析例を図 A6.4.3 に示す．図より，$C_{R,\,ext}$ のパワースペクトル密度は，横軸を無次元振動数 fB/U_H とすると，基準高さ H(m) の影響は小さく，概ね同様な形状となっている．

$C_{R,\,ext}$ のパワースペクトル密度を（A6.17）式中の F_R で近似し，D/B ごとに F_R の式中の変数 r_1～r_6 を求めた．風向に直交する屋根梁の場合には，図 A6.4.4 に示すように，変数 r_2, r_6 は D/B の 2 次関数で概ね近似でき，その他の変数は D/B に関わらず一定の値で，$C_{R,\,ext}$ のパワースペクトル密度を表現できる．風向に平行な屋根梁の場合には，変数 r_1～r_6 は D/B に関わらず一定の値で，$C_{R,\,ext}$ の

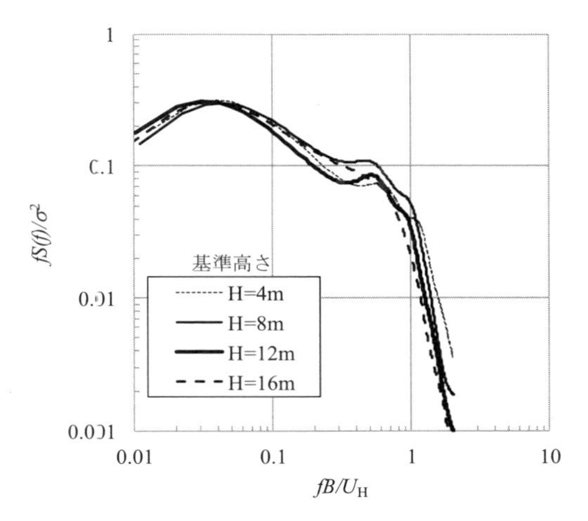

図 A6.4.3　$C_{R,\ ext}$ のパワースペクトル密度
（$D/B=1.5$，風向に直交する風上の屋根梁）

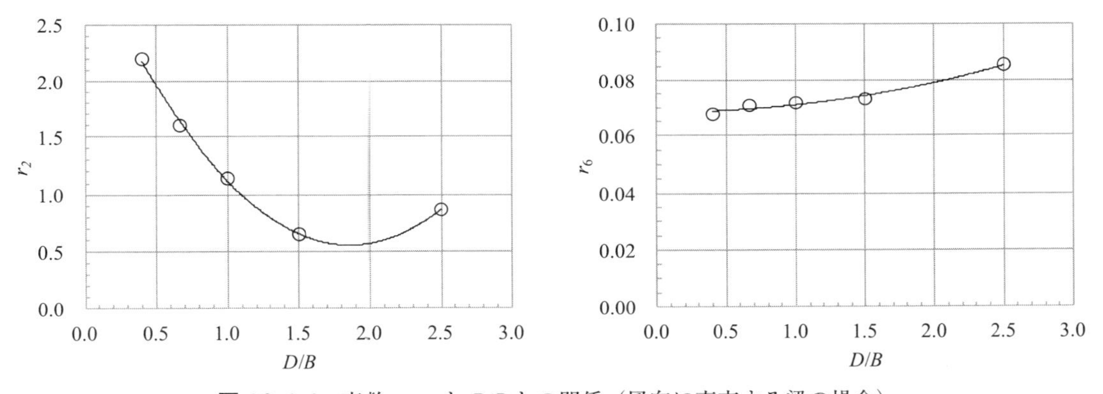

図 A6.4.4　変数 r_2, r_6 と D/B との関係（風向に直交する梁の場合）

パワースペクトル密度を概ね表現できる．

図 A6.4.5 は風洞実験から得られた $C_{R,\ ext}$ のパワースペクトル密度と F_R を比較したものである．両者は概ね一致している．

なお，屋根の平面形状や立体形状が長方形平面をもつ陸屋根と多少異なり，構造特性などが異なる場合でも，接近流の気流性状が比較的類似しているならば，その規模効果などはここで算定している陸屋根の場合と大きな差異はないと考えられる．したがって，風による共振効果が無視できる屋根の場合，すなわち，（A6.4.1）式を満たす場合は，屋根勾配が 30°以下のものであれば，（A6.4.2）式により変動屋根風荷重を算定できる．ドーム屋根等についても，（A6.4.1）式を満たし，屋根の軒付近の勾配が 30°以下のものであれば，（A6.4.2）式により変動屋根風荷重を算定することが可能である．

$$\frac{f_R H}{U_H} > 1.5 \tag{A6.4.1}$$

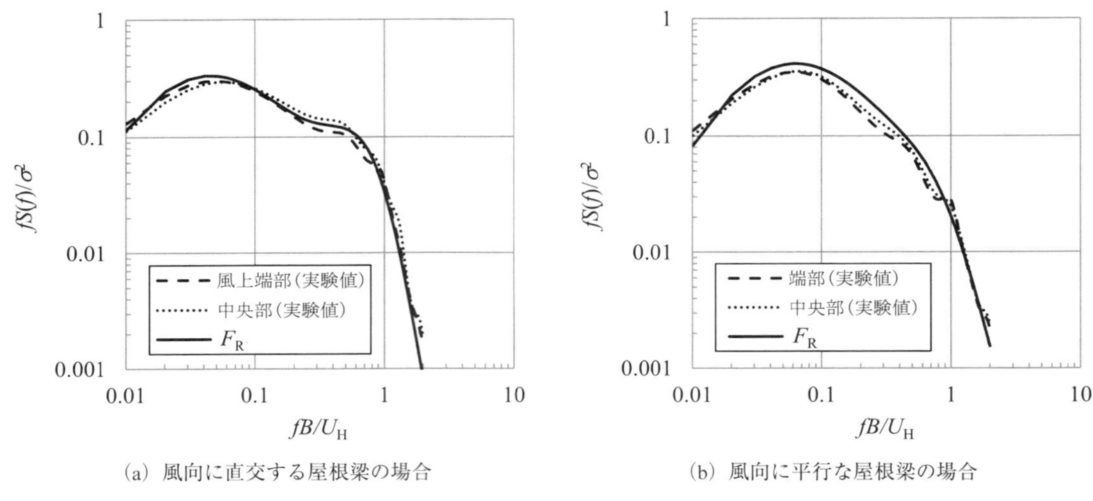

(a) 風向に直交する屋根梁の場合　　(b) 風向に平行な屋根梁の場合

図 A6.4.5　$C_{R,ext}$ のパワースペクトル密度と F_R との比較（$D/B=1$ の場合）

$$W'_R = 2.4 q_H A_R \tag{A6.4.2}$$

ここで，

f_R ：屋根梁の 1 次固有振動数（Hz）

H ：基準高さ（m）で，6.1.2 項（11）により定める．

U_H ：設計風速（m/s）で，A6.1.2 項により定める．

W'_R ：変動屋根風荷重（N）

q_H ：速度圧（N/m^2）で，A6.1.1 項により定める．

A_R ：屋根梁の負担する部分の受圧面積（m^2）

A6.5　構造骨組用風直交方向荷重

A6.5.1　適 用 範 囲

本節で示した算定方法は，設計風速が渦励振や空力不安定振動の発振風速以下の風直交方向の強制振動を考慮した等価静的風荷重を対象としたものである．

風方向振動が自然風の乱れに起因して生じるのに対して，ここで対象とする風直交方向振動は風の乱れおよび建築物後流の渦発生に起因して生じる．建築物の後流に発生する渦の性状については，多くの研究例はあるものの依然不明な点が残されており，また建築物の形状に大きく左右されるため，風直交方向振動を風方向振動のように理論的に予測することは一般に難しい．ここでは，建築物の 1 次振動に着目し，風洞実験により得られた風直交方向の変動転倒モーメントのデータを利用して，風直交方向の風荷重算定式を誘導した．対象としたのは比較的多くの実験データが得られている長方形平面（辺長比 $D/B=0.2\sim5$）をもつ建築物である．なお，アスペクト比 $H/\sqrt{BD}$ が 6 を超える建築物については実験データが不足していることから，適用範囲をアスペクト比 6 以下に限定した．なお，長方形以外の平面形状をもつ建築物に対しても，風洞実験や数値流体計算等によって得た風直交方向の変動転倒モーメントのデータから，本節に示した方法と同様の方法で風直交方向の風荷重を算定することが可能である.

A6.5.2 算　定　式

(1) 荷重算定の考え方

風直交方向の振動においても，通常1次振動が卓越するので，風直交方向荷重は風方向荷重と同様に1次振動モードのみに着目したスペクトルモーダル法を用いて算定する．風直交方向荷重は応答の非共振成分と共振成分により求めることができる．非共振成分は，風直交方向の変動風力が直線モード Z/H に比例した分布と仮定し，その大きさについては変動転倒モーメントが一致するように定めた．共振成分は，振動によって生じる慣性力を評価したものであり，高さ方向の分布は1次振動モード $\mu(Z)=(Z/H)^{\beta}$ に比例するように，A6.5.2項の ϕ_L を用いて定めた．なお，減衰定数は本会編の「建築物の減衰」[9]や「建築物荷重指針を活かす設計資料1」を参考にして評価することを推奨する.

(2) 転倒モーメントのモデル化

転倒モーメントは建築物の形状および風の性状によって変化するが，対象とした範囲の建築物の場合，辺長比の影響が最も大きく，他のパラメータの影響は小さい．したがって，本項では，変動転倒モーメントは風洞実験データに基づいて建築物の辺長比のみの関数とした．構造骨組用風直交方向荷重算定式（A6.18）式中の $C'_L(=\sigma_L/(q_H BH^2)$；$\sigma_L$ は風直交方向変動転倒モーメントの標準偏差）は風直交方向変動転倒モーメント係数で，図A6.5.1に示すように辺長比 D/B の関数で表される．なお，風洞実験や数値流体計算等により風直交方向変動転倒モーメント係数が得られる場合にはその値を用いることができる.

F_L は風直交方向転倒モーメントの規準化パワースペクトル密度で，図A6.5.2に示すように無次元固有振動数 $f_L B/U_H$ および辺長比 D/B の関数で表される．なお，風洞実験や数値流体計算等により

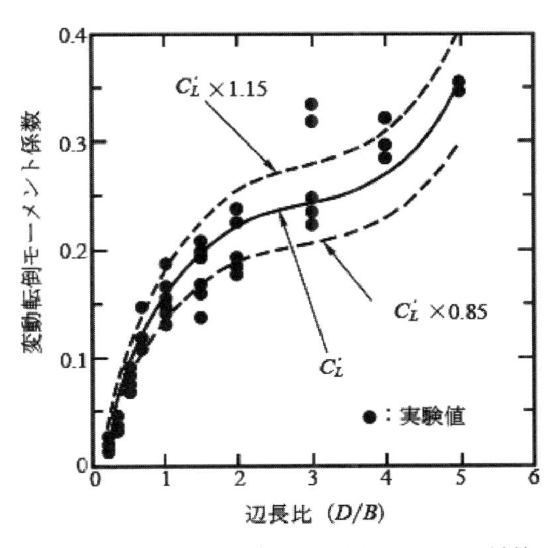

図A6.5.1　風直交方向変動転倒モーメント係数

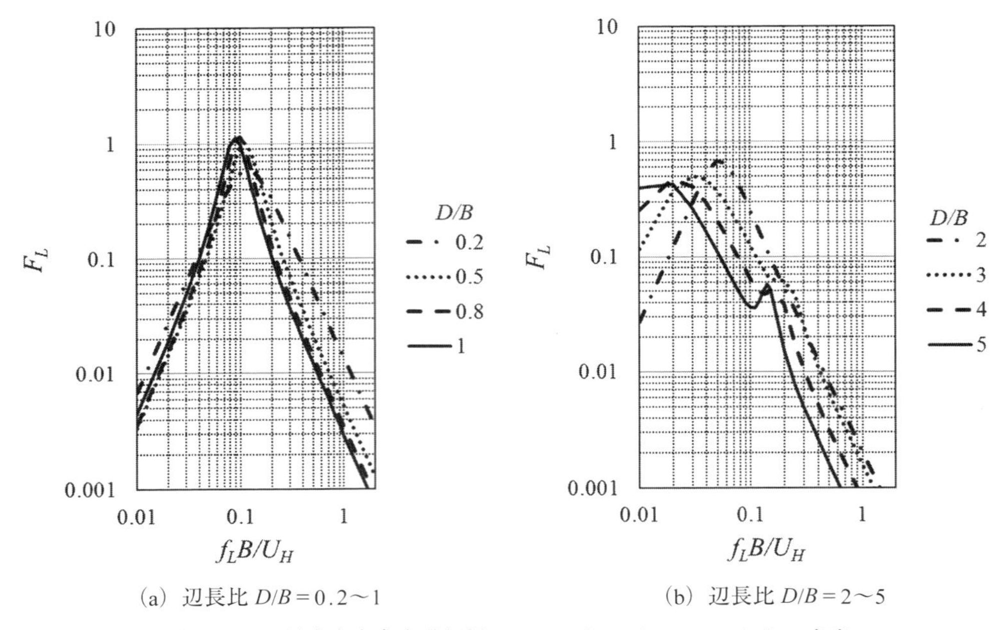

(a) 辺長比 $D/B=0.2$～1　　(b) 辺長比 $D/B=2$～5

図 A6.5.2 風直交方向変動転倒モーメントのパワースペクトル密度

風直交方向転倒モーメントのパワースペクトル密度が得られる場合にはその値を用いることができる.

(3) 円形平面をもつ建築物について

長方形平面以外の平面形状をもつ建築物についても同様な考え方で，風直交方向の応答を評価することができる．ここでは，円形平面をもつ建築物の場合について示す．その場合，A6.5.2 項で用いられているパラメータの値を $C'_L=0.06$，$m=1$，$\kappa_1=0.9$，$f_{s1}=0.15U_H/B$，$\beta_1=0.2$ のように定める必要がある．なお，これらのパラメータの値は極超臨界レイノルズ数領域における値である.

A6.6 構造骨組用ねじり風荷重

A6.6.1 適 用 範 囲

本節で示した算定方法は，設計風速が渦励振や空力不安定振動の発振風速以下のねじれの強制振動を考慮した等価静的風荷重を対象としたものである.

ねじれ振動は，風の乱れおよび建築物の後流の渦により，壁面の風圧分布が左右非対称でかつ風上側と風下側で偏分布となることによって，建築物に作用するねじりモーメントにより生じる．これらの風力によって生じるねじりモーメントは建築物の形状や風の性状の影響を受ける．したがって，ねじり風荷重の算定式についても，風直交方向荷重の場合と同じく，風洞実験により得られた変動ねじりモーメントのデータを利用して算定式を誘導した[74]．対象としたのは，比較的多くの実験データが得られている長方形の平面形状（辺長比 $D/B=0.2$～5）をもつ，アスペクト比 $H/\sqrt{BD}$ が6以下の建築物である.

なお，長方形以外の平面形状をもつ建築物に対しても，風洞実験や数値流体計算等によって得た変動ねじりモーメントのデータから，本項に示した方法と同様の方法でねじり風荷重を算定することが可能である．

A6.6.2 算　定　式

(1) 荷重算定の考え方

算定方法は構造骨組用風直交方向荷重と同じである．構造骨組用ねじり風荷重は応答の非共振成分と共振成分により求めることができる．算定式の非共振成分は，変動ねじりモーメントが直線モード Z/H に比例した分布と仮定し，その大きさについては建築物基部の一般化変動ねじりモーメントが一致するように定めた．共振成分は，振動によって生じる慣性力を評価したものであり，高さ方向の分布は1次振動モード $\mu(Z)=(Z/H)^{\beta}$ に比例するように定めた．偏心率（偏心距離／回転半径）は0.15以下で偏心の影響が無視できる建築物を対象としており，偏心の影響が無視できない建築物については風洞実験や数値流体計算等により荷重を算定する必要がある．なお，減衰定数は本会編「建築物の減衰」[9)]や「建築物荷重指針を活かす設計資料1」を参考にして評価することを推奨する．

(2) ねじりモーメントのモデル化

構造骨組用ねじり風荷重算定式（A6.19）式中の $C'_{\mathrm{T}}(=\sigma_{\mathrm{T}}/(q_H B^2 H)$；$\sigma_{\mathrm{T}}$ は変動ねじりモーメントの標準偏差）は変動ねじりモーメント係数で，図A6.6.1に示すように辺長比 D/B の関数で表される．なお，風洞実験や数値流体計算等により変動ねじりモーメント係数が得られる場合にはその値を用いることができる．

F_{T} はねじりモーメントの規準化パワースペクトル密度で，風洞実験で得られたデータをもとに，図A6.6.2に示すような無次元固有振動数 $f_{\mathrm{T}}B/U_H$，辺長比 D/B および乱れの強さ I_H の関数で与えた．なお，風洞実験や数値流体計算等によりねじりモーメントのパワースペクトル密度が得られる場合にはその値を用いることができる．

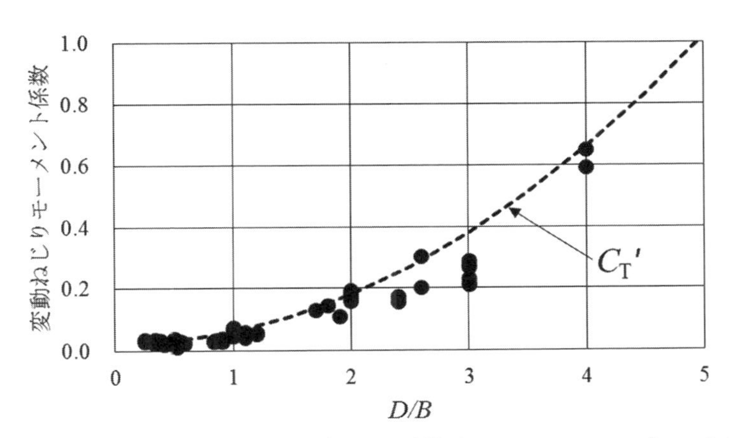

図A6.6.1　変動ねじりモーメント係数（図中の破線はA6.6.2の C'_{T}，プロットは実験値）

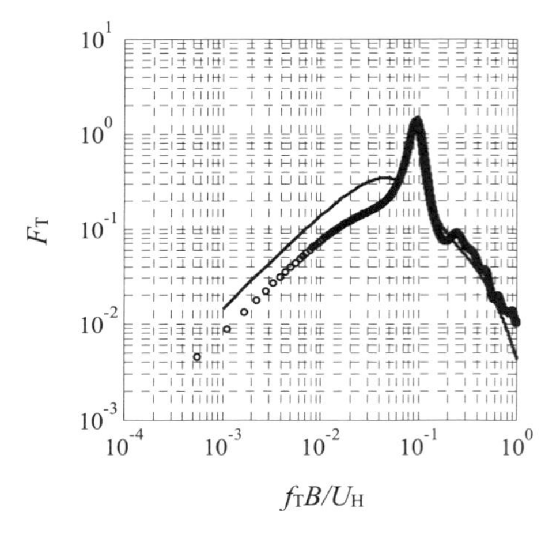

(a) 辺長比 D/B=0.5

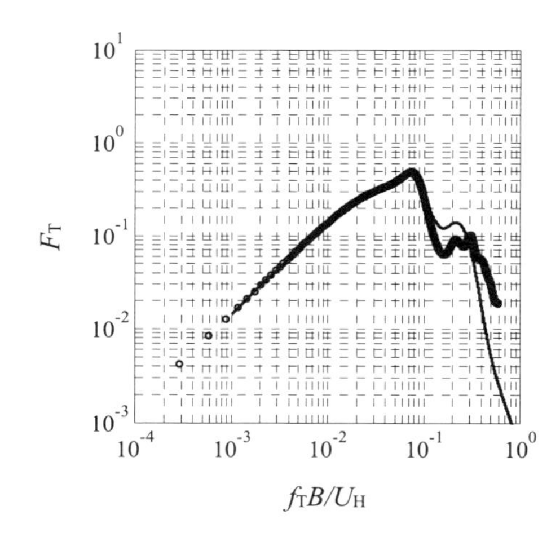

(b) 辺長比 D/B=1

図 A6.6.2　変動ねじりモーメントの規準化パワースペクトル密度
（図中の実線は A6.6.2 の F_T，プロットは実験値）

A6.7　ラチス型塔状構造物風荷重

A6.7.1　適 用 範 囲

本節では，個々の部材の幅が構面幅に比べて小さく，ラチスの部材まわりの流れがその場所の流れの特性のみに支配されるような地上に直立するラチス型塔状構造物の風方向振動を対象としている．本節で示す荷重算定法は，基本的には 6.2 節の構造骨組用水平風荷重と同様であるが，高さ方向に見付幅や充実率が異なる多くのラチス型塔状構造物に適用できるようになっている．なお，付属するラダーなどについては風力係数として評価することとし，風洞実験や数値流体計算等により適切に定めるほか，A6.2.4 項(5) に示す部材の風力係数を用いることができる．

A6.7.2　算　定　式

風荷重は，ガスト影響係数法によって定める[72]．ラチス型塔状構造物においては，図 6.1.3 に示すように，通常の建築物とは異なり，高さ Z(m) での風荷重をその高さでの速度圧 q_Z(N/m^2) で算定することとした．

（A6.20）式の正対投影面積 A_F とは，構面が風向に正対する場合の風上構面の部材やプレートの見付面積を意味し，通常，節間ごとに求める．

A6.7.3　ガスト影響係数

ガスト影響係数 G_D を算定する（A6.21）式は，次の仮定に基づいて導かれたものである．

i）充実率は高さ方向に一定，すなわち風力係数 C_D を一定とする．

ii）1 次振動モード $\mu(Z)$ は（A6.7.1）式において $\beta=2$ とし，2 次以上の振動モードの影響は無視する．

$$\mu(Z)=\left(\frac{Z}{H}\right)^{\beta} \tag{A6.7.1}$$

以上の仮定を用いると，変動変位の最大値の高さ方向分布 $x_{\max, Z}$(m) は，1 次振動の一般化剛性 K を用いて以下のように表される．

$$x_{\max, Z}=g_{\mathrm{D}}\frac{q_H C_{\mathrm{D}} H B_0}{K}\frac{2I_H\mu(Z)}{0.95+\alpha+\beta}\sqrt{B_{\mathrm{D}}(1+R_{\mathrm{D}})} \tag{A6.7.2}$$

一方，平均変位の高さ方向分布 $\overline{X}_Z$(m) は，

$$\overline{X}_Z=\frac{q_H C_{\mathrm{D}} H}{K}\left(\frac{B_0}{1+2\alpha+\beta}-\frac{B_0-B_H}{2+2\alpha+\beta}\right)\mu(Z) \tag{A6.7.3}$$

したがって，ガスト影響係数 G_{D} は（A6.21）式で与えられることになる．ここで，q_H(N/m^2)，I_H は基準高さ H(m) における速度圧および乱れの強さであり，α は風速の鉛直分布を定めるパラメータである（表 A6.3）．g_{D}，R_{D}，B_{D} はそれぞれピークファクター，共振係数，非共振係数である．また，B_0，B_H は図 A6.7.1 に示すようにそれぞれラチス型塔状構造物の基部での塔体幅，基準高さでの塔体幅である．

また，（A6.21）式の ϕ_{D} は風方向振動のガスト影響係数の振動モードによる補正係数であり，振動モードが $\mu(Z)=(Z/H)^2$，単位高さあたりの質量がほぼ一定とみなせない場合について定めたものである．振動モードが $\mu(Z)=(Z/H)^{\beta}$ で表されるとき，ラチス型塔状構造物では $\beta=1$～3.5 の範囲で本指針式を適用できる．

振動モードによる風荷重の補正係数 ϕ_{D} は（A6.7.4）式で示されるラチス型塔状構造物の場合の一般化変動風力の振動モードの違いによる補正係数 λ_{L} に，一般化質量の振動モードの違いによる補正係数 $M_{\mathrm{D2}}/M_{\mathrm{D}}$ を乗じたものである．（A6.7.4）式の λ_{L} は振動モードが $\beta=2$ であるときの一般化風力の共振成分に対する，振動モードのべき指数が β である場合の一般化風力の共振成分の比である．また，高さ方向に構造物の幅が異なる場合にも対応している．

$$\lambda_{\mathrm{L}}=\left\{\left(0.5\frac{B_H}{B_0}-0.3\right)(\beta-2)+1.4\right\}(1-0.4\ln\beta) \tag{A6.7.4}$$

振動モードが（A6.7.1）式の $\beta=2$ で表される場合は，単位高さあたりの質量分布に関わらず振動モード補正係数 ϕ_{D} は 1 となる．

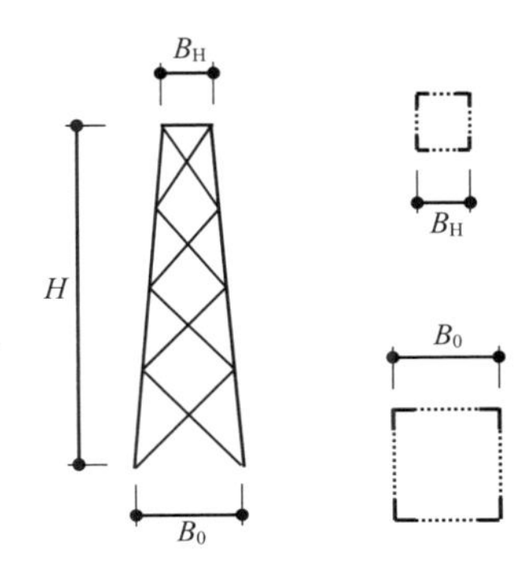

図 A6.7.1　B_0，B_{H}，H の定義

A6.8　独立上屋風荷重

A6.8.1　適 用 範 囲

本節では，地上に建ち，長方形平面をもつ切妻，翼型および片流れ独立上屋を対象としている．比較的小規模で剛な屋根を対象として定めたものであるから，大きな変形や振動が発生し，それが風力に影響を及ぼすような屋根には適用できない．また，棟に正対する方向からみたとき，屋根下空間に対して遮蔽率が 50 % を超えるようなものが常時置かれる場合には風洞実験や数値流体計算等で調査する必要がある．また，適用できる規模は，表 A6.11 に定められた風力係数の適用範囲に限られている．

A6.8.2　算　定　式

比較的小規模で剛な屋根を対象としているので，準静的な風荷重を用いることができる．その場合，最大荷重効果は最大瞬間風速時に発生するとみなすことができ，風方向の構造骨組用水平風荷重と同様，独立上屋の風荷重は速度圧 q_H(N/m^2)，風力係数 C_{R}，ガスト影響係数 G_{R}，受圧面積 A_{R}(m^2) の積で与えられる．独立上屋は四隅の柱で支持されていることが多いので，風力係数 C_{R} の設定にあたり，荷重効果として柱軸力に着目した[55]．すなわち，表 A6.11 に示される風力係数は，平均風力係数ではなく，荷重効果の最大ピーク値に対応する風力係数をガスト影響係数 G_{R} で除した「等価静的風力係数」である．また，風上屋根と風下屋根の風力係数として，荷重の組合せ 1 および 2 の 2 通りを与えているが，それらは柱軸力の最大および最小ピーク値（最大引張力と最大圧縮力）に対応する．設計においては，各風向について，2 種類の荷重の組合せに対する風荷重を計算し，他の荷重と組み合せる．

A6.8.3　ガスト影響係数

屋根の共振効果は無視でき，ガスト影響係数は最大瞬間風速と平均風速の比の 2 乗で近似できる．最大瞬間風速は（A6.8.1）式で与えられる．

$$\hat{U}_H = U_H + g_u \sigma_u = U_H(1 + g_u I_H) = G_u U_H \qquad \text{(A6.8.1)}$$

ここに，$\hat{U}_H$，U_H，σ_u，I_H は，それぞれ基準高さ H(m) における最大瞬間風速（m/s），平均風速（m/s），変動風速の標準偏差（m/s）および乱れの強さを表す．g_u および G_u は，それぞれピークファクターおよびガストファクターである．g_u および G_u の値は，ピーク値の評価時間（平均化時間）に依存するが，ここでは適用範囲が高さ 10 m 以下であることを考慮し，既往の研究成果[55]に基づき $g_u = 3$ とおいた．ガスト影響係数 G_{R} は近似的に G_u の 2 乗で与えられる．

A6.9　渦　励　振

A6.9.1　適 用 範 囲

円形平面をもつ細長い建築物や煙突，あるいは円形断面をもつ鋼管部材などでは，特定の風速範囲で，渦による風直交方向の大きな振動，つまり渦励振が発生するおそれがある．本節は，これら円形の平面や断面をもつ構造物の渦励振を対象としている．

A6.9.2　円形平面をもつ建築物の渦励振

円形平面をもつ建築物は，後流に生ずる交番渦によって，風直交方向に周期的な変動風力を受け，風直交方向に振動する．この変動風力の振動数は風速に比例して増大する．変動風力の振動数が建築物の固有振動数と一致した時，共振現象が生じ，振幅は大きく増大し典型的な渦励振状態を示す．この時の風速を共振風速と呼ぶ．細長い構造物においては，共振風速が設計風速よりも低くなるおそれがあり，渦励振に対する設計上の配慮が必要となる．とくに，鋼製煙突のような軽量で減衰の小さい構造物では，振動振幅とともに，発生する渦の周期性，強さ，軸方向の相関などが著しく増大し，渦励振は自励振動的な様相を示し，構造物は広い風速範囲にわたって大振幅で振動する．

本節に示す渦励振に関する等価静的風荷重の算定方法は，文献 8）の方法を基礎に風洞実験，実測データに基づいて定めたものである．渦励振時の応答予測法は風直交方向荷重の算定方法の場合と同様，スペクトルモーダル法を用いている．ただし，渦励振時の自励的な振動状態を考慮し，振動時の変動揚力係数，ストローハル数および揚力のパワースペクトル密度のピークのバンド幅に関する定数を振動振幅の関数で表し，振動に伴う風力を評価した．本節に示した風荷重の算定式は 1 次振動を対象に算定されたものである．

なお，円形平面をもつ建築物の渦励振時の風荷重は，レイノルズ数に大きく依存するとともに，振動振幅によっても変化する．表 A6.20 では，共振時風力係数のレイノルズ数依存性を行で，振幅依存性を列で表現している．$U_r D_m < 3$ は共振風速が亜臨界数域，$3 \leqq U_r D_m < 6$ は臨界域，$6 \leqq U_r D_m$ は超臨界域および極超臨界域にあることに相当する．臨界域における風直交方向の変動風力は，構造物が静止している時には周期性が明確ではなく，強さもほかのレイノルズ数域の値に比べてかなり小さいことが知られているが，渦励振のように振動に伴って変動風力が変化する自励的振動では，静止時における変動風力の特性がそのまま保たれるわけではなく，臨界域において渦励振を観測した報告もなされている[75]．しかし，臨界域における実験や実測は少なく風荷重を定式化することが難しかったため，本節では臨界域における共振時風力係数を亜臨界と超臨界の 2 つのレイノルズ数域の値の線形補間で表現した．

表 A6.20 の $\rho_S \sqrt{\zeta_L}$ は振幅依存性に関係するパラメータで，$\rho_S \sqrt{\zeta_L} < 5$ は共振時の最大無次元振幅が大きい場合，また，$\rho_S \sqrt{\zeta_L} \geqq 5$ は最大無次元振幅が小さい場合に相当する．

A6.9.3　円形断面をもつ部材の渦励振

トラス構造物などの円形断面をもつ部材においては設計風速より低い風速で渦励振が発生するおそれがある．特に，中空のパイプは質量が小さく，構造減衰も小さいため，渦による自励的渦励振の影響が大きくなる．（A6.27）式は，文献 76）に基づいて共振風速時の等価静的風荷重を算定するために定めたものである．部材の両端の固定度はその固有振動数に反映されており，端部の固定条件によらず適用可能である．この算定式はレイノルズ数が亜臨界域にある場合を対象として得られたものである．なお，部材端部からの距離 x(m) における単位部材長さあたりの風荷重は，（A6.27）式において見付面積 A(m^2) の代わりに部材の外径 D(m) を用いて算定する．

A6.10　風荷重の組合せ

A6.10.1　適用範囲

本節は長方形平面をもつ建築物の構造骨組用の水平 2 方向風荷重とねじり風荷重，および水平風荷重と屋根風荷重の組合せ方法について示す．これらの風荷重は最大応答時の等価な静的荷重として別々に評価されているが，各方向の風荷重はそれぞれ単独で作用するのではなく，各方向の最大応答が同時に発生するわけでもないので，各方向の最大風荷重が同時に作用すると考えると設計風荷重が過大となる．そこで本節では，風力や応答の同時性を考慮した各方向の風荷重の組合せを示す．水平風荷重の組合せ方法は，(6.1) 式の条件によるアスペクト比 $H/\sqrt{BD}$ が 3 未満の場合と 3 以上の場合に分けて示す．さらに，構造骨組用水平風荷重と屋根風荷重の組合せ方法を示す．

A6.10.2　水平風荷重の組合せ

(1) アスペクト比 $H/\sqrt{BD}$ が 3 未満の建築物

風直交方向荷重およびねじり風荷重の検討を必要としないアスペクト比 $H/\sqrt{BD}$ が 3 未満の建築物は，風による共振成分が小さい建築物である．このような場合には，図 A6.10.1 のように，風方向荷重の γ 倍の風荷重が風直交方向に同時に作用すると考える．風洞実験によって得られた高さ 80 m 以下の 4 本の隅柱をもつ建築物の柱の応力計算結果によれば，組合せ係数 γ は，図 A6.10.2 に示すように辺長比 D/B の関数として，指針式 (A6.30) で与えられる[77]．

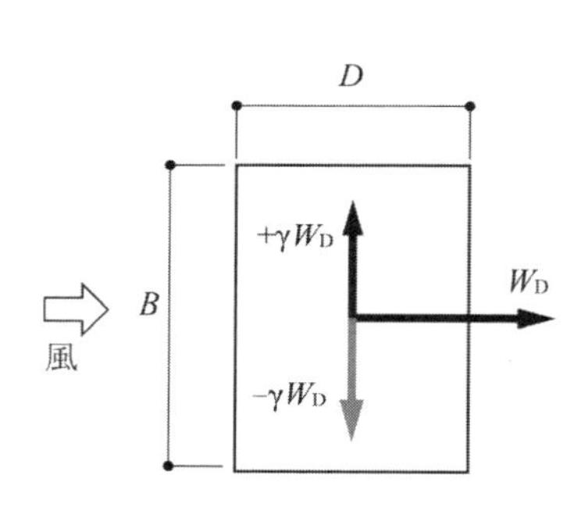

図 A6.10.1　風方向荷重に組み合せる風直交方向荷重

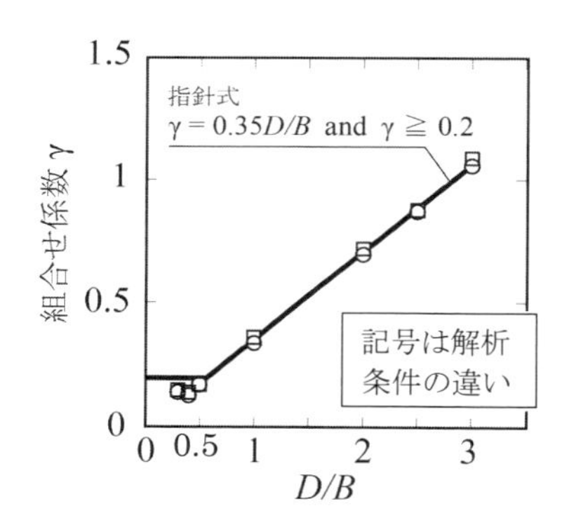

図 A6.10.2　辺長比 (D/B) と組合せ係数 γ の関係

(2) アスペクト比 $H/\sqrt{BD}$ が 3 以上の建築物

(6.1) 式の条件に当てはまる，アスペクト比 $H/\sqrt{BD}$ が 3 以上の建築物は共振成分が大きな建築物であり，この場合，応答の確率分布は正規分布で近似できる．2 方向の転倒モーメント M_x，M_y (Nm) の変動成分を二次元正規分布で表すと，応答の相関係数が ρ である場合，応答の確率密度関数の等値線は図 A6.10.3 に示すように楕円で模式的に表される．楕円（実線）上の点が荷重組合せ点に相当すると考えることができるが，多数の組合せ荷重を設定することは実用的でないので，楕円に外接する八角形の頂点（○印）で組合せ荷重を設定する．すなわち，x 方向の最大転倒モーメ

ント $M_{x\max}$(Nm) に組み合せるべきA点の y 方向転倒モーメント M_{yc}(Nm) は，y 方向の平均転倒モーメント $\overline{M}_y$(Nm) と最大変動転倒モーメント $m_{y\max}$(Nm) を用いて次式となる[78]．

$$M_{yc} = \overline{M}_y + m_{y\max}(\sqrt{2+2\rho} - 1) \qquad \text{(A6.10.1)}$$

上式による応答の組合せを表す風荷重を，以下に示す風方向，風直交方向ならびにねじりの特性を考慮し，組合せ荷重として表A6.21に示した．

- 風方向と風直交方向，風方向とねじりでは風力のコヒーレンス（周波数別の相関係数）はほぼ0であり，応答の相関係数も無視できるものとして，$\rho=0$ とする．
- 風直交方向とねじりでは風力のコヒーレンスは0ではないので，表A6.22に示す応答の相関係数の絶対値 ρ_{LT} は風洞実験結果に基づき減衰定数を風直交方向振動，ねじれ振動ともに0.01から0.05の範囲とし，両者間に構造的な連成がないという条件で，1質点の時刻歴応答解析で得られた応答の相関によって決定した[79]．したがって，減衰定数が0.01から0.05の範囲にない場合や振動の連成が顕著であると考えられる場合には，特別な調査による検討が必要である．

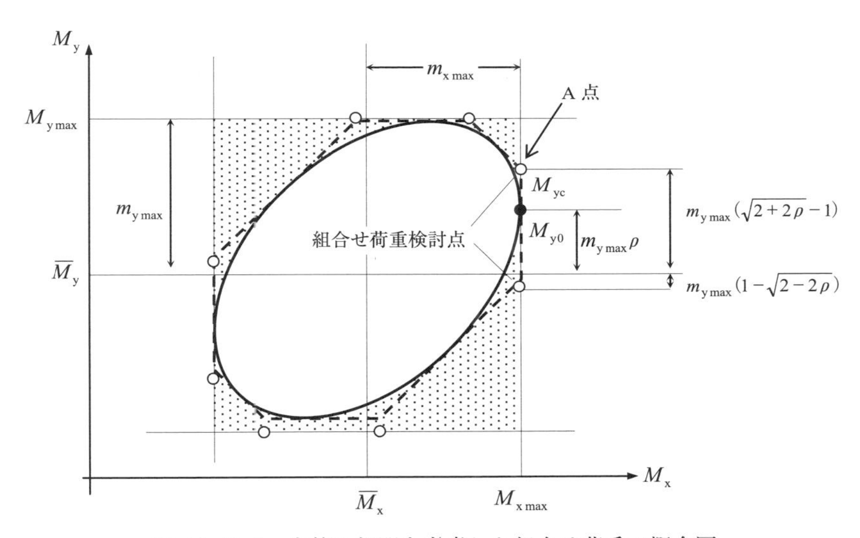

図A6.10.3　応答の相関を考慮した組合せ荷重の概念図

A6.10.3　水平風荷重と屋根風荷重の組合せ

水平風荷重と屋根風荷重の組合せ荷重はA6.10.2項のような考え方で組み合せることも原理的には可能である．しかし，水平風荷重と屋根風荷重による建築物の応答の関係が複雑であるので，便宜的に水平風荷重と屋根風荷重を単純に組み合せることとした[77]．

A6.11　数値流体計算を用いた風荷重評価

建築物の風荷重を算定するうえで必要となる平均風速，変動風速および風圧を求めるために，風の乱流場を表現する基礎方程式として非圧縮性粘性流体ナビエ・ストークス方程式が用いられる．ただし，この非線形性の強い方程式は，一般に解析解を求めることができないので，差分法あるいは有限体積法などを用いて，コンピュータの利用を前提とした離散系方程式を導出し，数値として表現された解が近似的に求められる[16]．しかしながら，近似解法には常に数値計算上の誤差が含まれるために，計算条件によっては，数値的に求めた解が正解から大きく異なることもある．したがって，近似解法の選定にあたっては，離散化の方法あるいは離散幅に注意を要する．離散系方程式における数値誤差には，数値解の変動の振幅を抑制する数値粘性，あるいは変動の位相をずらす分散性の誤差がある．なお，数値誤差は，空間離散化だけでなく，時間離散化の過程においても発生するので基礎方程式全体をみながら吟味することが肝要である．数値粘性は，正の場合，正解より変動が抑えられた数値解を与え，分散性の誤差は，変動の位相をずらし数値解に不安定性をもたらす．影響の度合いは，離散幅が大きくなれば大きくなる．数値粘性は，安定解が得られ，離散幅が大きすぎても解が発散することはないので工学分野で頻繁に用いられる．しかし，正解とは大きく異なる解を与えることになるので使用にあたっては注意をしなければならない．中心差分を用いる場合，分散性の誤差を発生させるが，ナビエ・ストークス方程式は物理的な粘性項を有するためにその粘性効果により分散性の誤差を抑え，数値不安定性を回避させることができる．ただし，分散性の誤差の程度は，離散幅の大きさによって決まることから，物理的な粘性効果が適切に作用するように離散幅を充分に小さくしなければならない．すなわち，物理的な粘性効果の小さい流れ（流体力学的にはレイノルズ数が大きい流れ）ほど，離散幅を小さくすることが要求され，計算負荷は大きくなる．なお，風洞実験で 10^{-1} m 程度の幅の建築物模型に風速 10^{1} m/s 程度の風を作用させるため，風速あるいは風圧を測定するときのレイノルズ数は 10^{4} 程度であるが，実際の建築物に強風が作用するときのレイノルズ数は 10^{7}～10^{8} に相当する．流れ場に含まれる最大スケールの渦から，エネルギーを粘性的に散逸させる最小スケールの渦まで表現する必要があることから（その範囲はレイノルズ数に依存），現在のハイエンドのコンピュータの性能を考えても，実際の建築物に作用する風の状態を計算することはかなり困難なことになる．

以上のことを踏まえると，数値流体計算を風荷重算定に用いる場合，乱流のモデリングの技術[32]が必要となる．ここで用いられる基礎方程式には，乱流場の大きく異なるスケールの運動を表現する際，相対的にかなり小さな離散幅が要求され，その結果，離散点の数が増大して計算負荷が極端に大きくなることが懸念される．通常，乱流場をある程度現実的な計算負荷で計算するために，乱流のモデリングを用いて小スケールの運動を補い，小スケールでの計算負荷を排除する．乱流のモデリングの原理は，小スケールの流体運動を乱流粘性で置き換え，物理的な流体運動で散逸効果を評価することが行われる．したがってこの技術を導入する場合，モデリングで規定される乱流粘性の大きさによって，その解が定常解あるいは非定常解となる．定常解が得られる大きな乱流粘性を用いるモデリングの方が数値誤差に伴う数値計算上の安定性に関する困難さを避けることができるので，これまでこういったモデリングが実務で普及してきた．ただし，風荷重算定には非定常解が得られる数値流体計算の使用を前提としている．また，非定常解が得られたとしても，計算技術において，離散化方法の選択によっては数値的な粘性効果が発生し，その大きさによっては数値解に乱流モデリングの効果が適切にもたらされなくなる．粘性効果は，一般に高周波数側の変動を強く抑制するので，風荷重を評価するうえで必要な周波数帯での変動が充分確保できるよう，乱流モデリングと離散化手法の両者の取扱いに細心の注意が必要である．風荷重算定に用いられる乱流モデリングは，数値的な悪影響の有無を判断しやすいこともあり，広域の周波数帯を有する非定常解が得られることが望ましい．したがって，現時点ではLES（Large Eddy Simulation）が最適と考えられる[16]．またLESの場合，風荷重を算定するうえで対象となる複雑な流れ場がモデリングの対象とならず，直接解かれることになり，多種多様の流れに対するモデリングの適用性の確認から免れるという大きな利点がある．

なお，現在，工学問題で利用率の高いRANS（Reynolds Averaged Navier-Stokes）系の乱流モデリングによる計算は，一般に時間平均場の解が得られる．しかし，平均値に限った活用においても注意を要する．RANS系ではモデリングの技術を構築するうえで多くの仮定を用いているので，建築物あるいは地形を対象とした計算においては，衝突流，剥離流などさまざまな流れが発生することからそれらに対する汎用性の確保は一般に困難である．したがってRANS系モデルを用いる場合には，モデルの特性を把握し，その精度ならびに適用性についてあらかじめ確認することが求められる．

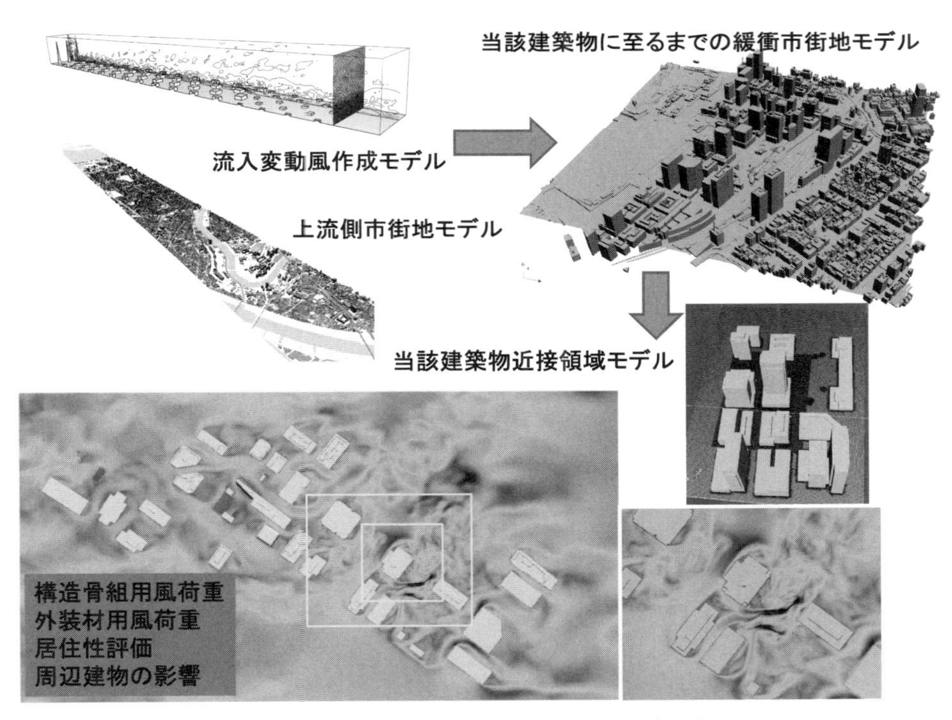

図 A6.11.1　数値流体計算の概念図[80)～82)]

風荷重評価における数値流体計算の適用法についての具体例を示す．まず，接近する風が当該建築物に作用する場合の計算モデルの構築方法について考える〔図A6.11.1〕．通常，風洞実験では，当該建築物とその周囲600 m程度の範囲の地上の状態を再現した模型を用いて，近辺の地表面粗度上に発達する設計用風速分布をもつ風に対し，風力・応答などの計測を行う．数値流体計算においても計算モデルを同様に作成し，地表面粗度区分に応じた時系列データを流入面に与えることでLES解析を行うことも可能である．ただし，最近のGISデータの整備状況を考えれば，両手法においては，上流側の領域を広く再現したモデルを用いて風荷重評価をすることも考えられる．その場合，流入位置ではその近辺での地表面粗度区分を選定して流入風を規定し，当該建築物まで風を吹走させることになる．なお，数値流体計算では，上流側の地表面粗度の状態を再現した計算モデルでの解析は，流入変動風の作成の手間とほぼ同じで大きな負担とはならない．つまり，充分に離れた上流側の範囲をモデル化して精緻に接近流を生成しながら当該建築物に作用させる解析が可能である．本指針での風に対する地表面粗度区分の設定は，建設地の上流側の3 kmあるいは建築物高さの40倍の範囲の狭い方を対象として，粗度効果のもっとも小さい地表面粗度区分を選定するよう求められている．計算では，こうした風速の過大評価が避けられる場合もある．

次の例[83)]として，設計風速の設定に関して，実際の地形の影響評価を数値流体計算で行う場合が挙げられる．ただし，地形の計算モデルを構築するうえでは以下の点に注意を要する．対象とする小地形としては数十mから数百mの高さのものを考える．そこで考慮すべき比較的大きなスケールが建築物まわりなどの工学的スケールの非定常流れと同様な仮定が成立する範囲かを吟味し，使用する基礎方程式が適切であるかを確認する必要がある．また，流入境界条件の設定方法に配慮する必要がある．当該地点での流れ場を決定する上流側範囲はどのくらい必要であるか，あるいは便宜的な取扱いの要請から流入境界条件が規定できるような平坦な地点までの範囲とするかなど，いくつかの設定根拠が考えられる．また，流入位置での風速の鉛直分布および風速値を決定する方法も確立しなければならない．実地形を対象とした場合の解析例を図A6.11.2に示す．

この場合の流入位置での風速の鉛直分布は，海上であることを踏まえ〔(a) 参照〕，滑面上の境界層流れを与え，風速値は上空位置でメソスケールの気象現象を対象とした気象モデルより得られた風速に合わせた．また，地形上の地表面粗度については，各場所でそれぞれの粗度レベルを判定し，粗度長（0.1～0.8 m）に基づく対数則の境界条件を与えたほか，植生キャノピーを想定し抗力で表した境界条件，あるいは地表を滑面とした場合の境界条件も用いた．観測値とともにLESの結果を(c)と(d)に示す．E-poleの観測点においてはキャノピーモデルを用いた計算結果と観測値との一致度はかなり高い．W-poleの観測点では，剥離が生じているため観測値とのずれが若干みられるが，地表被覆状態を考慮した境界条件によりほぼ適切な計算結果が得られている．総じて実地形では尾根，谷などの向きに応じて三次元流れとなるが，それでも2地点での観測結果と対応する計算結果を示している．その一方で，(b) よりデータ取得点の位置がわずかにずれた場合，風速が大きく変化する場合もあり，計算結果を風荷重の算定に用いる場合，結果の地形に対する敏感さを踏まえ，近傍での風速を確認するなど，その評価には充分な注意が必要である．

A6.12 隣接建築物の影響

高層建築物が隣接して建つと，建築物間を流れる風が複雑に変形し，建築物が単独で建っている場合とは風の作用が異なる．特に，風下の建築物では，風上に建つ建築物の影響により，建築物全

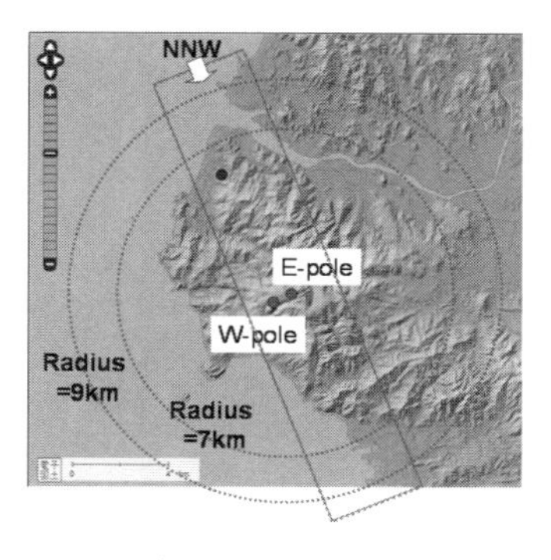

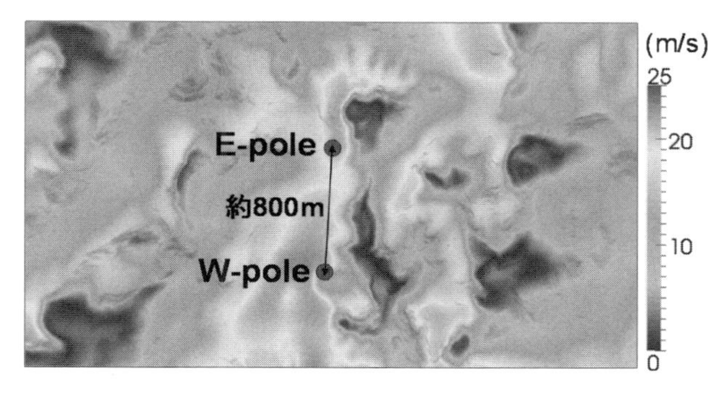

(a) 観測サイトと観測点　　(b) 平均風速分布（地上 60m 高さの面内）

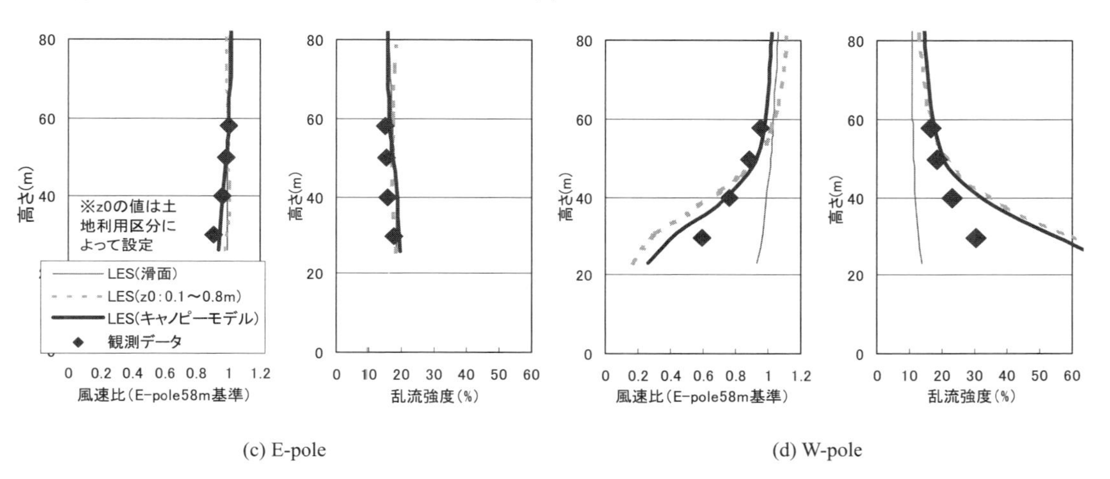

(c) E-pole　　(d) W-pole

図 A6.11.2　実地形での解析例[83)]

体の振動や外装材に作用する風力が，建築物が単独に建つ場合に比べて増加することがあり注意を要する．この現象は相互作用と呼ばれ，この原因で発生する振動を後流振動と呼ぶ．後流振動は，隣接する建築物どうしのスケール比とそれらの位置間係，および接近流の性質（地表面粗度区分）等の影響を受ける．

図 A6.12.1 は，単独建築物に対する風下建築物の風方向あるいは風直交方向の最大応答の比のコンター図の一例である[84), 85)]．対象とした風下建築物は辺長比 $B/D=1$，アスペクト比 $H/\sqrt{BD}=4$ の高層建築物で，実際の設計風速に近い 40～60 m/s における応答比が示されている．応答変位はスペクトルモーダル法により求められ，風方向の最大応答には平均変位を加算している．図の両軸は建築物の代表幅 $\sqrt{BD}$ で無次元化した 2 棟間の距離で，等高線の数字はその位置に風上建築物があるときの風下建築物の応答比を示す．

通常，応答比は，風方向に比べ風直交方向の方が大きくなる．応答倍率が 1.2 以上となる風上建築物の位置は，概ね x 方向に $12\sqrt{BD}$，y 方向に $6\sqrt{BD}$ の範囲にあるが，応答比が 1.1 以上の範囲は図 A6.12.1 に示した領域を超える．

地表面粗度区分が II から IV になると，相互作用の影響は小さくなる．これは，接近流の乱れが増すと，乱流の拡散作用によって風上建築物からの剥離渦が明確な形で形成されなくなり，周期的

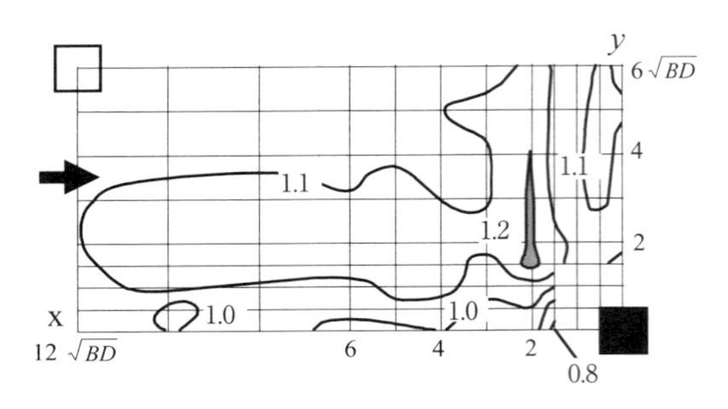

(a) 地表面粗度区分 II，風方向

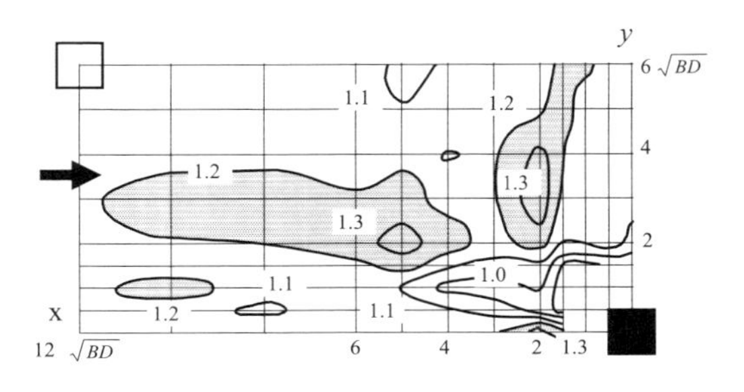

(b) 地表面粗度区分 II，風直交方向

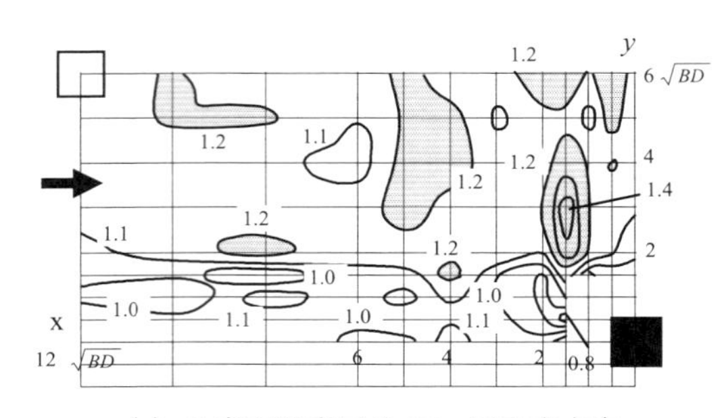

(c) 地表面粗度区分 IV，風直交方向

図 A6.12.1 応答比の等値線

な風速変動や乱れの増加の効果が減少するとともに，2 棟間の流れの変形も生じにくくなり，相互作用による後流振動への影響が小さくなるためと考えられる[86)].

A6.13 応答加速度

A6.13.1 適 用 範 囲

本節は，通常の建築物の風方向の最大応答加速度，A6.5.1 項の適用範囲に当てはまる長方形平面をもつ建築物の風直交方向の最大応答加速度，および A6.6.1 項の適用範囲に当てはまる長方形平面をもつ建築物のねじれの最大応答角加速度について定めたものである．

いずれの算定式も各方向の 1 次モードを対象としたもので，高次モードの振動が卓越する場合や建築物の部分的な振動を検討する場合には特別な検討が必要である．

A6.13.2 風方向の最大応答加速度

一般化応答加速度の標準偏差 σ_{aD} (m/s^2) は次式で表される．

$$\sigma_{\mathrm{aD}} = \left[\int_0^{\infty} S_{\mathrm{g}}(f)\,(2\pi f)^4 \frac{|\chi_{\mathrm{m}}(f)|^2}{K_{\mathrm{g}}^2}\,df\right]^{1/2} \qquad \text{(A6.13.1)}$$

ここで，$S_{\mathrm{g}}(f)$ は一般化風力のパワースペクトル密度，$|\chi_{\mathrm{m}}(f)|^2$ は (A6.3.13) 式に示す建築物の機械的アドミッタンス，f は振動数 (Hz)，K_{g} は一般化剛性で，(A6.13.2) 式で表される．

$$K_{\mathrm{g}} = M_{\mathrm{D}}(2\pi f_{\mathrm{D}})^2 \qquad \text{(A6.13.2)}$$

ここで，M_D は一般化質量（kg）である．応答加速度は建築物の固有振動数付近の振動数成分が卓越するので，（A6.13.3）式のように $S_g(f)$ を固有振動数 f_D(Hz) でのパワースペクトル密度で表す．

$$S_g(f_D)=(q_H BHC_H C'_g \lambda)^2 \frac{F_D}{f_D} \tag{A6.13.3}$$

ここで，F_D は A6.3 節に示す風方向風力のスペクトル係数である．（A6.13.2）式，（A6.13.3）式を（A6.13.1）式に代入すると，（A6.13.4）式となる．

$$\sigma_{aD}=q_H BHC_H C'_g \lambda \frac{\sqrt{R_D}}{M_D} \tag{A6.13.4}$$

さらに，σ_{aD}(m/s^2) にピークファクターと振動モードを乗じることにより，各高さ Z における最大応答加速度を求めることができる．（A6.31）式は建築物頂部位置 H（$\mu(H)=1$）での最大応答加速度を求める式である．応答加速度では建築物の固有振動数成分が卓越することを考慮して，ピークファクター算定時のレベルクロッシング数 ν_D(Hz) には固有振動数 f_D（Hz）を用いている．

なお，適切に実施された風洞実験や数値流体解析等により建築物基部に作用する変動転倒モーメント係数 C'_{MD}，無次元振動数 f^*_D における転倒モーメント係数のパワースペクトル密度 $S_{CMD}(f^*_D)$ が求められている場合，建築物の頂部における風方向の最大応答加速度は次式で算定することができる．

$$a_{D\max}=\frac{q_H g_{aD} BHC'_{MD}\lambda}{M_D}\sqrt{\frac{\pi f^*_D S_{CMD}(f^*_D)}{4\zeta_D C'^2_{MD}}} \tag{A6.13.5}$$

A6.13.3　風直交方向の最大応答加速度

A6.13.2 項に示す風方向加速度の展開と同様で，風直交方向に関する各係数を用いた算定式である．

A6.13.4　ねじれの最大応答角加速度

A6.13.2 項に示す風方向加速度の展開とほぼ同様であるが，変動ねじりモーメント係数を変動一般化ねじりモーメント係数に変換する係数 0.6 を考慮し，建築物の一般化質量の代りに建築物の一般化慣性モーメント I_T(kg m^2) が使われている．

（A6.33）式は角加速度（rad/s^2）であるから，平面形の図心からの距離 d(m) を乗じれば，ねじれによる最大加速度 $a_{d\max}$(m/s^2) が（A6.13.6）式で計算できる．

$$a_{d\max}=a_{T\max}\,d \tag{A6.13.6}$$

A6.14　再現期間 1 年の風速

再現期間 1 年の風速 U_{1H}(m/s) は，建築物の風揺れによる居住性の検討において必要となる風応答加速度を算定する場合等に必要となる風速であり，（A6.34）式により算定する．

図 A6.6 は，全国気象官署での再現期間 1 年の風速をもとに，空間平均により平滑化し，任意地点の風速 U_1(m/s) を推定できるようにしたものである．全国気象官署での再現期間 1 年の風速は，

2001 年から 2010 年の 10 年間の日最大風速資料を用いて算定した.

図 A6.6 はあらゆる風向の記録を同一に取り扱ってまとめたものであるが，建築物の風応答特性は風向ごとに異なるので，同じ加速度となる風速も風向ごとに異なることになる．居住性の検討[87]で対象とする日常風の場合は，風向特性も明確なことが多く，風向の影響を考慮できれば，より合理的な設計が可能である．しかし，A6.1.5 項の風向係数は，再現期間 100 年の風速に対するものであるから，ここでは使えない.

風向を考慮して，ある加速度レベルの発生頻度を評価するには，以下のように，風向ごとに得られるその加速度レベルの発生確率に風向ごとの発生頻度を乗じ，それらの和を考えればよい.

風洞実験や数値流体計算等により，風速 U(m/s) と最大加速度 a_{max}(m/s^2) の関係が 16 風向に対応した風向範囲ごとに（A6.14.1）式のような関数で近似されている場合，最大加速度 a_{max}(m/s^2) の再現期間 t_{amax}(年) は，（A6.14.2）式で算定される.

$$a_{max}=f(U) \tag{A6.14.1}$$

$$t_{amax}=\frac{1}{1-F_a(a_{max})} \tag{A6.14.2}$$

$$F_a(a_{max})=\sum_{i=1}^{16}p_iF_U\left\{f_i^{-1}(a_{max})\right\} \tag{A6.14.3}$$

ここで,

$F_a(a_{max})$ ：最大加速度が a_{max}(m/s^2) を超えない確率

p_i ：風向 i の風の発生頻度

$F_U\{f_i^{-1}(a_{max})\}$ ：風向 i において最大加速度が a_{max}(m/s^2) となる風速を超えない確率

表 A6.14.1 は，（A6.14.3）式の右辺を算定するためのパラメータであり，気象官署がある 30 都市について，日最大風速を用いて，風向ごとの発生頻度 p_i と日最大風速が U_i(m/s) を超えない確率 $F_U(U_i)$ を（A6.14.4）式で近似したときの a_i，b_i を推定した結果である．推定方法としては，那覇については台風時の強風が支配的となるため，これらを対象とした最小二乗法を，そのほかの都市については，グンベルの積率法を採用した．ただし，ここでのパラメータ a_i，b_i は再現期間 1 年以下に対して使用するものとする.

$$F_U(U_i)=\exp[-\exp\{-a_i(U_i-b_i)\}] \tag{A6.14.4}$$

ここで,

U_i ：風向 i において，地表面の状況が表 A6.2 に定める地表面粗度区分 II の場合の，地上 10 m における 10 分間平均風速（m/s）

a_i，b_i：風向 i において日最大風速より推定されるパラメータ　単位はそれぞれ (s/m)，(m/s)

表A6.14.1　都市別パラメータ a_i(s/m), b_i(m/s) と風向ごとの発生頻度 p_i(%)

	旭川			札幌			青森			秋田			仙台		
	a_i	b_i	p_i(%)	a_i	b_i	p_i(%)	a_i	b_i	p_i(%)	a_i	b_i	p_i(%)	a_i	b_i	p_i(%)
NNE	0.50	4.48	3.4	1.06	4.41	0.2	0.93	3.90	4.9	0.73	5.45	0.2	0.63	5.03	1.1
NE	0.38	6.00	1.4	0.69	4.73	0.1	0.77	4.50	4.6	−	−	0.0	1.05	4.31	0.4
ENE	0.85	3.02	0.3	0.77	3.55	0.3	0.65	5.99	4.6	0.32	6.95	0.1	0.80	4.82	0.4
E	0.92	2.29	0.6	1.02	4.35	1.5	0.75	5.96	7.6	1.60	5.27	0.2	0.95	4.97	0.7
ESE	0.86	2.66	0.3	0.85	5.25	2.7	0.78	6.53	0.9	0.51	7.14	7.1	0.67	5.04	1.3
SE	0.60	3.72	3.3	0.56	6.82	7.2	0.57	7.28	0.6	0.64	6.54	15.8	1.13	4.29	20.0
SSE	0.52	5.39	17.7	0.40	8.76	19.8	0.47	5.43	0.6	1.33	5.71	0.2	0.75	4.84	13.5
S	0.45	5.46	2.7	0.32	8.25	6.4	0.97	3.14	0.5	3.02	4.71	0.1	0.80	4.90	6.1
SSW	0.46	6.30	3.4	0.42	7.64	2.4	0.48	6.14	3.2	0.51	9.46	2.0	0.58	6.23	1.4
SW	0.50	6.68	3.2	0.32	8.77	1.5	0.46	7.09	11.8	0.44	7.29	10.5	0.68	5.62	0.8
WSW	0.42	6.95	15.9	0.41	8.20	2.3	0.45	7.78	12.5	0.39	6.90	12.7	0.42	8.76	1.5
W	0.60	5.66	21.9	0.62	8.78	2.2	0.44	9.79	12.7	0.35	7.62	20.3	0.36	9.37	7.9
WNW	0.61	5.04	12.4	0.52	9.31	5.6	0.55	8.22	14.1	0.34	9.74	9.1	0.38	10.0	15.6
NW	0.81	4.62	2.9	0.41	9.85	20.3	0.70	5.68	7.9	0.43	9.79	9.0	0.39	8.45	8.0
NNW	0.74	5.29	5.7	0.52	7.16	24.8	0.91	4.20	6.6	0.58	7.83	4.5	0.53	6.18	9.0
N	0.67	5.03	4.9	0.81	4.76	2.7	0.91	3.58	7.0	0.73	6.08	8.0	0.73	5.15	12.3
	新潟			金沢			宇都宮			前橋			東京		
	a_i	b_i	p_i(%)	a_i	b_i	p_i(%)	a_i	b_i	p_i(%)	a_i	b_i	p_i(%)	a_i	b_i	p_i(%)
NNE	0.57	6.33	4.4	0.65	5.79	3.9	0.57	5.07	20.7	−	−	0.0	0.70	6.69	4.6
NE	0.95	4.38	1.7	0.68	5.27	3.6	0.89	4.56	8.3	−	−	0.0	0.70	6.24	6.0
ENE	0.95	4.50	1.4	0.88	5.45	13.7	1.22	4.43	1.8	0.77	4.95	0.1	0.72	6.54	8.0
E	1.00	4.19	0.5	0.89	4.87	9.5	1.03	3.89	3.1	0.40	5.57	0.7	0.86	5.94	4.6
ESE	0.49	5.42	1.3	0.59	3.68	0.6	1.35	3.75	8.1	0.81	5.42	24.5	0.68	6.01	4.1
SE	0.57	6.13	14.9	0.82	3.89	0.5	1.19	4.15	9.7	0.98	5.08	8.6	1.10	5.71	3.7
SSE	0.85	4.10	5.5	2.32	3.22	1.1	1.00	4.54	9.0	1.11	3.98	2.7	0.95	5.89	4.5
S	0.77	5.02	2.1	0.27	5.48	0.5	0.73	5.02	6.8	0.92	4.55	1.1	0.46	6.82	8.9
SSW	0.84	5.45	4.4	0.37	9.21	9.3	0.82	4.51	6.6	0.67	3.22	0.3	0.51	7.85	4.9
SW	0.41	5.67	3.2	0.40	9.79	9.7	0.74	4.30	2.7	1.12	4.35	0.3	0.46	7.69	11.5
WSW	0.36	9.44	12.4	0.38	9.47	9.5	0.45	6.00	1.9	0.53	4.75	1.5	0.45	6.99	0.4
W	0.35	9.63	13.2	0.31	8.13	14.6	0.51	8.30	2.3	0.37	7.02	1.9	0.36	8.86	0.3
WNW	0.35	8.57	8.1	0.35	7.63	4.0	0.43	7.60	2.2	0.36	7.33	3.9	0.44	6.40	0.8
NW	0.36	8.64	8.8	0.38	6.74	5.8	0.48	6.35	1.2	0.46	6.66	32.6	0.40	8.44	9.5
NNW	0.50	6.90	10.2	0.54	4.93	4.4	0.43	6.47	3.6	0.45	9.30	17.7	0.51	7.45	18.8
N	0.79	6.31	8.0	0.60	5.55	9.2	0.54	4.80	12.1	0.49	11.3	4.2	0.56	7.01	9.4

表 A6.14.1 都市別パラメータ a_i(s/m), b_i(m/s) と風向ごとの発生頻度 p_i(%) (つづき)

	千葉			横浜			静岡			浜松			名古屋		
	a_i	b_i	p_i(%)	a_i	b_i	p_i(%)	a_i	b_i	p_i(%)	a_i	b_i	p_i(%)	a_i	b_i	p_i(%)
NNE	0.57	7.22	4.5	0.65	7.74	1.7	0.72	4.88	2.8	0.78	5.02	0.5	0.80	4.00	1.3
NE	0.65	7.20	9.8	0.33	7.75	0.1	0.69	6.20	12.2	1.10	3.90	3.7	2.20	3.28	0.7
ENE	0.94	5.83	9.9	0.80	7.55	1.9	0.83	6.16	20.1	0.47	7.11	6.3	1.52	2.52	0.9
E	1.01	5.56	2.1	0.98	6.19	11.5	0.67	5.90	2.4	0.56	7.18	7.9	1.11	5.21	0.1
ESE	1.12	4.51	6.2	0.51	5.57	1.3	0.78	4.92	3.6	0.73	6.65	2.2	0.60	5.08	0.5
SE	0.93	4.62	9.1	0.72	6.63	0.8	2.08	3.75	1.0	0.80	6.07	6.6	0.62	6.27	3.9
SSE	0.61	4.97	4.3	0.67	6.09	6.0	0.87	6.29	7.0	1.00	5.27	6.7	0.54	7.19	11.7
S	0.66	6.16	2.1	0.75	6.53	5.0	0.81	6.52	16.9	0.96	5.26	2.6	1.22	5.58	11.4
SSW	0.33	10.8	3.8	0.40	9.90	6.8	0.45	8.05	2.9	1.21	6.75	0.1	1.08	5.29	4.2
SW	0.36	9.83	12.1	0.35	9.40	15.0	0.45	9.47	13.0	0.74	6.22	3.1	0.87	5.20	1.2
WSW	0.55	5.69	11.5	0.36	9.23	4.8	0.47	10.1	3.8	0.70	6.54	14.3	1.04	4.39	1.2
W	0.47	5.04	1.1	0.28	8.56	0.6	0.46	10.3	6.2	0.52	7.98	11.9	0.69	6.46	2.5
WNW	0.50	7.28	1.3	0.23	8.75	0.2	0.34	6.97	4.0	0.49	9.88	27.6	0.58	7.16	20.2
NW	0.42	8.37	8.1	0.25	10.2	0.7	0.59	4.70	1.4	0.39	8.80	5.4	0.48	7.39	17.5
NNW	0.44	6.51	13.7	0.42	8.71	1.4	1.12	4.74	2.1	0.51	4.95	1.0	0.49	5.56	13.0
N	0.70	6.74	0.4	0.47	7.90	42.2	0.53	3.85	0.7	0.66	4.66	0.2	0.73	4.17	9.7
	京都			大阪			神戸			和歌山			岡山		
	a_i	b_i	p_i(%)	a_i	b_i	p_i(%)	a_i	b_i	p_i(%)	a_i	b_i	p_i(%)	a_i	b_i	p_i(%)
NNE	0.67	4.10	4.1	0.91	6.94	4.7	0.67	6.41	1.5	0.65	6.44	8.1	0.62	5.57	1.2
NE	1.14	4.27	4.5	0.59	6.07	14.6	0.55	5.66	5.6	0.87	5.20	2.8	1.01	3.91	3.8
ENE	0.82	5.65	7.1	0.51	6.28	3.8	0.53	5.67	15.1	1.81	4.36	11.1	1.14	4.08	6.7
E	0.75	5.53	6.2	0.59	6.49	1.1	0.81	4.70	2.4	1.48	4.21	1.9	0.60	5.35	6.0
ESE	0.78	5.23	2.8	0.58	5.00	0.1	1.24	3.59	0.6	1.55	4.61	0.2	0.48	5.91	5.5
SE	0.81	4.89	1.6	0.78	4.25	0.8	1.68	3.83	0.8	0.83	8.39	0.3	1.16	4.59	8.7
SSE	0.83	4.33	3.8	0.82	4.23	0.8	2.29	3.15	0.1	0.40	8.64	0.7	1.15	4.15	3.6
S	0.81	5.20	11.1	0.34	6.30	0.2	2.65	4.61	0.4	0.31	9.11	6.0	1.26	3.99	4.7
SSW	0.69	6.25	12.2	0.35	9.05	1.8	0.62	6.01	7.3	0.47	7.40	8.9	1.06	4.51	4.1
SW	0.61	6.97	3.1	0.76	6.35	18.5	1.10	6.72	9.2	1.01	5.53	8.4	0.65	5.58	12.2
WSW	0.54	7.71	2.2	0.58	7.25	18.2	0.63	6.83	16.1	1.10	4.01	11.0	0.52	6.07	5.6
W	0.50	7.22	3.3	0.50	7.50	19.9	0.43	7.87	9.9	0.46	7.34	4.6	0.50	7.65	6.2
WNW	0.58	7.06	6.2	0.44	8.11	3.7	0.49	8.47	4.5	0.49	8.39	6.1	0.51	7.31	6.2
NW	0.46	8.72	2.6	0.67	8.28	4.6	0.66	6.43	2.8	0.60	6.98	8.5	0.58	6.61	5.8
NNW	0.60	7.06	11.3	0.67	7.96	2.3	0.53	7.24	9.9	0.74	5.74	8.6	0.57	5.65	10.6
N	0.77	5.74	18.0	0.77	7.04	4.9	0.70	5.88	13.6	0.73	6.22	12.8	0.57	5.86	9.2

表 A6.14.1 都市別パラメータ a_i(s/m), b_i(m/s) と風向ごとの発生頻度 p_i(%)（つづき）

	松江			広島			高松			高知			松山		
	a_i	b_i	p_i(%)	a_i	b_i	p_i(%)	a_i	b_i	p_i(%)	a_i	b_i	p_i(%)	a_i	b_i	p_i(%)
NNE	0.86	5.56	1.9	1.28	4.70	27.9	0.62	4.34	2.8	0.69	8.14	5.9	0.69	7.10	3.7
NE	0.63	5.94	8.2	0.63	5.69	0.9	0.61	4.12	1.1	0.67	6.77	2.4	0.75	6.64	3.0
ENE	0.63	6.79	9.4	0.60	6.72	0.2	1.10	4.46	10.1	0.72	5.77	4.7	0.99	4.90	3.5
E	0.73	6.18	10.0	1.39	7.34	0.1	1.08	4.31	13.5	0.51	4.82	4.5	1.19	3.66	3.5
ESE	1.06	4.65	6.1	1.08	5.01	0.2	0.66	4.35	9.9	0.41	5.98	4.7	1.13	3.54	6.4
SE	0.77	6.61	1.3	0.70	6.29	0.2	1.98	3.32	0.6	1.86	4.78	21.2	0.63	4.86	2.6
SSE	0.75	4.48	0.4	0.53	5.07	0.8	1.62	4.19	0.3	1.74	5.16	7.0	0.56	5.57	4.0
S	0.58	6.52	0.4	0.53	4.95	7.7	1.05	3.58	0.2	1.37	5.26	7.6	0.52	6.43	2.7
SSW	0.31	8.59	2.1	0.77	6.21	7.2	0.42	5.53	0.5	0.68	5.08	3.8	0.76	5.15	2.2
SW	0.63	7.48	1.2	1.14	4.62	10.9	0.80	4.61	2.1	0.67	5.77	2.4	0.87	6.48	4.9
WSW	0.41	8.07	13.9	0.52	8.26	0.9	0.52	6.37	19.4	0.61	5.84	4.7	0.75	6.31	5.3
W	0.39	7.95	27.0	0.63	7.41	3.8	0.46	7.86	18.0	0.50	5.35	20.0	0.58	6.97	13.6
WNW	0.42	6.79	6.4	0.60	8.01	3.1	0.49	7.66	2.7	0.63	4.18	5.6	0.56	6.88	18.0
NW	0.64	5.77	9.6	0.63	7.40	0.9	0.58	7.08	2.8	0.61	7.01	3.0	0.85	5.97	16.3
NNW	0.71	6.47	1.7	0.88	6.85	3.3	0.86	4.51	10.5	0.65	8.71	0.9	0.73	5.46	7.6
N	0.77	5.49	0.6	0.90	5.08	31.8	1.05	4.67	5.7	0.47	9.44	1.6	0.63	7.41	2.6
	福岡			大分			熊本			鹿児島			那覇		
	a_i	b_i	p_i(%)	a_i	b_i	p_i(%)	a_i	b_i	p_i(%)	a_i	b_i	p_i(%)	a_i	b_i	p_i(%)
NNE	0.74	5.56	2.2	0.85	5.16	9.0	0.79	3.50	3.9	0.65	5.95	8.5	0.88	7.42	11.3
NE	0.76	5.62	1.9	0.70	5.16	6.7	0.53	6.73	1.8	0.59	6.13	8.3	0.59	5.92	2.2
ENE	0.92	6.19	0.7	1.46	4.37	9.6	0.62	6.60	2.2	0.19	12.64	0.3	0.49	4.44	7.6
E	0.40	5.04	0.4	1.26	4.32	2.3	0.55	6.31	2.7	0.43	8.18	0.7	0.27	-1.50	9.7
ESE	0.59	6.35	0.5	0.26	7.14	0.7	0.60	5.30	3.6	0.30	6.65	1.5	0.25	-1.14	9.4
SE	0.64	6.01	8.2	0.69	6.45	0.9	0.61	5.05	1.4	0.55	5.79	5.5	0.20	-1.93	7.0
SSE	0.36	8.06	4.3	0.48	6.37	7.2	0.40	4.24	0.9	0.51	5.14	10.0	0.46	6.49	4.2
S	0.36	9.19	2.7	0.76	4.69	9.7	0.50	5.59	2.0	1.08	4.45	4.5	0.59	7.29	4.7
SSW	0.55	8.51	3.5	0.52	5.88	3.4	0.44	5.44	3.9	0.43	8.67	0.9	0.65	5.19	8.1
SW	0.43	8.29	0.5	0.47	8.63	2.0	0.67	5.94	18.6	0.60	7.14	2.5	0.21	-2.18	3.6
WSW	0.42	8.24	0.4	0.49	7.99	1.6	0.71	6.01	12.5	0.67	7.14	5.5	0.32	-0.71	2.8
W	0.49	9.19	2.8	0.59	9.32	7.0	0.55	6.08	3.4	0.98	5.59	10.4	0.12	-9.25	1.1
WNW	0.52	9.62	5.4	0.47	8.93	2.5	0.43	7.14	4.6	0.57	7.15	13.9	0.22	3.51	1.1
NW	0.57	7.67	3.1	0.59	8.25	11.8	0.61	5.84	13.8	0.52	7.60	6.1	0.63	5.48	1.8
NNW	0.65	6.31	32.1	0.66	7.15	18.5	0.66	5.32	17.8	0.70	5.74	17.9	0.24	-0.92	8.3
N	0.61	6.28	31.4	1.18	3.78	7.0	0.67	5.18	6.8	0.74	5.35	3.5	0.49	6.19	17.2

A6.15 風の作用時間

本指針における風荷重は，設定した再現期間に対応する最大荷重の期待値である．一般的な建築物の耐風設計では，その風荷重を静的に与えた場合の安全性を確認する等価静的設計手法によって弾性設計される場合が多いので，変動風力による繰返し荷重やその作用時間を考慮した疲労設計が行われることは比較的少ない．

一方，近年増加している免震構造・制振構造を導入した建築物では，設計用風荷重より低い荷重レベルで塑性化させてエネルギー吸収する部材（鋼製ダンパー等）が用いられる場合がある．このような部材においては変動風力による繰返し荷重に対する疲労設計が必要であり[88]，強風に対する疲労設計を行う場合には風速レベルとその作用時間を適切に設定することが重要である．さらに，このような部材は，必要に応じて交換等を含むメンテナンスが可能なように計画しておく必要もある．

主要構造骨組部材である柱や梁のように設計荷重で降伏しないことを前提とした部材においても，建築物に作用する風力は地震力とは異なり長時間繰り返されるので，建築物の供用期間中に生じる設計荷重レベル以下の繰返し荷重に対して部材が疲労破壊しないことを確認しておく必要がある[89]．

外装材およびその支持部材においては，構造骨組部材よりも短周期の変動風力まで考慮する必要があることから，設計荷重に対して部材強度が充分な余裕をもたない場合には，台風等のひとつの強風イベントあるいは建築物の供用期間中に生じる変動風力による繰返し応力によって部材が疲労破壊する可能性がある．このため，外装材の疲労に対する安全性の確認も重要である．さらに，煙突などの塔状構造物や鉄塔などに使用される細長い部材においては，設計風速より低い風速域で渦励振が生じる場合があり，供用期間中に累積される疲労損傷度への影響が大きくなることも考えられる．したがって，渦励振の発生が想定される場合には，その風速レベルと供用期間中の作用時間を考慮して疲労損傷への影響を確認しておく必要がある．

以上のように，長時間にわたって数多く繰り返される風力に対して建築物の疲労に対する安全性を確保するためには，台風等の 1 つの強風イベントあるいは建築物の供用期間中に累積される疲労損傷を評価する必要がある．その際，疲労設計で考慮すべき風速レベルとその作用時間を設計者が適切に設定する必要があるが，それらに関する情報は充分に整理されていないのが現状である．ここでは，免震建築物の耐風設計指針[88]に示されている暴風の継続時間および等価継続時間についての情報を示すに留める．

免震建築物の耐風設計指針[88]では，台風等のひとつの強風イベントでの最大風速（一般に設計風速が設定される）とその強風イベント中に部材に累積する疲労損傷度（または総エネルギー）に着目し，累積疲労損傷度が等しくなる最大風速の作用時間を「等価継続時間」と定義して，免震部材の疲労設計を行うための強風の風速レベルとその作用時間を設定する手法が提案されている．

付 6.1　風荷重の算定例 1　超高層建築物

この計算例では，表計算ソフト等を用いて算定した結果を示す．そのため以下の文章中の計算式を計算しても有効数字が異なるため，同じ計算結果にならないことがある．

1. 建築物概要

・建築物用途　：事務所
・構造種別　：鉄骨造
・建築物密度　：180 kg/m^3
・建設地　：A 県
・設計用再現期間　：構造骨組用 500 年
　：外装材月 500 年
・1 次固有振動数　：X，Y 方向　0.30 Hz　振動モード $\mu(Z)=Z/H$
　：ねじれ　0.40 Hz　振動モード $\mu(Z)=Z/H$
・1 次減衰定数　：各方向共 0.01

2. 建設地およびその周辺の地表面状況

A6.1.7 項

・平坦地に建ち，周囲には中高層建築物が数多く建ち並んでいる．
・地表面粗度区分はⅣとする．

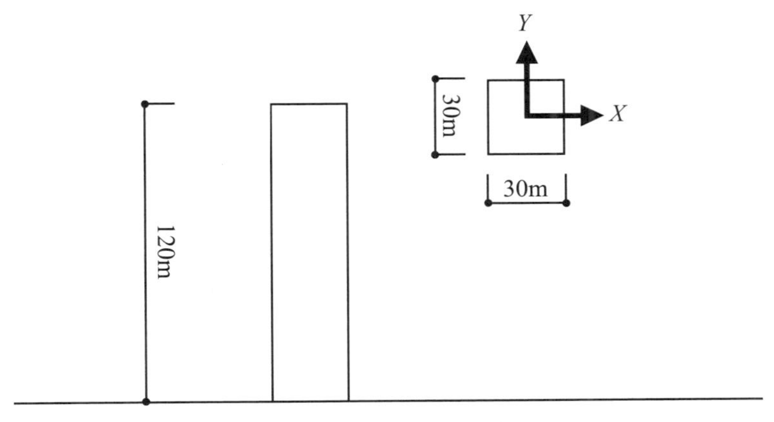

付図 6.1.1　建築物形状

3. 荷重算定の方針

(1) 構造骨組用水平風荷重，外装材用風荷重を検討する．
(2) 設計風速および速度圧は A6.1 節による．
　1) 基本風速は A6.1.3 項による．

2) 風向係数は A6.1.5 項による.

3) 風速の鉛直分布係数は A6.1.7 項による.

4) 再現期間 500 年の風速算定用の再現期間換算係数は A6.1.4 項による.

(3) 特殊な風荷重や風振動の影響の検討は 6.1.3 項による.

(4) 構造骨組用水平風荷重は 6.2 節による.

1) 構造骨組用外圧係数は A6.2.2 項，内圧係数は A6.2.3 項による.

2) 構造骨組用風方向荷重のガスト影響係数は A6.3 節による.

(5) 構造骨組用風直交方向荷重の算定は A6.5 節による.

(6) 構造骨組用ねじり風荷重の算定は A6.6 節による.

(7) 構造骨組用水平風荷重の組合せは A6.10 節による.

(8) 外装材用風荷重は 6.4 節による.

1) 設計風速および速度圧は A6.1 節による.

2) 外装材用ピーク外圧係数は A6.2.5 項，外装材用内圧変動の効果を表す係数は A6.2.6 項による.

なお，本建築物は X 方向と Y 方向の形状，振動特性の条件に違いがないため，以下の検討では風向が X 軸と平行方向についてのみ示す.

4. 構造骨組用水平風荷重

4.1 設 計 風 速

(1) 基 本 風 速　　A6.1.3 項

図 A6.1 より，$U_0 = 36$ m/s とする.

(2) 風 向 係 数　　A6.1.5 項

表 A6.1 より風向係数を求める．本検討において風向係数は $K_D = 1.0$ とする.

(3) 風速の鉛直分布係数　　A6.1.7 項

地表面粗度区分がⅣより，$Z_b = 20$ m，$Z_G = 550$ m，$\alpha = 0.27$　　表 A6.3

$$\therefore E_r = 1.7\left(\frac{120}{550}\right)^{0.27} = 1.13$$　　(A6.5)式

本建築物は小地形による風速の割増しを考慮する必要がないため $E_g = 1.0$，したがって

$$E = 1.13 \times 1.0 = 1.13$$　　(A6.4)式

(4) 再現期間換算係数　　A6.1.4 項

図 A6.2 より再現期間 500 年の風速 $U_{500} = 40$ m/s

設計用再現期間は 500 年より

$$\lambda_U = \frac{40}{36} = 1.11$$

$$k_{R_W} = 0.63 \times (1.11 - 1)\ln 500 - 2.9 \times 1.11 + 3.9 = 1.11$$ (A6.3)式

(5) 設計風速　A6.1.2項

季節係数を1.0とすると

$$U_H = 36 \times 1.00 \times 1.0 \times 1.13 \times 1.11 = 45.1 \text{ m/s}$$ (A6.2)式

4.2　特殊な風荷重や風振動の影響の有無の検討　6.1.3項

(1) 構造骨組用風直交方向荷重および構造骨組用ねじり風荷重

$$\frac{H}{\sqrt{BD}} = \frac{120}{\sqrt{30 \times 30}} = 4.0 \geqq 3$$ (6.1)式

したがって，構造骨組用風直交方向荷重および構造骨組用ねじり風荷重を考慮する．

(2) 渦励振，空力不安定振動の有無の検討

設計風速は，45.1 m/sなので

$$\frac{H}{\sqrt{BD}} = \frac{120}{\sqrt{30 \times 30}} = 4.0 \geqq 4$$ (6.2)式

表6.1よりU^*_{Lcr}を算定する．地表面粗度区分Ⅳ，$D/B = 1$より

$$M_L = 180 \times 30 \times 30 \times 120/3 = 6.48 \times 10^6 \text{ kg}$$

$$\delta_L = \frac{0.01 \times 6.48 \times 10^6}{1.22 \times 30 \times 30 \times 120} = 0.49,\ U^*_{Lcr} = 0.7 \times 0.49 + 8.8 = 9.14$$

よって

$$\frac{U_H}{f_L\sqrt{BD}} = \frac{45.1}{0.30\sqrt{30 \times 30}} = 5.01 < 0.83 \times 9.14 = 7.58$$ (6.2)式

表6.2よりU^*_{Tcr}を算定する．$D/B = 1$より

$$I_T = (180 \times 30 \times 30 \times 120) \times (30^2 + 30^2)/36 = 9.72 \times 10^8 \text{ kgm}^2$$

$$\delta_T = \frac{0.01 \times 9.72 \times 10^8}{1.22 \times 30^2 \times 30^2 \times 120} = 0.082,\ U^*_{Tcr} = 9.2$$

よって

$$\frac{U_H}{f_T\sqrt{BD}} = \frac{45.1}{0.40\sqrt{30 \times 30}} = 3.76 < 0.83 \times 9.2 = 7.64$$ (6.2)式

となり，渦励振，空力不安定振動については検討不要と判断する．

4.3　設計用速度圧　A6.1節

$$q_H = \frac{1}{2} \times 1.22 \times 45.1^2/1000 = 1.24 \text{ kN/m}^2$$ (A6.1)式

4.4　風力係数の算定　　A6.2.1項

(1) 風力係数 C_D の算定

$H/\sqrt{BD}>2$ および $B\geqq D$ より

$$C_D=C_{pe1}-C_{pe2}=0.8k_Z+0.5$$　(A6.13)式

$Z_b=20\,\text{m}$, $\alpha=0.27$ より　　A6.2.2項　表A6.8

$$Z\leqq 20\,\text{m}\quad : C_D=0.8\times\left(\frac{20}{120}\right)^{2\times0.27}+0.5=0.804$$

$$20\,\text{m}<Z\leqq 96\,\text{m}\quad : C_D=0.8\times\left(\frac{Z}{120}\right)^{2\times0.27}+0.5=0.0603Z^{0.54}+0.5$$

$$96\,\text{m}<Z\leqq 120\,\text{m}\quad : C_D=0.8\times0.8^{2\times0.27}+0.5=1.21$$

4.5　構造骨組用風方向荷重のガスト影響係数　　A6.3節

$$C_g=\frac{1}{3+3\times0.27}+\frac{1}{6}=0.43$$

建設地が平坦であるため $E_{gI}=1.0$ となる.

$$I_H=0.1\times\left(\frac{120}{550}\right)^{-0.27-0.05}\times1.0=0.163$$　(A6.6)式

$$L_H=100\times\left(\frac{120}{30}\right)^{0.5}=200\,\text{m}$$　(A6.8)式

$H/B=120/30=4\geqq1$ より $k=0.07$

$$C_g'=2\times0.163\times\frac{0.49-0.14\times0.27}{1+0.63\left(\sqrt{30\times120}/200\right)^{0.56}/(120/30)^{0.07}}=0.114$$

$$R=1/(1+20\times0.30\times30/45.1)=0.200$$

$$F=\frac{4\times0.30\times200/45.1}{\left\{1+71(0.30\times200/45.1)^2\right\}^{5/6}}=0.0941$$

$$S_D=\frac{0.9}{\left\{1+6(0.30\times200/45.1)^2\right\}^{0.5}(1+3\times0.30\times30/45.1)}=0.256$$

$$F_D=\frac{0.163^2\times0.0941\times0.256\times\left(0.57-0.35\times0.27+2\times0.200\times\sqrt{0.053-0.042\times0.27}\right)}{0.114^2}$$

$$=0.0274$$

$$R_D=\frac{\pi\times0.0274}{4\times0.01}=2.154$$

$$\nu_D=0.30\sqrt{2.154/(1+2.154)}=0.248$$

$$g_D=\sqrt{2\ln(600\times0.248)+1.2}=3.35$$

X 方向の振動モード $\mu=Z/H$ より

$$\lambda=1-0.4\ln1.0=1.0$$

1次モードでは $M_{D1}/M_D=(2\times\beta+1)/3$ より振動モードの違いによる補正係数 ϕ_D は

$$\phi_D=\frac{3}{2+1.0}\times\frac{(2\times1.0+1)}{3}\times1.0=1.0$$

$$\therefore G_D=1+3.35\times\frac{0.114}{0.43}\sqrt{1+1.0^2\times2.154}=2.57$$ (A6.16)式

4.6　構造骨組用水平風荷重（風方向荷重）　6.2節

単位高さあたりの荷重を評価する.

$0\,\text{m}\leqq Z\leqq20\,\text{m}$　$W_D=1.24\times0.804\times2.57\times(30\times1)=76.9\,\text{kN}$　(6.4)式

$20\,\text{m}<Z\leqq96\,\text{m}$　$W_D=1.24\times(0.0603Z^{0.54}+0.5)\times2.57\times(30\times1)$
$=5.76Z^{0.54}+47.8\,\text{kN}$

$96\,\text{m}<Z\leqq120\,\text{m}$　$W_D=1.24\times1.21\times2.57\times(30\times1)=115.7\,\text{kN}$

4.7　構造骨組用風直交方向荷重　A6.5節

(1)　適用条件の検討　A6.5.1項

$$\frac{120}{\sqrt{30\times30}}=4.0\leqq6$$

$$0.2\leqq30/30=1.0\leqq5$$

$$\frac{45.1}{0.30\sqrt{30\times30}}=5.01\leqq10$$

平面形状は正方形で高さ方向に一様である.

よって，本建築物は適用範囲内である.

(2)　構造骨組用風直交方向荷重の算定　A6.5.2項

$$C_L'=0.0082\times\left(\frac{30}{30}\right)^3-0.071\times\left(\frac{30}{30}\right)^2+0.22\times\left(\frac{30}{30}\right)=0.157$$

$D/B=30/30=1.0<3$ より $m=1$

$$f_{s1}=\frac{0.12}{\left\{1+0.38(30/30)^2\right\}^{0.89}}\times\frac{45.1}{30}=0.135$$

$$\beta_1=\frac{(30/30)^4+2.3\times(30/30)^2}{\left\{2.4\times(30/30)^4-9.2\times(30/30)^3+18\times(30/30)^2+9.5\times(30/30)-0.15\right\}}+\frac{0.12}{(30/30)}$$

$$=0.281$$

$$F_L=\frac{4\times0.85\times(1+0.6\times0.281)\times0.281}{\pi}$$

$$\times \frac{(0.30/0.135)^2}{\{1-(0.30/0.135)^2\}^2+4\times 0.281^2\times (0.30/0.135)^2}=0.102$$

$$R_L=\frac{\pi\times 0.102}{4\times 0.01}=8.01$$

$$g_L=\sqrt{2\ln(600\times 0.30)+1.2}=3.40$$

Y 方向の振動モードより $\beta=1.0$，ガスト影響係数と同様に計算すると $\phi_L=1.0$

$$W_L=3\times 1.24\times 0.157\times (30\times 1)\times \frac{Z}{120}\times 3.40\times \sqrt{1+1.0^2\times 8.01}$$ (A6.18)式

$$=1.49Z \text{ kN}$$

4.8 構造骨組用ねじり風荷重 A6.6 節

(1) 適用条件の検討 A6.6.1 項

$$\frac{120}{\sqrt{30\times 30}}=4.0\leqq 6$$

$$0.2\leqq 30/30=1.0\leqq 5$$

$$\frac{45.1}{0.40\sqrt{30\times 30}}=3.76\leqq 10$$

平面形状は正方形で高さ方向に一様であり，偏心は小さい．

よって，本建築物は適用範囲内である．

(2) 構造骨組用ねじり風荷重の算定 A6.6.2 節

$$C'_T=0.02+0.04\times (30/30)^2=0.06$$

$$g_T=\sqrt{2\ln(600\times 0.4)+1.2}=3.49$$

$$f_s^*=\frac{8.3\times 0.4\times 30\times \{1+0.38\times (30/30)^{1.5}\}^{0.89}}{45.1}=2.942$$

$D/B=1.0$ より，I_H は 4.5 に示すとおり 0.163 なので

$v_1=0.1\times (30/30)^{-1}=0.1$，$v_2=2\times 0.163\times (30/30)^{0.5}=0.326$

$v_3=0.8\times (30/30)^{-0.2}=0.8$

$w_1=0.06$，$w_2=0.7\times \sqrt{0.163}=0.283$，$w_3=0.24\times (30/30)^{-0.4}=0.24$

$f_m^*=0.4\times 30/45.1=0.266$

$$F_B=\frac{18\times 0.266}{\{1+0.46\times (18\times 0.266)^{1.8}\}^{2.3}}=0.033$$

$$F_V=\frac{1}{0.326\times \sqrt{2\pi}}\exp\left[-0.5\times \left\{\frac{\ln(2.942/0.8)+0.5\times 0.326^2}{0.326}\right\}^2\right]$$

$$=2.159\times 10^{-4}$$

$$F_W = \frac{1}{0.283 \times \sqrt{2\pi}} \exp\left[-0.5 \times \left\{\frac{\ln(0.266/0.24) + 0.5 \times 0.283^2}{0.283}\right\}^2\right]$$

$$= 1.242$$

$$F_T = 0.8 \times 0.033 + 0.1 \times 2.159 \times 10^{-4} + 0.06 \times 1.242 = 0.101$$

$$R_T = \frac{\pi \times 0.101}{4 \times 0.01} = 7.942$$

ねじれの振動モードより$\beta = 1$

$\therefore \phi_T = 1$

$$W_T = 1.8 \times 1.24 \times 0.06 \times (30 \times 1) \times 30 \times \frac{Z}{120} \times 3.49 \times \sqrt{1 + 1^2 \times 7.942}$$ (A6.19)式

$$= 10.46Z \quad \mathrm{kN \cdot m}$$

4.9　構造骨組用風荷重の組合せ　A6.10節

（6.1）式の条件に当てはまることから，A6.10.2項（2）に従い水平風荷重の組合せを行う．ここでは，屋根風荷重は検討対象外とする．　A6.10.2項

（1）風方向荷重が従荷重となる場合の係数

ガスト影響係数$G_D = 2.57$より

$0.4 + 0.6/2.57 = 0.633$

（2）風直交方向荷重，ねじり風荷重が従荷重となる場合の係数

係数が0.4のほかに，表A6.10.2より，相関係数を考慮した係数を算定する．

$D/B = 30/30 = 1.0$

$f_L = 0.30\,\mathrm{Hz}$，$f_T = 0.40\,\mathrm{Hz}$　$\therefore f_1 = 0.30\,\mathrm{Hz}$

$$\xi = 0.40/0.30 = 1.33,\quad \frac{f_1 B}{U} = \frac{0.30 \times 30}{45.1} = 0.200$$

$D/B = 1$，$f_1B/U = 0.2$，$\xi = 1.1$～のとき$\rho_{LT} = 0.5$より$\rho_{LT} = 0.5$　表A6.22

$\sqrt{2 + 2 \times 0.5} - 1 = 0.732$

（水平風荷重の組合せ荷重）

X方向風荷重時の風荷重組合せは付表6.1.1のようになる．　表A6.21

付表6.1.1　水平風荷重の組合せ荷重

風向	組合せ条件	風方向	風直交方向	ねじり方向
X方向	1	W_D	$0.4\,W_L$	$0.4\,W_T$
	2	$0.633\,W_D$	W_L	$0.732\,W_T$
	3	$0.633\,W_D$	$0.732\,W_L$	W_T

5. 外装材用風荷重

6.4 節

5.1 設計風速および設計用速度圧

外装材用風荷重算定時は，風向係数 $K_D = 1$ より

$U_H = 36 \times 1.0 \times 1.0 \times 1.13 \times 1.11 = 45.1$ m/s　　(A6.2)式

$q_H = 1/2 \times 1.22 \times 45.1^2/1000 = 1.24$ kN/m²　　(A6.1)式

5.2 壁面の正のピーク外圧係数の算定

表 A6.15

壁面の正のピーク外圧係数は，I_Z，k_Z を用いて算定する．

$Z \leqq 20$ m　：$\hat{C}_{pe} = \left(\dfrac{20}{120}\right)^{2\times0.27} \times \left\{1 + 7\times0.1\times\left(\dfrac{20}{550}\right)^{-0.27-0.05}\right\} = 1.15$

20 m＜Z＜96 m ：

$$\hat{C}_{pe} = \left(\frac{Z}{120}\right)^{2\times0.27} \times \left\{1 + 7\times0.1\times\left(\frac{Z}{550}\right)^{-0.27-0.05}\right\}$$

$$= 0.08Z^{0.54} + 0.40Z^{0.22}$$

96m $\leqq Z \leqq$ 120 m：

$$\hat{C}_{pe} = 0.8^{2\times0.27} \times \left\{1 + 7\times0.1\times\left(\frac{Z}{550}\right)^{-0.27-0.05}\right\}$$

$$= 0.88 + 4.64Z^{-0.32}$$

5.3 壁面負のピーク外圧係数の算定

表 A6.15

W_a 部　：$\hat{C}_{pe} = -3.0$

W_b 部　：$\hat{C}_{pe} = -2.4$

5.4 屋根面のピーク外圧係数

表 A6.15

正のピーク外圧係数は検討不要である．負のピーク外圧係数は以下のとおりとなる．

R_a 部　：$\hat{C}_{pe} = -2.5$

R_b 部　：$\hat{C}_{pe} = -3.2$

$$R_c \text{ 部}\quad : \hat{C}_{pe} = \begin{cases} -5.0 & (A_C < 1\ \mathrm{m}^2) \\ -5.0 \times A_C^{-0.18} & (1\ \mathrm{m}^2 \leqq A_C \leqq 5\ \mathrm{m}^2) \\ -5.0 \times 0.75 = -3.75 & (5\ \mathrm{m}^2 < A_C) \end{cases}$$

5.5 内圧変動の効果を表す係数

A6.2.6 項

ピーク外圧係数の正負に応じて，ピーク風力係数 $\hat{C}_C$ が大きくなるように，内圧変動の効果を表す係数 C^*_{pi} は 0 または－0.5 の値のいずれかとする．

5.6　外装材用風荷重

6.4 節

付表 6.1.2 に単位面積あたりの外装材用風荷重を示す.

付表 6.1.2　単位面積あたりの外装材用風荷重

		部位	$\hat{C}_{pe}$	C^*_{pi}	$\hat{C}_C$	W_C/A_C (kN/m^2)
壁面	正圧	$Z \leqq 20$ m	1.15	−0.5	1.65	2.05
		20 m$<Z<$96 m	$0.08Z^{0.54}+0.40Z^{0.22}$	−0.5	$0.08Z^{0.54}+0.40Z^{0.22}+0.5$	$0.10Z^{0.54}+0.50Z^{0.22}+0.62$
		96 m$\leqq Z \leqq$120 m	$4.64Z^{-0.32}+0.88$	−0.5	$4.64Z^{-0.32}+1.38$	$5.75Z^{-0.32}+1.71$
	負圧	W_a 部	−3.0	0.0	−3.0	−3.72
		W_b 部	−2.4	0.0	−2.4	−2.98
屋根面	正圧	全面	検討不要			
	負圧	R_a 部	−2.5	0.0	−2.5	−3.10
		R_b 部	−3.2	0.0	−3.2	−3.97
		R_c 部 1)	−5.0	0.0	−5.0	−6.20

［注］　1) $A_C<1$ m^2 の場合を示す.

付 6.2　風荷重の算定例 2　平屋建て倉庫

1.　建築物概要

・建築物用途　：倉庫

・構造種別　：鉄骨造

・建設地　：東京都 B 区

・建築物形状　：下図参照

・架構形式　：桁行方向は 12 スパンのブレース構造
　梁間方向は 1 スパンのラーメン構造

・仕上げ　：屋根面　丸馳折版（厚さ $t=1.0$ mm）
　外壁面　角波鋼板張り（厚さ $t=0.6$ mm）

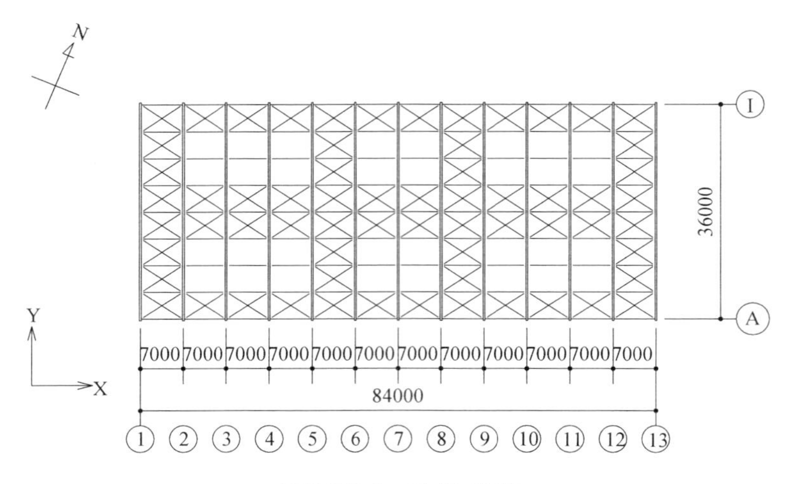

付図 6.2.1 屋 根 伏 図

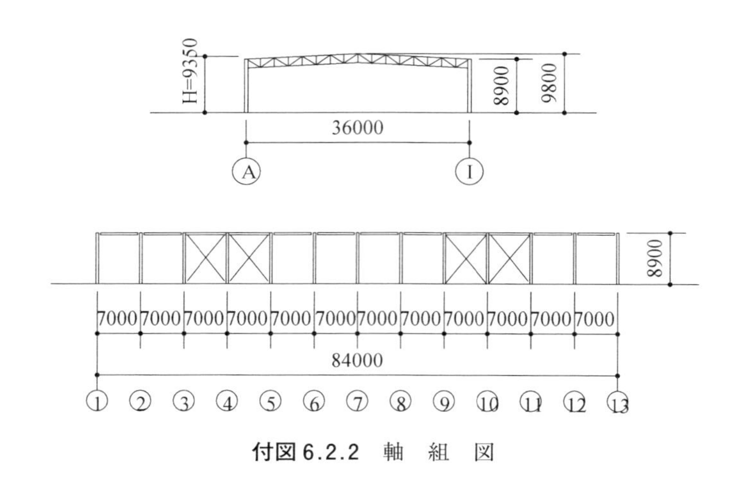

付図 6.2.2 軸 組 図

2. 建設地点とその周辺の地表面状況

・周辺には高さ 15 m 前後の倉庫が散在しており，平坦である.

・地表面粗度区分はⅡとする.

3. 荷重算定の方針

・屋根面を構成する 36 m スパンのトラス梁の振動モードを想定して，構造骨組用風荷重および外装材用風荷重を算定する.

・基準高さは屋根面の平均高さの 9.35 m とする.

$$H=\frac{8.9+9.8}{2}=9.35\ \mathrm{m}$$

・構造骨組用・外装材用とも設計用再現期間は 100 年とする.

・減衰定数は鉄骨造なので 2 % とする.

・主架構の並進方向の固有振動数は，X 方向，Y 方向共に 3.75 Hz とする．

・36 m スパンのトラス梁の上下方向の固有振動数は，自重よるたわみが $\delta = 0.0355$ m なので，重力式より

$f_R = 0.57/\sqrt{\delta} = 0.57/\sqrt{0.0335} = 3.11$ Hz

4. 構造骨組用風荷重

4.1 設計風速

1) 基本風速　　A6.1.3 項

図 A6.1 より，$U_0 = 38$ m/s

2) 風向係数　　A6.1.5 項

風向係数の算定には A6.1.5 を用いる．ただし，本建築物ではすべての風向に対して $K_D = 1.0$ とする．

3) 風速の再現期間換算係数　　A6.1.4 項

設計用再現期間は 100 年なので $k_{R_W} = 1.0$ となる．　　(A6.3)式

4) 風速の鉛直分布係数　　A6.1.7 項

地表面粗度区分 II なので，表 A6.3 より $Z_b = 5$ m，$Z_G = 350$ m，$\alpha = 0.15$　　表 A6.3

$E_r = 1.7 \times (9.35/350)^{0.15} = 0.987$　　(A6.5)式

同様に，$E_g = 1.0$

$\therefore E = E_r E_g = 0.987$　　(A6.4)式

5) 季節係数　　A6.1.6 項

季節係数は $K_S = 1.0$ とする．

6) 設計風速　　A6.1.2 項

$U_H = U_0 k_{R_W} K_D K_S E_H = 38 \times 1.0 \times 1.0 \times 1.0 \times 0.987 = 37.5$ m/s　　(A6.2)式

4.2 設計用速度圧　　A6.1.1 項

$$q_H = \frac{1}{2}\rho U_H^2 = (1/2) \times 1.22 \times 37.5^2 = 859 \text{ N/m}^2$$　　(A6.1)式

4.3 基準高さ H における乱れの強さ　　A6.1.8 項(1)

$I_{rH} = 0.1 \times (9.35/350)^{(-0.15-0.05)} = 0.206$，$E_{gI} = 1.0$　　(A6.7)式

$I_H = I_{rH} E_{gI} = 0.206 \times 1.0 = 0.206$　　(A6.6)式

4.4 基準高さ H における乱れのスケール　　A6.1.8 項(2)

$L_H = 100 \times (9.35/30)^{0.5} = 55.8$ m　$(Z_b < Z)$　　(A6.8)式

4.5　風 力 係 数

A6.2 節

(1)　風向が梁に平行な場合（± Y 風向）

1）屋　根　面

A6.2.2 項(2)

$$\text{アスペクト比}\frac{H}{\sqrt{BD}}=\frac{9.35}{\sqrt{84\times 36}}=0.170\leqq 2$$

　　ただし，B は建築物の幅（m），D は建築物の奥行（m）

であり，屋根勾配 2.9°＜10° なので，陸屋根の屋根面の風力係数を用いる．風上屋根面と風下屋根面の外圧係数は R_a 部，R_b 部になる．

　なお，$l=\min(4H, B)=\min(4\times 9.35, 84)=37.4$ m となる．このとき，奥行 $D=36$ m＜$1.5l=56.1$ m となるので，R_c 部が無くなることに留意する．

各部位の外圧係数は $B>6H$ かつ $D>H$ なので，表 A6.9（1）より以下の値となる．

表 A6.9(1)

　　R_a 部：$C_{pe}=-1.0$，R_b 部：$C_{pe}=-0.6$

よって，風力係数は

　　内圧係数 $C_{pi}=0$ の場合：R_a 部：$C_R=-1.0$，R_b 部：$C_R=-0.6$

　　内圧係数 $C_{pi}=-0.4$ の場合：R_a 部：$C_R=-0.6$，R_b 部：$C_R=-0.2$

2）壁　　　面

表 A6.9(1)

　風上壁面 W_U 部は，$B>H$ より $C_{pe}=0.6$

　風下壁面 L_a 部，L_b 部は，風向 W_1 に対して屋根勾配 $\theta\leqq 45°$ なので，

　　La 部：$C_{pe}=-0.4$（$D>H$），Lb 部：$C_{pe}=-0.8$（$B/H\geqq 6$），

　よって，風力係数は

　　L_a 部の範囲にある骨組に対して，$C_D=0.6-(-0.4)=1.0$

　　L_b 部の範囲にある骨組に対して，$C_D=0.6-(-0.8)=1.4$

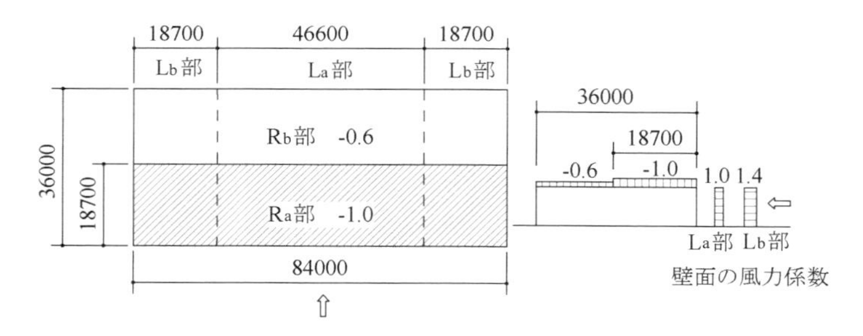

付図 6.2.3　風力係数（± Y 風向，$C_{pi}=0$ の場合）

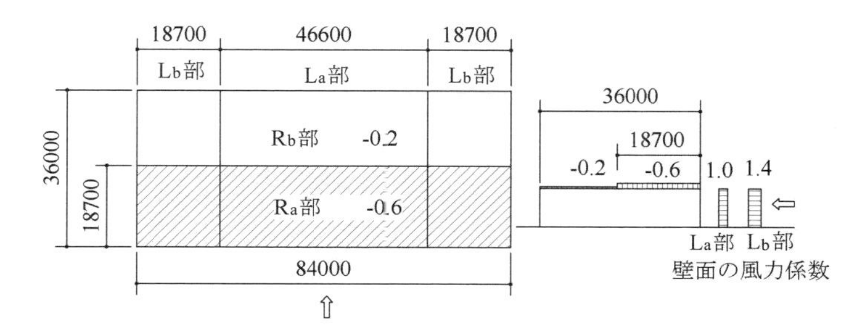

付図 6.2.4　風力係数（$\pm Y$ 風向，$C_{pi}=-0.4$ の場合）

(2) 風向が梁に直角な場合（$\pm X$ 風向）

1) 屋　根　面　　　表 A6.9(1)

各部位の外圧係数は $2H<B<6H$ かつ $D>H$ なので，表 A6.9 (1) より以下の値となる．なお，$l=\min(4H, B)=\min(4\times 9.35, 36)=36$ m となる．また，各数値は中間補間されている．

R_a 部：$C_{pe}=-0.893$，R_b 部：$C_{pe}=-0.493$，R_c 部：$C_{pe}=-0.293$

よって，風力係数は

内圧係数 $C_{pi}=0$ の場合：R_a 部：$C_R=-0.893$，R_b 部：$C_R=-0.493$

R_c 部：$C_R=-0.293$

内圧係数 $C_{pi}=-0.4$ の場合：R_a 部：$C_R=-0.493$

R_b 部：$C_R=-0.0925$

R_c 部：$C_R=+0.107$

2) 壁　　　面　　　表 A6.9(1)

風上壁面 W_U 部は，$B>H$ より $C_{pe}=0.6$

風下壁面 L_a 部，L_b 部は，風向 W_1 に対して屋根勾配 $\theta \leq 45°$ なので，

L_a 部：$C_{pe}=-0.4$（$D>H$），L_b 部：$C_{pe}=-0.4$（$B/H<6$ かつ $D>H$），

よって，風力係数は

$C_D=0.6-(-0.4)=1.0$

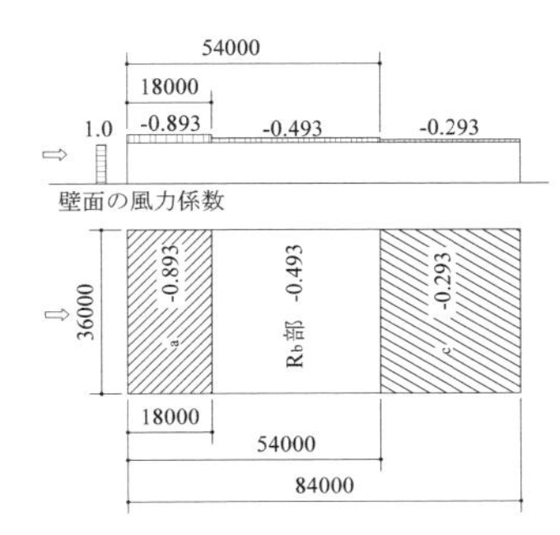

付図 6.2.5　風力係数
（$\pm X$ 風向，$C_{pi}=0$）

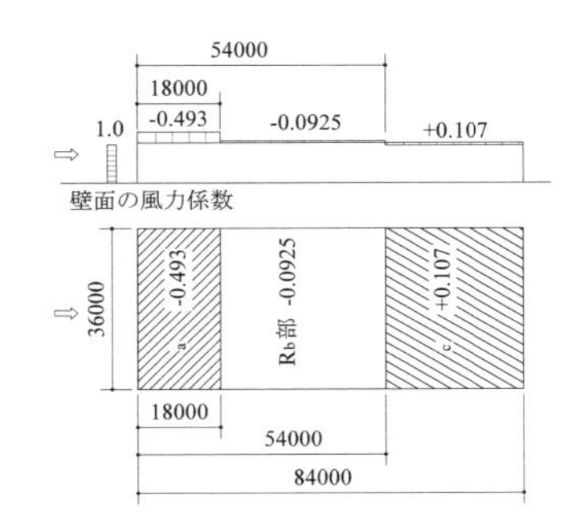

付図 6.2.6　風力係数
（$\pm X$ 風向，$C_{pi}=-0.4$）

4.6　構造骨組用変動屋根風荷重

A6.4 節

(1)　適用範囲の確認

ⅰ）平面形状は長方形で高さ方向に一様である．

ⅱ）屋根勾配は 10°未満である．

ⅲ）$\dfrac{H}{\sqrt{BD}}=\dfrac{9.35}{\sqrt{36\times 84}}=0.170\leqq 1$

ⅳ）$0.4\leqq\dfrac{D}{B}=\dfrac{84}{36}=2.33\leqq 2.5$ あるいは $0.4\leqq\dfrac{D}{B}=\dfrac{36}{84}=0.429\leqq 2.5$

上記 4 条件をすべて満たしているので，変動屋根風荷重の算定対象となる．

(2)　風向に平行な屋根梁の場合

$$C'_{\mathrm{R}}=0.14\frac{H}{D}-0.08\frac{H}{B}+0.17$$

$$=0.14\times\frac{9.35}{36.0}-0.08\times\frac{9.35}{84.0}+0.17=0.197$$

$r_1=0.2,\ r_2=1.0,\ r_3=2.0,\ r_4=4.0,\ r_5=1.0,\ r_6=0.1$

$$f_{\mathrm{R}}{}^*=\frac{f_{\mathrm{R}}B}{U_H}=\frac{3.11\times 84.0}{37.5}=6.97$$

$$F_{\mathrm{F}}=\frac{r_5}{\sqrt{2\pi}}\exp\left\{-0.5\left(\ln(f_{\mathrm{R}}{}^*/r_6)+0.5\right)^2\right\}$$

$$=\frac{1.0}{\sqrt{2\pi}}\exp\left\{-0.5\left(\ln(6.97/0.1)+0.5\right)^2\right\}=5.16\times 10^{-6}$$

$$F_{\mathrm{B}}=\frac{r_1 f_{\mathrm{R}}^*}{\left(1+r_2 f_{\mathrm{R}}^{*r_3}\right)^{r_4}}=\frac{0.2\times 6.97}{\left(1+1.0\times 6.97^{2.0}\right)^{4.0}}=2.30\times 10^{-7}$$

$$F_{\mathrm{R}}=F_{\mathrm{B}}+F_{\mathrm{F}}=5.16\times 10^{-6}+2.30\times 10^{-7}=5.39\times 10^{-6}$$

$$R_{\mathrm{R}}=\frac{\pi F_{\mathrm{R}}}{4\zeta_{\mathrm{R}}}=\frac{\pi\times 5.39\times 10^{-6}}{4\times 0.02}=2.12\times 10^{-4}$$

$$g_{\mathrm{R}}=\sqrt{2\ln(600f_{\mathrm{R}})+1.2}=\sqrt{2\ln(600\times 3.11)+1.2}=4.03$$

$$W'_{\mathrm{R}}=2q_H C'_{\mathrm{R}} A_{\mathrm{R}}\sin\frac{\pi x}{L}g_{\mathrm{R}}\sqrt{1+R_{\mathrm{R}}}$$

（A6.17）式

$$=q_H A_{\mathrm{R}}\times 2\times 0.197\times\sin\frac{\pi x}{L}\times 4.03\sqrt{1+2.12\times 10^{-4}}$$

$$=q_H A_{\mathrm{R}}\sin\frac{\pi x}{L}\times 1.59$$

（3）風向に直交する屋根梁の場合

$$C'_{RE}=0.04\frac{H}{D}+0.02\frac{H}{B}+0.29$$

$$=0.04\times\frac{9.35}{84.0}+0.02\times\frac{9.35}{36.0}+0.29=0.300$$

$$C'_{RC}=0.18\frac{H}{D}-0.08\frac{H}{B}+0.16$$

$$=0.18\times\frac{9.35}{84.0}-0.08\times\frac{9.35}{36.0}+0.16=0.159$$

$$C'_{R}=\frac{C'_{RC}-C'_{RE}}{0.4}\frac{y}{D}+\frac{5C'_{RE}-C'_{RC}}{4}$$

$$=\frac{0.159-0.300}{0.4}\frac{y}{D}+\frac{5\times0.300-0.159}{4}=-0.351\frac{y}{D}+0.335$$

$r_1=0.3$，$r_3=3.0$，$r_4=3.0$，$r_5=0.8$

$$r_2=0.76\left(\frac{D}{B}\right)^2-2.84\left(\frac{D}{B}\right)+3.20$$

$$=0.76\times\left(\frac{84.0}{36.0}\right)^2-2.84\times\left(\frac{84.0}{36.0}\right)+3.20=0.711$$

$$r_6=0.003\left(\frac{D}{B}\right)^2+0.068=0.003\times\left(\frac{84.0}{36.0}\right)^2+0.068=0.0843$$

$$f^*_R=\frac{f_R B}{U_H}=\frac{3.11\times36.0}{37.5}=2.99$$

$$F_F=\frac{r_5}{\sqrt{2\pi}}\exp\left\{-0.5(\ln(f^*_R/r_6)+0.5)^2\right\}$$

$$=\frac{0.8}{\sqrt{2\pi}}\exp\left\{-0.5(\ln(2.99/0.0843)+0.5)^2\right\}=8.15\times10^{-5}$$

$$F_B=\frac{r_1 f^*_R}{\left(1+r_2 f^{*r_3}_R\right)^{r_4}}=\frac{0.3\times2.99}{\left(1+0.711\times2.99^{3.0}\right)^{3.0}}=1.12\times10^{-4}$$

$$F_R=F_B+F_F=8.15\times10^{-5}+1.12\times10^{-4}=1.94\times10^{-4}$$

$$R_R=\frac{\pi F_R}{4\zeta_R}=\frac{\pi\times1.94\times10^{-4}}{4\times0.02}=7.62\times10^{-3}$$

$$g_R=\sqrt{2\ln(600f_R)+1.2}=\sqrt{2\ln(600\times3.11)+1.2}=4.03$$

$$W'_R=2q_H C'_R A_R\sin\frac{\pi x}{L}g_R\sqrt{1+R_R}$$

（A6.17）式

$$= q_H A_R \left(-0.351 \frac{y}{D} + 0.335 \right) \sin \frac{\pi x}{L} \times 2 \times 4.03 \sqrt{1 + 7.62 \times 10^{-3}}$$

$$= q_H A_R \left(-0.351 \frac{y}{D} + 0.335 \right) \sin \frac{\pi x}{L} \times 8.10$$

4.7　屋根梁に作用する風荷重　　（単位：N/m²）　　6.3 節

（1）風向に平行な梁の場合

1）内圧係数 $C_{pi} = 0$ の場合

R_a 部：$W_R = q_H C_R A_R \pm W'_R = (-1.0) \times q_H A_R \pm q_H A_R \times \sin \frac{\pi x}{L} \times 1.59$　　(6.5)式

$$= (-1.0 \pm 1.59 \sin \frac{\pi x}{L}) \times 859 A_R$$

R_b 部：$W_R = q_H C_R A_R \pm W'_R = (-0.6) \times q_H A_R \pm q_H A_R \times \sin \frac{\pi x}{L} \times 1.59$　　(6.5)式

$$= (-0.6 \pm 1.59 \sin \frac{\pi x}{L}) \times 859 A_R$$

2）内圧係数 $C_{pi} = -0.4$ の場合

R_a 部：$W_R = q_H C_R A_R \pm W'_R = (-0.6) \times q_H A_R \pm q_H A_R \times \sin \frac{\pi x}{L} \times 1.59$　　(6.5)式

$$= (-0.6 \pm 1.59 \sin \frac{\pi x}{L}) \times 859 A_R$$

R_b 部：$W_R = q_H C_R A_R \pm W'_R = (-0.2) \times q_H A_R \pm q_H A_R \times \sin \frac{\pi x}{L} \times 1.59$　　(6.5)式

$$= (-0.2 \pm 1.59 \sin \frac{\pi x}{L}) \times 859 A_R$$

上式をグラフにすると付図 6.2.7，付図 6.2.8 のようになる．

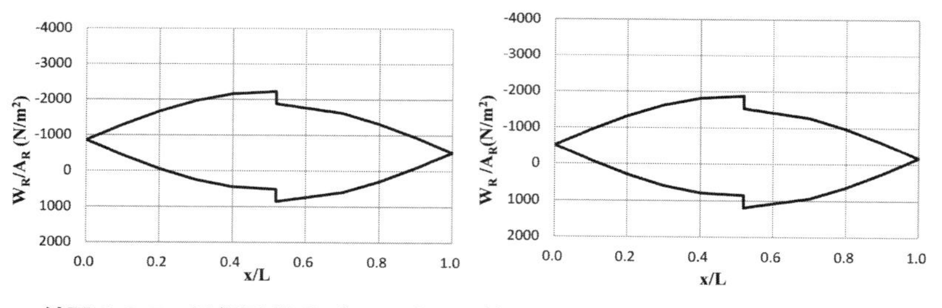

付図 6.2.7　屋根風荷重（$C_{pi} = 0$）　**付図 6.2.8**　屋根風荷重（$C_{pi} = -0.4$）

（2）風向に直交する梁の場合

1）内圧係数 $C_{pi}=0$ の場合

$\mathrm{R_a}$ 部：①通りで算出する．$y/D=0$

$$W_R=(-0.893)\times q_H A_R \pm q_H A_R \times\left(-0.351\frac{y}{D}+0.335\right)\sin\frac{\pi x}{L}\times 8.10$$ （6.5）式

$$=\left\{-0.893\pm 2.71\sin\frac{\pi x}{L}\right\}\times 859 A_R$$

$\mathrm{R_b}$ 部：④通りで算出する．$y/D=0.250$

$$W_R=(-0.493)\times q_H A_R \pm q_H A_R \times\left(-0.351\frac{y}{D}+0.335\right)\sin\frac{\pi x}{L}\times 8.10$$ （6.5）式

$$=\left\{-0.493\pm 2.00\sin\frac{\pi x}{L}\right\}\times 859 A_R$$

$\mathrm{R_c}$ 部：⑨通りで算出する．$y/D=0.667$

$$W_R=(-0.293)\times q_H A_R \pm q_H A_R \times\left(-0.351\frac{y}{D}+0.335\right)\sin\frac{\pi x}{L}\times 8.10$$ （6.5）式

$$=\left\{-0.293\pm 0.816\sin\frac{\pi x}{L}\right\}\times 859 A_R$$

2）　内圧係数 $C_{pi}=-0.4$ の場合

$\mathrm{R_a}$ 部：①通りで算出する．$y/D=0$

$$W_R=(-0.493)\times q_H A_R \pm q_H A_R \times\left(-0.351\frac{y}{D}+0.335\right)\sin\frac{\pi x}{L}\times 8.10$$

$$=\left\{-0.493\pm 2.71\sin\frac{\pi x}{L}\right\}\times 859 A_R$$

$\mathrm{R_b}$ 部：④通りで算出する．$y/D=0.250$

$$W_R=(-0.0925)\times q_H A_R \pm q_H A_R \times\left(-0.351\frac{y}{D}+0.335\right)\sin\frac{\pi x}{L}\times 8.10$$

$$=\left\{-0.0925\pm 2.00\sin\frac{\pi x}{L}\right\}\times 859 A_R$$

$\mathrm{R_c}$ 部：⑨通りで算出する．$y/D=0.667$

$$W_R=(0.107)\times q_H A_R \pm q_H A_R \times\left(-0.351\frac{y}{D}+0.335\right)\sin\frac{\pi x}{L}\times 8.10$$

$$=\left\{0.107\pm 0.816\sin\frac{\pi x}{L}\right\}\times 859 A_R$$

上式をグラフにすると付図 6.2.9，付図 6.2.10 のようになる．

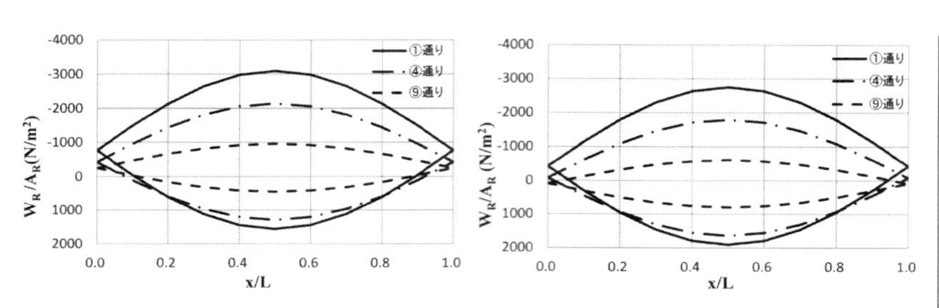

付図 6.2.9　屋根風荷重（$C_{pi}=0$）　付図 6.2.10　屋根風荷重（$C_{pi}=-0.4$）

4.7　構造骨組用水平風荷重（風方向荷重）

6.2 節
A6.3 節

(1)　±X 風向の場合

$B=36$ m, $f_D=3.75$ Hz, $\zeta_D=0.02$, $\phi_D=1.0$, $U_H=37.5$ m/s, $L_H=55.8$ m
$I_H=0.206$, $\alpha=0.15$ より

$$C_g=\frac{1}{3+3\alpha}+\frac{1}{6}=\frac{1}{3+3\times0.15}+\frac{1}{6}=0.457$$

$$C'_g=2I_H\frac{0.49-0.14\alpha}{1+0.63\left(\sqrt{BH}/L_H\right)^{0.56}/(H/B)^k}$$

$$=2\times0.206\times\frac{0.49-0.14\times0.15}{1+0.63\left(\sqrt{36\times9.35}/5.58\right)^{0.56}/(9.35/36)^{0.15}}=0.137$$

$$R=1/(1+20f_DB/U_H)=1/(1+20\times3.75\times36/37.5)=1.37\times10^{-2}$$

$$F=\frac{4f_DL_H/U_H}{\left\{1+71(f_DL_H/U_H)^2\right\}^{5/6}}=\frac{4\times3.75\times55.8/37.5}{\left\{1+71\times(3.75\times55.8/37.5)^2\right\}^{5/6}}=0.0364$$

$$S_D=\frac{0.9}{\left\{1+6(f_DH/U_H)^2\right\}^{0.5}(1+3f_DB/U_H)}$$

$$=\frac{0.9}{\left\{1+6(3.75\times9.35/37.5)^2\right\}^{0.5}\times(1+3\times3.75\times36/37.5)}=0.0305$$

$$F_D=\frac{I_H^2FS_D(0.57-0.35\alpha+2R\sqrt{0.053-0.042\alpha})}{C'^2_g}$$

$$=\frac{0.206^2\times0.0364\times0.0305\times(0.57-0.35\times0.15+2\times1.37\times10^{-2}\times\sqrt{0.053-0.042\times0.15})}{0.137^2}$$

$$=1.32\times10^{-3}$$

$$R_D=\frac{\pi F_D}{4\zeta_D}=\frac{\pi\times1.32\times10^{-3}}{4\times0.02}=0.0519$$

$$\nu_D=f_D\sqrt{R_D/(1+R_D)}=3.75\times\sqrt{0.0519/(1+0.0519)}=0.833$$
$$g_D=\sqrt{2\ln(600\nu_D)+1.2}=3.69$$

$$G_D = 1 + g_D \frac{C'_g}{C_g}\sqrt{1+\phi_D^2 R_D} = 1 + 3.69 \times \frac{0.137}{0.457} \times \sqrt{1+0.0519} = 2.14$$ (A6.16)式

$q_H = 859\ \mathrm{N/m^2}$，$C_D = 1.0$ より

$$W_D = q_H C_D G_D A = 859 \times 1.0 \times 2.14 \times A = 1834A \quad \mathrm{N}$$ (6.4)式

(2)　$\pm Y$ 風向の場合

$B = 84\ \mathrm{m}$，$f_D = 3.75\ \mathrm{Hz}$，$\zeta_D = 0.02$，$\phi_D = 1.0$，$U_H = 37.5\ \mathrm{m/s}$，$L_H = 55.8\ \mathrm{m}$

$I_H = 0.206$，$\alpha = 0.15$ より

$C_g = 0.457$，$C_g' = 0.121$，$R = 0.00592$，$F = 0.0364$，$S_D = 0.0138$

$F_D = 7.54 \times 10^{-4}$，$R_D = 0.0296$，$\nu_D = 0.636$，$g_D = 3.62$，$G_D = 1.98$

$q_H = 859\ \mathrm{N/m^2}$，$C_D = 1.0$（$\mathrm{L_a}$ 部）または 1.4（$\mathrm{L_b}$ 部）より

$$W_D = q_H C_D G_D A = \begin{cases} 859 \times 1.0 \times 1.98 \times A = 1696A \\ 859 \times 1.4 \times 1.98 \times A = 2375A \end{cases} \quad \mathrm{N}$$ (6.4)式

4.8　風荷重の組合せ　A6.10 節

4.6 節で求めた屋根風荷重と 4.7 節で求めた風方向水平風荷重を組み合せて，屋根架構を含む主架構の応力解析を行う．このとき，風直交方向の風荷重の影響を考慮する．本建築物は（6.1）式の条件に当てはまらないので，屋根風荷重および風方向水平風荷重に，A6.10.2 項の（A6.30）式より求まる風直交方向荷重を組み合せて，構造骨組の部材断面の設計を行う．風直交方向荷重は次式で与えられる．

$\pm Y$ 風向の場合：$\gamma = 0.35 \times 36/84 = 0.15 \Rightarrow 0.2$　　$\therefore W_{LC} = 0.2W_D$　(6.30)式

$\pm X$ 風向の場合：$\gamma = 0.35 \times 84/36 = 0.82$　　$\therefore W_{LC} = 0.82W_D$

5. 外装材用風荷重

5.1　ピーク外圧係数　A6.2.5 項

$$\text{アスペクト比}\frac{H}{\sqrt{B_1 B_2}} = \frac{9.35}{\sqrt{84 \times 36}} = 0.17 \leq 2$$

であるので，アスペクト比が 2 以下の建築物として算定する．

また，本建築物の屋根勾配は 10° 以下であるので，屋根面については陸屋根を参照する．

(1)　正のピーク外圧係数　表 A6.16(1)

・壁面：$\hat{C}_{pe} = k_Z(1+7I_Z)$

$$k_Z = \begin{cases} (5/9.35)^{2\times0.15} = 0.829 & Z \leqq Z_b \\ (Z/9.35)^{2\times0.15} & Z_b < Z \leqq 0.8H \\ (0.8)^{2\times0.15} = 0.935 & Z \geqq 0.8H \end{cases}$$

$I_Z = I_{rZ} E_{gI}$　　(A6.6)式

$$I_{rZ} = \begin{cases} 0.1\left(\dfrac{5}{350}\right)^{-0.15-0.05} = 0.234 & Z \leqq Z_b \\ 0.1\left(\dfrac{Z}{350}\right)^{-0.15-0.05} & Z_b < Z \leqq Z_g \end{cases}$$

平坦地のため $E_{gI} = 1.0$

・屋根面：$\hat{C}_{pe} = C_{pe}(1+7I_H)$

ここで，陸屋根の屋根面の外圧係数 C_{pe} は検討不要である．

よって，正のピーク外圧係数 $\hat{C}_{pe}$ も検討不要となる．

(2) 負のピーク外圧係数　　表 A6.16(1)

・壁面

W_a 部：$\hat{C}_{pe} = -4.2$

W_b 部：$\hat{C}_{pe} = -2.4$

・屋根面

R_a 部：$\hat{C}_{pe} = -4.3$

R_b 部：$\hat{C}_{pe} = -7.3k_C = -7.3 \times 0.75 = -5.48$

ここで付図 6.2.1 屋根伏図の小梁間隔より，受圧面積 $A_C = 7.0 \times 4.5 = 31.5\ \mathrm{m}^2$ として，$k_C = 0.75$（$5 < A_C$）とした．

R_c 部：$\hat{C}_{pe} = -4.3$

R_f 部：$\hat{C}_{pe} = -2.5$

5.2　外装材用風荷重

外装材用風荷重

$W_C = q_H \hat{C}_C A_C$　　(6.6)式

地表面粗度区分Ⅱに対し，風向係数 $K_D = 1$ として速度圧を求める．

$U_H = U_0 K_D E_H k_{R_W} = 38 \times 1.0 \times 0.987 \times 1.0 = 37.5\ \mathrm{m/s}$　　(A6.2)式

$q_H = \dfrac{1}{2}\rho U_H{}^2 = \left(\dfrac{1}{2}\right) \times 1.22 \times 37.5^2 = 859\ \mathrm{N/m^2}$　　(A6.1)式

また，内圧変動の効果を表す係数 C_{pi}^* は，0 または -0.5 から，ピーク風力係数の絶対値がより大きくなるように選択した．

以上より，各部位ごとの外装材用風荷重は付表 6.2.1，付表 6.2.2 のとおりとなる．

付表 6.2.1　外装材用風荷重（正圧，壁面）

部位	Z(m)	k_Z	I_Z	$\hat{C}_{pe}$	C^*_{pi}	$\hat{C}_c$	W_C/A_C(N/m^2)
Z_b	5.0	0.829	0.234	2.19	−0.5	2.69	2 306
0.8H	7.48	0.935	0.216	2.35	−0.5	2.85	2 445
	8.9	0.935	0.208	2.30	−0.5	2.80	2 404
	9.8	0.935	0.204	2.27	−0.5	2.77	2 382

付表 6.2.2　外装材用風荷重（負圧）

部位		$\hat{C}_{pe}$	C^*_{pi}	$\hat{C}_c$	W_C/A_C(N/m^2)
壁面	W_a 部	−4.2	0	−4.2	−3 606
	W_b 部	−2.4	0	−2.4	−2 061
屋根面	R_a 部	−4.3	0	−4.3	−3 692
	R_b 部	−5.48	0	−5.48	−4 701
	R_c 部	−4.3	0	−4.3	−3 692
	R_f 部	−2.5	0	−2.5	−2 147

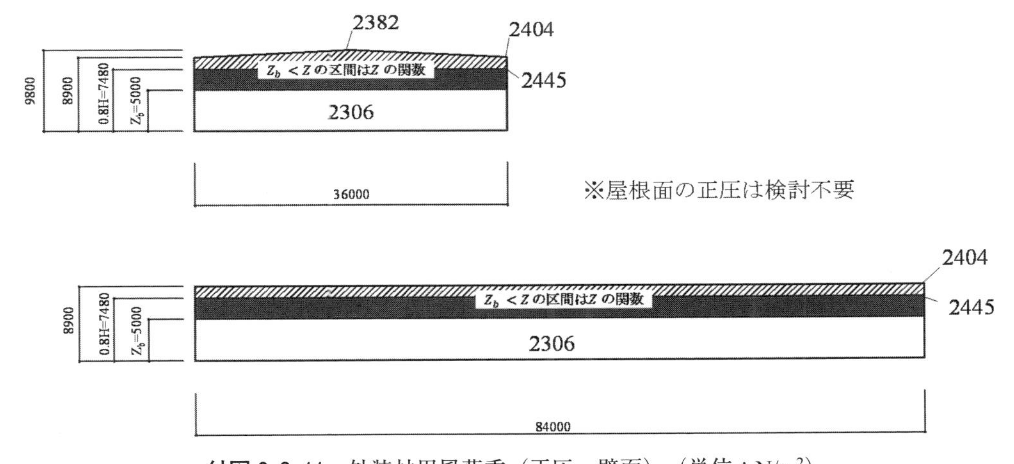

付図 6.2.11　外装材用風荷重（正圧，壁面）（単位：N/m^2）

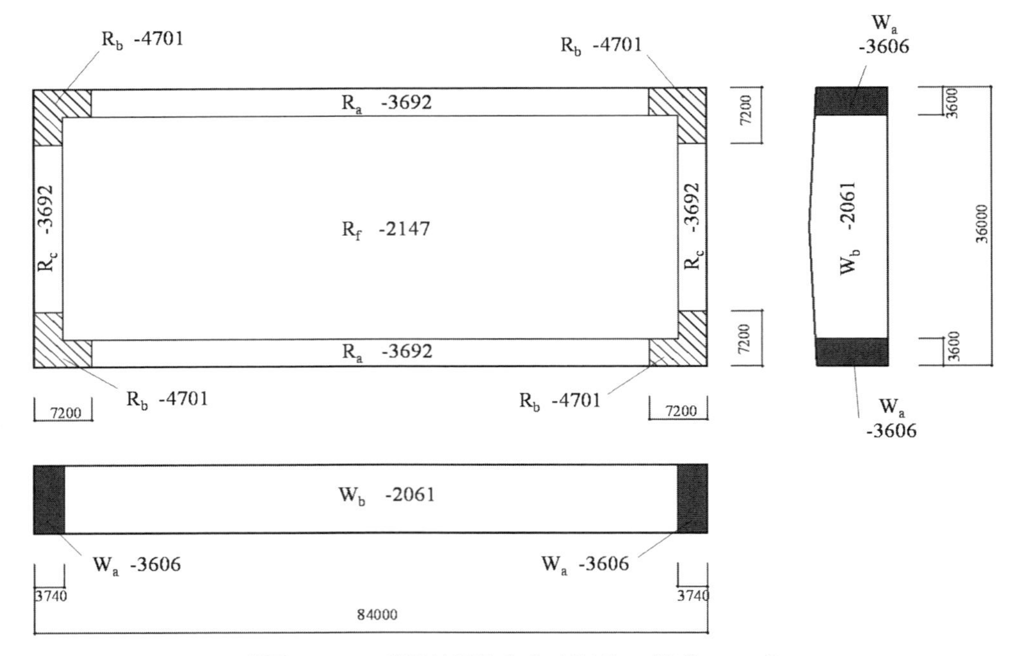

付図 6.2.12　外装材用風荷重（負圧）（単位：N/m²）

付 6.3　風荷重のばらつき

1. 風荷重に影響を与える因子

ここでは，構造骨組用風方向荷重と外装材用風荷重を対象として，風荷重のばらつきを検討する．構造骨組用風方向荷重 W_D(N) は（6.4）式で表される．

$$W_D = q_H C_D G_D A \qquad (6.4)\ 再掲$$

ここで，q_H：速度圧（N/m^2），C_D：風力係数，G_D：風方向荷重のガスト影響係数，A：地表面からの高さ Z（m）における風向に垂直な面に投影した建築物の面積（見付面積）（m^2）である．

また，外装材用風荷重 W_C(N) は（6.6）式で表される．

$$W_C = q_H \hat{C}_C A_C \qquad (6.6)\ 再掲$$

ここで，q_H：速度圧（N/m^2），$\hat{C}_C$：ピーク風力係数，A_C：外装材等の受圧面積（m^2）である．

速度圧 q_H(N/m^2）は（A6.1）式および（A6.2）式より，（付 6.3.1）式のように表される．

$$q_H = \frac{1}{2}\rho U_H{}^2 = \frac{1}{2}\rho (U_0 k_{R_W} K_D K_S E_H)^2 \qquad (付\ 6.3.1)$$

ここで，ρ：空気密度で 1.22 kg/m^3 とする，U_H：設計風速（m/s），U_0：基本風速（m/s），k_{R_W}：再現期間換算係数，K_D：風向係数，K_S：季節係数，E_H：風速の鉛直方向分布係数 E の基準高さ H（m）における値である．

構造骨組用風方向荷重 W_D(N）や外装材用風荷重 W_C(N）のばらつきに影響を与える因子は，空気密度 ρ(kg/m^3），基本風速 U_0(m/s)，再現期間換算係数 k_{R_W}，風向係数 K_D，季節係数 K_S，地表面粗度区分に応じた鉛直方向分布係数 E の基準高さ H(m）における値 E_H および風力係数 C_D，ガスト影響係数 G_D，または，ピーク風力係数 $\hat{C}_C$ である．

また，ガスト影響係数 G_D は，設計風速 U_H(m/s)，風速の乱れの強さ I_H，風速の乱れのスケール L_H(m)，建築物の基準高さ H(m)，建築物の幅 B(m)，建築物の固有振動数 f_D(Hz)，建築物の減衰定数 ζ_D などの影響を受ける．限界状態設計法の枠組の中で風荷重を考える場合，これらの各因子のばらつきを評価する必要がある．

2. 各因子のばらつき

（1）空気密度 ρ

空気密度 ρ は，気温，気圧および湿度により異なるが，湿度の影響は通常無視することができる．本指針では 15℃，1 013 hPa での ρ = 1.22 kg/m^3 の値を用いてよいとしているが，0 ℃，1 013 hPa から 25 ℃，960 hPa の範囲での指針値との差は 10 % 以内にあり，台風を対象に考えた場合にはやや大きめの値になっている．

（2）基本風速 U_0 および再現期間換算係数 k_{R_W}

許容応力度設計法の場合，基本風速 U_0(m/s)，風向係数 K_D，季節係数 K_S，鉛直方向分布係数 E，再現期間換算係数 k_{R_W} から（付 6.3.1）式で速度圧を求め，それと（6.4）式あるいは（6.6）式から風荷重を求めればよい．しかし，限界状態設計法で風荷重を評価する場合は，建築物の供用期間 T 年の間に発生する風速の最大値（T 年最大値）の平均値とその変動係数が必要となる．本指針では，年最大風速をグンベル分布で近似し，再現期間 100 年の基本風速 U_0（m/s）のマップと再現期間 500 年の風速 U_{500}（m/s）のマップを与えており，これらの値から 2 章の方法に基づいて T 年最大値の平均値と標準偏差を求めることができる．付表 6.3.1 に 50 年最大値の平均値，標準偏差および変動係数の計算例を示す．沖縄諸島などを除き U_{500}（m/s）と U_0（m/s）の差は，ほとんどの地域で 4 m/s であり，変動係数は 0.08～0.11 程度となっている．

付表 6.3.1 風速の 50 年最大値の平均値，標準偏差および変動係数

地点	U_0(m/s)	U_{500}(m/s)	50 年最大値		変動係数
			平均値(m/s)	標準偏差(m/s)	
札幌	30.5	34.5	30.2	3.19	0.106
青森	31.0	35.0	30.7	3.19	0.104
仙台	30.5	34.5	30.2	3.19	0.106
新潟	37.0	41.0	36.7	3.19	0.087
東京	36.0	40.0	35.7	3.19	0.089
名古屋	32.5	36.5	32.2	3.19	0.099
大阪	34.5	38.5	34.2	3.19	0.093
広島	30.0	34.0	29.7	3.19	0.107
高知	39.0	43.0	38.7	3.19	0.082
福岡	33.5	37.5	33.2	3.19	0.096
鹿児島	42.0	46.0	41.7	3.19	0.076

(3) 風向係数 K_D

風向係数を用いた場合の荷重効果が風向を考慮した場合の荷重効果になるように風向係数は設定されている．風向係数を考慮した場合の風向別設計風速の標準偏差は 1～2 m/s 程度，変動係数で 0.03～0.05 程度である．

(4) 季節係数 K_S

マップから読み取られる季節係数のばらつきは，局地的な影響を取り除く平滑化処理で取り除かれる成分の割合として評価すると，変動係数で 0.04～0.05 程度である．

(5) 鉛直方向分布係数 E_H

5 区分の地表面粗度とこれに対応する鉛直方向分布係数 E_H の値は，実測資料および数値流体計算結果に基づいて決められているが，用いられた資料の個々の地表面粗度状態と対応づけて実際の E_H の値とのずれを評価することは難しい．仮に，設計者の判断にゆだねられている地表面粗度区分の設定が 1 区分異なって判断された場合は，鉛直方向分布係数 E_H の値は概ね，$H=5$ m で 25 %，$H=100$ m で 15 %，$H=200$ m で 10 % ずれるため，変動係数はその半分程度の値として，

$H=$ 5 m で 0.13

$H=100$ m で 0.08

$H=200$ m で 0.05

と大略見積もることができる．

（6）風力係数，風圧係数

アスペクト比が2を超える建築物の構造骨組用風方向荷重算定のための風力係数の例として，最も多用される長方形平面をもつ建築物の場合を取り上げる．文献等から得られる風洞実験値は，アスペクト比および辺長比によって変化するが，表 A6.8 に示した風力係数はこれらのほぼ平均的な値である．鉛直方向の風力係数の分布については，高さ $0.2H$～$0.9H$ の範囲での実験値は，指針値の ± 10 % の範囲内に概ね納まっている．また，建築物基部での転倒モーメント係数は，指針値の ± 20% の範囲にほとんどの実験結果が含まれる．一般に隅欠きや隅切りを付けると風力係数は低減する [90]．したがって，そのような建築物に対して本指針値を適用すると，一般に安全側の設定になる．

長方形平面をもちアスペクト比が2以下の建築物の構造骨組用風力係数は，構造物の形状だけでなく，気流性状など多くのパラメータの影響を受ける．表 A6.9（1）に示した値は，さまざまな条件下での結果をほぼ包絡するように単純化して与えたものである．したがって，実際の値より 10～30 %，部位によっては 50 % 程度過大評価となっている．部位別にみると，W_U 部，L_a 部では 10～20 % 程度であるが，L_b 部では屋根勾配 30° 以下のとき 30 % を超える．また，R_U 部では，負圧と正圧側ともに 10～20 % 程度であるが，R_{Lb} 部では屋根勾配が 30° 以下のとき 30 % を超える場合もある．

構造骨組用屋根風荷重を求める際の外圧係数 C_{pe} の値は，例えば，$B/H \geqq 6$，$D/H > 1$ の場合の風上端付近での値は，指針値 −1.0 に対し，実験値の空間平均値は，ほぼ ± 30 % 程度の範囲にばらついている．

外装材用風荷重の正および負のピーク外圧係数は，各領域内での全風向中の最大および最小ピーク外圧係数を基本に定められたものである．これらの値は，実験気流，実験条件（風圧のサンプリング間隔や測定点位置など），建築物の辺長比や縮尺率などによって変化し，変動係数 0.2 程度のばらつきをもっている．

（6）ガスト影響係数 G_D

構造骨組用水平風荷重（風方向）のガスト影響係数 G_D に影響を与えるパラメータは，建築物の高さや幅を除けば，主として建築物の風方向の1次固有振動数 f_D（Hz），1次減衰定数 ζ_D，設計風速 U_H（m/s），乱れのスケール L_H（m），乱れの強さ I_H，および風速の鉛直方向分布のべき指数 α である．これらがガスト影響係数に与える影響の度合は，地表面粗度区分や想定している建築物の形状などで異なる．ここでは仮に基準高さ $H = 80$ m，幅 $B = 40$ m，1次固有振動数 $f_D = 0.5$ Hz，1次減衰定数 $\zeta_D = 2$ %，基本風速 $U_0 = 39$ m/s，および地表面粗度区分Ⅲの場合を考える．各パラメータの値が単独に1% 増加した場合の，ガスト影響係数の増加量 ΔG_D を付表 6.3.2 に示す．例えば，減衰定数 ζ_D の変動係数が 20 % であれば，減衰定数に起因するガスト影響係数の変動係数は $0.0011 \times 20 = 0.022$ と見積もられる．

付表 6.3.2 各パラメータの値が単独に 1 % 増加した場合のガスト影響係数の増加率 ΔG_D

パラメータ	ガスト影響係数の増加率 ΔG_D
固有振動数 f_D	−0.18 %
減衰定数 ζ_D	−0.11 %
設計風速 U_H	0.23 %
乱れの強さ I_H	0.51 %
乱れのスケール L_H	−0.03 %
べき指数 α	0.12 %

構造骨組用変動屋根風荷重も種々のパラメータの影響を受けるが，指針による屋根骨組の最大荷重効果と風洞実験値との対応は，最大で 30 % 程度，概ね 15 % 以内の誤差で納まっている．固有振動数など建築物の特性に起因する風荷重のばらつきは，風方向荷重の場合にほぼ準じて推定されよう．

(8) 1 次固有振動数 f_D および減衰定数 ζ_D

文献 9) では，1 次固有振動数および 1 次減衰定数の評価式を提案している．この提案式を用いた場合のばらつきを提案式と実測値の差の変動係数として評価すると，1 次固有振動数の変動係数は RC 造・SRC 造，S 造とも 0.1〜0.15 程度，1 次減衰定数の変動係数は RC 造・SRC 造で 0.2 程度，S 造で 0.3 程度となる．

(9) 乱れの強さ I_H

乱れの強さの観測値と指針値との比較が図 A6.1.9 に示されている．これについて指針値と実測値の差の変動係数を見積もると 0.26 程度となる．

(10) 乱れのスケール L_H

乱れのスケールの観測値と指針値との比較が図 A6.1.10 に示されている．これについて指針値と実測値の差の変動係数を見積もると 0.34 程度となる．

3. 風荷重の変動係数

構造骨組用水平風荷重（風方向）と外装材用風荷重の変動係数は，(付 6.3.2) 式または (付 6.3.3) 式で求められる．

構造骨組用水平風荷重（風方向）：$V_{W_D} = \sqrt{V_\rho^2 + 4V_{U_H}^2 + V_{C_D}^2 + V_{G_D}^2}$ (付 6.3.2)

外装材用風荷重：$V_{W_C} = \sqrt{V_\rho^2 + 4V_{U_H}^2 + V_{\hat{C}_D}^2}$ (付 6.3.3)

ここで，

V_{W_D}：構造骨組用水平風荷重 W_D の変動係数
V_{W_C}：外装材用風荷重 W_C の変動係数
V_ρ：空気密度 ρ の変動係数
V_{U_H}：設計風速 U_H の変動係数
V_{C_D}：風力係数 C_D の変動係数

V_{G_D}：ガスト影響係数 G_D の変動係数

$V_{\hat{C}_C}$：ピーク風力係数 $\hat{C}_c$ の変動係数

いま，基準高さ $H=80$ m，幅 $B=40$ m，1次固有振動数 $f_D=0.5$ Hz，1次減衰定数 $\zeta_D=2$ % の建築物が，付表6.3.1の各都市で地表面粗度区分Ⅲの地域に建設された場合の風荷重の変動係数を試算すると，構造骨組用水平風荷重（風方向）の変動係数 V_{W_D} は0.29～0.32程度，外装材用風荷重の変動係数 V_{W_C} は0.32～0.35程度の値となる．

参考文献

1）日本建築学会：建築物の耐風設計資料（その2）－風の動的作用と荷重評価－，1991.11
2）西村宏昭・谷池義人：境界層流中における高層建物の空力不安定振動，日本建築学会構造系論文集，第456号，pp.31～37，1994
3）西村宏昭・谷池義人：境界層流中における高層建物の空力不安定振動（続），日本建築学会構造系論文集，第482号，pp.27～32，1996
4）片桐純治・大熊武司・丸川久佐夫・下村祥一：辺長比2の高層建築物に作用する振動依存風力特性に関する研究－風直角方向および捩れ振動時振動依存風力特性－，日本建築学会構造系論文報告集，第534号，pp.25～32，2000
5）片桐純治・大熊武司・丸川久佐夫：捩れ空力不安定振動の発生風速の予測式の提案，日本建築学会技術報告集，第15号，pp.65～70，2002
6）藤本盛久・大熊武司：自然風中における円柱構造物の振動性状に関する理論的研究Ⅰ，日本建築学会論文報告集，第185号，pp.37～44，1971
7）大熊武司：自然風中における円柱構造物の振動性状に関する理論的研究Ⅱ，日本建築学会論文報告集，第187号，pp.59～67，1971
8）大熊武司：自然風中における円柱構造物の振動性状に関する理論的研究Ⅲ，日本建築学会論文報告集，第188号，pp.25～32，1971
9）日本建築学会：建築物の減衰，2000.10
10）Davenport, A.G.：The application of statistical concepts to the wind loading of structures, Proc. Inst. Civil Engrs., Vol.19, pp.449～472, 1961
11）Zhou, Y., Kareem, A.：Gust Loading Factor: New Model, J. of Structural Engineering, Vol.127(2), pp.168～175, 2001
12）大熊武司・丸川比佐夫：大スパン屋根の空力不安定振動の発生機構について，日本風工学会誌，第42号，pp.35～42，1990
13）松本武雄：一様流中の一方向吊屋根の自励振動についての風洞実験，日本建築学会構造系論文集，第384号，pp.90～96，1988
14）伊藤真二・奥田泰雄・喜々津仁密：瓦裏面と棟瓦を持つ風洞模型による切妻屋根瓦のピーク風力係数の検討，第22回風工学シンポジウム論文集，pp.161～166，2012
15）日本建築センター：実務者のための建築物風洞実験ガイドブック，2008.10
16）日本建築学会：建築物の耐風設計のための数値計算ガイドブック，2005.10
17）石原　孟・日比一喜・加藤央之・大竹和夫・松井正宏：日本各地の年最大風速データベースの構築と測器補正，日本風工学会誌，第92号，pp.5～54，2002
18）大竹和夫・田村幸雄：風向別地表面粗度区分の評価方法に関する研究，日本建築学会大会学術講演梗概集，構造I，pp.119～120，2002
19）Gomes, L., Vickery, B. J.：Extreme wind speeds in mixed climates, Journal of Wind Engineering and Industrial

Aerodynamics, Vol. 2, pp. 331～344, 1978
20）Cook, N. J. : Improving the Gumbel analysis by using M-th highest extremes, Wind and Structures, Vol. 1, No. 1, pp. 25～48, 1998
21）British Standard, Loading for buildings, Part 2. Code of practice for wind loads, BS6399-2, 1997
22）Australian/New Zealand Standard, Structural design actions, Part 2: Wind actions, AS/NZS 1170.2:2011, 2011
23）Melbourne, W. H., Designing for directionality, 1st Workshop on Wind Engineering and Industrial Aerodynamics, Highett, Victoria, 1984
24）ASCE, Minimum design loads for buildings and other structures, Revision of ANSI/ASCE 7-95, ASCE 7-98, 2000
25）猿川　明・松井正宏・奥田泰雄・大竹和夫・中村 修・勝村 章・赤星明紀：季節による設計風速の低減に関する検討，日本建築学会大会学術講演梗概集，構造Ⅰ，pp.79～80，2013
26）須田健一・佐々木淳・石橋龍吉・藤井邦雄・日比一喜・丸山　敬・岩谷祥美・田村幸雄：ドップラーソーダを用いた都心部の自然風観測，第16回風工学シンポジウム論文集，pp.13～18，2000
27）佐々木亮治・大竹和夫・後藤　暁・松井正宏・松山哲雄・宮下康一：風の観測結果に基づく乱れの強さと乱れのスケールの鉛直分布，日本建築学会技術報告集，（投稿中）
28）近藤宏二・河井宏允・川口彰久：小地形まわりの風速増加率の評価－2次元の上り勾配の崖の場合，日本建築学会大会学術講演梗概集，pp.105～106，2001
29）河井宏允・近藤宏二：小地形まわりの風速増減係数－2次元傾斜地，尾根状地形の場合，日本建築学会大会学術講演梗概集，pp.103～104，2003
30）土谷　学・近藤宏二・真田早敏：設計風速に及ぼす局所地形の影響－種々の形状の地形周りの風速増加特性－，日本建築学会大会学術講演梗概集，pp.119～120，1997
31）石原　孟・日比一喜：急峻な山を超える乱流場に関する実験的研究，第15回風工学シンポジウム論文集，pp.61～66，1998
32）梶島岳夫：乱流の数値シミュレーション，養賢堂，1999
33）Shih,T. H., et al: Comp. Methods. Appl. Mech. Eng., Vol. 125, pp. 287～302, 1995
34）小野佳之・田村哲郎：粗面を有する三次元丘陵地まわりの強風乱流へのLESの適用，日本建築学会構造系論文集，No. 606, pp. 73～80, 2006
35）岸田岳士・田村哲郎：粗度効果を考慮した単純地形周りの流れのCFD，第27回数値流体力学シンポジウム，B09-4, 2013
36）大竹和夫：高層建物の外装材用ピーク風圧係数に関する研究（その1），日本建築学会大会学術講演梗概集，構造Ⅰ，pp.193～194，2000
37）大竹和夫：高層建物の外装材用ピーク風圧係数に関する研究（その2），日本建築学会大会学術講演梗概集，構造Ⅰ，pp.143～144，2001
38）日本建築学会：実務者のための建築物外装材耐風設計マニュアル，2013.3
39）西村宏昭・浅見　豊・高森浩治・桶屋真志：高層建物を対象とした変動風圧実験（その4）設計用風圧係数・風力係数，日本建築学会大会学術講演梗概集，構造Ⅰ，pp.57～58，1992
40）Eurocode DD ENV 1991-1-4:2005, 2005
41）亀井　勇・丸田栄蔵：切妻屋根をもつ建物の風圧係数に関する風洞実験（その2　軒・妻軒を有する場合），日本建築学会学術講演概要集，構造系，pp.1041～1042，1981
42）神田　亮・丸田栄蔵：陸屋根，切り妻屋根を有する低層建築物の設計用風圧係数に関する研究（その3　平均風圧係数と風向），日本建築学会大会学術講演概要集，構造Ⅰ，pp.119～120，1992
43）上田　宏・田村幸雄・藤井邦雄：陸屋根の平均風圧性状に対する気流の乱れの影響（陸屋根の風圧性状に関する研究　その1），日本建築学会構造系論文集，No.425，pp.91～99，1991
44）寺崎　浩・勝村　章・植松　康・大竹和夫・奥田泰雄・菊池浩利・野田　博・益山由佳・山本　学・吉田昭仁：屋根および軒の風力係数とガスト影響係数，日本風工学会誌，Vol.36，No.4，pp.343～361，2011
45）上田　宏・羽倉弘人・小田富司：円筒形屋根を支える剛な2ヒンジアーチに作用する風圧並びに風荷重によって生じる応力の特徴，日本建築学会構造系論文集，No.496，pp.29～35，1997
46）菊池浩利・上田　宏・日比一喜：円弧屋根に作用する風圧力の特性，日本建築学会大会学術講演梗概集，構造

Ⅰ，pp.147～148，2003
47）野口満美・植松　康：球形ドームの構造骨組および外装材設計用外圧係数，日本風工学会誌，No.95，pp.177～178，2003
48）安永隼平・具　忠謨・植松　康：円筒形貯槽の設計用風力係数の提案　その2　風による座屈を考慮した設計用風力係数の提案，日本風工学会論文集，No.132，pp.79～92，2012
49）茅野紀子・岡田　恒：耐風設計における建築物の室内圧に関する研究　（その1）平均室内圧係数，日本風工学会誌，No.56，pp.11～20，1993
50）日本建築学会：建築物の耐風設計資料　建築物外装材の耐風設計と耐風性能評価，pp.3-6～3-9，2008.11
51）上田　宏・日比一喜・菊池浩利：風によって誘発された低層建築物の室内圧のシミュレーション，日本建築学会構造系論文集，No.622，pp.65～72，2007
52）Schewe, G.：On the force fluctuations acting on a circular cylinder in crossflow from subcritical up to transcritical Reynolds numbers, Journal of Fluid Mechanics, Vol.133, pp.265～285, 1983
53）Uematsu, Y., Yamada, M.：Aerodynamic forces on circular cylinders of finite height, Journal of Wind Engineering and Industrial Aerodynamics, Vol.51, pp.249～265, 1994
54）野口満美：楕円柱構造物に作用する変動風圧力に関する研究，東京大学博士学位論文，2009
55）植松　康・飯泉江梨・セオドルスタトポラス：独立上屋の風荷重に関する研究　その2　構造骨組用風力係数，日本風工学会論文集，No.107，pp.35～49，2006
56）植松　康・飯泉江梨・セオドルタトポラス：独立上屋の風荷重に関する研究　その3　提案した風力係数の妥当性と適用性，日本風工学会論文集，No.109，pp.115～122，2006
57）電気規格調査会標準規格 JEC-127：1979
58）西村宏昭：風を孕む形状をもつ二次元部材の空力特性，GBRC，No.106，pp.19～24，2002
59）片桐純治・川端三朗・新堀喜則・中村　修：隅欠を有する矩形断面柱の風圧性状に関する研究，日本建築学会大会学術講演梗概集，構造Ⅰ，pp.47～48，1992
60）丸田栄蔵・上田　宏・神田　亮：切妻屋根の局部風圧について，日本大学生産工学部第24回学術講演会，構造Ⅰ，pp.33～36，1991
61）Uematsu, Y.：Peak gust pressures acting on low-rise building roofs, Proceedings of the 8th East Asia-Pacific Conference on Structural Engineering and Construction, Singapore, 2001
62）Uematsu, Y., Isyumov, N.:Peak gust pressures acting on the roof and wall edges of a low-rise building, J.Wind Eng. Ind. Aerodyn., Vol.77&78, pp.217～231,1998
63）Uematsu, Y., Yamada, M.：Fluctuating wind pressures on buildings and structures of circular cross-section at high Reynolds numbers, Proceedings of the 9th International Conference on Wind Engineering, New Delhi, pp.358～368, 1995
64）小野佳之・田村哲郎・片岡浩人：楕円形状構造物に作用する極大負圧に関するLES解析，日本建築学会構造系論文集，No.652，pp.1081～1087，2010
65）上田　宏・日比一喜・菊池浩利：間仕切り壁を有する低層建築物において風が誘発する室内圧，日本建築学会構造系論文集，Vol.75，No.648，pp.261～268，2010
66）上田　宏・日比一喜・菊池浩利：高層建築物の風による室内圧の性状，日本建築学会構造系論文集，Vol.77，No.676，pp.833～842，2012
67）ISO4354 : International Standard, 1997
68）植松　康・飯泉江梨・セオドルスタトポラス：独立上屋の風荷重に関する研究　その1　外装材用ピーク風力係数，日本風工学会論文集，No.105，pp.91～102，2005
69）浅見　豊・中村　修：風方向風荷重算定式の一提案，日本建築学会大会学術講演梗概集，構造Ⅰ，pp.195～196，2002
70）浅見　豊・近藤宏二・日比一喜：矩形平面を持つ高層建物の風力に関する実験的研究，日本風工学会論文集，No.91，pp.83～88，2002
71）ASCE：Minimum design loads for buildings and other structures, ASCE7-98，1998
72）Holmes, J.D.: Effective static load distributions in wind engineering, J. Wind Eng. Ind. Aerodyn., Vol.90, pp.91～109, 2002

73) TPU Aerodynamic Database, http://wind.arch.t-kougei.ac.jp/system/contents/code/tpu
74) 勝村 章・河井宏允・寺崎 浩・田村幸雄：高層建築物の風による捩りモーメントのモデル化，第 23 回風工学シンポジウム論文集，pp.421～426，2014
75) 丸川比佐夫・田村幸雄・眞田早敏・中村 修：大型 RC 煙突に作用する揚力と振動応答，日本風工学会誌，第 19 号，pp.37～52，1984
76) 田村幸雄・天野晶彦：円筒の渦励振に関する研究，その 3，日本建築学会論文報告集，第 337 号，pp.65～72，1984
77) 日比一喜・田村幸雄・菊池浩利：中層建物の柱の軸応力度と風荷重の組合せ，日本建築学会大会学術講演梗概集，B-1，pp.113～114，2003
78) 浅見 豊：高層建物の風荷重組合せ方法の提案，第 16 回風工学シンポジウム論文集，pp.531～534, 2000
79) 染川大輔・河井宏允・西村宏昭：風荷重の組合せに用いる相関係数の検討，日本建築学会大会学術講演梗概集，構造 I，pp.149～150，2014
80) 吉川 優・田村哲郎：非構造格子系 LES による 3 次元角柱の変動風圧評価 －建築物の耐風設計のための非構造格子系 LES の構築，日本建築学会構造系論文集，687，pp.913～921，2013
81) 片岡浩人・田村哲郎：LES による実在市街地上空風の鉛直分布と地表面粗度との関係に関する研究，日本建築学会構造系論文集，No.678，pp.1203～1210，2012
82) Nozu, T., Tamura, T., Kishida, T., Katsumura, A.：Combined model of structured and unstructured grid system for wind pressure estimation of a tall building, 6th European and African Conference on Wind Engineering, pp.1～4, 2013
83) 丸山勇祐・田村哲郎・岸田岳士：実在複雑地形周りの風の流れの LES，日本流体力学会年会，2013
84) 高森浩治・西村宏昭・谷池義人・岡崎充隆・谷口徹郎：2 棟の高層建築物の空力相互作用～その 1～，日本建築学会大会学術講演梗概集，構造 I，pp.249～250，2000
85) 高森浩治・西村宏昭・谷池義人・岡崎充隆：2 棟の高層建築物の空力相互作用～その 2～，日本建築学会大会学術講演梗概集，構造 I，pp.173～174，2001
86) 谷池義人：乱流境界層流中における直方体建築物の相互作用，第 10 回風工学シンポジウム論文集，pp.247～252，1988
87) 日本建築学会：建築物の振動に関する居住性能評価指針・同解説，2004.5
88) 日本免震構造協会：免震建築物の耐風設計指針，2012
89) 日本鋼構造協会編：鋼構造物の疲労設計指針・同解説，2012.6
90) 日本建築学会：動的外乱に対する設計－現状と展望－，1999.5

7章　地震荷重

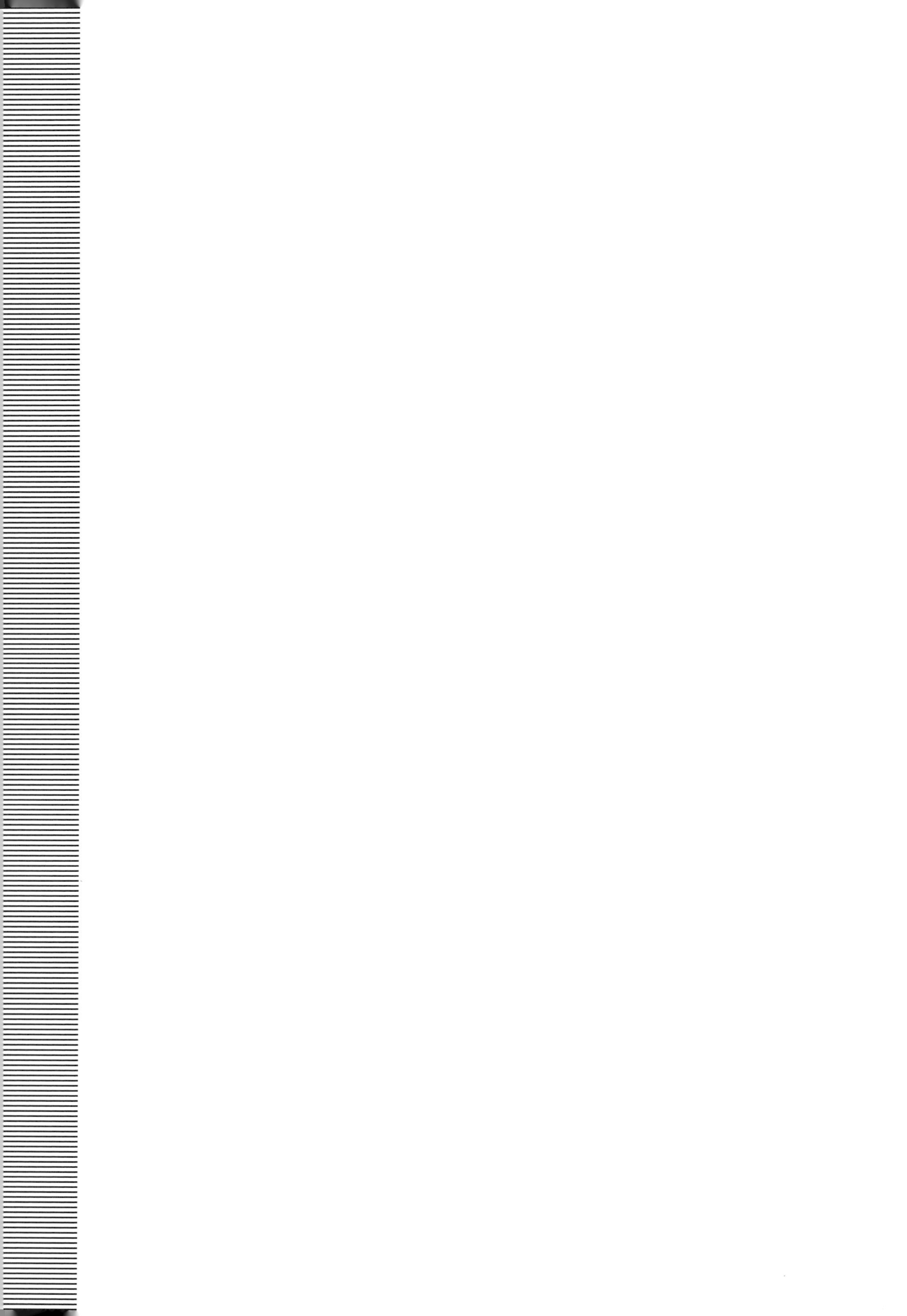

7章　地震荷重

概　　説

本章では，建築物を設計するための地震荷重をどのように設定すべきか，そのためにはどのような知見をどのような考え方で生かしていくべきかを示す．

最初に，旧指針（2004 版）からの主な改定点を以下に示した．

1. 7.2 節の等価静的荷重算定の構成が煩雑となっていた部分を整理し，構成を明確なものにした．
2. 7.2.4 項においては，旧指針では小委員会が別途作成した工学的基盤面での地震ハザード地図に基づいていたが，本指針では，政府の地震調査研究推進本部による確率論的地震ハザード評価を活用していく方針とした．
3. 7.3 節には，2011 年東北地方太平洋沖地震の発生を踏まえて，従来は想定されなかったような極めて稀な事象の発生とそれによってもたらされる偶発荷重の扱いを記載した．
4. 7.3 節には，高層建物に影響の大きい長周期地震動・長継続時間地震動についても記載を追加した．
5. 7.3.4 項には，入力地震動を用いた建築物応答解析を行って地震荷重が算定されることから，新たに地震応答解析の標準的な方法について記載を追加した．

建築物の設計用地震荷重の設定の構成には，1）建築物に作用する物理現象としての地震力の評価の部分と，2）設計目標である要求性能に見合う設計荷重の設定の部分がある．すなわち，前者の物理現象の記述に関わる科学的な部分と，後者の工学的な判断の部分に分けられる．これらをできるだけ明確にした指針の構成が必要である．

まず，1）について，その基本を記載する．地震動を受けると建築物は振動するが，これは地震動の加速度と逆向きの慣性力が建築物に作用するからである．一般的には，この慣性力を建築物に作用する外力として扱い，これを地震荷重と呼んでいる．地震動は時間とともに変動し，このため慣性力の大きさも向きも時間とともに変動するため，建築物に作用する地震荷重は時間的にも空間的にも一定ではない．このため本章では，建築物の設計に最も影響を及ぼすと考えられる各層に生じる最大の層せん断力を与える静的な荷重を考える．これが等価静的荷重としての地震荷重（等価静的地震荷重ともいう）である．さらに，高層建築物などに対しては，等価静的荷重ではなく時刻歴としての地震動を解析条件として直接与え，建築物とその部分や収納物の時間的な挙動を解析して設計することも行われており，このような動的解析に用いる地震動を設計用地震動と呼んでいる．

次に，2）について，その基本を記載する．本指針 1 章の共通事項にも記載されているが，耐震設計において建築物に要求される性能は多様である．安全性や使用性の確保に加えて，修復性やロバスト性の確保も対象となっており，これらの要求性能および要求性能水準を満足する設計荷重を設定することが，限界状態設計法の基本である．本指針では，限界状態設計法の考え方に基づく，これらの要求に対して，2 通りの地震荷重設定の方法，すなわち，等価静的地震荷重と時刻歴地震動の設定の考え方についても記載している．

本章の 7.1 節では地震荷重設定の基本事項，7.2 節では静的解析に用いる建築物の主として地上部に作用させる等価静的荷重としての地震荷重，7.3 節では動的解析に用いる時刻歴として与えられる設計用地震動と応答評価について記述している．荷重設定方針全体の枠組みと基本的な事項・式などは本文に示し，関連する事項・諸量については，具体的な値を示すことのできる場合には本文に，それ以外の値などについては解説に示してある．

7.2 節では，地震荷重を建築物の各層の層せん断力で規定し，限界状態設計・許容応力度設計・終局強度設計などに用いる等価静的地震荷重について記述している．旧指針（2004 年版）同様，等価静的地震荷重は応答スペクトル法により建築物に作用する層せん断力として求めることにしている．この際に用いる解析モデルは，建築物と地盤の連成を考慮したスウェイとロッキングの自由度を付加した多自由度モデル（いわゆる串団子モデル）とすることを基本としている．そのモデルに対する固有値解析から求まる固有振動数と固有モード，および適切に設定したモード減衰定数により，各モードの最大層せん断力を算定する．それらより建築物各層の層せん断力応答の最大値を算定し，それを地震荷重としている．なお，良好な地盤上の建築物のように，地盤と建築物の相互作用の影響を無視しても支障のない場合には，基礎固定モデルを用いてよいことになっている．地震動の応答スペクトルは，地震動や建築物の種々の因子の影響を受けるため，多くのパラメータの関数として表現されており，これによって建築物あるいは地盤・建築物連成系への入力地震動を表している．具体的には，工学的基盤面上で定義される応答スペクトルを連成系への入力とする場合と，表層地盤の増幅効果（地盤の非線形特性も含む）や地盤と建築物の相互作用の効果を考慮した応答スペクトルを建築物への入力とする場合がある．強い地震動による建築物の塑性領域における応答を考慮した地震荷重については，建築物の弾塑性特性および限界変形に基づいて定められる建築物の塑性変形能力による低減係数を採用している．この低減係数は，旧指針同様，各層の各方向に値が与えられている．各層に同じ値を与えることもできるので，建築物の各層の変形能力を実設計で意識できる形となっている．比較的整形な建築物に対しては，応答スペクトル法によらずに，簡略化された方法によって等価静的地震荷重を評価してもよい．この際にも，固有周期と減衰定数の評価には建築物と地盤の相互作用を考慮することが推奨される．なお，平面的または立面的に不整形な建築物，大スパンの架構をもつ建築物，特に重要な建築物などに対しては，7.3 節に記述した設計用地震動を用いた動的解析を行うことになっているが，この際にも等価静的地震荷重による静的解析を併用することが望ましい．

7.3 節には，旧指針から新たに本文に記載されることになった動的解析に用いる設計用地震動の作成方法についての考え方が記述されている．この背景には，旧指針にも指摘したように，実設計において動的解析がより一般的になってきたこと，設計用地震動を策定する技術が進歩し，比較的精度よく設計用地震動を作成することが可能になってきたことなどがある．また，旧指針以降の約10年間の大きな変化として，政府の地震調査研究推進本部・中央防災会議・国土交通省・地方自治体等による公的かつ面的な地震動評価とその活用が進んできたことや，2011年東北地方太平洋沖地震を経験した日本社会が，従来の耐震設計の枠組みの中では想定しなかったような極めて稀な事象の発生とそれによってもたらされる偶発荷重をも考慮に入れることを求め始めたこと，経験やデータのみに基づく予測には限界があることが認識されるようになったことなどが挙げられる．また，設計用地震動を用いた地震応答解析の有効性も広く認識されてきている．更に，2011年東北地方太平洋沖地震により，非構造部材・家具・設備機器等の被害が多数生じ，対策すべき課題として注目されている[1]．建築物の加速度（速度）応答は天井・家具・設備等の挙動に影響し，層間変形は壁・ガラス等の挙動に影響するので，入力地震動の周期特性や経時特性を予測して建築物の設計検討に反映させることにより，地震時の共振等による建築物の応答増大と被害の発生を防ぐようにする必要がある[2]．設計用地震動作成の基本的な方法には二つある．すなわち，7.2節で規定する応答スペクトルに適合する設計用地震動を作成する方法と，建設地の諸条件に応じた想定地震に基づく設計用地震動を作成する方法である．前者は，工学的基盤面あるいは建築物の解析モデルへの入力位置で定義される応答スペクトルに適合した模擬地震動を作成し，後者では，複数の地震を想定し，その震源特性・地震波伝播特性・地盤特性を反映した模擬地震動を作成する．更に，7.3.4項は今回改定により新たに追加された項であり，地震応答解析に基づき建築物の構造躯体および各部の地震荷重を評価する標準的な方法について，品質確保，モデルの作成，応答解析，震動以外の地震荷重の観点から記述されている．

記　　号　本章の本文に用いられる主な記号を示す．

大文字

A_{Ei}：建築物の i 層での床応答最大加速度（$\mathrm{m/s^2}$）
A_f：基礎底面積（$\mathrm{m^2}$）
E：地震荷重効果
F_NS：非構造部材や設備機器の地震荷重（N）
$G_\mathrm{a}(\omega)$：基礎底面（または地表面）の加速度パワースペクトル（$\mathrm{m^2/s^3}$）
$G_{\mathrm{a}E}(\omega)$：工学的基盤面の加速度パワースペクトル（N）
$H(\omega)$：加速度に関する伝達関数
$H_\mathrm{GS}(\omega)$：工学的基盤面より地表面（または基礎底面）までの増幅特性を表す地盤増幅関数
$H_\mathrm{SSI}(\omega)$：建築物と地盤の相互作用を表す相互作用補正関数
Q_E：地震荷重算定用積載荷重（$\mathrm{N/m^2}$）
$S_0(T,\zeta)$：工学的基盤面での基準化加速度応答スペクトル
$S_\mathrm{a0}(T,\zeta)$：工学的基盤面での基本加速度応答スペクトル（$\mathrm{m/s^2}$）
$S_{\mathrm{a}_E}(T,\zeta)$：工学的基盤面での加速度応答スペクトル（$\mathrm{m/s^2}$）

$S_a(T_j, \zeta_j)$ ：基礎底面（または地表面）での加速度応答スペクトル（m/s²）

T ：周期（s）

T_1 ：建築物の 1 次固有周期（s）

T_G ：工学的基盤面より上の地盤の卓越周期（s）

T_c, T_c' ：基準化加速度応答スペクトルのコーナー周期（s）

T_d ：工学的基盤面における地震動の有効継続時間（s）

T_f ：建築物の基礎固定時の 1 次固有周期（s）

T_j ：建築物の j 次固有周期（s）

T_r ：建築物を剛体と仮定した時のロッキングによる固有周期（s）

T_s ：建築物を剛体と仮定した時のスウェイによる固有周期（s）

V_{Ei} ：i 層の地震層せん断力（N）

V_s ：S 波速度（m/s）

W_i ：建築物の i 層での等価総重量（N）

W_{ij} ：i 層，j 次モードでの等価総重量（N）

小文字

a_0 ：工学的基盤面での基本最大加速度（m/s²）

g ：重力加速度（m/s²）

$g(\eta, \omega)$ ：埋込み効果を表す関数

i ：層番号，または虚数単位

j_c ：最大応答を評価する際に考慮する固有モード次数の最大値

k ：地域の地震ハザードの統計的な地域性を表す係数

k_1, k_2 ：地震層せん断力分布係数の算定に用いる係数

k_{Di} ：建築物の塑性変形能力による低減係数

k_{Fi} ：建築物の不整形性による割増し係数

k_G ：非構造部材や設備機器の加速度応答倍率

k_{R_0} ：加速度応答が一定となる周期帯の加速度応答倍率

$k_{V_{Ei}}$ ：i 層の地震層せん断力分布係数

$k_p(T_j, \zeta_j)$ ：周期 T_j，減衰定数 ζ_j をもつ 1 自由度系の加速度応答のピークファクター

$k_{R_E}(T)$ ：基本加速度応答スペクトルの再現期間換算係数

n ：建築物の全層数

t_R ：再現期間（年）

w_i, w_k ：i，k 層の重量（N）

w_{NS} ：非構造部材や設備機器の重量（N）

ギリシャ文字

α_G　：工学的基盤面より上の地盤のインピーダンス

α_I　：基準化重量

β_j　：j次の刺激係数

δ_d　：基準化基礎埋込み深さ（m）

ζ　：減衰定数

ζ_1　：建築物の1次固有モードに対する減衰定数

ζ_G　：工学的基盤面より上の地盤の減衰定数

ζ_f　：建築物の基礎固定時の1次固有モードに対する減衰定数

ζ_j, ζ_k　：建築物のj，k次固有モードに対する減衰定数

ζ_s　：建築物を剛体と仮定した時のスウェイによる減衰定数

ζ_r　：建築物を剛体と仮定した時のロッキングによる減衰定数

η　：基礎の埋込み深さと基礎幅の比

μ_m　：多自由度系を1自由度系で評価する際の補正係数

ρ_{jk}　：j次とk次の固有モードの相関係数

$\sigma_\mathrm{a}(T_j, \zeta_j)$　：周期T_j，減衰定数ζ_jをもつ1自由度系の加速度応答の2乗平均値の平方根（m/s²）

ϕ_{kj}　：k層，j次の固有モードの値

ω　：円振動数（rad/s）

ω_j　：建築物のj次固有円振動数（rad/s）

7.1　地震荷重の設定方針

7.1.1　地震荷重の構成要因

建築物への地震荷重は，震源特性，地震波伝播特性，基盤地震動，表層地盤，地盤建築物相互作用に関する各種スペクトル特性，および建築物の振動特性を考慮し設定する．

(1)　通常の建築物に対しては，加速度応答スペクトルを用いた解析法（以下，応答スペクトル法という）によって算定される等価静的荷重としての地震荷重（7.2節）を設定し，等価静的解析を行う．

(2)　平面的または立面的に不整形な建築物，大スパンの架構をもつ建築物，特に重要な建築物などに対しては，加速度の時刻歴として与えられる設計用地震動（7.3節）を設定し，動的解析（地震応答解析）を行う．この場合，等価静的地震荷重による静的解析を併用することが望ましい．

確率論的地震ハザード評価で代表されるように，地震動に関する各種の不確定な影響要因が確率論に基づいてモデル化され，確率論的手法を背景に論理化されることで，地震動のスペクトル特性と建築物の振動特性の両方を相互に考慮した建築物への地震荷重が設定可能になる．

通常の建築物に対しては，7.2節で示す応答スペクトル法によって等価静的荷重としての地震荷重を求め，静的解析を行う（この一連の解析を等価静的解析ということもある）．応答スペクトル法は基本的には弾性構造物に適用できるものであるが，弾塑性構造物でも各部分が同程度の塑性化と

なることが期待できる場合には，この方法を用いて近似的に応答を推定することができる．また，地表面や基盤面の不整形性等が顕著な場合，一般的に上下方向の地震荷重およびそれに伴う上下振動の影響は無視できない．ただし，水平成層堆積地盤で，水平方向の地震荷重が支配的になる建設地における一般の建築物に対しては，上下振動の影響を無視しても差し支えない場合もある．一方，次のa）～h）に示すような平面的または立面的に不整形な建築物，大スパンの架構をもつ建築物，特に重要な建築物など，あるいは上記のように，応答スペクトル法の適用が難しい建築物に対しては，7.3節で示す加速度の時刻歴として与えられる設計用地震動を設定し，動的解析（地震応答解析）を行い，その耐震安全性を検証するものとする．なお，動的解析を行う場合においても，7.2節の地震荷重による静的解析が適用可能な場合には動的解析と静的解析を併用することが望ましい．

a）立面的に剛性や強度の変化が急で，特定の層に損傷が集中するおそれのある建築物

b）平面的に質量や剛性が偏在していてねじれやすい建築物

c）大スパン梁や長い片持梁をもつ架構から成り，上下振動の影響が無視できない建築物

d）シェル構造のような，重層構造ではない特殊な形状をもつ建築物

e）高層建築物のような大規模，かつ重要度の高い建築物

f）通信機器や貴重な物品などを収納し，それらの応答を求める必要のある建築物

g）危険物を収納する建築物のように，その被害が周辺環境に多大な影響を及ぼすおそれのある建築物

h）免震構造のような特殊な構法が用いられている建築物

表7.1.1は本指針で提案されている地震荷重の構成要因と旧指針（2004年版）とを比較したものである．この表から分かるように，本指針では旧指針と比較して構成要因における評価法の選択肢を充実させた．

等価静的解析において，建築物への入力となる加速度応答スペクトル $S_a(T_j, \zeta_j)$ は，標準地震ハザードマップに基づき，工学的基盤以浅の地震動の増幅特性と，建築物と地盤の相互作用により入力地震動が変化する効果を取り込んだものとして評価される．標準地震ハザードマップには，工学的基盤露頭表面位置での最大加速度，あるいは加速度応答値の一様ハザードスペクトルのいずれかが選択できる．一旦，$S_a(T_j, \zeta_j)$ の評価ができれば，建築物の振動モデルを用いて，固有値解析を実施する方法とそうでない方法のいずれかの方法により各層の地震層せん断力が求められ，それに建築物の塑性変形能力による低減係数と不整形性による割増し係数を乗じることで，耐震設計で用いる設計用層せん断力として地震荷重が算定される．地震層せん断力の算定にあたっては，建築物の応答性状において1次以外の振動モードの影響が大きくなる場合などには，固有値解析を実施する方法を用いるのが望ましい．

動的解析に用いる設計用地震動に関しては，それまでの等価静的解析に用いる地震荷重に加え，旧指針（2004年版）で初めて本文に取り入れられたもので，本指針では動的解析の応答評価についても本文に取り入れることにした．

表 7.1.1　地震荷重の構成要因と旧指針との比較

<table>
<tr><th colspan="2">構成要因</th><th>本指針</th><th>旧指針（2004 年版）</th></tr>
<tr><td rowspan="4">等価静的解析での入力地震動特性</td><td>地震動強さの統計的特性</td><td>現行最新の標準地震ハザードマップとして最新知見を考慮した公的に公開されるハザード評価結果を採用し，地震動指標として，旧指針の最大加速度 a_0 に加え，加速度応答値の一様ハザードスペクトル $S_{a_0}(T, 0.05)$ を追加</td><td>$V_S = 400$ m/s 相当の工学的基盤露頭表面における最大加速度 a_0
確率論的地震ハザード解析による再現期間 100 年に対する最大加速度の標準地震ハザードマップ</td></tr>
<tr><td>表層地盤の地震動増幅特性</td><td>旧指針の等価線形解析に加え，表層地盤の液状化・流動化を考慮する場合の対応方法を追加</td><td>せん断波の一次元重複反射理論（等価線形解析）より得られる伝達関数 $H_{GS}(\omega)$（簡易式あり）</td></tr>
<tr><td>建築物と地盤の相互作用（入力の相互作用）</td><td colspan="2">建築物の埋込みなどの効果を表す相互作用補正関数 $H_{SSI}(\omega)$</td></tr>
<tr><td>建築物への入力となる応答スペクトル</td><td colspan="2">$S_a(T_j, \zeta_j)$</td></tr>
<tr><td rowspan="4">等価静的解析での建築物の振動特性</td><td>建築物と地盤の相互作用（慣性の相互作用）</td><td colspan="2">(1) 固有値解析を行う場合，SR モデル
(2) 固有値解析を行わない場合，T_1, ζ_1 の補正</td></tr>
<tr><td>層せん断力応答の高さ方向分布</td><td colspan="2">(1) 固有値解析を行う場合，固有モードの合成（SRSS，CQC など）
(2) 固有値解析を行わない場合，経験的に得られる層せん断力の高さ方向の分布 $k_{V_{Ei}}$</td></tr>
<tr><td>建築物の塑性化による効果</td><td>最大応答変位の推定に関し，旧指針の FEMA356 の方法[53]に加え，限界耐力計算手法・エネルギー法による方法を追加</td><td>建築物各層の塑性変形能力による外力低減係数 k_{D_i}</td></tr>
<tr><td>建築物の不整形性による効果</td><td>旧指針の設定方法に加え，米国の事例，国内木造建築に対する事例を追加</td><td>建築物各層の不整形性による外力割増し係数 k_{F_i}</td></tr>
<tr><td rowspan="3">動的解析での設計用地震動と応答評価</td><td>設計用地震動の作成方法</td><td colspan="2">(1) 設定した応答スペクトルに適合する作成方法
(2) 建設地と建築物の条件に応じた想定地震に基づく作成方法</td></tr>
<tr><td>想定地震に基づく設計用地震動の作成</td><td>作成手法に関しては，旧指針に加え，経験的長周期地震動時刻歴予測手法を追加</td><td>基本方針の設定，設計上考慮すべき地震像の分類，想定地震に基づく設計用地震動作成手法の分類</td></tr>
<tr><td>建築物の応答評価</td><td>基本方針の設定，建築物と地盤の構造モデル，動的解析方法，地盤の非線形モデルの各分類</td><td>考慮せず</td></tr>
</table>

7.1.2　建築物と地盤のモデル化

建築物と基礎（地下室を含む）および地盤を適切にモデル化し，そのモデルに対して等価静的地震荷重の設定や設計用地震動による応答解析を実施する．

(1)　解析モデル

等価静的地震荷重を設定する場合，整形かつ剛床と仮定できる建築物は各層を 1 自由度とし，基礎のスウェイとロッキングを考慮した多自由度系にモデル化する．この場合の地震動入力位置は基礎底面とする．

一方，地盤と建築物との相互作用効果が小さいと判断できる場合は，基礎固定としてモデル化してもよい．この場合の地震動入力位置は地表面もしくは基礎底面とする．

設計用地震動による応答解析の場合も同様の多自由度系モデルを基本とするが，複雑な形状の建築物やねじれ振動が卓越する可能性が高いと予想される建築物は，立体骨組にモデル化する．地震動入力位置は，設定したモデルに応じて基礎底面または地表面とする．

工学的基盤面より上の地盤をモデル化する場合，地震動入力位置は工学的基盤面とする．

(2) 解 析 手 法

建築物および地盤の応答解析を行う場合は，必要とされる非線形性の程度に応じて解析手法を選定する．

構造部材の塑性変形能力に基づき，建築物の線形，非線形領域の復元力特性を適切に設定する．

(3) 地震荷重算定用重量

地震荷重算定用質量は，固定荷重と地震時の積載荷重（多雪地域では雪荷重を考慮する）から算定する．積載荷重は，常時建築物に緊結されている物品に対して，実状に応じて算定する．ただし，表 4.1 の室用途については単位床面積あたり表 7.1 の値を用いることができる．

表 7.1 地震荷重算定用積載荷重 Q_E

室用途*	①	②	③	④	⑤	⑥	⑦	⑧
Q_E(N/m^2)	300	200	700	900	1 100	900	2 200	300

［注］ ＊：室用途は次の分類による（表 4.1 と同じ）
① 住宅の居室，宿舎など
② ホテルの客用寝室（ユニットバスを含まない）
③ 事務室・研究室
④ 百貨店・店舗の売場
⑤ 電算室（配線部分を含まない）
⑥ 自動車車庫および自動車通路
⑦ 一般書庫
⑧ 劇場・映画館・ホール・集会場，会議室，教室など人間荷重が主体の場合

(1) 解析モデル

実際の建築物は大変複雑であるが，地震荷重を評価するには，それを適当な物理モデルに理想化する必要がある．建築物の質量の大部分は床の付近に存在しているので，その位置に質量を集中させ，それらを質量のないばねで結ぶというモデルがよく用いられるモデルである．応答解析にあたり建築物は，地震により各部に生ずる力や変形を適切に反映できるようにモデル化する．建築物の特性をせん断のみに置換する等価せん断モデルや，曲げとせん断とを別々に扱う曲げせん断棒モデル，さらに構成部材の節点に質点を設けて部材の復元力特性をそのまま取り込んだ骨組モデルなどがあり，それぞれ適用範囲が異なるので，建築物の特性に応じて適切に選択する．

各層床レベルに集中した質量の自由度は水平方向のみとし，直交 2 方向の運動は互いに影響を及ぼし合わないとし，それぞれを独立に取り扱うことが多い．質量や剛性が平面的に偏在しているような建築物では，水平 2 方向の振動は互いに独立とはならず，また回転動（ねじれ）も生じるので，各層の質量に 3 方向（水平 2 方向とねじれ）の自由度を考慮する必要がある．建築物が不整形でねじれ振動が卓越するような場合には，設計用地震動による応答解析を行い，その際は水平 2 方向同

時入力を考慮した立体骨組モデルを用いる．床が充分剛ではなく，いわゆる剛床仮定が全体として成り立たない場合には，剛床とみなされるおのおのの部分をばねで連結するようなモデルとしなければならないこともある．建築物の上下方向の運動は通常あまり問題とならないので無視されることが多いが，大スパン梁や長い片持梁をもつ架構から成る建築物では，水平振動ばかりでなく上下振動も考慮に入れる必要がでてくる．上下方向の応答を考慮するため上下方向の自由度を考慮したモデルも動的解析に用いられることが多い．この場合，積載荷重を適切に設定する必要がある．平面的に規模の大きな建築物では地震波の位相差による影響を検討する．

良好な地盤上の埋込みのない高層建築物のように地盤と建物との相互作用効果が小さい場合は，図7.1.1aに示すように基礎固定と仮定して解析しても支障がないことが多い．逆に低層建築物や平面形状の大きな建築物，埋込みを有する建築物は相互作用が大きくなる傾向にあり，相互作用を無視できないことが多い．相互作用効果を無視できない場合には，基礎固定とはせずに，そこに可撓性のばねを想定し，図7.1.1bに示すように水平動（スウェイ）と回転動（ロッキング）の自由度を基部に加える，いわゆるSRモデルが使われる．これが本文の（1）で想定している基本的な解析モデルである．設計用地震動による応答解析で地盤と建物との相互作用を考慮する一般的な方法としては，動的サブストラクチャー法による方法と，図7.1.1（c）に示すような一体解法がある．動的サブストラクチャーによるSRモデルでは，動的地盤ばね（インピーダンス）と基礎入力動（ドライビングフォース）で建築物の解析を行う．一体解法では，地盤を有限要素などにおきかえて建築物と基礎・地盤をまとめて同時に解析する．一体解法は1回の計算で済むため手順が簡単だが，地盤のモデルが大規模になりがちで計算に時間がかかる．詳細は文献3）を参照されたい．一般的には地盤は地表面に近づくほど軟らかくなり基礎底面より地表面の方が地震動が大きくなるため，基礎固定として地表面地震波を入力する場合がある[3)]．この場合には，建築物と地盤の相互作用による固有周期の変化や埋込みに伴う回転入力に留意すべきである．なお，このような建築物と地盤の相互作用を考慮した場合の扱いについては等価静的解析に関しては7.2.2項および7.2.4項（4）で，動的解析に関しては7.3.4項で解説されている．

地盤が地震被害に大きな影響を与えることはよく知られており，多くの設計基準などには地盤種別が取り入れられている．しかし，多くの場合，地盤種別によって地震荷重を増減させたり設計スペクトル形状を若干変化させる程度のものである．地盤，特に表層地盤の動特性を取り入れるためには，表層地盤を適切にモデル化し，解析する必要がある．この場合，いわゆる工学的基盤において地震動を設定し，その大きさと周期成分が表層地盤によってどのように変化するかを解析し，地表面または基礎底面での地震動を算定することになる．なお，工学的基盤は基礎の支持地盤よりも深く充分な剛性と深さのある地層に設定する．充分な剛性を持つ地層とは，工学的にS波速度が400 m/s程度以上の地層とする場合が多い．

以上のような解析モデルには適切な減衰を考慮する．減衰の値は建築物の構造形式や材料，基礎・地盤の剛性などに依存する．減衰の一般的な特性などについては7.2.1項の2）の解説に示す．

(2) 解 析 手 法

等価静的地震荷重の場合は建築物モデルを応答スペクトル法で解析し，7.2.5 項の塑性変形能力による低減係数を考慮する．質量や剛性が平面的に偏在したねじれ振動系にも応答スペクトル法の考え方が適用できるが，各次の振動の最大値が独立に生ずるという仮定が成り立たなくなるおそれがあり，2 乗和平方根（SRSS）法を単純に用いることには問題がある．このような場合には，固有モード間の相関を考慮できる完全二次結合（CQC）法を用いることにしている．設計用地震動による応答解析の場合は，建築物および地盤それぞれで線形解析もしくは非線形解析を行う．線形，等価線形，逐次非線形の各解析手法があり，推定される非線形性の程度に応じて選択する．地盤については等価線形解析を用いることが多く，更に大きなひずみが生ずる場合には逐次非線形解析を用いる．等価線形解析の適用範囲は地盤のひずみ 0.1～1％と言われている[4)]．建築物については等価線形解析もしくは逐次非線形解析を用いる．応答解析では通常微小変形を仮定するが，偶発作用による崩壊現象やシェル構造など大空間を扱う場合には有限変形を用いる必要がある[5)]．

(3) 地震荷重算定用重量

地震荷重算定用重量の中の積載荷重とは，建築物に緊結された物品の単位床面積あたりの重量を意味する．ここでは，人間が地震時に建築物の揺れと異なる挙動をするため，人間による積載荷重を算入しないことにしている．建築物に緊結された物品は，地震時に建築物の揺れと同じ挙動をするため，（積載荷重に）算入することとし，地震時に滑動が生じるような物品の重量は算入しない．しかし，実際の建築物においては，すべての物品について建築物に緊結されているかどうかを判別することは困難なので，表 4.1 に示す室用途においては，それぞれの物品重量の平均値を地震荷重

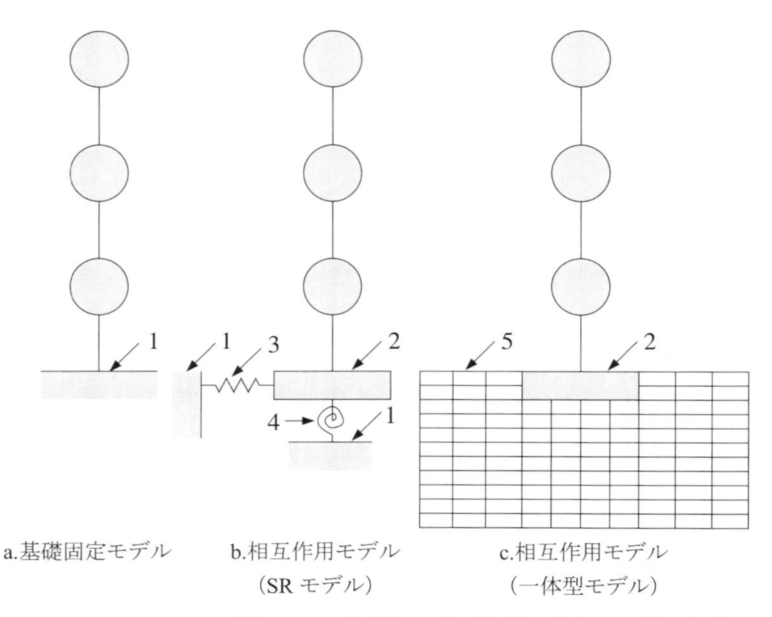

1.　地盤面（地表面）
2.　地下室・基礎
3.　スウェイばね
4.　ロッキングばね
5.　地盤

図 7.1.1　地盤との相互作用の視点から見た各種モデル
（減衰機構を表すダッシュポットなどは省略されている.）

算定用積載荷重として採用してもよいとし，表 7.1 に示してある．ただし上下振動も考慮する場合には，この表によらず，別途適切な積載荷重を設定する必要がある．表 7.1 の具体的な算定の条件・方法などは 1993 年版荷重指針 4.4 項を参照されたい．なお，物品荷重主体の用途における算定結果の例が 1993 年版荷重指針図 4.4.1[6]に示されている．ただし，対象面積は床用の影響面積として算定している．この場合，各用途で解析対象とした物品は 4.2 節と同様であり，解析時に積載荷重として算定されていないものの重量については別途割り増す必要がある．また，人間が主体の用途においても，固定席や教室の物品など実際には物品が存在しているため地震荷重算定用積載荷重として 300 N/m^2 を見込んである．なお，これらの値は表 4.2.5 を参考に設定したものである．ただし，固定席の重量はカタログより得られた固定席 1 脚の平均重量を用いたシミュレーションから得られたものである．

高梨ら[7]によると，積載物に滑動を生じる場合には，骨組の等価加速度応答スペクトルの値が短周期の領域で低減することが報告されている．そこで，積載物の滑動による効果を評価する手法として，滑動が生じる積載物の重量を低減した等価荷重を耐震設計に用いる方法が提案されている．長周期の領域においては滑動が生じないため，単に人間荷重を算入することで問題がないので，この方法は積載物に滑動が生ずる全周期領域に適用できる．よって，地震時に物品が滑動を生ずる場合には，状況および条件を理解したうえで，物品荷重を低減してもよい．

7.2　等価静的地震荷重の算定

7.2.1　地震荷重の算定方法

建築物の i 層の地震層せん断力 V_{Ei} は次式によって算定する．

$$V_{Ei} = k_{Di}\, k_{Fi} \frac{S_a(T_1, \zeta_1)}{g} W_i \tag{7.1}$$

ここで，k_{Di}　：建築物の塑性変形能力による i 層での地震層せん断力の低減係数〔7.2.5 項参照〕
k_{Fi}　：建築物各層の不整形性による i 層での地震層せん断力の割増係数〔7.2.6 項参照〕
$S_a(T_1, \zeta_1)$：基礎底面（または地表面）地震動の弾性 1 次モード（固有周期 T_1，減衰定数 ζ_1）の加速度応答スペクトル〔7.2.4 項参照〕
g　：重力加速度
W_i　：多層建築物の振動特性により決まる i 層での等価総重量〔7.2.3 項参照〕

（7.1）式では，地震動の水平方向成分に対する建築物の i 層の地震層せん断力が等価静的荷重として評価される．基礎底面（または地表面）での地震動の加速度応答スペクトル $S_a(T_1, \zeta_1)$（建築物の弾性 1 次モードの固有周期 T_1(秒)，減衰定数 ζ_1）は，地震危険度の地域性に応じて（7.11）式〔7.2.4 項参照〕で定められる．この加速度応答スペクトル $S_a(T_1, \zeta_1)$ を地震荷重評価の基本とし，塑性変形能力，各層の不整形性，多層建築物の振動特性を考慮した建築物重量を考慮することで，各層の地震層せん断力 V_{Ei} を評価する．

多層建築物の振動特性により決まる i 層での等価総重量 W_i は，1 階建ての建築物の場合建物重量となる．本指針では，多層建築物の振動特性により決まる等価総重量 W_i を求める手法として，固有値解析を行い高次振動モードの影響まで考慮する手法（7.2.3 項（1）の手法）を推奨するが，平面的かつ立面的に整形な建築物の場合にはいわゆる A_i 分布に代表される簡便な手法（7.2.3 項（2）の手法）を用いることも妨げていない．

加えて（7.1）式では，不整形性による地震荷重の割増し係数 k_{Fi} と塑性変形能力に応じた必要地震荷重の低減係数 k_{Di} とを乗じている．塑性変形能力による低減係数 k_{Di} は，使用限界状態に対する地震荷重を求める場合など塑性変形能力を考慮しない場合に 1 とする．安全限界状態に対する検討など塑性変形能力を考慮する場合には，想定する限界変形に応じて 7.2.5 項の方法で荷重を低減する．また，建築物各層の不整形性による割増し係数 k_{Fi} は，整形な建築物の場合は 1 とし，不整形な建築物では割り増しされる〔7.2.6 項参照〕．

1）固 有 周 期

弾性 1 次モードおよび高次モードの固有周期は原則として固有値解析により求める〔7.2.2 項参照〕．参考としてより簡便な既往の実建築物の調査により求められた回帰式を示す．標準的なせん断系の建築物に対しては一次固有周期 T_1(s) と建築物の高さ h(m) あるいは階数 n とを関連づけた次式[8)]がある．

$$T_1 = (0.02 + 0.01\alpha_h)h \tag{7.2.1}$$

ここで，h　：地表面からの建築物の高さ（m）

α_h　：柱および梁の大部分が鉄骨造である階の総和の高さの全高さ h に対する比

また，実測に基づく式として次式がある[9)]．

$$\begin{aligned} &\text{鉄筋コンクリート造 } T_1 = 0.015h \\ &\text{鉄骨造 } T_1 = 0.02h \end{aligned} \tag{7.2.2}$$

階数 n を用いた式として次式がある[9)]．

$$\begin{aligned} &\text{鉄筋コンクリート造 } T_1 = 0.049n \\ &\text{鉄骨造 } T_1 = 0.082n \end{aligned} \tag{7.2.3}$$

また，鉄骨造の並進 1 次固有周期 T_1 と高次固有周期 T_2，T_3，T_4 との関連について，次式がある[9)]．

$$\begin{aligned} T_2 &= 0.33T_1 \\ T_3 &= 0.18T_1 \\ T_4 &= 0.13T_1 \end{aligned} \tag{7.2.4}$$

2）減 衰 定 数

振動が時間の経過とともに小さくなる現象を減衰と称し，その度合いは一般に減衰定数によって表される．減衰が大きい構造物ほど地震動のような外乱を受けたときの応答が小さくなる傾向にある．

減衰を生じさせる要因はさまざま考えられる．建築物の場合，骨組の接合部の摩擦や部材変形に伴う熱エネルギーへの転換，ダンパー設置による付加減衰，地中への振動エネルギーの逸散，非構造部材の影響による摩擦減衰などがあげられる．また大変形領域では，建築物における部材・接合部の塑性化によるエネルギー吸収による減衰効果が考えられるが，このような塑性化によるエネルギー吸収の影響は係数 k_{Di} として考慮するため〔7.2.5 項参照〕，（7.1）式の減衰定数 ζ_1 の設定では考慮しない．

また，周辺地盤の影響による減衰要因としては，地盤の粘性や，周辺への波動エネルギーの逸散，弾塑性履歴の影響などが考えられる．これらの影響については固有値解析の際に〔7.2.2項参照〕相互作用効果として考慮することで，(7.1）式の減衰定数 ζ_1 および固有周期 T_1 の設定に反映させる．

減衰定数はそのモデル化により振動数への依存性が異なり，Voigt（ばねとダンパーが並列した）モデルでは振動数に比例し，Maxwell（ばねとダンパーが直列した）モデルでは振動数に逆比例するが，履歴減衰は振動数に依存せず一定である[10]．

建築物の動的解析では，(7.2.5a）式のように剛性比例型の減衰定数を用いることが多いが，この場合減衰定数は振動数に比例し，高次モードほど大きな値となる．レイリー型の減衰係数は，(7.2.5b）式のように質量比例型と剛性比例型とを重みづけして加算したもので，この場合減衰係数 $[c]$ は振動数反比例型と比例型とが混合されたものとなる．

$$[c]=b_1[k] \tag{7.2.5a}$$

$$[c]=b_0[m]+b_1[k] \tag{7.2.5b}$$

ここで，$[m]$ は質量マトリクス，$[k]$ は剛性マトリクス，b_0，b_1 は定数である．

高次モードの減衰定数は，1次モードの値に対してあまり大きくならないという実測例もあり，特に高層建築物や大スパン構造物など高次モードの影響が大きい構造物では，剛性比例型とすると，応答を過小評価するおそれがあるので注意を要する[9),11)]．

構造種別ごとの弾性時の減衰定数 ζ_f の目安としては，次のような値が挙げられる．

$$\begin{cases} \text{鉄筋コンクリート造} & \zeta_f=0.02\sim0.04 \\ \text{鉄骨造} & \zeta_f=0.01\sim0.03 \end{cases} \tag{7.2.6}$$

なお，これらの値は，構造体の内部減衰に相当するもので，地盤への逸散減衰は含んでいない．また，ひずみレベルや構造形式によっても幅がある．

応答スペクトルは，例えば減衰定数5％について示されている場合が多いが，他の減衰定数 ζ の値に対する応答スペクトルを求めるには，次式[12)]によって補正することも考えられる．

$$S_a(T_1,\zeta)=\frac{1.5}{1+10\zeta}S_a(T_1,0.05) \tag{7.2.7}$$

振動系の各部分または部材ごとに異なる減衰定数が与えられる場合には，j 次振動モードに対応するモード減衰定数 ζ_j は，厳密には複素固有値解析により求められる．

ひずみエネルギー比例型のモード減衰を仮定すると，次式で j 次振動モードに対応するモード減衰定数 ζ_j を求めることもできる[13)]．

$$\zeta_j=\frac{\{\phi_j\}^T[K_\zeta]\{\phi_j\}}{\{\phi_j\}^T[K]\{\phi_j\}} \tag{7.2.8}$$

ここで，$\{\phi_j\}$ は j 次振動モードのモードベクトル，$[K]$ は剛性マトリクス，$[K_\zeta]$ は剛性マトリクス $[K]$ を構成する各要素にその構造要素の減衰定数を乗じて構成した剛性マトリクスを表す．

3）許容応力度設計法に関する留意点

本指針の地震荷重は建築物の要求性能の種類に応じておのおの算出することを前提としている．建築基準法に基づき実施されるわが国の耐震設計では，許容応力度計算を使用限界状態（あるいは修復限界状態）の検討，保有水平耐力計算を安全限界状態の検討と考えることが多い．

しかし，建築基準法第20条二項に定められる建築物を除けば保有水平耐力に対する検討が行われないことも多い．許容応力度計算のみで建築物を設計するこのようなケースにおいては荷重の設定に注意が必要であり，上の場合と同様に許容応力度計算を使用限界状態（あるいは修復限界状態）の検討と考えると安全性の検討は何らかの考え方で別途行う必要があることになる．

許容応力度設計により安全限界状態の検討を行う場合には，地震荷重の再現期間を短くするのではなく，安全限界状態を対象として荷重の再現期間を定めた後に，得られた荷重を降伏後の余力分（許容応力度と安全限界状態の許容限界の差）を見込んで低減する．低減の程度としては，現行の建築基準法に準じて 0.2 倍（鋼構造の場合 0.3 倍）とする考え方もありうる．この 0.2 倍の低減は降伏後の余力を考慮する経験的な値である．したがって，高い精度で安全性を確認することが求められるような建築物では安全限界状態を考慮した設計法を直接用いた確認を行うべきである．特に，再現期間に応じて震源の影響度が変化する場合に注意が必要である．

4）非構造部材・設備機器へ入力する地震荷重 F_{NS} の算出

天井などの非構造部材や設備機器へ入力する慣性力としての地震荷重 F_{NS} は次式によって算出する[14]．

$$F_{\mathrm{NS}}=\frac{k_{\mathrm{NS}}A_{Ei}}{g}w_{\mathrm{NS}} \tag{7.2.9}$$

ここで，k_{NS} ：非構造部材・設備機器の加速度応答倍率

A_{Ei} ：非構造部材・設備機器が設置される建築物の i 層の床応答最大加速度

w_{NS} ：非構造部材・設備機器の重量

（7.2.9）式の建築物の i 層床応答最大加速度 A_{Ei} は（7.1）式の層せん断力と同様の考え方で求めることができる〔7.2.3 項参照〕．建築物の塑性化やねじれの影響が小さい場合，A_{Ei} は次式で算定する．

$$A_{Ei}=\sqrt{\sum_{j=1}^{j_{\mathrm{c}}}\{\beta_j\phi_{ij}S_{\mathrm{a}}(T_j,\zeta_j)\}^2} \tag{7.2.10}$$

ここで，j_{c} ：考慮する固有振動モード次数の最大値（$j_c \geq 3$）

β_j ：建築物の j 次の刺激係数

ϕ_{ij} ：建築物の i 層 j 次の固有振動モード

$S_{\mathrm{a}}(T_j,\zeta_j)$ ：基礎底面（または地表面）地震動の建築物弾性 j 次モード（固有周期 T_j，減衰定数 ζ_j）

（7.2.10）式は，応答最大値を求める場合に，各次の振動モードによる揺れが同時に最大になることはまれであるという前提に基づく評価法で SRSS（Square Root of the Sum of the Squares）法と呼ばれる．

非構造部材・設備機器の加速度応答倍率 k_{NS} は，非構造部材・設備機器が適切に固定され，かつ建築物の j 次モードの固有周期 T_j と非構造部材・設備機器の固有周期 T_{NS} が異なれば 1 倍程度とし

てよく，固有周期が近接する場合には共振の影響を考慮し，より大きい値とする．k_{NS} の値は非構造部材・設備機器の減衰特性にも依存する．建築基準法施行令第39条第3項に関する技術基準に基づく天井に作用する水平地震力[15]を求める場合，(7.2.9) 式の加速度応答倍率 k_{NS} を次式で算出する．

$$k_{\mathrm{NS}} = \sqrt{\sum_{j=1}^{j_c} \left(\frac{\beta_j \phi_{ij} S_a(T_j, \zeta_j)}{A_{Ei}} k_{\mathrm{NS}j} \right)^2} \tag{7.2.11}$$

$$k_{\mathrm{NS}j} = \begin{cases} 1 + 5(T_{\mathrm{NS}}/T_j)^2 & (T_{\mathrm{NS}} \leq T_j) \\ 6(T_j/T_{\mathrm{NS}})^3 & (T_j \leq T_{\mathrm{NS}}) \end{cases} \tag{7.2.12}$$

ただし，建築物の振動に固有周期の近接している固有モードがあると推測される場合には，(7.2.10) 式の代わりに次式によって $A_{\mathrm{E}i}$ を算出する（(7.2.11) 式も同様）．

$$A_{Ei} = \sqrt{\sum_{j=1}^{j_c} \sum_{k=1}^{j_c} \beta_j \phi_{ij} S_a(T_j, \zeta_j) \cdot \rho_{jk} \cdot \beta_k \phi_{ik} S_a(T_k, \zeta_k)} \tag{7.2.13}$$

ここで，ρ_{jk} は j 次と k 次の応答の固有振動モード間の相関係数であり，次式で与えられる．

$$\rho_{jk} = \frac{8\sqrt{\zeta_j \zeta_k}(\zeta_j - r_{jk}\zeta_k) r_{jk}^{3/2}}{(1 - r_{ij})^2 + 4\zeta_j \zeta_k r_{ij}(1 - r_{jk}^2) + 4(\zeta_j^2 - \zeta_k^2) r_{jk}^2} \tag{7.2.14}$$

ここで，r_{jk} は j 次と k 次の固有振動数比（$r_{jk} = \omega_j/\omega_k = T_k/T_j$），$\zeta_j$ と ζ_k は j 次と k 次の減衰定数である．この評価法は完全二次結合法または CQC（Complete Quadratic Combination）法と呼ばれる．

5）水平2方向の地震荷重の合成[16]

本指針では構造軸（構造設計上で設定される x 軸，y 軸）ごとに独立に地震荷重を算出することを基本としているが，隅柱の軸力や偏心によるねじりモーメントを求める場合など水平2方向入力を考慮することが望ましい場合も考えられる．その場合には以下の手順で評価する．まず，水平2方向成分の入力地震動の加速度応答スペクトルを定める．(7.1) 式等に基づき各構造軸（x 軸，y 軸）方向入力による地震荷重 E_x，E_y を求める．E_x と E_y が同時に作用すると考えると過大に安全側に評価することが考えられることから，次式のような二次結合で2方向合成地震荷重効果 E を算出する．

$$E = \sqrt{E_x^2 + 2\varepsilon E_x E_y + E_y^2} \tag{7.2.15}$$

ここで，ε は -1 から 1 の間の値で経験的に 0〜0.3 の値を取ることができる．なお，$\varepsilon = 0$ は SRSS 法を意味する．

次式のうち大きい方を2方向合成地震荷重効果 E とすることも可能である．

$$\begin{aligned} E &= E_x + \lambda E_y \\ E &= \lambda E_x + E_y \end{aligned} \tag{7.2.16}$$

ここで，λ は 0.3 から 0.5 の値とすることができる．

7.2.2 建築物と地盤の相互作用を考慮した固有周期と減衰定数

軟弱地盤など地盤を剛と仮定することが適切でない場合には，建築物と地盤の相互作用を考慮して，スウェイとロッキング運動を取り入れたモデルを用いて固有値解析を行う．

固有値解析を行わない場合においても，建築物と地盤の相互作用を考慮し，1 次の固有周期 T_1 と減衰定数ζ_1 を次の各式によって算定する．

$$T_1 = \sqrt{T_f{}^2 + T_s{}^2 + T_r{}^2} \tag{7.2}$$

ここで，T_f ：建築物の基礎固定時の 1 次固有周期，
T_s ：建築物を剛体と仮定した時のスウェイによる固有周期，
T_r ：建築物を剛体と仮定した時のロッキングによる固有周期である．

$$\zeta_1 = \zeta_f\left(\frac{T_f}{T_1}\right)^3 + \zeta_s\left(\frac{T_s}{T_1}\right)^3 + \zeta_r\left(\frac{T_r}{T_1}\right)^3 \tag{7.3}$$

ここで，ζ_f ：建築物の基礎固定時の 1 次固有モードに対する減衰定数，
ζ_s ：建築物を剛体と仮定した時のスウェイによる減衰定数，
ζ_r ：建築物を剛体と仮定した時のロッキングによる減衰定数である．

1）建築物と地盤の相互作用を考慮した固有値解析

良好な地盤上の建築物は基礎が剛な地盤に固定されていると仮定しても支障がないことが多い．しかし，地盤を剛と仮定することが適切でない場合には，地盤の変形を考慮した解析モデルが必要となる．地盤の変形によるスウェイとロッキングを考慮した SR モデル [7)] の運動方程式は，基礎部の質量と回転慣性，スウェイとロッキングの剛性と減衰係数を導入した，質量・減衰・剛性マトリクスによって構成される．この運動方程式から固有値解析によって固有周期と固有モードを求めることができる．この際，減衰マトリクスをそのまま用いる複素固有値解析と減衰を無視する非減衰運動方程式の固有値解析による 2 方法がある．前者によると固有値と固有モードは複素数となり，減衰時の解が得られるが，解析方法が複雑で実際に用いられることは少ない．通常は，後者によって固有値解析を行い，減衰定数は固有モードと減衰マトリクスによって求める．

2）縮約モデルによる固有周期と減衰定数

多自由度系の SR モデルではなく，1 自由度に縮約してスウェイとロッキングを考慮する縮約 SR モデルもよく用いられる〔図 7.2.1〕[17)]．上部構造を 1 自由度に置換した場合の質量，剛性，減衰係数，高さをそれぞれ m_e，k_e，c_e，h_e，スウェイの剛性と減衰係数を k_s，c_s，ロッキングの剛性と減衰係数を k_r，c_r とする．全体の剛性 k_t と各部の剛性には次のような関係がある．

$$\frac{1}{k_t} = \frac{1}{k_e} + \frac{1}{k_s} + \frac{h_e{}^2}{k_r} \tag{7.2.17}$$

上式に m_e を乗じ，$T = 2\pi\sqrt{m/k}$ の関係を用いると次式が得られる．

$$T_t^2 = T_e^2 + T_s^2 + T_r^2 \tag{7.2.18}$$

ここで，$T_s = 2\pi\sqrt{\dfrac{m_e}{k_s}}$，$T_r = 2\pi\sqrt{\dfrac{m_e h_e{}^2}{k_r}}$

縮約 SR モデルの T_e は基礎固定時の 1 次固有周期に等しいので，T_e を T_f と置き換え，縮約モデル全体の固有周期 T_t を 1 次固有周期 T_1 と置き換え，上式の平方根を取ったのが（7.2）式である．な

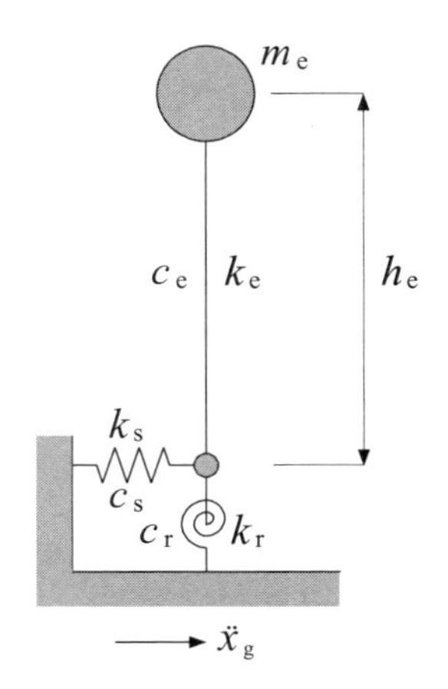

図7.2.1　縮約SRモデル

お，固有値解析を行わずに略算式によってT_fを算定する場合も，基礎固定として固有値解析によってT_fを求める場合も，(7.2）式を適用して差し支えない．

この縮約SRモデルの減衰定数を求めるため，固有周期T_1で振動している状態の1サイクルのひずみエネルギーEと減衰による吸収エネルギーΔEから減衰定数を求める次式を考える[10]．

$$\zeta=\frac{1}{4\pi}\frac{\Delta E}{E} \tag{7.2.19}$$

縮約SRモデルの全体変形は，上部構造，スウェイ，ロッキングそれぞれの変形x_e，x_s，$x_r(\theta h_e)$から次のように表され，

$$x_t=x_e+x_s+x_r=x_e+x_s+\theta h_e \tag{7.2.20}$$

ひずみエネルギーは次のように表され，

$$E=\frac{1}{2}(k_e x_e{}^2+k_s x_s{}^2+k_r\theta^2)=\frac{1}{2}k_t x_t{}^2 \tag{7.2.21}$$

減衰による吸収エネルギーは次のように表される．

$$\Delta E=\pi\omega_1(c_e x_e{}^2+c_s x_s{}^2+c_r\theta^2),\quad \omega_1=2\pi/T_1 \tag{7.2.22}$$

上の2式を（7.2.19）式に代入して全体の減衰定数ζ_tを求めると次のようになる．

$$\zeta_t=\frac{\pi\omega_1(c_e x_e{}^2+c_s x_s{}^2+c_r\theta^2)}{2\pi k_t x_t{}^2} \tag{7.2.23}$$

これに次のような関係を用いると，

$$\zeta_e=\frac{c_e}{2\sqrt{m_e k_e}}\qquad \zeta_s=\frac{c_s}{2\sqrt{m_e k_s}}\qquad \zeta_r=\frac{c_r}{2\sqrt{m_e h_e{}^2 k_r}} \tag{7.2.24}$$

$$\frac{x_e}{x_t}=\frac{k_t}{k_e}=\left(\frac{T_e}{T_1}\right)^2\qquad \frac{x_s}{x_t}=\frac{k_t}{k_s}=\left(\frac{T_s}{T_1}\right)^2\qquad \frac{x_r}{x_t}=\frac{h_e{}^2 k_t}{k_r}=\left(\frac{T_r}{T_1}\right)^2 \tag{7.2.25}$$

系全体の1次モードに対する減衰定数ζ_1が（7.3）式のように算定される．

3）スウェイとロッキングの剛性と減衰

地表に設置される直接基礎や埋込みがある基礎，杭基礎などのスウェイまたはロッキングの剛性 K と減衰係数 C は，それぞれ上部構造を固定とみなす基礎位置における水平力と水平変形またはモーメントと回転角の関係から求めることができる[18]．

すなわち，地盤上や地盤中の無質量の基礎に円振動数 ω の力 $P=P_0e^{i\omega t}$ を加えたときの基礎変形 $U=U_0e^{i\omega t}$ から，複素数であるインピーダンス（動的地盤ばね）$K_d(\omega)$ を次のように求めることができる．

$$K_d(\omega)=\frac{P}{U}=K(\omega)+iK'(\omega) \tag{7.2.26}$$

ここで，$K(\omega)$ と $K'(\omega)$ はインピーダンスの実部と虚部である．

地震時の地盤ひずみに対応する土の剛性と履歴減衰で表した成層地盤におけるインピーダンスは図 7.2.2 の点線のような振動数ωによって複雑に変化する関数で表される．ここで，図 7.2.1 の剛性 k のばねと減衰係数 c のダッシュポットによってスウェイまたはロッキングの効果を表す場合，次式とすることができる．

$$k=K(0) \qquad c=\frac{K'(\omega_1)}{\omega_1} \tag{7.2.27}$$

すなわち，図 7.2.2 の実線で示すように，ばねの剛性は静的剛性と同じになるように設定し，減衰係数は 1 次固有振動数で同じ減衰力となるように設定している．

スウェイとロッキングの剛性および減衰を算定する方法は，a）波動論に基づく方法，b）有限要素法を用いる方法，c）離散ばねによる方法に大別される[18]．それぞれ，a）は半無限性がある地盤の波動逸散性を厳密に評価できる，b）は基礎形状を詳細にモデル化できる，c）は実用的であるなどの特徴がある．

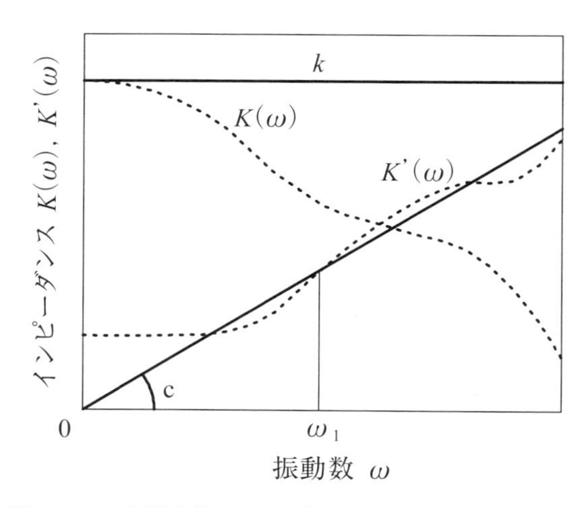

図 7.2.2 成層地盤のインピーダンス（動的地盤ばね）

7.2.3　等価総重量の算定方法

(1) 固有値解析を行う方法

多層構造物の振動特性により決まる i 層での等価総重量 W_i は次式によって算定する．

$$W_i = \sqrt{\sum_{j=1}^{j_c} W_{ij}^2} \tag{7.4}$$

ここで，j_c ：考慮する固有振動モード次数の最大値

W_{ij} ：j 次の固有振動モードの振動特性により決まる i 層での等価総重量

i 層，j 次の固有振動モードに対応する等価総重量 W_{ij} は次式によって求められる．

$$W_{ij} = k_{S_{aj}} \sum_{k=i}^{n} (w_k \beta_j \phi_{kj}) \tag{7.5}$$

ここで，$k_{S_{aj}}$ ：1 次の固有周期 T_1，減衰定数 ζ_1 の加速度応答スペクトル値 $S_a(T_1, \zeta_1)$ に対する j 次の固有周期 T_j，減衰定数 ζ_j の加速度応答スペクトル値 $S_a(T_j, \zeta_j)$ の比 $(S_a(T_j, \zeta_j)/(S_a(T_1, \zeta_1))$

n ：建築物の全層数

w_k ：k 層の重量（固定荷重と積載荷重）

β_j ：j 次の刺激係数

ϕ_{kj} ：k 層 j 次の固有振動モード

ここで，k 層，j 次の固有振動モード ϕ_{kj} と j 次の固有振動周期 T_j と刺激係数 β_j は，設定した建築物のモデルについて求める．w_k は固定荷重と地震時の積載荷重〔7.1.2 項参照〕から算定する．

固有周期の近接している固有振動モードがあると推測される場合は，(7.4) 式の代わりに次式によって W_i を算定する．

$$W_i = \sqrt{\sum_{j=1}^{j_c} \sum_{k=1}^{j_c} W_{ij} \rho_{jk} W_{ik}} \tag{7.6}$$

ここで，ρ_{jk} は j 次と k 次の固有振動モード間の相関係数であり，次式で与えられる．

$$\rho_{jk} = \frac{8\sqrt{\zeta_j \zeta_k}(\zeta_j - r_{jk}\zeta_k) r_{jk}^{3/2}}{(1-r_{jk})^2 + 4\zeta_j \zeta_k r_{jk}(1-r_{jk}^2) + 4(\zeta_j^2 - \zeta_k^2) r_{jk}^2} \tag{7.7}$$

ここで，r_{jk} は j 次と k 次の固有振動数比 $(r_{jk} = \omega_j/\omega_k = T_k/T_j)$，$\zeta_j$ と ζ_k は j 次と k 次の減衰定数である．

(1) 固有値解析を行う方法

(7.4) 式は，応答最大値を求める場合に，各次の振動モードによる揺れが同時に最大になることは稀であるという前提に基づく評価法で SRSS（Square Root of the Sum of the Squares）法と呼ばれる．(7.4) 式では 1 次から j_c 次までの和を取ることにしているが，1 次モードの影響が最も大きく，高次モードほど影響が小さくなるので，全てのモードの影響を考慮する必要はなく，通常は 3 次程度までの和で充分であることが多い．

建築物の剛性や質量に平面的な偏りが少ない場合には，以上のように SRSS 法で地震荷重を評価して差し支えないが，偏心の大きな場合にはねじれ振動が無視できなくなる．このような場合には異なる次数の固有周期が近接することも多い．固有周期の近接した固有モードによる最大値は同時に発生することが多く，その場合にはモード間の応答の相関を考慮した (7.6) 式で地震荷重を算定する．この評価法は完全二次結合法または CQC（Complete Quadratic Combination）法と呼ばれる．j_c

は影響の大きいと考えられるモードが全て含まれるようにする．

(2) 固有値解析を行わない方法

平面的かつ立面的に整形な通常の建築物については，設定したモデルに対して固有値解析を行わず，次式によって建築物の i 層の等価総重量 W_i を算定してもよい．

$$W_i = k_{V_{Ei}} \mu_m \sum_{k=i}^{n} w_k \tag{7.8}$$

ここで，$k_{V_{Ei}}$ ：i 層の地震層せん断力係数の分布を表す係数

μ_m ：多自由度系を 1 自由度系で評価したときの補正係数

$k_{V_{Ei}}$ は次式によって求めてもよい．

$$k_{V_{Ei}} = 1 + k_1(1-\alpha_i) + k_2\left(\frac{1}{\sqrt{\alpha_i}} - 1\right) \tag{7.9}$$

ここで，α_i は次式による基準化重量である．

$$\alpha_i = \frac{\sum_{k=i}^{n} w_k}{\sum_{k=1}^{n} w_k} \tag{7.10}$$

係数 k_1, k_2 は建築物の層数（または高さや一次固有周期 T_1）によって定まり，

・固有周期 T_1 が短い低層建築物など加速度応答スペクトル S_a 一定領域にあたる場合，$k_1 \approx 1, k_2 \approx 0$

・固有周期 T_1 が長い高層建築物など速度応答スペクトル S_v 一定領域にあたる場合，$k_1 \approx 0, k_2 \approx 1$

・中層建築物などその他の建築物ではこれらの中間の値とする．

μ_m は固有周期 T_1 が短い低層建築物など加速度応答スペクトル S_a が一定領域にあたる場合 0.82，T_1 が長い高層建築物など速度応答スペクトル S_v が一定領域にあたる場合は 0.90 とし，1 層建物の場合は 1.0 とする．

(2) 固有値解析を行わない方法

(7.9) 式の係数 k_1，k_2 は建築物と地震動の特性により定まる係数であり [19]，値の設定にあたっては文献 20) が参考になる．低層建築物上に塔状の建築物がある場合など質量や剛性の鉛直方向の分布が急激に変化する建築物では，(7.9) 式が実層せん断力のよい近似を与えないので，注意が必要である．文献 20) に基づくと，低層建築物上に塔状の建築物がある建築物では，低層部の質量が塔状部の質量の 2 倍以内の場合には (7.9) 式が適用可能と考えられる．

また，一次固有周期 T_1 の建築物に対して，$k_1 = k_2 = 2T_1/(1+3T_1)$ を仮定すると建築基準法の A_i 分布となるので [21]，これを参考に k_1, k_2 を定めることもできる．

$$k_{V_{Ei}} = A_i = 1 + \left(\frac{1}{\sqrt{\alpha_i}} - \alpha_i\right)\frac{2T_1}{1+3T_1} \tag{7.2.28}$$

7.2.4 加速度応答スペクトル

(1) 基礎底面（または地表面）の加速度応答スペクトル

(7.1) 式の層せん断力および (7.4) 式の等価総重量 W_i を算定する際に用いる基礎底面（または地表面）の地震動の加速度応答スペクトル値 $S_a(T, \zeta)$ は次式によって求める．

$$S_a(T, \zeta) = k_p(T, \zeta)\,\sigma_a(T, \zeta) \tag{7.11}$$

ここで，$k_p(T, \zeta)$ ：1 自由度系（固有周期 T，減衰定数 ζ）の加速度応答のピークファクター

$\sigma_a(T, \zeta)$：基礎底面（または地表面）の地震動に対する弾性1自由度系（固有周期 T，減衰定数ζ）の加速度応答の2乗平均値の平方根

$k_p(T, \zeta)$は通常3.0とするが，適切な方法を用いて算定してもよい．
$\sigma_a(T, \zeta)$は次式によって算定する．

$$\sigma_a(T, \zeta)^2 = \int_0^{\infty} |H(\omega)|^2 G_a(\omega)\, d\omega \tag{7.12}$$

$H(\omega)$ は建築物の弾性1自由度系（固有円振動数 $\omega_0(=2\pi/T)$，減衰定数 ζ）の加速度に対する伝達関数で，次式により算出する．

$$|H(\omega)|^2 = \frac{(\omega_0{}^2)^2 + (2\zeta\omega_0\omega)^2}{(\omega_0{}^2 - \omega^2)^2 + (2\zeta\omega_0\omega)^2} \tag{7.13}$$

$G_a(\omega)$ は基礎底面（または地表面）の地震動加速度パワースペクトルで，次式により算出する．

$$G_a(\omega) = |H_{GS}(\omega)|^2 \, |H_{SSI}(\omega)|^2 \, G_{aE}(\omega) \tag{7.14}$$

ここで，$H_{GS}(\omega)$：工学的基盤面より地表面（または基礎底面）までの増幅特性を表す地盤増幅関数
$H_{SSI}(\omega)$：建築物・地盤の相互作用を表す相互作用補正関数（考慮しない場合1）
$G_{aE}(\omega)$：工学的基盤面の地震動加速度パワースペクトル

工学的基盤面の加速度パワースペクトル $G_{aE}(\omega)$ は，工学的基盤面での減衰定数5％加速度応答スペクトル $S_{aE}(T, 0.05)$ からスペクトル変換を利用して求める．スペクトル変換に用いる地震動の継続時間 T_d は20(s) とする．

(1) 基礎底面（または地表面）の加速度応答スペクトル

1) 加速度応答スペクトル設定の基本方針

本項は，7.2.1項に示す等価静的地震荷重評価のために必要な基礎底面（または地表面）の地震動の加速度応答スペクトルを算定する方法を示している．

この加速度応答スペクトルの算定では，対象地点の地震動に影響を及ぼす地盤特性，建築物の埋込み条件などを適切に反映する必要がある．図7.2.3，図7.2.4は，これらの影響因子の関連を模式的に示している．これらの影響因子をできるだけ現実に近いように考慮して地震荷重を算定する．建築物の重要度や得られる情報の量と質に応じて解析手法を選択する．

表7.2.1に示すように，本指針においては，加速度応答スペクトルに影響を与える因子として，工学的基盤面における地震動のスペクトル特性，工学的基盤以浅の地盤中の地震波の増幅特性，地盤と建物の入力の相互作用（有限の基礎サイズ，埋込みの影響により，入力地震動が変容する効果）をそれぞれ，振動数の関数である補正関数として明確に分離しており，これらの評価においては，本会編「入門・地盤と建物の動的相互作用」[18)]や「建物と地盤の動的相互作用を考慮した応答解析と耐震設計」[3)]などを活用することができる．なお，工学的基盤は基礎の支持地盤よりも深く充分な剛性と深さのある地層に設定する．充分な剛性を持つ地層とは，工学的にS波速度が400 m/s程度以上の地層とする場合が多い．

しかし，建築物への地震入力の大まかな値を簡便に算定したい場合や詳細法が利用できない場合については，表7.2.1右段の簡易な算定フロー〔7.2.4項（3)〕も提示している．注記すべき点として，簡易算定法は一般に情報が少ない場合に利用されるべきものであり，その算定結果の精度は詳細な算定方法よりは劣るものである．

一方，加速度応答スペクトルの算定においては，できるだけ敷地地盤の情報を反映させることが評価精度確保の観点から必要である．例えば，(7.14) 式のように伝達関数 $H_{GS}(\omega)$ として地盤増幅特性を表すことで，地盤の卓越周期と建築物の卓越周期の一致による応答の増大を表現することができる．一方，地盤の非線形性のモデル化により，地盤の伝達関数 $H_{GS}(\omega)$ は変化し，建築物への地震動入力が変動する可能性がある．(7.14) 式の評価にあたっては，このような増幅特性や非線形性のモデル化の違いが地震荷重に与える影響にも充分配慮する必要がある．また，固有周期 T_1 が 1 秒程度以上の建築物が関東・濃尾・大阪平野などの平野部に立地する場合，地震基盤（S 波速度が 3 km/s 程度以上の層）から工学的基盤までの地震動の増幅の影響が無視できないことが指摘されている[例えば22)〜24)]．将来的にはこのような影響を考慮した地震動予測式（距離減衰式）が提案されると考えられるが，7.2.4 項（2）1）に示す一様ハザードスペクトルの評価に用いている地震動予測式では工学的基盤より深い地盤の影響を陽に考慮できていない．そのため，必要に応じて 7.2.4 項（2）2）の基本最大加速度 a_0 を用いる方法を併用するか 7.3 に示す地震応答解析でその影響を評価することが望ましい．

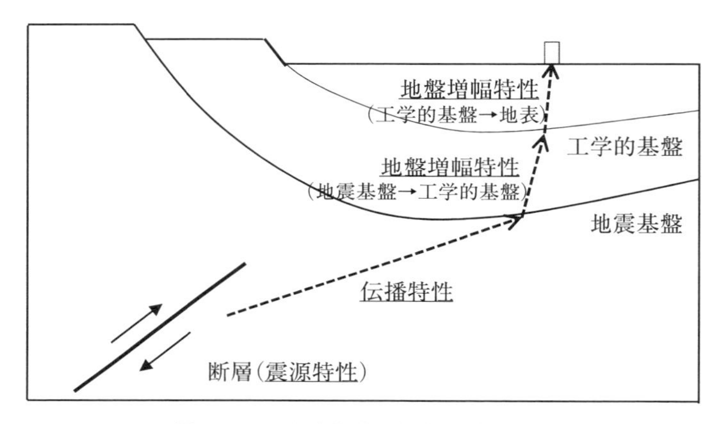

図 7.2.3　地震荷重に与える影響因子

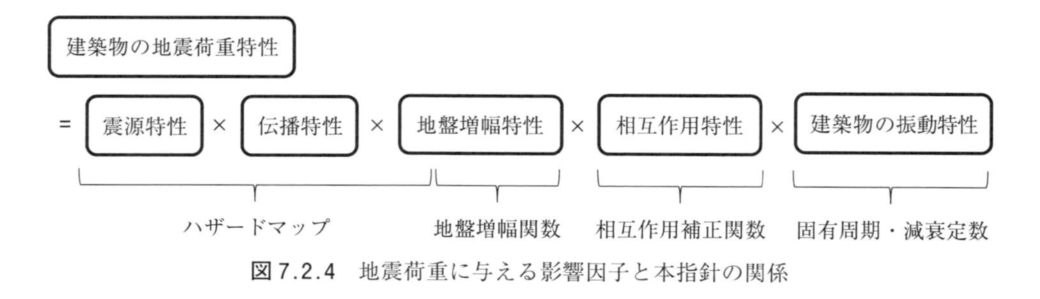

図 7.2.4　地震荷重に与える影響因子と本指針の関係

図 7.2.5 に地震荷重評価の流れを示す．本項では 2004 年版から採用しているパワースペクトルを用いた等価静的地震荷重評価手法を推奨するが，本指針の手法以外にもさまざまな手法が提案されている．利用者は，各手法の適用範囲や利用者の技術力に応じてそれらの手法を選択して利用してよい．

表7.2.1　基礎底面（または地表面）の加速度応答スペクトルの影響因子と解析手法

	影響を表す補正係数	推奨法		詳細法		簡易法	
		解析手法	必要情報	解析手法	必要情報	解析手法	必要情報
建物と地盤の動的相互作用（有効入力動）	$H_{SSI}(\omega)$	(7.18)式の近似式	建物基礎サイズ・埋込み形状	剛基礎を仮定した二，三次元地盤の波動伝播解析	建物基礎サイズ・埋込み形状	(7.18)式の近似式	建物基礎サイズ・埋込み形状
地盤の地震動増幅効果	$H_{GS}(\omega)$	剛性・減衰定数のひずみ依存性を考慮した地盤中を伝播するせん断波の一次元波動解析	工学的基盤以浅の地層構成，せん断波速度，単位体積重量，剛性・減衰定数のひずみ依存性		工学的基盤以浅の地層構成，せん断波速度，単位体積重量，剛性・減衰定数のひずみ依存性	(7.16)，(7.17)式の2層地盤のせん断波速度の波動伝播解析による解析	地盤の卓越周期・減衰定数・インピーダンス比

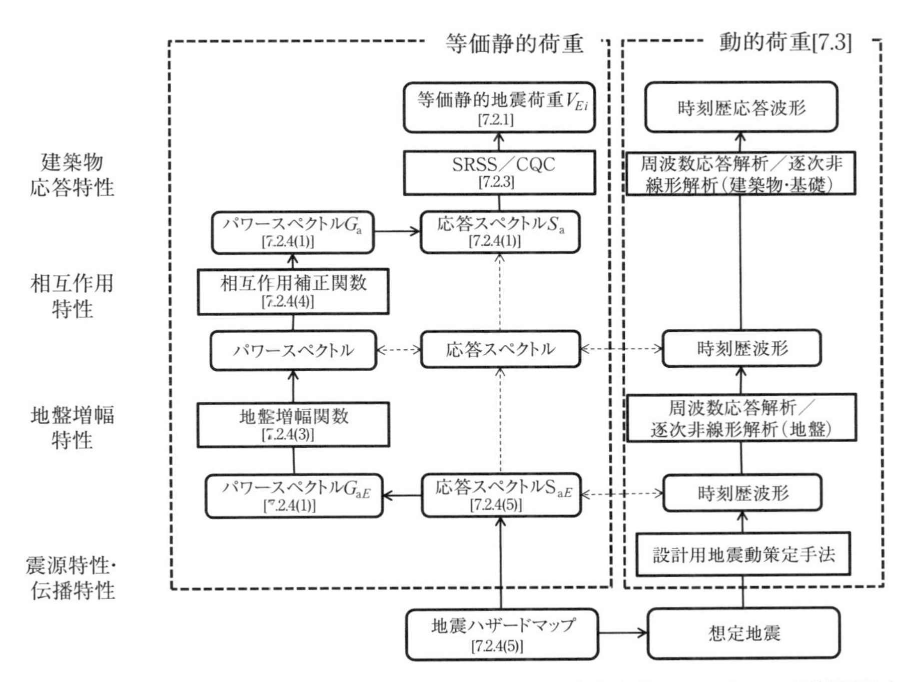

図7.2.5　地震荷重の構成要因と各建築物モデルへの加速度応答スペクトルの影響因子と本指針の推奨する地震荷重評価手順（[　]は該当する項番号を示す）

2）パワースペクトルによる地震動表現

時間的に変動する量は周期と振幅の異なる多くの正弦波の重ね合せとして表すことができるが，耐震工学・地震工学の分野では時間的に変動する地震動特性を表すために応答スペクトルがよく用いられている．応答スペクトルは地震動のスペクトル特性を直接表現したものではなく，構造物への影響に注目し，ある一定の減衰定数を有する線形1自由度系の最大応答をその固有周期をパラメータとして表しているもので，工学的には便利であるが，上述のいろいろな影響因子が結果的に反映されたものになっており，それらの建築物応答に与える影響が図7.2.4のように明快に分離することができないという欠点もある．

一方，パワースペクトル（パワースペクトル密度，パワースペクトル密度関数とも呼ばれる）は時間的に変動する量の2乗振幅（パワー）の振動数別の分布性状を表したもので，数学的な取扱いが容易になるという利点を持っている．すなわち，上述の各影響因子を振動数の関数である伝達関数で個別に表現することができる利点を有する．ここで，伝達関数とはある一定の振動数と振幅を有する正弦波がある影響因子によってどのくらい増幅されるか（また位相がどのようになるか）を振動数ごとに表したものである．

これらの影響因子を振動数伝達関数で表すことになるが，これらの伝達関数を評価する方法は，いろいろな手法が過去に提案されている．なお，パワースペクトルには，振動数を$-\infty$～$+\infty$で定義する場合（両側スペクトル）と0～$+\infty$で定義する場合（片側スペクトル）がある．工学的には後者（0～$+\infty$）で定義することが多く，本章のパワースペクトルはすべて片側スペクトルを意味している．

図7.2.4に示すように，地盤の特性である地盤増幅特性，建築物と地盤の相互作用効果を表す振動数特性を工学的基盤面上での基準パワースペクトルに掛け合せることで，建築物への入力としての地震動のパワースペクトルが導かれ，建設地点の地盤特性を考慮した地震荷重を明快かつ容易に設定できる．さらに，パワースペクトルをそのまま用いて，建築物と地盤の動的相互作用効果の振動数依存性も考慮に入れた建築物振動モデルの振動数応答解析を実施することで，建築物の応答のパワースペクトルを直接算出し，それを建築物の最大応答値に変換することが可能である．

なお，建築物振動モデルへの入力として応答スペクトルにより規定する従前の方法が長年利用されており，本指針においても建築物への入力としては応答スペクトルの形式を利用している〔(7.1)式〕．そのため，建築物モデルへの入力となるパワースペクトルを応答スペクトルに変換する必要が生じるが，変換後は，従来と同様な手法としても利用することができる．

3）応答スペクトルとパワースペクトルの相互変換

図7.2.5に地震荷重の構成と，それぞれの影響因子の関連性を示す．建築物への地震入力は加速度応答スペクトルで規定される．また，工学的基盤面における地震動も応答スペクトルで規定されていることから，入口と出口が応答スペクトルの表現としており，応答スペクトルとパワースペクトルの相互変換をする必要がある．

時刻歴波形がある場合には，パワースペクトルも応答スペクトルもただちに定義することができる．時刻歴波形による地震動の表現には，スペクトル特性，経時特性あるいは位相特性の情報を必要とし，7.3節に示す．

パワースペクトルに経時特性（位相特性）の情報を追加すれば時刻歴波形を作成することができる．一方，等価静的地震荷重を算定する場合には，地震動時刻歴波形の主要動部分のうち振幅がほぼ一定となる時間帯に対して定常確率過程を仮定することにより，線形1自由度系の応答の最大値を確率的に予測することができる．この方法をパワースペクトルと応答スペクトルの変換と呼ぶ．本指針ではこの予測方法を利用して，応答スペクトル（地震動を受ける線形1自由度系の最大応答）を予測する．なお，定常確率過程とは，地震動や応答の波形を不規則な波形と考え，その統計的性質（平均値，2乗平均値など）が時間に依存しない過程をいう．

地震動入力を受ける線形単振子の最大応答（すなわち応答スペクトル）は，地震動の振動数特性を表すパワースペクトルと継続時間から最大応答の確率分布を求めることができる．地震動に対する線形単振子の応答の標準偏差$\sigma_a(T,\zeta)$に対する最大応答値$S_a(T,\zeta)$の比をピークファクター$k_p(T,\zeta)$と呼ぶ．建築物で考えられる減衰定数ζの範囲では，線形単振子の応答は狭帯域の確率過程とみなすことができ，ピークファクター$k_p(T,\zeta)$の中央値は3程度となる．

定常確率過程の初通過理論を用いたパワースペクトルと応答スペクトルの相互変換の要点については「建築物荷重指針を活かす設計資料1」に記載する．また，詳細は参考文献25）に記載されている．

(2) 工学的基盤面の加速度応答スペクトル

再現期間t_R年の工学的基盤面の加速度応答スペクトル$S_{aE}(T, 0.05)$は，以下に示すいずれかの方法により算定する．

1) 一様ハザードスペクトル

7.2.4項（5）に示す基本加速度応答スペクトル$S_{a_0}(T, 0.05)$（再現期間100年の一様ハザードスペクトル）の各周期に，7.2.4項（6）に示す再現期間換算係数$k_{R_E}(T)$を乗じることにより求めることができる．地震荷重の基本値〔2.2節参照〕を算定する際には，再現期間換算係数$k_{R_E}(T)$を1とする．

2) 工学的基盤の卓越周期に応じたスペクトル形状に基本最大加速度a_0（再現期間100年）と再現期間換算係数k_{R_E}を乗じたスペクトル

2）の加速度応答スペクトルについては，(7.15)式により算定される．地震荷重の基本値（2.2節参照）を算定する際には，再現期間換算係数k_{R_E}を1とする．

$$S_{aE}(T, 0.05) = k_{R_E} a_0 S_0(T, 0.05) = \begin{cases} k_{R_E} a_0 (1 + (k_{R_0} - 1)T/T_c') & : (T < T_c') \\ k_{R_E} a_0 k_{R_0} & : (T_c' \leq T < T_c) \\ k_{R_E} a_0 k_{R_0} T_c/T & : (T_c' \leq T) \end{cases} \quad (7.15)$$

ここで，k_{R_E}　：7.2.4項（6）に示す再現期間換算係数
a_0　：7.2.4項（5）に示す工学的基盤での基本最大加速度
$S_{aE}(T, 0.05)$　：工学的基盤面での基準化加速度応答スペクトル
T_c, T_c'　：工学的基盤の卓越周期に関する周期で，$T_c = 0.3$～0.5秒，$T_c'/T_c = 1/5$～$1/2$
k_{R_0}　：加速度応答が一定となる周期帯の加速度応答倍率で2~3程度の値とする．

(2) 工学的基盤面の加速度応答スペクトル

これまでに地震による震動特性については，多くの知見が蓄積され，日々更新されている．また，これらの最新知見を考慮したハザード評価結果が一般に公開・活用されるための社会基盤も整いつつある．このような状況を鑑み，工学的基盤面の加速度応答スペクトルは，公的に公開されるハザード評価結果を用いて算定する．公開情報として，地震調査研究推進本部の結果を活用する方針としたが，現状では防災科学技術研究所の結果を参照している．これらの情報については7.2.4項

(5) に示す．工学的基盤面の加速度応答スペクトルは，これらの公開情報から，一様ハザードスペクトル，もしくは，最大加速度の評価結果を用いて算定される．なお，これらのハザード評価結果は，地震活動度やハザード評価手法における最新知見を反映し，順次更新していくため，加速度応答スペクトルは，最新の評価結果を参照したうえで設定することが望ましい．また，本指針に従う新設建築物や既設建築物についても，最新のハザード評価結果を順次参照し，必要に応じて再評価を実施することが求められる．建築物の地震荷重の設定にあたりハザード評価結果を参照する際には，評価結果が将来更新されることを前提にして利用することが重要である．また，既設の建築物についても，必要に応じて最新知見を用いた再評価を行うことが求められる．以下に，工学的基盤面の加速度応答スペクトル $S_{aE}(T, 0.05)$ の具体的な設定方法について述べる．

1) 一様ハザードスペクトル

一様ハザードスペクトル (Uniform Hazard Spectrum, UHS) は，周期ごとに，同一の再現期間を有する加速度応答値を独立に評価し，それらをつなぎあわせたものである．各周期において寄与の高い震源が必ずしも同一とは限らず，過去の地震記録の包絡スペクトルを記録の観測期間に応じて評価したものに近い．

再現期間 t_R 年の一様ハザードスペクトルは，7.2.4 項 (4) などに示される公開データの中から選んだ基本加速度スペクトルを基準とし，7.2.4 項 (5) に示す再現期間換算係数 $k_{R_E}(T)$ を周期ごとに乗じることで算出される．ただし，7.2.4 項 (5) にあるように，再現期間換算係数の導出にあたっては，ハザード曲線が直線近似できることが前提とされる．例えば，影響度が大きい震源が再現期間の値に応じて変化する場合には，この前提が成立しない可能性がある．そのような場合には，7.2.4 項 (5) における直線の傾き k を求める区間を直線近似が成立するように設定するなど，適切な補間方法を採用する必要がある．

2) 工学的基盤の卓越周期に応じたスペクトル形状に基本最大加速度 a_0 (再現期間 100 年) と再現期間換算係数 k_{R_E} を乗じたスペクトル

S 波速度 400 m/s 程度の工学的基盤上でのスペクトル形状に，再現期間 t_R 年の最大加速度 a_{R_E} を乗じることによって求められる．最大加速度 a_{R_E} は，公開情報の最大加速度 a_0 を，再現期間換算係数 k_{R_E} により補正することによって算出される．

ここでは，工学的基盤の応答スペクトルにおいても，加速度一定域，速度一定域の仮定の下に，(7.15) 式が成立するものとしている．

工学的基盤におけるスペクトル形状を図 7.2.6 に示す．減衰定数が 5 % の時，応答倍率 k_{R_0} は 2〜3 倍程度であり，加速度一定領域および速度一定領域の境界点の周期については，$T_c'/T_c = 1/5$〜$1/2$ としている．なお，建築基準法の建設省告示第 1461 号に規定される加速度応答スペクトル (告示スペクトル) においては，$k_{R_0} = 2.5$，$T_c = 0.64$(s)，$T_c'/T_c = 1/4$ の値を用いている．

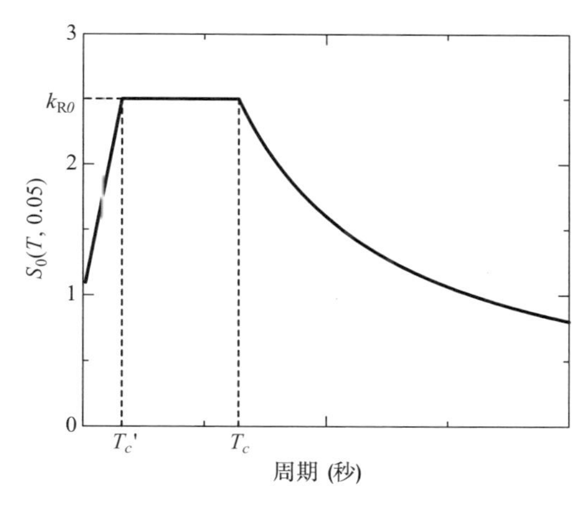

図 7.2.6　基準化加速度応答スペクトル

(3) 地盤増幅関数

工学的基盤面から地表面（または基礎底面）までの表層地盤による地震動の増幅効果（地盤非線形，地盤種別含む）の評価は，せん断波の一次元波動伝播解析（等価線形解析）から得られる振動数伝達関数による．ただし，当解析が困難な場合には簡易的に次式で算出される地盤増幅関数 $H_{GS}(\omega)$ による．

$$|H_{GS}(\omega)|^2 = \left|\frac{1}{\cos A + i\,\alpha_G \sin A}\right|^2 \tag{7.16}$$

$$A = \frac{\omega T_G}{4\sqrt{1 + 2\,i\,\zeta_G}} \tag{7.17}$$

ここで，α_G ：工学的基盤と工学的基盤面より上の地盤のインピーダンス比
T_G ：工学的基盤面より上の地盤の卓越周期（s）
ζ_G ：工学的基盤面より上の地盤の減衰定数
i ：虚数単位（$i = \sqrt{-1}$）

(3) 地盤増幅関数

工学的基盤面から地表面（または基礎底面）までの地盤による地震動の増幅効果を表す地盤増幅関数 $H_{GS}(\omega)$ は，せん断波の一次元波動伝播解析（等価線形解析）[例えば26]による振動数伝達関数とする．等価線形解析は，前記の工学的基盤面における加速度応答スペクトルに適合する時刻歴波形および，剛性・減衰定数のひずみ依存性により非線形性を考慮した地盤データに基づくものとする．工学的基盤は，充分な剛性と厚さがある，基礎の支持地盤よりも深い地層に設定するものとする．実用上は，S 波速度が 400 m/s 以上の地層としてよい．

なお，上記の等価線形解析が困難な場合や地盤増幅関数を簡易的に求めたい場合には，以下に示す地盤非線形性を考慮しない 2 層地盤の振動数伝達関数を地盤増幅関数 $H_{GS}(\omega)$ としてもよい．一次元波動伝播解析では上昇波と下降波の和で地盤を伝播する地震波が表され，地盤の解放面（解放基盤面や地盤面）で上昇波と下降波の振幅が等しくなることから，地盤の減衰を履歴型とすると，工学的基盤と工学的基盤面よりも上の地盤の 2 層地盤に対する振動数伝達関数［＝地表動 / 解放基盤動］は次式で表される[例えば27),28)]．

$$H_{GS}(\omega)=\frac{1}{\cos A+\mathrm{i}\alpha_G\sin A} \tag{7.2.29}$$

$$A=\frac{\omega T_G}{4\sqrt{1+2i\zeta_G}} \tag{7.2.30}$$

ここで，T_G およびζ_G は，おのおの工学的基盤面より上の地盤の卓越周期（s）および減衰定数，α_G は工学的基盤と工学的基盤面より上の地盤のインピーダンス比，$i=\sqrt{-1}$ である．この簡易式に関しては，旧指針（2004 年版）に基づき，参考値として，地盤種別ごとのパラメータ値を表 7.2.2 に，対応する地盤増幅関数の絶対値を図 7.2.7（横軸は周期 $T[=2\pi/\omega]$）に示すが，利用できる実地盤データがある場合にはこの参考値にとらわれずにその実地盤データに基づく設定値を用いるのが望ましい．

一方，等価線形解析の適用範囲を超える地盤の液状化やそれに伴う流動化を考慮する必要がある場合には，液状化や流動化に適用可能な解析方法を用いて，まずその地盤に対してより適切な解析方法を用いて対策を行い，対策後の地盤に対する振動数伝達関数を地盤増幅関数 $H_{GS}(\omega)$ は，対策後の地盤に対する振動数伝達関数とする．

表 7.2.2 地盤種別ごとのパラメータ

地盤種別	T_G(s)	ζ_G	α_G
第Ⅰ種：標準地盤（堅固な地盤）	0.22	0.05	0.50
第Ⅱ種：緩い洪積地盤または締った沖積地盤	0.37	0.05	0.35
第Ⅲ種：軟弱地盤	0.56	0.05	0.20

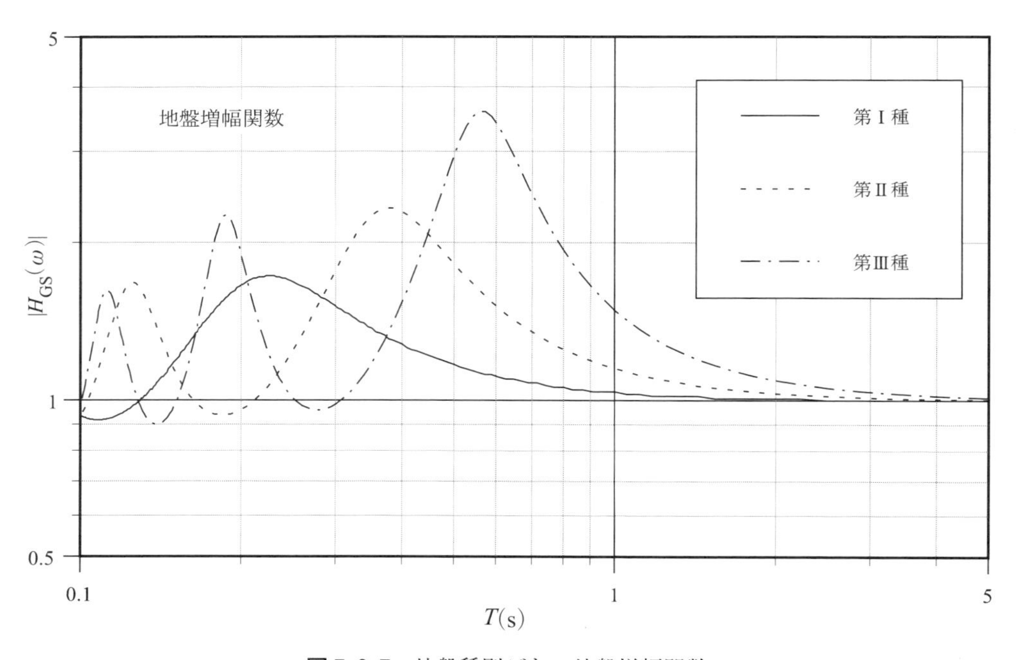

図 7.2.7 地盤種別ごとの地盤増幅関数

上記のせん断波の一次元波動伝播解析は地盤を1相系としてモデル化する方法（全応力解析法）であるが，考慮すべき地盤変形がより大きい場合には，地盤を間隙流体と土構造骨格の2相系として，作用応力を間隙水圧と有効応力に分解して地盤を取り扱う方法（有効応力解析法）が，より適切な解析方法として用いられ始めている[例えば32)]．このことから，地盤の液状化やそれに伴う流動化を考慮する場合には，有効応力に基づく地盤の構成則を用いた解析（有効応力解析）により地盤の対策を行うのが望ましく，この際，対策後の地盤に対する地盤増幅関数 $H_{GS}(\omega)$ に関しては，その有効応力解析結果から得られる振動数伝達関数としてもよい．

(4) 相互作用補正関数

建築物と地盤の相互作用を表す相互作用補正関数 $H_{SSI}(\omega)$ は，基礎の埋込み効果を適切に考慮し設定するか，または次式により算定することができる．

$$|H_{SSI}(\omega)|^2 = \begin{cases} \dfrac{1}{1+2\eta\delta_d^2} & : \quad \delta_d \le 1 \\ \dfrac{1}{1+2\eta} & : \quad \delta_d > 1 \end{cases} \tag{7.18}$$

ここで，η ：基礎の埋込み深さ d と等価基礎幅 $l(=\sqrt{A_f}$，A_f：基礎底面積）の比（$=d/l$），
δ_d ：基準化基礎埋込み深さ（$2\omega d/(\pi V_s)$），
V_s ：側面地盤のS波速度である．

(4) 相互作用補正関数

埋込みがある基礎の地震時の挙動は，同一位置で基礎がないとした場合の自由地盤の挙動とは異なると考えられている．質量が無く剛性のみがある基礎を想定した場合の基礎の応答は，スウェイ・ロッキングを考慮した構造物への入力地震動に相当する動的相互作用効果の一つとして基礎入力動と称されている．地震荷重を算定する際の加速度応答スペクトルにこの効果を考慮することができる．

基礎入力動が自由地盤と異なるのは，基礎部分の深さ方向で自由地盤の地震動が一定でなく，地盤変形が剛な基礎によって拘束されるからである．この概念を図7.2.8の剛な埋込み基礎に従って説明する．

深さ z によって異なっている自由地盤の水平地震動を $U_g(z)$ とすると，基礎が拘束する合力 F_c は次式となる．

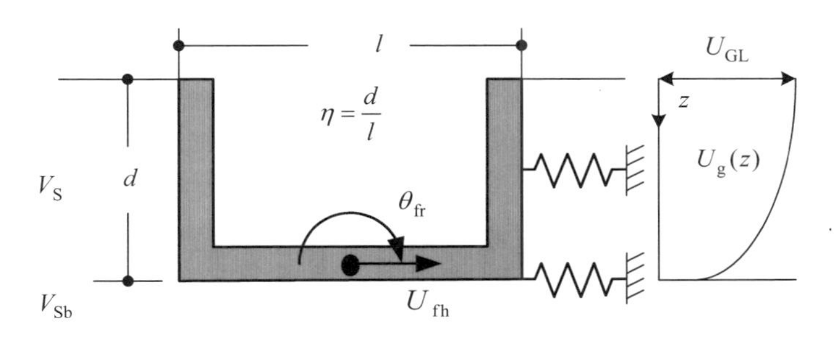

図 7.2.8　埋込み基礎の概念図

$$F_c = K_{bs} U_g(d) + \int_0^d k_{ws}(z)\, U_g(z)\, dz \qquad (7.2.31)$$

ここで，K_{bs}，$k_{ws}(z)$ は，底面全体と単位深さあたり側面の波動逸散効果を含むばねである．

剛基礎の基礎入力動 U_{fh} は，拘束力を解除することによる基礎の応答として表す．

$$U_{fh} = \frac{F_c}{K_f}$$
$$K_f = K_{bs} + \int_0^d k_{ws}(z)\, dz \qquad (7.2.32)$$

ここで，k_{ws} を一定と仮定すると基礎入力動 U_{fh} は次式のようになる．

$$U_{fh} = \frac{K_{bs} U_g(d) + K_{ws} \bar{U}_{gw}}{K_{bs} + K_{ws}}$$
$$K_{ws} = d k_{ws},\quad \bar{U}_{gw} = \frac{1}{d}\int_0^d U_g(z)\, dz \qquad (7.2.33)$$

（7.2.33）式のように，基礎入力動は，ばねを重み係数として基礎位置の $U_g(z)$ を平均化したものと考えることができる．量的には $U_g(z)$ の分布とばね効果に依存するが，地表地震動 U_{GL} と比較すると一般的に$|U_g(z)| \leq |U_{GL}|$なので，$|U_{fh}| \leq |U_{GL}|$となる．地震動の長周期成分では深さ方向の波長が長くなるので自由地盤と基礎の挙動は同等である．

地震観測記録によって動的相互作用効果が検討された研究の一つとして，1995 年兵庫県南部地震による観測記録の検討結果がある [33]．図 7.2.9 は，自由地盤としての地表面地震動と構造物基礎上地震動の最大加速度および最大速度の関係をまとめたものである．ここで白抜きは同時観測によるもので，黒丸は基礎を含む建築物観測記録に整合する相互作用解析から逆算して求められた地表面地震動を用いた解析結果である．A と B は基礎の埋込み深さが約 15 m と深く，η は約 0.3 と 0.5 である．図 7.2.9 の地表面上最大値に対する基礎上の最大値の比率を最小二乗法で近似すると，両者の比は平均的に最大加速度は 0.7，最大速度は 0.9 と得られている．建築物基礎観測記録には上部構造の慣性力の影響も含まれるので基礎上地震動が基礎入力動そのものではないとはいえ，図 7.2.9 は，地表面上地震動に比べて基礎入力動の長周期成分はやや小さい程度であるのに対して，短周期成分では更に小さくなる特徴を表していると考えることができる．

ここで，埋込み量による振動数領域における基礎入力動の特徴を解析的検討から示す [34]．方法としては境界要素法 [35] や有限要素法 [36] もあるが，ここでは薄層法 [37] を用いている．解析パラメータとして，基礎のηは 1/4 または 1/2，地盤は基礎側面と基礎底下で物性が同じ 1 層地盤の場合と基礎底下地盤の S 波速度 V_{sb} が側面地盤の 2 倍である 2 層地盤の場合とした．自由地盤の地表地震動 U_{GL} に対する基礎入力動 U_{fh} の振幅比を図 7.2.10 に示す．横軸の δ_d は地震動の振動数 ω を基礎底面以浅の地盤卓越円振動数を意味するω_d（$=\pi V_s/2/d$）によって無次元化したものである．基礎側面の地震動は深さ方向に位相差があるので基礎には回転の入力動も働く．それを図 7.2.11 に示す．図 7.2.10 において，δ_d が 1 と 2 付近で$|U_{fh}/U_{GL}|$に谷とピークが見られるのは，主に基礎底位置と同じ深さの自由地盤の地震動の影響である．

基礎の埋込み効果による相互作用補正関数 $H_{SSI}(\omega)$ は，図 7.2.9 の観測結果と図 7.2.10 の基礎入力動の特徴を考慮して次のとおりに設定する．

$$|H_{SSI}(\omega)|^2 = \left|\frac{U_{fh}}{U_{GL}}\right|^2 = \begin{cases} \dfrac{1}{1+2\eta\delta_d^2} & : \quad \delta_d \leqq 1 \\ \dfrac{1}{1+2\eta} & : \quad \delta_d > 1 \end{cases} \tag{7.2.34}$$

ここで，$\eta = d/l$，$\delta_d = \omega/\omega_d$，$\omega_d = (\pi V_s)/(2d)$，$l$ は等価基礎幅（$=\sqrt{A_f}$），d は基礎埋込み深さ，V_s は基礎底より浅い地層の S 波速度で多層の場合は平均の速度とする．

（7.2.34）式による $|U_{fh}/U_{GL}|$ を図 7.2.12 に示す．なお，埋込みがあると図 7.2.11 の例のように回転動も生ずるので，この影響が大きいと考えられる場合には回転動も考慮する必要がある．

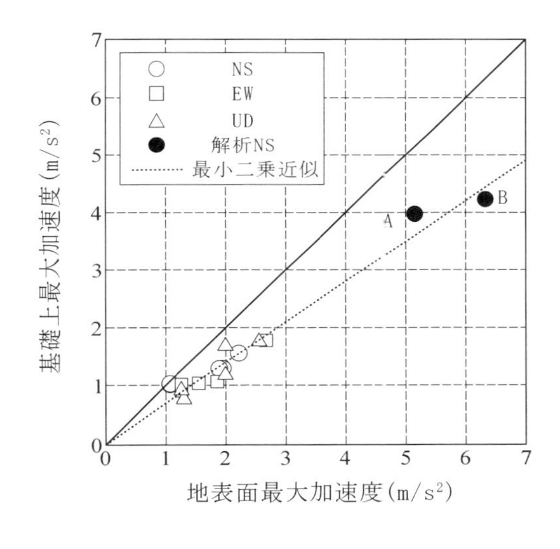

（a）　最大加速度

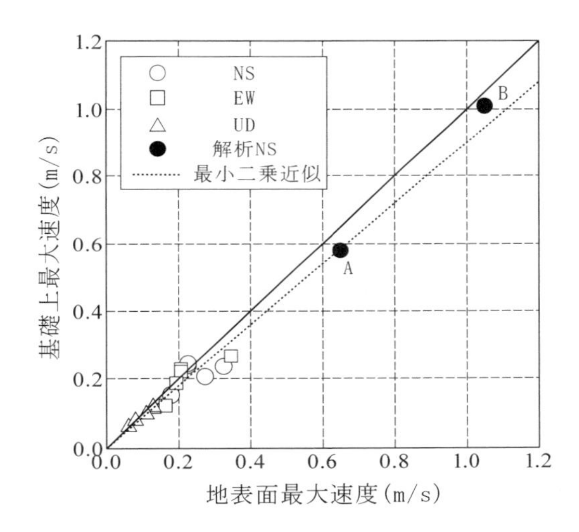

（b）　最大速度

図 7.2.9　兵庫県南部地震の観測記録にみられる相互作用効果 [33)]

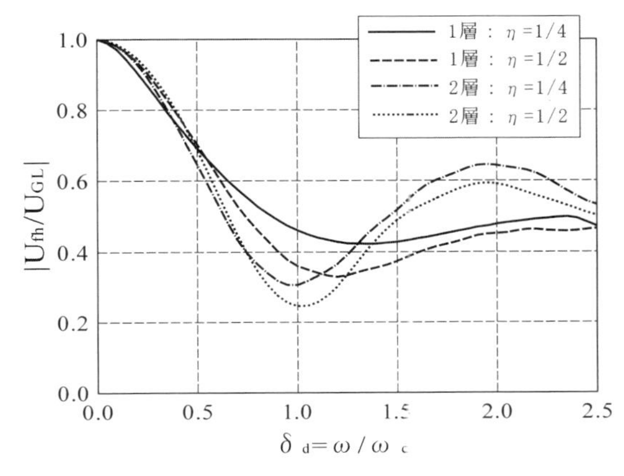

図 7.2.10　基礎入力動の水平成分

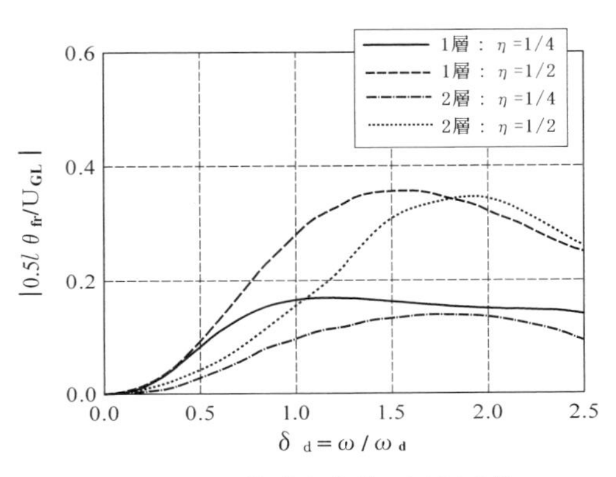

図 7.2.11　基礎入力動の回転成分

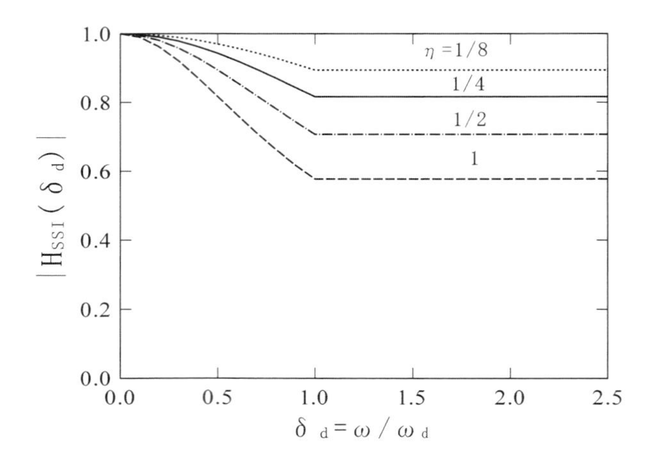

図 7.2.12　埋込み基礎の相互作用補正関数

(5) 基本加速度応答スペクトル

工学的基盤面での基本加速度応答スペクトル $S_{a_0}(T, 0.05)$ は，再現期間 100 年の一様ハザードスペクトルから求める．一様ハザードスペクトルの代わりに，標準地震ハザードマップから求めた工学的基盤面の基本最大加速度 a_0（再現期間 100 年）に，基準化加速度応答スペクトル $S_0(T, 0.05)$ を乗じて求めることもできる．また，適切な確率論的地震ハザード評価を行って，$S_{a_0}(T, 0.05)$ を評価することもできる．

(5) 基本加速度応答スペクトル

基本加速度応答スペクトルは，公的に公開されている地震ハザード評価を用いて設定する．公開情報の一例として，図 7.2.13 に，防災科学技術研究所より提供されている各都市における一様ハザードスペクトル[38]を示す．一様ハザードスペクトルは，2007 年 1 月から 50 年間の超過確率 39 %，10 %，5 %，2 %に対する基準地盤（V_s = 292 m/s 相当層）の減衰 5 %の加速度応答スペクトル（周期は 0.05 s から 5.0 s の 17 ポイント）であるが，本指針ではこれらの値を，それぞれ再現期間 100 年，500 年，1000 年，2500 年の値とみなす．また，図 7.2.14 に標準地震ハザードマップを，図 7.2.15 に再現期間 500 年（50 年超過確率 10 %）の最大加速度の地震ハザードマップを示す．

1) 地震ハザードとその解析方法

建築物の地震荷重を決定するための基本となる指標は，建築物が建っている間に建設地点に発生すると考えられる地震動の強さである．ある地点に将来発生する地震動の強さは，震源特性や伝播経路や地盤特性に依存するが，それらはばらつきの大きな種々の要因に左右されるので，確定的に決めることは難しく，確率的に表す方がより適切な場合が多い．

地震ハザード（地震危険度）は，将来発生する地震によって生じる地盤上や地震基盤面での地震動の大きさを確率的に表すものであり，地震ハザードの指標としては，再現期間 100 年の最大加速度または最大速度などが用いられる．

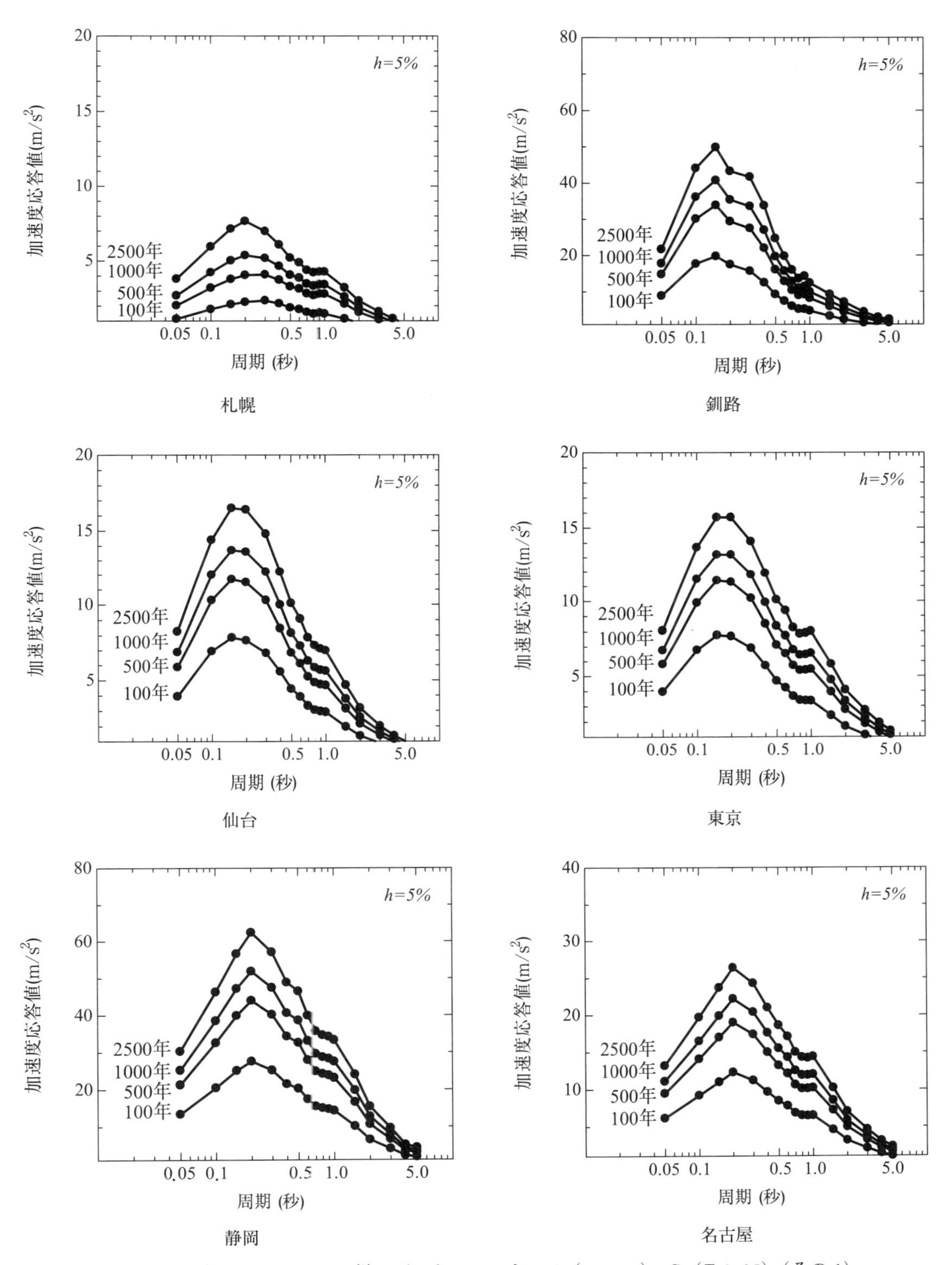

図 7.2.13　各都市における一様ハザードスペクトル $S_{a_0}(T, 0.05)$，$S_{aE}(T, 0.05)$（その 1）

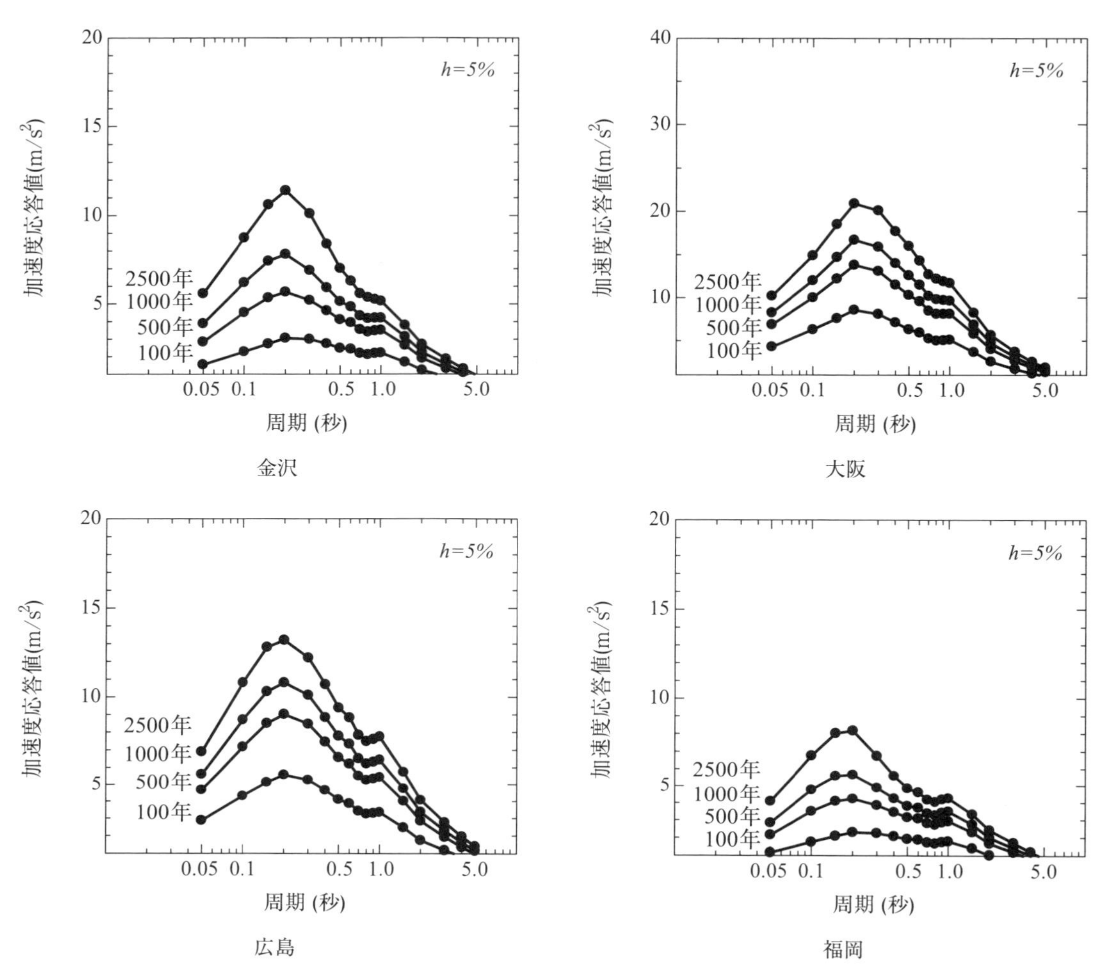

図 7.2.13　各都市における一様ハザードスペクトル $S_{a_0}(T, 0.05)$，$S_{aE}(T, 0.05)$（その 2）

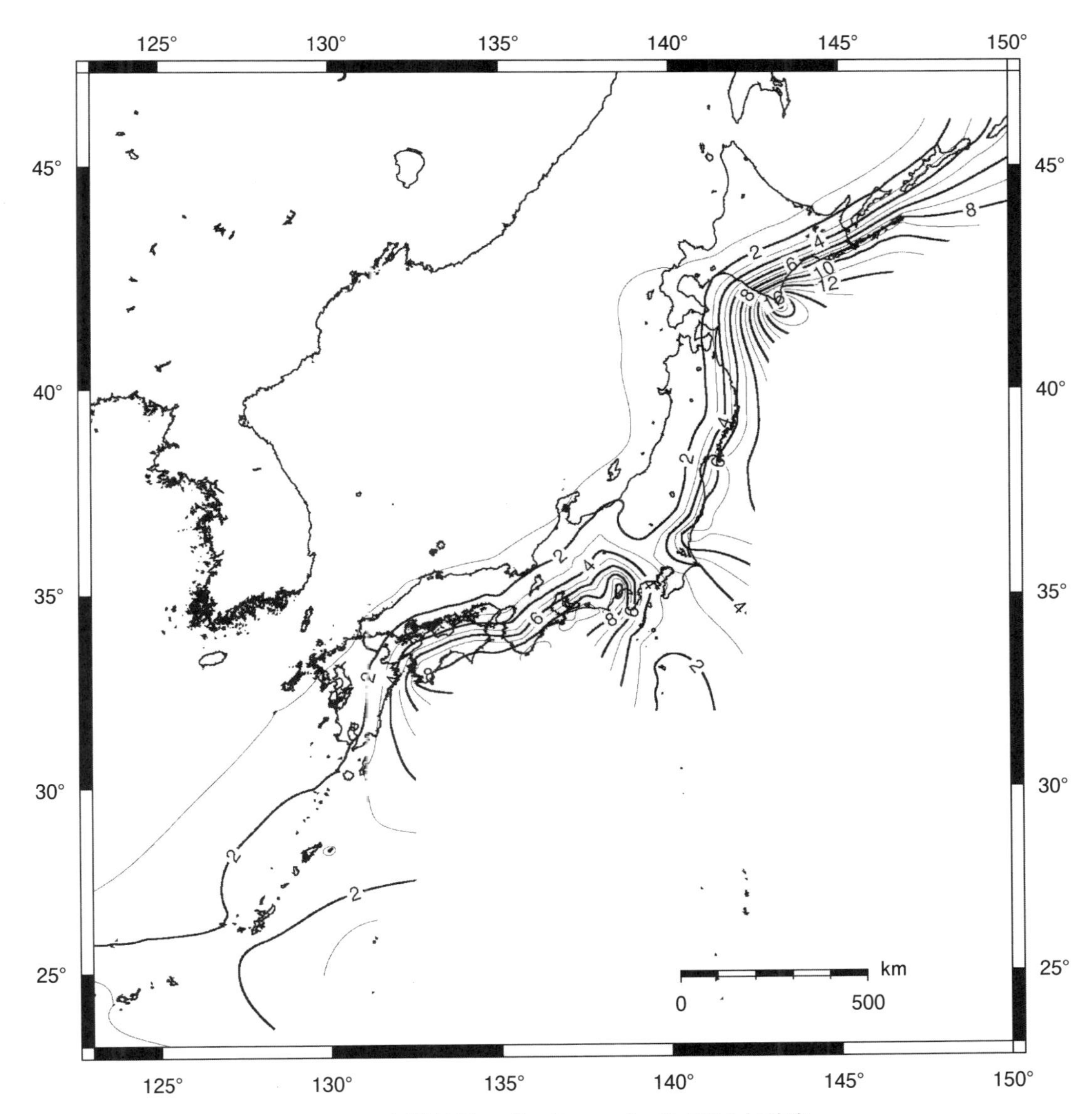

図 7.2.14　標準地震ハザードマップ：基本最大加速度 a_0
（工学的基盤面における再現期間 100 年に対する最大水平加速度）
［注］　図中の等値線は 1 m/s^2 間隔とし，2 m/s^2 間隔で太線とした．

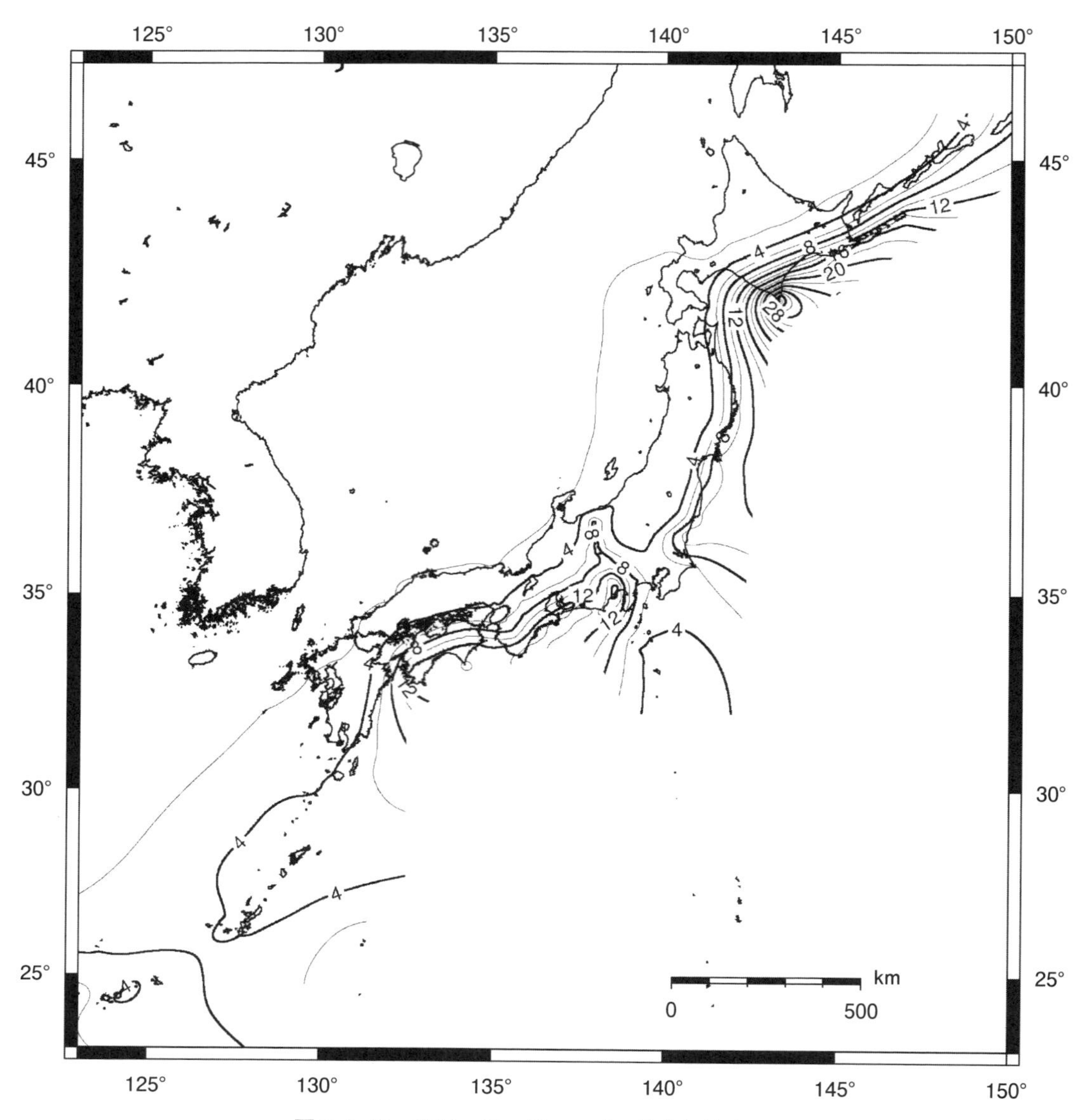

図 7.2.15 地震ハザードマップ：最大加速度 a_{500}
（工学的基盤面における再現期間 500 年に対する最大水平加速度）
［注］ 図中の等値線は 2 m/s² 間隔とし，4 m/s² 間隔で太線とした．

地震ハザードを求める研究は，「河角マップ」（1951年）が初期の研究であり，それ以降，解析手法の違いや解析に用いるデータと地震発生のモデル化の違いによって，いくつかの方法が開発されている[39]．

a）地震カタログを用いた地震ハザード解析

日本では，過去の地震発生の震源データ（発生年月日と震源位置とマグニチュード）は，1000年以上の値が地震カタログとしてまとめられている．その中の最近の約100年間の値は地震計による観測値であるが，それより以前の値は文書に記録された地震被害から推定されたもので，歴史地震と呼ばれている地震である．

これらの震源データと距離減衰式（距離減衰曲線）を用いれば，ある地点の最大地震動の大きさが推定できる．ただし，距離減衰式は，多くの観測記録に基づいて，マグニチュードと震源距離あるいは震央距離だけで地震動の大きさを表している経験式であるために，ばらつきが大きいので，それを考慮するのが望ましい．その地震動の標本分布から地震ハザードを推定することは可能であるが，この方法は，地震ハザードの標本の大部分を占める地震動振幅の小さい値に左右されやすい傾向がある．

これを改善した，より合理的な方法は，1集団の最大値を1標本とする標本極値分布を求め，それに特定の極値分布を当てはめて極値分布のパラメータを推定し，それらの分布から地震ハザードを推定することである．集団の単位としては便宜的に1年が使われ，年最大値の極値分布が利用される．極値分布としては，集団の大きさで分布が変化しないという安定条件を満足する，グンベル分布，フレッシェ分布およびワイブル分布[40]とともに神田が提案した上下限分布[41]が使われている．

極値分布を当てはめる方法では，大地震の再現期間が数千年以上と長いために，大地震で近距離の大きな地震動の影響をハザードに反映させるためには，地震カタログの期間を充分長くする必要がある．しかし，時代が古くなるほど地震カタログの信頼度が低くなるという問題があるために，地震カタログの期間の設定は難しい．

用いた地震カタログに大地震が含まれているかいないかで解析結果が大きく異なるという問題を解決する方法としては，地震発生の特性が同じと考えられる区域すなわち地体構造を設定し，その中での地震発生を確率的なモデルで表して，そのパラメータを用いて地震ハザードを求めるという方法がある．この方法はコーネル（Cornell）の研究[42]が端緒であり，地震発生のモデルとして，地震規模の分布がグーテンベルク－リヒター（Gutenberg-Richter）の式に基づく指数分布すなわちb値モデルで表されること，大地震の発生が定常ポアソン確率過程に従うことを利用している．このモデルでは，各区域の最大地震規模，b値，年平均地震発生数が得られれば，同じ区域内では地震が一様に発生すると仮定して，距離減衰式を利用して，確率計算で地震ハザードを計算することができる．この場合には，距離減衰式のばらつきを取り込むことも容易である．

b）プレート境界の地震や活断層のデータを用いた地震ハザード解析

プレート境界の地震やプレート内の活断層では大地震が繰り返し発生することが知られている．そのような地域での地震の発生の特徴としては大きな規模の地震がほぼ一定間隔で発生していることである．このような特性は規模の異なる地震が発生する b 値モデルではなく，同様の地震が発生する固有地震モデルを仮定する方が適切であることを示唆している．近年，活断層の位置と形状および地震の規模とその発生間隔のデータが蓄積されるにつれて，この方法により地震ハザードを求める研究が発表されている．

この方法の問題は，全国の地震ハザードを求める場合，活断層のデータの信頼度が地域によって異なり，均質なデータが得られにくいことである．山岳地帯では活断層の発見が容易なため多くの活断層が発見されているが，堆積層が厚く蓄積した平野部では発見が難しいため，現在でも活断層の資料が充分とはいえない状況にある．また，大地震の発生間隔が数千年と長いので，地震ハザードの推定に用いる平均変位速度の信頼度が充分高くない地域が多い点である．

c）本指針の地震ハザード

本指針では，防災科学技術研究所研究資料第 336 号 [38] の付録 2 に掲載されている，一様ハザードスペクトルと最大加速度を地震動指標とした確率論的地震動予測地図を用いた．予測地図では，全国を対象とした 1 km メッシュの領域において Kanno et al.（2006）[43] による距離減衰式を用い，2007 年 1 月から 50 年間の超過確率 39 %，10 %，5 %，2 %に対する基準地盤（V_s＝292 m/s 相当層）の減衰 5 %の加速度応答スペクトル（周期は 0.05 s から 5.0 s の 17 ポイント）と最大加速度を計算している．地震活動モデルは，「全国を概観した地震動予測地図」2007 年版 [44] に倣っている．

2）条件付平均スペクトル（Conditional Mean Spectrum）

一様ハザードスペクトルは，すべての周期について，ある超過確率に対応するスペクトル値を与えるため，地震動のターゲットスペクトルとして利用すると，実際に観測される地震動のスペクトルとは形状が異なる．ベーカー（Baker）[45] は，応答スペクトルの周期間の相関を利用し，特定の周期について超過確率に対応するスペクトル値を与える平均的なスペクトルの算定方法を提案した．

対象とする周期を T^* とし，ある超過確率に対応するスペクトル値 $S_a(T^*)$ を地震動予測地図から求める．ここで，対象とする周期 T^* とは，例えば構造物の一次固有周期である．また，$S_a(T^*)$ を与える平均的なマグニチュード M と震源距離 R，$\ln S_a(T^*)$ の平均値，標準偏差 $\sigma_{\ln S_a}(T^*)$ も地震動予測地図から求める．平均からの偏差 $\varepsilon(T^*)$ は次式で与えられる．

$$\varepsilon(T^*)=\frac{\ln S_a(T^*)-\mu_{\ln S_a}(M,R,T^*)}{\sigma_{\ln S_a}(T^*)} \tag{7.2.35}$$

$\varepsilon(T^*)$ が与えられたときの周期 T_i における偏差 $\varepsilon(T_i)$ の平均値は次式で与えられる．

$$\mu_{\varepsilon(T_i)|\varepsilon(T^*)}=\rho(T_i,T^*)\,\varepsilon(T^*) \tag{7.2.36}$$

相関係数 $\rho(T_i,T^*)$ の周期 0.05～5 秒の予測値は，次式で与えられる．

$$\rho(T_i,T^*)=1-\cos\left(\frac{\pi}{2}-\left(0.359+0.163I_{(T_{\min}<0.189)}\ln\frac{T_{\min}}{0.189}\right)\ln\frac{T_{\max}}{T_{\min}}\right) \tag{7.2.37}$$

ここで，$T_{\min}<0.189$ 秒のとき $I_{(T_{\min}<0.189)}=1$ である．

$\ln S_a(T^*)$ に対する $\ln S_a(T_i)$ の平均値は次式で与えられる．

$$\mu_{\ln S_a(T_i)|\ln S_a(T^*)}=\mu_{\ln S_a}(M,R,T_i)+\rho(T_i,T^*)\,\varepsilon(T^*)\,\sigma_{\ln S_a}(T_i) \tag{7.2.38}$$

（6）再現期間換算係数

再現期間 t_{R} 年の地震動の加速度応答スペクトルの再現期間換算係数 $k_{\mathrm{R}_E}(T)$ は，対象地点のハザード解析結果に基づいて定める．

（6）再現期間換算係数

1）再現期間換算係数

再現期間換算係数 $k_{\mathrm{R}_E}(T)$ は，年最大値の確率分布型を仮定すれば，基本加速度スペクトル $S_{\mathrm{a}_0}(T, 0.05)$ の値と再現期間 500 年に対する加速度応答スペクトル $S_{\mathrm{a}_{500}}(T, 0.05)$ の値から求めることができる．確率変数 X が，フレッシェ分布に従うとき，累積分布関数 $F_X(x)$ は次式で表される．

$$F_X(x) = \exp\left\{-\left(\frac{v}{x}\right)^k\right\} \tag{7.2.39}$$

ここで，v と k はパラメータである．両辺の対数を 2 回とり変形すると次式を得る．

$$\ln\{-\ln F_X(x)\} = -k(\ln x - \ln v) \tag{7.2.40}$$

超過確率 $1-F_X(x) << 1$ のとき，$1-F_X(x) \cong -\ln F_X(x)$ であるから，上式は下式で近似できる．

$$\ln\{1-\ln F_X(x)\} = -k(\ln x - \ln v) \tag{7.2.41}$$

これは，加速度応答スペクトル x に対する超過確率 $1-F_X(x)$ が，両対数軸グラフ上で直線近似できることを表している．再現期間 t_{R} に対して $1-F_X(x) = 1/t_{\mathrm{R}}$ であるから，再現期間 100 年に対する値 $S_{\mathrm{a}_0}(T, 0.05)$ と再現期間 500 年に対する値 $S_{\mathrm{a}_{500}}(T, 0.05)$ を用いて，直線の傾き $k(T)$ は次式で表される．

$$k(T) = \frac{\ln 500 - \ln 100}{\ln S_{\mathrm{a}_{500}}(T, 0.05) - \ln S_{\mathrm{a}_0}(T, 0.05)} \tag{7.2.42}$$

再現期間 t_{R} 年に対する値を $S_{\mathrm{a}_{\mathrm{R}}}(T, 0.05)$ とすれば，再現期間換算係数 $k_{\mathrm{R}_E}(T)$ は $S_{\mathrm{a}_{\mathrm{R}}}(T, 0.05)/S_{\mathrm{a}_0}(T, 0.05)$ で表される．上式で 500 を r，$S_{\mathrm{a}_{500}}(T, 0.05)$ を $S_{\mathrm{a}_{\mathrm{R}}}(T, 0.05)$ に置換して変形すれば次式を得る．

$$k_{\mathrm{R}_E}(T) = (t_{\mathrm{R}}/100)^{1/k(T)} \tag{7.2.43}$$

加速度応答スペクトルの代わりに最大加速度を用いても，同様に再現期間換算係数を求められる．こうして求められた再現期間換算係数 $k_{\mathrm{R}_E}(T)$ は，再現期間 100 年に対する値と再現期間 500 年に対する値の間で，地震ハザード曲線を直線近似して求めているため，再現期間がこの区間から離れるにつれて誤差が大きくなる．

再現期間 t_{R} に対して $1-F_X(x) = 1/t_{\mathrm{R}}$ であるから，再現期間 t_{R_1} 年に対する値 $S_{\mathrm{a}_1}(T, 0.05)$ と再現期間 t_{R_2} 年に対する値 $S_{\mathrm{a}_2}(T, 0.05)$ を用いて，直線の傾き k は次式で表される．

$$k'(T) = \frac{\ln t_{\mathrm{R}_2} - \ln t_{\mathrm{R}_1}}{\ln S_{\mathrm{a}_2}(T, 0.05) - \ln S_{\mathrm{a}_1}(T, 0.05)} \tag{7.2.44}$$

再現期間 t_{R} 年に対する値を $S_{\mathrm{a}_{\mathrm{R}}}(T, 0.05)$ とすれば，再現期間換算係数 $k'_{\mathrm{R}_E}(T)$ は $S_{\mathrm{a}_{\mathrm{R}}}(T, 0.05)/S_{\mathrm{a}_1}(T, 0.05)$ で表される．上式で t_{R_2} を t_{R}，$S_{\mathrm{a}_2}(T, 0.05)$ を $S_{\mathrm{a}_{\mathrm{R}}}(T, 0.05)$ に置換して変形すれば次式を得る．

$$k'_{\mathrm{R}_E}(T) = (t_{\mathrm{R}}/t_{\mathrm{R}_1})^{1/k'(T)} \tag{7.2.45}$$

地震ハザード曲線の値から直接再現期間換算係数を直接求めれば，このような誤差は小さくなる．東京と大阪における地震ハザード曲線と上述の直線近似の比較を図 7.2.16 に示す．

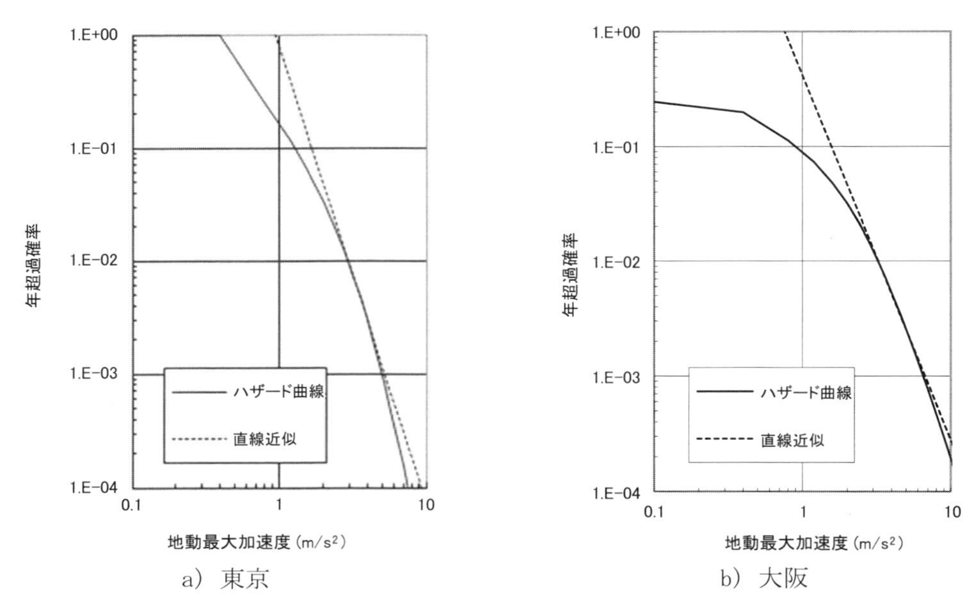

図 7.2.16　地震ハザード曲線と直線近似の比較

2）構造物の破壊確率

コーネル[46]は，構造物の耐力が対数正規分布に従い，地震ハザード曲線が（7.2.41）式のように両対数軸で傾き $-k$ の直線で近似できる時，構造物の破壊確率 P_f を次式のように陽な形で表現できることを示した．

$$P_f \approx H(\hat{a}_{\mathrm{R}})e^{\frac{1}{2}(k\delta_{\mathrm{R}})^2} \tag{7.2.46}$$

ここで，$H(x)$ は地震ハザード曲線，$\hat{a}_{\mathrm{R}}$ は地動最大加速度で表現した構造物の耐力の中央値，δ_{R} は構造物の耐力の対数標準偏差である．構造物の破壊確率を P_0 以下にするためには，$\hat{a}_{\mathrm{R}}$ を次式のように設定すれば良い．

$$\hat{a}_{\mathrm{R}} \leq H^{-1}(P_0)e^{\frac{1}{2}k\delta_{\mathrm{R}}{}^2} = a_{\mathrm{p}0}\, e^{\frac{1}{2}k\delta_{\mathrm{R}}{}^2} \tag{7.2.47}$$

ここで，a_{P_0} は地震ハザード曲線において超過確率 P_0 に対応する地動最大加速度である．

表 7.2.3　補正係数 $e^{\frac{1}{2}k\delta_{\mathrm{R}}{}^2}$ の値

k	δ_{R}			
	0.0	0.2	0.4	0.6
1.0	1.00	1.02	1.08	1.20
2.0	1.00	1.04	1.17	1.43
3.0	1.00	1.06	1.27	1.72

$e^{\frac{1}{2}k\delta_R^2}$は，構造物の設計耐力を定める際の地動最大加速度に対する補正係数と考えられる．k と δ_R に対する$e^{\frac{1}{2}k\delta_R^2}$の値を表 7.2.3 に示す[47]．地震ハザード曲線の傾きと構造物の耐力のばらつきが大きくなるほど，補正係数は大きくなる．

(7) 旧指針（2004 年版）との比較

1）旧指針の基本最大加速度

旧指針（2004 年版）では，基本最大加速度を算定する際に，安中の震源モデル[48]に基づき，固有地震モデルを仮定した大地震発生活動域と，b 値モデルを仮定した背景的地震活動域を設けている．距離減衰式は，工学的基盤位置での日本全国の平均的な最大加速度を表す Annaka & Yashiro (2000) の式[49]を採用した．

2）距離減衰式の比較

本指針では，Kanno et al.（2006）の加速度応答スペクトルと最大加速度の距離減衰式を用いている．Kanno らの距離減衰式は，地表から深さ 30 m までの平均的な S 波速度が 292 m/s 相当の地盤（基準地盤とよぶ）に対する式であるのに対し，安中らは表層地盤の S 波速度が 300 m/s 未満の観測点については一次元波動理論により推定されている基盤波，その他の観測点については観測波形をそのまま用いている．図 7.2.17 に最大加速度距離減衰式の比較を示す．司・翠川式[50] (Inter-plate 地震）による地表面最大加速度を平均的地盤増幅率 1.4 で割った値も比較のために示す．マグニチュードは 7.0 で震源深さを 30 km とした．Kanno 式と安中式を比較すると，Kanno 式の値は，安中式の値より大きい傾向がある．

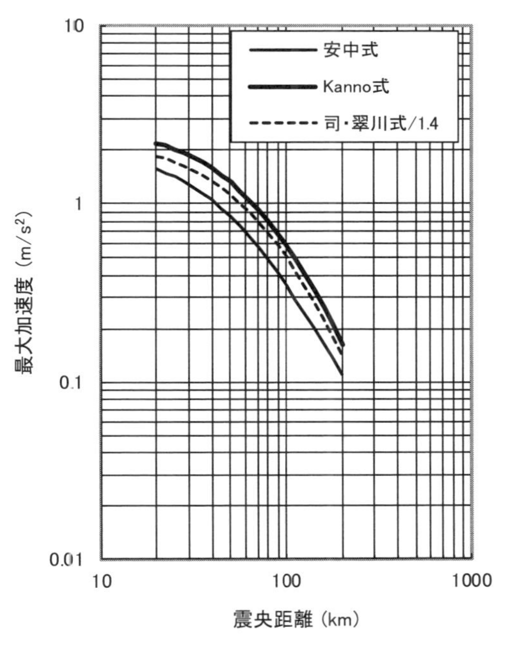

図 7.2.17　距離減衰式の比較
（マグニチュード 7.0，震源深さ 30 km）

3）6都市における最大加速度の比較

6都市における本指針と旧指針（2004年版）の工学的基盤面上での最大加速度の比較を表7.2.4に示す．旧指針の6都市における再現期間100年，500年に対する値は，旧指針の表7.2.5の値とした．本指針の再現期間1000年と2500年に対する値も参考のために示す．

表7.2.4の再現期間100年に対する値を比較すると，本指針の値が旧指針の値の1.2〜2.2倍であり，特に東京，名古屋，大阪の値が2倍程度になっている．再現期間500年に対する値では，札幌以外の値が旧指針よりも大きいが，名古屋が1.8倍となっている以外は1.2〜1.4倍の範囲にある．本指針と旧指針では，震源モデル，地震発生確率の評価法，およびそれらの基となるデータが異なる．旧指針の地震発生確率過程がポアソン過程であるのに対して，本指針の地震発生確率過程は，活動間隔がBPT（Brownian Passage Time）分布に基づく確率過程およびポアソン過程を用いている．BPT分布に基づく確率過程では，最新活動からの経過年数が大きい場合，地震の発生確率は大きくなるため，そのような震源域に近い地域では，旧指針よりも最大加速度が大きくなる場合がある．

表7.2.4 6都市における工学的基盤面上での最大加速度の比較

都市	再現期間100年に対する値（m/s^2）		再現期間500年に対する値（m/s^2）		再現期間1000年に対する値（m/s^2）	再現期間2500年に対する値（m/s^2）	建築基準法（限界耐力計算）（建築基準法施行令第82条の5，政令第211号，2000）		
	本指針	旧指針（2004年版）	本指針	旧指針（2004年版）			稀な地震	極めて稀な地震	地域係数
札幌	0.97	0.83	1.73	2.03	2.30	3.31	0.58	2.9	0.9
仙台	2.98	1.62	4.48	3.42	5.27	6.40	0.64	3.2	1.0
東京	2.95	1.89	4.32	3.41	5.01	5.96	0.64	3.2	1.0
名古屋	4.50	2.09	6.95	3.86	8.14	9.70	0.64	3.2	1.0
大阪	3.26	1.91	5.28	3.78	6.46	8.30	0.64	3.2	1.0
福岡	0.95	0.64	1.76	1.43	2.33	3.37	0.51	2.6	0.8

7.2.5 塑性変形能力による低減係数と応答変形

i層の塑性変形能力による低減係数k_{Di}は建築物の弾塑性特性と限界変形に応じて定める．等価静的荷重として算定される地震荷重を建築物各層の塑性変形能力による低減係数に応じて補正する．また，建築物全体の安全性と各部の損傷が許容範囲内であることを確かめる．

(1) 塑性変形能力による低減係数

i層の地震層せん断力V_{Ei}の算定には，応答スペクトル法で固有値解析を行う場合も固有値解析を行わない場合もともに，建築物の塑性変形能力による低減係数k_{Di}が乗じられている．この低減係数に相当するものとしては，建築基準法の構造特性係数D_sや米国の規定などに用いられているRファクターなどがある．また，エネルギー一定則，変位一定則などを適用しても求めることができる．

また，k_{Di}は入力地震動との関係で考えた場合に，ノースリッジ地震（1994年）や兵庫県南部地震（1995年）の震源近傍で観測されたような，振幅変化が大きいパルス的な地震動による応答では，振幅の変化の緩やかな地震動と比較して，塑性化が急激に進行するので，履歴が一方向に片流れする傾向が強くなり，履歴減衰の効果がより小さくなると考えられる．例えば，近い将来に活動の可能性を指摘されている活断層の近傍の建築物では，低減の比率を小さくし，大きめの降伏耐力を設定する必要があると考えられる．

1）構造特性係数 D_s

現行の建築基準法施行令に定める許容応力度法等計算の二次設計，保有水平耐力の確認（ルート3）では，建築物の塑性変形能力に応じた D_s が定められている．D_s は建築物を構成する柱，梁，耐力壁，筋かいなど各構造部材の変形性能とせん断力の分担率の関係で定められており，その数値は鉄骨造と鉄骨鉄筋コンクリート造では0.25～0.5，鉄筋コンクリート造では0.3～0.55である．構造特性係数 D_s に関する詳しい解説は文献51）を参照されたい．

2）エネルギー一定則，変位一定則による強度低減係数

同じ固有周期を持つ弾性と完全弾塑性の1自由度系の最大応答特性に基づき提案されたエネルギー一定則，変位一定則による関係式を用いると，強度低減係数 R_μ および最大応答変位 d_p は以下のように表される．すなわち，固有周期が0.5 s程度より短い周期範囲ではエネルギー一定則が適用でき，次式が得られる．

$$R_\mu = \frac{V_e}{V_y} = \sqrt{2\mu - 1}\ ,\quad d_p = \frac{\mu}{\sqrt{2\mu - 1}}\, d_e \tag{7.2.48}$$

固有周期が0.5 s程度より長い周期範囲では変位一定則が適用でき，次式が得られる．

$$R_\mu = \frac{V_e}{V_y} = \mu\ ,\quad d_p = d_e \tag{7.2.49}$$

ここで，V_y は完全弾塑性系の降伏層せん断力，V_e は弾性系の最大応答層せん断力，d_e は弾性系の最大応答変位，塑性率 μ は最大応答変位 d_p と降伏変位 d_y との比である．

同じ塑性率 μ で比較した場合，エネルギー一定則による低減率 R_μ がより小さくなりより大きな降伏層せん断 V_y となる．特に短周期建築物において，入力地震動との組合せによって特定の塑性率 μ にとどめるための降伏層せん断 V_y は，エネルギー一定則による V_y でも過小となる場合があることが指摘されている[52]．

(2)　最大応答変位の推定

設定した地震荷重に対して，弾塑性応答の影響を考慮した建築物の変形を算出し，さらに建築物全体の安全性と各部の損傷が許容範囲内であることを確かめる必要がある．

そこで，最大応答変位を推定する方法について述べる．建築物全体の安全性と各部の損傷が許容範囲内であることの確認は，部材の弾塑性性状に基づいた静的荷重増分解析が実施されていれば，その結果による各層および各部材の応力，変形などを用いて行うことができる．

1）FEMA356の方法

強度低減係数を用いて，弾性応答スペクトルから弾塑性系の最大応答変位を推定する手法が

FEMA356[53)]に示されている．用いられる係数 C_1，C_2 については，その改良が FEMA440[55)]に示されている．FEMA356 は耐震改修に関するガイドラインである．

まず，建築物の静的増分解析（Push-over 解析）を実施し，建築物のベースシヤーと代表変位の関係を整理し，バイリニア型の骨格曲線を作成する．代表変位は屋上階変位を用いている．最大応答変位 δ_t(target displacement) は次式によって算出される．

$$\delta_t = C_0 C_1 C_2 C_3 S_a \frac{T_e^2}{4\pi^2} g \tag{7.2.50}$$

ここで，T_e は次式から得られる有効基本周期であり，$S_a g$ は T_e における加速度応答スペクトル値であり，$S_a g T_e^2/4\pi^2$ で擬似変位応答スペクトル値となる．g は重力加速度である．

$$T_e = T_1 \sqrt{\frac{K_1}{K_e}} \tag{7.2.51}$$

K_1 は Push-over 解析によるベースシヤー代表変位の関係の初期剛性であり，T_1 は K_1 を用いた初期周期である．K_e は荷重変位関係の $0.6V_y$ における割線剛性であり，バイリニアにモデル化された場合の初期周期となる．V_y はバイリニア型での降伏せん断力である．

C_0 は等価 1 自由度系の変位と多自由度系の代表変位（最上階）との補正係数で，弾性一次モードまたは地震時の変位分布を考慮して設定する．C_1 は最大変位に関する弾性応答と弾塑性応答との補正係数であり次式から得られる．

$$C_1 = 1 + \frac{R-1}{aT_e^2} \tag{7.2.52}$$

a は地盤条件に応じた係数である．R は次式から得られる強度低減率であり，弾性系の最大応答せん断力（$S_a W$）とバイリニア型にモデル化した降伏せん断力（V_y）との比率である．

$$R = \frac{S_a W}{V_y} C_m \tag{7.2.53}$$

W は建築物の全重量，C_m は有効質量に関する係数である．

C_2 は次式から得られる履歴特性を補正する係数で，C_1 が完全弾塑性型の履歴特性を用いた結果であるので，剛性低下，耐力低下を示す履歴特性に用いられる．C_3 は次式から $P-\Delta$ 効果の影響を表す係数である．

$$C_2 = 1 + \left(\frac{R-1}{T_e}\right)^2 \tag{7.2.54}$$

$$C_3 = 1.0 + \frac{|\alpha|(R-1)^{3/2}}{T_e} \tag{7.2.55}$$

ここで，α は降伏後の剛性低下率である．

また，$S_a g$ は設計用加速度応答スペクトル値であり，米国地質調査所（USGS）の地震ハザードマップから提供される数値を用いて作成される．

最大応答変位の予測誤差を文献 54）から示す．バイリニア型の復元力特性を持つ 1 自由度系の時刻歴応答解析による最大応答変位（Exact）と FEMA440[53)]の係数（C_1, C_2）を用いて算出した最大変位（Approx）との比率（＝Approx/Exact）について，多くの地震動と解析モデルを用いて検討した結果，この比率は主に0.5～2.0の間にばらつくが，平均値は1.0付近（1.0以上）となっている．また，この比率はRが高くなる（降伏強度が低くなる）とより大きくなり安全側の評価を示す傾向がある．

2）等価線形化法

平成10年の建築基準法改正に伴い導入された限界耐力計算法では，等価線形化法に基づく応答スペクトル法が採用されている．以下では等価線形化法に基づく建築物の最大応答変位を推定する手法について概説する[51)～57)]．この方法は，最大変位の算出に直接強度低減係数は用いないが，最大応答変位を推定する手法として一般的に知られている手法である．

等価線形系の考え方を用いると，図7.2.18に示すように，建築物全体の構造特性を表す耐力曲線（Capacity Spectrum）と想定する地震動に対して建築物の弾塑性変形量に応じた等価粘性減衰を考慮した応答スペクトル（Demand Spectrum）を重ね合わせることによって，任意の地震動に対する弾塑性1自由度系の最大応答を推定することができる．

多層建築物の地震応答を推定する場合には，建築物を等価な1自由度系に縮約する必要がある．1次振動モードに着目し，多自由度系の各質点に1次モード比例の静的外力が作用している場合の静的増分解析（Push-over解析）の各ステップにおける各階の外力，変位およびベースシヤーを用いると，任意ステップにおいて，等価1次周期${}_1T$，等価質量${}_1\overline{M}$は次式で得られる．

$$
{}_1T = 2\pi\sqrt{\frac{\sum_{i=1}^{N} m_i\ {}_1\delta_i^2}{\sum_{i=1}^{N} {}_1P_i\ {}_1\delta_i}} = \left(\frac{2\pi}{{}_1\omega}\right),\quad {}_1\overline{M} = \frac{\left(\sum_{i=1}^{N} m_i\ {}_1\delta_i\right)^2}{\sum_{i=1}^{N} m_i\ {}_1\delta_i^2} \qquad (7.2.56)
$$

ここで，${}_1\delta_i$はPush-over解析によるi階の基礎からの変位，${}_1P_i$はi階に作用する水平外力，m_iはi階の質量，${}_1\omega$は一次固有円振動数である．さらに，1次周期に対する応答加速度（${}_1S_a$）と応答変位（${}_1S_d$）は次式となるので，建築物全体の構造特性を表すCapacity Spectrum（${}_1S_a-{}_1S_d$曲線）は図7.2.19に示すように作成することができる．

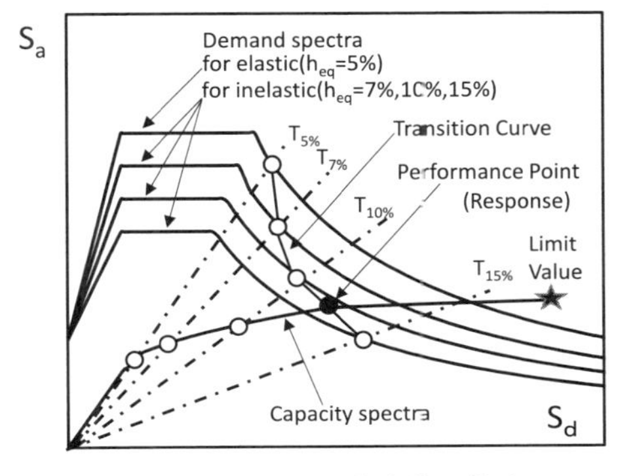

図7.2.18　最大応答変位の推定

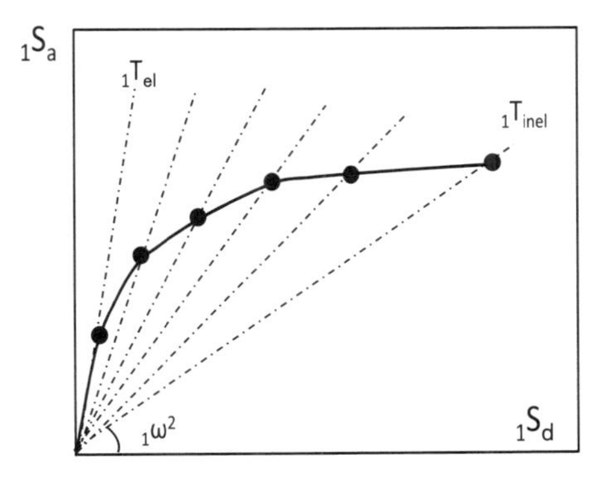

図7.2.19　${}_1S_a-{}_1S_d$曲線（Capacity Spectrum）

$$ {}_1S_\mathrm{a}=\frac{{}_1V_\mathrm{B}}{{}_1\overline{M}}=\frac{\sum_{i=1}^{N} m_i\ {}_1\delta_i^{\,2}}{\left(\sum_{i=1}^{N} m_i\ {}_1\delta_i\right)^2}\,{}_1V_\mathrm{B}\,,\quad {}_1S_\mathrm{d}=\frac{{}_1S_\mathrm{a}}{{}_1\omega^2}=\frac{\sum_{i=1}^{N} m_i\ {}_1\delta_i^{\,2}}{\sum_{i=1}^{N} {}_1P_i\ {}_1\delta_i}\,{}_1S_\mathrm{a} \tag{7.2.57} $$

ここに，${}_1V_\mathrm{B}$ はベースシヤーであり，${}_1S_\mathrm{d}$ は多自由度系における 1 次の刺激関数 $\beta\{u\}$ が 1.0 の高さ（等価高さ）での変位に相当する．

等価粘性減衰定数（h_eq）は地震応答による過渡応答の影響を考慮し，柴田ほかの履歴過程を考慮した等価減衰（Substitute damping）の評価式[27]に基づき算定される．具体的には，Push-over 解析から得られた ${}_1S_\mathrm{a}-{}_1S_\mathrm{d}$ 曲線の各ステップにおいて，各部材の塑性率（${}_\mathrm{m}\mu$）からそれらの等価粘性減衰定数（${}_\mathrm{m}h_i$）を（7.2.58）式より算定し，建築物全体の減衰定数（h_eq）はその時点の各部材のポテンシャルエネルギー（${}_\mathrm{m}W_i$）で建物全体への寄与分を重み付けする（7.2.59）式を用いて求められる．

$$ {}_\mathrm{m}h_i=\gamma\left(1-\frac{1}{\sqrt{{}_\mathrm{m}\mu}}\right) \tag{7.2.58} $$

$$ h_\mathrm{eq}=\frac{\sum_{i=1}^{N} {}_\mathrm{m}h_i\ {}_\mathrm{m}W_i}{\sum_{i=1}^{N} {}_\mathrm{m}W_i}+0.05 \tag{7.2.59} $$

ここに，N は部材数，γ は構造形式に応じた補正係数である．

なお，建築物を構成する部材の履歴特性がほぼ等しい場合には，${}_1S_\mathrm{a}-{}_1S_\mathrm{d}$ 曲線に基づき算出した建築物全体の塑性率（μ）を（7.2.58）式に直接適用して等価粘性減衰定数 h_eq を求めることができる．

建築物の減衰特性の Demand spectrum（応答スペクトル）への反映は h_eq からスペクトル減衰補正係数（F_h）を算出し行われる．減衰補正係数は，5 % 減衰の応答スペクトルを基準とした減衰補正係数の評価式としてよく用いられる（7.2.60）式を用いる．

$$ F_\mathrm{h}=\frac{1.5}{1+10h_\mathrm{eq}} \tag{7.2.60} $$

3）エネルギーの釣合いに基づく方法

現行法令による構造規定の中で限界耐力計算法同等以上に建築物の安全性を確かめることが可能である構造計算法として位置付けられているエネルギーの釣合いに基づく手法がある．この方法では，各階における必要エネルギー吸収量と保有エネルギー吸収量との比較をすべての層で行うことにより耐震性の検討が行われるが，ここでは，最大変位の推定も含めて概説する．また，耐震建築物（主架構のみ）の安全限界を対象とした場合を示す．

地震によって建築物に作用するエネルギー量のうち建築物の損傷に相当するエネルギー吸収量は次式によって計算される．

$$ E_\mathrm{S}=\frac{1}{2}MV_\mathrm{se}^{\,2}-W_\mathrm{e} \tag{7.2.61} $$

ここに，E_S は建築物の必要エネルギー吸収量，M は建築物の地上部分の全質量，V_{se} は建築物に作用するエネルギーの速度換算値（安全限界時），W_e は建築物が損傷限界に達するまでに吸収するエネルギー量を表す．

多層建築物の場合，次式により建築物の必要エネルギー吸収量 E_S を各層へ分配する．

$$E_{S_i}=\frac{s_i(p_i p_{t_i})^{-n}}{\sum_{k=i}^{n} s_j(p_j p_{t_j})^{-n}}E_S \tag{7.2.62}$$

ここに，E_{S_i} は第 i 層の必要エネルギー吸収量，s_i は第1層に対する第 i 層の必要エネルギー吸収量の比を表す基準値，p_i は各層の損傷の程度が同程度となるような第 i 層の保有水平層せん断力係数に対する実際の第 i 層の保有水平層せん断力係数の比，n は損傷の集中程度を表す指数を示す．n は，梁崩壊型（全体崩壊型）となり一部の層に損傷が集中しにくい架構では $n=4$，それ以外は $n=8$ とされている．保有水平層せん断力係数は，第 i 層の保有水平耐力を第 i 層が支える重量で除した値である．p_{t_i} は偏心による損傷集中に等価な保有水平層せん断力係数の低減係数である．

（7.2.62）式の損傷分布則に用いられている基準値 s_i と降伏せん断力係数比 p_i は次式から得られる．

$$s_i=\left(\frac{\sum_{j=i}^{N} m_j}{M}\right)^2\frac{k_1}{k_i}\mathrm{A}_i{}^2=\frac{\{A_i(\sum_{j=i}^{N} m_j)g\}^2}{2k_i}\frac{2k_1}{(A_iMg)^2}=\frac{W_{ei}}{W_{e1}} \tag{7.2.63}$$

$$p_i=\frac{\alpha_i}{A_i\alpha_1} \tag{7.2.64}$$

ここに，N は層数，m_j は第 j 層の質量，M は建築物の全質量（1～N 層），k_i は第 i 層の剛性であり，A_i は A_i 分布による地震層せん断力係数の高さ方向の分布（$A_1=1$），W_{ei} は第 i 層の弾性ひずみエネルギーである．α_i は第 i 層の降伏せん断力係数である．s_i は，層せん断力係数分布を A_i 分布とした場合の第1層の弾性ひずみエネルギーに対する第 i 層の弾性ひずみエネルギーの比を表しており，損傷分布則〔（7.2.62）式〕は弾性ひずみエネルギーの分布を基本とし，その分布に相当する理想的な保有せん断力係数に対する実際の保有水平耐力係数の比を p_i とし，s_i を $p_i{}^{-n}$ で重みづけすることにより，相対的に強度の低い層にエネルギーが集中するような構成となっている．

建築物の保有エネルギー吸収量は，構成部材または部材を組み合せた部分架構の保有塑性ひずみエネルギー量（累積塑性変形に対応するエネルギー量）から算出される．

鉄骨造建築物では，エネルギー量から計算した無次元量である平均累積塑性変形倍率を用いて検討が行われる．各階の必要エネルギー吸収量に対する平均累積塑性変形倍率 $\overline{\eta}$ は次式で計算される．

$$\overline{\eta}=\frac{E_{Si}}{2V_{ui}\delta_{ui}} \tag{7.2.65}$$

ここに，V_{ui} は各階の保有水平耐力，δ_{ui} は各階の主架構の保有水平耐力に対応する変位である．

一方，鉄筋コンクリート造や木造建築物では，最大変形量に基づいて限界状態を定めることが多いため，下式によって，当該階の最大層間変位を計算する．

$$\mu_{\max}=\frac{\overline{\eta}}{n_1}+1 \tag{7.2.66}$$

ここに，$\mu_{\max}$ は各層の最大塑性率であり，各層の最大層間変位を δ_{ui} で除した値である．n_1 は，最大塑性率と平均累積塑性変形倍率を関係づける係数であり，入力地震動特性や建築物の復元力特性等に影響され，ばらつきを持つ値であるが，鉄骨造，鉄筋コンクリート造ではおおよそ 2，木造では 1.5 程度となる．

7.2.6 建築物の不整形性による割増し係数

平面的または立面的に不整形な建築物の i 層の割増し係数 k_{Fi} は，建築物の特定層への損傷集中，ねじれ振動の可能性などを考慮して設定する．

立面的に層の剛性，耐力等の変化が特定層で急変する建築物または平面的に層の重心と剛心のずれが大きい建築物等に強い地震動が作用する場合，損傷が特定の層または構面に集中する場合がある．これは，過去の地震被害例でも多く指摘されていることである．このように損傷が特定の部分に集中する場合には，分散される場合と比較してより小さな地震動で大破や損傷に至ることになり，耐震性が劣ることになる．

このような建築物に，損傷が集中する可能性のある層の設計用地震力を割り増し，損傷集中によるペナルティを課し，想定する地震動レベルに対して建築物の耐震安全性を確保させようとするのが割増し係数 k_{Fi} である．また，7.1.1 項の解説で述べているように，損傷が集中する可能性が大きい建築物は適切な解析モデルを用いた時刻歴地震応答解析を行い，耐震安全性を確認することになっている．

以下では，主に平面的または立面的な不整形性に外力の割増しなどを用いて対処している規準等の例について概説する．

1）昭 55 建告第 1792 号の F_{es}（形状係数）

現行の構造規定の F_{es} は，建築物の立面的および平面的な耐震要素（剛性）の偏りによる必要保有水平耐力の割増し係数として使用されている．F_{es} は，剛性率 R_s に応じた F_s に偏心率 R_e に応じた F_e を乗じて算定される．剛性率，偏心率は建築物の部材弾性剛性に基づき算出される．図 7.2.20 に示すように F_s は $1.0 \leqq F_s < 2.0$，F_e は $1.0 \leqq F_e < 1.5$ の範囲をとるので，F_{es} は $1.0 \leqq F_{es} < 3.0$ の範囲となる．

損傷集中による被害は建築物の塑性域での現象であるので，弾性剛性を用いる指標よりも耐力を用いる指標がより適切であると考えられるが，直接 k_{Fi} として利用できる指標は見当たらない．しかし，F_{es} は過去の地震被害を鑑みた見直しが行われてきた値であるので，k_{Fi} として準用してもよい．

建築物の立面的な耐震要素の偏りで特に注意しなければならないのは，兵庫県南部地震（1995年）で甚大な被害が見られたピロティ形式の建築物と考えられるが，ピロティ形式の建築物に対する耐震設計上の留意点は文献 51）に詳細に示されている．また，弾性剛性を用いた偏心率 R_e と F_e の関係は，他の研究例と比較してほぼ良好であることが文献 52）に述べられているが，耐力偏心を考えた場合，柔な構面と剛な構面の耐力差を小さくすることにも配慮すべきと考える．さらに，設計で想定したレベルを超える地震動が発生する可能性を考えると，不整形性を有する建築物（層）には充分な変形能力を付加しておくことも大切である．

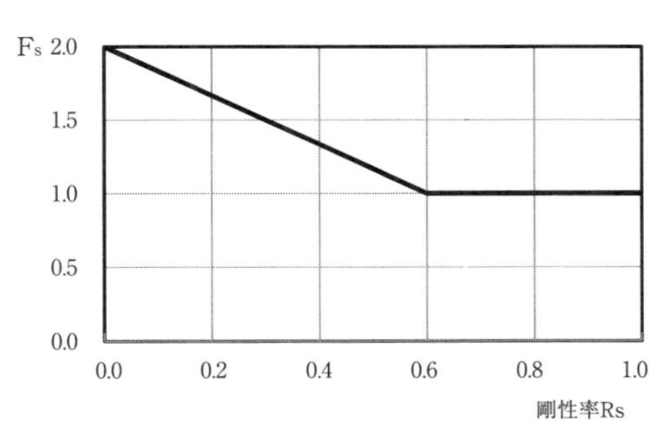

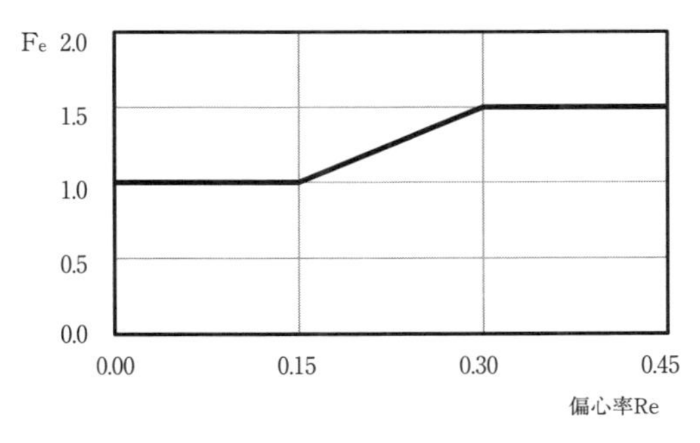

図 7.2.20　F_s および F_e の値

2）木造軸組工法住宅での扱い

現行の木造軸組工法住宅の設計[60),61)]では，ねじれに対して，許容応力度設計法ではねじれ補正係数，保有水平耐力計算法では形状係数 F_e を用いて，各構面の水平力や層の必要保有水平耐力の割増しを行っている．形状係数 F_e は前述したので，ねじれ補正係数について概説する．F_e による割増し係数は当該方向の i 層で1つであるが，ねじれ補正係数は i 層の構面ごとに設定され，図 7.2.21 に示すように，純並進時の当該構面の負担せん断力に対する，ねじれ振動時の負担せん断力の比として与えられている．

以下では，ねじれ補正係数を用いた各鉛直構面の負担地震力について示す．当該階・方向の j 通りの鉛直構面の負担地震力 Q_{Ej} は，

$$Q_{Ej}=\frac{j\text{ 通り鉛直構面剛性 }D_j}{\text{当該階・方向の鉛直構面の剛性の和 }\sum D}\times C_e\times Q_E \tag{7.2.67}$$

ここで，C_e は偏心によるねじれを考慮した割増し係数である．さらに，偏心率計算（偏心率 0.3 以下）を用いる場合，C_e は，当該方向の偏心率が 0.15 以下の場合，偏心が小さいものとし応力集中の影響は無視され（$C_e=1$），偏心率が 0.15～0.30 の場合，下記の i），ii）のいずれかによる．

i）　各構面に次式のねじれ補正係数（α）を用いる．（ただし，1 未満のときは 1 とする）

$$\alpha_{Xj}=1+\frac{\sum D_x e_y}{K_T}y_j \tag{7.2.68}$$

ここで，α_{Xj} は x 方向 j 通りのねじれ補正係数，K_T は当該階のねじり剛性，ΣD_x は x 方向の構面剛性の総和，e_y は y 方向の偏心距離（重心と剛心の距離），y_j は剛心から j 構面までの距離である．また，このねじれ補正係数は，剛床を仮定して得られる値であり，柔床の場合にはねじれ補正係数はさらに大きくなる傾向があるので注意が必要である[61)]．

ii）　全通りに次式による C_e を用いる．

$$C_e = 0.5 + \frac{10}{3} \times 偏心率 \tag{7.2.69}$$

この C_e は当該層で共通であり F_e による割増しと同じ値となる．

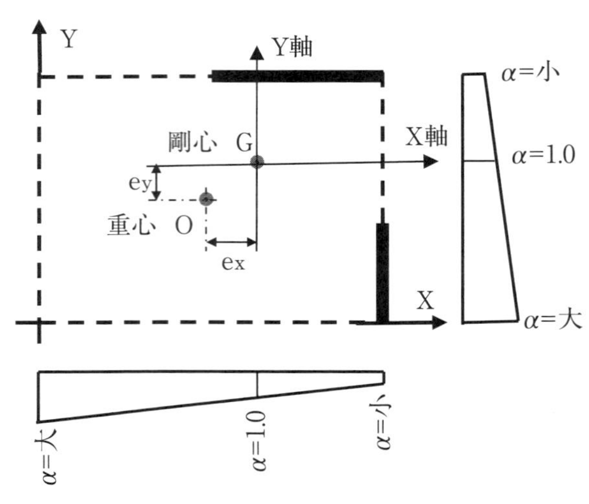

図 7.2.21　ねじれ補正係数（α）

3）米国での扱い

米国での扱い[62),63)]について紹介する．文献に示されている平面的な不整形（Horizontal Irregularity）と立面的な不整形（Vertical Irregularity）の例を図 7.2.22 に示す．(a) は種々の原因でねじれ振動が発生すること，(b) は平面的にコーナー部分の欠けがあるために，幅が狭くなった部分の挙動の影響が，(c) は床版の非連続性となることによる影響が，それぞれ考慮されている．(d)，(e)，(f) は剛性，質量，強度の高さ方向へ分布の不整形である．図中に示すように，各不整形性には閾値が設定されており整形（Regular），不整形性（Irregular）の判定が行われ，比較的大きな設計用地震動を用いる地域の重要度の高い建築物（Seismic Category で D, E, F 等）を対象として，認めない不整形性，または不整形性の種類や程度に応じた設計用荷重の割増しおよび解析手法の指定などが行われている．

また，比較的大きな設計用地震動を用いる地域の重要度の高い建築物が対象ではあるが，冗長性の係数（Redundancy factor, ρ）が設定される．激しいねじれ振動の進展による特定の耐震要素の損傷による層崩壊や特定の耐震要素が損傷を受けた後に層強度が極端に低下する可能性のある建築物では，Redundancy factor（ρ）として 1.3 が設定され，係数倍された地震荷重が他の荷重との組合せに用いられる．

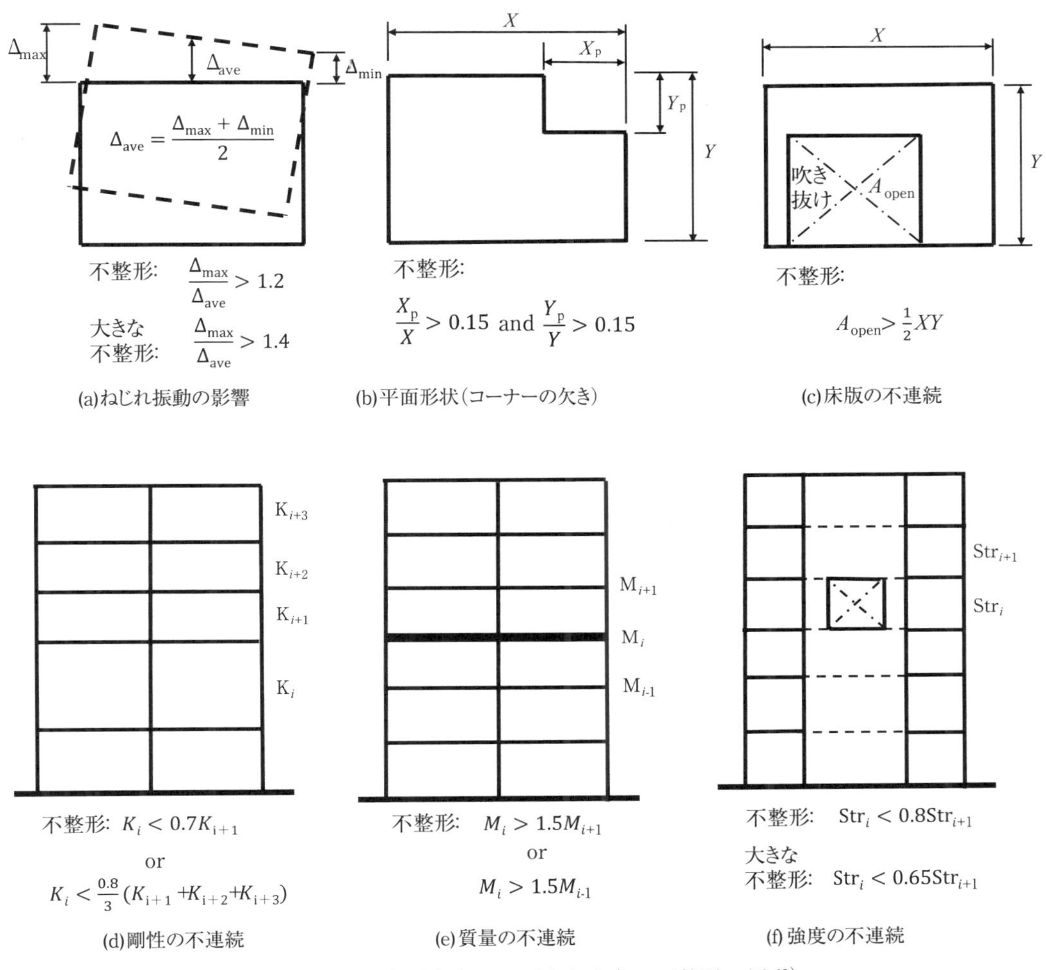

図 7.2.22　水平方向および高さ方向の不整形の例 [63)]

7.3　設計用地震動と応答評価

7.3.1　基本的な考え方

> 重要度の特に高い建築物など地震時の動的挙動の詳細な把握が求められる建築物に対しては，本節で示す方法により設計用地震動を作成し，地盤と建築物の動的相互作用効果と建築物の振動特性を適切にモデル化し，地震応答解析を行う．なお，地震時の地盤挙動の非線形性が無視できない場合には，それらを適切に考慮できるモデルと解析手法を採用する．
>
> 設計用地震動の作成方法は，次の 2 種類に大別される．
>
> ・設定した応答スペクトルに適合する設計用地震動の作成
>
> ・建設地と建築物の条件に応じた想定地震に基づく設計用地震動の作成

建築物の耐震性検討の目的は，第一に人間の生命の安全を守ること，第二に広義の財産の安全を守ることにある．理念としては，前者は供用期間にかかわらず，後者は少なくとも供用期間内は保証されるように設計すべきである．供用期間は，建築物の企画・計画・設計を通して，設計者が施主との合意を得て設定するものであるが，個々の建築物によって供用期間の起点や長さは異なり，建築物の長寿命化を考慮して当初設定した供用期間を見直して使い続ける例も増えている．広義の財産の保全は設定したり見直したりする供用期間に対応して考える性質のものであるが，建築物の完成・引渡し後には設計者の手を離れるという建築物の一般的な状況を考えると，人間の生命の安全は人為的に設定された供用期間にかかわらず守ることを理念とすべきであろう．他にも，建築物の耐震性検討の目的には，修復性・事業継続性・居住快適性などさまざまなものがあり得る．性能設計の考え方に従い，建築物の要求性能・供用期間・重要度などに応じて，どのように設計用地震動を設定し建築物の応答を評価すべきかを判断する必要がある．

重要度の特に高い建築物など，弾塑性応答特性の考慮等により地震時の動的挙動の詳細な把握が求められる建築物に対しては，外力や荷重の経時変化を把握することが重要となる．したがって，本節に示す方法により設計用地震動の時刻歴波形を作成し，地盤と建築物の動的相互作用効果と建築物の振動特性を適切にモデル化し，動的な時刻歴応答解析により建築物の安全性を検討する必要がある．その際には，必要に応じて工学的基盤より上の地盤特性，建築物・地盤の動的相互作用効果，建築物の振動特性を適切に考慮できる動的応答解析モデルを設定し，建築物の応答を評価する．なお，地震時の地盤挙動の非線形性が無視できない場合には，それらを適切に考慮できるモデルと解析手法を採用する．

建築物の耐震性検討上考慮すべき地震動特性は，振幅・経時特性・周期特性の 3 要素で表わすことができる．地震動の評価や設計用地震動の設定のためには，これら 3 要素を個々にあるいは総合的に評価・設定することが必要となる．このような地震動特性は，震源特性・伝播特性・地盤特性の重ね合せによって決まるので，それらの地域特性を考慮して地震動を評価し設計用地震動を作成することが極めて重要である．

地震の震源特性・地震波の伝播特性・表層地盤の増幅特性について模式的にまとめて図 7.3.1 に示す．地震の震源特性のモデルには，震源の位置と規模（マグニチュード）によって代表させる点震源モデルのような単純なモデルもあれば，震源断層面の位置と形状やそこでのすべり量と破壊様式などを表現した巨視的断層モデルもあり，震源断層面上でのすべり量の大小などの不均質分布を表現した不均質断層モデルなどのような複雑なモデルもある．地震波の伝播特性のモデルには，点震源や断層面からの距離と地震規模をパラメータとした地震動の距離減衰式（基本的には地震規模が大きいほど距離が近いほど地震動が大きいという特徴を表現した式）のような単純なモデルもあれば，震源から建設地に至る三次元地下構造を詳細に反映させてその中を伝播するさまざまな実体波や表面波を表現出来るようにした三次元地下構造モデルもある．表層地盤の増幅特性のモデルには，表層地盤内での地震動振幅の増幅率としてまとめられた単純なモデルもあれば，表層地盤各層の密度・弾性波速度・減衰定数などに基づいて周期（周波数）に応じた増幅率を表現出来るようにした高精度なモデルもある．後述するように，いずれのモデルを用いるべきか，あるいは，用いることが出来るのかの判断は，建設地で得られる情報の質と量に依存し，用いられる地震動評価手法を制約することにもなるが，地震動評価結果の使い方にも依存する．

設計用地震動を作成するためには，まず，建設地と建築物の条件について整理し，供用期間や工学的基盤を定めたうえで，設計上考慮すべき複数の地震像を検討し，想定地震を設定する．想定地震に対して，震源・伝播・地盤特性等を反映させることにより，建設地における地震動を評価し，設計用地震動を作成する[64]．

2種類に大別された設計用地震動の作成フローを図7.3.2に示す．

建築物の設計で考える供用期間と設計用地震動を結び付ける方法としては，確率論的アプローチと確定論的アプローチがある．確率論的アプローチを採る場合には，地震発生のデータ（発生時期・位置・規模）と距離減衰式から推定される地震動強さを確率統計的に処理して供用期間もしくはあらかじめ設定した再現期間に対応する値を求める方法と，地震発生を確率統計的に処理して供用期間もしくはあらかじめ設定した再現期間に対応する地震の規模・距離を定めて距離減衰式により地震動強さを求める方法があり，そのうえで設計スペクトルを設定して模擬地震動を作成することが多い．確定論的アプローチを採る場合には，プレートテクトニクス・歴史地震・活断層・津波堆積物・微小地震・地殻変動・地震地体構造・地下構造等といった周辺地域の地震環境に関する理学的・工学的検討に基づいて供用期間内に考慮すべき地震像を明らかにし，想定地震の断層モデルを設定したうえで半経験的方法等により模擬地震動を作成することが多い．ただし，確率論的アプローチを採る場合であっても，設定する地震像が周辺地震環境の中でどのように位置付けられるのかを確定論的に議論できる場合があるし，確定論的アプローチを採る場合であっても，設定する地震像が供用期間とどのように関係付けられるのかを確率論的に議論できる場合がある．いずれか一方のアプローチを採る場合にも，他方のアプローチの考え方とそれに基づく検討結果を参考にすることができれば，設計用地震動の設定根拠の幅が一層広がることは当然である．

現実には，地震に関して得られる情報の質・量は必ずしも充分満足ではないために，確率論的アプローチと確定論的アプローチが整合しない場合も多い．しかし，そのような場合の考え方として，例えば，地震発生確率あるいは被害確率があらかじめ設定したある大きな値を超える場合に，その値を生じるような地震の発生を確定論的に想定することは可能である．場合によっては，供用期間内に対象地震が複数回発生することも考慮する必要があろう．また，自然現象には不確定性（ばらつき）があることから，一つの地震に対しても複数の破壊シナリオや複数の地震動を考慮する必要のある場合もあろう．

建築物の供用期間は，個々の建築物で異なるものの，オーダーとして現実的な値は百年オーダーであろう．一方，個々の建設地にとって，大地震や大地震動は稀にしか発生しない自然現象である．このように考えると，自然現象としての地震や地震動を確定論的に扱う場合には，百年オーダー，あるいはこれを更に一オーダー上回る千年オーダーで，地震の繰返し性をある程度明らかにできるかどうかが鍵となろう．これに対し，百年や千年という期間を前提に地震荷重を確率論的に扱った場合に，それらが確定論的に評価された値とどのような関係にあるかは，個々の場合によりさまざまである．百年オーダーを念頭に置く場合には，地震荷重を確率論的に扱っても，それに対応する実際の自然現象としての地震像や地震動像がある程度イメージできる場合があろう．しかし，千年あるいはそれ以上のオーダーでの限界状態を念頭に置く場合には，地震や地震動に関する歴史上の経験の範囲を超える場合も多いと考えられ，地震荷重を確率論的に扱うとそれに対応する地震像や地震動像がイメージしにくくなったりイメージできなくなったりする．大地震や大地震動に関して人間が今までに得た情報が充分とは言えない現状を考えれば，可能な限り両者の知見を総合的に検討して判断するよう努力する必要があろう．仮に，極めて長期間にわたる地震発生の履歴を含めて大地震や大地震動に関する情報が充分に得られたならば，両者はほとんど一致するべきものであるが，実際に得られる情報は不充分なので，そのような場合には，経験やデータに基づく確率論的な地震動評価だけでは限界がある．特に重要な建築物の場合には，従来の耐震設計の枠組みの中では想定しなかったような，マグニチュード 9 級以上の超巨大地震や至近距離の活断層の地震による極大地震動の発生などといった極めて稀な事象の発生とそれによってもたらされる偶発荷重をも考慮に入れることが求められる場合も，今後は増えそうである．そのような建築物では，可能な限り，別途何らかの科学的・工学的な検討と健全な想像力をも含めた判断に基づいて極めて稀な未経験の事象やその発生シナリオを事前に想定することもためらうべきではない．地震・地震動だけでなく建築物の応答について極限状況とそこに至るプロセスを事前に想定する必要も生じ得る．この点は，特に東北地方太平洋沖地震以降の社会の要請でもあり，建築物の設計に託されている社会的使命からも留意すべきである．

このような考え方やその一部は，近年，政府の地震調査研究推進本部・中央防災会議・国交省・地方自治体等による公的かつ面的な地震動評価にも反映されており[例えば66)～68)]，再現期間に応じて利用することも可能な確率論的地震ハザード評価結果や特定な地震像と破壊シナリオを想定した詳細な地震動時刻歴評価結果も公表されてきているので[例えば69)]，必要に応じてそれらの成果や情報も活用したい．例えば，ある再現期間に対応する一様ハザードスペクトルについては，後述の 7.3.2 でそれを目標スペクトルとして利用することが可能であり，後述の 7.3.3 でそれに対応する地震像の震源断層モデルを設定して地震動を作成することも可能である．

なお，現在の設計では，本節に述べるような地域特性を考慮した設計用地震動が地域波として位置づけられたうえで El Centro や Taft などの設計用標準波と併用される場合が多い．設計用標準波がいまだに用いられる主な理由は，従来の設計との連続性や，地域特性を考慮するための情報が充分には得られない場合が多いことにある．しかし，一層合理的な設計を実現するためには，今後，新しい学術的知見に基づいて，設計用地震動の評価と建築物の応答評価がともに実現象をより良く反映したものとなるように設計方法の高度化を図っていく必要がある．

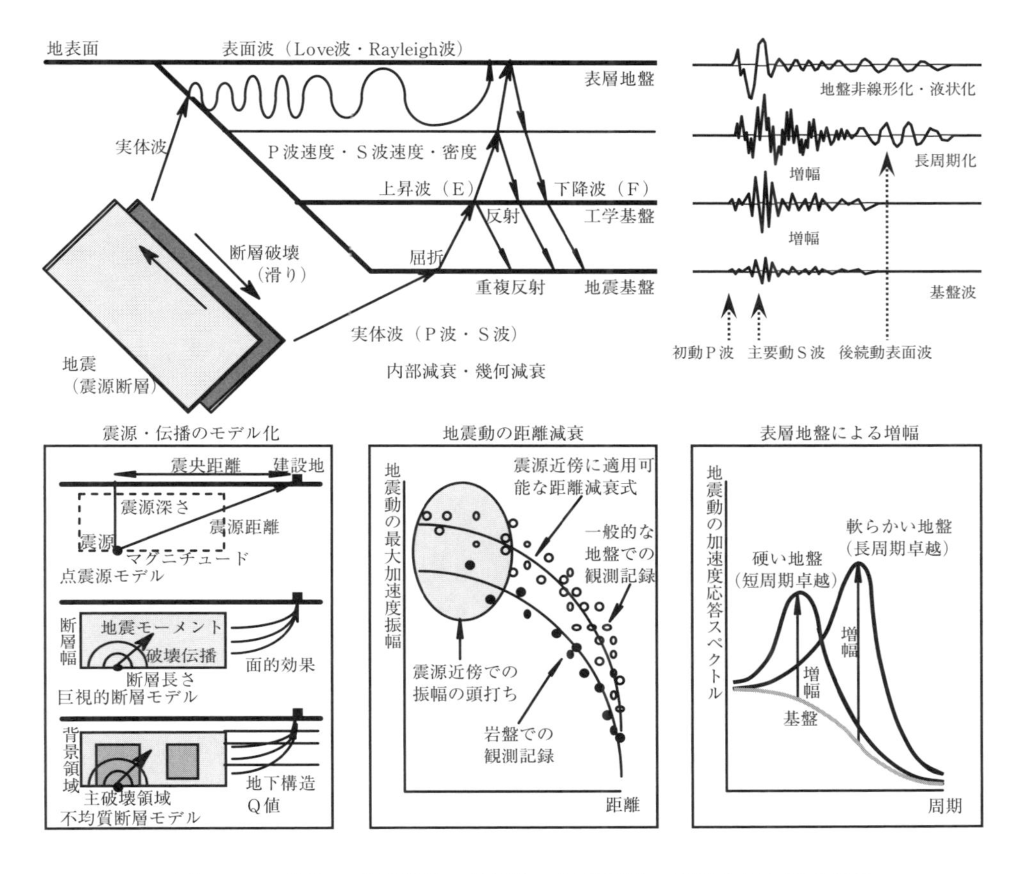

図 7.3.1　地震の震源特性・地震波の伝播特性・表層地盤の増幅特性

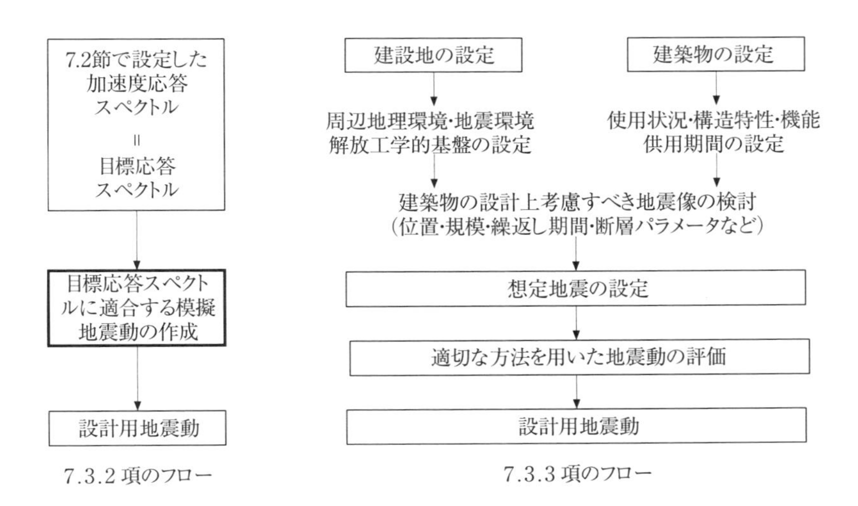

図 7.3.2　設計用地震動の作成フロー

7.3.2 応答スペクトルに適合する設計用地震動

あらかじめ設定した応答スペクトルを目標応答スペクトルとし，これに適合する模擬地震動（時刻歴波形）を作成し，設計用地震動とする．
目標応答スペクトルの定義位置は，次の2種類に大別される．
・解放工学的基盤
・建築物の解析モデルへの入力位置
後者を採用する場合には，目標応答スペクトルの設定に際して，工学的基盤から目標応答スペクトルの定義位置に至る地盤特性を考慮する．

目標応答スペクトルには，例えば7.2節で設定した加速度応答スペクトルや告示スペクトルのようにあらかじめ多数・多種の地震による地震動特性を包含する設計用のスペクトルとして定められる場合もあれば，海溝型地震や活断層など地震のタイプによって考慮すべき地震動のスペクトル特性に応じてそれぞれ定められる場合もある．

応答スペクトルに適合する設計用地震動としては，具体的には，工学的基盤で設定した目標応答スペクトルに適合する地震動時刻歴を作成して設計用地震動としたうえで必要に応じて重複反射理論に基づき表層地盤増幅を考慮して建築物への入力地震動を作成する場合，工学的基盤で目標応答スペクトルを設定したうえで必要に応じてこれに別途評価された表層地盤増幅特性を乗じて建築物への入力位置での地震動の応答スペクトルを求めてそれに適合する設計用地震動を作成してそれを入力地震動とする場合，建築物への入力位置で目標応答スペクトルを設定しそれに適合する設計用地震動を作成してこれを入力地震動とする場合が考えられる．表層地盤での増幅特性の適切な評価方法については，7.3.4項に記す．目標応答スペクトルを工学的基盤で定義する場合には，通常，それ以浅の表層地盤の影響を取り除いた状態（解放工学的基盤）で定義しておくと扱いやすい．

目標応答スペクトルに適合する地震動時刻歴（模擬地震動）の一般的な作成方法を説明する．まず，フーリエ振幅スペクトルとフーリエ位相スペクトルを設定する．フーリエ位相スペクトルの設定方法としては，一様乱数位相を仮定する方法，位相差分分布あるいは群遅延時間等によりモデル化された位相特性・経時特性に従うように設定する方法，対象とする設計用地震動にふさわしいと判断される実観測記録の位相を用いる方法等がある．次に，設定されたフーリエ振幅とフーリエ位相とを用いてフーリエ逆変換により時刻歴を作成する．ここで，先に一様乱数位相を仮定していた場合には，地震動の継続時間を例えば久田式などにより設定し，作成された一様ランダムな時刻歴に対して地震動振幅の時間変化を表わす例えばJenningsの包絡関数などを乗じ，新たな時刻歴を作成する[70]．このようにして得られた時刻歴の応答スペクトルを求め，目標応答スペクトルへ適合（収束）させるべく，フーリエ振幅を修正する．修正されたフーリエ振幅と先に設定したフーリエ位相とを用いてフーリエ逆変換により時刻歴を再度作成し，その応答スペクトルの目標応答スペクトルへの適合度をチェックする．このようにして，フーリエ振幅の修正と目標応答スペクトルへの適合度のチェックを繰り返し，設計のためにあらかじめ設定した適合（収束）条件を満たすと判断された時点で計算を終える．その時点での地震動時刻歴（模擬地震動）を設計用地震動とする．

7.3.3　想定地震に基づく設計用地震動

建設地と建築物の条件に応じて供用期間や工学的基盤を定めたうえで，設計上考慮すべき複数の地震像を検討し，対象とする地震を想定する．想定する地震の震源特性に加え，震源から建設地付近までの伝播経路特性，建設地付近の地盤増幅特性などを考慮することにより，建設地における地震動を評価し，設計用地震動を作成する．

(1) 対象とする地震の想定

建設地の条件（周辺の地震環境・地理環境・地質環境など）を検討したうえで解放工学的基盤を設定し，建築物の条件（使用状況・構造特性・機能など）に基づいて供用期間を設定する．これらの条件に基づいて，プレート境界地震・海側のプレート内地震・陸側のプレート内地震・想定直下浅発地震など，設計上考慮すべき複数の地震像に関して検討したうえで，地震を想定する．対象とする地震の諸元は，地震の特性の地域性や個々の地震に固有な特性などを考慮し，設定する．

(2) 地震動の評価

建設地における地震動は，対象とする地震に対して，その地震の震源特性，震源から建設地付近までの伝播経路特性，建設地付近の地盤増幅特性などを反映させて評価する．地震動の評価方法としては，建設地と建築物の条件に照らし合わせ，震源特性・伝播経路特性・地盤増幅特性に関する情報の量と質に応じて適切なものを採用する．

(3) 設計用地震動の設定

建設地において評価された地震動について建築物の応答特性や建築物に要求される性能などの視点から判断して，建設地の工学的基盤において設計用地震動を設定する．地震動の振幅スペクトルのみならず，位相特性・経時特性・継続時間についても考慮することが望ましい．

(1) 対象とする地震の想定

1) 必要情報・データ

設計用地震動を定めるために用いる情報やデータ[例えば66)]の中でも，地震（震源）データ[例えば71),73)～76)]と活断層データ[例えば77)～79)]は最も一般的なものである．地震データには，最近の科学的観測データのほかに，歴史史料や，有史以前の地震を示す考古学的・地質学的証拠などがある．地震発生による地震動やそれに伴う被害等の記録が史料として残されている場合，地震発生の時期・位置・規模だけでなくそれによってもたらされたさまざまな自然的・社会的影響がうかがえるが，その記録を残した人々とその周囲の人々の営みにある程度影響されている面には注意も必要である．一方，活断層データとは，過去の地震の痕跡が地表変位として残されているものであり，有史以前も含めて長期間にわたって地震発生のおよその時期・位置・規模がうかがえる．したがって，地震データだけではなく活断層データをも考慮することにより，長期間にわたる地震発生の特性を反映させた安定的な地震ハザード評価が可能となる．ただし，規模が小さいために地表変位を生じにくい地震や地下の伏在断層による地震の情報が欠落している面には注意も必要である．また，期間の問題を踏まえるならば，地震データに関しては，百年オーダーから千年オーダーで繰返し性が明らかかどうかが鍵となり，活断層データに関しては，千年オーダーから一万年オーダーで繰返し性が明らかかどうかが鍵となる．

確定論的アプローチであっても確率論的アプローチであっても，地震や活断層等といった既知の物証に基づいて地震動を評価する限りは，用いた情報の質や量が同じであれば，評価結果の信頼性も実のところは同程度と言わざるを得ない．また，数多くの地震動評価方法を比較すると，必要情報が少ない方法ほど，広い地域で共通のベースに基づく評価が可能であるという扱いやすさや実用性が高いという利点がある反面，建設地に固有な地震動の評価精度が相対的に低くなるという欠点もあるため，目的と得られる情報に応じて最も適切な方法を採用することが重要である．

データの性質上，地震データの場合には，設計上想定する地震像との対応づけが比較的明快であり，具体的に断層モデルが提案されている例も多い．これに対して，活断層データの場合には，いったん地震に置き換えてみること，すなわち，その活断層をもたらす地震とはどのようなものかを考える必要がある．その際には，理学的な根拠のうえに工学的な判断に基づいて設計上想定する地震像を考えることが大切である．近年，政府の地震調査研究推進本部では日本およびその周辺の歴史地震と活断層の評価を進めており，その結果は，各地域での独自の調査結果とともに，有益な情報として役立てられるものである[66]．さらに，地震調査研究推進本部，内閣府，各地方自治体ではこれらの情報に基づく地震ハザード評価や主要活断層帯で発生する地震による地震動の推定結果も公表されており[例えば66)～68)]，想定する地震を検討する際に参考となる．

地震動特性は，震源特性・伝播経路特性・地盤増幅特性の重ね合せによって決まる．ここでは，震源特性・伝播経路特性・地盤増幅特性に関する情報・データについて示す．

震源特性に関わる情報としては，マグニチュード M，気象庁マグニチュード M_J，ローカルマグニチュード M_L，表面波マグニチュード M_S，モーメントマグニチュード M_W，地震モーメント M_0，震源（緯度・経度・深さ），震央（緯度・経度），応力降下量，巨視的断層パラメータ[例えば80)]（断層全体の運動を表現することを念頭に置いて設定するパラメータ），微視的断層パラメータ（断層の各部分の局所的な運動をそれぞれ表現することを念頭に置いて設定するパラメータ），地震観測記録などがある．

伝播経路特性に関わる情報としては，震源距離，断層最短距離，等価震源距離[81]，震央距離，層厚，密度，P 波速度，S 波速度，減衰を表わす Q 値，地震観測記録などがある．

地盤増幅特性に関わる情報としては，地震基盤（P 波速度が約 6 km/s に達する岩盤でこれ以深は伝播経路特性としてモデル化される）以浅の深層地下構造や工学的基盤以浅の表層地盤構造（層厚，密度，P 波速度，S 波速度，地盤減衰を表わす Q 値），地震観測記録などがある．

ある建築物の設計用地震動を作成する際に具体的にどの情報・データが必要となるのかは，具体的に用いる地震動評価手法における震源・伝播経路・地盤増幅の各特性の扱いによって異なるので，後述する．

2）条件の設定

建設地の条件（周辺の地震環境・地理環境・地質環境など）に基づいて解放工学的基盤を設定し，建築物の条件（使用状況・構造特性・機能など）に基づいて供用期間を設定する．これらの条件に基づいて，プレート境界地震・海側のプレート内地震・陸側のプレート内地震・想定直下浅発地震など，設計上考慮すべき複数の地震像に関して検討したうえで，対象とする地震を想定する．ここでは，設計上考慮すべき複数の地震像を分類して整理したうえで，建設地で得られる具体的な情報に応じて具体的に対象とする地震を想定するための考え方を示す[64]．地震の種類を図 7.3.3 に示す．

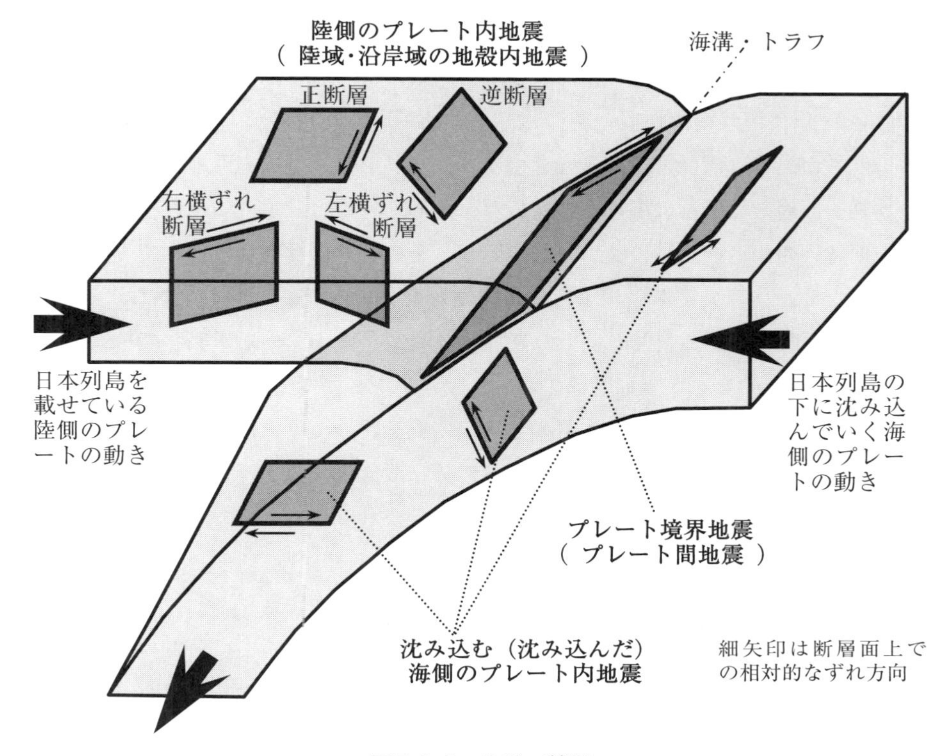

図 7.3.3　地震の種類

まず，設計上考慮すべき地震像の分類を以下に示す.

a）プレート境界地震

互いに接し合うプレートの境界付近において，プレートの相対運動に基づいて蓄積されたひずみが解放される際に発生する地震である．日本周辺では，一般には，沈み込む海側のプレートによって引きずりこまれた陸側のプレートが変形限界に達して跳ね上がることによって発生する逆断層型の地震である.

プレートの平均相対速度が一定であれば，ある最大級の規模の地震（固有地震）が同じ地域にほぼ一定の繰返し期間で発生すると考えることが可能である．日本周辺の多くの地域では，このような地震が過去に繰り返し発生してきたことが知られており，その規模がマグニチュード 8 級の巨大地震となっている地域も多い．ただし，平成 23 年（2011 年）東北地方太平洋沖地震（2011.3.11, M_W 9.0）の発生が示唆するように，更に繰返し期間が長く規模が大きい地震が過去に発生して来た可能性もあり，特に長周期地震動や長継続時間地震動や津波について検討する場合にはマグニチュード 9 級の超巨大地震についても配慮する必要がある.

その他，歴史上同じプレート境界において過去の地震と同様の震源域で発生したと考えられるプレート境界地震の例としては，1923 年関東地震（1923.9.1, M_J 7.9），1944 年東南海地震（1944.12.7, M_J 7.9），1946 年南海地震（1946.12.21, M_J 8.0）等がある.

それよりも規模の小さい地震は，より高い頻度で発生する．規模の小さい地震には震源をあらかじめ特定できない地震も多い．また，震源断層の近くでは，破壊指向性パルスによる大振幅の地震動が発生する場合があり，特に，神戸市およびその周辺のような震源断層近くに深い盆地構造が存在する場合，1995 年兵庫県南部地震の時のように破壊指向性パルスがエッジ効果[65]によりさらに増幅される可能性が高く，設計上考慮すべきである．エッジ効果は，内陸地殻内地震の震源から放出される地震動の断層破壊過程の不均質性に依存した周期特性と盆地内の速度構造に依存した地盤増幅特性の周期特性の両者の影響によって決まるが，その特性の解明には詳細で専門的な検討が必要となる．このため，内陸の活断層によって形成された盆地内の活断層からおおよそ 2 km 以内では，兵庫県南部地震の地震動と震災の帯での被害との関係[65]から，一般建築物の被害に直結する周期 0.5〜2 秒の入力地震動を 1.5 倍程度にするような考慮が必要だと判断される．また，プレート境界巨大地震の震源域やその周辺では，広義の前震・余震を含め，巨大地震の発生に前後してその活動が活発化したり静穏化したりするケースがあるので，設計上考慮すべき場合がある．なお，数多くの広義の前震・余震には後述するプレート内地震も含まれる場合も多い．

b）海側のプレート内地震（スラブ内地震およびアウターライズ地震）

海側のプレートが沈み込む際に受ける曲げによってプレート内に蓄積されたひずみが解放される際に発生する地震である．一般に，プレート境界付近から浅いところでは海側のプレートが曲げられるため，引張力の働くプレート上面側では正断層型の地震，圧縮力の働くプレート内部深くでは逆断層型の地震となる．また，プレート境界付近から深いところでは曲げられた海側のプレートが元に戻ろうとするため，圧縮力の働くプレート上面側と引張力の働くプレート内部深くとではそれぞれ異なる性質の地震が発生する（スラブ内地震とも呼ばれる）．一方，海溝軸よりも海寄りのプレート上面側でも引張力により正断層型の地震が発生する（アウターライズ地震とも呼ばれる）．

海側のプレート内地震についてはまだ充分に解明されていない面も多く，歴史上の大規模な地震の例も少ない．しかし，深いスラブ内地震の場合には，浅い地震に比べて距離が遠いにもかかわらず，建築物の固有周期が含まれる短周期帯域の地震動が相対的に大きく励起される傾向があるので，設計上考慮すべき場合がある．また，アウターライズ地震は規模が大きくなる場合があり，長周期地震動や長継続時間地震動や津波を設計上考慮する際には対象とすべき場合がある．

歴史上の海側のプレート内地震（スラブ内地震）の例としては，1993 年釧路沖地震（1993.1.15, M_J 7.8）等，アウターライズ地震の例としては，昭和三陸地震（1933.3.3, M_J 8.1）がある．

c）陸側のプレート内地震

陸側のプレートの内部で発生する地震である．地震のメカニズムは地域のプレートの応力場に応じて異なる．プレート境界地震に比べて繰返し期間が長く，一般には千年ないしそれ以上とされる．震源の位置はプレート内でかつ地震の発生が可能な条件の深さに限定されるため，一部の海側のプレート内地震のような深い地震はない．また，地震の規模は，群発地震域内や震源の下限が浅い地域では一般に小さめになる．

同じ地域において長い年月の間に同様の陸側のプレート内地震が何度も繰り返されてきた結果が地表付近に明らかな痕跡を残し活断層（活断層帯・活断層群）として確認されている場所も多い．活断層におけるひずみと応力の蓄積の速度がほぼ一定であれば，活断層の平均変位速度もほぼ一定となり，ある最大級の規模の地震（固有地震）が同じ活断層においてほぼ一定の繰返し期間で発生すると考えることが可能である．日本国内の多くの活断層では，このような地震が過去に繰り返し発生してきたことが知られており，その規模がマグニチュード7級以上の大地震となっている地域も多い．それよりも規模の小さい地震は，より高い頻度で発生する．規模の小さい地震には震源をあらかじめ特定できない地震も多い．

歴史上の陸側のプレート内地震の例としては，1891年濃尾地震（1891.10.28，M8.0），1995年兵庫県南部地震（1995.1.17，M_J7.3）等がある．

なお，通常は，具体的な建設地の直下にこのタイプの地震を工学的に想定したものが後述する想定直下浅発地震である．

d）想定直下浅発地震

建設地直下のプレート内で発生する想定地震である．仮に建設地直下で地震が発生した場合には，建設地からの距離が近いため，大地震でなくても大きな地震動がもたらされる．規模の小さい地震には震源をあらかじめ特定できない地震も多い．少なくとも日本国内では中小規模の地震はいつどこででも発生の可能性を否定できないため，特に厚い堆積層上の建設地では，何らかの形で考慮すべきであると考える．このような地震については，一般的には，過去の地震資料や活断層資料等のみからは地震像を特定できないため，建設地直下の深い地下構造等の情報も参考にして地震像を想定する．

堆積層下の未知なる断層が引き起こした歴史地震の例としては，1948年福井地震（1948.6.28，M_J7.1）等があり，想定直下浅発地震を考慮することの重要性を示している．

次に，想定する地震の諸元を設定するための考え方を示す．

想定する地震の諸元は，想定する地震の特性の地域性や個々の地震に固有な特性等を考慮して設定する．ここで，地震の諸元とはマグニチュード・震央位置・震源深さ・震央距離・震源距離・巨視的断層パラメータ・微視的断層パラメータ等を指し，後述する地震動の評価方法に応じて必要なものを設定する．

対象とする地震の想定および地震の諸元の設定方法を大別すると，一般的には，日本列島周辺で過去数百年間にわたって得られた歴史地震（地震発生）データや活断層データを用いて建設地における確率・統計的な地震危険度解析を行なう確率論的な方法と，プレートテクトニクス・歴史地震・活断層・津波堆積物・微小地震・地殻変動・地震地体構造・地下構造等の地震学的・地質学的知見[例えば84)～88)]に基づく確定論的な方法とがある．また，確率論的手法として，地震危険度解析の結果得られた応答スペクトルを再分解して対象とする建築物に影響の大きい周期に対する寄与の高い震源を抽出し，抽出された震源を考慮して建設地において供用期間内に設計上考慮すべき大きさの地震動になる地震を特定して想定することが出来る[例えば89)～91)]．さらに，供用期間にかかわらず発生が危惧される建設地周辺の活断層等を震源とする地震を想定したりするなど，工学的判断によるものも考えられる．地震の発生には多くの不確定性が含まれるが，建築物の耐震安全性の検討上考慮すべき大きな地震の諸元を設定するには多くの地震学的・地質学的知見を必要とする．実際に地震諸元を設定する際には，確率論的な方法と確定論的な方法のいずれかのみを適用するとは限らない．場合によっては，互いに，他の方法に基づく知見を参考に取り入れて，より適切な地震諸元を設定する工夫も必要である．

(2) 地震動の評価

一般に，地震動評価に先立って，建設地およびその周辺におけるさまざまな情報が収集される[例えば66),71)～80)]．これらの情報は，当然のことながら，より質の高い地震動評価を行なうために役立てるべきものである．頻度の低い自然現象である地震によってもたらされる強い地震動（強震動）の評価には少なからずばらつきが含まれるため，建設地において得られる情報を最大限に利用し，その質と量に応じて適切な地震動評価手法[64),66),82),83)]を採用することが，地震動評価全体の質の向上に最も影響する要素であると考えられる．

今までに研究・開発されてきた各種の地震動評価手法にはそれぞれ必要な情報があり，その情報を入手できない場合には実際には地震動の評価ができない．また，仮に情報を入手できたとしても，その質と量に応じて地震動の評価精度が異なることは言うまでもない．したがって，1 種類の地震動評価手法だけを用意してあらゆる場合の地震動評価を考えることは現実的でない．必要情報が少ない方法ほど対象敷地に固有な地震動の評価精度が低くなる点を踏まえたうえで，一般的に採用可能な複数の地震動評価手法を整理し，具体的な建設地で得られる情報の質と量に応じて，合理的な判断に基づき最も適切な手法を採用できるような考え方を示しておく必要がある．

建設地における地震動は，対象とする地震に対して，その地震の震源特性，震源から建設地に至る伝播経路特性，建設地付近の地盤増幅特性等を反映させて評価する．ここでは，地震動評価に反映される情報の質が高く量が多い順，すなわち，自然現象としての地震動の現象説明能力が高い順に，各種地震動評価手法を以下のように並べ，対象敷地で得られる情報が少ない場合にはそれに応じた適切な手法を選択することを考える．

地震調査研究推進本部がまとめた強震動予測レシピ[92)]には，地震動の予測手法の構成要素となる，震源断層モデルおよび地下構造モデルのモデル化方法，地震動の計算方法，予測結果の検証方法について取りまとめられている．また，文献 93）には地震動予測に関する理論的背景がまとめられており，文献 94）には表層地盤の取扱いも含めた強震動予測に関する具体的な強震波形の作成方法がまとめられており，以下に示すそれぞれの手法および適用事例については，例えば文献93）,94）に詳しいので参照されたい．

a）想定地震の観測記録を用いる方法

建設地またはその近傍で得られた，対象とする地震またはその震源周辺で過去に発生した地震による地震動の観測記録を必要に応じて適切に処理した波形をそのまま用いる．

b）理論的方法（水平成層媒質における手法・不整形媒質のための手法）

断層モデルの理論に基づいて対象とする地震の震源特性を求め，弾性波動論に基づいて震源特性，伝播経路特性および建設地付近の地盤増幅特性を理論的に計算し，建設地における地震動を評価する．理論的方法は，水平成層媒質における手法と不整形媒質のための手法とに大別される．水平成層媒質における手法としては，薄層法や離散化波数積分法などがある[例えば95)～97)]．不整形媒質のための手法としては，差分法や有限要素法などがある[例えば98)～101)]．

c）広帯域ハイブリッド法（ハイブリッドグリーン関数法・ハイブリッド合成法）

長周期帯域の地震動を前述の b）理論的方法により，短周期帯域の地震動を後述の d）半経験的方法もしくは e）経験的方法によりそれぞれ計算し，両者を重ね合わせて広帯域地震動を評価する．グリーン関数の段階で重ね合わせる方法をハイブリッドグリーン関数法[例えば102)]と呼び，対象とする地震による地震動をそれぞれ計算した段階で重ね合わせる方法をハイブリッド合成法[例えば103)]と呼ぶ．通常，長周期帯域と短周期帯域の時刻歴波形に，ある周期に設定したマッチングフィルタを施してから重ね合わせる．このマッチングフィルタは，対象建築物の特性や対象とする地震の特性に応じて設定する必要があるが，計算手法の適用限界や計算に用いるモデルの精度に依存するため，総合的に判断して設定する．

d）半経験的方法（経験的グリーン関数法・統計的グリーン関数法）

建設地または近傍で得られた中小規模地震による地震動の観測記録を必要に応じて適切に処理した波形を要素地震動とし，断層モデルの考え方に基づいてこれを多数重ね合わせて想定地震の地震動を評価する．これを経験的グリーン関数法（経験的グリーン関数を用いる波形合成法）[104)]と呼ぶ．適切な観測記録がない場合は，後述の e）経験的方法により作成した模擬地震動を要素地震動とする．これを統計的グリーン関数法（統計的グリーン関数を用いる波形合成法）と呼ぶ．

e）経験的方法（経験的時刻歴予測手法・長周期地震動時刻歴予測手法）

多数の地震観測記録を統計的に処理してスペクトルや経時特性を評価し，それらを用いて模擬地震動を作成する．近年には，長周期地震動時刻歴を経験的に予測する予測手法も提案されている[105)]．

表 7.3.1 に，各種地震動評価手法における震源・伝播・サイトの各特性の扱いと標準的・代表的な必要情報・データを示す．この表はあくまでも各種地震動評価手法の特徴をわかりやすく比較するために載せたものであって，実際には，さまざまな工夫を施された数多くの手法が提案されているので，実際に使用する手法に必要な情報を個別に確認して正しく理解することが大切である．

図 7.3.4 に，地震動評価手法の選択フローと各手法の選択根拠・現象説明能力・実用性の解説をまとめて示す．ここで，現象説明能力とは手法としての能力であり，仮に情報・データが充分にあった場合にそれらを用いて地震動という自然現象をどの程度きちんと説明できるかを示している．一方，実用性は，手法としての能力だけではなく，現実に入手できる情報・データの質・量の制約によって決まるものである．なお，このフローで最初に判断する「特定の地震を想定するか否か」という選択肢は，例えばプレート境界巨大地震や活断層のように地震の発生域や断層面等を特定できるような場合と，具体的な位置は特定できないもののある広い領域内のどこかで発生することを覚悟すべき地震を地殻構造とその運動に関する知見や統計的情報に基づいて想定するような場合とをそれぞれ考えているものである．

前述のように，図 7.3.4 の地震動評価手法は，左側から順に，地震動評価に反映される情報の質が高く量が多い順，すなわち自然現象としての地震動の現象説明能力が高い順に並べられている．

しかし，現時点での実際問題として，入手できる情報の質・量とそれを用いた地震動評価手法の組合せにはある程度の制約があり，主に地震動評価対象周期によって実用性に大きな差があることも否めない．図の最も左側にある想定地震の観測記録を用いる方法を別とすれば，現在のところ，図の左側の手法ほど長周期帯域の地震動評価の実用性が高く，図の右側の手法ほど短周期帯域の地震動評価の実用性が高い．広帯域の地震動評価の実用性は，両者の利点を組み合せた広帯域ハイブリッド法で高くなっている．したがって，実際には，どの手法を採用するかを地震動評価対象周期によって判断した方が良い場合も多いと思われる．

また，広い地域の複数地点やエリア内において共通の手法により均等に地震動評価を行ないたい場合（例えば広域地震防災など）には，必ずしも地震動評価に反映される情報の質が高く量が多い手法が適切とは限らない．必要情報が少ない手法は，扱いやすさでは優れているという一面もあり，

表 7.3.1　各種地震動評価手法における震源・伝播・サイト諸特性の扱いと標準的・代表的な必要情報・データ

地震動評価手法	震源特性	伝播特性	サイト特性
A. 想定地震の観測記録を用いる方法	観測 ・観測記録	観測 ・観測記録	観測 ・観測記録
B. 理論的方法	理論 ・想定地震の断層パラメータ	理論 ・震源から地震動評価地点までの地下構造	理論 or 統計 ・震源から地震動評価地点までの地下構造 ・地震動評価地点の地盤構造
C. 広帯域ハイブリッド法	理論 & 統計 ・長周期：上欄 B の内容に同じ ・短周期：下欄 D or E の内容に同じ	理論 & 観測 or 統計 ・長周期：上欄 B の内容に同じ ・短周期：下欄 D or E の内容に同じ	理論 & 観測 or 統計 ・長周期：上欄 B の内容に同じ ・短周期：下欄 D or E の内容に同じ
D-1. 半経験的方法のうち経験的グリーン関数法	理論 & 観測 ・想定地震の断層パラメータ ・要素地震の断層パラメータ	観測 ・要素地震観測記録	観測 ・要素地震観測記録
D-2. 半経験的方法のうち統計的グリーン関数法	理論 & 統計 ・想定地震の断層パラメータ ・(Q 値)	統計 ・距離 ・S 波速度	理論 or 統計 ・グリーン関数定義位置から地震動評価位置までの地盤構造
E. 経験的方法	統計 ・マグニチュード ・(震源深さなど)	統計 ・距離 ・(Q 値など)	統計 ・(地震動評価位置)

［注］　観測：観測の情報を用いる
　　　　理論：理論に基づいて作成されたモデルを用いる
　　　　統計：多数の観測データを統計的に処理して得られたモデルを用いる

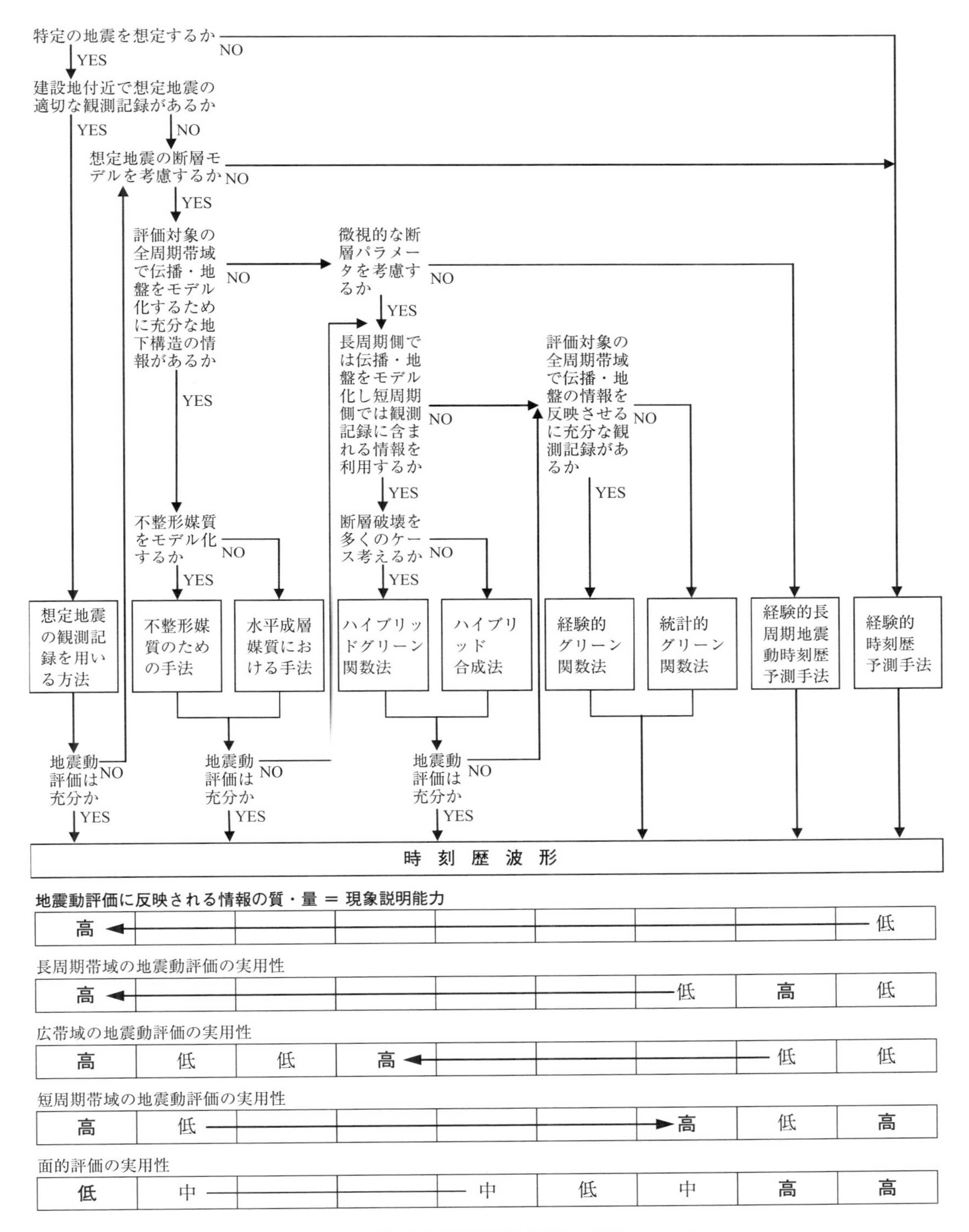

図 7.3.4　地震動時刻歴評価手法の選択フローと
各手法の選択根拠・現象説明能力・実用性の解説

どの手法を採用するかを地震動評価の目的によって判断した方が良い場合もあろう．

なお，ここでの選択肢や選択根拠（特に現象説明能力や実用性の高低）は，それぞれの地震動評価手法の標準的・代表的な特徴や限界に基づいて判断しまとめたもので，それぞれに含まれる一つ一つの手法に等しく共通に当てはまるものではないことには注意が必要である．例えば，経験的手法の多くでは必要な震源パラメータはマグニチュードのみであるが，中には断層モデルの情報を反映できる手法もある．

(3) 設計用地震動の設定

建設地において評価された地震動を，建築物の応答特性，建築物に要求される性能などの視点から総合的に判断して，建設地の工学的基盤において設計用地震動を設定する．

設計用地震動の設定方法は，以下に説明する設定方法の中から，最も望ましいと考えられる方法を採用する．その際には，対応する想定地震の地震像の違いや評価された地震動の比較等，場合によっては 7.3.2 で設定された地震動をも含む比較等に基づいて，総合的に判断する必要がある．

a) 評価された地震動を用いる方法

評価されたすべての地震動をそのまま設計用地震動として用いる．もしくは，評価された地震動を再現期間などに応じ振幅を定数倍して用いる [106]．

b) 評価された地震動のうち代表的なものを用いる方法

評価されたすべての地震動について，その時刻歴波形と応答スペクトルによって地震動特性を比較・検討する．応答スペクトルは，対象建築物の検討周期帯域を含む範囲で求めて比較・検討する．また，必要に応じて，その他の地震動解析・評価手法を用いて比較・検討した結果も参考にする．その上で，建築物の構造設計・検討に用いることが妥当であると判断される代表的な地震動を選び出して設計用地震動とする．

代表的な地震動の選択方法は個々の設計事例によって異なる．そのための個別の設計判断の目安としては，対象建築物の検討周期帯域で一方の応答スペクトルが他方を概ね上回っている場合で，両者の時刻歴継続時間がほぼ同程度である場合には，応答スペクトルの大きい方によって代表させる．また，地震動特性がほぼ同程度である場合には，対象建築物の応答がクライテリアに対し余裕度が過大評価にならないと判断されるものによって代表させる．

c) 評価された地震動に基づいて模擬地震動を作成する方法

評価された地震動の応答スペクトルを求め，それに基づいて設計用目標スペクトルを作成する．さらに，評価された地震動の経時特性や対象建築物の検討周期などに配慮しつつ，模擬地震動の経時特性を設定する．設定した経時特性を持つ波形の応答スペクトルが設計用目標スペクトルに適合するように収束計算を行なうことにより，模擬地震動を作成する．

一般に，評価された地震動の速度応答スペクトルは滑らかな形状ではなく，大小の山・谷を有する．また，評価された複数の地震動の応答スペクトルは，形状や大きさが互いに異なる．設計用目標スペクトルは，通常，評価された地震動のスペクトルの平均にある程度の余裕を上乗せしたレベルを目安に，複数の線分あるいは曲線を用いて設定する．設計用目標スペクトルは，対象建築物の検討周期帯域を含む範囲で設定する．地震動のスペクトル特性は地震の震源位置またはその震源特性，伝播経路特性，地盤増幅特性などに応じて異なることから，模擬地震動を作成する場合でも，1つのスペクトル特性による地震動を考慮するのではなく，対象とすべき地震のタイプに応じた地震動を考慮することが求められる．

地震動の経時特性とは，地震動の継続時間と時刻歴包絡形状とによって代表されるような特性を指す．模擬地震動の経時特性は，継続時間と時刻歴包絡形状を直接設定することによって与える方法と，位相特性を与える方法がある．前者の場合には，フーリエ位相を一様乱数によって与え，評価された地震動の経時特性や対象建築物の検討周期等に配慮しつつ継続時間と時刻歴包絡形状を設定して模擬地震動を作成する．後者の場合には，評価された地震動の位相，観測記録の位相，シミュレーションされた位相等によってフーリエ位相を与え，模擬地震動を作成する．

経時特性については，平成23年（2011年）東北地方太平洋沖地震によって改めて明らかになったように，地震の際に破壊する断層領域が大きい場合は継続時間が数分間にもわたる場合があり，その地震動レベルが設計荷重よりも小さい場合でも繰返し震動を受けることによる影響を考慮すべきである．また，周期が長く（波長が長く）なるほど震動は減衰しにくくなり，主要動のあとに続く表面波による長周期地震動は継続時間が長くなるため，固有周期の長い建築物は注意が必要である．

7.3.4　地震応答解析

地震応答解析を行い，建築物の構造躯体および各部の地震荷重を算出する．
解析に際して品質確保のための方策を実施する．特に等価静的地震荷重による評価を併用せず地震応答解析のみに基づき地震荷重を評価する場合は，より高い精度の品質確保方策を実施する．
(1) 地震応答解析モデルの作成
7.1.2に従い，建築物と基礎（地下室を含む）および地盤の地震応答解析モデルを作成する．固有周期や振動モード，減衰特性，弾塑性応答解析を実施する場合には，降伏点や強度，履歴特性，靱性が，実際と整合するようなモデルとする．また，そのために必要に応じて実験を実施し，モデル化に必要な特性を把握する．
(2) 地震応答解析に基づく地震荷重の評価
地震応答解析に基づく地震荷重の評価では，7.3.2もしくは7.3.3で評価する複数の入力地震動による地震応答解析を実施する．地震荷重は，これら全ての地震応答解析結果に基づき設定される．設定された応力・変形などの応答値が要求性能水準を確認するための地震荷重の指標として適切であることを確認する．
(3) 地盤の流動・変状による地震荷重
地震荷重の評価にあたっては，液状化等による地盤の流動や変状が建築物に与える影響も評価する．

地震応答解析では，地震動による建築物の応答とそれによるP-Δ効果の影響を適切に考慮したうえで，層せん断力，最大部材変形，最大部材応力，最大層間変形角，床応答加速度など評価対象部位の強度指標と対応した応答値を評価する．また，制震部材など鋼材の繰返し荷重による疲労検討，部材に入力されるエネルギーの評価，地盤の液状化検討にも地震応答解析を用いることができる．評価された地震荷重に対し建築物が水平方向・鉛直方向の荷重伝達能力を有していることが確認される．地震応答解析の対象は建築物の構造躯体に限定せず，非構造部材や設備機器等も対象とすることができる．非構造部材や設備機器等の荷重は準静的に評価されることが多いが，評価対象の振動数特性が明瞭な場合には地震応答解析など振動数特性を考慮できる手法で評価することがより適切と考えられる．

地震応答解析では振動数特性や経時特性などの入力地震動特性や構造物の複雑な振動特性など等価静的地震荷重では表現しづらい現象を考慮できる．一方で，等価静的地震荷重と比較して，入力地震動の設定や解析モデルの設定により地震荷重の算定結果に差が生じやすい．また，耐震設計における地震応答解析は建築物が建設される前に実施されるため，地震応答解析モデルが実建築物の特性と乖離することは避けられない．地震応答解析モデルの作成にあたっては，このような特徴を前提にする必要がある．さらに，応答解析結果の差異の要因として，解析のための単純化，材料特性の設定，形状近似誤差，境界条件の設定，離散化誤差，丸め誤差，結果表示の誤差，単純ミスなどが考えられ，このような誤差を許容範囲内におさめることで解析結果の品質確保を行う必要がある．そのためには，応答解析の目的に応じた精度で，解析モデル，入力データなどの検証（Verification）を行うとともに，計算結果が実現象を模擬できているかについて妥当性確認（Validation）を行う必要がある[107),108)]．地震荷重評価結果の信頼性を担保するために当該分野の専門家によるピアレビューを実施し，その結果を文書化しておくことも品質確保に有効である．

また，多面的な評価を行うことも重要であることから，地震応答解析による地震荷重算出にあたっては，等価静的荷重による評価結果を併用することが有益である．地震応答解析による地震荷重が小さくなる場合には，設計地震動や応答解析モデルが適切かを再検討したり，あるいは等価静的荷重に基づき地震荷重の最低値を設定したりすることが有効である．

（1）地震応答解析モデルの作成

地震応答解析モデルの作成にあたっては，以下の事項を考慮する．

a）建築物の基礎と周辺地盤の相互作用
b）振動モード（高次モードを含む）の固有周期と減衰定数
c）建築物および地盤の線形・非線形領域の復元力特性
d）振動特性に影響を及ぼす非構造部材
e）建築物のねじれ特性
f）建築物のせん断変形と曲げ変形
g）建築物の床剛性の影響

各種構造物における具体的なモデル化手順については「免震構造設計指針」[109)]など各種構造物に関する本会出版物を参照できる．以下では，各種構造物に共通する事項を示す．

まず，建築物の地震応答解析で用いられる入力地震動が工学的基盤で与えられる場合には工学的基盤から地表面までの地盤のモデル化を行い，地震動増幅特性を評価する．工学的基盤は，S 波速度 400 m/s 程度以上の層で，かつ上部の層とのインピーダンス比が充分に大きい地盤に設定することが一般的である．ただし，関東平野・濃尾平野・大阪平野に代表される平野・盆地構造では地震基盤から工学的基盤に至るまでに長周期成分が増幅される．特に，高層建築物や免震建築物など固有周期が長い（1 秒程度以上）構造物を解析対象とする場合には，地震基盤から地表面（または基礎底面）までを一体とするなど，その影響を考慮したモデル化を行うことが望ましい．

地震動が地表面または基礎底面で与えられ，地盤と建築物の相互作用の影響が小さいと考えられる場合には，地盤のモデル化を行わず基礎固定として建築物と基礎（地下室を含む）のみのモデルとしてよい．

1）地盤のモデル化

工学的基盤（または地震基盤）から地表面（または基礎底面）までの地震動の増幅特性を評価する．地盤のモデル化では，標準貫入試験や PS 検層により地盤の三次元構造や諸定数を，室内試験に基づき材料特性（力学特性）を設定する．また，室内試験のかわりに既存のデータベースを用いることも可能である．標準貫入試験で得られる N 値から地盤のモデル化を行う場合には各種の変換式を用いることができるが，変換式のモデル化誤差に留意し，モデルの固有周期と常時微動から得られる固有周期を比較するなどモデル化の精度を確保する方策を実施すること，また，地盤特性は空間的に大きく変動することからそれらの変動が地震荷重に与える影響を感度解析などにより把握することが望ましい．地盤の不整形性の程度や解析の目的に応じて以下のいずれかの方法を選択する[110]．

a）重複反射モデル

b）多質点モデル

c）格子型モデル

d）有限要素モデル（薄層要素モデル等も含む）

解析法は，地盤のひずみレベルに応じていずれかの方法を選択する．

a）線形解析

b）等価線形解析

c）逐次非線形解析

2）建築物・基礎のモデル化

建築物と基礎のモデル化では，建築物の基礎と周辺地盤の相互作用効果を考慮し，ねじれ特性など建築物の特性や解析の目的に応じて以下のいずれかの方法を選択する．

a）縮約 1 質点系モデル

b）多質点系モデル

c）立体振動モデル

d）有限要素モデル

解析法は，ひずみレベルに応じていずれかの方法を選択する．

a）線形解析

b）等価線形解析

c）逐次非線形解析

3）建築物・基礎と地盤の一体型モデル

解析の目的に応じて地盤と構造物・基礎を一体としたモデルを作成することができる．

(2) 地震応答解析に基づく地震荷重の評価

7.3.2 もしくは 7.3.3 に基づき作成する地震動を入力とする地震応答解析結果に基づき地震荷重を評価する．立体モデルによる解析を行う場合には，水平 2 方向あるいは上下動も含めた 3 方向の地震動を同時に入力した地震応答解析を実施することが望ましい．

地震応答解析に基づく地震荷重評価では，同一条件下でも地震応答解析結果に差が生じることを前提とする必要がある．具体的には，目標応答スペクトルや断層パラメータが同一の地震動であっても，地震動の位相特性の設定や実地震位相の選択による建築物の応答の違いは決して小さくない．したがって，複数の位相特性を有する地震動による複数回の応答解析を実施し，それらの結果全てを考慮して総合的に地震荷重評価を行う．

特定の震源断層を想定した地震動評価の場合，7.3.3 に示す標準的な手法を用いて断層モデルを設定する場合でも，一部のパラメータ（破壊開始点やアスペリティ位置等）の設定には任意性が残されており，上記の位相による変動に加えてこれらの断層パラメータの設定による変動の影響が加わる．そこで，これらのパラメータの設定が地震荷重評価結果にどのような影響を及ぼすのかについて，複数通りの検討を実施することで結果を比較するなど，影響を定量的に評価し明示することが望ましい．さらに，断層長さの長短や隣接する断層の連動有無などの想定の違いが地震荷重に与える影響を感度解析等で把握しておくことが求められることも考えられる．

制震部材などを対象とした繰返し荷重による疲労検討においては，単独シナリオではなく供用期間中に経験する複数回の地震の影響を考慮することが求められる．

以上の手順で評価する地震荷重が 2 章で定める要求性能水準を確認する地震荷重として適切であることを確認することも重要である．地震荷重として層せん断力を評価する場合には，地震応答解析による地震荷重を 7.2 節と (2.1) 式の荷重係数から求める等価静的荷重の地震荷重と比較するなどして確認することができる．また，許容応力度設計等の場合には，入力地震動の設定段階で設計用地震動の地震動強さ（建築物の一次固有周期の応答スペクトルなど応答と相関のある指標）の再現期間（年超過確率）を地震ハザード評価結果〔7.2.4 (5) 参照〕から求め，設計用再現期間と比較することで同等の評価とすることも可能である．

(3) 震動以外の地震荷重の考慮

液状化による地盤の流動や変状が生じると，揺れによる荷重に加えて，地盤の強制変位による荷重や建築物の沈下・傾斜の発生が考えられる．また，斜面崩壊が懸念される地点では，崩壊斜面が建築物に与える影響を評価する必要も考えられる．さらに，建築物直下の活断層による地震荷重を評価する際には，必要に応じて断層変位が建築物に与える影響を併せて評価することが必要となる場合も考えられる[111]．

参考文献

1) 日本建築学会：2011年東北地方太平洋沖地震災害調査速報，2011.7
2) 日本建築学会：非構造部材の耐震設計施工指針・同解説および耐震設計施工要領，2003.1
3) 日本建築学会：建物と地盤の動的相互作用を考慮した応答解析と耐震設計，2006
4) 地盤工学会：土質試験の方法と解説－第一回改訂版－，pp.691～695，2000
5) 日本建築学会：動的外乱に対する設計－現状と展望－，1999
6) 日本建築学会：建築物荷重指針・同解説，p.160，1993
7) 高梨晃一・高　小航：積載物の滑動がある単層骨組の耐震設計法の一案，日本建築学会大会学術講演梗概集，pp.47～48，1989.10
8) 国土交通省住宅局建築指導課・日本建築主事会議・(財) 日本建築センター：2001年版建築構造関係技術解説書，2001.3
9) 日本建築学会：建築物の減衰，2000
10) 大崎順彦：建築振動理論，彰国社，1996
11) 日本建築学会：シェル・空間構造の減衰と応答制御，2008
12) 梅村　魁・大沢　胖・松島　豊：各種地盤に対する応答スペクトルに関する研究，総合試験所年報，第24年第2号，1966
13) 川島和彦・長島寛之・岩崎秀明：エネルギー比例減衰法による免震橋のモード減衰定数の推定精度，土木技術資料，35-5，pp.62～67，1993
14) International Organization for Standardization: ISO 13033 Bases for design of structures－Loads, forces and other actions－Seismic actions on nonstructural components for building applications, 2013.8.
15) 建築性能基準推進協会：建築物の天井脱落対策に係る技術基準の解説（10月改訂版），2013.
16) International Organization for Standardization: ISO 3010 Bases for design of structures－Seismic actions on structures, 2001.12.
17) 日本建築学会：地震荷重－その現状と将来の展望，5.1 固有周期と減衰，5.4 地盤と構造物の相互作用，1987.11
18) 日本建築学会：入門・建物と地盤との相互作用，1996.4
19) 石山祐二：耐震規定と構造動力学－建築構造を知るための基礎知識，三和書籍，2008年.
20) 石山祐二：種々の建物に対する地震層せん断力の分布とベースシヤー係数，日本建築学会構造系論文報告集(439)，65～72，1992
21) 石山祐二：Ai分布の誕生とその経緯，日本建築学会学術講演梗概集（北陸），構造I，pp.183～184，1992
22) 佐藤智美・大川　出・西川孝夫・佐藤俊明・関松太郎：応答スペクトルと位相スペクトルの経験式に基づく想定地震に対する長周期時刻歴波形の作成，日本建築学会構造系論文集，75(649)，pp.521～530，2010
23) 湯沢　豊・工藤一嘉：長周期（1-15秒）地震動の全国揺れ易さ分布，日本地震工学会論文集，11(3)，pp.21～39，2012
24) 糸井達哉・高田毅士：深部地下構造における地震動増幅特性を考慮した内陸直下地震に対する硬質地盤上の地震動応答スペクトル予測式の簡易補正法，日本地震工学会論文集，12(1)，pp.1.43～1.61，2012
25) 尾崎隆司・高田毅士：日本建築学会・荷重指針の地震荷重（案）に関して初通過理論を用いたパワースペクトル密度と応答スペクトルの相互変換，構造工学シンポジウム論文集，2003
26) Schnabel, P.B., Lysmer, J., Seed, H.B.: SHAKE－A Computer Program for Earthquake Response Analysis of Horizontally Layered Sites, Report No. EERC 72-12, Earthquake Engineering Research Center, University of California, Berkeley, 1972.12
27) 柴田明徳：最新耐震構造解析，森北出版，1981.6
28) Ohsaki, Y.: Dynamic Characteristics and One-Dimensional Linear Amplification Theories of Soil Deposits, Research Report 82-01, Dept. of Architecture, Faculty of Eng., Univ. of Tokyo, 1982.3
29) 日本道路協会：道路橋示方書（V耐震設計編）・同解説，丸善，1990.2
30) 防災科学技術研究所 強震観測網（K-NET, KiK-net）: http://www.kyoshin.bosai.go.jp/kyoshin/
31) 日本建築学会：地震荷重－その現状と将来の展望，3.2 地震発生の確率，1987.11

32) 地盤工学会：地盤の動的解析－基礎理論から応用まで－，2007.2
33) 安井　譲：構造物被害と構造物への入力地震動－地盤・基礎相互作用，公開シンポジウム，兵庫県南部地震－強震記録と設計用地震動の関係，p.67，1997.12
34) Tohdo,M. and Y. Ishiyama : A Practical Evaluation Method of Seismic Load Considering Soil Structure Interaction Effects, 13th World Conference on Earthquake Engineering, Paper No.2641, 2004.8
35) Tohdo, M., O. Chiba and R. Fukuzawa : Impedance Functions and Effective Input Motions of Embedded Rigid Foundations，第7回日本地震工学シンポジウム，pp.1039～1044，1986.12
36) 日本建築学会：入門・建物と地盤との相互作用，pp.175～194，1996.4
37) 田治見宏・泉川正裕：点加振3次元薄層法による埋込マット基礎の振動解析，第6回日本地震工学シンポジウム，pp.1745～1752，1982
38) 防災科学技術研究所：「全国地震動予測地図」作成手法の検討，巻末資料及び付録，防災科学技術研究所研究資料第336号，付2-1～2-59，2009
39) 日本建築学会：地震荷重－その現状と将来の展望，3.2 地震発生の確率，1987.11
40) Gumbel, E.J.：Statistics of Extremes, Columbia University Press, 1958
41) Kanda, J.：A New Extreme Distribution with Lower and Upper Limits for Earthquake Motions and Wind Speeds, Proc. 31th Japan National Congress for Applied Mechanics, pp.351～360, 1981
42) Cornell, C.A.：Engineering Seismic Risk Analysis, Bull. Seism. Soc. Am. Vol.58, pp.1583～1606, 1968
43) Kanno, T., Narita, A., Morikawa, N., Fujiwara, H., and Fukushima, Y.：A new attenuation relation for strong ground motion in Japan based on recorded data, Bulletin of the Seismological Society of America, Vol.96, No.3, pp.879～897, 2006
44) 地震調査研究推進本部地震調査委員会：「全国を概観した地震動予測地図」2007年版，2007
45) Baker, J. W.: Conditional Mean Spectrum: Tool for ground motion selection, Journal of Structural Engineering, 137(3), 322～331, 2011
46) Cornell, C. A.：Calculating building seismic performance reliability: A basis for multi-level design norms, Proc. of 11th World Conference on Earthquake Engineering, June 1996
47) 高田毅士：耐震性能の確率的表示と地震荷重，日本建築学会大会振動部門PD「これからの地震荷重と今後の課題」，1999
48) 安中　正・矢代晴実：地震の発生サイクルを考慮した日本列島の地震危険度解析モデル，第10回日本地震工学シンポジウム，pp.489～494，1998
49) Annaka, T., Yashiro, H.：Uncertainties in a probabilistic model for seismic hazard analysis in Japan, Second International Conference on Computer Simulation in Risk Analysis and Hazard Mitigation, Risk Analysis II, pp.369～378, 2000
50) 司　宏俊・翠川三郎：断層タイプ及び地盤条件を考慮した最大加速度・最大速度の距離減衰式，日本建築学会構造系論文報告集第523号，pp.63～70，1999
51) 国土交通省住宅局建築指導課他監修：2007年版建築物の構造関係技術基準解説書，平成19年8月
52) 日本建築学会：建築耐震設計における保有耐力と変形性能（1990），第2版，1990
53) Federal Emergency Management Agency：PRESTANDARD AND COMMENTARY FOR THE SEISMIC REHABILITATION OF BUILDINGS (FEMA356), November 2000
54) Sinan Akkar, and Asli Metin : Assessment of Improved Nonlinear Static Procedures in FEMA-440, JOURNAL OF STRUCTURAL ENGINEERING ASCE, Vol.133, SEP., pp.1237～1246, 2007
55) Department of Homeland Security Federal Emergency Management Agency：IMPROVEMENT OF NONLINEAR STATIC SEISMIC ANALYSIS PROCEDDURE (FEMA440), June 2005
56) 国土交通省住宅局建築指導課他監修：2001年版限界耐力計算法の計算例とその解説, 平成13年3月
57) 倉本　洋・勅使川原正臣・小鹿紀英・五十田博：多層建築物の等価1自由度系縮約と地震応答予測精度，日本建築学会構造系論文集 第546号，2001.8
58) 日本建築学会：建築物の耐震性能評価手法の現状と課題－限界耐力計算法・エネルギー法・時刻歴応答解析－，2009.2
59) 国土交通省国土技術政策総合研究所他監修：エネルギーの釣合いに基づく耐震計算法の技術基準解説及び計

算例とその解説，日本建築センター，2005.10
60）日本建築学会：木質構造基礎理論，2010.12
61）日本住宅・木材技術センター：木造軸組工法住宅の許容応力度設計（2008年版），2008.8
62）American Society of Civil Engineers : Minimum Design Loads for Buildings and Other Structures（ASCE/SEI 7-05），2005
63）Building Seismic Safety Council of the National Institute of Building Sciences : NEHRP Recommended Seismic Provisions for New Buildings and other Structures（FEMA P-750）2009 Edition, 2009
64）石井　透・佐藤俊明：建設地において考慮する地震像に基づく設計用地震動策定法，日本建築学会構造系論文集，No.462，pp.31～42，1994
65）川瀬　博・松島信一，R.W. Graves, P.G. Somerville：「エッジ効果」に着目した単純な二次元盆地構造の三次元波動場解析－兵庫県南部地震の際の震災帯の成因－，地震，第2輯，第50巻，431～449，1998.
66）地震調査研究推進本部ホームページ：http://www.jishin.go.jp/main/index.html
67）内閣府 防災情報のページ：http://www.bousai.go.jp/index.html
68）国土交通省：「超高層建築物等における長周期地震動への対策試案について」に関するご意見募集について：http://www.mlit.go.jp/report/press/house05hh000218.html
69）防災科学技術研究所：地震ハザードステーション J-SHIS：http://www.j-shis.bosai.go.jp/
70）大崎順彦：新・地震動のスペクトル解析入門，鹿島出版会，1994
71）宇津徳治：日本付近の M6.0 以上の地震および被害地震の表：1885～1980年，地震研究所彙報，Vol.57，pp.401～463，1982
72）宇津徳治：日本付近の M6.0 以上の地震および被害地震の表：1885～1980年，地震研究所彙報，Vol.60，pp.639～642，1985
73）気象庁：地震月報，1961～
74）文部科学省国立天文台編：理科年表2003，第76冊，丸善，2002.11
75）宇佐美龍夫：最新版 日本被害地震総覧（416～2001），東京大学出版会，2003
76）気象庁：改訂日本付近の主要地震の表（1926年～1960年），地震月報別冊，第6号，1982
77）活断層研究会編：新編日本の活断層－分布図と資料，東京大学出版会，1991
78）松田時彦：活断層から発生する地震の規模と周期について，地震，第2輯，第28巻，pp.269～283，1975
79）松田時彦：最大地震規模による日本列島の地震分帯図，地震研究所彙報，Vol.65，pp.289～319，1990
80）佐藤良輔編著：日本の地震断層パラメター・ハンドブック，鹿島出版会，1989
81）Ohno, S., Ohta, T., Ikeura, T. and Takemura, M. : Revision of attenuation formula considering the effect of fault size to evaluate strong motion spectra in near field, Tectonophysics, 218, pp.69～81, 1993
82）地震予知総合研究所振興会地震調査研究センター：強震動評価手法のレビューと事例的検討報告書，平成9年度科学技術庁委託，1998.3
83）地震予知総合研究所振興会地震調査研究センター：強震動評価手法のレビューと事例的検討報告書，平成10年度科学技術庁委託，1999.3
84）萩原尊礼編：日本列島の地震　地震工学と地震地体構造，鹿島出版会，1990
85）上田誠也：プレートテクトニクス，岩波書店，1992
86）木村　学：プレート収束帯のテクトニクス学，2002
87）宇津徳治：地震学，共立全書，1977
88）垣見俊弘・松田時彦・相田　勇・衣笠善博：日本列島と周辺海域の地震地体構造区分，地震，第55巻，pp.389～406，2003
89）亀田弘行・石川　裕・奥村俊彦・中島正人：確率論的想定地震の概念と応用，土木学会論文集，577/I-41，pp.75～87，1997
90）石川　裕・奥村俊彦：地域の集積リスクを考慮した想定地震の選定方法，地域安全学会論文集，3，pp.199～206，2001
91）大渕正博・糸井達哉・高田毅士：構造物の性能規定型耐震設計のための設計用地震動設定手法の提案，日本建築学会構造系論文集，第76巻，第667号，pp.1583～1589，2011.9
92）地震調査研究推進本部：震源断層を特定した地震の強震動予測手法（「レシピ」），http://www.jishin.go.jp/main/

chousa/09yosokuchizu/gfuroku3.pdf, 2010
93) 日本建築学会：地盤震動－現象と理論－，日本建築学会，2005
94) 日本建築学会：最新の地盤震動研究を活かした強震波形の作成法，2009
95) Bouchon, M : A simple method to calculate Green's functions for elastic layered media, Bulletin of the Seismological Society of America, Vol. 71, No. 4, pp. 959～971, 1981
96) 久田嘉章：成層地盤における正規モード解及びグリーン関数の効率的な計算法，日本建築学会構造系論文集，第501号，pp. 49～56，1997
97) 野津　厚：水平成層構造の地震波動場を計算するプログラムの開発－周波数に虚部を含む離散化波数法の計算精度－，港湾空港技術研究所資料，No. 1037，2002
98) Graves, R. W : Simulating Seismic Wave Propagation in 3D Elastic Media Using Staggered-Grid Finite Differences, Bulletin of the Seismological Society of America, Vol. 86, No. 4, pp. 1091～1106, 1996
99) Aoi, S. and H. Fujiwara : 3D Finite-Difference Method Using Discontinuous Grids, Bulletin of the Seismological Society of America, Vol. 89, No. 4, pp. 918～930, 1999
100) Bao, H., Bielak, J., Ghattas, O., Kallivokas, L. F., O'Hallaron, D. R., Shewchuk, J. R., and Xu, J. : Large-scale simulation of elastic wave propagation in heterogeneous media on parallel computers, Computer Methods in Applied Mechanics and Engineering, Vol. 152, pp. 85～102, 1998
101) De Martin, F. : Verification of a Spectral-Element Method Code for the Southern California Earthquake Center LOH. 3 Viscoelastic Case, Bulletin of the Seismological Society of America, Vol. 101, No. 6, pp. 2855～2865, 2011
102) Kamae, K., Irikura, K., and Pitarka, A. : A Technique for Simulating Strong Ground Motion Using Hybrid Green's Function, Bulletin of the Seismological Society of America, Vol. 88, No. 2, pp. 357～367, 1998
103) 入倉孝次郎・釜江克宏：1948年福井地震の強震動－ハイブリッド法による広周期帯域強震動の再現－，地震，第2集，pp. 129～150，1999
104) Irikura, K. : Prediction of strong acceleration motion using empirical Green's function, Proceedings of the 7th Japan Earthquake Engineering Symposium, pp. 151～156, 1986
105) 佐藤智美・大川　出・西川孝夫・佐藤俊明・関松太郎：応答スペクトルと位相スペクトルの経験式に基づく想定地震に対する長周期時刻歴波形の作成，日本建築学会構造系論文集，第75巻，第549号，pp. 521～530，2010
106) 日本建築学会：地震荷重－性能設計への展望，2008
107) International Organization for Standardization: Quality management systems - Requirements, ISO9001: 2008, 2008
108) 白鳥正樹・越塚誠一・吉田有一郎・中村　均：工学シミュレーションの品質保証とV&V，丸善出版，2013
109) 日本建築学会：免震構造設計指針，第4版，2013
110) 吉田　望：地盤の地震応答解析，鹿島出版会，2010
111) 土木学会地盤工学委員会：「断層変位を受ける橋梁の計画・耐震設計に関する研究小委員会」報告書，2008

8章　温度荷重

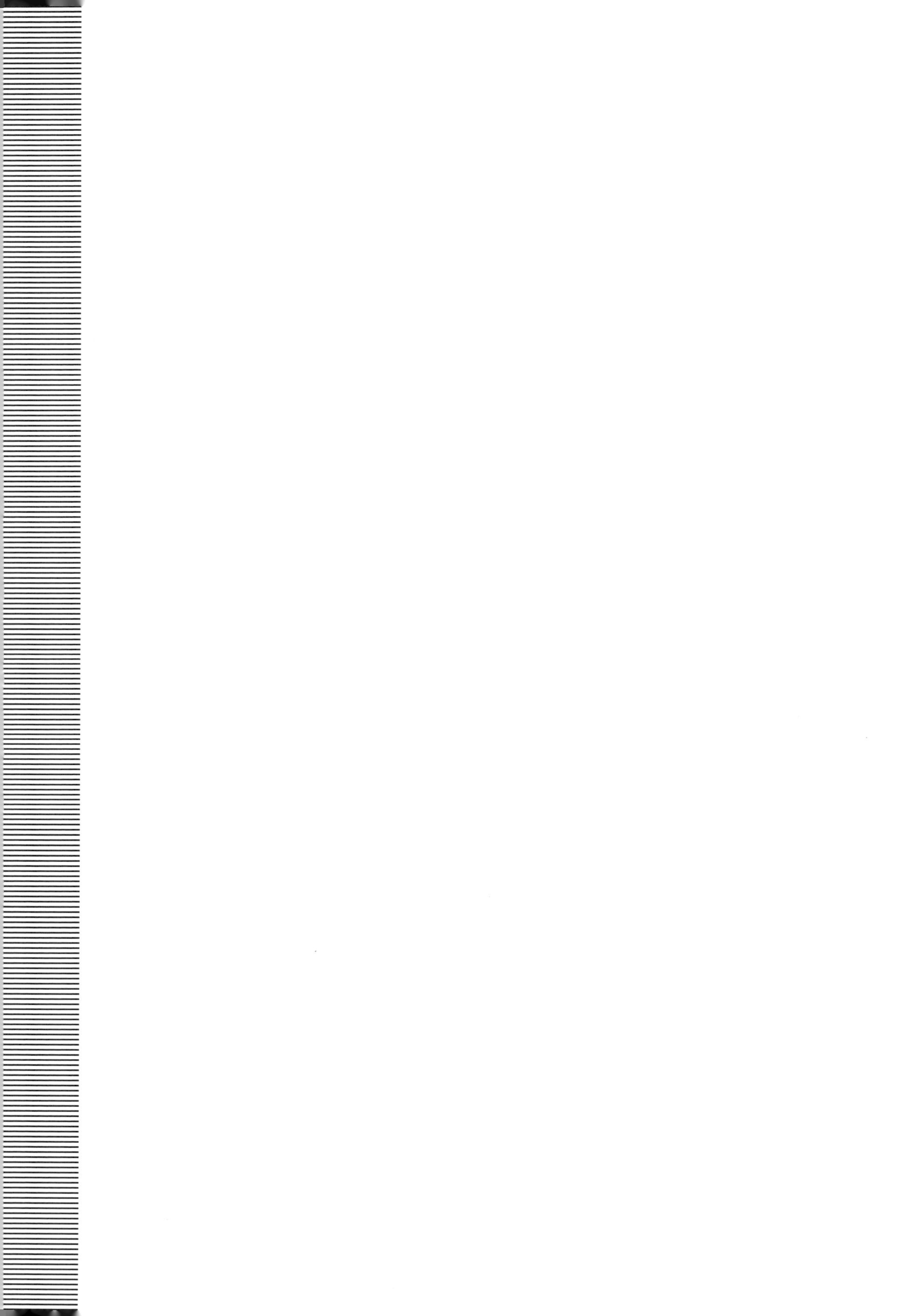

8章　温度荷重

概　　説

建築物または部材が温度変化を受けると伸縮や曲げ変形が発生する．また，この変形が拘束されることによって部材に応力が発生する．このように，建築物に荷重効果を発生させる温度変化を温度荷重と言う．

温度荷重によって生ずる温度応力は，固定荷重，積載荷重，地震荷重や風荷重のような外力によって生ずる応力（一次応力）とは異なり，自己拘束性の応力（二次応力）とよばれている．自己拘束性の応力は，建築物内部で釣り合って生ずるものであり，建築物の構造体や非構造部材自身の剛性と外部拘束の度合いに応じて発生する．温度荷重の影響だけで構造物が倒壊に直接つながるようなことは少ないが，建築物の規模や用途によってはひび割れの発生や有害な変形等，使用性に対して設計上注意を払う必要がある．

寒暖の温度差のある地域に建設される建築物，温度変化による部材の伸縮量が大きい長大建築物や大空間建築物に加えて，構造体内部に熱源を有する煙突，サイロ，蓄熱槽，冷凍倉庫，および発電所等においては，温度荷重の影響を検討する必要がある．また，建築物の施工期間中に温度荷重による影響を検討しなければならない場合もある．

その際，建築物を取り巻く外気温度，日射，地中温度，室内温度，熱源等の温度条件から，躯体温度解析によって構造部材の温度や温度変化を的確に算出したうえで，建築物の剛性や使用材料特性を適切に評価した温度応力解析を行って応力や変形を把握することが重要である．

なお，本指針で扱う温度荷重は，建築物の通常の使用状態で生ずる温度を想定している．火災，テロや突然の機器のトラブル等による高温の発生といった異常な状況については，火災等の非常時に発生する温度は数百℃以上になるといわれており，コンクリートや鋼材のヤング係数等の特性の変化や材料強度の大幅な低下を起こすこともある．よって，これらの温度に対する設計を行う場合は，当然ここで想定している通常時のものとは別の要求性能が必要となるため，本指針では対象に含めないことにした．

旧指針（2004年版）からの主な改定ポイントは以下のとおりである．

①温度荷重算定の基本となる年最高と年最低の外気温度について，1961年から2012年までの52年間の気象庁データに基づいて再現期間100年に対する値を算定した．

②また，100年とは異なる任意の再現期間に対応した年最高と年最低の外気温度も算定できるようにした．

③ほかの荷重との組合せについて，温度荷重を主荷重とする場合や従荷重とする場合など，より具体的な評価手法を提示した．

④付 8.1「温度荷重に対する設計の要点」に，温度荷重設計の流れや指針の内容の適用方法などを分かりやすく記載した.

⑤付 8.2「構造体温度の算定法」に，温度荷重設計で重要となる構造体温度の算定のための具体的な手法として精算法と簡易算定法について記載した.

記　　号

本章の本文で用いられる主な記号を示す.

大文字

A ：断面積（m^2）

E ：ヤング係数（kN/m^2）

I ：断面二次モーメント（m^4）

J ：日射量（W/(m^2)）

M_T ：温度曲げモーメント（kN・m）

N_T ：温度軸力（kN）

T_0 ：外気温度（℃）

T_{SAT} ：相当外気温度（℃）

ΔT ：基準温度からの温度変化（℃）

ΔT_{d} ：平均温度変化（℃）

ΔT_{g} ：内外面温度差（℃）

小文字

a ：日射吸収率

t ：部材厚（m）

ギリシャ文字

α_0 ：外表総合熱伝達率（W/（m^2・K））

ε ：外表面放射率

ϕ_T ：温度曲率$=\alpha \cdot \Delta T_g/t$：線膨張係数$\alpha$と温度勾配（$\Delta T_g/t$）の積（℃ /m）

8.1 温度荷重の設定方針

（1） 建築物に荷重効果を発生させる温度を温度荷重として設定する.
（2） 建築物の建設される場所や時期，規模や用途，使用される環境などの条件によって，建築物に大きな応力や変形が発生する場合に，温度荷重を考慮する.
（3） エキスパンションジョイントを設けるなどの対策を行って，建築物に大きな応力や変形が発生しない場合には，温度荷重を考慮する必要はない.

温度荷重とは，外気温度，日射，地中温度，室内温度，内部熱源などの建築物に荷重効果をもたらす温度を称する．これらによって建築物の構造体や非構造部材に生ずる温度変化は，温度応力の基になるものであり，温度荷重による荷重効果として位置付ける．

温度変化によって建築物が受ける影響は，夏期の日射による極端な温度上昇によって鉄道線路に曲りが生じたり，屋上のパラペットが面外に押し出されてひび割れて，漏水の原因になったり，工場のように長大な建築物が年間の温度差によって伸縮し，被覆されていない引張りブレースが座屈を起こした例も報告されている．また，鉄筋コンクリート造の煙突，冷凍倉庫や蓄熱槽などでは，建築物内部に熱源をもち，熱の放散や蓄熱のために構造体に大きな温度差が生じ，壁などの鉄筋コンクリート構造部材にひび割れが発生した例も報告されている．

8.1.1 温度変化

温度変化は図 8.1.1 の構造部材で示すように，平均温度変化 ΔT_d と温度勾配 $\Delta T_g/t$ の二つに分類することができる．したがって，それぞれの温度変化によって生ずる荷重効果も，二つに分けて考えることができる〔図 8.1.2〕．平均温度変化 ΔT_d によって構造部材には，線膨張係数 α を乗じた伸縮ひずみ $\alpha\Delta T_d$ が生ずる．実際にはなんらかの形で拘束されているのでひずみは小さくなり，自由ひずみとの差によって温度応力が発生する．完全にひずみが拘束されていると，軸力 $N_T(=EA\alpha\Delta T_d)$ が生ずる．また，温度勾配によって生ずる温度応力は，曲率 $\phi_T\left(=\alpha\frac{\Delta T_g}{t}\right)$ に相当する変形が生

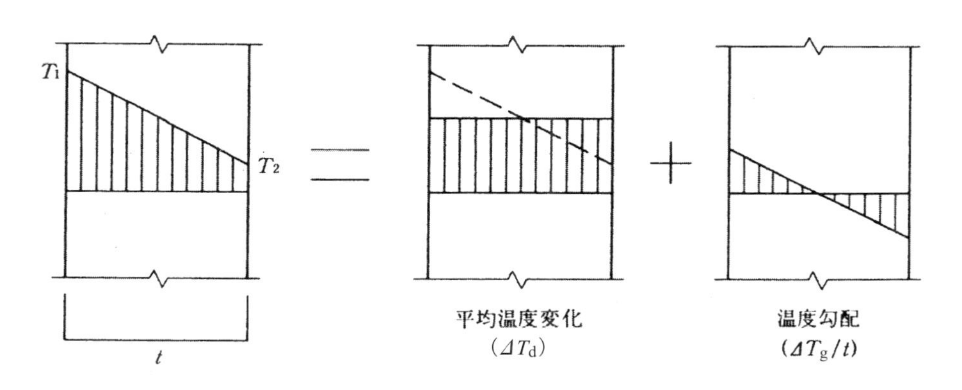

図 8.1.1　温度変化

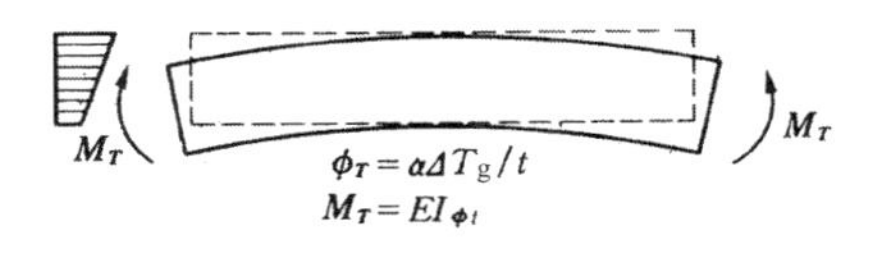

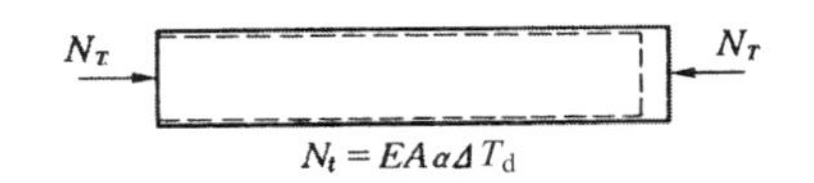

図 8.1.2　温度応力

じ拘束されることで，曲げモーメント $M_T(=EI\alpha\Delta T_g/t)$ が生ずる．このため，温度荷重としてはこのような温度応力に対して，応力のない温度分布（Stress Free Temperature）ないしは規定した温度分布から変化した温度分布として考えることができる．このように，温度変化による荷重効果が「0」となる，または見なされる温度を基準温度とし，基準温度からの温度変化を ΔT とする．

建築物の構造部材や非構造部材に生ずる温度荷重による荷重効果を求めるには，建築物を取り巻く温度荷重を設定することになる．このときの建築物を取り巻く温度としては，外気温度，日射，地中温度，室内温度などを考慮する必要がある．

8.1.2　温度荷重の検討

建築物の設計において温度荷重による荷重効果を検討する必要がある場合は，寒暖の温度差のある地域に建設される建築物，温度変化によって部材の伸縮量が大きな長大建築物や大空間建築物，日射の影響を直接受けるアトリウムのような用途をもつ建築物，あるいは内部に熱源をもつような煙突，サイロ，蓄熱槽，冷凍倉庫および発電所などが考えられる．しかし，どのような場合でもすべて温度荷重の検討を行わなければならないのではない．荷重効果が建築物に大きな温度応力や大きな変形を発生させることがない場合や，例えばエキスパンションジョイントを設けるとか仕上げ材や断熱材を使用して建築物に生ずる温度差を効果的に低く抑えるなどの対策を行えば温度荷重の検討を行わなくてもよいし，温度荷重を無視できる場合もある．諸外国の規準などでは温度による影響を避けるために，エキスパンションジョイントを設け，建築物の長さを制限しているものもある〔図 8.1.3〕．また，最近では，積極的に使用上の温度設定を低く抑えたり，外断熱やエアフローなどの二重換気や空調によって建築物への温度荷重の影響を少なくする方法も取られている．

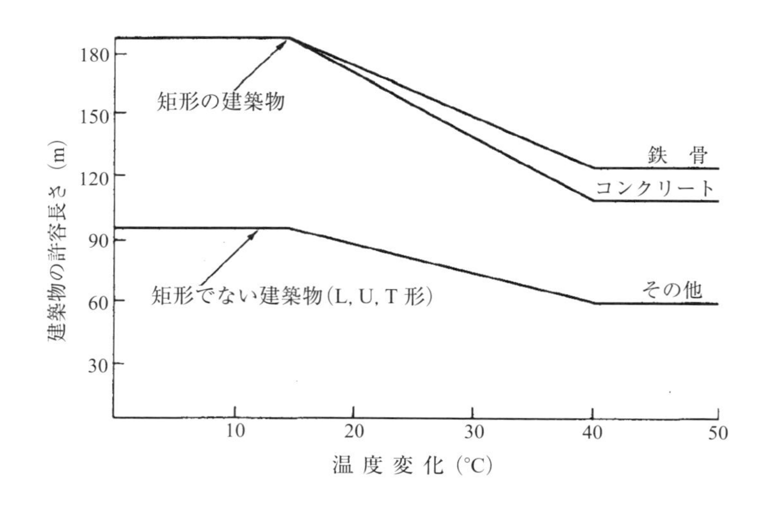

図 8.1.3　温度変化と建築物の長さとの関係[1)]

非構造部材も構造部材と同様に，温度による影響を考慮する必要がある．非構造部材は，変形追従性の観点から取付け方法をルーズにするなどの工夫をしている場合もあるが，地震時や強風時だけでなく温度変化時に無理な応力を発生させないようなディテールとするなどの配慮が必要となる．特に，折板のような屋根の仕上げ材やカーテンウォールは，外気温度や日射などの影響を直接に受け，温度条件が過酷な場合が多いので，温度荷重の検討を忘れてはならない．

8.2　温度荷重の算定

温度荷重は外気温，日射，地中温度などの温度変化の再現期間 100 年に対する値，または，それに相当する値を基本値とする．

図8.2.1に示すように，外気温度は年単位の周期変動のほかに日単位の周期的な変動を繰り返し，これに日変動する日射の影響が加算される．建築物の温度荷重を設定する場合，夏期の最高外気温度に日射を加えた温度と，冬期の最低外気温の差が最大になる．冬期の最低外気温は発生時刻が早朝であるため日射の影響を無視することができる．このため，外気温度は，年最高外気温度と年最低外気温度の再現期間 100 年に対する値を基本値として設定する．ただし，外気温度や日射による建築物の構造体温度（荷重効果）は，構造種別（RC 造，S 造等），仕上げの仕様（色等），構造体の熱慣性，構造体と外気温度との熱伝達特性等に影響され，年および日変動などの周期性に依存して生ずるものであり，多種の要因が影響し，極めて複雑である．したがって，温度荷重を上述のように設定しても，これからただちに構造体温度を設定することは容易ではないが，本指針ではその基本となる値として，上記のような温度を示すこととした．

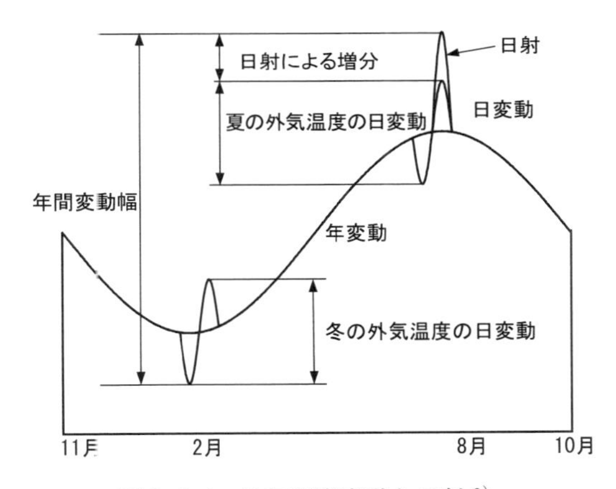

図 8.2.1　外気温度変動と日射[2)]

外気温度や日射は，周期性を持っている．周期性を無視して定常状態として構造体温度を設定する場合は，熱慣性が大きい鉄筋コンクリート造の建築物で，時々刻々変動する温度を時刻歴として扱って，その影響を適切に評価するような非定常状態として構造体温度を設定する場合と比較すると，定常解析による場合が非定常解析に比べて過大な構造体温度を与えることになる．本来，実状にあった非定常の影響を考慮した時刻歴温度応答解析等により，構造体温度を設定する必要があるが，現状において，非超過確率に基づいた時刻歴の温度荷重は整備するに至っていない．必要に応じて，直接実観測記録を用いるか，空調設備の容量設計に用いるために整備された周期定常用の温度データ等を使用することが考えられる．

また，日射については，構造体の温度上昇に日変動として影響を及ぼすため，本来非超過確率に基づいた設定が望ましいが，現状では充分な数値を示すに至っていない．一方，大気圏外における法線日射量はほぼ一定値を示すことから，これに大気圏内の散乱，吸収による減衰を考慮して理論的に求めた値を日射量の基本値とした．

本来，日射と外気温度は，物理的に相関したものであり，切り離すことはできないが，両者の相関を考慮した温度荷重の設定について現状では難しく，今後の研究に期待することとして別個に扱うものとする．実気象データを用いる場合には当然，両者の相関は満たされている．

また，建築物や部材の温度分布は，熱伝達率や建材の熱伝導率によって影響を受ける．例えば，壁の内外で温度差が生じた場合，壁の温度分布は図 8.2.2 に示すようになる．この場合，壁の内外表面の温度差は，壁の内外表面の熱伝達率α_1, α_2 と壁の熱伝導率 λ の影響によって壁体には内側雰囲気温度 T_1 と外側雰囲気温度 T_2 との温度差よりも小さい温度差となる．このような壁の温度分布は，熱伝達率や熱伝導率の影響を受けるとともに，外気温度の変化と同じように時間によって変動を繰り返すことになる．煙突，蓄熱槽，冷凍倉庫等の壁では，一般にはライナーによって空気層を設けたり断熱材を使用することで構造体に急激な温度勾配が発生することを制御している．しかし，冷凍倉庫の近接地盤が凍結している例にも見られるように，絶えず熱が補給されている場合は断熱材があってもその効果が生かされない場合もあるので，温度荷重の設定には注意が必要である．

以下に，それぞれの温度についてのデータを示し解説するが，設計者が温度変化の基本値を設定する場合の参考にされたい．

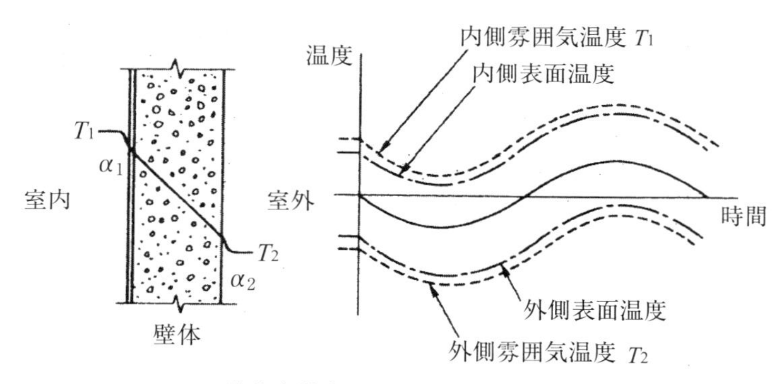

α_1, α_2：壁体内外表面の熱伝達率
λ：壁体の熱伝導率

図 8.2.2　壁の温度分布

8.2.1　外 気 温 度

建物の温度応力を算定する際には日射の影響や方位をはじめ，さまざまな影響要因とその時系列変化を考える必要がある．ここでは，基本となる外気温度データを整理し，最高温度および最低温度等について示す．

(1)　最高温度および最低温度の再現期間100年に対する値

1）算 定 方 法

北沢ら[3)]は，わが国の代表的な56地点について，気象庁のデータをもとに観測開始から1984年（最大102年間）までの年最高外気温度および年最低外気温度に基づいて極値解析を行い，各地点の極値分布形，そのパラメータ等を示している．これについては，旧指針（2004年版）の表8.2.3に掲載されている．

本指針においては北沢ら[3)]の手法にならい，1961年から2012年までの52年間の気象庁データに基づいて，再現期間100年に対する値を算定した．

算定の手順を以下に示す．各地点の年最高気温，年最低気温について，表8.2.1に示す3種類の極値分布のあてはめを行い（8.2.1）式の2乗誤差Eにより適合度を判定して最適な分布を選定する．なお，フレッシェ分布，ワイブル分布の上下限値x_0の値は，北沢ら[3)]にならい，平均値から標準偏差σの5倍離れた値を用いた．

表8.2.1　あてはめに用いた極値分布

分布形	確率分布関数	
	年最高外気温度	年最低外気温度
グンベル分布（極値Ⅰ型）	$F_X(x)=\exp\{-\exp(-a(x-b))\}$ $(-\infty<x<\infty)$	$F_X(x)=1-\exp\{-\exp(a(x-b))\}$ $(-\infty<x<\infty)$
フレッシェ分布（極値Ⅱ型）	$F_X(x)=\exp\left\{-\left(\frac{b}{x-x_0}\right)^a\right\}$ $(x_0\leqq x)$	$F_X(x)=1-\exp\left\{-\left(\frac{b}{x_0-x}\right)^a\right\}$ $(x\leqq x_0)$
ワイブル分布（極値Ⅲ型）	$F_X(x)=\exp\left\{-\left(\frac{x_0-x}{b}\right)^a\right\}$ $(x\leqq x_0)$	$F_X(x)=1-\exp\left\{-\left(\frac{x-x_0}{b}\right)^a\right\}$ $(x_0\leqq x)$

$$E=\sqrt{\frac{1}{N}\sum_{i=1}^{N}(x_i-\bar{x}_i)^2\Big/(\bar{x})^2} \tag{8.2.1}$$

ここで，N　：データ数

x_i　：順序統計量のi番目の気温データ

$\bar{x}_i$　：超過確率に相当する理論値

$\bar{x}$　：気温データの平均値

再現期間100年に対する値は次式の関係より求める．

$$t_R(x)=\frac{1}{1-F_X(x)} \tag{8.2.2}$$

ここで，$t_R(x)$：再現期間（年）

$F_X(x)$　：確率分布関数

x　：気温（℃）

2）算 定 結 果

わが国 56 地点の再現期間 100 年に対する値を図 8.2.3 に，極値分布形状の集計を表 8.2.2 に示す．図 8.2.3 には観測開始〜2012 年までの過去最高および過去最低外気温度の観測値もプロットしている．

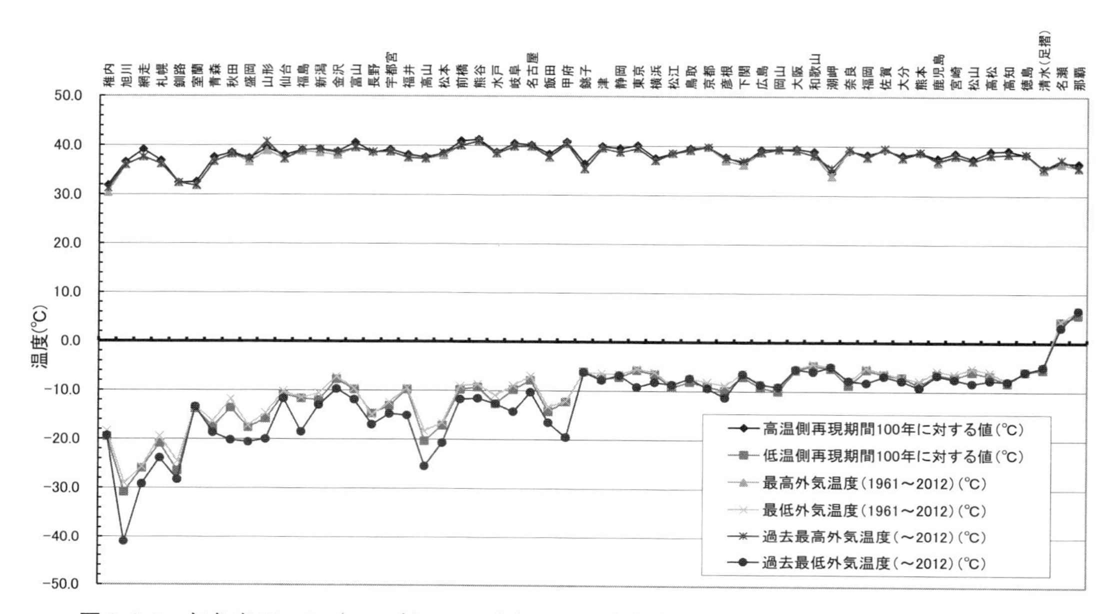

図 8.2.3 気象庁データ（1961 年〜2012 年）による年最高・最低の再現期間 100 年に対する値

表 8.2.2 極値分布形状集計（56 地点）

	1961 年〜2012 年データ			北沢ら [3]（〜1984 年データ）		
	グンベル分布	フレッシェ分布	ワイブル分布	グンベル分布	フレッシェ分布	ワイブル分布
最高気温	3	0	53	7	0	49
最低気温	12	0	44	10	3	43

［注］ ただし，数値は地点数を示す

図 8.2.3 より，最高温度の再現期間 100 年に対する値については全国的に見て約 32 ℃〜約 41 ℃の範囲に分布している．一方，最低温度については北海道旭川の −30.9 ℃から沖縄那覇の 5.6 ℃まで広い範囲に分布し，地域による違いが大きい．

最高温度の再現期間 100 年に対する値は，過去の観測記録を若干上回り包絡している．最も高い温度は熊谷で 41.3 ℃となり，当地の観測記録 40.9 ℃（2007 年）を 0.4 ℃上回っている．

最低温度の再現期間 100 年に対する値は，最も低い旭川で −30.9 ℃となり，当地の観測記録の −41.0 ℃（1902 年）に対して 10.1 ℃高い結果となっている．これは今回使用したデータが 1961 年以降の 52 年間のものであり，観測記録の過去最低気温はこれより以前に発生しているため，算定に含まれていないことによる．温暖化による気温上昇の傾向があるものの，昨今の異常気象による寒波の襲来などの温度変動を念頭に，過去の観測記録も適宜参考にするのが良いと思われる．

なお，最低温度の1961年以降の観測値については，旭川よりも低い地域があり，気象庁データによれば，北海道上川地方（江丹別）において−38.1℃（1978年）の記録がある．北海道には同程度の低温地域がいくつかある．

適合性の高い分布形状は，表8.2.2よりワイブル分布がほとんどで，グンベル分布が若干ある．

3）主要12都市の最高，最低温度

前出の図8.2.3に含まれる代表的な12地点（札幌，仙台，前橋，東京，長野，新潟，名古屋，大阪，広島，高松，福岡，那覇）について，最高外気温度および最低外気温度の再現期間100年に対する値，および観測記録（観測開始～2012年）を表8.2.3に示す．再現期間100年に対する値と観測記録を比べると，先述と同様に夏の最高外気温度については概ね観測記録を上回っている．冬の最低外気温度については観測記録の過去最低気温よりも高めの傾向にある．

表8.2.3　主要12都市の再現期間100年に対する値（年最高・年最低外気温度）

地点名	年最高気温（℃）再現期間100年に対する値（1961年～2012年）				年最低気温（℃）再現期間100年に対する値（1961年～2012年）				観測記録（観測開始～2012年）	
	分布形状				分布形状				過去最高気温（℃）	過去最低気温（℃）
	決定分布形	グンベル分布	フレッシェ分布	ワイブル分布	決定分布形	グンベル分布	フレッシェ分布	ワイブル分布		
札幌	ワイブル	38.3	41.4	36.9	ワイブル	−23.1	−27.9	−20.9	36.2	−23.9
仙台	同上	39.6	44.0	38.0	同上	−12.2	−15.1	−10.8	37.2	−11.7
新潟	同上	40.2	42.0	39.2	グンベル	−12.0	−14.2	−10.7	39.1	−13.0
長野	同上	39.7	42.8	38.5	ワイブル	−16.0	−19.2	−14.7	38.7	−17.0
前橋	同上	42.5	46.0	41.0	同上	−11.2	−14.8	−9.8	40.0	−11.8
名古屋	同上	41.2	43.6	40.2	同上	−9.2	−12.1	−7.9	39.9	−10.3
東京	同上	41.5	44.2	40.1	同上	−6.9	−9.1	−5.8	39.5	−9.2
広島	同上	40.6	43.5	39.3	グンベル	−9.2	−11.7	−8.3	38.7	−8.6
大阪	同上	40.4	42.1	39.5	ワイブル	−6.9	−9.3	−5.7	39.1	−5.5
福岡	同上	39.3	42.0	38.3	同上	−6.8	−9.4	−5.6	37.7	−8.2
高松	同上	40.1	42.4	39.0	同上	−8.0	−10.8	−6.8	38.2	−7.7
那覇	グンベル	36.5	37.7	35.9	グンベル	5.6	4.1	6.4	35.6	6.6

［注］ただし，太枠囲いは適合度判定により決定したことを示す

東京について，最高・最低温度の度数分布および3種の確率密度関数を図8.2.4に示す．同図中に（8.2.1）式による適合度Eの数値を示した．適合度の良い分布形（Eが最も小さい）はワイブル分布となっている．

また，東京の観測値をトーマスプロットに従い，グンベル確率紙上にプロットして図8.2.5に示す．図中に3種の分布形をプロットしてあり，夏冬いずれもワイブル分布が最もフィットしていることがわかる．

図8.2.6に東京の最高温度および最低温度の52年間（1961年～2012年）の推移を示す．最高温度の回帰直線の傾きは0.0195℃/年となり，50年でほぼ1℃の上昇傾向がみられる．最低温度についてはさらに勾配の大きい0.0719℃/年の上昇傾向となっている．地球温暖化や都市のヒートアイランド化が影響しているものと思われる．

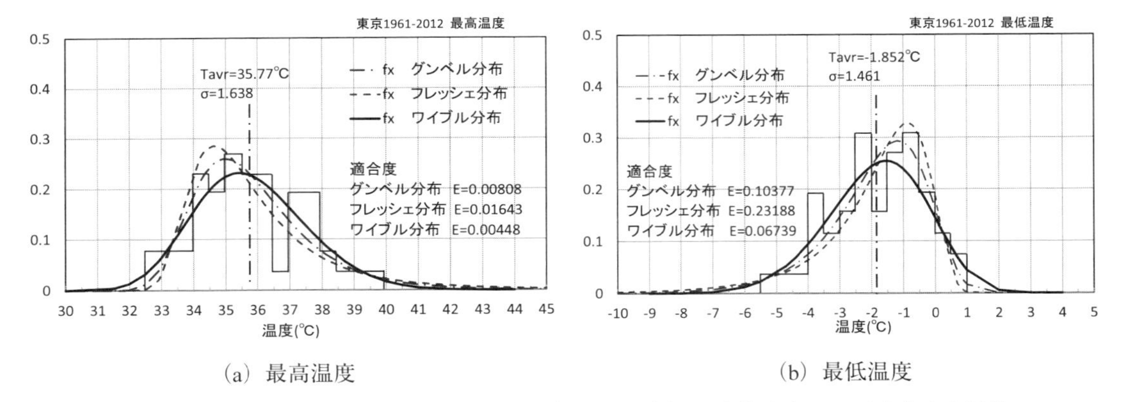

(a) 最高温度　　　(b) 最低温度

図 8.2.4 東京最高・最低外気温度（1961 年～2012 年）の度数分布および確率密度関数

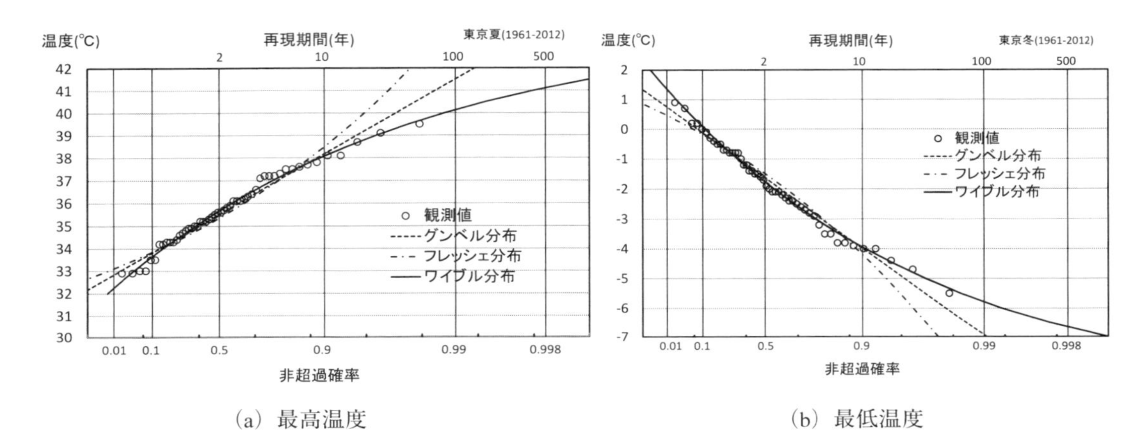

(a) 最高温度　　　(b) 最低温度

図 8.2.5 グンベル確率紙上でのプロット（東京）

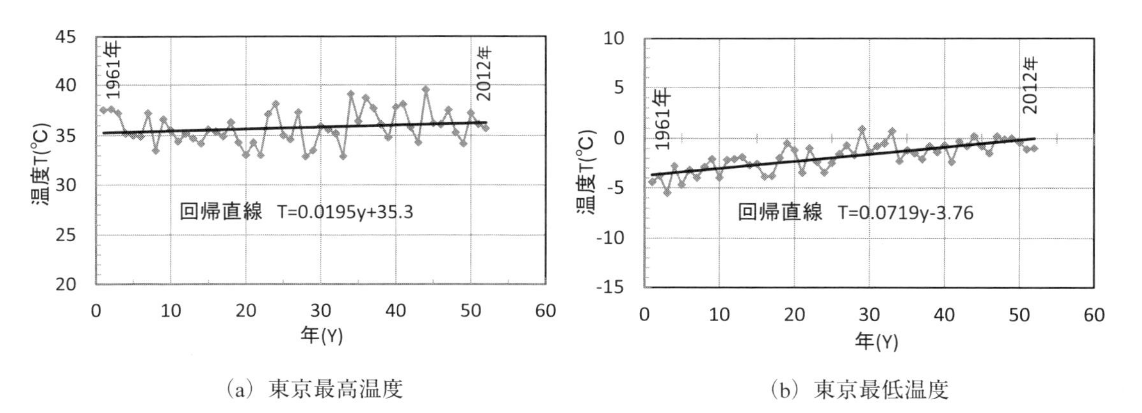

(a) 東京最高温度　　　(b) 東京最低温度

図 8.2.6 東京最高・最低温度（1961 年～2012 年）の推移

本指針では現時点での観測データ（1961年～2012年）を元に再現期間100年に対する値を示したが，これらの値が徐々に高めに推移する可能性のあることを理解しておく必要がある．

また，温度荷重は自然現象である気象に影響され，夏冬の1年を周期として変動するほか，1日を周期として昼夜でも変動している．ここでは，日平均気温に着目し，日平均気温の年最高値および年最低値の再現期間100年に対する値を求め，表8.2.4に示す．

表8.2.4　主要12都市の再現期間100年に対する値（日平均気温）

地点名	日平均気温の再現期間100年に対する値				観測値による日平均気温（1961年～2012年）		
	日平均気温の最高温度		日平均気温の最低温度				
	分布形	℃	分布形	℃	最高（℃）	最低（℃）	年平均（℃）
札幌	ワイブル分布	31.0	ワイブル分布	−14.6	30.1	−14.1	8.6
仙台	同上	31.9	同上	−6.5	31.2	−5.2	12.2
新潟	同上	32.8	同上	−4.6	32.0	−3.9	13.6
長野	同上	30.9	同上	−8.5	30.7	−8.0	11.7
前橋	同上	33.3	同上	−4.3	32.6	−3.8	14.3
名古屋	同上	33.2	同上	−3.9	32.7	−2.9	15.5
東京	同上	33.6	同上	−1.1	33.1	−0.6	16.0
広島	同上	32.7	グンベル分布	−6.3	32.7	−5.8	15.7
大阪	同上	32.9	ワイブル分布	−2.2	32.9	−2.1	16.6
福岡	同上	32.5	同上	−3.2	32.4	−3.2	16.6
高松	同上	33.4	グンベル分布	−4.0	32.3	−3.3	15.9
那覇	同上	31.5	ワイブル分布	8.7	31.1	9.1	22.8

4）再現期間換算係数および式

本指針では，温度の基本値を再現期間100年の値として算定することとしている．しかし，建築物の用途などにより，100年とは異なる設計用再現期間t_R(年）に対して設計する場合には，再現期間t_R(年）に対する年最高外気温度，または年最低外気温度を求めることが必要になる場合がある．

年最高外気温度および最低外気温度の極値分布形は，表8.2.2極値分布形状集計（56地点）で示したように，グンベル分布，フレッシェ分布，ワイブル分布のいずれかの分布形に分類され，さらに夏冬の2ケース合計6パターンの組合せが考えられる．

3種の分布形について再現期間t_R(年）とそれに対する温度xの関係式を表8.2.5にまとめた．

同表の各式を用いて再現期間t_R(年）に対する温度を直接算出することができる．

式中の係数a, b, x_0については．全国56地点の値を「建築物荷重指針を活かす設計資料1」に示すこととしている．

表 8.2.5　再現期間 t_R 年に対する温度 x

分布形	再現期間 t_R 年に対する温度	
	年最高外気温度	年最低外気温度
グンベル分布（極値 I 型）	$x=b+\frac{1}{a}\left[-\ln\left\{-\ln\left(1-\frac{1}{t_R}\right)\right\}\right]$	$x=b-\frac{1}{a}\left[-\ln\left\{-\ln\left(1-\frac{1}{t_R}\right)\right\}\right]$
フレッシェ分布（極値 II 型）	$x=x_0+\frac{b}{\left\{-\ln\left(1-\frac{1}{t_R}\right)\right\}^{\frac{1}{a}}}$	$x=x_0-\frac{b}{\left\{-\ln\left(1-\frac{1}{t_R}\right)\right\}^{\frac{1}{a}}}$
ワイブル分布（極値 III 型）	$x=x_0-b\left\{-\ln\left(1-\frac{1}{t_R}\right)\right\}^{\frac{1}{a}}$	$x=x_0+b\left\{-\ln\left(1-\frac{1}{t_R}\right)\right\}^{\frac{1}{a}}$

再現期間換算係数はこれらの値を，基準となる再現期間（$t_R=100$ 年）に対する値で基準化したものである．これを再現期間 t_R（年）の関数で表すと（8.2.3）式のようになる．

$$k_{R_T}=\frac{x(t_R)}{x(100)} \tag{8.2.3}$$

なお，基準温度（$T_{基準}$）との差を荷重効果とする場合には（8.2.4）式となる．

$$k_{R_T}=\frac{x(t_R)-T_{基準}}{x(100)-T_{基準}} \tag{8.2.4}$$

図 8.2.7 に東京の場合の再現期間 t_R（年）と再現期間換算係数 k_{R_T} の関係を示す．基準温度として年平均気温を考慮した場合についてみると，再現期間 2 年〜200 年の k_{R_T} は 0.8〜1.0 程度であり変動は比較的少ないといえる．

温度荷重においては，6 パターンごとの再現期間換算係数を算定する式を示すことはせず，再現期間 t_R 年に対応する温度を表 8.2.5 に従い直接算出することとする．

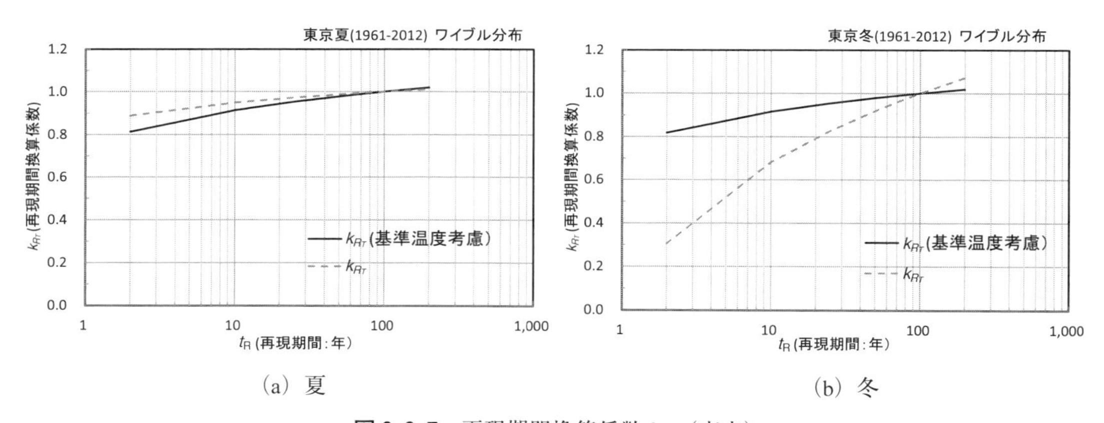

(a) 夏　　(b) 冬

図 8.2.7　再現期間換算係数 k_{R_T}（東京）

(2) 実気象データ

各種気象データ（時刻歴データ）について，公開され一般に使用可能な代表的なものを表 8.2.6 にまとめた.

1）拡張 AMeDAS 気象データ

気象庁 AMeDAS データをもとに，空調負荷計算と研究や設計に役立てるため，本会により開発されたデータである．わが国の 842 地点について，1981 年～1995 年までの 15 年間の気象データ（8 気象要素）を 1 時間ピッチで提供しており，有用なデータベースと言える.

2）SDP

気象庁の日原簿をデータ化したもので，1961 年～1990 年と 1991 年以降とでは時間間隔，気象要素が異なっているが，1991 年以降は 154 地点について 1 時間ピッチで提供されている.

3）HASP 用標準気象データ

建築物の年間空調負荷を計算する目的で開発された気象データで，建築設備技術者協会で開発された主要な 28 都市，および他の研究機関によって開発された 13 都市が整備されている．これは空調負荷が最も平均的となる月を，10 年間程度の実気象データから，各月ごとに選定しつなぎ合わせて 1 年分のデータとしたものである．主要 7 気象要素について 1 時間ピッチで，1 年分与えられている．空調負荷が平均的となるデータであるが，実データをベースとしていること，主要気象要素が時刻歴で 1 年分与えられていることにより扱いやすい.

4）EA 標準気象データ

拡張 AMeDAS の 15 年分のデータをもとに，上記 HASP 用標準気象データと同様の目的で作成された標準気象データである．全国 842 地点について作成されており，拡張 AMeDAS 気象データとともに収録されている.

5）設計用最大熱負荷計算法

最大空調負荷の算定を目的に，日射量，外気温度等について，わが国 35 地点について 1 時間ピッチの 24 時間分のデータが提供されている．日射量については，経験的に冷房負荷が最も大きくなると予想される 7 月下旬の 7 月 23 日（いわゆる二十四節気の大暑近傍）および中間期として 10 月 25 日について，太陽位置から理論的に計算している．外気温度データは夏期 4 か月間（6～9 月）について毎時の温度の 10 年間（1971～1980）のデータについて超過度数率 2.5 % の値を求めたものである．なお，このように各時刻の 2.5 % 点を連ねたデータは実際の気温変化とは異なるものであり，現実にこのような日が発生する確率は 1 % 以下[7]とされている．一般的には夏冬ともそれぞれ安全側のデータと考えられる.

表 8.2.6 各種気象データ [4)〜6)]

	気象データ*	気象要素	ピッチ	地点	備考
1	拡張 AMeDAS （EA）	気温，絶対湿度，全天日射量， 大気放射量，風向，風速， 降水量，日照時間	1 時間	842	日本建築学会
2	SDP	気温，絶対湿度，全天日射量， 大気放射量，風向，風速， 降水量，日照時間	1 時間	154	気象庁
3	HASP 用 標準 気象データ	気温，湿度，法線面直達日射量， 天空日射量，長波放射量または， 雲量，風向，風速	1 時間	41	建築設備 技術者協会
4	EA 標準 気象データ	同上	1 時間	842	日本建築学会
5	設計用 最大熱負荷 計算法	日射理論計算（7 月 23 日） 日射理論計算（10 月 25 日） 気温夏期最高温度（超過度数率 2.5 %） 気温冬期最低温度（超過度数率 2.5 %） 気温中間期冷房用（超過度数率 2.5 %）	1 時間	35	空気調和 ・衛生工学会

［注］ *AMeDAS：Automated Meterological Data Acquisition System,
EA：Expanded AMeDAS，SPD：Surface Daily Obserbation Point,
HASP：Heating，Airconditioning and Sanitary engineering Program

8.2.2 日　　射

(1) 日射の影響と相当外気温度

日射は部材表面で吸収されることで熱に変わり，部材温度を上昇させる．部材温度がどの程度上昇するかは，日射が部材表面で吸収される割合すなわち日射吸収率によって異なるが，外表面に入射する日射量を J[W/m^2]，日射吸収率を a，外表面の総合熱伝達率を α_0[W/(m^2·K)]とすると，aJ/α_0 だけ外気温度が上昇したのと同等の効果があることがわかっている．外表面の総合熱伝達率の値としては 25[W/(m^2·K)]が通常用いられる．例えば，日射量が 1 000[W/m^2]，日射吸収率が 0.8 のときの温度上昇分は 32[℃]となり，日射の影響の大きさがわかるだろう．なお，外表面の総合熱伝達率は，厳密には風速や部材表面の長波放射率によって異なり，風速が小さい場合には 10[W/(m^2·K)]以下の値になり得る．さて，この温度上昇分を外気温度 T_0 に加えた，

$$T_{SAT} = T_0 + \frac{a}{\alpha_0}J \qquad (8.2.5)$$

を相当外気温度（SAT：Sol-Air Temperature）という．相当外気温度を用いれば，部材表面の熱移動を計算する場合に外気温度と日射の影響を一括して扱うことができ，簡便である．部材表面から内側に向かう熱流量が無視できるとき，相当外気温度は部材の表面温度に一致する．黒色（日射吸収率が 1）に塗った理想的な断熱材（完全断熱）の表面温度は，部材の表面温度として生じ得る最大の値となる．相当外気温度はこのように直接計測可能で物理的意味合いも明確なものだが，部材の日射吸収率に依存するため，基本値としては日射量を示すのが適切であろう．

(2) 日　射　量

大気圏外の法線面日射量は 1 367[W/m^2]で，季節によって 3 % 程度変動するがほぼ一定の値であ

る．凸レンズや凹面鏡などで集光しないかぎり日射量がこの値を超えることは有り得ないが，この値をそのまま基本値として採用するのは過大過ぎるだろう．日射は大気圏に入ると，空気分子や雲・エアロゾルによる散乱，水蒸気などによる吸収によって減衰する．雲の無い晴天時の日射量は場所と季節および時刻が決まればほぼ同じ値となるため，統計的に再現期間 100 年に対する日射量の値を求める替わりに理論的に計算した値を基本値として示すことにした．日射量の最小値は 0 すなわち日射を考慮しないということで問題ない．

雲のない夏期晴天時を想定し，水蒸気量，エアロゾル量に関しては夏期としてはかなり小さい値（可降水量 1.5[cm]，オングストロームの混濁係数 0.05[-]（RURAL エアロゾル））を採用して，SMARTS2[8] によって理論的に日射量を算出した値を基本値とした．日平均日射量基本値を図 8.2.8 に，日最大日射量基本値を図 8.2.9 に示す．SMARTS2 は工学分野では代表的な日射量予測モデルであり，ASTM の標準斜面日射スペクトル[9] は SMARTS2 によって計算された値が採用されている．ただし，方位別日射量に関しては 7 月 23 日の太陽位置を用いて天空の輝度分布を考慮したペレスのモデル[10] によって算出している．方位別日射量は地物からの反射日射量（反射率 0.3）を含んだ値を示しているため，空調設計用日射量[11] と比較する場合には注意されたい．

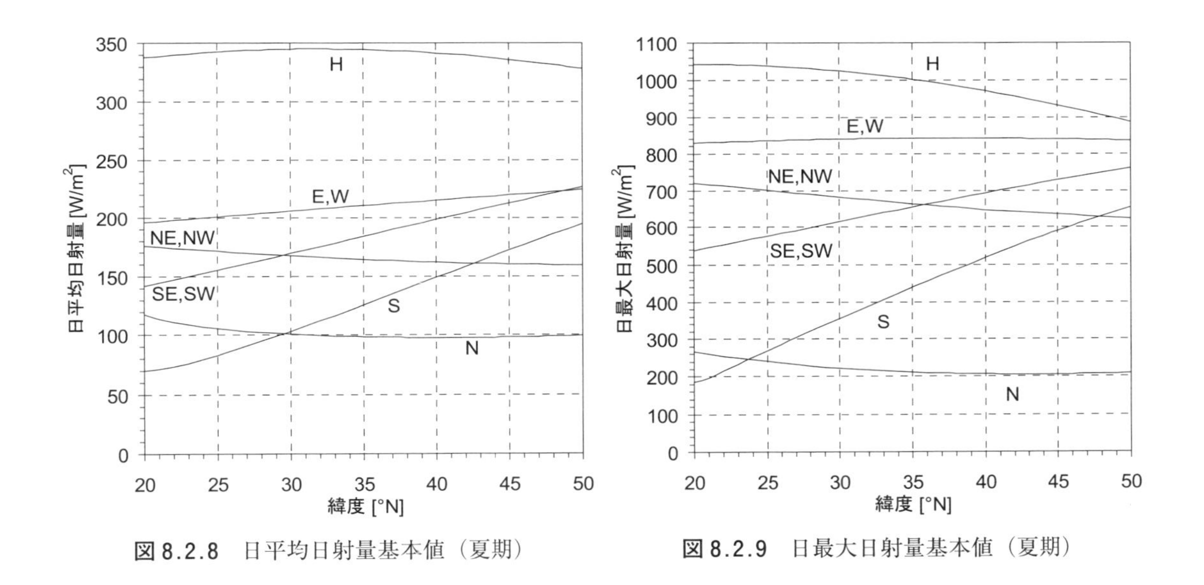

図 8.2.8　日平均日射量基本値（夏期）

図 8.2.9　日最大日射量基本値（夏期）

(3)　夜 間 放 射

総合熱伝達率を用いて壁表面の熱移動の計算をする場合には，空気の温度そのものではなく放射の影響を加味した環境温度を本来は用いなくてはならない．したがって，屋外の環境温度のかわりに外気温度（空気の温度）を用いたときには誤差が生じていることになり，これを補正するために夜間放射（有効放射）を考慮する場合がある．

外表面に入射する長波放射は，大気からの分と地物からの分がある（外表面から見えるすべてのものと長波放射のやり取りがある．障害物のない水平面を考えると大気からの分だけとなる）．上層大気の空気分子や雲から下方に向かって放射される長波放射は大気放射と呼ばれ，天空の平均放射温度は地表付近の外気温度より低いため，地表から上方に向かって放射される長波放射より小さい．水平面夜間放射量 $J_{\mathrm{night},H}$[W/m²]は，天空の平均放射温度を外気温度 T_0[K]とみなしたときの大気放射量 $\sigma T_0{}^4$[W/m²]と実際の大気放射量 $L_\downarrow$[W/m²]の差，すなわち，

$$J_{\mathrm{night},H} = \sigma T_0{}^4 - L_\downarrow \tag{8.2.6}$$

ここで，σ：ステファン-ボルツマン定数[W/(K⁴・m²)]

として定義され，水蒸気圧が高いほど，また，雲量が多いほど小さくなる．逆に，冬期の快晴時はかなり大きな値となり，150[W/m²]に達することもある．夜間放射という名称がついているが，夜間だけでなく昼間にも存在すること，向きが日射とは逆向き（上空に向かう方が正の向き）であることに注意しなくてはならない．

夜間放射を考慮したときの相当外気温度（SAT）T_{SAT}[℃]は，

$$T_{\mathrm{SAT}} = T_0 + \frac{a}{\alpha_0} J - \frac{\varepsilon}{\alpha_0} \phi_{\mathrm{s}} J_{\mathrm{night},H} \tag{8.2.7}$$

となる．ここで，T_0：外気温度[℃]，J：外表面入射日射量[W/m²]，a：外表面短波吸収率[-]，ε：外表面長波放射率[-]，ϕ_S：外表面から天空を見たときの形態係数（水平面で 1，鉛直面で 1/2）である．地表面温度は外気温度と同じとみなしている．夜間放射を考慮すると相当外気温度は低くなるため，夏期においては考慮する必要はないと考えるが，冬期夜間の水平面においては，相当外気温度は外気温度より数度低くなりうるため放射冷却を全く考慮しないのは問題であるかもしれない．

8.2.3 地中温度

建屋の地下階等の地下部躯体は地盤と接しているため地中温度の影響を受ける．地盤は地表面で外気温や日射による日単位および年単位の温度の周期変動を受け，地中内部に周期的な影響が伝わる．さらに，建屋側から地下外壁や基礎スラブ等を通して熱の影響を受け複雑である．

また，寒冷地においては凍結深度位浅では基礎に対する凍上の可能性もあることから，地中温度の把握は重要となる場合がある．

地中温度は，土の種類でかなり異なるが，日変化の影響深さは 0.5 m 程度，年変化の影響深さは 10 m 程度と考えられる．それ以上の深さでは，温度変動の影響をほとんど受けない不易層と呼ばれている．不易層温度はその地域の年平均気温にほぼ一致している．また，不易層以深では 1 m ごとに温度が 0.03 ℃～0.05 ℃程度上昇していくことが知られている．

本節では地盤のみを対象として，半無限固体理論解に基づく地中温度について示す．

地下室を有する場合の地盤温度や躯体温度については，地下部躯体と地盤との連成を考慮した FEM 解析等が利用できる．解析例については本会編「温度荷重設計資料集[12]」に示されているので参照されたい．

(1)　半無限固体理論解

地中温度に関する半無限固体理論解は，例えば文献 13)～15) 等に示されているとおりであり，地表面の周期変動を考慮した地中の温度が求められる．

地表面温度が$\theta\cos(\omega t)$の変動をする場合の任意の深さ(x)および時刻(t)の地中温度 $\theta_x(t)$は下式で表される．

$$\theta_x(t) = \theta \cdot e^{-x\sqrt{\frac{\omega}{2a}}} \cos\left(\omega t - x\sqrt{\frac{\omega}{2a}}\right) + \theta_M \tag{8.2.8}$$

ここに，θ　：地表面温度の振幅（℃）

x　：深さ（m）

t　：時刻（h）

ω　：角振動数，周期を t_0 とすると，$\omega = 2\pi/t_0$

a　：温度伝播率（m^2/h）

θ_M：平均温度（℃）

図 8.2.10 に地中温度分布の例を示す．図は，周期を 1 年（$t_0 = 8\,760$h）とし，温度伝播率 $a = 0.0013$ m^2/h として求めたものである．地中の温度分布は深くなるほど振幅が小さくなり，また表面との時間のずれが現れている．すなわち，深さ x の位置では，その最高・最低温度は，表面のそれより時間が遅れて生じている．また，深さ 10 m 以深では温度の変動がほとんど見られない．

なお，建屋規模が大きい場合には，建屋直下の地盤温度は直上の室温や蓄熱槽などの影響を受け，半無限固体理論解とは異なることが考えられる．

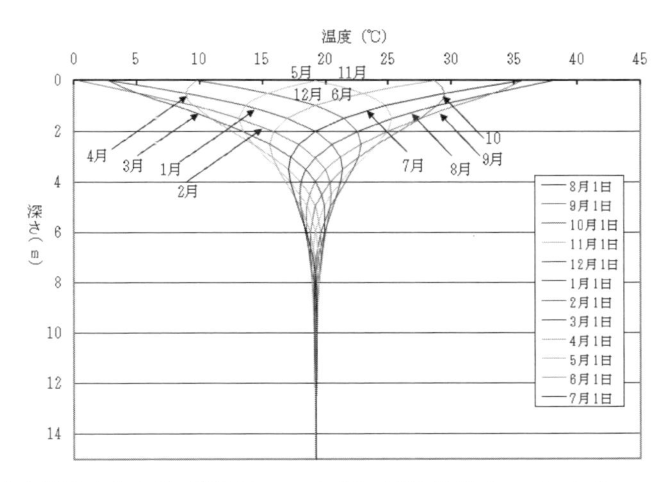

図 8.2.10　地中温度分布の例（振幅$\theta = 18.91$℃，平均温度 $\theta_M = 19.21$℃，$a = 0.0013\ m^2/h$）

(2)　地中温度の実用算定式

上記の半無限固体理論解について，実用性を考慮した算定式が文献 13)，15）に示されている．

文献 13)，15）に示された実用算定式は，地中温度の高温時および低温時の振幅値（上記半無限固体理論解の包絡）を（8.2.9）式，（8.2.10）式で表し，任意の深さの温度を得ることができる．

本実用算定式は，（8.2.8）式の地盤の温度伝播率 a として，$a = 0.0026\ \mathrm{m^2/h}$ を使用したものに相当する．地盤の温度伝播率は，一般的に $a = 0.0007 \sim 0.0029\ \mathrm{m^2/h}$ 程度とされており，上限に近い値である．図 8.2.11 に上式によって評価した冬期および夏期の地中温度分布を示す．

高温時（夏）　$$T_{\mathrm{s}}(x) = \frac{t_s + t_w}{2} + \frac{t_s - t_w}{2} e^{-0.4x} \tag{8.2.9}$$

低温時（冬）　$$T_{\mathrm{w}}(x) = \frac{t_s + t_w}{2} - \frac{t_s - t_w}{2} e^{-0.4x} \tag{8.2.10}$$

ここで，$T_{\mathrm{s}}(x)$：地表面から x(m)の深さの地中温度（℃）

t_{s}　：最暑月の日最高気温の月平均値（℃）

t_{w}　：最寒月の日最低気温の月平均値（℃）

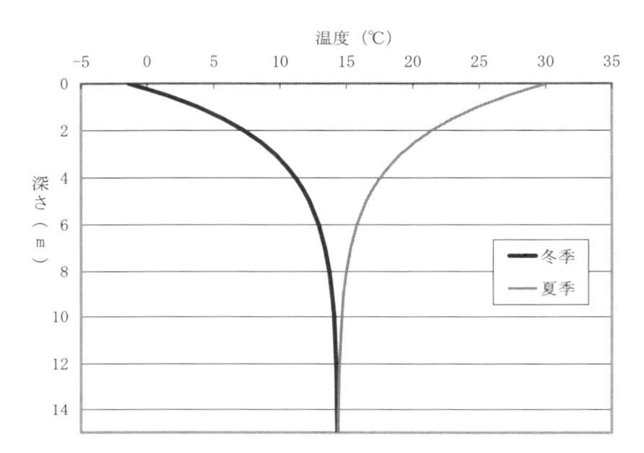

図 8.2.11　実用式による地中温度分布の例（$t_s = 30.1$℃，$t_w = -1.4$℃，$a = 0.0026\ \mathrm{m^2/h}$）

（3）本会編「拡張アメダス気象データ GTWin」[4)]

本会刊行の「拡張アメダス気象データ」には，FEM（有限要素法）により深さ方向に要素分割し，地中温度を算定するアプリケーションソフト GTWin が添付されている．このプログラムでは，最新の知見に基づいた解析理論・手法が用いられており，地盤の熱物性値のデータベースも含まれている．気象データとあわせて用いることにより，わが国の主要 842 地点について詳細に地中温度を算定することが可能となっている．なお，本プログラムでは積雪による地中温度への影響も考慮可能になっている．

図 8.2.12 に地中温度分布の解析例を文献 4）より引用して示す．

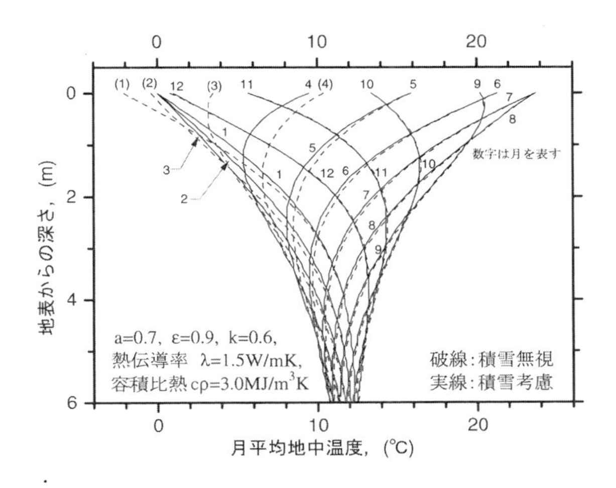

図 8.2.12　GTWin による解析例[4)]

8.2.4　室内温度

空調時の室内温度は，空調設計における設定温度を用いるのが望ましい．設定温度が不明の場合には表 8.2.7 の値を用いてもよい．一般の建築物では，空調設定温度として，冬期 22 ℃，中間期 24 ℃，夏期 26 ℃という値が標準的であるが，近年はクールビズ，ウォームビズの広がりとともに，冬期 20 ℃，中間期 24 ℃，夏期 28 ℃というところも増えてきている．空気調和設備を有する特定建築物（延べ床面積 3 000 m^2 以上の事務所・店舗・集会場等および延べ床面積 8 000 m^2 以上の学校）を対象とする「建築物における衛生的環境の確保に関する法律」（略称：建築物衛生法）では，温度は 17 ℃以上 28 ℃以下と規定されており，空調時の室内温度の許容値と考えることができる．8 000 m^2 未満の学校に関しては，「学校環境衛生の基準」があり，「冬期では 10 ℃以上，夏期では 30 ℃以下であることが望ましい．また，最も望ましい温度は，冬期では 18～20 ℃，夏期では 25～28 ℃である」となっている．地域によって夏期・中間期・冬期がどの月に該当するかを表 8.2.8 に示す．

「稀に生じる温度変化」を考える場合には，通常空調している建物においても空調が停止した事を想定した検討も必要となる．人間を対象とした空間の空調時の室内温度は表 8.2.7 から大きく外れることはないが，非空調時の室内温度は建物の仕様により大きく異なる．例えば，開口部の大きい建物の室内温度は，温室と同様で外気温度より数 10 度高くなりうるが，外断熱の RC 造で開口部が

表 8.2.7　空調時の室内温度

	夏期	中間期	冬期
一般建築物（事務所等）	26～28 ℃	24 ℃	19～22 ℃
一般建築物（許容値）*	28 ℃	–	17 ℃
学校（推奨値）**	28 ℃	–	18 ℃
学校（許容値）**	30 ℃	–	10 ℃
工業用建築物（工場など）	28 ℃	24 ℃	20 ℃

* 建築物衛生法　** 学校環境衛生の基準

表 8.2.8 冷暖房期

	夏期	中間期	冬期
北海道	7, 8, 9 月	5, 6, 10 月	11, 12, 1, 2, 3, 4 月
鹿児島・宮崎・那覇	5, 6, 7, 8, 9, 10 月	4, 11, 12 月	1, 2, 3 月
上記以外の都府県	6, 7, 8, 9 月	4, 5, 10, 11 月	12, 1, 2, 3 月

少ない建物の室内温度は，日平均外気温度程度で比較的安定した値を示す．特に夏期休業や冬期休業などで長期間空調が行われない場合の室内温度は，熱環境シミュレーションによらなければ予測困難である．シミュレーションを行わない場合は，高温側として日最高外気温度，低温側として日最低外気温度を用いざるをえないだろう．しかし，室内温度が日最低外気温度以下になることはないが，日最高外気温度以上にはなりうることに留意する必要がある．

表 8.2.7 に示した室内温度は，正確には居住域での値である．実際の空間内の温度は均一ではなく，上下方向の温度分布が少なからずあり，特にアトリウムなどの大空間では無視できない．アトリウム頂部の熱溜りの温度は仕上げによって左右されるが，夏期日中に 60 ℃に達することも稀ではない．上下温度分布の予測は数値シミュレーションによらざるをえないが，比較的簡易に予測できるプログラムとして空気調和・衛生工学会の "DAIKUKAN" などがある．

8.2.5 その他の温度

その他の温度については，構造体以上に影響を受ける非構造部材に関する温度のほか，煙突，サイロ，蓄熱槽，冷凍倉庫，および原子力発電所などの内部熱源による温度が考えられる．これらの温度条件は，それぞれの用途や使用上の効率や制約によって決められるものである．

(1) 非構造部材

1) 屋　根　材

屋根材は日射の影響を強く受けること，特に金属屋根などは一般に熱容量が小さく温度変化しやすいため，他の部材に比べて年間および日間の温度変化が大きいことが想定される．そのため，立地条件や屋根の大きさ，屋根材と躯体との固定度などの諸条件に応じて，屋根材の熱変形に対する適切な処置を施す必要がある．

屋根面の温度条件としては，夏期の昼間には日射吸収の影響で外気温度より高くなり，逆に冬期には夜間の放射冷却で外気温度より低くなる点に注意を払う必要がある．例えば，夏期における二重折板屋根の温度実測例[16]では，上折板の屋根表面温度は最大で 70℃以上，日較差は最大で 50℃程度に達する場合もある．また，下記 a) b) のように，屋根材と躯体の相対変位量が大きくなるケースにも注意する必要がある．

a) 金属屋根の場合，日の出とともに日射を受けて短時間（20～30 分程度）のうちに屋根材の温度が 10～20 ℃程度上昇することもあるため，屋根材と躯体の相対変位量が一時的に大きくなる場合がある．

b) 屋根の断熱性を高めた二重折板屋根では，上折板は日射・風雪などの影響で温度が上昇・低下しやすい半面，下折板および躯体の温度は断熱材の効果で室内の温度に近いため，上折板と躯体に大きな温度差が生じる場合がある．

屋根材の温度変化に伴う荷重効果は，屋根材と屋根材を固定する躯体との温度差，ならびに使用材料の線膨張係数の差によって生じる相対変位に起因し，屋根材の熱伸縮が拘束されることによって生じる．その結果，屋根折板の飛び移り座屈による音鳴りや，二重折板屋根を支持する吊子やサドルと称される断熱金具の滑りによって生じる音鳴り，あるいは破損が発生する不具合事例が報告されている．例えば，台風0416号によって鋼板製断熱二重折板屋根が非常に広範囲に渡って飛散した被害事例[17]では，日射による熱伸縮のために屋根端部（水上・水下両方）付近の屋根固定用ボルトが疲労損傷することで，折板屋根が所定の耐風性能を発揮できなかったことが明らかにされている．

屋根材の熱変形に対する処置として，次のような方法が考えられる．

- 屋根材の変形を逃がす方法（エキスパンションジョイントを設置する，屋根材の支持方法を可動式とする）
- 変形を拘束する方法（下地材の強度を上げる）
- 屋根材に線膨張係数の小さい材料を使用するなどの手法
- 温度変化に伴う荷重効果と温度変化に対する屋根の耐久性能（主に耐疲労性）を適切に評価することで，供用期間中に不具合が生じないことを確認する方法[例えば18]

しかしながら，屋根材を対象とした温度変動の実測例はあまり多くなく，温度変化に伴う荷重効果のメカニズムについても未解明の部分が多いため，一般的には設計者の経験等に基づき，温度条件やその対処方法を設定しているのが実状である．

温度変化に伴う荷重効果を設定する際，平均的な日較差を日数分考慮する方法が簡便であり，現状では最も多用される方法と類推される．しかし，特に金属製の屋根材は日射や風雪の影響を強く受け，一日の間でも頻繁に温度が増減している．詳しくは後述の実測例で示すが，日較差と日数のみから荷重効果を考慮する方法では実情を過小評価するおそれがある．一日の間の温度の増減を適切に荷重効果として評価することが，屋根材の不具合低減のためには肝要であると考えられる．

以下では，参考として鋼製トラス大屋根と二重折板屋根を対象とした温度実測事例を紹介する．

(参考) 鋼製トラス大屋根の温度実測例[19]

測定対象は，図8.2.13に示す新宿NSビルの頂部に掛けられている大屋根であり，大屋根の外装は透明ガラスとして計画されているため，構造体の立体トラスは日射を直接受ける状態にある．温度測定項目は，大屋根の各部分の温度・外気温度・室内温度とし，図8.2.14に示すようにトラス平面上の中央部・周辺部・角部の4箇所において，立体トラスの層厚方向に測定点が多数設置されている．夏期に最高温度を示した測定点を代表例として，夏期と冬期の各8日間における温度変化が図8.2.15に，またトラスの層厚方向の温度差について，夏期・冬期の別に日変化の最も大きかった日における日最低および日最高温度が図8.2.16に示されている．温度測定の結果より，トラス部材の日最高温度（夏期）は約70℃に達すること，また日射吸収による温度上昇は最大で外気温度

＋30℃程度であり，特に夏期では天候によるばらつきが多いことなどが示されている．

（参考）二重折板屋根の温度実測例 [20]

測定対象は東京都江東区に立地する倉庫（鉄骨造，地上5階建て，外装ALC）の断熱二重折板屋根（ガルバリウム鋼板）で，屋根面高さは地上28mである．屋根形状は切妻型で，折板長さは片側27mである．温度計測位置は図8.2.17に示すように，屋根の棟から5m（A点）と11.7m（B点）の2か所で，A点では①～③に位置する上折板外側の表面温度とひずみ，B点では①に位置するひずみを計測している．この実測例では春期・夏期・秋期・冬期のそれぞれで7日～13日間に渡り実

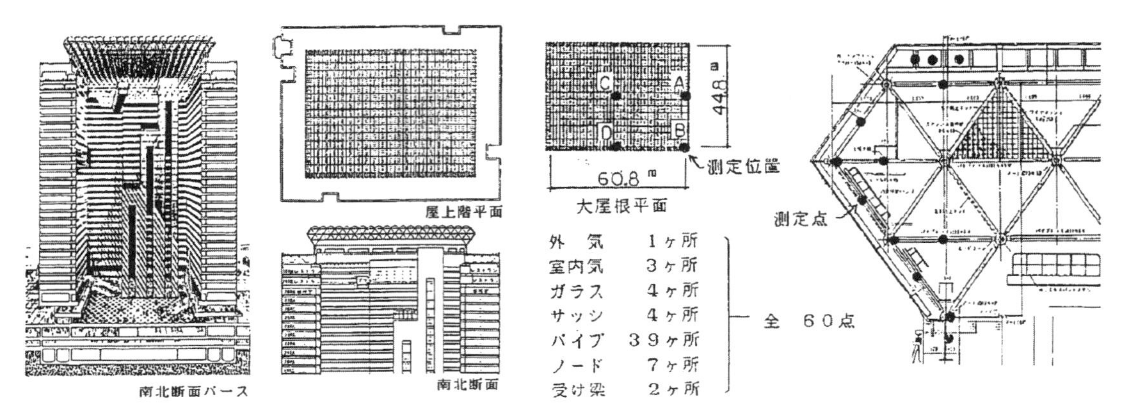

図8.2.13　測定対象 [19]　　図8.2.14　測定位置 [19]

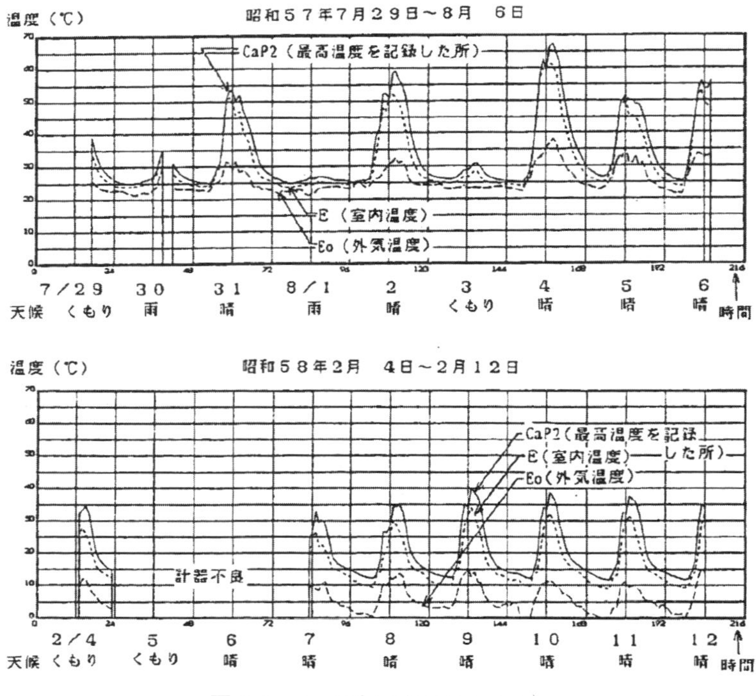

図8.2.15　測定温度の日変化 [19]

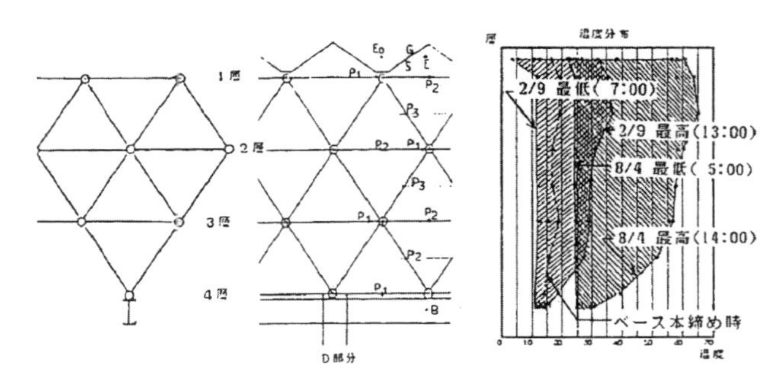

図 8.2.16　夏期と冬期の日最高および最低温度[19]

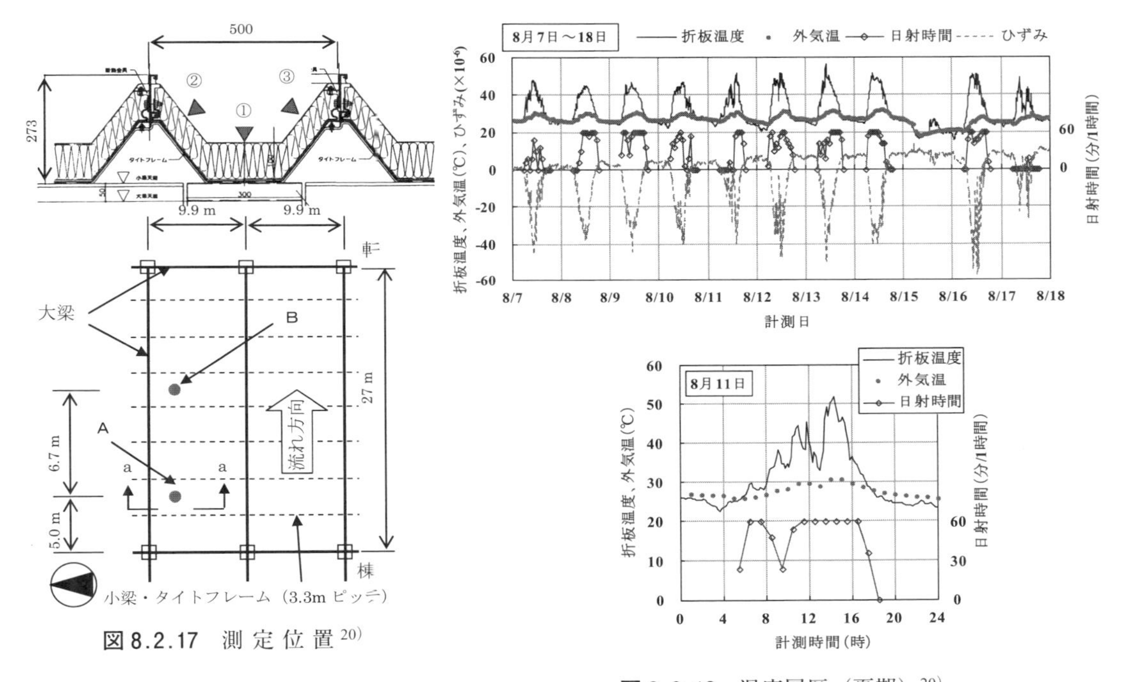

図 8.2.17　測 定 位 置[20]

図 8.2.18　温度履歴（夏期）[20]

測しているが，ここでは夏期の計測結果を図 8.2.18 に示す．実測結果の要点を以下にまとめる．

a）折板温度は日射の有無で急変しており，夜間や日射のない日中の折板温度は外気温度にほぼ等しい．日較差は秋季を除いてほぼ一定である．

b）夏期測定日のひずみの日較差は 50×10^{-6} 程度であり，これは完全拘束に対して 20 % 程度の拘束度である．

c）1 日の間でも図 8.2.18 下図に示すように，折板温度は小刻みに増減を繰り返している．

d）線形損傷則を仮定し，レインフロー法により折板温度の増減を計数すると，8 月 11 日には 1 日の間で 11.2 ℃の折板温度の変動が 19 回繰り返されたと考えられる．これは，日較差を日数分考慮して設計した場合に比べて，10 倍程度の荷重効果を有する．

文献 21）でも上記 d）と同様に，ガルバリウム外装材（ただし折板屋根ではない）に対する温度振幅の評価を行っている．線形損傷則を仮定したレインフロー法による計数を行えば，夏期の 1 日における荷重効果は，10.8 ℃の温度振幅が 19 回繰り返されることに相当すると評価しており，上記 d）とほぼ等しい結果となっている．

2）カーテンウォール

カーテンウォールも屋根材と同様に外気温度および日射の影響を強く受ける．本会編「建築工事標準仕様書・同解説 JASS14 カーテンウォール工事」[22]では，部材の年間温度差に基づく実効温度差を構成部材の種類や表面の色調に基づき整理し，その値が例示されている．またカーテンウォールの熱変形量については，構成部材の線膨張係数や色および方位に関する諸条件に基づき計算が可能とされている．一方，プレキャストコンクリートカーテンウォールは，一般に面内で 4 点支持とし，2 点をピン支持，他の 2 点をピンローラー支持として設計される．そのため，面内変形の発生要因として想定される地震時における架構の変形やカーテンウォール自体の温度変化に伴う熱伸縮変形などは，周囲のファスナーによって吸収されるため，カーテンウォール自体に影響が及ばないようになっている．また面外変形については，風荷重のほか，カーテンウォール内に生じる温度勾配に起因した反り変形等が考えられるが，このような場合でもファスナー部の可動機構が有効に機能してカーテンウォールの変形を拘束しないように配慮することで，温度変化に伴う荷重効果は考慮しないのが一般的なようである．

したがって，標準的な形状・寸法のカーテンウォールについては，外気温度や日射などの影響による温度荷重に対して特別な検討を行う必要はないものと考えられるが，ファスナー部や目地部（ジョイント部）については，部材の変形を充分に吸収できるように配慮する必要がある．しかし，カーテンウォールの寸法が大きく，風荷重に対処するために 3 点支持（面内で 6 点支持）となる場合には，中央の支持点にばねを入れるなど，支持点およびファスナー部の納まりに工夫が必要となるばかりでなく，カーテンウォール自体にも温度荷重の影響によって有害な変形などが生じることがないよう事前に検討しておく必要がある．また支持点を可動式としていても，施工時に取付けボルトを締め付け過ぎた結果，カーテンウォールの変形に伴いボルト部から音鳴りが発生するという不具合も報告されており，施工時の管理にも充分配慮しなければならない．以下に参考として，プレキャストカーテンウォール板の熱変形を実測した事例を紹介する．

（参考）外装プレキャストコンクリートカーテンウォール板の温度による変形の実測[23]

モデルルームの外装材を利用して，夏期（8 月），冬期（2 月）の各 2 週間における温度変化および PC 板の反り変形の実測が行われている．試験体は図 8.2.19 に示すとおりであり，上部 2 点を固定支持としたスウェイ方式が採用されている．夏期および冬期の実測結果は図 8.2.20 と図 8.2.21 に示すとおりであり，夏期においては PC 板の内外表面温度差 18.3 ℃に対して反り変形は 0.67 mm，冬期においては内外表面温度差 15.2 ℃に対して反り変形は 0.40 mm であったことが報告されている．

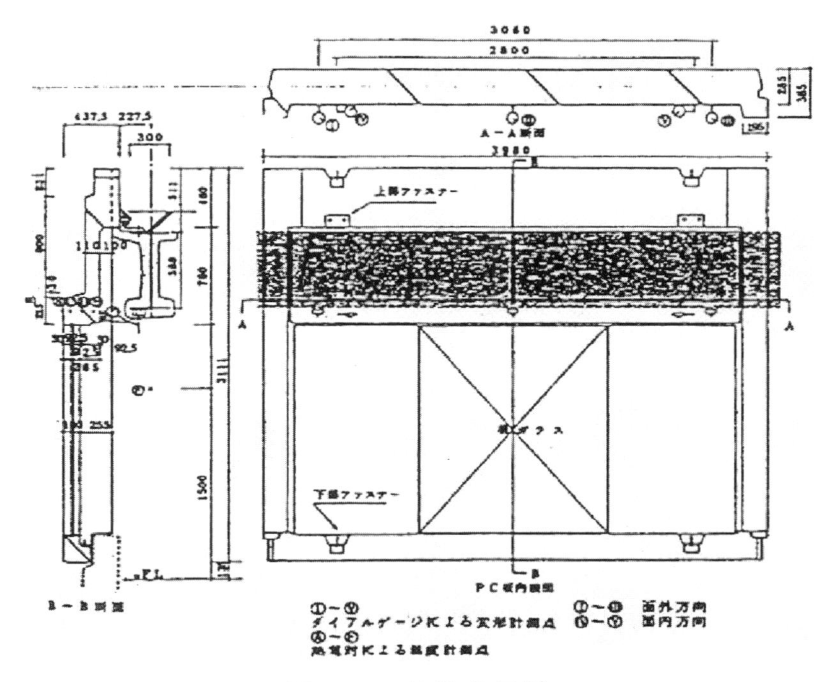

図 8.2.19　試 験 体 図 [23)]

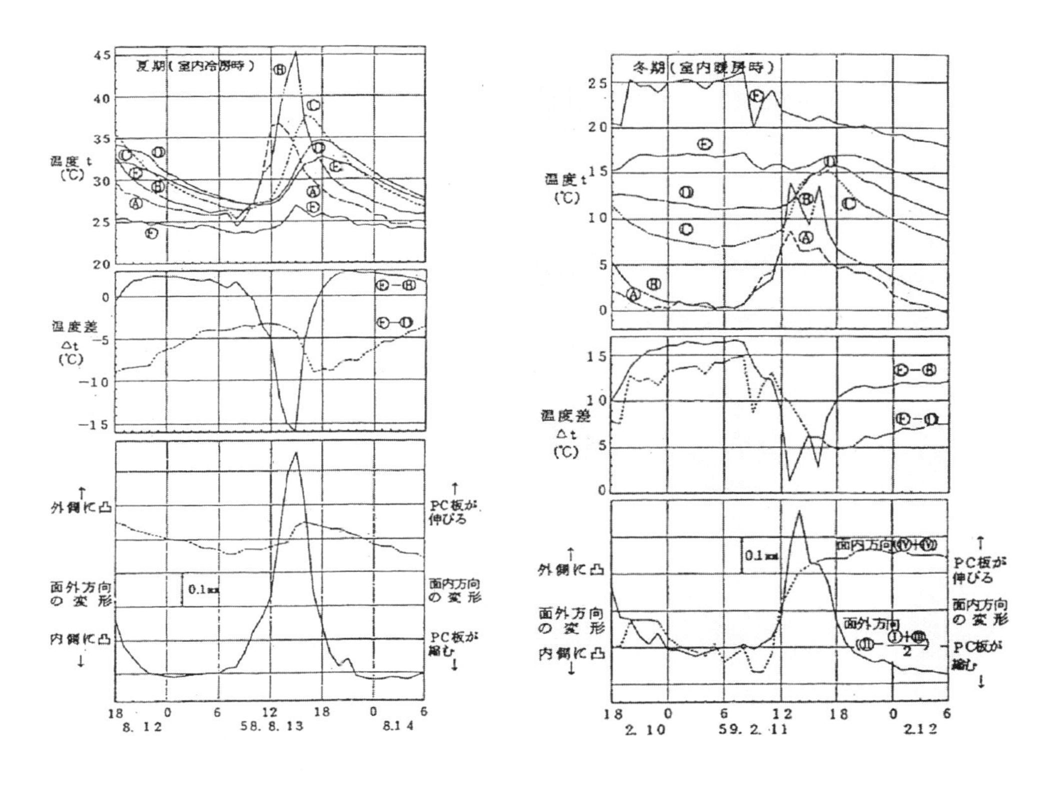

図 8.2.20　実測結果（夏期）[23)]

図 8.2.21　実測結果（冬期）[23)]

3）ガラス・サッシ

外装に用いられる板ガラスは，日射の影響などによって生じるガラス板内の温度差に起因して，熱割れと呼ばれる破損現象が生じることがある．熱割れは，種々の条件が複合して発生するものと考えられるが，そのメカニズムとしては，日射を受けるガラス面の温度上昇に伴う熱膨張変形を，日陰部分やサッシにのみ込まれた部分などの低温部が拘束することにより発生する．すなわち，ガラス周辺部に生じる曲げ引張応力がガラスのエッジ強度を超えた場合に熱割れが生じる．特に，熱線吸収ガラスや網入ガラスは熱割れを生じやすく，また，冬期の晴天時に熱割れが発生しやすいことが知られている．熱割れの発生に影響を及ぼす主な要因としては，

・日照（日影）条件
・ガラスの大きさ・形状
・ガラスの種類（熱線吸収ガラス，網入り板ガラスなど）
・ガラスの施工状態（切断面の精度など）
・室内側におけるカーテンやブラインドの有無
・使用するサッシの種類（サッシの色，熱容量）
・取付け状況（ガラスとサッシのクリアランスなど）
・シーリング材（ガラスとサッシの間の断熱性能）

などが挙げられる．したがって，熱割れを防止するためには，上記の各種要因に対する適切な配慮が必要である．

外装用サッシでは，一般に温度変化に伴う伸縮変形に追随するように接合部が設計されているが，熱膨張に起因した方立の湾曲や座屈の発生事例も報告されており，特にスパンの長い柱間や跳ね出しスラブの下，またはスラブ下に直接サッシを取り付けた場合に不具合が発生するケースが多いようである．その他の不具合事例としては，サッシの熱伸縮により部材が擦れて音鳴りが発生する事例が報告されている．特にアルミサッシの場合は，線膨張係数が鉄やコンクリートの約2倍と大きいため，あらかじめ熱伸縮に追従できるように接合部のクリアランスやビス留め部をルーズ（長穴）にするなどの配慮や，ボルト締付け部や荷重受け部に滑り材を挿入するなどの対策が施されているが，逆にそれらが滑ることによって発音源となる場合があり，またサッシにはメタルタッチ部が多いことも音鳴りの発生要因の一つと考えられている．また，サッシの熱変形により防水シール切れを生じて問題となるケースもあるため，シーリング材の変形追随性を考慮して目地幅を決めるなどの配慮も肝要である．

(2) 内部熱源を持った建築物

1）煙　　突

煙突内部には高温の排煙が流れるため，長時間にわたり熱影響が作用する構造躯体には排煙温度に応じた適切な対策を施す必要がある．そのため，煙突内部にはライニングを施すのが一般的であるが，ライニングを施す主な目的は以下の点にある．

・構造躯体への熱影響や腐食および劣化を防止するための保護層としての役割

・排ガス温度の低下を防止し，拡散効果などを良好にするための断熱層としての役割

なお，煙突内部の排煙温度は燃焼する物質によって大きく異なるので，排煙温度を充分把握したうえでライニングの種類および厚さを選択しなければならない.

鉄筋コンクリート煙突と鋼製煙突の温度荷重に対する設計基準として，本会編「煙突構造設計指針」[24]に下記のように規定されている.

a）鉄筋コンクリート煙突

・筒身の表面温度は100℃を超えないようにライニングを施工する.

・筒身の内外表面温度差が20℃を超える場合は，原則として材料の熱特性および材料特性に基づき，温度応力を適切に評価して，健全な筒身となるよう設計する.

b）鋼 製 煙 突

・筒身の表面温度は原則として165℃を超えないようライニングを施工しなければならない.

・筒身に塗装を施す場合は，塗装の耐熱温度について考慮する必要がある.

・鉄塔支持形および多脚形煙突にあっては，筒身の熱膨張に対し安全な構造としなければならない.

参考までに，現在使用されている各種煙突の排ガス温度の例を表8.2.9に示す.

表8.2.9　各種煙突排ガス温度[24]

業種別	設備名	排ガス温度（℃）
電 力 会 社	重油火力	90～130
	石炭火力	90～100
	LNG火力	90～110
	ガスタービン	400～500
一 般 会 社	製鉄炉，加熱炉，反応炉など	50～300
自　治　体	ゴミ焼却炉	160～210

2）サ　イ　ロ

セメントサイロやクリンカーサイロ等の高温の貯蔵物を格納するコンクリート製サイロの設計では，貯蔵物による粉体圧とともに，筒体内外面の温度差による躯体への影響温度応力が大きな問題となる．これらのコンクリート製サイロの温度実測例によれば，サイロ内部の雰囲気温度は，クリンカーサイロの場合には100℃前後を中心に変動し一時的には120℃を超えること，また，筒体の内外面温度差が40℃に達することが報告されている[25].

サイロの温度条件は，一般に貯蔵物の温度として与えられ，セメントサイロの場合に60℃，また，クリンカーサイロの場合に120℃の温度条件が与えられた事例がある[26].

コンクリート製サイロの設計では，設計条件として与えられる貯蔵物温度による温度荷重と，粉体圧によるフープテンション等を考慮した設計が必要となる.

3）蓄　熱　槽

蓄熱式空調システムには，現場築造タイプやユニットタイプ，ビルマルチタイプなどがある．最下階の床スラブと耐圧盤の間に地中梁で仕切られた空間（地下二重スラブ空間）がある建物の場合，この空間に断熱防水工事を行い，冷温水を蓄熱媒体とする現場築造タイプの蓄熱槽として利用されることが多い．蓄熱槽の利用温度範囲は，一般に冷水の場合 5℃，温水の場合 45℃程度で蓄熱されるが，氷蓄熱システムの場合では氷点下に，また温水の場合でも 80℃近い温度範囲で使用されることがある．図 8.2.22 に温水槽および氷蓄熱槽の 1 日間の温度変化例を示す．

地下の二重スラブ空間を利用する現場築造タイプの蓄熱槽の場合，通常は断熱防水層の断熱効果によって，躯体コンクリートのひび割れなど蓄熱による躯体への熱影響は軽減されるものと考えられるが，常時冷水槽と温水槽が隣接する場合や冷温水槽の場合には，躯体にも適切な配慮が必要である．特に，湧水の発生が多い地域などでは，地下水などの槽外からの湧水がコンクリートのひび割れ部分や打継ぎ部分から流入し，断熱防水層を損傷させる場合があるので注意が必要である．

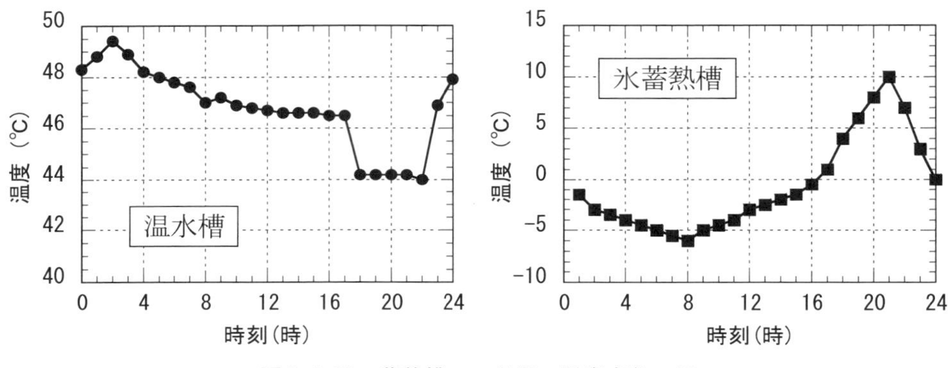

図 8.2.22　蓄熱槽の 1 日間の温度変化の例

水温変化によるひび割れを防ぐためには，槽内の水温を均一にするため水の流れを一定にし，滞留やショートサーキットが起こらないようにすることや，連通管の位置を一槽ごとに上下左右にずらして設けること，また流路をできるだけ長く確保するなどの配慮も肝要である．

4）冷　凍　庫

冷凍庫においては，適切な断熱保温が庫内の適切な温度を確保・維持することや省エネルギーに寄与することばかりでなく，凍上の防止など構造的にも重要な意味を持つ．したがって，基本計画の段階から熱の影響について検討することが肝要である．営業冷蔵倉庫の保管温度帯は，表 8.2.10 のように分類されている[27]．

表 8.2.10　冷凍冷蔵倉庫の級別と保管温度[27)]

冷蔵庫の級別	保管温度（℃）
C3 級	＋10～　－2
C2 級	－2～－10
C1 級	－10～－20
F1 級	－20～－30
F2 級	－30～－40
F3 級	－40～－50
F4 級	－50℃以下

冷凍庫の冷熱による温度応力が構造躯体および非構造部材に及ぼす影響は重要であり，適切な処置が求められる．例えば，4 階建て壁式 RC 造冷凍倉庫を対象とした温度荷重の検討例[28)]では，常温（20 ℃）より－30 ℃まで冷却した際の各階床部分の測定結果に基づいて，1 階・2 階部分では基礎梁による変形拘束のためにひび割れが発生することが指摘されている．

また，冷凍庫では，地表および土壌に接する部分における「凍上」に特に留意する必要がある．典型的な例では，地表面に接する床の上に冷凍庫を設けると，冷凍庫の冷熱が躯体を伝わって土壌を冷却し，土壌が水分とともに凍結して膨張することにより，床が盛り上がるなどの障害が生じる．凍上を回避するためには，高床式構造とし 1 階にある冷凍庫と地表面との間に空気層を設ける方法が確実で一般的であるが，単に高床にするだけでは不充分な場合もあり，床下に冷気を蓄えないよう床下の通気を確保することが重要である．また，やむを得ず 1 階にある冷凍庫をベタ床とする場合には，床の断熱性を高めるとともに，地中に通気管を設置し温風を流す等の凍上防止対策を図る必要がある．

なお，コンクリート温度が氷点下になると，温度や含水率によっては，その力学的性質や熱的性質が常温下における場合とは大きく異なる場合があるため，設計時に注意が必要である．低温下におけるコンクリートの強度特性や熱的性質については，文献 29）に解説されている．

また，低温下における鉄筋のガス圧接継手性能や鋼材の溶接性等についても注意する必要がある．使用時に構造体温度が－50℃まで下がることが予想される場合のガス圧接継手の設計施工指針[30)]が（社）日本圧接協会より発行されている．

なお，土木学会「コンクリート標準仕様書設計編」[31)]の付属資料にコンクリートと鉄筋の低温下における特性がまとめられているので，設計の際には参照すると良い．

8.2.6　基準温度

建築物の温度応力を求める場合，まず，建築物を取り囲む温度荷重を設定する．温度荷重を設定する場合に，ある基準となる温度からの温度差として表現すると明快になる．このため，温度差を求める基準となる温度を基準温度とし，構造体や二次部材が温度による荷重効果が「0」になるか，または，見なされる温度とする．したがって，基準温度は，建築物が建設された時点で部材に温度効果がないと見なされる状態の温度とも言える．例えば，鉄骨造の場合はボルトの本締め時期の外気温度を基準として考えることができるし，鉄筋コンクリート造の場合には建設地域の施工時期の平均外気温度として考えることもできる．しかし，施工期間は通常数か月から数年に及び，外気温度も変化するため，応力「0」の温度を設計上設定するのはある程度の割切りが必要であり，施工時期が明確な場合，例えば夏期または冬期の短期間に建設された場合には，その期間の温度とすることが考えられる．

温度応力解析を行う際に，例えば基礎がローラーのように，①外部からの拘束がない場合，実際にはこのようなケースはほとんどないが，構造物は上部の部材間の相対的な温度のみで応力が生じるため，部材の温度だけで解析できる．このとき，基準温度は，応力と無関係であり意味を持たない．ただし，変形はそれなりに生じるので，年平均気温などを基準温度とする．②外部からの拘束がある場合には，一般にはこの状態にあるが，外部（地盤）から拘束されるとそれとの温度差により応力が発生する．地盤と接し，拘束を受ける場合には基準温度が必要になる．その場合には建設された時の地盤温度（地中温度）を基準温度として設定することが考えられる．地中温度は年平均気温を中心に変動し，地盤の不易層温度（深さ約 10 m 程度）は，その地域の年平均気温にほぼ一致している．建設時期が長期にわたる場合には，拘束側（地盤）の地中温度も変動していること，建物と地盤の拘束度合いには不確定要素が多く明らかでないこと，などを考え合わせて，基準温度は，通常建設地の年平均気温を用いてよいと考えられる．なお，土木構造物の設計基準[32)]においては基準温度を年平均気温程度としている．

8.2.7　ほかの荷重との組合せ

温度荷重を考慮する場合には，想定する状況に応じて適切にほかの荷重との組合せを考慮する．温度荷重は年間日間を通じて変化しながら常に建物に作用しており，固定荷重，積載荷重と同様な「常時作用する荷重」と見なせる．しかしながら，温度荷重は概説でも述べたように，自己拘束性の応力（二次応力）であり，構造物の剛性や拘束条件に応じて生じるものである．したがって，他の荷重との組合せにおいてもひび割れや塑性化による剛性低下の影響を適切に考慮することも必要である．

温度荷重を主荷重として想定する場合は，常時荷重（固定荷重，積載荷重）との組合せを考慮する．

雪荷重，風荷重，地震荷重などを主荷重として想定する場合の温度荷重の荷重係数を評価する．評価の方法としては「タークストラの経験則[33)]」（方法 1）と時間変動荷重の組合せの最大値の確率分布を直接評価する方法とがある[34)]（方法 2）．図 8.2.23，図 8.2.24 は方法 2 に従い組合せ荷重を評価した例である．図にプロットした点は各地点における 1961 年から 2012 年までの日毎の気象データに基づいて計算した雪荷重，風荷重と温度荷重の分布状況を表している．それぞれの荷重値はモデル建物[12)]における代表部材の応力値を表している．また個々の荷重および組合せ荷重についてそれぞれ再現期間 100 年に相当する値を算出し，破線で示している．

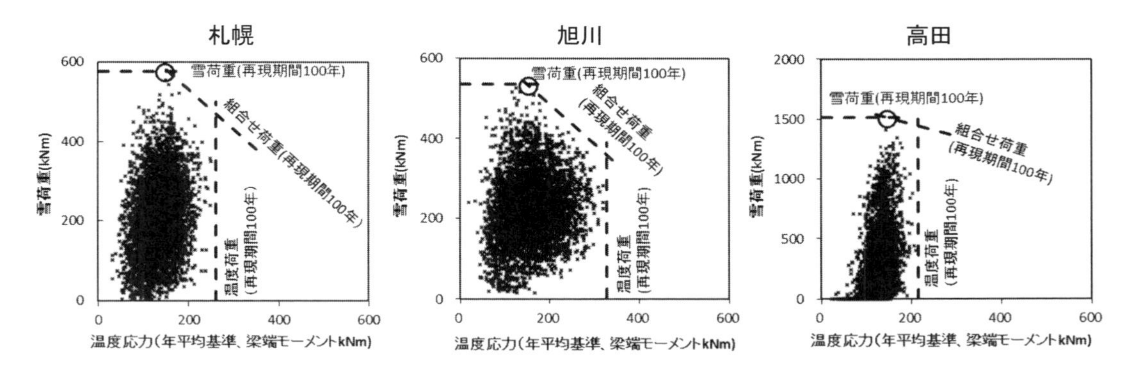

図 8.2.23　雪荷重と温度荷重の分布
（1961 年～2012 年の 1～3 月の日ごとの最大積雪深と日最低気温とに基づく）

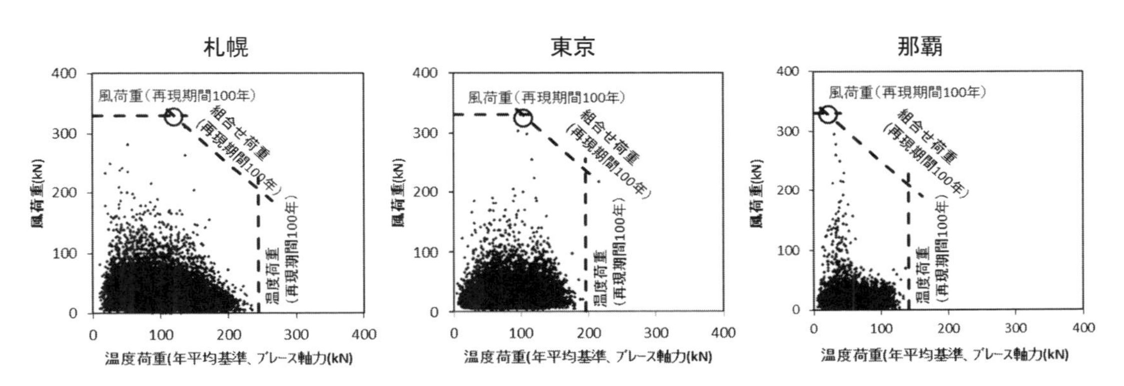

図 8.2.24　風荷重と温度荷重の分布
（1961 年～2012 年の日ごとの最低 / 最高気温と日最大風速に基づく）

それぞれの図において斜めの破線が組合せ荷重の再現期間 100 年に相当する値を示している．組合せ荷重が主荷重の再現期間 100 年の値と交差する点（図で○で示す点）では，組合せ荷重は主荷重の基本値（再現期間 100 年）＋従荷重（温度荷重）の組合せ用荷重の形をとっている．この組合せ用荷重を再現期間 100 年に相当する温度荷重で除した値が温度荷重の荷重係数となる．2 章にはこの方法（方法 2）と方法 1 により評価した温度荷重の荷重係数を比較して示している．また，設計においてより簡便に扱うためそれらを安全側に評価した荷重係数の値が示されている．

付 8.1 温度荷重に対する設計の要点

1. はじめに

ここでは，温度荷重に対する設計の要点について概説する．主な内容は，温度荷重に対する設計の必要性，設計の目標性能やクライテリアの設定，建築物の温度条件の設定，設計対象の主要構造部材や非構造部材の温度荷重の算定，温度応力解析および判定であり，これらに関して設計にあたって考慮すべき点や注意すべき点について解説する．

1.1 温度荷重に対する設計

温度荷重に対する設計は，建築物の建設される場所や時間，規模や用途，使用される環境等の条件に応じて行うことになる．温度荷重による変形や応力は温度変化によって発生するので，特に，大きな温度変化を受ける建築物，日射の影響を受けるガラス仕上げのアトリウム，内部熱源を有する建築物等が対象になる．また，温度変化による変形や応力が大きい長大建築物や大空間建築物も温度荷重に対する設計の対象となる．

温度変化によって建築物の主要構造部材だけではなく非構造部材も伸縮や曲げ変形を起こす．特に，屋根，外壁や庇等の外気に面した非構造部材は，主要構造部材よりも温度条件が厳しくなるので，主要構造部材と同様に非構造部材も温度荷重に対する設計を行うことになる．

近年，建築物の性能設計に対する関心や建築物の品質に対する要求水準が高まり，求められる建築物の要求性能を満足させるため，温度荷重に対する設計を無視することができなくなっている．

1.2 温度荷重による影響と被害

建築物の主要構造部材と非構造部材の温度荷重による被害例を，付表 8.1.1 に示す．

被害例を見ると，ひび割れや伸縮による軋み音の発生等の使用性に関する被害と，部材の座屈，破断，落下といった安全性に関する被害がある．

温度荷重はほかの荷重とは異なり，日変動のような繰返しが生じる荷重であるため，疲労による損傷が発生し風荷重等のほかの荷重との組合せによって被害が顕在化することがある．

1.3 温度荷重に対する設計の必要性

温度荷重は建築物の崩壊や倒壊に直接つながることが少ないこともあり，従来は一般的な建築物で温度荷重に対する設計を行うことは稀であった．また，建築物を取り巻く外気温度や日射等の温度荷重条件の設定に役立つ資料や文献が少ないことや，仕上げ材や断熱材等が建築物の温度荷重に与える効果を高い精度で簡便に把握できる方法が示されていなかったため，温度荷重に対する設計が行われた場合でも，根拠のある正確な温度条件の設定が行われることは少なかった．

しかし，建築物の主要構造部材や非構造部材の温度荷重による被害が明らかになり，建築物への要求水準が近年高まってきたので，目標性能やクライテリア等の要求性能を満足しているかを確認するために，温度荷重に対する設計を行うことが求められている．

付表 8.1.1　温度荷重による被害例

部材種別	構造種別	起こり得る被害例	
主要構造部材	共　通	・外端柱の傾斜 ・部材の長期許容応力度の超過 ・スラブのひび割れ	・部材の曲げ降伏，残留変形
	R C 造	・部材のひび割れ	・壁のせん断ひび割れ
	S 造	・繰返しによる軋み音の発生	・繰返しによる接合部の疲労損傷，破壊 ・ブレースの座屈，破断 ・梁の軸力による局部座屈 ・外部庇支持部材の局部座屈，破断
非構造部材	仕上げ材	・伸縮による軋み音の発生 ・防水シールの劣化による防水性，気密性の障害 ・扉，窓枠の開閉不良 ・仕上げ材の破損，不揃い ・外壁，パラペットのひび割れ	・仕上げ材の落下 ・折板の飛散
	取付け部	・伸縮による軋み音の発生	・繰返しによる疲労破壊

2. 温度荷重に対する設計

2.1 温度荷重に対する設計の流れ

温度荷重に対する設計は，固定荷重，積載荷重，地震荷重，風荷重に対する設計とは異なる検討が必要になる．温度荷重に対する主要構造部材の設計の流れは，付図 8.1.1 に示すように，(1) 温度荷重に対する設計の要否の判断，(2) 目標性能，クライテリアの設定，(3) 温度条件の設定，(4) 基準温度の設定，(5) 構造体温度の算定，(6) 温度応力解析の実施，(7) ほかの荷重との組合せ，(8) 判定，となっている．

この設計の流れにおいてほかの荷重に対する設計と異なるのは，まず，設計を始める前に温度荷重に対する設計の要否の判断がある点である．例えば，エキスパンションジョイントの設置等の対策により建築物に大きな変形や応力が生じない場合は温度荷重を考慮する必要はない．次に，主要構造部材の設計において，建築物を取り巻く温度条件を設定し，仕上げ材や断熱材の効果を考慮した構造体温度を算定し，求めた構造体温度を使用して温度応力解析を行う，といった 2 段階または 3 段階の解析を行う点である．

非構造部材の温度荷重に対する設計も主要構造部材の設計の流れと同じである．設計の対象が非構造部材と主要構造部材との取付け部分に限定されるため，付図 8.1.1 に示すすべての項目について検討する必要はなく，温度変化を受ける非構造部材の挙動を考慮したうえで，必要と思われる項目について検討を行えばよい．

2.2 温度荷重に対する設計の要否の判断

温度荷重によって発生する変形や応力は，想定される温度差と建築物の規模により大きく変わるので，温度荷重に対する設計の要否の判断は，温度差と規模によるといってもよいことになる．例

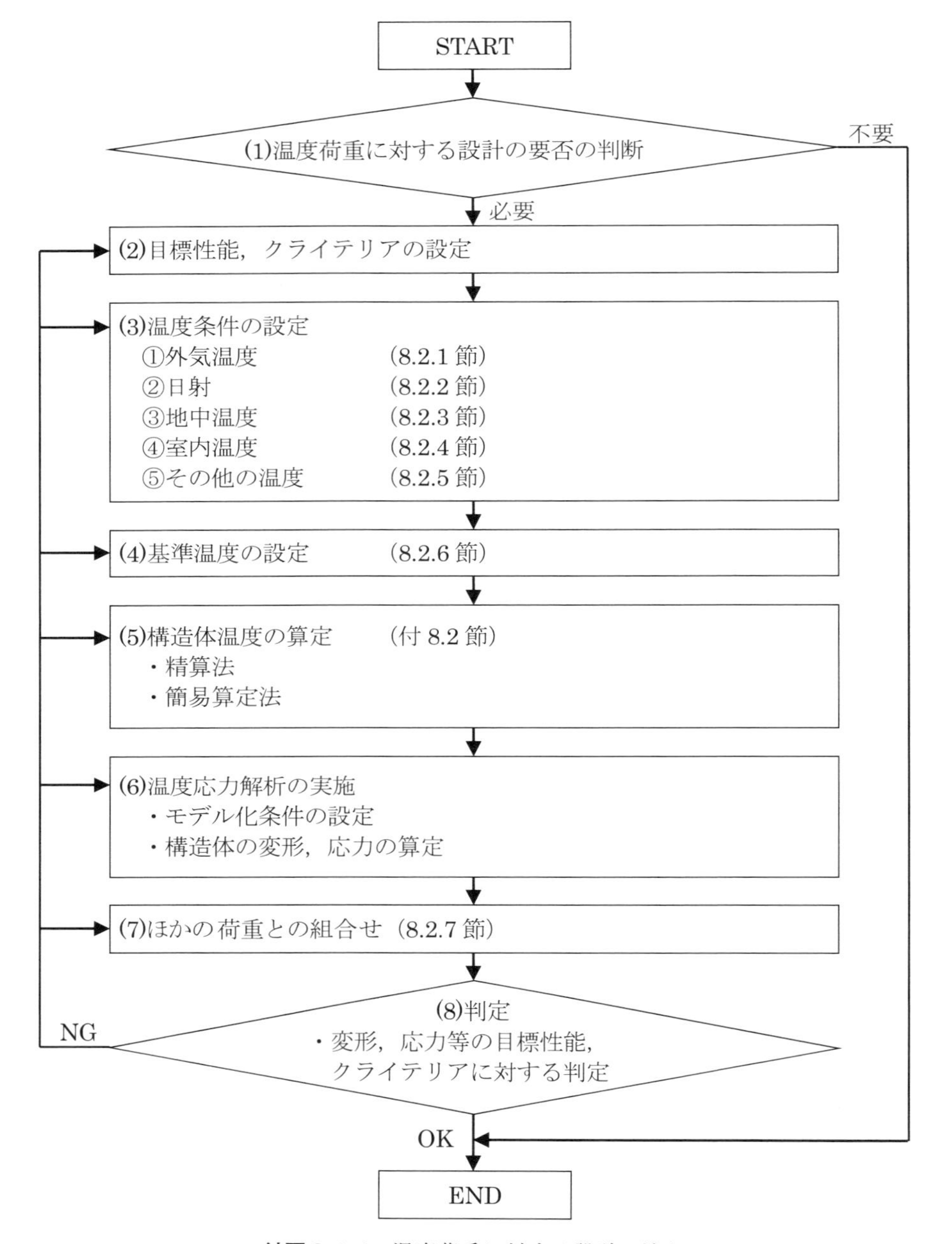

付図 8.1.1　温度荷重に対する設計の流れ

えば，想定された温度差に，建築物の長さと構成する主要構造部材の線膨張係数を掛けると，地盤や基礎の拘束のない場合の変形量を簡単に算定することができ，この変形量を地震荷重や風荷重によって生じている建築物の変形量と比較することで，温度変化によって生じる応力を容易に推測することができる．さらに，この応力と地震荷重や風荷重による設計余裕度とを考慮することで，温度荷重に対する設計の要否の判断ができることになる．したがって，想定される温度差が建築物の使用状況や仕上げ材や断熱材等の性能によって，建築物に大きな変形や応力を生じるおそれがないと容易に判断できる場合は，温度荷重に対する設計を行う必要はない．また，建築物の規模については，平面的な規模が大きな工場等の計画において設計初期に温度荷重による不具合の発生を防ぐための規模の検討が行われているが，「2.1　温度荷重に対する設計の流れ」で述べたように，長大建築物であってもエキスパンションジョイントを設け，長さを制限することで発生する変形や応力を小さく抑えることができれば，温度荷重に対する設計は不要と考えることができる．

一方，非構造部材は，主要構造部材が仕上げ材や断熱材により被覆されているのに対して，一般に外気温度や日射の影響を直接受ける過酷な温度条件にあるので，温度荷重に対する設計を行う必要がある．例えば，折板は金属製で熱容量が小さく，外気温と日射による大きな温度変化を繰り返し受けるので，温度荷重に対する設計はより重要と考えられるが，主要構造部材との取付け部分で応力や変形を発生させないような変形追従性のあるディテールを採用することで，温度荷重に対する対策としている．また，折板と同様に厳しい温度条件にあるカーテンウォールの場合も，一つのピースを小割にし，ファスナー部でスウェイやロッキングが可能なディテールを採用することで，地震荷重や風荷重による建築物の変形や温度荷重による変形に追従させている．このように非構造部材の多くは，温度荷重による変形や応力を発生させないような変形追性性のあるディテールを採用することで温度荷重に対する設計を行っていないので，採用されたディテールが目標性能に合った変形追従性を有しているか確認することが重要になる．

2.3　目標性能，クライテリアの設定

温度荷重の設計にあたっては，温度条件，建築物用途，規模，構造種別，仕上げ材や断熱材，建築主の要求等に対応した要求性能をまとめ，設計するうえでの目標性能やクライテリアを設定することが必要である．

一般的に温度荷重の目標性能は，他の荷重と同様に，①使用性目標性能，②安全性目標性能に分けられる．

①　使用性目標性能は，日常的な温度変化に対し居住性，美観，機能等を確保するものである．

②　安全性目標性能は，想定する再現期間における温度変化に対し建築物の倒壊や部分的な崩壊につながるような部材損傷を防ぎ，建築物内の居住者の安全も確保するものである．

使用性検討時の日常的な温度変化とは，外気温度の平均的な年変動（年最高，年最低気温の平均値等）や，平均的な日変化等である．

安全性検討時の温度変化としては，再現期間 100 年程度を想定した温度変化等である．

これらの目標性能に応じた変形や応力に対する限界状態を定め，設計上のクライテリアを設定する．一般的な建築物の目標性能，クライテリアの例を付表 8.1.2 に示す．

2.4　温度条件の設定

温度荷重に対する設計にあたっては，建設地における外気温度，日射，地中温度および使用状態に応じた室内温度や内部の特殊熱源等の温度条件を設定する必要がある．この場合，目標性能に応じて，①使用性検討用温度条件と，②安全性検討用温度条件がある．

付表 8.1.2 温度荷重に対する目標性能，クライテリア

目標性能			クライテリア
性能	温度変化	限界状態	
［使用性］ 日常的な温度変化に対する建築物の居住性，機能性の確保	［日常的な温度変化］ ・平均的な年変動 ・平均的な日変化 ・平均的な日射の影響	・RC 部材のひび割れ，損傷 ・変形に伴う軋み音 ・扉，窓の開閉障害 ・防水性，気密性，遮音性障害	［部材応力の制限］ ・部材の長期または短期許容応力度 ［層間変形の制限］ ・外壁の変形追随性能（1/200rad 等） ・目地，防水シールの変形限界（1/300rad 等） ・RC 部材のひび割れ限界（1/800rad 等）
［安全性］ 想定する再現期間における温度変化に対する建築物の安全性の確保	［想定する再現期間における温度変化］ ・再現期間 100 年に対する温度変化 ・空調停止時の温度条件の変化	・部材応力の弾性限界の超過 ・部材の降伏，残留変形 ・部材の疲労破壊 ・仕上げ材の落下	［部材応力の制限］ ・部材の弾性限界 ・疲労破壊応力 ［層間変形の制限］ ・仕上げ材の取付け部の変形制限（1/100rad 等）

① 使用性検討用温度条件

日常的に発生している温度変化とし，外気温度は平均的な気温の年変化，日変化とする．日射，地中温度や室内温度は，外気温度と同様に日常的と想定される温度とする．内部に特殊熱源がある建築物の場合の温度は，特殊熱源の通常の使用時の温度条件が与えられているので，その温度とすることができる．

② 安全性検討用温度条件

想定する再現期間における温度変化とし，外気温度は再現期間 100 年に対する年最高，年最低温度とする．日射，地中温度や室内温度は，外気温度と同様に再現期間 100 年に相当する温度とするが，温度条件を組み合せる場合，設計上安全側の温度になるように設定しなければならない．例えば，室内温度を考慮する場合には，長期休日等によって空調が行われないような，通常とは異なった使用状況を考えて室内温度を設定する必要がある．また，内部の特殊熱源のある建築物においても，特殊熱源の日常的な使用状態の温度設定だけではなく，想定される変動温度について考慮しなければならない．例えば，煙突の温度は排煙温度を考慮するが，排煙温度は燃焼する物質によって大きく異なりその変動幅も大きいので，設定する時には使用条件等の確認が必要である．蓄熱槽，サイロや冷凍倉庫も同様に温度条件が与えられるが，使用方法によっては温度条件が変わる場合があるので注意が必要である．なお，これらの特殊熱源には通常断熱材が使用されているが，断熱材は短時間の温度変化には有効であるが，長時間同じ温度の熱量が連続して供給される場合はその効果が小さくなることがあるので，このような場合の温度条件の設定にあたっては，事前に使用状況を確認する必要がある．

温度条件の設定は，検討の目的がひび割れの発生等の使用性に対するものか，部材の損傷や倒壊や崩壊等の安全性に対するものなのか，また，対象が主要構造部か非構造部材なのか，等によって

も変わる．

採用する温度解析手法は，非定常熱伝導解析と定常熱伝導解析があり，温度を時間とともに変化するものとして扱う非定常熱伝導解析を使用する場合と，時間によって変動しないものとして扱う定常熱伝導解析を使用する場合があるが，使用する解析手法によって温度条件の設定を行うことになる．

日射による影響については，日射量，吸収率や熱伝導率等を入力して直接求める場合と，簡便に日射を相当外気温として扱う場合がある．

いずれにしても，温度条件の設定は温度荷重に対する設計の目的，採用する設計手法や求められる精度に最も適合させる必要があり，温度荷重に対する設計を行ううえで温度条件の設定が最も重要となる．

2.5　基準温度の設定

基準温度は温度による変形や応力が「0」とみなされる温度とし，一般的に建築物の建設時の躯体施工時の温度とすることができるが，実際は，躯体施工時期が長期間に及ぶ場合は建設地の年平均気温としても良いことになる．したがって，温度変化による応力や変形等の影響をわかりやすく把握するための基準の温度として基準温度を設定し，それぞれの温度変化を基準温度からの温度差として捉えると整理しやすい．

2.6　構造体温度の算定

建築物の使用性や安全性を確認するためには，温度荷重による建築物の変形や応力を把握することが必要となり，設定された温度条件による柱や梁等の構造体温度を算定することになる．この場合，構造体温度は，構造体の露出または仕上げ材や断熱材の有無を考慮することになる．仕上げ材や断熱材がある場合は，それらの効果を考慮するために熱伝導率，比熱，密度等の熱物性値を，日射がある場合は，仕上げ材の吸収率，熱伝導率等を，適切に設定する必要がある．

一般的な建築物の構造体温度としては，構造体の伸縮に対する平均温度を算定することになるが，大断面建築物の場合は，部材の平均温度だけではなく温度勾配も算定することになる．

構造体温度の算定方法には，①精算法と，②簡易算定法がある．

①　精　算　法

構造体温度を高い精度で正確に求める場合に採用する計算方法であり，主に特殊熱源を有する建築物の構造体を一次元または二次元のFEMモデルとして非定常熱伝導解析を行うことにより構造体温度を精度良く算定する方法である．

②　簡易算定法

一般的な建築物に対して温度条件を「周期定常」として仮定することで，簡単な計算により構造体温度を比較的精度良く算定する方法である．

なお，FEM非定常熱伝導解析では，要素分割や境界条件が重要になる．また，非定常熱伝導解析では，温度定常状態に達する期間を充分考慮した計算をする必要がある．

いずれにしても，その解析条件や解析手法を充分理解し，解析目的に最も適した解析を選ぶことが重要である.

2.7 温度応力解析の実施

構造体温度および基準温度から部材の温度変化が整理できたら，構造解析プログラムを用いて温度による変形と応力を算定する．この場合，温度応力解析には，構造部材を線材要素にモデル化した平面または立体架構解析と，構造部材や地盤等を有限要素にモデル化したFEM解析とがあるが，得られる解析結果を考慮して目的に合った解析方法を選択することになる.

いずれの方法を採用する場合にも，温度応力解析には，以下のことを考慮する必要がある.

① 部材を構成する材料の熱物性は，材料の実状に合った値を採用する．線膨張係数は，一般に鋼材は 1.2×10^{-5}/℃（または 1.0×10^{-5}/℃），コンクリートは 1.0×10^{-5}/℃が用いられている.

② 部材剛性の評価は，通常の構造解析と同様に弾性剛性を採用する．RC造部材については解析の目的に応じてひび割れやクリープによる剛性低下を考慮してもよい．また，スラブ剛性についても実状に応じて適切に評価する.

③ RC造の耐力壁やS造のブレースは剛性が大きく，その剛性評価によって解析結果に大きな影響を与えるため，適切な評価を行う必要がある.

④ 地盤や基礎の変形拘束は，ピン支持，ローラー支持やばね支持を建築物の実況に即して設定する．なお，基礎の断面等の条件によっては，1階柱脚部に最大応力が発生する可能性があるので，実況に適合した条件を設定することが必要である.

⑤ 施工期間が長期間にわたる場合は，冬期および夏期等の厳しい条件を想定し，必要に応じて複数の温度条件について検討する.

どのようなモデル化を採用するにしても，実状とかけ離れた設定や，解析結果が安全側にならないような設定であってはならない.

2.8 ほかの荷重との組合せ

温度荷重は，「8.2.7 ほかの荷重との組合せ」に示すように，ほかの荷重と組み合せて評価する．ほかの荷重と組み合せて評価する方法としては，①温度荷重を主荷重とする場合，②温度荷重を従荷重とする場合がある.

① 温度荷重を主荷重とする場合は，温度荷重を固定荷重や積載荷重と組み合せる.

② 温度荷重を従荷重とする場合は，固定荷重，積載荷重に，地震荷重，風荷重や雪荷重との組合せ時に常時発生していると考えられる温度荷重を組み合せるか，または，「2.4.3 温度荷重の荷重係数」に示す温度荷重の荷重係数を用いた簡便な組合せ方法を採用しても良い.

なお，風荷重，雪荷重については，発生する季節性（台風は春，夏，秋期，雪は冬期）を考慮して組み合せる.

2.9　判　　定

温度応力解析の結果をほかの荷重と組み合せ，設定した目標性能やクライテリアを満足しているかを判定する．この判定で目標性能やクライテリアを満足してない場合は，満足するまで，①温度条件の見直し，②架構や部材断面の見直しを実施することになる．

① 温度条件の見直しとしては，外気温度や日射に対して仕上げ材や断熱材の仕様を向上させることが考えられる．また，日射に関しては日射吸収率の小さい仕上げ材の選択，室内温度に関しては使用条件や設定温度の見直し，内部熱源を有する場合は使用上の設定温度や断熱材の仕様の見直し等により温度変化の幅を小さくすることができる．

② 架構の見直しとしては，エキスパンションジョイントの設置や，剛性の高い耐力壁やブレース等の平面位置を，大きな変形が生じる建築物の端部ではなく中央部へ移動させ，地盤や基礎等の拘束条件を実状に合せて見直すことが考えられる．また，部材断面の見直しとしては，部材断面や材料強度を上げることで，温度による変形や応力がクライテリアを満足するようにすることが考えられるが，このような変更ができない場合は，仕口や接合部にすべり支承やルーズホールを採用する．ただし，このようなディテールを採用する場合には，これにより発生する軋み音への配慮や温度荷重により生じる伸縮量に対する可動変形量の確認が必要となる．

付 8.2　構造体温度の算定法

1.　精　算　法

1.1　温度解析の留意点

外気温度などのように温度が時間とともに変化する場合，躯体温度は，固体の熱伝導方程式と呼ばれる 2 階偏微分方程式を与えられた初期条件（初期温度）と境界条件の下で解くことにより求められる．これを非定常熱伝導解析というが，躯体の形状が単純でない場合や，均質な材料で構成されていない場合，あるいは，境界条件で与えられた温度の時間変化が簡単でない場合等については，こうした熱伝導方程式を数学的に解くことは困難である．

このため，工学的には，有限差分法（FDM）や有限要素法（FEM）のような場の離散化手法と時間積分法を組み合わせた数値解析手法が用いられ，このための汎用解析プログラムが開発されている．こうした汎用解析プログラムでは，境界温度が時刻とともに任意に変化する場合や熱定数が温度依存性を示す場合等についても，収束計算により解析が可能である．

ここでは，FEM による汎用プログラムを用いた非定常熱伝導解析例として，昼夜間の気温変動を受ける多層多スパンラーメン内の鉄筋コンクリート外壁を対象に，二次元モデルによる温度解析例を示し，温度解析における対象部位のモデル化や境界条件の設定法など解析を実施するうえでの留意点を述べる．

(1) 解析対象部位のモデル化

鉄筋コンクリート造建物の外壁に生じるひび割れの要因の一つとして，日射や昼夜間の外気温度変動により生じる周辺フレームと外壁との温度差が考えられる．こうした温度差が生じる理由は，外壁の体積に対する外部に面する面積の比が周辺の柱，梁のそれに比べて大きいため，気温の降下時に熱を奪われやすいためである．その結果，外壁の温度が周辺の柱，梁に比べて低くなり，この温度差による外壁の収縮が周辺部材により拘束されるため，外壁に面内引張応力が発生することになる．

付図 8.2.1 に多層多スパンラーメン内の外壁と，温度解析の対象とした外壁と柱の水平断面部分を示す．また，付図 8.2.2 に周辺フレームと外壁との温度差を算定するために作成した解析モデルの要素分割と境界条件を示す．解析モデルは，上下方向の熱伝導が無視できる外壁の高さ中央付近を対象とした二次元モデルとし，対称性を考慮して，柱中心から壁中央までの水平断面を解析範囲とした．なお，外壁と柱の室内側には厚さ 25 mm の石膏プラスターボードが貼られており，解析ではこれもモデル化した．

(2) 温度および境界条件

解析モデルの境界条件は，外部側，室内側とも熱伝達境界とした．外部側の雰囲気温度は日射を考慮した相当外気温度とし，室内側の雰囲気温度は施工時における温度応力の影響を検討するため外気温度とした．熱伝達率は，外部側を 20 W/(m^2·K)，室内側を 9.3 W/(m^2·K) とした．解析は，相当外気温度の日変化の大きい冬期晴天日を対象とした．外気温度および相当外気温度は，気象データより最大値と最小値を設定し，それらの日変化を正弦曲線で与えた．なお，解析モデルの柱

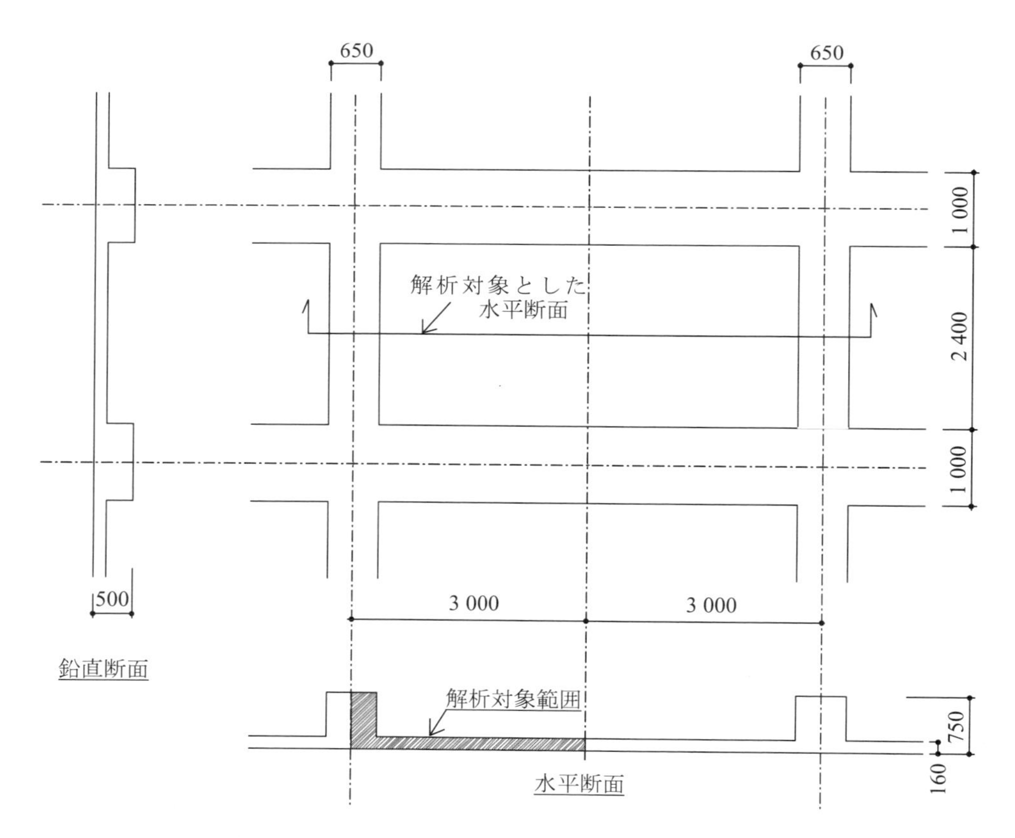

付図 8.2.1　鉄筋コンクリート造外壁の温度解析部位

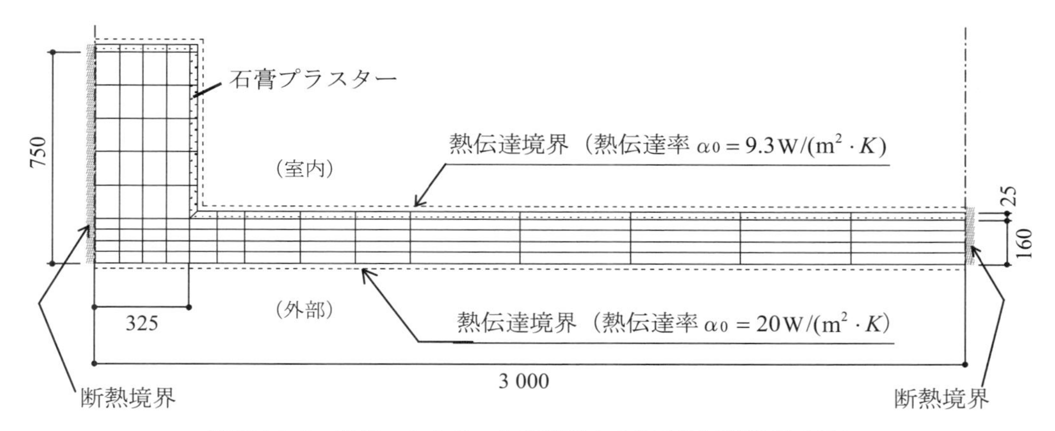

付図 8.2.2　鉄筋コンクリート造外壁の二次元熱伝導解析モデル

中心線上と壁中央線上は，対称性より熱の移動がないため，断熱境界とした．

(3) 外壁の熱定数

付表 8.2.1 に外壁と柱に使用した軽量コンクリートと，室内側に貼り付けた石膏プラスターボードの熱定数を示す．

付表 8.2.1　解析に用いた熱定数

	熱伝導率 λ (W/m・K)	比熱 c (kJ/kg・K)	密度 ρ (kg/m^3)
軽量コンクリート	0.64	0.84	1 600
石膏プラスター	0.62	1.05	1 940

(4) 初 期 条 件

非定常熱伝導解析における初期温度を 7 ℃と設定して，解析を 2 昼夜について行い，後半の 1 昼夜を解析結果として採用した．これは，冬期晴天日を対象とした解析結果に及ぼす初期温度設定の影響を除くためである．

(5) 解 析 結 果

付図 8.2.3 に，非定常熱伝導解析による外壁と柱温度の解析結果とともに，境界条件として与えた相当外気温度および外気温度を示す．外壁温度と柱温度は，温度差により生じる面内引張力に対して拘束が大きいと考えられる壁中央（解析モデル端部）の厚さ中央位置と，柱中心線上（解析モデル端部）の壁厚中央位置の温度を示した〔付図 8.2.4 の⊗〕．

周辺の柱に対する外壁の相対温度が最低になるのは明け方の午前 6 時頃であり，その温度差は 5 ℃程度となった．この時点の柱と外壁の水平断面の等温線を付図 8.2.4 に示す．等温線上の数値は温度（℃）を示す．外壁の温度がほぼ全断面で 1 ℃程度であるのに対し，柱では中心部の熱が奪われにくいため，内部ほど温度が高く，中心部では 8 ℃程度となっている．

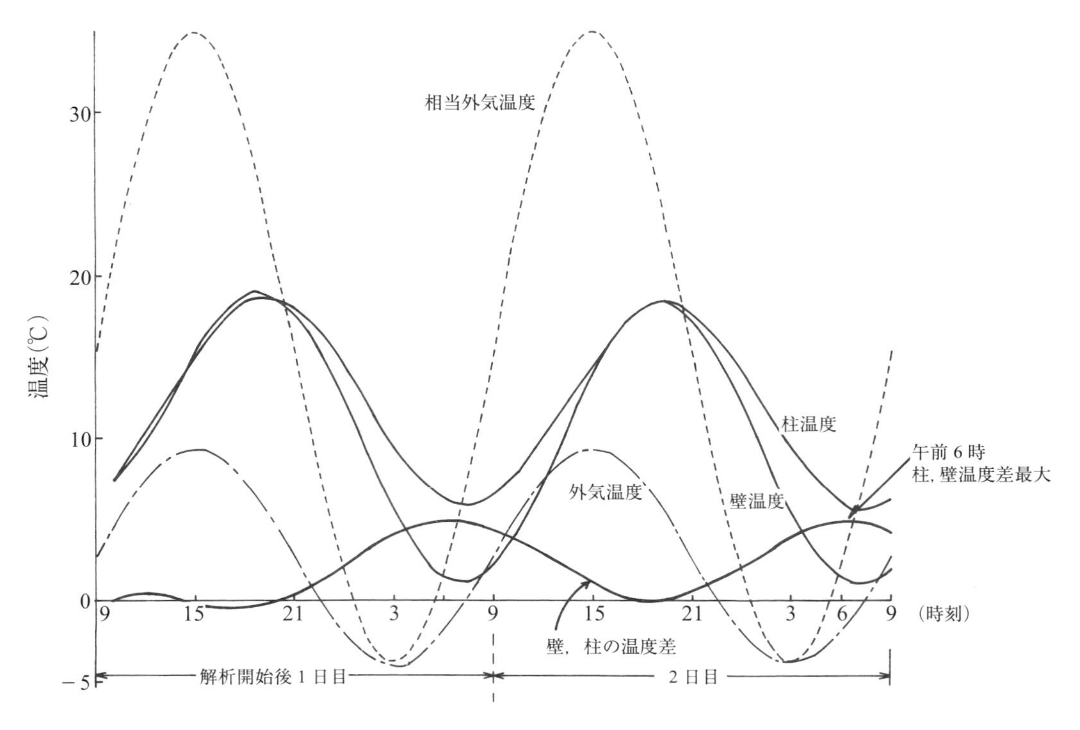

付図 8.2.3　鉄筋コンクリート造外壁の非定常熱伝導解析結果

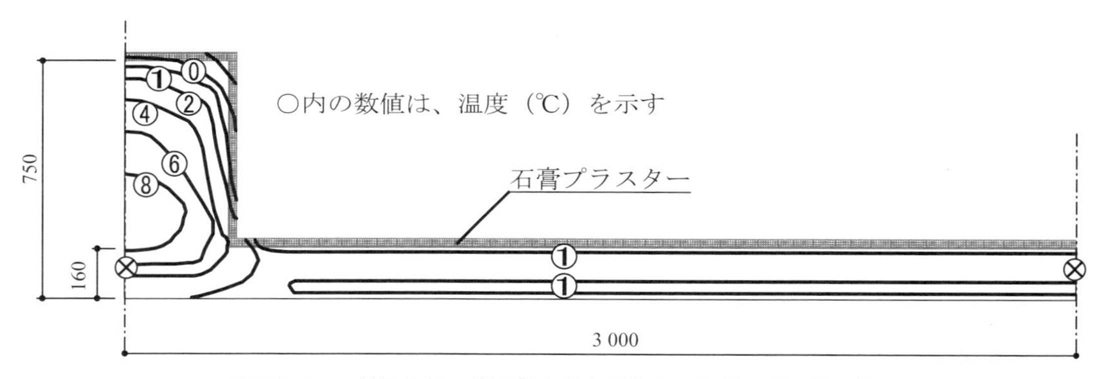

付図 8.2.4　外壁と柱の温度差が最大値となる午前 6 時の等温線

1.2　RC 造建物の非定常温度分布解析

構造体の温度荷重は，建設地域，外気温，日射，室内温度，地中温度，内部熱源等の温度条件を受け，さらにそれらの温度に対して，構造体は構造種別（RC, S 造等），仕上げ，断熱状況，寸法・形状などさまざまな要因が影響し非定常の温度応答をする．さらにそれに基づく温度応力（変形）は，境界条件（基礎の固定度），部材の剛性（ひび割れ等）のもとに発生する．付図 8.2.5 に温度荷重および温度応力に係る諸要因を示す．

ここでは，付図 8.2.6 に示す RC 建家について FEM を用いた非定常熱伝導解析を紹介する．

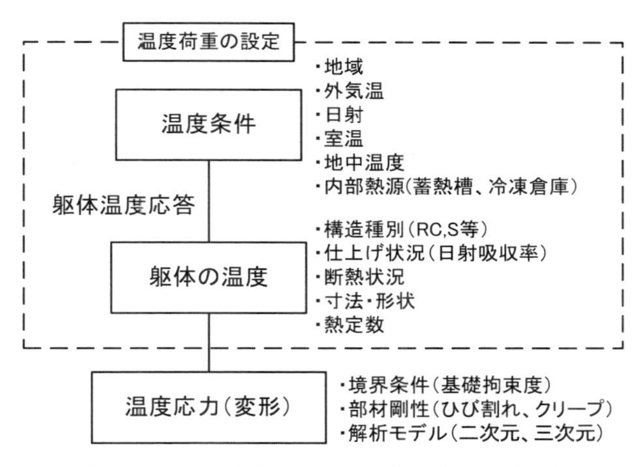

付図 8.2.5　温度荷重，温度応力に掛かる諸要因

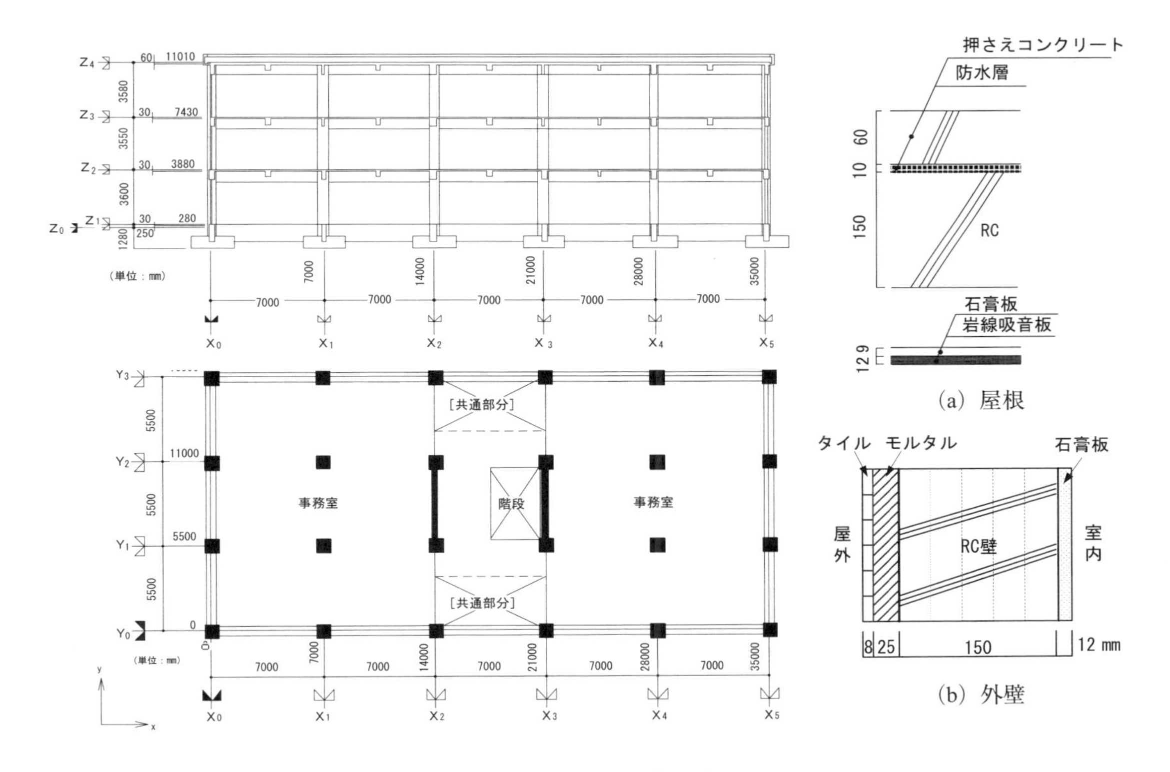

付図 8.2.6　解析対象建家

(1)　外気温および日射条件

外気温および日射については２ケース考慮した.

①ケース１：本会荷重指針・同解説（2004）の温度の基本値および日射の基本値を用いた場合.

②ケース２：参考として設備設計を対象とした空調学会「設計用最大熱負荷計算法」の温度および日射を用いた場合.

ケース1は再現期間100年に相当する値で設定しているが，ケース2では夏期，冬期における2.5％超過度数（概ね再現期間100日程度に相当）に基づき設定している．

なお，ケース1の詳細は本会編「温度荷重設計資料集（2010）」に，ケース2の結果については，2000年度本会大会パネルディスカッションにて報告されている（PD2000と称す）ものである．

a. 外気温（荷重指針ベース）

1）東京における1961～2012年の52年間の年最高気温に相当する極値解析を行い，再現期間100年（年非超過確率99％）に相当する値を求めると，$T_{\max}=40.1$℃が得られる．

2）東京における1981年～2004年の最高気温を記録したピーク日の日平均気温の24年平均T_{avr}が正規分布していると仮定して，再現期間100年（年非超過確率99％）に相当する値$T_{\mathrm{avr\,max}}$を求めると，

$$T_{\mathrm{avr}}=30.5\text{℃}$$

$$T_{\mathrm{avr\,max}}=34.2\text{℃}$$

が得られる．

3）各時刻（1時間ピッチ24点）ごとに，上記24年間の平均値$T_{\mathrm{h\,avr}}$を求める．そのピーク値は$T_{\mathrm{h\,avr\,max}}=35.1$℃で，14時に発生している．

4）極値と平均値の振幅比kを求める．

$$k=(T_{\max}-T_{\mathrm{h\,avr\,max}})/(T_{\mathrm{h\,avr\,max}}-T_{\mathrm{h\,avr}})=(40.1-34.2)/(35.1-30.5)=1.28$$

5）各時刻の再現期間100年に相当するT_hは日平均・振幅があうよう次式で伸張して求める．

$$T_{\mathrm{h}}=T_{\mathrm{h\,avr\,max}}+k\times(T_{\mathrm{h\,avr}}-T_{\mathrm{avr}})=34.2+1.28\times(T_{\mathrm{h\,avr}}-30.5)$$

付図8.2.7に日変動の平均値および再現期間100年に相当する値を示す．付図8.2.8に再現期間100年に相当する値，およびピーク値と振幅が等価なsinカーブ（参考値）を示す．

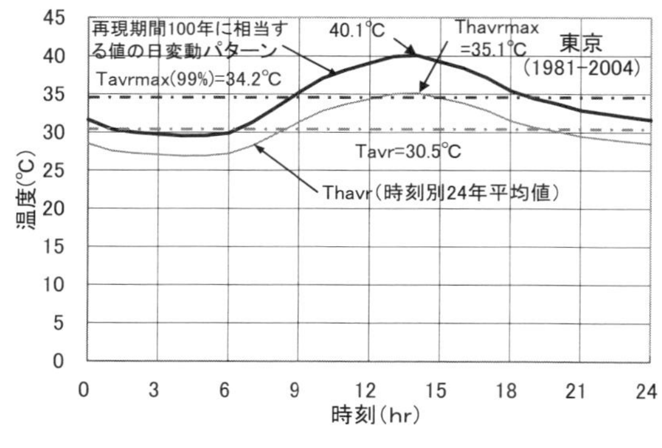

付図8.2.7 再現期間100年に相当する値と平均値

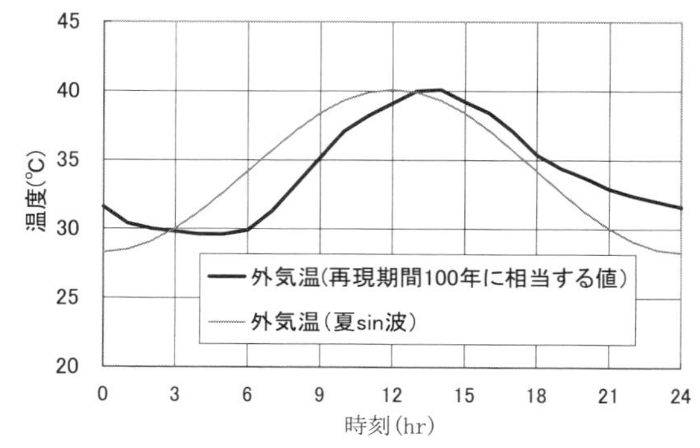

付図8.2.8 外気温（再現期間100年に相当する値とsin波）

b. 日 射 量

日射量は，日射量の基本値（本会荷重指針・同解説（2004）8.2.2「日射」，pp.568, 569）のベー

スとなった毎時の日射量を使用した．付表 8.2.2 に日射量の最大値を示す．垂直面（東・西・南・北）については地表面からの反射量（反射率 0.3）を含んでいる．

上記で求めた日射量を相当外気温に換算し，1 日の温度データを作成した．日射吸収率を付表 8.2.3 に示す．夜間輻射は無視した．付表 8.2.4 に総合熱伝達率を示す．

付表 8.2.2　日射量の基本値：日最大日射量[W/m^2]

部位	水平面	垂直面（地表面反射 0.3 を含む）		
		北	東・西	南
東京	1 000	211	842	450

付表 8.2.3　日射吸収率

部位	日射吸収率 a
コンクリート（屋根面）	0.8
タイル（外壁面）	0.8

付表 8.2.4　総合熱伝達率

部位		α_0（W/m^{2}K）
屋根面（水平面）	夏	23.26
	冬	34.89
垂直外壁面	夏	17.44
	冬	23.26
室内（壁面，床面）		9.3

(2) ケース 1（荷重指針 2004）とケース 2（PD2000）の温度条件の比較

付表 8.2.5 に両気象条件をまとめた．

付表 8.2.5 ケース 1（荷重指針 2004）とケース 2（PD2000）の比較

気温・日射	季節・方向			①ケース 1（荷重指針 2004）	②ケース 2（PD2000）	差（℃）（＝①－②）	比率（＝①/②）
外気温（℃）	夏	最高		40.1	33.4	6.7	1.20
		最低		29.6	26.8	2.8	1.10
		平均		34.2	29.8	4.4	1.15
	冬	最高		2.0	3.4	−1.4	0.59
		最低		−6.0	−1.2	−4.8	5.00
		平均		−1.9	1.4	−3.3	−1.36
室温（℃）	夏			26.0	26.0	0.0	1.00
	冬			22.0	22.0	0.0	1.00
最大日射量（W/m^2）	水平面			1 000	978	22.0	1.02
	垂直面	南面		450	302	148.0	1.49
		東・西面		842	682	160.0	1.23
		北面		211	162	49.0	1.30
外気温＋日射相当外気温（℃）	水平面		最高	73.4	66.8	6.6	1.10
			最低	29.6	26.8	2.8	1.10
			平均	46.0	41.5	4.5	1.11
	垂直面	南面	最高	59.7	46.9	12.8	1.27
			最低	29.6	26.8	2.8	1.10
			平均	40.1	33.4	6.7	1.20
		東・西面	最高	77.0	63.7	13.3	1.21
			最低	29.6	26.8	2.8	1.10
			平均	43.9	36.6	7.3	1.20
		北面	最高	48.4	38.6	9.8	1.25
			最低	29.6	26.8	2.8	1.10
			平均	38.7	32.0	6.7	1.21

［注］ ② PD2000 の外気温は，設計用最大熱負荷計算法（空調学会）
② PD2000 の日射量は，直達日射は Bouguer 式，天空日射は渡辺式による．
①の日射量には地表面の反射（0.3）を含む．PD2000 は地表面反射を含まない．

外気温および相当外気温（水平面）の 1 日の変動を付図 8.2.9 および付図 8.2.10 に示す．

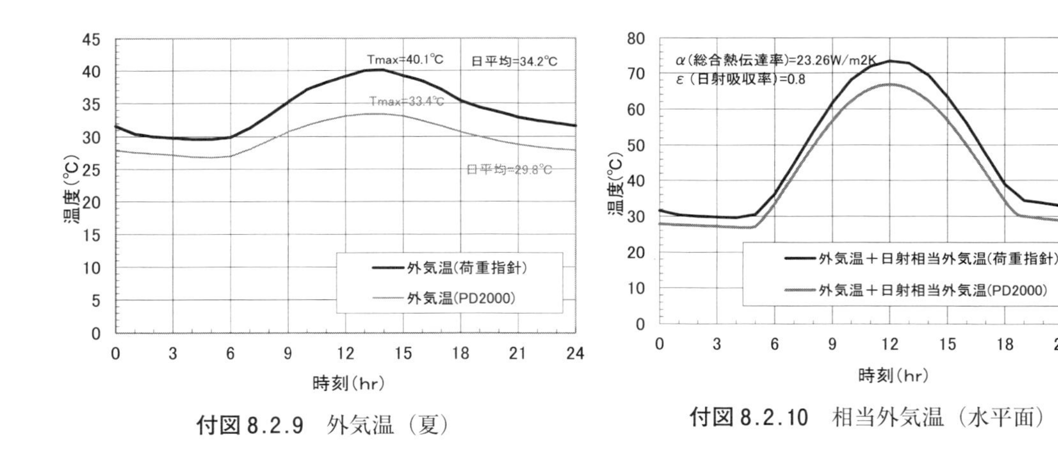

付図 8.2.9 外気温（夏）

付図 8.2.10 相当外気温（水平面）

(3) 非定常熱伝導解析結果

解析モデルを付図 8.2.11 に示す．屋根スラブ，外壁については厚さ方向一次元 FEM 非定常解析を，梁，柱については断面の二次元 FEM 非定常解析を行った．

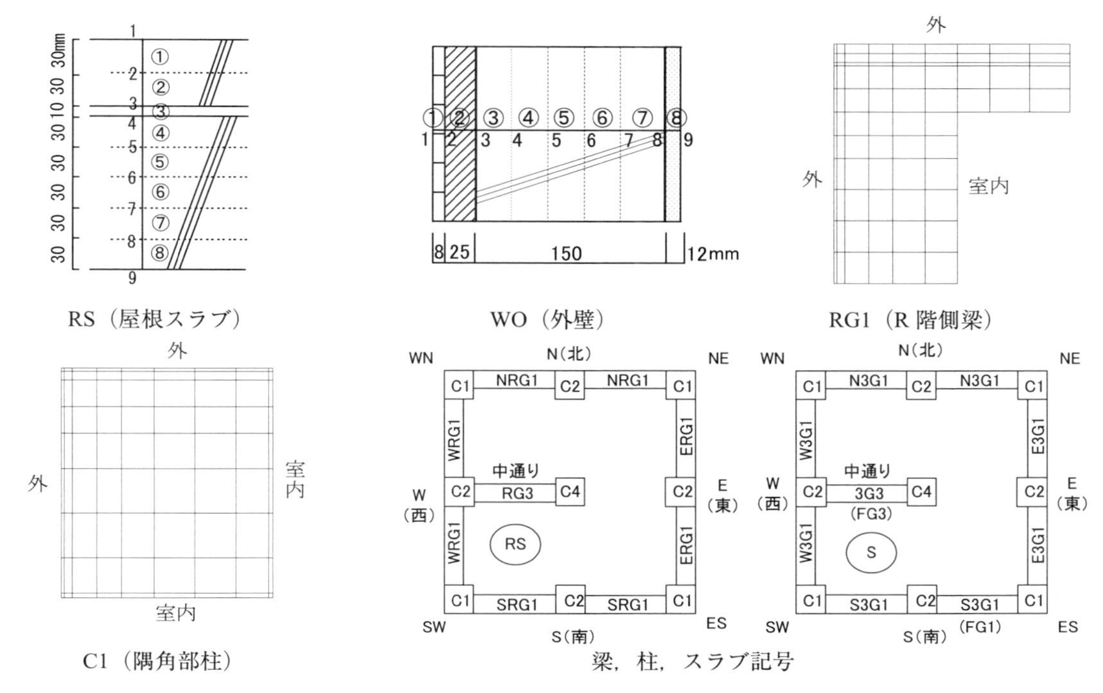

付図 8.2.11　FEM モデルおよび解析部位の記号

R 階の側梁は側面と上方に日射の影響を考慮し，一般階の側梁は側面のみ日射を考慮した．柱は各方位面に面する場合と，さらに東南，南西，西北，北東の隅角部の場合の 8 ケースを計算した．

非定常解析は，周期定常状態に達する期間を考慮して 2 週間計算し，最後の 1 日の温度を採用した．時間ステップは 15 分ピッチとした．各部材の熱物性値を付表 8.2.6 に示す．

解析結果は，躯体部分の断面平均温度 T_d（部材の伸縮に対応）について整理した〔下式〕．

$$T_d = \sum_{i=1}^{n} \bar{\theta}_i S_i \Big/ \sum_{i=1}^{n} S_i \qquad \text{(付 8.2.1)}$$

ここに，$\overline{\theta}_i$：要素の平均温度，S_i：要素の面積

n：部材の断面平均温度計算に含まれる要素数

付表 8.2.6 熱 物 性

部位	熱伝導率λ (W/mK)	比熱c (kJ/kgK)	密度ρ (kg/m^3)
コンクリート	1.628	0.8791	2 300
防水層	0.1105	0.9209	1 000
モルタル	1.512	0.7953	2 000
タイル	1.279	0.8372	2 400
石膏版	0.1744	1.13	910
岩綿吸音版	0.06395	0.8372	300
断熱材	0.03721	1.256	28
地盤	1.256	2.11	1 639

全部材の FEM 解析結果について付表 8.2.7 にまとめた．表には T_d の最高値（夏期），最低値（冬期）およびその生起時刻を示した．また，屋根スラブ，R 階の西側梁，南西隅柱および西側の外壁の温度（T_d）の時刻歴を付図 8.2.12〜図 8.2.15 に示す．

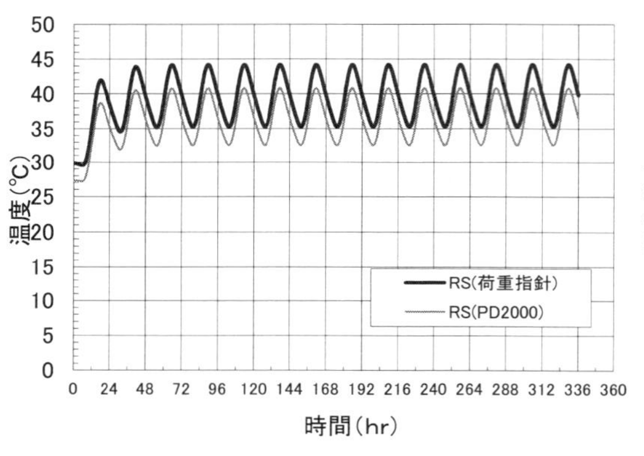

付図 8.2.12 屋根スラブ（RS）の T_d

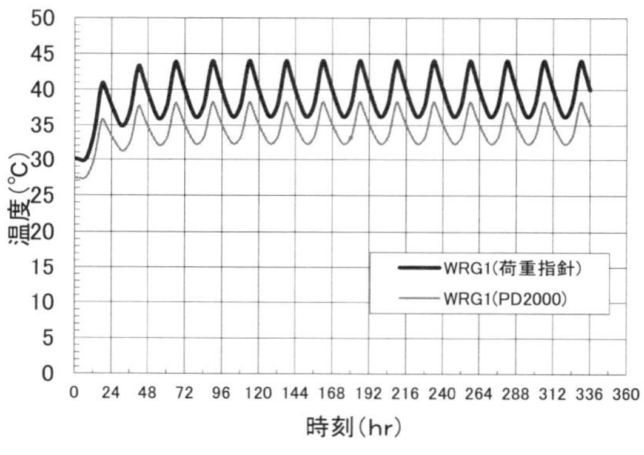

付図 8.2.13 R 階西梁（WRG1）の T_d

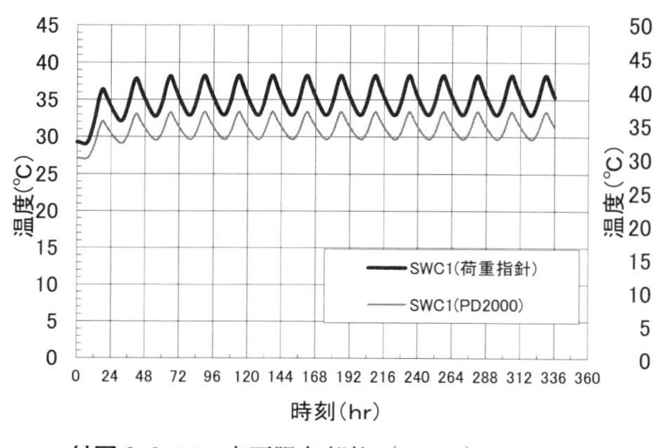

付図 8.2.14 南西隅角部柱（SWC1）の T_d

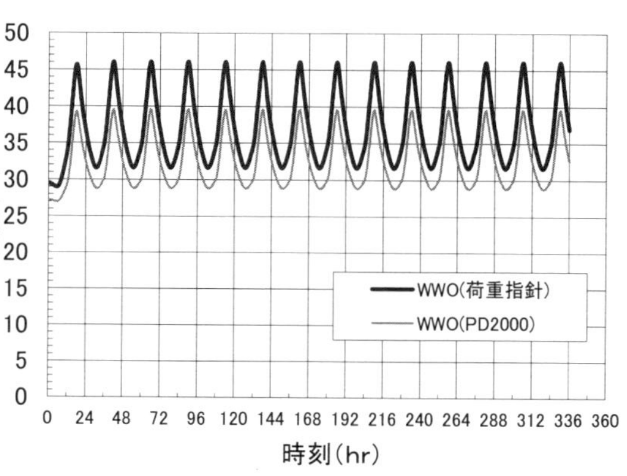

付図 8.2.15 西壁（WWO）の T_d

付表 8.2.7　東京躯体温度解析結果（非定常解析，空調有り）

東京	番号	部位	記号	サイズ(cm)	①ケース1(荷重指針)		②ケース2(PD2000)		差(℃)(=①-②)
					$T_{d\max}$(℃)	時刻	$T_{d\max}$(℃)	時刻	
1 夏（日射考慮・空調有り）	1	屋根スラブ	RS	15	44.2	17:30	40.8	17:30	3.4
	2	一般階スラブ	S	15	26.0	–	26.0	–	0.0
	3	R階東梁	ERG1	70×35	42.1	15:45	36.6	15:30	5.5
	4	R階南梁	SRG1	70×35	40.3	16:30	35.0	16:30	5.3
	5	R階西梁	WRG1	70×35	44.0	18:15	38.3	18:15	5.7
	6	R階北梁	NRG1	70×35	39.0	18:00	33.9	18:15	5.1
	7	R階中通り梁	RG3	75×35	33.5	18:15	31.9	18:00	1.6
	8	一般階東梁	E3G1	70×35	37.3	11:45	33.3	11:15	4.0
	9	一般階南梁	S3G1	70×35	35.4	15:45	31.2	15:30	4.2
	10	一般階西梁	W3G1	70×35	38.9	18:15	34.3	18:15	4.6
	11	一般階北梁	N3G1	70×35	34.0	18:15	30.0	18:15	4.0
	12	一般階中通り梁	3G3	80×35	26.0	–	26.0	–	0.0
	13	基礎梁(外周)	FG1	120×40	24.5	–	24.5	–	0.0
	13'	基礎梁(中通り)	FG3	120×40	24.8	–	24.8	–	0.0
	14	東柱	EC2	60×60	32.9	11:45	30.4	11:15	2.5
	15	東南隅角部柱	ESC1	60×60	37.5	15:15	32.6	14:45	4.9
	16	南柱	SC2	60×60	31.7	15:45	29.1	15:30	2.6
	17	南西隅角部柱	SWC1	60×60	38.3	17:45	33.4	18:00	4.9
	18	西柱	WC2	60×60	33.8	18:15	31.0	18:15	2.8
	19	西北隅角部柱	WNC1	60×60	37.7	18:15	32.9	18:15	4.8
	20	北柱	NC2	60×60	30.9	18:15	28.4	18:15	2.5
	21	北東隅各部柱	NEC1	60×60	36.5	15:45	31.8	11:45	4.7
	22	柱(中通り)	C4	60×60	26.0	–	26.0	–	0.0
	23	東壁	EWO	15	42.7	11:30	37.3	11:00	5.4
	24	南壁	SWO	15	40.0	15:30	34.0	15:15	6.0
	25	西壁	WWO	15	46.1	18:00	39.6	18:00	6.5
	26	北壁	NWO	15	37.2	18:00	31.7	18:15	5.5
	27	壁(中通り)	WI	15	26.0	–	26.0	–	0.0
2 冬（日射無視・空調有り）	–	部位	記号	サイズ(cm)	$T_{d\min}$(℃)	時刻	$T_{d\min}$(℃)	時刻	–
	51	屋根スラブ	RS	15	4.5	9:45	7.1	9:45	−2.6
	52	一般階スラブ	S	15	22.0	–	22.0	–	0.0
	53	R階梁(外)	RG1	70×35	3.3	8:45	6.1	8:45	−2.8
	54	R階梁(中通り)	RG3	75×35	13.7	10:15	14.9	10:15	−1.2
	55	一般階梁(外)	3G1	70×35	8.3	8:45	10.4	8:30	−2.1
	56	一般階梁(中通り)	3G3	80×35	22.0	–	22.0	–	0.0
	57	基礎梁(外周)	FG1	120×40	15.3	–	15.3	–	0.0
	57′	基礎梁(中通り)	FG3	120×40	22.8	–	22.8	–	0.0
	58	柱(外)	C2	60×60	13.4	8:30	14.7	8:30	−1.3
	59	柱(隅角部)	C1	60×60	6.9	8:30	9.2	8:30	−2.3
	60	柱(中通り)	C4	60×60	22.0	–	22.0	–	0.0
	61	壁(外)	WO	15	4.8	8:15	7.6	8:00	−2.8
	62	壁(中通り)	WI	15	22.0	–	22.0	–	0.0
3 夏（日射無視・空調有り）	–	部位	記号	サイズ(cm)	$T_{d\max}$(℃)	時刻	$T_{d\max}$(℃)	時刻	–
	151	屋根スラブ	RS	15	32.5	19:15	29.2	19:15	3.3
	152	一般階スラブ	S	15	26.0	–	26.0	–	0.0
	153	R階梁(外)	RG1	70×35	32.8	18:15	29.3	18:15	3.5
	154	R階梁(中通り)	RG3	75×35	28.9	20:30	27.4	20:15	1.5
	155	一般階梁(外)	3G1	70×35	30.9	17:45	28.4	18:00	2.5
	156	一般階梁(中通り)	3G3	80×35	26.0	–	26.0	–	0.0
	157	基礎梁(外周)	FG1	120×40	24.5	–	24.5	–	0.0
	157′	基礎梁(中通り)	FG3	120×40	24.8	–	24.8	–	0.0
	158	柱(外)	C2	60×60	29.0	17:45	27.5	17:45	1.5
	159	柱(隅角部)	C1	60×60	31.5	17:45	28.7	17:45	2.8
	160	柱(中通り)	C4	60×60	26.0	–	26.0	–	0.0
	161	壁(外)	WO	15	32.8	17:15	29.4	17:15	3.4
	162	壁(中通り)	WI	15	26.0	–	26.0	–	0.0

ただし，T_d：断面平均温度

2.　簡易算定法

構造体温度の算定法のうち，ここでは簡易算定法を紹介する．この方法は温度条件として「周期定常」を仮定することで表計算ソフトにより構造体温度を精度よく算定できる方法である．

(1)　温度条件のモデル化

建築物に荷重効果を発生させる温度，すなわち温度荷重は，構造体の温度が外気温度や日射量などの外界気象や室温のほか，部材構成によっても異なるため一律に定めることができない．そのため，温度荷重を設定するためには，諸条件をもとに計算する必要がある．

構造体の温度は，境界条件が決まれば有限要素法等による非定常熱伝導解析によって算定することができる．実際，時々刻々の気象データを用いて，部材温度を計算するソフトウェアは，すでに数多く公開されている．しかしながら，境界条件となる気象データが未整備なため，ほかの荷重と同様に再現期間 100 年に対する温度荷重を算定することは困難である．空調設備設計用の気象データは整備されているものの，温度荷重の場合とは考え方が異なるためそのまま利用することができない．そこで，整備すべき気象データがわずかですむ，温度変化を日周期の正弦波で近似する簡易予測法について検討することとした．この方法は，ISO/TR 9492:1987, "Bases for design of structures - Temperature climatic actions" [35]（以下，ISO/TR 9492）という ISO のテクニカルレポートになっており，今回提案する躯体温度の簡易予測法は概ねこのレポートに基づいている．

1)　外気温度データ

温度の時間変化を考慮しない計算，すなわち定常計算では，例えば，年最高気温が持続するという仮定をしていることになり，熱容量の大きい（正確には，熱伝導率を容積比熱で除した値 − 熱拡散率 − の小さい）コンクリートのような部材では，部材内温度を相当高く見積もってしまうことになる．ある時刻の部材内温度はそれ以前の温度変動履歴の影響を受けるため，部材内温度を正確に推定するためには，その前に助走期間として長時間（RC 造の建物で数日〜1 週間，地盤伝熱を考える場合は 2〜3 年程度），時々刻々のデータを元に計算する必要があるが，この計算のためには長期間の気象データを整備しなくてはならない．整備する気象データを減らす方策として，日周期の周期定常を仮定する方法がある．日周期の周期定常状態を仮定するということはピーク日の変動が毎日繰り返されることを意味するため常に過大評価となるが，空調分野では古くから用いられている方法であり，ISO/TR 9492 でも同様の仮定がなされている．この仮定の妥当性を検討してみる．

付図 8.2.16 は東京で年最高（最低）気温を記録した日（ピーク日）を基準に取り，その日の前後の気温の日平均値・日最高値・日最低値の 1963 年〜2004 年までの平均を示したものである（1963 年より前は日最低気温の日界が異なるため除外した）．夏期のデータをみるとピーク日を中心に前後 5 日程度の山があり，数日間気温が高い状態が継続することがわかる．したがって，過大評価になるのは確かだが，ピーク日が繰り返すという仮定はある程度妥当と言える．冬期についても同様のことが言える．

付図 8.2.17，付図 8.2.18 に，1981〜2004 年の各年において東京で年最高気温・年最低気温を記録した日の毎時の変動を示す（破線）．一般に毎時のデータをそれぞれ独立に極値解析した日変動パターンの日平均値は，時刻間の相関を考慮していないため日平均値を極値解析した値とは異なる．そこで時別値が必要な場合のパターンとして，ピーク日の各年の値を時刻別に平均し日平均・日振幅（後述）があうよう伸張したものを作成し図中に示した．

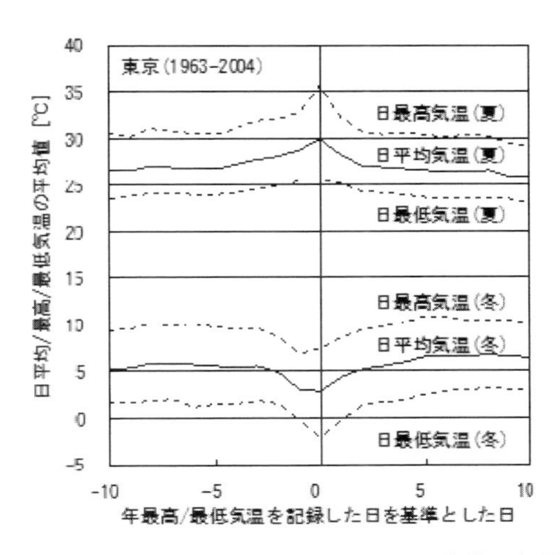

付図 8.2.16　年最高 / 最低気温記録日前後の気温

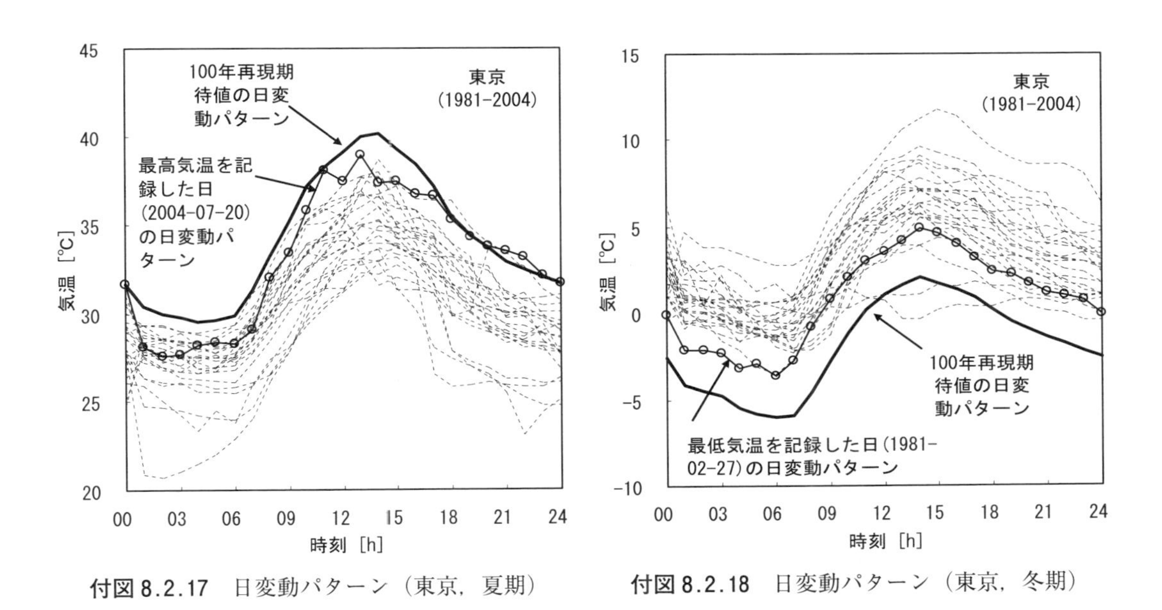

付図 8.2.17　日変動パターン（東京，夏期）

付図 8.2.18　日変動パターン（東京，冬期）

ちなみに，空調分野でピーク負荷計算用に整備されている超過確率 2.5％（歴史的経緯から TAC2.5％と呼ばれている）の周期定常データがあるが，これは，例えば夏期（6〜9 月）毎日の 2.5％なので 3 日程度，年でいうと 1％程度となる．すなわち，空調分野で使用されているのは 100 日に 1 回のデータであるのに対し，荷重分野での超過確率 1％は 100 年に 1 回のデータなのではるかに厳しい値となっていることに注意されたい．

さて，ISO/TR 9492 の最大の特徴は，日変動を日平均値まわりの日周期正弦波 1 項のみで表現する点にある．空調分野で周波数応答法により周期定常計算をする場合は，日変動パターンをフーリエ級数展開し高次項まで考慮して計算するが，ここでは 1 項で打ち切るかわりにピーク値が保存されるよう振幅を決定する．例えば，最高気温について示してみると付図 8.2.19 のようになり，日平均気温と日最高気温は一致するが日最低気温は一致しない．しかし，関心があるのは部材の最高温度なので，最低温度が一致している必要はない．フーリエ級数展開したときの日周期成分の振幅は大抵上述の振幅より小さくなるので，壁体内温度のピーク値は精算値より大抵の場合，過大になるが（矩形波を考えればわかるように，数学的に保証されているわけではない），これも妥当な仮定と言えよう．

このように，日平均値と日最大値（最小値）が一致すればよいと考えると，整備すべき気象データが非常に少なくてすむメリットがある．例えば，年最高気温について考えてみると，日周期の周期定常を仮定するとしても，毎時のデータを用いた場合，24 データ必要となるが，平均と最大だけあればよいので，基本値としては，2 データだけでよい．

年最高気温を T_{H}，年最低気温を T_{L} としよう．対応する日平均気温を $\bar{T}_H$，$\bar{T}_L$，日振幅を $\tilde{T}_H$，$\tilde{T}_L$，として，

$$T_{\mathrm{H}} = \bar{T}_{\mathrm{H}} + \tilde{T}_{\mathrm{H}} \quad \text{（付 8.2.2）}$$

$$T_{\mathrm{L}} = \bar{T}_{\mathrm{L}} - \tilde{T}_{\mathrm{L}} \quad \text{（付 8.2.3）}$$

となるようにしたい．そこで，日平均気温は極値解析で再現期間 100 年に相当する値を採用し，日振幅は（付 8.2.2）式，（付 8.2.3）式を満足するように決定することとした．ちなみに，ISO/TR 9492 では，日振幅についても極値解析により決定する方法をとっているが，ここでは，すでに基本値として与えている年最高 / 最低気温との整合を図ることを優先した．

2）日射データ

日周期の正弦波近似では，夜間に日射量が 0 になることを表現できないため，精度が良いとは言えないが，日最大と日平均が一致するよう正弦波近似すると付図 8.2.20 のようになる．

気温の場合と同様に，日射量の日振幅 $\tilde{J}$ は，日最大日射量 J を，日平均日射量 $\bar{J}$ をとして，

$$J = \bar{J} + \tilde{J} \quad \text{（付 8.2.4）}$$

を満たすように決定する．これは，ISO/TR 9492 と同じ方法である．

3）相当外気温度

相当外気温度を用いることで，外気温度と日射の影響を一括して扱うことができる．相当外気温度（夏期）の日平均値は次式のように，それぞれの日平均値 $\bar{T}_{\mathrm{SAT}}$ から算出することができる．

$$\bar{T}_{\mathrm{SAT}} = \bar{T}_{\mathrm{H}} + \frac{a}{\alpha_0}\bar{J} \quad \text{（付 8.2.5）}$$

ただし，a は日射吸収率[－]，α_0 は外表面の総合熱伝達率[W/(m²・K)]である．一方，気温の振幅と日射量の振幅を組み合せ，相当外気温度の振幅を計算するときには位相差が問題となる．すなわち，気温は 14 時頃に最高になるが，日射量が最大になる時刻は，東西では午前，西南では午後など方位によって異なり，気温が最高となる時刻とは一致しないため，単純に気温の日振幅と日射量の

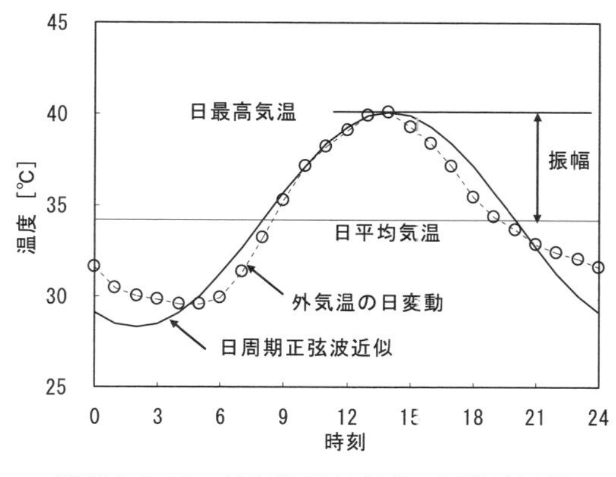

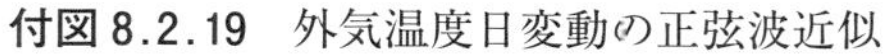

付図 8.2.19　外気温度日変動の正弦波近似

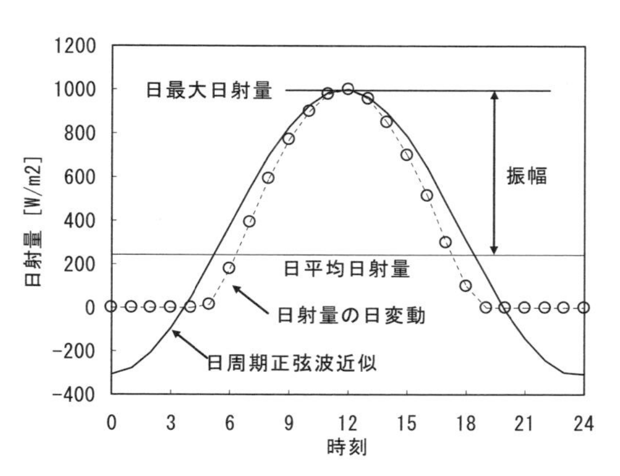

付図 8.2.20　水平面日射量変動の正弦波近似

日振幅を相当する温度上昇に変換した値を加えた場合は過大評価となる．そのため，ISO/TR 9492 では日振幅低減係数ψが提案されている〔付表 8.2.8〕．具体的には，日振幅$\tilde{T}_{SAT}$は下式で算出する．

$$\tilde{T}_{SAT}=\psi\cdot\left(\tilde{T}_{H}+\frac{a}{\alpha_0}\tilde{J}\right) \qquad (付\ 8.2.6)$$

付図 8.2.21 に示した水平面の場合は，外気温度が最大になる時刻（14 時頃）と日射量が最大になる時刻（12 時頃）に大きな違いがないため，$\psi=1$ として算出された正弦波（実線）のピークの値と，時別データを用意して組み合せた相当外気温度の日変動（白抜○の点線）のピークはほぼ一致しており，$\psi=1$ で問題ないことがわかる．

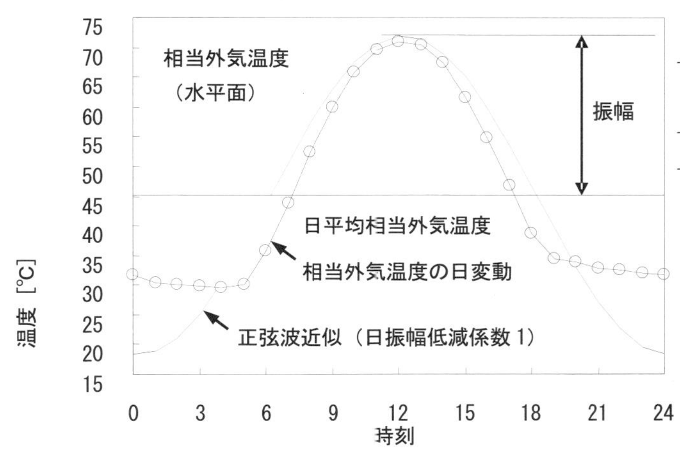

図 8.2.21　相当外気温度日変動の正弦波近似

付表 8.2.8　日振幅低減係数ψ

方位	水平面 南面	西面 南西面	南東面 北西面	東面 北東面
ψ	1.0	0.9	0.8	0.7

4）室温データ

室温に関しても，本来，外気温度や日射量と同様に日平均と日振幅のデータが必要となるが，室温の日変動は，外気に比べればはるかに小さいので無視し，一定として構わない．しかし，特殊な場所，例えば，アトリウムの頂部では日中と夜間の日較差が 40[℃]程度になることもありうるが，このような特殊な場所では室温の日平均値で一定とするのではなく，最高値（最低値）で一定とするといった取扱いをするのが適切であろう．

(2) 平面壁の温度計算

多層平面壁の周波数領域での解は良く知られており，層平均温度や勾配についても解析的に求めることができる．ISO/TR 9492[35]では両側表面境界層のみを考えた単層壁に関して容易に計算できるよう図が整備されているが，本節では，より一般的な多層壁の計算方法に基づいた，Microsoft ® EXCEL を用いた簡易一次元計算ソフトについて概説する．

1) 計 算 法

付図 8.2.22 に示すような多層壁を考える．

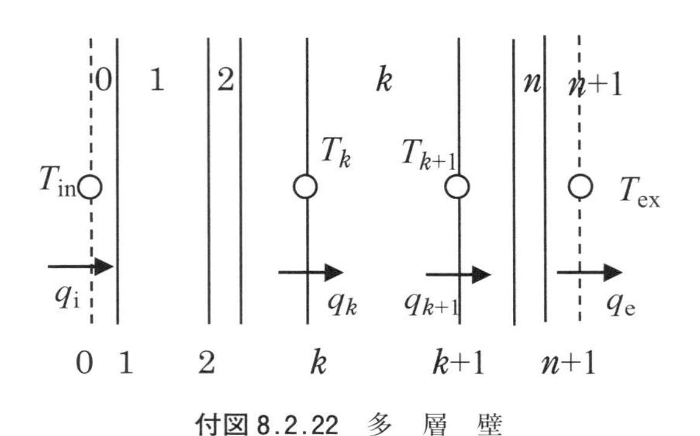

付図 8.2.22 多 層 壁

多層壁から 1 層だけを取り出し，その両界面温度をそれぞれ $T(0, \omega)=T_1(\omega)$，$T(\Delta x, \omega)=T_2(\omega)$ とすると，層内の位置 x[m]における温度は，

$$T(x, \omega)=\frac{\sinh\beta(\Delta x-x)}{\sinh\beta\Delta x}T_1(\omega)+\frac{\sinh\beta x}{\sinh\beta\Delta x}T_2(\omega) \qquad \text{(付 8.2.7)}$$

となる．

ただし，$\beta=\sqrt{i\omega/a}$

Δx：層厚[m]，a：熱拡散率[m²/s]（$=\lambda/\rho c$），ρ：密度[kg/m³]，c：比熱[J/(kg・K)]

λ：熱伝導率[W/(m・K)]，ω：角振動数[Hz]（$=2\pi/P$）[s]

P：周期[s]（1 日を想定しているので $P=86\,400$[s]）

i：虚数単位（$=\sqrt{-1}$）

である．これから，層の空間平均温度は，

$$\bar{T}(\omega)=\frac{1}{\Delta x}\int_0^{\Delta x}T(x, \omega)\,dx=\left(\frac{2}{\beta\Delta x}\tanh\frac{\beta\Delta x}{2}\right)\frac{T_1(\omega)+T_2(\omega)}{2} \qquad \text{(付 8.2.8)}$$

層内の温度分布を線形近似したときの勾配は，次式となる．

$$\theta(\omega)=\frac{12}{\Delta x^3}\int_0^{\Delta x}xT(x,\omega)\,dx-\frac{6}{\Delta x}\bar{T}(\omega)=3\left(\frac{2}{\beta\Delta x}\right)^2\left(\frac{\beta\Delta x}{2}\cosh\frac{\beta\Delta x}{2}-1\right)\frac{T_2(\omega)-T_1(\omega)}{\Delta x}$$

（付 8.2.9）

ここではそれぞれの振幅（絶対値）のみが必要となる．定常状態 $\omega=0$ の場合，

$$\bar{T}(0)=\frac{T_1(0)+T_2(0)}{2}$$ （付 8.2.10）

$$\theta(0)=\frac{T_2(0)-T_1(0)}{\Delta x}$$ （付 8.2.11）

となるのは明らかである．しかし，一般には層の両表面温度は未知であるから，まずこれらを求める必要がある[36),37)]．室内側から第 1 層，第 2 層として第 n 層まである多層壁を考える．両側の境界層もそれぞれ一つの層と考えて，第 0 層，第 $n+1$ 層とする．第 k 層の界面温度 T_k を，界面熱流量を q_k とωを省略して記すと，

$$\begin{bmatrix}T_k\\q_k\end{bmatrix}=F_k\begin{bmatrix}T_{k+1}\\q_{k+1}\end{bmatrix}$$ （付 8.2.12）

という関係が成り立っている．ただし，F_k は，4 端子行列（遷移行列），

$$F_k=\begin{bmatrix}\cosh\beta_k\Delta x_k & \dfrac{1}{\beta_k\lambda_k}\sinh\beta_k\Delta x_k\\ \beta_k\lambda_k\sinh\beta_k\Delta x_k & \cosh\beta_k\Delta x_k\end{bmatrix}$$ （付 8.2.13）

である．これから，

$$\begin{bmatrix}T_{in}\\q_{in}\end{bmatrix}=\begin{bmatrix}A_k & B_k\\C_k & D_k\end{bmatrix}\begin{bmatrix}T_k\\q_k\end{bmatrix}$$ （付 8.2.14）

ただし，

$$\begin{bmatrix}A_k & B_k\\C_k & D_k\end{bmatrix}=F_0F_1\cdots F_{k-1}$$ （付 8.2.15）

と 4 端子行列の積の形で層の界面の温度・熱流量が結び付けられる．室温 T_{in}・室内側熱流量 q_i と外気温度 T_{ex}・屋外側熱流量 q_e の間の関係は，

$$\begin{bmatrix}T_{in}\\q_{in}\end{bmatrix}=\begin{bmatrix}A_T & B_T\\C_T & D_T\end{bmatrix}\begin{bmatrix}T_{ex}\\q_{ex}\end{bmatrix}$$ （付 8.2.16）

$$\begin{bmatrix}A_T & B_T\\C_T & D_T\end{bmatrix}=\begin{bmatrix}A_{n+1} & B_{n+1}\\C_{n+1} & D_{n+1}\end{bmatrix}=F_0F_1\cdots F_{n+1}$$ （付 8.2.17）

であり，これから，室温 T_{in} と外気温度 T_{ex} が与えられれば，

$$q_{in}=\frac{D_T}{B_T}T_{in}-\frac{1}{B_T}T_{ex}$$ （付 8.2.18）

$$q_{ex}=\frac{1}{B_T}T_{in}-\frac{A_T}{B_T}T_{ex}$$ （付 8.2.19）

と室内側および屋外側の熱流量を求めることができる．（付 8.2.2～17,18）式中の各係数，

$$G_{Ai}=\frac{D_T}{B_T}\tag{付 8.2.20}$$

$$G_{Ae}=\frac{A_T}{B_T}\tag{付 8.2.21}$$

$$G_T=\frac{1}{B_T}\tag{付 8.2.22}$$

はそれぞれ室内側吸熱応答，屋外側吸熱応答，貫流応答と呼ばれている．室温と外気温度を与えたときの壁内部の層界面温度は，今までの関係式を用いて容易に，

$$T_k=\frac{D_kB_T-B_kD_T}{B_T}T_{\mathrm{in}}+\frac{B_k}{B_T}T_{\mathrm{ex}}\tag{付 8.2.23}$$

と求めることができる．

以上の方法で，界面温度の周波数領域での解が得られれば，ただちに，（付 8.2.8,9）式によって各層の層平均温度，勾配を求めることができる．

2）計　算　例

屋上水平スラブを例に取り，無断熱，内断熱，外断熱の場合の壁体内温度を簡易予測法と精算法で計算し検討した．計算に用いた物性値を付表 8.2.9 に示す．

付図 8.2.23 に，精算法の計算に用いた東京の相当外気温度（夏）と外気温度を示す．外気温度は付図 8.2.17，付図 8.2.18 に示したものであるが，日射に関しては毎時の値を 8.2.2 節の手順で理論的に求めて相当外気温度の計算に用いている．付図 8.2.24 に計算結果を示すが，簡易予測法により，どの場合でも充分満足のいく精度で，最高温度，最低温度が予測できることがわかる．

付表 8.2.9　計算条件（材料熱物性値）

①普通コンクリート	λ：1.60，ρ_c：1 690
②断熱材	λ：0.04，ρ_c：25
	λ：熱伝導率[W/(m·K)]　ρ_c：容積比熱[kJ/(m^{3}K)]
内表面熱伝達率：8	
外表面熱伝達率：25[W/(m^{2}K)]	
外表面日射吸収率 a：0.8[−]	

(3) 柱・梁等二次元の温度計算

(2) では一次元的な熱流が想定できる壁体（以下，平面壁）を対象に，日周期定常計算による温度の簡易予測法を示した．しかし，柱・梁などの主要な構造部材については，平面壁として扱うことはできないため，適用範囲は限定されている．そこで，本節では種々の断面形状に対応できるように二次元の有限体積法[38)]（以下，CVM：Control Volume Method）による Microsoft® EXCEL を用いた簡易二次元計算ソフトについて概説する．

1）計算法の概要

熱伝導方程式を空間領域に関して離散化すると（今回は二次元直交メッシュによる CVM を用い

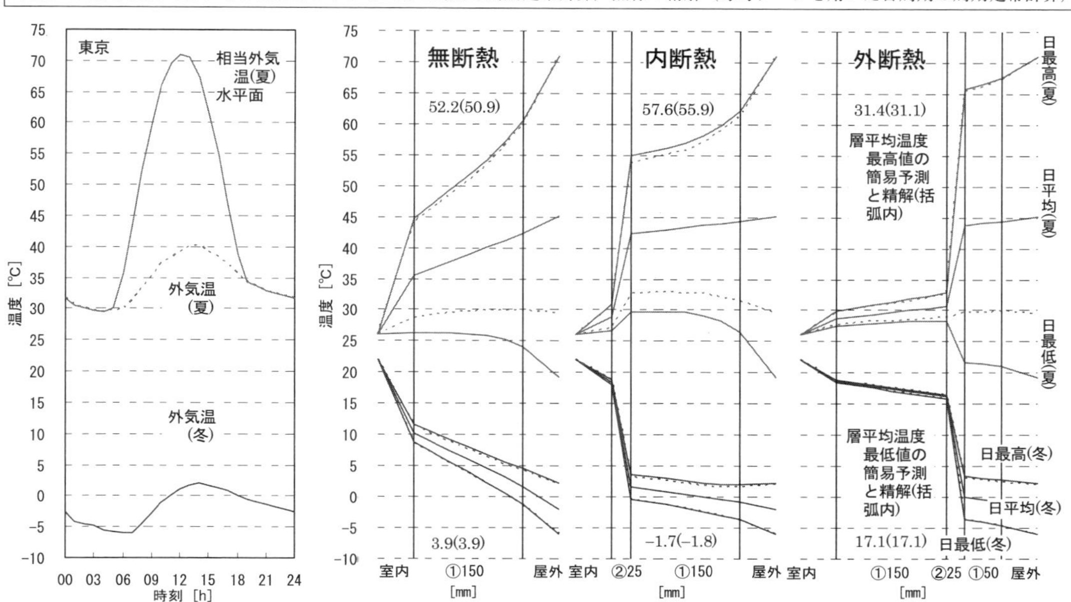

付図 8.2.23　外気温と相当外気温

付図 8.2.24　断面温度分布（水平屋根スラブ）

ている），一般に次式となる．

$$C_{\Omega}\dot{T}_{\Omega}(t)=K_{\Omega}T_{\Omega}(t)+K_{\Omega\Gamma}T_{\Omega}(t) \tag{付 8.2.24}$$

ここに，T_{Ω}：内部温度ベクトル，T_{Γ}：境界温度ベクトル，C_{Ω}：熱容量行列，$K_{\Omega}, K_{\Omega\Gamma}$：熱伝導行列，$t$：時刻[s]．周期定常解に，通常，

$$T=\tilde{T}e^{i\omega t} \tag{付 8.2.25}$$

とおいて，次式を解く．

$$(i\omega C_{\Omega}-K_{\Omega})\tilde{T}=K_{\Omega\Gamma}\tilde{T}_{\Gamma} \tag{付 8.2.26}$$

ただし，ω：角振動数[Hz]（$=2\pi/P$），P：周期[s]，i：虚数単位$=\sqrt{-1}$である．

複素数計算ではなく，

$$\tilde{T}_{\Gamma}=\tilde{T}_{\Gamma c}\cos\omega t+\tilde{T}_{\Gamma s}\sin\omega t \tag{付 8.2.27}$$

$$\tilde{T}_{\Omega}=\tilde{T}_{\Omega c}\cos\omega t+\tilde{T}_{\Omega s}\sin\omega t \tag{付 8.2.28}$$

とおいて，次式を反復法で解いても良い．

$$-\omega C_{\Omega}\tilde{T}_{\Omega s}=K_{\Omega}\tilde{T}_{\Omega c}+K_{\Omega\Gamma}\tilde{T}_{\Gamma c} \tag{付 8.2.29}$$

$$\omega C_{\Omega}\tilde{T}_{\Omega c}=K_{\Omega}\tilde{T}_{\Omega s}+K_{\Omega\Gamma}\tilde{T}_{\Gamma s} \tag{付 8.2.30}$$

2）簡易二次元計算法の検証

EXCEL を用いた簡易二次元計算法の評価精度について試算例を用いて検証する．対象モデルは屋根スラブ，外壁，屋根部分の梁であり，すでに実荷重に基づく精算（時刻歴解析）が行われているものである．モデルを付図 8.2.25 に示す．材料定数，熱伝達率等の解析条件は文献 34）と同じ値を用いた．屋根（水平面），外壁（西面）における夏期の一日の相当外気温度の履歴を付図 8.2.26 に示す．外壁（西面）では外気温度と日射の温度のピークがずれることから ISO/TR9492 にならい相当外気温度の振幅を 0.9 倍に低減している．

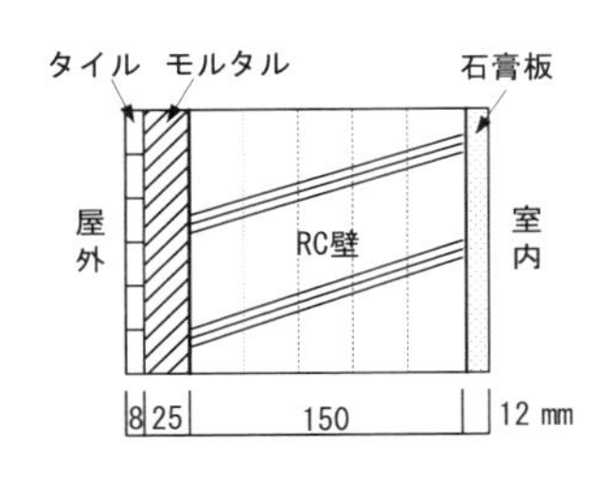

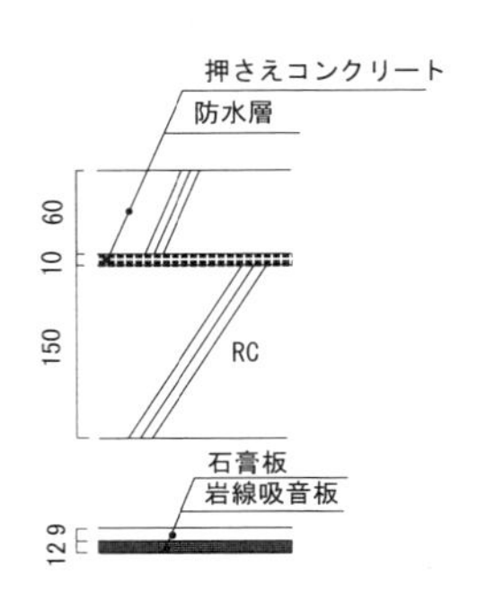

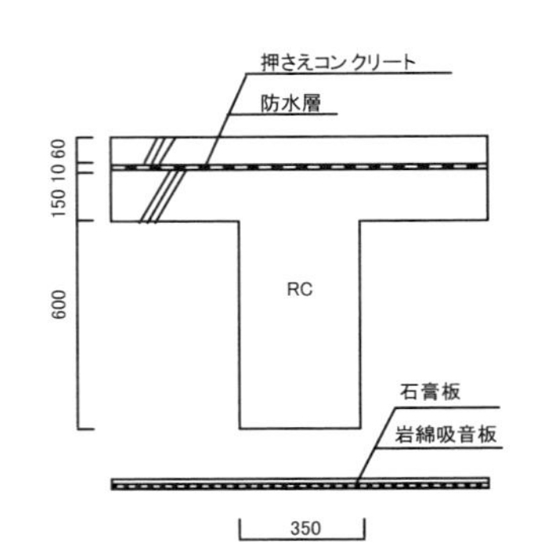

付図 8.2.25 解 析 対 象

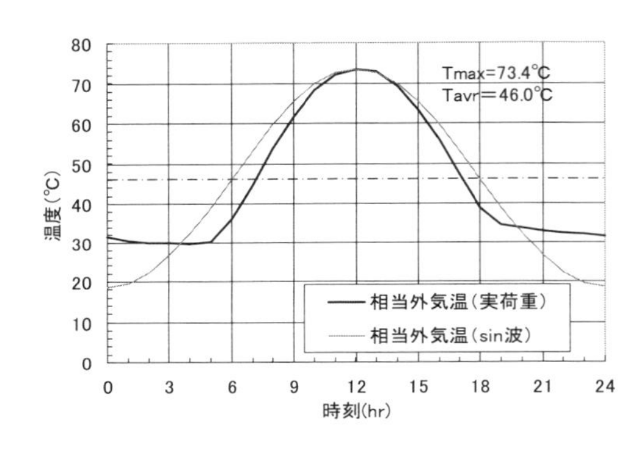

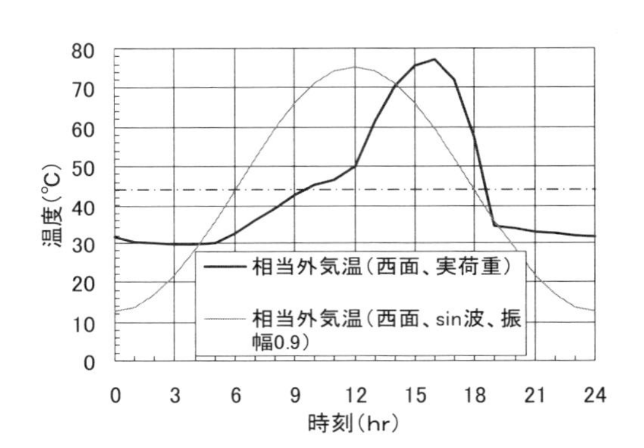

付図 8.2.26 一日の相当外気温履歴（実荷重，周期定常（sin 波））

付図 8.2.27 は外的条件，熱定数の入力および解析結果の出力画面とモデル入力画面（梁の解析例）を示す．

解析結果のうち，対象となる部材平均温度の最大値（夏期）を時刻歴解析，簡易一次元計算法，簡易二次元計算法で比較し付表 8.2.10 に示した．実荷重との誤差（%）の算定においては基準温度（東京の年平均温度として 15.6 ℃とした）からの温度変化の比を示している．時刻歴解析との差は最大 1.7 ℃，誤差 5.7 % であるがいずれのケースにおいても安全側（温度が高い側）に評価できており，構造設計に用いるには充分な精度で部材平均温度が計算できている．

都市名	東京
緯度［°N］	35.690
方位	水平
日振幅低減係数	1.00
日射吸収率	0.80

	夏期	冬期
気温日平均[℃]	34.2	-1.9
気温日振幅[K]	5.9	4.1
日射量日平均[W/m²]	344	0
日射量日振幅[W/m²]	655	0
相当外気温日平均[℃]	46.0	-1.9
相当外気温日振幅[K]	28.4	4.1
室温[℃	26.0	22.0

	Id	色	材料名	熱伝導率 [W/(mK)]	容積比熱 [kJ/(m³K)]	断面積 [m²]	温度[℃] 夏期	冬期
境界条件	0		断熱境界	0.000				
	1		室内	2.407			26.0	22.0
	2		相当外気温	23.260			74.5	-6.0
	3		相当外気温2	25.000				
	4		相当外気温3	25.000				
計算	A		普通コンクリート	1.628	2022	6.96E-02	62.7	-2.1
	B		防水層	0.111	921	1.16E-02	53.5	1.4
	C		普通コンクリート	1.628	2022	1.22E-01	44.6	5.6
	D		普通コンクリート	1.628	2022	2.62E-01	33.6	14.1
	E		(無し)			0.00E+00		

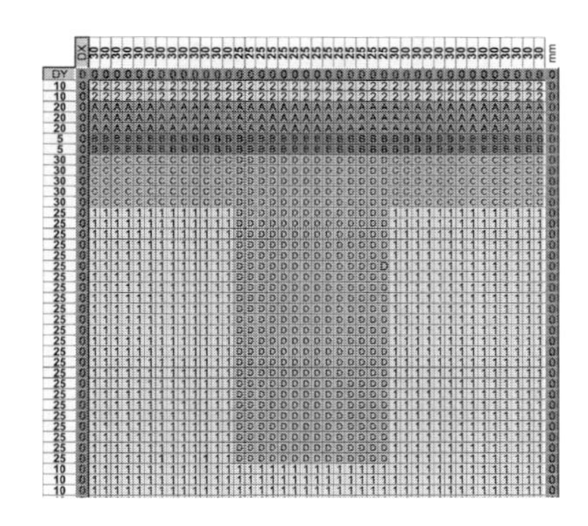

付図 8.2.27　外的条件，熱定数入力および解析結果の出力画面とモデル入力画面

付表 8.2.10　部材平均温度の最大値（夏期）の比較

部位	実荷重 時刻歴	sin 波 時刻歴	一次元周期 定常解析	二次元周期 定常解析	実荷重と二 次元との差	実荷重との 誤差（%）
屋根スラブ	44.2	45.0	45.3	45.3	1.1	3.8
西面外壁	46.1	47.5	47.9	47.8	1.7	5.6
R 階中通り梁	33.5	−	−	33.6	0.1	0.6

参考文献

1）Building Movements and Joint:Portland Cement Association, 1982.12

2）串山　繁・小幡　守：鉄筋コンクリート建物の温度応力計算用温度の試算，日本建築学会構造系論文集，第 462 号，pp.91〜99，1994.8

3）北沢正彦・川北司郎ほか：鋼製橋脚における鋼構造物温度の実測と温度荷重の検討（上）(下)，橋梁と基礎，20（11），pp.23〜27，20（12），pp.35〜40，1986.11，12

4）日本建築学会：拡張アメダス気象データ，2000.1

5）松尾　陽・横山浩一・石野久彌・川元昭吾：空調設備の動的熱負荷計算入門，建築設備技術者協会，1980.3

6）石野久彌ほか：設計用最大熱負荷計算法，空調学会，丸善，1989.12

7）木村健一：建築環境学Ⅰ，丸善，1992.4

8）Gueymard, C.: Parameterized Transmittance Model for Direct Beam and Circumsolar Spectral Irradiance, Solar Energy, 71-5, pp.325〜346. 2001

9）ASTM G 159, Standard Tables for Reference Solar Spectral Irradiance at Air Mass 1.5: Direct Normal and Hemispherical for a 37°　Tilted Surface, 1999

10）Perez, R., Ineichen, P., Seals, R., Michalsky, J. and Stewart, R.: Modeling Daylight Availability and Irradiance Components from Direct and Global Irradiance, Solar Energy, 44-5, pp.271〜289, 1990

11）空気調和・衛生工学会編：空気調和・衛生工学便覧 3（第 12 版），pp.25〜27，1997

12）日本建築学会：温度荷重設計資料集，日本建築学会，2010.1

13）渡辺　要：暖冷房設計用地中温度，空気調和・衛生工学，第 38 巻第 2 号，1964.2

14）渡辺　要編：建築計画原論Ⅱ，丸善，1965.1

15）横田一磨・明野徳夫：空気調和・衛生設備－設計の実務と実用資料－，1969

16）日本金属屋根協会：鋼板製屋根構法標準 SSR2007，2007.11

17) 奥田泰雄：最近の台風による建築被害，建築技術，No.673，pp.92～95，2006.2
18) 浅井英克・時野谷浩良：二重折板屋根の熱伸縮に対する疲労損傷評価，大林組技術研究所報，No.72，pp.1～6，2008
19) 寺本隆幸・中嶋清英・彦根　茂：新宿 NS ビル大屋根の温度測定と考察，日本建築学会大会学術講演梗概集，pp.828～829，1985.10
20) 時野谷浩良・鈴井康正・浅井英克：金属系外装材の耐風性能に及ぼす繰返し荷重の影響　その 1：屋根温度の実測事例，日本建築学会大会学術講演梗概集，C-1，pp.921～922，2005.9
21) 前田和考・藤田正則・元田　徹ほか：鋼板外装材の日射時の温度振幅に関する基礎研究，日本建築学会大会学術講演梗概集，A-1，pp.87～88，2011.8
22) 日本建築学会：建築工事標準仕様書・同解説 JASS14 カーテンウォール工事，1996
23) 鈴木邦臣・本田　徹・山川久雄：外装プレキャストコンクリートカーテンウォール板の温度による変形の実測，日本建築学会大会学術講演梗概集，pp.413～414，1984.10
24) 日本建築学会：煙突構造設計指針，2007
25) 相原誠太郎ほか：クリンカーサイロにおける温度測定について，日本建築学会大会学術講演梗概集，pp.1835～1836，1980.9
26) 中島泰一・三浦春男：大型サイロの内部圧力と槽体の挙動測定，住友技術研究所報，pp.81～91，1976
27) 日本冷蔵倉庫協会：営業冷蔵倉庫の機能と物流サービス，（社）日本冷蔵倉庫協会 HP（http://www.jarw.or.jp/）
28) 池田昭男・林　敏雄・藤井俊二：温度応力（20℃→－30℃）による壁式 RC 造冷凍庫の収縮，日本建築学会大会学術講演梗概集，pp.499～500，1978.9
29) 後藤幸正：極低温下におけるコンクリートの性質，コンクリート工学，Vol.15，No.11，pp.1～8，Nov. 1977
30) 日本圧接協会：低温構造物用鉄筋ガス圧接継手設計施工指針，1985
31) 土木学会：コンクリート標準示方書設計編，平成 8 年制定
32) 日本道路協会：道路橋示方書・同解説　2013.7
33) Turkstra, C.J.: Theory of structural design decision, Solid Mechanics Division, Univ. of Waterloo 1970
34) 中島秀雄・斎藤知生・石川孝重：温度荷重と地震荷重の組み合わせについて，日本建築学会学術講演梗概集（構造Ⅰ），pp.71～72，2013
35) ISO/TR 9492: 1987, Bases for design of structures－Temperature climatic actions, 1987
36) Carslow, H.S. and Jaeger, J.C.: Conduction of Heat in Solids (2nd ed.), Oxford Univ. Press, 1959
37) 松尾　陽：新建築学体系 10 環境物理（2 章　熱），彰国社，1984
38) S.V. パタンカー：コンピュータによる熱移動と流れの数値解析，森北出版，1985，等

9章　土圧および水圧

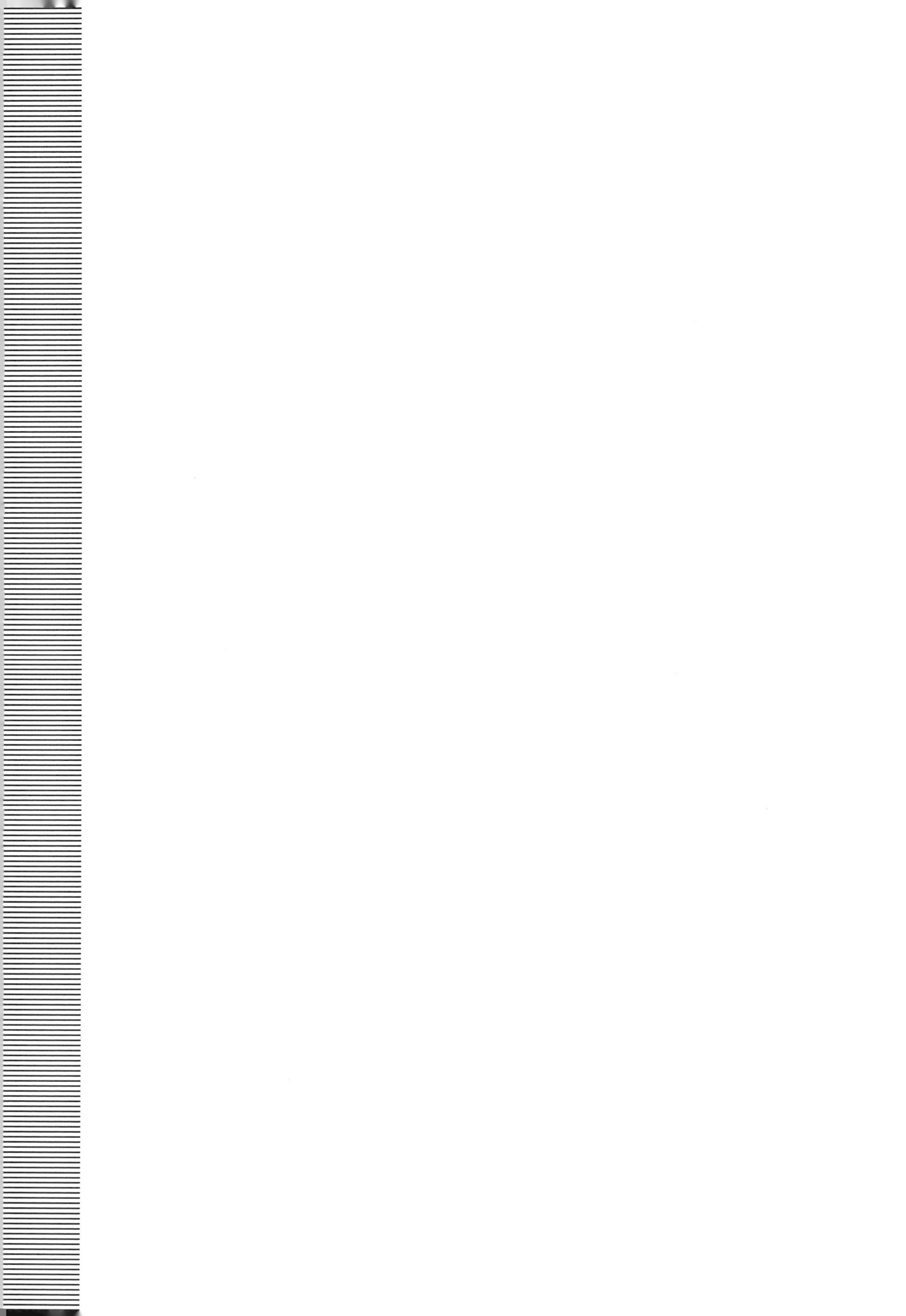

9章　土圧および水圧

概　　説

本章は，建築物の地下外壁および擁壁に作用する土圧と水圧について記述したものである．すでに，本会編「建築基礎構造設計指針（2001）」[1]（以降，基礎指針と呼ぶ）において詳細に述べられているが，本指針では，荷重の基本値に対する考え方を整理し，限界状態設計法をより意識した記述としている．

地下外壁に常時作用する土圧は一般に静止土圧とし，地下水位以深では水圧の影響を考慮し，さらに地表面に上載荷重がある場合にはその影響を考慮して設定する．地下外壁の設計においては，常時作用する土圧および水圧に対して，使用限界状態の検討を行なうこととしている．地震時において，地盤と外壁との動的相互作用の影響により土圧が増加することも考えられるが，今までの経験から，常時の土圧および水圧に対して使用限界状態の設計をしておけば，地震時にも大きな被害が生じなかったことを考慮して，地震時を対象とした安全限界状態の検討を省略してよいこととしている．

擁壁に作用する土圧は一般に主働土圧とし，背面地盤の地表面載荷の影響および水圧がある場合にはその影響を考慮して設定する．擁壁の設計においては，常時作用する土圧および水圧に対して使用限界状態の検討を行なうとともに，地震時主働土圧が作用するときの安全限界状態の検討を行なうこととしている．常時作用する土圧はCoulomb（クーロン）の主働土圧により，また地震時の土圧は，物部・岡部の地震時主働土圧などを用いて算定することとしている．

本指針における荷重の基本値は，再現期間100年に対する値，あるいは99％非超過確率の値とすることとしている．本章で扱っている水圧は，自由水位面の年最高水位の再現期間100年に対する値を基本値とし，時間的な変動を適切に考慮して設定することとしている．

一方，常時作用する土圧の場合には，時間的な変動はほとんどなく，算定精度と地盤パラメータの不確定性に強く影響される性質を持っているため，これらの不確定性が主要因と考えて，99％非超過確率に相当する基本値を定める必要がある．その方法の一例として，本章では地盤パラメータの当該敷地地盤における99％非超過確率の値を用いる方法を記述している．ただし，実務においては必ずしもデータが充分ではないことが多く，その場合には，従来用いられてきた慣用的な値を基本値として用いることも許容している．

2014年版の改定に際しては，「9.5　設計用の地下水位」の解説で，新しい知見（地下水位変動傾向の最近の事例，降雨量との相関に基づく具体的な設計用地下水位設定方法の例）を紹介し，設計者の参考となる資料を提供した．それ以外は本文・解説ともに2004年版を踏襲した．

記　号

本章で用いられる主な記号を示す.

大文字

K_0 ：静止土圧係数
K_A ：主働土圧係数
K_{EA} ：地震時主働土圧係数

小文字

c ：土の粘着力（kN/m^2）
c' ：土の粘着力（kN/m^2, 有効応力表示）
k_h ：設計水平震度
h ：地下水位深さ（m）
p ：深さ z における単位面積あたりの土圧（kN/m^2）
Δp ：背面地盤の地表面載荷による土圧増分（kN/m^2）
q ：背面地盤の地表面に作用する等分布荷重（kN/m^2）
${}_v p_w$ ：単位面積あたりの浮力（kN/m^2）

ギリシャ文字

α ：擁壁の背面地盤の地表面傾斜角（度）
γ_t ：土の湿潤単位体積重量（kN/m^3）
γ' ：土の水中単位体積重量（kN/m^3）
γ_w ：水の単位体積重量（kN/m^3）
θ ：擁壁背面と鉛直面のなす角（度）
θ_k ：地震合成角（$=\tan^{-1}k_h$, 度）
δ ：擁壁壁面の摩擦角（度）
ϕ ：土の内部摩擦角（度）

9.1 設 定 方 針

(1) 地下外壁と擁壁など土と接する構造物に作用する外力として，土圧および水圧を考慮する．地下水位以深の構造物には，浮力を考慮する．
(2) 地下外壁などに常時作用する土圧は一般に静止土圧とし，地表面載荷がある場合にはその影響を適切に考慮する．
(3) 擁壁に常時作用する土圧は一般に主働土圧とし，地表面載荷がある場合にはその影響を適切に考慮する．
(4) 地震時において土圧・水圧が著しく増加する場合は，適切に考慮する．
(5) 常時作用する土圧の算定においては，算定方法の精度と地盤パラメータのばらつきを考慮した 99 % 非超過確率の値を荷重の基本値とする．水圧の基本値は，自由水位面の年最高水位の再現期間 100 年に対する値とし，時間的な変動の影響を考慮する．

(1)　土圧および水圧

地下外壁および擁壁の設計においては，地下水位以浅では土の湿潤単位体積重量を考慮した土圧を，地下水位以深では土の水中単位体積重量を考慮した土圧と水圧を荷重とする．地下室のある建築物において，基礎底面が地下水位以深にある場合には，基礎底面に対する荷重として浮力を考慮する．本章では，これらの土圧および水圧，浮力の算定方法と基本値の考え方などを記述している．

図 9.1.1 に示すように土圧の大きさは，構造物と土の間の相対的な変位条件に応じて異なる性質を持っている．主働土圧は，背面地盤が壁体を前方へ押し出しながら塑性状態に達した時の土圧であり，受働土圧は背面地盤が壁体によって押し込まれながら塑性状態に達した時の土圧である．ともに背面地盤の強度が完全に発揮された塑性釣合い状態での土圧である．

静止土圧は，土に接する壁体が静止状態のときの土圧で，主働土圧と受働土圧の間に位置する．一般に，背面地盤の土圧の作用によって壁体が変位すると，その変位によって土圧が減少し，静止土圧状態から主働土圧状態に近づく傾向にある．

塑性状態の土圧を求めるための理論として，壁体の移動によって背面地盤が破壊に達し，くさび状にすべる極限状態を仮定して力の釣合い条件から導き出す Coulomb の土圧理論と，壁体の背面地盤全体が破壊に達した塑性状態を仮定して導き出す Rankine（ランキン）の土圧理論がある．Coulomb の土圧理論では，壁体と土の摩擦，壁体の傾斜角，背面地盤の地表面の傾斜角などのパラメータを考慮することができ，実用的な方法となっている．また，これらのパラメータが，ある特定の値の場合には Rankine による土圧と一致することが知られている．

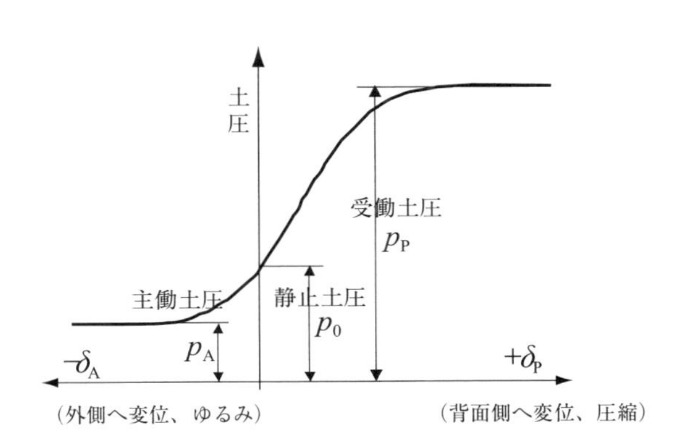

図 9.1.1　変位と土圧の関係

(2)　地下外壁に常時作用する土圧

地下外壁は，常時作用する土圧および水圧を考慮して，使用限界状態の検討を行なうことが一般的である．常時においては地下外壁の変位が小さいことから，常時作用する土圧には静止土圧を用いる．

地下外壁の設計において，常時作用する土圧および水圧が主荷重となる安全限界状態も想定できないことはないが，静止土圧係数のばらつきなどに関する知見が乏しいことと，常時作用する土圧および水圧に対して使用限界状態の検討をしておけば，過去に大きな被害を受けた事例がないことから，この場合の安全限界状態の検討は省略しても良いこととしている．

(3) 擁壁に常時作用する土圧

一般的な擁壁に作用する土圧は，背面地盤の性質によって相違があるものの，非常に小さな変位によって静止土圧から主働土圧へ移行するものといわれている．たとえば砂質土の場合には，擁壁上端が前面に向かって壁高さの 1/1 000 程度の微小な水平変位が生じても主働土圧に移行する．また，長期間の間に雨水の浸透などにより，土圧が増大して静止土圧に近くなっても，再び擁壁が傾斜して，主働状態となる傾向にある．このようなことから一般的な擁壁の設計においては，常時作用する土圧として主働土圧を用いて，使用限界状態の検討をして良いこととする．ただし，ドライエリヤの擁壁などで，擁壁底部および頭部を建物と連結して擁壁の変位がほとんど生じないと判断される場合には，主働土圧ではなく静止土圧を用いる方が適切である．

なお擁壁の設計において，常時作用する土圧および水圧が主荷重となる安全限界状態も想定できないことはないが，地下外壁の設計と同じ理由により，この場合の安全限界状態の検討は省略しても良いこととしている．擁壁の場合には，(4) の地震時の影響を考慮した，安全限界状態の検討が重要である．

(4) 地震時土圧

地震時に地下外壁に作用する土圧は，周囲の地盤と建物の振動性状の相違によって静止土圧状態より増大することも考えられる．しかしながら，これらの挙動を実際に検証するような測定例や被害例は報告されておらず，従来の長期許容応力度設計と同等な断面を確保しておけば，特に地震時の土圧の増加を考慮しなくても，大きな問題は生じないと考えられる．そこで，液状化のおそれがない地盤での地下外壁の設計においては，常時作用する土圧および水圧に対して使用限界状態の検討を行ない，地震時の土圧増分を考慮した安全限界状態の検討を省略してもよいこととする．

一方，地震時に液状化を生じるおそれのある地盤では，壁体に作用する土圧および水圧が著しく増大するおそれがある．この場合には，単位体積重量が 18～20 kN/m^3 の泥水圧が作用するものとして，安全限界状態の検討を行なうことが必要である．また，液状化が発生すると，基礎底面に作用する浮力も著しく大きくなる．比重の大きい泥水中に構造物が浮いている状態を想定して，浮力に対する安全性の検討を行なう必要がある．

擁壁については，背面地盤が液状化しなくても，地震時に大きな被害を受けた事例が報告されている．したがって，常時作用する土圧および水圧を対象とした使用限界状態の検討のほかに，大地震動時を対象とした安全限界状態などの検討が必要である．また擁壁の場合には，擁壁を含めた背面地盤全体の安定性が問題となる場合が多いため，地震時主働土圧を作用させる検討のほかに円弧すべり法などによる安定性の検討を行なう必要がある．

(5)　土圧および水圧の基本値と不確定性

土圧の算定には，算定方法の精度と地盤パラメータ（土の単位体積重量および強度定数）の不確定性の影響を適切に考慮する．水圧の算定には，地下水位の変動を適切に考慮する．本指針では，再現期間 100 年に対する値，または 99 % 非超過確率の値を荷重の基本値とすることとしている．常時作用する土圧は時間的に変動するものではなく，算定方法の精度や地盤パラメータのばらつきによる不確定性の影響を強く受ける性質を持っている．そこで，土圧の場合にはこれらの不確定性が主要因と考えて，99 % 非超過確率に相当する基本値を定める必要がある．

その方法の一例として，9.6 節には地盤パラメータの当該敷地地盤における 99 % 非超過確率の値を採用する方法が記述されている．ただし，実務においては必ずしも地盤データが充分ではない場合が多く，その場合には，従来用いられてきた慣用的な値，例えば基礎指針[1]で推奨されている値（基礎指針[1]表 3.4.2 裏込め土の諸定数の参考値）を基本値として用いることとする．これらの値は，特に詳細な調査をしない場合を想定して，かなり安全側に設定された値であることから，当面，99 % 非超過確率の値に相当すると考えることとする．

地震時土圧の算定においては，算定方法の精度や地盤パラメータのばらつきによる不確定性のほかに，地震動による変動を考慮し，再現期間 100 年に対する値を基本値として用いる．ただし，9.4 節の解説に示すように，大きさの異なる種々の地震動に対する精度の高い推定が，現段階では必ずしも可能となっているわけではないことを考慮しなければならない．

すなわち，例えば擁壁に作用する地震時主働土圧の算定には物部・岡部式[2),3)]が用いられているが，物部・岡部式に代入する設計水平震度は，必ずしも最大水平加速度 $a_{\max}$ を重力加速度 g で割った値と対応させていないことに注意する．これは，大地震動時を対象とした土圧の算定方法の精度に課題があるためである．設計においては，物部・岡部式を用いることを前提として，大地震動時には，兵庫県南部地震の被災結果から逆算した値などを参考にして設定した設計水平震度を用いることとしている．

そこでこれらの現状を考慮して，物部・岡部式の設計水平震度に慣用的な値を用い，物部・岡部式で算定した地震時主働土圧が　再現期間 100 年に対する値を用いたものであると見なしてもよいこととする．

なお，以上の本指針で推奨する土圧の基本値に対する考え方は，限界状態設計法へ移行するうえでの暫定的な処置であることを断っておく．今後の研究成果の蓄積により，土圧の基本値の具体的設定方法をより明快にしてゆくことが必要である．水圧の設定方法については，9.5 節を参照する．

9.2　地下外壁に作用する土圧および水圧

地下外壁に常時作用する土圧および水圧は，地下水位以浅においては（9.1）式，地下水位以深においては（9.2）式を用いて算定する．

$$p = K_0 \gamma_t z + \Delta p_0 \qquad (9.1)$$

$$p = K_0 \gamma_t h + K_0 \gamma'(z-h) + \gamma_w (z-h) + \Delta p_0 \qquad (9.2)$$

ここで，　p　：深さ z における単位面積あたりの土圧および水圧（kN/m²）

γ_t ：土の湿潤単位体積重量（kN/m^3）
γ' ：土の水中単位体積重量（kN/m^3）
γ_w ：水の単位体積重量（＝9.8 kN/m^3）
K_0 ：静止土圧係数
h ：地下水位深さ（m）
Δp_0 ：地表面載荷がある場合の土圧増分（kN/m^2）

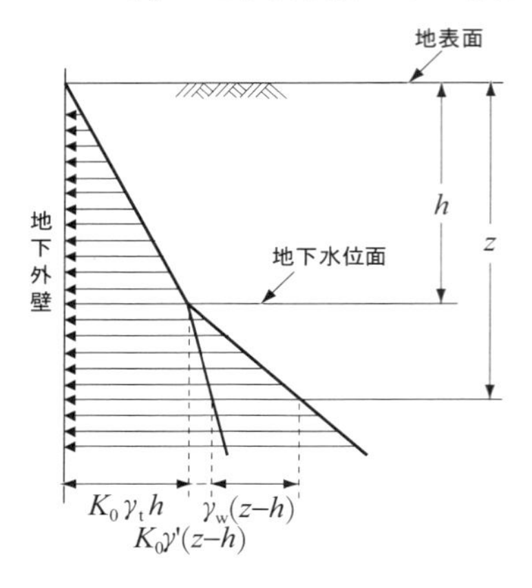

図 9.1 地下外壁面に作用する土圧および水圧

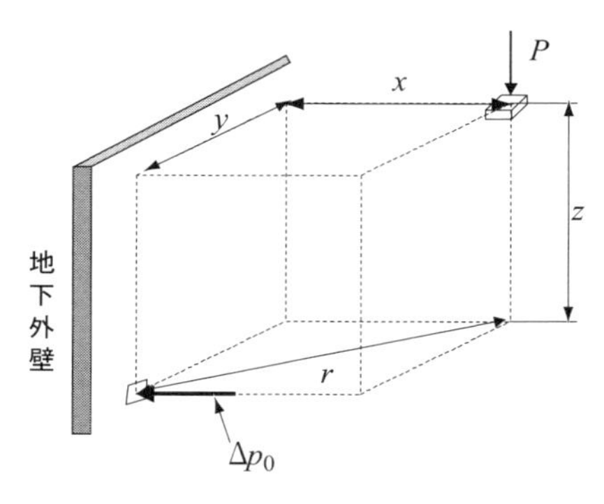

図 9.2 地下外壁面における水平応力成分

図 9.1 に示すように，地下外壁に常時作用する土圧は静止土圧とし，地下水位以深においては水圧を考慮する．さらに地表面載荷があるときにはその影響を考慮する．

1）静止土圧係数 K_0

静止土圧係数 K_0 の値については，現場計測およびサンプリング試料の室内試験の結果が検討されている．現場計測によって得られた静止土圧係数はデータが少ないものの，平均的に 0.5 前後のものが多いといわれている．

また静止土圧係数を計測するための室内試験は，圧密試験あるいは側方変位を拘束した三軸圧縮試験などである．静止土圧係数は，土質，強度，応力履歴などによって変化するが，正規圧密状態の場合には，砂・粘土ともに Jàky（ヤーキー）によって提案された下式[4]と概ね一致するという報告が多い．

$$K_0 = 1 - \sin\phi' \tag{9.2.1}$$

ここで，有効応力表示の内部摩擦角 ϕ' を 30° とすると K_0 は 0.5 となる．なお（9.2.1）式は，二次元三角形盛土の中心鉛直面の静止応力状態を塑性論で解き，得られた式を簡略化したものである．したがって，理論的根拠はある程度あるものの，実際の地下外壁の状態にどの程度対応するかはっきりとしたデータがないのが現状である．これらのことを考慮すれば，室内試験や現場計測などにより信頼性の高い結果が得られた場合を除いて，砂・粘土ともに，静止土圧係数の値として 0.5 程度の値を採用することが妥当と考えられる．

以上は，背面地盤が水平な場合の静止土圧係数であるが，背面地盤が傾斜している場合には，下式[5]が提案されているので参考になる．

$$K_{0\alpha} = K_0(1 + \sin\alpha) \tag{9.2.2}$$

ここで，$K_{0\alpha}$：α（度）傾斜した裏込めの静止土圧係数

K_0：正規圧密土の静止土圧係数

α：裏込めの地表面傾斜角（度）

その他，静止土圧係数の性質として，以下のような知見がある．室内土質試験の結果から，過圧密土の静止土圧係数 K_{0u} の値は，以下の式を用いて推定できることが知られている[6]．

$$K_{0u} = K_0(\mathrm{OCR})^{\sin\phi'} \qquad (9.2.3)$$

ここで，K_{0u}：過圧密土の静止土圧係数

K_0：正規圧密土の静止土圧係数

ϕ'：有効応力の内部摩擦角（度）

OCR：過圧密比（過去に経験した最大有効鉛直応力を現在の有効鉛直応力で割った値）

乱さない粘土の正規圧密状態における静止土圧係数については，Ladd（ラッド）らが塑性指数 I_p と強い相関関係があることを報告している[7]．それによると $I_p = 15$ で $K_0 = 0.5$ となり，I_p が大きくなるに従って 0.8 に収束するような傾向がある．一方，菊池らは三軸試験により粘土の静止土圧係数 K_0 の測定を行い，I_p にかかわらず約 0.5 であることを示している．両者を考慮すると，I_p と静止土圧係数との関係にはかなりのばらつきがあり，現状では一般的な傾向を見出すのは難しいといえる．なお，菊池らの研究でも K_0 と ϕ' との関係は Jàky の式で説明されている[8]．

砂礫地盤の K_0 については，畑中らの研究がある．それによると，原位置のせん断弾性波速度 V_{SF} と良い相関関係があるとして，下式が提案されている[9]．

$$K_0 = 0.0058V_{SF} - 0.55 \qquad (V_{SF} \leqq 300\ \mathrm{m/s}) \qquad (9.2.4)$$

2）地表面に載荷荷重が作用する場合

地表面に集中荷重が作用する場合には，次式を用いて地下外壁面位置での水平応力の増分 Δp_0 を算定することができる〔図 9.2〕．

$$\Delta p_0 = \frac{3Px^2z}{\pi(r^2+z^2)^{5/2}} \qquad (9.2.5)$$

ここで，P：集中荷重（kN）

r：荷重の作用点から土圧を求めようとする位置までの水平距離（m）

x：荷重の作用点から地下外壁までの最短距離（m）

z：荷重の作用点から土圧を求めようとする位置までの鉛直距離（m）

なお（9.2.5）式は，地盤を半無限弾性体と仮定して，地表面に集中荷重が作用する場合の地盤内水平応力を Boussinesq（ブイシネスク）の解により求め，さらに鏡像の原理により 2 倍して，変位しない地下外壁に作用する水平応力を求めたものである．詳細な計算方法の解説は，基礎指針[1]による．

荷重が地表面のある範囲に分布するときは，（9.2.5）式を積分することにより，土圧増分を求めることができる．また，地表面に等分布荷重が作用する場合には，鉛直応力の増加分に土圧係数を乗じた土圧を増分土圧 Δp_0 とする．鉛直応力の増加分を近似的に地表面の等分布荷重 q と等しいと

おけば，(9.2.6) 式が得られる．

$$\Delta p_0 = K_0 \cdot q \tag{9.2.6}$$

ここで，q ：等分布荷重 (kN/m²)

9.3 擁壁に常時作用する土圧

擁壁に作用する土圧は，一般的に主働土圧とする．地表面載荷がない場合の主働土圧は，下式により算出する．

$$p_A = K_A \gamma_t z - 2c\sqrt{K_A} \tag{9.3}$$

ここで，p_A ：深さ z における単位面積あたりの主働土圧 (kN/m²)

K_A ：主働土圧係数

γ_t ：土の湿潤単位体積重量（地下水面以下では水中単位体積重量）(kN/m³)

c ：土の粘着力 (kN/m²)

ただし，p_A が負になる場合は 0 とする．主働土圧係数 K_A には，下式を用いることができる．

$$K_A = \frac{\cos^2(\phi - \theta)}{\cos^2\theta\cos(\theta + \delta)\left\{1 + \sqrt{\frac{\sin(\phi+\delta)\sin(\phi-\alpha)}{\cos(\theta+\delta)\cos(\theta-\alpha)}}\right\}^2} \tag{9.4}$$

ここで，ϕ ：背面土の内部摩擦角（度）

θ ：擁壁背面と鉛直面がなす角（度）

δ ：壁面摩擦角（度）

α ：地表面と水平面のなす角（度）

ただし，$\phi - \alpha < 0$ のとき，$\sin(\phi - \alpha) = 0$ とする．水圧を考慮する必要がある場合には，その影響を考慮する．地表面に載荷荷重がある場合には，その影響を考慮する．

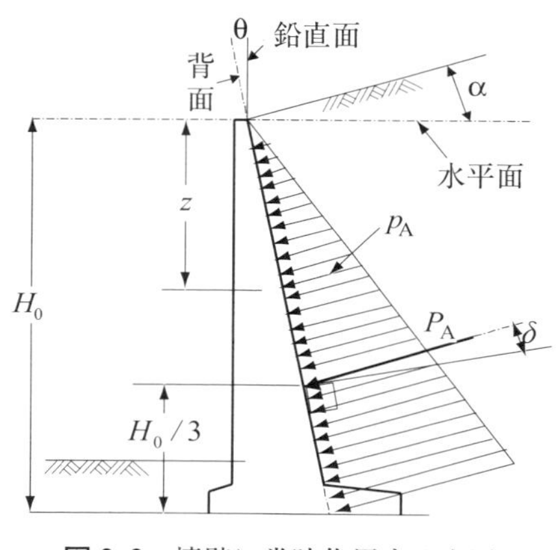

図 9.3 擁壁に常時作用する土圧

図 9.3 に示すように，擁壁に常時作用する土圧は主働土圧とする．主働土圧の単位幅あたりの合力は $P_A = 0.5 p_A H_0^2$ であり，擁壁底面から $H_0/3$ の位置に水平面から $\theta + \delta$ の角度で作用する．

(9.4) 式は，剛塑性理論より導かれる Coulomb の主働土圧係数である．なお，Coulomb の主働土圧係数は，地表面が水平かつ壁背面が鉛直で，摩擦が無視できるときは次式のようになり，Rankine の主働土圧係数と一致する．

$$K_A = \tan^2\left(45° - \frac{\phi}{2}\right) \tag{9.3.1}$$

地表面に等分布荷重が作用する場合の土圧増分の算定には，下式を用いることができる．

$$\Delta p_A = K_A q \tag{9.3.2}$$

ここで，q　：等分布荷重（kN/m²）

K_A　：主働土圧係数

（9.3.2）式により土圧増分を求め，（9.3）式に加算して全作用土圧とする．なお，地盤内に伝達される鉛直応力は，壁面摩擦角によって深さとともに減少するが，通常はこれを考慮せずに，深さによらず一律（9.3.2）式を用いている．

さらに，水圧を考慮する必要のある場合にはその影響を考慮する．計算方法は，地下外壁の場合の（9.2）式と同様な方法によればよい．擁壁の設計では排水設備を設置するのが原則であるが，集中豪雨や梅雨期などの長期間の降雨時には背面土が飽和状態になり，大きな水圧が作用して崩壊事故が生じるケースもある．したがって，このようなおそれがある場合には，飽和状態での地盤の単位体積重量や強度定数を採用して検討を行なっておくとともに，異常水位時に対する安全限界状態の検討を行なうことも必要である．

9.4　擁壁に作用する地震時土圧

擁壁に作用する地震時主働土圧は，信頼できる調査および解析によるほか，以下のいずれかの方法によって算定する．

（1）　物部・岡部の地震時主働土圧

$$p_{EA} = K_{EA} \gamma_t z \tag{9.5}$$

ここで，p_{EA}　：深さ z における単位面積あたりの地震時主働土圧（kN/m²）

K_{EA}　：物部・岡部の地震時主働土圧係数

γ_t　：土の湿潤単位体積重量（地下水面以下では水中単位体積重量を用いる）（kN/m³）

z　：土圧 p_{EA} が壁面に作用する深さ（m）

$$K_{EA} = \frac{\cos^2(\phi-\theta-\theta_k)}{\cos\theta_k \cos^2\theta \cos(\theta_k+\theta+\delta)\left\{1+\sqrt{\frac{\sin(\phi+\delta)\sin(\phi-\alpha-\theta_k)}{\cos(\theta+\delta+\theta_k)\cos(\theta-\alpha)}}\right\}^2} \tag{9.6}$$

ここで，ϕ　：背面土の内部摩擦角（度）

θ　：擁壁背面と鉛直面がなす角（度）

δ　：壁面摩擦角（度）

α　：背面地盤の地表面傾斜角（度）

θ_k　：地震合成角 $\theta_k = \tan^{-1} k_h$（度）

k_h　：設計水平震度

ただし，$\theta-\alpha-\theta_k<0$ のとき，$\sin(\theta-\alpha-\theta_k)=0$ とする．水圧を考慮する必要のある場合には，その影響を考慮する．背面地盤に載荷荷重がある場合には，その影響を考慮する．

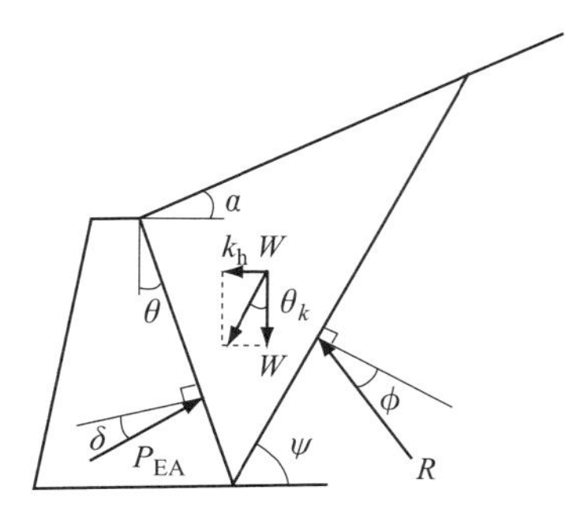

図 9.4　背面土塊のすべり線の仮定と作用する力

(2)　試行くさび法

地震時の主働すべり角ψを試行的に変えて，背面土塊に作用する力の釣合いから，連力図を満足する時の主働土圧を算定する．

1）物部・岡部式の粘着力を考慮しない場合

$$P_{EA} = \frac{\sin(\psi - \phi + \theta_k) \cdot W}{\cos(\psi - \phi - \delta - \theta) \cdot \cos\theta_k} \tag{9.7}$$

ここで，P_{EA}　：地震時主働土圧合力（kN）

W　：土くさびの重量（kN）

ψ　：地震時の主働すべり角（度）

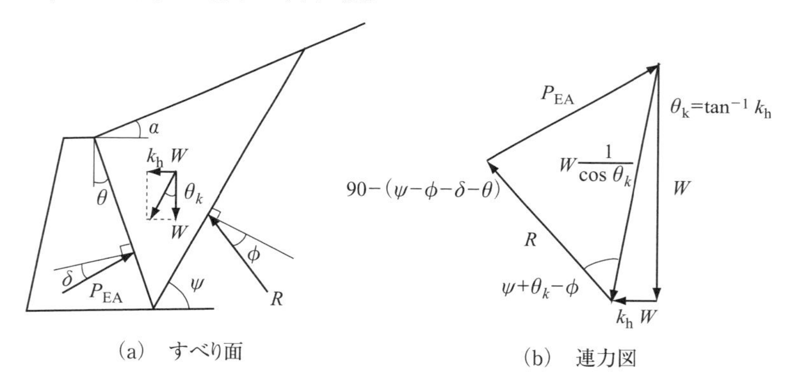

図 9.5　粘着力を考慮しない場合の背面土塊のすべり線の仮定と連力図

2）物部・岡部式の粘着力を考慮する場合

$$P_{EA} = \frac{W \cdot \sec\theta_k \sin(\psi - \phi + \theta_k) - c \cdot l \cos\phi}{\cos(\psi - \phi - \delta - \theta)} \tag{9.8}$$

ここで，　c　：背面土の粘着力（kN/m^2）

l　：主働すべり面の長さ（m）

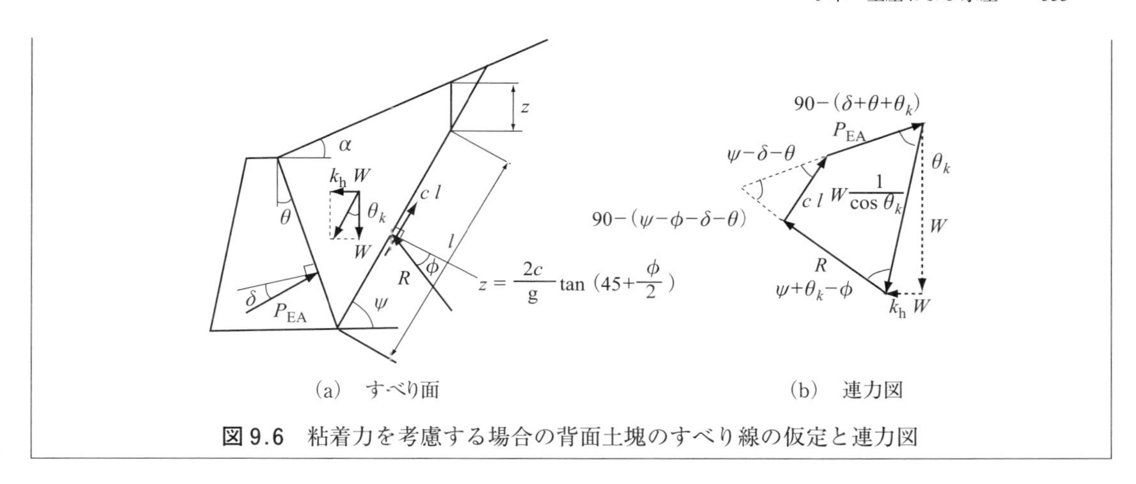

(a)　すべり面　　　(b)　連力図

図 9.6　粘着力を考慮する場合の背面土塊のすべり線の仮定と連力図

(1) 物部・岡部の地震時主働土圧

擁壁に作用する地震時土圧は，(9.6) 式の物部・岡部の地震時主働土圧によるのが一般的である．(9.6) 式は，地震時水平震度 k_h を擁壁背面のすべり土塊に作用させて，極限状態の力の釣合いから求められたものである．定常波加振による振動台模型実験の結果と比較して，比較的良く対応することがいくつか報告されているが，地震時の実測データなどによる検証は非常に少ないのが現状である．

地震時土圧の算定にあたり，(9.6) 式中の設計水平震度 k_h は，7 章「地震荷重」から得られる最大水平加速度 a の再現期間 100 年に対する値に基づいて設定することが望ましい．しかし，中小地震動から大地震動までを対象とすると，(9.6) 式による地震時土圧の算定精度が必ずしも高くないことを考慮しなければならない．

すなわち，中小地震動時の検討においては，$k_h=a/g$（a；背面土塊の最大水平加速度，g；重力加速度）としてよいと考えられるが，大地震動時の検討には，$k_h=a/g$ として (9.6) 式を計算すると過大な値となることに注意する．(9.6) 式は背面地盤の変形を無視した剛塑性体の釣合いから得られるものであるため，大地震動時における地盤の変形や地盤内ひずみの局所化によって土の最大強度から軟化する効果が反映されていない．このため，大地震動時の大きな最大水平加速度を用いて k_h を設定すると，非現実的なすべり線を仮定することになり，過大な値となってしまう問題点がある．最大水平加速度を用いて k_h を算定してよい範囲は，概ね 200 cm/s^2 より小さい範囲であるといわれている．[10),11)]

このようなことから，基礎指針では概ね 200 cm/s^2 以下の中小地震動時を対象とする損傷限界状態の検討には $k_h=0.2$ 程度の値を，大地震動時を対象とする安全限界状態の検討には $k_h=0.25$ 程度の値を採用することを推奨している．中小地震動時の k_h は従来の慣用的な値であり，大地震動時の k_h は阪神淡路大震災における宅地擁壁，法面の被災調査の結果を逆算した値[14)]などから設定したものである．本指針においても，これらの考え方を踏襲しているため，設計水平震度と地表面最大加速度の再現期間 100 年に対する値を対応させることはしていない．設計水平震度に基礎指針で推奨する慣用的な値を用い，物部・岡部式で算定した地震時主働土圧が，再現期間 100 年に対する値を用いたものであると見なすこととしている．

なお，以上の地震時土圧に対する考え方は，限界状態設計法に移行するうえでの暫定的な処置である．今後の研究成果の蓄積により，土圧の基本値の具体的設定方法をより明快にしていくことが必要である．その一つの方法として，以下に最近提案された修正物部・岡部の方法について紹介する．

物部・岡部の方法では，物部・岡部式のせん断強度は等方かつ均一で一定値と考えているが，実際には破壊面に沿って発揮する土の内部摩擦角は，ピーク強度から残留強度に低下する．古関らはこのせん断帯におけるひずみの局所化の影響とそれに伴うひずみ軟化の影響を考慮した修正物部・岡部式を提案した[10),11)]．この方法では，背面地盤の最大水平加速度 a が 200 cm/s^2 から 700 cm/s^2 程度の範囲で，設計水平震度 k_h を $k_h = a/g$ として，地震時主働土圧を算定することを前提としている．

古関らの方法では，まず最初に物部・岡部式のピーク強度 ϕ_{peak} と残留強度 ϕ_{res} を何らかの方法，例えば室内試験や経験則で評価し，一次主働破壊の条件を決定する．このとき仮定する設計水平震度を $k = k_{cr}$ とし，形成されるすべり面の傾斜角 $\psi = \psi_{cr}$ を，物部・岡部の方法を用いて $\phi = \phi_{peak}$ として算定する〔図 9.4.1〕．そして，先に算定したすべり面を底面とする土くさびに作用する力の釣合いから，初期破壊面に沿って発揮する主働土圧係数 K'_{EA} を次式により算定する．

$$K'_{EA} = \frac{\cos(\psi - \phi)(1 + \tan\theta\tan\psi)(1 + \tan\theta\tan\alpha)(\tan(\psi - \phi) + \tan\theta_k)}{\cos(\psi - \phi - \delta - \theta)(\tan\psi - \tan\alpha)} \tag{9.4.1}$$

ここで，K'_{EA} ：修正物部・岡部の地震時主働土圧係数

ψ ：すべり面の傾斜角（度）

ϕ ：土の内部摩擦角（度）

θ ：擁壁背面と鉛直面がなす角（度）

δ ：壁面摩擦角（度）

α ：背面地盤の地表面傾斜角（度）

θ_k ：地震合成角 $\theta_k = \tan^{-1} k_h$（度）

k_h ：設計水平震度

このとき，ϕ は ϕ_{res} まで低下させた土の内部摩擦角を用いる．また，すべり面の傾斜角度 ψ は初期すべり面の角度 ψ_{cr} に固定しておく．この主働土圧係数 K'_{EA} と，$\phi = \phi_{peak}$ として（9.6）式により算定した主働土圧係数 K_{EA} とを比較する．前者が後者よりも小さい場合は，二次すべり面が発生したと仮定し，新しいすべり面に発揮される主働土圧係数 K_{0EA} を計算するために，二次すべり面の傾斜角度 ψ_{cr} を再計算する．前者よりも大きい場合は，初期すべり面に発揮されている主働土圧係数 K'_{EA} がまだ，発揮されているものとする．なお，一次破壊面を決定するための地震時水平震度 $k_{h,cr}$ は任意に設定する．これを合理的に設定する手法は確立されておらず，経験的に 0〜0.2 程度の値が用いられることが多い．

修正物部・岡部式では，このように物部・岡部式の内部摩擦角の低下を考慮することによって，（9.6）式で $\phi = \phi_{peak}$ として算定した値よりも大きく，かつ（9.6）式で $\phi = \phi_{res}$ として算定した値よりも小さい主働土圧係数 K'_{EA} を与える．また，修正物部・岡部式では，物部・岡部式を適用するこ

とが不可能な大きな設計水平震度 k_h に対する主働土圧を算定することができ，物部・岡部式で予測される主働破壊領域に比べると，現実的で小さい主働破壊領域を与える．一例として図 9.4.1 に設計水平震度 k_h と地震時主働土圧係数 K'_{EA} の関係を示す．物部・岡部式に比較して修正物部・岡部式は大きな設計水平震度 k_h に対する主働土圧の現実的な値を示していることが分かる．

なお本指針では，この方法で用いる地盤パラメータ ϕ_{peak}，ϕ_{res} の評価方法が，まだ一般的となっていないことや，算定方法が若干複雑で一次破壊面の設定方法など未解決の課題があることから，解説で紹介することにとどめている．また，物部・岡部式に一次主働破壊によるすべり面が形成された後は，背面地盤の加速度がいくら増加してもすべり土塊に働く加速度は増加せず，したがって水平震度も増加しないことが知られている[12),13)]．この考え方では，地震時主働土圧にはある上限値が存在するということになる．このような現状から，今後の研究成果が期待される．

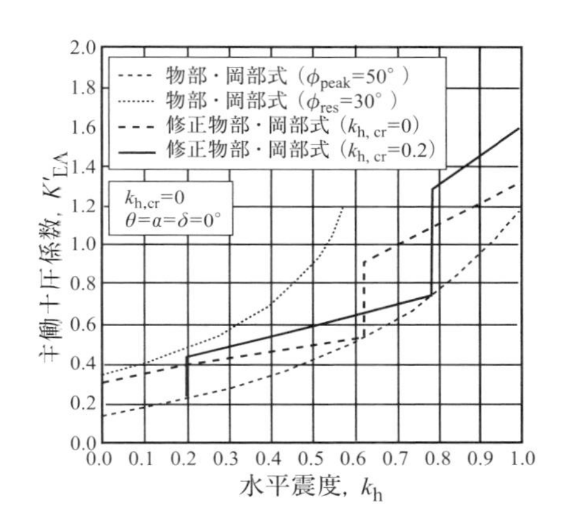

図 9.4.1　修正物部・岡部式の主働土圧係数 K'_{EA}

(2)　試行くさび法

図 9.5 と図 9.6 に示すように，試行くさび法は地震時主働すべり角 ψ を仮定して，背面土塊に作用する力の釣合いから，地震時主働土圧を求める方法である．ψ を試行的に変えて，連力図から釣合いを満足する時の主働土圧を求めればよい．試行くさび法では，物部・岡部式の粘着力を考慮することができる．また，試行くさび法の計算に用いる設計水平震度については，物部・岡部式に用いる設計水平震度と同様な考え方を採用することとする．

以上は，変位が拘束されていない独立擁壁の場合であるが，ドライエリアの擁壁などで，擁壁底部および頭部を建物と連結して擁壁の変位がほとんど生じないと判断される場合には，地震時に作用する土圧は主働土圧とはならず，むしろ受働側に近づくことも考えられる．9.1 節で述べたように，このような擁壁では，常時作用する土圧についても静止土圧を用いることが適切であり，地震時には静止土圧に地震時土圧増分を加算した土圧を用いて検討することが必要と考えられる．ただし，このような擁壁が崩壊した例は報告されておらず，現状ではどの程度の地震時土圧増分を採用すればよいかについて充分な知見が得られていない．そのため，今後の課題となっている．設計においては，地震応答解析などによって個別に検討するか，解析事例[15)]などを参考にして設定する必要があろう．

9.5 設計用の地下水位

(1) 設計用の地下水位は，土層の連続性などを考慮して自由水位面を判断し，年最高水位の再現期間100年に対する値から設定する．

(2) 基礎底面に作用する浮力 $_{\mathrm{v}}p_{\mathrm{w}}$ は下式で算定する．

$$_{\mathrm{v}}p_{\mathrm{w}}=\gamma_{\mathrm{w}}(z-h) \tag{9.9}$$

ここで，$_{\mathrm{v}}p_{\mathrm{w}}$ ：単位面積あたりの浮力（kN/m^2）

γ_{w} ：水の単位体積重量（kN/m^3）

z ：地表面から浮力を求める位置までの深さ（m）

h ：地表面から地下水面までの深さ（m）

(1) 設計用の地下水位

土層には砂質土層など透水性の良い層と粘性土層などの透水性の悪いものがあり，これらが互層となっている場合が多い．そこで，宙水・自由水・被圧水が存在するため，どれが建築物に大きな影響を与えるかを判断しなければならない．

自由水位面の変動要因として，降雨・融雪，潮汐・洪水などの自然環境と，井戸による揚水およびその規制，地下鉄工事などの人為的要因がある．各都市には，地下水位変動の記録が整備されている[例えば16), 17)]．また港湾局や旧国土庁，旧環境庁などの記録もある．

水圧が支配的な荷重とならない場合には，1年間の変動予測の最高水位を目安に，再現期間100年に対する値を低減して設計用地下水位としてもよい．1年間の変動予測は必ずしも1年間の水位測定からではなく，過去数年間の自由水位観測記録から判断する．また，安全限界状態の検討において水圧が主たる荷重となる場合（異常水位時の検討）には，再現期間100年に対する値に対して，予想される変動量に基づく設計上の割増しを行って，設計地下水位とする．水位の変動予測は過去の異常水位記録から判断する．

水中のある点に作用する圧力は静水圧分布に等しいが，地盤内では粘土やシルトなどの不透水層や難透水層と，砂や砂礫などの透水層や帯水層が互層になっていることが多いので，必ずしも静水圧分布にならない場合も多い．しかし，これまでの測定結果によると自由水面以深の水圧分布は，静水圧分布を超えることはほとんどないことから，設計用の地下水位として自由水位面を基に設定することにしている．ただし，地層が傾斜しているなどで，自由水位面よりも被圧水位の方が高い場合には，詳細な地下水位調査を行なって対処すべきである．以下に，地下水位の変動傾向の事例と，確率的手法による設計用地下水位設定法の例を紹介する．

まず，大都市圏の代表例として，東京地区の地下水位変動傾向の例[16)]を図9.5.1に示す．この地区では昭和40年代前半までの井戸による揚水の結果，地下水位が大幅に低下するとともに地盤が沈下した．その後，数々の規制の効果によって急激に地下水位が上昇する傾向を示していたが，昭和60年頃から上昇傾向が緩やかになってきている．大都市圏では取水制限が実施されているので概ね同傾向にあるが，現在も地盤沈下が進行している地域では，対策として取水制限等が講じられ，今後地下水位が上昇することが予想される．大都市圏の地下水位上昇の要因として，ほかに気候変動による海面上昇や，都市化による地表面水処理機能の低下も考えられる．設計地下水位設定のためには，まず公共観測井の観測結果や，地盤沈下報告書等を利用して，該当地域の地下水位変動傾向を把握することが必要である．

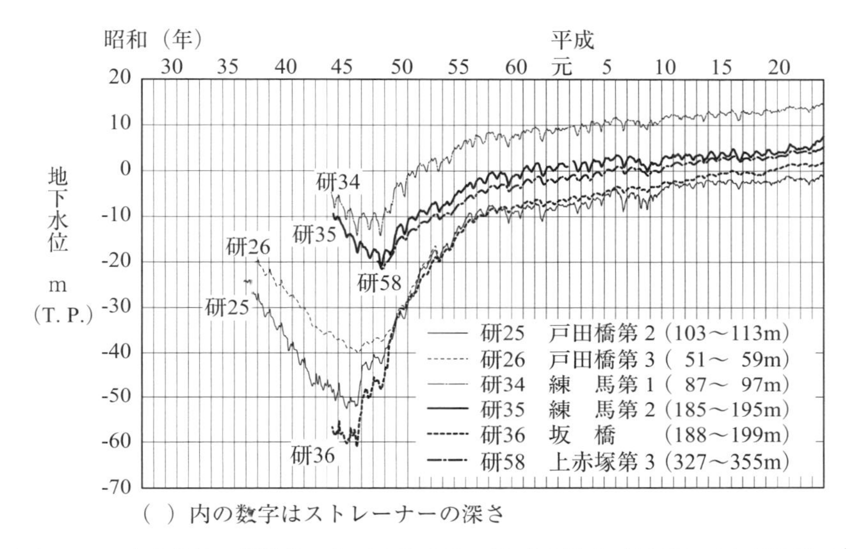

図 9.5.1　東京地区の観測井の地下水位変動の例（江東区，墨田区，江戸川区）[16]

次に地下水位の年間変動あるいは短期的要因に関し，木佐貫ら[18]，青木ら[19]は地下水位変動と降雨量との関係を調査し，特に東京地区では両者の相関が高いこと，地下水位の季節変動は降雨量の季節変動と相関が高いことを示している．図 9.5.2 に一例として東京地区の地下水位と降雨量との関係を示す．また，近年の台風等の集中豪雨による影響で，地下水位が短期的に上昇する現象もある．たとえば 1991 年に発生した JR 武蔵野線新小平駅の水没事故は，同年 8 月～10 月上旬の間，年間降雨量の 2 倍以上の降雨量となり，その結果，地下水位が 2.5 m 程度上昇したことが原因といわれている．

以上のように，地下水位変動の短期的要因として降雨との相関は重要であり，その特徴として一定の連続期間の総降雨量に影響されて地下水位が上昇すると考えられる．そこで木佐貫ら[18]は，地下水位と降雨量の相関関係式に再現確率降雨量の概念を用いて，設計用地下水位を設定する方法を提案している．以下にその概要を示す．

① 地下水の観測結果から年最高地下水位を求め，その 1 か月間前の総降雨量の相関関係を求める〔図 9.5.3 参照〕.

② 公共観測降雨量を基に，岩井の方法[20]を用いて再現確率降雨量を算定する〔図 9.5.4 参照〕.

③ ①と②より，非超過確率 99 %に対する最高地下水位を求め，再現期間 100 年の降雨量を設計用地下水位とする．

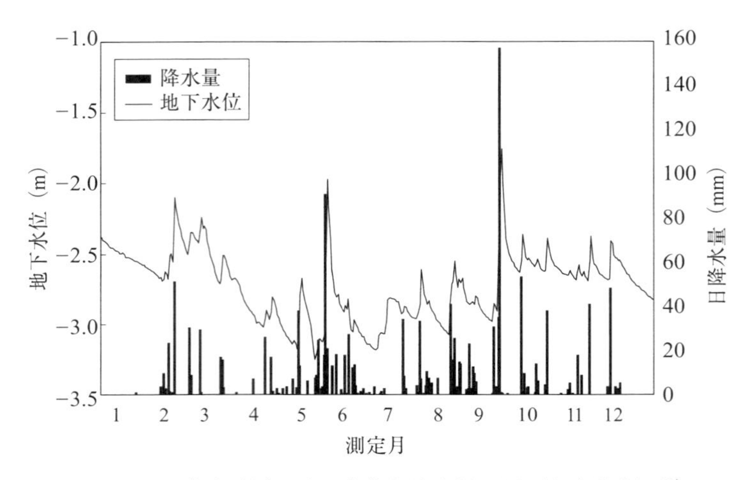

図 9.5.2　東京地区の地下水位と降水量の例（小金井市）[17]

なお常時地下水位については，年平均降雨量より算定された地下水位としている．この方法によれば，100 年再現確率の地下水位は，東京周辺の埋没波食台（かつての洪積台地が波の浸食作用で埋没し上部に沖積の有楽町層が堆積している地形）の自由地下水位で約 1 m，台地の被圧地下水位で約 3 m，常時地下水位から上昇する結果となっている．

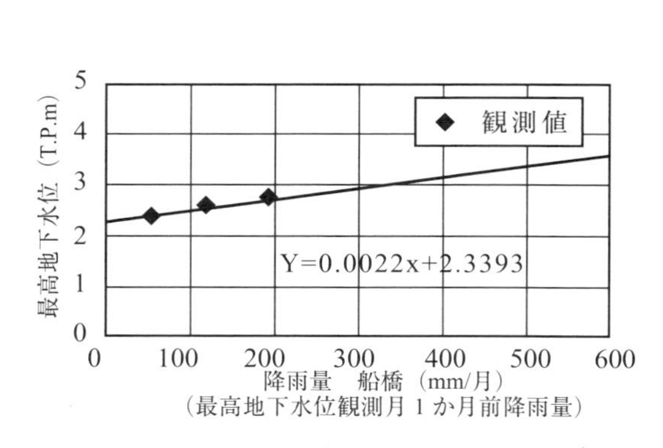

図 9.5.3　最高地下水位と降雨量の関係[18]

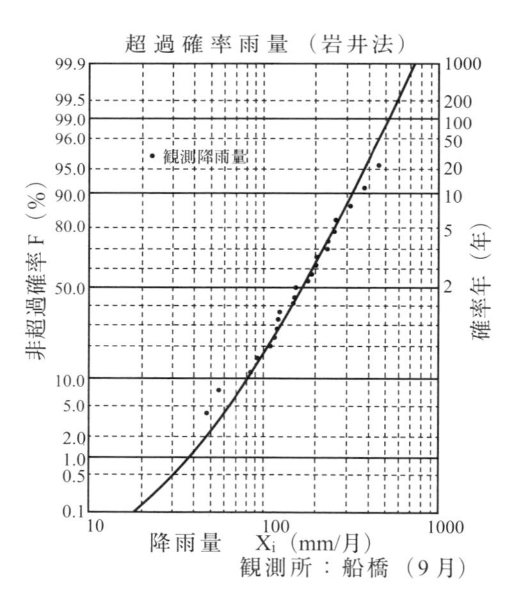

図 9.5.4　再現確率降雨量の関数[18]

(2) 浮　　力

地下室などの底版では，地下水位面の水圧が 0 であるので水深に水の単位体積重量を乗じた浮力が発生する．この浮力により地下構造物が浮き上がることもあるが，長期的に安定した浮力は，鉛直荷重の軽減に考慮できる．構造物の浮き上がりの検討には地下水位を高く設定する方が安全側であるが，鉛直荷重の軽減を期待する場合には地下水位を低く設定する方が安全側である．

地震時に液状化する場合には，過剰間隙水圧による浮力となるため，大きな浮力が作用することに注意して設計を行う必要がある．この場合には，(9.9) 式の γ_w を泥水の単位体積重量 18～20 kN/m^3 に置き換えて，浮力を算定する．

9.6　土圧の不確定性と設計用の地盤パラメータ

(1)　地下外壁や擁壁に作用する土圧（主働土圧，静止土圧，地震時土圧など）は，それらの算定式において用いられるパラメータの不確定性の影響を考慮して設定する．
(2)　土圧算定に用いる地盤パラメータの特性値には，当該地盤における 99 % 非超過確率の値を採用する．

(1) 地盤パラメータの変動係数

土圧に影響するパラメータは以下のものがある．

1）地盤パラメータ

c　：土の粘着力（kN/m^2）
ϕ　：土の内部摩擦角（度）
γ　：土の単位体積重量（kN/m^3）
δ　：壁面摩擦角（度）

2）幾何学パラメータ（形状・寸法）

z　：壁体の上端から土圧を算定する位置までの鉛直深さ（m）
H　：擁体高さ（m）
α　：擁体背後の地表面傾斜角（度）
θ　：擁体背面と鉛直面がなす角（度）
h　：地下水位（m）

3）荷重因子パラメータ

q　：擁体背後の地表面への上載荷重（kN/m^2）
k_h　：設計水平震度

地盤パラメータのばらつきの要因としては，土層の不均質性や異方性，土の採取方法，試験方法などが考えられる．一般的にばらつきが大きい粘着力の変動係数は 0.2～0.4，内部摩擦角は 0.1～0.2 とされている．それに比べ，単位体積重量の変動係数は 0.02～0.08 と非常に小さく，確定値と考えることもできる[21]．

松尾ら[22]は物部・岡部式を対象に，砂，シルト，粘土の主働土圧の変動をモンテカルロ法で評価した．このとき，砂は内部摩擦角（ϕ=30, 35, 40°），シルトは内部摩擦角（ϕ=10, 20, 30°）と粘着力（c=9.8, 14.7, 19.6 kN/m^2），粘土は内部摩擦角（ϕ=5°）と粘着力（c=14.7, 19.6 kN/m^2）とし，内部摩擦角と粘着力の変動係数はそれぞれ V_ϕ=0.05, 0.10 と V_c=0.2, 0.3 とする正規分布とした．また，壁面摩擦角 δ は 2/3ϕ と仮定した．これらの結果，主働土圧は正規分布と仮定できるといわれている．

形状・寸法のばらつきとして，壁体の高さや角度がある．これらは施工精度によるもので，その統計的性質はあまりよくわかっていないが，比較的小さいといわれている．また，擁体背後の地表面への上載荷重は，構造物周辺状況により大きく変化する．

(2) 99 % 非超過確率の値

サイトごとに異なる地盤パラメータは，設計において地盤調査や土質試験から設定されるため，特性値や統計的性質を設定するときには，サンプリングの不確定性を考慮する必要がある．基本的には，設計に用いる特性値は当該地盤の 99 % 非超過確率の値を採用するが，工学的に異常値やデータ個数などを考慮した推定値とする．すなわち，主に経済的理由から得られる情報は限られているため，同種構造物や類似地質で得られた経験，対象構造物の限界状態に与える地盤の領域などを考慮した工学的判断によりこれを補うことが多い．

データがある程度あり，統計的方法を適用することができるときは，特性値の推定は標本分布をもとに次のように算定される．いま，サンプルを $x_i\,(i=1, 2, \cdots, n)$ とすると，標本平均 $\bar{x}$ と標本分散 s^2 は次式で求められる．

$$\bar{x} = \frac{1}{n}\sum_{i=1}^{n} x_i \tag{9.6.1a}$$

$$s^2 = \frac{1}{(n-1)}\sum_{i=1}^{n}(x_i - \bar{x})^2 \tag{9.6.1b}$$

99 % 非超過確率の値は自由度 $n-1$ の t 分布に従うので，特性値は信頼水準 $1-\alpha$ を考慮して以下のように設定することができる[23]．

$$x_k = \bar{x} \pm t_{\alpha;n-1}\, s\sqrt{1+\frac{1}{n}} \tag{9.6.2}$$

ここで，± は限界状態に対して安全側になるように設定する．また，$t_{\alpha;n-1}$ は t 分布の信頼水準 α% 点であり，例えば信頼区間 99 % で $n-1=20$ の場合，$t_{0.01;20}=2.528$ である．$t_{0.01;n-1}$ の代表的な値を，表 9.6.1 に示す．

表 9.6.1 $t_{0.01;n-1}$ の代表的な値

$n-1$	5	10	15	20	25	30	60	120	∞
$t_{0.01;n-1}$	3.365	2.764	2.602	2.528	2.485	2.457	2.390	2.358	2.326

ただし，9.1 節でも述べたように，実務においては必ずしも地盤データが充分ではない場合が多く，その場合には，従来用いられてきた慣用的な値，例えば基礎指針で推奨されている値（基礎指針表 3.4.2 物部・岡部式の諸定数の参考値）を基本値として用いることとする．これらの値は，特に詳細な調査をしない場合を想定して，安全側に設定された値であることから，当面，99 % 非超過確率の値に相当すると考える．

これらのパラメータの不確定性のほかに，土圧算定式の精度（モデル不確定性）が，土圧の不確定性に大きく影響する．算定式の精度については，地盤パラメータなどが精度よく把握された原位置において測定されたデータと算定式を比較する必要がある．しかし，土圧の測定自体が難しいこともあり，多くは行われていない．このようなデータの蓄積に加えて，施工法の持つ不確定性の検討をも加えることにより，将来的に合理的な限界状態設計法が確立するものと考えられる．

参考文献

1) 日本建築学会：建築基礎構造設計指針，2001
2) 物部長穂：地震上下動に関する考察並びに振動雑論，土木学会誌，第10巻第5号，pp.1063～1094，1924
3) Okabe, S.: General theory on earth pressure and seismic stability of retaining wall and dam, 土木学会誌，第10巻第6号，pp.1277～1323，1924
4) Jàky, J.: Pressure in soils, Proc. of 2nd ICSMFE, Vol.1, pp.103～107, 1948
5) Danish Geotechnical Institute: Code of practice for foundation enginnering, Danish Geotechnical Institute, Copenhagen, Denmark, Bulletin No.32, 1978
6) Mesri, G. and Hayat, T.M.: The coecient of earth pressure at rest, Canadian Geotechnical Journal, Vol.30, pp.647-666, 1993
7) Ladd, C., Foot, R., Ishihara, K., Schlosser, F. and Poulus, H.G.: Stress deformation and strength characteristics, State-of-the-arts reports, Proc. of 9th ICSMFE, Vol.4, pp.421～494, 1977
8) 菊池喜昭：三軸試験機による粘性土の静止土圧係数の測定，港湾技研資料，No.577，1987
9) Hatanaka, M., Uchida, A. and Taya, Y.: Estimating *K*0-value of in-site gravelly soils, Soils and Foundations, Vol.39, No.5, pp.93～101, 1999
10) Koseki, J., Tatsuoka, F., Munaf, Y., Takeyama, M. and Kojima, K.: A modified procedure to evaluate active earth pressure at high seismic loads, Soils and Foundations, pp.209～216, 1998.9
11) 古関潤一・龍岡文夫・堀井克己・舘山　勝・小島謙一，Munaf, Y.：大きな地震荷重下において擁壁および補強土壁に作用する地震時主働土圧の評価法，第10回日本地震工学シンポジウム，pp.1563～1568，1998
12) 粕谷広史・岡田順三・花房卓司・榎明　潔：地震時土圧と擁壁の運動に関する実験，第38回地盤工学研究発表会，pp.1621～1622，2003.7
13) 岡田順三・粕谷広史・花房卓司・榎明　潔：地震時土圧と擁壁の運動に関する理論的研究，第38回地盤工学研究発表会，pp.1623～1624，2003.7
14) 宅地防災研究会：宅地防災マニュアルの解説<改訂版>[I]，ぎょうせい，pp.86～88，1998.5
15) 青木雅路：傾斜地での偏土圧と支持力の評価，建築技術，pp.126～135，2000.2
16) 川合将文・川島眞一・石原成幸・高橋賢一：平成23年の地下水位変動の特徴，平24.都土木技術支援・人材育成センター年報，pp.113～150，2012
17) 高橋賢一・川合将文・石原成幸・國分邦紀：浅層地下水の観測記録（平成23年），平24.都土木技術支援・人材育成センター年報，pp.205～214，2012
18) 木佐貫徹・西垣　誠・野田誠司・山下知之：東京周辺地盤における地下構造物の設計用地下水位設定方法，土木学会論文集，No.721/Ⅳ-57，pp.167～176，2002.12
19) 青木雅路・田屋裕司・加倉井正昭・浅香美治：設計地下水位の設定に関する長期計測結果の考察，日本建築学会大会学術講演梗概集，pp.423～424，2011.8
20) 石井　豊・内藤貞利・田辺邦美・林　弘宣編：農業水分，pp.60～88，コロナ社，1979
21) 土質工学会編：土質基礎の信頼性設計，土質基礎工学ライブラリー28，1985
22) 松尾　稔：地盤工学，信頼性設計の理念と実際，技報堂出版，pp.248～264，1984
23) CEN: ISO2394, General Principles on Reliability for Structures, 1998

10章　津波荷重

10章　津 波 荷 重

概　　説

2011年東日本大震災では建築物の甚大な津波被害が発生し，国土交通省は平成23年告示第1318号「津波浸水想定を設定する際に想定した津波に対して安全な構造方法等を定める件」を制定した．本会でも2014年度の建築物荷重指針・同解説の改定に併せて，新たに津波荷重指針を定めた．

本指針は，津波避難ビルに限定せず，津波浸水想定区域に建設する建築物や工作物に作用する津波荷重をより合理的に決定することを目的としているが，網羅的に事項を記載したものではなく，一般に耐津波設計手法として認知されていると判断した事項について記載した．

本指針での建築物の津波荷重とは，流体力である津波波力と漂流物の衝突荷重の総称とし，津波波力は建築物に作用する時間（津波の先端部，非先端部および静水時）で分類し，それぞれ浸水深と流速から算定することを原則とした．その算定方法は，(A) 浸水深と流速の時系列，(B) 最大浸水深と最大流速，(C) 最大浸水深の3つに大別され，それぞれについて津波波力算定式を示した．

10.1節では，指針の適用範囲，津波荷重の算定方針，3つの荷重算定方法，津波荷重算定の基となる設計用浸水深と流速の評価法について示した．このほか建築物まわりの津波の流れを数値流体計算により再現し，建築物に作用する津波波力の時系列を直接計算する手法についても触れた．10.2節から10.4節では，津波の先端部，非先端部および静水時での津波波力について，それぞれ水平方向と鉛直方向の算定式を示した．津波波力算定式には，内閣府の津波避難ビルガイドラインや平成23年国土交通省告示第1318号に示されている静水圧に換算した波力算定式のほか，抗力として津波波力を算定するものも提示した．10.5節では，建築物の特徴である開口部や開放部における津波波力の低減方法についてその考え方を示した．10.6節では，漂流物による荷重について，流木やコンテナなどを対象とした漂流物の衝突荷重と漂流物による堰止め荷重を示した．10.7節では，地震動による損傷，地盤の液状化，洗掘といった建築物の耐津波設計において考慮すべき事項についても列挙した．

記　　号　本章で用いられる主な記号を示す．

大文字

A ：建築物等の水没部の水平投影面積（m^2）

A_D ：流れ方向の投影面積（m^2）

B ：建築物等の幅（m）

C_D ：抗力係数

C_{D1}, C_{D2}, C_{D3}：津波波力算定のための係数

C_{DA}, C_{DB}, C_{DC}：抗力係数
D：海岸線等からの距離（m）
F_A：鉛直力（kN）
F_B：浮力（kN）
F_D：抗力（kN）
F_I：漂流物の衝突力（kN）
F_{UL}：全揚圧力（kN）
Fr：フルード数
T_u：津波荷重（kN）
Z_s：最大洗掘深（m）

小文字

a：水深係数
g：重力加速度（m/s²）
h_i：浸水深（m）
h_{max}：最大浸水深（m）
h_f：建築物の前面における浸水深（m）
h_r：建築物の背面における浸水深（m）
v_i：流速（m/s）
v_{max}：最大流速（m/s）
z：津波波圧等を算定する箇所の地盤面からの高さ（m）

ギリシャ文字

ρ：海水の密度（t/m³）
ρ_s：土砂を含んだ海水の密度（t/m³）

10.1　一　　般

10.1.1　適用範囲

津波荷重の適用範囲は以下のとおりとする．
(1)　陸上に設置された建築物や工作物を対象とする．
(2)　海底地震で発生し，陸上に遡上した津波の押し波と引き波を対象とする．
(3)　津波荷重を算定するための設計用浸水深等は津波ハザードマップもしくは適切な数値流体計算または水理実験等で求め，津波は建築物の上を超えないものとする．
(4)　海水は非圧縮性流体とし，海水の密度は周辺状況等を考慮し適切に定める．
(5)　フルード数の範囲は 0～2 程度とする．

(1) 建築物や構造物の条件

陸上の建築物や工作物を対象とし，海中公園の観覧階のように水中や水上の構造物等は対象としない．また，これらの陸上の建築物や工作物では，津波によって水没することは想定しておらず，設計対象の建築物の高さは設計用浸水深よりも充分に高く，津波は建築物を越流しないものとする．

また津波荷重は建築物や工作物の構造種別（鉄筋コンクリート造・鋼構造・木造）にはよらない．防波堤や防潮堤は密実な二次元構造物として考えることが一般的であるが，建築物は室内空間を有しかつ有限長の三次元構造物であり，建築物内部を貫流する流れや建築物を回り込む流れの振舞いを考慮する必要がある．さらに，津波は，建築物全体だけでなく，建築物の部材や部分，例えば，壁（外壁・内壁）・開口部（窓・扉）・柱・梁・床・屋根・階段・基礎などに作用することも考慮する必要がある．また，津波は建築物まわりの地盤にも作用するため 10.7.3 項に示す洗掘が生じる場合がある．

建築物の外装材（屋根ふき材，外壁，開口部）は建築基準法により風圧力に対して構造計算により安全であることが求められている．したがって少なくとも数 kN/m^2 程度の圧力では外装材は破壊しないが，どの程度の圧力で外装材が破壊・脱落するか分かっていないことが多い．外装材が破壊すると受圧面積が小さくなることから建築物全体に作用する津波波力が低減されると考えられるが，設計上は外装材の最大耐力が確認されない場合には，外装材は脱落しないものと考えることが望ましい．日本建築センターの津波避難ビルの技術的検討[1)]では，鉄筋コンクリート造建築物の開口部（窓ガラスなど）は破壊し，鉄筋コンクリート造壁は残存するものとして，建築物前面の開口率αで線形的に荷重を低減できるとしている．一方，平成 23 年国土交通省告示第 1318 号[2)]では，内壁や背面の壁にも津波波圧は作用するため，数値流体計算結果[3)]を踏まえて，建築物全体に作用する津波荷重を 7 割まで低減できるとしている．

(2) 津波の条件

津波の方向については押し波と引き波を検討対象とする〔図 10.1.1 参照〕．押し波[4)]の場合，津波が建築物に到達した際に衝撃的な波力や波圧が発生する時間（先端部という）とその後継続する定常流れに近い時間（非先端部という）に大きく分かれる．先端部では，作用時間は短いがスパイク状の大きな波圧が建築物等に作用し，非先端部では，津波の流れの中で建築物等に作用する流体

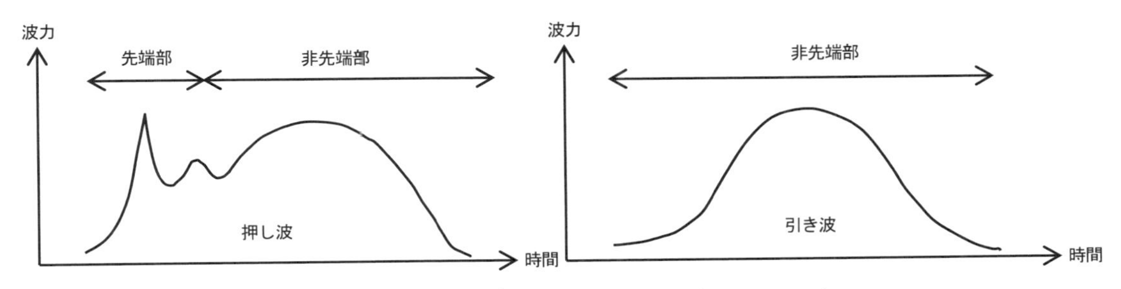

図 10.1.1　押し波[4)]と引き波の津波波力のイメージ

力（流速の2乗と浸水深との積から算定される）が作用する．一方，引き波の場合は，いったん津波が遡上後海側に戻ることになるので，押し波の非先端部の波力が逆方向に作用するものとする．さらに，津波は繰り返し何度も遡上するものであるが，本指針ではそのうちの最大の波を想定する．

さらに，一般に津波は海岸から遡上するが，河川を遡上し氾濫する場合もあるため，河川付近の建築物では河川からの氾濫流についても検討が必要である．さらに，東日本大震災での岩手県山田町船越のように半島の両側から津波が遡上するような場合もあり，津波の遡上方向については充分な検討が必要である．

(3) 設計用浸水深と設計用流速の条件

津波荷重を算定するのに重要な情報は，建設地点での設計用浸水深と設計用流速であり，本指針でも，津波荷重（T_u）は（海底）地震等でもたらされる津波の，建設地点における浸水深のみもしくは浸水深と流速の再現期間100年に対する値を基に算定する．ただし，現時点では再現期間に基づいた設計用浸水深や設計用流速のマップ（地震動ハザードマップのような確率論的ハザードマップ）や再現期間換算係数は示していない．これは設計用浸水深や設計用流速が津波波力を算定する場合の最も重要な量であるが，特別な例を除き一般に確率統計的手法でそれらを評価できる方法がまだ確立されていない，多くの自治体で津波ハザードマップ[5)]が作成されておりその津波浸水想定に示された浸水深を設計用浸水深とすることが多い，などの理由による．なお，自治体での津波ハザードマップには，想定地震シナリオに基づくハザードマップや過去の浸水域を示したハザードマップなどがある．

非線形長波シミュレーションなどの数値流体計算によって設計用浸水深や設計用流速を求めることはできるので，数値流体計算を行う場合の注意事項についても解説した．設計用浸水深は自治体が用意している津波ハザードマップの浸水深のほか，適切な数値流体計算や水理実験等により求めることができるが，設計用流速は一般に津波ハザードマップには示されていないため，現時点では適切な数値流体計算や水理模型実験等により求めることになる．海岸や海底の地形等により浸水深や流速が変化する場合には，海岸や海底の地形等を再現した数値流体計算や水理模型実験等により浸水深や流速の評価をする必要がある．

なお，東日本大震災以降防潮堤や防波堤はレベル1の津波（再現期間100年程度）[6)]に対して陸域への遡上を防ぐように設計されると考えられ，想定地震シナリオに基づく津波ハザードマップでは，一般にレベル2（L2）の津波（最大級の津波／再現期間1 000年程度）[6)]が防潮堤や防波堤等を越流し陸域に遡上した場合の浸水深の最大値が示されていると考えられる．

(4) 海水の条件

水は非圧縮性流体として取り扱い体積や密度の変化はなく，水中に気泡が発生するキャビテーション（空洞現象）も生じないものとする．また，津波荷重算定で用いる海水は一般的に水温15℃，約3.5％の塩分濃度のもの（密度ρ（≒1.03 t/m^3））を想定しているが，海水に漂流物や土砂を含めて密度を割り増す場合がある．FEMAの津波避難構造物の設計ガイドライン[7)]では，津波に含まれる土砂等を考慮し，密度ρ_sを 1.2 t/m^3 としている．一般に空気も非圧縮性流体と考えてよいが，建築物内部に滞留する空気は水圧により体積変化を起こす場合がある．

(5) フルード数の範囲

本指針では，浸水深と流速にとくに制限は設けていないが，浸水深と流速の関数であるフルード数 Fr が 0～2 程度を想定している．津波のフルード数 Fr は流体の慣性力と重力の比で，(10.1.1) 式で定義される．

$$Fr = \frac{v}{\sqrt{gh}} \tag{10.1.1}$$

ここで，v　：流速 (m/s)

g　：重力加速度 (m/s^2)

h　：浸水深 (m)

フルード数 Fr が 1 を超える流れは射流，1 未満の流れは常流と呼ばれる．一般に津波は常流の状態が多いが，堤防や護岸を越えた津波などにように一時的に射流状態になる場合がある．常流と射流では流れの現象は異なるが，本指針では両方の津波荷重を取り扱う．

10.1.2 算 定 方 針

津波荷重には，津波先端部の荷重，津波非先端部の荷重，静水時の荷重，漂流物による荷重があり，それらの算定方針は (1)～(3) とする．

(1)　想定する津波荷重

設計用浸水深または設計用流速が既知である場合の津波荷重の算定方法を示す．建築物に作用する津波荷重は，建築物および津波の実況に応じて津波先端部の荷重，津波非先端部の荷重，静水時の荷重，漂流物による荷重を適切に選択し組み合せて算定する．

(2)　建築物の表裏に作用する津波波力

津波波力は，建築物の表裏面に作用する津波波圧の差から算定する．

(3)　津波荷重と他の荷重の組合せ

津波荷重は，他の荷重との組合せを適切に考慮する．

図 10.1.2 に示すように，津波荷重は，陸上に遡上した津波によって建築物に作用する力で，津波先端部の荷重および津波非先端部の荷重，静水時の荷重を指し，それぞれ水平方向だけでなく鉛直方向（浮力も含む）も考慮する．また，津波に漂流物が含まれている場合には，漂流物による荷重も考慮する．

(1) 想定する津波荷重

建築物に作用する津波は一般に非定常流であり，津波波力も時々刻々変化するものである．津波波力はそれぞれの時間での最大値を評価したものである．

図 10.1.3 に津波荷重算定のフロー図を示す．津波荷重算定ルートは浸水深や流速のいかんによって大きく 3 つに分類し，それぞれ水平方向の津波波力，津波波圧，鉛直方向の浮力，揚圧力等を求

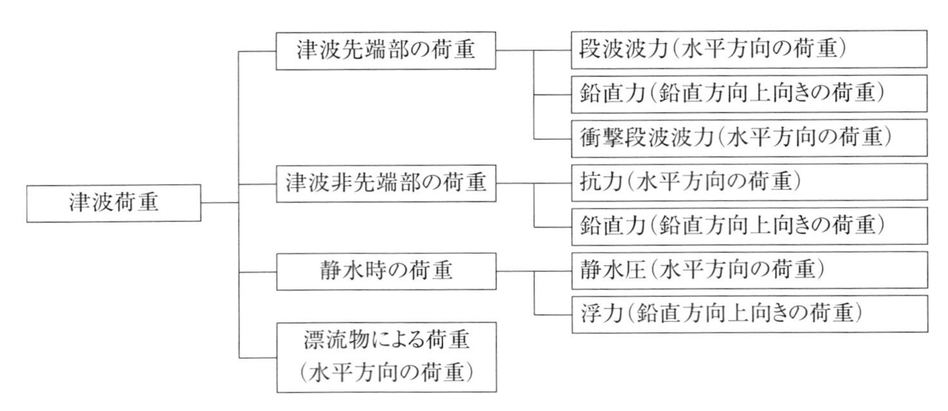

図 10.1.2　津波荷重の構成

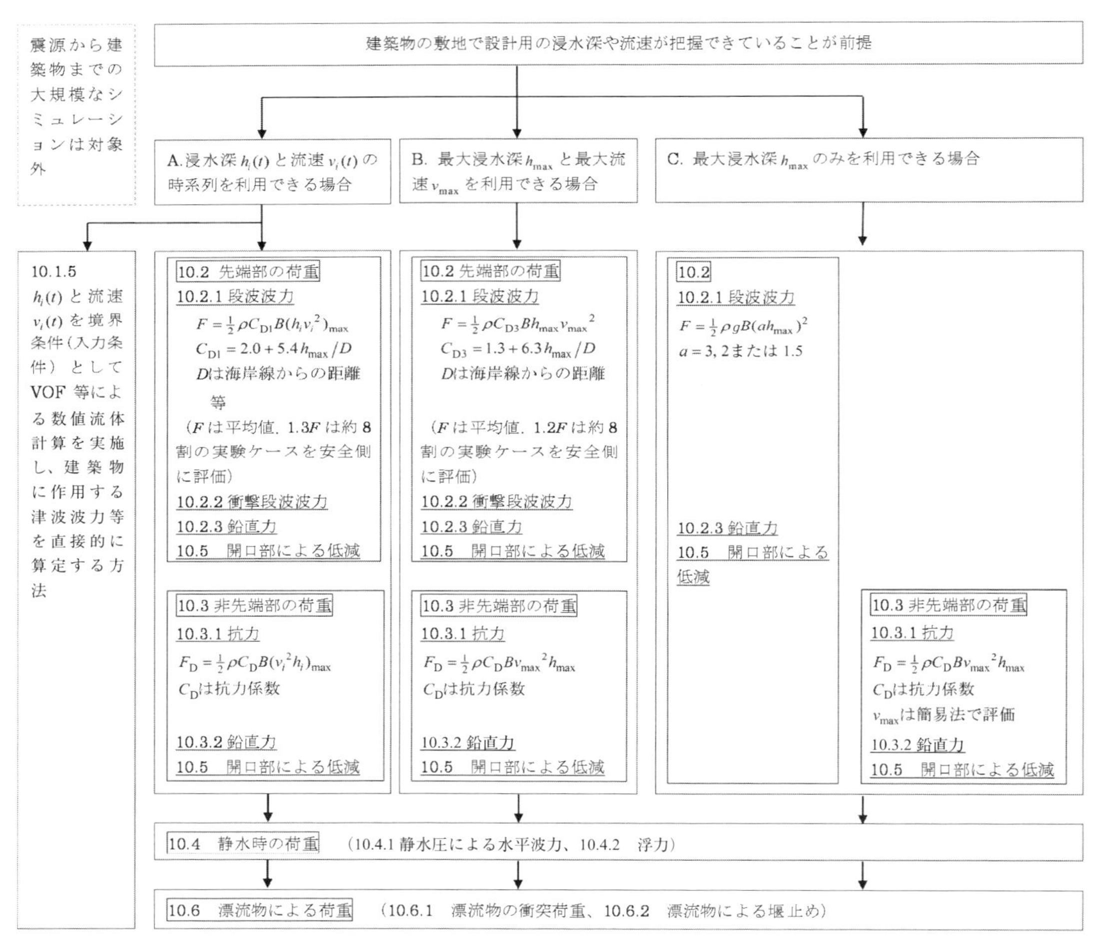

図 10.1.3　押し波の津波荷重算定フロー図

めるものとし，静水時の荷重や漂流物による荷重（漂流物の衝突荷重や堰止め力）に対する検討も行う．また，津波波力算定式を用いずに，数値流体計算により建築物に作用する津波波力等を直接的に算定するルートも示した．なお，図中の最大浸水深のみ利用できる場合（C）には，先端部・非先端部の区別をせず用いる津波波力算定式と非先端部での津波波力算定式を示した．

(2) 建築物の表裏に作用する津波波力

物体に作用する流体力は，物体表面での摩擦力を無視できるものとすると，物体の表面に垂直に作用する流体圧力の積分値となる．したがって，建築物に作用する津波波力も建築物の表面に作用する津波波圧の積分値となる．例えば，建築物内部に津波が浸入しない場合，建築物全体に作用する水平方向の津波波力は建築物前面の津波波圧と建築物背面の津波波圧の差になるが，建築物の前面や背面の壁には，内外の津波波圧の差に相当する津波波力が作用する．また，建築物内部に津波が浸入する場合には，建築物の内壁等の表裏にも津波波圧が作用すると考えられるので，それらを適切に評価する必要がある．

空気の場合には，ほとんどの場合で物体の表裏で大気圧はほぼ釣り合っており，高低差による圧力差も小さいので，物体の表裏での大気圧の差は無視され，主に動圧の効果として風荷重が評価される．一方，水の場合には，（大気圧は釣り合っているが）物体の表裏で静水圧（位置水頭）が異なる場合があり，津波波力を評価する場合には，動水圧だけでなく静水圧の差も考慮する必要がある．

(3) 津波荷重と他の荷重の組合せ

津波荷重は，固定荷重と積載荷重との組合せを考慮する．ただし，大津波の発生確率は非常に小さく，津波荷重の想定する再現期間は非常に長くなる場合がある．そのため，地震荷重や風荷重で想定する再現期間と同程度の再現期間に換算した場合の津波荷重は非常に小さな値になると考えられる．そこで本指針では，地震荷重や風荷重は津波荷重と同時に作用しないとしてもよいこととした．ただし，余震と津波が同時に作用することを考慮する方法として，本震のマグニチュードから1.1を差し引いたマグニチュードの余震[8)]による地震荷重を考慮する事例がある．なお，平成23年国土交通省告示第1318号では，多雪地域においては0.35倍の積雪荷重を加えた場合と加えない場合の2ケースについて荷重を算定することになっている．これは積雪荷重が浮力に対して危険側に働く場合があると考えられるためである．

10.1.3　算定方法の大別

津波荷重を評価するうえでのパラメータは次の3つに大別して津波荷重を算定する．押し波の場合は，津波の先端部と非先端部の津波波力をそれぞれ算定し大きい方を採用する．引き波の場合は，非先端部の津波波力を算定する．

A. 浸水深と流速の時系列
B. 最大浸水深と最大流速
C. 最大浸水深

設計用津波荷重の算定方法は津波遡上シミュレーションの結果から得られる浸水深と流速の情報量に応じて3種類に大別される．なお，本章に示される津波荷重算定式における浸水深は通過波（フリーフィールド）における数値を想定しており，建築物による堰上げ高さは含んでいないことに注意する必要がある．また，津波遡上シミュレーションの流速は平面二次元ベクトル場であることが多いため，算定する荷重方向の値成分を採用し，シミュレーション結果としては高さ方向の平均的な値が出力されていることが一般的である．

(1) 浸水深と流速の時系列が利用できる場合（A）

周辺建築物，地形，波の形状などを反映させたモデルを用いた数値流体計算を実施する場合には浸水深および流速の時系列を用いて設計用津波荷重を算定することができる．東日本大震災における三陸地方で顕著に見られた比較的徐々に浸水深が増加するような津波の場合には，最大浸水深と最大流速の発生時刻が異なるため，本モデルでは（B）や（C）で想定する津波荷重よりも著しく小さな値が得られる可能性がある．しかしながら，数値流体計算で得られた津波の時系列は震源モデルや周辺建築物の破壊など前提条件により大きく変動することが想定されるため，原則として津波荷重を津波の浸水深と流速の時系列で算定する場合には，複数のモデルによるケーススタディにおける最大値を採用することや，得られた値に一定の安全率を乗じるなど，設計上の配慮を行うべきである．

水平方向の津波波力を波圧分布に置き換える方法は以下とする．津波の先端部については，段波波力を想定した建築物前面において静水圧の三角形分布を仮定する．津波の非先端部については，建築物背面は通過波浸水深の静水圧の三角形分布，建築物前面は堰上げ高さを考慮した水位の静水圧の三角形分布を仮定し，建築物前背面での静水圧の差分が非先端部における水平波力と一致するような波圧分布（台形分布）を仮定する〔図 10.1.4〕.

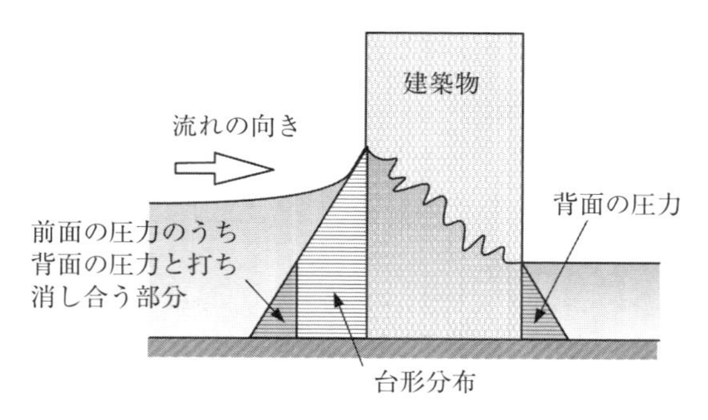

図 10.1.4　非先端部での波力を静水圧の波圧分布に置き換える考え方

(2) 最大浸水深と最大流速が利用できる場合（B）

流速の局所性やモデル上反映されていないパラメータ等も充分に考慮したうえで，津波遡上シミュレーションにおいて建築物等の位置での最大流速が把握されうる場合には，最大浸水深と最大流速に基づいた設計用津波荷重を算定することができる．既往の水理模型実験において津波先端部における波圧は最大浸水深と最大流速から評価したフルード数 Fr に対して概ね線形関係を有していると指摘されており，建築物等の直前で砕波しない津波先端部の最大波力については最大浸水深と最大流速から安全側に評価することが可能となる．また，津波の非先端部における作用荷重についても津波の流速と浸水深の最大値を用いることで最大波力を安全側に評価することができる．

水平方向の津波波力を波圧分布に置き換える方法は以下とする．津波の先端部については，段波波力を想定して建築物前面において静水圧の三角形分布を仮定する．津波の非先端部については10.1.3（1）項と同様に，建築物背面には最大浸水深の静水圧の三角形分布を仮定し，最大浸水深と最大流速から求まる水平波力が建築物前背面における静水圧の差分と一致するような波圧分布（台形分布）を仮定することで水平波力の等価高さを安全側に求めることができる．

(3) 最大浸水深が利用できる場合（C）

津波シミュレーション結果を利用した津波荷重算定でもっとも基礎的なパラメータは最大浸水深である．最大浸水深は各地方公共団体から公表される津波ハザードマップにおいて示される数値を用いることができ，現状の津波避難ビル等の設計では一般的にこの値に基づいた検討を実施している．津波ハザードマップでは通常建築物配置等については地表面粗度により簡略的に表現し，非線形浅水方程式に基づいた遡上解析により得られた結果であるため，防潮堤の越流，局部的な地形効果（例えば下り勾配や建築物等により狭まった場所（道路）等），フルード数 Fr が 1 を超える射流の挙動等についてはモデルに反映させることが困難である．このような数値流体計算であっても，浸水深はある地点において流入および流出する水量の時刻歴積分値となるため，流速に比べてシミュレーション結果の信頼性が高く，設計用津波荷重の算定に採用することができる．

水平方向の津波波力を波圧分布に置き換える方法は，津波先端部および非先端部にかかわらず段波波力を想定して建築物前面において静水圧の三角形分布を仮定する．

10.1.4　設計用浸水深と設計用流速

設計用浸水深または設計用流速は地方自治体が定めた津波ハザードマップの数値を用いるか，適切な数値流体計算等によって求める．

津波荷重算定を前項の（C）により行う場合には，津波ハザードマップに示される最大浸水深を設計用荷重として用いることができる．一方，算定方法（A）ないしは（B）により荷重を評価する場合には，数値流体計算が必要となる．

(1) 津波ハザードマップによる設計用浸水深の評価

対象地点での設計用浸水深を評価する最も簡便なツールとして，国や地方自治体が公開している津波ハザードマップが挙げられる．津波ハザードマップでは最大浸水深の空間分布がメッシュデータとして地図上に示されており，対象地点での値が容易に参照できる．前項で示した算定方法（C）により津波荷重を評価する場合には，津波ハザードマップで得られる最大浸水深を設計用浸水深として活用することが可能である．ただし，印刷物やPDFファイルなど図として示された津波ハザードマップは入手が容易である反面，対象地点での精緻な最大浸水深を判別するのは困難である．このような場合には，別途デジタルデータを入手するか，あるいは後述の数値流体計算を行う必要がある．

また自治体によっては，顕著な津波被害をもたらすような地震が周辺で想定されていないなどの理由により，津波ハザードマップが未整備であることも考えられる．これらのようなケースでは，別途数値流体計算による予測が必要となることもある．さらに，レベル2では防潮堤を超える津波であるので，津波の数値流体計算では防潮堤の耐震性の有無により防潮堤を再現したものや再現しないものなど，計算条件も統一されていないことがある．

(2) 数値流体計算による設計用浸水深・流速の評価

一般的に津波ハザードマップで示されているのは浸水範囲と最大浸水深の空間分布のみであり，浸水深の時間変化など詳細な数値データ，および流速など津波性状を示すほかの諸量については不明な場合が多い．よって，算定方法（A）ないしは（B）により津波荷重を算定する場合には，数値流体計算による浸水深および流速の評価が必要となる．海域での伝搬および陸域での遡上といった一連の津波の挙動を再現し，任意の地点における浸水深，流速の時間変化を得る手法としては，非線形長波モデルによる数値流体計算[9)]が広く用いられている．

(3) 地殻変動による地盤沈下

地殻に変形が生じ，周辺のかなり広い地域に地盤の永久変位が生じる場合があり，設計用浸水深の設定にあたってはその永久変位を評価する．

大地震の際，断層運動に伴い，地殻に弾性変形が生じ，それにより，周辺のかなり広い地域に地盤の永久変位が生じる場合がある．この永久変位には水平成分と鉛直成分があり，このうち鉛直成分は，断層運動の向きや断層と対象地点の位置関係により，上向きの場合と下向きの場合がある．最近では，2011年東北地方太平洋沖地震の際，牡鹿半島で1.2mの沈下が生じた例がある[10)]．1707年宝永地震の際には，高知市の市街地が最大2m沈下したとされる[11)]．

多くの津波ハザードマップは地盤沈下を考慮して作成されているので，その際に用いられた地盤沈下の値が公表されていれば，それを用いることができる．また，断層運動に伴う地盤沈下の計算には，半無限媒質を仮定して理論的に弾性変形を計算する方法[12)]が用いられることが多い．そのためのパッケージプログラム[13)]も防災科学技術研究所から提供されている．その際に想定する断層面上のすべり分布が，津波シミュレーションにおける想定と整合していることが重要である．

10.1.5 数値流体計算による津波波力の評価

設計する建築物を含めた周辺の地物の三次元形状，および浸水深と流速の時系列と空間分布が適切に再現可能な流体解析モデルを用いて，建築物に作用する津波波力や津波波圧の時系列および最大波力や最大波圧を評価する．

非線形長波モデルによるシミュレーション手法では流れの影響により変動する圧力成分（動水圧）が考慮されていないのに対し，VOF 法[14]や粒子法[15]などのより一般的な流体現象を対象とした解析手法では動水圧の時間変化を考慮している．このため，別途算定式等を用いずに，直接計算結果として構造物表面に作用する波圧の空間分布・時間変化を得ることができる[16]．このような三次元的な解析手法では，例えばピロティ形式の建築物など構造下部における津波遡上流の通過や，内部空間への浸水とそれに伴う荷重の発生などの再現も可能であるという特長がある．一方で，非線形長波モデルによるシミュレーションと比較して計算負荷が大幅に大きくなるため，広大な領域を解析することは困難であり，通常は対象建築物とその周辺の領域を再現することが多い．

想定地震シナリオや津波伝播には地域特性が強く反映されるため，津波の伝播予測を行う場合には津波が発生する震源域を含む広大な領域について数値流体計算を行うことが望ましい．しかし，三次元的な解析手法で震源域を含む広大な領域をシミュレートするのは，計算負荷の観点から実用上困難である．そこで，例えば震源域を含む外洋などより広域な現象については非線形長波モデルで再現し，得られた波高，流速の結果を境界条件として三次元解析を実施するなどの手法が考えられる[17]．これにより，震源付近での津波の発生から沖合での津波の伝播，さらには陸域付近での遡上状況の詳細や津波荷重の発生に至る異なるスケールの現象を首尾一貫して再現することができる．

なお，三次元モデルによるシミュレーションで津波荷重を直接推定する場合，荷重算定値が格子間隔や粒子密度など空間分解能に大きく依存するため，必要な精度で荷重が算定できるよう空間分解能を充分小さく設定するとともに，あらかじめ水理模型実験等との比較により解析精度の確認を行うのが望ましい[18]．

10.2　津波の先端部の荷重

10.2.1　段 波 波 力

段波波力は，浸水深や流速など得られる情報量に応じて 10.1.3 項の算定ルートにより適切に算定する．

(1) 浸水深と流速の時系列が利用できる場合（A）

数値流体計算等で津波の浸水深と流速の時系列が得られた場合の津波波力 F(kN) は以下の 3 つの算定法がある．

1)（10.2.1）式または（10.2.2）式で算定する[19]．

$$F=\frac{C_{D1}}{2}\rho B\left(h_i(t)\,v_i(t)^2\right)_{max} \tag{10.2.1}$$

$$C_{D1}=2.0+\frac{5.4h_{imax}}{D},\quad \left(0.01<\frac{h_{imax}}{D}<0.17\right)$$

$$F=\left(\frac{C_{D2}}{2}\rho Bh_i(t)\,v_i(t)^2+C_M\rho BWh_i(t)\frac{\partial v_i(t)}{\partial t}\right)_{max} \tag{10.2.2}$$

$C_{D2}=2.0,$

$C_M=1.0,\ \left(0.01<\dfrac{h_{imax}}{D}<0.17\right)$

ここで，

C_{D1}, C_{D2}, C_M　：津波波力算定のための係数

B　：建築物の見付け幅（m）

W　：建築物の奥行き幅（m）

$h_i(t)$　：入射津波の浸水深の時系列（m）

$v_i(t)$　：入射津波の流速の時系列（m/s）

ρ　：海水の密度（t/m^3）

$(\ \ )_{max}$　：最大値

D　：海岸線からの距離（m）

（10.2.1）式は，（10.2.2）式の慣性力項（右辺第2項）の効果を抗力係数に反映させたものである．定常状態の波力と比較するなら，（10.2.1）式の方が便利だろう．なお，（10.2.1）式および（10.2.2）式は約90ケースの水理模型実験結果から平均値として算出した式である．算出された値の1.3倍（$1.3F$）は約8割の実験ケースを安全側に評価している．

2)　浸水深と流速から時々刻々のフルード数 Fr を算出し，$Fr<1$ であれば（10.2.7）式での水深係数 a を1.5に低減することができる[20]．また，（10.2.7）式における h_{max} はフルード数 Fr を算出したときの浸水深とする．

3)　有川・大家[21]は孤立波を用いた水理模型試験により，津波先端部における水深係数 a とフルード数 Fr の関係について検討し，（10.2.7）式での水深係数 a は，ベルヌーイの式を基にした（10.2.3）式を用いて評価できることを明らかにした．

$$a=1+0.5(1+\zeta)Fr^2 \qquad (1<Fr<4) \tag{10.2.3}$$

ここで，フルード数 Fr は，建築物等がない状態での津波先端部での流速時系列の最大値から換算したフルード数 Fr を使用し，ζ はエネルギー補正係数で0.4とする．また，（10.2.7）式における h_{max} は（10.2.4）式のように

$$h_{max}=h_{v_{max}} \tag{10.2.4}$$

最大流速時における浸水深 $h_{v_{max}}$ とする．

(2) 最大浸水深と最大流速が利用できる場合（B）

津波の最大浸水深と最大流速が得られた場合の津波波力 F(kN) の算定式として（10.2.5）式がある[19]．

$$F=\frac{C_{D3}}{2}\rho B h_{max} v_{max}^2, \tag{10.2.5}$$

$$C_{D3}=1.3+6.3\frac{h_{imax}}{D},\ \left(0.01<\frac{h_{imax}}{D}<0.17\right)$$

ここで，

C_{D3}　：津波波力算定のための係数

B　：建築物の見付け幅（m）

h_{max}　：最大浸水深（m）

v_{max}　：最大流速（m/s）

ρ　：海水の密度（t/m^3）

D　：海岸線からの距離（m）

ただし，（10.2.5）式は平均値を算出する式である．算出された値の 1.2 倍（1.2 F）は約 8 割の実験ケースを安全側に評価している．

なお，入手した最大浸水深と最大流速が，段波波力が作用している時間帯のものかどうか判断することは難しい．特に奥行きの狭いリアス式海岸では最大浸水深はほぼ流速が零の時刻に発生している可能性がある．そのとき（10.2.5）式を使うと過大評価になるため，適用には注意が必要である．

有光ら[22]は，通過波を用いず，構造物前面の最大浸水深 h_{fmax}(m）と構造物近傍の最大流速 v_{max}（m/s）を使用して以下の波圧分布（10.2.6）式を提案している．

$$p_m=\begin{cases}\rho g(h_{fmax}-z) & (z>\text{最大流速時の浸水深})\\ \rho g(h_{fmax}-z)+\rho v_{max}^2 & (z\leqq\text{最大流速時の浸水深})\end{cases}\quad (0<Fr<2) \tag{10.2.6}$$

ここで，

p_m　：波圧（kN/m^2）

h_{fmax}：構造物前面の最大浸水深（m）

v_{max}　：構造物近傍の最大流速（m/s）

ρ　：海水の密度（t/m^3）

z　：地面からの高さ（m）

（10.2.6）式は波圧分布の領域区分に最大流速時の浸水深を使っているので，厳密には最大流速と最大浸水深だけでは評価できないが，通過波を求める必要がない．

(3) 最大浸水深が利用できる場合（C）

津波の最大浸水深が得られた場合の津波波力 F(kN）は，平成 23 年国土交通省告示第 1318 号[2)]に従い，（10.2.7）式で算定する．

$$F=\frac{a^2}{2}\rho Bgh_{max}^2 \tag{10.2.7}$$

ここで，

a　：水深係数で表 10.2.1 による

B　：建築物の見付幅（m）

$h_{\max}$ ：最大浸水深（m）

ρ ：海水の密度（t/m^3）

g ：重力加速度（m/s^2）

ただし，入手した最大浸水深が，段波波力が作用している時間帯のものでないと過大評価する可能性があり，注意を要する．

表 10.2.1 水深係数 a

	他の施設により津波波力の軽減が見込まれる場合で海岸から 500 m 以上	他の施設により津波波力の軽減が見込まれる場合で海岸から 500 m まで	左記以外
水深係数 a	1.5	2	3

10.2.2 衝撃段波波力

護岸に極めて近接する建築物等の場合，建築物の部分や部材に作用する力として衝撃段波波力を考慮する．

海岸線付近においては，地形や津波の高さ（平常潮位からの高さ）によって局所的に衝撃的な力が発生する場合があり，局所的な破壊などを検討する場合には，水理模型実験や VOF 法[23]など数値流体計算を利用することが望ましい．

図 10.2.1 は，5 m 程度の津波が建築物の直前で砕波し，そのまま衝突したときの様子である．このような状態において，水理模型実験では，津波の高さに相当する静水圧の 5 倍程度の圧力が計測されている[24]．ただし，時系列的にみると，図 10.2.2 のような波形であり，作用時間が短いことから，建築物に応じて，その影響度合いが異なると考えられるため，その波圧を取り扱う場合には，建築物の応答性を加味した検討が必要となる．林・服部ら[25]は，建築物の動的作用を考慮した式として，（10.2.8）式を提案している．

$$\frac{p_{\mathrm{m}}}{\rho g}=\frac{1.83U}{T_0 g}H \tag{10.2.8}$$

ここで，

p_{m} ：衝撃時の最大圧力（kN/m^2）

H ：波谷から波頂までの波高（m）

g ：重力加速度（m/s^2）

ρ ：海水の密度（t/m^3）

U ：波の伝播速度（m/s）

T_0 ：構造物の固有周期（s）

中低層の建築物では固有周期が 0.5～1 s 程度であることを考えると，図 10.2.2 の 5 m 程度の砕波の場合，（10.2.8）式を変形し，護岸近傍での波高に比例する係数は（10.2.9）式となり，

図 10.2.1　5 m 程度の津波が建築物直前で砕波して衝突する様子（2011 年 3 月 11 日，岩手県久慈市）

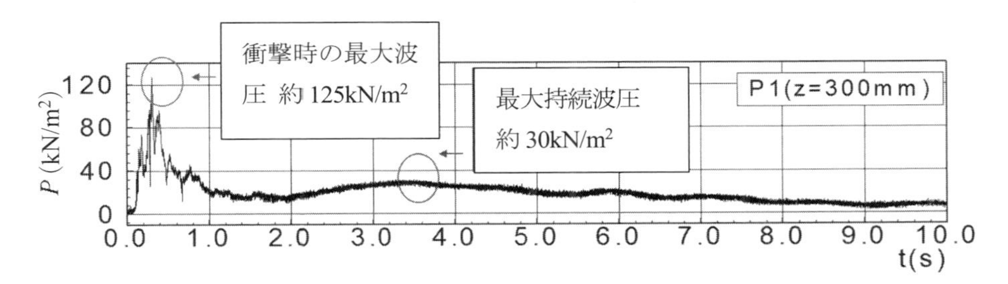

図 10.2.2　水理模型実験における衝撃的な波圧と重複波の波圧[24)]

$$\frac{p_{\mathrm{m}}}{\rho g H}=\frac{1.83\times\sqrt{5.0\mathrm{g}}}{T_0 g}=\frac{1.3}{T_0} \qquad (10.2.9)$$

およそ 1.5 から 3 倍程度の波高の静水圧が作用している可能性があることがわかる．

10.2.3　鉛　直　力

鉛直力は津波や建築物，地盤等の実況に応じて適切に評価する．

鉛直力 F_{A}(kN) は（10.2.10）式のように，図 10.2.3[27)]に示す（a）浮力 F_{B}(kN)，（b）全揚圧力

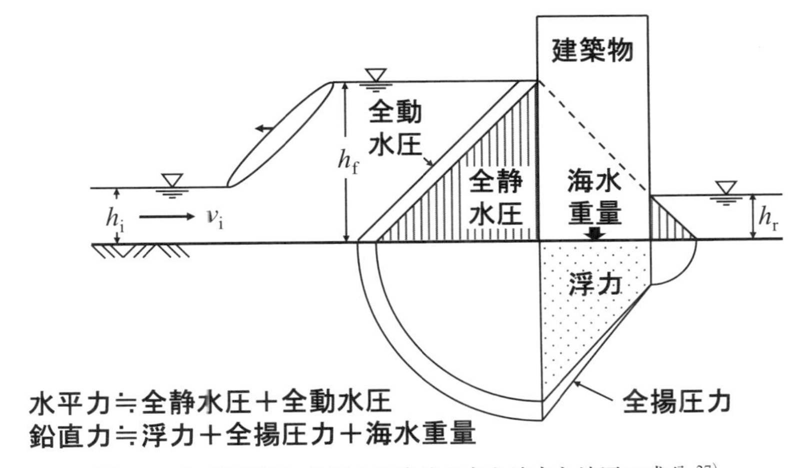

図 10.2.3　建築物に作用する津波の主な波力と波圧の成分[27)]

F_{UL}(kN) および (c) 建築物等の内部へ流入した海水の重量 F_W(kN) で構成され，津波や建築物，地盤等の実況次第でその構成は異なる．

$$F_A = F_B + F_{UL} - F_W \tag{10.2.10}$$

(10.2.10) 式は鉛直方向上向きを正とする．

津波氾濫流の衝突により建築物等の構面に働く波圧は静水圧と動水圧からなる．静水圧は水面から地面までの深さに比例する圧力である．動水圧は衝撃段波波圧を含む．

浮力は静水圧に起因し，建築物等の移動や転倒において危険側，全揚圧力は動水圧に起因し，負も考えられ，危険側と安全側の両方，海水（流入濁水）の重量は安全側にそれぞれ作用する．したがって，鉛直力は浮力と正の全揚圧力を考慮すれば，建築物等の移動や転倒において危険側を考えたことになる．

(1) 浮　　力

浮力 F_B(kN) は (10.2.11) 式により津波作用構面における浸水深 h_f(m)，反対側構面における浸水深 h_r(m) と建築物等の底面幅（奥行方向）からなる台形部分を水没部として算定することを基本とする．

$$F_B = \frac{1}{2}\rho g(h_f + h_r)A \tag{10.2.11}$$

ここで，

h_f ：津波作用構面における浸水深（m）

h_r ：反対側構面における浸水深（m）

A ：建築物の水没部の水平投影面積（m^2）

ρ ：海水の密度（t/m^3）

g ：重力加速度（m/s^2）

ただし，建築物の水没部の水平投影面積 A(m^2) が高さ z(m) に対して変化する場合は適切に評価する．

透水性の高い地盤上，液状化した地盤上や床下換気口を有する建築物等の底面には浮力が作用する．なお，床下や天井に溜まる空気に起因する浮力の評価法は未確立である．

浮力の算定に必要な浸水深 h_f と h_r は次のように評価する．

1)　浸水深と流速の時系列が利用できる場合（A）

津波作用構面における浸水深 h_f として (10.2.1) 式または (10.2.2) 式で評価された津波波力を静水圧分布に置き換えたときの浸水深，反対側構面における浸水深 h_r として零を採用する．

2)　最大浸水深と最大流速が利用できる場合（B）

津波作用構面における浸水深 h_f として (10.2.5) 式で評価された津波波力を静水圧分布に置き換えたときの浸水深，反対側構面における浸水深 h_r として零を採用する．

3)　最大浸水深が利用できる場合（C）

津波作用構面における浸水深 h_f として入射津波の最大浸水深の 1.5 倍（他の施設により津波波力の軽減が見込まれる場合で海岸から 500 m 以上），2 倍（他の施設により津波波力の軽減が見込まれる場合で海岸から 500 m まで）または 3 倍（上述の条件以外），反対側構面における浸水深 h_r として零を採用する．

(2) 全 揚 圧 力

全揚圧力 F_{UL}(kN) は津波作用構面における動水圧（静水圧を上回った成分）に起因する上向きの力である．図 10.2.3 に示すように，全揚圧力の圧力分布は津波作用構面で最大値，反対側構面で零の三角形分布とし，最大値は津波作用構面最下端における動水圧とする．最大値は入射津波条件，建築物等の形状，配置や開口率，海水の密度に依存する．

透水性の高い地盤上，液状化した地盤上や床下換気口を有する建築物等の底面には，浮力以外に，津波作用構面における動水圧に起因する揚圧力が作用し，建築物等の移動や転倒の一因となる．

津波氾濫流による揚圧力の詳細はわかっていない．ソリトン分裂し，護岸を越流してきた津波氾濫流の作用構面最下端における動水圧は静水圧の 8 割に達するという実験報告がある[26]．斜面上を遡上してきた津波氾濫流では 4〜5 割に達するという実験報告もある[27]．

全揚圧力は次のように算定する．

1)　浸水深と流速の時系列が利用できる場合(A)と最大浸水深と最大流速が利用できる場合(B)

10.2.3（1）項で評価した浮力には全揚圧力が含まれており，新たに全揚圧力を考える必要はない．

2)　最大浸水深が利用できる場合（C）

津波作用構面の波圧は静水圧分布と考え，全揚圧力は零とする．

(3) 流入海水の重量

建築物等の内部へ流入した海水の重量 F_W(kN) は鉛直下向きの力で，（10.2.12）式で算定する．海水の流入体積を適切に算定できない場合は零とする．

$$F_W = \sum \rho g V_i \tag{10.2.12}$$

ここで，

V_i　：各階での海水の流入体積（m^3）

ρ　：海水の密度（t/m^3）

g　：重力加速度（m/s^2）

流入体積は建築物等の開口率，開口部の配置，津波の大きさや建築物等に対する氾濫方向に依存する．

(4) そ　の　他

揚力 F_L(kN) は建築物等の構面や底面に沿う流れに起因する流れ直交方向の力である．ピロティ形式の建築物等の 1 階床スラブ底面には下向きの揚力 F_L(kN) が働き，建築物等の移動や転倒において安全側に作用する．ただし，非没水の建築物等に対する揚力係数はわかっていない．

10.3　津波の非先端部の荷重

10.3.1　抗　　力

津波の非先端部が建築物等に作用するときの流れ方向の水平力は海水の密度，流速と建築物等の水没部の鉛直投影面積に依存する抗力として算定する．

建築物に作用する抗力 F_D(kN) は流れ方向に働き，(10.3.1) 式で評価される．

$$F_D = \frac{1}{2}\rho C_D v^2 h_i B \qquad (10.3.1)$$

ここで，

C_D ：抗力係数（正方形断面の矩形柱の入射角 0° の場合の抗力係数は 2.1[28]）

v ：津波の非先端部での流速（m/s）

h_i ：入射津波の浸水深（m）〔図 10.2.3 参照〕

B ：建築物の見付け幅（m）

ρ ：海水の密度（t/m³）

建築物等の影響を受けていない津波氾濫流ではまず最大水面勾配が，次に最大流速と最大運動量フラックスがほぼ同時に，最後に最大浸水深が出現する．

先端部衝突時を除けば，構造物に作用する流れ方向の力では抗力が支配的といわれている．抗力は圧力と摩擦力からなり，背後に周囲よりも流速の小さい領域が現れる鈍い形の建築物等では摩擦力の抗力に占める割合は小さい．したがって，抗力は津波作用構面と反対側構面に作用する水平力（全動水圧＋全静水圧）の差と考えてよく，圧力抵抗や形状抵抗ともいわれる．

流速は対象の建築物等の影響を受けていない入射津波の非先端部でのものを採用する．建築物等の水没部の流れ方向の鉛直投影面積 A_D の評価は「津波作用構面における入射津波の非先端部での浸水深×建築物等の見付け幅」が一般的である．このときの抗力係数 C_D は新定義のもので，データの蓄積が少なく，既存の没水した二次元物体や三次元物体に対する抗力係数と異なることに注意を要する．既存の C_D を活用しようとするならば，非没水時の建築物等の水没部の流れ方向の鉛直投影面積 A_D の評価問題を解決せねばならない．

抗力は次のように算定する．

1) 浸水深と流速の時系列が利用できる場合（A）

(10.3.2) 式に示すように，抗力 F_D(kN) は ($v^2 h_i$) が最大のときを採用する．

$$F_D = \frac{1}{2}\rho C_D (v^2 h_i)_{max} B \tag{10.3.2}$$

2）最大浸水深と最大流速が利用できる場合（B）

（10.3.1）式において，流速は最大流速，建築物等の水没部の流れ方向の鉛直投影面積 A_D 評価時の浸水深 h_i(m）は入射津波の最大浸水深を採用する．

3）最大浸水深が利用できる場合（C）

（10.3.1）式において，地盤が水平のときは，入射津波の最大浸水深を対象に，流速 v(m/s）は経験式である（10.3.3）式で求めることができる[29]．

$$v = Fr\sqrt{gh} \tag{10.3.3}$$

ここで，v は流速（m/s），Fr はフルード数，g は重力加速度（m/s^2），h は浸水深（m）である．入射津波氾濫流のフルード数 Fr は 0.7～2 程度であるが，安全側として 2 を採用することが望ましい．建築物等の水没部の流れ方向の鉛直投影面積 A_D 評価時の浸水深は入射津波の最大浸水深を採用する．

一方，地盤が斜面のときは，流速 v(m/s）は，摩擦の影響を無視した非線形長波理論を用いて評価することが考えられる[30]．一様勾配斜面上（水平面となす角 θ）を段波として汀線まで伝播し，遡上する場合を考える．陸域の任意点 x(m）における最大浸水深 h_{im}(m）とそのときの流速 v(m/s）は時間 t(s）をパラメータとして（10.3.4）式～（10.3.6）式となる．

$$h_{im} = \frac{1}{36gt^2\cos\theta}(2t\sqrt{2gR} - gt^2\sin\theta - 2x)^2 \tag{10.3.4}$$

$$v = \frac{1}{3t}(t\sqrt{2gR} - 2gt^2\sin\theta + 2x) \tag{10.3.5}$$

$$t = \sqrt{\frac{2x}{g\sin\theta}} \tag{10.3.6}$$

ここで，x 軸は一様勾配斜面に沿い，汀線が原点，陸側が正で，$0 \leqq x \leqq R/\sin\theta$(m)，$R$ は遡上高（m），θ は斜面勾配（°），g は重力加速度（m/s^2）である．

h_{im} とその陸域位置 x，斜面勾配 θ が与えられると，（10.3.4）式と（10.3.6）式から遡上高 R が評価でき，（10.3.5）式，（10.3.6）式および遡上高 R から流速 v(m/s）が算定できる．ただし，津波ハザードマップには浸水域が示されていることから，津波ハザードマップから読み取った遡上高 R を用いることが考えられるが，地表面の摩擦を考慮した数値流体計算で求めた津波ハザードマップでは摩擦を考慮しない場合に比べて遡上高 R を過小評価している可能性が高いので，（10.3.4）式～（10.3.6）式には津波ハザードマップから読み取った遡上高 R は用いないこととする．

この方法では，陸域位置や時間に関係なく，フルード数は $Fr = v/\sqrt{gh_{im}} = \sqrt{\cos\theta}$ となり，斜面勾配のみに依存する．また，建築物等の水没部の流れ方向の鉛直投影面積 A_D 評価時の浸水深は入射津波の最大浸水深を採用する．

（10.2.7）式で評価された津波波力から反対側構面に働く全静水圧を差し引く方法も考えられる．この場合は反対側構面における浸水深として入射津波の最大浸水深を採用する．

10.3.2 鉛　直　力

算定方法は浮力を除いて 10.2.3 項と同じである.

浮力の算定に必要な浸水深 h_f と h_r は次のように評価する.

(1) 浸水深と流速の時系列が利用できる場合（A）

津波作用構面における浸水深 h_f(m) として,（10.2.1）式または（10.2.2）式,（10.3.2）式で評価された最大津波波力に反対側構面に働く全静水圧を加えた波力を全静水圧としたときの水深〔図 10.3.1〕のうちで最大のものを採用する. 反対側構面における浸水深 h_r(m) として, 上記の最大水深と同時刻の入射津波の浸水深を採用する. ただし, 反対側構面のすぐ背後が崖などの場合は $h_r = h_f$ とする.

(2) 最大浸水深と最大流速が利用できる場合（B）

津波作用構面における浸水深 h_f(m) として,（10.2.5）式または 10.3.1 項のケース（B）で評価された津波波力に反対側構面に働く全静水圧を加えた波力を全静水圧としたときの水深〔図 10.3.1〕のうちで最大のものを採用する. 反対側構面における浸水深 h_r(m) として, 入射津波の最大浸水深を採用する. ただし, 反対側構面のすぐ背後が崖などの場合は $h_r = h_f$ とする.

(3) 最大浸水深が利用できる場合（C）

津波作用構面における浸水深 h_f(m) として, 入射津波の最大浸水深の a 倍（a は 1.5（他の施設により津波波力の軽減が見込まれる場合で海岸から 500 m 以上), 2（他の施設により津波波力の軽減が見込まれる場合で海岸から 500 m まで）または 3（上述の条件以外））の水深, および 10.3.1 項のケース（C）で評価された津波波力に反対側構面に働く全静水圧を加えた波力を全静水圧としたときの水深〔図 10.3.1〕のうちで大きい方を採用する. 反対側構面における浸水深 h_r(m) として, 入射津波の最大浸水深を採用する. ただし, 反対側構面のすぐ背後が崖などの場合は $h_r = h_f$ とする.

流速を無視しうる場合は 10.4.2 項に従う.

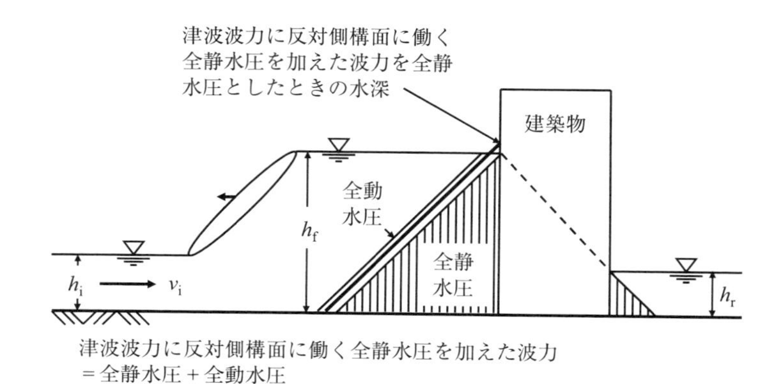

図 10.3.1 津波波力に反対側構面に働く全静水圧を加えた波力を全静水圧としたときの水深

10.4　静水時の荷重

10.4.1　静水圧による水平力

> 水の流れがほとんどないものの水位差がついている場合，静水圧の水平方向の合力が静水圧による水平力として作用するが，静水時には建築物全体に作用する水平力は考慮する必要はない．

静水時とは津波が遡上しきって流速が零になった状況や津波が引いた後に窪地等に海水が残った状況などをいう．一般に静水時には建築物まわりの浸水深はほぼ等しいので，建築物全体に作用する水平力は考慮する必要はない．ただし，建築物内外で水位差が生じる場合などには，壁などに静水圧による水平力が作用するので注意が必要である．

10.4.2　浮　　力

> 静水圧の鉛直方向上向きの合力が浮力である．

浸水した建築物に作用する浮力は建築物浸水容積の排水重量に相当し，10.2.3（1）項で算定する．ただし，(10.2.11）式において $h_r = h_f$ として浮力を算定する．

建築物内部は一切浸水しておらず，地盤は完全な防水（水が一切にじみ込まない）で，建築物底面と地面との間が完全に水密であれば，建築物に水圧の鉛直成分が作用する余地がないので浮力は零となる．しかし，現実にはこのような理想状態はありえないので，津波による浸水とともに建築物には浮力が作用することになる．ピロティのように建築物と地盤の間に浸水を許す空間がある場合は，空間上部の床下面に作用する静水圧が浮力として作用する．地盤が透水性であれば，浸水とともに水が地盤に浸み込み，建築物底面に静水圧が作用して浮力が生じる．また，10.2.3（c）項のように建築物内に流入する海水の重量を考慮することができる．

10.5　建築物開口部による波力の低減

> 建築物において開口部または開放部の波圧は，建築物に作用しないとみなすことができる．

一般に建築物には内外壁に開口部（窓や扉等）があり，開放部（ピロティ等）を有する建築物もある．開口部や開放部に作用する波圧は建築物には作用しないとみなし，津波波圧が静水圧分布の場合には開口部分や開放部分に作用する波圧分を低減することができる[2)]．抗力式により建築物全体の津波波力を算定した場合には，10.1.3 項に従い静水圧分布を仮定して開口部分や開放部分の波圧分を低減することができる．

10.5.1　開　口　部

開口部とは，建築物外周部および内部の受圧面において，津波による波圧により容易に破壊されることが予想される非耐圧部材をいう．

津波波圧を受ける壁にある窓ガラス，ドア，シャッター等は特別強度の高いものを使用する場合を除き，開口部とみなしてもよいと考えられる．

ただし，この場合，開口部を通して建築物内に流入した津波は建築物外に通り抜けることを想定しているため，建築物内に波圧を受けるような内壁や背面の壁等により，津波の通抜けが妨げられないよう配慮が必要である．

開口部を含む受圧面に対する開口部の割合を開口率，開口部以外の割合を非開口率とすれば，内壁や背面の壁の配置について特別な検討を行わない場合には，開口率の上限を 3 割（非開口率の下限を 7 割[31)]）とすることを原則とする[2)]．水理模型実験による例では開口がない場合の波力に非開口率を乗じた値で波力を評価できることが確認されている[32)]．また，松冨ら[33)]は津波波圧を受ける前面外壁の開口率ではなく，海側，陸側のいずれか小さい方の開口率で波力が決まると考えられる実験結果を示している．

10.5.2 開　放　部

開放部とは，ピロティ等，津波が建築物内を通り抜けることが可能な開放部分をいう．通抜けが明快であることを条件に，津波波力の下限値は設けない．ただし，階段・エレベーター等のコア部やその他内壁が存在して津波の通抜けを妨げる場合においては，これらを受圧面として考慮する必要があるので留意されたい．また，ピロティのように津波の通抜けを妨げない場合であっても，骨組のみの建築物を対象とした水理模型実験結果[33)]を参照すれば，ピロティのすべての柱には相応の波圧を受けると考えるべきであろう．

10.5.3 水理模型実験または数値流体計算により検討する場合

再現性のある水理模型実験もしくは数値流体計算により，建築物浸水部分の投影面積のみならず，建築物内壁などに作用する津波波力を適切に評価しうる場合においては，上述の限りではない．

10.6 漂流物による荷重

10.6.1 漂流物の衝突荷重

漂流物の衝突により建築物に発生する荷重は，周辺状況等に応じて漂流物を適切に設定したうえで評価する．

建築物に作用する津波荷重は波力に限らず，周辺物が漂流し衝突することにより生じる荷重も含まれる．漂流物の衝突荷重は作用する対象により，建築物の自重を支持する柱・壁部材として受ける衝撃荷重，建築物全体として受ける衝撃荷重に分類される．

漂流物の衝突によって，建築物の自重を支持する柱・壁部材または建築物全体に作用する最大荷重については衝突物の質量，衝突速度，衝突物・被衝突物の剛性，衝突時間等に大きな影響を受けるため，研究途上の段階であり，断片的な知見が得られているのみである．いくつかの既往の文献[7),35)~40)]では水理実験結果等に基づき漂流物衝突により剛体に作用する荷重算定式が提案されている．これらの提案式における漂流物はいずれも流木およびコンテナを対象としたものであり，実験で想定している漂流物の規模や形状，津波の流速などの前提条件が異なるものについては正確な

表 10.6.1　漂流物の衝突荷重の評価式 [20]

著者	評価式	漂流物
松冨 [35]	$$\frac{F_\mathrm{I}}{\gamma D^2 L}=1.6C_{\mathrm{MA}}\left\{\frac{v_{\mathrm{A0}}}{(gD)^{0.5}}\right\}^{1.2}\left(\frac{\sigma_\mathrm{f}}{\gamma L}\right)^{0.4}$$ ここで，F_I：衝突力（kN），C_{MA}：見かけの質量係数（段波，サージでは 1.7，定常流では 1.9），v_{A0}：流木の衝突速度（m/s），D：流木の直径（m），L：流木の長さ（m），σ_f：流木の降伏応力（kN/m²），γ：流木の単位体積重量（kN/m³），g：重力加速度（m/s²）	流木
池野ら [36]	$$\frac{F_\mathrm{I}}{gM}=S\cdot C_{\mathrm{MA}}\left\{\frac{V_H}{g^{0.5}D^{0.25}L^{0.25}}\right\}^{2.5}$$ ここで，F_I：衝突力（kN），S：係数（5.0），C_{MA}：付加質量係数（円柱横向き：2.0（二次元），1.5（三次元），角柱横向き：2.0〜4.0（二次元），1.5（三次元），円柱縦向き：2.0 程度，球：0.8 程度），V_H：漂流物移動速度（m/s），D：漂流物の代表高さ（m），L：漂流物の代表長さ（m），M：漂流物の質量（kg），g：重力加速度（m/s²）	流木
水谷ら [37),38]	$$F_\mathrm{I}=2\rho_\mathrm{w}\eta_m B_\mathrm{c}V_x{}^2+\frac{WV_\mathrm{x}}{gdt}$$ ここで，F_I：漂流衝突力（kN），dt：衝突時間（s），η_m：最大遡上水位（m），ρ_w：水の密度（t/m³），B_c：コンテナ幅（m），V_x：コンテナの漂流速度（m/s），W：コンテナ重量（kN），g：重力加速度（m/s²）	コンテナ
有川ら [39),40]	$$F_\mathrm{I}=\gamma_\mathrm{p}\chi^{2/5}\left(\frac{5}{4}\tilde{m}\right)^{3/5}\upsilon^{6/5}$$ $$\chi=\frac{4\sqrt{a}}{3\pi}\cdot\frac{1}{k_1+k_2},\quad k=\frac{1-\nu^2}{\pi E},\quad \tilde{m}=\frac{m_1m_2}{m_1+m_2}$$ ここで，F_I：衝突力（N），a：衝突面半径の 1/2（コンテナ衝突面の縦横長さの平均の 1/4）（m），E：ヤング率（コンクリート版）（N/m²），ν：ポアソン比，m：質量（kg），υ：衝突速度（m/s），γ_p：塑性によるエネルギー減衰効果（0.25）．m や k の添え字は衝突体と被衝突体を示す	流木，コンテナ
FEMA [7]	$$F_\mathrm{I}=C_\mathrm{m}u_{\max}\sqrt{km}$$ ここで，F_I：衝突力（N），C_m：付加質量係数（2.0 を推奨），$u_{\max}$：最大流速（m/s），m：漂流物の質量（kg），k：漂流物の有効剛性 漂流物の質量と有効剛性の概略値（下表）	流木，コンテナ

漂流物の質量と有効剛性の概略値

漂流物	m(kg)	k(N/m)
材木・丸太	450	2.4×10^6
40ft コンテナ	3 800（空載）	6.5×10^8
20ft コンテナ	2 200（空載）	1.5×10^9
20ft 重量コンテナ	2 400（空載）	1.7×10^9

荷重評価は困難である．

一方，衝突荷重を瞬間的な荷重ととらえず，建築物全体が崩壊するための許容力積として考えれば，建築物の固有周期と衝突による振動時間にある程度の相関があるため，運動量保存則に基づいて保有水平耐力と作用力積（流速と漂流物質量の積）との比較により建築物の安全性を検討する方法も可能である．文献 20）におけるケーススタディでは小規模の建築物に数十トンを超えるような大型の漂流物が大きな速度で衝突しない限り，耐震設計された鉄筋コンクリート造建築物全体が倒壊することはないことを確認している．

衝突荷重が明確に特定できない場合は，一部の柱・壁部材が破壊しても，当該柱・壁部材が支持していた自重を他の柱・壁部材で負担するような設計方法が考えられる．本設計法については文献31）等を参考にするとよい．

10.6.2 漂流物による堰止め

建築物内外における漂流物の堰止めによる津波荷重の増加を適切に考慮する必要がある．

津波作用時に建築物により堰き止められる漂流物には，津波により破壊・流失した木造家屋の一部，防潮林や防風林の樹木，家具，設備機器，電信柱，自動車，船舶，コンテナ，漁具などがある．

津波に対して建築物に作用する漂流物の堰止め力 F_D(kN) は，（10.6.1）式のように流れによる抗力を算定することにより求まる[7)].

$$F_D = \frac{1}{2}\rho_s C_D B_D (h_i v_i^2)_{max} \qquad (10.6.1)$$

ここに，ρ_s は土砂を含む海水の密度で $\rho_s = 1.2$ t/m^3，C_D は抗力係数，B_D は蓄積された漂流物の幅 (m)，h_i は浸水深 (m)，v_i は建築物位置における流速 (m/s) である．$h_i v_i^2$ は運動量フラックス (m^3/s^2) と呼ばれる物理量で，$(h_i v_i^2)_{max}$ はその津波作用期間中の最大値をとることを表している．抗力係数の値は，建築物の形状，津波の流速等に依存するが，おおよその目安は $C_D = 2.0$ である．

建築物前面に作用する漂流物の堰止め力に対しては建築物躯体全体で抵抗すると考え，漂流物が蓄積している面積に一様に分布すると仮定してよい．各部材に作用する堰止め力は，その分担面積分を没水長さにわたる等分布荷重として与える．

建築物内部への浸水により流入した漂流物の堰止め力に関してはまだ充分な知見が得られていないため，その扱いは設計者の判断に委ねるものとする．また，従来，津波荷重の低減に有効といわれているピロティ部での堰止め，さらには隣接する建築物間の隙間での堰止めにも留意する必要がある．

10.7 耐津波設計において考慮すべき事項

10.7.1 地震動による損傷

地震動による損傷を考慮して建築物の耐力を適切に評価する．

津波が発生する前に本震の地震動によって建築物が損傷することがある．建築物が地震動によって損傷しても津波荷重の算定方法は変わらないとしてよい．耐津波設計上は建築物の耐力を安全側に確保するなどの措置を講じることが望ましい．また，余震による損傷の進展等も考慮した設計を行うことが望ましい．

10.7.2　地盤の液状化

> 建築物の転倒に対する杭の引抜き抵抗の低下等を引き起こす可能性があるため，地盤の液状化に留意する．

地盤の液状化が予想される場合には，地震後の建築物の傾斜等を避けるため，杭基礎にするのがよい．耐津波設計では建築物の転倒に対する杭の引抜き抵抗の低下等に留意する必要がある．

東日本大震災での津波被災地では，杭基礎の建築物であっても津波により転倒したものがあった．転倒モーメントに対しては自重による復元力に加えて杭の引抜き抵抗によって対処することが考えられるが，地盤の液状化が発生していたとすると引抜き抵抗も減少していた可能性もある．例え液状化が発生していたとしても地震後の津波によりその痕跡が流されてしまったと考えられるため，直接的な確認が難しい状況であったが，被害状況や地盤調査データ等に基づいて次のような報告がなされている．

文献 41）では，建築物の転倒被害に関連して宮城県女川町での液状化の有無に関して調査を行っている．マンホールの浮き上がり，動的簡易貫入試験の情報，柱状図から液状化の可能性が高いことなどを示している．

文献 42）では，入手できた宮城県南三陸町と同県女川町の地盤調査データに基づき，液状化判定と杭の引抜き耐力の低減率を検討している．その結果，本震時に表層地盤が液状化したと推察されること，液状化による杭の引抜き耐力の低減率は数%～30 %程度と推察されること，等を示している．

津波に対する設計で地盤の液状化をどのように扱うかは今後の研究成果に期待するところも大きい．現時点では液状化が想定される地点では，杭の引抜き耐力の低減等に関して特別な措置を講じることが望ましいと考えられる．

10.7.3　洗　　掘

> 建築物まわりの津波による流れによって，主に，建築物前面の隅角部に沿った周辺地盤に局所的な洗掘孔が生じる場合があり，留意する必要がある．

建築物まわりの津波による流れによって，主に，建築物の前面隅角部に沿った周辺地盤に局所的な洗掘孔が生じ，それが発達し，基礎部の裏込め土が流失することによって，建築物全体が沈降したり，傾斜したりする被害が生じる．東北地方太平洋沖地震津波においては，図 10.7.1 に示すような建築物まわりの洗掘による沈降や傾斜の被害[43)]が多数発生したため，これらに対する対策は重要である．このような洗掘による建築物の被害を防止するためには，当該建築物の形状，その位置における地盤の土質性状，当該建築物の防潮堤からの距離，および，当該建築物に対する津波氾濫流の浸入方向や押し波・引き波の状態を踏まえたうえで，建築物まわりにおいて洗掘が生じ得る平面領域や，洗掘深さが最大となる位置およびその数値（最大洗掘深）を見積もり，洗掘を防止するための対策を講じる必要がある．建築物に対しては，杭基礎構造や直接基礎構造の適切な設計・補強が必要となる．周辺地盤に対しては，建築物下部の地盤改良や周辺部の舗装・路盤の強化，また，建築物まわりをシートパイルや地中連続壁で囲って地盤の流出を防止するなどの対策が必要となる.

海外の事例では，FEMA P646[7]において，建築物位置の地盤の土質性状と建築物の海岸線からの距離に応じて，最大水位に対する比として洗掘深さを与える表が示されている．東北地方太平洋沖地震での津波災害を踏まえ，現在，改訂作業が進められているASCE 7 [44]においては，津波氾濫流の水位が10 ftまでは洗掘深さが12 ftまで線形的に大きくなり，水位が10 ftを越えると洗掘深さが12 ftで一定となるという関係式が与えられている.

図 10.7.1 東北地方太平洋沖地震津波における建築物まわりの洗掘による被害の事例

参考情報として，河川内の流れを対象とした橋脚まわりの洗掘については，土木の水理学の分野において研究知見が豊富であり，それらの中で一様粒径の場合の最大洗掘深 Z_s に関しては，表10.7.1のようなさまざまな式が提案されている[45].

表 10.7.1 最大洗掘深 Z_s の推定式[45]

研究者	推定式	備考
Andru (1956)	$\dfrac{Z_s}{h_0}=0.8$	
Laursen (1960)	$\dfrac{D}{h_0}=5.5\dfrac{Z_s}{h_0}\left[\left(\dfrac{Z_s}{11.5h_0}+1\right)^{1.7}-1\right]$ $\dfrac{D}{h_0}=5.5\dfrac{Z_s}{h_0}\left[\dfrac{\left(\dfrac{Z_s}{11.5h_0}+1\right)^{7.5}}{\left(\dfrac{\tau_*}{\tau_C}\right)^{0.5}}-1\right]$	動的平衡 静的平衡 τ_*：せん断力 τ_C：限界せん断力
Neill (1965) Cunha (1970)	$\dfrac{Z_s}{D}=K\dfrac{Z_s}{h_0}\left(-\dfrac{h_0}{D}\right)^{0.3}$	方形 $K=1.5$ 円形 $K=1.35$
Tarapore (1962)	$\dfrac{Z_s}{D}=1.35$ $\quad \dfrac{h_0}{D}>1.15$ $\dfrac{Z_s}{D}=1.17$ $\quad \dfrac{h_0}{D}\leq 1.15$	

Larras (1963)	$Z_s = 1.05KD^{0.75}$	方形　$K=1.0$ 円形　$K=1.4$
Breusers (1965)	$Z_s = 1.4D$	円形
Carstens (1966)	$\dfrac{Z_s}{D} = 0.546\left(\dfrac{N_s^2 - N_{sc}^2}{N_s^2 - (2N_s)^2}\right)^{0.75}$	動的平衡 N_s：sediment 数 $= u_0/\sqrt{\left(\dfrac{\sigma}{\rho}-1\right)gd}$ N_{sc}：sediment 数の下限値
Shen (1969)	$Z_s = 0.0022{R_e}^{0.619}$ (m)	$R_e = \dfrac{u_0 D}{\nu}$ ν：動粘性係数
小川 (1966) 斉藤・浦・柴田 (1969) 吉川・福岡 (1971)	$\dfrac{Z_s}{D} = f(Fr)$	$Fr = \dfrac{u_0}{\sqrt{gh_0}}$
中川・鈴木 (1974)	$Z_s = h_0 \qquad h_0 < D$ $\dfrac{Z_{sd}}{D} = 3.4 - 0.9\log_{10}\dfrac{D}{d} \qquad h_0 < D$ $\dfrac{Z_{ss}}{D} = \left(\dfrac{2N_s}{N_{sc}} - 1\right)\dfrac{Z_{sd}}{D}$	動的平衡 静的洗掘 Z_{sd}：砂が動いている場合 Z_{ss}：砂が止まっている場合
土木研究所 (1982)	$\dfrac{Z_s}{D} = f\left(Fr, \dfrac{h_0}{D}, \dfrac{h_0}{d}\right)$	

表 10.7.1 に示した式は，Larras（1963）および Shen（1969）の式を除けば，いずれも最大洗掘深 Z_s(m) と橋脚幅 D(m) との比のかたちで，統一的に（10.7.1）式のように表わされる．

$$\frac{Z_s}{D} = f\left(N_s, Fr, \frac{d}{D}, \frac{h_0}{D}, S\right) \tag{10.7.1}$$

ここに，

N_s　：sediment 数 $(= u_0/\sqrt{(\sigma/\rho - 1)gd})$

Fr　：フルード数

u_0　：橋脚の影響を受けない断面での平均流速（m/s）

h_0　：平均水深（m）

σ　：砂の密度（kg/m^3）

d　：砂粒径（mm）

ρ　：水の密度（kg/m^3）

S　：橋脚形状に関する係数

g　：重力加速度（m/s^2）

である．

このように，河川内の橋脚のような津波作用面の幅が比較的狭い，矩形，あるいは，円形などの鈍端形状の断面を有する構造物まわりの流れでは，図 10.7.2 に示すように，津波の進行方向に対して，構造物の前面にできる圧力場によって三次元境界層の剥離が生じ，それが底面に沿う馬蹄形渦を励起し，その回転作用で巻き上げられた土粒子が後続の流れによって運ばれ，構造物まわりに局所的な洗掘孔が生じる[46]．図 10.7.2 に示す状態において，いったん洗掘孔が生じると，さらに馬蹄形渦による下向流が発達するため，洗掘孔内に流れが集中し，洗掘孔は拡大する．鈍端形状をつきつめた円形断面の場合には，洗掘の初期には側部より前寄りに最大洗掘深が現れるが，洗掘の進行とともに流れの上流側に最大洗掘深が移って，最終的には円形断面の先端部に最大洗掘深が現れる．矩形断面においては，その軸線が流れの方向と一致している場合に，矩形断面の前面隅角部に最大洗掘深が現れる．これらの特徴において，砂質，礫質，砂礫質などの土質性状によっても最大洗掘深の程度は異なる．

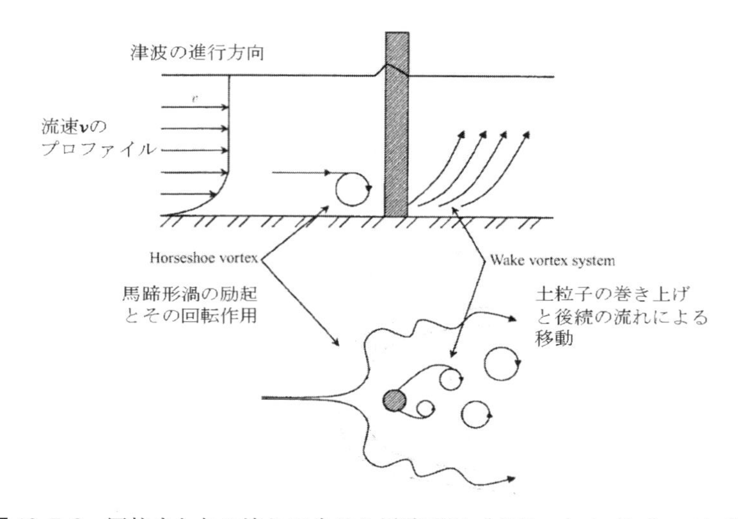

図 10.7.2　円柱まわりの流れで生じる馬蹄形渦（文献 46）に基づいて加筆）

しかし，津波氾濫流を対象とした建築物まわりの洗掘については，水理模型実験や数値流体計算を通じ，現象のメカニズムが定性的に明らかになりつつある段階であり，その断面形状のパラメータや水位，流速から最大洗掘深を与える定量的な関係式は確立されたものとはなっていない．したがって，このような土木分野などの他分野や海外における関連知見を踏まえつつ，建築分野において，建築物まわりの洗掘を定量的に評価する方法論を開発することが今後の課題となろう．

参 考 文 献

1）日本建築センター：平成 17 年度　津波避難ビルの技術的検討調査報告書，2006
2）平成 23 年国土交通省告示第 1318 号，津波浸水想定を設定する際に想定した津波に対して安全な構造方法等を

定める件，2011

3）奥田泰雄・阪田　升：建築物に作用する津波のシミュレーション（その2）開口部の影響，日本建築学会大会学術講演会梗概集 B-1，pp.77～78，2008

4）首藤伸夫・越村俊一・佐竹健治・今村文彦・松冨英夫：津波の事典，p.162，朝倉書店，2007

5）国土交通省：ハザードマップポータルサイト http://disapotal.gsi.go.jp/viewer/

6）港湾空港技術研究所：9．今後の課題，2011年東日本大震災による港湾・海岸・空港の地震・津波被害に関する調査速報，港湾空港技術研究所資料，No.1231，2011.4

7）FEMA：Guidelines for Design of Structures for Vertical Evacuation，FEMA P 646，2012

8）損害料率算定機構：余震の影響を考慮した建物被害予測手法の研究，2010

9）後藤智明，小川由信：Leap-frog 法を用いた津波の数値計算法，東北大学工学部土木工学科資料，52p，1982

10）国土地理院：GPS 連続観測から得られた電子基準点の地殻変動，平成 23 年（2011 年）東日本大震災に関する情報提供，2011，http://www.gsi.go.jp/chibankansi/chikakukansi40005.html.

11）宇佐美龍夫：最新版日本被害地震総覧[416]-2001，東京大学出版会，2003

12）Okada, Y.：Surface deformation due to shear and tensile faults in a half-space, Bull. Seism. Soc. Am.，Vol.75, pp.1135～1154，1985

13）防災科学研究所：断層モデルによる地殻変動計算プログラム DC3D0 / DC3D http://www.bosai.go.jp/study/application/dc3d/DC3Dhtml_J.html

14）Hirt, C. W. and B. D. Nichols: Volume of Fluid（VOF）Method for the Dynamics of Free Boundaries, Journal of Computational Physics，Vol.39，pp.201～225，1981

15）Koshizuka, S., H. Tamako and Y. Oka: A Particle Method for Incompressible Viscous Flow with Fluid Fragmentation, International Journal of Computational Fluid Dynamics，Vol.4，No.1，pp.29～46，1995

16）奥田泰雄・阪田　升・中山浩成：建築物に作用する津波のシミュレーション，日本建築学会大会学術講演会梗概集 B-1，pp.195～196，2007.8

17）ファム バン フック・今津雄吾・佐川隆之・長谷部雅伸・桐山貴俊：複合的要因を考慮した津波による建物転倒メカニズムの解析的検討 －その 1 女川町の建物の転倒被害および 2D・3D ハイブリッド津波再現計算－，日本建築学会大会学術講演梗概集，建築デザイン発表梗概集（CD-ROM），2013

18）ファム バン フック・長谷部雅伸・高橋郁夫：VOF 法を用いた 3 次元津波解析に関する研究，土木学会論文集 B2（海岸工学），第 68 巻，pp.71～75，2012

19）ファウジ アフマド・鳴原良典・藤間功司・水谷法美：陸上構造物に作用する津波波力の推定手法に関する考察，土木学会論文集 B2（海岸工学），Vol.65，No.1，pp.321～325，2009

20）東京大学生産技術研究所：平成 23 年度　建築基準整備促進事業 40 津波危険地帯における建築基準等の整備に資する検討　中間報告書 その 2，2011

21）有川太郎・大家隆行：防潮堤背後の建物に作用する津波力に関する実験的検討，土木学会論文集 B2（海岸工学），Vol.70，No.2，pp.I-806～I-810，2014

22）有光　剛・大江一也・川崎浩司：構造物前面の浸水深と流速を用いた津波波圧の評価手法に関する水理実験，土木学会論文集 B2（海岸工学），Vol.68，No.2，pp.I_776～I_780，2012

23）有川太郎・山田文則・秋山　実：3 次元数値波動水槽における津波波力に関する適用性の検討，海岸工学論文集，第 52 巻，pp.46～50，2005

24）有川太郎・中野史丈・大坪大輔・下迫健一郎・石川信隆：遡上津波力による構造物の変形・破壊挙動の検討，海岸工学論文集，第 54 巻，pp.841～845，2007

25）林　泰造・服部昌太郎・林　憲吉：砕波の波圧と力積，第 5 回海岸工学講演会講演集，pp.21～27，1958

26）朝倉良介・岩瀬浩二・池谷　毅・高尾　誠・金戸俊道・藤井直樹・大森政則：護岸を越流した津波による波力に関する実験的研究，海岸工学論文集，第 47 巻，pp.911～915，2000

27）松冨英夫・大向達也・今井健太郎：津波氾濫流の構造物への流体力，水工学論文集，第 48 巻，pp.559～564，2004.

28）高橋　保・中川　一・加納茂紀：洪水氾濫流による家屋流出の危険度評価，京都大学防災研究所年報，第 28 号 B-2，pp.455～470，1985

29）松冨英夫：最近の沿岸・陸上津波における課題，土木学会 2009 年度（第 45 回）水工学に関する夏期研修会講義集，B コース，pp.B-3-1～20, 2009.
30）Peregrine, D. H., and S. M. Williams: Swash overtopping a truncated plane beach, Journal of Fluid Mechanics, Vol.440, pp.391～399, 2001
31）国土技術政策総合研究所：津波避難ビル等の構造上の要件の解説，国土技術政策総合研究所資料，No.673, 2012
32）建築性能基準推進協会，東京大学生産技術研究所，鹿島建設：平成 24 年度　建築基準整備促進事業「49 津波避難ビルの構造基準の合理化に資する検討」報告書，2013
33）松冨英夫・決得元基・嶋津　朋：開口部を有する RC 造建物の前面浸水深，移動・転倒条件と水平力の低減，日本地震工学会大会－2013 梗概集，pp.41～42, 2013
34）日本建築防災協会：鉄筋コンクリート造建築物の耐震診断基準・同解説，2001
35）松冨英夫：流木衝突力の実用的な評価式と変化特性，土木学会論文集，No.621, pp.111～127, 1999
36）池野正明・田中寛好：陸上遡上津波と漂流物の衝突力に関する実験的研究，海岸工学論文集，第 50 巻，pp.721～725, 2003
37）水谷法美・高木祐介・白石和睦・宮島正悟・富田孝史：エプロン上のコンテナに作用する津波力と漂流衝突力に関する研究，海岸工学論文集，第 52 巻，pp.741～745, 2005
38）廉　慶善・水谷法美・白石和睦・宇佐美敦浩・宮島正悟・富田孝史：陸上遡上津波によるコンテナの漂流挙動と漂流衝突力に関する研究，海岸工学論文集，第 54 巻，pp.851～855, 2007
39）有川太郎・大坪大輔・中野史丈・下迫健一郎・石川信隆：遡上津波によるコンテナ漂流力に関する大規模実験，海岸工学論文集，第 54 巻，pp.846～850, 2007
40）有川太郎・鷲崎　誠：津波による漂流木のコンクリート壁面破壊に関する大規模実験，土木学会論文集 B2（海岸工学），Vol.66, No.1, pp.781～785, 2010
41）杉村義広・三辻和弥：津波により転倒した建物の基礎について　その 2）今後の津波対策への提言，シンポジウム　東日本大震災からの教訓　これからの新しい国つくり，pp.199～202, 2012.3
42）国土技術政策総合研究所，建築研究所：平成 23 年（2011 年）東北地方太平洋沖地震被害調査報告，国土技術政策総合研究所資料 No.674, 建築研究資料 No.136, pp.6.2-32～40, 2012
43）平成 23 年（2011 年）東北地方太平洋沖地震調査研究（速報）（東日本大震災）第 6 章 pp.6-1～150, pp.6 付録-1～117, 国土技術政策総合研究所資料 No.636, 建築研究資料 No.132, 2011
44）ASCE 7 : 6.12.6 Local Scour, Chapter 6 Tsunami Loads and Effects, 2016（予定）
45）土木学会：水理公式集，1985
46）Tonkin, S., Yeh, H., Kato, F. and Sato, S.：Tsunami Scour around a Cylinder, Journal of Fluid Mechanics, Vol.496, pp.165～192, 2003

11章　衝撃荷重

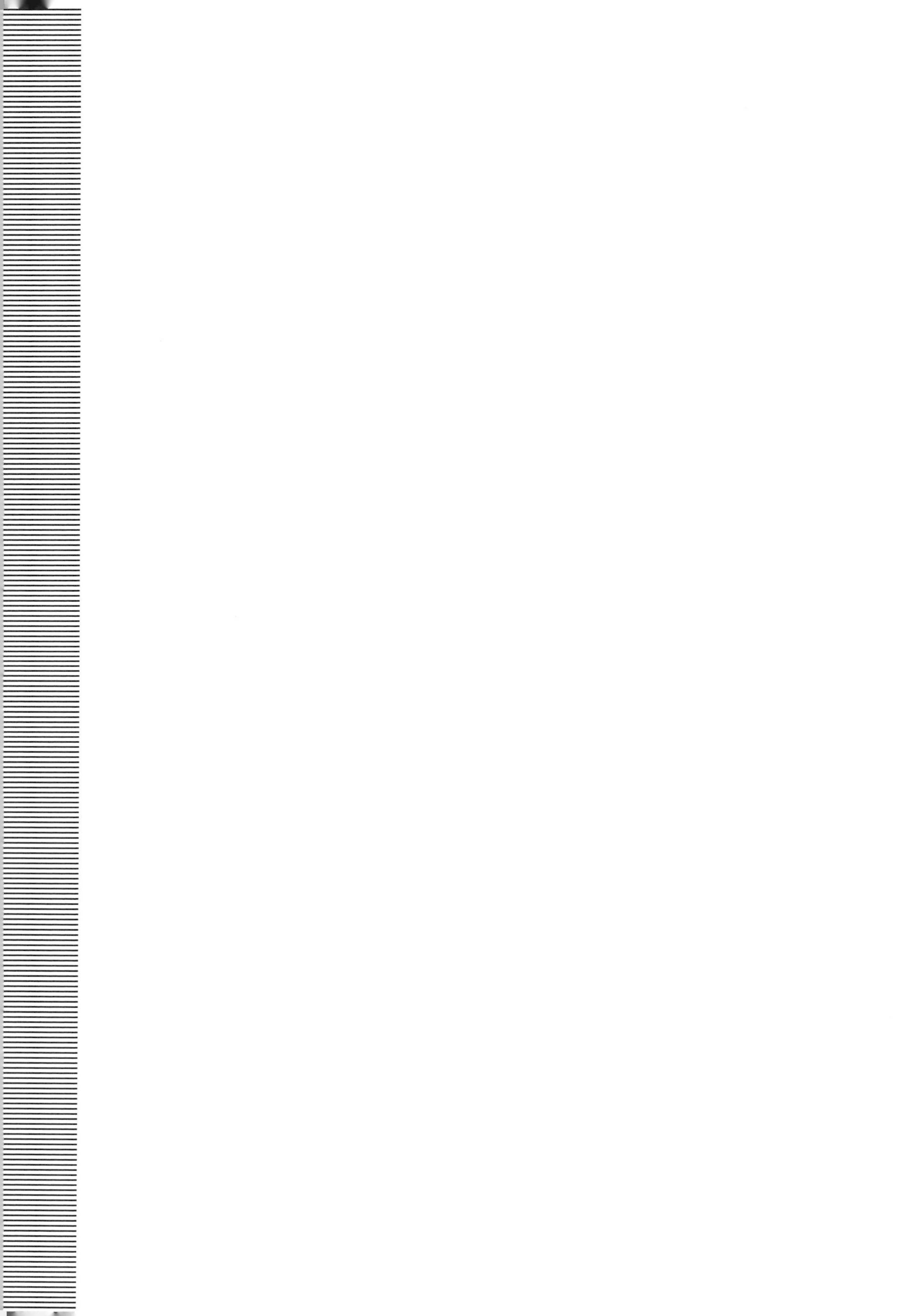

11章 衝撃荷重

概　説

衝撃荷重は今回の改定で初めて取り上げられた荷重である．地震活動が盛んであるとともに台風の通り道でもあるわが国では，耐震設計と耐風設計が建築構造設計の中で極めて重要な位置を占めている．近年，このような自然現象に由来する荷重だけでなく，人類が自ら作り上げた人工物に由来する衝突・爆発現象が注目されるようになってきた[1]．建築分野をあげてこのような荷重に注目するようになったきっかけは，2棟の超高層建築に旅客機が相次いで衝突したニューヨークWTCテロと，その結果としての凄まじい進行性崩壊である．本会でも即座に特別調査研究委員会を組織し，2003年には「世界貿易センタービル崩壊特別調査委員会報告書　－WTC崩壊・ペンタゴンの被害・教訓－」[2]が刊行されている．かつて建築分野においても耐爆設計が検討されていた時期はあったが，その流れが絶えて久しい．しかし，都市化が目まぐるしく進行し，社会状況も一昔前とは大きく変化してきた今日，衝突・爆発現象により生じる衝撃荷重に対して，新たな視点で建築物の安全と安心を確保しうる設計法の確立が望まれている[3]．

2001年のニューヨークWTCへの飛行機衝突テロ以降，衝撃荷重が建築物に作用して被害を与えた事例としては，わが国だけに限定しても，2004年沖縄県宜野湾市における米軍ヘリコプターの大学建築物への接触墜落事故，2004年千葉県九十九里町における博物館内部で起こったガス爆発事故，2005年高知県宿毛市における特急列車車止め飛び出しによる駅舎の破壊，2005年兵庫県尼崎市におけるマンションへの列車脱線衝突事故，2006年山口県下関市における立体駐車場からの自動車転落事故，2007年東京都渋谷区における温泉施設内部でのガス爆発事故，2012年山口県和木町における化学プラント爆発事故による近隣建築物への広域被害など枚挙に暇がない．さらに，2011年3月11日の東日本大震災における福島第一原子力発電所のメルトダウンに伴う水素爆発は深刻な社会不安をもたらしている．

本指針で扱う衝撃荷重は，一般建築物に作用する人為的な事故荷重に限定している．衝撃荷重は，土木分野では落石防止施設の設計などで古くから設計荷重として扱われている．外国に目を向けると，米国と英国では外部爆発に対する耐爆設計の体系が確立しており，EU統一設計技術標準のEurocodeでは自動車・脱線列車・ヘリコプター等の衝突と内部爆発を偶発作用として大きく括って設計体系に取り込んでいる．このような先行分野で得られた知見を参考にし，本会では唯一衝撃荷重をテーマに活動してきた構造委員会応用力学運営委員会耐衝撃性能評価小委員会における成果の蓄積[4)~9)]に基づき，建築物に作用する衝撃荷重を定めた．

記　　号

本章で用いられる主な記号を示す．

大文字

A_V　：開口面積（m^2）
E_b　：爆発エネルギー（kJ/mol）
F　：衝突荷重（kN）
F_b　：爆発荷重（kN）
H　：ヘリコプターの落下高さ（m）
I　：爆発のインパルス（kPa・s）
K　：換算距離（$m/kg^{1/3}$）
P　：運動量（kN・s）
Q　：ガスの移動速度（m/s）
R　：離隔距離（m）
S_L　：層流燃焼速度（m/s）
V　：可燃性ガスの体積（m^3）
W　：爆薬の TNT 換算質量（kg）

小文字

a_0　：音速（m/s）
e　：可燃性ガスの膨張比（-）
g　：重力加速度（m/s^2）
h　：ヘリコプターの機体高さ（m）
l　：衝突体の長さ（m）
m　：衝突体の質量（ton）
v　：衝突速度（km/h）
p　：爆発圧力（kPa）
p_0　：大気圧（kPa）
p_d　：最大圧力（kPa）
p_r　：ピーク反射圧力（kPa）
p_s　：ピーク入射圧力（kPa）
p_{stat}　：脆弱部開放圧力（kPa）
t　：時間（s, msec）

ギリシャ文字

α　：混合気体の熱拡散率

ε　：混合気体の膨張率

ρ　：混合気体の密度（kg/m^3）

11.1　一　　般

11.1.1　適用範囲

本指針で定めた衝撃荷重の適用範囲は以下のとおりとする．

(1)　対象とする建築物

対象とする建築物は，用途としてはオフィス，集合住宅，ホテル，病院，学校，公共建築，商業建築等とし，その構造種別・形式は鉄筋コンクリート造および鉄骨造の多層骨組構造に限定する．

(2)　対象とする事象

人為的作用のみを対象とし，自然現象に伴う作用は扱わない．また，人為的作用のうち，偶発的な事故に由来する以下の衝撃荷重のみを対象にする．

①　衝突荷重：自動車，脱線列車，小型飛行機，ヘリコプター，フォークリフト

②　爆発荷重：内部爆発，外部爆発

(3)　対象とする限界状態

直接的な荷重作用範囲では，対象とする限界状態として安全限界状態を対象とする．

(1) 対象とする建築物

対象とする建築物は，用途としてはオフィス，集合住宅，ホテル，病院，学校，公共建築，商業建築等とする．建築物の構造種別・形式としては鉄筋コンクリート造および鉄骨造の多層骨組構造に限定する．すなわち，一般的な建築物の耐衝撃設計を対象とし，要塞のような堅牢な構造物を造ることは目的としていない．

(2) 対象とする事象

衝突・爆発現象には，地震，暴風，火山などの自然現象に伴う作用と人為的な衝突や爆発に伴う作用がある．本指針においては，人為的作用のみを対象とすることとし，自然現象に伴う作用は扱わない．したがって，強震時における隣棟間隔の狭い建築物どうしの衝突や強風に巻き上げられた飛来物の建築物への衝突などの現象は対象としない．また，人為的作用であっても，戦争やテロのような意図的な行為および原子力発電所に関連した問題は対象外とする．すなわち，偶発的な事故に由来する一般建築物への作用に限定する．対象とする衝突事象と爆発事象を表11.1.1と表11.1.2にそれぞれ示す．

(3) 対象とする限界状態

衝撃荷重は構造物の一部にごく短時間極めて大きな荷重として作用することが多い．このため，荷重が直接的に作用する領域に安全限界状態のみを対象にする．その周辺の領域に関しては機能性，特に機能継続性も考慮する．なお，衝撃荷重の大きな不確定性を考慮し，設計で想定した荷重を超える大きな荷重が作用した場合に備え，部材レベルの破壊は許容するが，部材の破壊が初期事象となり連鎖的に構造物全体の崩壊に繋がらないようにロバスト性の確保に留意する．

表 11.1.1 対象とする衝突事象

衝突体	対象とする作用
自　動　車	道路に隣接する建築物の柱や壁への衝突．駐車場での衝突・落下も考慮する．
脱 線 列 車	鉄道に隣接する建築物の柱や壁への衝突．軌道の終端部を乗り越えた衝突も考慮する．
小型飛行機	高さ60m以上の高層建築物への衝突．飛行場および飛行経路の近傍の地域に限定する．
ヘリコプター	ヘリポートとして設計された屋上への緊急着陸荷重．
フォークリフト	作業中のフォークリフトによる建築物への衝突．

表 11.1.2 対象とする爆発事象

分　　類	対象とする現象
内 部 爆 発	密閉／半密閉空間に漏洩した可燃性ガス（メタンガス，プロパンガス，都市ガス）が，静電気，スイッチ火花，ライター等より着火する場合．
外 部 爆 発	危険施設（火薬工場，各種プラント，水素エネルギーステーション等）に建築物が隣接している場合．爆源として，可燃性ガス，水蒸気，粉塵，火薬／爆薬を想定．

11.1.2 算 定 方 針

衝撃荷重の算定方針を以下に示す．

(1) 衝突荷重の算定方針

衝突実験データが得られる場合は，その衝突荷重の時刻歴の最大値を静的設計荷重として与える．衝突実験が得られない場合は，衝突シミュレーション解析またはエネルギー論的手法により衝突荷重の時刻歴を求め，力積を等しくした三角波として近似し，その三角波の最大値を静的設計荷重として与える．

(2) 爆発荷重の算定方針

既往の実験研究に基づき導かれた経験式を吟味したうえで，内部爆発と外部爆発の爆風圧の時刻歴を求め，その最大値を静的設計荷重として与える．

(3) 衝撃荷重と他の荷重との組合せ

衝撃荷重は固定荷重と積載荷重のみと組み合せる．

(1) 衝突荷重の算定方針

自動車に関しては衝突実験が繰り返し行われており，米国ではそのデータも公開されている．しかし，その他の衝突体に関しては衝突実験が行われていないか，行われていても未公開という状況である．このため，衝突荷重の算定にあたっては，自動車のように衝突実験データが得られる場合は，その時刻歴波形の最大値を静的設計荷重として与え，衝突実験データが得られない場合は，衝突シミュレーション解析あるいはエネルギー論的手法により衝突荷重の時刻歴を求め，得られた衝突荷重の時刻歴を力積が等しい三角波に近似し，その三角波の最大値を静的設計荷重として与えることにした．

衝突体と建築物が衝突した場合の衝突荷重の大きさは，衝突体と建築物の力学的相互作用に依存する．衝突荷重に影響を与える物理パラメータは，衝突体の総重量（単体重量，積載重量など），衝突速度，衝突時の建築物への入射角，衝突体と建築物の変形特性，減衰などさまざまである．Eurocode[10]では，衝突に対する建築物の設計荷重を等価静的荷重として与えているが，数値の意味付けは明確ではない．衝突荷重の時刻歴（荷重－時間曲線）を求め，その最大値として設計用静的荷重を与えた方が意味付けが明確である．本指針では，衝突時の運動エネルギーがすべて衝突体の変形による内部エネルギーとして吸収されるハードインパクトを仮定した．ハードインパクトは，一般に安全側の結果を与える．なお，衝突の発生確率や衝突荷重の大きさを低減するための防止対策が取られている場合は，防止レベルに応じて設計荷重を低減することができるものとする．

衝突荷重の時刻歴を設定する方法として，衝突シミュレーション解析が挙げられる．衝突シミュレーション解析の代表的な手法として有限要素法がある．有限要素法による衝突シミュレーション解析の多くは，汎用ソフトウェアを用いて行われる．計算結果の精度は，モデル化の適切さ，パラメータ値の設定，メッシュ分割，時間刻みなどに大きく依存するので注意が必要である．

(2) 爆発荷重の算定方針

内部爆発も外部爆発も数多くの実験が行われており，荷重算定のための経験式が複数提案されている．本指針では，これらの経験式を吟味したうえで爆発荷重の時刻歴を求め，その最大値を静的設計荷重として与える．なお，爆発事象においては気体による作用のみを考慮し，爆破に付随して飛散するコンクリート，ガラス等のがれきの衝突作用は考慮していない．

(3) 衝撃荷重と他の荷重との組合せ

衝撃荷重は固定荷重と積載荷重のみと組み合せる．衝撃荷重の基本値は年超過確率 1％（再現期間 100 年に相当）の事象に対する荷重値とするが，現時点ではまだデータの蓄積が充分ではないため確率論的な荷重組合せは行わない．対象とする衝撃荷重の発生確率は極めて小さく，地震荷重あるいは風荷重との同時作用は無視しうると考える．雪荷重の存在は質量則により衝撃荷重に対して安全側に寄与するため，雪荷重との組合せも考慮しない．

11.2 衝突荷重

11.2.1 自　動　車

自動車道路に隣接している建築物，敷地内への自動車の乗入れを認めている建築物，および駐車場として使われる建築物に関しては，自動車の衝突に対する検討を行うことが望ましい．自動車の衝突荷重は，自動車の質量，衝突時の速度，作用角度，形状，強度・剛性などに依存する．衝突荷重は以下の方法により決定する．

- 衝突実験の衝突荷重の時刻歴から参照した最大荷重値を用いる
- 衝突シミュレーション解析を実施することにより求めた衝突荷重の時刻歴を，力積を等しくした三角波として近似し，その三角波の最大値を用いる．
- 独自に詳細モデルにより設計荷重を決定する．

(1) 自動車の衝突リスクを考慮する対象

以下のような状況にある建築物に関しては自動車の衝突荷重を考慮することが望ましい.

1) 自動車道路に隣接している建築物

衝突荷重の設定にあたっては以下の点を配慮する.

・普通車と大型車による衝突を考慮する.
・都心部の道路と郊外の道路における走行速度の違いを考慮する.
・幹線道路と一般道路の違いを考慮する（大型車は幹線道路の場合のみ考慮すればよい).
・高速道路は防護壁などにより落下や逸脱の防止対策がなされているので対象外とする.
・直線道路，カーブ，交差点における違いを考慮する.
・柱と壁への衝突は普通車と大型車の双方を，また梁への衝突は大型車のみを検討する.
・ガードレール，段差，溝，植込み，ボラード（車止め）などによる衝突防止対策が行われている場合は，防止対策の効果に応じて設計荷重を低減することができる.

2) 敷地内への自動車の乗入れを認めている建築物

衝突荷重の設定にあたっては以下の点を配慮する.

・普通車と大型車による衝突を考慮する.
・ドライブイン，スーパーマーケット，コンビニエンスストアなど，車の出入りが激しい駐車スペースが近くにある建築物の場合は，誤運転による屋内への自動車の突入を考慮する.
・柱・壁などの構造部材だけでなく，ファサードを構成する窓ガラスや玄関扉などの非構造部材についても検討する.

3) 駐車場として使われる建築物

衝突荷重の設定にあたっては以下の点を配慮する.

・駐車場内における柱と壁への衝突を考慮する.
・高層階に駐車場がある建築物あるいはその建築物に隣接している建築物は，駐車場からの自動車転落による建築物への衝突を考慮する．このとき，衝突高さ，衝突速度，衝突姿勢は想定した事象に応じて決定する.
・駐車場内の操車を行わない機械式の駐車場においてはこの限りではない.
・車止めにより自動車の衝突や転落の防止対策が考慮されている場合，あるいはフェンスが設けられている場合は，防止対策の効果に応じて設計荷重を低減することができる.
・自動車転落事故を防止するための装置等の設計指針については,「駐車場における自動車転落事故を防止するための装置等に関する設計指針」(2007 年版建築物の構造関係技術基準解説書）を参照されたい[11].

(2) 自動車の衝突・落下による荷重の算定

建築物に作用する衝突・落下荷重の算定にあたっては以下の点に配慮する.

・衝突荷重の算定にあたっては，対象とする建築物の周辺状況，想定する自動車の総重量や衝突速度などの違いを考慮する.

・衝突時の運動エネルギーが，衝突体の変形による内部エネルギーとしてすべて吸収されるハードインパクトを仮定する．

・落下事故における衝突時の落下速度は，以下の式で与えられる．

$$v=\sqrt{2gh} \tag{11.2.1}$$

ここに，v ：衝突速度

g ：重力加速度

h ：落下した高さと衝突する高さの差

・衝突荷重の作用面積と作用位置は，衝突車種の車高，車幅，建築物との位置関係等を考慮して設定する．

・衝突体および建築物の構造部材および非構造部材の物理定数は安全側の特性値を用いる．また，ひずみ速度効果を適切な範囲で考慮する．

・大型車のうちトラックの重量は車体総重量とし，車体重量の他に積載重量と乗員重量を考慮する．積載物の慣性力の影響も考慮する．

(3) Eurocodeにおける設計荷重の設定

ここでは，Eurocodeにおける自動車衝突の設計荷重を参考として紹介する．

Eurocodeでは，道路に隣接する建築物の柱や壁などの構造部材に対する自動車の衝突荷重を等価静的荷重として表11.2.1のように与えている[10]．

表11.2.1 道路に隣接した構造部材に対する自動車衝突の等価静的設計荷重

道路の種類	荷重 F_{dx}(kN)	荷重 F_{dy}(kN)
高速道路，国道，本道	1 000	500
農村地帯の田舎道	750	375
都市部の道路	500	250
中庭やパーキング		
普通車	50	25
大型車（トラック）	150	75

※ x = 自動車の移動方向，y = 移動方向と直交する方向

※大型車（トラック）は最大荷重3.5トン以上のものをさす

自動車の移動方向の荷重値 F_{dx} と移動方向と直交する方向の荷重値 F_{dy} を考慮しているが，F_{dx} と F_{dy} は同時には作用させず，それぞれ独立に検討する．衝突荷重が構造部材に作用する範囲は以下のように指定されている〔図11.2.1参照〕．衝突荷重は，表11.2.1に示した等価静的荷重を作用範囲の面積で除した等価分布荷重として与える．

1) 普通車の衝突の場合

衝突位置（図11.2.1の h_c に相当）は車道面から0.5 m上方とする．作用面の高さは0.25 m（図11.2.1の a_c に相当），幅は1.5 mもしくは構造部材の幅の小さい方とする．

2）大型車（トラック）の衝突の場合

衝突荷重の衝突位置（図 11.2.1 の h_c に相当）は，車道面から 0.5〜1.5 m，または防護壁がある高さとする．作用面積の高さは 0.5 m（図 11.2.1 の a_c に相当），幅は 1.5 m もしくは構造部材の幅の小さい方とする．

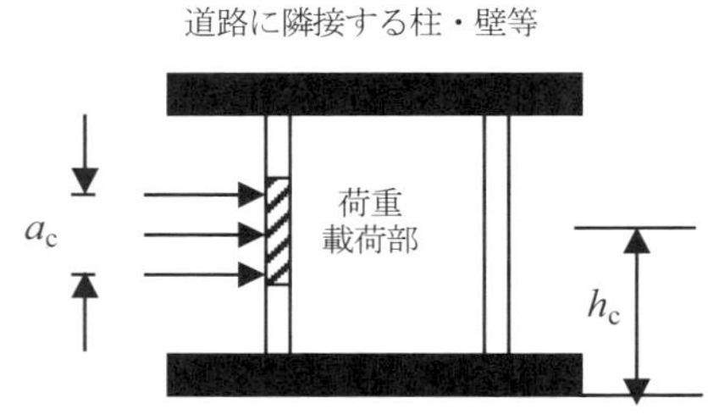

図 11.2.1　道路に隣接した構造部材に対する自動車衝突の荷重載荷範囲

（4）普通車の設計荷重の算出例

1）衝突実験からの推定による衝突荷重の算出例

さまざまな普通車の前面衝突試験における衝突荷重の時刻歴の結果を，図 11.2.2 に示す最大荷重 F，ピーク時刻 t_p，作用時間 t_{end} で定義される三角波として近似した場合の例を表 11.2.2 に示す．任意の衝突条件を表す指標として運動量 P を用いることにより最大荷重 F を類推することができる．運動量と最大荷重の関係を式（11.2.2）と図 11.2.3 に示す．自動車の衝突による静的設計荷重は，式（11.2.2）により得られた最大値として与える．衝突荷重の作用位置や作用面積は，衝突車種の車高，車幅，建築物との位置関係等を考慮し設定する．

$$F(\mathrm{kN}) = 23.11P(\mathrm{kN \cdot s}) + 37.45 \tag{11.2.2}$$

表 11.2.2　普通車の前面衝突試験結果 [12)〜15)]

車種	車体重量 m(t)	衝突速度 v(km/h)	運動量 *1 P(kN・s)	最大荷重 F(kN)	ピーク時刻 t_p(s)	作用時間 *2 t_{end}(s)
A	1.8	56.2	28	670	0.036	0.083
B	1.2	39.8	13	370	0.038	0.072
	1.3	56.3	20	540	0.031	0.074
	1.3	56.2	19	430	0.031	0.090
C	1.6	56	26	680	0.025	0.075
D	1.4	56.5	21	480	0.028	0.089

［注］　*1：運動量は $P=mv$ より算出される．m は車体重量，v は衝突速度である．
　　　*2：作用時間は $t_{end}=2P/F$ より算出される．

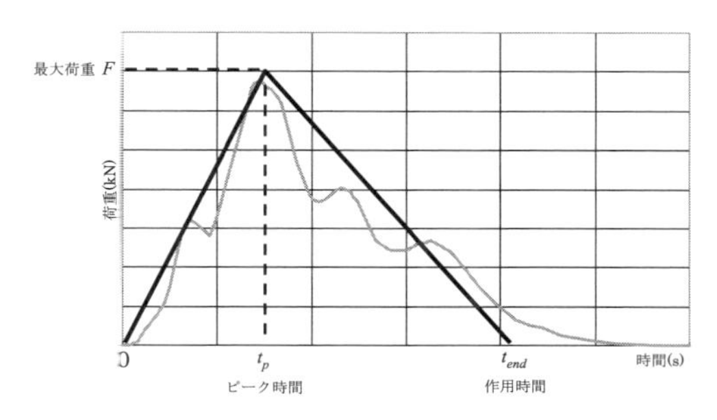

図 11.2.2　衝突荷重の時刻歴の三角波による近似

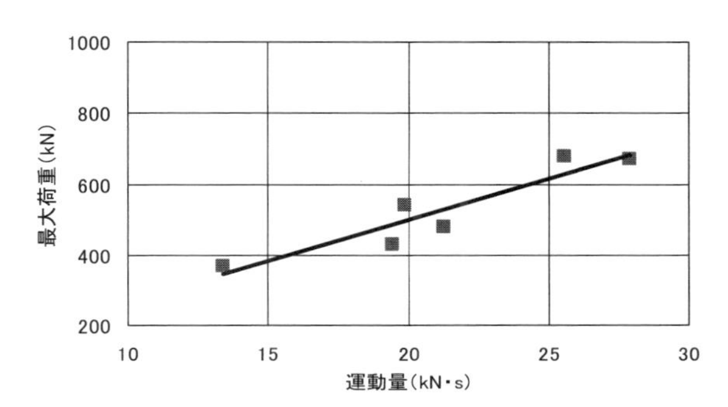

図 11.2.3　普通車の前面衝突試験における運動量 P（kN・s）と最大荷重 F（kN）の関係

2）衝突シミュレーション解析による衝突荷重の算出例

普通車を模擬した有限要素モデルを用い，普通車の衝突荷重を衝突シミュレーション解析により計算する．自動車車体モデルとして，NCAC（National Crash Analysis Center）により公開されている有限要素モデルを[16]，また衝突シミュレーション・ソフトウェアとして衝撃・構造解析ソフトウェア LS-DYNA を用いた[17]．

ハードインパクトとなる剛壁への前面衝突を対象とし，衝突速度は時速 20 km/h，40 km/h，60 km/h，80 km/h の 4 ケースを想定した．車体モデルを図 11.2.4 に示す．図 11.2.5 に各衝突速度における衝突荷重の時刻歴の解析結果およびその簡易波形を示す．簡易波形の緒元を表 11.2.4 に示す．簡易波形は三角波を想定し，解析結果の力積と最大荷重値がほぼ一致するように決定した．普通車の静的設計荷重は，この三角波の最大荷重として与える．衝突荷重の作用位置や作用面積は，衝突車種の車高，車幅，建築物との位置関係等を考慮し設定する．

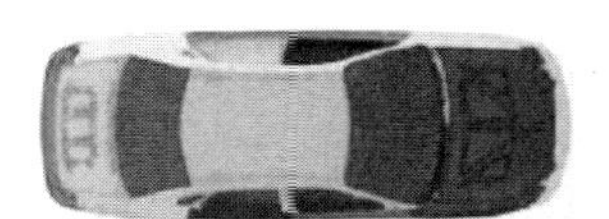 

図 11.2.4　普通車の有限要素モデル

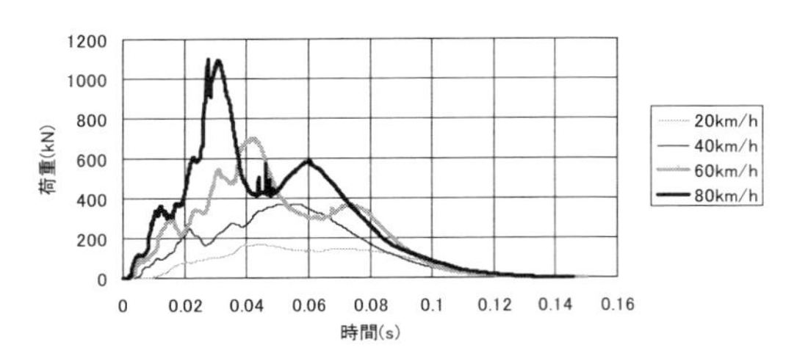

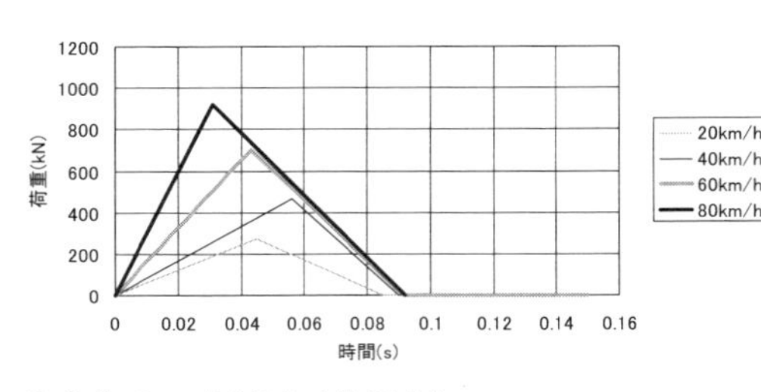

図 11.2.5　各衝突速度における衝突荷重の時刻歴（普通車）

表 11.2.4　各衝突速度における衝突荷重時刻歴の簡易波形（普通車）

衝突速度 v(km/h)	最大荷重 *1 F(kN)	ピーク時刻 *2 t_p(s)	作用時間 *1 t_{end}(s)
20	275	0.045	0.085
40	469	0.056	0.090
60	700	0.043	0.092
80	921	0.031	0.092

［注］　*1：作用時間，最大荷重は，三角波の力積が解析結果の力積と一致するように決定した．
　　　*2：ピーク時刻は，解析結果における最大荷重発生時刻とした．

(5) 大型車の設計荷重の算出例

トラックモデルとして，フォードトラックモデル [16] を用いた．車体モデルを図 11.2.6 に示す．普通車と同様にハードインパクトとなる剛壁へのトラックの前面衝突を想定した [17]．衝突速度は時速 20 km/h，40 km/h，60 km/h の 3 ケースを設定した．図 11.2.7 に各衝突速度における衝突荷重の時刻歴の解析結果およびその簡易波形を示す．簡易波形の緒元を表 11.2.5 に示す．簡易波形は三角波を想定し，解析結果の力積と最大荷重値がほぼ一致するように決定した．大型車の静的設計荷重は，この三角波の最大荷重として与える．衝突荷重の作用位置や作用面積は，衝突車種の車高，車幅，建築物との位置関係等を考慮し設定する．

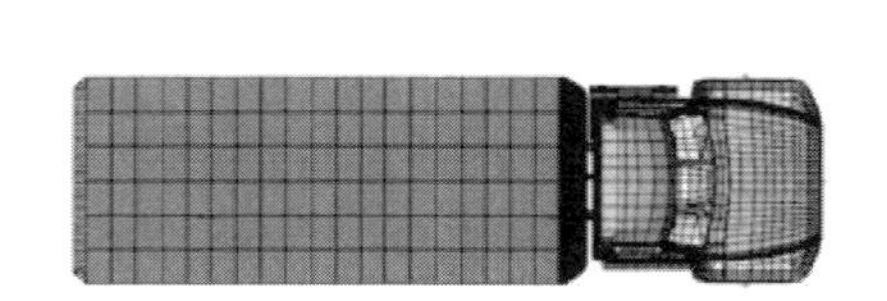

図 11.2.6　トラックの有限要素モデル

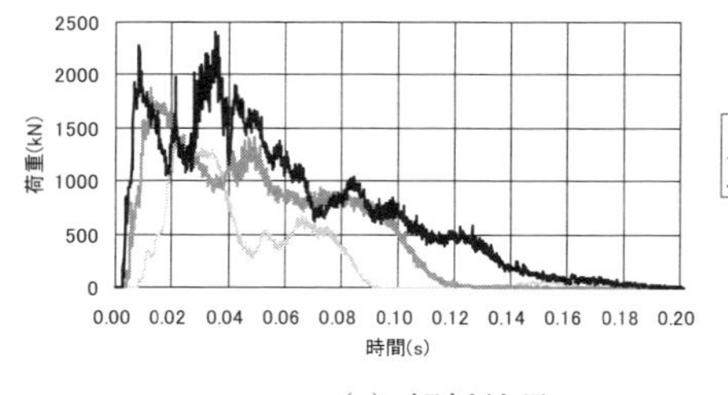

(a) 解析結果

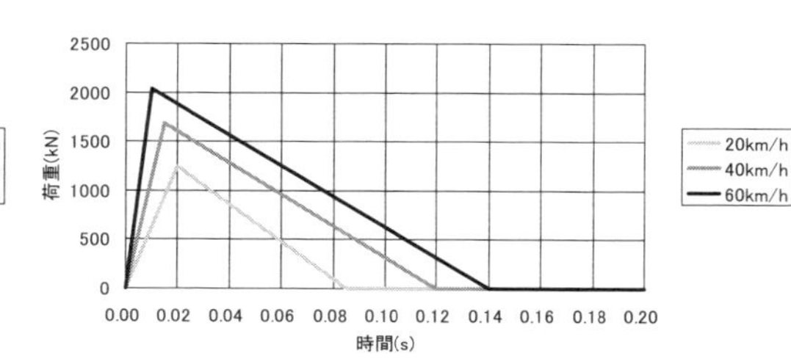

(b) 簡易波形

図 11.2.7　各衝突速度における衝突荷重の時刻歴（トラック）

表 11.2.5　各衝突速度における衝突荷重の時刻歴の簡易波形（トラック）

衝突速度 v(km/h)	最大荷重 *1 F(kN)	ピーク時刻 *2 t_p(s)	作用時間 *1 t_{end}(s)
20	1 240	0.02	0.085
40	1 690	0.015	0.12
60	2 030	0.01	0.14

［注］ *1：作用時間，最大荷重は，三角波の力積が解析結果の力積と一致するように決定した.
*2：ピーク時刻は，解析結果における最大荷重発生時刻とした.

(6) 衝突荷重の低減対策

設計荷重の算出に際しては，衝突体が直接，建築物や構造部材に衝突する場合を想定した．しかし，衝突防止対策により衝突エネルギーの低減や衝突の回避を図った場合は，その効果の程度に応じて衝突荷重を低減することができる.

普通車がガードレールに前面衝突した場合について衝突シミュレーション解析を実施し[17]，防止対策が施された部材の緩衝効果を検討した．普通車はガードレールのレール中心部に正面から衝突するものとし，衝突速度は 40 km/h とした.

解析モデルと衝突荷重の時刻歴を図 11.2.8 に示す．衝突荷重の最大値はガードレールがない時の衝突荷重と比較し約 45 % に低減されている．衝突体の質量が大きく衝突速度が速いと，衝突エネルギーが大きくなり，ガードレールの塑性変形によりエネルギー吸収能力が高まるが，変形が過大になると抵抗力の減少や破断によりエネルギー吸収能力は小さくなる．状況に応じたエネルギー吸収能力の変化を適切に評価する必要がある.

防止対策の具体例として，自動車衝突が想定される建築物における事例を表 11.2.6 に示す．衝突防止対策としては，ハード面では防護部材の設置や衝突速度を低減させる外溝の設置，ソフト面では隣接道路の走行速度の抑制対策，通過交通量の低減対策，転落防止対策などが考えられる.

(a) 解析モデル

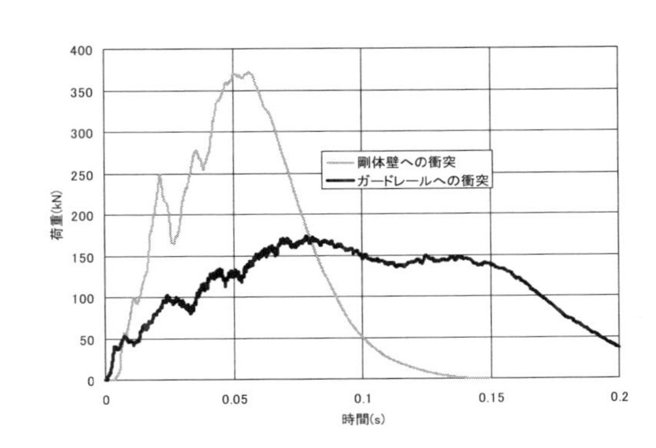

(b) 衝突荷重の時刻歴

図 11.2.8　ガードレール前面衝突における衝突荷重

表 11.2.6　自動車衝突が想定される建築物における防止対策例

効　　果	対策例
衝 突 防 護	ボラード（車止め），防護柵，バリア，フェンス，ゲート，ベンチ，自然柵（樹木，石など）
衝突速度低減	溝，段差，階段，上り勾配
走行速度の抑制	クランク（桝形道路），スラローム（蛇行状道路），ハンプ（凸型舗装）
通過交通の低減	クルドサック（行止り街路），ループ（円形道路）
転 落 防 止	フェンス，タイヤ止め

11.2.2　脱 線 列 車

鉄道に隣接している建築物や敷地内に鉄道の乗入れを認めている建築物に関しては，列車の衝突に対する検討を行うことが望ましい．脱線列車の衝突による荷重は，脱線列車の質量，衝突時の速度，作用角度，形状，強度・剛性などに依存する．衝突荷重は以下の方法により決定する．

・衝突シミュレーション解析を実施することにより求めた衝突荷重の時刻歴を，力積を等しくした三角波として近似し，その三角波の最大値を用いる．

・独自に詳細モデルにより設計荷重を決定する．

(1)　脱線列車の衝突リスクを考慮する対象

以下のような状況にある建築物に関しては脱線列車の衝突荷重を考慮することが望ましい．

1）列車の軌道に隣接する場合

衝突荷重の設定にあたっては以下の点を配慮する．

・列車の走行環境により，列車の重量，速度（普通列車，特急列車など），衝突方向を区別する．

・直線部とカーブを区別する．

・柱，壁，梁への衝突を考慮する．

・フェンス，段差などによる衝突防止対策が考慮されている場合は，防止対策の効果に応じて設計荷重を低減することができる．

2）敷地内への鉄道の乗入れを認めている場合

衝突荷重の設定にあたっては以下の点を配慮する．

・駅ビルなど，列車が乗入れを認めている建築物の場合は，誤運転による屋内への列車の突入を考慮する．

・柱・壁などの構造部材だけでなく，ファサードを構成する窓ガラスや玄関扉などの非構造部材についても検討する．

・列車止めや段差，溝，植込みなどによる衝突防止対策が図られている場合は，防止対策の効果に応じて設計荷重を低減することができる．

(2)　脱線列車の衝突による荷重

建築物に作用する衝突荷重の算定にあたっては以下の点に配慮する．

・衝突荷重の算定にあたっては，対象とする建築物の周辺状況，想定する列車の重量や衝突速度などの違いを考慮する．

・衝突時の運動エネルギーがすべて衝突体の変形による内部エネルギーとして吸収されるハードインパクトを仮定する．

・列車種別は，在来線の普通列車と特急列車を対象とし，新幹線（ミニ新幹線は除く）は対象外とする．

・衝突対象として先頭車両のみを考慮する．複数の車両の衝突を考慮する場合は，個別に検討を行うか，先頭車両の衝突荷重を連続もしくは重ね合せた合成荷重を用いる．

・衝突荷重の作用面積や作用位置は，車高，車幅，建築物との位置関係などを考慮して設定する．

・衝突体および建築物の構造部材および非構造部材の物理定数は安全側を示す特性値を用いる．ひずみ速度効果を適切な範囲で考慮する．

(3) 脱線列車の設計荷重の算出例

車両の有限要素モデルとして，久森・橘ら[18]が作成した車両モデルを用いた．車両はステンレス製であり，全長20 m，車両重量は26.3 tである．車両モデルを図11.2.9に示す．ハードインパクトとなる剛壁への前面衝突を想定した．衝突速度は時速20 km/h，40 km/h，60 km/h，80 km/h の4ケースとした．

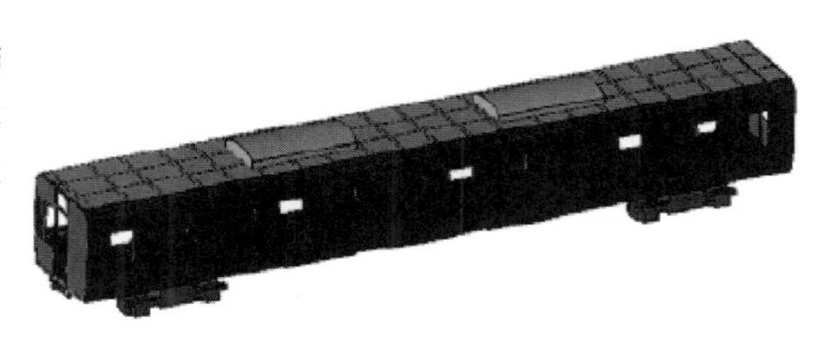

図 11.2.9　列車有限要素モデル

図11.2.10に各衝突速度における衝突荷重の時刻歴の解析結果とその簡易波形を示す．車両の変形は主に車両前部の座屈である．衝突速度が高速になると，剛である最前車輪部まで変形が進んでおり，衝突荷重の時刻歴において車輪が衝突する際に最大荷重が生じている．簡易波形の緒元を表11.2.7に示す．簡易波形は三角波を想定した．本解析結果の60 km/h と80 km/h の場合のように，衝突荷重の時刻歴の形状を三角波として近似することが困難な場合がある．その場合は，次のような考え方で解析結果の荷重最大値，および最大荷重近くの荷重勾配を用いて三角波を決定した．

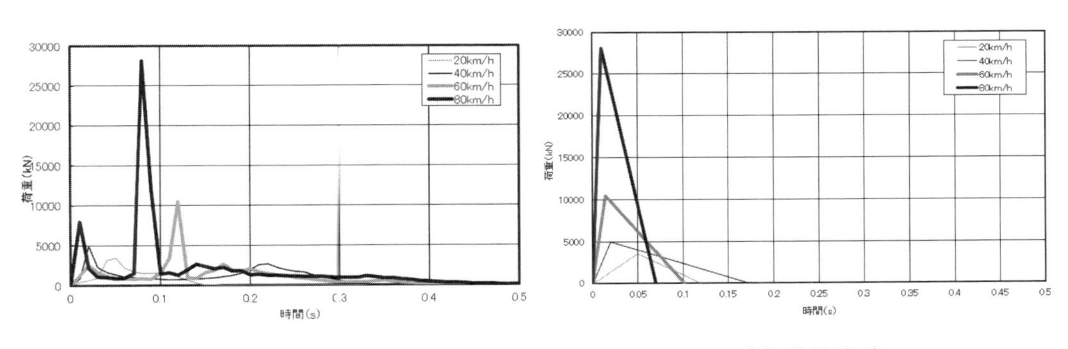

(a) 解析結果　　(b) 簡易波形

図 11.2.10　各衝突速度における衝突荷重の時刻歴（列車）

① 衝突速度60 km/hおよび80 km/hの衝突荷重の時刻歴は，車輪部が衝突する2番目のピークが最大荷重を示し，時刻歴中の他のピークと比較し卓越している．

② 建築物の最大応答は，この最大荷重が作用することにより発生するものと考えられる．そのため，三角波の最大荷重はこの値を採用する．

③ 最大荷重近辺の荷重勾配を再現できるようにピーク時刻を設定する．ピーク時刻は最大荷重を最大荷重近辺の荷重勾配で除した値とする．

④ 最大荷重と最大荷重近辺の荷重勾配を取り入れることにより，建築物の最大応答および，動的効果が再現できると考えられる．

三角波の力積は解析結果の力積と一致するように設定した．脱線列車の静的設計荷重は，この三角波の最大荷重として与える．衝突荷重の作用位置や作用面積は，衝突車種の車高，車幅，建築物との位置関係等を考慮し設定する．

表 11.2.7 各衝突速度における衝突荷重時刻歴の簡易波形（脱線列車）

衝突速度 v(km/h)	最大荷重 *1 F(kN)	ピーク時刻 *2 t_{p}(s)	作用時間 *1 t_{end}(s)
20	3 500	0.05	0.12
40	5 000	0.02	0.17
60	10 500	0.015	0.10
80	28 100	0.011	0.07

［注］ *1：作用時間，最大荷重は，三角波の力積が解析結果の力積と一致するように決定した．
*2：ピーク時刻は，解析結果における最大荷重発生時刻とした．60 km/hおよび80 km/hの場合は，解析結果の最大荷重近辺の荷重勾配が再現するように決定した．（ピーク時刻＝最大荷重／最大荷重近辺の荷重勾配）

11.2.3 小型飛行機

地表または水面から60 m以上の高さの建築物には，航空障害燈の設置が航空法により義務付けられている[19]．60 m以上の高さの建築物に対しては，小型飛行機の衝突に関する検討を行うことが望ましい．小型飛行機の明確な定義はないが，単発のレシプロエンジンを備えた2〜6人乗り程度の小さな飛行機を指す場合が多い．小型飛行機の衝突による荷重は，小型飛行機の質量，衝突時の速度，作用角度，形状，強度・剛性などに依存する．衝突荷重は以下の方法により決定する．

・エネルギー論的手法により衝突荷重の時刻歴を単純な三角波として求め，その最大値を用いる．
・独自に詳細モデルにより設計荷重を決定する．

(1) 小型飛行機の衝突リスクを考慮する対象

小型飛行機の衝突荷重の設定にあたっては以下の点を配慮する．

・小型飛行機の航路近辺にある60 m以上の高層建築物および小型飛行機を受け入れている飛行場に隣接する60 m以上の高層建築物を対象とする．
・飛行状況に応じて，小型飛行機のサイズや重量，衝突方向を決定する．
・小型飛行機の航路を考慮し，衝突速度や衝突高さ，衝突対象部材を決定する．
・柱，壁，梁への衝突を考慮する．

(2) 小型飛行機による衝突荷重の算定

建築物に作用する衝突荷重の算定にあたっては以下の点に配慮する.

- 対象とする建築物の周辺状況, 想定する小型飛行機の機体重量や衝突速度などから衝突荷重を決定する.
- 衝突時の運動エネルギーがすべて衝突体の変形による内部エネルギーとして吸収されるハードインパクトを仮定する.
- 衝突荷重の作用面積は, 機体の高さ, 幅, 建築物との位置関係などを考慮し設定する.
- 衝突体および建築物の構造部材および非構造部材の物理定数は安全側を示す特性値を用いる. ひずみ速度効果を適切な範囲で考慮する.

(3) 小型飛行機の設計荷重の算出例

航空機の衝撃試験の結果を参照すると, 衝撃荷重に対する機体の破壊強度の影響は比較的小さいが, 質量の慣性力が顕著になり, 衝撃荷重の時刻歴の形状は機体の質量分布に類似するという知見が得られている[20]. 小型航空機においても同様の傾向があるものと仮定して衝突荷重を推定する. 小型航空機の質量分布は三角分布に近いものと仮定し, 衝突荷重の時刻歴を三角波で近似する. 作用時間は, 衝突時に小型飛行機は減速しないものとし, 小型飛行機全長を衝突速度で除した値とする. 衝突事象において小型飛行機の運動量（＝機体重量×衝突速度）が力積に変換されると仮定して衝突荷重を類推する[21]. 最大荷重値は力積と作用時間から決定する. 小型航空機の機体重量, 全長, 衝突速度を仮定し, 本手法により求めた衝突荷重の例を表 11.2.8 に示す. 小型飛行機の衝突荷重は, この三角波の最大荷重を静的設計荷重として与える. 衝突荷重の作用位置や作用面積は, 衝突する機体の高さ, 幅, 建築物との位置関係等を考慮し設定する.

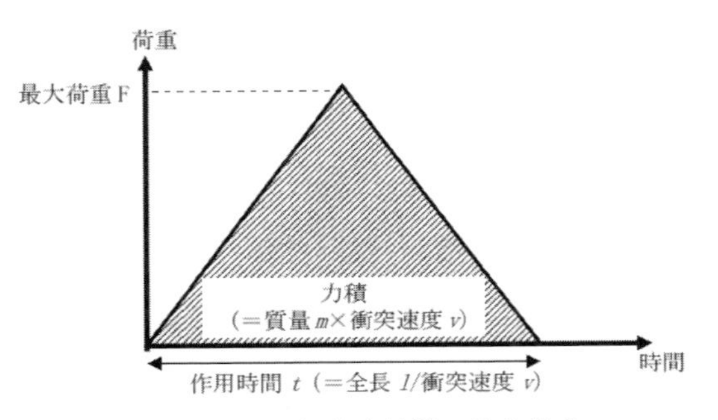

図 11.2.11　小型飛行機の衝突荷重

表 11.2.8　小型飛行機の衝突荷重の算出例

機体重量 m (t)	全長 l (m)	衝突速度 v (km/h)	作用時間 $t=l/v$ (msec)	最大荷重 $F=2mv/t$ (kN)
1	8.5	160	191	465
		180	170	588
2	8.5	160	191	930
		180	170	1 176

11.2.4　ヘリコプター

屋上にヘリポートを有する建築物は，ヘリコプターの落下・衝突に対する検討を行うことが望ましい．ヘリコプターの衝突による荷重は，ヘリコプターの質量，衝突時の落下速度，機体の傾き，強度・剛性などに依存する．衝突荷重は以下の方法により決定する．
- エネルギー論的手法により衝突荷重の時刻歴を単純な三角波として求め，その最大値を用いる．
- 独自に詳細モデルにより設計荷重を決定する．

(1) ヘリコプターの落下・衝突リスクを考慮する対象

ヘリコプターの落下・衝突荷重の設定にあたっては以下の点を配慮する．
- 屋上にヘリポートを有する建築物を対象とする．
- ヘリコプターの運行状況に基づき，ヘリコプターのサイズと重量を決定する．
- 運行状況に基づき，落下速度（または衝突速度），衝突対象部材を決定する．
- 屋上床への落下が主な対象であるが，誤運転による上層階の柱・梁・壁への衝突を検討に加えることもある．
- フェンス，緩衝部材の設置などによる衝突防止対策が図られている場合は，防止対策の効果に応じて設計荷重を低減することができる．

(2) ヘリコプターの衝突荷重の算定

建築物に作用する衝突荷重の算定にあたっては以下の点に配慮する．
- 対象とする建築物の周辺状況，想定するヘリコプターの機体重量や衝突速度などから衝突荷重を決定する．
- 衝突時の運動エネルギーがすべて衝突体の変形による内部エネルギーとして吸収されるハードインパクトを仮定する．
- ヘリコプターは上空から自由落下により衝突するものと仮定する．
- 衝突荷重の作用面積は機体の高さ，幅，長さ，建築物との位置関係などを考慮する．
- 衝突体および建築物の構造部材および非構造部材の物理定数は安全側を示す特性値を用いる．ひずみ速度効果を適切な範囲で考慮する．

(3) ヘリコプターの設計荷重の算出例

衝突時の力積（衝突荷重の時間積分値）が，衝突現象における運動量（＝機体重量×衝突速度）に等しいものと仮定することにより，衝突荷重を推定する．作用時間は衝突時に減速しないものとし，全長を衝突速度で除した値とする．最大荷重値は力積と作用時間から決定する．ヘリコプターの落下では，底面からの不時着を想定し，全長としてキャビン高

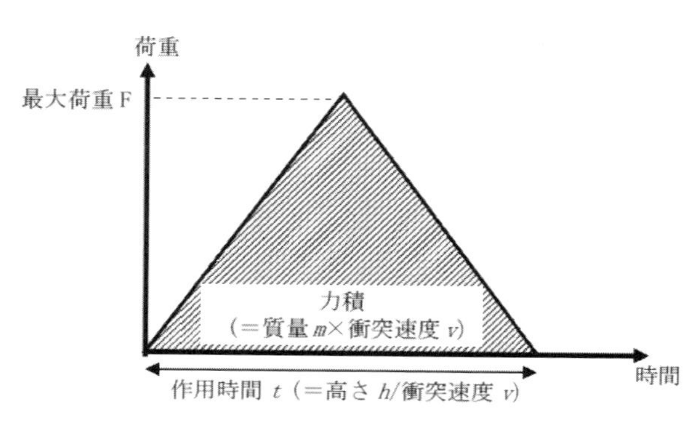

図 11.2.12　ヘリコプターの衝突荷重

さを用いるものとする．

ヘリコプターの重量，キャビン高さ，衝突速度を仮定し，本手法により求めた衝突荷重の例を表11.2.9と図11.2.12に示す．ヘリコプターの衝突荷重は，この三角波の最大荷重を静的設計荷重として与える．衝突荷重の作用位置や作用面積は，衝突する機体の高さ，幅，建築物との位置関係等を考慮し設定する．

表11.2.9　ヘリコプターの衝突荷重の算出例

重量 m (t)	機体高さ h (m)	落下高さ H (m)	衝突速度 v (km/h)	作用時間 $t=h/v$ (s)	最大荷重 $F=2mv/t$ (kN)
2	1.5	5	35.6	0.152	261
		10	50.4	0.107	523
4		5	35.6	0.152	523
		10	50.4	0.107	1 045

11.2.5　フォークリフト

フォークリフトの乗入れを認めている建築物に関しては，フォークリフトの衝突に対する検討を行うことが好ましい．フォークリフトの衝突による荷重は，フォークリフトの質量，衝突時の速度，ブームの位置，荷物の質量などに依存する．衝突荷重は以下の方法により決定する．

・エネルギー論的手法により衝突荷重の時刻歴を単純な三角波として求め，その最大値を用いる．

・独自に詳細モデルにより設計荷重を決定する．

(1)　フォークリフトの衝突リスクを考慮する対象

フォークリフトの衝突荷重の設定にあたっては以下の点を配慮する．

・建築物内部やピロティーなどでフォークリフトが作業する状況にある建築物の場合は，誤運転によるフォークリフトの衝突や突入を考慮する．

・柱・壁などの構造部材だけでなく，ファサードを構成する窓ガラスや玄関扉などの非構造部材についても検討する．

・段差や溝などによる衝突防止対策が図られている場合は，防止対策の効果に応じて設計荷重を低減することができる．

(2)　フォークリフトの衝突荷重の算定

建築物に作用する衝突荷重の算定にあたっては以下の点に配慮する．

・対象とする建築物の周辺環境やフォークリフトの作業環境を考慮し，フォークリフトの重量（フォークリフトの重量と積載重量の和）や衝突速度などを想定し，衝突荷重を決定する．

・衝突時の運動エネルギーがすべて衝突体の変形による内部エネルギーとして吸収されるハードインパクトを仮定する．

・衝突荷重の作用面積および作用位置は，フォークリフトの高さ，幅，長さ，建築物との位置関係などを考慮し設定する．

・衝突体および建築物の構造部材および非構造部材の物理定数は，安全側を示す特性値を用いる．ひずみ速度効果を適切な範囲で考慮する．

(3) フォークリフトの設計荷重の算出例

衝突荷重の時刻歴の力積（衝突荷重の時間積分値）が，衝突事象における運動量（＝フォークリフトの総重量×衝突速度）に等しいものと仮定することにより衝突荷重の時刻歴を推定する．作用時間は衝突時に減速しないものとし，全長を衝突速度で除した値とする．最大荷重値は力積と作用時間から決定する．

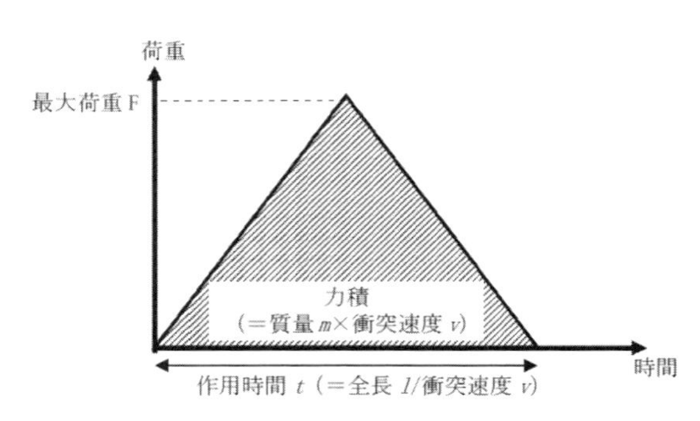

図 11.2.13　フォークリフトの衝突荷重

フォークリフトの重量，全長，衝突速度を仮定し，本手法により求めた衝突荷重の例を表 11.2.10 と図 11.2.13 に示す．フォークリフトの衝突荷重は，この三角波の最大荷重を静的設計荷重として与える．衝突荷重の作用位置や作用面積は，衝突する車両の高さ，幅，建築物との位置関係等を考慮し設定する．

表 11.2.10　フォークリフトの衝突荷重の類推例

フォークリフト総重量 m (t)	全長 l (m)	衝突速度 v (km/h)	作用時間 $t=l/v$ (s)	最大荷重 $F=2mv/t$ (kN)
3	3	10	1.08	15
		15	0.72	35
9	4.8	10	1.73	29
		15	1.15	65
28	7.3	10	2.63	59
		20	1.31	237

11.3　爆発荷重

11.3.1　内部爆発

> 建築物内部で天然ガスあるいは都市ガスが滞留するような閉鎖空間あるいは半閉鎖空間がある場合は，部屋の体積と開口面積を考慮して，構造部材・非構造部材に作用する爆発による影響を検討することが望ましい．既往の実験研究に基づき導かれた経験式を吟味したうえで，内部爆発による爆発圧力履歴を求め，その最大値を静的設計荷重として与える．

(1) 爆源と想定シナリオ

2004 年に千葉県の九十九里いわし博物館において，また 2007 年に東京都渋谷区の温泉施設「シエスパ」において，それぞれ建築物が損壊する天然ガスの爆発事故が発生した．本事故の原因は，基本的には地下の天然ガス田（南関東ガス田）から湧出した自然発生メタンが室内に充満し，爆発したものと考えられている．ここでは，このような可燃性ガスの建築物内部での爆発（内部爆発）を衝撃荷重の一つとして扱う．湧出ガスのほか，都市ガスやプロパンガスなども潜在的な爆発源として想定する．なお，可燃性ガスとして気化したガソリンを考えることもできる．地下駐車場などの機密性の高い空間内に置かれた車両からガソリンが漏れ出すリスクはあるものの，ガソリンが気化する割合は低いため，ここでは考慮しない．

爆発が発生するための必要条件は，燃焼可能な濃度での可燃性ガスと空気の混合気が存在し，それに充分なエネルギーを与える着火源が存在することである．可燃性ガスと空気の混合気はそのガス種によって決まった範囲の濃度で混ざっているときに爆発する能力を有する．可燃性ガスの室内への流入速度が Q_g，換気速度が Q_a（いずれも体積流量）で与えられるとき，定常状態の平均ガス濃度は $100Q_g/(Q_a+Q_g)$ % となる．このことは，大きな Q_a を与えること，すなわち充分な換気設備を与えることによって，室内ガス濃度が燃焼下限界を上回らないようにすることが期待でき，爆発を抑止するうえで重要であることを示している〔図 11.3.1〕．

ガス濃度の上昇を知らせる警報機の設置も爆発防止に有効な手段である．自然発生メタンの場合は難しいが，人工的に製造利用する都市ガスやプロパンガスは元来無味無臭であるガスに濃度上昇を感知できるように臭気が付加されているため，臭気による危険察知も重要な爆発抑止手段の一つとして働く．

本指針で想定する内部爆発シナリオは以下のとおりである．室内に何らかの原因によって可燃性ガスが流入し，上述のような抑上手段のいずれもが意図したとおりに働かず，ガス濃度が燃焼限界内に入るまで上昇し，何らかの着火源によって着火したとする．ガス爆発（爆燃）現象では室内の圧力が一様に上昇するため，梁，柱，床，天井，壁などの部材の表面積に比例して，それぞれの面に一様な力が加わる（力＝表面積×圧力）．したがって，通常のガス爆発では最も強度の弱い窓やドアが最初に破壊される．窓やドアを“脆弱部”と呼ぶ．

(2) 爆発現象の概観

典型的な室内圧力の経過は図 11.3.2 に示した概念図および図 11.3.3 に示した模型実験（一辺が 0.6 m の定容器側面に直径 0.2 m の脆弱部を有する模型を用いた）の結果によって理解できる．最

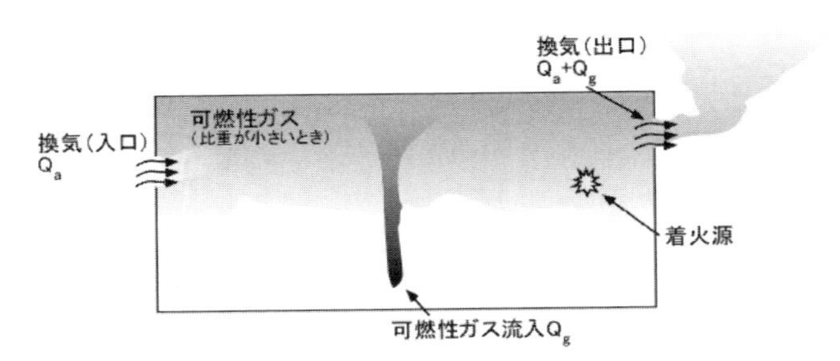

図 11.3.1　屋内における可燃性ガスの充満と着火の概念図

初に室内の圧力が上昇し〔図 11.3.2 の中段および図 11.3.3 の写真 A〕，やがて脆弱部が吹き飛んで開口部を作る〔図 11.3.2 下段〕．その後，室内圧力は燃焼による圧力上昇と，開口部からの気体の流出による圧力低下の競合に支配され，第 1 のピーク（P_1）を形成する〔図 11.3.3 写真 B〕．開口部形成後，室内の流れは強い乱流へと遷移し，燃焼が促進される〔図 11.3.3 写真 C〕．この燃焼促進が極端であると，室内圧力は再び上昇に転じ，第 2 のピーク（P_2）を形成することがあるが，P_2 の形成はガス／空気の比率や脆弱部の面積，開放圧力などさまざまな条件に左右され，一般にその条件を説明することは困難とされる．図 11.3.3 においては P_2 の発生は見られず，一般に P_2 が発生すると見られる時間帯を過ぎた後，P_2' と記した振動成分を有する高いピークが見られている〔図 11.3.3 写真 D〕．これは立方体に近い形状を有する壁面が金属等の硬い容器で実験したときに見られる現象であり，壁面による音波の反射が燃焼火炎と相互作用して発生するものとされている．実際の室内においてはその形状が立方体から大きく外れていたり，壁面の材質が音波をある程度吸収するものであったり，音波の伝搬を阻害する物体が存在したりするため，この P_2' の発生は考えなくてもよい．

上記の物理現象を踏まえると，内部爆発のリスクを考慮して建築物を設計するには，脆弱部による開口部形成を意図的に取り入れ，最大到達圧力を抑制することが重要である．また，立方体に近い形状の部屋で壁面が平坦な金属からなっているような特殊なケースでは，音響効果による P_2' の発生を確実に抑止するために，壁に吸音効果を持たせることも検討するべきである．また，地下室など構造的あるいはその他の制約条件によって脆弱部が設けられない場合は，一般に可燃性ガスと空気の混合気が形成することのできる最も高い圧力は 0.7〜0.8 MPa（ゲージ圧[注]）であるから，これに耐え得るような天井や壁面の設計を考えることは現実的ではなく，最も弱い面の構造部材が破壊されるまで圧力が上昇してしまう．このような場所については，可燃性ガスが外部から流入した場合への対応も含め，常時換気設備等，建築設備の観点からも，爆発の発生そのものを防止する手段を講じるとよい．

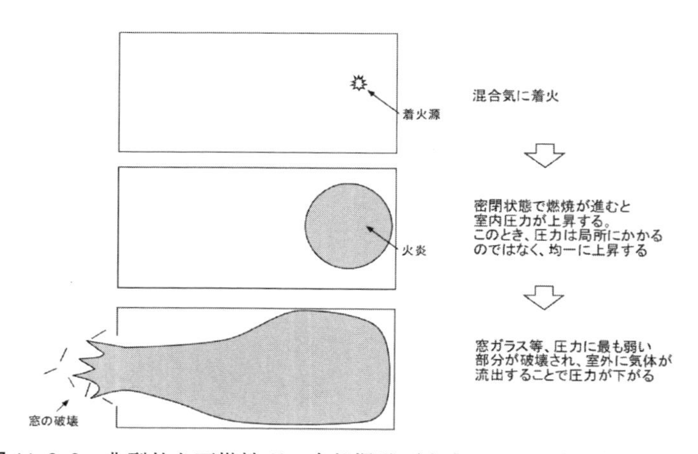

図 11.3.2 典型的な可燃性ガス内部爆発（室内における爆燃）の概念図

〔注〕 大気圧を基準（ゼロ）とする圧力値．絶対圧（真空を基準とする圧力値）とは常に大気圧分の差があることに注意．

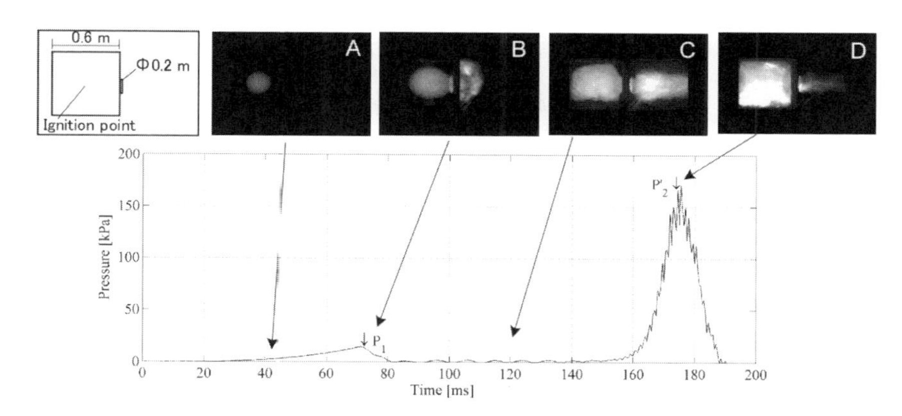

図 11.3.3　可燃性ガス爆発現象の再現実験

(3)　爆発圧力の推定式

室内圧力の上昇過程を再現するには，圧力の時間変化を推定することが重要である．本指針をまとめるにあたり，文献調査を行い，圧力推定式と代表的な実験結果[22)~24)]を引用して比較した[25)]．圧力履歴については，Dahoe 等による 20 リットル球形容器を用いた圧力上昇履歴の測定結果との比較を，また最大圧力については Chao 等および Cooper 等の実験結果との比較を行った．図 11.3.4 に Dahoe 等の実験結果との比較，図 11.3.5 に Cooper 等の実験結果との比較，図 11.3.6 に Chao 等の実験結果との比較を示す．圧力履歴については Harris 式[26)]が最も良く実験結果を再現した．最大圧力については，過大評価は過剰設計の要因となるため，Eurocode 式[10)]が最も合理的と判断できる．図 11.3.5 のように，多くの既存推定式は最大圧力を過大評価している．図 11.3.5 と図 11.3.6 に示した実験は，開口部の開放圧力が低い場合の例であるが，これはガラス窓の破壊圧力等，実際に想定される内部爆発シナリオに近いものであり，室内容積も Cooper 等の場合は 2.41 m^3，Chao 等の場合は 63.5 m^3 と，本指針が対象としている一般建築物の室内容積に近いものになっている．これらの結果から，一般建築物における内部爆発に関しては Eurocode 式が最も妥当であると言える．内部爆発による荷重は，以下の Harris の式（11.3.1）と Eurocode の式（11.3.2）から得られる爆発圧力の時刻歴の最大値を静的設計荷重として与えることにした．

$$p = p_0 \exp\left[e^2 (e-1) \frac{4\pi}{3} \frac{(S_L t)^3}{V} \right] \tag{11.3.1}$$

$$\mathrm{Max}\begin{bmatrix} p_d = 3 + p_{stat} \\ p_d = 3 + \dfrac{p_{stat}}{2} + \dfrac{0.04}{(A_V/V)^2} \end{bmatrix} \tag{11.3.2}$$

ここに，$V < 1\,000\ \mathrm{m}^3$，$0.05 \leq A_V/V\,(1/\mathrm{m}) < 0.15$，$p_d \leq 50\ \mathrm{kN/m^2}$

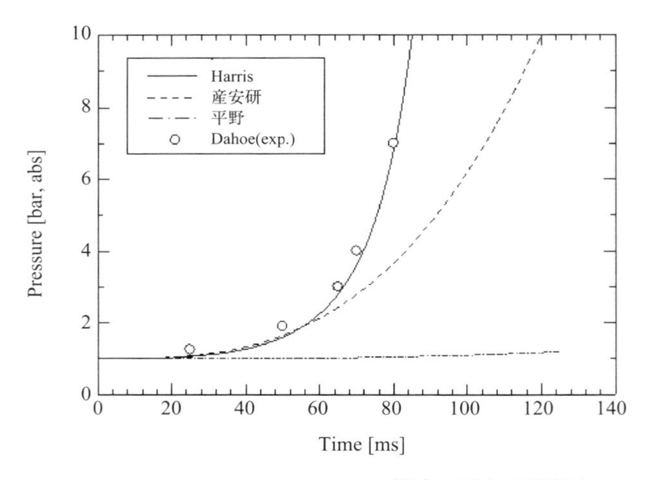

［注］ 図中の○印は Dahoe 等の実験結果を示す

図 11.3.4 圧力履歴の推定結果と Dahoe 等の実験結果の比較 22)

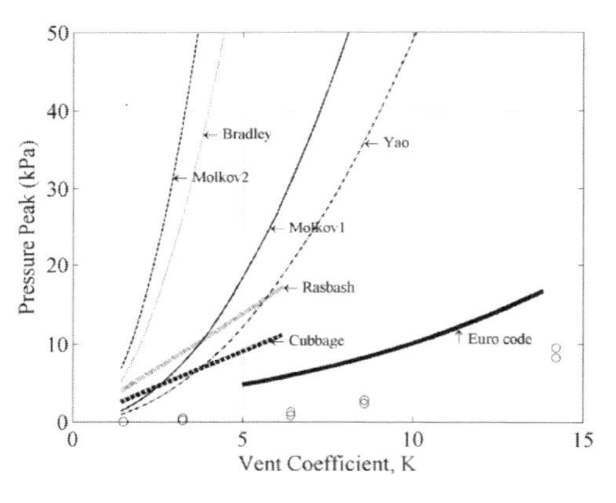

(a) 開口部係数 K と最大圧力の関係

$K \equiv$ 容積$^{2/3}$ ÷ 開口部面積

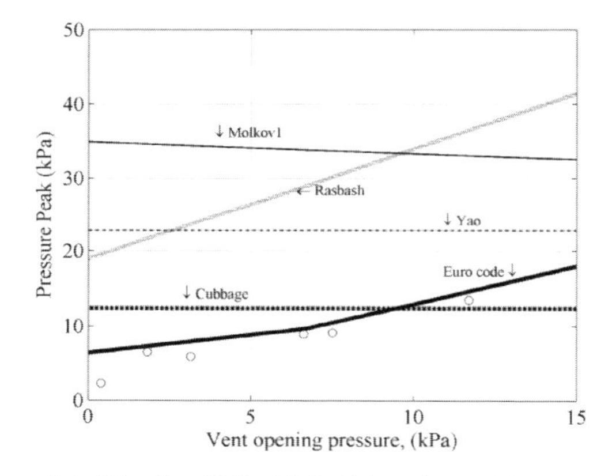

(b) 開口部の開放圧力と最大圧力の関係

［注］ 図中の○印は Cooper 等の実験結果を示す

図 11.3.5 最大到達圧力の推定結果と Cooper 等の実験結果の比較 23)

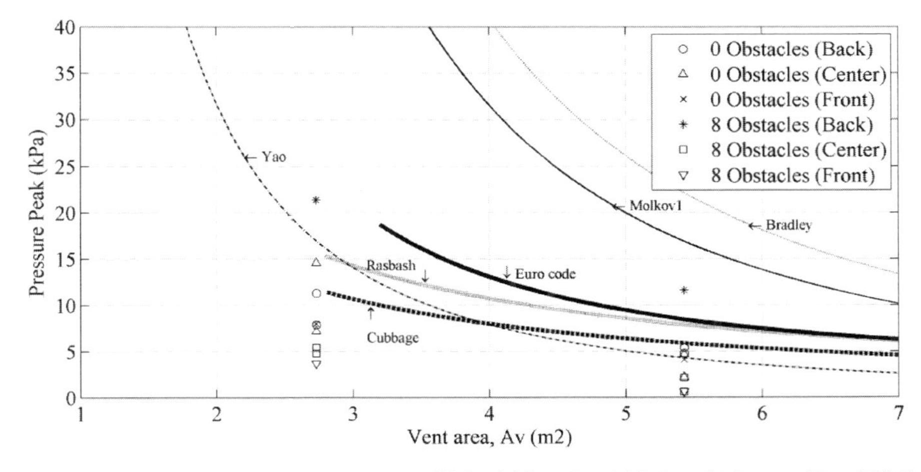

［注］　図中の○△□などの印は Chao 等の実験結果を示す

図 11.3.6　最大到達圧力の推定結果と Chao 等の実験結果の比較 [24)]

表 11.3.1　燃焼速度，膨張比その他の表 [26),27)]

可燃性ガス	燃焼限界		最大燃焼速度濃度	最大層流燃焼速度	膨張比
	下限界	上限界			
	(%)	(%)	(%)	S_L(m/s)	e(−)
文献番号	27	27	27	27	26
メタン CH_4	5	15	9.98	0.37	7.4
エタン C_2H_6	3	12.5	6.28	0.401	7.5
プロパン $C_{3.2.38}$	2.1	9.5	4.56	0.43	7.6
ブタン C_4H_{10}	1.6	8.4	3.52	0.379	7.5

式（11.3.1）は最大圧力に到達するまでの履歴を表現するにはよいが，その後の脆弱部開放後の挙動は表現できない．先に述べたように，脆弱部開放後は燃焼による圧力上昇と気流の外部への吐出による減圧効果の競合となるため，これを簡便に表現することはできない．Cooper 等の実験結果を見ると，圧力の大気圧までの低下は 20～30 msec 程度であるから，今，安全側の見積もり（圧力がより長期に持続する方向）をするために，例えば最大圧力到達後，50 msec 程度かけて大気圧に戻るような爆発圧力履歴（以下，p–t 曲線と呼ぶ）を考えることが提案される [22)]．

Eurocode の式（11.3.2）において，p_d（kPa）と p_{stat}（kPa）はそれぞれ最大圧力と脆弱部開放圧力であり，ゲージ圧を使用する．A_V は脆弱部の開口面積である．この式は p_d が 50 kN/m^2 を超えない範囲で有効とされている．最大圧力評価式は，既出の 2 つの圧力ピーク p_1 または p_2 の大きい方を予測するものであるが，式（11.3.1）で表現されるのは，p_1 までの状態であることに注意が必要である．今，p_2 の出現の有無を系統的に判断することは難しく，p_1 の後，p_2 に至る圧力履歴を表現する良いモデルも得られていないことから，ここでは式（11.3.1）をそのまま適用して式（11.3.2）によって算出される最大圧力に到達するまでを表現することにする．先に述べたように，式

(11.3.1) は現実よりもゆっくりした圧力上昇を表現しているため，そのような扱いをしても危険側の見積もりとなる可能性は低いと考えられる.

(4) 内部爆発の爆発圧力履歴の例

図 11.3.7 は以下の条件において計算した p-t 曲線の一例である．図中の実線は室内の圧力履歴，点線はそれぞれ天井／床面，壁面（7.0 m×3.6 m），窓に加わる爆発荷重履歴を示している．ここでは，本会編「鉄筋コンクリート構造計算規準・同解説（1991）」の「構造設計例 2」の 3 層事務所でガス爆発が発生した場合を想定した．仮定は以下のとおりである.

・ガス爆発は 1 区画において起きる：W7.0 m×D5.5 m×H3.6 m＝137 m^3

・厚さ 3 mm のガラス窓が設置されている：W4.0 m×H2.0 m＝8 m^2，$p_{stat}\approx 2$ kPa

・メタンを主成分とするガスによる爆発

・ガス濃度は 10％ で室内一様

式（11.3.1）により圧力履歴を計算する．初期圧力は大気圧 p_0 の 101.3（kPa）であり，膨張比 e と燃焼速度 S_L は表 11.3.1 らそれぞれ 7.4 と 0.37（m/s）を代入する．V は部屋の容積であるから 137（m^3）とする．これにより圧力の上昇履歴がわかる．次に式（11.3.2）によって最大到達圧力を求める．図 11.3.8 はガラス窓の破壊圧力に関する面積と厚さの依存性を示している．ただし，横軸はガラス窓の面積の逆数となっているため注意が必要である．脆弱部開放圧力 p_{stat} は，「厚さ 3 mm のガラス窓」，「面積 8 m^2」との仮定から，2 kPa 程度であることが読み取れる．脆弱部面積 A_V は窓の面積としてよいから 8（m^2）である．V は 137（m^3）である．計算すると p_d＝15.7（kPa）と得られるので，先ほど式（11.3.1）によって算出した圧力履歴を p＝p_d となるところまで採用する．その後，50 msec の時間をかけて大気圧まで圧力が低下すると仮定し p-t 曲線を得る．圧力は一様に室内の各面に作用するから，単純にそれに各部材の面積を乗ずれば力 F_b を算出でき，爆発荷重履歴

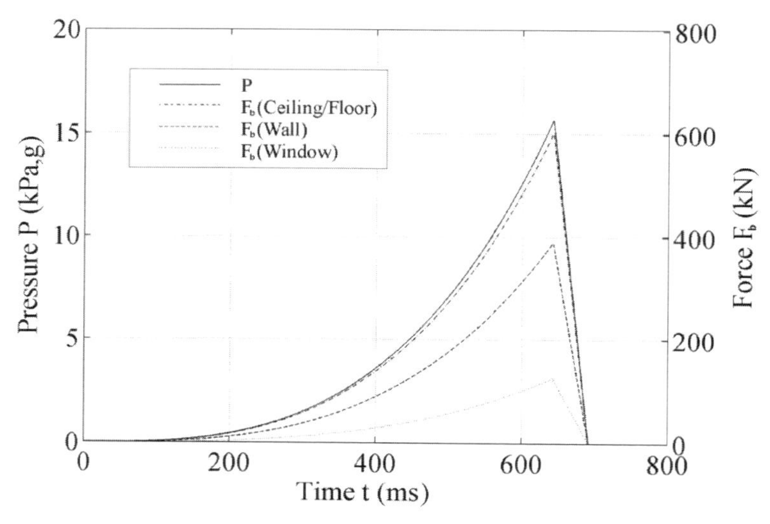

図 11.3.7 内部爆発の p-t 曲線，F_b-t 曲線の計算例

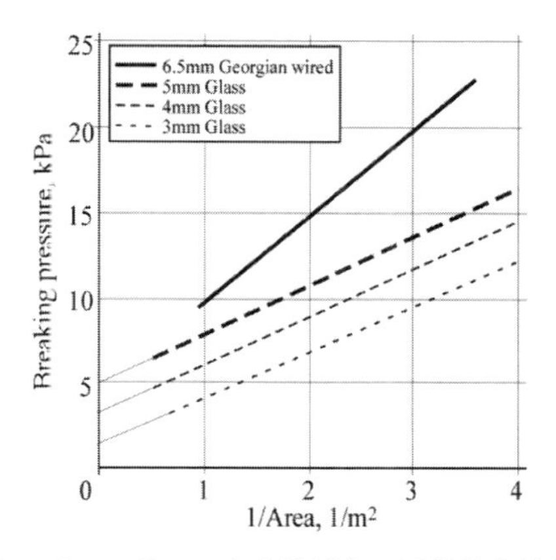

図 11.3.8　ガラス窓破壊圧力の面積依存性[26)]

（以下，F_b-t 曲線と呼ぶ）を得ることができる．内部爆発による荷重は，得られた p-t 曲線，F_b-t 曲線の最大値を静的設計荷重として与える．

11.3.2　外 部 爆 発

> 爆発事故が発生する可能性のある施設が近隣にある場合は，爆源の大きさと離隔距離を考慮して，建築物あるいは構造部材・非構造部材に作用する爆発による影響を検討することが望ましい．既往の実験研究に基づき導かれた経験式を吟味したうえで，外部爆発による爆発圧力履歴を求め，その最大値を静的設計荷重として与える．

(1)　概　　　要

外部爆発に対する設計荷重として以下の爆発源を例示し，これに近接する建築物への影響を検討する．

・花火工場
・化学プラント
・液化プロパンガスの貯蔵施設
・水素ステーション

外部爆発による建築物への影響が耐風設計の基準を超えない場合は検討不要である．また，爆発防止あるいは軽減対策がなされており，その効果が実験あるいは解析などの手法によって確認されている場合は設計荷重を低減することができる．

外部爆発による荷重は，内部爆発と同様に，爆発圧力履歴（以下，p-t 曲線と呼ぶ）に基づき決定される．p-t 曲線が与えられれば，圧力 p を時間で積分することにより力積を求めることができる．各部材に作用する荷重の時刻歴は，爆発圧力 p に作用面積を乗じることにより得られる．なお，柱や梁に対する荷重は受圧面積が小さいので高性能爆発による接触爆発を除くと損傷の可能性は極めて低いため，ここでは対象部材として壁，床，屋上のみを考える．

爆源において発生する爆発は，シナリオにより物理現象が異なり，物質が同一でもその強さが異なる．以下に想定したそれぞれのシナリオについて設計荷重の考え方を示す．ただし，圧力はすべてゲージ圧とする.

(2) 対象とする近接施設

1) 花 火 工 場

花火工場は爆発の危険性がある物質を大量に扱うので，通常は評価対象となる一般の建築物から充分に離れた位置に造られる．このため，点源爆発として扱うことができる．爆薬は基本的に爆轟するが，爆轟が生じた際の爆風伝播については多くの研究が行われており，TNT エネルギー換算則が成り立つことが実験的に確かめられている．一方，火薬はよほどのことがないかぎり爆轟には至らないが，爆薬同様に TNT 換算則が成り立つので，換算距離と呼ばれる指標を用いて，評価対象位置におけるピーク圧力および力積を精度よく推定することができる．換算距離（いわゆる K 値）は

$$K = \frac{R}{W^{1/3}} \tag{11.3.3}$$

と表され，単位は $m/kg^{1/3}$ である．ただし，R は評価地点までの距離，W は爆薬の持つエネルギーの TNT 換算質量である．K 値とピーク圧力および力積の関係については，いくつかの関係式が存在するが，日本では 1980 年代に旧工業技術院により実施された実験を元に，MITI87 と称される関係式 [28] が提唱されている．

人体への損傷評価の一例を示すと，アメリカ国防総省のガイドライン DoD 6055.9-STD[29] では，鼓膜が 1 % の確率で損傷する条件として，ピーク圧力 20.7 kPa が示されている．その圧力が発生する距離と花火の打上げ黒色火薬の薬量の組合せについて考える〔表 11.3.3〕．図 11.3.9 から，K 値が 6.8 のときにピーク圧が 21 kPa となることがわかる．例えば，TNT 1 000 kg 相当とすれば，距離は換算距離の式（11.3.3）から 68 m と計算される．距離が 2 倍，あるいは半分の場合の TNT 薬量も同様に求めることができる．次に黒色火薬の TNT 換算率は，組成にもよるが，仮に 50 % とすれば，以下のような薬量と距離の組合せの条件が鼓膜が損傷するか否かの境界線上に相当することがわかる．

換算距離の式（11.3.3）を見ると，爆薬の質量が 1/8 になることと距離が 2 倍になることが同じ意味を持つことがわかるが，表 11.3.3 からもその関係になっていることが改めて確認できる．同様の手順で力積についても薬量と距離から換算距離を算出し，図 11.3.9（b）を参照することにより求めることができる．

外部爆発の爆風圧による圧力－時間曲線（p-t 曲線）の作用時間は，部材の固有周期に比較すると充分に短いので，ピーク圧力と力積が重要になり，波形の詳細な形状は部材設計にほとんど影響を与えない．このため，設計者が扱いやすいように，爆風圧の時刻歴をピーク圧力と作用時間により

表 11.3.3 $K = 6.8$ の場合の黒色火薬の質量と距離の関係の例

距離（m）	136	68	34
TNT 換算質量（kg）	8 000	1 000	125
黒色火薬質量（kg）	16 000	2 000	250

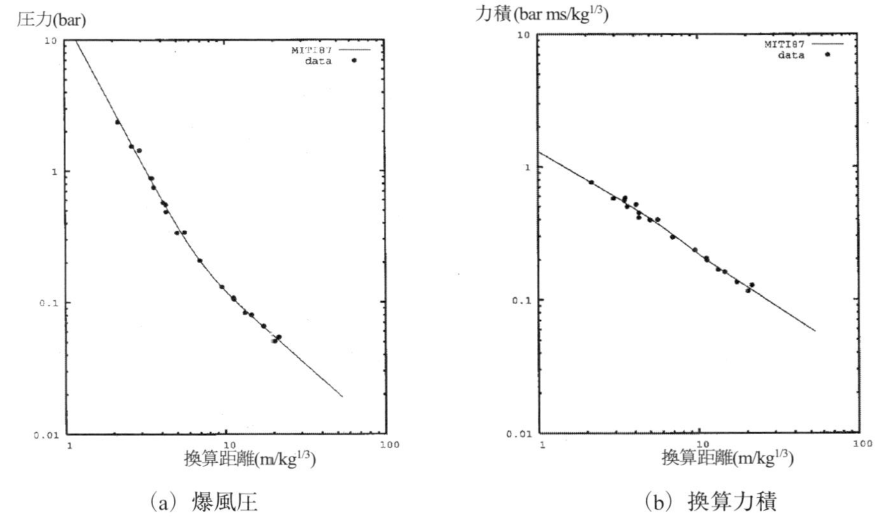

(a) 爆風圧　　(b) 換算力積

図 11.3.9　MITI87 による各 K 値に対する爆風圧と換算力積

定義される三角波として近似することが考えられる．圧力波形が三角波であると仮定すると，力積が圧力波形の面積であることから，三角波の作用時間も求まり，最終的に図 11.3.10 に示すような p-t 曲線を得ることができる．花火工場に近接する建築物の耐爆設計においては，p-t 曲線における最大値を静的設計荷重として与える．

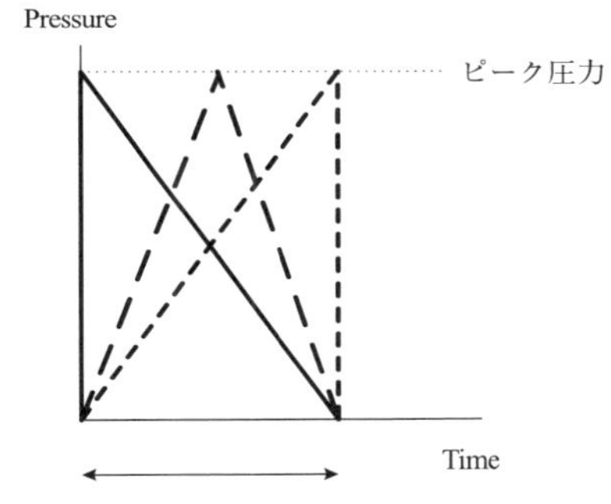

図 11.3.10　p-t 曲線の例

2）化学プラント

化学プラントも，前節で述べた花火工場と同様に，評価対象となる建築物からは充分に離れていることが想定される．そのため，点源爆発として扱うことができ，爆発が建築物に与える影響を放出されるエネルギーと距離の関係で評価することができる．

ただし，爆発事故の多くは液体の爆発物が漏洩した後に気化し，空気と混合された可燃性混合気が爆発して起きており，開放空間において気体が爆轟に至ることは稀である．このような事象の場合は，爆燃を想定するのが妥当である．ところが，爆燃の場合は爆轟とは異なり，単純な TNT 当量で推定すると，およそ 1 000 倍程度過大な荷重を与えてしまうことが知られている．そこで土橋らによって提案された爆燃を考慮できる換算距離 [30] を適用する．

この評価式では，ピーク圧力の換算距離は

$$\overline{R_{r1}} = \frac{R}{(E/p_0)^{1/3}(S_L/a_0)^{3/3}} \tag{11.3.4}$$

力積の換算距離は

$$\overline{R_{r2}} = \frac{R}{(E/p_0)^{1/3}(S_L/a_0)^{4/3}} \tag{11.3.5}$$

と表される．ただし E は爆発エネルギー，p_0 は大気圧，S_L は層流燃焼速度，a_0 は音速である．代表的な可燃性ガスについて E と S_L の数値例を表 11.3.4 に示す[31]．すべてのパラメータは多くの可燃性ガスについて既知なので，この評価式により換算距離を算出することができる．

表 11.3.4　代表的な可燃性ガスの燃焼熱量と層流燃焼速度

ガスの種類	E(kJ/mol)	S_L(m/s)
メ　タ　ン	888	0.362
プ ロ パ ン	2 215	0.463
水　　　素	284	2.20

［注］　$T_0 = 298K$，$p_0 = 1\text{atm} = 101.3\text{kPa}$

既存の爆燃実験結果を土橋らの換算式で整理し，両対数軸でプロットしたものを図 11.3.11 に示す．換算圧力とはピーク圧力を大気圧で除し無次元化した値である．換算圧力，力積ともに物質の種類によらずほぼ同一の直線上に並び，統一的に説明できることがわかる．ただし，物質ごとに若干のバラつきがあるので，すべての物質を少しだけ上回るやや安全側のピーク圧力と力積を設計荷重とする．例えば，図 11.3.11 を参考に換算圧力と換算距離の近似式は式（11.3.6）に，また力積と換算距離の近似式は式（11.3.7）のように設定することができる．

$$\frac{p_S}{p_0} = 12\,724 \times \overline{R_{r1}}^{\,-0.9} \qquad (11.3.6)$$

$$I_m = 30\,325 \times \overline{R_{r2}}^{\,-0.954} \qquad (11.3.7)$$

一例として，10％メタン－空気混合気 125 m^3 を爆源とした場合の換算距離を求め，これらを少しだけ上回るやや安全側のピーク圧力を求めた例を表 11.3.5 に示す．化学プラントに近接する建築物の耐爆設計においては，p-t 曲線における最大値を静的設計荷重として与える．

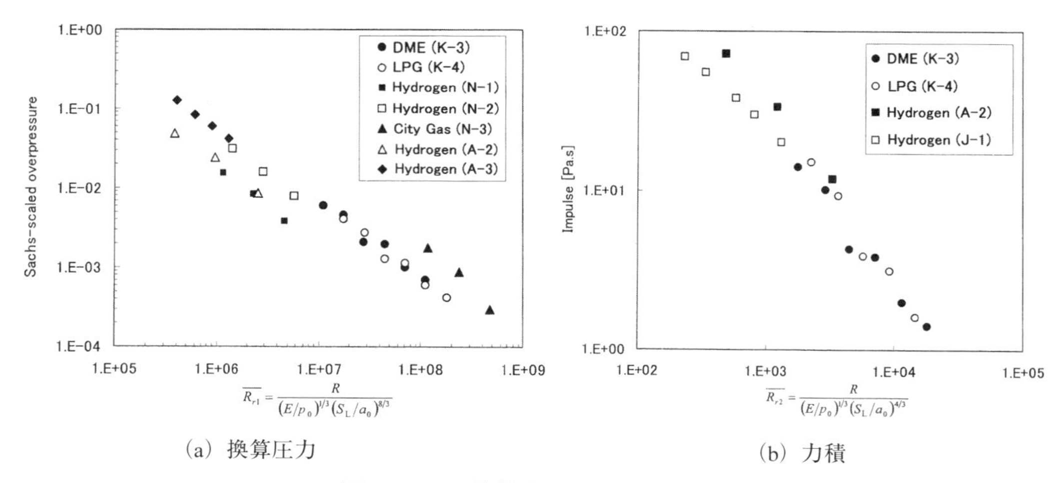

（a）換算圧力　　（b）力積

図 11.3.11　換算式と実験結果の関係

表 11.3.5　メタン－空気混合気（10％）の爆燃によるピーク圧力の算出例

距離（m）	136	68	34
可燃性ガスの体積（m^3）	125	125	125
ピーク圧力（kPa）	0.09	0.18	0.33

3）液化プロパンガスの貯蔵施設

液化プロパンガスの貯蔵施設は，建築物の敷地内に存在することが少なくない．液化ガスが漏洩した場合には，気化したガスと空気の混合気が建築物に接して分布した状態で爆発することが想定される．その場合，爆発で発生した圧力は建築物外壁に直接負荷される．また，これまでの例とは異なり，距離による減衰はないので，混合気に接する壁には一律同じ p–t 曲線が負荷されるという違いがある．ただし，内部爆発とは異なり，閉鎖された空間ではないので，ピーク圧力を示した後，急激に減衰する．

爆燃の場合の p–t 曲線を求めることは現象の不安定さから一般に困難であるが，ここでは土橋らによる音響学の基礎式から導かれた以下の推定式[30)]を紹介する．

$$p(t) = \frac{21\rho\varepsilon}{4l}\frac{\varepsilon - 1}{\varepsilon}A^3 t^{5/2}$$

$$A = c_g \varepsilon^2 S_L{}^2 \sqrt{\alpha} \tag{11.3.8}$$

ここに，ρ：混合気の密度

ε：膨張率

l：着火点からの距離

t：時刻

c_g：モデル係数

α：熱拡散率

この推定式においても，すべてのパラメータが多くの可燃性ガスについて既知なので，爆発実験によらず p–t 曲線を算出することができる．図 11.3.12 に爆発実験と推定式の比較した例を示す．液化プロパンガスの貯蔵施設による外部爆発荷重は，得られた p–t 曲線の最大値を静的設計荷重として与える．

4）水素ステーション

今後予想される燃料電池車の普及に伴い，水素ステーションが数多く設置されると考えられる．漏洩・防爆・低減対策については現在盛んに検討中であるが，ここでは万一の事態を想定し，漏洩した水素と空気の混合気が爆発した場合について考える．

水素も解放空間で爆轟することは稀なので，現象としては気体の外部爆燃になる．このため，爆発荷重として作用する過程は化学プラントに近接する建築物の場合と同様である．ただし，物質が異なるので，同じ距離や量であっても爆発威力は異なる．メタン 10％と同じ距離と体積で水素 30％の場合について算出した例を表 11.3.6 に示す．水素ステーションによる外部爆発荷重は，得られた p–t 曲線の最大値を静的設計荷重として与える．

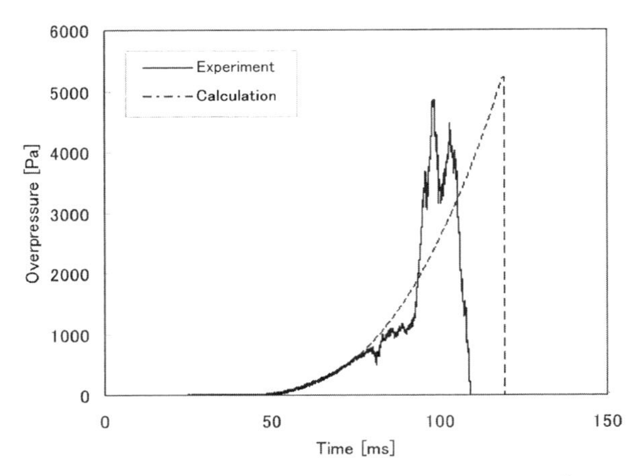

図 11.3.12 爆燃における p–t 曲線の算出例[30)]

表 11.3.6 水素－空気混合気（30％）の爆燃によるピーク圧力の算出例

距離（m）	136	68	34
可燃性ガスの体積（m^3）	125	125	125
ピーク圧力（kPa）	7.1	13	25

(3) 入射角による反射圧の推定式

爆源に正対した建築物の壁面に圧力波が衝突すると，反射により建築物がない場合（入射圧力）よりも大きいピーク圧力が生じる．圧力波が壁面に直角に衝突した場合を入射角 0 度とすると，入射角αが 90 度の場合，圧力波の進行方向は壁面と並行になり，ピーク圧力は入射圧力と同じになる．

前項までに求めた入射波ピーク圧力p_sから，入射角 0 度の場合のピーク反射圧力p_rはランキン－ユゴニオによって導かれた以下の関係により見積もることができる．

$$p_r = 2p_s \frac{7p_0 + 4p_s}{7p_0 + p_s} \tag{11.3.9}$$

ここに，p_0は大気圧である．式（11.3.9）からわかるように，p_sがp_0よりも充分に小さい場合には，p_rはp_sのおよそ 2 倍の値となる．

次に，ピーク圧力と力積を求める．入射角θにおけるピーク圧力p_{load}は換算距離から求めたp_sと式（11.3.9）で求めたp_rを用いて求める．また，力積I_{load}はI_sを図 11.3.9 から読み取り，I_rは充分なデータがないため$I_r = I_s$とおくことにより，以下に示す ConWep の推定式により算出する．

$$p_{load} = p_r \times \cos^2\theta + p_s \times (1 + \cos^2\theta - 2\cos\theta) \tag{11.3.10}$$

$$I_{load} = I_r \times \cos^2\theta + I_s \times (1 + \cos\theta - 2\cos^2\theta) \tag{11.3.11}$$

なお，ConWep は TM5-1300[32)]に基づき換算距離と入射角の関係から対象壁面における p–t 曲線を求める数値パッケージであり，様々な動的構造解析コードに組み込まれて利用されている．

爆源とは反対側の背面壁にかかるピーク圧力は回折により低減されるが，部材の寸法効果が大きく，入射角との関係が一意に定まらないため，低減率を求めることが難しい．このため，数値流体力学（CFD）による回折を考慮した三次元解析が必要となるが，設計者には負担が大きすぎる．TM5-1300 などでは背面壁を側面壁の延長として同じ値を適用し，安全側に評価する手法が示されている．

(4) 外部爆発に対する設計荷重の与え方

前節までに述べた手法により，建築物の個々の壁への p–t 曲線を与えることができるが，ここでは図 11.3.13 に示すような建築物の前面，側面，背面，屋根面に作用する設計荷重の与え方を示す．まず，建築物と爆源の位置関係から，建築物の各面の中心から爆源への距離と入射角をそれぞれ計算する．背面は屋上の延長として水平方向に展開して求める．このときスパン長が大きい面については適宜長手方向を複数の面素に分割する．それぞれの面素に対して，爆源の大きさと距離および入射角からピーク圧力と力積を求める．

ただし，爆発により生じた圧力波は各面素へ空気の音速で伝播するので到達時刻がそれぞれ異なる．全体への分布荷重として扱うために，爆源からの距離を空気の音速で割った値を p–t 曲線の立上がり時間とし，図 11.3.13 に示すような分布荷重履歴を求める．各面素の p–t 曲線にはピーク圧力と作用時間および到達時刻を記した．

爆源は 30 % H2-Air 27 m^3 とし，建築物左右方向の中心から 20 m に位置するものとする．面素 A は爆源から 20 m 位置にあるので，式（11.3.4），式（11.3.5）および図 11.3.11 より，建築物がない場合のピーク圧力は 3.9 kPa，力積は 25.8 Pa･s と求まる．入射角はほぼ 0 度なので，式（11.3.9）および式（11.3.10）よりピーク圧力が 7.9 kPa と求まる．三角波の作用時間は 6.6 ms と求まる．三角波の立上がり時間は距離を空気の音速 340 m/s で割った 59 ms である．

面素 B は爆源から 21.2 m の位置にあり，入射角は 22 度である．まず面素 A 同様に入射角 0 度のピーク圧力と力積をそれぞれ 7.3 kPa，24.1 Pa･s と求める．次に，式（11.3.10）と式（11.3.11）より入射角 22 度のときのピーク圧力が 6.3 kPa と求まる．作用時間は 7.6 ms となり，三角波の立ち上がり時間は面素 A 同様に 63 ms と求まる．

面素 C は屋根にあり，爆源からの距離は 23.5 m に相当し，入射角は 90 度より大きくなるので 90 度とする．他の面素同様の手順で算出し，ピーク圧力と力積がそれぞれ 3.4 kPa，22.2 Pa･s，作用時間は 13.2 ms となり，三角波の立ち上がり時間は面素 A 同様に 69 ms と求まる．

面素 D は爆源から建築物背面側にあるので天井の延長として扱う．面素 C と同様の手順で算出し，ピーク圧力と力積がそれぞれ 2.9 kPa，18.8 Pa･s，作用時間は 13.1 ms となり，三角波の立ち上がり時間は面素 A と同様に 82 ms と求まる．

これらの手順をすべての面素に対して繰り返すことにより，建築物全体に作用する爆風圧の p–t 曲線の分布を与えることができる．外部爆発荷重は，このように得られた p–t 曲線の最大値を静的設計荷重として与える．

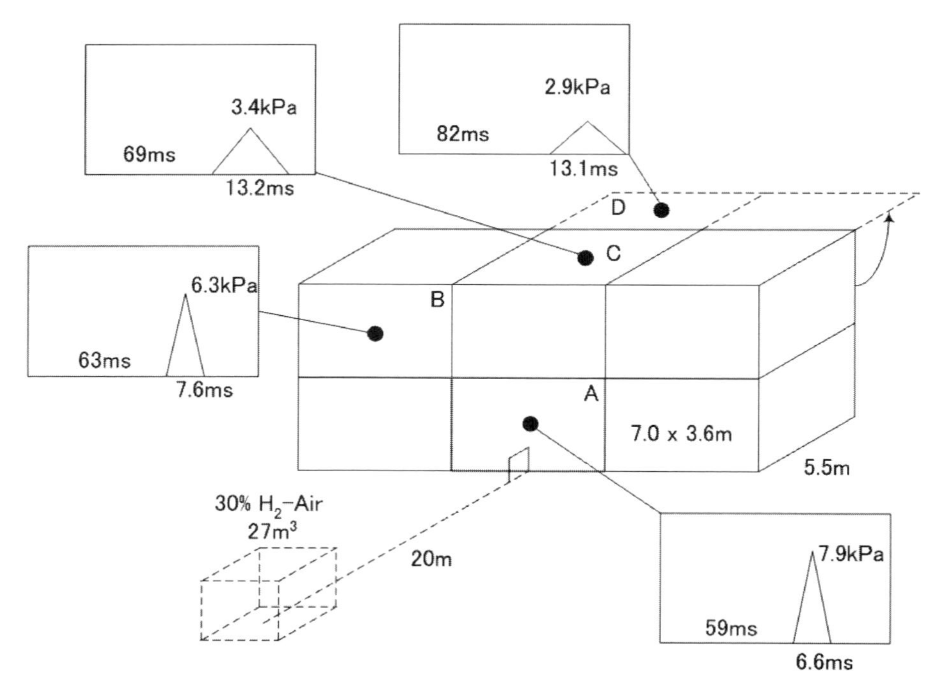

図 11.3.13　外部爆発における建築物全体への分布荷重を与えた例

参 考 文 献

1) 日経アーキテクチュア：特集・第 3 の荷重「衝撃力」，日経アーキテクチュア，No.957，pp.8〜10，2011
2) 日本建築学会 WTC 崩壊特別調査委員会：世界貿易センタービル崩壊特別調査委員会報告書　－ WTC 崩壊・ペンタゴンの被害・教訓－，2003 年度日本建築学会（東海）WTC 崩壊特別調査委員会パネルディスカッション資料，2003
3) 濱本卓司：建築物の耐衝撃設計ガイドラインの構築に向けて，防衛施設学会誌，Vol.10，pp.28〜37，2010
4) 日本建築学会構造委員会応用力学運営委員会：重要構造物の耐衝突・耐爆性能評価と防止対策，2006 年度日本建築学会大会（関東）構造部門（応用力学）パネルディスカッション資料，2006
5) 日本建築学会構造委員会応用力学運営委員会：衝突・爆発などの衝撃的な外力による構造被害の低減化について考える，2009 年度日本建築学会大会（東北）構造部門（応用力学）パネルディスカッション資料，2009
6) 日本建築学会耐衝撃性能の評価小委員会・東京工業大学応用セラミクス研究所：建築物の耐衝撃設計に関するワークショップ，同資料，東京工業大学長津田キャンパス，2010
7) 日本建築学会・土木学会：構造物の耐衝撃設計に関するシンポジウム，同資料，建築会館ホール（東京），2010
8) 日本建築学会構造委員会応用力学運営委員会：建築物の耐衝撃設計を考える，2012 年度日本建築学会大会（東海）構造部門（応用力学）パネルディスカッション資料，2012
9) Hamamoto, T.: Design Consideration in Tentative AIJ Guideline; Ohta, T. *et al*.: Design Loads in Tentative AIJ Guideline; Nakamura, N. *et al*.: Dynamic Response in Tentative AIJ Guideline; Mukai, Y. et al.: Member Design in Tentative AIJ Guideline; Nishida, A. *et al*.: Design Examples in Tentative AIJ Guideline, Proceedings of the 9th International Conference on Shock & Impact Loads on Structures, pp. 115〜162, 2011
10) Eurocode 1- Actions on Structures - Part 1-7: General actions - Accidental actions, BS EN 1991-1-7, British Standards,

2006

11）国土交通省：駐車場における自動車転落事故を防止するための装置等に関する設計指針，2007年版建築物の構造関係技術基準解説書，pp.276～277

12）FHWA/NHTSA National Crash Analysis Center: Finite element model of Ford Taurus report,2008

13）National Crash Analysis Center: 2010 Toyota Yaris FE model report,2010

14）FHWA/NHTSA National Crash Analysis Center: Finite element model of Toyota Rav 4 report,2008

15）FHWA/NHTSA National Crash Analysis Center: Finite element model of Dodge Neon report,2006

16）National Crash Analysis Center: http://www.ncac.gwu.edu/vml/models.html

17）JSOL: LS-DYNA ver. 970 User' s Manual, 2003

18）Hisamori, T., Tachibana, E.: Performance Evaluation of RC Protective Barrier Under Impact Load Caused by Train Collision, Proceedings of International Symposium on Disaster Simulation & Structural Safety in the Next Generation, pp.115～120, 2011

19）国土交通省：航空法（昭和27年7月15日法律第231号）最終改正 平成23年5月25日法律第54号

20）Barr, P.: Guideline for the Design and Assessment of Concrete Structure Subjected to Impact, SRD R439 Issue 3, AEA Technology, 1990

21）河西良幸：建築物への航空機衝突による衝撃荷重，第6回構造物の衝撃問題に関するシンポジウム論文集，土木学会，2002

22）Dahoe A. E., de Goey L. P. H.: On the Determination of the Laminer Burning Velocity from Closed Vessel Gas Explosion, Journal of Loss Prevention in the Process Industries, Vol.16, pp.457～478, 2003.

23）Ohta, T. *et al.*: Design Loads in Tentative AIJ Guideline, Proceedings of 9th International Conference on Shock and Impact Loads on Structures, 2011

24）Chao, J., Bauwens, C.R., Dorofeev, S.B.: An Analysis of Peak Overpressures in Vented Gaseous Explosions, Proceedings of the Combustion Institute, Vol. 33, No.2, pp.2367～2374, 2011

25）日本建築学会：建築物の耐衝撃設計の考え方，日本建築学会，2015

26）Harris, R. J.: The Investigation and Control of Gas Explosions in Buildings and Heating Plant, E&FN Spon Ltd, 1983

27）平野敏右：ガス爆発予防技術，海文堂出版，1983

28）吉田正典ほか：火薬類の安全－第十一回 爆風の伝播とその影響，EXPLOSION，Vol.17，No1，pp.2～5，2007

29）US Department of Defense: DoD Ammunition and Explosives Safety Standards, DoD 6055.9-STD, 2004

30）土橋　律ほか：ガス爆発時の爆風圧の影響度調査，安全工学シンポジウム予稿集，pp.194～197，2009

31）Glassman, I.: Combustion 3rd ed. Academic Press, 1996

32）US Department of Defense: US Department of the Army, Navy and Air Force Technical Manual（TM5-1300）, Structures to Resist the Effects of Accidental Explosions, 1990

12 章　その他の荷重

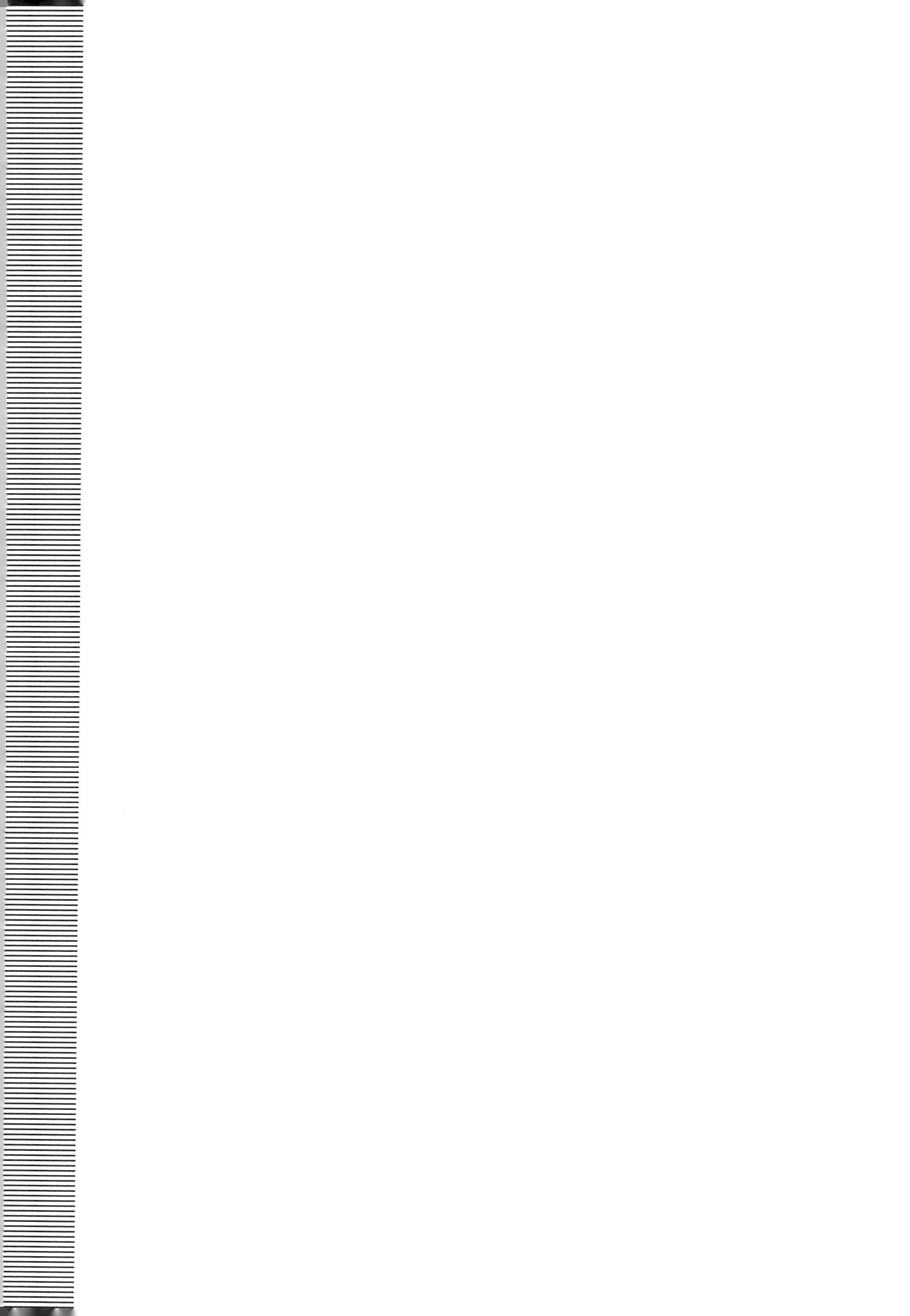

12章　その他の荷重

概　　説

建築物を設計するには固定荷重，積載荷重，雪荷重，風荷重，地震荷重，温度荷重，土圧および水圧，津波荷重および衝撃荷重を適切に組み合せて行うが，建築物には天井，間仕切壁等の建築部材，ボイラーや配管等の設備機器，エレベーター，エスカレーター等の建築部材や設備機器が多数あり，このような部材や機器等は，設置状況や使用状況を適切に評価して固定荷重，積載荷重や地震荷重等として設計に取り込まなければならない．しかし，現状の設計においては，これらの取扱いが曖昧になっている．

天井，玄関ドアまわり，間仕切壁，サッシュ，手すり等の内・外装材や構造部材の設計を行う場合に，荷重として固定荷重，積載荷重，風荷重や地震荷重等を採用するが，これらの内・外装材や構造部材を人間が押したり引いたり，衝突するといった行動による荷重も状況によって大きく変わるので，上記の荷重と同様に設計上は考慮する必要がある．例えば，緊急避難時のパニック状態での群集の行動によって避難通路や非常階段等で大きな荷重が発生する可能性がある．特に，避難通路や非常階段にある手すりは人間の行動による荷重効果が最も厳しく，非常時の人間の行動による荷重を正確に評価して設計する必要がある．

設備機器は機器重量として設計に取り込まれているが，機器には多くの配管が取り付き，運転時には水や油を保有するものもあるので，機器重量としてこれらの重量を見込んでいるのかどうかを確認する必要がある．さらに，機器の運転によって，荷重に見込まれていない振動や反力等が生じて建築物に影響を与えるものもあるので，設計段階で確認する必要がある．

運搬設備のエレベーター，エスカレーター，ゴンドラ，クレーン，立体駐車場等も建築物に取り込まれている．これらの設備や装置は機器メーカーや協会等によって独自に安全基準が設定されており，この基準を満足するように製作されることで安全性が確保されているが，建築物もこの安全基準に適合しなければならない．

一方，事務室で使われているハンドリフト，ターミナルや倉庫のバスやトラックの大型車両，そしてフォークリフト，クローラークレーンやトラッククレーンのような工事用車両等が建築物の中で使用されているが，これらの車両による建築物へ影響を把握するためには，車両総重量，前輪・後輪の負担荷重割合，車輪接地面積等から車輪1輪の接地荷重を算定し，車両を運転することによる衝撃係数を考慮して車両の設計荷重を求めることになる．

その他の荷重は，固定荷重，積載荷重，雪荷重，風荷重，地震荷重，温度荷重，土圧および水圧，津波荷重および衝撃荷重以外の荷重とする．その他の荷重は，研究成果や統計的データも少なく基本値を定めることが困難な荷重であり，限界状態設計に対する使用限界や安全限界を明確に設定できない荷重であるが，建築物を設計するうえで無視することができないので，その他の荷重としてここで取り上げることとする．

なお，その他の荷重には，動的な荷重効果を衝撃係数として評価し，静的に荷重を割り増した設計が行われてきているが，このような衝撃係数を用いた荷重も，ここで取り扱うこととする．

今回の改定にあたっては，10章に津波荷重，11章に衝撃荷重が追加されたため，その他の荷重は10章から12章へ変更になった．

大きく変更した点は，

①その他の荷重の定義と適用範囲を明確にし，荷重の設定方針を示した．

②人間の行動に伴う荷重は，対象となる手すり，開口部や間仕切壁を取り上げた．

③機器の振動や衝撃による荷重は，機器等の荷重，運搬設備・装置の荷重および車両等の荷重に分類した．機器等の荷重では，荷重の取扱いを新たに追記し，運搬設備およびその装置の荷重では，荷重の取扱いとゴンドラの荷重を追加した．

④その他，構造物に大きな荷重効果を生じさせるおそれのある荷重および荷重としての交通振動を削除した．

12.1　その他の荷重

その他の荷重は，固定荷重，積載荷重，雪荷重，風荷重，地震荷重，温度荷重，土圧および水圧，津波荷重，衝撃荷重以外の荷重とする．

12.1.1　その他の荷重の定義

その他の荷重は，固定荷重，積載荷重，雪荷重，風荷重，地震荷重，温度荷重，土圧および水圧，津波荷重および衝撃荷重以外の荷重とする．

建築物の設計は，固定荷重，積載荷重，雪荷重，風荷重，地震荷重，温度荷重，土圧および水圧，津波荷重，衝撃荷重を組み合せて行われる．建築物には，天井，間仕切，ドア，窓等の内外装材やボイラー，冷凍機，冷却塔や配管等の設備機器が多数あり，これらは重量として固定荷重や積載荷重として設計に取り込まれている．しかし，建築部材の玄関ドア，間仕切壁，サッシュ，手すり等や非構造部材を設計する場合に，上記の荷重にはない人間が建築部材や非構造部材を押す，引く，衝突するような人間の行動による荷重効果を評価して設計に取り入れる必要があるが，このような人間の行動にともなう荷重をその他の荷重とする．

設備機器は，重量として固定荷重または積載荷重として設計に取り込まれている．しかし，これらの機器には取り付く配管があり，機器の運転によって水や油を保有するものや振動や反力等を生じるものがあり，建築物に影響を与えている．機器の配管や保有する水や油の重量は機器重量として見込む必要があり，荷重として見込まれていない運転による振動や反力等も考慮しなければならない．これらを設備機器の荷重とし，その他の荷重とする．

建築物に取り込まれる運搬設備およびその装置であるエレベーター，エスカレーター，ゴンドラ，クレーン，立体駐車場も建築物の設計に大きな影響を与える．これらの設備および装置はそれぞれの安全基準を保持しているが，その安全基準を満足させるためには建築物が安全基準の条件に適合する必要がある．このため，これらの設備および装置の安全基準が建築物へ影響を与える荷重をその他の荷重とする．

事務室で使われているキャスター付きの椅子やハンドリフト，ターミナルや倉庫ではバスやトラック等の大型車両，そして作業や工事で使用されるフォークリフト，クローラークレーンやトラッククレーンのような工事用車両など多くの車両が使用されている．これらの車両の荷重も建築物の設計に必要な荷重である．車両の荷重は，車両重量や車両総重量の算定方法を正確に把握する必要があるが，これらの車両は運転により移動する荷重なので動的効果を受けることになるし，運転状況や使用状況によっては前輪・後輪の車輪負担荷重も変わるので，運転状況や使用状況による影響を考慮した荷重として取り扱う必要がある．

ここで取り上げたように，その他の荷重は，固定荷重，積載荷重，雪荷重，風荷重，地震荷重，温度荷重，土圧および水圧，津波荷重および衝撃荷重以外の荷重と定義する．

12.1.2　適用範囲

その他の荷重はすべての建築物を対象としているが，取り扱う荷重によっては建築物だけではなく，期限付き構造物，仮設構築物，工作物にも適用できる．

建築物の設計上，固定荷重，積載荷重，雪荷重，風荷重，地震荷重，温度荷重，土圧および水圧，津波荷重，衝撃荷重が使用される建築物をすべて対象とするが，これらの荷重以外のその他の荷重が作用する建築物のみならず，設備機器，運搬設備や車両等に関する建築部材や構造部材も対象となる．また，期限付き構造物，仮設構築物や工作物にも適用できる．

12.1.3　その他の荷重の設定方針

その他の荷重は，研究成果や調査データが非常に少ない．このため，統計的評価による荷重の基本値を定め，建築物の要求性能に応じた荷重組合せを行うことができない．そこで，その他の荷重の設定は，原則として実測調査や実験結果を基に定めることとする．ただし，人間の行動にともなう荷重，建築や設備の機器等の荷重，運搬設備およびその装置による荷重や車両等の荷重については，以下の解説によることができるものとする．

(1)　人間の行動による荷重

1)　人間の行動の荷重効果

人間の行動によって生ずる荷重効果を精度良く把握するための研究は，図 12.1.1 に示す「人がよりかかったり押したりするときの力」[1)]や図 12.1.2 に示す「手すりや壁の設計荷重の提案値」[2)]があり，人間の行動を設計用荷重として提案している．

人間が建築物の中で押したり，引いたり，よりかかったりする行動は，生活するうえで非常に多い．このような人間の行動の対象となる建築物の部材には，玄関ドアまわり，間仕切壁，サッシュ，手すり等の内・外装材や非構造部材が多くある．これらの部材は，押したり，引いたり，よりかかっ

(単位：N/1m 幅)

	状態	実際	設計用
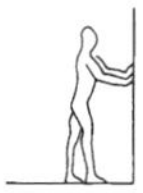	1人が よりかかった とき	245	490
	1人が 全力で よりかかった とき	1 470	2 940
	1人が 押しつけられ て苦しいとき	1 865	5 885
	集団で 押すとき 最前列は 苦しくて悲鳴	5 885	適 宜 決 定

図 12.1.1 「人がよりかかったり押したりするときの力」[1)]

部位	接 触 型		1人あたり N	1mあたり N	
手すり	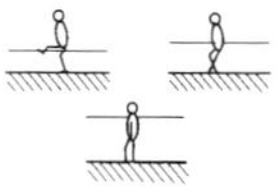	棒を足で押す 棒を腰で押す 棒を肩で押す	1 570	2 355	手以外の 体の部位
	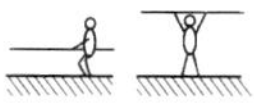	棒の押引	2 060	3 530	手で引く
		棒の上下	1 670	2 650	手で押す
壁		壁を足で押す 壁を腰で押す 壁を肩で押す 壁を押す	1 765	2 160	手以外の 体の部位
	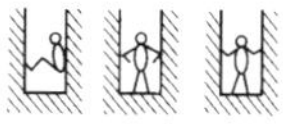	壁を肩で押す 壁を肘で押す 壁を押す	4 710	7 260	壁に挟まれた空間

図 12.1.2 「手すりや壁の設計荷重の提案値」[2)]

たりする人間の行動によって変形し使用上支障があったり，壊れて事故につながることのないように安全でなければならない．これらの部材の安全性については，製造メーカーやメーカーが所属する協会等で部材の安全基準を独自に作成しているものが多いので，設計においてはグレードに適した製品を選択することによって，想定した安全性が得られようになっている．しかし，これらの部材を設計者自ら設計を行う場合には，人の行動に関する研究結果やメーカーや協会等で設定している基準等を参考にして，人間の行動の荷重効果を適切に評価して設計を行う必要がある．

2)　手すりの荷重

手すりの構造安全性については，建築基準法に設計荷重のような数値基準はなく「脱落しないようにする」と規定されている．墜落防止手すりについては，「優良住宅部品認定基準」[3]において廊下・バルコニー用の水平荷重として 2 950 N/m（300 型）および 1 450 N/m（150 型），窓用として 1 450 N/m（150 型）が設定されており，それぞれの水平荷重において手すりが充分な強度を有し破棄しないこととしている．手すりの剛性としては，水平荷重と鉛直荷重を 295 N とした時のたわみが定められており，廊下・バルコニー用で水平荷重時の支柱が $h/50$（h：支柱高さ），鉛直荷重時の笠木が $L/100$（L：支柱間隔），窓用は水平荷重で笠木が $L/150$，鉛直荷重で笠木が $L/150$ と規定されている．なお，優良住宅部品の基準には，墜落防止手すり以外にも歩行・動作補助手すりの性能基準も定められている．

また，民間の共同住宅の手すりの安全性基準として，「手摺の安全性に関する自主基準」[4]があり，それぞれ，水平荷重として 1 225 N/m（125 型），980 N/m（100 型）が定められている．人間の行動は，内・外装材や構造部材等の中で手すりにもっとも厳しく，非常時の人間の行動に手すりが耐えるため，日本アルミ手摺工業会で強度試験を行い，その結果を「共同住宅用アルミ製墜落防止手すり強度のガイドライン」[5]で報告している．この報告によると成人 5 人が正面に衝突した時に正面方向に押す避難行為の最大荷重値が 1 225 N/m であり，民間共同住宅の手すりで使用されている 1 225 N/m（125 型）はこの値から定められている．また，成人 1 人が走って押す危険行為の最大荷重値は 1 078 N/m になっている．

手すりの安全性を確保するための鉛直荷重や水平荷重を示したが，手すりの躯体取付け部等は，これらの手すりに加えられた力に対して充分な強度を有し破壊しないようにしなければならない．

3)　開口部や間仕切壁の荷重

開口部についての安全基準には，人体衝突破壊による重大な傷害を防止する目的で制定された「ガラスを用いた開口部の安全性設計指針」[6]がある．この指針では，開口部にガラスを用いる場合の耐衝撃性を確保するため，人体の衝撃力を 45 kg ショットバックの落下高さに置き換え，対象とする建築物の部位や用途によって定められた落下高さによる衝突力によって破損しない，または割れても安全なガラスを選定しなければならないとしている．この時，成人が広い通路で歩行・走行状態でガラスの存在に気付かず衝突した場合の落下高さを 120 cm とし，集会場のロビーや学校の出入口等が 120 cm の落下高さに指定されている．

間仕切壁についての安全基準は，ガラスを用いた間仕切壁に人体が衝突をした場合を想定した「安全・安心ガラス設計施工指針」[7]があり，この指針ではエレベーターかごやシャフトの性能基準に準拠して，任意の 5 cm^2 に集中荷重 300 N が作用した時の応力計算によって，ガラスが 15 mm を超える変形を生じないことと塑性変形が生じないことを規定している．

4) 非常時の人間の荷重

人間の行動も数人ではなく多数が非常時に集団で避難をするような場合は，通常の行動とは異なったパニック状態の群衆としての荷重効果を想定しなければならない．緊急避難時の人間の行動は，接触を避け歩行できる状況で 3～5 人/m^2 程度とされている．「被災時の群集非難行動シミュレーションの個別要素法の適用について」[8]の報告では，避難時に部屋から通路へ殺到する場合に，群衆が接触しアーチアクションによる滞留が生じるとしている．「積載物の偏在を考慮した積載荷重評価」[9]によると，教室や劇場からの緊急避難の場合は 10 人/m^2 であり，劇場でパニック状態の最悪な緊急避難の場合は 15 人/m^2 になると報告されており，群集のパニック状態での緊急避難時の荷重は 9 000 N を超えることになる．

一方，このような密集状態の群集によって壁等を押す時の横方向の力は 6 000 N/m に達すると言われており，非常に大きな値になっている．緊急避難時の最悪な状況は，群集に非常な苦痛を与えるだけではなく死傷者を出すような事故につながる可能性が高いと考えられるので，このような状況を発生させないような避難計画が重要になる．

これらの接触タイプの行動以外に，壁を蹴った場合や床から飛び上がったり飛び下りるといった人間の行動もある．壁を蹴る行動については，人と物相互の剛さや加力時間にもよるが平均的な値として前蹴りで 2 000 N を超え，木造の仕上げ材等は骨組みの間隔にもよるが容易に破壊され得る値になっている．床から飛び上がったり飛び下りるといった行動は，成人男子が飛び上がったり，飛び下りたりした場合の実測値[10]によると，平均で 3 000～4 000 N，最大では 9 900 N を超える値が報告されており，他の人間の行動による荷重と比較してはるかに大きな値となっている．

なお，コンサートでの縦のりの荷重は，前述の「積載物の偏在を考慮した積載荷重評価」[9]で動的効果を考慮し劇場のイベント時の 5 人/m^2×2(衝撃係数) の値が示されている．しかし，このような集団によるエアロビックスやコンサートの縦のりのような行動は，静的な荷重とは異った動的な荷重として考えるだけではなく，人間の行動による振動問題としても注意が必要になる．

(2) 建築部材や設備の機器等の荷重

1) 建築部材や設備の機器等の荷重の取扱い

建築物には天井や間仕切壁等の建築部材やボイラー，冷凍機，冷却塔や配管等の設備機器やエレベーターやエスカレーター等が多数あり，これらの建築部材や設備機器は設計において実況に応じて固定荷重，積載荷重や地震荷重等に正確に取り込まれていなければならないが，現状での取扱いは非常に曖昧になっている．

建築部材や設備機器は多岐にわたっており，製作メーカーによって仕様，形状，重量や支持される構造部材への影響等も異なっているため，設計するうえで決定された製品を良く把握することが重要になる．さらに，建築部材や設備機器の耐震性の検討は，一般に建築設計者または設備設計者が行っているが構造部材への影響を確認するのは構造設計者の責任である．また，建築部材や設備機器は施工段階になって変更されるものが多く設計時に設定された重量，形状等で検討する方法と床面積あたりの平均重量として簡略的に検討する方法が行なわれており，どちらも実際に決定した場合に改めて安全性をチェックするが再設計までは行っていない例が多い．例えば，天井は，天井材，吊り材，照明，ダクト，配管，梁，耐火被覆等と狭い範囲に多数の部材や機器で複雑に構成されており，天井は地震時崩落等の事故に直接影響するので天井重量の正確な確認をしなければならない．重い天井の場合には特別な崩落対策を検討することになるので注意が必要である．さらに，天井内のおさまり，振動の有無，それぞれの耐震性等は設計段階で総合的に決定されているが，施工段階での変更では変更した部分にのみに注意が払われて，すべてにわたるチェックが疎かになり，天井材料変更による重量の増減，天井吊材や斜材が変更によって撤去されるなど崩落等の事故につながる可能性がある．したがって，施工段階においても建築，構造，設備設計者の一体となったコミュニケーションは重要になる．

2）　設備の機器等の荷重

設備機器は機器重量として固定荷重または積載荷重として設計に取り込まれている．設備機器のボイラー，冷温水発生器やタンク等の機器重量は，機器本体の重量だけではなく保有する水量や油量等を加えた通常の運転時重量に配管重量を加算する必要がある．冷凍機，冷却塔，電力設備や変電設備については，機器の運転重量に配管重量を加算する．また，これらの設備機器に基礎や架台がある場合は，それらの重量も加算しなければならない．

コンプレッサーや原動機を内蔵する機器の場合は，荷重として見込まれていない運転による回転や振動をともなうものがあり，静的な重量だけではなく運転時の動的な荷重効果も考慮しなければならないものもある．このような機器については，実測による値を採用することになるが，モーターによって動く機器は衝撃係数として1.2，ピストンにより動く機器は1.5の値を長期として慣例的に採用している．

(3)　運搬設備およびその装置の荷重

1）　運搬設備およびその装置の荷重の取扱い

運搬設備およびその装置による荷重として，建築物の構造計算に大きな影響があるものとしては，エレベーター，エスカレーター，ゴンドラ，クレーン，立体駐車場等がある．これらの運搬設備およびその装置の設計は一般的に製作メーカーで行われており，その仕様や安全性に関する規定等はメーカーが所属する協会等で独自に設定されているものが多い．したがって，構造設計者は，運搬設備や装置の建築物への影響を検討する場合，メーカーから提示された仕様や建築物に作用する荷重等の設計条件を充分理解し，その条件に適合する建築物の設計を行う責任がある．このような運搬設備や装置については，メーカーの製作者責任の範囲と構造設計者の設計責任範囲を明確にする必要がある．

2）　エレベーターの荷重

エレベーターの構造耐力上主要な部分に関しては，令第129条の4第1項に規定されており，エレベーターの設置時および使用時のかごおよび主要な支持部分の強度は，「エレベーター強度検証法」によって強度を検証することになる.

支持部分等の断面に生じる常時および安全装置の作動時の各応力度は，下式によって計算する.

常時　$G_1+\alpha_1\cdot(G_2+P)$

安全装置の作動時　$G_1+\alpha_2\cdot(G_2+P)$

ここで,

G_1 ：固定荷重のうち昇降する部分以外の部分にかかわるものによって生じる力

G_2 ：固定荷重のうち昇降する部分にかかわるものによって生じる力

P ：積載荷重によって生じる力

α_1 ：通常の昇降時に昇降する部分に生じる加速度を考慮して国土交通大臣が定める数値

α_2 ：安全装置が作動した場合に昇降する部分に生じる加速度を考慮して国土交通大臣が定める数値

常時および安全装置の作動時の各応力度が，それぞれ主要な支持部材等の材料の破壊強度を安全率で除して求めた許容応力度を超えないことを確かめることになる．なお，エレベーターの各部の固定荷重は，当該エレベーターの実況に応じて計算しなければならない．かごの積載荷重も当該エレベーターの実況に応じて計算しなければならないが，かごの種類に応じて表12.1.2に定める数値を下回ってはならない.

表 12.1.2　エレベーターのかごの積載荷重

<table>
<tr><th colspan="2">かごの種類</th><th>積載荷重（N）</th></tr>
<tr><td rowspan="3">乗用エレベーター（人荷共用エレベーターを含み，寝台用エレベーターを除く．以下この節において同じ.）のかご</td><td>床面積が 1.5 m^2 以下のもの</td><td>床面積 1 m^2 につき 3 600 として計算した数値</td></tr>
<tr><td>床面積が 1.5 m^2 を超え 3 m^2 以下のもの</td><td>床面積 1.5 m^2 を超える面積に対して 1 m^2 につき 4 900 として計算した数値に 5 400 を加えた数値</td></tr>
<tr><td>床面積が 3 m^2 を超えるもの</td><td>床面積 3 m^2 を超える面積に対して 1 m^2 につき 5 900 として計算した数値に 13 000 を加えた数値</td></tr>
<tr><td colspan="2">乗用エレベーター以外のエレベーターのかご</td><td>床面積 1 m^2 につき 2 500（自動車運搬用エレベーターにあっては，1 500）として計算した数値</td></tr>
</table>

エレベーターの地震その他の震動に対する構造耐力上の安全性を確かめるための構造計算の基準は，固定荷重，積載荷重や地震力によって主要な支持部分に生じる短期の応力度を下式で計算し，短期許容応力度を超えないことを確かめることになる.

$G+P+K$

ここで,

G ：固定荷重によって生じる力

P　：積載荷重によって生じる力

K　：地震力によって生じる力

この場合，固定荷重および積載荷重のうち昇降する部分の荷重にあっては，当該荷重に 1.3 を乗じたものとする．ただし，特別な調査または研究の結果に基づき，昇降する部分に生じる加速度を考慮した数値を定める場合にあっては，この限りでない．K は，地震力によって生じる力で，特別な調査または研究の結果に基づき定める場合のほかは，水平方向および鉛直方向について下式で計算した数値とする．

$$p = k \cdot w$$

ここで，

p　：地震力（N）

k　：地域係数 Z の数値に表 12.1.3 の数値以上を乗じたもの

w　：エレベーターの固定荷重と積載荷重の和（N）．ただし，積載荷重にあっては，地震その他の震動によって人または物からかごに作用する力の影響に基づいた数値を算出した場合は，その値とする．

表 12.1.3　設計用標準震度

階または屋上	設計用水平力標準震度	設計用鉛直力標準震度
地階および 1 階	0.4	0.2
その他の階および屋上	0.6	0.3

3)　エスカレーターの荷重

エスカレーターの構造は，令第 129 条に規定されているエレベーターを準用し「エレベーター強度検証法」を「エスカレーター強度検証法」と読み替えるものとする．

なお，エスカレーターの踏段の積載荷重は，次の式によって計算した数値以上としなければならない．

$$P = 2\,600\,A$$

ここで，

P　：エスカレーターの積載荷重（N）

A　：エスカレーターの踏段面の水平投影面積（m^2）

地震その他の震動によってエスカレーターが脱落するおそれがない構造方法は二つあり，一つはエスカレーターのトラス等を支持する構造が一端固定状態か両端非固定状態で設置したもので，非固定部分において建築物の梁等の相互間の距離が地震その他の震動によって長くなる場合にかかり代長さが表 12.1.4 に規定する式に適合しなければならない．

表 12.1.4　かかり代長さ

	隙間および層間変位について想定する状態	かかり代長さ
一端固定状態の場合	(一)　$C>\Sigma\gamma\cdot H$　の場合	$B\geqq\Sigma\gamma\cdot H+20$
	(二)　$C\leqq\Sigma\gamma\cdot H$　の場合	$B\geqq 2\Sigma\gamma\cdot H-C+20$
両端非固定状態の場合	隙間および層間変位について想定する状態	かかり代長さ
	(一)　$C+D>\Sigma\gamma\cdot H$　の場合	$B\geqq\Sigma\gamma\cdot H+D+20$
	(二)　$C+D\leqq\Sigma\gamma\cdot H$　の場合	$B\geqq 2\Sigma\gamma\cdot H-C+20$

ここで，一端固定状態の場合は，

C　：隙間（mm）

γ　：エスカレーターの上端と下端の間の各階の設計用層間変形角

H　：エスカレーターの上端と下端の間の各階の揚程（mm）

B　：かかり代長さ（mm）

両端非固定状態の場合は，

C　：計算しようとする一端の隙間（mm）

D　：他端の隙間（mm）

γ　：エスカレーターの上端と下端の間の各階の設計用層間変形角

H　：エスカレーターの上端と下端の間の各階の揚程（mm）

B　：かかり代長さ（mm）

（二）項の適用は，層間変位によってエスカレーターが梁等と衝突することによりトラス等に安全上支障となる変形が生じないことを実験によって確かめた場合に限る．

非固定部分は，エスカレーターの短辺方向の設計用層間変形角における層間変位によってエスカレーターが梁等に衝突しないようにしなければならない．設計用層間変形角は，令第 82 条の 2 の規定で算出した長辺方向の層間変位の各階の高さに対する割合の 5 倍（その数値が 1/100 に満たない場合にあっては，1/100）以上とする．地震力の大部分を筋かいで負担する鉄骨造の建築物であって，平成 19 年国交告第 593 号第一号イまたはロで規定する建築物に該当するものに設けられたエスカレーターにあっては，1/100 以上とする．鉄筋コンクリート造の建築物であって，平成 19 年国交告第 593 号第二号イで規定する建築物に該当するものに設けられたエスカレーターにあっては，1/100 以上とする．特別な調査または研究の結果に基づき地震時における長辺方向の設計用層間変形角を算出することができる場合においては，当該算出した値（その数値が 1/100 に満たない場合にあっては 1/100）以上とすること．また，1/24 以上とすることになっている．

トラス等の一端を固定する部分は，下式の地震力による水平荷重が加わった場合または一端固定状態の場合の表の（二）項の場合で，安全上支障となる変形を生じないものであることと規定されている．

$$S=Z\cdot K_{\mathrm{h}}\cdot(G+P)+\mu\cdot(1+Z\cdot K_{\mathrm{v}})\cdot R$$

ここで，

S　：地震力により固定部分にかかる水平荷重（N）

Z　：地域係数

K_h　：表 12.4.4 の固定部分を設ける場所における設計用水平標準震度の欄に掲げる数値

G　：エスカレーターの固定荷重（N）

P　：エスカレーターの積載荷重（N）

μ　：非固定部分の支持部材と梁等との摩擦係数

K_v　：表 12.1.5 の非固定部分を設ける場所における設計用鉛直標準震度の欄に掲げる数値

R　：エスカレーターの固定荷重および積載荷重により，非固定部分の梁等に作用する鉛直荷重（N）

なお，K_h および K_v の値は，特別な調査または研究の結果に基づき定めた場合は，その値とする．また，P の値は，地震その他の震動によって人または物から踏段に作用する力の影響に基づいた数値を算出した場合は，その数値とする．

表 12.1.5　設計用標準震度

固定部分または非固定部分を設ける場所	固定部分を設ける場所における設計用水平標準震度	非固定部分を設ける場所における設計用鉛直標準震度
地階および 1 階	0.4	0.2
中間階	0.6	0.3
上層階および屋上	1.0	0.5

ここで，上層階とは，地階を除く階数が 2 以上 6 以下の建築物にあっては最上階，地階を除く階数が 7 以上 9 以下の場合は最上階およびその直下階，地階を除く階数が 10 以上 12 以下の場合は最上階および最上階から数えた階数が 3 以内の階，地階を除く階数が 13 以上の場合は最上階および最上階から数えた階数が 4 以内の階をいい，中間階とは，地階，1 階および上層階を除く階をいうものとする．

地震その他の震動によってエスカレーターが脱落するおそれがない構造形式の二つ目は，支持する構造が一端固定状態か両端非固定状態で設置したもので，非固定部分のかかり代長さが設計用層間変形角を 1/100 以上とした場合に適合して，非固定部分が梁等から外れた場合に脱落防止措置があり，脱落防止措置に用いる支持部材が釣合い良く配置され，固定荷重および積載荷重を支持する強度を有し，脱落防止措置のかかり代長さが表 12.1.6 に規定する式に適合しなければならない．

表 12.1.6　脱落防止装置のかかり代長さ

<table>
<tr><td rowspan="3">一端固定状態の場合</td><td>隙間および層間変位について想定する状態</td><td>脱落防止装置のかかり代長さ</td></tr>
<tr><td>(一)　$C>\Sigma\gamma\cdot H$　の場合</td><td>$B\geqq\Sigma\gamma_k\cdot H_k+20$</td></tr>
<tr><td>(二)　$C\leqq\Sigma\gamma\cdot H$　の場合</td><td>$B\geqq\Sigma\gamma_k\cdot H_k+\Sigma\gamma\cdot H-C+20$</td></tr>
<tr><td rowspan="5">両端非固定状態の場合</td><td>隙間および層間変位について想定する状態</td><td>脱落防止装置のかかり代長さ</td></tr>
<tr><td rowspan="2">(一)　$C+D>\Sigma\gamma\cdot H$　の場合</td><td>上端端　$B\geqq\Sigma\gamma_{k1}\cdot H_{k1}+C+20$</td></tr>
<tr><td>下端端　$B\geqq\Sigma\gamma_{k2}\cdot H_{k2}+D+20$</td></tr>
<tr><td rowspan="2">(二)　$C+D\leqq\Sigma\gamma\cdot H$　の場合</td><td>上端端　$B\geqq\Sigma\gamma_{k1}\cdot H_{k1}+\Sigma\gamma\cdot H-D+20$</td></tr>
<tr><td>下端端　$B\geqq\Sigma\gamma_{k2}\cdot H_{k2}+\Sigma\gamma\cdot H-C+20$</td></tr>
</table>

ここで，一端固定状態の場合は，

C　：エスカレーターの端部の隙間（mm）

γ　：エスカレーターの上端と下端の間の各階の設計用層間変形角

H　：エスカレーターの上端と下端の間の各階の揚程（mm）

B　：脱落防止装置のかかり代長さ（mm）

γ_k　：脱落防止装置が設けられた部分から固定部分までの間の各階の設計用層間変形角

H_k　：脱落防止装置が設けられた部分から固定部分までの間の各階の揚程（mm）

両端非固定状態の場合は，

C　：エスカレーターの上端の隙間（mm）

D　：エスカレーターの下端の隙間（mm）

γ　：エスカレーターの上端と下端の間の各階の設計用層間変形角

H　：エスカレーターの上端と下端の間の各階の揚程（mm）

B　：脱落防止装置のかかり代長さ（mm）

γ_{k1}　：脱落防止装置が設けられた部分からエスカレーターの上端までの間の各階の設計用層間変形角

H_{k1}　：脱落防止装置が設けられた部分からエスカレーターの上端までの間の各階の揚程（mm）

γ_{k2}　：脱落防止装置が設けられた部分からエスカレーターの下端までの間の各階の設計用層間変形角

H_{k2}　：脱落防止装置が設けられた部分からエスカレーターの下端までの間の各階の揚程（mm）

（二）項の適用は，層間変位によってエスカレーターが梁等と衝突することによりトラス等に安全上支障となる変形が生じないことを実験によって確かめた場合に限る．

4)　ゴンドラの荷重

ゴンドラの構造規格は労働安全衛生法第37条第二項[11)]の規定に基づき定められている．構造部分の規定の中で荷重関係は積載荷重，昇降慣性力，走行慣性力，風荷重および地震荷重が与えられている．

積載荷重は，作業床の床面の中心に作用する集中荷重として下式により計算した値以上とする．

$$W_1 = 75 \cdot (A+1)$$

ここで，

W_1：積載荷重（kg），ただし，チェア型のゴンドラは100 kg以上とする．

A：作業床の面積（m^2）

昇降慣性力は，ゴンドラに対して垂直方向に作用するものとして，下式により計算した値とする．

$$F_v = (0.15 + 0.0025 \cdot u) \cdot (W_{d1} + W_1) \cdot g$$

ここで，

F_v：昇降慣性力（N）

u：昇降速度（m/min）

W_{d1}：昇降する部分の自重（kg）

W_1：積載荷重（kg）

g：重力加速度（m/s^2）

走行慣性力は，ゴンドラに対して水平方向に作用するものとして，下式により計算した値とする．

$$F_h = 0.05 \cdot (W_{d2} + W_1) \cdot g$$

ここで，

F_h：走行慣性力（N）

W_{d2}：走行する部分の自重（kg）

W_1：積載荷重（kg）

g：重力加速度（m/s^2）

風荷重は，

$$F = q \cdot C \cdot A$$

ここで，

F：風荷重（N）

q：速度圧（N/m^2）

C：風力係数

A：受圧面積（m^2）

速度圧は，表12.1.7で計算した値，風力係数は，ゴンドラの風を受ける面に関して風洞実験を行って得た値または表12.1.8に示す値とする．

表 12.1.7　速　度　圧

風の方向	速度圧（N/m²）
水平方向	$83\sqrt[4]{h}$
垂直方向	$21\sqrt[4]{h}$

ここで，

h　：ゴンドラの風を受ける面の地上からの高さ（m）（高さが 15 m 未満の場合は，15 m）

表 12.1.8　風 力 係 数

ゴンドラの風を受ける面の区分		風力係数
平面トラスにより構成される面（鋼管製の平面トラスを除く）	$0.1 > W_1$	2.0
	$0.3 > W_1 \geq 0.1$	1.8
	$0.9 > W_1 \geq 0.3$	1.6
	$W_1 \geq 0.9$	2.0
平板により構成される面		1.1
円筒の面および鋼管製の平面トラスにより構成される面	$3.0 > W_2$	1.1
	$W_2 \geq 3.0$	0.7

ここで，

W_1　：充実率（ゴンドラの風を受ける面の見付面積を当該風を受ける面積で除した値）

W_2　：円筒または鋼管の外径(m)を前項の速度圧の値(N/m²)の平方根を乗じて得た値

受圧面積は，ゴンドラの風を受ける面の風の方向に直角な面に対する投影面積とする．なお，風を受けている面が二面以上重なっている場合の面積の取扱いについての規定も設けられている．

地震荷重は，ゴンドラの自重および積載荷重のそれぞれ 20 % に相当する荷重がゴンドラに対して水平方向に作用するものとして計算した値とする．

上記のように求めたゴンドラの自重，積載荷重，昇降慣性力，走行慣性，風荷重および地震荷重を構造規格で定められた荷重組合せによってゴンドラの構造を構成する部材に生じる応力を求め，構造規格で規定している材料の許容応力度を上回らないこと確認することになる．

5)　天井クレーンの荷重

クレーンを支持する構造部材の設計には，クレーンからの衝撃力をクレーンの種類に応じて考慮する．

地上で操作する軽作業用クレーン	：車輪荷重の 10 %
ワイヤーロープで巻上げを行う一般作業用クレーン	：車輪荷重の 20 %
吊り具がトロリーに剛に固定されているクレーン	：車輪荷重の 30 %

クレーン走行方向の走路に作用する制御力として，制動による衝撃力を考慮した最大車輪荷重の

15 %がレール上端に作用するものとする．走行方向に直角に作用する水平力は，クレーン両側受梁に両方とも同時にクレーン車輪荷重の 10 %が作用するものとする〔図 12.1.2 クレーン走行時の水平力〕．この場合，走行ホイストならびに吊り荷は最も不利な状態にあるものとする．

クレーンの地震時荷重は，特別な場合を除き吊り荷の重量は無視することができるとしている．ここで，特別な場合とは吊り具がトロリーに剛に固定されているクレーンの場合を指す．クレーンに加わる地震荷重は，走行クレーン上端に作用するものとする．

クレーンガーダー等のクレーン支持部材の設計荷重の組合せとしては，クレーンを移動させて車輪荷重や吊り荷が最も不利な状態にあるときを対象とし，これに衝撃力，制御力および水平力を同時に考慮する．2 台以上のクレーンが同時に支持構造物に影響を与える場合には，作業上起こる最も不利な荷重の組合せによる．

暴風時にクレーン作業をまったく休止状態にする場合は，吊り荷を無視した組合せによる．ただし，これだけでは危険な場合も予想されるので，上記の場合には暴風時の 50%の風圧力による応力とクレーン作業上起こりうる最も不利な応力と組み合せて検討することが必要である．

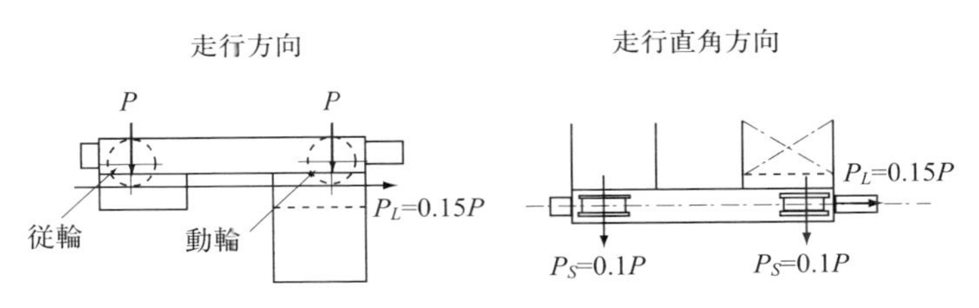

図 12.1.2　クレーン走行時の水平力

6)　立体駐車場の荷重

機械式立体駐車場には，垂直循環方式，多層循環方式，水平循環方式，エレベーター方式，エレベーター・スライド方式，平面往復方式および二段方式・多段方式といろいろな種類があり，一般公共の用に供する 500 m^2 以上の路外駐車場の構造は，建築基準法その他の法令の規定によるほか駐車場法施行令に定める技術基準によることになっている．機械式駐車場装置については，駐車場法施行令に基づき，「特殊な装置として」国土交通大臣が個別に認定している．また，装置の安全性については，（公社）立体駐車工業会が業界団体としての自主審査を「機械式駐車場技術基準・同解説」[12)]によって行っているが，この基準には水平設計震度（K_h）の規定があり，地上面からの駐車室の高さが 45 m 以下の場合は $K_h≧0.3$，45 m を超える場合は $K_h≧0.45$，さらに 60 m を超える場合は $K_h≧1.0$ と設定されている．したがって，機械式駐車場に関する荷重については，装置と建築物との関係，個別認定の条件および安全審査の結果等を確認し，建築物への影響を検討しなければならない．

兵庫県南部地震や東北地方太平洋沖地震で機械式立体駐車場での車両落下，パレット落下や外装板落下等の被害が報告されている．これらの被害に対する対策が検討されているが，地震時の自動車，装置および建築物との相互作用等の検討も考える必要があると思われる．

立体駐車場には斜路があり，その形式によっては階としての取扱いに注意が必要である．斜路を本体の立体駐車場とエキスパンションジョイント等で切り離した場合には下記に示すような問題は無いが，斜路を一体の構造とした場合は，解析方法，モデル化や部材剛性の評価等を適切に行う必要がある．斜路には一般的に腰壁や梁があって層間を繋いでいるため，斜路が剛性の高いブレースの効果を生み出し想定していない応力集中や偏心を起こすことがあるので注意が必要である．

(4)　車両等の荷重

1)　車両等の荷重の取扱い

自動車車庫および通路の積載荷重は，床用積載荷重として 5 400 N/m^2 と建築基準法で規定されている．しかし，自動車以外の車両の積載荷重は規定されておらず，例えば，キャスター付きの椅子，バスやトラックのような大型車両やフォークリフト，クローラークレーンやトラッククレーンのような工事用車両の床用の設計荷重は，別途求めることになる．床用設計荷重の算定で簡便な方法として車両総重量を車両投影面積で除した値を採用する場合があるが，車両によっては車軸に均等に荷重が配分されないものもあり，運転状況や作業状況に応じてその影響を考慮する必要があるので車輪の接地重量を求めて設計荷重とすべきである．この場合，車両の重量として走行が可能な燃料等の全重量を含む車両重量と，乗車定員重量と最大積載重量を加えた車両総重量があるので設計にあたっては確認が必要になる．車輪の接地重量を求めるには，車両総重量が全車軸に均等荷重としてかかるのかそれとも前輪と後輪で異なるのかを確認し，車輪数から車輪 1 輪にかかる重量を求め，車輪の接地幅と車輪幅から求めた接地面積で 1 輪の重量を除した値を設計用荷重とする．この場合，車輪の接地幅は，床材や車輪の硬さ等に影響を受けるので注意が必要になる．また，消防自動車のようにアウトリガーを使用することが予想される車両もあるが，アウトリガーも車輪と同様に取り扱う．ただし，車両の通行頻度が少ない場合は短期荷重としても良い．

2)　キャスター等の荷重

キャスター付き事務椅子でゴム製 4 輪の場合の 1 輪の接地重量は，総質量 87 kg，接地面積 1.09 cm^2/輪で約 200 N/cm^2 となり，プラスチック製 5 輪の場合は，総質量 98 kg，接地面積 0.70 cm^2/輪で 280 N/cm^2 となる．同様にハンドリフトの場合は，総質量 1 290 kg で約 580 N/cm^2，電動式手術台の場合は，総質量 280 kg で約 630 N/cm^2 と接地重量を求めることができる．このように接地重量は，車両の総重量の大きさよりも一輪の接地面積の大きさの影響が大きい．

3)　フォークリフトの荷重

フォークリフトの最大設計荷重は総重量が前輪と後輪に均等にかからないので，フォークリフトの自重と積載重量を加えた総重量に前 2 輪の負担荷重割合と衝撃係数を掛けて求める．この場合，前輪 2 輪の負担荷重割合はバランス型，リーチ型フォークリフトともに 0.85～0.88 W（W：総重量）程度であり，前輪負担が大きい．移動荷重としての衝撃係数は 1.3～1.5 が用いられており，短期荷重として扱う場合が多い．なお，衝撃係数に関する研究[13)]によると，衝撃係数は車路が平滑面の場合，車両重量や走行速度に関係なく 0～1.25 の範囲でばらついており，平均値は 1.04 程度と小さい値となっている．また，段差がある場合は大きくなり，20 mm の段差で 1.35 であったと報告されている．なお，建築物全体の検討を行う場合には，走行車両の移動時の影響は無視することができる．

4)　大型車両の荷重

バスやトラックのような大型車両の場合は，走行可能状態にある車両重量に乗車が許容されている定員や荷物を積んだ全重量の車両総重量による車輪の接地重量を求めることになる．ダンプトラック，ミキサー車等は，前輪および後輪の負担荷重割合が前輪 $0.2W$（W：車両総重量），後輪 $0.8W$ と異なるので，フォークリフトの荷重と同様にこの負担荷重割合で求めることになる．さらに，これらの車両は，車両移動時の影響による荷重の割増しとして前述の衝撃係数を考慮した設計荷重を算定しなければならない．

ラフタークレーンのように走行時の荷重配分が前輪，後輪共均等の $0.25W$ の場合でも，クレーンによる45度方向作業時のアウトリガー反力は，45度方向先端アウトリガーの負担荷重割合は $0.7W$ となり，隣り合うアウトリガーがそれぞれ $0.15W$ となるので注意が必要である．トラッククレーンもラフタークレーンと同様にクレーン作業時のアウトリガー反力は45度方向が最も不利になる．

このような大型車両の荷重は，接地重量の値が大きく建築物への影響も大きいので，車両総重量，負担荷重割合，車輪等の接地面積を事前に設計条件として確認しておく必要がある．

参 考 文 献

1) 小原二郎・内田祥哉・宇野英隆：建築室内人間工学，p.182，鹿島出版会，1999.5
2) 遠藤佳宏・直井英雄・宇野英隆：建物に作用するヒトの力に関する研究その1，日本建築学会論文報告集，pp.9～10，1980.12.
3) (財) ベターリビング：公共住宅用 BL 部品（優良住宅部品）ガイドブック 2007「部品および機器の品質・性能基準」p.31
4) 日本金属工事協同組合・技術検討委員会：手摺の安全性に関する自主基準，2007.12
5) 日本アルミ手摺工業会：共同住宅用アルミ製墜落防止手すり強度のガイドライン，2008.6
6) 住指発第116号，第117号：ガラスを用いた開口部の安全性設計指針，1985.5
7) 日本建築防災協会・機能ガラス普及推進協議会：安全・安心ガラス設計施工指針，2011.2
8) 清野純史・三浦房紀・瀧本浩一：被災時の群集非難行動シミュレーションの個別要素法の適用について，土木学会論文集，No.537/I-35，pp.233～244，1996.4
9) 久木章江・石川孝重：日本建築学会構造系論文集，積載物の偏在を考慮した積載荷重評価－非日常状態を想定したシミュレーション－，第522号，pp.21～27，1999.8
10) 遠藤佳宏・宇野英隆・直井英雄：人間が建築に及ぼす諸力に関する実験的研究，日本建築学会大会学術講演梗概集，pp.727～728，1978.9
11) 厚生労働省告示第398号，第一章，第三節，第八条
12) 立体駐車工業会：機械式駐車場技術基準・同解説，2001.12
13) 藤原　稔・岩崎泰彦・田中良樹：限界状態設計法における設計活荷重に関する検討，建設省土木研究所土木研究所資料2700号，p.174，1989 01

索　　引

索引

か

さ

し

す

せ

そ

た

ち

ふ

よ

ら

り

る

れ

ろ

わ

建築物荷重指針・同解説（2015）

1975 年 3 月 20 日　第 1 版第 1 刷
1981 年 11 月 1 日　第 2 版第 1 刷
1993 年 6 月 20 日　第 3 版第 1 刷
2004 年 9 月 15 日　第 4 版第 1 刷
2015 年 2 月 25 日　第 5 版第 1 刷
2023 年 6 月 30 日　第 5 刷

編集著作人　一般社団法人　日本建築学会
印刷所　昭和情報プロセス株式会社
発行所　一般社団法人　日本建築学会
108-8414　東京都港区芝 5-26-20
電　話・(03) 3 4 5 6-2 0 5 1
F A X・(03) 3 4 5 6-2 0 5 8
http://www.aij.or.jp/
発売所　丸善出版株式会社
101-0051 東京都千代田区神田神保町2-17
神田神保町ビル
電　話　(03) 3 5 1 2-3 2 5 6

ISBN978-4-8189-0626-6 C3052